LES MEILLEURS
ROMANS QUÉBÉCOIS
DU XIXe SIÈCLE

LES MEILLEURS ROMANS QUÉBÉCOIS DU XIXᵉ SIÈCLE

Édition préparée par Gilles Dorion

TOME II

FIDES

1996

Données de catalogage avant publication :

Vedette principale au titre :

Les meilleurs romans québécois du XIXe siècle

ISBN 2-7621-1843-3 (v. 1) – ISBN 2-7621-1878-6 (v. 2)

1. Roman canadien-français – Québec (Province) – Anthologies.
2. Roman canadien-français – 19e siècle – Anthologies.
I. Dorion, Gilles, 1929- .

PS8329.5.Q4M445 1996   C843'.40809714   C95-941865-2
PS9329.5.Q4M445 1996   PQ3917.Q4M445 1996

Dépôt légal : 1er trimestre 1996
Bibliothèque nationale du Québec
© Éditions Fides, 1996.

Les Éditions Fides bénéficient de l'appui du Conseil des Arts du Canada et du ministère de la Culture du Québec.

Antoine Gérin-Lajoie

JEAN RIVARD, LE DÉFRICHEUR

suivi de

JEAN RIVARD, ÉCONOMISTE

[1862 et 1864]

Écrits dans la foulée du mouvement agriculturiste, les deux volumes de Jean Rivard *constatent l'encombrement des professions libérales et l'impossibilité pour la jeunesse de s'y tailler une place confortable. D'autre part, les terres agricoles sont surpeuplées et les familles nombreuses provoqueraient le morcellement des terres advenant la possibilité que tous les enfants mâles se feraient cultivateurs. De là l'idée d'essaimer sur des terres neuves arrachées à la forêt et au marécage, dans les «concessions» des* townships *(cantons). Toutefois, le premier volume,* Jean Rivard, le défricheur, *s'il vante le courage et l'acharnement du colon, ne consiste pas seulement en un roman paysan, mais oriente plutôt les efforts vers un plan ordonné de réussite sociale et économique comme devaient en rêver les Canadiens de l'époque. Le beau rêve est devenu une réalité grâce à l'énergie combinée à l'esprit d'organisation et au travail de Jean Rivard. L'enthousiasme communicatif qui se dégage de* Jean Rivard, économiste, *à partir des succès répétés du défricheur devenu fondateur de ville et promu à d'autres importantes fonctions, apporte la preuve que le Canadien français peut réussir dans d'autres domaines que l'agriculture. Ce qu'il est intéressant de constater, c'est que l'idée de ce roman était déjà en germe dans les derniers chapitres de* Charles Guérin *de P.-J.-O. Chauveau.*

* *
*

Antoine Gérin-Lajoie, romancier, essayiste, historien et dramaturge, naît à Yamachiche en 1824. Il fait ses études au Collège de Nicolet. À dix-huit ans, il compose une chanson qui deviendra bien vite célèbre, «Un Canadien errant», et qui sera publiée dans le Charivari canadien *en 1844. Puis, Antoine Gérin-Lajoie écrit* Le jeune Latour, *tragédie en vers de trois actes, publiée sous forme de brochure en 1844, et devient ainsi l'auteur de la première tragédie canadienne de langue française. Pendant ce temps le jeune écrivain poursuit des études de droit et participe à la fondation de l'Institut canadien de Montréal dont il est élu président en 1845. Tout en publiant différents essais, Gérin-Lajoie travaille pour l'Assemblée législative comme traducteur, puis il est nommé bibliothécaire adjoint du Parlement. Il meurt en 1882.*

Avant-propos

> Les pensées d'un homme fort et laborieux produisent toujours l'abondance ; mais tout paresseux est pauvre.
>
> SALOMON
>
> La hardiesse et le travail surmontent les plus grands obstacles.
>
> FÉNELON

Jeunes et belles citadines qui ne rêvez que modes, bals et conquêtes amoureuses ; jeunes élégants qui parcourez, joyeux et sans soucis, le cercle des plaisirs mondains, il va sans dire que cette histoire n'est pas pour vous.

Le titre même, j'en suis sûr, vous fera bâiller d'ennui.

En effet, «Jean Rivard»... quel nom commun ! que pouvait-on imaginer de plus vulgaire ? Passe encore pour Rivard, si au lieu de Jean c'était Arthur, ou Alfred, ou Oscar, ou quelque petit nom tiré de la mythologie ou d'une langue étrangère.

Puis un défricheur... est-ce bien chez lui qu'on trouvera le type de la grâce et de la galanterie ?

Mais, que voulez-vous ? Ce n'est pas un roman que j'écris, et si quelqu'un est à la recherche d'aventures merveilleuses, duels, meurtres, suicides, ou d'intrigues d'amour tant soit peu compliquées, je lui conseille amicalement de s'adresser ailleurs. On ne trouvera dans ce récit que l'histoire simple et vraie d'un jeune homme sans fortune, né dans une condition modeste, qui sut s'élever par son mérite à l'indépendance de fortune et aux premiers honneurs de son pays.

Hâtons-nous toutefois de dire, mesdames, de peur de vous laisser dans l'erreur, que Jean Rivard était, en dépit de son nom de baptême, d'une nature éminemment poétique, et d'une tournure à plaire aux plus dédaigneuses de votre sexe.

À l'époque où se passent les faits qu'on va lire, il approchait de la vingtaine. C'était un beau jeune homme brun, de taille moyenne. Sa figure mâle et ferme, son épaisse chevelure, ses larges et fortes épaules, mais surtout des yeux noirs, étincelants, dans lesquels se lisait une indomptable force de volonté, tout cela, joint à une âme ardente, à un cœur chaud et à beaucoup d'intelligence, faisait de Jean Rivard un caractère remarquable et véritablement attachant. Trois mois passés au sein d'une grande cité, entre les mains d'un tailleur à la mode, d'un coiffeur, d'un bottier, d'un maître de danse, et un peu de fréquentation de ce qu'on est convenu d'appeler le grand monde, en eussent fait un élégant, un fashionable, un dandy, un cavalier dont les plus belles jeunes filles eussent raffolé.

Mais ces triomphes si recherchés dans certaines classes de la société n'avaient aucun attrait pour notre héros, et Jean Rivard préféra, comme on le verra bientôt, à la vie du lion de ville celle du lion de la forêt.

I

Jean Rivard vint au monde vers l'an 1824, à Grandpré, une de ces belles paroisses canadiennes établies dans la vallée du lac Saint-Pierre, sur la rive nord du Saint-Laurent.

Son père, Jean-Baptiste Rivard, ou simplement Baptiste Rivard, comme on l'appelait dans sa paroisse, aurait passé pour un cultivateur à l'aise s'il n'eût été chargé d'une famille de douze enfants, dont deux filles et dix garçons.

Jean était l'aîné de ces dix garçons.

Comme il montra dès son bas âge une intelligence plus qu'ordinaire, son père se décida, après de longues consultations avec ses plus proches parents et le curé de Grandpré, à le mettre au collège pour l'y faire suivre un cours d'études classiques.

La mère Rivard nourrissait l'espoir secret que Jean prendrait un jour la soutane et deviendrait prêtre. Son plus grand bonheur à la pauvre mère eût été de voir son fils aîné chanter la messe et faire le prône à l'église de Grandpré.

Jean Rivard obtint d'assez bons succès dans ses classes. Ce n'était pas un élève des plus brillants, mais il était studieux, d'une conduite régulière, et, parmi ses nombreux condisciples, nul ne le surpassait dans les choses qui requièrent la constance et l'exercice du jugement.

Les années de collège s'écoulèrent rapidement. Dès le commencement de sa cinquième année, il était entré en Rhétorique, et il goûtait par anticipation les jouissances intellectuelles des années suivantes, car les études philosophiques et scientifiques convenaient à la tournure sérieuse de son esprit; il se laissait même entraîner à faire des plans pour l'avenir, à bâtir des châteaux en Espagne comme on en bâtit à cet âge, lorsqu'un événement survint, qui renversa tous ses projets: le père Baptiste Rivard mourut.

Ce décès inattendu produisit une révolution dans la famille Rivard. Quand le notaire eut fait l'inventaire des biens de la succession et que la veuve Rivard eut pris sa part de la communauté, il fut constaté que le patrimoine de chacun des enfants ne s'élevait qu'à une somme de quelques cents piastres.

Jean, qui avait fait une partie de ses études, était censé avoir reçu quelque chose «en avancement d'hoirie», et ne pouvait équitablement prétendre aux mêmes avantages pécuniaires que chacun de ses frères et sœurs. Sa part d'héritage à lui ne s'éleva donc en tout et partout qu'à la somme de cinquante louis.

Il lui fallait, avec cette somme, et vivre et s'établir.

II

Choix d'un état

S'il est dans la vie d'un jeune homme une situation pénible, inquiétante, c'est bien celle où se trouvait alors le pauvre Jean Rivard.

Il avait dix-neuf ans; la pensée de son avenir devait l'occuper sérieusement. Ne pouvant s'attendre à recevoir de personne autre chose que des conseils, il lui fallait, pour faire son chemin dans la vie, se reposer uniquement sur ses propres efforts. Or, disons-le à regret, l'instruction qu'il avait acquise, bien qu'elle eût développé ses facultés intellectuelles, ne lui assurait aucun moyen de subsistance. Il pouvait, à la rigueur, en sacrifiant son petit patrimoine, terminer son cours d'études classiques, — et c'est ce que désiraient sa mère et ses autres parents, — mais il se disait avec raison que si sa vocation au sacerdoce n'était pas bien prononcée, il se trouverait après son cours dans une situation aussi précaire, sinon plus précaire que s'il n'eût jamais connu les premières lettres de l'alphabet.

La première chose qu'il décida fut donc de discontinuer ses études collégiales. Mais ce n'était pas là le point le plus difficile; il lui fallait de plus faire choix d'un état, démarche grave qu'un jeune homme ne peut faire qu'en tremblant, car de là dépend le bonheur ou le malheur de toute sa vie.

Le suprême ordonnateur de toutes choses a réparti chez ses créatures une diversité de talents et d'aptitudes conformes aux besoins des sociétés. Mais des circonstances particulières, une famille nombreuse, une grande gêne pécuniaire, le défaut de protection, et mille autres raisons forcent, hélas! trop souvent de malheureux jeunes gens à embrasser une carrière où ils ne rencontrent que misère et dégoût. Trop souvent aussi, résistant à l'instinct qui les pousse vers un genre de vie plutôt que vers un autre, ils se laissent guider dans leur choix par des considérations de convenance, ou qui pis est, par une absurde et pernicieuse vanité.

Rarement le sage conseil du poète : « Soyez plutôt maçon, si c'est votre talent », est écouté dans cette importante conjoncture.

Il existe aussi malheureusement chez nos populations rurales un préjugé funeste qui leur fait croire que les connaissances et l'éducation ne sont nullement nécessaires à celui qui cultive le sol : à quoi sert d'être savant, dira-t-on, pour manier le *manchon* de la charrue ? Et rien n'est plus étrange aux yeux de certaines gens que de voir un jeune homme instruit ne pas faire choix d'une profession libérale.

Aussi les professions d'avocat, de notaire, de médecin, refuges obligés de tous les collégiens qui n'embrassent pas le sacerdoce, sont déjà tellement encombrées dans notre jeune pays qu'une grande partie de leurs membres ne peuvent y trouver le pain nécessaire à la vie matérielle. La carrière des emplois publics est pareillement encombrée ; d'ailleurs, sans le secours de protecteurs puissants, un jeune homme ne peut rien attendre de ce côté. Le peu de considération accordée à la noble profession d'instituteur l'a fait regarder jusqu'à ce jour comme un pis-aller. L'arpentage, le génie civil, l'architecture ne sont une ressource que pour un très petit nombre d'individus. L'armée et la marine sont à peu près fermées à notre jeunesse.

Le pauvre Jean Rivard, obsédé de tous côtés par les donneurs d'avis, ne songea pas d'abord à braver le préjugé régnant, et quoiqu'il ne se sentît de vocation pour aucune des professions dont nous venons de parler, il songea à se faire admettre à l'étude du droit. La loi l'astreignait à cinq années de cléricature, mais il se flattait qu'après une première année passée chez son patron, il recevrait pour son travail une rémunération suffisante à ses dépenses d'entretien. Ce qui lui faisait aussi caresser ce projet, c'était la perspective de se retrouver avec son ami Gustave Charmenil, alors étudiant en droit à Montréal, ami intime, camarade d'enfance, compagnon de collège, dont le souvenir était encore tout chaud dans sa mémoire.

Cependant Jean Rivard n'eut rien à apprendre à monsieur le curé qui avait déjà tout appris par la rumeur publique.

« Je m'attendais à votre visite, mon jeune ami, lui dit le vénérable prêtre, et je suis heureux de vous voir. J'ai pensé tous les jours à vous depuis un mois ; j'ai partagé vos inquiétudes, vos embarras, et puisque vous venez, suivant votre coutume, me demander mon avis, je vous dirai franchement et sans détour que nous n'en sommes pas venus tous deux à la même conclusion. Votre projet d'étudier le droit ne me sourit pas, je vous l'avoue. Vous savez que j'ai moi-même étudié cette profession avant d'entrer dans les ordres; je puis par conséquent vous parler en homme qui possède une certaine connaissance de son sujet.» Il se fit un moment de silence.

«Je ne vous cacherai pas, continua le curé, que cette carrière me souriait comme à vous, lorsque, il y a bientôt trente ans, je quittai le collège; elle sourit à presque tous les jeunes gens qui ont de l'ambition et qui se croient destinés à jouer un rôle dans les affaires de leur pays. Rien n'éblouit comme l'art de la parole, et c'est le plus souvent parmi les avocats qu'on rencontre les hommes qui exercent ce talent avec le plus de puissance.

«Il faut avouer que cette profession offre des avantages réels. L'étude de la loi exerce le jugement; l'habitude du raisonnement et de la discussion donne par degrés à l'homme doué de talents naturels une grande vigueur d'esprit, et une subtilité d'argumentation qui le font sortir vainqueur de presque toutes les luttes qui requièrent l'exercice des facultés intellectuelles.

«Dans l'étude de ses moyens, voyez-vous, l'avocat est sans cesse excité par deux des plus puissants mobiles du cœur humain, l'orgueil et l'amour du gain: sa raison, toujours tendue pour ainsi dire, prend graduellement de la force, comme le bras du forgeron qui se durcit chaque jour par le travail; et après un certain nombre d'années, surtout s'il a fait fortune et s'il jouit d'une forte santé, il peut déployer ses talents sur un plus grand théâtre. Partout les hommes d'État se recrutent, à quelques exceptions près, dans cette classe privilégiée.

«Vous voyez que je ne cherche pas à nier les avantages de la profession. Disons pourtant, puisque nous en sommes à considérer le pour et le contre, qu'on reproche aux avocats, devenus hommes publics, de rapetisser les grandes questions de politique, de les envisager d'un point de vue étroit, surtout de faire emploi de petits moyens, de ces raisons futiles connues sous le terme d'objections à la forme et qui dénotent chez leurs auteurs plus de subtilité d'esprit que de libéralité et de largeur de vues. Ces messieurs ont bien quelquefois leurs petits ridicules. Vous vous rappelez ce passage de Timon:

> *Les avocats parlent pour qui on veut, tant qu'on veut, sur ce qu'on veut, etc., etc.*

et vous avez lu sans doute son chapitre sur l'éloquence du barreau.

— Je vous avouerai, M. le curé, dit Jean Rivard, que l'amour des honneurs n'est pour rien dans le choix que j'ai voulu faire; je n'ai pas la prétention de faire un orateur ni un homme politique. Mon but, hélas! est peut-être moins élevé, moins noble; j'ai cru voir dans cette carrière un acheminement à la fortune, et un moyen d'aider à l'établissement de mes jeunes frères.

— Venons-en donc à cette question, puisqu'elle est la plus intéressante pour vous. Vous avouez qu'en vous lançant dans cette carrière vous avez, comme tous vos confrères, l'espoir d'y faire fortune ; vous pourriez être un de ces rares privilégiés, bien que vous admettiez vous-même que vous ne possédez pas cette assurance, ni cette facilité d'expression qui font les avocats éminents. Mais il est un moyen assez simple de vous éclairer sur ce sujet. Prenez la liste des avocats admis depuis vingt ans aux divers barreaux de la province, et voyez dans quelle proportion se trouvent ceux qui vivent exclusivement de l'exercice de leur profession. Je ne pense pas me tromper en disant que c'est à peine si vous en trouvez un quart. Les trois autres quarts, après avoir attendu pendant plusieurs années une clientèle toujours à venir, se retirent découragés. Les uns se jetteront dans le journalisme, d'autres dans le commerce ou dans des spéculations plus ou moins licites ; celui-ci cherchera un emploi dans les bureaux publics, celui-là ira cacher son désappointement dans un pays étranger ; un grand nombre resteront à charge à leurs parents ou à leurs amis ; les autres, abreuvés de dégoûts et d'ennuis, se laisseront aller à la dissipation, à la débauche, et finiront misérablement. Car sachez bien, mon ami, que les avocats de premier ordre, c'est-à-dire les avocats de talents transcendants, sont presque seuls à recueillir les avantages attachés à la profession. César préférait être le premier dans une bicoque que le second dans Rome ; pour ma part, je crois que sans avoir l'ambition de César, on peut être justifiable de préférer occuper le premier rang dans un état quelconque que le second dans la profession d'avocat.

«Une autre importante considération, mon enfant, c'est qu'il n'est guère possible à un jeune homme sans moyens pécuniaires de faire une étude suffisante de la profession, ni de se créer ensuite une clientèle s'il n'a pas de protecteurs ou d'amis influents.

— Mais ne croyez-vous pas qu'après une première année passée dans un bureau d'avocat, je serais en état de subvenir à mes dépenses ?

— J'admets que la chose est possible, mais il y a dix chances contre une que votre espoir sera déçu. Peut-être après de longues et ennuyeuses démarches trouverez-vous à enseigner le français dans une famille, à tenir les livres d'un marchand ou à faire quelque autre travail analogue ; mais cet avantage même, qui ne se rencontre que rarement, sera cause que vous négligerez vos études professionnelles. Vous savez le proverbe ; on ne peut courir deux lièvres à la fois. J'ai connu des jeunes gens d'une grande activité d'esprit, pleins d'ardeur pour l'étude, qui se seraient probablement distingués au barreau s'ils avaient pu faire une cléricature régulière, mais qui, obligés pour vivre, de se faire copistes, instituteurs, traducteurs, ou d'écrire pour les gazettes, ne purent acquérir une connaissance suffisante de la procédure et de la pratique, et durent se résigner bon gré mal gré à tenter fortune ailleurs. Car, sachez-le bien, mon ami, aucun état ne demande un apprentissage plus sérieux, plus consciencieux.

« Or, la somme nécessaire à la pension et à l'entretien d'un étudiant pendant quatre ou cinq années de cléricature, celle encore plus considérable qu'il doit consacrer à l'acquisition de livres, à l'ameublement de son bureau, et à attendre patiemment la clientèle tant désirée, tout cela réuni forme un petit capital qui, appliqué à quelque utile industrie, peut assurer l'avenir d'un jeune homme. »

Le pauvre Jean Rivard, qui songeait à ses cinquante louis, se sentit intérieurement ébranlé et fut sur le point de déclarer aussitôt qu'il renonçait à son projet; mais monsieur le curé continua :

« Puis, mon ami, comptez-vous pour rien la privation des plaisirs du cœur, des jouissances de la vie de famille pendant les plus belles années de votre séjour sur la terre ? Car, même en supposant que vous seriez un des privilégiés de votre ordre, vous vous rendrez à trente ans et peut-être plus loin, avant de pouvoir vous marier. La vanité, les exigences sociales sont pour beaucoup, il est vrai, dans cette fatale et malheureuse nécessité, mais le fait existe, et vous ne serez probablement pas homme à rompre en visière aux habitudes de votre classe. »

Cette dernière considération était de nature à faire une forte impression sur Jean Rivard, comme on le comprendra plus tard.

« Il y a enfin, mon cher enfant, ajouta le bon prêtre, une autre considération dont on ne s'occupe guère à votre âge, mais qui me paraît à moi plus importante que toutes les autres; c'est que la vie des villes expose à toutes sortes de dangers. Sur le grand nombre de jeunes gens qui vont y étudier des professions, ou y apprendre le commerce, bien peu, hélas! savent se préserver de la contagion du vice. Ils se laissent entraîner au torrent du mauvais exemple. Puis, dans les grandes villes, voyez-vous, les hommes sont séparés pour ainsi dire de la nature ; l'habitude de vivre au milieu de leurs propres ouvrages les éloigne de la pensée de Dieu. S'ils pouvaient comme nous admirer chaque jour les magnificences de la création, ils s'élèveraient malgré eux jusqu'à l'auteur de toutes choses, et la cupidité, la vanité, l'ambition, les vices qui les tourmentent sans cesse n'auraient plus autant de prise sur leurs cœurs... »

Le bon prêtre allait continuer ses réflexions, lorsque Jean Rivard, se levant :

— Monsieur le curé, dit-il, vos réflexions sont certainement bien propres à me convaincre que je me suis laissé entraîner dans une fausse voie. Veuillez en accuser mon peu d'expérience, et croyez que je suis prêt à abandonner sans hésitation, sans arrière-pensée, un projet pour lequel je ne sens d'ailleurs aucun enthousiasme. Mais, en renonçant à ce dessein, je retombe dans les soucis, dans les embarras qui m'ont tourmenté depuis la mort de mon père. C'est une terrible chose, M. le curé, pour un jeune homme sans fortune et sans expérience, que d'avoir à se décider sur le choix d'un état.

— Personne, mon enfant, ne comprend cela mieux que moi, et je vous dirai que le grand nombre de jeunes gens qui sortent chaque année de nos collèges m'inspirent la plus profonde compassion. Au point où nous en sommes rendus, si par un moyen ou par un autre on n'ouvre avant peu à notre jeunesse de nouvelles carrières, les professions libérales vont s'encombrer d'une manière alarmante, le nombre de têtes inoccupées ira chaque jour grossissant et finira par produire quelque explosion fatale.

«Si vous me demandez d'indiquer un remède à cet état de choses, je serai bien obligé de confesser mon impuissance. Néanmoins, après y avoir mûrement réfléchi, et avoir fait de cette question l'objet de mes méditations pendant de longues années, j'en suis venu à la conclusion que le moyen le plus naturel et le plus efficace, sinon d'arrêter tout à fait le mal, au moins de le neutraliser jusqu'à un certain point, c'est d'encourager de toutes manières et par tous moyens la jeunesse instruite de nos campagnes à embrasser la carrière agricole.

«C'est là, suivant moi, le moyen le plus sûr d'accroître la prospérité générale tout en assurant le bien-être des individus, et d'appeler sur la classe la plus nombreuse de notre population la haute considération dont elle devrait jouir dans tous les pays. Je n'ai pas besoin de vous répéter tout ce qu'on a dit sur la noblesse et l'utilité de cette profession. Mais consultez un moment les savants qui se sont occupés de rechercher les causes de la prospérité des nations, et vous verrez que tous s'accordent à dire que l'agriculture est la première source d'une richesse durable; qu'elle offre plus d'avantages que tous les autres emplois; qu'elle favorise le développement de l'intelligence plus que toute autre industrie; que c'est elle qui donne naissance aux manufactures de toutes sortes; enfin qu'elle est la mère de la prospérité nationale, et pour les particuliers la seule occupation réellement indépendante. L'agriculteur qui vit de son travail peut dire avec raison qu'"il ne connaît que Dieu pour maître". Ah! s'il m'était donné de pouvoir me faire entendre de ces centaines de jeunes gens qui chaque année quittent nos campagnes pour se lancer dans les carrières professionnelles, commerciales, ou industrielles, ou pour aller chercher fortune à l'étranger, je leur dirais: ô jeunes gens, mes amis, pourquoi désertez-vous? pourquoi quitter nos belles campagnes, nos superbes forêts, notre belle patrie, pour aller chercher ailleurs une fortune que vous n'y trouverez pas? Le commerce, l'industrie vous offrent, dites-vous, des gages plus élevés, mais est-il rien d'aussi solide que la richesse agricole? Un cultivateur intelligent voit chaque jour augmenter sa richesse, sans craindre de la voir s'écrouler subitement; il ne vit pas en proie aux soucis dévorants; sa vie paisible, simple, frugale, lui procure une heureuse vieillesse.

« Vous ne doutez pas, mon jeune ami, de l'intérêt que je vous porte. Eh bien! je suis tellement persuadé que cette carrière, tout humble qu'elle puisse paraître à vos yeux, est préférable aux professions libérales, au moins pour la plupart des jeunes gens, que je n'hésite pas un instant à vous recommander de l'embrasser, malgré toutes les objections que l'on pourra vous faire. Pour avoir étudié pendant quelques années, ne vous en croyez pas moins apte à la culture de la terre. Au contraire, mon ami, l'étude a développé vos facultés naturelles, vous avez appris à penser, à méditer, à calculer, et nul état ne demande plus d'intelligence que celui de l'agriculteur. Si cet art n'a pas fait de plus rapides progrès parmi nous, il faut en accuser en grande partie la malheureuse répugnance qu'ont montrée jusqu'aujourd'hui nos hommes instruits à se dévouer à cette honorable industrie. Bravez le premier, mon jeune ami, ce préjugé funeste, d'autres vous imiteront bientôt et en peu d'années l'agriculture sera régénérée.»

Chacune de ces paroles allait au cœur de Jean Rivard. C'était bien là son rêve de tous les jours, son idée favorite. Mais chaque fois qu'il en avait parlé dans sa famille, son projet avait excité de telles clameurs qu'il n'osait plus revenir sur ce sujet. D'ailleurs une difficulté existait à laquelle ne songeait pas le bon curé : comment, avec la petite somme de cinquante louis, songer à devenir propriétaire à Grandpré lorsqu'une ferme de dimension ordinaire n'y pouvait coûter moins de douze à quinze mille francs*, sans compter la somme nécessaire à l'acquisition du matériel agricole et des animaux indispensables à l'exploitation ?

Jean Rivard passa donc encore plusieurs mois à considérer sa situation, à faire des projets de toutes sortes, à chercher tous les moyens imaginables de sortir d'embarras. Parfois le découragement s'emparait de son âme et l'avenir s'offrait à ses regards sous les couleurs les plus sombres. Eh quoi! se disait-il, serai-je condamné à travailler comme journalier, comme homme de peine, dans les lieux mêmes où mon père cultivait pour son propre compte? La pensée d'émigrer, de s'expatrier, lui venait bien quelquefois, mais il la repoussait aussitôt comme anti-patriotique, anti-nationale.

---

* On conserve encore la coutume, dans les paroisses canadiennes éloignées des villes, de compter par francs dans les conventions relatives aux biens-fonds.

Une raison secrète qu'on connaîtra bientôt rendait encore plus vif son désir de s'établir le plus promptement possible.

III

Noble résolution de Jean Rivard

Les soucis qui tourmentaient notre jeune homme surexcitèrent à tel point son système nerveux qu'il lui arriva plus d'une fois de passer la nuit sans fermer l'œil. Il se levait, se promenait de long en large dans sa chambre, puis se couchait de nouveau, demandant en vain au sommeil quelques moments de repos. Enfin il arriva qu'une nuit, après plusieurs heures d'une insomnie fiévreuse, il s'endormit profondément, et eut un songe assez étrange. Il se crut transporté au milieu d'une immense forêt. Tout à coup des hommes apparurent armés de haches, et les arbres tombèrent çà et là sous les coups de la cognée. Bientôt ces arbres furent remplacés par des moissons luxuriantes; puis des vergers, des jardins, des fleurs surgirent comme par enchantement. Le soleil brillait dans tout son éclat; il se crut au milieu du paradis terrestre. En même temps il lui sembla entendre une voix lui dire: il ne dépend que de toi d'être un jour l'heureux et paisible possesseur de ce domaine.

Bien que Jean Rivard fût loin d'être superstitieux, ce songe fit cependant sur lui une impression extraordinaire. En s'éveillant, une pensée qu'il regarda comme une inspiration du ciel lui traversa le cerveau, et dès que le jour parut, se levant plus tôt que d'habitude, il annonça à sa mère qu'il allait partir pour un voyage de quelques jours.

Or, voici le projet que Jean Rivard avait en tête. Il savait qu'en arrière des paroisses qui bordent le beau et grand fleuve Saint-Laurent s'étendaient d'immenses forêts qui ne demandaient qu'à être défrichées pour produire d'abondantes récoltes. Là, pour une modique somme, un jeune homme pouvait facilement devenir grand propriétaire. Il est bien vrai que les travaux de déboisement n'étaient pas peu de chose et devaient entrer en ligne de compte, mais ces travaux ne demandaient que du courage, de l'énergie, de la persévérance, et n'effrayaient nullement notre héros.

Jean Rivard avait donc résolu de s'établir intrépidement sur une terre en bois debout, de la défricher, de l'exploiter, et il voulait à cette fin faire une visite d'exploration.

La partie du Bas-Canada qu'on appelle les Cantons de l'Est* et qui s'étend au sud du fleuve Saint-Laurent, depuis la rivière Chaudière jusqu'à la rivière Richelieu, comprenant plus de quatre millions d'acres de terre fertile, est excessivement intéressante, non seulement pour l'économiste, mais aussi pour l'artiste, le poète et le voyageur. Partout la nature s'y montre, sinon aussi sublime, aussi grandiose, du moins presque aussi pittoresque que dans le bas du fleuve et les environs de Québec. Montagnes, collines, vallées, lacs, rivières, tout semble fait pour charmer les regards. Le touriste qui a parcouru les bords de la rivière Saint-François ne saurait oublier les paysages enchanteurs qui s'offrent de tous côtés. Les rivières Chaudière, Nicolet, Bécancour, avec leurs chaînes de lacs, leurs cascades, leurs rives escarpées ; les lacs Memphrémagog, Saint-François, Mégantic, Aylmer, avec leurs îlots verdoyants, présentent à l'œil le même genre de beautés ravissantes.

Ajoutons à cela que le sol y est partout d'une fertilité remarquable, que le ciel y est clair et le climat salubre, que toutes les choses nécessaires à la nourriture de l'homme, poisson, gibier, fruits, s'y trouvent en abondance, et l'on s'étonnera sans doute que cette partie du Canada n'ait pas été peuplée plus tôt.

Ce n'est que vers la fin du dernier siècle que trente familles américaines traversèrent la frontière pour venir s'établir dans le canton de Stanstead et les environs.

Diverses causes retardèrent la colonisation de cette partie du pays. On sait que d'immenses étendues de forêts devinrent de bonne heure la proie d'avides spéculateurs qui pendant longtemps refusèrent de les concéder. Ce n'est que depuis peu d'années que l'adoption de mesures législatives et la construction de chemins de fer et autres voies de communication dirigèrent l'émigration canadienne vers ces fertiles régions.

C'est là que Jean Rivard avait résolu de se fixer.

Ce fut une scène touchante dans la famille Rivard. La mère surtout, la pauvre mère déjà habituée à regarder son Jean comme le chef de la maison, ne pouvait se faire à l'idée de se séparer de lui. Elle l'embrassait en pleurant, puis s'occupait à préparer ses effets de voyage et revenait l'embrasser de nouveau. Il lui semblait que son enfant s'en allait au bout du monde et son cœur maternel s'exagérait les dangers qu'il allait courir.

---

* Le mot anglais *Township* n'a pas d'équivalent en français. M. de Tocqueville dit que le *township* tient le milieu entre le canton et la commune ; d'autres, comme M. Laboulaye, prétendent que le township se rapproche beaucoup plus du canton que de la commune, puisqu'un township peut se composer de plusieurs municipalités, de même qu'un canton peut comprendre plusieurs communes. Je me servirai donc, dans le cours de ce récit, du mot «Canton», de préférence au mot «Township».

Jean Rivard comprit que c'était l'occasion pour lui de se montrer ferme et, refoulant au fond du cœur les émotions qui l'agitaient :

« Ma bonne mère, dit-il, vous savez que personne ne vous aime plus tendrement que moi ; vous n'ignorez pas que mon plus grand bonheur serait de passer ma vie auprès de vous, et au milieu de mes frères et sœurs. Les plaisirs du cœur sont si doux... et je pourrais les goûter dans toute leur plénitude. Mais ce bonheur ne m'est pas réservé. Je ne veux pas revenir sur les considérations qui m'ont fait prendre le parti de m'éloigner, vous les connaissez, ma mère, et je suis convaincu que vous m'approuverez vous-même un jour. Ce qui m'encourage dans ce dessein, c'est l'espoir de me rendre utile à moi-même, à mes jeunes frères, et peut-être à mon pays. Si je partais pour une expédition lointaine, pour une terre étrangère, sans but arrêté, comme ont fait et comme font malheureusement encore un grand nombre de nos jeunes compatriotes, je concevrais vos inquiétudes. Mais non, Dieu merci, cette mauvaise pensée n'a jamais eu de prise sur moi ; je demeure dans le pays qui m'a vu naître, je veux contribuer à exploiter les ressources naturelles dont la nature l'a si abondamment pourvu ; je veux tirer du sol les trésors qu'il recèle, et qui, sans des bras forts et vigoureux, y resteront enfouis longtemps encore. Devons-nous attendre que les habitants d'un autre hémisphère viennent, sous nos yeux, s'emparer de nos forêts, qu'ils viennent choisir parmi les immenses étendues de terre qui restent encore à défricher les régions les plus fertiles, les plus riches, puis nous contenter ensuite de leurs rebuts ? Devons-nous attendre que ces étrangers nous engagent à leur service ? Ah ! à cette pensée, ma mère, je sens mes muscles se roidir et tout mon sang circuler avec force. Je possède de bons bras, je me sens de l'intelligence, je veux travailler, je veux faire servir à quelque chose les facultés que Dieu m'a données ; et si le succès ne couronne pas mes efforts, je me rendrai au moins le bon témoignage d'avoir fait mon devoir. »

La pauvre mère, en entendant ces nobles sentiments sortir de la bouche de son fils, dut se résigner et se contenter de pleurer en silence.

IV

Jean Rivard, propriétaire

Jean Rivard partit de Grandpré, traversa le Saint-Laurent en canot et s'aventura ensuite dans les terres.

Le lendemain de son départ, il s'arrêta dans un village dont les maisons presque toutes nouvellement construites et blanchies à la chaux offraient un certain air d'aisance et de gaieté, et au centre duquel s'élevait une petite église surmontée d'un clocher.

Heureusement pour Jean Rivard, ce village était presque entièrement peuplé de Canadiens. Il alla frapper à la porte de la maison de M. Lacasse, magistrat de l'endroit, qu'il connaissait déjà de réputation.

M. Lacasse était en même temps cultivateur et commerçant. Il n'avait reçu que peu d'instruction dans sa jeunesse, mais il possédait un grand fond de bon sens et des sentiments honorables qui le faisaient estimer de tous ceux qui l'approchaient.

Jean Rivard prit la liberté de se présenter à lui, et après lui avoir décliné son nom, lui fit part en quelques mots du but de son voyage.

M. Lacasse l'écouta attentivement, tout en le considérant avec des yeux scrutateurs, puis s'adressant à lui:

«Jeune homme, dit-il, avant de vous dire ce que je pense de votre démarche, permettez-moi de vous faire deux ou trois questions: quel âge avez-vous?

— J'ai dix-neuf ans.

— Vous ne me paraissez guère habitué au travail; avez-vous une bonne santé? Êtes-vous fort et vigoureux?

— Je jouis d'une excellente santé, et si je ne suis pas encore habitué au travail, j'espère le devenir un jour.

— C'est bien; mais encore une question, s'il vous plaît: êtes-vous persévérant? S'il vous survenait des obstacles, des revers, des accidents, seriez-vous homme à vous décourager? Cette question est de la plus grande importance.

— Monsieur, depuis le jour où j'ai quitté le collège, j'ai toujours eu présente à l'esprit une maxime que nous répétait souvent notre excellent directeur: avec le travail on vient à bout de tout, ou comme il nous disait en latin: *labor omnia vincit*. J'ai pris ces trois mots pour devise, car je comprends que le sens qu'ils présentent doit être d'une application plus fréquente dans la vie du défricheur que dans aucun autre état.

— C'est bien, c'est bien, mon jeune ami ; je ne suis pas fort sur le latin, mais je vois avec plaisir que vous connaissez le rôle que vous aurez à jouer. Vous parlez comme un brave, et je suis heureux d'avoir fait votre connaissance. Maintenant, mon ami, la première chose que vous avez à faire, c'est de choisir un bon lopin de terre, un lot dont la situation et la fertilité vous promettent une ample rémunération de vos labeurs ; car il n'est pas de spectacle plus désolant que celui d'un homme intelligent et courageux qui épuise sa vigueur sur un sol ingrat. »

M. Lacasse fit alors connaître en peu de mots à Jean Rivard, d'après l'expérience qu'il avait acquise durant sa longue carrière de défricheur, à quels signes on pouvait juger de la bonne ou mauvaise qualité du sol.

— Monsieur, dit Jean Rivard, je vous remercie mille fois de vos renseignements précieux, que je ne manquerai pas de mettre à profit. Mais, dites-moi, je vous prie, puis-je en toute confiance choisir dans les milliers d'arpents non encore défrichés de ces vastes Cantons de l'Est le lot qui me conviendra, sauf à en payer plus tard le prix au propriétaire, quand il me sera connu ?

— Oh ! gardez-vous en bien. Si je vous racontais tous les malheurs qui sont résultés des imprudences de ce genre, et dont nos pauvres compatriotes ont été les victimes, surtout depuis un certain nombre d'années, vous en frémiriez. Les grands propriétaires de ces terres incultes ne sont pas connus aujourd'hui, mais ils se cachent comme le loup qui guette sa proie ; et lorsque, après plusieurs années de travail, un défricheur industrieux aura doublé la valeur de leur propriété, ils se montreront tout à coup pour l'en faire déguerpir. Suivez mon conseil, mon jeune ami ; vous avez près d'ici le canton de Bristol presque entièrement inhabité, et possédé en grande partie par le gouvernement et l'Honorable Robert Smith qui réside dans ce village même ; allez, et si, après avoir parcouru la forêt, vous trouvez un lot qui vous convienne, je me charge de vous le faire obtenir. Mais comme il n'y a encore qu'une espèce de sentier qui traverse le canton, je vais vous faire accompagner par un homme que j'ai à mon service, qui connaît parfaitement toute cette forêt et qui pourra même au besoin vous donner d'excellents avis.

— Monsieur, je ne saurais vous exprimer combien je vous suis reconnaissant de tant de bontés...

— Chut ! mon ami, ne parlez pas de reconnaissance. Si vous réussissez comme vous le méritez, je serai suffisamment récompensé. On ne trouve pas tous les jours à obliger des jeunes gens de cœur. »

Jean Rivard et l'homme de M. Lacasse partirent donc ensemble pour parcourir en tous sens le canton de Bristol, après avoir eu le soin de se munir d'une petite boussole.

Ils ne revinrent que le lendemain soir.

Sans entrer dans tous les détails de l'itinéraire de nos explorateurs, disons tout de suite que Jean Rivard avait fait choix, à trois lieues environ du village de Lacasseville (appelé ainsi du nom de son fondateur M. Lacasse), d'un superbe lopin de terre, tout couvert de beaux et grands arbres, et dont le sol était d'une richesse incontestable. Une petite rivière le traversait. D'après la description qu'il en fit à M. Lacasse, celui-ci jugea que son protégé ne s'était pas trompé, et tous deux se rendirent aussitôt chez l'Honorable Robert Smith, lequel, tout en manifestant d'abord une sorte de répugnance à se dessaisir d'une partie de son domaine inculte, finit par concéder à Jean Rivard cent acres de terre à cinq chelins l'acre, payables en quatre versements égaux, dont le premier ne devenait dû qu'au bout de deux années — à condition toutefois que Jean Rivard s'établirait sur le lot en question et en commencerait sans délai le défrichement.

Le marché conclu et signé, Jean Rivard remercia de nouveau son ami et bienfaiteur M. Lacasse, et après lui avoir serré la main, partit en toute hâte pour retourner auprès de sa mère, à Grandpré.

V

Une prédiction

Autant notre héros avait paru morose et soucieux à son départ, aurant il paraissait heureux à son retour.

Il était rayonnant de joie.

On peut s'imaginer combien sa bonne mère, qui n'avait cessé de penser à lui durant son absence, fut heureuse de le voir revenu sain et sauf. Ses frères et sœurs firent bientôt cercle autour de lui pour lui souhaiter la bienvenue et savoir l'histoire de son voyage.

« Eh ! dit sa jeune sœur Mathilde, comme te voilà radieux ! Aurais-tu par hasard fait la rencontre de quelque jolie blonde dans le cours de ton excursion ?

— Oh ! bien mieux que cela, répondit laconiquement notre héros.

— Comment donc ! mais conte-nous cela vite, se hâtèrent de dire à la fois tous les frères et sœurs, en se pressant de plus en plus autour de lui.

— Eh bien ! dit Jean d'un ton sérieux, je suis devenu propriétaire. J'ai maintenant à moi, en pleine propriété, sans aucune redevance quelconque, sans lods et ventes, ni cens et rentes, ni droit de banalité, ni droit de retrait, ni aucun autre droit quelconque, un magnifique lopin de cent acres de terre...

— Oui, de terre en bois debout, s'écria le frère cadet; on connaît cela. La belle affaire! comme si chacun ne pouvait en avoir autant! Mais, dis donc, Jean, continua-t-il d'un ton moqueur, est-ce que celui qui t'a cédé ce magnifique lopin s'engage à le défricher?

— Nullement, repartit Jean, je prétends bien le défricher moi-même.

— Oh! oh! dirent en riant tous les jeunes gens composant l'entourage, quelle belle spéculation! Mais sais-tu Jean, que te voilà devenu riche? Cent arpents de terre... à bois... mais c'est un magnifique établissement...

— Si tu te laisses mourir de froid, disait l'un, ce ne sera pas au moins faute de combustible.

— À ta place, disait un autre, je me ferais commerçant de bois.»

Jean Rivard écoutait ces propos railleurs sans paraître y faire la moindre attention. Il laissa faire tranquillement, et quand les quolibets furent épuisés:

«Riez tant que vous voudrez, dit-il, mais retenez bien ce que je vais vous dire.

J'ai dix-neuf ans et je suis pauvre; ... à trente ans, je serai riche, plus riche que mon père ne l'a jamais été. Ce que vous appelez par dérision mon magnifique établissement vaut à peine vingt-cinq louis aujourd'hui... il en vaudra deux mille alors.

— Et avec quoi, hasarda l'un des frères, obtiendras-tu ce beau résultat?

— Avec cela, dit laconiquement Jean Rivard, en montrant ses deux bras.»

L'énergie et l'air de résolution avec lesquels il prononça ces deux mots firent taire les rieurs, et électrisèrent en quelque sorte ses jeunes auditeurs.

Il se fit un silence qui ne fut interrompu que par la voix de la sœur Mathilde qui, tout en continuant son travail de couture, murmura d'un ton moitié badin, moitié sérieux:

«Je connais pourtant une certaine personne à qui ça ne sourira guère d'aller passer sa vie dans les bois.»

Cette remarque, à laquelle Jean Rivard ne s'attendait pas, le fit rougir jusqu'au blanc des yeux, et sembla le déconcerter plus que toutes les objections qu'on lui avait déjà faites. Il se rassura pourtant graduellement et, après avoir pris congé de la famille, se retira sous prétexte de se reposer, mais de fait pour rêver à son projet chéri.

VI

Mademoiselle Louise Routier

On était au commencement d'octobre (1843), et Jean Rivard tenait beaucoup à ensemencer quelques arpents de terre dès le printemps suivant. Pour cela il n'avait pas de temps à perdre.

Par un heureux et singulier hasard, sur le lot qu'il avait acheté se trouvait déjà une petite cabane érigée autrefois par un pauvre colon canadien qui avait projeté de s'établir dans cet endroit, mais que l'éloignement des habitations, le défaut de chemins et surtout la crainte d'être forcé de déguerpir avaient découragé.

Ces habitations primitives de la forêt sont construites au moyen de pièces de bois superposées et enchevêtrées l'une dans l'autre aux deux extrémités. Le toit est pareillement formé de pièces de bois placées de manière à empêcher la neige et la pluie de pénétrer à l'intérieur. L'habitation forme généralement une espèce de carré d'un extérieur fort grossier, qui n'appartient à aucun style connu d'architecture, et n'est pas même toujours très confortable à l'intérieur, mais qui cependant offre au défricheur un abri temporaire contre les intempéries des saisons. À quelques-unes de ces cabanes, la lumière vient par des fenêtres pratiquées dans les côtés, à d'autres elle ne vient que par la porte. La fumée du poêle doit tant bien que mal sortir par un trou pratiqué dans le toit.

Le pauvre colon qui le premier s'était aventuré dans le canton de Bristol avait dû coucher pendant plusieurs nuits à la belle étoile ou sous une tente improvisée en attendant la construction de la cabane en question.

Cette hutte abandonnée pouvait toutefois servir de gîte à Jean Rivard et rien ne s'opposait à ce qu'il commençât sans délai ses travaux de défrichement.

Les opérations devaient être nécessairement fort restreintes. On comprend qu'une exploitation basée sur un capital de cinquante louis ne pouvait être commencée sur une bien grande échelle. Et cette somme de cinquante louis composant toute la fortune de Jean Rivard, il ne se souciait guère de la risquer d'abord tout entière.

La première chose dont il s'occupa fut d'engager à son service un homme en état de l'aider de son travail et de son expérience dans les défrichements qu'il allait entreprendre. Il rencontra cet homme dans la personne d'un journalier de Grandpré, du nom de Pierre Gagnon, gaillard robuste, toujours prêt à tout faire, et habitué d'ailleurs aux travaux les plus durs. Jean Rivard convint de lui payer quinze louis par année en sus de la nourriture et du logement. Pour une somme additionnelle de dix louis, il pouvait se procurer des provisions de bouche pour plus de six mois, les ustensiles les plus indispensables, et quelques objets d'ameublement de première nécessité. Mais pour éviter les frais de transport, tous ces articles devaient être achetés au village de Lacasseville.

Cependant plus l'heure du départ approchait, plus Jean Rivard devenait triste; une sombre mélancolie qu'il ne pouvait dissimuler s'emparait de son âme, à l'idée de quitter ses amis, ses voisins, sa famille, surtout sa vieille mère, dont il avait été l'espoir depuis le jour où elle était devenue veuve. La vérité nous oblige aussi de dire en confidence au lecteur qu'il y avait à la maison voisine une jeune et jolie personne de dix-sept ans dont Jean Rivard ne pouvait se séparer qu'avec regret. C'était mademoiselle Louise Routier, fille de M. François Routier, ancien et fidèle ami de feu Baptiste Rivard. Jean et Louise avaient été élevés presque ensemble et avaient naturellement contracté l'un pour l'autre un attachement assez vif. Mais on ne saurait mieux faire connaître dans quelle disposition de cœur se trouvait notre héros à l'égard de cette jeune fille qu'en rapportant l'extrait suivant d'une lettre écrite à cette époque par Jean Rivard lui-même à son ami Gustave Charmenil:

. . . .

« Que fais-tu donc, mon cher Gustave, que tu ne m'écris plus? As-tu sur le métier quelque poème de ta façon? Ou serais-tu absorbé par hasard dans l'étude du droit? Ou, ce qui est plus probable, serais-tu tombé en amour comme moi? Tu ris, et tu ne me croiras pas quand je te dirai que depuis six mois je suis amoureux fou… et devine de qui?… Écoute: tu te souviens de la petite Louise que nous trouvions si gentille, pendant nos vacances? Eh bien! depuis ton départ, elle a joliment grandi; si tu la voyais le dimanche à l'église, avec sa robe de couleur rose, la même couleur que ses joues; si tu voyais ses grands yeux bleus, et les belles dents qu'elle montre quand elle rit, ce qui arrive assez souvent, car elle est d'une gaieté folle; si tu la voyais danser; si surtout tu pouvais converser une demi-heure avec elle… tu concevrais que j'aie pu me laisser prendre. Je t'avouerai que j'ai été assez longtemps avant de me déclarer ouvertement; tu sais que je n'aime pas à précipiter les choses; mais enfin je n'ai pu y tenir, et un bon jour, ou plutôt un bon soir que j'avais soupé chez le père Routier, après avoir accompagné Louise à son retour de vêpres, me trouvant avec elle sur la galerie, je me hasardai à lui faire une déclaration d'amour en forme; toute ma crainte était qu'elle n'éclatât de rire, ce qui m'aurait piqué au vif, car j'y allais sérieusement; mais loin de là, elle devint rouge comme une cerise et finit par balbutier que de tous les jeunes gens qui venaient chez son père, c'était moi qu'elle aimait le mieux. Juge de mon bonheur. Ce soir-là, je m'en retournai chez ma mère le cœur inondé de joie ; toute la nuit, je fis des rêves couleur de rose, et depuis ce jour, mon cher ami, mon amour n'a fait qu'augmenter. Louise continue toujours à être excessivement timide et farouche, mais je ne l'en aime pas moins ; au contraire, je crois que je la préfère comme cela.

« Mais tu vas me dire : quelle folie ! quelle étourderie ! Comment peux-tu t'amuser à faire l'amour lorsque tu n'as pas les moyens de te marier ? — Tout doux, Monsieur le futur avocat, Monsieur le futur représentant du peuple, Monsieur le futur ministre (car je sais que tu veux être tout cela), je ne prétends pas à tous les honneurs, à toutes les dignités comme vous, mais je tiens à être aussi heureux que possible ; et je ne crois pas comme vous qu'il faille être millionnaire en petit pour prendre femme.

— Convenu, me diras-tu, mais au moins faut-il avoir quelque chose de plus à offrir que la rente d'un patrimoine de cinquante louis.

— Je vous arrête encore, mon bon ami. Plaisanterie à part, sais-tu bien, mon cher Gustave, que depuis que je t'ai écrit, c'est-à-dire depuis la mort de mon pauvre père, je suis devenu grand propriétaire ? Voici comment.

« Du moment que je me vis obligé de subvenir à mes besoins, et surtout lorsque j'eus obtenu de la bouche de ma Louise l'aveu si doux dont je t'ai parlé, je me creusai le cerveau pour trouver un moyen quelconque de m'établir. Après avoir conçu et abandonné une foule de projets plus ou moins réalisables, je me déterminai enfin… devine à quoi ?… à me faire défricheur !… Oui, mon cher, j'ai acheté récemment, et je possède à l'heure qu'il est, dans le canton de Bristol, un superbe lopin de terre en bois debout qui n'attend que mon bras pour produire des richesses. Avant trois ans peut-être je serai en état de me marier, et dans dix ans, je serai riche, je pourrai aider ma pauvre mère à établir ses plus jeunes enfants, et faire du bien de mille manières. Ne ris pas de moi, mon cher Gustave ; j'en connais qui ont commencé comme moi et qui sont aujourd'hui indépendants. Qui sait si mon lot ne sera pas dans vingt ans le siège d'une grande ville ? Qu'étaient, il y a un demi-siècle, les villes et villages de Toronto, Bytown, Hamilton, London, Brockville, dans le Haut-Canada, et la plus grande partie des villes américaines ? Des forêts touffues qu'ont abattues les haches des vaillants défricheurs. Je me sens le courage d'en faire autant.

« Je pars dans une semaine, avec armes et bagages, et la prochaine lettre que je t'écrirai, mon cher Gustave, sera datée de "Villa Rivard" dans le canton de Bristol. »

VII

Le départ — Pierre Gagnon

Jean Rivard passa dans la compagnie de sa Louise toute la soirée qui précéda le jour de la séparation. Je ne dirai pas les serments de fidélité qui furent prononcés de part et d'autre, dans cette mémorable circonstance. Le seul souvenir laissé par Jean Rivard à sa bien-aimée fut un petit chapelet en grains de corail, béni par notre Saint Père le Pape ; il le lui donna à la condition qu'elle en réciterait chaque jour une dizaine à l'intention des pauvres défricheurs.

En retour, Louise lui fit cadeau d'une petite *Imitation de Jésus-Christ* dont elle s'était déjà servie, ce qui ne la rendait que plus intéressante aux yeux du donataire ; elle l'engagea à en lire quelques pages, au moins tous les dimanches, puisque dans la forêt où il allait s'isoler il serait privé d'adorer Dieu dans son Temple.

La mère Rivard sanglota beaucoup en embrassant son cher enfant. De son côté, Jean aussi avait le cœur gonflé ; il le sentait battre avec force ; mais il dut encore faire un effort sur lui-même et se soumettre avec résignation à ce qu'il appelait le décret de la Providence.

Disons ici, pour répondre à ceux qui pourraient reprocher à Jean Rivard d'abandonner sa mère, que son frère cadet avait déjà dix-huit ans, et était parfaitement en état de le suppléer à la maison paternelle.

On comprend que nos deux voyageurs ne désiraient se charger d'aucun objet superflu ; aussi tout leur bagage consistait-il en deux sacs de voyage contenant leurs hardes et leur linge le plus indispensable, et quelques articles peu volumineux.

Jean Rivard n'oublia pas cependant son fusil, non qu'il eût un goût bien prononcé pour la chasse, mais dans les lieux sauvages qu'il allait habiter, cet instrument pouvait avoir son utilité, comme il fut reconnu plus d'une fois par la suite.

Dès le lendemain de leur départ de Grandpré, les deux voyageurs couchaient au village de Lacasseville.

Dans la soirée, Jean Rivard eut avec M. Lacasse un long entretien au sujet des choses dont il devait se pourvoir. Il fut un peu déconcerté après que M. Lacasse lui eut fait comprendre qu'il ne pouvait songer à se rendre en voiture à son futur établissement. Il s'était imaginé qu'en abattant quelques arbres par-ci par-là, le long du sentier de pied qu'il avait déjà parcouru, un cheval pourrait tant bien que mal traîner une voiture chargée jusqu'à sa cabane.

« Ce que vous avez de mieux à faire pour le moment, lui dit M. Lacasse, c'est de vous rendre à pied, avec votre homme, en vous chargeant de provisions pour quelques semaines et de vos ustensiles les plus indispensables. Vous reviendrez plus tard, quand la saison le permettra, chercher les autres effets dont vous ne pourrez absolument vous passer dans le cours de l'hiver. »

Cette perspective n'était guère encourageante, mais Jean Rivard n'était pas homme à reculer sitôt devant les obstacles. Il suivit donc en tous points les conseils de M. Lacasse et partit de bonne heure le lendemain matin.

En le voyant se diriger vers l'entrée de l'épaisse forêt, en compagnie de Pierre Gagnon, tous deux chargés d'énormes sacs, et les bras et les mains embarrassés d'ustensiles et d'outils de diverses sortes, monsieur Lacasse se retournant vers ceux qui l'entouraient :

« Il y a du nerf et du cœur chez ce jeune homme, dit-il ; il réussira, ou je me tromperai fort. »

Et M. Lacasse disait vrai. En s'aventurant hardiment dans les bois pour y vivre loin de toute société, et s'y dévouer au travail le plus dur, Jean Rivard faisait preuve d'un courage plus qu'ordinaire. La bravoure militaire, cette valeur fougueuse qui se manifeste de temps à autre en présence de l'ennemi, sur un champ de bataille, est bien au-dessous, à mon avis, de ce courage calme et froid, de ce courage de tous les instants qui n'a pour stimulants ni les honneurs, ni les dignités, ni la gloire humaine, mais le seul sentiment du devoir et la noble ambition de bien faire.

Jean Rivard n'eut pas à regretter de s'être chargé de son fusil. Tout en accomplissant son trajet à travers les bois, pas moins de trois belles perdrix grises vinrent grossir son sac de provisions de bouche.

Le soir même, au coucher du soleil, les deux voyageurs étaient rendus à leur gîte, sur la propriété de Jean Rivard, au beau milieu du canton de Bristol.

Ce fut le 15 octobre 1843 que Jean Rivard coucha pour la première fois dans son humble cabane.

Nos voyageurs n'eurent pas besoin cette fois d'un coucher moelleux pour goûter les douceurs du sommeil. Étendus sur un lit de branches de sapin, la tête appuyée sur leurs sacs de voyage, et les pieds tournés vers un petit feu que Pierre Gagnon avait eu le soin d'allumer, tous deux reposèrent comme des bienheureux.

Quand Jean Rivard ouvrit les yeux le lendemain matin, Pierre Gagnon était déjà debout. Il avait trouvé le tour d'improviser, avec le seul secours de sa hache, d'une petite tarière et de son couteau, une espèce de table et des sièges temporaires ; et quand son maître fut levé, il l'invita gaiement à déjeuner. Mais puisque nous en sommes sur Pierre Gagnon, disons un mot de ce brave et fidèle serviteur qui fut à la fois l'ami et le premier compagnon des travaux de Jean Rivard.

Pierre Gagnon était un de ces hommes d'une gaieté intarissable, qui conservent leur bonne humeur dans les circonstances les plus difficiles, et semblent insensibles aux fatigues corporelles. Ses propos comiques, son gros rire jovial, souvent à propos de rien, servaient à égayer Jean Rivard. Il s'endormait le soir en badinant, et se levait le matin en chantant. Il savait par cœur toutes les chansons du pays, depuis la « Claire Fontaine » et « Par derrièr' chez ma tante » jusqu'aux chansons modernes, et les chantait à qui voulait l'entendre, souvent même sans qu'on l'y invitât. Son répertoire était inépuisable : chansons d'amour, chants bachiques, guerriers, patriotiques, il en avait pour tous les goûts. Il pouvait de plus raconter toutes les histoires de loups-garous et de revenants qui se transmettent d'une génération à l'autre parmi les populations des campagnes. Il récitait de mémoire, sans en omettre une syllabe, l'éloge funèbre de Michel Morin, bedeau de l'église de Beauséjour, le contrat de mariage entre Jean Couché debout et Jacqueline Doucette, etc., et nombre d'autres pièces et contes apportés de France par nos pères, et conservés jusqu'à ce jour dans la mémoire des enfants du peuple.

On peut dire que pour Jean Rivard, Pierre Gagnon était l'homme de la circonstance. Aussi l'appelait-il complaisamment son intendant. Pierre cumulait toutes les fonctions de l'établissement ; il avait la garde des provisions, était cuisinier, fournissait la maison de bois de chauffage, était tour à tour forgeron, meublier, menuisier ; mais comme il remplissait toutes ces diverses fonctions gratuitement, et pour ainsi dire à temps perdu, on ne pouvait l'accuser de cupidité, et jamais fonctionnaire ne donna une satisfaction plus complète.

VIII

Les défrichements

Jean Rivard se rappelait le précepte: ne remets pas à demain ce que tu peux faire aujourd'hui. Aussi, à peine l'Aurore aux doigts de rose avait-elle ouvert les portes de l'Orient, comme dirait le bon Homère, que nos deux défricheurs étaient déjà à l'œuvre.

Ils commencèrent par éclaircir et nettoyer les alentours de leur cabane; en quelques jours, les arbrisseaux avaient été coupés ou arrachés de terre, les «corps morts*» avaient été coupés en longueurs de huit à dix pieds, réunis en tas et brûlés; les grands arbres seuls restaient debout, trônant çà et là, dans leur superbe majesté.

Les grands arbres de la forêt offrent aux regards quelque chose de sublime. Rien ne présente une plus belle image de la fierté, de la dignité royale.

Cette vue rappelle involontairement à l'esprit la belle comparaison du prophète à l'égard des superbes:

> *Pareils aux cèdres du Liban,*
> *Ils cachent dans les cieux*
> *Leurs fronts audacieux.*

On y voyait l'orme blanc si remarquable par l'ombrage protecteur qu'il offre au travailleur. À une vingtaine de pieds du tronc, quatre ou cinq rameaux s'élancent en divergeant jusqu'à une hauteur de soixante à soixante-dix pieds, et là s'arrêtent pour se pencher vers la terre, formant avec leur riche feuillage un immense parasol. Quelques-uns de ces arbres s'élèvent à une hauteur de cent pieds. Isolés, ils apparaissent dans toute leur grandeur, et ce sont sans contredit les arbres les plus magnifiques de la forêt.

On y voyait aussi le frêne blanc, si remarquable par sa blanche écorce, la beauté de son feuillage, et l'excellente qualité de son bois qui sert à une multitude d'usages, — le hêtre à l'écorce grisâtre, que la foudre ne frappe jamais et dont les branches offrent aussi, par leur gracieux feuillage et leur attitude horizontale, un abri recherché, — le tilleul ou bois blanc qui croît à une hauteur de plus de quatre-vingts pieds, et sert à la fabrication d'un grand nombre d'objets utiles — le merisier à l'écorce aromatique, et dont

---

* Dans le langage des défricheurs, les «corps morts» sont des arbres abattus par les ouragans ou par suite de vétusté.

le bois égale en beauté l'acajou — le sapin, au feuillage toujours vert, qui s'élève vers le ciel en forme pyramidale — et enfin le pin, qui s'élance jusqu'à cent cinquante pieds, et que sa forme gigantesque a fait surnommer le Roi de la Forêt. Ces deux derniers cependant ne se trouvaient qu'en très petit nombre sur la propriété de Jean Rivard. Nous parlerons plus loin d'un magnifique bosquet d'érables situé à quelque distance de son habitation.

On avouera qu'il fallait, sinon du courage, au moins de bons bras pour s'attaquer à ces géants de la forêt, qui ne succombaient qu'avec lenteur sous les coups répétés de la hache. Nos bûcherons commençaient par jeter un coup d'œil sur les arbres qu'ils destinaient à la destruction, afin de s'assurer dans quelle direction ils penchaient; car tout arbre, même le plus fier, tend à pencher d'un côté plutôt que d'un autre, et c'est dans cette direction que doit être déterminée sa chute. Du matin jusqu'au soir nos deux défricheurs faisaient résonner les bois du son de cet utile instrument qu'on pourrait à bon droit regarder parmi nous comme l'emblème et l'outil de la civilisation. Les oiseaux effrayés s'enfuyaient de ces retraites naguère si paisibles. Quand le grand arbre de cent pieds de hauteur, atteint au cœur par le taillant de l'acier meurtrier, annonçait qu'il allait succomber, il y avait comme une seconde de silence solennel, puis un craquement terrible causé par la chute du colosse. Le sol faisait entendre un sourd mugissement.

De même que, dans le monde politique, financier, commercial ou industriel, la chute des grands entraîne la ruine d'une multitude de personnages subalternes, de même la chute des grands arbres fait périr une multitude d'arbres moins forts, dont les uns sont décapités ou brisés par le milieu du corps, et les autres complètement arrachés de terre.

À peine nos défricheurs avaient-ils porté sur leur ennemi terrassé un regard de superbe satisfaction qu'ils se mettaient en frais de le dépecer. En quelques instants, l'arbre était dépouillé de ses branches, puis coupé en diverses parties, qui restaient éparses sur le sol, en attendant le supplice du feu.

Et les mêmes travaux recommençaient chaque jour.

Durant la première semaine, Jean Rivard, qui jusqu'alors n'avait guère connu ce que c'était que le travail physique, se sentait à la fin de chaque journée tellement accablé de fatigue, tellement harassé, qu'il craignait de ne pouvoir tenir à cette vie de labeur; mais chaque nuit il reposait si bien, enveloppé dans une peau de buffle, et couché sur le lit rustique dressé par Pierre Gagnon au fond de leur cabane, qu'il se trouvait le lendemain tout refait, tout restauré, et prêt à reprendre sa hache. Peu à peu ses muscles, devenus plus souples et en même temps plus énergiques, s'habituèrent à ce violent exercice; bientôt même, grâce à l'air si salubre de la forêt, et à un appétit dont il s'étonnait lui-même, ses forces augmentèrent d'une manière étonnante, et ce travail des bras d'abord si dur, si pénible, devint pour lui comme une espèce de volupté.

Au milieu de ses travaux, Jean Rivard goûtait aussi quelquefois de douces jouissances. Il avait une âme naturellement sensible aux beautés de la nature, et les spectacles grandioses, comme les levers et les couchers du soleil, les magnifiques points de vue, les paysages agrestes, étaient pour lui autant de sujets d'extase.

Disons aussi que l'automne en Canada est souvent la plus belle saison de l'année, et dans les bois plus que partout ailleurs; à cette époque les feuilles changent de couleur; ici, elles offrent une teinte pourpre ou dorée, là, la couleur écarlate; partout le feuillage est d'une richesse, d'une magnificence que rien n'égale.

Les travaux de déboisement ne furent suspendus qu'une seule journée, vers le milieu de novembre, pour permettre à nos défricheurs de retourner avant l'hiver au village de Lacasseville, y chercher de nouvelles provisions et divers articles de ménage dont l'absence se faisait grandement sentir dans le nouvel établissement. Ils partirent un samedi vers le soir, et ne revinrent que le lundi. Pour éviter un nouveau trajet, notre héros, suivant encore en cela les conseils de M. Lacasse, loua cette fois les services de deux hommes robustes, qui l'aidèrent à transporter les effets les plus lourds à travers la forêt.

Au nombre de ces effets était un poêle, article fort important, surtout à l'approche de l'hiver, et dont Pierre Gagnon en sa qualité de cuisinier avait déjà plus d'une fois regretté l'absence. Jusque-là nos défricheurs avaient été réduits à faire cuire leur pain sous la cendre.

Jean Rivard n'eut pas d'ailleurs à regretter ce petit voyage à Lacasseville, car une lettre de son ami Gustave Charmenil l'y attendait depuis plusieurs jours; elle était ainsi conçue:

«Mon cher ami,

«J'ai reçu ta lettre où tu m'annonces que tu te fais défricheur. Tu parais croire que ton projet va rencontrer en moi un adversaire acharné; loin de là, mon cher, je t'avouerai franchement que si je n'avais pas déjà fait deux années de cléricature, et surtout si j'avais comme toi cinquante louis à ma disposition, je prendrais peut-être aussi la direction des bois, malgré mes goûts prononcés pour la vie spéculative et intellectuelle. Tu ne saurais croire combien je suis dégoûté du monde. Je te félicite de tout mon cœur de n'avoir pas suivi mon exemple. Si je te racontais toutes mes misères, tous mes ennuis, tous mes déboires, depuis le jour où j'ai quitté le collège, tu me plaindrais sincèrement, tu en verserais des larmes peut-être, car je connais ton bon cœur. Ah! mon cher ami, ces heures délicieuses que nous avons passées ensemble, à gambader à travers les bosquets, à nous promener dans les allées du grand jardin, à converser sur le gazon ou sous les branches des arbres, nos excursions les jours de congé dans les vertes campagnes, sur les rivages du lac ou sur les bords pittoresques de la rivière, tous ces plaisirs si doux me reviennent souvent à la mémoire comme pour contraster avec ma situation présente. Te le dirai-je, mon bon ami ? ce bel avenir que je rêvais, cette glorieuse carrière que je devais parcourir, cette fortune, ces honneurs, ces dignités que je devais conquérir, tout cela est maintenant relégué dans le domaine des illusions. Sais-tu à quoi ont tendu tous mes efforts, toutes les ressources de mon esprit, depuis deux ans ? À trouver les moyens de ne pas mourir de faim. C'est bien prosaïque, n'est-ce pas ? C'est pourtant là, mon cher ami, le sort de la plupart des jeunes gens qui, après leurs cours d'études, sont lancés dans les grandes villes, sans argent, sans amis, sans protecteurs et sans expérience de la vie du monde. Ah ! il faut bien bon gré mal gré dire adieu à la poésie, aux jouissances intellectuelles, aux plaisirs de l'imagination, et, ce qui est plus pénible encore, aux plaisirs du cœur. Ce que tu me racontes de tes amours, des charmes ingénus de ta Louise, de votre attachement avoué l'un pour l'autre, de ton espoir d'en faire avant peu ta compagne pour la vie, tout cela est bien propre à me faire envier ton sort. Oui, je sais que tu seras heureux, comme tu mérites de l'être : quoique moins âgé que moi de plusieurs années, tu goûteras tout le bonheur d'une tendresse partagée, d'une union durable, quand moi, j'en serai encore à soupirer… Tu es peut-être curieux de savoir si depuis deux ans que je suis dans le monde je n'ai pas contracté un attachement quelconque ? Je n'imiterais pas ta franchise si je te disais que non ; mais, mon cher, le sentiment que j'éprouve ne saurait être partagé puisque la personne que j'aime ne le sait pas et ne le saura jamais. Imagine-toi que, dès les premiers temps de mon séjour ici, je voyais tous les dimanches, à l'église, tout près du banc où j'entendais la messe, une jeune fille de dix-huit à vingt ans dont la figure me rappelait involontairement tout ce que j'avais lu et rêvé de la figure des anges : des traits de la plus grande délicatesse, un teint de rose, de beaux grands yeux noirs, une petite taille mignonne, de petites mains d'enfant et, comme diraient les romanciers, des lèvres de carmin, un cou d'albâtre, des dents d'ivoire, etc. Mais son maintien réservé, sa piété (car durant toute la messe on ne pouvait lui voir tourner la tête, et son esprit était évidemment en rapport avec les chœurs célestes et les vierges de l'empyrée), excitèrent mon admiration encore plus que sa beauté. On m'assure que parmi les jeunes demoiselles qui vont à l'église le dimanche quelques-unes ont en vue de s'y faire voir et d'y déployer le luxe de leurs toilettes ; mais ce n'était assurément pas le cas pour ma belle inconnue. Tu ne me croiras peut-être pas quand je te dirai que sa présence m'inspirait de la dévotion. Je ne m'imaginai pas d'abord que ce sentiment d'admiration et de respect que j'éprouvais pût se changer en amour; mais je reconnus plus tard mon erreur. Le besoin de l'apercevoir tous les dimanches à l'église devint bientôt si fort que son absence me désappointait et me rendait tout triste. Lorsqu'elle sortait de l'église je la suivais de loin pour le seul plaisir de la voir marcher et de toucher de mon pied la pierre que le sien avait touchée. Le suprême bonheur pour moi eût été, je ne dis pas d'être aimé d'elle, mais d'avoir seulement le plus petit espoir de l'être un jour. Ma vie passée avec elle, c'eût été le paradis sur la terre. Mais ce bonheur je ne le rêvais même pas. Pourquoi me serais-je laissé aller à ce songe enchanteur, moi, pauvre jeune homme qui ne pouvais avant dix ans songer à m'établir? D'ici là, me disais-je, elle se mariera: elle fera le bonheur de quelque jeune homme plus fortuné que moi; elle ne saura jamais que le pauvre étudiant qui entendait la messe tout près d'elle à l'église fut celui qui l'aima le premier et de l'amour le plus sincère. Je n'ai pas honte, mon cher ami, de te faire cette confidence, car j'ai la conscience que le sentiment que j'éprouve n'a rien de répréhensible. Tu trouves sans doute étrange que je n'aie pas cherché, sinon à faire sa connaissance, du moins à savoir son nom, le nom de sa famille? C'est pourtant le cas, mon cher ami; non seulement je ne l'ai pas cherché, mais j'ai soigneusement évité de faire la moindre question à cet égard; tu es même le seul à qui j'aie jamais fait cette confidence. Je préfère ignorer son nom. Que veux-tu! c'est bien triste, mais ce n'en est pas moins vrai, les plaisirs du cœur me sont interdits et me le seront encore pendant les plus belles années de ma vie...

«Ô heureux, mille fois heureux le fils du laboureur qui, satisfait du peu que la providence lui a départi, s'efforce de l'accroître par son travail et son industrie, se marie, se voit revivre dans ses enfants, et passe ainsi des jours paisibles, exempts de tous les soucis de la vanité, sous les ailes de l'amour et de la religion. C'est une bien vieille pensée que celle-là, n'est-ce pas? Elle est toujours vraie cependant. Si tu savais, mon cher ami, combien de fois je répète le vers de Virgile:

Heureux l'homme des champs, s'il savait son bonheur!

«Ce qui me console un peu, mon cher ami, c'est que toi au moins tu seras heureux: tu es tenace et courageux; tu réussiras, j'en ai la certitude. Donne-moi de tes nouvelles de temps à autre et sois sûr que personne ne prend plus d'intérêt que moi à tes succès comme défricheur, et à ton bonheur futur comme époux.»

«Ton ami dévoué,
Gustave Charmenil»

Cette lettre causa à notre héros un mélange de tristesse et de plaisir. Il aimait sincèrement son ancien camarade et tout son désir était de le savoir heureux. Le ton de mélancolie qui régnait dans sa lettre, les regrets qu'il laissait échapper faisaient mal au cœur de Jean Rivard. D'un autre côté, la comparaison qu'il y faisait de leurs situations respectives servait à retremper son courage et à l'affermir plus que jamais dans la résolution qu'il avait prise.

Dans les derniers jours de l'automne, vers l'époque où la neige allait bientôt couvrir la terre de son blanc manteau, nos deux défricheurs s'occupèrent à sarcler la forêt, c'est-à-dire à faire disparaître tous les jeunes arbres qui devaient être soit déracinés soit coupés près du sol ; ils purent ainsi nettoyer une étendue de dix à douze arpents autour de leur cabane, ne laissant debout que les grands arbres qui pouvaient être facilement abattus durant les mois d'hiver.

Ce n'était pas chose facile pourtant que de faire disparaître de cette surface les végétaux géants qui la couvraient encore, et qu'il fallait couper à une hauteur d'environ trois pieds du sol. Plusieurs de ces arbres étaient, comme on l'a déjà dit, d'une dimension énorme, quelques-uns n'ayant pas moins de cinq à six pieds de diamètre. Ajoutons qu'il fallait travailler au milieu des neiges et que souvent un froid intense obligeait bon gré mal gré nos vaillants défricheurs à suspendre leurs travaux.

Néanmoins, et en dépit de tous les obstacles, dès le commencement du mois de mars suivant, dix arpents de forêt avaient été abattus, ce qui, joint aux cinq arpents nettoyés dans le cours de l'automne précédent, formait quinze arpents de terre nouvelle que Jean Rivard se proposait d'ensemencer au printemps. Les grands arbres étendus sans vie sur la terre froide ou sur un lit de neige avaient été dépouillés de leurs branches et coupés en plusieurs parties. Il ne restait plus qu'à réunir en monceaux arbres, branches, broussailles, arbustes, puis à y mettre le feu ; et cette opération, que les colons appellent dans leur langage « tasser ou relever l'abattis » ne pouvant se faire qu'après la fonte des neiges, nos défricheurs furent forcés de laisser reposer leurs haches. Ils purent cependant employer les quelques semaines qui leur restaient d'une manière assez lucrative et comparativement fort agréable, comme on le verra par la suite.

Mais avant de passer plus loin, disons un mot des heures de loisir et des heures d'ennui qui furent le partage de nos défricheurs durant le premier long hiver qu'ils passèrent au milieu des bois.

IX

Les heures de loisir et les heures d'ennui

Le lecteur s'est déjà demandé sans doute plus d'une fois comment nos défricheurs passaient leurs longues soirées d'hiver.

D'abord il ne faut pas oublier que jamais Jean Rivard ne laissait écouler une journée sans rien écrire. Il tenait un journal régulier de ses opérations et notait avec un soin minutieux toutes les observations qu'il avait occasion de faire durant ses heures d'activité. Quelquefois même, laissant errer son imagination, il jetait sur le papier sans ordre et sans suite toutes les pensées qui lui traversaient le cerveau. Pas n'est besoin de dire que mademoiselle Louise Routier était pour une large part dans cette dernière partie du journal de Jean Rivard.

Pendant que Jean Rivard s'occupait ainsi, son compagnon qui, à son grand regret, ne savait ni lire ni écrire, s'amusait à façonner, à l'aide de sa tarière, de sa hache et de son couteau, divers petits meubles et ustensiles qui presque toujours trouvaient leur emploi immédiat.

Pierre Gagnon, sans être amoureux à la façon de son jeune maître, avait aussi contracté un vif attachement pour un charmant petit écureuil qu'il élevait avec tous les soins d'une mère pour son enfant. La manière dont ce petit animal était tombé entre ses mains est assez singulière. Peu de temps après son arrivée dans la forêt, Pierre avait aperçu, à une courte distance de la cabane, un écureuil femelle descendant d'un arbre avec ses deux petits qu'elle avait déposés sur les feuilles mortes, dans le but sans doute de leur apprendre à jouer et à gambader : notre homme s'étant approché pour être témoin de cette scène d'éducation domestique, la mère effrayée s'était aussitôt emparée d'un de ses petits et l'avait porté dans la plus proche enfourchure de l'arbre, mais avant qu'elle fût revenue pour sauver son autre enfant, Pierre s'en était emparé et l'avait emporté à l'habitation, malgré les cris d'indignation et de détresse de la pauvre mère.

On ne saurait croire tout le soin que se donna notre rustique défricheur pour élever et civiliser ce gentil petit animal. Il fit pour lui une provision de fruits, de noisettes, de faînes et de glands. Durant les premiers jours il écalait lui-même ses noisettes et le faisait manger avec une sollicitude toute maternelle. Peu à peu le petit écureuil put non seulement manger sans l'aide de son maître, mais il n'hésitait pas à se servir lui-même et commettait toutes sortes d'espiègleries. Souvent pendant le repas de Pierre Gagnon il sautait lestement sur son épaule et venait dérober dans son plat ce qu'il trouvait à sa convenance. Il était si docile, si candide, si éveillé, si alerte, ses petits yeux brillants exprimaient tant d'intelligence, il était d'une propreté si exquise, et paraissait si beau, quand s'asseyant sur ses pieds de derrière il relevait sa queue vers sa tête, que Pierre Gagnon passait des heures à l'admirer, à jouer avec lui, à caresser son pelage soyeux. S'il arrivait que le petit animal fût moins gai, moins turbulent qu'à l'ordinaire, ou qu'il refusât de manger, notre homme en concevait la plus vive inquiétude et n'avait de repos que lorsqu'il le voyait reprendre sa vivacité accoutumée.

Les jeux animés du petit prisonnier intéressaient aussi Jean Rivard et lui apportaient de temps en temps des distractions dont il avait besoin. Il était d'ailleurs aussi familier avec le maître qu'avec le serviteur et sautait sans façon des épaules de l'un sur la tête de l'autre. Si Pierre Gagnon avait pu écrire, il eût composé un volume sur les faits et gestes de son petit ami.

Mais en parlant des distractions de nos défricheurs il en est une que je ne dois pas omettre. Jean Rivard avait apporté avec lui quatre volumes: c'étaient d'abord la petite *Imitation de Jésus-Christ*, présent de sa Louise, puis les *Aventures de Don Quichotte de la Manche*, celles de *Robinson Crusoé*, et une *Histoire populaire de Napoléon* qu'il avait eue en prix au collège. Ces livres ne contribuèrent pas peu à égayer les loisirs de nos anachorètes. On peut même dire qu'ils servirent en quelque sorte à relever leurs esprits et à ranimer leur courage.

L'*Imitation de Jésus-Christ* était le livre des dimanches et des fêtes. Les trois autres volumes servaient aux lectures de la semaine.

Les histoires merveilleuses de Robinson Crusoé, de Don Quichotte de la Manche et de Napoléon intéressaient vivement Pierre Gagnon. Jean Rivard lisait tout haut le soir, de sept heures à neuf heures, mais souvent, cédant aux supplications de son compagnon de solitude, il prolongeait sa lecture bien avant dans la nuit.

L'histoire de Robinson Crusoé, jeté dans son île déserte, obligé de tirer de la nature seule, et indépendamment de tout secours humain, ses moyens de subsistance, avait avec celle de nos défricheurs une analogie que Pierre Gagnon saisissait facilement.

Cet homme, comme beaucoup d'autres de sa condition, était doué d'une mémoire prodigieuse, et Jean Rivard était souvent étonné de l'entendre, au milieu de leurs travaux de défrichement, répéter presque mot pour mot de longs passages qu'il avait lus la veille. Ce qu'il aimait à répéter le plus volontiers, c'étaient les passages qui prêtaient à rire ; les aventures de l'infortuné Don Quichotte, Chevalier de la triste figure, l'égayaient jusqu'à le faire pleurer.

Il trouvait l'occasion de faire à chaque instant l'application des événements romanesques ou historiques racontés dans ces livres simples et à la portée de tous les esprits, aux petits incidents de leur humble existence, en mélangeant toutefois sans scrupule l'histoire et le roman. Lui-même ne s'appelait plus que Sancho Pança, et ne voulant pas par respect pour son maître l'appeler Don Quichotte, il l'appelait indifféremment l'Empereur, ou Sa Majesté, ou le Petit Caporal. En dépit de la chronologie, tous deux étaient armés en guerre, marchant ensemble contre l'ennemi commun; cet ennemi, c'était la forêt qui les entourait, et à travers laquelle les deux vaillants guerriers devaient se frayer un passage. Les travaux de nos défricheurs n'étaient plus autre chose que des batailles sanglantes; chaque soir on faisait le relevé du nombre des morts et on discutait le plan de la campagne du lendemain. Les morts, c'étaient les arbres abattus dans le cours de la journée; les plus hauts étaient des généraux, des officiers, les arbrisseaux n'étaient que de la chair à canon.

Une lettre que Jean Rivard écrivait à Gustave Charmenil, un mois après son arrivée dans la forêt, montre qu'il conservait encore toute sa gaieté habituelle.

«Je vais te donner, y disait-il, une courte description de mon établissement. Je ne te parlerai pas des routes qui y conduisent; elles sont bordées d'arbres d'un bout à l'autre; toutefois je ne te conseillerais pas d'y venir en carrosse. Plus tard je ne dis pas non. Quant à ma résidence ou, comme on dirait dans le style citadin, à Villa Rivard, elle est située sur une charmante petite colline; elle est en outre ombragée de tous côtés par d'immenses bosquets des plus beaux arbres du monde. Les murailles sont faites de pièces de bois arrondies par la nature; les interstices sont soigneusement remplis d'étoupe, ce qui empêche la neige et la pluie de pénétrer à l'intérieur. Le plafond n'est pas encore plâtré, et le parquet est à l'antique, justement comme du temps d'Homère. C'est délicieux. Le salon, la salle à dîner, la cuisine, les chambres à coucher ne forment qu'un seul et même appartement. Quant à l'ameublement, je ne t'en parle pas; il est encore, s'il est possible, d'un goût plus primitif. Toi qui es poète, mon cher Gustave, ne feras-tu pas mon épopée un jour?...»

. . . .

Et il continuait ainsi; on eût dit que la bonne humeur de Pierre Gagnon servait à entretenir celle de son jeune maître.

Lorsque, au commencement de l'hiver, une légère couche de neige vint couvrir la terre et les branches des arbres, le changement de scène le réjouit; la terre lui apparut comme une jeune fille qui laisse de côté ses vêtements sombres pour se parer de sa robe blanche. Aux rayons du soleil, l'éclat de la neige éblouissait la vue, et quand la froidure ne se faisait pas sentir avec trop d'intensité, et que le calme régnait dans l'atmosphère, un air de gaieté semblait se répandre dans toute la forêt. Un silence majestueux, qui n'était interrompu que par les flocons de neige tombant de temps en temps de la cime des arbres, ajoutait à la beauté du spectacle. Jean Rivard contemplait cette scène avec ravissement.

Un autre spectacle procurait encore à notre héros des moments de bonheur et d'extase : c'était celui d'un ouragan de neige. Il n'était jamais plus intéressé, plus heureux que lorsque la neige, poussée par un fort vent, tombait à gros flocons, et que les arbres de la forêt, balançant leurs cimes agitées, faisaient entendre au loin comme le bruit d'une mer en furie. Il ne pouvait alors rester assis dans sa cabane et, mettant de côté ses livres ou ses outils, il sortait en plein vent pour contempler ce spectacle des éléments déchaînés ; il se sentait comme en contact avec la nature et son auteur.

Il ne faut pas croire cependant que toutes les heures de Jean Rivard s'écoulassent sans ennui. Non, en dépit de toute sa philosophie, il eut, disons-le, des moments de sombre tristesse.

La chute des feuilles, le départ des oiseaux, les vents sombres de la fin de novembre furent la cause de ses premières heures de mélancolie. Puis, lorsque plus tard un ciel gris enveloppa la forêt comme d'un vêtement de deuil, et qu'un vent du nord ou du nord-est, soufflant à travers les branches, vint répandre dans l'atmosphère sa froidure glaciale, une tristesse insurmontable s'emparait parfois de son âme, sa solitude lui semblait un exil, sa cabane un tombeau. Les grosses gaietés de Pierre Gagnon ne le faisaient plus même sourire. Son esprit s'envolait alors à Grandpré, au foyer paternel ; il se représentait auprès de sa bonne mère, entouré de ses frères et sœurs, et quelquefois une larme involontaire venait mouiller sa paupière.

C'était surtout le dimanche et les jours de fête que son isolement lui pesait le plus. Habitué à la vie si joyeuse des campagnes canadiennes, où, à l'époque dont nous parlons, les familles passaient souvent une partie de l'hiver à se visiter, à danser, chanter, fêter ; les jeunes gens à promener leurs blondes, les hommes mariés à étaler par les chemins leurs beaux attelages, leurs beaux chevaux, leurs belles *carrioles* ; n'ayant jusqu'alors quitté la maison paternelle que pour aller passer quelques années au collège en compagnie de joyeux camarades ; accoutumé depuis son berceau aux soins attentifs de sa bonne mère — puis se voir tout à coup, lui, jeune homme de dix-neuf ans, emprisonné pour ainsi dire au milieu d'une forêt, à trois lieues de toute habitation humaine, n'ayant pour compagnon qu'un seul homme qui n'était même ni de son âge, ni de son éducation —, c'était, on l'avouera, plus qu'il ne fallait pour décourager un homme d'une trempe ordinaire.

On comprend aussi pourquoi les dimanches mettaient encore l'esprit de Jean Rivard à une plus rude épreuve que les autres jours. D'abord, le repos qu'il était forcé de subir laissait pleine liberté à son imagination qui en profitait pour transporter son homme à l'église de Grandpré ; il y voyait la vaste nef remplie de toute la population de la paroisse, hommes, femmes, enfants, qu'il pouvait nommer tous ; il voyait dans le sanctuaire les chantres, les jeunes enfants de chœur, avec leurs surplis blancs comme la neige, puis, au milieu de l'autel le prêtre offrant le sacrifice ; il le suivait dans la chaire où il entendait la publication des bans, le prône et le sermon ; puis au sortir de l'église il se retrouvait au milieu de toute cette population unie comme une seule et grande famille, au milieu d'amis se serrant la main et, tout en allumant leurs pipes, s'enquérant de la santé des absents. Il lui semblait entendre le carillon des cloches sonnant le Sanctus ou l'Angelus, et, après la messe, le son argentin des clochettes suspendues au poitrail des centaines de chevaux qui reprenaient gaiement le chemin de la demeure.

Les petites veillées du dimanche chez le père Routier ne manquaient pas non plus de se présenter à sa vive imagination. Avec quel bonheur il eût échangé une des soirées monotones passées dans sa cabane enfumée, en compagnie de Pierre Gagnon, contre une heure écoulée auprès de sa Louise !

Pour Pierre Gagnon, lorsqu'il s'était bien convaincu qu'il fallait renoncer à égayer son compagnon de solitude, il se mettait à chanter son répertoire de complaintes. Mais son plus grand bonheur, son plus beau triomphe à ce brave serviteur était de parvenir à faire naître un sourire sur les lèvres de son jeune maître.

Après tout, ces moments de mélancolie n'étaient que passagers. S'ils survenaient durant les autres jours de la semaine, Jean Rivard en faisait bientôt justice par un travail violent. D'ailleurs, on sait déjà que Jean Rivard n'était pas homme à se laisser abattre. Quoique doué d'une excessive sensiblité, ce qui dominait dans sa nature c'était le courage et la force de volonté. Jamais, au milieu même de ses plus sombres tristesses, la pensée ne lui vint de retourner chez sa mère. Il fut toujours fermement déterminé à poursuivre l'exécution de son dessein, dût-il en mourir à la peine.

Enfin, vers le milieu de mars, le froid commença à diminuer d'une manière sensible, les rayons du soleil devinrent plus chauds, la neige baissait à vue d'œil et Jean Rivard put songer à mettre à exécution le projet formé par lui dès l'automne précédent et qui lui souriait depuis plusieurs mois, celui de faire du sucre d'érable.

X

La sucrerie

À l'une des extrémités de la propriété de Jean Rivard se trouvait, dans un rayon peu étendu, un bosquet d'environ deux cents érables; il avait dès le commencement résolu d'y établir une sucrerie.

Au lieu d'immoler sous les coups de la hache ces superbes vétérans de la forêt, il valait mieux, disait Pierre, les faire prisonniers et en tirer la plus forte rançon possible.

Nos défricheurs improvisèrent donc au beau milieu du bosquet une petite cabane temporaire, et après quelques jours employés à compléter leur assortiment de *goudrelles* ou *goudilles*, d'auges, *casseaux* et autres vases nécessaires, dont la plus grande partie avaient été préparés durant les longues veillées de l'hiver, tous deux, un bon matin, par un temps clair et un soleil brillant, s'attaquèrent à leurs deux cents érables.

Jean Rivard, armé de sa hache, pratiquait une légère entaille dans l'écorce et l'aubier de l'arbre, à trois ou quatre pieds du sol, et Pierre, armé de sa gouge, fichait tout de suite au-dessous de l'entaille la petite goudrelle de bois, de manière à ce qu'elle pût recevoir l'eau sucrée suintant de l'arbre et la laisser tomber goutte à goutte dans l'auge placée directement au-dessous.

Dès les premiers jours, la température étant favorable à l'écoulement de la sève, nos défricheurs purent en recueillir assez pour faire un bonne *brassée* de sucre. Ce fut un jour de réjouissance. La chaudière lavée fut suspendue à la crémaillère, sur un grand feu alimenté par des éclats de cèdre, puis remplie aux trois quarts de l'eau d'érable destinée à être transformée en sucre. Il ne s'agissait que d'entretenir le feu jusqu'à parfaite ébullition du liquide, d'ajouter de temps en temps à la sève déjà bouillonnante quelques gallons de sève nouvelle, de veiller enfin, avec une attention continue, aux progrès de l'opération: tâche facile et douce pour nos rudes travailleurs.

Ce fut d'abord Pierre Gagnon qui se chargea de ces soins, ayant à initier son jeune maître à tous les détails de l'intéressante industrie. Aucune des phases de l'opération ne passa inaperçue. Au bout de quelques heures, Pierre Gagnon, allant plonger dans la chaudière une écuelle de bois, vint avec sa gaieté ordinaire la présenter à Jean Rivard, l'invitant à se faire une *trempette* en y émiettant du pain, invitation que ce dernier se garda bien de refuser.

Pendant que nos deux sucriers savouraient ainsi leur *trempette*, la chaudière continuait à bouillir, et l'eau s'épaississait à vue d'œil. Bientôt Pierre

Gagnon, y plongeant de nouveau sa *micouenne*, l'en retira remplie d'un sirop doré presque aussi épais que le miel.

Puis vint le tour de la *tire*. Notre homme, prenant un lit de neige, en couvrit la surface d'une couche de ce sirop devenu presque solide, et qui en se refroidissant forme la délicieuse sucrerie que les Canadiens ont baptisée du nom de *tire**; sucrerie d'un goût beaucoup plus fin et plus délicat que celle qui se fabrique avec le sirop de canne ordinaire.

La fabrication de la tire qui s'accomplit au moyen de la manipulation de ce sirop refroidi est presque invariablement une occasion de réjouissance.

> *On badine, on folâtre, on y chante, on y rit,*
> *La gaieté fait sortir les bons mots de l'esprit.*

C'est à l'époque de la Sainte-Catherine, et durant la saison du sucre, dans les fêtes qui se donnent aux sucreries situées dans le voisinage des villes ou des villages, que le sirop se tire ou s'étire avec le plus d'entrain et de gaieté.

Nos défricheurs-sucriers durent se contenter, pour cette première année, d'un pique-nique à deux; mais il va sans dire que Pierre Gagnon fut à lui seul gai comme quatre. Cependant, la chaudière continuait à bouillir,

> *Et de la densité suivant les promptes lois,*
> *La sève qui naguère était au sein du bois*
> *En un sucre solide a changé sa substance.*

Pierre Gagnon s'aperçut, aux granulations du sirop, que l'opération était à sa fin et il annonça, par un hourra qui retentit dans toute la forêt, que le sucre était cuit! La chaudière fut aussitôt enlevée du brasier et déposée sur des branches de sapin où on la laissa refroidir lentement, tout en agitant et brassant le contenu au moyen d'une palette ou *mouvette* de bois; puis le sucre fut vidé dans des moules préparés d'avance.

On en fit sortir, quelques moments après, plusieurs beaux pains de sucre, d'un grain pur et clair.

---

* *Tire, Trempette* ou *Trempine, Goudrelle* ou *Goudille, Casseaux* ou *Caseaux* ou *Cassots*, etc., mots destinés comme beaucoup d'autres à notre futur dictionnaire canadien-français. Il a bien fallu que nos ancêtres inventassent des mots pour désigner des choses qui n'existaient pas en France. Ces mots d'ailleurs sont expressifs et vivront toujours dans la langue du peuple canadien.

Le mot *micouenne* est tiré du sauvage et est employé fréquemment dans les anciens ouvrages sur le Canada.

Aujourd'hui on ne se donne guère de soin pour trouver des mots français: on s'empresse d'adopter les mots anglais. Qui voudra prétendre que c'est une amélioration?

Ce résultat fit grandement plaisir à Jean Rivard. Outre qu'il était assez friand de sucre d'érable — défaut partagé d'ailleurs par un grand nombre de jolies bouches —, il éprouvait une satisfaction d'un tout autre genre : il se trouvait, à compter de ce jour, au nombre des producteurs nationaux ; il venait d'ajouter à la richesse de son pays, en tirant du sein des arbres un objet d'utilité publique qui sans son travail y serait resté enfoui. C'était peut-être la plus douce satisfaction qu'il eût ressentie depuis son arrivée dans la forêt. Il regardait ses beaux pains de sucre avec plus de complaisance que n'en met le marchand à contempler les riches étoffes étalées sur les tablettes de sa boutique.

Du moment que Jean Rivard fut en état de se charger de la surveillance de la chaudière, Pierre Gagnon consacrait la plus grande partie de son temps à courir d'érable en érable pour recueillir l'eau qui découlait chaque jour dans les auges. C'était une rude besogne dans une sucrerie non encore organisée et où tous les transports devaient se faire à bras.

Pierre cependant s'acquittait de cette tâche avec sa gaieté ordinaire, et c'était souvent au moment où son maître le croyait épuisé de fatigue qu'il l'amusait le plus par ses propos comiques et ses rires à gorge déployée.

Au bout d'une semaine, tous deux s'acquittaient de leurs tâches respectives avec assez de promptitude ; ils pouvaient même y mettre une espèce de nonchalance, et jouir de certains moments de loisir qu'ils passaient à chasser l'écureuil ou la perdrix, ou à rêver, au fond de leur cabane que le soleil réchauffait de ses rayons printaniers.

« Sais-tu bien, disait un jour Jean Rivard à son homme qu'il voyait occupé à déguster une énorme *trempette*, sais-tu bien que nous ne sommes pas, après tout, de ces plus malheureux !

— Je le crois certes bien, répondit Pierre, et je ne changerais pas ma charge d'Intendant pour celle de Sancho Pança, ni pour celle de Vendredi, ni pour celle de tous les Maréchaux de France.

— Il nous manque pourtant quelque chose...

— Ah ! pour ça, oui, c'est vrai, et ça me vient toujours à l'idée quand je vous vois *jongler* comme vous faisiez tout à l'heure.

— Que veux-tu dire ?

— Oh ! pardi, ça n'est pas difficile à deviner ; ce qui nous manque pour être heureux... comment donc ? eh ! c'est clair, c'est... la belle Dulcinée de Toboso.

— Pierre, je n'aime pas ces sortes de plaisanteries ; ne profane pas ainsi le nom de ma Louise ; appelle-la de tous les noms poétiques ou historiques que tu voudras, mais ne l'assimile pas à la grosse et stupide amante de Don Quichotte. Tu es bien heureux, toi, de badiner de tout cela. Si tu savais pourtant combien c'est triste d'être amoureux, et de vivre si loin de son amie. Malgré mes airs de gaieté, je m'ennuie quelquefois à la mort. Ah ! va, je suis plus à plaindre que tu ne penses...

— Oh ! puisque vous n'êtes pas en train de rire, dit Pierre en regardant son maître d'un air un peu surpris, je vous demande pardon. Tonnerre d'un nom ! (c'était là son juron ordinaire) je ne voulais pas vous faire de peine. Tout ce que je peux dire pourtant, c'est qu'à votre place je ne m'amuserais pas à être malheureux.

— Comment cela ?

— Je veux dire qu'il me semble que, quand on a la chance d'être aimé de mademoiselle Louise Routier, on devrait être content. J'en connais qui se contenteraient à moins.

— Qui t'a dit que j'étais aimé ?

— Tout le monde, tonnerre d'un nom ! C'est bien connu. C'est naturel d'ailleurs. Enfin on sait bien qu'elle n'en aura jamais d'autre que vous.

— Ça me fait plaisir ce que tu dis là, Pierre. Je sais bien, moi aussi, que lors de notre séparation je ne lui étais pas tout à fait indifférent. Je t'avouerai même confidentiellement que j'ai cru m'apercevoir qu'en me tournant le dos, après avoir reçu mes adieux, elle avait les larmes aux yeux.

— Oh ! pour ça, je n'en doute pas ; et si vous n'aviez pas été là je suis sûr que ses beaux yeux auraient laissé tomber ces larmes que vous dites ; même je ne serais pas surpris qu'après votre départ elle se fût enfermée toute seule dans sa petite chambre pour y penser à vous tout à son aise le reste de la journée.

— Le reste de la journée, peut-être... mais ce qui m'inquiète, c'est que depuis bientôt six mois que nous sommes partis de Grandpré je n'ai pu lui adresser qu'une pauvre petite lettre, l'automne dernier. Tu sais que depuis le commencement de l'hiver je lui ai écrit une longue lettre chaque semaine, mais que faute d'occasion pour les lui envoyer elles sont encore toutes dans le tiroir de ma table. Si elle savait combien j'ai toujours pensé à elle, je suis sûr qu'elle m'en aimerait davantage ; mais elle ignore dans quel affreux isolement nous vivons, et elle peut croire que je l'ai oubliée. Tu sais combien elle est recherchée par tous les jeunes gens de Grandpré ; il ne tiendrait qu'à elle de se marier, et qui sait si elle ne l'est pas déjà ? Tiens, cette seule idée me bouleverse l'esprit...

— Moi, mon Empereur, je n'ai pas l'honneur d'être en connaissance avec mademoiselle Louise Routier, mais je gagerai tout ce qu'on voudra qu'elle a trop d'esprit pour en prendre un autre, quand elle est sûre de vous avoir. Vous vous donnez des inquiétudes pour rien. D'abord, les garçons comme vous, monsieur Jean, soit dit sans vous flatter, ne se rencontrent pas à toutes les portes ; c'est vrai que vous n'êtes pas aussi riche que beaucoup d'autres, mais vous le serez plus tard, parce que vous n'avez pas peur de travailler, et que, comme vous le dites tous les jours, le travail mène à la richesse. Ensuite, ce qui vous met au-dessus de tous les autres garçons qui vont chez le père Routier, c'est que vous avez de l'éducation, et qu'ils n'en ont pas ; vous pouvez lire tous les livres, vous pouvez écrire toutes sortes de jolies lettres, et vous savez comme les jeunes filles aiment ça ; enfin vous avez du cœur, du courage, et les filles aiment ça encore plus que tout le reste. C'est clair que vous lui êtes tombé dans l'œil, et que vous êtes destinés l'un pour l'autre ; ça c'est écrit dans le ciel de toute éternité...

— Eh bien ! mon bon ami, dit Jean Rivard en se levant, quoique je n'aie pas toute la certitude, ton bavardage cependant me fait du bien. Il est clair qu'un amoureux doit avoir un confident. Je me sens maintenant soulagé et je ne regrette pas de t'avoir dit ce que j'avais sur le cœur. »

Pendant le cours des trois semaines que nos défricheurs consacrèrent à la fabrication du sucre, Mlle Louise Routier fut un fréquent et intéressant sujet de conversation. Jean Rivard eût donné volontiers tout son sucre d'érable pour la voir un moment dans sa cabane goûter un peu de sirop, de tire ou de trempette. Lorsqu'il faisait part de ce souhait à Pierre Gagnon : « Oh ! laissez faire, disait celui-ci, avant deux ans vous verrez que Madame viendra sans se faire prier, et que les années d'ensuite elle vous demandera des petites *boulettes* pour ces chers petits qui ne seront pas encore assez grands pour venir à la sucrerie. »

Jean Rivard ne croyait pas à tant de félicité mais ces propos de son compagnon avaient l'effet de l'égayer et de convertir ses pensées de tristesse en rêves de bonheur.

Nos deux hommes firent environ trois cents livres de sucre et plusieurs gallons de sirop. C'était plus qu'il ne fallait pour les besoins ordinaires de l'année, et Jean Rivard songeait à disposer de son superflu de la manière la plus avantageuse, lors de son voyage à Grandpré, qui ne devait pas être retardé bien longtemps.

Mais n'oublions pas de consigner ici une perte lamentable que fit notre ami Pierre Gagnon.

On dit que l'écureuil ne s'apprivoise jamais ; la conduite du jeune élève de Pierre Gagnon semblerait venir à l'appui de cette assertion. Un jour que le petit animal, perché sur l'épaule de son maître, l'accompagnait dans sa tournée pour recueillir la sève, tout à coup il bondit vers une branche d'arbre, puis de cette branche vers une autre, sautillant ainsi de branche en branche jusqu'à ce qu'il disparût complètement pour ne plus revenir.

Pierre Gagnon ne chanta plus du reste de la journée, et son silence inusité disait éloquemment le deuil de son âme et toute la profondeur de son chagrin.

XI

Première visite à Grandpré

Cette visite à Grandpré était depuis plusieurs mois le rêve favori de Jean Rivard. La perspective de revoir bientôt, après une absence de plus de six mois, les êtres qu'il affectionnait le plus au monde, faisait palpiter son cœur des plus douces émotions.

Le soir du cinq avril, s'adressant à son compagnon: « Pierre, dit-il, ne songes-tu pas à faire tes pâques?

— Oh! pour ça, oui, mon bourgeois, j'y ai pensé déjà plus d'une fois et j'y pense encore tous les jours. Il est bien vrai que depuis six mois je n'ai guère eu l'occasion de fréquenter les auberges ni les mauvaises compagnies, et qu'il ne m'est pas arrivé souvent de médire ou parler mal de mon prochain ni de me quereller avec personne. C'est bien triste tout de même de passer la Quasimodo sans communier; c'est la première fois qu'il arrivera à Pierre Gagnon d'être au nombre des *renards**.

— Ça ne t'arrivera pas, mon Pierre, dit Jean Rivard; nous allons partir ensemble, pas plus tard que demain; toi, tu t'arrêteras au village de Lacasseville où tu trouveras une chapelle et un missionnaire catholiques. Tu y passeras deux ou trois jours, si tu veux, puis tu reviendras à Louiseville (c'est ainsi que Jean Rivard avait baptisé sa cabane et les environs de sa propriété). Et moi, je poursuivrai ma route; j'irai voir ma mère, mes frères, mes sœurs et le curé de ma paroisse.

— Ça me va, ça, tonnerre d'un nom, s'écria Pierre Gagnon dans un transport de joie.

Le lendemain, la neige qui restait encore sur le sol étant assez gelée pour porter un homme, les deux défricheurs partirent à pied sur la croûte**, et en moins de trois heures ils eurent parcouru les trois lieues qui les séparaient des habitations; après quoi Jean Rivard, donnant à son homme les instructions nécessaires, se fit conduire en voiture à Grandpré.

---

* On appelle *renards* ceux qui passent le temps de Pâques sans communier.
** Mot canadien pour désigner la surface durcie de la neige.

L'arrivée inattendue de Jean Rivard produisit, comme on le pense bien, une immense sensation dans sa famille. La bonne mère pleurait de joie ; les frères et sœurs ne cessaient d'embrasser leur frère aîné, de l'entourer, de le regarder, de l'interroger. On eût dit qu'il revenait de quelque expédition périlleuse chez des tribus barbares ou dans les glaces du pôle arctique. Il fallait voir aussi les démonstrations de joie, les serrements de mains, les félicitations de toutes sortes qu'il reçut de ses anciens voisins et camarades, en un mot de toutes ses connaissances de Grandpré.

Nulle part l'esprit de fraternité n'existe d'une manière aussi touchante que dans les campagnes canadiennes éloignées des villes. Là, toutes les classes sont en contact les unes avec les autres ; la diversité de profession ou d'état n'y est pas, comme dans les villes, une barrière de séparation ; le riche y salue le pauvre qu'il rencontre sur son chemin, on mange à la même table, on se rend à l'église dans la même voiture. Là, ceux qui ne sont pas unis par les liens du sang le sont par ceux de la sympathie ou de la charité ; on y connaît toujours ceux qui sont malades, ceux qui sont infirmes, ceux qui éprouvent des infortunes comme ceux qui prospèrent ; on se réjouit ou on s'afflige avec eux ; on s'empresse au chevet des malades et des mourants ; on accompagne leurs restes mortels à la dernière demeure.

Doit-on s'étonner après cela que la plupart des familles canadiennes soient si fortement attachées aux lieux qui les ont vues naître, et que celles qui ont eu le malheur d'en partir en conservent si longtemps un touchant souvenir ?

Je ne dirai pas toutes les questions auxquelles Jean Rivard eut à répondre. Il n'en fut quitte qu'après avoir raconté dans le détail le plus minutieux tout ce qu'il avait fait depuis son départ de la maison paternelle.

De son côté, notre jeune homme, qui depuis six mois n'avait reçu aucune nouvelle de Grandpré, brûlait d'apprendre ce qui s'y était passé. Les décès, les naissances et les mariages sont les principaux sujets des conversations dans les familles de cultivateurs. En entendant l'énumération faite par sa sœur Mathilde des mariages contractés durant le dernier semestre, il lui fallait se tenir le cœur à deux mains pour l'empêcher de battre trop fort. Mais il fut bientôt tranquillisé en apprenant que mademoiselle Louise Routier était encore fille et ne paraissait nullement songer à se marier.

Est-il besoin de dire qu'il s'empressa d'aller dès le soir même visiter la famille Routier, et qu'il passa près de sa Louise plusieurs heures qui lui semblèrent autant de minutes ?

En le voyant entrer, Louise fut un peu émue ; une légère rougeur couvrit ses joues, et Jean Rivard la trouva plus charmante que jamais. Chose singulière ! ces deux amis d'enfance, qui avaient si souvent joué et badiné ensemble, qui s'étaient tutoyés depuis le moment où ils avaient commencé à bégayer, éprouvaient maintenant vis-à-vis l'un de l'autre je ne sais quelle espèce de gêne, de réserve timide et respectueuse. En s'adressant la parole, le *vous* venait involontairement remplacer le *tu* familier d'autrefois. Le père et la mère Routier, qui remarquaient ce changement, ne pouvaient s'empêcher d'en sourire.

Le seul reproche articulé dans le cours de l'entretien le fut par mademoiselle Routier :

« Ce n'est pas beau, dit-elle, d'un petit air qu'elle s'efforçait de rendre boudeur, d'avoir laissé passer presque six mois sans nous donner de *vos* nouvelles.

— Cette chère Louise, ajouta madame Routier, elle vous croyait mort, ce qui ne l'empêchait pas pourtant de dire à tous les jours, comme de coutume, une partie de son chapelet à votre intention. Seulement au lieu d'une dizaine elle en disait deux, et si vous n'étiez pas arrivé, je crois qu'elle en serait venue à dire tout son chapelet pour le repos de votre âme.

— Ah! maman, ne parlez donc pas comme ça, dit Louise en rougissant encore davantage. »

Jean Rivard n'eut pas de peine à convaincre son amie que leur longue séparation et son silence de plusieurs mois n'avaient en rien changé ses sentiments, et pour preuve, il lui remit, avec la permission de sa mère, les lettres qu'il lui avait écrites durant l'hiver et qu'il n'avait pu lui faire parvenir.

Jean Rivard songeait bien déjà à la demander en mariage, mais malgré tout son amour, ou plutôt à cause de cet amour, il ne voulait pas exposer sa Louise à regretter l'aisance et le bonheur dont elle jouissait sous le toit de ses parents.

Le père Routier fit à Jean Rivard une foule de questions sur le canton de Bristol, sur la qualité du sol, sur les communications ; il le fit parler longtemps sur ses travaux de déboisement, sur ses craintes et ses espérances pour l'avenir ; et quand Jean Rivard fut sorti :

« Notre voisine est heureuse, dit-il, d'avoir un garçon comme celui-là. C'est ce qu'on peut appeler un jeune homme de cœur. Je voudrais que chaque paroisse pût en fournir seulement cinquante comme ça : le pays deviendrait riche en peu de temps, et nos filles seraient sûres de faire des mariages avantageux.

— Dis donc pourtant, François, interrompit madame Routier, que ça n'est pas gai pour une jeune fille d'aller demeurer au fond des bois.

Louise regarda sa mère d'un air surpris.

— Mais ce que tu appelles le fond des bois, ma bonne femme, répondit le père Routier, ça sera bien vite une paroisse comme Grandpré, et c'est

Jean Rivard qui sera magistrat et le plus grand seigneur de la place. Sais-tu une chose qui m'a passé par la tête en jasant avec lui ? C'est qu'il pourrait se faire qu'un jour je vendrais ma terre de Grandpré pour acheter une dizaine de lots dans le canton de Bristol. J'ai plusieurs garçons qui poussent ; je pourrais, avec moitié moins d'argent, les établir là plus richement que dans nos vieilles paroisses. Nous irions *rester* à Bristol ; toute la famille ensemble, ça ne serait pas si ennuyeux, à la fin du compte. Hein ? qu'en dis-tu, ma petite ? » dit-il en s'adressant à Louise qui écoutait de toutes ses oreilles.

Louise ne répondit rien, mais il était facile de voir que cette perspective ne l'effrayait nullement.

Jean Rivard n'oublia pas de visiter son bon ami le curé de Grandpré auquel il était redevable de ses bonnes résolutions, et dont les réflexions judicieuses et les conseils paternels servirent encore cette fois à retremper son courage.

Il fallut bien aussi donner quelques heures aux affaires. Jean Rivard avait déjà touché quinze louis sur les cinquante qui constituaient sa fortune. Il réussit à obtenir quinze autres louis qu'il destinait à l'achat de provisions et de quelques ustensiles agricoles.

Il engagea de plus à son service un nouveau travailleur qu'il voulait adjoindre à Pierre Gagnon. Il ne s'obligeait à lui payer ses gages qu'au bout de six mois, Jean Rivard se reposant en partie sur le produit de sa prochaine récolte pour faire face à cette obligation.

Les circonstances poussèrent en outre notre héros à contracter des engagements bien plus considérables que ceux qu'il avait prévus jusqu'alors. Mais il me faut entrer ici dans des détails tellement prosaïques que je désespère presque de me faire suivre par mes lecteurs même les plus bénévoles.

En tout cas, je déclare loyalement que la suite de ce chapitre ne peut intéresser que les défricheurs et les économistes.

En retournant à Louiseville, Jean Rivard dut s'arrêter plus d'une journée à Lacasseville. Là, tout en s'occupant de diverses affaires, il fit la connaissance d'un marchand américain, du nom d'Arnold, établi depuis plusieurs années dans ce village même, lequel, sachant que Jean Rivard avait entrepris des défrichements, voulut savoir s'il n'avait pas intention de tirer avantage de la cendre provenant du bois qu'il allait être obligé de faire brûler dans le cours de ses opérations.

Jean Rivard répondit que son intention avait d'abord été de convertir cette cendre en potasse ou en perlasse, mais que le manque de chemins et par suite les difficultés de transport l'avaient forcé de renoncer à ce projet.

Après une longue conversation dans le cours de laquelle le perspicace Américain put se convaincre de la stricte honnêteté, de l'intelligence et de l'activité industrieuse du jeune défricheur, il proposa de faire entre eux un contrat d'après lequel lui, Arnold, s'engagerait à «procurer à crédit la chaudière, les cuves, et le reste des choses nécessaires à la fabrication de la potasse, de les transporter même à ses frais jusqu'à la cabane de Jean Rivard, à condition que Jean Rivard s'obligerait à livrer au dit Arnold, dans le cours des trois années suivantes, au moins vingt-cinq barils de potasse, à raison de vingt chelins le quintal».

Le prix ordinaire de la potasse était de trente à quarante chelins le quintal, mais Arnold se chargeait encore dans ce dernier cas des frais de transport, considération de la plus grande importance pour Jean Rivard.

Le nouveau journalier que Jean Rivard emmenait avec lui (son nom était Joseph Lachance) avait été employé pendant plusieurs années dans une fabrique de potasse et pouvait donner une opinion assez sûre dans une matière comme celle-là.

Sur sa recommandation, et après avoir pris conseil de M. Lacasse, Jean Rivard accepta la proposition du marchand américain.

M. Lacasse, de qui il achetait ses provisions, lui vendit aussi à crédit, et sans hésiter, une paire de bœufs de travail, avec l'attelage nécessaire, une vache et le foin pour nourrir ces animaux pendant six semaines, une herse, et tout le grain de semence dont il avait besoin, se contentant de l'acompte de quinze louis dont Jean Rivard pouvait disposer pour le moment.

Bref, notre défricheur se trouvait endetté tant envers M. Lacasse qu'envers Arnold d'une somme de trente louis, le tout payable sur la vente de ses produits futurs.

Malgré toute la répugnance que Jean Rivard éprouvait à s'endetter, il se disait cependant que les divers effets achetés par lui étant de première nécessité, on ne pouvait après tout regarder cela comme une dépense imprudente. D'ailleurs M. Lacasse, l'homme sage et prudent par excellence, approuvait sa conduite, cela suffisait pour le rassurer.

Une nouvelle lettre de Gustave Charmenil attendait Jean Rivard au bureau de poste de Lacasseville.

Deuxième lettre de Gustave Charmenil

«Mon cher ami,

«Toujours gai, toujours badin, même au milieu des plus rudes épreuves, tu es bien l'être le plus heureux que je connaisse. Il est vrai que le travail, un travail quelconque, est une des principales conditions du bonheur; et lorsqu'à cela se joint l'espérance d'améliorer, d'embellir chaque jour sa position, le contentement intérieur doit être à peu près complet. Je te trouve heureux, mon cher Jean, d'avoir du travail : n'en a pas qui veut. J'en cherche en vain depuis plusieurs mois, afin d'obtenir les moyens de terminer ma cléricature. J'ai frappé à toutes les portes. J'ai parcouru les bureaux de tous les avocats marquants, ne demandant rien de plus en échange de mes services que ma nourriture et le logement ; partout on m'a répondu que le nombre des clercs était déjà plus que suffisant. J'ai visité les bureaux des cours de justice et ceux de l'enregistrement : même réponse. Hier j'ai parcouru tous les établissements d'imprimerie, m'offrant comme correcteur d'épreuves, mais sans obtenir plus de succès.

« Invariablement, chaque matin, je pars de ma maison de pension, et m'achemine vers les rues principales dans l'espoir d'y découvrir quelque chose à faire.

« Souvent je me rends jusqu'à la porte d'une maison où je me propose d'entrer, mais la timidité me fait remettre au lendemain, puis du lendemain à un autre jour jusqu'à ce que je finisse par renoncer tout à fait à ma démarche.

« J'ai été jusqu'à m'offrir comme instituteur dans une campagne des environs, sans pouvoir être accepté à cause de ma jeunesse et de mon état de célibataire.

« Je passe des journées à chercher, et le soir je rentre chez moi la tristesse dans le cœur. Parmi ceux à qui je m'adresse, les uns répondent froidement qu'ils n'ont besoin de personne, les autres me demandent mon nom et mon adresse, les plus compatissants laissent échapper quelques mots de sympathie. Mais je suis à peine sorti qu'on ne pense plus à moi. Ah ! je me suis dit souvent qu'il n'est pas de travail plus pénible que celui de chercher du travail. Un ingénieux écrivain a fait un livre fort amusant intitulé : *Jérôme Paturot à la recherche d'une position sociale* ; j'en pourrais faire un, moins amusant mais beaucoup plus vrai, intitulé : *Gustave Charmenil à la recherche d'un travail quelconque*. Tu sais que j'ai toujours été timide, gauche : je ne suis guère changé sous ce rapport ; je crois même que ce défaut qui nuit beaucoup dans le monde s'accroît chez moi de jour en jour. Te dirai-je une chose, mon cher ami ? J'en suis venu à croire que, à moins d'avoir un extérieur agréable, une certaine connaissance du monde, une mise un peu élégante, et surtout une haute idée de soi-même et le talent de se faire valoir, il n'est guère possible de parvenir ou, comme on dit parmi nous, de "faire son chemin". Le révolutionnaire Danton prétendait que pour réussir en révolution il fallait de l'audace, de l'audace et toujours de l'audace ; on pourrait adoucir un peu le mot et dire que pour réussir dans le monde il faut du front, du front, beaucoup de front. J'en connais, mon cher ami, qui, grâce à cette recette, font chaque jour des merveilles.

« L'agitation d'esprit dans laquelle je vis ne me permet de rien faire à tête reposée. Je ne puis pas même lire ; si je prends un livre, mes yeux seuls parcourent les lignes, mon esprit est ailleurs. Je ne puis rien écrire, et cette époque est complètement stérile pour ce qui regarde mon avancement intellectuel.

« Et pendant tout ce temps je suis seul à m'occuper ainsi de moi ; pas un être au monde ne s'intéresse activement à mon sort, à moi qui aurais tant besoin de cela !

« Mais ne va pas croire, mon cher ami, que je sois le seul à me plaindre. Une grande partie des jeunes gens instruits, ou qui se prétendent instruits, sont dans le même cas que moi, et ne vivent, suivant l'expression populaire, qu'en "tirant le diable par la queue". Qu'un mince emploi de copiste se présente dans un bureau public, pas moins de trois ou quatre cents personnes le solliciteront avec instance. Vers la fin de l'hiver on rencontre une nuée de jeunes commis-marchands cherchant des situations dans les maisons de commerce ; un bon nombre sont nouvellement arrivés de la campagne, et courent après la toison d'or ; plusieurs d'entre eux en seront quittes pour leurs frais de voyage ; parmi les autres, combien végéteront ? combien passeront six, huit, dix ans derrière un comptoir avant de pouvoir ouvrir boutique à leur propre compte ? Puis parmi ceux qui prendront à leur compte combien résisteront pendant seulement trois ou quatre ans ? Presque tous tomberont victimes d'une concurrence ruineuse ou de l'inexpérience, et seront condamnés à une vie misérable. Ah ! si tu savais, mon cher, que de soucis, de misère, se cachent quelquefois sous un paletot à la mode ! Va, sois sûr d'une chose : il y a dans la classe agricole, avec toute sa frugalité, sa simplicité, ses privations apparentes, mille fois plus de bonheur et je pourrais dire de véritable aisance, que chez la grande majorité des habitants de nos cités, avec leur faste emprunté et leur vie de mensonge.

« Quand je vois un cultivateur vendre sa terre à la campagne pour venir s'établir en ville, en qualité d'épicier, de cabaretier, de charretier, je ne puis m'empêcher de gémir de douleur. Voilà donc encore, me dis-je, un homme voué au malheur ! Et il est rare qu'en effet cet homme ne soit pas complètement ruiné après trois ou quatre années d'exercice de sa nouvelle industrie.

« Et ses enfants, que deviennent-ils ? Dieu le sait.

« Plus j'y songe, mon cher ami, plus j'admire le bon sens dont tu as fait preuve dans le choix de ton état. Et quand je compare ta vie laborieuse, utile, courageuse, à celle d'un si grand nombre de nos jeunes muscadins qui ne semblent venus au monde que pour se peigner, se parfumer, se toiletter, se dandiner dans les rues... oh ! je me sens heureux et fier d'avoir un ami tel que toi.

«Je suis tellement dégoûté de la vie que je mène, mon cher Jean, que si je me sentais la force physique nécessaire, je te prierais de m'adjoindre à ton Pierre Gagnon qui, d'après le portrait que tu m'en fais, est bien l'homme le plus complètement heureux qu'il soit possible de trouver. Où donc le bonheur va-t-il se nicher? Mais je ne te serais guère utile, au moins pendant longtemps; je n'ai plus cette santé robuste dont je jouissais au collège. Les soucis, les inquiétudes ont affaibli mon estomac; ma digestion ne se fait plus qu'avec peine. Je souffre déjà de cette maladie si commune parmi les gens de ma classe, la dyspepsie. Quelle différence encore entre toi et moi sous ce rapport! Tes forces, me dis-tu, s'accroissent de jour en jour, tu possèdes un estomac d'autruche, et tu ignores encore ce que c'est qu'une indisposition même passagère. Ah! mon cher ami, que je te félicite! La santé, vois-tu, je l'entends dire tous les jours, et avec vérité, c'est le premier des biens terrestres.

« Tu veux absolument que je te donne des nouvelles de ma *Belle Inconnue*. Eh bien! mon cher ami, je continue à la voir chaque dimanche à l'église, et j'en suis de plus en plus épris. J'ai fait un grand pas cependant depuis que je t'ai écrit; je sais maintenant où elle demeure. J'ai été assez hardi un jour pour la suivre (de fort loin, bien entendu) jusqu'à un bloc de grandes maisons en pierre de taille à trois étages, dans un des quartiers fashionables de la cité. Je la vis franchir le seuil de l'une des portes et entrer lestement dans la maison. Plusieurs fois ensuite, je la vis entrer par la même porte, de sorte que je n'eus plus de doute sur le lieu de sa résidence. Je puis maintenant diriger vers ce lieu poétique mes promenades du soir; durant les heures d'obscurité, je passe et repasse, sans être remarqué, vis-à-vis cette maison où elle est, où elle respire, où elle parle, où elle rit, où elle brode… N'est-ce pas que ce doit être un petit paradis? J'entends quelquefois dans le salon les sons du piano et les accents d'une voix angélique, je n'ai aucun doute que ce ne soit celle de ma belle inconnue. Imagine-toi que l'autre soir, comme je portais mes regards vers une des fenêtres de la maison, les deux petits volets intérieurs s'ouvrirent tout à coup et j'aperçus… tu devines?… ma belle inconnue en corps et en âme se penchant pour regarder dehors!… Tu peux croire si le cœur me bondit. Je fus tellement effrayé que je pris la fuite comme un fou, sans trop savoir où j'allais, et je ne suis pas retourné là depuis. J'y retournerai toutefois mais je ne veux pas savoir son nom. Ah! quand on aime comme moi, mon cher ami, qu'il est triste d'être pauvre!

Adieu et au revoir,

Gustave Charmenil»

Cette lettre, que Jean Rivard parcourut à la hâte avant d'entrer dans la forêt pour se rendre à son gîte, le fit songer tout le long de la route. « Malgré mon rude travail, se disait-il, et les petites misères inséparables de mon état, il est clair que mon ami Gustave est beaucoup moins heureux que moi. C'est vrai qu'il a l'espoir d'être un jour avocat membre du Parlement, mais ces honneurs, après tout, méritent-ils bien qu'on leur sacrifie la paix de l'âme, les plaisirs du cœur, la santé du corps et de l'esprit? Cette belle inconnue qu'il aime tant n'est, j'en suis sûr, ni plus aimable, ni plus aimante, ni plus pieuse que ma Louise, et cependant toute l'ambition, tout l'amour de Gustave ne vont pas jusqu'à le faire aspirer à sa main, tandis que moi, avant deux ans, je serai le plus fortuné des mortels. Mais que diable aussi a-t-il été faire dans cette galère? S'il se fût contenté de l'amour et du bonheur dans une chaumière, peut-être aujourd'hui serait-il en voie d'être heureux comme moi. Je l'aime pourtant, ce cher Gustave; son âme sensible et bonne, ses talents, son noble caractère lui méritaient un meilleur sort. »

XII

Retour à Louiseville — Le brûlage

Je n'entreprendrai pas de raconter le voyage de Jean Rivard de Lacasseville à Louiseville, à travers les bois et dans cette saison de l'année. Les hommes chargés du transport des ustensiles d'agriculture faillirent en mourir à la peine.

Toute la grande journée du 16 avril fut employée à l'accomplissement de cette tâche. Dans les douze heures passées à faire ces trois lieues, Jean Rivard eût parcouru avec beaucoup moins de fatigue trois cents milles sur un chemin de fer ordinaire.

Nous n'en finirions pas s'il fallait dire les haltes fréquentes, les déviations forcées pour éviter un mauvais pas ou sortir d'un bourbier. Et pourtant tout cela s'exécuterait beaucoup plus facilement, et surtout beaucoup plus promptement, sur le papier que sur le terrain.

Il fallait être endurci aux fatigues comme l'était notre défricheur pour tenir ainsi debout toute une longue journée, courant deçà et delà, au milieu des neiges et à travers les arbres, sans presque un instant de repos.

Jamais Jean Rivard ne comprit si bien le découragement qui avait dû s'emparer d'un grand nombre des premiers colons. Pour lui, le découragement était hors de question — ce mot ne se trouvait pas dans son dictionnaire — et comme il l'exprimait énergiquement : le diable en personne ne l'eût pas fait reculer d'un pouce. Mais les lenteurs qu'il fallait subir et la perte de temps qui s'ensuivait le révoltaient au point de le faire sortir de sa réserve et de sa gaieté ordinaires.

On peut s'imaginer si Pierre Gagnon ouvrit de grands yeux en voyant vers le soir arriver à sa cabane une procession disposée à peu près dans l'ordre suivant : premièrement, Jean Rivard conduisant deux bœufs destinés aux travaux de défrichement ; secondement, Lachance conduisant « la Caille » (c'était le nom de la vache) ; troisièmement enfin, les hommes de M. Lacasse et d'Arnold, traînant sur des *menoires croches* (espèce de véhicule grossier, sans roues ni essieu, ni membre d'aucune espèce, inventé pour les transports à travers les bois) les grains de semence et divers autres articles achetés par Jean Rivard.

Jamais Louiseville n'avait vu tant d'êtres vivants ni tant de richesse réunis dans son enceinte. C'était plus qu'il n'en fallait pour inspirer au facétieux Pierre Gagnon un feu roulant de joyeux propos, et la forêt retentit une partie de la nuit des éclats de rire de toute la bande, mêlés aux beuglements des animaux, les premiers sans doute qui eussent encore retenti dans cette forêt vierge.

Les hommes de M. Lacasse et d'Arnold repartirent le lendemain matin, emportant avec eux deux cents livres de sucre que Jean Rivard donnait en déduction de sa dette.

À Louiseville, une partie de cette journée se passa en arrangements et préparatifs de toutes sortes. Et quand tout fut prêt, Jean Rivard s'adressant à ses deux hommes :

« Mes amis, dit-il, vous voyez ces quinze arpents d'abattis ? Il faut que dans deux mois toute cette superficie soit nettoyée, que ces arbres soient consumés par le feu, que les cendres en soient recueillies et que ce terrain, complètement déblayé et hersé, ait été ensemencé. Nous ne nous reposerons que lorsque notre tâche sera remplie. »

Puis se tournant vers Pierre, en souriant : « C'est la campagne d'Italie qui va s'ouvrir, dit-il : pour reconnaître tes services passés, je te fais chef de brigade ; Lachance sera sous ton commandement, et toi, tu recevras tes ordres directement de moi. Je ne m'éloignerai pas de vous, d'ailleurs, et vous me trouverez toujours au chemin de l'honneur et de la victoire. »

— Hourra ! et en avant ! s'écria Pierre Gagnon qui aimait beaucoup ces sortes de plaisanteries ; et dans un instant les deux bœufs furent attelés, tous les ustensiles rassemblés, et les trois défricheurs étaient à l'œuvre.

Il s'agissait de réunir en monceaux, ou, suivant l'expression reçue parmi les défricheurs, de «tasser» les arbres coupés ou arrachés durant les six mois précédents.

Le brûlage, c'est-à-dire le nettoyage complet du sol par le feu, forme certainement la principale opération du défricheur. C'est la plus longue et la plus fatigante, c'est celle qui requiert la plus grande force physique, et en même temps la surveillance la plus attentive.

Le travail auquel est assujetti le défricheur, à son début dans la forêt, pour abattre les arbres, les êter, les ébrancher, les débiter, n'est rien comparé aux efforts et aux soins qu'exigent, avant que le terrain puisse être utilisé, le *tassage* et le brûlage de l'abattis.

C'est ici que l'esprit d'ordre, la méthode, le jugement pratique, la justesse de coup d'œil de Jean Rivard trouvèrent leur application. Tout en travaillant sans cesse avec ses deux hommes, il les guidait, les dirigeait, et jamais un pas n'était perdu, jamais un effort inutile.

Les pièces de bois les plus légères, les arbustes, les branchages, en un mot tout ce qui pouvait facilement se manier et se transporter à bras était réuni en tas par les trois hommes; s'il était nécessaire de remuer les grosses pièces, ce qu'on évitait autant que possible, les deux bœufs, attelés au moyen d'un joug et d'un grossier carcan de bois, venaient en aide aux travailleurs, en traînant, à l'aide de forts traits de fer, ces énormes troncs d'arbres les uns auprès des autres; puis nos trois hommes, au moyen de *rances* et de leviers, complétaient le *tassage*, en empilant ces pièces et les rapprochant le plus possible.

C'est là qu'on reconnaît la grande utilité d'une paire de bœufs. Ces animaux peuvent être regardés comme les meilleurs amis du défricheur: aussi Jean Rivard disait souvent en plaisantant que si jamais il se faisait peindre, il voulait être représenté guidant deux bœufs de sa main gauche et tenant une hache dans sa main droite.

Le défricheur qui n'a pas les moyens de se procurer cette aide est bien forcé de s'en passer, mais il est privé d'un immense avantage. Ces animaux sont de beaucoup préférables aux chevaux pour les opérations de défrichement. Le cheval, ce fier animal «qui creuse du pied la terre et s'élance avec orgueil», ne souffre pas d'obstacle; il se cabre, se précipite, s'agite jusqu'à ce qu'il rompe sa chaîne; le bœuf, toujours patient, avance avec lenteur, recule au besoin, se jette d'un côté ou de l'autre, à la voix de son maître; qu'il fasse un faux pas, qu'il tombe, qu'il roule au milieu des troncs d'arbres, il se relèvera calme, impassible, comme si rien n'était arrivé, et reprendra l'effort interrompu un instant par sa chute.

Les deux bœufs de nos défricheurs étaient plus particulièrement les favoris de Pierre Gagnon, c'est lui qui les soignait, les attelait, les guidait; il leur parlait comme s'ils eussent été ses compagnons d'enfance. Il regrettait une chose cependant, c'est qu'ils n'entendaient que l'anglais; ils avaient été élevés dans les Cantons de l'Est, probablement par quelque fermier écossais ou américain, et cela pouvait expliquer cette lacune dans leur éducation. L'un d'eux s'appelait *Dick* et l'autre *Tom*. Pour les faire aller à droite il fallait crier *Djee*, et pour aller à gauche *Wahaish*. À ces cris, ces intelligents animaux obéissaient comme des militaires à la voix de leur officier.

Une fois que les arbres, petits et gros, débités en longueurs de dix à onze pieds, avaient été entassés les uns sur les autres de manière à former des piles de sept ou huit pieds de hauteur et de dix à douze de largeur, entremêlées d'arbustes, de broussailles et de bouts de bois de toutes sortes, il ne s'agissait plus que d'y mettre le feu.

Puis, quand le feu avait consumé la plus grande partie de ces énormes monceaux d'arbres, on procédait à une seconde, souvent même à une troisième opération, en réunissant les squelettes des gros troncs que le premier feu n'avait pu consumer, ainsi que les charbons, les copeaux, en un mot tout ce qui pouvait alimenter le feu et augmenter la quantité de cendre à recueillir; car il ne faut pas omettre de mentionner que Jean Rivard mettait le plus grand soin à conserver ce précieux résidu de la combustion des arbres. Cette dernière partie du travail de nos défricheurs exigeait d'autant plus de soin qu'elle ne pouvait prudemment s'ajourner, la moindre averse tombée sur la cendre ayant l'effet de lui enlever une grande partie de sa valeur.

Mais ces diverses opérations, il faut le dire, ne pouvaient s'exécuter en gants blancs; et il arriva plus d'une fois à nos défricheurs de retourner le soir à leur cabane la figure et les mains tellement charbonnées qu'on les eût pris pour des Éthiopiens.

«Tonnerre d'un nom! disait Pierre Gagnon, en regardant son maître, si mademoiselle Louise pouvait nous apparaître au milieu des souches, je voudrais voir la mine qu'elle ferait en voyant son futur époux.»

Dans les circonstances, une telle apparition n'eût certainement pas été du goût de Jean Rivard.

Chaque soir, nos défricheurs étaient morts de fatigue; ils éprouvaient cependant une certaine jouissance à contempler la magnifique illumination que produisait au milieu des ténèbres de la nuit et de la solitude des forêts l'incendie de ces montagnes d'arbres et d'arbrisseaux. C'était vraiment un beau coup d'œil. Ils eurent une fois, entre autres, par une nuit fort noire, un de ces spectacles d'une beauté vraiment saisissante, et qui aurait mérité d'exercer le pinceau d'un artiste ou la verve d'un poète, quoique l'un et l'autre eussent certainement été impuissants à reproduire cette scène grandiose dans toute sa splendeur. Ils l'appelèrent l'incendie de Moscou, mais il y avait cette différence entre les deux incendies que l'un avait détruit des richesses immenses et que l'autre était destiné à en produire ; que l'un avait causé le malheur et la pauvreté d'un grand nombre de familles, et que l'autre devait faire naître l'aisance et le bonheur dans la cabane du laboureur.

Pierre Gagnon revenait sans cesse et à tout propos sur ces allusions historiques ; il voulait même à toute force engager Jean Rivard à recommencer la lecture de l'Histoire de Napoléon, pour l'édification et l'instruction de Lachance ; mais, avec la meilleure volonté du monde, Jean Rivard ne pouvait accéder à cette demande. Les veillées étaient devenues plus courtes et lorsqu'il trouvait un moment de loisir il l'employait à écrire des notes ou à faire des calculs sur ses opérations journalières.

« L'hiver prochain, répondait-il, les soirées seront longues et si vous êtes encore à mon service, nous ferons d'intéressantes lectures au coin du feu.

— Que vous êtes heureux, mon Empereur, de savoir lire ! disait Pierre Gagnon. Comme ça doit être amusant d'apprendre tout ce qui s'est passé depuis que le monde est monde, de connaître le comportement de la terre, des hommes, des animaux, des arbres, et de savoir jusqu'à la plus petite chose !

— Oh ! si tu savais, mon cher Pierre, combien je suis ignorant, bien que je sache lire ! Sais-tu que, quand je passerais toute ma vie à lire et à étudier, et serais doué d'une intelligence supérieure, je ne connaîtrais point la millionième partie des choses ? Plus j'approfondirais les sciences, plus je serais étonné de mon ignorance. Par exemple, l'étude seule des animaux pourrait occuper plusieurs centaines de vies d'homme. La mémoire la plus extraordinaire ne pourrait même pas suffire à retenir les noms des animaux mentionnés dans les livres, tandis que le nombre de ceux qui sont encore inconnus est probablement plus considérable. La seule classe des insectes comprend peut-être quatre-vingt mille espèces connues, et de nouvelles découvertes se font chaque jour dans les diverses parties du monde. Les oiseaux, les poissons comprennent aussi des milliers d'espèces. Un auteur a calculé qu'un homme qui travaillerait assidûment dix heures par jour ne pourrait, dans l'espace de quarante années, consacrer qu'environ une heure à chacune des espèces présentement connues ; suivant le même auteur, l'étude seule d'une chenille, si on veut la suivre dans ses métamorphoses, la disséquer, la comparer dans ses trois états successifs, pourrait occuper deux existences d'homme.

« Et toutes ces plantes que tu vois chaque jour, ces arbres que nous abattons, ces petites fleurs que nous apercevons de temps en temps dans le bois et qui ont l'air de se cacher modestement sous les branches protectrices des grands arbres, tout cela demanderait encore des siècles d'études pour être parfaitement connu. On peut dire la même chose des richesses minérales enfouies dans les entrailles de la terre.

« Ce n'est qu'en se divisant le travail à l'infini que les savants ont pu parvenir à recueillir les notions que le monde possède aujourd'hui sur les diverses branches des connaissances humaines.

— C'est bien surprenant, ce que vous dites là, mon Empereur. Mais ça n'empêche pas pourtant que je voudrais en savoir un peu plus long que j'en sais. Ah! si mon père n'était pas mort si jeune, j'aurais pu moi aussi aller à l'école, et je saurais lire aujourd'hui, peut-être écrire. Au lieu de fumer, comme je fais en me reposant, je lirais, et il me semble que ça me reposerait encore mieux. Ah! tout ce que je peux dire, mon Empereur, c'est que si le brigadier Pierre Gagnon se marie un jour, et s'il a des enfants, ses enfants apprendront à lire, tonnerre d'un nom! ou Pierre Gagnon perdra son nom.

— C'est bien, mon Pierre, ces sentiments sont honorables; je suis bien convaincu qu'avec ton énergie et ton bon jugement, et surtout ton amour du travail, tu seras un jour à l'aise, et que tes enfants, si tu en as, pourront participer aux avantages de l'éducation et faire de braves citoyens. »

XIII

Les semailles

> Et Dieu dit : Que la terre produise les plantes verdoyantes avec leur semence, les arbres avec des fruits chacun selon son espèce qui renferment en eux-mêmes leur semence pour se reproduire sur la terre. Et il en fut ainsi.
>
> *La Genèse*

> Au maître des saisons adresse donc tes vœux. Mais l'art du laboureur peut tout après les dieux.
>
> *Les Géorgiques*

Ce fut une époque heureuse pour Jean Rivard que celle où il dut suspendre de temps en temps ses travaux de brûlage pour préparer la terre et l'ensemencer. Il est vrai que cette dernière opération était beaucoup plus simple et requérait moins de temps dans cette terre neuve que dans les terres depuis longtemps cultivées. Le grain de semence était d'abord jeté sur la terre, après quoi une lourde herse triangulaire, armée d'énormes dents, était promenée aussi régulièrement que possible sur la surface raboteuse du sol fraîchement nettoyé. Ce travail composait tout le procédé d'ensemencement.

Il faut avouer que l'aspect des champs nouvellement ensemencés n'a rien de bien poétique, et ne saurait ajouter aux beautés d'un tableau de paysage. Les souches noircies par le feu apparaissent çà et là comme des fantômes ; ce n'est qu'au bout de sept ou huit ans qu'elles finissent par tomber et disparaître

Sous les coups meurtriers du temps.

« Laissons faire, disait Jean Rivard qui préférait toujours n'envisager que le beau côté des choses, avant trois mois les blonds épis s'élèveront à la hauteur de ces fantômes et nous cacheront leurs têtes lugubres. »

Depuis le milieu d'avril jusqu'à la fin de juin, nos trois défricheurs et leurs deux bœufs furent constamment occupés. Rarement le lever de l'aurore les surprit dans leur lit, et plus d'une fois la pâle courrière des cieux éclaira leurs travaux de ses rayons nocturnes.

Qu'on se représente notre héros après une de ces rudes journées de labeur. Ses membres s'affaissent, tout son corps tombe de lassitude, à peine a-t-il la force de se traîner à sa cabane ; et la première chose qu'il va faire en y entrant sera de s'étendre sur son lit de repos pour dormir et reconquérir les forces dont il aura besoin pour le lendemain. Souvent même cet affaissement du corps semblera s'étendre à l'esprit ; il sera sombre, taciturne, il cessera de rire ou de parler ; à le voir, on le dirait découragé, malheureux. Mais ne croyons pas aux apparences, jamais Jean Rivard n'a été plus heureux ; son corps est harassé, mais son âme jouit, son esprit se complaît dans ces fatigues corporelles. Il est fier de lui-même. Il sent qu'il obéit à la voix de Celui qui a décrété que l'homme « gagnera son pain à la sueur de son front ». Une voix intérieure lui dit aussi qu'il remplit un devoir sacré envers son pays, envers sa famille, envers lui-même ; que lui faut-il de plus pour ranimer son énergie ? C'est en se faisant ces réflexions judicieuses qu'il sent ses paupières se fermer. Un sommeil calme, profond, est la récompense de son travail pénible. S'il rêve, il n'aura que des songes paisibles, riants, car l'espérance aux ailes d'or planera sur sa couche. De ses champs encore nus, il verra surgir les jeunes tiges de la semence qui en couvriront d'abord la surface comme d'un léger duvet, puis insensiblement s'élèveront à la hauteur des souches ; son imagination le fera jouir par anticipation des trésors de sa récolte. Puis, au milieu de tout cela, et comme pour couronner ces rêves, apparaîtra la douce et charmante figure de sa Louise bien-aimée, lui promettant des années de bonheur en échange de ses durs travaux.

Quelques lettres écrites vers cette époque par Jean Rivard à sa gentille amie nous le montrent conservant encore, en dépit de ses rudes labeurs, ses premières dispositions de cœur et d'esprit. En voici des extraits pris au hasard :

« Ma chère Louise,

… C'est aujourd'hui dimanche, mais j'espère que le bon Dieu me pardonnera si je prends quelques minutes pour t'écrire ; je suis si occupé toute la semaine !… Si tu savais comme je travaille ! Si tu me voyais, certains jours après ma journée faite, tu ne me reconnaîtrais pas ; je te paraîtrais si affreux que tu dirais : ce n'est pas *lui*. Je ne dis pas cela pour me plaindre : loin de là. D'abord je sais bien que nous sommes sur la terre pour travailler : c'est le Créateur qui l'a voulu ainsi, et ce que l'homme a de mieux à faire c'est d'obéir à cette loi. Mais il est d'autres considérations qui ont aussi beaucoup de force à mes yeux. Celui qui ne travaille pas, en supposant même qu'il serait assez riche pour être ce qu'on appelle indépendant, prive son pays du bien que rapporterait son travail, et quand même celui-là se dirait patriote, je n'en crois rien. On n'est pas patriote en ne faisant rien pour augmenter le bien-être général. En outre, n'ai-je pas plusieurs raisons de travailler, moi ? Que deviendrait ma pauvre mère avec ses dix enfants si je ne pouvais l'aider un peu par la suite ? Puis comment pourrais-je songer à me marier un jour ? Ces deux dernières considérations suffiraient seules pour me donner du cœur quand même les autres n'existeraient pas.

« Quand j'entends le matin le cri du petit oiseau, il me semble que c'est Dieu qui l'envoie du ciel pour m'éveiller, et je me lève, l'esprit gai, le corps dispos, et prêt à reprendre ma tâche.

. . . .

« Les alentours de ma cabane commencent à s'éclaircir. Tu pourras dire à ton père que je vais ensemencer quinze arpents de terre neuve ; il connaît cela, il comprendra que je ne dois pas rester les bras croisés.

. . . .

« Je commence à aimer beaucoup ma nouvelle résidence ; c'est peut-être parce que l'ai nommée Louiseville, c'est un si beau nom ! Quand nous aurons une église plus tard, je veux que notre paroisse soit sous l'invocation de sainte Louise. Ce sera encore mieux, n'est-ce pas ?

. . . .

« C'est le premier printemps que je passe dans les bois. Il me semble que c'est presque aussi gai qu'à Grandpré. Le matin, quand le soleil brille et que les oiseaux chantent sur les branches… oh ! je voudrais que tu puisses assister à ce concert et voir tout cela de tes yeux !…

« Mais en te parlant, ça me fait penser aux fleurs.

« Je trouve quelquefois dans la forêt de jolies petites fleurs, délicates, élégantes, qui par leur fraîcheur, leur modestie, me rappellent le doux et frais visage de ma Louise. J'en deviens tout de suite amoureux ; n'en rougis pas cependant, et surtout n'en sois pas jalouse, car je ne sais pas même leurs noms, et je ne pourrais pas t'en faire la description, tant je suis ignorant, bien que Pierre Gagnon me croie un savant. Je ne connais pas non plus la plupart de ces petits oiseaux que je vois tous les jours et dont les chants charment mes oreilles. Je n'ai rien appris de cela dans mes études de collège, et je le regrette beaucoup. »

Il s'essayait même quelquefois à composer des rimes, tout en avouant ingénument que le langage des dieux ne convenait pas aux défricheurs. Une fois entre autres, en enfermant une petite fleur dans une lettre, il avait mis au bas :

>*Je t'envoie, ô Louise, une rose sauvage*
>*Cueillie au fond de mon bocage,*
>*Et que j'ai prise pour ta sœur ;*
>*Car de la rose*
>*Fraîche éclose*
>*Ton teint réfléchit la couleur.*

Louise qui n'était pas d'un goût très sévère en poésie aimait beaucoup ces petits jeux d'esprit. D'ailleurs la femme, indulgente et sensible, est toujours disposée à pardonner en faveur de la bonne intention.

Le mois de juin n'était pas encore écoulé que les quinze arpents de terre défrichés depuis l'arrivée de Jean Rivard à Louiseville se trouvaient complètement ensemencés. Quatre arpents l'avaient été en blé — quatre en avoine — deux en orge — deux en sarrasin — un en pois — un en *patates* * — et près de la cabane, c'est-à-dire à l'endroit destiné à devenir plus tard le jardin, un arpent avait été ensemencé en blé d'Inde, rabioles, choux, poireaux, oignons, carottes, raves, et autres légumes dont l'usage allait varier un peu la monotonie qui avait régné jusque-là dans les banquets de Louiseville.

En même temps, Jean Rivard avait fait répandre en plusieurs endroits de la graine de mil, afin d'avoir l'année suivante du foin, ou tout au moins de l'herbe dont l'absence se faisait déplorer chaque jour.

---

* On dit *patates* au lieu de *pommes de terre*, mot inconnu dans les paroisses canadiennes.

Il n'avait pas oublié non plus de planter tout autour de son futur jardin quelques-uns des meilleurs arbres fruitiers du jardin de sa mère, tels que pruniers, cerisiers, noyers, gadeliers, groseilliers, pommettiers, etc. Il avait même eu l'attention délicate de se procurer secrètement de la graine des plus belles fleurs du jardin du père Routier, afin que si plus tard sa Louise venait embellir de sa présence son agreste demeure, elle retrouvât à Louiseville les fruits et les fleurs qu'elle aimait à Grandpré.

On a vu, il y a un instant, nos défricheurs recueillir soigneusement les cendres du bois consumé dans le cours de leurs travaux. Jean Rivard employa cette cendre dans la fabrication de la potasse.

Il possédait tous les ustensiles nécessaires à cet objet. Mais nous ferons grâce au lecteur de la description des diverses opérations par lesquelles les arbres durent passer avant de devenir potasse, des méthodes adoptées par Jean Rivard pour obtenir la plus grande quantité de cendres possible, des procédés suivis pour leur lessivage, pour l'évaporation des lessives, la fabrication du salin et la transformation du salin en potasse. Contentons-nous de dire que Jean Rivard avait pris le plus grand soin pour que les cendres recueillies fussent pures et sans mélange ; et comme le bois dont elles provenaient se composait en grande partie d'érable, de chêne, d'orme et autres bois durs, elles étaient d'une excellente qualité, et à la grande surprise de notre défricheur, ses quinze arpents d'abattis lui en rapportèrent plus de neuf cents minots qui ne produisirent pas moins de sept barils de potasse.

Jean Rivard avait établi sa *potasserie* sur la levée de la rivière qui coulait à une petite distance de sa cabane. Les services de Lachance furent presque exclusivement consacrés à la fabrication de l'alcali. Quoique Jean Rivard eût déjà disposé de ce produit à un prix au-dessous de sa valeur, comme on l'a vu plus haut, cet item ne fut pas de peu d'importance et lui servit à acquitter une partie de ses dettes.

De concert avec Lachance, il prit bientôt des mesures pour établir une *perlasserie* dès l'année suivante.

XIV

La belle saison dans les bois

Le retour de la belle saison fit éprouver à notre héros qui, comme on le sait déjà, ne pouvait rester sans émotion devant les sublimes beautés de la nature, de bien douces jouissances. Le printemps est beau et intéressant partout, à la ville comme à la campagne, mais nulle part peut-être plus que dans les bois. Là, quand les rayons du soleil, devenus plus ardents, ont fait fondre les neiges, que les ruisseaux commencent à murmurer, et que la sève des arbres montant de la racine jusqu'aux extrémités des branches en fait sortir d'abord les bourgeons, puis les petites feuilles d'un vert tendre qui s'élargissent par degrés jusqu'à ce que les arbres se couvrent entièrement de feuillage, il y a dans la nature une vie, une activité que l'on remarque à peine dans les campagnes ouvertes. Les oiseaux, ces hôtes charmants des bois, reviennent bientôt faire entendre leur doux ramage sous la feuillée. Toute la forêt se montre pleine de jeunesse et de fraîcheur, et chaque matin semble ajouter un nouveau charme aux charmes de la veille.

Bientôt la scène devient encore plus vivante et plus variée. D'immenses *voliers* de canards sauvages traversent le ciel, les uns, comme une longue ligne noire, paraissant effleurer les nuages, d'autres s'envolant dans l'espace, à portée du fusil, tandis que plus tard des *voliers* de tourtes plus nombreux encore font entendre dans leur course comme le bruit d'un ouragan impétueux, et viennent raser le sommet des jeunes arbres. Jean Rivard qui, dans ses travaux de défrichement, avait toujours le soin de se faire accompagner de son fusil, revenait souvent à sa cabane les épaules chargées de plusieurs douzaines de ce succulent gibier.

Mais c'était le dimanche après-midi que nos trois solitaires se livraient le plus volontiers au plaisir de la pêche et de la chasse. La matinée se passait généralement dans le recueillement ou dans la lecture de quelque chapitre de l'*Imitation de Jésus-Christ*, petit livre, comme on sait, doublement intéressant pour notre héros, puis tous trois partaient, l'un portant le fusil et ses accompagnements, les autres chargés des appareils de pêche.

Peu de temps après son arrivée dans le canton de Bristol, Jean Rivard avait découvert, à environ deux milles de son habitation, un charmant petit lac qu'il avait appelé le «Lac de Lamartine», parce que cette poétique nappe d'eau lui avait rappelé involontairement l'élégie du grand poète intitulée «Le Lac», et aussi un peu pour faire plaisir à son ami Gustave qui raffolait de Lamartine. Ce lac était fort poissonneux. On y pêchait une espèce de truite fort ressemblante à la truite saumonée, et d'autres poissons moins recherchés, comme l'anguille, la carpe, la perche chaude, la *barbue*, la *barbotte*, etc. Il était de plus fréquenté par une multitude de canards noirs qu'on voyait se promener çà et là, par des poules d'eau, des sarcelles, et autres oiseaux de diverses sortes.

C'est là que nos défricheurs allaient le plus souvent passer leurs heures de loisir. Ils n'en revenaient que tard le soir, lorsqu'ils étaient fatigués d'entendre le coassement des grenouilles et le beuglement du *ouaouaron**. Pendant que le canot glissait légèrement sur les ondes, l'un des rameurs entonnait une de ces chansons anciennes, mais toujours nouvelles, qui vont si bien sur l'aviron :

> En roulant, ma boule, roulant
>
> . . .
>
> Nous irons sur l'eau nous y prom... promener
>
> . . .
>
> La belle rose du rosier blanc.

ou quelque autre gai refrain de même espèce, et les deux autres répondaient en ramant en cadence.

Nos pêcheurs rapportaient souvent de quoi se nourrir le reste de la semaine. Pierre Gagnon qui, durant ses veillées d'hiver, avait fabriqué une espèce de seine appelée *varveau* qu'il tenait tendue en permanence, ne la visitant que tous les deux ou trois jours, prit même une telle quantité de poisson qu'il put en saler et en faire un approvisionnement considérable pour le carême et les jours maigres.

Mais puisque nous en sommes sur ce sujet, disons quelques mots du régime alimentaire de nos défricheurs.

On a déjà vu que Pierre Gagnon, en sa qualité de ministre de l'Intérieur, était chargé des affaires de la cuisine. Ajoutons que durant son règne comme cuisinier, les crêpes, les grillades, l'omelette au lard, pour les jours

---

* Il y a, pour désigner un certain nombre de poissons, de reptiles, d'oiseaux et d'insectes particuliers au Canada, des mots qui ne se trouvent dans aucun des dictionnaires de la langue française, et qui sont encore destinés à notre futur dictionnaire canadien-français. Ainsi le *maskinongé*, qui tire son nom d'un mot sauvage signifiant gros brochet, l'*achigan*, la *barbue*, la *barbotte*, les *batteurs de faux*, les *siffleurs*, les *brenèches*, les *canards branchus*, etc., sont désignés sous ces noms dans les anciens auteurs sur le Canada comme Boucher, La Hontan, Charlevoix, quoique ces mots ne se trouvent pas dans le dictionnaire de l'Académie.

Le mot *ouaouaron* ou *wawaron* vient évidemment du mot sauvage *Ouaraon*, grosse grenouille verte. (Voir Sagard, *Dictionnaire de la langue huronne*.) Ceux qui ont eu occasion d'entendre les mugissements de cet habitant des marais ne trouveront pas étrange que nos ancêtres canadiens-français se soient empressés d'adopter ce mot si éminemment imitatif.

gras, le poisson pour les jours maigres, furent pour une large part dans ses opérations culinaires. La poêle à frire fut l'instrument dont il fit le plus fréquent usage, sans doute parce qu'il était le plus expéditif.

Pierre Gagnon regrettait bien quelquefois l'absence de la soupe aux pois, ce mets classique du travailleur canadien, dont il ne goûtait cependant qu'assez rarement, à cause de la surveillance assidue qu'exigeait l'entretien du pot-au-feu. Nos défricheurs se donnèrent néanmoins plus d'une fois ce régal, principalement dans la saison des tourtes.

Un autre régal, en toute saison, c'était la perdrix. Il ne se passait guère de semaine sans que Jean Rivard en abattît quelqu'une et, bien qu'elle ne fût probablement pas accommodée dans toutes les règles de l'art, elle ne laissait pas que d'être un plat fort acceptable. Pierre Gagnon d'ailleurs n'était pas homme à se brûler la cervelle ou à se percer le cœur d'un coup d'épée, comme le fameux cuisiner Vatel, parce qu'un de ses rôtis n'aurait pas été cuit à point.

Un seul assaisonnement suffisait à tous les mets, et cet assaisonnement ne manquait jamais: c'était l'appétit.

De temps en temps des fruits sauvages, des bleuets, des *catherinettes*, des fraises, des framboises et des groseilles sauvages, que nos défricheurs cueillaient eux-mêmes dans la forêt, venaient apporter quelque variété dans le menu des repas.

L'eau claire et pure de la rivière de Louiseville suffisait pour étancher la soif.

Depuis l'arrivée de «la Caille», le lait ne manquait pas non plus sur la table rustique; c'était le dessert indispensable, au déjeuner, au dîner et au souper.

Je devrais dire un mot pourtant de cette bonne Caille qui, bien qu'elle parût s'ennuyer beaucoup durant les premiers temps de son séjour à Louiseville, ne s'en montra pas moins d'une douceur, d'une docilité exemplaires. Elle passait toute sa journée dans le bois, et revenait chaque soir au logis, poussant de temps en temps un beuglement long et plaintif. Elle s'approchait lentement de la cabane, se frottait la tête aux angles, et, si on retardait de quelques minutes à la traire, elle ne craignait pas de s'aventurer jusque dans la porte de l'habitation. De fait elle semblait se considérer comme membre de la famille, et nos défricheurs souffraient très volontiers le sans-gêne de ses manières.

J'aurais dû mentionner qu'avec les animaux composant sa caravane du printemps, Jean Rivard avait emporté à Louiseville trois poules et un coq. Ces intéressants volatiles subsistaient en partie de vers, de graines et d'insectes, et en partie d'une légère ration d'avoine qui leur était distribuée tous les deux ou trois jours. Les poules pondaient régulièrement et payaient ainsi beaucoup plus que la valeur de leur pension, sans compter que leur caquet continuel, joint aux mâles accents du coq, parfait modèle de la galanterie, donnait aux environs de l'habitation un air de vie et de gaieté inconnu jusque-là.

Mais puisque j'ai promis de dire la vérité, toute la vérité, je ne dois pas omettre de mentionner ici une plaie de la vie des bois durant la belle saison; un mal, pour me servir des expressions du fabuliste en parlant de la peste,

> *Un mal qui répand la terreur*
> *Et que le ciel dans sa fureur*
> *Inventa pour punir les crimes de la terre...*

Je veux parler des maringouins.

Durant les mois de mai et de juin, ces insectes incommodes, sanguinaires, suivis bientôt des moustiques et des brûlots, s'attaquent jour et nuit à la peau du malheureux défricheur. C'est un supplice continuel, un martyre de tous les instants, auquel personne n'a pu jusqu'ici trouver de remède efficace. Heureusement que ce fléau ne dure généralement pas au-delà de quelques semaines. Vers le temps des grandes chaleurs, les maringouins quittent les bois pour fréquenter les bords des lacs, des rivières ou des marais.

Pierre Gagnon faisait feu et flamme contre ces ennemis fâcheux; leur seul bourdonnement le mettait en fureur. Dans son désespoir il demandait à Dieu de lui prêter sa foudre pour anéantir ces monstres.

« Laissons faire, disait stoïquement Jean Rivard, nos souffrances n'auront qu'un temps; dans deux ou trois ans, quand la forêt sera tombée, quand le soleil aura desséché la terre et les marais, cet insecte disparaîtra. C'est un ennemi de la civilisation, tout défricheur doit lui payer tribut; nos pères l'ont payé avant nous, et ceux de nos enfants qui plus tard s'attaqueront comme nous aux arbres de la forêt le paieront à leur tour.»

XV

Progrès du canton

Une fois les semailles terminées, Jean Rivard et son fidèle Pierre n'étaient pas restés oisifs ; ce qu'on appelle les mortes saisons dans les anciennes paroisses n'existait pas pour eux ; pendant que Lachance fabriquait sa potasse, nos défricheurs s'étaient remis à l'œuvre avec une nouvelle ardeur, et leurs progrès avaient été si rapides qu'avant l'époque des récoltes ils avaient déjà plus de dix arpents d'abattus.

Mais pendant que Jean Rivard se livrait ainsi courageusement à ses travaux de défrichement, à ses opérations agricoles et industrielles, un grand progrès se préparait dans le canton de Bristol.

Dès le commencement du mois de juin, Jean Rivard soupçonna par certaines illuminations qu'il croyait apercevoir au loin, dans l'obscurité de la nuit, qu'il n'était plus seul. En effet, un bon soir, il vit arriver à son habitation un homme d'un certain âge, de mine respectable, qu'il avait remarqué souvent à l'église de Grandpré. Cet homme lui annonça qu'il était établi à une distance d'environ trois milles. Son nom était Pascal Landry.

À l'époque où Jean Rivard avait quitté Grandpré, M. Landry y occupait une petite terre de cinquante arpents qui rendait à peine assez pour faire subsister sa famille. Désespérant de jamais augmenter sa fortune et se voyant déjà avec quatre fils en âge de se marier, il avait pris le parti de vendre sa terre de Grandpré, et d'acheter dans le canton de Bristol, où il savait que Jean Rivard avait déjà frayé la route, une étendue de cinq cents acres de terre en bois debout, qu'il avait divisés entre lui et ses quatre enfants. Quoiqu'il n'eût vendu sa propriété de Grandpré que cinq cents louis, il avait pu avec cette somme acheter d'abord ce magnifique lopin de cinq cents acres, puis se procurer toutes les choses nécessaires à son exploitation, et se conserver en outre un petit fonds disponible pour les besoins futurs.

Ses fils tenant à s'établir le plus tôt possible ne reculaient pour cela devant aucun travail. Tous étaient convenus de travailler d'abord en commun. Le père devait être établi le premier : tous ses enfants devaient l'aider à défricher son lot jusqu'à ce qu'il eût vingt-cinq arpents en culture ; l'aîné des fils devait venir ensuite, puis le cadet, et ainsi de suite jusqu'à ce que chacun des garçons fût en état de se marier.

Quoiqu'ils ne fussent arrivés qu'au commencement de juin, ils avaient déjà défriché plus de cinq arpents de terre presque entièrement semés en légumes.

M. Landry apprit en même temps à Jean Rivard que plusieurs autres familles de Grandpré se préparaient à venir s'établir le long de cette route solitaire.

Ces nouvelles réjouirent le cœur de notre héros. Il remercia cordialement M. Landry de sa visite inattendue et le pria de prendre le souper avec lui dans sa modeste habitation. De son côté, M. Landry était tout étonné des progrès que Jean Rivard avait faits en si peu de temps, et de l'apparence de prospérité qu'offrait déjà son établissement. Il le complimenta beaucoup sur son courage, et sur le bon exemple qu'il donnait aux jeunes gens.

Les deux défricheurs se séparèrent les meilleurs amis du monde ; et comme M. Landry inspirait à Jean Rivard la plus haute estime par son air d'honnêteté et ses manières simples, celui-ci se proposa bien de cultiver son amitié et celle de ses fils.

Il ne tarda pas d'ailleurs à recevoir aussi la visite de ces derniers qui, après avoir fait connaissance, venaient souvent, à la *brunante*, fumer la pipe à sa cabane. Ils étaient constamment de bonne humeur et s'amusaient infiniment des drôleries incessantes de Pierre Gagnon qui leur raconta sous mille formes différentes, en y ajoutant chaque jour quelque chose de nouveau, les petites misères et les embarras que son maître et lui avaient eus à essuyer durant les premiers mois qu'ils avaient passés seuls au milieu des bois.

Les relations de voisinage s'établirent facilement.

Lorsqu'il n'eut plus rien autre chose à dire, Pierre Gagnon raconta à sa façon, pour l'amusement de ses voisins, les histoires de Robinson Crusoé, de Don Quichotte et de Napoléon qui l'avaient tant intéressé lui-même durant les longues soirées de l'hiver précédent. Sa mémoire le servait si bien, sa manière de conter était si pittoresque, si originale qu'on l'écoutait toujours avec plaisir.

Pour l'attirer à la maison, la mère Landry avait coutume de lui dire : « Pierre, si vous continuez à venir nous voir comme ça, je finirai par vous donner ma fille Henriette.

— Ça n'est pas de refus », répondait joyeusement Pierre Gagnon, en faisant un clin d'œil à la grosse Henriette qui partait aussi d'un éclat de rire.

On le voyait toujours à regret reprendre le chemin de Louiseville, et pendant une heure encore on s'amusait à répéter ses drôleries.

Si, dans la famille du colon, le courage et la persévérance sont les principales qualités de l'homme, il n'est pas moins important que la gaieté soit la compagne constante de la femme.

Sans ces deux conditions, l'existence du défricheur n'est qu'ennui, misère et pauvreté.

XVI

Une aventure

Mais avant de passer plus loin, disons une aventure qui fit époque dans la vie de Jean Rivard, et que lui-même encore aujourd'hui ne peut raconter sans émotion.

Vers la fin du mois d'août, nos défricheurs étaient occupés à l'abattage d'un épais taillis de merisiers, à quelque distance de leur habitation, lorsqu'il prit fantaisie à Jean Rivard d'aller aux environs examiner l'apparence d'un champ de sarrasin qu'il n'avait ensemencé qu'au commencement de l'été. Il marchait en fredonnant, songeant probablement au résultat de sa prochaine récolte, et à tout ce qui pouvait s'ensuivre, lorsqu'il aperçut tout à coup à quelques pas devant lui un animal à poil noir qu'il prit d'abord pour un gros chien. Jean Rivard, surpris de cette apparition, s'arrêta tout court. De son côté, l'animal, occupé à ronger de jeunes pousses, releva la tête et se mit à le regarder d'un air défiant, quoique ne paraissant nullement effrayé. Jean Rivard put voir alors, aux formes trapues de l'animal, à sa taille épaisse, à son museau fin, à ses petits yeux rapprochés l'un de l'autre, à ses oreilles courtes et velues, qu'il n'avait pas affaire à un individu de l'espèce appelée à si bon droit l'ami de l'homme ; et quoiqu'il n'eût encore jamais vu d'ours, cependant ce qu'il en avait lu et entendu dire ne lui permettait pas de douter qu'il n'eût devant lui un illustre représentant de cette race sauvage et carnassière.

L'ours noir n'est pourtant pas aussi féroce qu'on le suppose généralement ; la mauvaise habitude qu'ont les nourrices et les bonnes d'enfant d'effrayer leurs élèves en les menaçant de la dent des ours fait tort dans notre esprit à la réputation de cet intelligent mammifère. Il est presque inouï qu'un ours noir s'attaque à l'homme ; il ignore ce que c'est que la peur, mais il se borne à se défendre. Ce n'est même que lorsqu'il souffre de la faim et qu'il ne trouve pas de substance végétale à sa satisfaction qu'il se nourrit de chair animale.

Il est toutefois une circonstance où la rencontre de l'ours femelle peut être dangereuse ; c'est lorsqu'elle est accompagnée de ses jeunes nourrissons. Aucun animal ne montre pour ses petits une affection plus vive, plus dévouée. Si elle les croit menacés de quelque danger, elle n'hésite pas un instant à risquer sa vie pour les défendre.

Toute la crainte de Jean Rivard était qu'il n'eût en effet rencontré dans cet animal aux allures pesantes une respectable mère de famille. Dans ce cas, sa situation n'était pas des plus rassurantes. Son anxiété se changea bientôt en alarme lorsqu'il vit remuer dans les broussailles, à une petite distance de l'ours, deux petites formes noires qui s'avancèrent pesamment, en marchant sur la pointe des pieds, et qu'il reconnut de suite pour deux jeunes oursons. En voyant ses petits s'approcher, la mère, levant de nouveau la tête, regarda Jean Rivard. Ses yeux flamboyaient. Jean Rivard sentit un frisson lui passer par tout le corps. Ne sachant trop que faire, il résolut d'appeler son compagnon; il se mit à crier, autant que le lui permettait son émotion: Pierre! Pierre!... Mais il entendait dans le lointain la voix de son homme chantant à tue-tête, en abattant les branches des arbres:

> *Quand le diable en devrait mourir*
> *Encore il faut se réjouir. (bis)*

Pierre, tout entier à son travail et à sa chanson, n'entendait rien.

La position de Jean Rivard devenait de plus en plus critique. Il songea à son couteau à gaine et porta timidement la main vers le manche; mais la mère ourse qui épiait ses mouvements se mit à grogner en laissant voir à notre héros six incisives et deux fortes canines à chacune de ses mâchoires. Quoique brave de sa nature, cette vue le glaça d'effroi; il sentit ses jambes trembler sous lui. Il n'osait plus faire le moindre mouvement de peur d'attirer l'attention de son ennemie.

L'ourse ne bougeait pas, mais semblait prendre une attitude plus menaçante. Au moindre mouvement de ses petits elle paraissait prête à se lancer sur notre malheureux jeune homme.

Jean Rivard profitait bien des intervalles où Pierre Gagnon cessait de chanter pour l'appeler de nouveau, mais l'émotion altérait tellement sa voix qu'il ne pouvait plus guère se faire entendre à distance. L'idée lui vint de s'éloigner, et pour mieux se tenir sur ses gardes, de partir à reculons; il se hasarda donc timidement à lever un pied et à le reporter en arrière, tout en tenant ses yeux fixés vers sa redoutable adversaire.

L'ourse ne parut pas d'abord faire attention à ce mouvement.

Il fit encore un autre pas en arrière avec le même bonheur; il eut une lueur d'espérance; il pensa involontairement à sa mère et à sa Louise, il lui sembla les voir prier Dieu pour lui, et une larme lui monta aux yeux... Il se croyait déjà sauvé, lorsqu'un des malheureux oursons, voulant probablement jouer et s'amuser comme font la plupart des petits des animaux, s'avisa de courir vers lui. Tout de suite la mère leva la tête en poussant un hurlement affreux qui retentit dans la forêt comme un immense sanglot, et d'un bond se lança vers Jean Rivard... Notre héros crut que sa dernière heure était venue; il fit son sacrifice, mais, chose surprenante, il reprit une partie de son sang-froid et résolut de faire payer sa vie aussi cher que possible. Il tenait son couteau dans sa main droite ; il l'éleva promptement comme pour se mettre en défense. La mère ourse, mugissant de fureur, se dressa de toute sa hauteur sur ses pieds de derrière et, s'élançant vers Jean Rivard, les narines ouvertes, la gueule béante, cherchait à l'écraser dans ses terribles étreintes. Trois fois Jean Rivard, par son adresse et son agilité, put éviter ses bonds furieux ; pendant quelques secondes, les deux adversaires jouèrent comme à cache-cache. Il y eut une scène de courte durée, mais fort émouvante. L'animal continuait à hurler, et Jean Rivard appelait son compagnon de toute la force de ses poumons. L'intention de Jean Rivard, si l'animal, le saisissant dans ses bras, menaçait de lui broyer le crâne ou de lui déchirer le visage, était de lui plonger hardiment dans la gorge son couteau et son bras ; mais ce dernier embrassement, il désirait le retarder aussi longtemps que possible.

Cependant l'implacable animal avait résolu d'en finir ; il fit un nouveau bond mieux dirigé que les autres, et Jean Rivard sentit s'enfoncer dans ses deux bras les cinq ongles durs et crochus de chacun des pieds de devant de l'animal ; il n'eut pas le temps de se retourner, il roula par terre sous le ventre de l'animal... C'en était fini... Ô mon Dieu ! s'écria-t-il, puis, d'une voix étouffée, il murmura le nom de sa mère et d'autres mots incohérents...

Il allait mourir... quand tout à coup un bruit de pas se fait entendre dans les broussailles, et une voix essoufflée s'écrie avec force :

« Tonnerre d'un nom ! » Puis au même moment un coup de hache, appliqué adroitement et vigoureusement sur la tête de l'ourse, lui sépare le crâne en deux...

C'était Pierre Gagnon qui venait de sauver la vie à son jeune maître.

Le premier hurlement de la bête avait d'abord attiré son attention ; peu après il avait cru entendre une voix humaine, et il s'était tout de suite dirigé en courant dans la route qu'avait suivie Jean Rivard.

Il était survenu à temps ; deux minutes plus tard Jean Rivard n'était plus.

Tout son corps était déchiré, ensanglanté, mais aucune blessure n'était grave. Seulement, son système nerveux était, on le pense bien, dans une agitation extraordinaire.

Dès qu'il fut relevé, se jetant au cou de son libérateur :

« Pierre, s'écria-t-il, c'est à toi que je dois la vie ! que puis-je faire pour te récompenser ?

— Ô mon cher maître, dit Pierre, les larmes aux yeux, puisque vous êtes encore en vie je suis bien assez payé. Tonnerre d'un nom ! moi qui m'amusais là-bas à chanter bêtement, tandis qu'ici vous vous battiez contre un ours. Et dire que si j'étais venu cinq minutes plus tard... tonnerre d'un nom !... quand j'y pense !...

Et Pierre Gagnon, pour la première fois de sa vie, se mit à pleurer comme un enfant.

Ce ne fut qu'au bout de quelques minutes qu'il remarqua les deux oursons. L'un d'eux voulant grimper dans un arbre cherchait à s'accrocher aux branches avec ses pieds de devant et au tronc avec ceux de derrière ; Pierre l'assomma d'un coup de hache.

L'autre qui était plus petit et ne paraissait pas s'apercevoir de ce qui se passait, s'approcha tout doucement de sa mère étendue morte et dont le sang coulait sur le sol ; il la flaira puis, relevant la tête, il poussa plusieurs petits hurlements ressemblant à des pleurs.

Cette action toucha le cœur de Pierre Gagnon. « Ce petit-là, dit-il, possède un bon naturel, et puisque le voilà orphelin, je vais, si vous le voulez, en prendre soin et me charger de son éducation. »

Jean Rivard y consentit sans peine, et l'habitation de nos défricheurs fut dès ce jour augmentée d'un nouvel hôte.

Tout le reste du jour et toute la journée du lendemain furent employés à lever les peaux, à dépecer les chairs, à préparer la viande et la graisse des deux animaux.

La chair de l'ours est généralement considérée comme plus délicate et plus digestible que celle du porc. Pierre en fuma les parties dont il fit d'excellents jambons. Nos défricheurs firent plusieurs repas copieux avec la chair succulente de l'ourson, surtout avec les pattes, reconnues pour être un mets fort délicat ; ils en envoyèrent plusieurs morceaux à leurs voisins, suivant l'usage invariable des campagnes canadiennes, à l'époque des boucheries. Le reste fut mis dans un saloir.

Quant à la graisse, Pierre la fit fondre en y jetant du sel et de l'eau, après quoi elle remplaça le beurre dans la cuisine de Louiseville, pendant une partie de l'année.

Mais ce que nos défricheurs parurent affectionner davantage, ce fut la peau de la mère ourse. Pierre en fit un lit moelleux pour son jeune maître. La peau du jeune ourson que Pierre Gagnon voulait à toute force conserver pour en abriter le premier petit Rivard qui naîtrait à Louiseville fut, sur l'ordre exprès de Jean Rivard, transformée en *casque* d'hiver que son sauveur Pierre Gagnon porta pendant plusieurs hivers consécutifs.

Ces deux peaux ainsi utilisées furent gardées longtemps comme souvenirs d'un événement qui revint bien souvent par la suite dans les conversations de nos défricheurs et se conserve encore aujourd'hui dans la mémoire des premiers habitants du canton de Bristol.

Mais revenons à notre orphelin, ou plutôt à notre orpheline, car il fut bientôt constaté que l'intéressant petit quadrupède appartenait au sexe féminin. Pierre n'hésita pas à la baptiser du nom de «Dulcinée»; et quoiqu'elle fût loin d'être aussi gentille, aussi élégante que le charmant petit écureuil dont il déplorait encore la fuite, et dont l'ingratitude ne pouvait s'expliquer, il s'y attacha cependant avec le même zèle, tant ce pauvre cœur humain a besoin de s'attacher. Les petits des animaux même les plus laids ont d'ailleurs je ne sais quoi de candide, d'innocent qui intéresse et touche les cœurs même les plus froids. Il lui apportait tous les jours des fruits sauvages; il lui coupait de jeunes pousses, lui donnait même quelquefois du sucre, ce dont les animaux sont toujours très friands; si surtout il découvrait quelque nid de guêpes ou de bourdons, il fallait voir avec quel bonheur il en apportait le miel à sa «Dulcinée». De tous les mets c'était celui qu'elle savourait avec le plus de gourmandise.

Il lui prit même fantaisie d'instruire sa jeune pupille et de l'initier aux usages de la société*. Pierre jouait de la guimbarde, comme on dit dans les campagnes, de la *bombarde*; il n'avait pas oublié d'apporter avec lui cet instrument, et il en jouait assez souvent, bien que Jean Rivard ne lui cachât pas qu'il préférait de beaucoup aux sons qu'il en tirait ceux de la flûte ou du piano. Peu à peu, à force de patience et de soin, il habitua Dulcinée à se tenir debout, et enfin à danser au son de la *bombarbe*. Ce fut une grande fête le jour où il réussit à lui faire faire quelques pas cadencés, et s'il en avait eu les moyens il eût sans doute donné un grand bal ce jour-là.

La jeune orpheline était douée des plus belles qualités et en particulier d'une douceur, d'une docilité qui faisaient l'étonnement de Jean Rivard. Sous un maître plus habile, elle eût pu sans doute devenir experte en divers arts d'agrément, et particulièrement dans celui de la danse, art pour lequel son sexe, comme on sait, déploie en tout pays une aptitude très prononcée. Mais notre ami Pierre Gagnon ne savait ni valse ni polka ni même de quadrille, et ne pouvait, avec la meilleure volonté du monde, enseigner aux autres ce qu'il ne savait pas lui-même.

Il réussit parfaitement toutefois à s'en faire une amie qui ne l'abandonnait ni jour ni nuit, le suivait partout, au bois, au jardin, à la rivière, et montrait pour lui l'affection, l'obéissance et les autres qualités qui distinguent le chien.

---

* J'ai lu quelque part qu'un cultivateur anglais du Haut-Canada avait réussi à perfectionner l'éducation d'une jeune ourse au point qu'elle se présentait très bien dans un salon, et qu'elle recevait, avec sa maîtresse, quand cette dernière avait des visites.

XVII

La récolte

> Je te salue, ô saison fortunée,
> Tu viens à nous de pampres couronnée,
> Tu viens combler les vœux des laboureurs.
> . . .
> La moisson mûre, immobile, abondante,
> Appesantit sa tête jaunissante;
> Aucun zéphir ne vole dans les airs;
> Si quelque vent fait sentir son haleine,
> Des vagues d'or se roulent dans la plaine.
> . . .
>
> Léonard

Ceux-là seuls qui tirent leur subsistance des produits de la terre comprendront avec quelle douce satisfaction, quelle indicible jouissance Jean Rivard contemplait ses champs de grain, lesquels, sous l'influence des chauds rayons du soleil d'été, prenaient de jour en jour une teinte plus jaunissante. Depuis l'époque des semailles jusqu'à celle de la récolte chaque jour avait été pour lui plein de charme et d'intérêt. Quand le sol vierge s'était couvert des jeunes tiges de la semence, comme d'un tapis de verdure, Jean Rivard avait senti naître en son cœur des émotions ignorées jusqu'alors. Ce qu'il éprouvait déjà le dédommageait au centuple de tous ses labeurs passés.

Dans ses heures de repos, son plus grand plaisir était de contempler, assis sur un tronc d'arbre, au milieu de son champ, les progrès merveilleux de la végétation. Plus tard, quand les épis, dépassant la tête des souches, atteignirent presque à la hauteur d'un homme, il goûtait encore un bonheur infini à contempler cette mer, tantôt calme comme un miroir, tantôt se balançant en ondoyant au gré d'une brise légère.

Il ne fut pas néanmoins sans éprouver, durant cet intervalle de deux ou trois mois, certaines inquiétudes sur le sort de sa récolte. La mouche à blé qui, depuis plusieurs années déjà, ravageait les anciennes campagnes du Bas-Canada, pouvait bien venir s'abattre au milieu des champs de Louiseville; — la grêle qui quelquefois, en moins d'une minute, écrase et ruine les plus superbes moissons; — la gelée qui, même dans les mois d'août et de septembre accourant des régions glacées, vient inopinément, au milieu de la nuit, *rôtir* de magnifiques champs de grains et de légumes, et détruire en quelques heures le fruit de plusieurs mois de travail; — les incendies qui, allumés au loin, dans un temps de sécheresse, ou par un vent violent, s'élancent tout à coup à travers les bois et, comme le lion rugissant dont parle le prophète, dévorant tout sur leur passage, répandent au loin l'alarme et la désolation — tous ces fléaux dévastateurs qui viennent, hélas! trop souvent déjouer les espérances des malheureux colons, pouvaient bien venir chercher des victimes jusqu'au milieu même du canton de Bristol.

Jean Rivard ne se croyait pas plus qu'un autre à l'abri de ces désastres inattendus; dès le moment où il avait embrassé la carrière du défricheur, il s'était dit qu'elle ne serait pas exempte de mécomptes, de traverses, d'accidents, et il s'était préparé à subir avec courage et résignation tous les malheurs qui pourraient l'atteindre.

Mais, grâce à la Providence qui semblait prendre notre héros sous sa protection, ses quinze arpents de grains et de légumes parvinrent à maturité sans aucun accident sérieux.

Quand le moment arriva où les blonds épis durent tomber sous la faucille, ce fut presque un amusement pour Jean Rivard et ses deux hommes de les couper, les engerber et les mettre en grange.

Aujourd'hui l'usage de faucher le grain au *javelier* est devenu presque général dans les campagnes canadiennes. Mais dans les champs nouvellement déboisés, cette pratique expéditive ne saurait être adoptée, à cause des souches, racines, rejetons ou arbustes qui font obstacle au travail de la faux.

La grange avait été construite, comme les cabanes des colons, au moyen de pièces de bois superposées et enchevêtrées les unes dans les autres. Nos défricheurs avaient eu le soin, dès le moment où ils avaient commencé à abattre les arbres de la forêt, de mettre de côté tous ceux qui pouvaient être utiles à l'objet en question. Le manque de chemin ne permettant pas d'aller chercher dans les villages voisins les planches et madriers nécessaires à la construction, il avait fallu, au moyen de ces grandes scies à bras appelées «scies de long», fendre un certain nombre des plus gros arbres, pour se procurer les madriers dont l'aire ou la batterie devait être construite, et les planches nécessaires à la toiture de l'édifice. Ce travail avait été exécuté avec zèle et diligence par les deux hommes de Jean Rivard. Quant au bardeau destiné à la couverture, il avait été préparé à temps perdu, dans les jours pluvieux du printemps et de l'été.

Le père Landry et ses enfants s'étaient empressés d'offrir leurs services à Jean Rivard pour *tailler* et lever la grange. En quelques jours on avait érigé un bâtiment de vingt-cinq pieds de long sur vingt de large, dont l'aspect, il est vrai, n'avait rien de fort élégant, mais qui pouvait suffire aux besoins de son propriétaire, pendant au moins trois ou quatre ans.

C'était aussi dans le même bâtiment que les animaux devaient être mis à l'abri du froid et des intempéries des saisons.

Le transport des gerbes à la grange dut être effectué à l'aide des deux bœufs et d'une grossière charrette confectionnée pour la circonstance.

Il ne faut pas croire cependant que la construction de ce véhicule avait été d'une exécution facile. La confection des ridelles et des limons n'avait offert, il est vrai, aucune difficulté remarquable, mais il n'en avait pas été ainsi des deux roues, lesquelles avaient dû être faites, tant bien que mal, au moyen de pièces de bois, de trois ou quatre pouces d'épaisseur, sciées horizontalement à même un tronc d'arbre de vaste circonférence. Un essieu brut avait été posé au centre de chacune de ces roulettes; le reste du chariot reposait sur l'essieu. Cette charrette, il faut l'avouer, n'était pas un modèle d'élégance et n'aurait certainement pas obtenu le prix à l'exposition universelle; mais telle que construite, elle pouvait rendre au moins quelque service. D'ailleurs, dans les commencements de la carrière du défricheur, c'est à peine s'il se passe un jour sans qu'il soit appelé à faire, comme dit le proverbe, de nécessité vertu.

Notre héros, après divers essais plus ou moins heureux, était devenu tout aussi habile que Pierre Gagnon à façonner et fabriquer les objets qui pouvaient lui être utiles. On a dit depuis longtemps que le besoin est l'inventeur des arts, et rien ne prouve mieux cette vérité que la vie du défricheur canadien. En peu de temps, Jean Rivard s'était mis au fait de tout ce qui concerne le travail du bois et son application aux usages domestiques et usuels; et il avait coutume de dire en plaisantant qu'avec une scie, une hache, une tarière et un couteau, un homme pouvait changer la face du monde.

« Tonnerre d'un nom! mon bourgeois, disait souvent Pierre Gagnon: Robinson Crusoé et Vendredi n'étaient que des mazettes à côté de nous deux!»

Il faut que le lecteur me permette d'empiéter sur l'avenir pour énoncer un fait de la plus grande importance dans notre récit: je veux parler du résultat de cette première récolte de Jean Rivard.

Les quatre arpents de terre qu'il avait semés en blé lui rapportèrent quatre-vingts minots — ses quatre arpents d'avoine, cent soixante —, ses deux arpents d'orge, quarante —, ses deux arpents de sarrasin, soixante —, son arpent de pois, dix —, son arpent de patates, deux cents —, et son champ de choux de Siam, rabioles et autres légumes donna un rendement de plus de mille minots.

N'était-ce pas un magnifique résultat?

Hâtons-nous de dire qu'après avoir mis en réserve ce qu'il fallait pour les besoins de sa maison ainsi que pour les semailles de l'année suivante, Jean Rivard put vendre pour plus de trente louis de grains et de légumes. La potasse qu'il avait fabriquée depuis le printemps devait lui rapporter de trente à quarante louis. N'oublions pas non plus de mettre en ligne de compte que sa propriété, grâce à ses travaux durant l'année, se trouvait déjà valoir au moins trois fois autant qu'elle lui avait coûté.

Qu'on fasse l'addition de tout cela, et on verra que Jean Rivard devait être fier et satisfait du résultat de son année.

Les diverses opérations du coupage des grains, de l'engerbage, de l'engrangement, du battage, du vannage, de la vente et du transport chez le marchand ne s'exécutèrent pas, il est vrai, en aussi peu de temps que j'en mets à le dire; mais des détails minutieux n'auraient aucun intérêt pour la généralité des lecteurs et seraient fastidieux pour un grand nombre. Qu'il suffise de savoir que le résultat qui vient d'être énoncé est de la plus scrupuleuse exactitude et pourrait même être vérifié au besoin.

Une autre chose qu'il ne faut pas omettre de prendre en considération, c'est que les profits de Jean Rivard sur la vente de sa récolte auraient été beaucoup plus élevés, s'il n'eût été forcé, par suite du manque de chemin, d'en disposer à un prix bien au-dessous du prix réel.

Arrêtons-nous encore un instant devant cette merveilleuse puissance du travail. Qu'avons-nous vu? Un jeune homme doué, il est vrai, des plus belles qualités du cœur, du corps et de l'esprit, mais dépourvu de toute autre ressource, seul, abandonné pour ainsi dire dans le monde, ne pouvant par lui-même rien produire ni pour sa propre subsistance ni pour celle d'autrui... Nous l'avons vu se frappant le front pour en faire jaillir une bonne pensée, quand Dieu, touché de son courage, lui dit: vois cette terre que j'ai créée; elle renferme dans son sein des trésors ignorés; fais disparaître ces arbres qui en couvrent la surface; je te prêterai mon feu pour les réduire en cendres, mon soleil pour échauffer le sol et le féconder, mon eau pour l'arroser, mon air pour faire circuler la vie dans les tiges de la semence...

Le jeune homme obéit à cette voix et d'abondantes moissons deviennent aussitôt la récompense de ses labeurs.

Qu'on se représente ses douces et pures jouissances en présence de ces premiers fruits de son travail! Sans moi, se dit-il à lui-même, toutes ces richesses seraient encore enfouies dans le sein de la terre; grâce à mes efforts, non seulement je ne serai plus désormais à charge à personne, non seulement je pourrai vivre du produit de mes sueurs, et ne dépendre que de moi seul et du Maître des humains, mais d'autres me seront redevables de leur subsistance! Déjà, par mon travail, je vais être utile à mes semblables!...

Ô jeunes gens pleins de force et d'intelligence, qui passez vos plus belles années dans les bras de l'oisiveté, qui redoutez le travail comme l'esclave redoute sa chaîne, vous ne savez pas de quel bonheur vous êtes privés ! Cette inquiétude vague, ces ennuis, ces dégoûts qui vous obsèdent, cette tristesse insurmontable qui parfois vous accable, ces désirs insatiables de changements et de nouveautés, ces passions tyranniques qui vous rendent malheureux, tout cela disparaîtrait comme par enchantement sous l'influence du travail. Il existe au-dedans de chaque homme un feu secret destiné à mettre en mouvement toute la machine qui compose son être ; ce feu secret qui, comprimé au-dedans de l'homme oisif, y exerce les ravages intérieurs les plus funestes et produit bientôt sa destruction totale, devient chez l'homme actif et laborieux la source des plus beaux sentiments, le mobile des plus nobles actions.

XVIII

Une voix de la cité

Troisième lettre de Gustave Charmenil

« Mon cher ami,

« L'histoire de ta récente aventure m'a beaucoup intéressé, et je te félicite sincèrement d'avoir échappé au danger qui te menaçait : je t'avoue que j'ai tremblé un instant pour ta vie, et si je n'avais bien reconnu ton écriture j'aurais presque été tenté de te croire mort. Je ne te souhaite pas souvent des aventures comme celle-là.

« Tu t'imagines que tout ce que tu me racontes de tes travaux, de tes procédés d'abattage, de brûlage, d'ensemencement, ne peut que me faire bâiller ; au contraire, mon ami, tous ces détails m'intéressent vivement ; tu peux me croire. Je n'ai pas encore eu le temps de faire une longue étude de la politique, mais j'en suis déjà depuis longtemps venu à la conclusion que les hommes les plus utiles parmi nous sont précisément les hommes de ta classe, c'est-à-dire les travailleurs intelligents, courageux, persévérants, qui ne tirent pas comme nous leurs moyens d'existence de la bourse des autres, mais du sein de la terre ; qui ne se bornent pas à consommer ce que les autres produisent, mais qui produisent eux-mêmes. Oui, mon ami, quand je songe aux immenses ressources que possède notre pays, je voudrais voir surgir de tous côtés des milliers de jeunes gens à l'âme ardente, forte, énergique comme la tienne. En peu d'années, notre pays deviendrait un pays modèle, tant sous le rapport moral que sous le rapport matériel.

« Ma dernière lettre t'a chagriné, me dis-tu : tu crois que je ne suis pas heureux. Quant à être parfaitement heureux, je n'ai certainement pas cette prétention ; mais je ne suis pas encore tout à fait découragé. Ce qui me console dans ma pénurie et mes embarras, c'est que je ne crois pas encore avoir de graves reproches à me faire.

« Venons-en maintenant aux conseils que tu me donnes : — "Tu n'es pas fait pour le monde, me dis-tu, et à ta place je me ferais prêtre, j'irais évangéliser les infidèles." — Ah ! mon cher ami, je te remercie bien de la haute opinion que tu as de moi, mais l'idée seule des devoirs du prêtre m'a toujours fait trembler. À mes yeux, le prêtre, et en particulier le missionnaire qui va passer les belles années de sa jeunesse au milieu des peuplades barbares, non pour faire fortune comme les chercheurs d'or ou les traitants, ni pour se faire un nom comme les explorateurs de contrées nouvelles, mais dans le seul but de faire du bien, de faire connaître et adorer le vrai Dieu, tout en répandant les bienfaits de la civilisation dans des contrées lointaines — qui pour cela se résigne courageusement à toutes sortes de privations physiques et morales, se nourrissant de racines, couchant en plein air ou au milieu des neiges, n'ayant jamais un cœur ami à qui confier ses souffrances —, celui-là, dis-je, est, suivant moi, plus digne du titre de héros que tous ceux que l'histoire décore pompeusement de ce nom ; ou plutôt ce titre ne suffit pas, car le vrai prêtre est pour ainsi dire au-dessus de l'humanité, puisqu'il est l'intermédiaire entre Dieu et les hommes.

« Ne sois donc pas surpris si je recule à la pensée d'embrasser cet état. Peut-être aussi as-tu le tort, mon cher ami, de me mesurer un peu à ta taille, de me supposer un courage à la hauteur du tien. Plût à Dieu qu'il en fût ainsi ! Mais je me connais trop bien ; je sais trop toutes mes faiblesses, et je préfère encore végéter et souffrir que de m'exposer à déshonorer le sacerdoce par une froide indifférence ou de coupables écarts.

« Mais j'ai une grande nouvelle à t'apprendre : ma *Belle inconnue* ne m'est plus inconnue ; je sais son nom, elle m'a parlé, elle m'a dit quelques mots, et ces mots retentissent encore harmonieusement dans mes oreilles. Ne va pas m'accuser d'inconséquence et dire que j'ai failli à mes bonnes résolutions ; la chose s'est faite d'elle-même, et sans qu'il y ait eu de ma faute. Voici comment.

« Il y a eu dernièrement un grand bazar à Montréal. Tu as souvent entendu parler de bazars, tu en as même sans doute lu quelque chose dans les gazettes, mais tu ne sais peut-être pas au juste ce que c'est. On pourrait définir cela une conspiration ourdie par un certain nombre de jolies femmes pour dévaliser les riches au profit des pauvres. Les dames qui peuvent donner du temps à la couture, à la broderie, et qui se sentent dans le cœur un peu de compassion pour les malheureux, travaillent souvent pendant deux ou trois mois pour pouvoir offrir à un bazar deux ou trois articles de goût qui seront achetés à prix d'or par quelque riche bienfaisant. C'est, suivant moi, une excellente institution. Bon nombre de jolies citadines, — je ne parle pas de celles dont la vie, suivant certains malins scribes toujours prêts à médire, se passe à "s'habiller, babiller et se déshabiller", mais de celles mêmes qui étant très bonnes, très sensibles, très vertueuses ont cependant été élevées dans l'opulence et l'oisiveté — se trouveraient peut-être sans cela à ne savoir trop que répondre au Souverain Juge au jour où il leur demandera ce qu'elles ont fait sur la terre pour le bien de l'humanité.

« Eh bien ! il faut te dire que ma *Belle inconnue* était à ce bazar ; j'en étais sûr, elle est de toutes les œuvres charitables, et il faut avouer que sa coopération n'est pas à dédaigner ; il doit être difficile de résister à un sourire comme le sien.

« Il me prit donc une envie furieuse, irrésistible, d'y aller faire une visite. Je te confierai bien volontiers — puisqu'entre amis, il faut être franc — que c'était pour le moins autant dans le but de voir ma belle inconnue que pour faire la charité. Tu sais déjà que mes finances ne sont pas dans l'état le plus florissant. J'avais justement deux écus dans ma bourse ; c'était tout ce que je possédais au monde, en richesse métallique. Je résolus d'en sacrifier la moitié. J'allais donner trente sous d'entrée et acheter quelque chose avec l'autre trente sous. Si je pouvais, me disais-je à moi-même, obtenir quelque objet fabriqué de ses mains ! Et là-dessus je bâtissais des châteaux en Espagne.

« Je me rendis donc, un bon soir, au bazar en question. La salle, magnifiquement décorée, était déjà remplie d'acheteurs, d'acheteuses, de curieux, de curieuses ; il y avait de la musique, des rafraîchissements ; les tables étaient couvertes d'objets de luxe, d'articles de toilette ou d'ameublement, de joujoux, en un mot de tout ce qui pouvait tenter les personnes généreuses et même les indifférents.

« Au milieu de toute cette foule j'aperçus de loin ma belle inconnue. Ô mon ami, qu'elle était belle ! Jusque-là je ne l'avais vue que coiffée (et il faut dire que les *chapeaux* ne sont pas toujours un ornement) ; elle avait une magnifique chevelure, et sa figure, vue ainsi le soir dans une salle resplendissante de lumières, dépassait encore en beauté tout ce qu'elle m'avait paru jusqu'alors.

« Il me semblait éprouver en la voyant ce sentiment d'amour et d'admiration que ressentait Télémaque pour la belle nymphe Eucharis à la cour de la déesse Calypso. Tu vois que je n'ai pas encore oublié mon Télémaque. Elle était sans cesse entourée ou suivie d'une foule de jeunes galants qui se disputaient ses sourires et ses regards. Bientôt je l'aperçus qui faisait le tour de la salle, avec un papier à la main, accompagnée de monsieur X***, un de nos premiers avocats, qui paraissait être assez en faveur auprès d'elle.

« À mesure qu'elle avançait vers l'endroit où j'étais, le cœur me battait davantage. Enfin elle arriva bientôt si près de moi que j'entendis le frôlement de sa robe ; ma vue se troubla... je ne voyais plus rien... seulement j'entendis son cavalier lui dire :

« — Mademoiselle Du Moulin ! Monsieur de Charmenil ! »

« Je saluai machinalement, sans regarder, je tremblais comme une feuille.

« L'avocat m'expliqua, en riant probablement de ma figure pâle et de mon air déconcerté, que mademoiselle Du Moulin voulait tirer à la loterie une petite tasse à thé en porcelaine.

« S'apercevant sans doute de mon trouble et voulant me mettre plus à l'aise, ma belle inconnue (car c'était bien elle qui s'appelait mademoiselle Du Moulin) dit alors d'un ton que je n'oublierai jamais :

« — Oh ! je suis sûre que M. de Charmenil n'aime pas les tasses *athées*, en appuyant sur le mot *athées*. »

« Je ne compris pas le jeu de mots.

« La mise était de trente sous. J'étais tellement hors de moi que je donnai non seulement mon trente sous, mais aussi mon autre écu que j'avais dans ma poche. Je laissai presque aussitôt la salle du bazar pour retourner chez moi. Une fois dans la rue je repris un peu mon sang-froid, et me mis à songer à la phrase que m'avait adressée ma déesse :

« — M. de Charmenil, j'en suis sûre, n'aime pas les tasses à thé (athées.)

« Je compris enfin le calembour. Mais, nouvelle perplexité : que voulait-elle dire ? Est-ce qu'elle m'aurait remarqué par hasard à l'église, et qu'elle faisait allusion à mes sentiments religieux ? Cette question m'intriguait beaucoup, et je passai plusieurs jours à la discuter avec moi-même. J'en serais encore peut-être à disséquer chaque mot de la phrase en question si un nouvel incident ne fût venu me faire oublier jusqu'à un certain point le premier. Imagine-toi qu'environ huit jours après le jour du bazar je reçus à ma maison de pension un petit billet ainsi conçu :

Madame Du Moulin prie M. de Charmenil de lui faire l'honneur de venir passer la soirée chez elle mardi le 10 courant.

« Cette invitation faillit me faire perdre la tête. Je fus tout le jour à me poser la question : irai-je ou n'irai-je pas à ce bal ? Je ne dormis pas de la nuit suivante ; mais je me levai le matin bien décidé d'accepter l'invitation de madame Du Moulin, et je répondis en conséquence. Croirais-tu que j'ai fait la folie de m'endetter d'une assez forte somme chez un tailleur pour pouvoir m'habiller convenablement ?

« J'ai donc assisté à la soirée en question. C'était ce qu'on appelle un grand bal, le premier auquel j'aie assisté dans ma vie, et c'était hier au soir ; tu vois que je n'ai pas encore eu le temps d'en rien oublier.

« Suivant l'usage, je me rendis assez tard dans la soirée ; ces bals ne s'ouvrent généralement que vers dix heures, c'est-à-dire à l'heure où les honnêtes gens se mettent au lit.

« Les danses étaient déjà commencées. Les salles et les passages étaient remplis d'invités et d'invitées ; on ne pouvait circuler qu'avec peine.

« Je ne connaissais personne ; mais heureusement que mademoiselle Du Moulin m'aperçut, et qu'elle fut assez bonne pour s'avancer vers moi et m'offrir de me présenter à monsieur et madame Du Moulin. Je fus un peu moins timide cette fois, quoique le cœur me tremblât encore bien fort.

« Le coup d'œil était magnifique. L'éclat des lampes et des bougies, les vases de fleurs artistement disposés sur les corniches, les glaces qui couvraient les murs et dans lesquels se reflétaient les toilettes des danseuses, la richesse et la variété de ces toilettes, tout semblait calculé pour éblouir les yeux. C'était quelque chose de féerique, au moins pour moi qui n'avais encore rien vu en ce genre. Quelques-unes des danseuses portaient sur leurs personnes, tant en robes, dentelles, rubans, qu'en fleurs, plumes, bijoux, etc., pour une valeur fabuleuse. Je ne jurerais pas que les mémoires de la marchande de mode et du bijoutier eussent été complètement acquittés, mais ce n'est pas là la question. Les rafraîchissements abondaient, et des vins, des crèmes, des glaces, etc., furent servis à profusion durant tout le cours de la soirée.

« Grâce à la fermeté de madame Du Moulin, aucune valse ni polka ne fut dansée, au grand désappointement d'un certain nombre de jeunes galants à moustaches qui ne trouvaient pas les contredanses assez émouvantes.

« Heureusement que dans ces grands bals les danseurs ne manquent pas et qu'on peut sans être remarqué jouer le rôle de spectateur ; car à mon grand regret je ne sais pas encore danser. À dire le vrai, je ne pouvais guère contribuer à l'amusement de la soirée ; je ne puis même pas m'habituer à ce qu'on appelle l'exercice de la galanterie. En causant avec des dames, même avec des jeunes filles de dix-huit, vingt, vingt-cinq ans, j'ai la manie de leur parler comme on parle à des personnes raisonnables, tandis que le bon goût exige qu'on leur parle à peu près comme à des enfants, et qu'on se creuse le cerveau pendant une heure, s'il le faut, pourvu qu'on en fasse sortir une parole aimable ou flatteuse.

« En général il est bien connu que ces grands bals sont beaucoup moins amusants que les petites soirées intimes, et je te dirai en confidence que le bal de madame Du Moulin ne me paraît pas avoir fait exception à la règle. Sur cent cinquante à deux cents invités, à peine paraissait-il s'en trouver cinq ou six qui fussent sur un pied d'intimité; un bon nombre semblaient se rencontrer là pour la première fois. Je remarquai que plusieurs dames passèrent toute la nuit assises à la même place, sans dire un mot à personne ou, comme on dit maintenant, à faire tapisserie. Quelques-unes, il est vrai, préféraient peut-être rester ainsi dans leur glorieux isolement que de se trouver en tête à tête avec un marchand, un étudiant ou un commis de bureau; car il faut te dire, mon cher, qu'il existe dans la société de nos villes certains préjugés, certaines prétentions aristocratiques qui pourraient te paraître assez étranges. Telle grande dame, fille d'un négociant ou d'un artisan enrichi, ne regardera que d'un air dédaigneux telle autre dame qui ne sera pas alliée comme elle, par son mari, à telle ou telle famille. Il serait assez difficile de dire sur quel fondement reposent ces distinctions; ce ne peut être sur le degré d'intelligence ou d'éducation, car, avec les moyens d'instruction que nous avons aujourd'hui, les enfants des classes professionnelles, commerciales ou industrielles ont à peu près les mêmes chances de perfectionnement intellectuel; ce ne peut être non plus sur la naissance, car la plus parfaite égalité existe à cet égard dans notre jeune pays.

«On dit qu'aux États-Unis, le pays démocratique par excellence, ces prétentions existent d'une manière beaucoup plus ridicule que parmi nous.

«Ce sont donc de ces petites misères qui se rencontrent en tous pays et dans toutes les sociétés. Vous êtes heureux cependant à la campagne d'ignorer tout cela. Les seules distinctions qui existent parmi vous sont fondées sur le degré de respectabilité, sur l'âge et le caractère, comme le prescrivent d'ailleurs la raison et le bon sens.

«Sais-tu à quoi je songeais principalement en regardant cette foule joyeuse sauter, danser, boire, s'amuser? Je songeais à toi, mon cher ami; je songeais à tous ceux qui comme toi vivent dans les bois, exposés à toutes sortes de privations physiques et morales, travaillant jour et nuit pour tirer leur subsistance du sein de la terre. J'étais d'abord porté à m'apitoyer sur votre sort; mais en y réfléchissant je me suis dit: quel bonheur après tout peut-on trouver dans ces amusements frivoles? La plupart de ceux qui paraissent aujourd'hui si gais seront probablement demain beaucoup moins heureux que mon ami Jean Rivard. Tu n'auras peut-être jamais l'occasion, durant ta vie, d'assister à aucune de ces grandes fêtes mondaines; mais console-toi, tu ne perdras pas grand-chose. Parmi les hommes sérieux qui assistaient au bal d'hier soir, ceux qui ne jouaient pas aux cartes paraissaient mortellement s'ennuyer. Les plus heureux dans tout cela me semblent être les jeunes filles qui peuvent dire après la soirée: je n'ai pas manqué une seule danse.

«Tu vois par là que je ne suis pas fort épris des bals. En effet je suis un peu, je te l'avoue, du sentiment de cet écrivain moraliste qui prétend que les bals ont été inventés pour le soulagement des malheureux, et que ceux qui se plaisent dans leur intérieur domestique, ou dans la compagnie de quelques amis intimes, ont tout à perdre en y allant.

« Je ne voudrais pas prétendre néanmoins m'être ennuyé à la soirée de madame Du Moulin ; quand je n'aurais eu aucun autre sujet d'amusement, que la présence de ma ci-devant belle inconnue, cela seul eût suffi pour m'empêcher de compter les heures. Quel plaisir je goûtais à la voir danser ! Sa démarche légère et modeste, ses mouvements gracieux, et jusqu'à son air d'indifférence, tout me charmait chez elle.

« Mais ce qui me ravit plus que tout le reste, ce fut de l'entendre chanter, en s'accompagnant sur le piano. Tu sais que j'ai toujours été fou de la musique et du chant ! Eh bien ! imagine-toi la voix la plus douce, la plus harmonieuse, et en même temps la plus flexible et la plus expressive qui se puisse entendre ! Je pouvais facilement saisir et comprendre chaque mot qu'elle prononçait, chose étonnante de nos jours où il semble être de mode d'éviter autant que possible d'être compris. Il est même arrivé à ce sujet un quiproquo assez comique. Une demoiselle venait de chanter avec beaucoup de force et d'emphase la chanson

Salut à la France
etc., etc., etc.,

elle avait même eu beaucoup de succès, et plusieurs personnes s'empressaient de la féliciter, lorsqu'un jeune galant s'approchant : "Maintenant, dit-il en s'inclinant, mademoiselle nous fera-t-elle le plaisir de chanter quelque chose en français ?"

« Imagine-toi l'envie de rire des assistants ; il croyait tout bonnement qu'elle venait de chanter une chanson italienne.

« Mademoiselle Du Moulin m'a paru être aussi une musicienne consommée.

« Je ne te parlerai pas du souper : c'était, mon cher, tout ce qu'on peut imaginer de plus splendide. Le prix des vins, des viandes, salades, pâtisseries, crèmes, et gelées de toutes sortes consommés dans cette circonstance eût certainement suffi à nourrir plusieurs familles de colons durant toute une année.

« Ce n'était pas de bon goût d'avoir une idée comme celle-là dans une telle circonstance. Mais, malgré moi, elle me poursuivait, m'obsédait et me faisait mal au cœur.

« Vers la fin du bal, voyant mademoiselle Du Moulin seule dans un coin, je me hasardai à faire quelques pas dans cette direction. Aussitôt qu'elle m'aperçut, elle fut la première à m'adresser la parole sur un ton engageant :

— Est-ce que vous ne dansez pas, monsieur ?

— Mademoiselle, je regrette de vous dire que je n'ai pas cet avantage ; je le regrette d'autant plus que cela me prive d'un moyen de me rendre agréable auprès des dames.

— Oh ! mais, monsieur, les dames ne sont pas aussi frivoles que vous semblez le croire, et il n'est pas difficile de les intéresser autrement ; beaucoup d'autres talents sont même à leurs yeux préférables à celui-là. Par exemple, un grand nombre de dames de mes amies préfèrent la poésie à la danse, et au reste des beaux-arts.

« À ce mot de poésie je ne pus m'empêcher de rougir ; elle s'en aperçut et ajouta en souriant :

— Je ne veux faire aucune allusion personnelle, ajouta-t-elle, quoique j'aie entendu dire plus d'une fois que M. de Charmenil faisait de jolis vers.

— Vraiment, mademoiselle, vous me rendez tout confus : comment a-t-on pu vous apprendre que je faisais des vers, lorsque je suis à cet égard aussi discret que l'est une jeune fille à l'égard de ses billets doux ? Mais puisque vous l'avez dit, je ne vous cacherai pas qu'en effet je me permets quelquefois de faire des rimes, non pour amuser le public, mais pour me distraire l'esprit et me soulager le cœur.

— Pourquoi donc alors ne les publiez-vous pas ? Vous pourriez vous faire un nom. C'est une si belle chose que la gloire littéraire !...

— Mais, mademoiselle, dans notre pays, celui qui voudrait s'obstiner à être poète serait à peu près sûr d'aller mourir à l'hôpital. Ce n'est pas une perspective bien amusante. En outre, mademoiselle, que pourrais-je dire qui n'ait été dit cent fois, et beaucoup mieux que je ne puis le dire ? Je suis bien flatté de la haute opinion que vous avez de moi ; mais vous pouvez m'en croire, si je me lançais dans cette carrière, je ne pourrais être qu'un pâle imitateur, et ceux-là, vous le savez, sont déjà assez nombreux. Je ne veux pas être du nombre de ces poètes qui suent sang et eau pour faire des rimes, et passer, comme ils disent, à la postérité, tandis que leur réputation n'ira probablement jamais au-delà des limites de leur canton.

— Mais, si tous disaient comme vous, monsieur, personne n'écrirait.

— Ce ne serait peut-être pas un grand malheur après tout. Notre siècle ne peut guère se vanter, il me semble, de ses progrès en littérature, et je crois que la lecture des grandes œuvres des siècles passés est encore plus intéressante, et surtout plus profitable que celle de la plupart des poètes et littérateurs modernes.

— Mais est-ce que vous n'aimez pas Chateaubriand et Lamartine ? Ce sont mes auteurs favoris.

— Au contraire, je les aime et les admire beaucoup, au moins dans certaines de leurs œuvres, mais...

« J'allais répondre plus longuement lorsque M. X***, l'avocat qui accompagnait mademoiselle Du Moulin au bazar, vint la prier pour une contredanse.

« Elle se leva lentement et je crus voir — peut-être me suis-je fait illusion — qu'elle s'éloignait à regret.

« Il me semble que j'avais une foule de choses à lui dire ; le cœur me débordait ; mais il était déjà quatre heures du matin et je pris le parti de me retirer.

« Le goût de ma ci-devant belle inconnue pour la littérature et la poésie me la montrait sous un nouveau jour. Je m'étais toujours dit que je n'aimerais jamais qu'une femme qui, sans être une savante, serait au moins en état de me comprendre, et partagerait jusqu'à un certain point mes goûts littéraires et philosophiques ; je trouvais encore cette femme dans mademoiselle Du Moulin.

« Ne sois donc pas surpris si son image est plus que jamais gravée dans mon esprit, et si pendant les deux ou trois heures que j'ai pu sommeiller à mon retour, sa figure angélique est venue embellir mes songes.

« Mais, ô mon cher ami, maintenant que je réfléchis froidement et que je songe à ma position, je me demande : à quoi bon ? à quoi puis-je prétendre ? que peut-on attendre de moi ?

« Encore une fois, mon ami, qu'il est triste d'aimer lorsqu'on est pauvre !

« Oh ! si jamais j'ai des enfants — et j'espère que j'aurai ce bonheur, ne serait-ce que dans quinze ou vingt ans — je veux travailler à leur épargner les tortures que je ressens. Si je ne suis pas en état de les établir à l'âge où leur cœur parlera, j'en ferai des hommes comme toi, mon ami. La vie du cultivateur est, après tout, la plus rationnelle.

« J'ai été employé de temps en temps comme copiste, depuis que je t'ai écrit, mais tout cela est bien précaire. — Adieu.

« Tout à toi,

« Gustave Charmenil »

— Oh ! oh ! se dit Jean Rivard, après avoir lu cette longue lettre, voilà mon ami Gustave lancé dans la haute société. D'après tout ce qu'il m'a déjà dit du monde, de ses vanités, de ses frivolités, de son égoïsme, je crains bien qu'il ne se prépare des mécomptes. Mais laissons faire : s'il n'a jamais à s'en repentir, personne n'en sera plus heureux que moi.

Jean Rivard ne rêva toute la nuit suivante que bals, danses, chant, musique, fleurs, ce qui ne l'empêcha pas toutefois de s'éveiller avec l'aurore et de songer en se levant à ses travaux de la journée, à sa mère, à sa Louise, et à un événement très important dont nous allons maintenant parler.

XIX

Une seconde visite à Grandpré

On était à la fin d'octobre. Jean Rivard informa ses deux compagnons qu'il allait partir de nouveau pour Grandpré.

Son intention était d'embrasser encore une fois sa bonne mère et ses frères et sœurs, de retirer, s'il était possible, le reste de son patrimoine, puis de disposer d'avance, de la manière la plus avantageuse, des produits qu'il aurait à vendre (car il faut se rappeler que c'est par anticipation que nous avons déjà parlé de son revenu de l'année), et enfin de se pourvoir de divers effets, objets de toilette, comestibles et ustensiles, dont les uns étaient devenus indispensables et les autres fort utiles.

Sa visite avait aussi un autre but que mes jeunes lecteurs ou lectrices, s'il s'en trouve qui aient voulu suivre notre héros jusqu'ici, comprendront facilement.

Avant son départ, il annonça à ses deux hommes, devenus l'un et l'autre ses créanciers pour d'assez fortes sommes, qu'il les paierait à son retour. Lachance parut satisfait, et offrit même de contracter pour un nouveau terme de six mois. Quant à Pierre Gagnon, il paraissait, contre son habitude, tout à fait soucieux; il avait évidemment quelque chose sur le cœur, et Jean Rivard craignit même un instant qu'il ne parlât de quitter son service. Mais cette appréhension était sans fondement; ce qui rendait Pierre Gagnon sérieux, c'est que lui aussi avait son projet en tête. En effet, ayant trouvé l'occasion de parler à son maître en particulier:

«Monsieur Jean, lui dit-il, je n'ai pas besoin pour le moment des quinze louis que vous me devez, et je peux vous attendre encore un an, mais à une condition: c'est qu'en passant à Lacasseville, vous achèterez pour moi le lot de cent arpents qui se trouve au sud du vôtre... C'est une idée que j'ai depuis longtemps, ajouta-t-il; je travaillerai encore pour vous pendant un an ou deux, après quoi je commencerai à défricher de temps en temps pour mon compte. Qui sait si je ne deviendrai pas indépendant moi aussi?

— Oui, oui, mon ami, répondit Jean Rivard sans hésiter, j'accepte avec plaisir l'offre que tu me fais. Ton idée est excellente, et elle me plaît d'autant plus que je serai sûr d'avoir en toi un voisin comme on n'en trouve pas souvent. Va! je connais assez ton énergie et ta persévérance pour être certain d'avance que tu réussiras même au-delà de tes espérances.»

Jean Rivard partit de sa cabane et se rendit à Lacasseville où il s'arrêta quelque temps pour y négocier la vente de ses produits, y régler diverses petites affaires et saluer son ami et protecteur M. Lacasse auquel il avait voué dans son cœur une éternelle reconnaissance ; après quoi il se fit conduire en voiture jusqu'aux établissements du bord du fleuve. Rendu là, il loua un canot pour traverser le lac Saint-Pierre. Notre héros maniait fort bien l'aviron, et ne craignit pas de s'aventurer seul sur les flots. Assis au bout de sa nacelle, il partit en chantant gaiement :

Batelier, dit Lisette,
Je voudrais passer l'eau.

et les autres chansons que lui avait apprises son ami Pierre. L'atmosphère était si parfaitement calme et la surface du lac si tranquille que la traversée se fit en très peu de temps.

Au moment où Jean Rivard débarquait sur la rive nord, le soleil pouvait avoir un quart d'heure de haut ; ses rayons inondaient la plaine et se reflétaient de tous côtés sur les clochers et les toits de fer-blanc. Il voyait à sa droite l'église de Grandpré, et à sa gauche celle de la paroisse voisine, toutes deux s'élevant majestueusement dans la vallée, et dominant les habitations ; elles apparaissaient comme enveloppées dans un nuage d'encens. Les longues suites de maisons, assises l'une à côté de l'autre, quelquefois à double et à triple rang, et remplissant les trois lieues qui séparaient les deux clochers, se déroulaient à ses regards. Quoique à une assez grande distance il pouvait distinguer parfaitement la maison de sa mère, avec le hangar, le fournil, la grange et les autres bâtiments de la ferme nouvellement blanchis à la chaux, ainsi que la maison de brique voisine, celle du père François Routier, et les arbres du jardin. Ce spectacle, intéressant même pour un étranger, était ravissant pour Jean Rivard. Il lui passa comme un frisson de joie par tout le corps, il sentit son cœur se dilater de bonheur, et partit tout de suite à travers champs, fossés et clôtures pour se rendre à la maison paternelle. Il était léger comme l'air et semblait voler plutôt que marcher.

À mesure qu'il approchait des habitations, il entendait plus distinctement les voix humaines et les cris des animaux ; peu à peu certains sons qui ne lui étaient pas étrangers vinrent frapper ses oreilles ; bientôt même il se sentit comme électrisé par le jappement de Café, le vieux chien de la maison et son ancien ami, qui allait et venait de tous côtés, se démenant en tous sens, sans qu'on pût savoir à qui il en voulait. Le bon chien ne cessa de japper que lorsque, accourant derrière la maison, il reconnut son ami d'enfance qu'il n'avait vu depuis si longtemps ; il l'accabla de témoignages d'amitié, l'empêchant presque d'avancer à force de frôlements et de caresses. Ce bon animal descendait probablement d'Argus, le fameux chien qui reconnut son maître Ulysse après vingt ans d'absence et dont le divin Homère a fait connaître l'histoire à la postérité.

Comme on vient de le voir, la maison de la veuve Rivard étant bâtie sur le côté sud du chemin, c'était par le côté faisant face au fleuve que Jean devait entrer. Or, on était juste à l'heure où, le crépuscule faisant place à la nuit, l'atmosphère revêt une teinte d'un gris foncé qui ne permet guère de distinguer les objets à distance. La soirée était magnifique ; une température douce, presque tiède, un air pur et serein, invitaient à prendre le frais, et toute la famille Rivard, depuis la mère jusqu'au petit Léon qui n'avait pas encore quatre ans, était sur le devant de la maison, les uns assis sur le perron, causant de choses et d'autres, les autres jouant et gambadant dans le sable ou sur le gazon. Jean Rivard put ainsi entrer et parcourir même deux ou trois appartements, sans être remarqué. Les portes et les fenêtres étant ouvertes, il pouvait entendre sa mère et ses frères et sœurs converser à haute voix. Il lui prit alors fantaisie de leur faire une surprise. Sans sortir de la maison, il vint s'asseoir tranquillement près de la porte, d'où il pouvait facilement suivre la conversation.

« Ce pauvre Jean, dit bientôt la bonne mère en soupirant, je ne sais pas pourquoi il retarde si longtemps à venir nous voir ! Il devait venir au commencement du mois. Pourvu, mon Dieu, qu'il ne soit pas malade ou qu'il ne lui soit pas arrivé d'accident !...

— Oh ! pour ce qui est de Jean, maman, dit un des frères, vous n'avez pas besoin d'avoir peur, le malheur ne le connaît pas ; et quant à être malade, vous savez que ce n'est pas son habitude ; je ne vois qu'une chose qui pourrait le rendre malade, c'est de trop penser à Louise Routier, et ce n'est pas une maladie comme ça qui l'empêcherait de venir.

— Louise m'a demandé aujourd'hui quand est-ce qu'il allait venir, dit la petite Luce, la plus jeune fille de madame Rivard, qui pouvait avoir cinq ans.

— Tiens, elle ne me demande jamais ça à moi, dit un des garçons.

— C'est qu'elle a peur que tu te moques d'elle, dit un autre ; tu sais comme il ne faut pas grand-chose pour la faire rougir.

— Moi, dit Mathilde, il y a quelque chose qui me dit que Jean sera ici demain ou après-demain.

— J'espère au moins, s'empressa de dire la bonne mère que cette seule supposition rendait presque joyeuse, j'espère que vous n'avez pas mangé toutes les prunes?

— Ah! pour ce qui est de ça, dit Joseph, du train que ça va, Jean ferait mieux de ne pas retarder.

— Le pauvre enfant! continua la mère, il ne mange pas grand-chose de bon dans sa cabane, au milieu des bois... il travaille toujours comme un mercenaire, il endure toutes sortes de privations... et tout cela pour ne pas m'être à charge, pour m'aider à vous établir...

Et de grosses larmes coulaient sur ses joues...

— Ne vous chagrinez pas, ma mère, dit tout à coup Jean Rivard en sortant de sa cachette et s'avançant sur le perron: il y a déjà cinq minutes que je suis dans la maison et que je vous écoute parler...

Ce fut un coup de théâtre.

— Vous voyez, ajouta-t-il de suite en l'embrassant, et en embrassant tous ses frères et sœurs, que je suis en parfaite santé, puisqu'après avoir traversé le lac tout seul dans mon canot, je me suis rendu à pied jusqu'ici, à travers les champs.

La mère Rivard resta pendant plusieurs minutes tout ébahie, tout interdite, ne pouvant en croire ses yeux, et Jean Rivard regretta presque de lui avoir causé cette surprise. Les frères et sœurs, moins énervés que leur mère, parlaient tous à la fois, et criaient à tue-tête; ce fut pendant quelques minutes un tapage à faire peur.

Mais chacun finit par reprendre ses sens, et l'on put bientôt se parler et se considérer plus froidement.

Jean Rivard trouva sa bonne mère bien vieillie; ses cheveux avaient blanchi et de larges rides commençaient à sillonner son front. Elle se plaignait de fréquents maux de tête et d'estomac, et les attribuait en grande partie aux inquiétudes incessantes qu'elle éprouvait sur l'avenir de ses enfants.

Le résultat de ses travaux de l'année, que Jean Rivard s'empressa de mettre sous ses yeux, en l'accompagnant de commentaires, fut pour elle un grand sujet de consolation, en même temps qu'il parut surprendre le reste de sa famille.

— Oh! pour ce qui est de toi, mon cher Jean, dit la mère, tu as toujours eu tant de courage, je suis bien sûre que tu réussiras; mais tes jeunes frères que je laisserai avec si peu de fortune, que deviendront-ils après ma mort?

— Eh bien! maman, s'empressa de dire Antoine, le troisième des frères, qui arrivait à ses dix-sept ans, si c'est cela qui vous rend malade, consolez-vous: ne puis-je pas faire comme Jean, moi aussi? Crois-tu, Jean, qu'avec mes quatre-vingts louis d'héritage je pourrais devenir un grand propriétaire comme toi ?

— Certainement, et si tu le désires, j'achèterai pour toi le lot situé au nord du mien, qui offre à peu près les mêmes avantages. Tu passeras encore un an à la maison paternelle ; pendant ce temps-là je te ferai défricher quelques arpents de terre, et quand tu voudras, plus tard, te consacrer sérieusement à ton exploitation, tu viendras loger tout droit chez moi ; nous combinerons ensemble les moyens de te créer une existence indépendante.

— Et moi aussi, dit en riant Joseph, qui avait environ quinze ans, je veux aller m'établir au célèbre village de Louiseville.

— C'est bien, c'est bien, je retiendrai aussi un lot pour toi, et, s'il est possible, un pour chacun des plus jeunes. Qui sait si, dans cinq ou six ans, vous ne serez pas tous devenus riches sans vous en apercevoir !

— Ah ça, s'écria la sœur Mathilde, allez-vous me laisser ici toute seule ? Heureusement, ajouta-t-elle sur le ton de l'incrédulité, que vous n'êtes pas encore partis.

— Oh ! moi, dit le petit Léon, je resterai avec maman. Hein ? maman, dit-il en s'approchant de ses genoux et la regardant avec ses beaux grands yeux...

Pour toute réponse, la mère l'embrassa en essuyant ses larmes.

Ces petites scènes de famille, tout en mettant à l'épreuve la sensibilité de la mère Rivard, ne laissaient pas que d'être consolantes pour elle. L'exemple de son fils aîné, et surtout ses succès, allaient avoir un bon effet sur les dispositions de ses frères ; et quelque pénible qu'il fût pour elle de se séparer ainsi des êtres les plus chers à son cœur et les plus propres à embellir son existence, elle se disait qu'il valait mieux après tout les voir moins souvent et les savoir à l'abri du besoin que d'avoir chaque jour sous ses yeux leur état de gêne, peut-être d'indigence.

Pour changer le cours de ses idées, Jean Rivard lui disait avec sa gaieté ordinaire : «Prenez courage, ma bonne mère ; dans cinq ou six ans, vous n'aurez qu'à traverser le lac, je vous enverrai mon carrosse, et vous viendrez visiter le village Rivard ; vous viendrez embrasser vos enfants, et qui sait ? peut-être vos petits-enfants...»

— Tiens, ça me fait penser, dit Mathilde, que tu ne pouvais jamais venir plus à propos ; il va y avoir demain ou après-demain une *épluchette* de blé d'Inde chez notre voisin monsieur Routier ; il y aura de la danse ; tu peux croire si nous aurons du plaisir ; j'espère bien que tu viendras avec nous ?

— Tu sais bien que je ne danse pas.

— Tiens, il n'y a donc pas de maître de danse à Louiseville ? dit-elle en riant. Eh bien ! tu nous regarderas faire. En outre, ne pourras-tu pas avoir le blé d'Inde rouge, tout comme un autre ?

— Mais j'y pense, dit Jean Rivard, je ne vois pas ce qui nous empêcherait d'aller faire un petit tour dès ce soir même chez nos bons voisins ?

— Et nos bonnes voisines.

Et voilà Jean Rivard parti, suivi de toute la famille, pour se rendre chez monsieur Routier où il fut, comme on le pense bien, reçu à bras ouverts et avec toutes les démonstrations de la joie la plus cordiale par le père, la mère et les enfants. Louise, qui paraissait être la plus froide, n'était cependant pas la moins émue. La conversation se prolongea fort avant dans la nuit ; on y parla de mille choses et en particulier de cette fameuse rencontre d'ours où Jean Rivard avait failli perdre la vie. On peut s'imaginer les exclamations, les cris de surprise et de frayeur qui partirent de la bouche des femmes en entendant Jean Rivard lui-même raconter toutes les circonstances de cette aventure.

On ne se sépara qu'à regret et en se promettant de se revoir le lendemain.

Ce lendemain fut employé par Jean Rivard à régler différentes affaires et à visiter ses parents et connaissances de Grandpré, sans oublier le bon curé M. Leblanc dont il gardait pieusement le souvenir dans son cœur.

Le soir de l'*épluchette*, Jean Rivard dut se rendre, accompagné de sa sœur et de ses jeunes frères, à la maison du père Routier. Cette fête ne l'intéressait cependant pas autant qu'on pourrait le croire. Il éprouvait bien naturellement le désir d'aller chez le père de sa Louise, mais il eût préféré s'y trouver en moins nombreuse compagnie et dans un autre but que celui d'y effeuiller du blé d'Inde. Il avait d'ailleurs de fâcheux pressentiments qui ne se vérifièrent malheureusement que trop.

Parmi les nombreux invités se trouvait un jeune homme d'une tenue irréprochable, portant surtout, pantalons et gilet noirs sans parler d'une belle moustache cirée et d'une chevelure peignée avec le plus grand soin, ce qui le rendait naturellement le point de mire de toutes les jeunes filles. C'était un jeune marchand du nom de Duval, établi depuis peu à Grandpré, après avoir fait son apprentissage à Montréal, et qui, aimant passionnément la danse et les amusements de toutes sortes, trouvait le moyen de se faire inviter à toutes les fêtes.

Sa toilette contrastait étrangement avec celle des autres jeunes gens, presque tous fils de cultivateurs. Mais cette disparité ne nuisait en rien à l'entrain général. Un seul pourtant parmi tous ces jeunes gens paraissait embarrassé : c'était Jean Rivard. Cet embarras fut bien plus pénible encore lorsque, vers la fin de l'épluchette, le jeune et beau monsieur Duval vint gracieusement offrir à mademoiselle Louise Routier un bel épi de blé d'Inde rouge... Notre défricheur, malgré toute sa vaillance, ne put supporter cette épreuve et passa brusquement dans la salle où devait commencer la danse.

Un autre ennui l'attendait là. On a déjà deviné que mademoiselle Louise Routier fut la plus recherchée de toutes les jeunes danseuses. Comme la plupart des personnes de son âge, elle aimait passionnément la danse. Elle jetait bien de temps en temps un regard sur notre défricheur qui jouait dans un coin le rôle de spectateur, mais elle ne pouvait trouver l'occasion d'aller lui dire un mot.

Ce qui causa le plus de malaise à Jean Rivard ce fut de voir sa Louise danser à plusieurs reprises avec M. Duval, qui paraissait la considérer avec beaucoup d'intérêt et auquel celle-ci semblait quelquefois sourire de la manière la plus engageante. Chacun de ses sourires était comme un coup de poignard porté au cœur de notre héros. Tous les assistants remarquaient cette préférence accordée au jeune marchand, et les femmes qui vont vite en ces matières-là s'entretenaient déjà de leur futur mariage.

Enfin, Jean Rivard n'y put tenir plus longtemps, et vers neuf heures, sous prétexte de quelque affaire, il fit ses adieux à monsieur et à madame Routier et se retira.

Jean Rivard regretta ce soir-là la solitude de sa cabane de Louiseville.

De son côté, mademoiselle Louise Routier devint toute soucieuse, du moment qu'elle s'aperçut du départ de son ami. Elle comprit qu'elle l'avait négligé et s'en fit intérieurement des reproches. Sa mère ajouta à ces reproches en lui disant qu'elle n'aurait pas dû danser avec ce jeune homme pimpant qu'elle ne connaissait que de nom.

Cette *veillée* qui devait être si amusante fut donc une cause de chagrin et de regrets pour nos jeunes amoureux.

Jean Rivard aimait sincèrement, mais il était fier et indépendant en amour comme en tout le reste. Dans son dépit, il résolut de laisser Grandpré sans dire adieu à Louise. «Je lui écrirai quand je serai rendu, se dit-il ; on peut dire sur le papier beaucoup de choses qu'on ne dirait pas de vive voix.»

Le soleil n'était pas encore levé que Jean Rivard était en route pour le canton de Bristol.

XX

Les voies de communication

> Tombez, larmes silencieuses,
> Sur une terre sans pitié.
>
> Lamartine

Tous ceux qui parmi nous ont à cœur le bien-être du peuple et la prospérité du pays regardent avec raison la colonisation des terres incultes comme le moyen le plus direct et le plus sûr de parvenir à l'accomplissement de leurs vœux. Lord Elgin, ce gouverneur dont les Canadiens conserveront à jamais la mémoire, parce que dans son administration des affaires de la Province il ne se contenta pas d'être anglais mais voulut avant tout être juste, Lord Elgin disait en 1848 que la prospérité et la grandeur future du Canada « dépendaient en grande partie des avantages qu'on retirerait des terres vacantes et improductives, et que le meilleur usage qu'on en pût faire était de les couvrir d'une population de colons industrieux, moraux et contents ».

Toutes les voix canadiennes ont fait écho à celle du noble Lord, ou plutôt Lord Elgin, en énonçant cette opinion, n'était que l'écho de toutes les voix canadiennes, car depuis nombre d'années les propositions les plus diverses avaient déjà été faites pour atteindre le but en question.

Mais de tous les moyens proposés, le plus simple, le plus facile et en même temps le plus efficace, c'est, on l'a dit mille et mille fois, et il n'y a qu'une opinion sur le sujet, c'est la confection de chemins publics à travers les forêts. Ce qui prouve cela de la manière la plus évidente, c'est que partout où l'on établit de bonnes voies de communication, les routes se bordent aussitôt d'habitations, et qu'au bout de quelques mois l'épi doré remplace les arbrisseaux naissants et les chênes séculaires. Si ce moyen si rationnel eût été adopté et mis en pratique, sur une grande échelle, il y a cinquante ans, la face du pays serait entièrement changée; ces milliers de Canadiens qui ont enrichi de leur travail les États limitrophes de l'Union américaine se seraient établis parmi nous, et auraient contribué, dans la mesure de leur nombre et de leurs forces, à développer les ressources du pays et en accroître la population.

En étudiant les causes qui ont retardé l'établissement du Bas-Canada, et fermé de vastes et fertiles contrées à des légions d'hommes forts et vaillants, on se sent agité malgré soi de sentiments d'indignation. Mais laissons là le passé ; l'histoire dira tout le mal qu'ont fait à notre population la cupidité insatiable, l'avarice impitoyable des grands et riches spéculateurs, une politique égoïste, injuste et mesquine, et la mauvaise administration, pendant trois quarts de siècle, de cette belle et intéressante colonie. Sans nous laisser aller aujourd'hui à de justes mais inutiles regrets, cherchons à réparer autant que possible les maux du passé, et ne portons nos regards que vers l'avenir.

Ce serait une bien triste histoire que celle des misères, des accidents, des malheurs de toutes sortes occasionnés par le défaut de chemins dans les cantons en voie d'établissement.

À son retour au village de Lacasseville, Jean Rivard trouva toute la population sous le coup d'une émotion extraordinaire. Deux accidents lamentables arrivés à quelques jours d'intervalle avaient jeté comme un voile funèbre sur toute cette partie des Cantons de l'Est.

Un jeune missionnaire canadien, plein de zèle et de dévouement, s'étant, dans l'exercice de son saint ministère, aventuré dans la forêt sans guide et sans chemin, avait été surpris par les ténèbres de la nuit, et après de longs et vains efforts pour parvenir aux habitations, s'était vu condamné à périr.

On l'avait trouvé mort, au milieu d'un marécage, enfoncé dans la boue jusqu'à la ceinture... mort de froid, de misère, d'épuisement.

Missionnaire infatigable, pasteur adoré de son troupeau dispersé, sa mort inattendue avait jeté la consternation dans les cœurs et faisait encore verser des larmes.

Des deux hommes qui l'accompagnaient, l'un était mort à côté de lui, l'autre, perclus de tous ses membres, survivait pour raconter ce tragique événement.

Mais une autre nouvelle plus navrante encore, s'il est possible, avait achevé de répandre la terreur dans toutes les chaumières des environs.

Dans un des cantons avoisinant le canton de Bristol avait été s'établir un pauvre colon canadien, avec sa femme et deux enfants, dont l'un encore à la mamelle. Afin d'avoir un lot plus fertile et plus avantageux, il s'était enfoncé dans les bois jusqu'à six lieues des habitations, n'ayant de provisions que pour trois semaines. Là, il s'était bâti une cabane et avait commencé des défrichements. Au bout de trois semaines, ayant fait brûler des arbres et recueilli quelques minots de cendre, il avait transporté cette cendre sur ses épaules jusque chez le plus proche marchand dont il avait reçu en échange quelques livres de farine et un demi-minot de pois. Une fois cette maigre pitance épuisée, il avait eu recours au même moyen, accomplissant toutes les trois semaines, le corps ployé sous un lourd fardeau, un trajet de douze lieues, à travers la forêt. Pendant plus de six mois le courageux colon put subsister ainsi, lui et sa petite famille. Il était pauvre, bien pauvre, mais grâce à son dur travail, les environs de sa cabane commençaient à s'éclaircir, et il goûtait déjà un peu de bonheur en songeant que s'il passait l'hiver sans accident, sa prochaine récolte lui rapporterait assez pour qu'il n'eût plus besoin de recourir au marchand.

L'infortuné colon ne prévoyait pas l'affreux malheur qui l'attendait.

Parti un jour de sa cabane, vers la fin de novembre, les épaules chargées de deux minots de cendre, il s'était rendu comme d'habitude chez le marchand voisin et en avait obtenu la ration accoutumée, après quoi il s'était remis en route pour traverser les six lieues de forêt qui le séparaient de sa demeure. Il se sentait presque joyeux, malgré ses fatigues et sa misère. Mais à peine avait-il fait deux lieues qu'une neige floconneuse se mit à tomber; l'atmosphère en fut bientôt obscurcie et le ciel et le soleil cachés aux regards; en moins d'une heure, une épaisse couche blanche avait couvert le sol, les arbustes et les branches des grands arbres. Notre voyageur avait encore trois lieues à faire lorsqu'il s'aperçut, à sa grande terreur, qu'il avait perdu sa route. Les ténèbres de la nuit couvrirent bientôt la forêt, et il dut se résigner à coucher en chemin, ce qu'il n'avait jamais fait jusqu'alors. Il songeait aux inquiétudes que devait avoir sa femme et cette pensée le tourmentait plus que le soin de sa propre conservation. Le lendemain matin de bonne heure, il partit, tâchant de s'orienter le mieux possible; mais après avoir marché tout le jour, il fut tout étonné et tout alarmé de se retrouver le soir, au soleil couchant, juste à l'endroit où il s'était arrêté la veille. Cette fois, malgré toutes ses fatigues il ne put fermer l'œil de la nuit. Je n'essaierai pas de dépeindre ses angoisses; elles se conçoivent mieux qu'elles ne peuvent se décrire. Il marcha encore toute la journée du lendemain, s'arrêtant de temps en temps pour crier au secours sans presque aucun espoir de se faire entendre. Enfin, disons pour abréger, que ce ne fut que le troisième jour au matin que le malheureux colon aperçut de loin sa petite *éclaircie* et son humble cabane au milieu.

Son cœur palpita de joie lorsqu'il songea qu'il allait revoir les objets de son affection, sa femme, la compagne de sa misère et de ses travaux, et ses petits enfants auxquels il apportait de quoi manger.

Mais, ô douleur! pitié pour le pauvre colon!...

Qu'aperçut-il en ouvrant la porte de sa cabane?

Sa pauvre femme étendue morte!... son plus petit enfant encore dans ses bras, mais n'ayant plus la force de crier... puis l'aîné s'efforçant d'éveiller sa mère et demandant en pleurant un petit morceau de pain!...

Il est dans la vie de l'homme des souffrances morales si affreuses, des douleurs tellement déchirantes qu'elles semblent au-dessus des forces humaines et que la plume se refuse à les décrire.

Ces deux événements arrivés coup sur coup produisirent une telle sensation qu'on se mit de tous côtés à signer des requêtes demandant l'établissement de voies de communication à travers les Cantons de l'Est. Pendant que Jean Rivard était encore à Lacasseville, le bruit courut que le gouvernement allait construire un chemin qui traverserait le canton de Bristol dans toute son étendue. Le marchand qui avait acheté les produits de Jean Rivard en se chargeant des frais de transport, étant en même temps représentant du peuple dans l'assemblée législative, sollicitait, paraissait-il, cette mesure avec tant de zèle, et il était secondé si vigoureusement par l'Honorable Robert Smith, membre du conseil législatif et copropriétaire du canton de Bristol, qu'on assurait que le gouvernement ne pourrait résister et allait affecter quelques centaines de louis à la confection de chemins dans cette partie du pays.

Ce n'était encore qu'une rumeur, mais Jean Rivard soupçonna qu'elle pouvait avoir quelque fondement parce que dans l'entrevue qu'il eut alors avec l'Honorable Robert Smith, au sujet des lots qu'il voulait acheter pour ses jeunes frères et Pierre Gagnon, on l'informa que le prix de chaque lot n'était plus de vingt-cinq louis, mais de cinquante. Les délais accordés pour le paiement du prix lui permirent toutefois de s'acquitter de ses promesses.

D'ailleurs, aux yeux de Jean Rivard, la confection d'un chemin à travers la forêt devait avoir l'effet d'accroître considérablement la valeur du terrain.

Le retour de Jean Rivard à Louiseville fut salué par des acclamations, non seulement de la part de ses deux hommes qui commençaient à s'ennuyer de n'avoir plus leur chef, mais par la famille Landry et les colons voisins qui attendaient avec impatience des nouvelles de Grandpré où ils avaient laissé nombre de parents et d'amis. Aussi fut-il interrogé de toutes manières sur les accidents, les maladies, et sur les mariages passés, présents et futurs. Il lui fallut, pour satisfaire à la curiosité générale, faire l'histoire complète de Grandpré durant les derniers six mois.

Mais ce qui causa la plus vive sensation, ce fut la rumeur dont on vient de parler, celle de la confection d'un chemin public à travers le canton de Bristol. Cette nouvelle fut le sujet des plus grandes réjouissances.

Oh! si les hommes qui sont à la tête des affaires, qui tiennent dans leurs mains les destinées du pays, le malheur ou le bonheur des populations, savaient toutes les douces émotions que fait naître au sein de ces pauvres et courageuses familles une simple rumeur comme celle-là!... Pour ces populations éparses au milieu des forêts, la question des voies de communication n'est pas seulement une question de bien-être et de progrès, c'est une question vitale, et le gouvernement qui s'occupe avec zèle de cette partie de l'administration publique, tout en agissant dans des vues de saine économie politique, remplit encore un devoir de justice et d'humanité.

XXI

Encore un hiver dans les bois

Jean Rivard se remit avec courage à ses travaux de défrichement. Cette année, il n'allait plus à tâtons ; il avait acquis une certaine expérience, et il pouvait calculer d'avance, sans se tromper d'un chiffre, ce que lui coûterait la mise en culture de chaque arpent de terre nouvelle.

Durant les mois d'automne, il put, à l'aide de ses hommes et de ses bœufs, relever, brûler et nettoyer les dix arpents de forêt abattus dans le cours de l'été.

L'hiver s'écoula rapidement ; une partie du temps fut employée à battre et à vanner le grain, et l'autre partie aux travaux de défrichement, ou, comme disait Pierre Gagnon, à guerroyer contre les géants de la forêt. Les veillées se passaient en lectures ou en conversations joignant le plus souvent l'utile à l'agréable. Jean Rivard avait apporté, lors de son dernier voyage à Grandpré, plusieurs nouveaux volumes que lui avaient prêtés M. le curé Leblanc et son ami M. Lacasse, et comme les jeunes Landry montraient autant de goût que Pierre Gagnon pour cette sorte de passe-temps, on put lire, durant les longues soirées de l'hiver, un bon nombre d'ouvrages, entre autres, *Mes prisons*, de Silvio Pellico, et un recueil de voyages autour du monde et dans les mers polaires, lecture que Jean Rivard accompagnait de quelques notions géographiques. Ces récits d'aventures périlleuses, de souffrances horribles, de privations inouïes, intéressaient excessivement l'imagination de nos jeunes défricheurs. En parlant de la terre, de son étendue, de ses habitants, de ses divisions, de la position qu'elle occupe dans l'univers, Jean Rivard était naturellement conduit à parler d'astronomie, et bien que ses connaissances en cette matière fussent assez bornées, il réussissait, avec l'aide de ses livres, à exciter vivement la curiosité de ses auditeurs. Il fallait voir quelle figure faisaient Pierre Gagnon et ses compagnons lorsqu'ils entendaient dire que la terre marche et tourne sur elle-même ; que la lune est à quatre-vingt-cinq mille lieues de nous ; qu'elle a, comme la terre, des montagnes, des plaines, des volcans ; que le soleil, centre du monde, est à trente-huit millions de lieues et qu'il est environ quatorze cent mille fois plus gros que le globe que nous habitons; que les milliers d'étoiles que nous apercevons dans le firmament, étagées les unes sur les autres jusque dans les profondeurs du ciel, sont encore infiniment plus loin de nous, etc., etc. Il fallait entendre les exclamations poussées de tous côtés dans le rustique auditoire! Souvent, entraînés par un mouvement involontaire, tous sortaient de la cabane, et debout, la tête nue, les yeux tournés vers la voûte resplendissante, restaient ainsi plusieurs minutes à contempler, au milieu de la nuit, le grand ouvrage du Créateur; s'il arrivait alors qu'en rentrant dans l'habitation, quelqu'un proposât de faire la prière du soir en commun, un cri général d'assentiment se faisait entendre, et l'encens de la prière s'élevait du fond de l'humble chaumière vers le trône de Celui qui règne par-delà tous les cieux.

La cabane de Jean Rivard devint trop petite pour la société qui la fréquentait, car il faut dire que le canton de Bristol s'établissait avec une rapidité sans exemple dans les annales de la colonisation. Chaque jour de nouveaux défricheurs faisaient leur apparition à Louiseville, considéré d'un commun accord comme le chef-lieu du canton. La rumeur de la confection prochaine d'un chemin public s'était répandue avec la rapidité de l'éclair dans toutes les anciennes paroisses du district des Trois-Rivières, et des centaines de jeunes gens, des familles entières, s'établissaient avec empressement au milieu de ces magnifiques forêts. Dans l'espace de quelques mois, la moitié des lots du canton furent vendus, quoique le prix en eût été d'abord doublé, puis triplé et même quadruplé dans la partie dont l'Honorable Robert Smith était le propriétaire. Un grand nombre de familles n'attendaient que l'ouverture du chemin pour se rendre sur leurs lots.

Naturellement les jeunes défricheurs allaient faire visite à Jean Rivard qu'ils regardaient comme le chef de la colonie et qui, par son expérience, était déjà en état de leur donner d'utiles renseignements. En effet, non seulement Jean Rivard leur donnait des conseils dont ils faisaient leur profit, mais il leur parlait avec tant de force et d'enthousiasme qu'il donnait du courage aux plus pusillanimes; ceux qui passaient une heure avec lui retournaient à leur travail avec un surcroît d'ardeur et d'énergie.

« Vous voulez, répétait-il à chacun d'eux, parvenir à l'indépendance? Vous avez pour cela une recette infaillible : abattez chaque année dix arpents de forêt et dans cinq ou six ans votre but sera atteint. Un peu de courage et de persévérance, voilà en définitive ce qu'il nous faut pour acquérir l'aisance et le bonheur qui en découle. »

Sa parole chaleureuse et pleine de conviction produisait un effet magique.

Lorsque, le soir, sa modeste demeure était remplie de ces jeunes gens pleins de vigueur et d'intelligence, il aimait à les entretenir des destinées futures de leur canton.

« Avant dix ans, disait-il avec feu, avant cinq ans, peut-être, le canton de Bristol sera déjà une place importante sur la carte du Canada; ces quelques huttes maintenant éparses au milieu des bois seront converties en maisons élégantes; nous aurons un village de plusieurs mille âmes; qui sait? peut-être une ville. Des magasins, des ateliers, des boutiques, des moulins auront surgi comme par enchantement; nous aurons notre médecin, notre notaire, au centre du canton s'élèvera le Temple du Seigneur, et à côté, la maison d'école... »

Ces simples paroles faisaient venir les larmes aux yeux de ses naïfs auditeurs auxquels elles rappelaient involontairement le souvenir touchant du clocher de la paroisse.

Vers la fin du mois de mars, nos défricheurs suspendirent un moment leurs travaux pour se livrer de nouveau à la fabrication du sucre d'érable, occupation d'autant plus agréable à Jean Rivard qu'elle faisait diversion à ses autres travaux et lui laissait d'assez longs loisirs qu'il donnait à la lecture ou à la rêverie. Ils entaillèrent une centaine d'érables de plus qu'ils n'avaient fait le printemps d'avant, et, grâce à leur expérience, peut-être aussi à une température plus favorable, ils fabriquèrent en moins d'un mois près de six cents livres de sucre d'un grain pur et clair, et plusieurs gallons d'un sirop exquis.

Les diverses opérations de cette industrie leur furent beaucoup plus faciles qu'elles ne l'avaient été l'année précédente; ils purent même introduire dans la fabrication du sucre certaines améliorations dont ils recueillirent un avantage immédiat.

Il est deux choses importantes que je ne dois pas omettre de mentionner ici: la première, c'est que nos défricheurs continuèrent, comme ils avaient fait dès leur entrée dans la forêt, à mettre en réserve toutes les pièces d'arbres qui, au besoin, pouvaient servir à la construction d'une maison, Jean Rivard n'ignorant pas que tôt ou tard cette précaution lui serait utile; le second, c'est que Jean Rivard et mademoiselle Louise Routier, ayant échangé plusieurs lettres dans le cours de l'hiver, avaient fini par s'entendre à merveille; et, comme c'est l'ordinaire, les jeunes amoureux s'aimaient plus tendrement que jamais.

Qu'on nous permette de rapporter ici quelques lignes extraites de leur correspondance.

De Jean Rivard à Louise

« *Vous* avez sans doute compris que si je suis parti de chez votre père, le soir de votre *épluchette*, sans vous faire mes adieux, c'est que je craignais de vous faire perdre un instant de plaisir. Vous paraissiez vous amuser si bien, vous étiez si gaie, si folâtre, qu'il eût été vraiment cruel de ma part de vous attrister par mon air sérieux et froid. D'ailleurs je vous avouerai franchement que le beau jeune homme à moustaches qui, dans cette soirée, a eu l'insigne honneur d'attirer presque seul votre attention, avait des avantages si apparents sur moi comme sur tous les autres jeunes gens, au moins par sa toilette, sa belle chevelure, et surtout son beau talent de danseur, que vraiment force m'était de lui céder le pas, sous peine d'encourir la perte de vos bonnes grâces et des siennes, et peut-être de me rendre ridicule. Je mentirais si je vous disais que cette préférence marquée de votre part ne m'a fait aucune peine. Je ne connais pas ce monsieur Duval, mais je puis vous affirmer sans crainte qu'il ne vous aime pas autant que moi ; il paraît s'aimer trop lui-même pour aimer beaucoup une autre personne. Malheureusement pour moi, il a de beaux habits, il vend de belles marchandises, soie, rubans, dentelles, et les jeunes filles aiment tant toutes ces choses-là ! Il a de belles mains blanches et les miennes sont durcies par le travail. De plus, il demeure si près de vous, il peut vous voir tous les jours, il vous fait sans doute de beaux cadeaux, il vous donne de jolis bouquets, il vous accompagne chez vous après vêpres, etc. ; et moi, qui suis à plus de vingt lieues de vous, je ne puis rien de tout cela. On dit que les absents ont toujours tort : il est donc probable que, à l'heure qu'il est, vous ne pensez déjà plus à moi... »

De Louise Routier à Jean Rivard

« Je ne comprends pas comment vous avez pu croire que je pouvais m'amuser à ce beau jeune homme à moustaches qui venait chez nous pour la première fois quand vous l'y avez rencontré, et qui n'y est pas revenu depuis, et dont le principal mérite, il paraît, est de savoir danser à la perfection. Je ne suis encore qu'une petite fille, mais, croyez-moi, je sais faire la distinction entre les jeunes gens qui ont un esprit solide, du courage, et toutes sortes de belles qualités et ceux qui n'ont que des prétentions vaniteuses, ou qui ont, comme on dit, leur esprit dans le bout des orteils. Si je vous semble légère quelquefois, je ne le suis pas au point de préférer celui qui a de jolies mains blanches, parce qu'elles sont oisives, à celui dont le teint est bruni par le soleil, parce qu'il ne redoute pas le travail. Je regarde au cœur et à la tête avant de regarder aux mains.

. . . .

« Pour moi, je vous avoue que je n'ai pas fait beaucoup d'attention à ce que me disait ce monsieur ; je sais seulement que ses phrases étaient parsemées de mots anglais que je n'aurais pas pu comprendre quand même je l'aurais voulu. S'il croyait que je lui souriais, il se trompait. Si je paraissais contente, c'était de danser ; je suis si folle pour cela. J'espère bien que je deviendrai plus sage avec l'âge. Vous avez dû me trouver bien étourdie ce soir-là ? Mais aussi pourquoi êtes-vous parti si tôt ? Si j'ai des reproches à me faire, vous en avez vous aussi, pour être parti comme vous avez fait, sans nous dire un petit mot d'adieu.

« Ah ! vous regretteriez, j'en suis sûre, votre méchante bouderie, si vous saviez que vous m'avez fait pleurer. »

. . . .

On comprend qu'après de pareilles explications, la réconciliation ne pouvait tarder.

Jean Rivard se donna beaucoup de soin, à l'époque de la fabrication du sucre, pour confectionner, au moyen d'un élégant petit moule en bois travaillé de ses mains, un joli cœur de sucre évidemment destiné à servir de cadeau. Quand le moment vint de procéder à cette intéressante opération, ce fut Jean Rivard lui-même qui nettoya l'intérieur de la chaudière avec du sable fin, qui y coula la liqueur, qui l'écuma durant l'ébullition, et qui la déposa dans le petit moule de bois après sa transformation en sucre.

Ce cœur, on devine sans peine à qui Jean Rivard le destinait. Il fut expédié tout de suite à Lacasseville, et la première voiture qui partit de ce village pour Grandpré l'emporta, accompagné d'une petite lettre délicatement tournée.

Il ne faut pas non plus omettre de dire ici pour l'édification de nos lecteurs que nos trois défricheurs trouvèrent moyen, vers la fin de la Semaine Sainte, de se rendre à Lacasseville pour y accomplir le précepte adressé à tous les membres de cette belle et vaste association — l'Église catholique romaine — de communier au moins une fois l'an. Les cérémonies si touchantes de cette grande Semaine produisirent sur eux une impression d'autant plus vive qu'ils avaient été longtemps privés du bonheur si doux aux âmes religieuses d'assister aux offices divins.

« Parlez-moi de ça, s'écria Pierre Gagnon en sortant de l'église, ça fait du bien des dimanches comme ça. Tonnerre d'un nom ! ça me faisait penser à Grandpré. Sais-tu une chose, Lachance ? C'est que ça me faisait si drôlement en dedans que j'ai quasiment *braillé* !...

— Et moi *étou*, dit Lachance, à qui pourtant il arrivait rarement de parler de ses impressions.

— Laissez faire, leur dit Jean Rivard, si je réussis dans mes projets, j'espère qu'au printemps prochain nous n'aurons pas besoin de venir à Lacasseville pour faire nos pâques. Nous aurons une chapelle plus près de nous.

— Oh! je connais ça, murmura tout bas, Pierre Gagnon en clignant de l'œil à Lachance, ça sera la chapelle de Sainte-Louise!...

Cette fois Jean Rivard trouva deux lettres à son adresse au bureau de poste de Lacasseville. La suscription de la plus petite était d'une écriture en pattes de mouche qu'il reconnut sans peine et dont la seule vue produisit sur sa figure un épanouissement de bonheur. La seconde, plus volumineuse, était de son ami et correspondant ordinaire, Gustave Charmenil.

Toutes deux l'intéressaient vivement, mais la première étant plus courte, c'est elle qui dut avoir la préférence. Nous n'en citerons que les lignes suivantes:

«Merci, mon bon ami, du joli cœur de sucre que vous m'avez envoyé. Il avait l'air si bon que j'ai été presque tentée de le manger. Mais, manger votre cœur! ce serait cruel, n'est-ce pas? C'est pour le coup que vous auriez eu raison de bouder. Je l'ai donc serré soigneusement dans ma petite armoire, et je le regarde de temps en temps pour voir s'il est toujours le même. La dernière fois que je l'ai vu, il paraissait bien dur! S'il ne s'amollit pas, je pourrais bien lui faire un mauvais parti: je n'aime pas les cœurs durs...»

Le reste de la lettre se composait de petites nouvelles de Grandpré, qui n'auraient aucun intérêt pour les lecteurs.

La lettre de Gustave Charmenil n'était pas tout à fait aussi gaie, comme on va le voir.

Quatrième lettre de Gustave Charmenil

«Mon cher ami,

«Tu ne saurais croire combien ta dernière lettre m'a soulagé! Je l'ai lue et relue, pour me donner du courage et me rattacher à la vie. En la lisant je me suis répété souvent: oui, c'est bien vrai, un véritable ami est un trésor, et, malgré moi, ce vers souvent cité d'un de nos grands poètes me revenait à l'esprit:

L'amitié d'un grand homme est un présent des dieux.

«Ne crois pas que je veuille badiner en te décorant du titre de grand homme; tu sais que je ne suis ni flatteur, ni railleur. À mes yeux, mon cher Jean, tu mérites cette appellation à plus juste titre que les trois quarts de ces prétendus grands hommes dont l'histoire nous raconte les hauts faits. Tu es un grand homme à la manière antique, par le courage, la simplicité, la grandeur d'âme, la noblesse et l'indépendance de caractère; du temps des premiers Romains, on t'eût arraché à tes défrichements pour te porter aux premières charges de la République. Réclame, si tu veux, mon cher ami, mais c'est vrai ce que je te dis là. Oh! tout ce que je regrette, c'est de ne pouvoir passer mes jours auprès de toi. Ici, mon cher, dans l'espace de plus de trois ans, je n'ai pu encore me faire un ami; au fond, je crois que les seuls vrais amis, les seuls amis de cœur, sont les amis d'enfance, les amis du collège. L'amitié de ceux-là est éternelle, parce qu'elle est sincère et désintéressée. Depuis plusieurs mois, je vis dans un isolement complet. Le moindre rapport avec la société, vois-tu, m'entraînerait à quelque dépense au-dessus de mes moyens. Je vais régulièrement chaque jour de ma pension à mon bureau, puis de mon bureau à ma pension. C'est ici que je passe généralement mes soirées en compagnie de quelques auteurs favoris que je prends dans la bibliothèque de mon patron. La maîtresse de maison et ses deux jeunes filles aiment beaucoup entendre lire, et je lis quelquefois tout haut pour elles. L'une des jeunes filles particulièrement est très intelligente et douée d'une rare sensibilité. Il m'arriva l'autre jour en causant avec elle de dire "que je ne serais pas fâché de mourir", et à ma grande surprise elle se mit à pleurer à chaudes larmes. Je regrettai cette parole inconvenante, et me hâtai de changer le sujet de la conversation. Mais cela te prouve que mes idées ne sont pas fort gaies. En effet, mon cher, ma disposition naturelle à la mélancolie semble s'accroître de jour en jour. Je fais, autant que possible, bonne contenance, mais je souffre. Je reviens toujours sur ce triste sujet, n'est-ce pas? Je suis comme ces pauvres hypocondriaques qui ne parlent que de leurs souffrances. Mais si je me montre avec toi si personnel, si égoïste, ne va pas croire que je sois ainsi avec tout le monde. Je te dirai même que tu es le seul à qui j'aie jamais rien confié de mes déboires, de mes dégoûts, parce que toi, vois-tu, je te sais bon et indulgent, et je suis sûr de ta discrétion. Avec toi, je puis parler de moi aussi longtemps que je voudrai, sans crainte de devenir fastidieux. Laisse-moi donc encore t'entretenir un peu de mes misères; tu n'en comprendras que mieux combien tu dois bénir ton étoile et remercier la Providence de t'avoir inspiré si bien.

«Il faut que je te rapporte un trait dont le souvenir me fait encore mal au cœur. Je t'ai déjà dit que les lettres que je reçois de mes amis sont une de mes plus douces jouissances. À part les tiennes qui me font toujours du bien, j'en reçois encore de quelques autres de mes amis et en particulier de deux de nos anciens professeurs, aux conseils desquels j'attache beaucoup d'importance. Ces lettres, quand elles me viennent par la poste, me sont remises par un homme chargé de percevoir en même temps le prix du port et quelques sous pour ses honoraires. Or, il m'arriva dernièrement de recevoir ainsi une lettre assez pesante, dont le port s'élevait à trente-deux sous. C'était beaucoup pour moi ; je réunis tous mes fonds sans pouvoir former plus de vingt sous. Il me manquait encore douze sous : comment faire ? Je ne pouvais pourtant pas refuser cette lettre ; elle pouvait être fort importante.

« En cherchant parmi mes effets pour voir si je ne trouverais pas quelque chose dont je pusse disposer, je ne trouvai qu'un tout petit volume, un petit *Pensez-y-bien*, qui m'avait été donné par notre ancien directeur de collège. C'était le seul livre qui me restât. J'aurais pourtant bien voulu le garder ; c'était un souvenir d'ami ; je l'aimais, ce petit livre, il m'avait suivi partout. Mais je me dis : je vais le mettre en gage et je le rachèterai aussitôt que j'aurai de l'argent.

« Je retirai donc ma lettre de la poste ; elle ne valait pas le sacrifice que j'avais fait. C'était une longue correspondance qu'un notaire de campagne envoyait à une gazette, et qu'il me priait de vouloir bien *retoucher*.

« Aussitôt que j'eus la somme nécessaire, je courus pour racheter mon petit *Pensez-y-bien* : mais il était trop tard... il était vendu... on ne savait à qui...

« Je me détournai, et malgré moi une larme me tomba des yeux.

« Ô ma bonne mère ! si vous aviez connu alors tout ce que je souffrais, comme vous auriez pleuré ! Mais je me suis toujours soigneusement gardé de faire connaître mon état de gêne à mes parents ; ils ignorent encore toutes les anxiétés qui m'ont accablé, tous les déboires que j'ai essuyés. Que veux-tu ? je connais leur bon cœur ; ils auraient hypothéqué leurs propriétés pour me tirer d'embarras, et que seraient devenus leurs autres enfants ?

« Oh ! combien de fois j'ai désiré me voir simple journalier, homme de métier travailleur, vivant de ses bras ou, encore mieux, laborieux défricheur comme toi !

« La vie des bois me plairait d'autant plus que je suis devenu d'une sauvagerie dont tu n'as pas idée. Je fuis la vue des hommes. Si par hasard en passant dans les rues je vois venir de loin quelque personne de ma connaissance, je prends une voie écartée pour n'avoir pas l'occasion d'en être vu. Je m'imagine que tous ceux qui me rencontrent sont au fait de ma misère ; si j'ai un accroc à mon pantalon, ou une fissure à ma botte, je me figure que tout le monde a les yeux là ; je rougis presque à la vue d'un étranger.

« Quelle affreuse situation !

« Il y a de l'orgueil dans tout cela, me diras-tu ? Cela se peut ; mais, dans ce cas, mon cher, je suis bien puni de mon péché.

« Croirais-tu que dans mon désespoir, j'en suis même venu à la pensée de m'expatrier... d'aller quelque part où je ne suis pas connu travailler des bras, si je ne puis d'aucune manière tirer parti de mon éducation ? Oui, à l'heure qu'il est, si j'avais été assez riche pour me faire conduire à la frontière, je foulerais probablement une autre terre que celle de la patrie, je mangerais le pain amer de l'étranger.»

> *Je me suis écrié dans ma douleur profonde :*
>   *Allons, fuyons au bout du monde...*
>   *Pourquoi traîner dans mon pays*
>   *Des jours de misère et d'ennuis ?*
>   . . .
>
>   *Au lieu de ces moments d'ivresse,*
>   *De ces heures de joie et de félicité*
> *Que nous avions rêvés dans nos jours de jeunesse,*
> *J'avais devant mes yeux l'aspect de la détresse*
>   *L'image de la pauvreté...*
>
> *Que de jours j'ai passés sans dire une parole,*
>   *Le front appuyé sur ma main !*
> *Sans avoir de personne un seul mot qui console,*
> *Et refoulant toujours ma douleur dans mon sein...*
>
> *Combien de fois, errant, rêveur et solitaire,*
> *N'ai-je pas envié le sort du travailleur*
> *Qui, pauvre, harassé, tout baigné de sueur,*
> *À la fin d'un long jour de travail, de misère,*
>   *Retourne à son humble chaumière !...*
>
>   *Il trouve pour le recevoir*
> *Sur le seuil de sa porte une épouse chérie*
> *Et de joyeux enfants heureux de le revoir.*
>   . . .

«Oh! pardonne, mon ami, à ma lyre depuis longtemps détendue, ces quelques notes plaintives. J'ai dit adieu et pour toujours à la poésie que j'aimais tant. Cette fatale nécessité de gagner de l'argent, qui fait le tourment de chaque minute de mon existence, a desséché mon imagination, éteint ma verve et ma gaieté ; elle a ruiné ma santé.

«J'aurai terminé dans le cours de l'automne prochain mes quatre années de cléricature ; je serai probablement, "après un brillant examen", suivant l'expression consacrée, admis à la pratique de la loi ; je serai membre du barreau, et quand on m'écrira, ou qu'on parlera de ma personne, je serai appelé invariablement "Gustave Charmenil, Écuyer, Avocat" ; ce sera peut-être là la plus grande satisfaction que je retirerai de mes études légales. Je t'avoue que je redoute presque le moment de mon admission à la pratique. J'aurai à payer une certaine somme au gouvernement, à ouvrir un bureau, à le meubler, à m'acheter quelques livres, à faire des dépenses de toilette : à cela, mes ressources pécuniaires s'épuiseront bientôt. Je n'ai pas à craindre toutefois de me voir de longtemps obsédé par la clientèle ; mes rapports avec les hommes d'affaires, durant ma cléricature, ont été restreints, et je n'ai ni parents ni amis en état de me pousser. En outre, la cléricature que j'ai faite n'est guère propre à me donner une réputation d'habileté. Obligé d'écrire pour les gazettes, de traduire, de copier, d'enseigner le français et de faire mille autres choses, je n'ai pu apporter qu'une médiocre attention à l'étude de la pratique et de la procédure, et les questions les plus simples en apparence sont celles qui m'embarrasseront davantage. Tu vois que la perspective qui s'ouvre devant moi n'a rien de bien riant, comparée à l'heureux avenir qui t'attend.

« Ah ! je sais bien que si j'étais comme certains jeunes gens de ma classe, je pourrais facilement me tirer d'embarras. Je me mettrais en pension dans un des hôtels fashionables, sauf à en partir sans payer, au bout de six mois ; je me ferais habiller à crédit chez les tailleurs, les cordonniers, je ferais des comptes chez le plus grand nombre possible de marchands ; puis, à l'expiration de mon crédit, j'enverrais paître mes créanciers. Cela ne m'empêcherait pas de passer pour un *gentleman* ; au contraire. Avec mes beaux habits et mes libres allures je serais sûr d'en imposer aux badauds qui malheureusement sont presque toujours en majorité.

« Je connais de jeunes avocats qui se sont fait une clientèle de cette façon ; pour en être payés, leurs créanciers se trouvaient forcés de les employer.

« Mais que veux-tu ? Ce rôle n'est pas dans mon caractère. M'endetter sans être sûr de m'acquitter au jour de l'échéance, ce serait me créer des inquiétudes mortelles.

« Pardonne-moi, mon bon ami, si je ne te dis rien aujourd'hui de mes affaires de cœur. J'ai tant de tristesse dans l'âme que je ne puis même m'arrêter à des rêves de bonheur. D'ailleurs que pourrais-je t'apprendre que tu ne devines déjà ? Ce que j'aimerais mieux pouvoir dire, ce seraient les paroles de Job : « J'ai fait un pacte avec mes yeux pour ne jamais regarder une vierge. »

« Mais toi, mon cher ami, parle-moi de ta Louise ; ne crains pas de m'ennuyer. Votre mariage est-il arrêté ? Et pour quelle époque ? Que tu es heureux ! Le jour où j'apprendrai que vous êtes unis sera l'un des plus beaux de ma vie.

« Ton ami dévoué,

« Gustave Charmenil »

Plusieurs fois, en lisant cette lettre, Jean Rivard sentit ses yeux se remplir de larmes. Naturellement sensible, sympathique, il eût donné tout au monde pour adoucir les chagrins de son ami. Pendant quelques moments il fut en proie à une vive agitation ; il allait et venait, se passant la main sur le front, relisait quelques passages de la lettre, et se détournait de nouveau pour essuyer ses yeux. Enfin, il parut tout à coup avoir pris une détermination, et ne voulant pas retourner à Louiseville avant de répondre quelques mots à la lettre qu'il venait de lire, il demanda au maître de poste une feuille de papier, et écrivit :

« Mon cher Gustave,

« Ta dernière lettre m'a rendu triste. Je vois bien que tu es malheureux ! Et dire pourtant qu'avec un peu d'argent tu pourrais être si heureux ! Ce que c'est ! comme le bonheur tient souvent à peu de chose ! Je voudrais bien avoir un peu plus de temps pour t'écrire et te dire toute mon amitié pour toi, mais il faut que je parte immédiatement si je veux me rendre à ma cabane avant la nuit. Je ne veux pas partir pourtant avant de te dire une idée qui m'est venue en lisant ta lettre. Je voudrais te proposer un arrangement. Tu sais que je suis presque riche déjà. Badinage à part, j'ai, ce printemps, près de cinq cents livres de sucre à vendre, ce qui me rapportera au moins vingt piastres ; je pourrai me passer de cette somme : je te la prêterai. Ce sera peu de chose, il est vrai, mais si ma récolte prochaine est aussi bonne que celle de l'année dernière, j'aurai une bonne quantité de grains à vendre vers la fin de l'automne, et je pourrai mettre une jolie somme de côté, que je te prêterai encore ; tu me rendras tout cela quand tu seras avocat, ou plus tard quand tu seras représentant du peuple. N'est-ce pas que ce sera une bonne affaire pour nous deux ? Dis-moi que tu acceptes, mon cher Gustave, et avant quinze jours tu recevras de mes nouvelles.

« Je n'ai pas le temps de t'en dire plus.

« Ton ami pour la vie,

« Jean Rivard »

Les quinze jours n'étaient pas expirés qu'une lettre arrivée de Montréal à Lacasseville, à l'adresse de Jean Rivard, fut transmise de cabane en cabane jusqu'à Louiseville. Elle se lisait ainsi :

« Ah ça ! mon ami, est-ce bien de toi que j'ai reçu une lettre dans laquelle on m'offre de l'argent ? Si c'est de toi, en vérité, pour qui me prends-tu donc ? Me crois-tu le plus vil des hommes pour que je veuille accepter ce que tu me proposes ? Quoi ! tu auras travaillé comme un mercenaire pendant près de deux ans, tu te seras privé de tous les plaisirs de ton âge, vivant loin de toute société, loin de ta mère, de ta famille, de tes amis, afin de pouvoir plus tôt t'établir et te marier... et ce sera moi qui recueillerai les premiers fruits de tes sueurs ? Ah ! Dieu merci, mon ami, je ne suis pas encore descendu jusque-là. Je suis plus pauvre que bien d'autres, mais j'ai du cœur autant que qui que ce soit. Je ne te pardonnerais pas, si je ne savais qu'en me faisant cette proposition, tu t'es laissé guider, moins par la réflexion que par une impulsion spontanée ; mais ta démarche va me priver à l'avenir d'une consolation qui me restait, celle d'épancher mes chagrins dans le sein d'un ami. Tu es le seul à qui j'aie jamais fait part de mes mécomptes, de mes embarras, parce qu'avec toi au moins je croyais pouvoir me plaindre sans paraître rien demander. Pouvais-je croire que tu prendrais mes confidences pour des demandes d'argent ? Va, je te pardonne, parce que je connais le fond de ton âme ; mais, une fois pour toutes, mon ami, qu'il ne soit plus question d'offre semblable entre nous : mon amitié est à ce prix.

« Tranquillise-toi d'ailleurs sur mon sort ; j'ai réussi dernièrement à me procurer du travail, et je suis maintenant sans inquiétude sur mon avenir.

« Adieu,

« Ton ami,

« Gustave Charmenil »

Jean Rivard pleura de nouveau en recevant cette réponse, mais il comprit qu'il était inutile d'insister, et tout ce qu'il put faire fut de compatir en silence aux peines de son ami.

XXII

La grande nouvelle

Les semailles du printemps étaient à peine finies qu'une nouvelle extraordinaire partie de Lacasseville, et transmise d'habitation en habitation à travers le canton de Bristol, vint mettre en émoi toute la petite population dispersée dans cette forêt séquestrée pour ainsi dire du reste du monde. Ce qui n'avait été jusqu'alors qu'un bruit, qu'une rumeur plus ou moins fondée, était enfin devenu un fait accompli : le gouvernement provincial avait ordonné la confection d'un chemin public à travers le canton de Bristol. Les arrangements préliminaires étaient déjà arrêtés, les journaliers étaient engagés, les contremaîtres nommés, l'honorable conseiller législatif Robert Smith, propriétaire du canton, et le représentant Arnold, celui qui avait acheté d'avance la potasse en se chargeant des frais de transport, étaient eux-mêmes à la tête de l'entreprise, et avaient la gestion des fonds affectés à la confection du chemin. Bientôt même on apprit que la route était tracée, les travaux commencés, les premiers arbres abattus, et que les travailleurs s'avançaient à grandes journées à travers l'épaisseur des bois. Les nouvelles de la prise de Sébastopol, de la découverte des mines d'or de la Californie, ou des révolutions qui ont éclaté depuis quelques années dans l'Ancien et le Nouveau Monde, n'ont causé nulle part une sensation plus vive, plus profonde, que n'en causa, chez les premiers colons du canton de Bristol, l'événement dont nous parlons. Malgré l'éloignement des habitations, on se réunissait de tous côtés pour en parler ; des gens qui ne se connaissaient pas, qui ne s'étaient jamais vus jusque-là, s'entretenaient de la chose comme d'un bonheur commun, comme d'un heureux événement de famille ; il y eut des feux de joie, des démonstrations, des réjouissances publiques ; une vie nouvelle semblait animer toute cette petite population.

Une activité extraordinaire se manifesta immédiatement dans toute l'étendue du canton ; de nouveaux défricheurs arrivèrent ; tous les lots situés sur la route qui n'avaient pas encore été concédés le furent dans l'espace de quelques jours.

On peut se faire une idée de la sensation que produisit cette nouvelle sur Jean Rivard. Il en fut comme étourdi ; pendant plusieurs nuits son sommeil, d'ordinaire paisible, se ressentit de la secousse qu'éprouva son esprit. Il passait des heures entières à rêver aux changements qu'allait nécessairement subir sa condition. De fait, cet événement en apparence si simple devait exercer la plus grande influence sur la fortune et les destinées de notre héros.

À ses yeux, la valeur de sa propriété était au moins triplée.

Bientôt un projet ambitieux, dont il se garda bien cependant de faire part à personne, s'empara de son esprit, et ne le quitta ni jour ni nuit. Disons en confidence au lecteur quel était ce projet que Jean Rivard caressait en secret, et dont la pensée lui procurait les plus douces jouissances qu'il eût encore éprouvées depuis le commencement de son séjour dans les bois.

« Me voilà, se disait-il à part lui, avec plus de trente arpents de terre en culture ; tout annonce que ma récolte de cette année sera fructueuse, abondante, et me rapportera bien au-delà du nécessaire. Avec ce surplus et le produit de ma potasse, je vais pouvoir acquitter toutes mes dettes et consacrer en outre une petite somme à l'amélioration de ma propriété.»

C'étaient déjà là des réflexions fort consolantes, des suppositions très encourageantes. Mais une idée qui lui semblait présomptueuse venait immédiatement après :

«Pourquoi donc, ajoutait-il en se parlant à lui-même, ne pourrais-je pas dès cette année me bâtir une maison décente? Avec un chemin comme celui que nous aurons, ne puis-je pas transporter facilement de Lacasseville à Louiseville les planches, les briques, la chaux et tous les autres matériaux nécessaires? Et si après tout il me manquait quelque chose, ne pourrais-je pas, en exposant à mes créanciers l'état de mes affaires et les légitimes espérances que je fonde sur l'avenir, obtenir d'eux une prolongation de crédit?»

De toute cette série de considérations à une idée encore plus ambitieuse et plus riante, il n'y avait qu'un pas. Une fois la cage construite, ne fallait-il pas un oiseau pour l'embellir et l'égayer? Et cet oiseau se présentait à l'imagination de notre héros sous la figure d'une belle et fraîche jeune fille aux yeux bleus que nos lecteurs connaissent déjà.

«De fait, se disait-il enfin, pourquoi ne pourrai-je pas me marier dès cet automne? Ce sera une année plus tôt que je n'avais prévu, mais une année de bonheur dans la vie n'est pas à dédaigner...»

La première fois que cette pensée se fit jour dans son cerveau, son cœur battit avec force pendant plusieurs minutes. Il n'osait s'abandonner à ce rêve enchanteur, craignant d'être le jouet d'une illusion. Toutefois, en réfléchissant de nouveau à ce projet, en l'envisageant de sang-froid et à tête reposée, il lui sembla de plus en plus réalisable, et notre héros ne fut pas longtemps avant d'avoir tout arrêté dans son esprit.

On a déjà vu que Jean Rivard n'avait pas l'habitude de remettre au lendemain ce qu'il pouvait faire la veille. Il était homme d'action dans toute la force du mot. Aussi, se rendre à Lacasseville, communiquer ses projets à son ami M. Lacasse, se rendre de là à Grandpré, y conclure différentes affaires, s'assurer les moyens de se bâtir dans l'automne et même dans l'été s'il le désirait, demander la main de mademoiselle Routier pour cette époque tant désirée — tout cela fut l'affaire de moins d'une semaine.

Grâce à l'activité infatigable de notre héros, cette semaine fut bien remplie et dut faire époque dans sa vie.

Son entrevue avec la famille Routier fut des plus satisfaisantes. Jean Rivard fut traité comme méritait de l'être un jeune homme de cœur, et se crut autorisé à demander Louise en mariage, ce qu'il fit tout en expliquant que son intention n'était pas de se marier avant la fin de l'automne.

Le père Routier répondit au jeune défricheur en lui faisant les compliments le plus flatteurs sur son courage et sa bonne conduite, ajoutant qu'il espérait que la Providence continuerait à bénir ses travaux, et que sa prochaine récolte lui permettrait de pourvoir amplement aux besoins et à l'entretien d'un ménage — que dans tous les cas la seule objection qu'il pût faire n'avait rapport qu'à l'époque fixée pour ce grand événement, si toutefois, ajouta le père en souriant et en regardant sa fille, si toutefois Louise ne change pas d'idée... elle est encore jeune... et les filles sont si changeantes !...

— Ah ! papa !... s'écria involontairement la jeune fille en devenant rouge comme une fraise, et en levant vers son père des regards suppliants où se lisaient en même temps le reproche et la contrainte.

Cette naïve exclamation, et le mouvement spontané, dépourvu de coquetterie, qui l'accompagna, en dirent plus à Jean Rivard que n'auraient pu le faire les lettres les plus tendres.

Ce fut la réponse la plus éloquente, la plus touchante qu'il pût désirer à sa demande en mariage.

Notre héros repartit cette fois de Grandpré plus gai qu'à l'ordinaire, malgré les adieux toujours pénibles qu'il dut faire à sa mère et au reste de la famille. Mais la séparation fut moins cruelle, puisque l'absence devait être plus courte.

Avant de partir de Grandpré, Jean Rivard reçut une proposition qui, dans les circonstances, lui était on ne peut plus acceptable. La mère Guilmette, pauvre veuve d'environ cinquante ans, qui demeurait dans la famille Rivard depuis plus de vingt ans, qui avait vu Jean naître, grandir, s'élever, et s'était attachée à lui avec une affection presque maternelle, voyant que notre jeune défricheur allait avoir durant les mois de l'été et de l'automne un surcroît de travail, offrit courageusement de l'accompagner pour lui servir de ménagère.

Le manque de chemin avait jusque-là empêché Jean Rivard de songer à emmener une ménagère dans son établissement ; mais l'heure était venue où il pouvait sans inconvénient se procurer ce confort.

Le nouveau chemin du canton de Bristol se trouvait déjà achevé jusqu'à l'habitation de Jean Rivard et celui-ci, pour la première fois, put se rendre en voiture jusqu'au seuil de sa porte.

Notre héros avait fait l'acquisition d'un cheval et d'une petite charrette de voyage.

Pierre Gagnon ne se possédait plus de joie en voyant arriver son Empereur assis à côté de la mère Guilmette.

Cette dernière était une ancienne connaissance de Pierre Gagnon qui, plus d'une fois, avait pris plaisir à la plaisanter et à la taquiner. Il se proposait bien de l'attaquer de nouveau, car la mère Guilmette entendait raillerie et ne laissait jamais passer une parole sans y répondre.

Pierre Gagnon avait plusieurs autres raisons d'être satisfait de ce changement. D'abord il allait faire jaser tant et plus la bonne femme sur tout ce qui s'était passé à Grandpré durant les derniers six mois — car sous ce rapport Jean Rivard n'était pas encore aussi communicatif que le désirait Pierre Gagnon —, il allait pouvoir raconter, rire, badiner, à son cœur content. Mais ce qui valait encore mieux, il allait être déchargé de ses fonctions de cuisiner, de blanchisseur, et surtout du soin de traire la Caille. Toutes ces diverses charges se trouvaient de droit dévolues à la mère Guilmette, qui allait en outre avoir le soin des poules, du petit porc et du jardinage.

La vieille ménagère ne se trouva pas d'abord à l'aise, comme on le pense bien, dans la cabane de Jean Rivard. Elle y manquait de beaucoup de choses fort commodes dans le ménage; la fraîche laiterie de madame Rivard à Grandpré, l'antique et grand dressoir, les armoires de toutes sortes, les buffets, le linge blanc comme la neige, tout cela revenait bien de temps à autre se représenter à sa mémoire comme pour contraster avec ce qui l'entourait; peu à peu cependant elle s'habitua à son nouveau genre de vie, et grâce à l'obligeance de Pierre Gagnon qui tout en la raillant sans cesse était toujours disposé à lui rendre mille petits services, à aller quérir son eau à la rivière, allumer son feu, confectionner tous les jours, pour sa commodité, quelques meubles de son invention, elle put introduire en peu de temps des améliorations importantes dans la régie intérieure de l'établissement.

Puis elle se consolait en songeant à la maison nouvelle qu'elle aurait dans l'automne et dont Jean Rivard et ses hommes s'entretenaient tous les jours devant elle.

Vu l'exiguïté de l'habitation, déjà trop encombrée, Jean Rivard et ses deux hommes avaient depuis le printemps converti la grange en dortoir; ils dormaient là chaque nuit sur leurs lits de paille mieux que les rois dans leurs alcôves moelleuses; et la mère Guilmette disposait seule en reine et maîtresse de toute la cabane de Jean Rivard.

XXIII

La corvée

Sans avoir le vaste génie de Napoléon, Jean Rivard semblait avoir la même confiance en son étoile.

Ainsi, dès qu'il eut obtenu la main de Louise, et avant même de connaître le résultat de sa prochaine récolte, il résolut de se bâtir une maison. Cette entreprise avait, comme on l'a déjà dit, été depuis longtemps le sujet de ses rêves. Bien des fois il en avait causé avec ses compagnons de travail. Il en avait tracé le plan sur le papier ; et les divers détails de la construction, les divisions du bâtiment, les dimensions de chaque appartement, le plus ou moins de solidité à donner à l'édifice, et plusieurs autres questions de même nature occupaient son esprit depuis plus d'un an. Aussi, au moment dont nous parlons, son plan était-il déjà parfaitement arrêté.

Toutes les pièces destinées à la charpente de l'édifice avaient été coupées, équarries et tirées sur la place ; et en revenant de Grandpré, Jean Rivard avait acheté à Lacasseville les planches et les madriers, la chaux, les portes, les fenêtres et les ferrures nécessaires à la construction.

Quant au bardeau pour la toiture, il avait été fait à temps perdu par nos défricheurs durant l'hiver et les journées de mauvais temps.

Jean Rivard engagea d'abord les services d'un *tailleur* qui, en trois ou quatre jours, aidé de ses deux hommes, put tracer et préparer tout le bois nécessaire.

Quand les matériaux furent prêts et qu'il ne fut plus question que de *lever*, Jean Rivard résolut, suivant la coutume canadienne, d'appeler une *corvée*.

Le mot « corvée », d'après tous les dictionnaires de la langue française, s'emploie pour désigner un travail gratuit et forcé qui n'est fait qu'à regret, comme, par exemple, la corvée seigneuriale, les corvées de voirie, etc., regardées partout comme des servitudes. Mais il a dans le langage canadien un sens de plus qui date sans doute des premiers temps de l'établissement du pays.

Dans les paroisses canadiennes, lorsqu'un *habitant** veut lever une maison, une grange, un bâtiment quelconque exigeant l'emploi d'un grand nombre de bras, il invite ses voisins à lui donner un coup de main. C'est

---

* C'est avec intention que je me sers de ce mot qui date aussi des premiers temps de la colonisation de la Nouvelle-France et qui restera dans le langage canadien.

un travail gratuit, mais qui s'accomplit toujours avec plaisir. Ce service d'ailleurs sera rendu tôt ou tard par celui qui le reçoit ; c'est une dette d'honneur, une dette sacrée que personne ne se dispense de payer.

Ces réunions de voisins sont toujours amusantes ; les paroles, les cris, les chants, tout respire la gaieté. Dans ces occasions, les tables sont chargées de mets solides, et avant l'institution de la tempérance le rhum de la Jamaïque n'y faisait pas défaut.

Une fois l'œuvre accomplie, on plante sur le faîte de l'édifice ce qu'on appelle le «bouquet», c'est-à-dire quelques branches d'arbre, dans la direction desquelles les jeunes gens s'amusent à faire des décharges de mousqueterie. C'est une fête des plus joyeuses pour la jeunesse.

Mais dans les nouveaux établissements, où l'on sent plus que partout ailleurs le besoin de s'entraider, la corvée a, s'il est possible, quelque chose de plus amical, de plus fraternel ; on s'y porte avec encore plus d'empressement que dans les anciennes et riches paroisses des bords du Saint-Laurent. Chez ces pauvres mais courageux défricheurs, la parole divine «aimez-vous les uns les autres» va droit au cœur. Parmi eux la corvée est un devoir dont on s'acquitte non seulement sans murmurer, mais en quelque sorte comme d'un acte de religion.

Ainsi, quoique Jean Rivard n'eût invité, pour l'aider à lever sa maison, que les hommes de la famille Landry et quelques autres des plus proches voisins, il vit, le lundi matin, arriver avec eux plus de trente autres colons établis de distance en distance à quelques milles de son habitation, lesquels ayant appris des jeunes Landry la circonstance de la corvée, s'empressaient de venir exécuter leur quote-part de travail. Il ne fut pas peu surpris de rencontrer parmi eux plusieurs jeunes gens qu'il avait connus intimement à Grandpré, dont quelques-uns même avaient été ses compagnons d'école et de catéchisme. Les anciens camarades se serrèrent cordialement la main, se promettant bien de continuer à être amis à l'avenir comme ils l'avaient été par le passé.

Chacun avait apporté avec soi sa hache et ses outils, et l'on se mit tout de suite à l'œuvre. Le bruit de l'égoïne et de la scie, les coups de la hache et du marteau, les cris et les chants des travailleurs, tout se faisait entendre en même temps ; l'écho de la forêt n'avait pas un instant de répit. Jean Rivard ne pouvait s'empêcher de s'arrêter de temps à autre pour contempler cette petite armée d'hommes laborieux, et lorsqu'il songeait que moins de deux ans auparavant il était seul avec Pierre Gagnon dans cette forêt encore vierge, ce qu'il avait maintenant sous ses yeux lui paraissait un rêve.

L'imagination de Pierre Gagnon s'exaltait aussi à la vue de ce progrès, et ses souvenirs historiques se représentaient en foule à sa mémoire. La maison qu'on était en train d'ériger n'était rien moins que le Palais de l'Empereur; c'était Fontainebleau ou le Luxembourg, qu'on allait décorer pour recevoir l'Impératrice Marie-Louise.

Malgré les rires, les chants et les bavardages, l'ouvrage progressa si rapidement que dès le soir même du premier jour la maison était déjà debout.

La vieille ménagère de Jean Rivard eut fort à faire ce jour-là. Heureusement que la veille au soir Jean Rivard, ayant été faire la chasse aux tourtes, avait rapporté quelques douzaines de cet excellent gibier; il put ainsi offrir à ses convives quelque chose de plus que l'éternel lard salé. Une soupe aux tourtes aux petits pois n'est pas à dédaigner. Le jardin de Jean Rivard offrait déjà d'ailleurs des légumes en abondance. La mère Guilmette dut renoncer toutefois à écrémer son lait ce jour-là, et ses beaux vaisseaux de lait caillé disparaissaient l'un après l'autre, en dépit des regards mélancoliques qu'elle leur lançait en les déposant sur la table. Ce qui contribuait aussi un peu sans doute à la faveur particulière accordée à ce dessert, c'est que chaque terrinée était couverte d'une couche de sucre d'érable, assaisonnement qui ne déplaît pas à la plupart des goûts canadiens.

Dans la soirée, les jeunes gens s'amusèrent à tirer à poudre sur le bouquet de la bâtisse; et Pierre Gagnon chanta son répertoire de chansons.

Une question assez délicate se présenta dans le cours de cette soirée. Jean Rivard eût bien voulu offrir à ses nombreux voisins, en les remerciant de leurs bons services, quelque autre rafraîchissement que l'eau de la rivière de Louiseville ou le lait de la Caille; il s'était même procuré, à cette intention, quelques gallons de *whisky*, destinés à être bus au succès et à la prospérité de la nouvelle colonie. Mais le père Landry, qui avait plus d'expérience que Jean Rivard, et qui craignait pour ses grands garçons le goût de cette liqueur traîtresse, lui représenta avec tant de force et de conviction les maux de toutes sortes, les malheurs, les crimes, la pauvreté, les maladies engendrées par la boisson; il lui exposa avec tant de sens et de raison le mauvais effet que produirait sur tous les habitants du canton l'exemple donné ainsi par celui qui en était considéré comme le chef, que Jean Rivard finit par se laisser convaincre, et dès le lendemain les deux cruches de whisky repartirent pour Lacasseville.

Un menuisier et un maçon furent employés pendant une quinzaine de jours à compléter l'intérieur de la maison.

Rien de plus simple que le plan de la demeure de Jean Rivard.

Elle était complètement en bois; elle avait trente pieds sur trente, un seul étage, avec en outre cave et grenier. L'intérieur parfaitement éclairé par des fenêtres pratiquées sur tous les côtés, et rendu accessible par deux portes, l'une placée au milieu de la façade et l'autre en arrière communiquant avec la cuisine, était divisé en quatre appartements d'égale grandeur. Il y avait ainsi cuisine, chambre à dîner, chambre de compagnie et chambre à coucher. Deux petites fenêtres pratiquées dans le haut des pignons permettaient de convertir au besoin une partie du grenier en dortoir. Un simple perron exhaussé à deux pieds du sol s'étendait le long de toute la façade, et la couverture projetait juste assez pour garder des ardeurs du soleil sans assombrir l'intérieur du logis.

Tout l'extérieur devait être lambrissé, et l'intention de Jean Rivard était de la faire blanchir chaque année à la chaux pour préserver le bois des effets de la pluie et des intempéries des saisons. Les contrevents devaient être peinturés en vert ; c'était une fantaisie romanesque que voulait se donner notre héros. Il croyait aussi, et la suite démontra qu'il avait deviné juste, que cette diversité de couleurs donnerait à sa maison une apparence proprette et gaie qui ne déplairait pas à la future châtelaine.

« Avant que cette maison ne tombe en ruine, se disait-il, je serai en état de m'en bâtir une autre en brique ou en pierre. »

La situation, ou l'emplacement de sa maison, avait aussi été pour Jean Rivard l'objet de longues et fréquentes délibérations avec lui-même ; mais la ligne établie par le nouveau chemin avait mis fin à ses indécisions. Il avait fait choix d'un petite butte ou colline à pente très douce, éloignée d'une cinquantaine de pieds de la route publique ; la devanture devait faire face au soleil du midi. De la fenêtre donnant à l'ouest il pouvait entendre le murmure de la petite rivière qui traversait sa propriété. À l'est et un peu en arrière se trouvait le jardin, dont les arbres encore en germe ombrageraient plus tard le toit de sa demeure. Jean Rivard, malgré ses rudes combats contre les arbres de la forêt, était loin cependant de leur garder rancune, et il n'eut rien de plus pressé que de faire planter le long du nouveau chemin, vis-à-vis sa propriété, une suite d'arbrisseaux qui plus tard serviraient d'ornement durant la belle saison, et prêteraient à ses enfants la fraîcheur de leur ombrage. Il en planta même quelques-uns dans le parterre situé en face de sa maison, mais il se garda bien d'y ériger un bosquet touffu, car il aimait avant tout l'éclat brillant et vivifiant de la lumière, et il n'oubliait pas l'aphorisme hygiénique : que « là où n'entre pas le soleil le médecin y entre ».

XXIV

Un chapitre scabreux

Au risque d'encourir à jamais la disgrâce des poètes, je me permettrai d'exposer dans un tableau concis le résultat des opérations agricoles de notre héros durant l'année 1845, et de faire connaître l'état de ses affaires au moment où la question de son mariage fut définitivement résolue.

Jean Rivard aurait pu ajouter aux quinze arpents défrichés et semés l'année précédente vingt autres arpents nouvellement abattus, ce qui lui avait constitué pour l'année 1845 une étendue de trente-cinq arpents de terre en culture. Je ne m'arrêterai pas aux détails et procédés des semailles et des récoltes qui furent à peu près les mêmes que ceux de la première année, avec cette différence toutefois qu'ils parurent beaucoup plus simples et plus faciles, grâce sans doute à l'habitude, et grâce aussi peut-être à l'usage de quelques ustensiles nouveaux que la confection du chemin public avait permis à Jean Rivard d'importer à Louiseville.

Le tableau suivant fera voir d'un coup d'œil la manière dont Jean Rivard avait réparti ses semences, et (par anticipation) le résultat de sa récolte, ainsi que la valeur en argent représentée par la quantité de grains récoltés :

8 arpents semés	en blé	rapportèrent	160 minots,	valant	£ 40	00
8	"	en avoine	"	300	"	£ 15	00
3	"	en orge	"	60	"	£ 9	00
3	"	en pois	"	30	"	£ 4	00
3	"	en sarrasin	"	90	"	£ 10	00
6	"	en patates	"	1000	"	£ 40	00
3	"	en foin et en légumes divers, pour une valeur de				£ 24	00

En outre, un arpent ensemencé en légumes de table et servant de jardin potager rapporta pour une valeur d'environ £ 8 00

Ajoutons à cela que la cendre des vingt arpents nouvellement défrichés avait produit huit barils de potasse représentant une valeur d'au moins £ 50 00

Total* £ 200 00

---

* Les personnes qui seraient tentées de croire exagérés les chiffres que nous venons de donner sont priées de relire l'intéressante brochure des missionnaires publiée en 1851, où elles trouveront des exemples de succès encore plus étonnants que ceux de Jean Rivard. Elles y liront, par exemple, pages 15 et 16 :

Jean Rivard calculait qu'en prenant sur ce total tout ce que requerraient les besoins de sa maison durant l'année suivante, et en retenant de chaque espèce de grains et de légumes la proportion nécessaire aux semailles du printemps suivant, il lui resterait encore pour une valeur d'au moins cent louis qu'il pourrait consacrer au paiement de ses dettes et à l'amélioration de sa propriété. Ses dettes se composaient des arrérages de gages de ses hommes, et de ses comptes courants avec les marchands de Lacasseville, chez lesquels il avait acheté les ferrures, les planches, la chaux et les autres matériaux employés à la construction de sa maison. Le tout pouvait s'élever à une somme de soixante-dix à quatre-vingts louis, de sorte qu'il lui restait, d'après ses calculs, une vingtaine de louis qu'il pourrait consacrer aux frais d'ameublement de sa maison et aux petites dépenses devant nécessairement résulter de son prochain mariage.

Disons tout de suite, à la peine d'anticiper encore sur les événements, que les opérations du battage et du vannage furent cette année de beaucoup simplifiées.

Grâce toujours au nouveau chemin, le père Landry avait pu aller chercher son moulin à battre laissé jusque-là à Grandpré, et ce moulin servit à tour de rôle à toute la population du canton de Bristol. En quelques jours,

---

« Il existe dans Shipton un cultivateur ; il y a vingt ans il n'était que journalier. Veut-on savoir le montant des produits de sa terre dont il peut disposer annuellement ? Citons l'année présente qui ne montre rien de plus que les années dernières. Nous ne pouvons donner que des chiffres approximatifs, mais nous pouvons assurer qu'ils ne sont pas exagérés. Cet heureux cultivateur a vendu, depuis l'automne, des animaux pour un montant de £25 00 ; du lard pour £22 100 ; du beurre pour £50 à £60. Le foin dont il peut disposer lui aura rapporté £20 à £30 et les patates £20 10 à peu près. Ainsi les produits de sa ferme lui procurent chaque année la jolie somme d'environ £200. Nous prions le lecteur de remarquer que tous les articles ci-dessus mentionnés sont un surplus de produits en sus de ce qu'il emploie à la subsistance de la famille.

« Trois autres cultivateurs établis au même lieu et à peu près dans le même temps ont eu un succès à peu près semblable. »

M. N. Piché, missionnaire, écrivait en 1860 au journal *L'Ordre* des lettres fort intéressantes, dont nous extrayons ce qui suit, tout en regrettant de ne pouvoir les citer en entier :

« Missionnaire depuis cinq ans dans les Augmentations de Kildare et le township de Cathcart, formant la paroisse du Bienheureux-Alphonse, tout à fait au nord du comté de Joliette, j'ai fait tout en mon pouvoir pour favoriser la colonisation dans cette mission. Je me suis appliqué à connaître quels moyens pécuniaires avaient ceux qui sont autrefois venus s'établir dans ce township. J'ai vu ouvrir et agrandir les terres de chaque colon, et j'ai été surpris de l'augmentation de leurs revenus et par conséquent des richesses des habitants.

« Il y a, dans cette mission, près de 200 propriétaires résidents, Canadiens et Irlandais. Presque tous les lots du township Cathcart sont occupés ; les six premiers rangs le sont tous, et il y a des habitants jusqu'au 10e rang. Il n'y avait personne résidant dans ce township, il y a 17 à 18 ans. Tous les colons qui y sont venus s'établir étaient dans la plus grande pauvreté, dénués de tout, manquant même bien souvent des choses les plus nécessaires à la vie, et plusieurs d'entre eux chargés de dettes.

tout le grain de Jean Rivard fut battu, vanné, et une grande partie expédiée chez le marchand.

Quelle bénédiction que cette machine à battre! quel travail long, fatigant, ennuyeux, malsain, elle épargne au cultivateur! Et pour celui qui, comme Jean Rivard, sait employer utilement chaque heure de la journée, quel immense avantage offre l'emploi de cette machine expéditive!

Consacrons maintenant quelque lignes à l'inventaire de la fortune de Jean Rivard, à l'époque de son mariage, c'est-à-dire deux ans après son entrée dans la forêt.

On a déjà vu que notre défricheur avait la louable habitude de mettre par écrit tous les faits, tous les résultats qui pouvaient l'éclairer dans ses opérations journalières. Aussi avait-il pu, dès la première année, dire au juste ce que lui avait rapporté de profit net chaque arpent de chaque espèce de semence. Tout était calculé avec exactitude et précision, et il lui était facile de faire en tout temps un inventaire fidèle de ses dettes actives et passives.

Je n'ennuierai pas le lecteur en exposant dans tous ses détails le bilan de notre défricheur. Je me contenterai de dire que, après avoir calculé

« C'étaient pour la plupart de bons pères de familles qui, étant obligés de gagner leur vie et celles de leurs enfants, chez les cultivateurs des anciennes et vieilles paroisses, n'ayant aucune espérance d'établir près d'eux leurs enfants, craignant au contraire qu'ils n'allassent en pays étrangers, ont pris le chemin de la montagne. Leurs haches et leur courage étaient tout ce qu'ils avaient. Que de misères ils ont eu à endurer les premières années! Ils n'étaient logés que dans de pauvres cabanes, ne se nourrissaient que bien misérablement! Ils étaient obligés de transporter sur leurs dos leurs provisions, des 4 et 6 milles. Mais aussi qu'ils étaient bien récompensés de leurs peines, leurs misères, et surtout de tant de privations, aussitôt qu'ils pouvaient confier quelques grains à cette terre arrosée de leurs sueurs. Des récoltes abondantes étaient leurs récompenses et les engageaient à ouvrir davantage ces terres pour semer beaucoup plus l'année suivante. C'est ainsi qu'après trois ou quatre ans ces pauvres colons récoltaient assez pour nourrir leurs familles l'hiver suivant. Quelle joie pour ces familles entières d'avoir un *chez-soi*, une récolte abondante, de ne plus être obligées de gagner leur pain, par leur travail de tous les jours, chez un étranger, obligées de se plier au caprice des uns des autres. Et tout cela dans 4 ou 5 ans. Ces pères de familles ayant pris 3 ou 4 cents acres de terres ont ensuite établi leurs enfants, et se sont ainsi assurés que ces derniers ne les laisseraient pas. Quelle consolation pour leurs vieux jours! Dans toute ma mission, il y a au-dessus de 100 familles venues pour s'établir, il n'y a que 12 à 15 ans, qui vivent maintenant à l'aise. Beaucoup ont payé leurs dettes, quelques-uns même qui n'avaient absolument rien il y a 12 à 15 ans peuvent maintenant vivre avec la rente seule de leur argent. Je pourrais parler plus au long de ces avantages sans tomber dans l'exagération. Je serais même heureux si quelques amis de la colonisation visitaient les colons de mon township.»

Nombre de faits de même nature pourraient être cités au besoin. On trouve aussi dans une brochure récemment publiée par le Secrétaire du Bureau d'Agriculture l'évaluation suivante de ce que peut rapporter au bout de deux ans une terre de 100 acres:

l'accroissement de valeur donnée à sa propriété par ses travaux de défrichement, après avoir supputé le prix de ses animaux, ustensiles, articles d'ameublement, puis les produits de sa récolte et de sa potasserie, et en avoir déduit le chiffre des dépenses, y compris les gages de ses deux hommes, il se trouvait, dès la première année, avoir augmenté sa richesse d'une somme d'au moins quatre-vingts louis.

N'est-ce pas là déjà un fait encourageant?

Mais le résultat de la seconde année fut encore plus satisfaisant. Grâce à ses nouveaux défrichements, grâce surtout à la confection du nouveau chemin public, la valeur des cent acres de terre qu'il avait achetés au prix de six cents francs s'était élevée jusqu'à la somme d'au moins trois cents louis. Sa maison, sa grange, ses animaux, ses ustensiles agricoles, ses effets de ménage et sa récolte constituaient une autre valeur d'au moins deux cents louis.

Total: cinq cents louis.

Et toutes ses dettes étaient payées.

Voilà ce qu'avait produit, en moins de deux années, à l'aide du travail et de l'intelligence, un patrimoine de cinquante louis!

Combien, parmi la multitude de jeunes gens qui chaque année embrassent le commerce ou les professions libérales, combien peuvent se glorifier, dès le début, d'un aussi beau succès?

DÉPENSES

Prix de 100 acres de terre à 3s 3d	£ 16 50
Pour faire défricher, clôturer, et ensemencer, à £ 3 10 par acre	£ 350 00
Pour construire une petite maison	£ 50 00
Pour deux paires de bœufs, avec attelage	£ 34 00
Chaudière à potasse, etc.	£ 10 00
Fabrication de la potasse, barils, etc.	£ 40 00
Seconde année, pension et gages de 3 hommes, et de 5 durant les récoltes, entretien des bœufs, etc.	£ 180 00
	£ 680 50

RECETTES

Potasse, 20 barils à $ 6	£ 120 00
Bois de pin, savoir cent arbres à 6s	£ 30 00
Première récolte de blé, 2000 minots à 5s	£ 500 00
Seconde récolte, orge, seigle, avoine, pois et patates, £ 3 par acre	£ 300 00
	£ 950 00
Surplus, après la seconde récolte, sans compter la terre	£ 249 150

Jean Rivard lui-même en était étonné. Il répétait souvent le vers du poète :

Grâce au ciel, mon bonheur passe mon espérance.

Mais si le passé ne lui offrait rien que d'encourageant, l'avenir se présentait encore sous de plus riantes couleurs. Pour le défricheur, aussi bien que pour l'industriel ou l'homme de profession, tout dépend du premier pas. Dans toutes les carrières, les commencements sont hérissés de difficultés et d'ennuis ; dans celle du défricheur plus peut-être que dans aucune autre. Mais celui qui, comme notre héros, a pu sans presque aucun capital, par sa seule énergie, sa persévérance, sa force de volonté, son intelligence et son travail, franchir tous les obstacles et atteindre au premier succès, peut dire sans crainte : l'avenir est à moi.

Jean Rivard avait pleine confiance dans la Providence qui l'avait protégé jusque-là ; que Dieu me laisse la santé, disait-il, et ma fortune s'accroîtra d'année en année ; chaque jour de mon travail augmentera ma richesse ; et avant dix ans je verrai mon rêve se réaliser, ma prédiction s'accomplir.

C'est en faisant ces réflexions et en se livrant à ces espérances que Jean Rivard partit de Louiseville au commencement du mois d'octobre pour se rendre à Grandpré, laissant à sa maison son engagé Lachance.

Il emmenait avec lui, pour la faire assister à ses noces, sa vieille et respectable ménagère, la mère Guilmette, qui s'était toujours montrée pour lui pleine d'attention et de dévouement. Il emmenait aussi son fidèle serviteur et compagnon Pierre Gagnon.

« C'est bien le moins, disait-il à celui-ci, que tu assistes à mes noces, puisque sans toi je ne me marierais pas. »

Ce brave et rustique Pierre Gagnon, malgré sa froideur apparente, ressentait vivement ces marques de bonté ; cette dernière était de nature à le toucher plus qu'aucune autre, car elle allait lui permettre de revoir, lui aussi, après deux ans d'absence, ses anciens amis de Grandpré qu'il n'avait pu oublier au milieu de ses travaux les plus durs et de ses plus folles gaietés.

Mais il ne voulut pas partir sans se faire suivre de sa gentille Dulcinée qui n'aurait supporté que très difficilement l'absence de son maître. Pierre Gagnon d'ailleurs était fier de son élève et ne voulait pas manquer une aussi belle occasion de la produire dans le monde.

En passant au bureau de poste de Lacasseville, Jean Rivard y trouva une nouvelle lettre de son ami Gustave qu'il s'empressa de décacheter :

Cinquième lettre de Gustave Charmenil

« Mon cher ami,

« Je regrette beaucoup que des circonstances imprévues ne me permettent pas d'accepter l'invitation que tu me fais d'assister à tes noces. Heureux mortel! je serais jaloux de toi, si je ne connaissais ton bon cœur et si je ne savais que tu as mérité cent fois par ton travail et ton courage le bonheur dont tu vas jouir. Te voilà établi, avec un moyen d'existence assuré, une belle et vertueuse compagne pour égayer tes jours... que peux-tu désirer de plus ?

« Et mon ancienne belle inconnue, dont tu t'informes encore dans chacune de tes lettres ?... Ah ! mon cher ami, je puis maintenant t'annoncer une nouvelle que je n'aurais pas eu la force de t'écrire, il y a un mois... Elle est... mariée ! Oui, mon cher ami, malgré ma première détermination bien arrêtée, j'avais fini, comme tu sais, par la connaître, lui parler, et apprendre sur son compte diverses particularités qui me la faisaient aimer davantage. Je me surprenais à faire encore malgré moi d'inutiles et chimériques projets, lorsqu'un dimanche du mois dernier, ne la voyant pas dans l'église à sa place ordinaire, et alarmé déjà de cette absence inusitée, j'entendis tout à coup au prône le prêtre annoncer parmi les promesses de mariage celle de M. X***, avocat, et de mademoiselle Joséphine Esther Adéline Du Moulin ! Je fus frappé comme de la foudre, et j'eus toutes les peines du monde à cacher à mes voisins les émotions terribles qui m'agitaient ; le cœur me battait à me rompre la poitrine.

« Chaque jour depuis, mon cher ami, je maudis malgré moi un état où les plus belles années de la vie se passent dans la privation des plaisirs du cœur, où le jeune homme doit tenir ensevelis au-dedans de lui-même les plus beaux sentiments de la nature, exposé sans cesse à se perdre au milieu des flots agités de cette mer orageuse qu'on appelle le monde.

« Mais c'est assez me désoler quand je ne devrais que te féliciter. J'espère que j'aurai un jour le plaisir d'accomplir ce devoir en personne. En attendant, je demeure, mon cher ami,

« Ton ami dévoué,

« Gustave Charmenil »

XXV

Le mariage et la noce

Enfin, le dimanche cinq octobre 1845, monsieur le curé de Grandpré fit au prône, avec toute la solennité accoutumée, la publication des bans qui suit :

> *« Il y a promesse de mariage entre Jean Rivard, ci-devant de cette paroisse, maintenant domicilié dans le canton de Bristol, fils majeur de feu Jean-Baptiste Rivard et d'Eulalie Boucher, ses père et mère de cette paroisse, d'une part ; et Louise Routier, fille mineure de François Routier et de Marguerite Fortin, ses père et mère aussi de cette paroisse, d'autre part. C'est pour la première et dernière publication. »*

Le contrat de mariage avait été signé la veille par-devant maître Boudreau, notaire de Grandpré. On y avait stipulé communauté de biens entre les deux futurs époux, douaire coutumier en faveur de l'épouse, don mutuel en faveur du survivant des deux conjoints. Le père Routier avait donné à sa fille, en avancement d'hoirie, une somme de six cents francs en argent, une vache, deux mères moutonnes, dix poules, un lit garni, une armoire, un rouet, sans compter le trousseau qui n'avait rien, il est vrai, d'aussi riche que les trousseaux de la plupart de nos jeunes citadines, mais qui en revanche se composait d'objets plus utiles et plus durables et devait être par conséquent plus profitable à la communauté.

Mais la partie plus précieuse de la dot de mademoiselle Routier consistait dans ses habitudes d'industrie, d'ordre et d'économie. Elle avait été élevée par une mère de talent, et surtout de jugement, qui avait compris que l'un de ses principaux devoirs était d'initier de bonne heure sa fille à tout ce qui concerne les soins domestiques. Aussi était-elle, quoique n'ayant pas encore vingt ans, parfaitement au fait de tous les devoirs d'une maîtresse de maison. Elle pouvait présider à la cuisine et au besoin s'occuper des moindres détails de la basse-cour. Elle pouvait en outre coudre et tailler elle-même tout son linge de corps et de ménage, et confectionner sans le secours de personne ses divers effets de toilette. Aucune affaire d'intérieur ne lui était étrangère.

Pour le père Routier et surtout pour madame Routier, le mariage de Louise et son départ de la maison étaient loin d'être considérés comme un avantage ; c'était au contraire un sacrifice de plus d'un genre. Louise n'appartenait pas à cette classe de la société où la jeune fille douée d'intelligence, de force et de santé est cependant regardée comme une cause de dépenses plutôt que comme une source de richesse, où (chose pénible à dire!) elle est en quelque sorte comme un fardeau dans la maison de son père! Erreur impardonnable dans l'éducation de la famille, qui laisse incultes et sans utilité des facultés que Dieu donne à toutes ses créatures pour les développer, les perfectionner et les faire servir au bonheur général.

Si l'on songe maintenant à toutes les autres qualités de mademoiselle Routier, à sa gaieté, à l'amabilité de son caractère, à sa sensibilité et, par-dessus tout, à sa nature aimante et dévouée, on admettra que Jean Rivard avait été aussi heureux dans le choix de sa femme que dans tout le reste.

Mardi, le sept octobre, à sept heures du matin, une procession composée d'environ quarante *calèches*, traînées chacune par un cheval fringant, brillamment enharnaché, se dirigeait de la maison de monsieur François Routier vers l'église paroissiale de Grandpré.

C'était la noce de Jean Rivard.

Dans la première voiture on voyait la mariée, vêtue de blanc, accompagnée de son père; venait ensuite une autre voiture avec le garçon et la fille d'honneur, ou comme on dit plus généralement, le suivant et la suivante, dans la personne du frère aîné de Louise Routier, et celle de mademoiselle Mathilde Rivard avec laquelle nous avons déjà fait connaissance. Il eût été sans doute facile pour mademoiselle Routier d'avoir un plus grand nombre de filles d'honneur, mais elle se contenta volontiers d'une seule. Les parents, amis et connaissances des deux futurs venaient ensuite; puis enfin, dans la dernière calèche, se trouvait, vêtu de noir, le marié accompagné d'un oncle qui lui servait de père.

En apercevant cette longue suite de voitures sur la route de Grandpré, les femmes et les enfants se précipitaient vers les portes et les fenêtres des maisons, en s'écriant: voilà la noce. Les gens occupés aux travaux des champs s'arrêtaient un instant pour les regarder passer.

Arrivés à l'église, le fiancé et la fiancée furent conduits par la main, par leurs pères respectifs, jusqu'au pied des balustres.

Après la messe et la cérémonie nuptiale, toute l'assistance se rendit à la sacristie où fut signé l'engagement irrévocable.

Sortis de la sacristie, les deux fiancés, devenus mari et femme, montèrent dans la même voiture, et prirent les devants, leurs pères respectifs occupant cette fois la calèche de derrière.

Il y avait dans le carillon des cloches, dans la propreté coquette des voitures, des chevaux et des attelages, dans les paroles, la tenue, la parure et les manières de tous les gens de la noce un air de gaieté difficile à décrire.

Si quelque lecteur ou lectrice désirait obtenir de plus amples renseignements sur la toilette de la mariée et celle de sa fille d'honneur, je serais obligé de confesser mon ignorance; toutefois, à en juger d'après ce qui se pratiquait alors en pareille circonstance dans la classe agricole, je pourrais affirmer sans crainte que l'habillement complet de mademoiselle Routier, qui était mise à ravir, ne coûtait pas cent francs, et celui de sa suivante encore moins. Cette question d'ailleurs, tout importante qu'elle fût à leurs yeux (auraient-elles été femmes sans cela?), ne les avait nullement empêchées de dormir.

Et les cadeaux de noces, cause d'insomnies et de palpitations de cœur chez la jeune citadine, sujet inépuisable de conversation, d'orgueil et d'admiration, à peine en fut-il question dans la famille Routier, ce qui pourtant ne nuisit en rien, j'en suis sûr, au bonheur futur du jeune ménage.

De retour chez monsieur Routier — car c'est là que devait se passer le premier jour des noces —, le jeune couple dut, suivant l'usage, embrasser l'un après l'autre tous les invités de la noce, à commencer par les pères, mères, frères, sœurs, et autres proches parents. Près de deux cents baisers furent ainsi dépensés dans l'espace de quelques minutes, au milieu des rires, des éclats de voix et d'un mouvement général.

Le repas n'étant pas encore servi, on alla faire un tour de voiture, après quoi les invités vinrent tous s'asseoir à une longue table, à peu près dans l'ordre suivant: le marié et la mariée occupaient le haut bout de la table appelé la place d'honneur; à leur droite le suivant et la suivante, et à gauche les père et mère de chacun des époux. Les autres convives se placèrent dans l'ordre qu'ils jugèrent convenable.

La table était dressée cette fois dans la grande chambre de compagnie, ce qui n'arrivait que dans les circonstances extraordinaires. Elle était littéralement chargée de mets de toutes sortes, surtout de viandes, dont les pièces énormes, d'un aspect appétissant, faisaient venir l'eau à la bouche et flamboyer les yeux des convives.

Pas n'est besoin de dire que l'on fit honneur au festin. Je ne voudrais pas même entreprendre d'énumérer les morceaux qui furent dépecés, servis et engloutis dans cette mémorable occasion.

Pour les petites bouches, plus friandes que gourmandes, il y avait force confitures aux fraises, aux prunes, aux melons, tartes de toutes sortes, crème au sucre d'érable: mets délicieux, s'il en est.

Parmi les hommes, quelques-uns regrettèrent, sans oser toutefois s'en plaindre tout haut, l'absence de spiritueux; un petit verre de bon rhum, comme on en buvait autrefois, n'eût, suivant eux, rien dérangé à la tête. Mais depuis quelques années, grâce aux prédications de quelques prêtres zélés, des sociétés de tempérance s'étaient établies dans toutes les villes et paroisses du

Bas-Canada; et durant les chaleurs de l'été, le sirop de vinaigre, la petite bière d'épinette, et dans quelques maisons, le vin de *gadelle* remplaçaient invariablement les liqueurs fortes du «bon vieux temps.»

Le père Routier, qui n'avait pourtant aucun péché d'ivrognerie à se reprocher, avait cru, pour donner l'exemple à ses enfants qui commençaient à grandir, devoir prendre un des premiers l'engagement de s'abstenir de boissons spiritueuses, et la croix de bois teint en noir était un des objets qui frappaient le plus les regards en entrant dans la maison.

Malgré cela, le repas fut gai, et devint même peu à peu bruyant. Ce qu'on appelle dans le grand monde les règles du bon ton et de la bonne tenue n'y étaient peut-être pas rigoureusement observées en tous points, mais en revanche on s'y ennuyait moins. Les femmes n'y passaient pas leur temps à s'examiner pour se critiquer réciproquement ensuite, et les hommes causaient et badinaient sans arrière-pensée. Il était facile de voir que la vanité, cette grande plaie de nos villes, n'était que pour très peu de chose dans les apprêts de cette réunion intéressante. Le sans-gêne, la bonne humeur, l'entrain, la franche gaieté qui régnaient dans toute l'assemblée des convives formaient un des plus beaux tableaux de mœurs qui se puissent imaginer.

Plusieurs des invités renommés pour leurs belles voix chantèrent pendant le repas diverses chansons populaires, chansons d'amour, chansons à boire, chansons comiques, etc., auxquelles toute l'assistance répondait en chœur. «Vive la Canadienne» n'y fut pas oubliée, non plus que «La claire fontaine» et nos autres chants nationaux.

Les premiers violons de la paroisse avaient été retenus d'avance, et les danses commencèrent de bonne heure dans l'après-midi. Le bal fut ouvert par le marié et la mariée (Jean Rivard avait dû apprendre à danser pour la circonstance), et par le garçon et la fille d'honneur qui dansèrent un *reel* à quatre; vinrent ensuite des cotillons, des gigues, des galopades, des menuets, des danses rondes, et nombre d'autres danses dont les noms sont à peine connus aujourd'hui et qu'on ne danse plus dans nos réunions sociales, quoiqu'elles soient de beaucoup plus intéressantes, au dire de certains connaisseurs, que la plupart des danses maintenant à la mode dans les salons canadiens.

La mariée avait la tête ceinte d'une couronne blanche qui servait à la distinguer des autres; sa fille d'honneur en avait une aussi, mais d'un goût plus simple et plus modeste.

La toilette de toutes les jeunes filles du bal se distinguait par une simplicité charmante. Les blanches épaules étaient soigneusement voilées aux regards indiscrets, les robes montantes ne laissant voir que des figures où se peignaient la candeur et la joie. Point de joyaux de prix, point d'autres ornements de tête que quelques fleurs naturelles. Et tout cela n'empêchait pas la plupart d'entre elles d'être ravissantes de beauté, non de cette beauté artificielle, effet de l'art et d'arrangements étudiés, mais de cette fraîcheur, indice d'un sang riche et d'une santé florissante.

Notre ami Pierre Gagnon qui, depuis surtout qu'il avait sauvé la vie à son jeune maître, était le favori de la famille Routier aussi bien que de la famille Rivard, prit part comme tous les autres aux danses et aux chansons. Il réussit même, dans le cours de la soirée, à faire faire, au son de sa *bombarde*, quelques pas cadencés à sa gentille Dulcinée, au grand amusement de toute la réunion.

Les danses se prolongèrent fort avant dans la nuit et la soirée se termina par des jeux.

Le lendemain, les gens de la noce se rendirent chez la mère du marié, la veuve Jean-Baptiste Rivard.

Il y avait là un convive de plus que la veille: c'était le vénérable M. l'abbé Leblanc, curé de Grandpré, qui, n'ayant pu être présent à la fête, le premier jour des noces, s'était fait un plaisir de venir assister au dernier dîner que son jeune ami devait prendre à Grandpré, avant de partir pour sa future résidence du canton de Bristol.

Par respect pour le vénérable convive, le repas fut un peu moins bruyant que la veille, quoique la gaieté ne cessât de régner.

Vers la fin du dîner, le digne curé se levant: «Mes jeunes amis, dit-il en s'adressant aux mariés, permettez-moi de vous offrir encore une fois, avant votre départ, mes plus sincères félicitations. C'est un beau et touchant spectacle que celui de deux jeunes personnes dans toute la fraîcheur de leur printemps, qui se jurent, comme vous l'avez fait, devant Dieu et devant les hommes, d'être l'une à l'autre pour la vie, dans la santé comme dans la maladie, dans la bonne fortune comme dans l'adversité. Mais nulle part ce spectacle n'est plus touchant que dans cette classe de la société où le jeune homme et la jeune femme, en formant ce nœud indissoluble, se vouent en même temps à une vie de labeur et de renoncement, et se résignent courageusement, suivant les paroles de l'Écriture, "à gagner leur pain à la sueur de leur front".

«Je ne serais pas sincère si je vous disais que je vous vois avec indifférence quitter cette paroisse où vous êtes nés. Je vous ai baptisés tous deux, je vous ai préparés tous deux à recevoir le pain des anges, tous deux enfin je vous ai unis par ce lien à la fois si sacré et si doux du mariage chrétien; vous m'êtes chers à plus d'un titre, et en quelque lieu que vous portiez vos pas, mes vœux et mes bénédictions vous accompagneront. Ce qui me console en quelque sorte en me séparant de vous, c'est que la carrière que vous allez parcourir est plus propre qu'aucune autre à assurer le bonheur de l'homme. Tout en tirant du sein de la terre, par un travail modéré, les choses nécessaires à la vie matérielle, vous allez continuer à développer vos forces et votre intelligence, et à exercer, dans une juste mesure, toutes les facultés physiques et morales que Dieu vous a départies ; vous vous procurerez ainsi la santé du corps et de l'esprit et ce contentement de l'âme que les sages regardent avec raison comme la première condition du bonheur terrestre.

« Si en considération de mes cheveux blancs, et de ma bonne et constante amitié, vous me permettez de vous adresser quelques conseils, je vous dirai :

« Conservez jusqu'à la fin de vos jours cette aimable gaieté qui semble être l'apanage exclusif de la jeunesse ; aimez-vous toujours d'un amour tendre et dévoué ; jouissez en paix de tous les plaisirs du cœur, et si le ciel, bénissant votre union, vous accorde des enfants, transmettez-leur intact le bel héritage que vous avez reçu de vos ancêtres ; faites-en des chrétiens pleins d'honneur et de foi, de braves et dignes citoyens.

« Vous, mon jeune ami, ne vous laissez jamais séduire par l'appât des honneurs et des richesses. Tenez à l'estime de vos concitoyens, et si dans le cours de votre carrière qui sera longue, je l'espère, vous êtes appelé à remplir des fonctions publiques, ne refusez pas vos services à cette société dont vous faites partie ; mais que le devoir et non la vanité soit le mobile de vos actions. L'orgueil, le désir de s'élever, d'acquérir des distinctions illusoires, fait le malheur d'un grand nombre d'individus et par contrecoup celui de la société. C'est souvent parmi les hommes obscurs et inconnus que se trouvent les vrais sages, les âmes magnanimes, les nobles cœurs, les créatures d'élite les plus dignes du respect et de l'admiration de leurs semblables. Rappelez-vous toujours cette belle sentence de Fénelon : "Les vrais biens sont la santé, la force, le courage, la paix, l'union des familles, la liberté de tous les citoyens, le simple nécessaire, l'habitude du travail, l'émulation pour la vertu et la soumission aux lois." L'aisance, cette médiocrité que les poètes nous vantent avec raison, est préférable à une grande fortune. Il est permis et même louable de faire des économies pour les jours de la vieillesse et pour l'éducation des enfants ; mais quelque richesse que vous amassiez, fuyez le luxe et l'ostentation ; vivez simplement, modestement, tout en faisant le bien autour de vous, vous souvenant toujours que cette vie n'est qu'un court passage sur la terre :

« C'est là, mes chers enfants, le secret du bonheur. »

Et les jeunes mariés, après les adieux d'usage, où les pleurs ne manquèrent pas de couler, partirent pour leur future demeure du canton de Bristol.

FIN

JEAN RIVARD, ÉCONOMISTE

Pour faire suite à

JEAN RIVARD,
LE DÉFRICHEUR

I

La lune de miel

> Sans la femme, l'homme serait rude, grossier, solitaire. La femme suspend autour de lui les fleurs de la vie, comme ces lianes des forêts qui décorent le tronc des chênes de leurs guirlandes parfumées. Enfin l'époux chrétien et son épouse vivent, renaissent et meurent ensemble; ensemble ils élèvent les fruits de leur union; en poussière ils retournent ensemble et se retrouvent ensemble par-delà les limites du tombeau.
>
> CHATEAUBRIAND

Transportez-vous au centre du canton de Bristol. Voyez-vous dans l'épaisseur de la forêt, cette petite *éclaircie* de trente à quarante acres, encore parsemée de souches noirâtres? Voyez-vous, au milieu, sur la colline, cette maisonnette blanche, à l'apparence proprette et gaie?

C'est là le gîte modeste de Jean Rivard et de Louise Routier.

La maison est meublée simplement, économiquement, mais tout y est si bien rangé, si propre, si clair, qu'on reçoit, en y entrant, comme un reflet du bonheur de ceux qui l'habitent. Douze chaises de bois et une couple de fauteuils ont remplacé les bancs grossiers de la cabane primitive; une table de bois de pin, d'une certaine élégance, recouverte d'une toile cirée, sert de table à dîner; le lit large et moelleux apporté par Louise a remplacé le grabat des deux années précédentes; quelques lisières de tapis de catalogne, fabriqué à Grandpré par Louise Routier elle-même, couvrent le plancher de la petite chambre de compagnie. C'est aussi dans cette dernière chambre que se trouve le *buffet* ou l'armoire contenant le linge de ménage.

La chambre à coucher des jeunes époux ne se distingue par aucun meuble ou ornement superflu. À part le lit et l'armoire de Louise, une couple de chaises et le miroir indispensable, on n'y voit qu'un petit bénitier et un crucifix en bois peint suspendus à la tête du lit, et un cadre modeste représentant la sainte Vierge et l'enfant Jésus.

Dans la salle à dîner, à part les chaises, la table et le garde-manger, on ne voit qu'une pendule qui peut avoir coûté de cinq à dix chelins, et la croix de tempérance, accolées sur la cloison.

Toute modeste cependant que soit cette habitation, elle peut passer pour splendide comparée à celle qu'occupait Jean Rivard durant les deux premières années de son séjour dans la forêt.

J'entends ici le lecteur s'écrier : « Quelle cruauté ! quel égoïsme de la part de Jean Rivard ! Comment n'avait-il pas prévu que la jeune fille élevée dans une riche et populeuse campagne, entourée de parents affectionnés, d'aimables et joyeux voisins, reculerait d'effroi devant cette sombre forêt, devant ces souches lugubres et cette nature sauvage ? »

Détrompez-vous, lecteur ; la vue des grands arbres sur lesquels les yeux s'arrêtaient de tous côtés, la tranquillité de cette solitude, n'effrayèrent nullement l'imagination de la jeune femme. L'asile modeste qu'elle allait embellir par sa présence, et où elle devait gouverner en reine et maîtresse, était propre, gai, confortable ; elle ne l'eût pas échangé contre la plus riche villa. D'ailleurs, qui ne sait que les lieux où l'on aime ont toujours un aspect charmant ?

On ne vit qu'où l'on aime et la patrie est là.

Il faut bien se rappeler aussi que Louise ne s'était pas mariée afin de mener plus facilement une vie frivole et dissipée, courir les bals et les soirées, et briller dans le monde par une toilette extravagante. Je ne voudrais pas prétendre qu'elle eût perdu en se mariant ce besoin de plaire et d'être aimée qui semble inné chez la femme ; mais elle avait fait un mariage d'inclination, elle se sentait aimée de celui qu'elle aimait, et cela lui suffisait pour être heureuse.

Jean Rivard l'aimait en effet de toute l'ardeur de son âme, cette jeune femme si belle, si douce, si pieuse, qui lui avait confié le bonheur de toute sa vie ; il l'aimait de cet amour fondé sur l'estime autant que sur les qualités extérieures, qui, loin de s'éteindre par la possession, ne fait que s'accroître avec le temps.

On ne sera donc pas étonné quand je dirai que Louise, qui, antérieurement à son mariage, n'était jamais sortie de sa paroisse, n'éprouva pas le moins du monde cette nostalgie dont souffrent si souvent les personnes qui s'éloignent pour la première fois de leur endroit natal. Elle pensait bien, il est vrai, à sa bonne mère, à son père, à ses frères et sœurs, mais ce n'était que pour mieux éprouver la puissance du commandement divin : la jeune fille quittera son père et sa mère pour suivre son époux. Elle se sentait comme fascinée, comme irrésistiblement attachée à cet homme au cœur chaud, aux sentiments chevaleresques, qu'elle avait choisi pour son protecteur et son maître, et qu'elle désirait de tout son cœur rendre heureux.

En entrant en ménage Louise s'empara du ministère de l'intérieur, exercé d'abord par notre ami Pierre Gagnon, puis par la mère Guilmette, et elle en remplit les devoirs avec une rare habileté. Elle était aidée dans ses fonctions domestiques par l'ancienne servante de sa mère, la fille Françoise, qui, pour des motifs qu'on connaîtra plus tard, avait non seulement consenti mais même demandé avec instance à suivre mademoiselle Louise dans le canton de Bristol.

Durant les premières semaines qui suivirent son mariage, Jean Rivard se donna plus de bon temps qu'à l'ordinaire. Sa principale occupation fut de nettoyer les alentours de sa demeure, de les enjoliver, de faire à l'intérieur diverses améliorations réclamées avec instance par la nouvelle ménagère. Il fit pareillement de chaque côté du chemin public et sur toute la largeur de sa propriété une plantation d'arbres de différentes sortes qui devaient plus tard orner, embellir et égayer sa résidence. On a déjà vu que Jean Rivard aimait beaucoup les arbres; il était même à cet égard quelque peu artiste. Il ne les aimait pas seulement pour l'ombrage qu'ils offrent, mais aussi pour le coup d'œil, pour l'effet, pour la beauté qu'ils donnent au paysage. C'est un goût malheureusement trop rare chez le cultivateur canadien, qui ne recherche en tout que l'utile, et qui souvent passera devant les plus beaux panoramas champêtres sans manifester la moindre émotion. Soit effet d'une nature plus artistique ou d'un esprit plus cultivé, Jean Rivard faisait exception à la règle. Il mettait autant d'attention à bien tailler ses arbres, à disposer symétriquement ses plantations autour de sa demeure qu'il en accordait au soin de ses animaux et aux autres détails de son exploitation.

Parmi les travaux d'une utilité plus immédiate auxquels il se consacra durant ces quelques semaines, fut le creusement d'un puits qu'il construisit à mi-chemin entre sa grange et sa maison ; ce puits qui fournissait en abondance une eau claire et fraîche répondait aux besoins de la cuisine et servait en même temps à abreuver les animaux.

Il construisit aussi un four de moyenne grandeur qui devait remplacer le chaudron dans la cuisson du pain ; ce four bâti en brique, avec un mélange de glaise et de mortier, ne lui coûta guère plus de deux ou trois jours de travail.

Tout en travaillant au dehors, Jean Rivard rentrait souvent à sa maison ; mais ce n'était que pour un instant ; à peine le temps de dire un mot ou de donner un baiser. Louise d'ailleurs pouvait le plus souvent l'apercevoir de la fenêtre, et si son absence se prolongeait, elle-même allait le joindre et causer avec lui, tout en continuant son travail de couture.

Jean Rivard était d'une bonne humeur constante ; nul souci n'assombrissait sa figure. Sous ce rapport il était devenu l'égal de Pierre Gagnon, si ce n'est que sa gaieté était moins burlesque et moins bruyante.

Il faut bien admettre aussi que notre jeune couple possédait déjà en grande partie ce qui sert à constituer le bonheur. Unis par les liens d'une affection réciproque, parfaitement assortis sous le rapport de la fortune, de l'intelligence et de la position sociale, exempts d'inquiétudes sur les besoins matériels de la vie, pleins de santé, de courage et d'espoir, l'avenir leur apparaissait sous les plus riantes couleurs. Tous deux se berçaient des illusions charmantes de la jeunesse et se promettaient de longues années de calme et de bonheur. Le séjour des cités, les richesses, les grandeurs, la vie fastueuse des hautes classes de la société n'auraient jamais pu leur procurer ce contentement du cœur, cette félicité sans mélange. Là, les époux ne s'appartiennent pas ; ils sont les esclaves des exigences sociales ; il leur faut recevoir et rendre des visites, s'occuper sans cesse de détails de toilette, d'ameublement, de réception, vivre enfin beaucoup plus pour la curiosité publique que pour leur propre satisfaction.

Rien de tout cela ne préoccupait nos jeunes mariés, et on peut dire qu'ils étaient tout entiers l'un à l'autre.

Leur lune de miel fut longue, paisible et douce.

II

L'exploitation

> Tu travailleras à la sueur de ton front.
>
> *La Genèse*

Bientôt Jean Rivard se consacra avec plus d'ardeur et d'énergie que jamais à la réalisation de son rêve favori, la création d'un établissement digne de figurer à côté des plus beaux établissements agricoles du pays.

Pour cela, on le comprend, il lui restait beaucoup à faire.

Mais je prie le lecteur de ne pas s'épouvanter. Je n'entreprendrai pas de raconter en détail les opérations agricoles de Jean Rivard. La vie de l'homme des champs est souvent pleine de charmes, mais il faut l'avouer, elle est généralement monotone. Les travaux de la ferme se succèdent régulièrement comme les quatre saisons de l'année. Les poètes ont beau d'ailleurs nous entretenir de tous les charmes de la vie champêtre, des ravissants aspects des paysages, de la verdure des prairies, du murmure des ruisseaux, des parfums des plantes, du ramage des oiseaux ; ils ont beau nous parler des chants joyeux du laboureur, des animaux qui gambadent dans les gras pâturages, des jattes de lait frais qui couvrent la table des moissonneurs dans les chaudes journées d'été, des fruits vermeils qui pendent aux branches des arbres ; — il y a dans l'existence de l'homme des champs une partie toute matérielle, toute positive, où la plus riche imagination cherchera vainement un grain de poésie.

Je ne donnerai donc qu'une idée assez générale de la manière dont Jean Rivard conduisit ses opérations et des résultats qu'il en obtint.

Son plan de campagne était tracé depuis longtemps, il n'avait qu'à le suivre avec persévérance.

Il connaissait parfaitement chacun des cent acres de terre qui composaient sa propriété. Il les avait maintes fois parcourus en tous sens; il en avait même tracé sur le papier, pour son usage particulier, un petit plan indiquant la nature du sol, les ondulations du terrain, les différentes espèces de bois qui le couvraient. Ici c'était une colline, là un petit bas-fond qu'il faudrait conserver. C'est ce qu'il appelait complaisamment la carte de son royaume.

Il la regardait chaque jour avec un intérêt toujours croissant.

Après son mariage, cet attachement à sa propriété s'accrut encore davantage et devint une espèce de passion. Il n'eût pas échangé son domaine pour tous les trésors du Pérou.

Le cultivateur canadien ne fait rien sans consulter sa femme; c'est un des traits caractéristiques des mœurs de nos campagnes; et Jean Rivard était canadien en cela comme en tout le reste.

À peine les deux époux étaient-ils installés dans leur nouvelle habitation, que Jean Rivard s'empressa d'initier sa Louise à tous ses projets, de la faire confidente de toutes ses entreprises.

« Tu sais, lui dit-il entre autres choses, en lui montrant la carte de son royaume, tu sais qu'en me frayant, il y a deux ans, un chemin dans cette région inculte, j'ai juré qu'avant dix ans ce lot vaudrait au moins deux mille louis. Je tiens à faire honneur à mes engagements. Il faut que dans huit ans tous ces arbres que tu vois soient coupés, brûlés, et que leur cendre soit convertie en potasse; à l'exception toutefois de notre érablière et d'une étendue de quinze acres que nous garderons en forêt pour les besoins de la maison, pour le chauffage et pour la fabrication des meubles, outils ou ustensiles nécessaires à l'exploitation de la ferme. »

Jean Rivard se remit donc vaillamment à l'ouvrage, abattant, bûchant, brûlant, nettoyant chaque année plusieurs arpents de forêt.

Pierre Gagnon, sur le compte duquel nous reviendrons plus tard, n'était pas assidûment à son service; Lachance était allé s'établir dans une autre partie des Cantons de l'Est; mais Jean Rivard avait pu sans peine se procurer les services d'autres bûcherons.

J'ai déjà dit les procédés de défrichement, les fatigues, les misères qui y sont attachées, je ne reviendrai pas sur ce sujet; je dirai seulement que les ressources de notre défricheur lui permettant désormais de se procurer au besoin l'assistance de plusieurs paires de bœufs et de quelques nouveaux ustensiles, le déboisement de son lot devenait une chose comparativement facile.

Grâce à sa force physique qui s'était considérablement développée par l'exercice et à sa merveilleuse dextérité que l'expérience rendait de jour en jour plus surprenante, il ne craignait plus de succomber sous le poids du travail, et sous son habile direction, tout marchait avec une rapidité, une régularité remarquables.

En outre, depuis que Jean Rivard avait pour charmer ses loisirs une compagne intelligente et affectionnée, la vie ne lui semblait plus aussi rude. Lorsque, après cinq ou six heures de travail, il retournait à sa maison, et qu'il apercevait de loin sur le seuil de sa porte sa Louise qui le regardait venir, ses fatigues s'évanouissaient ; il rentrait chez lui l'homme le plus heureux de la terre.

Son habitation lui semblait un petit paradis terrestre.

Environ un an après son mariage, par une nuit sombre et orageuse, une voiture partie de la maison de notre défricheur se rendit tout d'un trait à celle du père Landry, d'où elle ramena madame Landry. Et le lendemain matin on apprit que madame Rivard avait mis au monde un fils.

C'était pour les jeunes époux l'accomplissement de leurs vœux, le complément de leur bonheur. La mère désirant que son enfant fût baptisé sans retard, il fallut le transporter à trois lieues de là, au village de Lacasseville.

Il n'est pas besoin de dire que Louise se consacra tout entière au soin de son nourrisson. Pendant plus de trois mois il ne vécut que de son lait. Jour et nuit elle était attentive à ses besoins ; à son moindre mouvement, elle volait au berceau. Avec quel bonheur elle arrêtait ses yeux sur cette figure dont la beauté, aux yeux de la jeune mère, égalait celle des anges ! Avec quelle indicible jouissance elle le voyait chaque jour croître et se développer !

Ses beaux grands yeux noirs s'épanouirent peu à peu. Au bout de quelques semaines il commençait à sourire et à gazouiller, musique si douce aux oreilles d'une mère !

Que d'heures délicieuses les jeunes époux passèrent ensemble à aimer et contempler ce premier fruit de leur amour !

Grâce aux soins maternels, à la bonne constitution qu'il avait héritée de ses parents, et à l'air vivifiant de la forêt, le petit Louis grandit plein de vigueur et de santé.

III

Rivardville

Pendant ce temps-là, le canton de Bristol, et en particulier l'endroit où s'était établi Jean Rivard, faisait des progrès remarquables.

Une des choses les plus intéressantes pour l'observateur intelligent, surtout pour l'économiste et l'homme d'État, c'est, à coup sûr, l'établissement graduel d'un canton, la formation d'une paroisse, d'un village, d'une ville.

De même qu'on voit l'enfant naître, croître et se développer jusqu'à ce qu'il soit devenu homme, de même Jean Rivard vit au sein de la forêt vierge les habitations sortir de terre, s'étendre de tous côtés, et former peu à peu cette populeuse et florissante paroisse qui fut bientôt connue sous le nom de Rivardville.

À peine le canton comptait-il une centaine de cabanes de défricheurs qu'un grand nombre de familles arrivèrent des bords du Saint-Laurent pour s'établir en permanence dans cette nouvelle contrée. On vit arriver tour à tour l'ouvrier, faisant à la fois les fonctions d'entrepreneur, de constructeur, de *meublier*, de maçon, de voiturier; le cordonnier, le forgeron s'aidant d'abord de la culture de quelques arpents de terre ; le petit négociant, détaillant, pour la commodité des nouveaux colons, la farine, le lard, les pois et des choses moins indispensables, comme pipes, tabac, allumettes, bouts de rubans, et recevant en échange grains de toutes sortes, bois de sciage et de chauffage, cendre à potasse, œufs, volailles, etc., qu'il revendait à son tour dans les villes ou villages voisins.

Les notes suivantes extraites de diverses lettres adressées de temps à autre par Jean Rivard à ses frères ou à ses amis donneront une idée de cette immigration graduelle dans la forêt de Bristol.

« *20 juillet*. — Un nouveau colon, Pierre Larose, est arrivé ce matin dans l'intention de s'établir ici. Il se propose de cultiver, et de faire du bardeau. Il prétend pouvoir faire ces deux choses à la fois. Tant mieux. La fabrication de bardeau est une excellente industrie. Nous avons la matière première sous la main, et d'ici à longtemps cet objet de consommation sera en grande demande dans notre localité. Il est même probable qu'on pourrait l'exporter avec avantage. »

« *14 août*. — Un ouvrier, fabricant de meubles, est arrivé hier du district des Trois-Rivières dans le dessein d'acheter un lopin de terre. Il a trois garçons qui grandissent, il veut en faire des cultivateurs. En même temps qu'il défrichera et exploitera son lot de terre, il fabriquera, dans sa boutique, tous les articles d'ameublement qui pourront se vendre ici ou dans les environs, tels que chaises, lits, tables, sofas, etc. Les matériaux ne coûtant rien, il prétend pouvoir fabriquer ces objets à bien moins de frais qu'à la ville. "Avec ma terre et ma boutique," me dit cet homme, "je suis à peu près sûr de ne jamais perdre de temps." Ces seuls mots m'ont donné de lui une idée avantageuse et je souhaite de tout mon cœur qu'il devienne un des nôtres. »

« *25 août*. — Encore un ouvrier qui vient grossir notre colonie. M. J. B. Leduc, charron, vient d'acheter un lot à environ un mille d'ici. Il veut cultiver, avec ses enfants, en même temps qu'il exercera son métier de charron, quand l'occasion s'en présentera. Nous avons dans notre canton un grand besoin de voitures de toutes sortes, et je suis sûr que M. Leduc aura peine à répondre aux commandes qui lui viendront de tous côtés.

M. Leduc me paraît un homme intelligent et fort respectable, et je suis heureux de le voir s'établir au milieu de nous. »

« *2 septembre*. — J'ai reçu ce soir la visite d'un jeune homme de Montréal, qui désire s'établir ici comme marchand. Il me paraît assez intelligent, mais je n'ai pas hésité à désapprouver son projet. Nous avons déjà deux petits négociants dans le canton de Bristol, c'est assez ; c'est même trop pour le moment. Avant d'échanger, il faut produire. Une des causes de la gêne dans nos campagnes, c'est le trop grand nombre de commerçants. Les cultivateurs y trouvent trop facilement le moyen de s'endetter, en faisant l'achat de choses inutiles. Le marchand, s'il n'a pas un grand fonds d'honnêteté, vendra ses marchandises à un prix exorbitant ou prêtera à gros intérêt, ruinant ainsi, en peu d'années, d'honnêtes pères de familles qui mériteraient un meilleur sort. »

« *10 septembre*. — Ouf! quel ennui! voilà un importun, qui, sous prétexte de me demander conseil sur le projet qu'il a de s'établir dans le canton, me fait perdre près d'une heure à me parler de chevaux. Avec quel enthousiasme il m'a raconté l'histoire de tous les chevaux qu'il a achetés depuis qu'il est au monde! C'est, je suppose, un maquignon de profession. J'espère au moins que notre canton n'aura pas l'honneur de compter ce maquignon au nombre de ses habitants. »

« *6 octobre*. — Oh! certes, voilà que notre localité devient célèbre! Un docteur vient s'offrir pour soigner nos malades! Jusqu'à présent nous avons dû courir à Lacasseville chaque fois qu'il a fallu avoir un médecin, ce qui n'est pas arrivé très souvent, Dieu merci! Madame Landry, qui a prêté volontiers son assistance aux femmes, a presque toujours remplacé le docteur. Quoique je ne ressemble guère au grand Napoléon, soit dit sans vouloir démentir Pierre Gagnon, je pense comme lui que le monde n'en irait pas plus mal, s'il n'y avait pas autant de médecins. Le bon air, l'exercice, la diète sont les meilleurs médecins dans les trois quarts des maladies. Je ne puis cacher toutefois qu'un chirurgien habile ne serait pas inutile dans une place nouvelle comme la nôtre, où des accidents de diverses sortes, fractures de membres, brûlures, coupures, arrivent au moment où on s'y attend le moins.

« Je n'ai donc pas rejeté les offres de notre jeune postulant; mais après lui avoir exposé le peu de ressources de notre canton, l'état de gêne de la plupart des habitants, je l'ai engagé à prendre un lot de terre, et à cultiver tout en exerçant son art, chaque fois que l'occasion s'en présentera. Il m'a paru goûter assez bien ce conseil, et je ne serais pas surpris de voir avant peu le canton de Bristol sous la protection d'un médecin. »

Ces quelques extraits nous font comprendre le mouvement de la colonisation dans cette région livrée aux bras des défricheurs. Huit jours se passaient à peine sans que le canton de Bristol fût le théâtre d'un progrès nouveau.

Le médecin en question ne tarda pas à s'établir dans le voisinage de Jean Rivard. Mais un autre personnage, dont nous devons dire quelques mots, émigra aussi vers cette époque dans le canton de Bristol, sans toutefois prendre conseil de Jean Rivard. Il venait d'une des anciennes paroisses des bords du Saint-Laurent, d'où sans doute on l'avait vu partir sans regret, car il était difficile d'imaginer un être plus maussade. C'était l'esprit de contradiction incarné, le génie de l'opposition en chair et en os. Quoiqu'il approchât de la quarantaine, il n'avait encore rien fait pour lui-même, tous ses efforts ayant été employés à entraver les mesures des autres. Il avait gaspillé en procès un héritage qui eût suffi à le rendre indépendant sous le rapport de la fortune. Sa manie de plaider et de contredire l'avait fait surnommer depuis longtemps le Plaideur ou le *Plaideux*, et on le désignait communément sous l'appellation de Gendreau-le-Plaideux.

Au lieu de se réformer en vieillissant, il devenait de plus en plus insupportable. Contrecarrer les desseins d'autrui, dénaturer les meilleures intentions, nuire à la réussite des projets les plus utiles, s'agiter, crier, tempêter, chaque fois qu'il s'agissait de quelqu'un ou de quelque chose, telle semblait être sa mission.

Hâbleur de première force, il passait ses journées à disserter à tort et à travers, sur la politique d'abord, puis sur les affaires locales et municipales,

les affaires d'école, les affaires de fabrique, et si ces projets lui faisaient défaut, tant pis pour les personnes, c'étaient elles qui passaient au sas de sa critique.

Dans la paroisse où il demeurait avant d'émigrer à Bristol, il avait été pendant vingt ans en guerre avec ses voisins pour des questions de bornage, de *découvert*, de cours d'eau, pour de prétendus dommages causés par des animaux ou des volailles, et pour mille autres réclamations que son esprit fertile se plaisait à inventer.

Ces tracasseries qui font le désespoir des gens paisibles étaient pour lui une source de jouissances. Il se trouvait là dans son élément. Une église à bâtir, un site à choisir, une évaluation à faire, un chemin public à tracer, une école à établir, des magistrats à faire nommer, des officiers de voirie à élire, toutes ces circonstances étaient autant de bonnes fortunes pour notre homme.

Un fait assez curieux peut servir à faire comprendre jusqu'à quel point cet individu poussait l'esprit de contradiction. En quittant sa paroisse natale, où il avait réussi, on ne sait comment, à se faire élire conseiller municipal, il refusa de donner sa démission en disant à ses collègues : « Je reviendrai peut-être ! En tout cas, soyez avertis que je m'oppose à tout ce qui se fera dans le conseil en mon absence. »

C'était là l'homme que Jean Rivard allait avoir à combattre.

Jean Rivard, comme on le sait déjà, n'était pas dépourvu d'énergie, il ne se laissait pas d'ordinaire décourager par les obstacles. Mais bien qu'il eût fait résolument la guerre à la forêt, il n'était pas ce qu'on appelle un ferrailleur ; il ne combattait pas pour le plaisir de combattre ; toute opposition injuste, frivole, le chagrinait, parce qu'elle était à ses yeux une cause de faiblesse. Rien au contraire ne lui donnait autant de satisfaction que l'unanimité d'opinion sur une question quelconque.

L'union, l'union, disait-il sans cesse, c'est elle qui fait la force des sociétés, comme elle fait le bonheur des familles.

Il ne redoutait rien tant que de voir la discorde s'introduire dans la petite communauté qui était venue dans cette forêt chercher la paix et le bonheur.

Il eût donc indubitablement préféré ne pas avoir le voisinage de Gendreau-le-Plaideux ; mais il lui fallut cette fois encore faire contre mauvaise fortune bon cœur et prendre son parti de ce qu'il ne pouvait empêcher.

Une circonstance, assez peu importante au fond, lui révéla bientôt les ennuis auxquels il devait s'attendre dans les questions d'une portée plus sérieuse.

On se rappelle qu'à l'époque des amours de Jean Rivard et de Louise Routier, la localité qu'avait choisie notre héros pour y faire son établissement était quelquefois désignée sous le nom de Louiseville.

Cette appellation pourtant ne fut jamais guère en usage que dans la famille ou le cercle intime de Jean Rivard. Le plus souvent, lorsqu'on parlait de cette partie du canton de Bristol, on disait tout bonnement «Chez Jean Rivard», ou «Au Ruisseau de Jean Rivard», par allusion à la petite rivière qui traversait le lot de notre défricheur.

Mais depuis que Jean Rivard n'était plus seul dans la localité, ces dernières appellations paraissaient insuffisantes.

Il fut donc proposé, dans une assemblée qui eut lieu un dimanche après la messe, et à laquelle assistaient la plus grande partie des habitants du canton, qu'à l'avenir cette localité portât le nom de «Rivardville».

«Je sais bien», dit, dans une courte allocution, le père Landry, président de cette assemblée, «je sais bien que nos enfants n'oublieront jamais celui qui le premier s'est frayé un chemin à travers la forêt du canton de Bristol. C'est à lui qu'ils devront l'aisance et le bonheur dont ils jouiront sans doute par la suite. Mais nous qui connaissons plus particulièrement tout ce que nous devons au courage, à l'énergie de notre jeune chef, empressons-nous de lui offrir un témoignage de reconnaissance et de respect, en donnant son nom à cette localité dont il est, de fait, le véritable fondateur. Honneur à Jean Rivard! Et que les environs de sa demeure, s'ils deviennent plus tard ville ou village, soient un monument durable de sa valeur, qu'ils disent à la postérité ce que peut opérer le travail uni à la persévérance.»

Ces simples paroles retentirent dans le cœur de tous les assistants.

«Hourra pour Jean Rivard!» s'écria-t-on de toutes parts.

Jean Rivard et Gendreau-le-Plaideux furent les seuls qui s'opposèrent à cette proposition, le premier par modestie, le second par esprit de contradiction.

Gendreau ne voyait pas pourquoi l'on ne conservait pas l'ancien nom de Bristol qu'il trouvait de beaucoup préférable à celui de Rivardville, et il prit de là occasion de faire une tirade contre la manie des changements et des innovations.

Ses paroles n'eurent rien d'insultant, mais firent comprendre ce qu'on devait attendre de lui dans la suite.

Il fut résolu, malgré cela, que la localité prendrait incessamment le nom de Rivardville, et que, une fois érigée en paroisse, elle serait mise, avec la sanction des autorités ecclésiastiques, sous l'invocation de sainte Louise.

Cette dernière partie de la proposition n'eut pour contradicteur que Gendreau-le-Plaideux, et fut ainsi considérée comme unanimement adoptée.

IV

Le missionnaire – L'église – La paroisse

> Vous dont la gloire sait comprendre toute gloire.
> Répondez: n'est-ce pas que la soutane noire
> Cache des cœurs vaillants à vous rendre jaloux?
>
> Henri de Bonnier

Dès leur arrivée dans la forêt, les jeunes mariés avaient formé le dessein d'aller, le dimanche suivant, entendre la messe à l'église de Lacasseville.

On sait que Lacasseville était à trois lieues de leur habitation.

Mais le matin de ce jour une pluie torrentielle inondait les chemins, et il avait fallu bon gré mal gré renoncer au voyage projeté.

La même chose était arrivée les deux dimanches suivants: sujet de grand chagrin pour Louise qui n'avait pas encore manqué la messe du dimanche une seule fois depuis sa première communion.

Le manque d'églises est certainement l'une des principales causes du retard de la colonisation. Partout où se porte la famille canadienne, il lui faut un temple pour adorer et prier Dieu.

Jean Rivard avait eu beau lire à sa Louise les plus beaux chapitres de l'*Imitation de Jésus-Christ*, de ce précieux petit livre qu'elle-même lui avait donné autrefois comme souvenir et qu'il conservait avec un soin religieux, il avait vu, dans ses beaux yeux qui semblaient se mouiller involontairement, qu'elle éprouvait une profonde tristesse, et il avait résolu de faire tout au monde pour y apporter remède.

En effet, il s'était rendu tout de suite à Lacasseville, accompagné du père Landry, et tous deux avaient fait tant d'instances auprès du prêtre desservant de l'endroit que celui-ci s'était engagé à écrire sans délai à son supérieur ecclésiastique pour lui exposer les besoins spirituels du canton de Bristol; et peu de temps après Jean Rivard avait été informé qu'un jeune missionnaire qui desservait depuis un an plusieurs des cantons environnants avait reçu l'ordre d'aller une fois par mois dans le nouveau canton, y dire la messe, confesser, faire des baptêmes, etc.

Or ce jeune missionnaire n'était autre qu'Octave Doucet, l'un des plus intimes amis de collège de Jean Rivard.

Octave Doucet et Jean Rivard ne s'étaient connus qu'au collège; mais en se voyant pour la première fois, ces deux jeunes gens s'étaient sentis comme magnétiquement attirés l'un vers l'autre ; la liaison la plus étroite n'avait pas tardé à s'établir entre eux.

Ils avaient formé ensemble les plus charmants projets. Ils devaient, en sortant du collège, s'établir à la campagne dans le voisinage l'un de l'autre, et cultiver ensemble la terre, les muses et la philosophie. Jean Rivard devait épouser la sœur d'Octave Doucet qu'il n'avait jamais vue, mais qu'il aimait parce qu'il la supposait douée de toutes les belles qualités de son ami.

Mais à l'encontre de leurs communes prévisions, Jean Rivard avait dû sortir du collège avant la fin de sa Rhétorique, et le jeune Octave Doucet, une fois son cours terminé, avait pris la soutane. Vers le temps où Jean Rivard s'enfonçait dans la forêt, la hache à la main, Octave Doucet songeait à se faire admettre au sacerdoce et à aller évangéliser les habitants des Cantons de l'Est.

Plein de zèle et de courage, il avait lui-même sollicité la faveur de consacrer les plus belles années de sa jeunesse aux durs et pénibles travaux des missions ; et à l'époque du mariage de Jean Rivard, il y avait déjà un an qu'il annonçait la parole de Dieu dans ces régions incultes.

Les missionnaires de nos cantons n'ont pas, il est vrai, de peuplades sauvages à instruire et civiliser ; ils ne sont pas exposés comme ceux de contrées plus lointaines à être décapités, brûlés à petit feu, scalpés ou massacrés par la main des barbares, mais ils se dévouent à toutes les privations que peut endurer la nature humaine, au froid, aux fatigues, à la faim, à tous les maux qui résultent de la pauvreté, de l'isolement et d'un travail dur et constant.

Beaucoup y perdent la santé, quelques-uns même y perdent la vie.

Je n'entreprendrai pas de raconter toutes les misères qu'avait essuyées notre jeune missionnaire dans l'accomplissement de ses saintes mais pénibles fonctions. Il avait eu à desservir jusqu'à cinq missions à la fois. Il lui était arrivé de faire six sermons dans une journée, trois en français et trois en anglais, alors même qu'il en était réduit à ne prendre qu'un seul repas, vers quatre ou cinq heures de l'après-midi. Plus d'une fois il avait fait à pied, au milieu des neiges, cinq, dix, quinze lieues pour porter le bon Dieu aux malades, après quoi il n'avait eu pour se reposer de ses fatigues d'autre couche que le plancher nu de la cabane du défricheur. Plus d'une fois il avait failli périr, surpris par des tempêtes dans ses longs trajets à travers les bois. Pendant une nuit entière il avait été enseveli dans la neige, seul, loin de tout secours humain, n'ayant pour compagnons que les vents et la tempête, pour espoir que le Dieu qu'il servait et dont il portait la parole aux populations éparses dans la forêt.

Et comment vivait-il au milieu de ces peuples dénués de tout ?

Comment soutenait-il sa dignité de prêtre? Au moyen de présents, de souscriptions, de charités. Humble mendiant, il faisait lui-même une tournée dans les cantons qu'il desservait, allant de maison en maison demander du grain, du beurre, des légumes. Le dimanche, il remerciait au prône les fidèles qui l'avaient secouru. « C'était là, me disait-il plus tard, la plus dure de toutes mes épreuves. » Les fatigues corporelles qu'il endurait n'étaient rien comparées à cette nécessité de solliciter de ses ouailles les besoins de la vie matérielle en échange des secours spirituels qu'il leur dispensait avec tant de zèle.

C'était pourtant avec joie qu'il avait reçu l'ordre d'ajouter à ses travaux apostoliques, déjà considérables, la desserte du canton de Bristol, puisque, tout en remplissant les devoirs sacrés de son ministère, il allait se retrouver de temps à autre avec son ancien ami, qu'il n'avait pas oublié et dont il entendait souvent exalter le courage et l'activité.

En attendant que la localité fût en état d'ériger une chapelle convenable, c'était une simple maison en bois, construite en quelques jours par les principaux habitants du canton, qui servait de temple.

Le missionnaire apportait avec lui les vases sacrés et ses habits sacerdotaux, comme le médecin de campagne qui, dans ses visites aux malades, n'a garde d'oublier sa boîte de pharmacien.

Une petite table servait d'autel.

Madame Rivard se donnait beaucoup de soin pour orner l'humble chaumière où devait se célébrer le divin sacrifice; malgré cela, la simplicité du lieu rappelait involontairement les temps primitifs de l'ère chrétienne.

Pendant plusieurs heures avant la messe le prêtre entendait les confessions.

Bientôt, on voyait sortir de la forêt et arriver de tous côtés hommes, femmes, enfants, désireux d'assister au Saint Sacrifice et d'entendre la parole de Dieu. Quand la maison était remplie, ceux qui n'avaient pu entrer s'agenouillaient dehors. Dans la belle saison, si le temps le permettait, le missionnaire célébrait la messe en plein air, de manière à être vu et entendu de toute la nombreuse assistance.

Il faisait beau voir le pieux recueillement, le silence religieux qui régnaient dans cette pauvre cabane convertie en temple! Ceux qui n'ont jamais assisté au sacrifice divin que dans les cathédrales splendides, en face d'autels magnifiquement décorés, ne savent pas les jouissances intimes qu'éprouve l'âme chrétienne qui se trouve pour ainsi dire en contact avec son Créateur dans un pauvre oratoire. Chateaubriand a fait un tableau magnifique de la prière du soir récitée sur un navire, au milieu des vagues de l'océan et aux rayons dorés du soleil couchant; il eût fait un tableau pour le moins aussi intéressant du sacrifice célébré au milieu des forêts du Canada, à l'ombre d'arbres séculaires, au bruit du chant des oiseaux, au milieu des parfums s'exhalant du feuillage verdoyant et des plantes en fleur. Une assistance composée d'humbles familles, hommes, femmes, enfants, vieillards, courbés sous le poids du travail, demandant à Dieu le pain de chaque jour, la santé, la paix, le bonheur, offre certainement quelque chose de plus touchant que le spectacle d'une réunion d'insouciants marins ou d'industriels courant à la recherche de la fortune.

Mais si la visite mensuelle du jeune missionnaire était une fête pour toute la population du canton, elle l'était doublement pour Jean Rivard, qui retrouvait ainsi un ami de cœur dans le sein duquel il pouvait épancher, comme autrefois, ses plus intimes confidences.

Madame Rivard aussi attendait chaque mois avec impatience l'arrivée de monsieur Doucet. C'était un grand bonheur pour elle que la présence d'un prêtre dans sa maison. La petite chambre qu'il habitait durant sa visite était préparée plusieurs jours à l'avance. Françoise partageait à cet égard les sentiments de sa maîtresse. Tant que le missionnaire habitait la maison, elle se sentait en sûreté, elle n'avait peur ni du tonnerre, ni des revenants, ni des sorciers; elle redoublait d'activité pour que *monsieur le curé* ne manquât de rien.

Dès cette époque, Octave Doucet avait eu l'ambition, bien justifiable assurément, de devenir un jour curé de cette localité, dont Jean Rivard était le fondateur.

Ce jour ne tarda pas à arriver.

Moins de deux ans après, il fut chargé d'annoncer, de la part de son évêque, qu'aussitôt qu'une église convenable serait construite, et que Rivardville serait régulièrement érigé en paroisse, un prêtre y fixerait sa résidence.

Cette nouvelle fit une profonde sensation, et il y eut après la messe une assemblée publique où la question fut débattue.

Il est bien rare qu'on puisse bâtir une église en Canada sans que la discorde n'élève sa voix criarde. Le site du nouvel édifice, les matériaux dont il sera construit, les moyens à adopter pour subvenir aux frais de construction, tout devient l'objet de discussions animées. On se pique, on s'entête, on pousse l'opiniâtreté si loin, que quelquefois le décret même de l'évêque ne peut réussir à pacifier les esprits. On composerait un gros volume du récit de toutes les contestations de ce genre qui ont agité le Bas-Canada depuis son établissement. Des scandales publics, des espèces de schismes se sont produits à la suite de ces contestations.

Ces divisions si ridicules et si funestes deviennent heureusement plus rares, aujourd'hui que les esprits se livrent plus qu'autrefois à la considération des affaires publiques et que les hommes d'opposition quand même trouvent dans les questions de politique générale ou les questions locales les aliments nécessaires à l'exercice de leurs facultés.

Mais on n'était pas très avancé à cette époque dans le canton de Bristol, et ce ne fut pas chose facile que de se concerter pour fixer l'emplacement de l'église, et pour obtenir ensuite l'érection canonique et civile de la paroisse.

Gendreau-le-Plaideux fut ravi d'avoir une aussi belle occasion d'exercer son esprit de contradiction.

Il annonça d'abord qu'il s'opposerait de toutes ses forces à l'érection de la paroisse sous prétexte que, une fois Rivardville ainsi érigé civilement et canoniquement, on poursuivrait sans miséricorde les pauvres habitants endettés à la fabrique.

Il insista tellement sur ce point dans l'assemblée publique qui eut lieu à cet effet qu'un certain nombre de ses auditeurs finirent par prendre l'alarme.

Quant à l'emplacement de l'église, les terrains possédés par la famille Rivard étant situés à peu près au centre de la paroisse projetée, et formant l'endroit le plus fréquenté, puisqu'on y trouvait déjà des magasins, des boutiques, et bon nombre de maisons, semblaient naturellement désignés au choix des colons.

Aussi cet endroit fut-il spontanément proposé par le père Landry pour être le site de la future église.

Il fit connaître en même temps que le terrain nécessaire à l'emplacement de l'église, du presbytère et du cimetière, ne comprenant pas moins de cinq ou six arpents de terre en superficie, était offert gratuitement par la famille Rivard à la paroisse de Rivardville.

Malgré cela, Gendreau-le-Plaideux ne vit dans la proposition du père Landry qu'une injustice révoltante, qu'une honteuse spéculation de la part des amis de Jean Rivard. Il n'y avait, prétendait-il, pas moins de quatre ou cinq autres sites de beaucoup préférables à celui qu'on proposait. Il fit tant de bruit que Jean Rivard lui-même proposa de remettre à un dimanche subséquent la décision de cette question.

À cette nouvelle réunion, le missionnaire était présent et prit part aux délibérations. Il proposa lui-même que la paroisse de Rivardville fût composée d'une étendue d'environ trois lieues de territoire, dont il désigna les bornes; il proposa comme emplacement de la future église une jolie éminence dominant toute la contrée environnante, située à environ dix arpents de la propriété de Jean Rivard, et faisant partie du lot de l'un de ses jeunes frères. Il fit ressortir avec tant de force et de clarté les avantages du site proposé que personne parmi ses auditeurs ne put conserver la moindre hésitation.

Gendreau-le-Plaideux lui-même se montra très modéré et se borna à balbutier quelques objections qui ne furent pas même écoutées.

Une fois d'accord sur le site, il fallut s'entendre sur les matériaux dont la chapelle serait construite. On n'éprouva cette fois aucune opposition sérieuse; à la recommandation du missionnaire lui-même, il fut décidé que cette église ne devant être en quelque sorte que provisoire, et la localité se composant en grande partie de pauvres défricheurs, on construirait d'abord un édifice en bois capable de contenir de douze à quinze cents personnes; cet édifice servirait de temple jusqu'à ce que la paroisse fût en état d'en construire un en pierre ou en brique sur le modèle des grandes églises des bords du Saint-Laurent.

Quant au presbytère qui devait être aussi en bois, la construction en fut différée jusqu'à l'année suivante, Jean Rivard s'offrant volontiers de loger monsieur le curé jusqu'à cette époque.

L'église fut construite sous la direction de Jean Rivard, sans taxe, sans répartition, au moyen de corvées et de contributions volontaires; au bout de quelques mois, elle était achevée à la satisfaction de tous.

Ce fut un beau jour pour toute la population de Rivardville que celui où la cloche de l'église se fit entendre pour la première fois, cette cloche qui, suivant les paroles d'un grand écrivain, fait naître, « à la même minute un même sentiment dans mille cœurs divers ».

L'extérieur de l'église était peint en blanc, et le petit clocher qui la surmontait s'apercevait à une grande distance. L'intérieur aussi était blanchi à la chaux, à l'exception des bancs qui paraissaient d'une couleur grisâtre. À l'entrée, et de chaque côté de la porte, on voyait un bénitier en bois peint surmonté d'une croix; et sur l'autel quatre bouquets et six grands cierges de bois. Au fond du sanctuaire était un grand tableau, avec une gravure de chaque côté. Une petite lampe, toujours allumée, reposait sur une table à côté de l'autel. De modestes cadres représentant un chemin de croix étaient suspendus de distance en distance autour de l'humble église. Mais ce qui frappait le plus les yeux en y entrant c'était l'air de propreté qui régnait dans tout l'édifice. On se sentait heureux dans ce temple modeste, élevé au milieu des bois, à la gloire du Dieu Tout-Puissant par une population amie du travail et de la vertu.

Le cimetière qui fut soigneusement enclos adjoignait immédiatement la chapelle.

Dans le cours de l'année suivante, sur la même éminence, et à quelques pas de l'église, fut bâti le presbytère.

Dans la même année, après toutes les formalités requises, Rivardville fut canoniquement et civilement érigé en paroisse, en dépit des efforts réitérés du père Gendreau.

La paroisse, telle qu'elle existe encore dans le Bas-Canada, a existé pendant des siècles dans l'Europe catholique. Son organisation répond parfaitement aux besoins des fidèles; et le Canadien qui s'éloigne du clocher natal n'a pas de plus grand bonheur dans sa nouvelle patrie que de se voir encore une fois membre de cette petite communauté appelée la paroisse.

Il va sans dire que M. Octave Doucet fut nommé curé de Rivardville, à la charge toutefois de desservir en même temps quelques-unes des missions environnantes.

Achevons d'esquisser ici le portrait du jeune curé.

Ce qui le distinguait surtout, c'était sa nature franche et sympathique; on sentait, en causant avec lui, qu'il avait constamment le cœur sur les lèvres; on ne pouvait l'aborder sans l'aimer; et on ne s'en séparait qu'avec le désir de le voir encore. Personne n'était mieux fait pour consoler les malheureux; aussi avait-il constamment dans sa chambre de pauvres affligés qui venaient lui raconter leurs chagrins et chercher des remèdes à leurs maux. Jamais il ne rebutait personne; au contraire, c'était avec le doux nom d'ami, de frère, d'enfant, de père, qu'il accueillait tous ceux qui s'adressaient à lui. Sa sensibilité, la bonté de son cœur se révélaient à la moindre occasion.

C'était là le côté sérieux de sa nature, mais à ces qualités s'en joignait une autre qui contribuait encore à le faire aimer davantage: c'était une gaieté constante, non cette gaieté de circonstance, souvent affectée, qui se traduit en jeux de mots plus ou moins spirituels, mais cette joie franche, naturelle, qui éclate en rires inextinguibles, au moindre mot d'un ami. La plus légère plaisanterie le faisait rire jusqu'aux larmes. Il avait toujours quelque anecdote amusante à raconter. Aussi sa société était-elle vivement recherchée par les gens d'esprit.

Il n'avait qu'un défaut, qui faisait son désespoir, et dont il chercha vainement à se corriger: il fumait. La pipe était sa passion dominante; et jamais passion ne donna plus de tourments à un homme, ne tyrannisa plus impitoyablement sa victime.

Jean Rivard prenait quelquefois plaisir à tourmenter son ami à propos de cette habitude inoffensive. Il entrait avec lui dans de longues dissertations pour démontrer l'influence pernicieuse du tabac sur la santé, et le tort qu'il causait au bien-être général. Suivant ses calculs, ce qui se dépensait chaque année en fumée de tabac pouvait faire subsister des milliers de familles et faire disparaître entièrement la mendicité des divers points du Bas-Canada.

Le bon Octave Doucet passait alors deux ou trois jours sans fumer; mais il perdait sa gaieté, il allait et venait comme s'il eût été à la recherche de quelque objet perdu ; puis il finissait par trouver sa pipe.

À la vue de l'objet aimé, le sang lui montait au cerveau, il se troublait, et ses bonnes résolutions s'évanouissaient.

On le voyait bientôt comme de plus belle se promener de long en large sur le perron de son presbytère en faisant monter vers le ciel de longues spirales de fumée.

Au fond, Jean Rivard pardonnait facilement à son ami cette légère faiblesse qui composait, à peu près, son seul amusement.

Au reste, ces petites dissertations, moitié badines moitié sérieuses, n'empêchaient pas les deux amis de s'occuper d'affaires importantes.

Il fallait voir avec quel zèle, quelle chaleur ils discutaient toutes les questions qui pouvaient exercer quelque influence sur l'avenir de Rivardville ! Jamais roi, empereur, président, dictateur ou souverain quelconque ne prit autant d'intérêt au bonheur et à la prospérité de ses sujets que n'en prenaient les deux amis au succès des habitants de leur paroisse.

Le jeune curé possédait une intelligence à la hauteur de celle de Jean Rivard, et quoiqu'il fût d'une grande piété et que ses devoirs de prêtre l'occupassent plus que tout le reste, il se faisait aussi un devoir d'étudier avec soin tout ce qui pouvait influer sur la condition matérielle des peuples dont les besoins spirituels lui étaient confiés. Il comprenait parfaitement tout ce que peuvent produire, dans l'intérêt de la morale et de la civilisation bien entendue, le travail intelligent, éclairé, l'aisance plus générale, une industrie plus perfectionnée, l'instruction pratique, le zèle pour toutes les améliorations utiles, et il ne croyait pas indigne de son ministère d'encourager chez ses ouailles ces utiles tendances, chaque fois que l'occasion s'en présentait.

On pouvait voir quelquefois les deux amis, seuls au milieu de la nuit, dans la chambre de Jean Rivard, discuter avec enthousiasme certaines mesures qui devaient contribuer à l'agrandissement de la paroisse, au développement des ressources du canton, s'entretenir avec bonheur du bien qu'ils allaient produire, des réformes qu'ils allaient opérer, des changements qu'ils allaient réaliser pour le bien de leurs semblables et la plus grande gloire de Dieu.

C'étaient le pouvoir spirituel et le pouvoir temporel se soutenant l'un par l'autre et se donnant la main.

V

Pierre Gagnon

On a vu tout à l'heure que Pierre Gagnon n'était plus au service de Jean Rivard. Il l'avait abandonné graduellement, et comme à regret, pour se consacrer au défrichement de son propre lopin de terre.

Nos lecteurs se rappelleront que ce lot était situé immédiatement au sud de celui de Jean Rivard.

Pierre Gagnon mettait, en travaillant pour lui-même, toute l'ardeur, toute l'énergie qu'il avait déployées au service de son maître.

Sous les efforts de son bras puissant, la clairière s'agrandissait à vue d'œil.

Il commença par abattre la forêt juste à l'endroit où il désirait placer sa future résidence, en droite ligne avec la maison de Jean Rivard, puis il continua, se disant à part lui, avec ce contentement intérieur qui ne l'abandonnait jamais : ici sera ma maison, là ma grange, plus loin mes autres bâtiments ; il désignait d'avance le jardin, les champs de légumes, le parc aux animaux et toutes les diverses parties de sa ferme.

Disons toutefois que Pierre Gagnon quittait volontiers son travail pour celui de Jean Rivard, chaque fois que celui-ci en manifestait le désir, ce qui arrivait de temps à autre, surtout à l'époque de la moisson.

Ajoutons que l'ancien maître ne refusait pas non plus ses services à l'ancien serviteur. Les bœufs de travail, les chevaux, les voitures de Jean Rivard étaient à la disposition de Pierre Gagnon. Au besoin, même, l'empereur allait donner un coup d'épaule à son ci-devant brigadier.

Sur les épargnes qu'il avait faites à Grandpré, pendant de longues années de dur travail, et sur les gages qu'il avait reçus pour ses deux dernières années de service, Pierre Gagnon avait en caisse près de quarante louis qu'il réservait pour acquitter le prix de son lopin de terre et aussi pour le jour où il entreprendrait de se bâtir une maison et des bâtiments de ferme.

En attendant, le vaillant défricheur songeait encore à autre chose. Tout en abattant les arbres, il lui arrivait de cesser quelquefois de chanter pour penser au bonheur dont jouissait son jeune maître depuis l'époque de son mariage. Il se disait que lui aussi, Pierre Gagnon, aurait un jour une compagne qui tiendrait son ménage et l'aiderait dans ses travaux.

Jusque-là notre défricheur, sans être tout à fait insensible aux grâces et aux amabilités du beau sexe, n'avait eu aucune sérieuse affaire de cœur. Il s'était contenté de *faire étriver* toutes les filles de sa connaissance. Celles-ci s'amusaient de ses drôleries et, lorsqu'il devenait trop agaçant, lui ripostaient énergiquement ; mais c'est tout ce qui s'ensuivait. Une d'elles cependant, soit que Pierre Gagnon eût montré plus de persistance à la faire endêver, soit qu'il eût laissé échapper en lui parlant quelqu'un de ces mots qui vont droit au cœur des femmes, soit enfin que la conduite ou le courage bien connus de Pierre Gagnon lui eussent inspiré une admiration plus qu'ordinaire, une d'elles s'obstinait à parler de lui et à en dire constamment du bien.

C'était Françoise, l'ancienne servante du père Routier, qui avait montré tant d'empressement à suivre Louise dans le canton de Bristol.

À entendre Françoise, Pierre Gagnon n'avait pas son pareil. Il était fin, drôle, amusant ; elle allait même jusqu'à le trouver beau, en dépit de la petite vérole dont sa figure était marquée.

Il est vrai que Pierre Gagnon soutenait à qui voulait l'entendre que ces petites cavités qui parsemaient son visage étaient de véritables grains de beauté, et que son père s'était ruiné à le faire graver de cette façon.

Mais, même en admettant cette prétention, Pierre Gagnon, de l'aveu de tous, était encore loin d'être un Adonis ; ce qui démontre bien, comme on l'a déjà dit plus d'une fois, que la beauté est chose relative, et que l'on a raison de dire avec le proverbe : des goûts et des couleurs il ne faut disputer.

« Trouvez-lui donc un seul défaut », s'écriait souvent Françoise, en s'adressant à Louise, et celle-ci avait toutes les peines du monde à calmer l'enthousiasme de sa servante.

Pierre Gagnon n'ignorait probablement pas tout à fait les sentiments de Françoise à son égard, mais il feignait de ne pas s'en douter, et se contentait le plus souvent, lorsqu'il l'apercevait de loin, d'entonner le refrain bien connu :

> *C'est la belle Françoise,*
> *Allons gué*
> *C'est la belle Françoise...*

Pierre Gagnon ne chantait pas bien, il avait même la voix quelque peu discordante, ce qui n'empêchait pas Françoise de se pâmer d'aise en l'écoutant. De même, lorsque le soir, pour se reposer de ses fatigues du jour, il faisait résonner sa *bombarde*, c'était pour elle une musique ravissante.

Le véritable amour, l'amour sérieux, profond, a semblé de tout temps incompatible avec la gaieté ; et l'on est porté à se demander si celui qui plaisante et rit à tout propos est susceptible d'aimer et d'être aimé. Assez souvent l'amour est accompagné d'un sentiment de tristesse ; on va même jusqu'à dire que l'homme le plus spirituel devient stupide quand cette passion s'empare de lui.

On pourrait croire d'après cela que Pierre Gagnon n'était pas réellement amoureux, car il est certain qu'il ne manifesta jamais la moindre disposition à la mélancolie. Mais en dépit de toutes les observations des philosophes et de tout ce qu'on pourrait dire au contraire, j'ai toute raison de croire qu'au fond Pierre Gagnon n'était pas insensible à l'amour de Françoise, et que c'est sur elle qu'il portait ses vues, lorsqu'en abattant les arbres de la forêt, il songeait au mariage.

Françoise était âgée d'environ vingt-cinq ans. Elle n'était ni belle ni laide. Elle avait une forte chevelure, des dents blanches comme l'ivoire : mais elle n'avait ni joues rosées, ni cou d'albâtre ; au contraire, son teint était bruni par le soleil, ses mains durcies par le travail, ses cheveux étaient assez souvent en désordre, car c'est à peine si la pauvre fille pouvait chaque matin consacrer cinq minutes à sa toilette. Exceptons-en toutefois les dimanches et les jours de fête où Françoise se mettait aussi belle que possible ; quoique sa taille fût loin d'être celle d'une guêpe, et que ses pieds n'eussent rien d'excessivement mignon, elle avait alors un air de santé, de propreté, de candeur, qui pouvait attirer l'attention de plus d'un homme à marier. Mais ce qui aux yeux des hommes sensés devait avoir plus de prix que toutes les qualités physiques, c'est qu'elle était d'une honnêteté, d'une probité à toute épreuve, industrieuse, laborieuse et remplie de piété. Ce que Jean Rivard et sa femme appréciaient le plus chez leur servante, c'était sa franchise ; elle ne mentait jamais. Par là même elle était d'une naïveté étonnante, et ne cachait rien de ce qui lui passait par le cœur ou par la tête. Louise s'amusait beaucoup de sa crédulité. Ne soupçonnant jamais le mensonge chez les autres, tout ce qu'elle entendait dire était pour elle parole d'Évangile.

Elle était même superstitieuse à l'excès. Elle croyait volontiers aux histoires de revenants, de sorciers, de loups-garous ; elle n'eût jamais, pour tout l'or du monde, commencé un ouvrage le vendredi. Les jeunes gens s'amusaient quelquefois à la mystifier, et se donnaient le malin plaisir de l'effrayer.

Elle prétendait avoir des apparitions. Elle vit un jour une grosse bête noire se promener dans le chemin et s'avancer jusque sur le seuil de la maison.

Mais, malgré ces petits défauts, Françoise était une fille comme on en trouve rarement de nos jours, une fille de confiance, à laquelle les clefs d'une maison pouvaient être confiées sans crainte.

On ne pouvait raisonnablement s'attendre cependant à voir Pierre Gagnon jouer auprès de Françoise le rôle d'un jeune langoureux, trembler en sa présence, ou tomber en syncope au frôlement de sa robe. Notre défricheur approchait de la trentaine, et depuis l'âge de cinq ou six ans, il avait constamment travaillé pour subvenir aux besoins matériels de la vie. Il n'avait pas eu l'imagination faussée ou exaltée par la lecture des romans. La seule histoire d'amour qu'il eût entendu lire était celle de Don Quichotte et de la belle Dulcinée, et on peut affirmer qu'elle n'avait pas eu l'effet de le rendre plus romanesque. Il se représentait une femme, non comme un ange, une divinité, mais comme une aide, une compagne de travail, une personne disposée à tenir votre maison, à vous soigner dans vos maladies, à prendre soin de vos enfants, lorsque le bon Dieu vous en donne.

Mais ce qui prouve que l'indifférence de Pierre Gagnon pour Françoise n'était qu'apparente, c'est qu'il devenait de jour en jour moins railleur avec elle ; il arrivait assez souvent qu'après une kyrielle de drôleries et une bordée de rires homériques, il s'asseyait près de Françoise et passait une demi-heure à parler sérieusement.

Cette conduite inusitée de la part de notre défricheur était remarquée par les jeunes gens, qui ne manquaient pas d'en plaisanter.

Lorsque, à l'époque des foins ou de la récolte, Pierre Gagnon venait donner un coup de main à Jean Rivard, il était rare que Françoise ne trouvât pas un prétexte d'aller aux champs, aider au fanage ou à l'engerbage ; ce travail devenait un plaisir quand Pierre Gagnon y prenait part.

Personne, au dire de Françoise, ne fauchait comme Pierre Gagnon ; personne ne savait lier une gerbe de grain comme lui.

On en vint à remarquer que Pierre Gagnon qui, dans les commencements, s'amusait à jeter des poignées d'herbe à Françoise, à la faire asseoir sur des chardons, et à la rendre victime de mille autres espiègleries semblables, cessa peu à peu ces plaisanteries à son égard. On les vit même quelquefois, durant les heures de repos, assis l'un à côté de l'autre, sur une veillotte de foin.

Si quelqu'un s'avisait désormais de taquiner Françoise, comme lui-même avait fait plus d'une fois auparavant, on était sûr que Pierre Gagnon se rangeait aussitôt du parti de la pauvre fille et faisait bientôt tourner les rires en sa faveur.

Il ne pouvait plus souffrir que personne cherchât à l'effrayer au moyen de fantômes ou d'apparitions ; il réussit presque à la persuader qu'il n'existait ni sorciers, ni revenants, ni loups-garous. Comme le Scapin de Molière, il lui confessa qu'il était le principal auteur des sortilèges et des visions étranges qui l'avaient tant épouvantée dans les premières semaines de son séjour à Rivardville.

Quand Pierre Gagnon n'était pas au champ, Françoise passait ses moments de loisir à rêver en silence ou à chercher des trèfles à quatre feuilles.

Mais j'oubliais de dire un fait qui ne manqua pas d'exciter plus d'une fois les gorges chaudes de leurs compagnons et compagnes de travail, c'est qu'on les vit tous les deux, dans la saison des fruits, passer le temps de la *repose* à cueillir des fraises, des mûres, des framboises ou des bleuets, et, chose extraordinaire, Pierre Gagnon, sous prétexte qu'il n'aimait pas les fruits, donnait tout à Françoise.

Eh bien! le croira-t-on? Malgré tous ces témoignages d'intérêt, malgré ces nombreuses marques d'attention et d'amitié, les gens n'étaient pas d'accord sur les sentiments de Pierre Gagnon. Les uns prétendaient qu'il ne voulait que s'amuser aux dépens de Françoise, d'autres soutenaient que son but était tout simplement de faire *manger de l'avoine** au petit Louison Charli qui passait, à tort ou à raison, pour *aller voir* la servante de Jean Rivard. Enfin le plus grand nombre s'obstinaient à dire que Pierre Gagnon ne se marierait jamais.

VI

Où l'on verra qui avait raison

Disons-le tout de suite : il ne se passa pas longtemps avant qu'il fût reconnu que Pierre Gagnon allait voir Françoise. Presque tous les dimanches il passait avec elle une partie de l'après-midi, souvent même la veillée. Le petit Louison Charli avait beau se défendre d'avoir jamais parlé à Françoise, on répétait partout qu'il avait eu *la pelle*, et ses amis l'accablaient de quolibets.

Enfin le bruit courut un jour que Pierre Gagnon et Françoise avaient échangé leurs mouchoirs. C'était le signe visible d'un engagement sérieux.

Pendant longtemps Pierre Gagnon répondait par des badinages à ceux qui le questionnaient sur ses sentiments, bien différent en cela de Françoise

---

* Un vocabulaire des expressions populaires en usage dans nos campagnes ne serait pas sans intérêt. En général, ces locutions ne sont employées que par les serviteurs ou engagés, ou ceux qui n'ont reçu aucune teinture des lettres. Dans la classe aisée des cultivateurs on parle un langage plus correct et qui ne diffère pas essentiellement de celui des marchands canadiens de nos villes, si ce n'est qu'il est moins parsemé d'anglicismes. Il est même remarquable que les enfants qui fréquentent les bonnes écoles améliorent en peu de temps le style et la prononciation qu'ils ont reçus de la bouche de leurs parents. Il existe chez les Canadiens, surtout chez les jeunes gens, une singulière aptitude à adopter le langage des personnes instruites avec lesquelles ils vivent en contact.

qui n'avait rien de plus pressé que de raconter à sa maîtresse les progrès de sa liaison ; mais lui-même finit par ne plus le nier.

Il voulut même un jour donner à Françoise une preuve irrécusable de son amitié et la reconnaître publiquement pour sa blonde. Un dimanche que le temps était magnifique, les chemins en bon état, et que Jean Rivard et sa femme allaient à Lacasseville, il proposa à Françoise de les accompagner.

Il emprunta à cet effet un des chevaux et une des voitures de Jean Rivard. Il passa bien une heure à étriller le cheval ; le collier, le harnais, la bride, tout reluisait de propreté.

Quand la voiture passa devant chez le père Landry, tout le monde se précipita à la porte et aux fenêtres. Il y eut une longue discussion dans la famille sur la question de savoir avec qui était Pierre Gagnon.

Françoise étrennait un voile pour la circonstance, ce qui empêchait de la reconnaître. On la reconnut pourtant et les filles ne manquèrent pas de dire : « Françoise doit se renfler, ça ne lui arrive pas souvent de se faire promener par les garçons. »

En dépit des remarques qu'on put faire sur son compte, Françoise trouva pourtant le chemin tout court et revint fort satisfaite de son voyage.

Cette promenade fut vraisemblablement l'épisode le plus intéressant de sa vie de fille.

Jean Rivard n'avait jamais paru faire attention à ce qui se passait entre Pierre Gagnon et sa fille Françoise ; mais Louise qui était au fait de tout et qui n'aimait pas les trop longues fréquentations se mit bientôt à presser Pierre Gagnon d'en finir.

Celui-ci ne se le fit pas dire deux fois.

Cette conduite de la part de madame Rivard est cause que nous n'avons aucune intrigue, aucune péripétie intéressante à enregistrer, dans l'histoire des amours de Pierre Gagnon et de Françoise. Tout se fit de la manière la plus simple ; point de querelle, point de brouille, partant point d'explication ni de *raccordements*, malgré le bruit que fit courir le petit Louison Charli que Pierre Gagnon et Françoise s'étaient rendu leurs mouchoirs.

La vérité est que Pierre Gagnon n'avait pas le temps d'aller chercher au loin une personne plus avenante que Françoise et que Françoise estimait trop Pierre Gagnon pour se montrer à son égard inconstante ou coquette.

Mais il était temps que Pierre Gagnon parlât de mariage à Françoise, car son silence intriguait fort la pauvre fille et la tenait dans une incertitude inquiétante.

Elle ne dormait plus sans mettre un miroir sous sa tête afin de voir en rêve celui qui lui était destiné.

Enfin, un jour que Jean Rivard était dans son champ occupé à faire brûler de l'abattis, Pierre Gagnon qui travaillait sur son propre lot laissa un moment tomber sa hache et s'en vint droit à lui.

« Mon bourgeois, dit-il, en essuyant les gouttes de sueur qui coulaient de son front, je suis venu vous parler d'une chose dont qu'il y a longtemps que je voulais vous en parler. Manquablement que je vas vous surprendre, et que vous allez rire de moi ; mais c'est égal, riez tant que vous voudrez, vous serez toujours mon empereur comme auparavant...

— Qu'est-ce que c'est donc ? dit Jean Rivard, dont la curiosité devint un peu excitée par ce préambule.

— Ça me coûte quasiment d'en parler, mon bourgeois, mais puisque je suis venu pour ça, faut que je vous dise que je pense à me bâtir une petite cabane sur mon lot...

— Et à te marier ensuite, je suppose ?

— Eh bien oui, vous l'avez deviné, mon bourgeois ; vous allez peut-être me dire que je fais une folie ?...

— Au contraire, je ne vois rien là que de très naturel. Tu ne me surprends pas autant que tu parais le croire ; je t'avoue même que je soupçonnais un peu depuis quelque temps que tu songeais à cette affaire.

— Tenez, voyez-vous, mon bourgeois, me voilà avec une dizaine d'arpents de terre de défrichés ; je vais me bâtir une cabane qui pourra tenir au moins deux personnes ; avec l'argent qui me restera, je pense que je pourrai aussi me bâtir une grange dans le courant de l'été. Je suis parti pour faire une assez grosse semence ce printemps, et vous comprenez que, si j'avais une femme, ça m'aiderait joliment pour faire le jardinage et engerber, sans compter que ça serait moins ennuyant de travailler à deux en jasant que de chanter tout seul en travaillant, comme je fais depuis que j'ai quitté votre service.

— Oui, oui, Pierre, tu as raison : une femme, c'est joliment désennuyant, sans compter, comme tu dis, que ça a bien son utilité. Si j'en juge d'après moi-même, tu ne te repentiras jamais d'avoir pris ce parti.

— Mais il faut que je vous dise avec qui je veux me marier. Vous serez peut-être surpris tout de bon, cette fois-ci. Vous ne vous êtes peut-être pas aperçu que j'avais une blonde. Madame Rivard en a bien quelque doutance, elle ; les femmes, voyez-vous, ça s'aperçoit de tout.

— Est-ce que ça serait Françoise par hasard ?

— Eh bien, oui, mon bourgeois, vous l'avez encore deviné ; c'est Françoise.

— Je savais bien, d'après ce que m'avait dit ma femme, qu'elle était un peu folle de toi, mais je n'étais pas sûr si tu l'aimais ; je croyais même quelquefois que tu en faisais des badinages.

— Ah! pour ça, mon bourgeois, je vous avouerai franchement que je ne suis pas fou de Françoise, comme ce pauvre défunt Don Quichotte l'était de sa belle Dulcinée; mais je l'aime assez comme ça, et si on est marié ensemble, vous verrez qu'elle n'aura jamais de chagrin avec son Pierre. C'est bien vrai que je l'ai fait étriver quelquefois, mais ce n'était pas par manière de mépris; voyez-vous, il faut bien rire un peu de temps en temps pour se reposer les bras. Si je la faisais enrager, c'est que je savais, voyez-vous, qu'elle n'était pas *rancuneuse*...

— Quant à cela, je pense en effet qu'elle ne t'en a jamais voulu bien longtemps.

— Puis, tenez mon empereur, pour vous dire la vérité, je ne suis pas assez gros bourgeois, moi, pour prétendre à un parti comme mademoiselle Louise Routier; je veux me marier suivant mon rang. Je serais bien fou d'aller chercher une *criature* au loin, pour me faire *retapper*, tandis que j'en ai une bonne sous la main. Vous comprenez bien que je ne suis pas sans m'être aperçu que Françoise est une grosse travaillante, une femme entendue dans le ménage, et que c'est, à part de ça, un bon caractère, qui ne voudrait pas faire de peine à un poulet. C'est bien vrai qu'elle ne voudra jamais commencer un ouvrage le vendredi, mais ça ne fait rien, elle commencera le jeudi; et quant aux revenants, j'espère bien qu'une fois mariée, elle n'y pensera plus.

— J'approuve complètement ton choix, mon ami, et je suis sûr que ma femme pensera comme moi, tout en regrettant probablement le départ de Françoise qu'elle ne pourra pas facilement remplacer. Les bonnes filles comme elle ne se rencontrent pas tous les jours.

— Merci, mon bourgeois, et puisque vous m'approuvez, je vous demanderai de me rendre un petit service, ça serait de faire vous-même la grande demande à Françoise, et de vous entendre avec elle et avec madame Rivard pour fixer le jour de notre mariage. J'aimerais, si c'est possible, que ça fût avant les récoltes.

— Bien, bien, comme tu voudras, Pierre; je suis sûr que tout pourra s'arranger pour le mieux.»

Après cette importante confidence, Pierre Gagnon regagna son champ d'abattis.

De retour à sa maison, Jean Rivard fit part à sa femme des intentions de son ancien compagnon de travail. Après avoir commenté cet événement d'une manière plus ou moins sérieuse, ils firent venir Françoise.

«Eh bien! Françoise, dit Jean Rivard, es-tu toujours disposée à te marier?

— Moi, me marier! s'écria Françoise tout ébahie et croyant que son maître voulait se moquer d'elle, oh! non, jamais; je suis bien comme ça, j'y reste: et elle retourna tout de suite à sa cuisine avant qu'on pût s'expliquer davantage.

Cependant une fois seule, elle se mit à penser… et quoiqu'elle fût encore loin de soupçonner ce dont il s'agissait, elle s'avança de nouveau vers ses maîtres:

« Madame Rivard sait bien, dit-elle, qu'il n'y en a qu'*un* avec qui je me marierais, et celui-là ne pense pas à moi. Pour les autres, je n'en donnerais pas une *coppe*.

— Mais si c'était celui-là qui te demanderait en mariage, dit madame Rivard.

— Pierre Gagnon! s'écria Françoise; ah! Jésus Maria! jamais je ne le croirai!…

— C'est pourtant bien le cas, c'est Pierre Gagnon lui-même.

— Sainte Bénite! moi, la femme de Pierre Gagnon? Mais êtes-vous sûrs qu'il ne dit pas cela pour rire?

— Il y va si sérieusement que tu peux fixer toi-même le jour de votre mariage.

— Bonne sainte Vierge!… me voilà donc exaucée. »

Et Françoise, toute troublée, s'éloigna en se passant les mains sur les cheveux, et se rendit au miroir où elle s'attifa du mieux qu'elle put, croyant à tout instant voir arriver son fiancé.

Ce jour-là, si Louise n'avait pas eu le soin de jeter de temps à autre un coup d'œil au pot-au-feu, le dîner eût été manqué, à coup sûr.

Quand le soir Pierre Gagnon vint à la maison, Françoise était tranquillisée; elle fut très convenable, plus même qu'elle n'avait coutume de l'être. De son côté, Pierre Gagnon était beaucoup plus sérieux qu'à l'ordinaire. Il parla longtemps à Françoise de ses projets, de l'état de ses travaux et de tout ce qui lui manquait encore pour être riche. Françoise faisait semblant de l'écouter, mais elle ne s'arrêtait pas tout à fait aux mêmes considérations que son prétendu. Elle se représentait déjà au pied de l'autel, jurant fidélité à Pierre Gagnon; elle songeait combien elle l'aimerait, avec quel soin elle tiendrait la maison, préparerait ses repas, raccommoderait son linge. De temps à autre elle se levait sous prétexte de quelque soin de ménage, mais plutôt pour se donner une contenance et ne pas paraître trop agitée.

En voyant venir Pierre Gagnon, elle avait couru mettre une de ses plus belles robes d'indienne, de sorte qu'elle était proprette et que Pierre Gagnon fut de plus en plus satisfait de son choix.

Le mariage fut d'un commun accord fixé au commencement d'août. Dans le courant de juillet, Pierre Gagnon, avec l'aide de ses voisins et amis, se construisit une maisonnette fort convenable, qu'il meubla aussi modestement que possible.

Les autres préparatifs du mariage furent bientôt faits.

Pierre Gagnon emprunta pour la circonstance un habit noir à Jean Rivard, qui lui servait de père, et Françoise emprunta aussi quelques-uns des atours de sa maîtresse.

Jean Rivard donna à son ancien compagnon de travail une petite fête à laquelle furent conviés tous les premiers colons du canton de Bristol. On ne manqua pas de s'y divertir.

Louise avait fait présent à Françoise de divers articles de ménage. Jean Rivard voulut aussi faire son cadeau de noce à Pierre Gagnon.

Au moment où l'heureux couple allait se diriger vers sa modeste habitation :

— Quand penses-tu t'acheter une vache ? dit Jean Rivard à Pierre Gagnon.

— Oh ! pour ça, mon bourgeois, ça sera quand il plaira à Dieu. Si la récolte est bonne l'année qui vient, on aura peut-être les moyens... Mais il faut tant de choses, on ne peut pas tout avoir à la fois. Mais pour une vache, c'est une grande douceur, et si Françoise veut dire comme moi, on travaillera pour en gagner une aussi vite que possible.

— Eh bien ! Pierre, puisque tu tiens tant à avoir une vache, je veux t'en donner une des miennes ; ça compensera pour la mère d'ours, ajouta-t-il en riant.

Pierre Gagnon ne savait trop comment remercier son ancien maître de cette nouvelle marque de bonté ; il ne put que demander en balbutiant :

— Est-ce la Caille ?

— Non, répondit Jean Rivard ; la Caille est une ancienne amie ; ce serait une ingratitude de ma part de la laisser partir. Je veux qu'elle continue à vivre avec moi. Mais tu prendras sa fille aînée, qui est encore meilleure laitière qu'elle. Elle vous donnera en abondance le lait et le beurre nécessaires aux besoins de votre maison. Françoise la connaît bien ; elle t'en dira des nouvelles.

Les deux anciens compagnons se séparèrent le cœur gros, quoiqu'ils dussent continuer à demeurer voisins et se revoir presque chaque jour.

VII

La marche du progrès

Environ trois ans après son mariage, Jean Rivard écrivit à son ami Gustave Charmenil :

« Depuis la dernière fois que je t'ai écrit, mon cher Gustave, un nouveau bonheur m'est arrivé : je suis devenu père d'un second enfant. C'est une petite fille, cette fois. J'en ai été fou plusieurs jours durant. Tu comprendras ce que c'est, mon ami, quand tu seras père à ton tour, ce qui, avec tes propensions matrimoniales, ne saurait tarder bien longtemps. Louise se porte à merveille. Tu peux croire si elle est heureuse, elle qui aime tant les enfants, et qui désirait tant avoir une fille !

« Tu me pardonneras, mon cher Gustave, de t'avoir laissé ignorer cela si longtemps. Je suis accablé d'occupations de toutes sortes ; c'est à peine si je puis trouver un moment pour écrire à mes amis. Outre mes travaux de défrichement, qui vont toujours leur train, j'ai à diriger en quelque sorte l'établissement de tout un village. Je suis occupé du matin au soir. Ne sois pas surpris, mon cher Gustave, si tu entends dire un jour que ton ami Jean Rivard est devenu un fondateur de ville. Tu ris, j'en suis sûr. Il est de fait pourtant qu'avant qu'il soit longtemps les environs de ma cabane seront convertis en un village populeux et prospère. À l'heure qu'il est, je viens de terminer la construction d'une église. Tout marche et progresse autour de moi : moulins, boutiques, magasins, tout surgit comme par enchantement. Si j'avais le temps de te donner des détails, tu en serais étonné toi-même. Je commence à croire que je vais devenir riche, beaucoup plus que je ne l'avais rêvé. Ce qui est au moins certain, c'est que je puis être désormais sans inquiétude sur le sort de mes frères : leur avenir est assuré. C'est un grand soulagement d'esprit pour ma mère et pour moi.

« Je t'expliquerai tout cela quand tu viendras me faire visite.

« Il est vrai qu'il nous manque encore beaucoup de choses. Nous n'avons ni école, ni municipalité, ni marché, ni bureau de poste, etc., mais tout cela va venir en son temps. Paris ne s'est pas fait en un jour.

« Je m'attends bien à rencontrer de grandes difficultés par la suite. Nous avons déjà parmi nous des hommes à vues mesquines, à esprit étroit, qui ne cherchent qu'à embarrasser la marche du progrès. Mais il faudra vaincre ou périr. J'ai toujours sous les yeux ma devise : *labor omnia vincit* ; et je suis plein d'espoir dans l'avenir.

«Je t'ai déjà dit que notre ami Doucet venait nous dire la messe une fois par mois; aussitôt notre église achevée, il a été nommé notre curé, et il réside permanemment au milieu de nous. Il est toujours comme autrefois, aimable et plein de zèle. Nous parlons souvent de toi et de notre beau temps de collège.

«Dans quelques années, si nous continuons à progresser, tu pourras t'établir comme avocat à Rivardville (c'est ainsi qu'on a surnommé la localité où ton ami Jean Rivard a fixé ses pénates), qui sera peut-être alors chef-lieu de district.»

. . . .

En effet Rivardville reçut vers cette époque une étrange impulsion due, suivant les uns, au progrès naturel et insensible des défrichements et de la colonisation, suivant les autres, à la construction de l'église dont nous avons parlé.

Ce qui est certain, c'est que tout sembla marcher à la fois. Deux des frères de Jean Rivard vinrent s'établir à côté de lui; à l'un, Jean Rivard céda sa fabrique de potasse qu'il convertit en perlasserie et qu'il établit sur une grande échelle; il retint un intérêt dans l'exploitation, plutôt pour avoir un prétexte d'en surveiller et contrôler les opérations que pour en retirer un bénéfice. Il entra pareillement en société avec l'autre de ses frères pour la construction d'un moulin à scie et d'un moulin à farine, deux établissements dont la nécessité se faisait depuis longtemps sentir à Rivardville.

Ces deux moulins, n'étant destinés qu'à satisfaire aux besoins de la localité, purent être construits assez économiquement. Le nom de Jean Rivard d'ailleurs était déjà connu à dix lieues à la ronde, et son crédit était illimité.

Le fabricant de perlasse, encouragé par les résultats de son industrie, voulut profiter de ses fréquents rapports avec les colons du canton de Bristol et des environs pour établir un trafic général. Il acheta le fonds de commerce du principal marchand du village, et, avec l'aide d'un de ses plus jeunes frères comme commis, il ouvrit un magasin qui fut bientôt considérablement achalandé. N'agissant que d'après les conseils de son frère aîné, et se contentant de profits raisonnables, il trouva dans cette industrie son avantage personnel, tout en faisant le bien de la communauté. La maison «Rivard, frères» étendit peu à peu ses opérations et devint par la suite la plus populaire du comté.

La construction de deux moulins fut aussi un grand événement pour les habitants de Rivardville, obligés jusqu'alors d'aller à une distance de trois lieues pour chercher quelques madriers ou faire moudre un sac de farine.

Après le son de la cloche paroissiale, aucune musique ne pouvait être plus agréable aux oreilles des pauvres colons que le bruit des scies et des moulanges ou celui de la cascade servant de pouvoir hydraulique.

Et cette musique se faisait entendre presque jour et nuit.

On remarquait dans la localité un mouvement, une activité extraordinaires.

Tout le long du jour on voyait arriver aux moulins des voitures chargées, les unes de sacs de blé, les autres de pièces de bois destinées à être converties en planches ou en madriers.

Meunier, scieur, constructeur et colon, tous trouvaient leur profit à cet échange de services, et le progrès de Rivardville s'en ressentait d'une manière sensible.

Plusieurs habitations nouvelles surgirent autour des moulins aussi bien qu'autour de l'église.

Nos lecteurs se souviennent peut-être que, dès la première année de son séjour dans la forêt, Jean Rivard avait retenu dans le voisinage de sa propriété un lot de terre inculte pour chacun de ses frères, en leur disant: qui sait si vous ne deviendrez pas riches sans vous en apercevoir?

Ce pressentiment de Jean Rivard se vérifia à la lettre.

Toutes les maisons et les bâtiments dont nous avons parlé, moulins, forges, boutiques, magasins furent bâtis sur les propriétés de la famille Rivard.

Jean Rivard, qui était l'administrateur des biens de la famille, ne cédait que quelques arpents de terre aux industriels ou commerçants qui venaient s'établir à Rivardville, et réservait le reste pour en disposer plus tard avantageusement.

Cette vaste étendue de terrain, située comme elle l'était au centre d'un canton, dans le voisinage d'une rivière et d'une grande route publique, et devant, selon toute probabilité, devenir plus tard le siège d'une ville ou d'un grand village, prit vite une importance considérable.

Sa valeur s'accrut de jour en jour.

Jean Rivard n'était pas ce qu'on peut appeler un spéculateur; il ne cherchait pas à s'enrichir en appauvrissant les autres. Mais lorsqu'il songeait à sa vieille mère, à ses neuf frères, à ses deux sœurs, il se sentait justifiable de tirer bon parti des avantages qui s'offraient à lui, et qui après tout étaient dus à son courage et à son industrie.

Il lui semblait aussi voir le doigt de la Providence dans la manière dont les événements avaient tourné. Ma pauvre mère a tant prié, disait-il, que Dieu prend pitié d'elle et lui envoie les moyens de se tirer d'embarras.

Il s'empressait de lui écrire chaque fois qu'il avait une bonne nouvelle à lui annoncer.

Il jouissait d'avance du bonheur qu'elle en ressentirait.

Mais outre les avantages de fortune qu'il devait espérer en voyant les alentours de sa chaumière devenir peu à peu le centre d'un village, il jouissait encore d'un autre privilège que devait apprécier à toute sa valeur un homme de l'intelligence de Jean Rivard; il allait pouvoir exercer un contrôle absolu sur l'établissement du village.

Il allait devenir peut-être, comme il le dit dans sa lettre, le fondateur d'une ville!

Quels rêves ambitieux cette perspective ne devait-elle pas faire naître en son esprit!

Les devoirs et la responsabilité que lui imposait cette glorieuse entreprise absorbèrent toute son attention pendant plusieurs mois.

Ce n'était plus la carte de son lot de cent acres qu'il déployait le soir sur sa table, c'était celle du futur village. Quoiqu'il ne fût guère au fait de l'art de bâtir des villes, il en avait lui-même tracé le plan; il avait indiqué les rues, auxquelles il donnait toute la largeur et toute la régularité possibles; il avait marqué les endroits que devaient occuper plus tard la maison d'école, le bureau de poste, le marché, etc.

Il fit planter des arbres de distance en distance le long des rues projetées, car il ne négligeait rien de ce qui pouvait contribuer à donner à son village une apparence de fraîcheur et de gaieté.

Il allait même jusqu'à stipuler, dans ses concessions d'emplacements, que la maison serait de telle ou telle dimension, qu'elle serait située à telle distance du chemin, qu'elle serait peinte en blanc, et autres conditions qui peuvent sembler puériles mais qui n'en exercent pas moins une influence réelle sur le progrès des localités.

Comme on l'a déjà vu, Jean Rivard n'entreprenait rien d'important sans consulter son ami Doucet.

Louise prenait aussi le plus vif intérêt aux entreprises de son mari.

Pierre Gagnon n'était pas non plus tenu dans l'ignorance des plans de Jean Rivard.

Il va sans dire que celui-ci était l'admirateur enthousiaste de tout ce que faisait son ancien maître.

« Je savais bien, lui disait-il avec sa gaieté accoutumée, que vous en feriez autant que le grand Napoléon. Maintenant que vous n'avez plus d'ennemis à combattre, vous allez donner un royaume à chacun de vos frères. Il y a une chose pourtant que vous n'imiterez pas, disait-il en riant, et en regardant madame Rivard, c'est que vous ne répudierez pas votre femme.

« Ce n'est pas pour mépriser Napoléon, ajoutait-il, mais je crois que s'il avait fait comme vous au lieu de s'amuser à bouleverser tous les pays et à tuer le monde dru comme mouche, il n'aurait pas fait une fin aussi triste. Tonnerre d'un nom! j'aurais aimé à lui voir faire de l'abattis; je crois que la forêt en aurait fait du feu.»

VIII

Cinq ans après

Gustave Charmenil à Jean Rivard

«Mon cher ami,

«Je commence à croire que Madame de Staël avait raison quand elle disait que le mariage n'était que de l'égoïsme à deux. Depuis que tu as eu le bonheur de recevoir ce grand sacrement, c'est à peine si tu m'as écrit deux ou trois petites lettres. Je garderais rancune à ta Louise si je pensais que c'est elle qui te fait oublier ainsi tes meilleurs amis. Pourquoi ne m'écris-tu pas de longues lettres, comme autrefois? Tu sais combien je m'intéresse à ton exploitation; je voudrais en connaître les plus petits détails; je voudrais surtout savoir si tu as bien conservé l'ardeur et l'enthousiasme de tes premières années. Chaque fois que je me rencontre avec un de nos amis de collège, tu deviens notre principal sujet de conversation. Tous savent depuis longtemps le parti que tu as embrassé et chacun est dans l'admiration de ton courage et de tes hauts faits. De tous ceux qui ont fait leurs classes en même temps que nous, pas un n'est aussi avancé que toi, pas un n'est marié; la plupart attendent après une fortune qui ne viendra probablement jamais. Je suis peut-être moi-même au nombre de ces derniers, quoique ma position se soit quelque peu améliorée depuis l'époque où je te faisais le confident de mes nombreuses tribulations. Tu comprends bien que je ne subsiste pas encore des revenus de ma profession; je t'avouerai même en confidence que j'en retire à peine assez pour payer le loyer de mon bureau; j'ai beau proclamer en grosses lettres sur la porte et dans les fenêtres de mon étude mon nom et ma qualité d'avocat, la clientèle n'en arrive pas plus vite. Le fait est qu'il y a maintenant, suivant le vieux dicton, plus d'avocats que de causes; que diable! nous ne pouvons pas exiger que les voisins se brouillent entre eux pour nous fournir l'occasion de plaider. J'ai donc pris mon parti: j'attends patiemment que les vieux praticiens montent sur le banc des juges ou descendent dans les Champs-Élysées; j'attraperai peut-être alors une petite part de leur clientèle. En attendant, je trouve par-ci par-là quelque chose à gagner; je sais passablement l'anglais, je me suis mis à faire des traductions; cette besogne ne me déplaît pas trop; je la préfère au métier de copiste qui n'occupe que les doigts; j'étudie la sténographie ou plutôt la phonographie, et bientôt je pourrai, en attendant mieux, me faire rapporteur pour les gazettes. Tu vois que je ne perds pas courage et que je sais prendre les choses philosophiquement.

« Nous sommes un assez bon nombre de notre confrérie; nous nous encourageons mutuellement.

« Nous avons cru découvrir dernièrement un moyen de nous faire connaître, ou comme on dit parmi nous, de nous mettre en évidence: nous sommes à l'affût de toutes les contestations électorales, et s'il s'en présente une, soit dans une ville soit dans un comté, vite nous nous rendons sur les lieux, accompagnés de nos amis. Là, juchés sur un escabeau, sur une chaise, sur une voiture, sur n'importe quoi, à la porte d'une église, au coin d'une rue, dans une salle publique ou dans un cabaret, nous haranguons, de toute la force de nos poumons, les libres et indépendants électeurs. Nous parlons avec force, car dans ces circonstances, il importe plus, comme dit Voltaire, de frapper fort que de frapper juste. Nous passons en revue toutes les affaires du pays, et tu comprends que nous ne ménageons pas nos adversaires; nous leur mettons sur le dos tous les malheurs publics, depuis le désordre des finances jusqu'aux mauvaises récoltes. Quand nous nous sommes bien *étrillés*, que nous avons épuisé les uns à l'égard des autres les épithètes de chenapans, de traîtres, voleurs, brigands, et mille autres gracieusetés pareilles, et que les électeurs ont paru nous comprendre, nous nous retirons satisfaits. Il est probable qu'entre eux ils sont loin de nous considérer comme des évangélistes, et qu'ils se moquent même un peu de nous, car ces indépendants électeurs ne manquent pas de malice, comme nous pouvons nous en convaincre assez souvent. Ce qu'il y a de désagréable dans le métier, c'est qu'il prend quelquefois envie à ces messieurs de nous empêcher de parler, et qu'ils se mettent à crier, d'une voix qu'aurait enviée le fameux Stentor de la mythologie: « il parlera, non il ne parlera pas, il parlera, non il ne parlera pas », et que nous sommes là plantés en face de cet aimable auditoire, n'apercevant que des bouches ouvertes jusqu'aux oreilles et des bras qui se démènent en tous sens. Nous recommençons la même phrase cinquante fois sans pouvoir la finir: bien heureux encore si, pour ne pas nous faire écharper, nous ne sommes pas obligés de prendre la poudre d'escampette. S'il n'existait que ce moyen pour nous mettre en évidence, m'est avis qu'il vaudrait tout autant se passer de gloire. Qu'en penses-tu, mon ami? Pour moi, j'en suis venu à trouver, soit dit entre nous, le rôle que nous jouons tellement humiliant, et même dans certains cas tellement démoralisateur, que je suis décidé d'abandonner la partie, à la peine de rester inconnu toute ma vie. Toi, mon cher défricheur, je sais bien que tu abhorres tout ce fracas, et que tu n'aimes rien tant que la vie paisible et retirée. Je serais volontiers de ton avis, si j'avais une jolie petite femme comme ta Louise, je consentirais sans peine à vivre seul avec elle au fond des bois. Mais cet heureux sort n'est réservé qu'aux mortels privilégiés.

« Je crains bien que mes affaires de cœur n'aient plus le même intérêt pour toi, maintenant que te voilà vieux marié et père de famille. Sais-tu ce qui m'est arrivé depuis que j'ai perdu ma ci-devant belle inconnue ? Eh bien ! mon ami, te le dirai-je ? Après m'être désolé secrètement pendant plusieurs mois, après avoir composé diverses élégies toutes plus larmoyantes les unes que les autres, après avoir songé à m'expatrier, j'ai fini par me consoler ; j'ai même honte de te l'avouer, je suis déjà, depuis ce temps-là, devenu successivement admirateur de plusieurs autres jeunes beautés ; de fait, je me sens disposé à aimer tout le beau sexe en général. Je suis presque alarmé de mes dispositions à cet égard.

« Que dis-tu de cet étrange changement ?

« Il est vrai que je ne suis pas aveuglé et que je me permets volontiers de juger, de critiquer même les personnes qui attirent le plus mon attention. L'une est fort jolie, mais n'a pas d'esprit ; l'autre est trop affectée ; celle-ci est trop grande et celle-là trop petite. Tu rirais bien si tu lisais le journal dans lequel je consigne mes impressions. Je vais, pour ton édification, t'en extraire quelques lignes ;

« *20 juin*. — Depuis plus d'un mois, mes vues se portent sur mademoiselle T. S. Elle a une taille charmante, un port de reine, un air grand, noble, une figure douce et distinguée ; elle est très aimable en conversation ; elle ne chante pas, mais elle est parfaite musicienne. J'ignore si elle m'aimerait, mais je me sens invinciblement attiré vers elle. Ce que j'ai entendu dire de ses talents, de son caractère, de ses vertus, me la fait estimer sincèrement.

« Je voudrais la connaître davantage et pouvoir lire dans son cœur.

« *15 octobre*. — J'apprends aujourd'hui que mademoiselle T. S. est sur le point de se marier ; on m'assure même qu'elle était engagée depuis longtemps. Encore une déception ! Heureusement que je ne lui ai jamais fait part de mes sentiments, et qu'elle ignorera toujours que j'ai pensé à elle.

. . . .

« *10 janvier*. — J'ai rencontré hier soir une jeune personne que j'admirais depuis longtemps, mais à qui je n'avais jamais parlé. Je l'ai rencontrée à une petite soirée dansante, et j'en suis maintenant tout à fait enchanté. Je l'ai trouvée encore mieux que je me l'étais représentée. Elle m'a paru bonne, sensible, intelligente. Elle touche bien le piano, chante bien, et parle, avec une égale facilité, l'anglais et le français.

« Mais on m'assure que Mlle H. L. a une foule d'admirateurs et qu'elle est même soupçonnée d'être un peu coquette. J'attendrai donc, avant de me déclarer ouvertement amoureux.

« *6 mars.* — Je suis toujours dans les mêmes dispositions à l'égard de Mlle H. L. Je l'ai vue encore plusieurs fois dans le cours de l'hiver, je lui ai même fait quelques visites particulières, je continue à la trouver charmante, mais c'est à cela que se bornent mes démarches. Chaque fois que je pense à aller plus loin, un spectre se dresse devant moi !... je gagne, en tout, à peine cent louis par année.

« Une chose pourtant me déplaît chez elle... elle n'aime pas les enfants ! Comment une femme peut-elle ne pas aimer les enfants ?...

« Une autre chose m'effraie aussi : elle affiche un luxe de toilette propre à décourager tout autre qu'un Crésus.

« Il est probable que j'aurai bientôt à consigner dans mon journal le mariage de Mlle H. L. avec quelque heureux mortel qui n'aura eu que la peine de naître pour s'établir dans le monde. »

. . . .

« À l'heure où je t'écris, mon cher Jean, je ne pense plus à Mlle H. L., qui ne me paraît pas susceptible d'aimer personne, et qui, je crois, mérite un peu le titre de coquette qu'on lui a donné. Mon indifférence vient peut-être aussi de ce que j'ai fait, il y a quinze jours, la connaissance d'une jeune personne dont l'esprit et la beauté ont complètement subjugué mon cœur. Elle sort d'un des couvents de cette ville, où elle a fait de brillantes études. C'est un peu le hasard qui me l'a fait connaître. En sortant du couvent, elle a passé quelques jours avec ses parents dans l'hôtel où je prends ma pension. Elle portait encore son costume d'élève qui lui faisait à ravir. Elle peut avoir de dix-sept à dix-huit ans. C'est une brunette. Ses traits sont réguliers et sa figure a quelque chose de mélancolique qui provoque la sympathie. Sa beauté n'a rien d'éclatant ; mais je n'ai jamais vu de plus beaux yeux que les siens. Elle ne paraissait pas savoir qu'elle était belle. Son maintien, sa voix, ses paroles, rien ne décelait chez elle la moindre affectation. Elle n'était pas même timide, tant elle était simple et candide. En causant avec elle, je m'aperçus qu'elle possédait une intelligence remarquable ; je la fis parler sur les diverses études qu'elle a cultivées au couvent. J'ai été surpris de l'étendue et de la variété des connaissances qu'on inculque aux élèves de ces institutions. Quel charme on éprouve dans la conversation d'une femme instruite, qui n'a pas l'air de le savoir !

« Nous avons parlé ensemble littérature, poésie, histoire, botanique, beaux-arts ; elle parle de tout avec aisance et sans la moindre pédanterie. Elle avait sous la main un volume de Turquety et les *Matinées littéraires* de Mennechet qu'elle paraissait savoir par cœur. L'histoire du Canada, celles de France, d'Italie, de la Terre Sainte et des autres principaux pays du monde, semblent lui être familières ; elle a jusqu'à des notions de physique et d'astronomie. À l'en croire pourtant, elle ne sait que ce que savent la plupart de ses amies de couvent. D'où vient donc, lui disais-je, que parmi les jeunes personnes qui fréquentent la société on en rencontre si peu qui savent parler autre chose que modes, bals ou soirées ? Il faut croire, répondit-elle naïvement, que les frivolités mondaines leur font oublier ce qu'elles ont appris. Puis elle m'exposait, avec un air de sincérité charmante, la ferme résolution qu'elle avait prise de fuir la vie dissipée, de ne jamais aller au bal, etc. ; je ne pouvais m'empêcher de sourire, en songeant combien peu de temps dureraient ces belles dispositions.

« Elle sait un peu de musique et de chant, dessine et brode à la perfection ; ce qu'elle regrette, c'est de n'avoir pas acquis les connaissances nécessaires à la femme de ménage. Elle m'a signalé les lacunes qui existent à cet égard dans le système d'éducation de nos couvents, et elle raisonne sur ce sujet avec la sagesse et le bon sens d'une femme de quarante ans.

« J'ai passé dans sa compagnie et celle de sa mère quelques-unes des heures les plus délicieuses de ma vie.

« En quittant l'hôtel, ses parents m'ont poliment invité d'aller les voir de temps à autre. Tu peux croire que je n'y manquerai pas. Je te dirai probablement son nom dans une de mes prochaines lettres.

« Je crois que sa famille n'est pas riche : tant mieux, car de nos jours les jeunes filles riches ne veulent avoir que des maris fortunés.

« Tu lèveras les épaules, j'en suis sûr, mon cher défricheur, en lisant ces confidences de jeune homme ? Que veux-tu ? il faut bien que le cœur s'amuse.

« Une fois rendu à ses vingt-quatre ou vingt-cinq ans, il est bien difficile à un jeune homme de ne pas songer au mariage. C'est ma marotte à moi, j'en parle sans cesse à mes amis. Si je suis longtemps célibataire, je crains même que cela ne devienne chez moi une monomanie. C'est singulier pourtant comme les gens diffèrent à ce sujet ! Il y a environ trois mois, un de mes amis, marié depuis six mois, me disait : mon cher Gustave, marie-toi aussitôt que tu pourras ; si tu savais combien l'on est heureux dans la société d'une femme intelligente et bonne ! Je le croyais sans peine. Mais l'autre jour, ce même ami me rencontrant s'écria tout à coup : ah ! mon cher Gustave, ne te marie jamais ; tu ne connais pas tous les embarras, toutes les inquiétudes, toutes les tracasseries du ménage. Depuis un mois, je vais chez le médecin et l'apothicaire plus de dix fois par jour ; ma femme est toujours malade, et je crains que nous ne perdions notre enfant...

« Et la voix lui tremblait en me disant ces mots.

« Aujourd'hui même je parlais de mariage à une autre de mes connaissances, père de quatre enfants. Il avait l'air abattu et en proie à une profonde mélancolie. Vous n'avez pas d'idée, me dit-il, de ce qu'il en coûte pour élever une famille ; on ne peut suffire aux dépenses, et on voit approcher avec effroi le moment où il faudra établir ses enfants. Avant d'abandonner votre heureux état de célibataire, faites des épargnes, mettez-vous à l'abri de la pauvreté ; vous vous épargnerez de longs tourments pour l'avenir.

« Chaque fois que j'entends faire des réflexions semblables, je me dis : en effet, n'est-ce pas folie à moi de songer au mariage ? Ne ferais-je pas beaucoup mieux d'amasser peu à peu un petit pécule, puis de voyager, faire le tour de notre globe, étudier les mœurs, les institutions des différentes nations, et revenir dans mon pays, me consacrer, libre de soins et d'inquiétudes, à la politique, aux affaires, devenir représentant du peuple et me rendre utile à mes compatriotes ?...

« Mais ce rêve ne dure que ce que durent les rêves. Car le cœur est toujours là qui parle. Tout me dit que sans les plaisirs du cœur il y aura toujours un vide dans mon existence. Toi, mon cher Jean, dis-moi donc ce que tu penses de tout cela. Tu es déjà vieux marié, tu es père de famille, tu dois connaître le pour et le contre de toutes les choses du ménage, tu peux en parler savamment.

« Malgré toutes mes préoccupations amoureuses, je trouve encore le temps cependant de lire et de faire quelques études. Mon ambition a pris une tournure intellectuelle. J'ai une soif inextinguible de connaissances. J'ai le tort de prendre goût à presque toutes les branches des connaissances humaines, ce qui me rendra toujours superficiel. Je trouve heureux celui qui a une spécialité et ne cherche pas à en sortir. L'histoire, la philosophie, les sciences, m'intéressent beaucoup plus qu'autrefois. Je me suis dévoué depuis quelque temps à l'étude de l'économie politique : j'y trouve un charme inexprimable. En étudiant les sources de la richesse nationale, on en vient toujours à la conclusion que l'agriculture en est la plus sûre et la plus féconde. Je lisais l'autre jour un ouvrage sur les causes de la misère et sur les moyens de la faire disparaître ; l'auteur terminait ainsi : "Le problème de la misère ne sera complètement résolu, tant pour le présent que pour l'avenir, que lorsque le gouvernement aura résolu celui de la multiplication de nos produits alimentaires proportionnellement à celle de la population, en améliorant la culture des terres en labour et en *défrichant les terres incultes.*" En lisant ces derniers mots je me mis à penser à toi, et je fermai mon livre pour rêver plus librement à la belle destinée que tu t'es faite, destinée que j'appelle glorieuse et que tous tes amis envient.

« Écris-moi longuement, mon cher ami, et surtout n'oublie pas de me parler en détail de ton exploitation; ne me laisse rien ignorer sur ce sujet. Parle-moi aussi des belles et grandes choses que tu accomplis dans ta petite République. Sais-tu que c'est un grand bonheur pour toi, et encore plus pour Rivardville, d'avoir eu pour curé un prêtre comme notre ami Doucet ? Un homme de son intelligence et de son caractère est un véritable trésor pour une localité. À vous deux, vous allez opérer des merveilles, et faire bientôt de Rivardville le modèle des paroisses. Quelle noble et sainte mission ! Si je ne puis vous imiter, au moins je vous applaudirai de loin. Mes compliments à ton ami. Mes amitiés aussi à ta Louise. Embrassez pour moi vos petits enfants, que vous devez tant aimer ! »

« Tout à toi

« Gustave Charmenil »

Réponse de Jean Rivard

« Merci, mon cher Gustave, de ton aimable épître, à laquelle je vais répondre tant bien que mal. Mais je dois avant tout repousser le reproche que tu m'adresses de ne pas t'écrire assez souvent. N'ai-je pas fidèlement répondu à chacune de tes lettres ? D'ailleurs, en admettant que je t'aurais négligé sous ce rapport, n'aurais-je pas d'excellentes excuses à t'apporter ? De ton aveu même, tu as beaucoup plus de loisir que moi; tu n'es pas un grave père de famille comme moi; tes doigts ne sont pas roidis par le travail; écrire est pour toi un amusement. Sois sûr d'une chose cependant : c'est que, malgré ce que tu pourrais appeler mon indifférence, il ne se passe pas de jour que je ne pense à toi; dans mes entretiens avec notre ami Doucet, ton nom revient sans cesse. Quel bonheur pour nous, mon cher Gustave, si nous pouvions nous rapprocher un jour !

« Quand je prends la plume pour t'écrire, tant de choses se présentent à mon esprit que je ne sais vraiment par où commencer. Le mieux pour moi, je crois, serait de me borner pour le moment à répondre aux questions que tu me poses et à te fournir les renseignements que tu désires sur mon exploitation rurale.

« Quant aux résultats de mes travaux auxquels tu parais prendre un si vif intérêt, il me serait facile de t'en entretenir jusqu'à satiété; mais je m'attacherai à quelques faits principaux qui te feront aisément deviner le reste.

« J'espère qu'au moins tu ne me trouveras point par trop prolixe ni trop minutieux, si je te résume, en quelques pages, l'histoire de mes opérations agricoles depuis cinq ans.

« Mais je commencerai sans doute par faire naître sur tes lèvres le sourire de l'incrédulité en t'annonçant que les cinquante acres de forêt qui me restaient à déboiser, à l'époque de mon mariage, vont être ensemencés l'année prochaine.

« Cinquante acres en cinq ans ! Quatre-vingt-cinq acres en sept ans ! Ne suis-je pas un terrible défricheur ?

« C'est pourtant bien le cas.

« Cela n'offrirait rien d'extraordinaire toutefois si je n'avais pas eu chaque année à mettre en culture tout le terrain défriché durant les années précédentes, à semer, herser, faucher, récolter, engranger ; si je n'avais pas eu à en clôturer la plus grande partie, à faire les perches et les piquets nécessaires, opérations qui demandent du temps et un surcroît de main-d'œuvre considérables ; si je n'avais pas eu à construire la plus grande partie de mes bâtiments de ferme, étable, écurie, bergerie, porcherie, hangar et remise ; si je n'avais pas eu enfin au milieu de tout cela à m'occuper des affaires publiques, à administrer les biens de ma famille, et à surveiller en quelque sorte l'établissement de tout un village.

« Mais j'ai fait encore une fois de nécessité vertu ; j'ai redoublé d'activité, je me suis multiplié pour faire face à tout à la fois.

« As-tu remarqué cela ? Un travail nous semble d'une exécution impossible ; qu'on soit forcé de l'entreprendre, on s'en acquitte à merveille.

« Je me trouve donc aujourd'hui, cinq ans après mon mariage, et sept ans après mon entrée dans la forêt, propriétaire de quatre-vingt-cinq acres de terre en culture ; une quinzaine d'acres sont déjà dépouillés de leurs souches, et le reste ne peut tarder à subir le même sort.

« Si tu savais avec quel orgueil je porte mes regards sur cette vaste étendue de terre défrichée, devenue par mon travail la base solide de ma future indépendance !

« Je me garderai bien de te donner, année par année, le résultat de mes récoltes, le tableau de mes recettes et de mes dépenses, cela t'ennuierait ; qu'il te suffise de savoir que les défrichements, clôturages, constructions et améliorations de toutes sortes effectués durant cette période l'ont été à même les économies que j'ai pu faire sur les revenus annuels de mon exploitation, et les vingt-cinq louis qui composaient la dot de ma femme.

« À l'heure qu'il est je ne donnerais pas ma propriété pour mille louis, bien qu'il me reste beaucoup à faire pour l'embellir et en accroître la valeur.

« L'amélioration la plus importante que j'ai pu effectuer depuis deux ou trois ans, celle que j'avais désirée avec le plus d'ardeur, ç'a été l'acquisition de quelques animaux des plus belles races connues, vaches, porcs, chevaux, moutons, qui se reproduisent rapidement sur ma ferme, et seront bientôt pour moi, j'espère, une source de bien-être et de richesse.

« Tu sais que j'ai toujours aimé les belles choses ; la vue d'un bel animal me rend fou et je résiste difficilement à la tentation de l'acheter. Je n'assiste jamais à une exposition agricole sans y faire quelque acquisition de ce genre.

« Ces diverses améliorations m'ont fait faire de grandes dépenses, il est vrai, mais tout ne s'est pas fait à la fois ; chaque chose a eu son temps, chaque année sa dépense. De cette manière, j'ai pu voir mon établissement s'accroître peu à peu, s'embellir, prospérer, sans être exposé jamais au plus petit embarras pécuniaire.

« Le seul achat que j'aie eu à me reprocher un peu, c'est celui d'un magnifique cheval dont les formes sveltes, élégantes, la noble tête, la forte et gracieuse encolure m'avaient complètement séduit. Après beaucoup d'hésitation, j'avais fini par l'acheter à un prix relativement considérable. Je m'étais dit, pour justifier mon extravagance, que ce cheval servirait d'étalon reproducteur pour tout le canton de Bristol ; que par ce moyen je me rembourserais en partie de la somme qu'il m'avait coûté, sans compter qu'il contribuerait à renouveler en peu d'années les races de chevaux dégénérés possédés par la plupart des habitants du canton. Mais j'eus le chagrin cette fois de n'être pas approuvé par ma Louise qui prétendit que j'aurais dû attendre quelques années encore avant de faire une acquisition aussi coûteuse. C'était la première fois que Louise me faisait une remarque de ce genre et je m'en souviendrai longtemps. Sans vouloir me justifier tout à fait, je dois dire pourtant que *Lion* (c'est le nom de ce noble quadrupède) n'est pas sans avoir exercé quelque influence sur les destinées du canton. Tu sais combien les cultivateurs canadiens raffolent des chevaux. C'est pour eux un sujet intarissable de conversation. L'arrivée de *Lion* à Rivardville fut un des événements de l'année. Toute la population voulut le voir ; pendant longtemps on ne parla que de *Lion*, et personne n'était plus populaire à dix lieues à la ronde. Tu ne seras pas surpris d'entendre dire dans quelques années que les habitants du canton de Bristol et des environs possèdent une magnifique race de chevaux. Je prends aussi occasion des nombreuses visites qui me sont faites pour inculquer dans l'esprit des cultivateurs quelques notions simples et pratiques sur l'agriculture, sur les meilleures races d'animaux, sur les ustensiles agricoles, et même sur l'importance des améliorations publiques, des institutions municipales et de l'éducation des enfants. Sous ce dernier rapport, nous aurons à accomplir de grandes choses d'ici à quelque temps.

« Quoi qu'il en soit cependant, et malgré tout le bien que *Lion* peut avoir fait dans le canton, je serai désormais en garde contre l'achat d'animaux de luxe, et je ne dévierai plus de la règle que je m'étais d'abord imposée de ne faire aucune dépense importante sans le consentement de ma femme.

« Tu me fais dans ta lettre d'intéressants extraits de ton journal. Je pourrais t'en faire d'un tout autre genre, si je voulais ouvrir le cahier où je consigne régulièrement les faits, les observations ou simplement les idées qui peuvent m'être par la suite de quelque utilité.

« Tu y verrais, par exemple, que tel jour j'ai fait l'acquisition d'une superbe vache Ayrshire, la meilleure pour le lait; — que tel autre jour ma bonne Caille m'a donné un magnifique veau du sexe masculin, produit d'un croisement avec la race Durham; — qu'à telle époque j'ai commencé à renouveler mes races de porcs et de moutons; — qu'à telle autre époque, j'ai engagé à mon service une personne au fait de la fabrication du fromage; enfin mille autres détails plus ou moins importants pour le cultivateur éclairé, mais dont le récit te ferait bâiller, toi, mon cher Gustave.

« Mais je ne veux pas finir ma lettre sans répondre au moins un mot à l'autre question que tu me poses et qui, je soupçonne entre nous, t'intéresse beaucoup plus que celles auxquelles je viens de satisfaire. Tu veux savoir de moi comment je me trouve de l'état du mariage, et si, après l'expérience que j'ai pu acquérir jusqu'ici, je suis prêt à conseiller aux autres d'en faire autant que moi ?

« Tout ce que je puis dire, mon cher, c'est que je ne voudrais, pour rien au monde, retourner à la vie de célibataire. Voilà bientôt cinq ans que j'ai contracté cet engagement irrévocable, et il me semble que ce n'est que d'hier. Si tu savais combien le temps passe vite lorsque l'on fait la route à deux ! On n'est pas toujours aussi gai que le premier jour des noces, mais on est aussi heureux, plus heureux peut-être. La tendresse qu'on éprouve l'un pour l'autre devient de jour en jour plus profonde, et lorsque, après quelques années de ménage, on se voit entouré de deux ou trois enfants, gages d'amour et de bonheur, on sent qu'on ne pourrait se séparer sans perdre une partie de soi-même.

« Je te dirai donc, mon cher Gustave, que, suivant moi, le mariage tend à rendre l'homme meilleur, en développant les bons sentiments de sa nature, et que cela doit suffire pour rendre le bonheur plus complet.

« Le rôle de la femme est peut-être moins facile; sa nature nerveuse, impressionnable, la rend susceptible d'émotions douloureuses, de craintes exagérées; la santé de ses enfants surtout la tourmente sans cesse; mais en revanche elle goûte les joies ineffables de la maternité; et à tout prendre, la mère de famille ne changerait pas sa position pour celle de la vieille fille ou celle de l'épouse sans enfant. Ainsi, marie-toi, mon cher Gustave, aussitôt que tes moyens te le permettront. Tu as un cœur sympathique, tu aimes la vie paisible, retirée, tu feras, j'en suis sûr, un excellent mari, un bon père de famille.

« Que je te plains de ne pouvoir te marier, lorsque tu n'as que cent louis par année ! Il est si facile d'être heureux à moins !

« Quelque chose me dit cependant que cette jeune pensionnaire dont tu me parles avec tant d'admiration saura te captiver plus longtemps que ses devancières. Ne crains pas de m'ennuyer en m'entretenant des progrès de votre liaison. Malgré mes graves occupations, comme tu dis, je désire tant te voir heureux, que tout ce qui te concerne m'intéresse au plus haut degré.

« Notre ami commun, le bon, l'aimable Octave Doucet fait des vœux pour ton bonheur. Ma femme aussi te salue. »

« Ton ami,

« Jean Rivard »

IX

Revers inattendu

Peu de temps après la date de la lettre qu'on vient de lire, un malheur imprévu vint fondre sur la paroisse de Rivardville.

Après quatre semaines d'une chaleur tropicale, sans une seule goutte de pluie pour rafraîchir le sol, un incendie se déclara dans les bois, à environ trois milles du village.

C'était vers sept heures du soir. Une forte odeur de fumée se répandit dans l'atmosphère ; l'air devint suffocant ; on ne respirait qu'avec peine. Au bout d'une heure, on crut apercevoir dans le lointain, à travers les ténèbres, comme la lueur blafarde d'un incendie. En effet, diverses personnes accoururent, tout effrayées, apportant la nouvelle que le feu était dans les bois. L'alarme se répandit, toute la population fut bientôt sur pied. Presque aussitôt, les flammes apparurent au-dessus du faîte des arbres : il y eut parmi la population un frémissement général. En moins de rien, l'incendie avait pris des proportions effrayantes ; tout le firmament était embrasé. On fut alors témoin d'un spectacle saisissant ; les flammes semblaient sortir des entrailles de la terre et s'avancer perpendiculairement sur une largeur de près d'un mille. Qu'on se figure une muraille de feu marchant au pas de course et balayant la forêt sur son passage. Un bruit sourd, profond, continu se faisait entendre, comme le roulement du tonnerre ou le bruit d'une mer en furie. À mesure que le feu se rapprochait, le bruit devenait plus terrible : des craquements sinistres se faisaient entendre. On eût dit que les arbres, ne pouvant échapper aux étreintes du monstre, poussaient des cris de mort.

Les pauvres colons quittaient leurs cabanes et fuyaient devant l'incendie, chassant devant eux leurs animaux. Les figures éplorées des pauvres mères tenant leurs petits enfants serrés sur leur poitrine présentaient un spectacle à fendre le cœur.

En un clin d'œil, toute la population du canton fut rassemblée au village. L'église était remplie de personnes de tout âge, de tout sexe, priant et pleurant, en même temps que le tocsin sonnait son glas lamentable. Hommes, femmes, enfants, vieillards, tous entouraient le prêtre, suppliant d'implorer pour eux la miséricorde de Dieu. Un instant, on craignit pour la sûreté de l'église ; les flammes se portèrent dans cette direction et menaçaient d'incendier l'édifice. Il y eut un cri d'horreur. Ce ne fut qu'en inondant la toiture qu'on parvint à conjurer le danger.

Au milieu de toute cette confusion, Jean Rivard fut peut-être le seul qui ne perdit pas son sang-froid. En observant la marche du feu, il calcula qu'il ne dépasserait pas la petite rivière qui traversait son lot, et dont les bords se trouvaient complètement déboisés. Ses calculs cependant ne se vérifièrent qu'en partie : car les moulins et l'établissement de perlasse, possédés, moitié par lui, moitié par ses frères, et bâtis sur la rivière même, devinrent la proie de l'élément destructeur. Mais là s'arrêta sa fureur. Les flammes, cherchant en vain de tous côtés les aliments nécessaires à leur faim dévorante, s'évanouirent peu à peu et semblèrent rentrer dans la terre d'où elles étaient sorties.

Toutes les maisons bâties au sud de la rivière, au nombre desquelles étaient celles de Jean Rivard et de Pierre Gagnon, furent ainsi épargnées.

Tous ceux qui assistaient à ce spectacle restèrent assez longtemps comme suffoqués par la fumée ; mais le danger était passé. À part les bâtiments dont on vient de parler, plusieurs granges avaient été détruites, ainsi qu'une douzaine de cabanes de défricheurs bâties au bord de la clairière. Mais le plus grand dommage consistait dans la destruction des champs de grains nouvellement ensemencés, dont les tiges encore en herbe étaient brûlées ou séchées sur le sol. Un certain nombre de colons perdirent ainsi leur récolte et se trouvèrent absolument sans ressource.

Jean Rivard, dont les champs étaient aussi à moitié dévastés, recommença vaillamment l'ensemencement de sa terre. Le magasin qu'il possédait en commun avec son frère Antoine n'avait pas été atteint par l'incendie, mais la suspension forcée de son commerce par suite de ce malheur inattendu, la ruine de plusieurs colons qui lui étaient endettés, l'appauvrissement général de la paroisse constituaient pour lui une perte considérable. Du reste, il ne laissa échapper aucune plainte. Après avoir été jusque-là l'enfant gâté de la Providence, il était en quelque sorte disposé à remercier Dieu de lui avoir envoyé sa part de revers. Il semblait s'oublier complètement pour ne songer qu'à secourir ses malheureux coparoissiens.

Ce qu'il fit dans cette circonstance, le zèle qu'il montra, l'activité qu'il déploya, personne ne saurait l'oublier. Grâce à ses démarches incessantes, et à l'assistance sympathique des habitants de Lacasseville et des environs, les maisons et les granges consumées par le feu furent bientôt remplacées et toutes les mesures furent prises pour que personne ne souffrît longtemps des suites de cette catastrophe.

Jean Rivard et ses frères poursuivirent activement le rétablissement de leurs fabriques. Prévoyant que l'hiver suivant serait rude à passer et que la misère pourrait se faire sentir plus qu'à l'ordinaire dans un certain nombre de familles, Jean Rivard forma de vastes projets. Il se proposa, par exemple, d'ériger une grande manufacture où se fabriqueraient toute espèce d'articles en bois; il prétendait que ces objets, manufacturés à peu de frais, puisque la matière première est pour ainsi dire sous la main, pourraient s'exporter avec avantage dans toutes les parties du Canada et même à l'étranger. Il pourrait ainsi procurer du travail aux nécessiteux et répandre l'aisance dans la paroisse.

L'homme élevé au milieu d'une ville régulièrement administrée, pourvue de tous les établissements nécessaires aux opérations du commerce et de l'industrie, marchés, banques, bureaux de poste, assurances, aqueducs, gaz, télégraphes, fabriques de toutes sortes; l'homme même qui a grandi au milieu d'une campagne depuis longtemps habitée, ayant son gouvernement local, ses institutions municipales et scolaires, son église et tout ce qui en dépend, son village avec tous ses hommes de profession, ses négociants, ses gens de métier; l'homme, dis-je, qui a grandi au milieu de tout cela, qui a vu de tout temps cet arrangement social fonctionner tranquillement, régulièrement, ne sait pas tout ce qu'il a fallu d'efforts, d'énergie, de travail à ses prédécesseurs pour en asseoir les bases, pour élever l'une après l'autre toutes les diverses parties de ce bel édifice, et établir graduellement l'état de choses dont il est aujourd'hui témoin.

Les fondateurs de paroisses ou de villages au fond de nos forêts canadiennes ressemblent beaucoup aux fondateurs de colonies, excepté qu'ils n'ont pas à leur disposition les ressources pécuniaires et la puissance sociale dont disposent ordinairement ces derniers.

Jean Rivard, par son titre de premier pionnier du canton, par le fait de sa supériorité d'intelligence et d'éducation, et aussi par le fait de son énergie et de sa grande activité mentale et physique, s'était naturellement trouvé le chef, le directeur, l'organisateur de la nouvelle paroisse de Rivardville. Il lui fallait toute l'énergie de la jeunesse, et le sentiment élevé du devoir pour ne pas reculer devant la responsabilité qu'il assumait sur sa tête.

On se demandera sans doute comment il avait pu s'emparer ainsi du gouvernement presque absolu de sa localité sans exciter des murmures, sans faire naître chez ceux qui l'entouraient cette jalousie, hélas! si commune dans tous les pays, qui s'attaque au mérite, et ne peut souffrir de supériorité en aucun genre. Cette bonne fortune de Jean Rivard s'explique peut-être par le fait qu'il avait commencé, comme les plus humbles colons du canton, par se frayer un chemin dans la forêt et n'avait conquis l'aisance dont il jouissait que par son travail et son industrie. D'ailleurs, ses manières populaires et dépourvues d'affectation, sa politesse, son affabilité constante, la franchise qu'il mettait en toute chose, la libéralité dont il faisait preuve dans ses transactions, sa charité pour les pauvres, son zèle pour tout ce qui concernait le bien d'autrui, un ton de conviction et de sincérité qu'il savait donner à chacune de ses paroles, tout enfin concourait à le faire aimer et estimer de ceux qui l'approchaient. On se sentait involontairement attiré vers lui. À part la petite coterie de Gendreau-le-Plaideux, personne n'avait songé sérieusement à combattre ses propositions.

On ne pouvait non plus l'accuser d'ambition, car, chaque fois qu'il s'agissait de conférer un honneur à quelqu'un, Jean Rivard s'effaçait pour le laisser tomber sur la tête d'un autre. Ce ne fut, par exemple, qu'après des instances réitérées, et à la prière des habitants du canton réunis en assemblée générale qu'il consentit à accepter la charge de major de milice pour la paroisse de Rivardville.

On avait réussi aussi à lui faire accepter la charge de juge de paix, conjointement avec le père Landry: mais il n'avait consenti à être nommé à cette fonction importante qu'après une requête présentée au gouvernement et signée par le notaire, le médecin, le curé et par une grande majorité des habitants du canton.

Personne pourtant ne pouvait remplir cette charge plus que lui. Il était parfaitement au fait des lois et coutumes qui régissent les campagnes, et il montrait chaque jour dans l'accomplissement de ses fonctions de magistrat tout ce que peut faire de bien dans une localité un homme éclairé, animé d'intentions honnêtes, et dont le but principal est d'être utile à ses semblables. Il unissait l'indulgence au respect de la loi. S'il survenait quelque mésintelligence entre les habitants, il était rare qu'il ne parvînt à les réconcilier. Suivant le besoin et les tempéraments, il faisait appel au bon sens, à la douceur, quelquefois même à la crainte. Les querelles entre voisins, malheureusement trop communes dans nos campagnes, et souvent pour des causes frivoles ou ridicules, devenaient de jour en jour moins fréquentes à Rivardville, en dépit des efforts de Gendreau-le-Plaideux.

Il faut dire aussi que Jean Rivard trouvait toujours un digne émule dans le curé de Rivardville. Monsieur le curé évitait, il est vrai, de se mêler aux affaires extérieures qui ne requéraient pas sa présence ou sa coopération, mais ce qui touchait à la charité, au soulagement de la misère, au maintien de la bonne harmonie entre tous les membres de son troupeau, trouvait en lui un ami actif et plein de zèle. C'est même d'après ses conseils que Jean Rivard se guidait dans la plupart de ses actes de charité ou de philanthropie.

Pendant plusieurs années consécutives, ils eurent occasion de parcourir, en compagnie l'un de l'autre, toute la paroisse de Rivardville. C'était pour la quête de l'Enfant Jésus que tous deux faisaient, l'un en sa qualité de curé, l'autre en sa qualité de marguillier.

Quelle touchante coutume que cette quête de l'Enfant Jésus! C'est la visite annuelle du pasteur à chacune des familles qui composent son troupeau. Pas une n'est oubliée. La plus humble chaumière, aussi bien que la maison du riche, s'ouvre ce jour-là pour recevoir son curé. L'intérieur du logis brille de propreté; les enfants ont été peignés et habillés pour l'occasion; la mère, la grand-mère ont revêtu leur toilette du dimanche; le grand-père a déposé temporairement sa pipe sur la corniche, et attend assis dans son fauteuil. Tous veulent être là pour marquer leur respect à celui qui leur enseigne les choses du ciel.

Octave Doucet et Jean Rivard profitaient de cette circonstance pour faire le recensement des pauvres et des infirmes de la paroisse, en s'enquérant autant que possible des causes de leur état. De cette manière ils pouvaient constater avec exactitude le nombre des nécessiteux, lequel à cette époque était heureusement fort restreint.

On n'y voyait guère que quelques veuves chargées d'enfants et une couple de vieillards trop faibles pour travailler. On faisait en leur faveur, aux âmes charitables, un appel qui ne restait jamais sans échos.

Outre les charités secrètes que faisait notre jeune curé dont la main gauche ignorait le plus souvent ce que donnait la main droite, il exerçait encore ce qu'on pourrait appeler la charité du cœur. Il aimait les pauvres, et trouvait moyen de les consoler par des paroles affectueuses. Plein de sympathie pour leurs misères, il savait l'exprimer d'une manière touchante et vivement sentie. Le pauvre était en quelque sorte porté à bénir le malheur qui lui procurait ainsi la visite de son pasteur bien-aimé.

On a déjà vu aussi et on verra plus tard, que le curé de Rivardville prenait une part plus ou moins active à tout ce qui pouvait influer directement ou indirectement sur le bien-être matériel de la paroisse.

X

Le citadin

Gustave Charmenil à Octave Doucet

« Mon cher ami,

« Oui, voilà bien neuf ans, n'est-ce pas, que nous ne nous sommes vus ? Mais comment dois-je m'exprimer ? Dois-je dire "tu" ou dois-je dire "vous" ? Je sais bien qu'autrefois nous étions d'intimes camarades ; mais depuis cette époque, Octave Doucet, le bon, le joyeux Octave Doucet est devenu prêtre, et non seulement prêtre, mais missionnaire ; il s'est élevé tellement au-dessus de nous, ses anciens condisciples, qu'à sa vue toute familiarité doit cesser pour faire place au respect, à la vénération. Mais, pardon, mon ami, je te vois déjà froncer le sourcil, je t'entends me demander grâce et me supplier de revenir au bon vieux temps. Revenons-y donc ; que puis-je faire de mieux que de m'élever un instant jusqu'à toi ? Oh ! les amis de collège ! avec quel bonheur on les revoit ! avec quel bonheur on reçoit quelques mots de leurs mains ! Si j'étais encore poète, je dirais que leurs lettres sont pour moi comme la rosée du matin sur une terre aride. Oui, mon cher Octave, malgré les mille et une préoccupations qui m'ont assailli depuis notre séparation, il ne se passe pas de jour que je ne me reporte par la pensée dans la grande salle de récréation de notre beau collège de ***, au milieu de ces centaines de joyeux camarades qui crient, sautent, gambadent, tout entiers à leur joie, et sans souci du lendemain. Ces heureux souvenirs me reposent l'esprit.

« Mais venons-en à ta lettre. Elle a produit sur moi un mélange de plaisir et de douleur. J'ai frémi d'épouvante à la seule description de l'incendie qui a ravagé votre canton. Quel terrible fléau ! La nouvelle du sinistre m'a d'autant plus affecté que ma correspondance avec le noble et vaillant pionnier de cette région m'avait initié en quelque sorte aux travaux et aux espérances des colons, et m'avait fait prendre à leurs succès un intérêt tout particulier. Quoique je n'aie jamais visité Rivardville, il me semble l'avoir vu naître et se développer. Ce que tu me dis de la conduite de notre ami ne me surprend nullement. Si cette calamité l'a affecté, sois sûr que ce n'est pas à cause de lui ; il a dû tout oublier, à la vue des misères qui s'offraient à ses yeux. Sensible, généreux, désintéressé, tel il a toujours été, tel il est encore. Avec deux hommes comme Jean Rivard et son ami Doucet, le digne curé de Rivardville (soit dit sans vouloir blesser la modestie de ce dernier) je ne doute pas que le canton de Bristol ne répare promptement l'échec qu'il vient d'essuyer.

« Je connais assez l'énergie de Jean Rivard pour être sûr que ce contretemps, loin de l'abattre, ne fera que développer en lui de nouvelles ressources.

« Le voilà déjà, d'après ce que tu me dis, revêtu de toutes les charges d'honneur, et en voie d'exercer la plus grande influence sur ses concitoyens. Quel beau rôle pour un cœur patriote comme le sien!

« Je lui écris aujourd'hui même pour lui exprimer toute ma sympathie.

« Répondons maintenant aux questions que tu me poses, puisque tu veux bien que je t'occupe de ma chétive individualité.

« Tu sembles étonné de me voir exercer la profession d'avocat. J'en suis quelquefois étonné moi-même. Rien n'est aussi incompatible avec mon caractère que les contestations et les chicanes dont l'avocat se fait un moyen d'existence. Si j'étais riche, je ne demanderais pas mieux que d'exercer gratuitement les fonctions de conciliateur ; je sais qu'avec un peu de bonne volonté, on pourrait, dans beaucoup de circonstances, engager les parties contestantes à en venir à un compromis. Ces fonctions me plairaient assez, car j'aime l'étude de la loi. Ce qui m'ennuie souverainement, c'est la routine des affaires, ce sont les mille et une règles établies pour instruire et décider les contestations. Qu'on viole une de ces règles, et la meilleure cause est perdue ; on ruine peut-être son client, quand même on aurait la justice et toutes les raisons du monde de son côté. Cette responsabilité m'effraie souvent. Mais la partie la plus ennuyeuse du métier, c'est sans contredit la nécessité de se faire payer. J'ai toujours eu une répugnance invincible à demander de l'argent à un homme. Cette répugnance est cause que je perds une partie de mes honoraires. Chaque fois que je pense à me faire payer, j'envie le sort du cultivateur qui, lui, ne tourmente personne, mais tire de la terre ses moyens d'existence. C'est bien là, à mon avis, la seule véritable indépendance.

« Si j'avais à choisir, je préférerais certainement la vie rurale à toute autre. Cependant je dois dire que la vie de citadin ne me déplaît pas autant qu'autrefois. J'y trouve même certains charmes à côté des mille choses étranges qui froissent le cœur ou qui blessent le sens commun. Lorsqu'on est enthousiaste comme je le suis pour toutes les choses de l'esprit, pour les luttes de l'intelligence, pour les livres, pour les idées nouvelles et les découvertes dans le domaine des sciences et des arts ; lorsqu'on prend intérêt aux progrès matériels du commerce et de l'industrie, en un mot, à tout ce qui constitue ce qu'on appelle peut-être improprement la civilisation, la vie des grandes cités offre plus d'un attrait. Le contact avec les hommes éminents dans les divers états de la vie initie à une foule de connaissances en tous genres. Les grands travaux exécutés aux frais du public, canaux, chemins de fer, aqueducs, les édifices publics, églises, collèges, douanes, banques, hôtelleries ; les magasins splendides, les grandes manufactures, et même les résidences particulières érigées suivant les règles de l'élégance et du bon goût, tout cela devient peu à peu un sujet de vif intérêt. On éprouve une jouissance involontaire en contemplant les merveilles des arts et de l'industrie. Mais une des choses qui ont le plus contribué à me rendre supportable le séjour de la ville, (tu vas probablement sourire en l'apprenant), c'est l'occasion fréquente que j'ai eu d'y entendre du chant et de la musique. Cela peut te sembler puéril ou excentrique ; mais tu dois te rappeler combien j'étais enthousiaste sous ce rapport. Je suis encore le même. La musique me transporte, et me fait oublier toutes les choses de la terre. Le beau chant produit sur moi le même effet. Et presque chaque jour je trouve l'occasion de satisfaire cette innocente passion. Si j'étais plus riche, je ne manquerais pas un seul concert. Musique vocale ou instrumentale, musique sacrée, musique militaire, musique de concert, tout est bon pour moi. Chant joyeux, comique, patriotique, grave et mélancolique, tout m'impressionne également. En entendant jouer ou chanter quelque artiste célèbre, j'ai souvent peine à retenir mes larmes ou les élans de mon enthousiasme. L'absence complète de musique et de chant serait l'une des plus grandes privations que je pusse endurer.

« La vue des parcs, des jardins, des vergers, des parterres et des villas des environs de la cité forme aussi pour moi un des plus agréables délassements ; c'est généralement vers ces endroits pittoresques que je porte mes pas, lorsque, pour reposer mon esprit, je veux donner de l'exercice au corps.

« C'est là le beau côté de la vie du citadin. Quant au revers de la médaille, j'avoue qu'il ne manque pas de traits saillants. Il y a d'abord le contraste frappant entre l'opulence et la misère. Quand je rencontre sur ma route de magnifiques carrosses traînés par des chevaux superbes, dont l'attelage éblouit les yeux ; quand je vois au fond des carrosses, étendues sur des coussins moelleux, de grandes dames resplendissantes de fraîcheur, vêtues de tout ce que les boutiques offrent de plus riche et de plus élégant, je suis porté à m'écrier : c'est beau, c'est magnifique. Mais lorsqu'à la suite de ces équipages j'aperçois quelque pauvre femme, à moitié vêtue des hardes de son mari, allant vendre par les maisons le lait qu'elle vient de traire et dont le produit doit servir à nourrir ses enfants ; quand je vois sur le trottoir à côté le vieillard au visage ridé, courbé sous le faix des années et de la misère, aller de porte en porte mendier un morceau de pain... oh ! alors, tout plaisir disparaît pour faire place au sentiment de la pitié.

« Ce matin je me suis levé avec le soleil ; la température invitait à sortir ; j'ai été avant mon déjeuner respirer l'air frais du matin.

« Parmi ceux que je rencontrai, les uns en costume d'ouvrier, et chargés de leurs outils, allaient commencer leur rude travail de chaque jour ; parmi ceux-là quelques-uns paraissaient vigoureux, actifs, pleins de courage et de santé, tandis que la tristesse et le découragement se lisaient sur la figure des autres ; une pâleur vide indiquait chez ces derniers quelque longue souffrance physique ou morale. Des femmes, des jeunes filles allaient entendre la basse messe à l'église la plus proche ; d'autres, moins favorisées du sort, venaient de dire adieu à leurs petits enfants pour aller gagner quelque part le pain nécessaire à leur subsistance. À côté de plusieurs de ces pauvres femmes, presque en haillons, au regard inquiet, à l'air défaillant, je vis passer tout à coup deux jeunes demoiselles à cheval, en longue amazone flottante, escortées de deux élégants cavaliers. Ce contraste m'affligea, et je rentrai chez moi tout rêveur et tout triste.

« Et combien d'autres contrastes se présentent encore à la vue ! Combien de fois n'ai-je pas rencontré le prêtre, au maintien grave, à l'œil méditatif, suivi du matelot ivre, jurant, blasphémant et insultant les passants ! la sœur de charité, au regard baissé, allant porter des consolations aux affligés, côtoyée par la fille publique aux yeux lascifs, qui promène par la rue son déshonneur et son luxe insolent !

« Si des grandes rues de la ville je veux descendre dans les faubourgs, de combien de misères ne suis-je pas témoin ! Des familles entières réduites à la dernière abjection par suite de la paresse, de l'intempérance ou de la débauche de leurs chefs, de pauvres enfants élevés au sein de la crapule, n'ayant jamais reçu des auteurs de leurs jours que les plus rudes traitements ou l'exemple de toutes les mauvaises passions ! Oh ! combien je bénis, en voyant ces choses, l'atmosphère épurée où vous avez le bonheur de vivre !

« Le manque d'ouvrage est une source féconde de privations pour la classe laborieuse. Un grand nombre d'ouvriers aiment et recherchent le travail, et regardent l'oisiveté comme un malheur ; mais, hélas ! au moment où ils s'y attendent le moins, des entreprises sont arrêtées, de grands travaux sont suspendus, et des centaines de familles languissent dans la misère.

« Ces contrastes affligeants n'existent pas chez vous. Si les grandes fortunes y sont inconnues, en revanche les grandes misères y sont rares. Le luxe du riche n'y insulte pas au dénuement du pauvre. Le misérable en haillons n'y est pas chaque jour éclaboussé par l'équipage de l'oisif opulent.

« Tu te rappelles sans doute la réponse que fit un jour l'abbé Maury à quelqu'un qui lui demandait s'il n'avait pas une grande idée de lui-même : "Quand je me considère, dit-il, je sens que je ne suis rien, mais quand je me compare, c'est différent." C'est absolument le contraire pour moi. Quand je compare notre vie à la vôtre, je suis accablé sous le poids de notre infériorité. Que sommes-nous, en effet, nous hommes du monde, esclaves de l'égoïsme et de la sensualité, qui passons nos années à courir après la fortune, les honneurs et les autres chimères de cette vie, que sommes-nous à côté de vous, héros de la civilisation, modèles de toutes les vertus, qui ne vivez que pour faire le bien ? Nous sommes des nains et vous êtes des géants.

« Mais qui t'empêche, me diras-tu, de faire comme nous ? Mieux vaut tard que jamais. Oui, je le sais, mon ami ; mais, malgré mon désir de vivre auprès de vous, plusieurs raisons me forcent d'y renoncer pour le présent. D'abord, je ne pense pas, quoi que tu en dises, que votre localité soit assez importante pour y faire vivre un avocat. Et pour ce qui est de me faire défricheur à l'heure qu'il est, ma santé, mes forces musculaires ne me permettent pas d'y songer.

« Entre nous soit dit, l'éducation physique est trop négligée dans nos collèges ; on y cultive avec beaucoup de soin les facultés morales et intellectuelles, mais on laisse le corps se développer comme il peut ; c'est là, à mon avis, une lacune regrettable. On devrait avoir dans chaque collège une salle de gymnastique, donner même des prix aux élèves distingués pour leur force ou leur adresse. Ce qui serait peut-être encore plus désirable, c'est, dans le voisinage du collège, l'établissement d'une petite ferme où les élèves s'exerceraient à la pratique de l'agriculture. Non seulement par là ils acquerraient des connaissances utiles, mais ils développeraient leurs muscles et se mettraient en état de faire plus tard des agriculteurs effectifs. Mais c'est là un sujet trop vaste et trop important pour entreprendre de le traiter convenablement dans une lettre.

« Je vois, en consultant ma montre, que j'ai passé toute ma soirée à t'écrire ; c'est à peine si je me suis aperçu que le temps s'écoulait. Il me semble que j'aurais encore mille choses à te dire. Pourquoi ne continuerions-nous pas à correspondre de temps à autre ? Je m'engage à t'écrire volontiers chaque fois que tu me fourniras ainsi l'occasion de te répondre. En attendant, mon ami, je fais les vœux les plus sincères pour le prompt rétablissement de votre prospérité, et je me souscris

« Ton ami dévoué

« Gustave Charmenil »

XI

En avant ! Jean Rivard, maire de Rivardville

> Les institutions communales sont à la liberté ce que les écoles primaires sont à la science ; elles la mettent à la portée du peuple ; elles lui en font goûter l'usage paisible et l'habituent à s'en servir.
>
> Tocqueville

Rivardville ne se ressentit pas longtemps du désastre qui l'avait frappé. On eût dit même que ce malheur avait donné une nouvelle impulsion au travail et à l'industrie de ses habitants. La paroisse grandissait, grandissait : chaque jour ajoutait à sa richesse, à sa population, au développement de ses ressources intérieures. Les belles et larges rues du village se bordèrent d'habitations ; les campagnes environnantes prirent un aspect d'aisance et de confort ; çà et là des maisons en pierre ou en brique, ou de jolis cottages en bois remplacèrent les huttes rustiques des premiers colons ; l'industrie se développa, le commerce, alimenté par elle et par le travail agricole, prit de jour en jour plus d'importance ; des échanges, des ventes de biens-fonds, des transactions commerciales se faisaient de temps à autre pour l'avantage des particuliers, et le notaire commença bientôt à s'enrichir des honoraires qu'il percevait sur les contrats de diverses sortes qu'il avait à rédiger.

Mais avant d'aller plus loin nous avons deux faveurs à demander au lecteur : la première, c'est de n'être pas trop particulier sur les dates, et de nous permettre de temps à autre quelques anachronismes ; il ne serait guère possible, dans un récit de ce genre, de suivre fidèlement l'ordre des temps, et de mettre chaque événement à sa place. Ce que nous demandons ensuite, c'est qu'on n'exige pas de nous des détails minutieux. L'histoire d'une paroisse, à compter de l'époque de sa fondation, les travaux qu'elle nécessite, les embarras qu'elle rencontre, les revers qu'elle essuie, les institutions qu'elle adopte, les lois qu'elle établit, tout cela forme un sujet si vaste, si fécond, qu'on ne saurait songer à en faire une étude complète. Nous devons nous rappeler aussi ce qu'a dit un poète, que l'art d'ennuyer est l'art de tout dire, et nous borner aux traits les plus saillants de la vie et de l'œuvre de notre héros.

Nous profiterons tout de suite de la première de ces faveurs pour rapporter un fait qui aurait dû sans doute être mentionné plus tôt : nous voulons parler de l'établissement d'un bureau de poste au village de Rivardville. C'est en partie à cet événement que nous devons les communications plus fréquentes et plus longues échangées entre Jean Rivard et ses amis.

L'établissement d'un bureau de poste était au nombre des améliorations publiques réclamées avec instance par Jean Rivard et ses amis. Durant les trois premières années qui suivirent son mariage, pas moins de quatre requêtes, signées par tous les notables du canton, depuis le curé jusqu'au père Gendreau, avaient été adressées à cet effet au département général des postes. Mais soit oubli, soit indifférence, les requêtes étaient restées sans réponse. Enfin, grâce à l'intervention active du représentant du comté et à celle du conseiller législatif de la division, le gouvernement finit par accorder cette insigne faveur. La malle passa d'abord à Rivardville une fois par semaine, puis l'année suivante deux fois.

Quand la première nouvelle de cet événement parvint à Rivardville, elle y créa presque autant de satisfaction qu'en avait produit autrefois celle de la confection prochaine d'un grand chemin public à travers la forêt du canton de Bristol. Jean Rivard surtout, ainsi que le curé, le notaire et le docteur en étaient transportés d'aise.

La poste! la poste! nous allons donc avoir la poste! Telles étaient les premières paroles échangées entre tous ceux qui se rencontraient.

Mais un autre progrès, pour le moins aussi important, et sur lequel nous demanderons la permission de nous arrêter un instant, ce fut l'établissement d'un gouvernement municipal régulier.

Jean Rivard était trop éclairé pour ne pas comprendre tout ce qu'une localité, formée ainsi en association, pouvait accomplir pour le bien public, avec un peu d'accord et de bonne volonté de la part de ses habitants.

Personne mieux que lui ne connaissait l'importance de bonnes voies de communication, de bons cours d'eau et de bons règlements pour une foule d'autres objets; et tout cela ne pouvait s'obtenir qu'au moyen d'une organisation municipale.

Il aimait d'ailleurs ces réunions pacifiques où des hommes intelligents avisent ensemble aux moyens d'améliorer leur condition commune. Ce qu'un homme ne pourra faire seul, deux le feront, disait-il souvent pour faire comprendre toute la puissance de l'association.

Il va sans dire que Gendreau-le-Plaideux s'opposa de toutes ses forces à l'établissement d'un conseil municipal.

Ce n'était, suivant lui, qu'une machine à taxer.

Une fois le conseil établi, répétait-il sur tous les tons, on voudra entreprendre toutes sortes de travaux publics, on construira ou on réparera des chemins, des ponts, des fossés; on fera des estimations, des recensements; il faudra des secrétaires et d'autres employés salariés; et c'est le pauvre peuple qui paiera pour tout cela.

Malheureusement le mot de taxe effraie les personnes même les mieux intentionnées. Trop souvent les démagogues s'en sont servis comme d'un épouvantail, ne prévoyant pas qu'ils arrêtaient par là les progrès en tous genres.

Jean Rivard fit comprendre du mieux qu'il put aux électeurs municipaux que le conseil ne serait pas une machine à taxer; qu'aucune amélioration publique ne serait entreprise si elle n'était avantageuse à la localité; qu'aucune dépense ne serait faite sans l'approbation des contribuables; que d'ailleurs, les conseillers étant tous à la nomination du peuple, celui-ci pourrait toujours les remplacer s'il n'en était pas satisfait.

Malgré cela, les idées de Jean Rivard n'étaient pas accueillies avec toute l'unanimité qu'il aurait désirée, et il dut, pour calmer la défiance suscitée par Gendreau-le-Plaideux, déclarer qu'il n'avait aucune objection à voir le père Gendreau lui-même faire partie du conseil municipal.

Cette concession mit fin au débat. Jean Rivard fut élu conseiller municipal, en compagnie du père Landry, de Gendreau-le-Plaideux, et de quatre autres des principaux citoyens de Rivardville.

À l'ouverture de la première séance du conseil, le père Landry proposa que Jean Rivard, premier pionnier du canton de Bristol, fût déclaré maire de la paroisse de Rivardville.

Le père Landry accompagna sa proposition de paroles si flatteuses pour notre héros que Gendreau-le-Plaideux lui-même comprit que toute opposition serait inutile.

Jean Rivard était loin d'ambitionner cet honneur; mais il comprenait que sa position de fortune n'exigeant plus de lui désormais un travail incessant, il ne pouvait convenablement refuser de consacrer une part de son temps à l'administration de la chose publique. Se tenir à l'écart eût été de l'égoïsme.

Il était d'ailleurs tellement supérieur à ses collègues, tant sous le rapport de l'instruction générale que sous celui des connaissances locales et administratives, que la voix publique le désignait d'avance à cette charge importante.

Jean Rivard apporta dans l'administration des affaires municipales l'esprit d'ordre et de calcul qu'il mettait dans la gestion de ses affaires privées. S'agissait-il d'ouvrir un chemin, de faire construire un pont, d'en réparer un autre, de creuser une décharge, d'assécher un marécage, ou de toute autre amélioration publique, il pouvait dire, sans se tromper d'un chiffre, ce que coûterait l'entreprise.

Il se gardait bien cependant d'entraîner la municipalité dans des dépenses inutiles ou extravagantes. Avant d'entreprendre une amélioration quelconque, la proposition en était discutée ouvertement; on en parlait à la porte de l'église ou dans la salle publique, de manière à en faire connaître la nature et les détails; les avantages en étaient expliqués avec toute la clarté possible; et s'il devenait bien constaté, à la satisfaction de la plus grande partie des personnes intéressées, que l'entreprise ajouterait à la valeur des propriétés, faciliterait les communications, ou donnerait un nouvel élan au travail et à l'industrie, alors le conseil se mettait à l'œuvre et prélevait la contribution nécessaire.

Ces sortes de contributions sont toujours impopulaires; aussi Jean Rivard n'y avait-il recours que dans les circonstances extraordinaires, afin de ne pas rendre odieuses au peuple des institutions bonnes en elles-mêmes, et dont l'opération peut produire les plus magnifiques résultats, tant sous le rapport du bien-être matériel que sous celui de la diffusion des connaissances pratiques.

Qu'on n'aille pas croire cependant que tout se fit sans résistance. Non; Jean Rivard eut à essuyer plus d'une fois des contradictions, comme on le verra plus loin. D'ailleurs Gendreau-le-Plaideux était toujours là, prétendant que toutes les améliorations publiques coûtaient plus qu'elles ne rapportaient; et chaque fois que Jean Rivard avait une mesure à proposer, fût-elle la plus nécessaire, la plus urgente, il y présentait toute espèce d'objections, excitait l'esprit des gens, et faisait contre son auteur des insinuations calomnieuses.

Jean Rivard, désirant avant tout la prospérité de Rivardville et la bonne harmonie entre ses habitants, avait d'abord tenté auprès de cet adversaire acharné tous les moyens possibles de conciliation; il lui avait exposé confidentiellement ses vues, ses projets, ses motifs, espérant faire naître chez cet homme qui n'était pas dépourvu d'intelligence des idées d'ordre et le zèle du bien public.

Mais tout cela avait été en vain.

Le brave homme avait continué à faire de l'opposition en tout et partout, à tort et à travers, par des paroles et par des actes, remuant ciel et terre pour s'acquitter du rôle qu'il se croyait appelé à jouer sur la terre.

Un certain nombre de contribuables, surtout parmi les plus âgés, se laissaient guider aveuglément par le père Gendreau; mais le grand nombre des habitants, pleins de confiance dans Jean Rivard, et assez intelligents d'ailleurs pour apprécier toute l'importance des mesures proposées, les adoptaient le plus souvent avec enthousiasme.

Ainsi appuyé, le jeune maire put effectuer en peu de temps des réformes importantes. Il réussit à faire abolir complètement l'ancien usage des corvées pour l'entretien des routes, clôtures, etc., cause d'une si grande perte de temps dans nos campagnes. Ces travaux furent donnés à l'entreprise.

On fit bientôt la même chose à l'égard de l'entretien des chemins d'hiver.

On fixa l'époque où le feu pourrait être mis dans les bois, afin de prévenir les incendies si désastreux dans les nouveaux établissements.

On fit des règlements sévères à l'égard de la vente des liqueurs enivrantes.

En sa qualité de maire, Jean Rivard donnait une attention particulière à la salubrité publique. Il veillait à ce que les chemins et le voisinage des habitations fussent tenus dans un état de propreté irréprochable, à ce que les dépôts d'ordures fussent convertis en engrais et transportés au loin dans les champs.

Il sut aussi obtenir beaucoup des habitants de Rivardville en excitant leur émulation et en faisant appel à leurs sentiments d'honneur. Il leur citait, par exemple, les améliorations effectuées dans tel et tel canton du voisinage, puis il leur demandait si Rivardville n'en pouvait faire autant. « Sommes-nous en arrière des autres cantons ? disait-il. Avons-nous moins d'énergie, d'intelligence ou d'esprit d'entreprise ? Voulez-vous que le voyageur qui traversera notre paroisse aille publier partout que nos campagnes ont une apparence misérable, que nos clôtures sont délabrées, nos routes mal entretenues ? »

C'est au moyen de considérations de cette nature qu'il réussit à faire naître chez la population agricole du canton un louable esprit de rivalité et certains goûts de propreté et d'ornementation. Plus d'un habitant borda sa terre de jeunes arbres qui, plus tard, contribuèrent à embellir les routes tout en ajoutant à la valeur de la propriété.

Mais combien d'autres améliorations Jean Rivard n'eût pas accomplies avec un peu plus d'expérience et de moyens pécuniaires — et, disons-le aussi, avec un peu plus d'esprit public et de bonne volonté de la part des contribuables !

XII

Gustave Charmenil à Jean Rivard

« Mon cher ami,

« Je viens d'apprendre que tu es maire de Rivardville. J'en ai tressailli de plaisir. Je laisse tout là pour t'écrire et te féliciter. À vrai dire pourtant, ce sont plutôt les électeurs de Rivardville que je devrais féliciter d'avoir eu le bon esprit d'élire un maire comme toi. Personne assurément n'était plus digne de cet honneur; tu es le fondateur de Rivardville, tu devais en être le premier maire. Cette seule raison suffisait, sans compter toutes les autres.

« Avec quel bonheur, mon ami, je te vois grandir de toutes manières! Tes succès dans la vie ont quelque chose de merveilleux. Ne dirait-on pas que tu possèdes un talisman inconnu du vulgaire, que tu as dérobé aux fées leur baguette magique? Car enfin, combien d'autres sont entrés dans la même carrière que toi, dans les mêmes conditions, avec les mêmes espérances, et n'y ont recueilli qu'embarras et dégoûts? Combien passent toute leur vie à tourmenter le sol pour n'y moissonner que misère et déceptions?

« Il semble qu'un bon génie t'ait pris par la main pour te guider dans un sentier semé de fleurs. Entré dans ta carrière de défricheur avec un capital de cinquante louis, te voilà déjà comparativement riche; tu le deviendras davantage chaque année. Tu n'as jamais ambitionné les honneurs, et cependant tu vas devenir un homme marquant. Tu es déjà le roi de ta localité. Qui sait si tu ne deviendras pas plus tard membre du parlement? Oh! si jamais tu te présentes, mon cher Jean, je veux aller dans ton comté haranguer les électeurs; tu verras si je m'y entends à faire une élection. En attendant, voici une faveur spéciale que je sollicite de toi: quand tu n'auras rien de mieux à faire, écris-moi donc une longue lettre, comme tu m'en écrivais autrefois, dans laquelle tu me feras connaître minutieusement tous les secrets de ta prospérité. Tu sais que Montesquieu a fait un livre sur les *Causes de la grandeur des Romains*; eh bien! je voudrais en faire un, à mon tour, sur les *Causes de la grandeur de Jean Rivard*. Pour cela, il faut que tu mettes toute modestie de côté, et que tu me fasses le confident de tes secrets les plus intimes.

« Ta dernière lettre m'en dit bien quelque chose mais cela ne suffit pas.

« J'ai déjà entendu dire que ton ancienne fille, Françoise, te regardait un peu comme sorcier. J'aimerais à savoir jusqu'à quel point elle a raison. »

. . . .

Il est un autre sujet sur lequel il était difficile à notre jeune avocat de ne pas dire un mot. Aussi profite-t-il de l'occasion pour faire de nouvelles confidences à son ami :

« Il faut que je réponde maintenant à quelques points de ta dernière lettre.

« Tu me fais du mariage une peinture admirable ; je ne pouvais m'attendre à autre chose de ta part. Quand on a le bonheur d'avoir une femme comme la tienne, on est naturellement porté à s'apitoyer sur le sort des célibataires. En me conseillant de me marier, mon cher Jean, ta voix n'est pas la voix qui crie dans le désert ; tu sais déjà que je ne suis pas sourd sur ce chapitre.

« Mais plus je connais le monde, plus j'hésite, plus je suis effrayé. Tu n'as jamais eu l'occasion de faire la comparaison entre la vie rurale et celle de nos cités. Tu n'as pas eu besoin d'être riche, toi, pour te marier ; la personne que tu as épousée, loin d'augmenter le chiffre de ton budget, est devenue pour toi, grâce à son genre d'éducation et à ses habitudes de travail, une associée, une aide, une véritable compagne. Mais dans nos villes c'est bien différent : les jeunes filles que nous appelons des demoiselles bien élevées, c'est-à-dire celles qui ont reçu une éducation de couvent, qui savent toucher le piano, chanter, broder, danser, ne peuvent songer à se marier qu'à un homme possédant plusieurs centaines de louis de revenu annuel. Elles seraient malheureuses sans cela. Il est vrai qu'elles sont pauvres elles-mêmes, puisqu'elles n'ont généralement pour dot que leurs vertus, leurs grâces, leur amabilité ; mais elles ont été élevées dans le luxe et l'oisiveté, et elles veulent continuer à vivre ainsi ; cela est tout naturel. Il faut qu'elles puissent se toiletter, recevoir, fréquenter le monde et les spectacles. Ce n'est pas leur faute s'il en est ainsi, c'est la faute de leur éducation, ou plutôt celle des habitudes et des exigences de la société dont elles font partie. Mais toutes ces exigences occasionnent des dépenses dont le jeune homme à marier s'épouvante avec raison. Ce sont ces mêmes exigences, portées à l'excès, qui font que dans la vieille Europe un si grand nombre de jeunes gens préfèrent vivre dans le célibat et le libertinage que se choisir une compagne pour la vie. Une femme légitime est un objet de luxe, un joyau de prix dont les riches seuls peuvent ambitionner la possession.

« On peut à peine aujourd'hui apercevoir une différence dans le degré de fortune des citoyens. Le jeune commis de bureau, dont le revenu ne dépasse pas deux ou trois cents louis par an veut paraître aussi riche que le fonctionnaire qui en a six cents : sa table est aussi abondamment pourvue ; il a, comme lui, les meilleurs vins, la vaisselle la plus coûteuse ; la toilette de sa femme est tout aussi coûteuse, leurs enfants sont parés avec le même luxe extravagant. Et pourquoi y aurait-il une différence? Ne voient-ils pas la même société? Ne sont-ils pas journellement en contact avec les mêmes personnes? Comment une jeune et jolie femme pourrait-elle se résigner à vivre dans la retraite, lorsqu'elle a déjà eu l'honneur de danser avec l'aimable colonel V***, avec le beau Monsieur T***, de recevoir des compliments de l'élégant et galant M. N***? C'est à en faire tourner la tête aux moins étourdies. Aussi le jeune couple ne fera-t-il halte sur cette route périlleuse que lorsque le mari ne pourra plus cacher à sa belle et chère moitié qu'il a trois ou quatre poursuites sur les bras, que leurs meubles vont être saisis et vendus, s'il ne trouve immédiatement cinquante louis à emprunter.

« Je te ferai grâce de ce qui se passe alors assez souvent entre lui et les usuriers.

« Quand les cultivateurs viennent à la ville vendre leurs denrées ou acheter les choses nécessaires à leur vie simple et modeste, ils ne se doutent guère qu'un certain nombre de ceux qu'ils rencontrent, et qui quelquefois les traitent avec arrogance, sont au fond beaucoup moins riches qu'eux. À les voir si prétentieusement vêtus, bottes luisantes, pantalon collant, chapeau de soie, veste et habit de la coupe des premiers tailleurs de la ville, montre et chaîne d'or, épinglette et boutons d'or, ils les prendraient pour de petits Crésus. Ils croiraient à peine celui qui leur dirait que plusieurs de ces milords ne sont pas même propriétaires de ce qu'ils portent sur leur corps, qu'ils doivent leurs hardes à leur tailleur, leurs bottes au cordonnier, leurs bijoux à l'orfèvre, et que jamais probablement ils ne seront en état de les payer. On en a vu sortir ainsi de leur maison le matin, et s'arrêter en passant chez un ami pour emprunter la somme nécessaire à l'achat du dîner.

« Il existe, dans les classes élevées de la société de nos villes, une somme de gêne et d'embarras dont tu n'as pas d'idée. Chez elles, la vanité étouffe le sens commun; la maxime "vivons bien tandis que nous vivons" l'emporte sur toutes les autres. Des hommes fiers, hautains, aristocrates, ne craignent pas de laisser leurs femmes et leurs enfants à la charge du public, après avoir eux-mêmes vécu dans l'opulence.

« À ce propos, il faut que je te raconte un fait qui m'a vivement impressionné. Tu as peut-être lu dernièrement sur les journaux la mort de M. X***. J'avais eu des rapports assez intimes avec lui depuis quelques années; il s'était toujours montré fort bienveillant à mon égard, et lorsque j'appris sa maladie je m'empressai de le visiter. Son mal provenait en grande partie de tourments d'esprit, d'inquiétudes causées par de folles spéculations sur les propriétés foncières. Il ne pouvait s'empêcher d'exprimer tout haut des regrets que, dans son état de santé, il eût cachés avec le plus grand soin.

« Voyez, me dit-il, d'une voix qui s'éteignait et me faisait monter les larmes aux yeux, voyez ce que c'est que cette vie du monde! J'ai vécu dans l'opulence, j'ai eu beaucoup d'amis, j'ai mené grand train, et je vais en mourant laisser mes enfants non seulement sans fortune, mais dans le besoin et les dettes. J'ai joué ce qu'on appelle un rôle important dans le monde, j'ai occupé une position élevée, j'ai gagné des milliers de louis, ma maison, meublée magnifiquement, était ouverte à la jeunesse qui voulait s'amuser, ma femme et mes filles n'épargnaient rien pour paraître et briller... Mais qu'y a-t-il de sérieux dans tout cela? Quel bien ai-je fait? La vie d'une créature raisonnable doit-elle avoir un but aussi futile?

« C'est en exprimant de tels regrets qu'il vit approcher son dernier moment. Le lendemain, il expirait dans mes bras.

« J'étais là, seul, avec la famille. Pas un de ses anciens amis, de ceux qu'il invitait chaque jour à ses fêtes, ne se trouvait à son chevet.

« Et dire, mon cher ami, que cette vie est celle d'un grand nombre dans cette classe qu'on appelle la classe bien élevée! Tout le produit de leur travail passe en frais de réception, de toilette ou d'ameublement.

« Tu me diras: mais ne sont-ils pas libres d'agir autrement? Quelle loi les empêche d'employer leur temps et leur argent d'une manière plus rationnelle? Aucune, sans doute; mais la société exerce sur ses membres une espèce de pression à laquelle ils ne peuvent échapper; celui qui se conduit autrement que la classe à laquelle il appartient est aussitôt montré du doigt. Chose étrange! l'homme d'ordre, l'homme de bon sens qui prendra soin d'appliquer une partie de son revenu à des objets utiles passera souvent pour mesquin, tandis que le bon vivant qui dissipera son revenu et le revenu d'autrui dans la satisfaction égoïste de ses appétits grossiers sera considéré comme un homme libéral et généreux. Ainsi le veut une société fondée sur l'égoïsme et la vanité.

« Mais il faut dire pourtant que cette conduite extravagante n'est pas générale, et que bon nombre de familles pourraient offrir un agréable contraste avec celles dont je viens de parler. Je pourrais te citer, entre autres, la famille de la jeune pensionnaire dont il a été question dans ma dernière lettre, qui me paraît un modèle de bonne administration. J'y suis devenu presque intime, et j'ai pu admirer le bon ordre qui règne dans la maison, la méthode qui préside à toute chose, et la constante harmonie qui existe entre tous les membres de la famille. Sans être dans l'opulence, on peut dire qu'ils vivent dans l'aisance et le confort, grâce à l'esprit de conduite et d'économie de celle qui dirige la maison. L'intérieur de leur demeure présente un singulier mélange d'élégance et de simplicité. Un goût exquis se fait remarquer dans le choix et la disposition de l'ameublement. Point de faste inutile, point de folle dépense. La maîtresse de la maison connaît la somme dont elle peut disposer, et elle se garde bien de dépasser son budget. Du reste, elle peut, à la fin de l'année, rendre un compte fidèle de son administration. Chaque sou dépensé est indiqué dans un petit registre soigneusement tenu. Elle sait ce qu'ont coûté la nourriture, la toilette, la domesticité, l'éclairage, le chauffage, les souscriptions, charités, etc. De cette manière la dépense n'excède jamais le revenu. On ne s'endette pas. Au contraire, une petite somme est chaque année mise de côté pour les jours de la vieillesse, ou aider à l'établissement des enfants.

« Malgré ta dignité de maire, de juge de paix, de major de milice, de père de famille, etc., il faut pourtant bien que je te dise un mot des progrès de ma dernière liaison. Tu as été mon confident avant de cumuler toutes les charges importantes que tu remplis aujourd'hui, tu ne saurais convenablement te démettre de ce premier emploi. Je sais pourtant que je m'expose à perdre la bonne opinion que tu pouvais avoir de moi ; je vais être à tes yeux un inconstant, un esprit volage, un grand enfant en un mot. Mais, mon cher ami, si tu connaissais bien la vie et la destinée des gens de mon état, tu verrais que ma conduite, après tout, n'a rien de fort étrange. Quand on ne peut se marier avant l'âge de trente ans, l'inconstance devient pour ainsi dire une nécessité de l'existence. La jeune fille qu'on aime à vingt ans ne peut rester jeune indéfiniment ; on ne saurait exiger qu'elle vieillisse dans l'attente que sa beauté se fane, qu'elle nourrisse pendant de longues années un sentiment dont la conséquence peut devenir pour elle un célibat forcé. En supposant qu'elle le voulût, ses parents y mettraient bon ordre. Elle en épouse un autre. Elle remplit fidèlement ses devoirs d'épouse et de mère. Le jeune homme qui l'aima d'abord se sent oublié, se console peu à peu, et porte ses vues ailleurs.

« Avec ce petit exorde, laisse-moi, mon bon ami, t'entretenir un peu de ma jeune pensionnaire. Je suis accueilli dans sa famille avec tous les égards possibles. Ma petite amie, que j'appellerai Antonine, est l'aînée de trois sœurs, dont la dernière est encore au couvent. Elle-même me parut d'abord regretter d'en être sortie ; elle ne parlait qu'avec émotion des bonnes dames directrices et des petites amies qu'elle y avait laissées. Cet ennui cependant s'est dissipé peu à peu, grâce à l'ardeur avec laquelle elle s'est livrée à tous les travaux domestiques qui conviennent à son sexe, et dont la connaissance pratique formait comme le complément de son éducation de couvent. Sa mère, qui me paraît être une femme supérieure, et parfaitement au fait des devoirs de son état, l'instruit de tout ce qui concerne la tenue d'une maison. Elle lui fait faire ce qu'elle appelle l'apprentissage de sa profession. À l'heure qu'il est, Antonine et sa sœur remplissent, chacune à son tour, les devoirs de maîtresse de maison, veillant à la propreté générale et à tous les détails du ménage, surveillant la cuisine, commandant les domestiques, et mettant elles-mêmes la main à l'œuvre lorsqu'il en est besoin. Elles s'acquittent de ces devoirs sans confusion, sans murmure, avec une sorte d'enjouement. Il m'est arrivé d'entrer une fois sans être annoncé et d'apercevoir Antonine vêtue en négligé, occupée à essuyer les meubles du salon. Elle était charmante à voir. Elle rougit légèrement, non de honte d'être surprise faisant un travail domestique — elle a trop d'esprit pour cela — mais sans doute parce qu'elle ne m'attendait pas, et peut-être aussi parce qu'elle lisait dans mes yeux combien je l'aimais dans sa tenue simple et modeste. D'après ce que dit leur mère, qui parle volontiers de ces détails en ma présence, Antonine et sa sœur sont ainsi occupées de travaux de ménage, depuis le matin jusqu'à midi ; elles changent alors de toilette, et leur après-midi se passe dans des travaux de couture, et quelquefois de broderie. Elles ont appris à tailler elles-mêmes leurs vêtements, et elles peuvent façonner de leurs mains tous leurs articles de toilette, depuis la robe jusqu'au chapeau. C'est une espèce de jouissance pour elles, en même temps qu'une grande économie pour la maison. Leur toilette d'ailleurs est remarquable par son extrême simplicité, en même temps que par son élégance, preuve à la fois de bon goût et de bon sens.

«Combien de jeunes filles cherchent à vous éblouir par la richesse et l'éclat de leur toilette, et se croient d'autant plus séduisantes qu'elles affichent plus de luxe! Elles ne savent pas que ces goûts extravagants épouvantent les jeunes gens et en condamnent un grand nombre au célibat. Passe pour celles qui ne sont pas belles et qui n'ont aucun autre moyen d'attirer l'attention ; mais quel besoin la jolie jeune fille a-t-elle de tant se parer pour être aimable ?

«De temps à autre, mais assez rarement, Antonine et sa sœur sortent avec leur mère dans l'après-midi, soit pour magasiner, soit pour faire quelques visites. Le soir, elles lisent, ou font de la musique dans le salon. Que crois-tu qu'elles lisent ? Tu as peut-être entendu dire que les jeunes filles ne peuvent lire autre chose que des romans ? Détrompe-toi. Antonine n'est pas aussi forte sur les mathématiques que l'était madame du Châtelet, mais elle lit de l'histoire, et même des ouvrages de sciences, de philosophie, de religion, de voyages, etc. Je l'ai surprise un jour absorbée dans le Traité de Fénelon sur l'éducation des filles, un autre jour dans celui de Madame Campan sur le même sujet. Il est vrai qu'elle parcourt peut-être avec encore plus de plaisir les poésies et les petites historiettes dont son père lui permet la lecture. Mais elle juge tous ces ouvrages avec une raison, un goût qu'on rencontre assez rarement parmi nous. Sa conversation m'intéresse et me charme de plus en plus. Quelles que soient les qualités littéraires de son futur mari, elle sera parfaitement en état de le comprendre.

«Je ne lui ai encore rien dit de mes sentiments; elle n'en sait que ce qu'elle a pu lire dans mes yeux. Mais je songe quelquefois qu'elle réunit en grande partie tout ce que j'ai toujours désiré dans une femme. Que dirais-tu si elle allait devenir la plus belle moitié de moi-même? Mais, en supposant que je ne lui fusse pas antipathique, pourra-t-elle, ou voudra-t-elle attendre deux ou trois ans? Car dans le cas même où la fortune me serait favorable, ce ne serait pas avant deux ans qu'il me sera donné d'accomplir cet acte solennel de ma vie.

«Je pense avoir deux rivaux cependant dans deux jeunes gens que je rencontre assez régulièrement dans la famille. L'un est étudiant comme moi, et l'autre employé d'une de nos premières maisons de commerce. Leur fortune est à peu près égale à la mienne c'est-à-dire qu'ils n'ont rien. Ni l'un ni l'autre toutefois n'a l'air de s'en douter. C'est à qui fera les plus riches cadeaux à Antonine et sa sœur. C'est au point que la mère de celles-ci s'est crue obligée d'intervenir, et de s'opposer formellement à cette étrange mode de faire sa cour. Ces jeunes messieurs, disait-elle l'autre jour, feraient beaucoup mieux d'employer l'argent de leurs cadeaux à se créer un fonds d'épargnes. Cette remarque et d'autres que j'entends faire de temps en temps sur le compte de mes rivaux me rassurent, et me font croire que mon système, qui est tout l'opposé du leur, ne déplaît pas trop. Le père d'Antonine surtout ne peut cacher son dédain pour ces jeunes freluquets qui, faute d'autres qualités, cherchent à se faire aimer à prix d'argent.

«L'un d'eux toutefois est, paraît-il, un magnifique danseur, et si plus tard Antonine prenait du goût pour les bals ou les soirées dansantes, il pourrait bien me faire une redoutable concurrence. Ajoutons que tous deux sont excessivement particuliers sur leur toilette, et qu'ils ne viennent jamais sans être peignés, frisés, pommadés et tirés à quatre épingles; avantage qui, soit dit en passant, me fait complètement défaut.

«Je ne manquerai pas de te tenir au courant des événements. Mais comme "de soins plus importants je te sais occupé", je te laisse pleine liberté de lire ou de ne pas lire mes confidences amoureuses, et par conséquent de n'y pas répondre.

«J'ai passé ma soirée d'hier avec notre ancien confrère de collège, le Dr E. T***, lequel, entre parenthèses, est en voie de réussir, grâce à ses talents et à la confiance qu'il inspire; et après avoir longtemps parlé de toi, nous passâmes en revue toute la liste des jeunes gens qui ont quitté le collège vers la même époque que nous. Nous fûmes nous-mêmes surpris du résultat de notre examen. Calixte B*** est parti pour la Californie, il y a deux ans, et nous n'en avons pas de nouvelles. Joseph T*** s'est fait tuer l'année dernière dans l'armée du Mexique. Tu te souviens de Pascal D***, toujours si fier, si prétentieux ? Il est, paraît-il, garçon d'auberge, quelque part dans l'État de New York. Quant à ce pauvre Alexis M***, autrefois si gai, si aimable, si amusant, tu as sans doute entendu parler de sa malheureuse passion pour la boisson ? De fait, cette fatale tendance chez lui se révélait déjà au collège. Eh bien ! après avoir dans ces derniers temps, grâce à nos remontrances et à nos pressantes sollicitations, cessé tout à fait de boire, il a recommencé comme de plus belle, puis il est tombé malade, et à l'heure où je t'écris, il n'en a pas pour quinze jours à vivre. George R***, qui, par ses talents, ses rapports de société, sa position de fortune, promettait de fournir une carrière si brillante, finira probablement de la même manière. La débauche en mine aussi quelques-uns et les conduira infailliblement aux portes du tombeau. Ce tableau n'est pas réjouissant, n'est-ce pas ? Il est pourtant loin d'être chargé, et je pourrais t'en dire bien davantage si je ne craignais de blesser la charité.

« Tu n'as pas d'idée, mon cher, des ravages que fait l'intempérance parmi la jeunesse instruite de nos villes. Nous étions dix jeunes étudiants, dans la première pension que j'ai habitée ; nous ne sommes plus que trois aujourd'hui. Les sept autres sont morts dans la fleur de l'âge, quelques-uns, avant même d'avoir terminé leur cléricature. Tous ont été victimes de cette maudite boisson qui cause plus de mal dans le monde que tous les autres fléaux réunis. Après avoir d'abord cédé avec répugnance à l'invitation pressante d'un ami, ils sont devenus peu à peu les esclaves de cette fatale habitude. Le jeune qui veut éviter ce danger n'a guère d'autre alternative que de renoncer héroïquement à goûter la liqueur traîtresse. Il se singularisera, il est vrai, mais l'avenir le récompensera amplement du sacrifice qu'il aura fait.

« Avec quel bonheur, mon ami, nous avons détourné nos regards de ce tableau lugubre pour les reporter sur celui que nous offre ta vie pleine d'héroïsme et de succès si bien mérités ! Tu es notre modèle à tous. Tu nous devances dans le chemin des honneurs et de la fortune. Oh ! encore une fois, bénis, bénis ton heureuse étoile qui t'a guidé vers la forêt du canton de Bristol.

« En terminant ma lettre, je dois te rappeler que si d'un côté je te dispense de répondre à mes confidences amoureuses, d'un autre côté je tiens plus que jamais à ce que tu me révèles tous les secrets de ta prospérité. Fais-moi part aussi des mesures que tu te proposes d'introduire en ta qualité de maire. Tout cela m'intéresse au plus haut degré.

« Et maintenant, monsieur le maire, permettez-moi de vous souhaiter tout le succès possible dans vos réformes et dans toutes vos entreprises publiques et privées. Veuillez faire mes amitiés à madame la mairesse, ainsi qu'à l'ami Doucet, et me croire

« Tout à vous,

« Gustave Charmenil »

XIII

Réponse de Jean Rivard

« Mon cher Gustave,

« Tu me pardonneras sans doute d'avoir tant tardé à t'écrire, lorsque tu en sauras la cause. J'ai reçu ta dernière lettre dans un moment de grande affliction pour ma femme et pour moi. Notre plus jeune enfant, notre cher petit Victor, était dangereusement malade, et depuis, nous l'avons perdu. Une congestion cérébrale, amenée par sa dentition, nous l'a enlevé à l'âge de huit mois. Ce beau petit ange, qui nous donnait déjà tant de plaisir, qui égayait la maison par ses cris de joie et son jargon enfantin, nous ne le verrons plus, nous ne l'entendrons plus ; il s'est envolé vers ce ciel qu'il nous montrait dans son œil limpide et pur. Il s'est éteint en fixant sur nous un regard d'une indicible mélancolie. Ce que nous ressentîmes alors ne saurait s'exprimer. Oh ! remercie Dieu, mon cher Gustave, d'ignorer ce que c'est que la perte d'un enfant. Mon cœur se brise encore en y pensant.

« J'ai craint pendant quelques jours pour la santé de ma pauvre Louise. Mais, grâce à cette religion dans le sein de laquelle elle s'est réfugiée, elle commence à se consoler, et elle peut maintenant parler de son cher petit sans verser trop de larmes.

« C'était la première peine de cœur que nous éprouvions depuis notre entrée en mariage ; nous nous en souviendrons longtemps.

« J'ai été, en outre, accablé d'occupations de toutes sortes depuis plusieurs mois, ce qui a aussi un peu contribué au délai que j'ai mis à t'écrire.

« Merci, mon cher Gustave, de tes félicitations sur mon élection à la mairie; mais je ne sais vraiment si tu ne devrais pas plutôt me plaindre. En acceptant cette charge j'ai pris sur mes épaules un lourd fardeau. J'ai déjà fait du mauvais sang, et je n'ai pas fini d'en faire. Toute mon ambition serait de faire de Rivardville une paroisse modèle; je voudrais la constituer, s'il était possible, en une petite république, pourvue de toutes les institutions nécessaires à la bonne administration de ses affaires, au développement de ses ressources, aux progrès intellectuels, sociaux et politiques de sa population. Mais pour en venir là, des obstacles de toutes sortes se présentent. Il faut le dire, l'esprit de gouvernement n'existe pas encore chez notre population. Cette entente, cette bonne harmonie, ces petits sacrifices personnels nécessaires au bon gouvernement général, on ne les obtient qu'au moyen d'efforts surhumains. Le sentiment qu'on rencontre le plus souvent quand il s'agit d'innovations utiles, d'améliorations publiques, c'est celui d'une opposition sourde, ou même violente, qui paralyse et décourage. Des gens s'obstinent à marcher dans la route qu'ont suivie leurs pères, sans tenir compte des découvertes dans l'ordre moral, politique et social, aussi bien que dans l'ordre industriel et scientifique. Parmi ces hommes arriérés un grand nombre sont honnêtes et de bonne foi; mais d'autres ne sont guidés que par l'égoïsme, ou par le désir de flatter les préjugés populaires! À part le père Gendreau, dont je t'ai déjà parlé, lequel ne fait d'opposition que par esprit de contradiction et qui, au fond, est plus digne de pitié que de haine, j'ai depuis quelque temps à faire face à une opposition plus redoutable et plus habile de la part du notaire de notre village. C'est un homme en apparence assez froid, mais qui sous des dehors de modération cache une ambition insatiable. Il ne tente aucune opposition ouverte, mais dans des entretiens privés il se plaît à critiquer mes projets et me nuit ainsi d'autant plus que je n'ai pas l'avantage de pouvoir me défendre. Il a, m'assure-t-on, l'intention de solliciter les suffrages des électeurs aux prochaines élections parlementaires, et tout ce qu'il fait, tout ce qu'il dit, il le fait et le dit dans le but de se rendre populaire.

« Notre médecin, qui est un homme éclairé et qui le plus souvent favorise mes projets, n'ose plus me prêter l'appui de son autorité morale, du moment que le débat prend une tournure sérieuse. Il se contente alors de rester neutre, et cette neutralité m'est plus défavorable qu'utile.

« Je me découragerais parfois si notre bon ami Doucet n'était là pour me réconforter et retremper mon zèle. Il ne veut pas se mêler ouvertement à nos débats, de crainte d'être mal vu de ses ouailles, et je respecte sa délicatesse ; mais en particulier il m'approuve de tout cœur ; cela me suffit.

« Ne va pas croire pourtant, mon ami, qu'en te parlant ainsi des obstacles que je rencontre, je prétende jeter du blâme sur les habitants de nos campagnes ; non, je ne fais que constater un état de choses dû à des circonstances incontrôlables, et dont il est facile de se rendre compte.

« Si d'un côté j'accuse les individus, il me serait facile d'un autre côté de disculper ou justifier complètement le gros de la population.

« Si nous ne possédons pas encore cet esprit public, cet esprit de gouvernement si désirables dans tous les pays libres, cela n'est pas dû à un défaut de bon sens ou d'intelligence naturelle chez la classe agricole, car aucune classe ne lui est supérieure sous ce rapport, mais on doit l'attribuer à deux causes principales dont je vais dire un mot. Convenons d'abord qu'il faut un apprentissage en cela comme en tout le reste. La science du gouvernement ne s'acquiert pas comme par magie ; elle doit s'introduire par degrés dans les habitudes de la population. Or, nos pères venus de France aux dix-septième et dix-huitième siècles n'ont pas apporté avec eux la pratique ou la connaissance de ce que les Anglais appellent le *self-government* ; et ce n'est pas avec l'ancien régime du Bas-Canada, sous la domination anglaise, que leurs descendants auraient pu en faire l'apprentissage. À peine quelques années se sont-elles écoulées depuis que nous avons été appelés à gérer nos affaires locales ou municipales. Rien donc de surprenant que nous soyons encore novices à cet égard et que nous ne marchions, pour ainsi dire, qu'en trébuchant. Le progrès se fera insensiblement ; nos lois administratives sont encore loin d'être parfaites ; elles s'amélioreront avec le temps et finiront par répondre aux vœux et aux besoins de la population.

« Mais la cause première de cette lacune dans les mœurs de notre population, la cause fondamentale de l'état de choses que nous déplorons et qu'il importe avant tout de faire disparaître, c'est le défaut d'une éducation convenable. Oui, mon ami, de toutes les réformes désirables, c'est là la plus urgente, la plus indispensable : elle doit être la base de toutes les autres. Avant de faire appel à l'esprit, à la raison du peuple, il faut cultiver cet esprit, développer, exercer cette raison. Donner à toutes les idées saines, à toutes les connaissances pratiques la plus grande diffusion possible, tel doit être le but de tout homme qui désire l'avancement social, matériel et politique de ses concitoyens. Cette idée n'est pas nouvelle ; on l'a proclamée mille et mille fois : mais il faut la répéter jusqu'à ce qu'elle soit parfaitement comprise. Sans cela, point de réforme possible.

« En quoi doit consister cette éducation populaire ? C'est là une question trop vaste, trop sérieuse pour que j'entreprenne de la traiter. Mais d'autres l'ont fait avant moi et beaucoup mieux que je ne le pourrais faire. D'ailleurs, à cet égard, je me laisse aveuglément guider par notre ami Doucet.

« Tu dis que je suis roi de ma localité : oh ! si j'étais roi, mon ami, avec quel zèle j'emploierais une partie de mon revenu à répandre l'éducation dans mon royaume, en même temps que j'encouragerais par tous les moyens possibles la pratique de l'agriculture et des industries qui s'y rattachent!

« Je considérerais les ressources intellectuelles enfouies dans la multitude de têtes confiées à mes soins comme mille fois plus précieuses que toutes ces ressources minérales, commerciales, industrielles qu'on exploite à tant de frais, et je ferais de l'éducation morale, physique et intellectuelle des enfants du peuple, qui a pour but de cultiver et développer ces ressources, ma constante et principale occupation.

« Dans chaque paroisse de mon royaume, l'école-modèle s'élèverait à côté de la ferme-modèle, et toutes deux recevraient sur le budget de l'État une subvention proportionnée à leur importance. Toute lésinerie à cet égard me paraîtrait un crime de lèse-nation.

« Il va sans dire que, dans le choix des instituteurs, je ne me laisserais pas influencer par des considérations d'économie. Cette classe d'hommes qui exerce une espèce de sacerdoce, et qui, par la nature de ses occupations, devrait être regardée comme une des premières dans tous les pays du monde, a toujours été traitée si injustement, que je ferais tout en moi pour la dédommager de ce dédain. Je lui assurerais un revenu égal à celui des hommes de profession.

« J'appellerais là, s'il était possible, non seulement des hommes réellement et solidement instruits, mais des esprits philosophiques et observateurs, des hommes en état de juger des talents et du caractère des enfants.

« Car un de mes principaux buts, en rendant l'éducation élémentaire universelle, serait de découvrir chez les enfants du peuple les aptitudes particulières de chacun, de distinguer ceux qui, par leurs talents plus qu'ordinaires, promettraient de briller dans les carrières requérant l'exercice continu de l'intelligence, de ceux qui seraient plus particulièrement propres aux arts mécaniques et industriels, au commerce ou à l'agriculture.

« J'adopterais des mesures pour que tout élève brillant fût reçu dans quelque institution supérieure, où son intelligence pourrait recevoir tout le développement dont elle serait susceptible.

« Rien ne m'affligerait autant que d'entendre dire ce qu'on répète si souvent de nos jours: que parmi les habitants de nos campagnes se trouvent, à l'état inculte, des hommes d'État, des jurisconsultes, des orateurs éminents, des mécaniciens ingénieux, des hommes de génie enfin, qui, faute de l'instruction nécessaire, mourront en emportant avec eux les trésors de leur intelligence.

« Si j'étais roi, je fonderais des institutions où le fils du cultivateur acquerrait les connaissances nécessaires au développement de son intelligence, et celles plus spécialement nécessaires à l'exercice de son état, me rappelant ce que dit un auteur célèbre, "que l'éducation est imparfaite si elle ne prépare pas l'homme aux diverses fonctions sociales que sa naissance, ses aptitudes ou ses goûts, sa vocation ou sa fortune l'appelleront à remplir dans la société pendant sa vie sur la terre". Quant à la connaissance spéciale de son art, c'est-à-dire à la science agricole, je voudrais qu'elle lui fût aussi familière, dans toutes ses parties, que les connaissances légales le sont à l'avocat, celles de la médecine au médecin. Tu me diras que c'est un rêve que je fais là ; quelque chose me dit pourtant que ce n'est pas chose impossible. On peut dire qu'à l'heure qu'il est, la grande moitié des cultivateurs de nos paroisses canadiennes pourraient, s'ils avaient reçu l'instruction préalable nécessaire, consacrer deux, trois, quatre heures par jour à lire, écrire, calculer, étudier. Aucune classe n'a plus de loisirs, surtout durant nos longs hivers. Qui nous empêcherait d'employer ces loisirs à l'acquisition de connaissances utiles ?

« Que d'études importantes, en même temps qu'agréables, n'aurions-nous pas à faire ? Nous sommes naturellement portés à nous occuper des choses de l'esprit ; nous aimons beaucoup, par exemple, à parler politique ; nous aimons à juger les hommes qui nous gouvernent, à blâmer ou approuver leur conduite, à discuter toutes les mesures présentées dans l'intérêt général. Mais n'est-ce pas humiliant pour l'homme sensé, qui n'a pas la moindre notion de la science du gouvernement, qui ne connaît ni l'histoire du pays, ni les ressources commerciales, industrielles, financières dont il dispose, qui n'a pas même assez cultivé sa raison pour bien saisir le sens et la portée des questions politiques, n'est-ce pas humiliant pour lui d'avoir à décider par son vote ces questions souvent graves et compliquées, dont dépendent les destinées du pays ? Je connais un de mes vieux amis qui ne veut jamais voter, sous prétexte qu'il ne comprend pas suffisamment les questions en litige ; c'est cependant un homme fort intelligent. Avec quel bonheur il approfondirait toutes ces questions si son instruction préalable lui avait permis de consacrer quelques heures, chaque jour, au développement et à la culture de ses facultés intellectuelles ?

« Songe donc un instant, mon ami, à l'influence qu'une classe de cultivateurs instruits exercerait sur l'avenir du Canada !

« Mais je m'arrête : cette perspective m'entraînerait trop loin. Pardonne-moi ces longueurs, en faveur d'un sujet qui doit t'intéresser tout autant que moi. Ce qui me reste à te dire, mon cher Gustave, c'est que mes efforts vont être désormais employés à procurer à Rivardville les meilleurs établissements possibles d'éducation. J'y consacrerai, s'il le faut, plusieurs années de ma vie. Si je n'obtiens pas tout le succès désirable, j'aurai au moins la satisfaction d'avoir contribué au bonheur d'un certain nombre de mes concitoyens, et cela seul me sera une compensation suffisante.

« Quant aux secrets de ma prospérité, comme tu veux bien appeler les résultats plus ou moins heureux de mes travaux, je me fais fort de te les révéler un jour; et tu verras alors que je ne suis pas sorcier. En attendant, mon cher Gustave, continue à me faire le confident de tes progrès en amour. Je m'y intéresse toujours beaucoup, et ma Louise, curieuse à cet égard comme toutes celles de son sexe, n'aura de repos que lorsqu'elle connaîtra la fin de ton histoire.

« Quand même je voudrais continuer, je serais forcé d'en finir, car mes enfants sont là qui me grimpent sur les épaules, après avoir renversé, par deux fois, mon encrier, et leur mère se plaint que je ne réponds que par monosyllabes aux mille et une questions qu'elle m'adresse depuis une heure. Adieu donc.

« Tout à toi,

« Jean Rivard »

XIV

Jean Rivard et l'éducation

> Dieu a distingué l'homme de la bête en lui donnant une intelligence capable d'apprendre... Cette intelligence a besoin pour se développer d'être enseignée.
>
> *La Genèse*

> C'est par l'éducation qu'on peut réformer la société et la guérir des maux qui la tourmentent.
>
> PLATON

> Celui-là qui est maître de l'éducation peut changer la face du monde.
>
> LEIBNITZ

Nous voici rendus à l'époque la plus critique, la plus périlleuse, en même temps que la plus importante et la plus glorieuse de toute la carrière de Jean Rivard. Nous allons le voir s'élever encore, aux prises avec les difficultés les plus formidables. Après avoir déployé dans la création de sa propre fortune et dans la formation de toute une paroisse une intelligence et une activité remarquables, il va déployer, dans l'établissement des écoles de Rivardville, une force de caractère surprenante et un courage moral à toute épreuve.

Mais cette question de l'éducation du peuple, avant de devenir pour les habitants de Rivardville le sujet de délibérations publiques, avait été pour Octave Doucet et Jean Rivard le sujet de longues et fréquentes discussions. Que de fois l'horloge du presbytère les avait surpris, au coup de minuit, occupés à rechercher les opinions des théologiens et des grands philosophes chrétiens sur cette question vitale. Les sentiments des deux amis ne différaient toutefois que sur des détails d'une importance secondaire ; ils s'accordaient parfaitement sur la base à donner à l'éducation, sur la nécessité de la rendre aussi relevée et aussi générale que possible, de même que sur l'influence toute-puissante qu'elle devait exercer sur les destinées du Canada. L'éducation du peuple, éducation religieuse, saine, forte, nationale, développant à la fois toutes les facultés de l'homme, et faisant de nous, Canadiens, une population pleine de vigueur, surtout de vigueur intellectuelle et morale, telle était, aux yeux des deux amis, notre principale planche de salut.

Nous ne saurions mieux faire connaître les principes qui les guidaient, et les conclusions auxquelles ils en étaient arrivés, qu'en reproduisant ici quelques phrases de l'ouvrage de Mgr Dupanloup sur l'éducation, ouvrage admirable s'il en fût, et qui devrait se trouver entre les mains de tous ceux qui s'occupent de la chose publique :

« Cultiver, exercer, développer, fortifier, et polir toutes les facultés physiques, intellectuelles, morales et religieuses qui constituent dans l'enfant la nature et la dignité humaine ; donner à ses facultés leur parfaite intégrité ; les établir dans la plénitude de leur puissance et de leur action... telle est l'œuvre, tel est le but de l'Éducation.

. . . .

« L'Éducation accepte le fond, la matière que la première création lui confie ; puis elle se charge de la former ; elle y imprime la beauté, l'élévation, la politesse, la grandeur.

. . . .

« L'Éducation doit former l'homme, faire de l'enfant un homme, c'est-à-dire lui donner un corps sain et fort, un esprit pénétrant et exercé, une raison droite et ferme, une imagination féconde, un cœur sensible et pur, et tout cela dans le plus haut degré dont l'enfant qui lui est confié est susceptible.

. . . .

« De là, l'Éducation *intellectuelle* qui consiste à développer en lui toutes les forces, toutes les puissances de l'intelligence.

« De là, l'Éducation *disciplinaire* qui doit développer et affermir en lui les habitudes de l'ordre et de l'obéissance à la règle.

« De là, l'Éducation *religieuse* qui s'appliquera surtout à inspirer, à développer les inclinations pieuses et toutes les vertus chrétiennes.

« De là, l'Éducation *physique* qui consiste particulièrement à développer, à fortifier les facultés corporelles.

« Dans le premier cas, l'Éducation s'adresse spécialement à l'*esprit* qu'elle éclaire par l'instruction.

« Dans le second cas, l'Éducation s'adresse plus spécialement à la volonté et au *caractère* qu'elle affermit par la discipline.

« Dans le troisième cas, l'Éducation s'adresse spécialement au *cœur* et à la *conscience*, qu'elle forme par la connaissance et la pratique des saintes vérités de la religion.

« Dans le quatrième cas, c'est le *corps* que l'Éducation a pour but de rendre sain et fort par les soins physiques et gymnastiques.

« Mais en tout cas, tout est ici nécessaire et doit être employé simultanément. C'est l'homme tout entier qu'il est question d'élever, de former, d'instituer ici-bas. Ce qu'il ne faut donc jamais oublier, c'est que chacun de ces moyens est indispensable, chacune de ces éducations est un besoin impérieux pour l'enfant et un devoir sacré pour vous que la Providence a fait son instituteur.

. . . .

« Quel que soit son rang dans la société, quelle que soit sa naissance ou son humble fortune, jamais un homme n'a trop d'intelligence ni une moralité trop élevée; jamais il n'a trop de cœur ni de caractère; ce sont là des biens qui n'embarrassent jamais la conscience. Quoi ! me dira-t-on, vous voulez que l'homme du peuple, que l'homme des champs puisse être intelligent comme le négociant, comme le magistrat? Eh! sans doute, je le veux, si Dieu l'a voulu et fait ainsi; et je demande que l'Éducation ne fasse pas défaut à l'œuvre de Dieu; et, si cet homme, dans sa pauvre condition, est élevé d'ailleurs à l'école de la religion et du respect, je n'y vois que des avantages pour lui et pour tout le monde.

« De quel droit voudrait-on refuser à l'homme du peuple le développement convenable de son esprit? Sans doute il ne fera pas un jour de ses facultés le même emploi que le négociant ou le magistrat; non, il les appliquera diversement selon la diversité de ses besoins et de ses devoirs; et voilà pourquoi l'Éducation doit les exercer, les cultiver diversement aussi; mais les négliger, jamais ! L'homme du peuple s'applique à d'autres choses; il étudie d'autres choses que le négociant et le magistrat; il en étudie, il en sait moins : c'est dans l'ordre; mais qu'il sache aussi bien, qu'il sache même mieux ce qu'il doit savoir; qu'il ait autant d'esprit, et quelquefois plus, pourquoi pas? »

. . . .

Deux obstacles sérieux s'opposent à l'établissement d'écoles dans les localités nouvelles : le manque d'argent et le manque de bras. La plupart des défricheurs n'ont que juste ce qu'il faut pour subvenir aux besoins indispensables et, du moment qu'un enfant est en âge d'être utile, on tire profit de son travail.

Durant les premières années de son établissement dans la forêt, Jean Rivard avait bien compris qu'on ne pouvait songer à établir des écoles régulières. Mais son zèle était déjà tel à cette époque que, pendant plus d'une année, il n'employa pas moins d'une heure tous les dimanches à enseigner gratuitement les premiers éléments des lettres aux enfants et même aux jeunes gens qui voulaient assister à ses leçons.

Un bon nombre de ces enfants firent des progrès remarquables. La mémoire est si heureuse à cet âge ! Ils répétaient chez eux, durant la semaine, ce qu'ils avaient appris le dimanche, et n'en étaient que mieux préparés à recevoir la leçon du dimanche suivant. Dans plusieurs familles d'ailleurs, les personnes sachant lire et écrire s'empressaient de continuer les leçons données le dimanche par Jean Rivard.

Bientôt même, sur la recommandation pressante du missionnaire, des écoles du soir, écoles volontaires et gratuites, s'établirent sur différents points du canton.

Mais cet état de choses devait disparaître avec les progrès matériels de la localité.

Peu de temps après l'érection de Rivardville en municipalité régulière, Jean Rivard, en sa qualité de maire, convoqua une assemblée publique où fut discutée la question de l'éducation. Il s'agissait d'abord de nommer des commissaires chargés de faire opérer la loi et d'établir des écoles suivant le besoin, dans les différentes parties de la paroisse.

Ce fut un beau jour pour Gendreau-le-Plaideux. Jamais il n'avait rêvé un plus magnifique sujet d'opposition.

« Qu'avons-nous besoin, s'écria-t-il aussitôt, qu'avons-nous besoin de commissaires d'école ? On s'en est bien passé jusqu'aujourd'hui, ne peut-on pas s'en passer encore ? Défiez-vous, mes amis, répétait-il, du ton le plus pathétique, défiez-vous de toutes ces nouveautés ; cela coûte de l'argent : c'est encore un piège qui vous est tendu à la suggestion du gouvernement. Une fois des commissaires nommés, on vous taxera sans miséricorde, et si vous ne pouvez pas payer, on vendra vos propriétés... »

Ces paroles, prononcées avec force et avec une apparence de conviction, firent sur une partie des auditeurs un effet auquel Jean Rivard ne s'attendait pas.

Pour dissiper cette impression, il dut en appeler au bon sens naturel de l'auditoire, et commencer par faire admettre au père Gendreau lui-même la nécessité incontestable de l'instruction.

« Supposons, dit-il, en conservant tout son sang-froid et en s'exprimant avec toute la clarté possible, supposons que pas un individu parmi nous ne sache lire ni écrire : que ferions-nous ? où en serions-nous ? Vous admettrez sans doute, M. Gendreau, que nous ne pouvons pas nous passer de prêtres ?

— C'est bon, j'admets qu'il en faut, dit le père Gendreau.

— Ni même de magistrats, pour rendre la justice ?

— C'est bon encore.

— Vous admettrez aussi, n'est-ce pas, que les notaires rendent quelquefois service en passant les contrats de mariage, en rédigeant les testaments, etc. ?

— Passe encore pour les notaires.

— Et même, sans être aussi savant qu'un notaire, n'est-ce pas déjà un grand avantage que d'en savoir assez pour lire à l'église les prières de la messe, et voir sur les gazettes ce que font nos membres au parlement, et tout ce qui se passe dans le monde ? Et lorsqu'on ne peut pas soi-même écrire une lettre, n'est-ce pas commode de pouvoir la faire écrire par quelqu'un ? N'est-ce pas commode aussi, lorsque soi-même on ne sait pas lire, de pouvoir faire lire par d'autres les lettres qu'on reçoit de ses amis, de ses frères, de ses enfants ?...

Il se fit un murmure d'approbation dans l'auditoire.

— Oui, c'est vrai, dit encore le père Gendreau, d'une voix sourde.

Il était d'autant moins facile au père Gendreau de répondre négativement à cette question que, lors de son arrivée dans le canton de Bristol, il avait prié Jean Rivard lui-même d'écrire pour lui deux ou trois lettres d'affaires assez importantes.

— Supposons encore, continua Jean Rivard, que vous, M. Gendreau, vous auriez des enfants pleins de talents naturels, annonçant les meilleures dispositions pour l'étude, lesquels, avec une bonne éducation, pourraient devenir des hommes éminents, des juges, des prêtres, des avocats... n'aimeriez-vous pas à pouvoir les envoyer à l'école ?

Jean Rivard prenait le père Gendreau par son faible ; la seule pensée d'avoir un enfant qui pût un jour être avocat suffisait pour lui troubler le cerveau.

Gendreau-le-Plaideux fit malgré lui un signe de tête affirmatif.

— Eh bien! dit Jean Rivard, mettez-vous un moment à la place des pères de famille, et ne refusez pas aux autres ce que vous voudriez qu'on vous eût fait à vous-même. Qui sait si avec un peu plus d'éducation vous ne seriez pas vous-même devenu avocat ?

Toute l'assemblée se mit à rire. Le père Gendreau était désarmé.

— Pour moi, continua Jean Rivard, chaque fois que je rencontre sur mon chemin un de ces beaux enfants au front élevé, à l'œil vif, présentant tous les signes de l'intelligence, je ne m'informe pas quels sont ses parents, s'ils sont riches ou s'ils sont pauvres, mais je me dis que ce serait pécher contre Dieu et contre la société que de laisser cette jeune intelligence sans culture. N'êtes-vous pas de mon avis, M. Gendreau?»

Il y eut un moment de silence. Jean Rivard attendait une réponse; mais le père Gendreau, voyant que l'assemblée était contre lui, crut plus prudent de se taire. On put donc, après quelques conversations particulières, procéder à l'élection des commissaires.

Jean Rivard, le père Landry, Gendreau-le-Plaideux et un autre furent adjoints à monsieur le curé pour l'établissement et l'administration des écoles de Rivardville.

C'était un grand pas de fait; mais le plus difficile restait encore à faire.

En entrant en fonction, les commissaires durent rechercher les meilleurs moyens de subvenir à l'entretien des écoles; après de longues délibérations, ils en vinrent à la conclusion que le seul moyen praticable était d'imposer, comme la loi y avait pourvu, une légère contribution sur chacun des propriétaires de la paroisse, suivant la valeur de ses propriétés.

Cette mesure acheva de monter l'esprit de Gendreau-le-Plaideux, d'autant plus irrité que, n'ayant pas lui-même d'enfant, sa propriété se trouvait ainsi imposée pour faire instruire les enfants des autres.

Les séances des commissaires étaient publiques, et elles attiraient presque toujours un grand concours de personnes.

Celle où fut décidée cette question fut une des plus orageuses.

Jean Rivard eut beau représenter que lui et sa famille possédaient plus de propriétés qu'aucun autre des habitants de Rivardville, et qu'ils seraient taxés en conséquence — que les bienfaits de l'éducation étaient assez importants pour mériter un léger sacrifice de la part de chacun — que les enfants pauvres avaient droit à l'éducation comme ceux des riches — et d'autres raisons également solides, Gendreau ne cessait de crier comme un forcené : on veut nous taxer, on veut nous ruiner à tout jamais pour le seul plaisir de faire vivre des maîtres d'écoles : à bas les taxes, à bas les gens qui veulent vivre aux dépens du peuple, à bas les traîtres…

À ces mots, Gendreau-le-Plaideux, qui s'épuisait en gesticulations de toutes sortes, se sentit tout à coup saisir par les épaules comme entre deux étaux; et une voix de tonnerre lui cria dans les oreilles :

«Ferme ta margoulette, vieux grognard.»

Et se tournant, il aperçut Pierre Gagnon.

« C'est Pierre Gagnon, dit-il, qui vient mettre le désordre dans l'assemblée ?

« Oui, c'est moi, tonnerre d'un nom ! dit Pierre Gagnon, d'un air déterminé, et en regardant le père Gendreau avec des yeux furibonds.

Il y eut un mouvement dans l'assemblée ; les uns riaient, les autres étaient très sérieux.

« J'en veux des écoles, moi, tonnerre d'un nom ! » criait Pierre Gagnon avec force.

Jean Rivard intervint, et s'aperçut que Pierre Gagnon était tout frémissant de colère ; il avait les deux poings fermés, et son attitude était telle que plusieurs des partisans du père Gendreau sortirent de la salle d'eux-mêmes. Jean Rivard craignit même un instant que son ancien serviteur ne se portât à quelque voie de fait.

Cet incident, quoique assez peu grave en lui-même, fit cependant une impression fâcheuse, et monsieur le curé, qui ne se mêlait pourtant que le moins possible aux réunions publiques, crut devoir cette fois adresser quelques mots à l'assemblée sur le sujet qui faisait l'objet de ses délibérations. Il parla longuement sur l'importance de l'éducation et s'exprima avec tant de force et d'onction qu'il porta la conviction dans l'esprit de presque tous ceux qui avaient résisté jusque-là.

La mesure fut définitivement emportée et il ne restait plus qu'à mettre les écoles en opération.

On résolut de n'établir, pour la première année, que trois écoles dans la paroisse, et des institutrices furent engagées pour enseigner les premiers éléments de l'instruction, c'est-à-dire la lecture et l'écriture.

Ces écoles ne coûtèrent qu'une bagatelle à chaque contribuable, et les gens commencèrent à soupçonner qu'ils avaient eu peur d'un fantôme.

Dès la seconde année qui suivit la mise en opération des écoles, Rivardville ayant fait un progrès considérable et la population ayant presque doublé, Jean Rivard crut qu'on pouvait, sans trop d'obstacles, opérer une grande amélioration dans l'organisation de l'instruction publique.

Son ambition était d'établir au centre même de Rivardville une espèce d'école-modèle, dont les autres écoles de la paroisse seraient comme les succursales.

Pour cela, il fallait trouver d'abord un instituteur habile ; et avec un peu de zèle et de libéralité la chose lui semblait facile.

La carrière de l'enseignement devrait être au-dessus de toutes les professions libérales ; après le sacerdoce, il n'est pas d'occupation qui mérite d'être entourée de plus de considération.

On sait que ce qui éloigne les hommes de talent de cet emploi, c'est la misérable rétribution qui leur est accordée. L'instituteur le plus instruit, le plus habile est moins payé que le dernier employé de bureau. N'est-il pas tout naturel de supposer que si la carrière de l'enseignement offrait quelques-uns des avantages qu'offrent les professions libérales ou les emplois publics, une partie au moins de ces centaines de jeunes gens qui sortent chaque année de nos collèges, après y avoir fait un cours d'études classiques, s'y jetteraient avec empressement? En peu d'années le pays en retirerait un bien incalculable.

Jean Rivard forma le projet d'élever les obscures fonctions d'instituteur à la hauteur d'une profession. Il eut toutefois à soutenir de longues discussions contre ces faux économes qui veulent toujours faire le moins de dépenses possible pour l'éducation; et ce ne fut que par la voix prépondérante du président des commissaires qu'il fut chargé d'engager, pour l'année suivante, aux conditions qu'il jugerait convenables, un instituteur de première classe.

Jean Rivard avait connu à Grandpré un maître d'école d'une haute capacité et d'une respectabilité incontestée. Il avait fait d'excellentes études classiques, mais le manque de moyens l'ayant empêché d'étudier une profession, il s'était dévoué à l'enseignement comme à un pis-aller; peu à peu cependant il avait pris du goût pour ses modestes mais utiles fonctions, et s'il eût pu trouver à y vivre convenablement avec sa famille (il avait une trentaine d'années et était père de plusieurs enfants), il n'aurait jamais songé à changer d'état. Mais le traitement qu'il recevait équivalait à peine à celui d'un journalier; et le découragement commençait à s'emparer de son esprit, lorsqu'il reçut la lettre de Jean Rivard lui transmettant les offres de la municipalité scolaire de Rivardville.

Voici les propositions contenues dans cette lettre.

L'école de Rivardville devait porter le nom de «Lycée», et le chef de l'institution celui de «Professeur».

On devait enseigner dans ce lycée, outre la lecture et l'écriture, la grammaire, l'arithmétique, le dessin linéaire, la composition, les premières notions de l'histoire, de la géographie et des sciences pratiques, comme l'agriculture, la géologie, la botanique, etc.

Le professeur devait agir comme inspecteur des autres écoles de la paroisse, et les visiter de temps à autre, en compagnie d'un ou de plusieurs des commissaires ou visiteurs.

Il s'engageait de plus à faire tous les dimanches et les jours de fête, lorsqu'il n'en serait pas empêché par quelque circonstance imprévue, pendant environ une heure, dans la grande salle de l'école, une lecture ou un discours à la portée des intelligences ordinaires, sur les choses qu'il importe le plus de connaître dans la pratique de la vie.

Il devait remplir aussi gratuitement, au besoin, la charge de bibliothécaire de la bibliothèque paroissiale.

Il devait enfin se garder de prendre part aux querelles du village, et s'abstenir de se prononcer sur les questions politiques ou municipales qui divisent si souvent les diverses classes de la population, même au sein de nos campagnes les plus paisibles, tous ces efforts devant tendre à lui mériter, par une conduite judicieuse, l'approbation générale des habitants de la paroisse, et par son zèle, son activité et son application consciencieuse, celle de tous les pères de famille.

En retour, la paroisse assurait au professeur un traitement de soixante-quinze louis par an, pour les deux premières années, et de cent louis pour chacune des années suivantes, l'engagement pouvant être discontinué à la fin de chaque année par l'une ou l'autre partie, moyennant un avis de trois mois.

Le professeur avait en outre le logement et deux arpents de terre qu'il cultivait à son profit.

Ces conditions lui parurent si libérales, comparées à celles qu'on lui avait imposées jusque-là, qu'il n'hésita pas un moment et s'empressa de se rendre à Rivardville.

L'engagement fut signé de part et d'autre et le nouveau professeur entra tout de suite en fonction.

Mais il va sans dire que Gendreau-le-Plaideux remua ciel et terre pour perdre Jean Rivard dans l'opinion publique et empêcher la réussite de ce projet « monstrueux ».

« Avait-on jamais vu cela ? Payer un instituteur cent louis par année ! N'était-ce pas le comble de l'extravagance ? Du train qu'on y allait, les taxes allaient doubler chaque année jusqu'à ce que toute la paroisse fût complètement ruinée et vendue au plus haut enchérisseur... »

Il allait de maison en maison, répétant les mêmes choses et les exagérant de plus en plus.

Malheureusement, l'homme le plus fourbe, le plus dépourvu de bonne foi, s'il est tenace et persévérant, ne peut manquer de faire des dupes, et il n'est pas longtemps avant de recruter, parmi la foule, des partisans d'autant plus fidèles et plus zélés qu'ils sont plus ignorants.

Le plus petit intérêt personnel suffit souvent, hélas ! pour détourner du droit sentier l'individu d'ailleurs le mieux intentionné.

Gendreau-le-Plaideux, malgré sa mauvaise foi évidente, réussit donc à capter la confiance d'un certain nombre des habitants de la paroisse, qui l'approuvaient en toutes choses, l'accompagnaient partout et ne juraient que par lui.

Chose singulière! c'étaient les plus âgés qui faisaient ainsi escorte à Gendreau-le-Plaideux.

Suivant eux, Jean Rivard était encore trop jeune pour se mêler de conduire les affaires de la paroisse.

En outre, répétaient-ils après leur coryphée, nos pères ont bien vécu sans cela, pourquoi n'en ferions-nous pas autant?

Enfin, Gendreau-le-Plaideux fit tant et si bien qu'à l'élection des commissaires, qui fut renouvelée presque aussitôt après l'engagement du professeur, Jean Rivard et le père Landry ne furent pas réélus.

Le croira-t-on? Jean Rivard, le noble et vaillant défricheur, l'homme de progrès par excellence, l'ami du pauvre, le bienfaiteur de la paroisse, Jean Rivard ne fut pas réélu! Il était devenu impopulaire!...

Une majorité, faible il est vrai, mais enfin une majorité des contribuables lui préférèrent Gendreau-le-Plaideux!

Il en fut profondément affligé, mais ne s'en plaignit pas.

Il connaissait un peu l'histoire; il savait que de plus grands hommes que lui avaient subi le même sort; il se reposait sur l'avenir pour le triomphe de sa cause.

Son bon ami, Octave Doucet, qui se montra aussi très affecté de ce contretemps, le consola du mieux qu'il put, en l'assurant que tôt ou tard les habitants de Rivardville lui demanderaient pardon de ce manque de confiance.

Cet événement mit en émoi toute la population de Rivardville, et bientôt la zizanie régna en souveraine dans la localité.

Est-il rien de plus triste que les dissensions de paroisse? Vous voyez au sein d'une population naturellement pacifique, sensée, amie de l'ordre et du travail, deux partis se former, s'organiser, se mettre en guerre l'un contre l'autre; vous les voyez dépenser dans des luttes ridicules une énergie, une activité qui suffiraient pour assurer le succès des meilleures causes. Bienheureux encore, si des haines sourdes, implacables, ne sont pas le résultat de ces discordes dangereuses, si des parents ne s'élèvent pas contre des parents, des frères contre des frères, si le sentiment de la vengeance ne s'empare pas du cœur de ces hommes aveugles!

Hélas! l'ignorance, l'entêtement, la vanité sont le plus souvent la cause de ce déplorable état de choses.

Heureuse la paroisse où les principaux citoyens ont assez de bon sens pour étouffer dans leur germe les différends qui menacent ainsi de s'introduire! Heureuse la paroisse où ne se trouve pas de Gendreau-le-Plaideux!

Si Jean Rivard eût été homme à vouloir faire de sa localité le théâtre d'une lutte acharnée, s'il eût voulu ameuter les habitants les uns contre les autres, rien ne lui aurait été plus facile.

Mais il était résolu, au contraire, de faire tout au monde pour éviter pareil malheur.

C'est au bon sens du peuple qu'il voulait en appeler, non à ses passions.

Il eut assez d'influence sur ses partisans pour les engager à modérer leur zèle. Pierre Gagnon lui-même, qui tempêtait tout bas contre le père Gendreau et n'eût rien tant aimé que de lui donner une bonne *raclée*, Pierre Gagnon se tenait tranquille pour faire plaisir à son bourgeois.

Cette modération, de la part de Jean Rivard, eut un excellent effet.

Ajoutons qu'il n'en continua pas moins à travailler avec zèle pour tout ce qui concernait la chose publique.

Voyant du même œil ceux des électeurs qui l'avaient rejeté et ceux qui l'avaient appuyé, il se montrait disposé, comme par le passé, à rendre à tous indistinctement mille petits services, non dans le but de capter leur confiance et en obtenir des faveurs, mais pour donner l'exemple de la modération et du respect aux opinions d'autrui.

Il ne manquait non plus aucune occasion de discuter privément, avec ceux qu'il rencontrait, les mesures d'utilité générale.

Ceux qui conversaient une heure avec lui s'en retournaient convaincus que Jean Rivard était un honnête homme.

Peu à peu même on s'ennuya de ne plus le voir à la tête des affaires. Plusieurs désiraient avoir une occasion de revenir sur leur vote.

Mais une cause agit plus puissamment encore que toutes les autres pour reconquérir à Jean Rivard la confiance et la faveur publiques : ce fut le résultat même du plan d'éducation dont il avait doté Rivardville, aux dépens de sa popularité.

Mon intention n'est pas de faire ici l'histoire du lycée de Rivardville. Qu'il me suffise de dire que le nouveau professeur se consacra avec zèle à l'éducation de la jeunesse et à la diffusion des connaissances utiles dans toute la paroisse ; et qu'il sut en peu de temps se rendre fort populaire. Ses conférences du dimanche étaient suivies par un grand nombre de personnes de tous les âges. Dans des causeries simples, lucides, il faisait connaître les choses les plus intéressantes, sur le monde, sur les peuples qui l'habitent ; il montrait l'usage des globes et des cartes géographiques ; il faisait connaître les découvertes les plus récentes, surtout celles qui se rattachent à l'agriculture et à l'industrie. Dans le cours de la première année, il put en quelques leçons donner une idée suffisante des principaux événements qui se sont passés en Canada depuis sa découverte, et aussi une idée de l'étendue et des divisions de notre pays, de sa population, de son histoire naturelle, de son industrie, de son commerce et de ses autres ressources. Les jeunes gens ou les hommes mûrs qui assistaient à ces leçons racontaient le soir, dans leurs familles, ce qu'ils en avaient retenu ; les voisins dissertaient entre eux sur ces sujets ; les enfants, les domestiques en retenaient quelque chose, et par ce moyen des connaissances de la plus grande utilité, propres à développer l'intelligence du peuple, se répandaient peu à peu parmi toute la population.

Les autres écoles de la paroisse étaient tenues par des jeunes filles, dont notre professeur, après quelques leçons, avait réussi à faire d'excellentes institutrices.

Mais ce qui porta le dernier coup à l'esprit d'opposition, ce qui servit à réhabiliter complètement Jean Rivard dans l'opinion des contribuables, ce fut l'examen public du lycée qui eut lieu à la fin de la première année scolaire.

Cet examen, préparé par le professeur avec tout le zèle et toute l'habileté dont il était capable, fut une espèce de solennité pour la paroisse. Plusieurs prêtres du voisinage y assistaient ; les hommes de profession et en général tous les amis de l'éducation voulurent témoigner par leur présence de l'intérêt qu'ils prenaient au succès de l'institution. Bien plus, le surintendant de l'éducation lui-même se rendit ce jour-là à Rivardville ; il suivit avec le plus vif intérêt tous les exercices littéraires du lycée ; et à la fin de la séance, s'adressant au nombreux auditoire, il rendit hommage au zèle de la population, à l'habileté et au dévouement du professeur, aux progrès étonnants des élèves ; puis il termina, en adressant à Jean Rivard lui-même et au curé de Rivardville, qu'il appela les bienfaiteurs de leur localité, les éloges que méritait leur noble conduite ! Quelques mots habiles sur les progrès du canton, sur l'énergie des premiers colons, sur l'honneur qu'en recevait la paroisse de Rivardville, achevèrent d'exalter les esprits et la salle éclata en applaudissements.

La plupart des parents des élèves étaient présents ; plusieurs s'en retournèrent tout honteux de s'être opposés d'abord à l'établissement de cette institution.

Ce fut un véritable jour de triomphe pour Jean Rivard.

Grâce à la subvention du gouvernement, il se trouva que chacun des contribuables n'eut à payer qu'une somme comparativement minime, et le cri de « à bas les taxes », jeté d'abord par Gendreau-le-Plaideux, n'eut plus qu'un faible écho qui cessa tout à fait de se faire entendre après les progrès des années suivantes.

Un fait encore plus remarquable, c'est que bientôt, à son tour, Gendreau-le-Plaideux ne put se faire réélire commissaire d'école, et que Jean Rivard devint tout-puissant. Après être tombé un instant victime de l'ignorance et des préjugés, il redevint ce qu'il n'aurait jamais dû cesser d'être, l'homme le plus populaire et le plus estimé de sa localité.

XV

Jean Rivard, candidat populaire

À quelque temps de là, Jean Rivard, revenant un jour de son champ, aperçut au loin sur la route une longue file de voitures. Un instant après, ces voitures s'arrêtaient devant sa porte. Puis un des deux hommes qui se trouvaient dans la première, se levant, demanda si monsieur Jean Rivard était chez lui.

« C'est moi-même, dit Jean Rivard : entrez, messieurs, s'il vous plaît. »

À l'instant, tous ces hommes, au nombre de trente à quarante, sautèrent de voiture et suivirent Jean Rivard dans sa maison, au grand ébahissement de Louise, qui ne comprenait pas ce que signifiait pareil rassemblement.

« J'espère au moins, dit Jean Rivard en souriant et en présentant des sièges, que vous n'avez pas l'intention de me faire prisonnier ?

— Non, certes, répondit le chef de la bande ; nous ne venons pas vous faire de chicane mal à propos mais nous allons vous dire en deux mots, pour ne pas perdre de temps, que nous sommes délégués auprès de vous pour vous prier de vous laisser porter candidat à la représentation du peuple au Parlement. À plusieurs assemblées particulières, convoquées dans le but de faire choix d'un candidat digne de nous représenter dans le grand conseil de la nation, c'est toujours votre nom qui a obtenu le plus grand nombre de suffrages. Et en effet, monsieur, soit dit sans vous flatter, vous avez tout ce qu'il faut pour faire un digne représentant du peuple, et en particulier de la classe agricole qui a un si grand besoin de bons représentants dans la législature. Vous avez les mêmes intérêts que nous, vous avez assez d'instruction et de connaissance des affaires pour saisir la portée des propositions qui vous seront soumises ; et ce qui vaut mieux que tout le reste, vous êtes connu pour votre droiture, pour votre intégrité, votre honnêteté, et pour tout dire, en un mot, nous avons pleine et entière confiance dans votre patriotisme.

— Messieurs, répondit Jean Rivard, d'une voix un peu émue, votre démarche me flatte assurément beaucoup, et j'étais loin de m'attendre à cet honneur. Cependant je ne dirais pas la vérité si je vous laissais croire que je suis le moins du monde embarrassé sur la réponse que je dois faire. J'ai réfléchi plus d'une fois à la ligne de conduite qu'un homme doit suivre en pareille circonstance, et ma réponse sera brève et claire.

« Si je ne consultais que mon intérêt et mes affections personnelles, je rejetterais loin de moi toute idée d'abandonner un genre de vie que j'aime et qui me convient, pour en adopter un autre qui me semble incompatible avec mes goûts et mes sentiments. Mais je sais que les devoirs d'un homme ne se bornent pas à la vie privée; je sais que, pour être bon citoyen, il faut encore s'occuper, dans la mesure de ses forces, du bien-être et du bonheur de ses semblables; et que personne ne peut refuser de prendre sa part des charges que la société impose à quelques-uns de ses membres dans l'intérêt général.

« Les charges publiques ne doivent jamais se demander, mais elles ne doivent pas non plus se refuser sans de graves raisons; il y aurait dans ce refus égoïsme ou indifférence.

« J'accepte donc la candidature que vous venez me proposer, au nom d'une grande partie des électeurs du comté; je me chargerai de votre mandat, si vous me le confiez; mais je ne le sollicite pas. Tout en admettant que l'amour-propre est toujours un peu flatté de ces préférences, je vous dis, sans arrière-pensée, que je serais délivré d'un grand fardeau si votre choix tombait sur un autre que moi. »

Ces paroles furent prononcées d'un ton de sincérité qui indiquait bien qu'elles partaient du cœur. On applaudit beaucoup, et les membres de la députation, après avoir reçu de la famille de Jean Rivard les démonstrations de politesse, ordinaires dans les maisons canadiennes, se disposaient à partir, lorsqu'un d'eux s'adressant de nouveau à Jean Rivard:

— Si toutefois, dit-il, quelqu'un s'avisait de vous susciter un adversaire, comme cela pourrait bien arriver, et qu'il fallût soutenir une lutte, je suppose que vous n'hésiteriez pas à mettre une petite somme au jeu?

— Monsieur, dit nettement Jean Rivard, j'accepte une charge, je ne l'achète pas. Je me croirais criminel, grandement criminel si je dépensais un sou pour me faire élire.

« Qu'on mette de l'argent ou qu'on n'en mette pas, ce n'est pas une question pour moi. S'il y a dans le comté de Bristol une majorité d'électeurs assez vile pour se vendre au plus offrant, soyez sûr que je ne suis pas l'homme qu'il faut pour les représenter au Parlement. Si on veut absolument corrompre le peuple canadien, autrefois d'une moralité à toute épreuve, je n'aurai au moins, Dieu merci! aucun reproche à me faire à cet égard.

— Hourra! cria un des hommes de la députation qui s'était tenu jusque-là à l'écart. Ah! je vous reconnais là, monsieur Jean Rivard... Vous êtes toujours l'homme de cœur et d'honneur...

Jean Rivard s'avança pour voir celui qui l'apostrophait ainsi et reconnut son ancien serviteur Lachance, qui, après avoir été s'établir dans un des cantons voisins, y était devenu un des hommes marquants, et avait été nommé membre de la députation.

— Je te reconnais, moi aussi, dit Jean Rivard avec émotion ; et les deux anciens défricheurs se donnèrent une chaleureuse poignée de mains.

— Hourra ! s'écria-t-on de toutes parts, hourra pour Jean Rivard, le candidat des honnêtes gens !

Les délégués s'en retournèrent pleins d'estime et d'admiration pour l'homme de leur choix et décidés à mettre tout en œuvre pour le succès de son élection.

Jean Rivard rencontra cependant un adversaire redoutable dans la personne d'un jeune avocat de la ville, plein d'astuce et d'habileté, qui briguait les suffrages des électeurs, non dans l'intérêt public, mais dans son propre intérêt. Il faisait partie de plusieurs sociétés secrètes, politiques et religieuses, et disposait de divers moyens d'influence auprès des électeurs. L'argent ne lui coûtait guère à donner ; il en distribuait à pleines mains aux conducteurs de voitures, aux aubergistes, etc. ; sous prétexte d'acheter un poulet, un chien, un chat, il donnait un louis, deux louis, trois louis, suivant le besoin. Il avait organisé, pour conduire son élection, un comité composé d'hommes actifs, énergiques, pressants, fourbes, menteurs, pour qui tous les moyens étaient bons. Ils avaient pour mission de pratiquer directement ou indirectement la corruption parmi le peuple. Aux uns ils promettaient de l'argent, aux autres des entreprises lucratives ; à ceux-ci des emplois salariés, à ceux-là des charges purement honorifiques. À les entendre, leur candidat était tout-puissant auprès du gouvernement, et pouvait en obtenir tout ce qu'il désirait. Des barils de whisky étaient déposés dans presque toutes les auberges du comté, et chacun était libre d'aller s'y désaltérer, et même s'y enivrer, privilège dont malheureusement un certain nombre ne manquèrent pas de profiter.

Le jeune candidat lui-même mit de côté, pour l'occasion, les règles de la plus simple délicatesse.

« Ce que nous avons de mieux à faire, dit-il à un de ses amis, c'est de nous assurer l'appui des prêtres.

— Oui, repartit celui-ci ; mais ce n'est pas chose facile ; cela ne s'achète pas.

— Rien n'est plus facile, répondit-il effrontément. Donnons à l'un un ornement, à l'autre une cloche, à celui-ci une croix d'autel, à celui-là un vase sacré…

Et pour montrer qu'il était sérieux, il se rendit tout de suite chez monsieur le curé Doucet, auquel il fit cadeau d'un riche ostensoir pour l'église de Rivardville.

Monsieur le curé ne pouvait refuser cette offrande ; il remercia cordialement le généreux candidat, en l'informant qu'il ne manquerait pas de faire part de cet acte de bienveillance à ses paroissiens. «Mais, ajouta-t-il, comme quelques personnes pourraient croire que vous nous faites cette faveur en vue de l'élection qui doit se faire prochainement, je me garderai bien d'en souffler mot avant que la votation soit terminée: c'est le seul moyen d'éviter des soupçons qui pourraient être injurieux à votre honneur.»

L'avocat se mordit les lèvres et fit bonne contenance; mais on comprend qu'il ne fut satisfait qu'à demi de cette délicate discrétion de la part de monsieur le curé.

«Diable de discrétion! murmura-t-il en sortant, j'aurais dû plutôt lui donner une cloche à celui-là; une cloche, ça ne se cache pas aussi facilement; d'ailleurs, le bedeau l'aurait su, et peut-être, lui, aurait-il été moins discret.»

Monsieur le curé Doucet tint parole.

Les électeurs de Rivardville savaient bien de quel côté étaient les sympathies de leur pasteur; mais ce dernier demeura parfaitement neutre dans la lutte, non à cause du riche ostensoir dont nous venons de parler, mais parce qu'il ne voulait pas qu'un seul de ses pénitents vît en lui un adversaire politique. Il se contenta de prêcher la modération, de mettre les électeurs en garde contre la corruption, contre les fraudes et la violence, de leur rappeler qu'ils étaient tous des frères et devaient s'aimer les uns les autres, suivant les belles paroles de l'Évangile.

Jean Rivard approuva hautement la conduite de son ami, et pas un mot de blâme ne fut proféré contre lui.

Disons ici que, en dehors des élections, monsieur le curé Doucet s'occupait assez volontiers de politique et n'hésitait pas à faire connaître son opinion sur toutes les questions de quelque importance qu'il avait suffisamment étudiées, son ambition étant d'éclairer ses paroissiens chaque fois qu'il pouvait le faire sans exciter leurs passions.

Jean Rivard se contenta d'abord d'aller faire visite aux électeurs des principales localités du comté et de leur exposer, avec autant de clarté que possible, ses opinions sur les questions du jour. Il se proclama indépendant, ne voulant pas s'engager d'avance à voter pour ou contre le gouvernement, sous prétexte qu'il n'était pas assez au fait des raisons qui pouvaient être données de part et d'autre. Tout ce qu'il pouvait promettre, c'était de voter suivant sa conscience.

Notre héros avait donc un grand désavantage sur son adversaire qui, lui, se faisait fort de renverser le gouvernement dès son entrée en chambre, de lui substituer un autre gouvernement plus fort et plus effectif, d'extirper les abus les plus enracinés, d'opérer les réformes les plus importantes, de changer, en un mot, toute la face du pays.

Je ne sais trop ce qui serait advenu de l'élection de Jean Rivard, si, environ une semaine avant les jours de votation, un nouveau personnage n'eût paru sur la scène : c'était Gustave Charmenil. Du moment qu'il avait appris la candidature de Jean Rivard, il avait tout laissé pour venir à son aide. Il se mit à la poursuite de l'adversaire de Jean Rivard, le traqua de canton en canton, de village en village, répondant à chacun de ses discours, relevant chacun de ses mensonges, dévoilant ses ruses, exposant au grand jour ses tentatives de corruption, se moquant de ses forfanteries, et l'écrasant sous le poids du ridicule. Il faut dire aussi qu'en mettant en parallèle les deux antagonistes Gustave Charmenil avait beau jeu. Il triompha partout, et vit s'ouvrir avec joie le premier jour de la votation.

Mais un autre désavantage l'attendait là. Jean Rivard n'avait, pour le représenter aux différents *polls*, que d'honnêtes gens comme lui, qui auraient cru se déshonorer en manquant aux règles de la délicatesse et du savoir-vivre à l'égard des électeurs, tandis que son adversaire avait, pour l'aider, un essaim d'avocats, de clercs avocats et d'autres gens habitués aux cabales électorales, rompus à toutes les ruses du métier, qui, suivant le besoin ou les circonstances, intimidaient les électeurs, exigeaient d'eux d'inutiles serments de qualification, ou retardaient autrement la votation favorable à Jean Rivard.

Malgré cela, les différents rapports du premier jour donnèrent une majorité à Jean Rivard. Ce fut un coup de foudre pour les partisans du jeune avocat, qui ne s'attendaient à rien moins qu'à remporter l'élection d'emblée. Les nombreux agents du malheureux candidat en furent stupéfaits, le découragement commençait à s'emparer de leur esprit, et quelques-uns même parlaient de résignation, lorsque l'un d'eux, plus hardi ou plus tenace que les autres, proposa de s'emparer le lendemain du *poll* de Rivardville, où les électeurs votaient en masse pour Jean Rivard, et de les empêcher bon gré mal gré d'approcher de l'estrade. C'était le seul expédient dont on pût faire l'essai, et la proposition fut agréée.

On put donc voir, le lendemain, dès neuf heures du matin, une bande de fiers-à-bras, à mine rébarbative, la plupart étrangers au comté, se tenir d'un air menaçant aux environs du *poll* de Rivardville et en fermer complètement les avenues. Plusieurs électeurs paisibles, venus pour donner leur vote, craignirent des actes de violence et rebroussèrent chemin. Peu à peu cependant, le nombre des électeurs s'accrut, et un rassemblement considérable se forma devant l'estrade. Tout à coup, un mouvement se fit dans la foule. On entendit des cris, des menaces. Un électeur, suivi de plusieurs autres, voulut s'approcher du *poll*; les fiers-à-bras les repoussèrent; il insista en menaçant; on le repoussa de nouveau, en se moquant de lui. Il se fâcha alors, et, d'un coup de poing vigoureusement appliqué, étendit par terre l'un des fiers-à-bras qui s'opposaient à son passage. Ce fut le signal d'une mêlée générale. Deux ou trois cents hommes en vinrent aux prises et se déchiraient à belles dents. Les candidats eurent beau intervenir, leurs remontrances se perdirent dans le bruit de la mêlée. Cette lutte ne dura pas moins de dix minutes, et il devenait difficile de dire comment elle se terminerait, lorsqu'on aperçut le chef des fiers-à-bras étrangers tomber tout à coup, renversé par un des partisans de Jean Rivard. L'individu qui l'avait ainsi repoussé continua à frapper de droite et de gauche; chaque coup de poing qu'il assenait retentissait comme un coup de massue; en moins de rien, une vingtaine d'hommes étaient étendus par terre, et le reste des fiers-à-bras crut plus prudent de déguerpir. Les électeurs de Rivardville étaient victorieux et restaient maîtres de la place; mais l'homme au bras de fer, qui avait presque à lui seul terrassé l'ennemi, avait le visage tout ensanglanté, et Jean Rivard lui-même ne l'eût pas reconnu s'il ne l'eût entendu s'écrier en approchant du *poll*:

— Tonnerre d'un nom! On va voir, à cette heure, si quelqu'un m'empêchera de voter. Je vote pour monsieur Jean Rivard! et vive l'Empereur! cria-t-il de toute sa force, et en essuyant le sang qui coulait sur ses joues.

— Hourra pour Pierre Gagnon! cria-t-on de toutes parts.

Il y eut un cri de triomphe assourdissant; après quoi les autres électeurs présents, imitant l'exemple de Pierre Gagnon, allèrent tour à tour faire enregistrer leurs votes.

— Qu'as-tu donc, mon ami, dit Jean Rivard à son ami, en lui serrant la main; tu as l'air de t'être fâché tout rouge?...

— Oui, mon Empereur, c'est vrai. Je me suis fâché: c'est un oubli; mais je n'ai pu retenir mon bras. Tonnerre d'un nom! Quand on a le droit de voter, c'est pour s'en servir. Je sais bien que je vas me faire disputer par Françoise pour m'être battu. Mais quand je lui dirai que c'était pour le bourgeois, elle va me dire: c'est bon, Pierre, c'est comme ça qu'il faut faire.

L'adversaire de Jean Rivard eut l'honneur d'obtenir un vote dans toute la paroisse de Rivardville: ce fut celui de Gendreau-le-Plaideux, qui cette fois ne put entraîner personne avec lui.

Ainsi cet homme, qui s'était vanté qu'avec un peu d'argent et une éponge trempée dans le rhum on pouvait se faire suivre partout par les libres et indépendants électeurs canadiens, obtenait la récompense qu'il méritait. Un certain nombre d'électeurs qui avaient reçu de l'argent pour voter en sa faveur vinrent le remettre le dernier jour et faire inscrire leurs votes pour Jean Rivard. Un plus grand nombre encore ne voulurent pas goûter du breuvage empoisonné qu'on distribuait avec tant de libéralité ; et en dépit des actes de fraude, de corruption et de violence commis dans presque toutes les localités par ses adversaires, Jean Rivard était, à la clôture du *poll*, en grande majorité, et il fut, huit jours après, solennellement et publiquement proclamé membre de l'assemblée législative du Canada pour le comté de Bristol.

XVI

Le triomphe

La proclamation eut lieu à Lacasseville, chef-lieu du comté, en présence d'une foule immense.

La déclaration de l'officier rapporteur fut saluée par des hourras frénétiques partant de tous les points de l'assemblée. L'enthousiasme était à son comble. C'est à peine si Jean Rivard put adresser quelques mots aux électeurs ; on l'enleva de l'estrade, et en un instant il fut transporté sur les épaules du peuple jusqu'à sa voiture qui l'attendait à la porte du magasin de M. Lacasse.

Plusieurs centaines de personnes se réunirent dans le but d'accompagner à Rivardville le candidat vainqueur. Au moment où les voitures se préparaient à partir, M. Lacasse s'avança sur la galerie du second étage de sa maison et, s'adressant à la foule :

— Mes amis, dit-il, j'ai une petite histoire à vous conter. Il y a dix ans, un jeune homme tout frais sorti du collège vint un jour frapper à ma porte. Il venait de l'autre côté du fleuve. Son désir était de s'enfoncer dans la forêt pour s'y créer un établissement. Il n'avait pas l'air très fort, mais je vis à ses premières paroles qu'un cœur vaillant battait dans sa poitrine. (Applaudissements.) Je le vis partir à pied, suivi d'un homme à son service, tous deux portant sur leurs épaules des sacs de provisions et les ustensiles du défricheur. En le voyant partir, je ne pus m'empêcher de m'écrier : il y a du cœur et du nerf chez ce jeune homme ; il réussira, ou je me tromperai fort. (Applaudissements). Eh bien ! mes amis, ce jeune homme, vous le reconnaissez sans doute ? (Oui, oui, hourra pour Jean Rivard !) Au milieu de cette forêt touffue, qu'il traversa à pied, s'élève aujourd'hui la belle et riche paroisse de Rivardville. Électeurs du comté de Bristol, vous dont le travail et l'industrie ont fait de ce comté ce qu'il est aujourd'hui, dites, y a-t-il quelqu'un plus digne de vous représenter en parlement ?

Des cris de non, non, et des hourras répétés suivirent ces paroles de M. Lacasse.

Jean Rivard s'avança alors, et le silence s'étant rétabli:

— Mes amis, dit-il, M. Lacasse, en vous contant sa petite histoire, a oublié une chose importante. Il aurait dû vous dire que si le jeune homme en question a réussi dans les commencements si difficiles de la carrière du défricheur, c'est à lui, M. Lacasse, qu'il en est redevable; si dans la plupart de ses entreprises le succès a couronné ses efforts, c'est à ses conseils et à son aide qu'il en est redevable; si enfin il est aujourd'hui membre du parlement, c'est encore à sa protection puissante qu'il est redevable de cet honneur. (Hourra pour M. Lacasse!) Rendons à César ce qui appartient à César. Qu'on me permette aussi de saisir cette occasion pour remercier publiquement tous ceux qui m'ont prêté leur appui dans la lutte que nous venons de soutenir, et en particulier mon ami Gustave Charmenil, qui a fait le voyage de Montréal ici dans le seul but de nous prêter main-forte. (Hourra pour M. Charmenil!) Il y a aussi, messieurs, un autre ancien camarade, un compagnon de travail, qui, dans cette dernière lutte, s'est montré, comme toujours, ardent, dévoué, prêt à me soutenir, aux dépens même de sa vie...

Tous les yeux se portèrent sur Pierre Gagnon, et des tonnerres d'applaudissements obligèrent Jean Rivard à mettre fin à son discours.

Pierre Gagnon se donnait beaucoup de tourment pour tenir son cheval en respect, quoique le noble animal fût de fait moins agité que son maître. Mais le but du brave défricheur, en tournant le dos à la foule, était de ne pas laisser apercevoir une larme qu'il avait au bord de la paupière, et qui s'obstinait à y rester.

Enfin le cortège se mit en route.

La voiture de Jean Rivard était traînée par *Lion,* plus beau, plus magnifique ce jour-là que jamais. On eût dit que l'intelligent animal comprenait la gloire de son maître; il montrait dans son port, dans ses allures, une fierté, une majesté qui excitait l'admiration générale.

Jean Rivard fit asseoir avec lui M. Lacasse et Gustave Charmenil. Le siège du cocher était occupé par Pierre Gagnon, heureux et fier de mener le plus beau cheval du comté, mais mille fois plus heureux encore de conduire la voiture de son empereur triomphant.

C'était un singulier spectacle que la vue de Pierre Gagnon ce jour-là. Cet homme, si gai, était devenu triste à force d'émotions. On ne l'entendit pas pousser un seul hourra; c'est à peine s'il pouvait parler.

Le cortège se composait d'environ trois cents voitures, en tête desquelles flottait le drapeau britannique.

Les chevaux étaient ornés de pompons, de fleurs ou de rubans de diverses sortes ; tout ce qu'il y avait dans le comté de belles voitures, de chevaux superbes, de harnais reluisants, faisait partie du cortège. Les électeurs, vêtus de leurs habits du dimanche, portaient des feuilles d'érable à leurs boutonnières. Leurs figures épanouies, leurs cris d'allégresse disaient, encore plus que tout le reste, le bonheur dont ils étaient enivrés.

Le cortège s'avança lentement, solennellement, au son argentin des mille clochettes suspendues au poitrail des chevaux. On accomplit ainsi tout le trajet qui sépare Lacasseville de Rivardville. Cette route de trois lieues semblait être décorée exprès pour l'occasion. La plupart des maisons présentaient à l'extérieur un air de fête et de joyeuseté difficile à décrire. Pas une femme, pas un enfant n'eût voulu se trouver absent au moment où la procession devait passer devant la porte ; tous se tenaient debout sur le perron ou la galerie, les femmes agitant leurs mouchoirs, les hommes poussant des hourras de toute la force de leurs poumons.

Lorsque les voitures défilaient devant la maison de quelqu'un des chauds partisans de Jean Rivard, les électeurs, se levant instantanément, poussaient tous ensemble le cri de « Hourra pour Jean Rivard ! » En passant devant chez le père Landry, qui pour cause de santé n'avait pu se rendre à Lacasseville, le cortège s'arrêta tout court, et Jean Rivard, se retournant, prononça quelques mots qui se transmirent de bouche en bouche. Deux grosses larmes coulèrent sur les joues du père Landry. Tout le trajet ne fut qu'une ovation continuelle. Ajoutons à cela que le temps était magnifique, qu'un soleil brillant illuminait l'atmosphère, et que toute la nature semblait participer à la joie générale.

Qu'on imagine tout ce qui dut passer par la tête de Jean Rivard en parcourant ainsi ces trois lieues de chemin, qu'il avait parcourues dix ans auparavant, son sac de provisions sur le dos, pauvre, inconnu, n'ayant pour tout soutien que son courage, son amour du travail et sa foi dans l'avenir !

Il se plaisait à rappeler à Pierre Gagnon diverses petites anecdotes relatives à leur premier trajet à travers cette forêt, les endroits où ils s'étaient reposés, les perdrix qu'ils avaient tuées... mais à tout cela Pierre Gagnon ne répondait que par monosyllabes.

On arriva enfin à Rivardville, où les cris joyeux redoublèrent. Là, toutes les rues, nettoyées pour la circonstance, étaient pavoisées de drapeaux ou de branches d'érable. Quand le cortège passa devant la maison d'école, les enfants, qui avaient congé ce jour-là, en l'honneur de la circonstance, vinrent en corps, leur professeur en tête, présenter une adresse de félicitation à Jean Rivard, fondateur du lycée de Rivardville. L'heureux candidat fut plus touché de cette marque de reconnaissance que de tous les incidents les plus flatteurs de son triomphe. Il y répondit avec une émotion que trahissait chacune de ses paroles.

En passant devant le presbytère, quelques-uns des électeurs voulurent pousser le cri de triomphe, mais Jean Rivard leur fit signe de se taire, et tous se contentèrent d'ôter leur chapeau et de saluer en silence M. le curé Doucet, qui se promenait nu-tête sur son perron. Le bon curé croyait fumer en se promenant, mais il s'aperçut, quand le cortège fut passé, que sa pipe était froide depuis longtemps.

Enfin, trois hourras encore plus assourdissants que tous les autres annoncèrent l'arrivée des voitures à la maison de Jean Rivard.

Deux grands drapeaux flottaient aux fenêtres : l'un était le drapeau britannique, et l'autre le drapeau national. Sur ce dernier étaient inscrits, en grosses lettres, d'un côté : RELIGION, PATRIE, LIBERTÉ, de l'autre côté : ÉDUCATION, AGRICULTURE, INDUSTRIE.

Ces seuls mots expliquaient toute la politique de Jean Rivard.

Madame Rivard, un peu intimidée à la vue de tant de monde, reçut les électeurs avec son aménité ordinaire, tout en rougissant un peu, habitude dont elle n'avait pu se défaire entièrement. Elle avait son plus jeune enfant dans les bras, et ses trois autres autour d'elle. C'étaient, comme autrefois pour la dame romaine, ses bijoux les plus précieux. Tous ces hommes s'inclinèrent respectueusement devant madame Rivard, et la complimentèrent, en termes simples mais très convenables, sur la victoire remportée par son mari.

Des tables improvisées avaient été dressées sous les arbres aux alentours de la maison. Le repas n'eut rien de somptueux : il n'y avait en fait de comestibles que du pain et du beurre, des gâteaux préparés le jour même par madame Rivard, force tartes aux confitures ; et en fait de rafraîchissements, que du lait, du thé, du café et de la petite bière d'épinette. Cette simplicité frugale ne nuisit en rien à la gaieté du festin. Quand les convives se furent quelque peu restaurés, Jean Rivard, leur adressant la parole :

— Mes amis, dit-il, vous voudrez bien excuser l'extrême frugalité de ce repas. J'étais loin de m'attendre à une démonstration de ce genre ; et je vous avoue que ma femme, en nous voyant arriver tout à l'heure, aurait bien désiré voir se renouveler le miracle des cinq pains et des deux poissons. (On rit.) J'espère que vous me pardonnerez aussi de vous avoir fait jeûner quelque peu pendant le temps de l'élection : j'aurais cru vous insulter en agissant autrement. Mais, en revanche, je vous annonce que je viens de faire remettre à monsieur le curé Doucet une somme de cinquante louis pour être distribuée aux pauvres du comté. Il faut que tout le monde, même ceux qui n'ont pas le droit de voter, prennent part à la joie de notre triomphe.

Des applaudissements universels et des murmures d'approbation accompagnèrent cette déclaration du candidat victorieux*.

Plusieurs des convives demandèrent ensuite à Gustave Charmenil de leur faire un petit discours.

— Je ne demanderais pas mieux, dit-il en se levant, si j'étais sûr de pouvoir m'arrêter. Mais vous savez qu'un avocat qui commence à parler ne sait jamais quand il finira. (On rit.) J'aurais tant de choses à dire! D'ailleurs, ce n'est plus le temps de parler, c'est le temps de se réjouir. Pour moi, je suis certain d'une chose: s'il m'arrive par hasard d'être un jour proclamé membre du parlement, je serai loin d'être aussi franchement joyeux que je le suis en ce moment. Dans la victoire que nous venons de remporter, je vois la glorification du travail, la récompense due au mérite réel, le triomphe de l'honneur, de la probité, du véritable patriotisme, sur l'égoïsme, le mensonge et la corruption. (Applaudissements.) Honneur aux défricheurs! Honneur! Mille fois honneur aux vaillants pionniers de la forêt! (Applaudissements.) Ils sont la gloire et la richesse du pays. Qu'ils continuent à porter inscrits sur leur drapeau les mots sacrés: RELIGION, PATRIE, LIBERTÉ, et le Canada pourra se glorifier d'avoir dans son sein une race forte et généreuse, des enfants pleins de vigueur et d'intelligence, qui transmettront intactes, aux générations à venir, la langue et les institutions qu'ils ont reçues de leurs pères. (Applaudissements prolongés.)

Aux discours succédèrent les chansons et, en particulier, les chansons nationales.

Quand ce fut au tour de Gustave Charmenil, il demanda la permission de chanter *La Marseillaise*, en y faisant quelques légères modifications; puis il entonna d'une voix forte et chaleureuse:

Allons enfants de la patrie,
Le jour de gloire est arrivé.
Salut, ô bannière chérie,

---

* Ceci nous rappelle un trait bien digne d'admiration que nous avons noté en parcourant les premiers volumes de *La Gazette de Québec*. Lors des premières élections générales qui eurent lieu en Canada (1792), monsieur J. A. Panet, élu représentant pour la Haute-Ville de Québec, fit aussitôt après son élection «distribuer cent louis d'or aux pauvres sans distinction». Aux élections générales suivantes (1796), il annonça, après avoir été proclamé élu, qu'il s'était toujours «opposé à ce qu'il fût donné du rhum ou des cocardes» aux électeurs, mais qu'en revanche il s'engageait à donner cent piastres aux deux filles résidentes en la Haute-Ville de Québec qui se marieraient les premières.

C'est le même monsieur Panet qui a été orateur de la Chambre d'assemblée du Bas-Canada, depuis 1792 jusqu'en 1816, et cela sans toucher un sou de la caisse publique.

> *Par toi, nous avons triomphé. (bis)*
> *Entendez-vous dans nos campagnes*
> *La voix du progrès retentir?*
> *Un nouvel âge va s'ouvrir,*
> *Bienheureux vos fils, vos compagnes.*
Courage, Canadiens, le sol attend vos bras,
À l'œuvre! (bis) et des trésors vont naître sous vos pas.

> *Quoi des cohortes étrangères*
> *Feraient la loi dans nos foyers!*
> *Nous fuirions le sol de nos pères,*
> *Nous les fils de nobles guerriers : (bis)*
> *Canadiens, pour nous quel outrage!*
> *Quels transports il doit exciter!*
> *C'est nous qu'on ose méditer*
> *De rendre à l'antique esclavage!*
Courage, Canadiens, le sol attend vos bras,
À l'œuvre! (bis) et des trésors vont naître sous vos pas.

> *Entrons dans la noble carrière*
> *De nos aînés qui ne sont plus :*
> *Nous y trouverons leur poussière*
> *Et la trace de leurs vertus. (bis)*
> *Pauvres, n'ayant pour tout partage*
> *Que notre espoir dans l'avenir,*
> *Ah! puisqu'il faut vaincre ou périr!*
> *Canadiens, ayons bon courage!*
Courage, Canadiens, le sol attend vos bras,
À l'œuvre! (bis) et des trésors vont naître sous vos pas.

> *Amour sacré de la patrie,*
> *Ah! règne à jamais dans nos cœurs;*
> *Liberté, liberté chérie,*
> *Nous sommes tous tes défenseurs. (bis)*
> *S'il faut, loin de notre chaumière,*
> *Chercher un toit, des champs amis,*
> *Ne désertons pas le pays,*
> *Ne désertons pas la bannière.*
Courage, Canadiens, le sol attend vos bras,
À l'œuvre! (bis) et des trésors vont naître sous vos pas.

C'est en répétant avec enthousiasme ce refrain patriotique que les joyeux convives se séparèrent pour retourner dans leurs foyers.

Ils étaient déjà loin qu'on entendait encore:

HOURRA POUR JEAN RIVARD!

DERNIÈRE PARTIE

I

Quinze ans après

Nous ne dirons rien de la carrière parlementaire de Jean Rivard, ni des motifs qui l'engagèrent à l'abandonner pour se consacrer aux affaires de son canton et particulièrement de sa paroisse*. Nous nous bornerons à faire connaître ce qu'étaient devenus, après quinze années de travail et de persévérance, notre humble et pauvre défricheur, et l'épaisse forêt à laquelle il s'était attaqué tout jeune encore avec un courage si héroïque.

Voyons d'abord comment l'auteur fit la connaissance de Jean Rivard.

C'était en 1860. J'avais pris le chemin de fer pour me rendre de Québec à Montréal, en traversant les Cantons de l'Est, lorsqu'au milieu d'une nuit ténébreuse, et par une pluie battante, une des locomotives fut jetée hors des *lisses* et força les voyageurs d'interrompre leur course.

Aucun accident grave n'était survenu, mais la plupart des passagers, éveillés en sursaut, s'élancèrent des *chars* en criant et dans le plus grand désordre. Les habitants du voisinage accoururent avec des fanaux et offrirent obligeamment leurs services.

Je demandai où nous étions.

À Rivardville, répondit-on.

Cette réponse me fit souvenir de Jean Rivard, que j'avais connu de vue à l'époque où il siégeait comme membre de l'assemblée législative.

M. Jean Rivard demeure-t-il loin d'ici? m'écriai-je!

Il est ici, répondirent une dizaine de voix.

En effet, je vis dans la foule un homme s'avancer vers moi, tenant son fanal d'une main et son parapluie de l'autre.

C'était Jean Rivard lui-même.

— Vous êtes tout trempé, me dit-il, vous feriez mal de voyager dans cet état, venez vous faire sécher chez moi; vous continuerez votre voyage demain.

---

* Ceux qui désireraient en savoir quelque chose n'ont qu'à lire *Le Foyer canadien* de 1864, pages 209 à 262.

Je n'étais pas fâché d'avoir une occasion de faire plus intime connaissance avec l'ancien représentant du comté de Bristol et le canton qu'il habitait : j'acceptai, sans trop hésiter, son invitation hospitalière, et nous nous rendîmes à sa maison située à quelques arpents du lieu de l'accident.

Toute la famille dormait, à l'exception d'une servante qui, sur l'ordre de Jean Rivard, alluma du feu dans la cheminée et nous fit à chacun une tasse de thé.

Malgré la simplicité de l'ameublement, je vis à l'air d'aisance et à la propreté des appartements que je n'étais pas dans la maison d'un cultivateur ordinaire.

— Je suis heureux, dis-je à mon hôte, qu'un accident m'ait procuré l'avantage de vous revoir... Vous êtes, je crois, un des plus anciens habitants de ce canton ?

— Je suis établi dans ce canton depuis plus de quinze ans, me dit-il, et, quoique encore assez jeune, j'en suis le plus ancien habitant. Quand je suis venu ici, dans l'automne de 1844, je n'avais pas vingt ans, et tout le canton de Bristol n'était qu'une épaisse forêt : on n'y voyait pas la moindre trace de chemin ; je fus forcé de porter mes provisions sur mon dos, et d'employer près d'une journée à faire le dernier trajet de trois lieues que vous venez de parcourir en quelques minutes.

Et Jean Rivard me relata la plus grande partie des faits que le lecteur connaît déjà. J'appris le reste de son ami le curé de Rivardville, avec lequel je me liai bientôt, et, plus tard, de son ancien confident Gustave Charmenil, qui voulut bien me donner communication de toutes les lettres qu'il avait reçues autrefois du jeune et vaillant défricheur.

Il était minuit quand je montai me coucher. J'avais, sans m'en apercevoir, passé plus de deux heures à écouter le récit de mon hôte.

Le lendemain, je me levai avec l'aurore, le corps et l'esprit parfaitement dispos ; et, désirant prendre connaissance de l'endroit où j'avais été jeté la veille, je sortis de la maison.

Quelle délicieuse fraîcheur ! Mes poumons semblaient se gonfler d'aise. Bientôt le soleil se leva dans toute sa splendeur, et j'eus un coup d'œil magnifique. Un nuage d'encens s'élevait de la terre et se mêlait aux rayons du soleil levant. L'atmosphère était calme, on entendait le bruit du moulin et les coups de hache et de marteau des travailleurs qui retentissaient au loin. Les oiseaux faisaient entendre leur ravissant ramage sous le feuillage des arbres. À leurs chants se mêlaient le chant du coq, le caquetage des poules et, de temps en temps, le beuglement d'une vache ou le jappement d'un chien.

L'odeur des roses et de la mignonnette s'élevait du jardin et parfumait l'espace. Il y avait partout une apparence de calme, de sérénité joyeuse qui réjouissait l'âme et l'élevait vers le ciel. Jamais je n'avais tant aimé la campagne que ce jour-là.

Lorsqu'on est condamné par son état à vivre au sein des villes, entouré des outrages des hommes, n'entendant d'autre voix que celle de la vanité et de l'intérêt sordide, ayant pour spectacle habituel l'étourdissante activité des affaires, et qu'on se trouve tout à coup transporté au milieu d'une campagne tranquille, on sent son cœur se dilater et son âme s'épanouir, en quelque sorte, au contact de la nature, cet abîme de grandeurs et de mystères.

Revenu un peu de mon extase, je portai mes regards autour de moi.

La demeure de mon hôte me parut ressembler à une villa des environs de la capitale plutôt qu'à une maison de cultivateur. C'était un vaste logement à deux étages, bâti en briques, avec galerie et perron sur la devanture. Une petite *allonge* à un seul étage, bâtie sur le côté nord, servait de cuisine et de salle à manger pour les gens de la ferme.

Un beau parterre de fleurs et de gazon ornait le devant de la maison, dont chaque pignon était ombragé par un orme magnifique. De l'un des pignons on apercevait le jardin, les arbres fruitiers, les gadeliers, les plates-bandes en fleurs.

Les dépendances consistaient en une laiterie, un hangar, un fournil et une remise pour les voitures.

En arrière, et à environ un arpent de la maison, se trouvaient les autres bâtiments de la ferme, la grange, l'écurie, l'étable, la bergerie et la porcherie.

Tous ces bâtiments, à l'exception de la laiterie, étaient couverts en bardeaux et blanchis à la chaux ; une rangée de beaux arbres, plantés de distance en distance, bordait toute la propriété de Jean Rivard.

Je fus longtemps dans l'admiration de tout ce qui s'offrait à mes regards. J'étais encore plongé dans ma rêverie, lorsque je vis mon hôte arriver à moi d'un air souriant, et, après le bonjour du matin, me demander si je ne serais pas disposé à faire une promenade.

Rien ne pouvait m'être plus agréable. Après un déjeuner frugal, consistant en œufs à la coque, beurre, lait, crème, etc., nous nous disposâmes à sortir.

— Venez d'abord, me dit-il, que je vous fasse voir d'un coup d'œil les environs de ma demeure.

Et nous montâmes sur la galerie du second étage de sa maison, d'où ma vue pouvait s'étendre au loin de tous côtés.

Je vis à ma droite une longue suite d'habitations de cultivateurs, à ma gauche le riche et joli village de Rivardville, qu'on aurait pu sans arrogance décorer du nom de ville.

Il se composait de plus d'une centaine de maisons éparses sur une dizaine de rues d'une régularité parfaite. Un grand nombre d'arbres plantés le long des rues et autour des habitations donnaient à la localité une apparence de fraîcheur et de gaieté. On voyait tout le monde, hommes, femmes, jeunes gens, aller et venir, des voitures chargées se croisaient en tous sens ; il y avait enfin dans toutes les rues un air d'industrie, de travail et d'activité qu'on ne rencontre ordinairement que dans les grandes cités commerciales.

Deux édifices dominaient tout le reste : l'église, superbe bâtiment en pierre, et la maison d'école, assez spacieuse pour mériter le nom de collège ou de couvent. Les toits de fer blanc de ces vastes édifices brillaient aux rayons du soleil. Les moulins de diverses sortes, deux grandes hôtelleries, plusieurs maisons de commerce, les résidences des notaires et des médecins se distinguaient aussi des autres bâtiments. Presque toutes les maisons étaient peintes en blanc et présentaient à l'œil l'image de l'aisance et de la propreté.

Après avoir admiré quelque temps l'aspect du village et des campagnes environnantes, mes yeux s'arrêtèrent involontairement sur la ferme de mon hôte, et j'exprimai tout de suite le désir de la visiter.

II

La ferme et le jardin

> Déjà ces campagnes si longtemps couvertes de ronces et d'épines promettent de riches moissons et des fruits jusqu'alors inconnus. La terre ouvre son sein au tranchant de la charrue et prépare ses richesses pour récompenser le laboureur ; l'espérance reluit de tous côtés. On voit dans les vallons et sur les collines les troupeaux de moutons qui bondissent sur l'herbe, et les grands troupeaux de bœufs et de génisses qui font retentir les hautes montagnes de leurs mugissements.
>
> FÉNELON, *Télémaque*

Pas une souche n'apparaissait dans toute la vaste étendue de la ferme. Çà et là, des ormes, des plaines, des érables épandaient vers la terre leurs rameaux touffus. « Ces arbres, me dit mon hôte, servent à abriter mes animaux dans les grandes chaleurs de l'été ; sur le haut du jour, vous pourriez voir les vaches couchées à l'ombre du feuillage, ruminant nonchalamment jusqu'à ce que la faim les pousse à redemander une nouvelle pâture à la terre. Ces mêmes arbres nous offrent encore à nous-mêmes une ombre protectrice, quand nous nous reposons de notre travail, dans la chaude saison des récoltes. Vous voyez qu'ils joignent l'utile à l'agréable, et que je suis ainsi amplement récompensé des soins qu'ont exigés leur plantation et leur entretien.»

Un chemin conduisait jusqu'à l'extrémité de l'exploitation.

La partie défrichée de la terre formait quatre-vingt-dix arpents, sans compter les six arpents où se trouvaient le jardin, la maison, les moulins et les autres bâtiments. Ces quatre-vingt-dix arpents se divisaient en six champs, d'égale grandeur.

Toutes les diverses récoltes avaient une apparence magnifique. L'orage tombé la veille faisait déjà sentir sa bienfaisante influence; on semblait voir les tiges des plantes s'élancer du sol qui leur donnait naissance.

Le premier champ surtout avait l'apparence d'un beau jardin de quinze arpents. «Ce champ, me dit Jean Rivard, m'a demandé cette année beaucoup plus de travail et de soin que les autres. Je l'ai fait labourer l'automne dernier à une grande profondeur; durant l'hiver j'ai fait charroyer sur la surface tout le fumier que j'ai pu recueillir; au printemps, j'ai fait enfouir ce fumier dans la terre, au moyen d'un nouveau labour. Le sol étant ainsi bien disposé à recevoir la semence, la récolte, comme vous voyez, ne m'a pas fait défaut.

«Ce champ de terre ainsi fumé se trouve assez riche maintenant pour n'avoir plus besoin d'engrais d'ici à six ans. L'année prochaine j'engraisserai le champ suivant et lui ferai subir toutes les façons qu'a déjà subies le premier. Dans deux ans, le troisième aura son tour, et ainsi de suite, jusqu'à ce que mes six champs aient été parfaitement fumés et engraissés.»

— Mais, dis-je, pour engraisser quinze arpents de terre par année, il doit falloir un temps et un travail considérables?

— Certainement, répondit-il; mais c'est pour le cultivateur une question de vie ou de mort. Je déplore chaque jour la coupable insouciance d'un certain nombre d'entre nous qui laissent leur fumier se perdre devant leurs granges ou leurs étables. Ils ne comprennent pas que, pour le cultivateur, le fumier, c'est de l'or.

«Depuis que j'ai pu constater par mes propres calculs toute la valeur du fumier, ne craignez pas que j'en laisse perdre une parcelle; au contraire, j'en recueille par tous les moyens possibles.»

Tout en parlant ainsi, nous avions passé le champ de foin d'où s'exhalait une senteur des plus agréables et nous étions arrivés aux pâturages.

On y voyait quinze belles vaches, les unes de la race Ayrshire, d'autres de race canadienne, avec une demi-douzaine de génisses et un superbe taureau. On y voyait aussi quatre chevaux, un poulin et une trentaine de moutons.

« Chacune de ces vaches, me dit Jean Rivard, donne en moyenne trois gallons de lait par jour. J'ai soin qu'elles aient toujours une nourriture abondante, car les vaches rendent à proportion de ce qu'on leur donne. »

Quelques-unes des vaches étaient couchées à l'ombre d'un grand orme, d'autres buvaient à une source qui coulait près de là.

« J'attache une grande importance à mes vaches, me dit Jean Rivard, car elles sont une des principales sources de la richesse du cultivateur. Je n'ai jamais pu m'expliquer l'indifférence d'un grand nombre d'entre nous pour cet utile quadrupède qu'on pourrait, à si juste titre, appeler l'ami de la famille. Le cheval est en quelque sorte l'enfant gâté du cultivateur ; on ne lui ménage ni le foin ni l'avoine, on l'étrille, on le nettoie tous les jours, tandis que la pauvre vache ne reçoit en hiver qu'une maigre ration de mauvaise paille, manque souvent d'eau, ne respire qu'un air empesté, couche le plus souvent dans son fumier, et porte sa même toilette, sale et crottée, d'un bout de l'année à l'autre. Pour ma part, je tiens à ne pas me rendre coupable d'ingratitude envers cet animal bienfaisant. Je lui prodigue tous mes soins. Lorsque mes vaches sont à l'étable, leur litière est renouvelée chaque jour ; je leur donne fréquemment du foin, et des rations de carottes, betteraves, navets et autres légumes qu'elles affectionnent singulièrement. J'en suis récompensé par le lait qu'elles donnent en retour et par leur état constant de santé. Je n'ai jamais eu la douleur de les faire lever à la fin de l'hiver, ce qui ne peut manquer d'être le cas, lorsqu'elles souffrent de faim ou de soif, ou qu'elles respirent l'air corrompu d'une étable mal aérée.

« Quant à mes moutons, qui, comme vous voyez, appartiennent tous à la race South Down, je leur fais brouter les pâturages qu'ont déjà broutés mes autres animaux, car les moutons trouvent leur nourriture partout ; et durant l'hiver, je les enferme dans ma grange. Quoiqu'ils n'y soient pas chaudement, ils ne s'en trouvent pas plus mal ; ils préfèrent le bon air à la chaleur. J'enferme le bélier pendant un certain temps, afin que les agneaux ne viennent au monde que vers les beaux jours du printemps. Il est rare que j'en perde un seul. »

Tout en parlant ainsi, nous marchions toujours et nous arrivions au bord de la forêt.

« Si nous en avions le temps, me dit mon hôte, je vous conduirais à ma sucrerie. J'ai à peu près quinze arpents de forêt, où je trouve tout le bois nécessaire pour le chauffage et les autres besoins de l'exploitation. J'affectionne beaucoup cette partie de ma propriété, et je prends des mesures pour qu'elle n'aille pas se détériorant. Je crois qu'on peut trouver dans ces quinze arpents presque toutes les différentes espèces de bois du Canada.

— Quels arbres magnifiques! m'écriai-je.

— Oui, dit-il, ce sont les plaines, les érables et les merisiers qui dominent, mais il y a aussi des ormes, des hêtres, des bouleaux. Cette *talle* d'arbres que vous voyez tout à fait au bout, et qui s'élève si haut, ce sont des pins. Je n'ai que cela.

« Je surveille avec beaucoup de soin la coupe de mon bois. On ne fait pas assez d'attention parmi nous à cette partie de l'économie rurale. Le gouvernement devrait aussi s'occuper plus qu'il ne fait de l'aménagement des forêts. Nos bois constituent une des principales parties de la fortune publique, et on ne devrait pas laisser l'exploitation s'en faire sans règles, sans économie, sans nul souci de l'avenir.

« J'ai souvent songé que si notre gouvernement s'intéressait autant au bien-être, à la prospérité des habitants du pays qu'un bon père de famille s'intéresse au sort de ses enfants au lieu de concéder à de pauvres colons des lots qui ne produiront jamais rien malgré tous leurs efforts, il laisserait ces terrains en forêts pour en tirer le meilleur parti possible. Il y a cruauté à laisser le pauvre colon épuiser ainsi son énergie et sa santé pour un sol ingrat. »

Après quelques instants de repos, nous repartîmes pour la maison.

Mon hôte me parla beaucoup des fossés et des rigoles qui sillonnaient sa terre en tous sens, des clôtures qui entouraient ses champs, des dépenses et du travail que tout cela occasionnait et des avantages qu'il en retirait.

Je ne pus m'empêcher, en admirant la richesse et la beauté des moissons, de remarquer l'absence presque complète de mauvaises herbes. J'appris que cela était dû principalement aux labours profonds pratiqués pour enfouir les engrais.

À notre retour, nous visitâmes successivement tous les bâtiments de la ferme, à commencer par l'étable et l'écurie. Pas le moindre mauvais air ne s'y faisait sentir. Au contraire, comme me l'avait déjà dit mon hôte, ces deux appartements étaient parfaitement aérés, et tenus dans la plus grande propreté. D'après la manière dont le pavé était disposé, aucune parcelle de fumier, aucune goutte d'urine n'y étaient perdues. Cette dernière s'écoulait d'elle-même dans un réservoir pratiqué à cet effet.

Nous passâmes dans la porcherie où se vautraient six beaux cochons de la race Berkshire.

« Il y a longtemps, dit Jean Rivard, que je me suis défait de notre petite race de porcs canadiens qui dépensent plus qu'ils ne valent. Ces cochons que vous voyez donnent deux fois autant de viande et s'engraissent plus facilement. Nous les nourrissons des rebuts de la cuisine et de la laiterie, de son détrempé, de patates, de carottes et autres légumes.

« Quant à ces couples qui caquettent en se promenant autour de nous, ce sont ma femme et mes enfants qui en prennent soin, qui les nourrissent, les surveillent, ramassent les œufs et les vendent aux marchands. Ma femme, qui depuis longtemps sait tenir registre de ses dépenses et de ses recettes, prétend qu'elle fait d'excellentes affaires avec ses poules. Elle a feuilleté tous mes ouvrages d'agriculture pour y lire ce qui concerne les soins de la basse-cour, et elle fait son profit des renseignements qu'elle a recueillis. Elle en sait beaucoup plus long que moi sur ce chapitre. Ce qui est certain, c'est qu'elle trouve moyen de faire pondre ses poules jusqu'en plein cœur d'hiver. Les œufs qu'elle met couver ne manquent jamais d'éclore à temps et les poussins sont forts et vigoureux. Il faut voir avec quelle sollicitude elle leur distribue la nourriture, tant qu'ils sont trop petits pour la chercher eux-mêmes. Elle est d'ailleurs tellement populaire chez toute la gent ailée qu'elle ne peut sortir de la maison sans être entourée d'un certain nombre de ces intéressants bipèdes.

« Il ne nous reste plus qu'à visiter le jardin, me dit Jean Rivard ; et quoique ce ne soit qu'un potager ordinaire, bien inférieur à ceux que vous avez dans le voisinage des villes, je veux vous le faire voir, parce qu'il est presque entièrement l'ouvrage de ma femme. »

En effet, nous aperçûmes madame Rivard, coiffée d'un chapeau de paille à large bord, occupée à sarcler un carré de légumes. Deux ou trois des enfants jouaient dans les allées et couraient après les papillons.

L'un d'eux, en nous voyant, vint m'offrir un joli bouquet.

Je fus présenté à madame Rivard que je n'avais pas encore vue. Elle nous fit avec beaucoup de grâce les honneurs de son petit domaine.

Le jardin pouvait avoir un arpent d'étendue. Il était séparé du chemin par une haie vive et les érables qui bordaient la route. Au fond se trouvait une belle rangée de hauts arbres fruitiers et, au sud, d'autres arbres à tiges moins élevées, tels que senelliers, gadeliers, groseilliers, framboisiers, etc.

Les plates-bandes étaient consacrées aux fleurs : roses, œillets, giroflées, violettes, chèvrefeuilles, pois de senteur, capucines, belles-de-nuit, tulipes, balsamines, etc. Toutes ces fleurs étaient disposées de manière à présenter une grande variété de formes et de couleurs. Le tout offrait un coup d'œil ravissant.

La saison ne permettait pas encore de juger de la richesse du potager ; mais je pus remarquer aisément la propreté des allées et le bon entretien des carrés ensemencés.

Je fus invité à cueillir en passant sur une des plates-bandes quelques fraises que je trouvai d'un goût délicieux.

«Quand je vous ai dit tout à l'heure, remarqua Jean Rivard, que ce jardin était l'œuvre de ma femme, j'aurais dû en excepter pourtant le labourage et le bêchage qui m'échouent en partage. J'aurais dû en excepter aussi la plantation, la taille et la greffe des arbres fruitiers que vous voyez, et qui sont exclusivement mon ouvrage. Je pourrai dire en mourant comme le vieillard de la fable :

Mes arrière-neveux me devront cet ombrage.

«Voyez ces deux pommiers qui depuis plusieurs années nous rapportent plus de pommes qu'il ne nous en faut. C'est moi qui, en les taillant, leur ai donné la forme élégante que vous leur voyez. Nos pruniers nous fournissent les meilleurs fruits qui se récoltent en Canada et, si vous passez dans quelque temps, nous vous ferons goûter d'excellentes cerises de France ; nous avons aussi des cerises à grappes. Vous voyez, en outre, des noyers, des pommetiers, des noisetiers, etc. J'ai été obligé d'étudier seul, dans mes livres, les moyens d'entretenir et d'améliorer tous ces différents arbres, et en particulier la greffe et la taille, et je crois que je ne m'en tire pas trop mal, tout en avouant volontiers que je suis loin encore d'être le parfait jardinier.»

Rendus au fond du jardin, je fus surpris d'apercevoir plusieurs ruches d'abeilles.

— Voilà de petites maisons, me dit mon hôte, qui m'ont procuré beaucoup de jouissances. Il y a plusieurs années que je cultive les mouches à miel. Ces charmants petits insectes sont si laborieux, si industrieux, que leur entretien est moins un travail qu'un agrément. Il m'a suffi de semer dans les environs, sur le bord des chemins et des fossés, quelques-unes des plantes qui servent à la composition de leur miel ; elles butinent là tout le jour et sur les fleurs du jardin sans que personne ne les dérange. Je prends souvent plaisir à les voir travailler ; c'est bien avec raison qu'on les propose comme des modèles d'ordre, d'industrie et d'activité. N'est-ce pas admirable de les voir tirer du sein des plantes, qui sans cela seraient inutiles, ce suc délicieux qui sert à la nourriture de l'homme ? Nous recueillons beaucoup de miel depuis quelques années, et nous en sommes très friands, principalement les enfants ; c'est une nourriture agréable, dont nous faisons un grand usage dans les maladies, surtout comme boisson adoucissante et rafraîchissante. Les gâteaux de cire que construisent les abeilles, avec une perfection que l'homme le plus habile ne pourrait égaler, ne nous sont pas non plus inutiles. Mais n'y aurait-il que l'intérêt que je prends à considérer les travaux intelligents de ces petits êtres, à observer leurs mœurs, leur conduite admirable, et tout ce qui se passe dans l'intérieur de leurs demeures, que je me trouverais amplement récompensé du soin qu'elles exigent.

Madame Rivard revint avec nous à la maison, suivie de ses enfants qui gambadaient autour d'elle.

En dépit des objections de sa femme, Jean Rivard me fit entrer dans la laiterie.

C'était un petit bâtiment en pierre assez spacieux, ombragé de toutes parts par le feuillage des arbres et entièrement à couvert des rayons du soleil. L'intérieur était parfaitement frais, quoique suffisamment aéré. Je fus frappé, en y entrant, de l'air de propreté qui y régnait. Le parquet ou plancher de bas, les tablettes sur lesquelles étaient déposées des centaines de terrines remplies d'un lait crémeux, tout, jusqu'à l'extérieur des tinettes pleines de beurre, offrait à l'œil cette teinte jaune du bois sur lequel vient de passer la main de la blanchisseuse. Grâce à la fraîcheur de l'appartement, on n'y voyait ni mouche, ni insecte d'aucune espèce.

III

Détails d'intérieur — Bibliothèque de Jean Rivard

> Le luxe ne saurait faire envie à celui que sa position exempt des dépenses de la vanité, qui jouit de l'air, du soleil, de l'espace, et de la plénitude de ses forces physiques.

J'étais émerveillé de tout ce que j'avais vu. La ferme de Jean Rivard, qu'il me serait impossible de décrire dans tous ses détails, me parut constituer une véritable ferme-modèle. Quoique sur pied depuis plus de quatre heures, je ne sentais cependant aucune fatigue, et après quelques minutes de repos pendant lesquelles mon hôte s'empressa de donner quelques ordres, nous nous disposions à partir pour faire le tour du village, et en particulier pour visiter monsieur le curé Doucet, l'ami intime de Jean Rivard, et l'un des fondateurs de la localité — lorsque nous entendîmes sonner l'*Angelus*.

Peu de temps après, nous fûmes invités à nous mettre à table. Quatre des enfants s'approchèrent en même temps que nous ; les deux aînés pouvaient avoir de dix à douze ans.

La table était couverte de mets, viandes, légumes, confitures, crème, sirop, etc. Mais à part le sel et le poivre, tout provenait de la ferme de Jean Rivard. Le repas fut servi sans le moindre embarras ; madame Rivard veillait à tout avec une intelligence parfaite. Je ne pus m'empêcher d'admirer l'air de décence et de savoir-vivre des enfants qui prenaient part au dîner. La conversation roula principalement sur le genre d'éducation que Jean Rivard se proposait de donner à ses enfants.

Après le dîner, mon hôte me fit passer dans le salon, puis me montra l'un après l'autre tous les appartements de sa maison.

« Dans la construction de ma résidence, me dit-il, j'ai eu principalement en vue la commodité et la salubrité. Je l'ai faite haute et spacieuse, pour que l'air s'y renouvelle facilement et s'y conserve longtemps dans toute sa pureté.

« Quant à notre ameublement de salon, ajouta-t-il, vous voyez que nous n'avons rien que de fort simple. Les fauteuils, les chaises, les sofas ont tous été fabriqués à Rivardville et, quoiqu'ils ne soient pas tout à fait dépourvus d'élégance ni surtout de solidité, ils ne me coûtent guère plus que la moitié du prix que vous payez en ville pour les mêmes objets. Comme je vous l'ai dit, je tiens au confort, à la commodité, à la propreté et un peu aussi à l'élégance ; mais je suis ennemi du luxe. Je prends le plus grand soin pour ne pas me laisser entraîner sur ce terrain glissant. C'est quelquefois assez difficile. Par exemple, l'acquisition du tapis de laine que vous voyez dans notre salon a été l'objet de longs débats entre ma femme et moi. Nous l'avons acheté quelque temps après mon élection comme membre du parlement, époque où je recevais la visite de quelques-uns de mes collègues. On a beau dire que le luxe est avantageux en ce qu'il stimule le travail et l'industrie, je n'en crois rien : autant vaudrait dire que la vente des boissons enivrantes est avantageuse, parce que cette industrie fait vivre un certain nombre de familles. Dans un jeune pays comme le nôtre, c'est l'utile qu'il faut chercher avant tout, l'utile et le solide, sans exclure toutefois certains goûts de parure et d'embellissement pour lesquels Dieu a mis au cœur de l'homme un attrait irrésistible.

« Je crains toujours de m'éloigner à cet égard des bornes prescrites par le bon sens, et de passer, comme on dit, *à travers* le bonheur.

« Combien, en se laissant entraîner par des goûts de luxe et de dépenses, dépassent ainsi le point où ils auraient pu être heureux !

« Je me rappelle souvent ces vers que j'ai appris par cœur dans ma jeunesse et qui, s'ils n'ont rien de bien remarquable pour la forme, sont au moins très vrais pour le fond :

> *Les hommes la plupart sont étrangement faits,*
> *Dans la juste nature on ne les voit jamais ;*
> *Et la plus belle chose ils la gâtent souvent*
> *Pour la vouloir outrer ou pousser trop avant.* »

La chambre qui contenait la bibliothèque de Jean Rivard était assez grande et donnait sur le jardin; elle adjoignait immédiatement la salle à dîner.

« Cette chambre, dit-il, me sert à la fois de bureau et de bibliothèque ; c'est ici que je transige mes affaires, que je reçois les personnes qui viennent me consulter, que je tiens mon journal et mes comptes ; c'est encore ici que je garde ma petite collection de livres. »

Et, en disant cela, Jean Rivard ouvrit une grande armoire qui couvrait tout un pan de la muraille et me montra quatre ou cinq cents volumes disposés soigneusement sur les rayons.

J'ai toujours aimé les livres ; et trouver ainsi, loin de la ville, un aussi grand nombre de volumes réunis fut à la fois pour moi une surprise et un bonheur.

Je ne pus retenir ma curiosité et je m'avançai aussitôt pour faire connaissance avec les auteurs.

En tête se trouvaient une excellente édition de la Bible et quelques ouvrages choisis de théologie et de religion. Puis venaient les principaux classiques grecs, latins et français. Venaient ensuite une trentaine d'ouvrages d'histoire et de politique, et en particulier les histoires de France, d'Angleterre, des États-Unis et du Canada. À côté se trouvaient quelques petits traités élémentaires sur les sciences physiques et naturelles et les arts et métiers. Mais la plus grande partie des volumes concernaient l'agriculture, la branche favorite de Jean Rivard ; on y voyait des ouvrages spéciaux sur toutes les divisions de la science, sur la chimie agricole, les engrais, les dessèchements, l'élevage des animaux, le jardinage, les arbres fruitiers, etc. Sur les rayons inférieurs étaient quelques dictionnaires encyclopédiques et des dictionnaires de langues, puis quelques ouvrages de droit, et les Statuts du Canada que Jean Rivard recevait en sa qualité de juge de paix.

— Mais, savez-vous, lui dis-je, que votre bibliothèque me fait envie ? Dans cette collection de cinq cents volumes, vous avez su réunir tout ce qui est nécessaire non seulement pour l'instruction mais aussi pour l'amusement et l'ornement de l'esprit.

— Eh bien ! telle que vous la voyez, elle ne me coûte guère plus de cinquante louis ; je l'ai formée petit à petit, dans le cours des quinze dernières années ; chaque fois que j'allais à Montréal ou à Québec, je parcourais les librairies pour faire choix de quelque bon ouvrage, que j'ajoutais à ma collection. J'ai souvent eu la velléité d'acheter des livres nouveaux ; mais, réflexion faite, je surmontais la tentation ; on cherche en vain dans la plupart des écrivains modernes ce bon sens, cette justesse d'idées et d'expressions, cette morale pure, cette élévation de pensées qu'on trouve dans les anciens auteurs ; à force de vouloir dire du nouveau, les écrivains du jour nous jettent dans l'absurde, le faux, le fantastique. Ce genre de littérature peut convenir à certaines classes de lecteurs blasés qui ne demandent que des distractions ou des émotions, mais pour ceux qui cherchent avant toute chose le vrai, le juste et l'honnête, pour ceux-là, vivent les grands hommes des siècles passés !

— Mais, dites-moi, comment, au milieu de vos rudes travaux d'exploitation et de défrichement, avez-vous pu trouver le temps de lire tous ces ouvrages ? Vous avez même des traités scientifiques.

— Oh ! pour nous, cultivateurs, il faut, voyez-vous, savoir un peu de tout ; la chimie, la météorologie, la botanique, la géologie, la minéralogie se rattachent étroitement à l'agriculture ; j'aurais donné beaucoup pour connaître ces sciences à fond. Malheureusement je n'ai pu en acquérir que des notions superficielles. Vous me demandez comment j'ai pu trouver le temps de parcourir tous ces volumes ? Il est rare que je passe une journée sans lire une heure ou deux. Dans l'hiver, les soirées sont longues ; en été, j'ai moins de loisir, mais j'emporte toujours au champ un volume avec moi. De cette manière, j'ai pu lire tout ce que vous voyez dans ma bibliothèque ; il est même certains volumes que j'ai relus jusqu'à trois ou quatre fois. »

Et comme nous nous préparions à laisser la précieuse armoire, Jean Rivard attira mon attention sur quatre volumes un peu vieillis et usés qui se trouvaient seuls, à part, dans un coin.

— Vous n'avez pas regardé ces livres-là, me dit-il, et pourtant ce ne sont pas les moins intéressants.

En les ouvrant, je vis que c'était : *Robinson Crusoé*, les *Aventures de Don Quichotte*, la *Vie de Napoléon* et l'*Imitation de Jésus-Christ*.

« Ce sont mes premiers amis, mes premiers compagnons de travail : je les conserve précieusement. Robinson Crusoé m'a enseigné à être industrieux, Napoléon à être actif et courageux, Don Quichotte m'a fait rire dans mes moments de plus sombre tristesse, l'*Imitation de Jésus-Christ* m'a appris la résignation à la volonté de Dieu.

« C'est dans cet appartement que je passe la plus grande partie de mes heures de loisir. J'y suis généralement de cinq à sept heures du matin, surtout en hiver. C'est ici que je veille avec ma femme et mes enfants quand nous n'avons pas de visite ou que nous n'avons que des intimes. Nous lisons, nous parlons, nous écrivons en compagnie de ces grands génies dont les œuvres couvrent les rayons de ma bibliothèque. J'ai passé ici bien des moments délicieux.

— Heureux mortel, m'écriai-je ! que pourriez-vous désirer de plus ?

— Je vous avouerai, reprit Jean Rivard, que je ne me plains pas de mon sort. J'ai beaucoup travaillé dans ma jeunesse, mais je jouis maintenant du fruit de mes travaux. Je me considère comme indépendant sous le rapport de la fortune, et je puis consacrer une partie de mon temps à l'administration de la chose publique, ce que je considère comme une obligation. Vous autres, messieurs les citadins, vous ne parlez le plus souvent qu'avec dédain de nos humbles fonctionnaires des campagnes, de nos magistrats, de nos commissaires d'écoles, de nos conseillers municipaux...

— Pardonnez ; personne ne comprend mieux que nous tout le bien que peuvent faire les hommes de votre classe ; vous avez d'autant plus de mérite à nos yeux que vous ne recueillez le plus souvent que tracasseries et ingratitude. Mais ce qui m'étonne un peu, c'est qu'étant devenu, comme vous le dites, indépendant sous le rapport de la fortune, vous n'en continuez pas moins à travailler comme par le passé.

— Je travaille pour ma santé, par habitude, je devrais peut-être dire par philosophie et pour mon plaisir. Le travail est devenu une seconde nature pour moi. Jamais je ne rêve avec plus de jouissance qu'en faisant quelque ouvrage manuel peu fatigant ; lorsqu'après quatre ou cinq heures d'exercice physique en plein air j'entre dans ma bibliothèque, vous ne sauriez croire quel bien-être j'éprouve ! Mes membres sont quelquefois las, mais mon esprit est plus clair, plus dispos que jamais ; je saisis alors les choses les plus abstraites et, soit que je lise ou que j'écrive, ma tête remplit toutes ses affections avec la plus parfaite aisance. Vous, hommes d'études qui ne travaillez jamais des bras, vous ne savez pas toujours les jouissances dont vous êtes privés.

« Je puis me tromper, mais ma conviction est que l'Être suprême, en mettant l'homme sur la terre, et en donnant à tous indistinctement des membres, des bras, des muscles, a voulu que chaque individu, sans exception pour personne, travaillât du corps dans la proportion de ses forces. En disant : « Tu gagneras ton pain à la sueur de ton front », il a prononcé une sentence applicable à tout le genre humain ; et ceux qui refusent de s'y soumettre, ou qui trouvent moyen de l'éluder, sont punis tôt ou tard, soit dans leur esprit, soit dans leur corps. J'ai toujours aimé la lecture, et j'aurais désiré pouvoir y donner plus de temps, la vie active que j'ai menée dans les premières années de ma carrière m'ayant laissé à peine quelques heures à consacrer chaque jour aux choses de l'esprit. Hélas ! la vie de l'homme est rarement distribuée de manière à lui permettre l'exercice régulier de toutes ses facultés physiques et mentales. Les uns se livrent entièrement aux travaux manuels, les autres aux efforts de l'intelligence. Un de mes plus beaux rêves a été de pouvoir établir, un jour, dans mes travaux quotidiens, un parfait équilibre entre les mouvements de ce double mécanisme.

IV

Les secrets du succès —
Révélations importantes

—Vous m'intéressez de plus en plus, dis-je à mon hôte; mais, tout en ne doutant nullement de la réalité de ce que je vois, je suis encore à me demander par quels moyens étranges, par quels secrets mystérieux vous avez pu accomplir, en si peu d'années et avec aussi peu de ressources, les merveilles dont je suis témoin. Ne trouvez-vous pas vous-même quelque chose d'extraordinaire dans les résultats que vous avez obtenus?

— Je vois bien, me dit-il en souriant, que je serai obligé de vous répéter ce que j'ai déjà dit à plusieurs personnes et entre autres à mon ami Gustave Charmenil qui, en voyant ma prospérité s'accroître rapidement chaque année, ne savait comment s'expliquer cela. Les lois du succès, dans la vie du défricheur, et en général dans celle de l'homme des champs, sont pourtant aussi simples, aussi sûres, aussi infaillibles que les lois de la physique ou celles du mécanisme le moins compliqué; et si vous avez la patience de m'écouter un peu, ajouta-t-il, en m'approchant un fauteuil et en s'asseyant lui-même dans un autre, je vous les exposerai catégoriquement et d'une manière si claire que ce qui vous semble maintenant mystérieux vous paraîtra la chose la plus naturelle du monde. Loin de vouloir cacher mes recettes, j'éprouve une certaine jouissance à les communiquer aux autres.

«Je puis, continua-t-il, réunir tous mes secrets sous cinq chefs différents:

«Premier secret: un fond de terre d'une excellente qualité. C'est là une condition de première importance; et comme je vous le disais ce matin, les agents chargés de la vente des terres publiques ne devraient pas être autorisés à vendre des lots ingrats.

«Deuxième secret: une forte santé dont je rends grâces à Dieu. C'est encore là une condition indispensable du succès; mais il faut ajouter, aussi, comme je viens de le dire, que rien n'est plus propre à développer les forces physiques que l'exercice en plein air.

«Troisième secret: le travail. Je puis dire que, pendant les premières années de ma vie de défricheur, j'ai travaillé presque sans relâche. Je m'étais dit en commençant: je possède un lot de terre fertile, je puis en tirer des richesses, je veux voir ce que pourra produire une industrie persévérante. Je fis de mon exploitation agricole ma grande, ma principale affaire. Depuis le lever de l'aurore jusqu'au coucher du soleil, chaque pas que je faisais avait pour but l'amélioration de ma propriété. Pas un de mes instants n'était perdu. Plus de dix heures par jour, j'étais là debout, tourmentant le sol, abattant les arbres, semant, fauchant, binant, récoltant, construisant, allant et venant de-ci de-là, surveillant tout, dirigeant tout, comme le général qui pousse son armée à travers les obstacles et les dangers, visant sans cesse à la victoire.

« Je ne puis travailler autant maintenant que je faisais autrefois, parce que je suis dérangé par mille autres occupations, mais je puis encore au besoin tenir tête à mes hommes.

« Une des grandes plaies de nos campagnes canadiennes, c'est la perte de temps. Des hommes intelligents, robustes, soi-disant laborieux, passent des heures entières à fumer, causer, se promener d'une maison à l'autre, sous prétexte qu'il n'y a rien qui presse, comme si le cultivateur n'avait pas toujours quelque chose à faire. Vous les verrez, sous le moindre prétexte, aller à la ville ou au village, perdre une journée, deux jours, en cabale d'élection, ou dans une cour de commissaires, ou pour faire l'achat d'une bagatelle; vous les verrez souvent revenir à la maison, le sang échauffé, l'esprit exalté, et occupé de tout autre chose que de la culture de leur terre. Je ne parle pas des ivrognes. Le colon ivrogne est un être malheureux, dégradé, qui ne peut prétendre à la considération publique, qui ne saurait songer à améliorer sa position, et qui sait bien d'avance qu'il est condamné irrévocablement à vivre dans l'indigence et la crapule. Je ne veux parler que de cette classe d'hommes malheureusement trop nombreux qui, parfaitement sobres, bons, gais, sociables, ont cependant le défaut de ne pas songer assez à l'avenir, de perdre chaque jour un temps précieux qu'ils pourraient consacrer à accroître leur bien-être et celui de leurs enfants. Ils ressemblent un peu à nos sauvages chasseurs; ils ne songent pas au lendemain. Qu'ils tombent malades, qu'ils soient arrêtés par quelque accident, qu'ils décèdent tout à coup, leur famille tout entière est à la charge du public.

« Un grand avantage que possède l'ouvrier agricole et en particulier le défricheur, sur les autres classes de travailleurs, c'est qu'il ne chôme jamais forcément. S'il ne travaille pas, c'est qu'il ne veut pas. Le cultivateur intelligent, actif, industrieux sait tirer parti de tous ses moments. Point de morte saison pour lui.

« Une chose est certaine, à mon avis: si le cultivateur travaillait avec autant de constance et d'assiduité que le fait l'ouvrier des villes, de six heures du matin à six heures du soir, et cela depuis le premier janvier jusqu'au premier décembre de chaque année, il se trouverait bientôt à jouir de plus d'aisance puisqu'il n'est pas assujetti aux mêmes dépenses, et que les besoins de luxe et de toilette qui tourmentent sans cesse l'habitant des villes lui sont comparativement étrangers.

— Vous considérez donc le travail comme la première cause de votre succès ?

— Je considère le travail comme la grande et principale cause de ma réussite. Mais ce n'est pas tout ; je dois aussi beaucoup, depuis quelques années surtout, à mon système de culture, aux soins incessants que j'ai donnés à ma terre pour lui conserver sa fertilité primitive, — car le sol s'épuise assez vite, même dans les terres nouvellement défrichées, et il faut entretenir sans relâche sa fécondité par des engrais, des travaux d'assainissement ou d'irrigation —; je dois beaucoup au système de rotation que j'ai suivi, aux instruments perfectionnés que j'ai pu me procurer, quand mes moyens pécuniaires me l'ont permis, à l'attention que j'ai donnée au choix de mes animaux, à leur croisement, à leur nourriture ; enfin, aux soins assidus, à la surveillance continuelle que j'ai apportée à toutes les parties de mon exploitation, aux livres sur l'agriculture, où j'ai souvent puisé d'excellents conseils et des recettes fort utiles, et aux conversations que j'ai eues avec un grand nombre d'agriculteurs canadiens, anglais, écossais, irlandais. Il est rare qu'on s'entretienne d'agriculture avec un homme d'expérience sans acquérir quelque notion utile.

« Mais il est temps que j'en vienne à mon quatrième secret que je puis définir : surveillance attentive, ordre et économie.

« Je me lève de bon matin, d'un bout à l'autre de l'année. À part la saison des semailles et des récoltes, je puis alors, comme je vous l'ai dit, consacrer quelques moments à lire ou à écrire, après quoi je visite mes étables et autres bâtiments, je soigne moi-même mes animaux et vois à ce que tout soit dans un ordre parfait.

« Il est très rare que je me dispense de cette tâche. En effet, jamais les animaux ne sont aussi bien traités que de la main de leur maître.

« Je trouve dans ces soins une jouissance toujours nouvelle.

« Durant toute la journée, je dirige les travaux de la ferme. Je surveille mes hommes, je m'applique à tirer de leur travail le meilleur parti possible, sans toutefois nuire à leur santé ou les dégoûter du métier. J'ai d'abord pris pour règle de leur donner une nourriture saine et abondante. La viande, le pain, les légumes, le lait ne leur sont pas ménagés. Je veille ensuite à ce qu'ils ne fassent pas d'excès. Les journaliers canadiens ont l'habitude de travailler par *bouffées* ; ils risqueront quelquefois, par émulation ou par pure vanité, de contracter des maladies mortelles. Tout en les faisant travailler régulièrement, méthodiquement, et sans lenteur, je leur fais éviter la précipitation, qui est plutôt nuisible qu'utile.

« J'ai soin aussi que leur travail soit entrecoupé de moments de repos.

« Je tâche enfin qu'ils soient constamment de bonne humeur, qu'ils n'aient rien à se reprocher les uns aux autres, et que l'avenir leur apparaisse sous un aspect riant. Je m'intéresse à leurs petites affaires; je les engage à faire des épargnes, en leur faisant comprendre tout le bien qu'ils en retireront par la suite. L'espoir d'améliorer graduellement leur position leur donne du courage, et plusieurs de ceux que j'ai eus à mon service sont maintenant, grâce à l'accumulation de leurs épargnes, cultivateurs pour leur propre compte.

« Je fais en sorte d'éviter pour moi-même les embarras pécuniaires et de toujours voir clair dans mes affaires. Depuis longtemps, j'ai l'habitude de ne pas faire de dettes. Cette coutume sauverait de la ruine un grand nombre de colons, qui, vaniteux ou imprévoyants, comme les grands seigneurs de vos villes, achètent chez le marchand tant qu'ils peuvent obtenir à crédit, sans s'inquiéter le moins du monde de la somme qu'ils auront à payer plus tard. Plus le délai se prolonge, plus cette somme augmente, car un grand nombre de marchands ne se font pas scrupule d'exiger un taux excessif d'intérêt. C'est encore là une des plaies de nos cantons, une des plaies les plus difficiles à guérir.

« Une des causes de l'insuccès d'un certain nombre de colons, c'est aussi le désir de s'agrandir, d'acheter de nouvelles propriétés, de posséder de grandes étendues de terrain qu'ils ne peuvent mettre en culture. Cette manie déplorable est la cause que certains défricheurs, d'ailleurs intelligents, passent une grande partie de leur vie dans des embarras pécuniaires, et finissent quelquefois par être forcés de vendre et se ruiner complètement. Le bon sens ne devrait-il pas leur dire que le capital employé à l'acquisition de terrains incultes ou mal cultivés est un capital enfoui dans le sol, qui non seulement ne produit rien, mais assujettit à de nouvelles taxes et nuit à la mise en valeur des terres qu'ils possèdent déjà. Avec un pareil système, plus on possède, plus on est pauvre.

« Quand un cultivateur désire placer une somme d'argent, je l'engage de toutes mes forces à améliorer sa propriété, à faire l'achat de beaux animaux, à réparer ses bâtiments de ferme, s'ils sont insuffisants ou mal aérés, à se procurer de meilleurs instruments d'agriculture, ou à faire des travaux d'irrigation ou d'assainissement, s'ils sont nécessaires.

« Celui qui emprunte pour acheter, lorsqu'il possède déjà plus qu'il ne peut cultiver, est un imprudent, et on peut, à coup sûr, prédire sa ruine dans un avenir plus ou moins prochain.

« J'évite autant que possible les petites dépenses inutiles qui ne paraissent rien, mais qui au bout de l'année forment une somme assez ronde. Je suis ami de l'ordre et de l'économie, parce que sans cela il n'y a point d'indépendance.

« Je mets aussi en pratique certaines maximes économiques et philosophiques que d'autres ont pratiquées avant moi et dont je me trouve fort bien, comme de ne jamais faire faire par autrui ce que je puis faire moi-même, de ne remettre jamais au lendemain ce que je puis faire le jour même, etc.

« Cinquième secret : l'habitude que j'ai contractée de bonne heure de tenir un journal de mes opérations, et un registre de mes recettes et de mes dépenses.

« Cette habitude de raisonner et de calculer soigneusement toutes mes affaires m'a été du plus grand secours. Je puis dire aujourd'hui, avec la plus parfaite exactitude, ce que me coûte chaque arpent de terre en culture, et ce qu'il me rapporte. Je puis dire quelles espèces de grains ou de légumes conviennent le mieux aux différentes parties de ma propriété et me rapportent le plus de profits : je sais quelles espèces d'animaux je dois élever de préférence ; je puis enfin me rendre compte des plus petits détails de mon exploitation. Je me suis créé ainsi, pour mon propre usage, un système de comptabilité clair, sûr, méthodique, et qui m'offre d'un coup d'œil le résultat de toutes mes opérations.

« Cette pratique, assez fastidieuse d'abord, est devenue pour moi une espèce de jouissance. J'éprouve le plus vif intérêt à comparer le résultat de l'année présente avec ceux des années précédentes. Je suis même parvenu, sans le vouloir, à faire partager cet intérêt à ma Louise qui, comme je vous l'ai dit, s'est mise, elle aussi, à tenir registre de ses dépenses de ménage. À l'heure qu'il est, je ne voudrais pas, pour tout au monde, renoncer à cette coutume ; je croirais marcher vers un précipice, comme l'aveugle qui n'a personne pour le guider. J'y attache tant d'importance que je voudrais la voir suivie par tout cultivateur sachant lire et écrire. Bien plus, je voudrais que les sociétés d'agriculture pussent offrir des prix à ceux qui tiendraient les meilleurs registres de leurs travaux agricoles.

« C'est généralement le soir, après ma journée faite, que je fais mes entrées dans mon journal. Je me demande : qu'ai-je fait aujourd'hui ? Et je consigne ma réponse avec la plus grande précision possible. Je me rends compte à moi-même de l'emploi de ma journée. C'est en quelque sorte un examen de conscience.

« Voilà, en peu de mots, monsieur, tous les secrets de ma réussite. Et tout cela n'empêche pas la franche gaieté de venir de temps à autre s'asseoir à notre foyer. Il nous arrive assez souvent de passer des soirées entières à rire et badiner comme dans nos jours de jeunesse ; mon ami le curé de Rivardville en pleure de plaisir. Mais je serais ingrat envers la Providence si je ne reconnaissais pas hautement ses bienfaits. La voix qui m'avait dit dès mon entrée dans la forêt : "aide-toi, le ciel t'aidera" ne m'a pas trompé. Si ma propriété, primitivement acquise au prix de vingt-cinq louis, en vaut à l'heure qu'il est de quatre à cinq mille, j'en dois remercier avant tout Celui qui a voulu qu'elle devînt en grande partie le site d'un village, que des moulins, des fabriques de diverses sortes fussent érigés sur la rivière qui la traverse, et enfin qu'une immense voie ferrée, passant dans son voisinage, vînt inopinément en doubler la valeur.

« Maintenant, ajouta-t-il en se levant, puisque vous prenez tant d'intérêt à notre prospérité locale, et que vous n'avez rien de mieux à faire, je vous inviterai à faire un tour de voiture en dehors du village. »

J'acceptai volontiers. Mais avant de rendre compte de mes impressions de voyage, je dois me hâter de réparer une omission importante faite par Jean Rivard dans l'énumération des secrets de sa prospérité.

On voit par la conversation qui précède que les progrès étonnants de notre héros étaient dus en grande partie à son intelligence et à son activité, à la bonne organisation de toute sa ferme, à l'excellente direction donnée aux travaux, à l'ordre qui présidait à ses opérations agricoles, enfin au bon emploi de son temps, à la judicieuse distribution de chaque heure de la journée.

Mais il est une autre cause de prospérité que Jean Rivard eût pu compter au nombre de ses plus importants *secrets,* et dont il n'a rien dit par délicatesse sans doute.

Ce secret important, c'était Louise, c'était la femme de Jean Rivard.

Disons d'abord que Louise contribua pour beaucoup à entretenir le courage et à faire le bonheur de son mari par les soins affectueux qu'elle lui prodigua.

Elle l'aimait, comme sait aimer la femme canadienne, de cet amour désintéressé, inquiet, dévoué, qui ne finit qu'avec la vie.

Remplie de bienveillance pour les domestiques, Louise les traitait avec bonté, les soignait dans leurs maladies, et ne manquait jamais de s'attirer leur respect et leur affection. Quoique économe, elle était charitable ; et jamais un bon pauvre ne frappait à sa porte sans être secouru.

Fidèle observatrice de ses devoirs religieux, elle les faisait pratiquer à tous ceux qui dépendaient d'elle. Quelle heureuse influence une femme aimable et vertueuse peut exercer sur les dispositions des personnes qui l'entourent ! Un mot d'elle, un sourire, peut faire quelquefois sur des cœurs endurcis plus que ne feraient les exhortations des plus éloquents prédicateurs.

Mais à toutes ces heureuses qualités du cœur et de l'esprit, Louise joignait encore celles qui constituent la maîtresse de maison, la femme de ménage ; et on peut dire qu'elle contribua pour une large part, par ses talents et son industrie, au succès des travaux de Jean Rivard.

C'est elle qui dirigeait l'intérieur de l'habitation et tout ce qui se rapportait à la nourriture, au linge, à l'ameublement. Elle veillait avec un soin minutieux à l'ordre et à la propreté de la maison.

Aidée d'une servante qui était chargée de la besogne la plus pénible, qui trayait les vaches, faisait le beurre et le fromage, cuisait le pain, fabriquait l'étoffe, lavait le linge et les planchers, elle s'acquittait de sa tâche avec une diligence et une régularité parfaites. Chaque chose se faisait à son heure, et avec un ordre admirable.

Il fallait voir cette petite femme proprette, active, industrieuse, aller et venir, donner des ordres, remettre un meuble à sa place, sans cesse occupée, toujours de bonne humeur.

Si on avait quelque chose à lui reprocher, c'était peut être un excès de propreté. Les planchers étaient toujours si jaunes qu'on n'osait les toucher du pied. Les petits rideaux qui bordaient les fenêtres étaient si blancs que les hommes n'osaient fumer dans la maison de peur de les ternir. Cette propreté s'étendait même jusqu'au dehors; elle ne pouvait souffrir qu'une paille traînât devant la porte. Son mari la plaisantait quelquefois à ce sujet, mais inutilement. La propreté était devenue chez elle une seconde nature.

Inutile de dire que cette propreté se faisait remarquer d'abord sur sa personne. Quoique ses vêtements fussent en grande partie de manufacture domestique, et du genre le plus simple, cependant il y avait tant de goût dans son ajustement que les plus difficiles en fait de toilette n'y pouvaient trouver à redire.

Jean Rivard trouvait toujours sa Louise aussi charmante que le jour de ses noces. Il n'eût jamais souffert qu'elle s'assujettît aux rudes et pénibles travaux des champs. S'il arrivait quelquefois à celle-ci d'aller dans les belles journées d'été prendre part à la fenaison, c'était autant par amusement que pour donner une aide passagère.

C'était une grande fête pour les travailleurs que la présence de madame Rivard au milieu d'eux.

Mais il y avait deux autres occupations extérieures qu'elle affectionnait particulièrement: c'était le soin de la basse-cour et celui du jardin. Quant à cette dernière occupation, à part le bêchage et la préparation du sol qui se faisaient à bras d'hommes, tout le reste était à sa charge. Dans la belle saison de l'été, on pouvait la voir, presque chaque jour, coiffée de son large chapeau de paille, passer une heure ou deux au milieu de ses carrés de légumes, les arrosant, extirpant les herbes nuisibles, entretenant les rosiers et les fleurs des plates-bandes, sarclant ou nettoyant les allées.

La table de Jean Rivard était, d'un bout de l'année à l'autre, chargée des légumes récoltés par Louise, et ce qu'elle en vendait formait encore un item important de son livre de recettes.

Si on ajoute à tout cela les soins incessants que Louise donnait à ses enfants, dont le nombre s'accroissait tous les deux ans, le temps qu'elle employait à la confection de leur linge et de leurs petits vêtements, ainsi qu'à l'entretien du linge de ménage; si on se rappelle que c'est elle qui façonnait de ses mains tous ces articles de toilette, on avouera que sa part dans l'exploitation de Jean Rivard n'était pas sans importance et qu'elle pouvait se féliciter (ce qui d'ailleurs devrait être l'ambition de toute femme) d'être, dans sa sphère, aussi utile, aussi accomplie que son mari l'était dans la sienne.

V

Une paroisse comme on en voit peu

Je dirai en quelques pages les impressions qui me sont restées de ma rapide mais intéressante excursion à travers la campagne de Rivardville.

Toute la paroisse me sembla un immense jardin. Le chemin du Roi, entretenu comme une route macadamisée, était presque d'un bout à l'autre bordé d'arbres majestueux projetant leurs rameaux jusque sur la tête des voyageurs. Point de poussière, point de soleil brûlant; mais une douce fraîcheur se répandait partout dans l'atmosphère que nous traversions.

C'était à l'époque où la végétation est dans toute sa force et toute sa beauté. Un épais gazon couvrait le sol; dans les champs ensemencés, les tiges des grains formaient un riche tapis de verdure; dans les prairies, le foin s'élevait à plusieurs pieds de hauteur; dans les jardins et partout autour des maisons les arbres étaient en fleur ou revêtus de feuillage, toute la nature semblait travailler au bien-être et au plaisir de l'homme.

La plus grande propreté se faisait remarquer dans le voisinage de la route et des habitations. On n'y voyait point de ces clôtures délabrées, de ces bâtiments en ruine, de ces monceaux d'ordures qui trop souvent attristent l'œil ou offusquent l'odorat du voyageur. Des troupeaux d'animaux des plus belles races connues paissaient dans les gras pâturages. De distance en distance, à demi cachée par les arbres, apparaissait une jolie maison en brique ou en bois peint. C'est à peine si, dans tout le cours de notre trajet, nos yeux s'arrêtèrent sur trois ou quatre chaumières de pauvre apparence. Cet air de prospérité me frappa tellement que je ne pus m'empêcher d'exprimer tout haut ma surprise et mon enthousiasme.

— Cette prospérité, me répondit mon compagnon, n'est pas seulement apparente; si vous pouviez pénétrer, comme je le fais souvent, dans l'intérieur de ces demeures, vous verriez, dans l'attitude et les paroles de presque tous les habitants, l'expression du contentement et du bonheur. Vous n'y verriez pas de faste inutile, mais une propreté exquise, et même une certaine élégance et tout le confort désirable.

— À quoi attribuez-vous cette prospérité?

— Rappelez-vous tous les secrets dont je vous ai parlé. Ce qui a fait mon succès fait aussi celui d'un grand nombre d'autres. L'exemple est contagieux, voyez-vous; le voisin imite son voisin, et c'est ainsi que s'introduisent les bonnes habitudes et les réformes utiles. La plupart des cultivateurs dont vous admirez la richesse sont entrés dans la forêt, il y a douze et quinze ans, n'ayant pour toute fortune que leur courage et leur santé. Le travail et l'industrie les ont faits ce qu'ils sont. Quant au bon goût déployé dans l'ornementation des résidences, et aux connaissances agricoles qu'indique l'aspect général des champs ensemencés, l'exemple et les paroles de mon ami le curé de Rivardville, le zèle et les leçons de notre professeur, ont contribué beaucoup à les répandre. Moi-même je ne suis peut-être pas étranger à ce progrès.

« Rien n'est propre à faire aimer la campagne comme cette apparence de bien-être, d'élégance et de luxe champêtre.

« La dimension, la situation, la propreté des maisons sont aussi pour beaucoup dans la santé physique et morale des habitants. Les chambres qu'habite la famille, et en particulier les chambres à coucher, sont généralement spacieuses et bien aérées. Nous attachons une grande importance à cela. À combien de maladies, de misères, de vices, ne donnent pas lieu les habitations basses, humides, malsaines de vos grandes villes?»

Çà et là nous apercevions des groupes d'enfants jouant et gambadant sur la pelouse. Quelle différence, me disais-je, entre cette vie des champs et celle de la ville, pour ce qui regarde le développement physique et intellectuel des enfants! Dans nos grandes cités, l'enfant est presque toute l'année resserré entre quatre murs. Dans la belle saison, il respire l'air vicié et la poussière des rues. Combien il envierait, s'il le savait, le bonheur des enfants de la campagne qui dans tous leurs ébats à travers champs n'aspirent que le parfum des fleurs ou l'odeur des prairies!

De temps en temps nous entendions la voix gracieuse de quelque jeune fille qui, tout en cousant, filant, ou tricotant, mariait son chant au chant des oiseaux. Vers le soir, mes oreilles furent agréablement frappées par des sons de musique que je pris pour ceux de la flûte et du violon.

— Mais, dis-je à mon hôte, vous ne vous contentez pas d'être artistes agricoles ; je vois que vous avez dans votre paroisse des artistes de tous les genres ?

— Non, répondit-il, mais nous avons depuis longtemps du chant et de la musique. L'enseignement du chant fait partie du programme de nos écoles de filles et de garçons ; et quant à la musique, mon ami le curé a formé, pour nos grandes solennités religieuses, un corps d'amateurs dont le nombre s'augmente de jour en jour.

« Dans la plupart de nos familles, la musique vocale et instrumentale forme un des plus agréables délassements. Elle repose le corps et l'esprit des fatigues du travail.

« De fait, ajouta Jean Rivard, notre ambition serait de transporter à la campagne tout ce qu'il y a de bon dans la vie de votre monde citadin, en nous gardant avec soin de tout ce qu'on y trouve de mensonger, d'exagéré, d'immoral. Rien de plus facile que de former les jeunes personnes aux manières polies, au bon ton, aux grâces de ce que vous appelez la bonne société. Tout cela n'a rien d'incompatible avec la modestie, la simplicité et les autres vertus. L'économie dans la toilette n'en exclut pas le bon goût. Personne n'est plus que moi ennemi du faste et de l'ostentation, mais l'extrême rusticité me déplaît également. C'est ma conviction que rien ne contribuera plus à retenir au sein de nos campagnes les centaines de jeunes gens qui cherchent à s'en échapper aujourd'hui que cet aspect d'aisance, ces dehors attrayants, qui ont au moins l'effet d'égayer les regards et de faire croire au bonheur. C'est une idée qui peut être sujette à controverse, mais que je donne pour ce qu'elle vaut. »

— Mais ne connaissez-vous pas quelque autre moyen également efficace d'arrêter l'émigration des campagnes ?

— Oui, j'en connais plusieurs, mais je ne m'arrêterai qu'à un seul qui me paraît moins connu que les autres : je veux parler de l'établissement des manufactures.

« Depuis plusieurs années, nous avons formé à Rivardville une association dans ce but. Bon nombre des habitants de la paroisse en font partie. L'association a déjà bâti six moulins, dont deux à scie, deux à farine, un à carder et l'autre à moudre de l'avoine ; elle a aussi une fabrique d'huile de graine de lin, et une de meubles ; elle aura prochainement une fabrique d'étoffes. Le risque a été de peu de chose pour chacun de nous et les résultats pour la paroisse ont été immenses. J'aurais dû mentionner cela parmi les secrets de notre prospérité ; car toutes les industries se soutiennent l'une par l'autre. Les ouvriers de nos fabriques appartiennent principalement à la classe agricole ; ils donnent à l'association le temps qu'ils ne peuvent employer avantageusement sur leurs terres. Ainsi, en hiver comme en été, les habitants de Rivardville font un utile emploi de leur temps. Nul n'est oisif et personne ne songe à quitter la paroisse.

« Cela ne nuit en rien à l'existence de cette foule de petites industries, filles du travail et de l'intelligence, qui s'exercent au sein des familles et y sont une source d'aisance. »

Jean Rivard continua à m'entretenir longtemps de tous les détails de l'association, de son organisation, des difficultés qu'elle avait rencontrées, des profits qu'elle rapportait, etc.

— Le principal but de notre association, me dit-il, a été de procurer du travail à ceux qui n'en ont pas; car il existe malheureusement, dans toute localité tant soit peu populeuse, un certain nombre d'individus dépourvus des connaissances, de l'expérience ou de l'énergie nécessaires pour s'en procurer par eux-mêmes; et il arrive quelquefois que ces individus, rebutés, découragés, se livrent au vol ou à la fainéantise, et finissent par être des êtres nuisibles dans le monde. Il est vrai que le zèle privé, l'esprit philanthropique et charitable des citoyens éclairés, s'ils sont bien pénétrés de ces vérités, peuvent faire plus, comparativement parlant, que ne font les efforts combinés des associations; mais il faut à ce zèle privé, à cet esprit philanthropique, un stimulant qui le tienne constamment en éveil; et l'association est un de ces stimulants.

« Quoique les opérations de la nôtre aient été assez restreintes jusqu'aujourd'hui — car nous avons voulu agir avec la plus grande prudence —, cependant les bases en sont très larges, et j'espère qu'avant peu nous en obtiendrons des résultats surprenants.

« Elle s'occupe en général de l'étude des ressources du pays et des moyens de les exploiter; elle constate les produits de consommation locale, même ceux d'importation qui pourraient être fabriqués ici aussi économiquement que dans les autres localités; elle favorise l'exportation des produits qui peuvent se vendre avec avantage sur les marchés étrangers; elle s'efforce de rendre les communications et les débouchés plus faciles, et d'en augmenter le nombre, elle encourage l'agriculture, sans laquelle toutes les autres industries languissent; enfin elle favorise la diffusion des connaissances usuelles, et l'instruction populaire qui sert d'engin à tout le reste.

« On ne sait pas tout ce qu'on pourrait accomplir au moyen d'associations de ce genre. »

— Des personnes éclairées et bien intentionnées, fis-je remarquer, regardent pourtant d'un mauvais œil l'établissement de manufactures dans le pays.

— Oui, répondit-il, et la question est aussi controversée parmi nous. Nous ne nous cachons pas les inconvénients que présente l'industrie manufacturière exercée sur une trop grande échelle, comme dans les vieux pays de l'Europe, où le bonheur et la vie même des pauvres ouvriers sont à la merci des fabricants, où les jeunes enfants s'étiolent, où les jeunes filles se dépravent, où des êtres humains devenus machines passent leur vie dans l'ignorance et l'abrutissement le plus complet. Mais ne pouvons-nous nous prémunir contre ces dangers? D'ailleurs l'établissement de fabriques au milieu de nos campagnes — et c'est là qu'elles devraient être — serait loin, il me semble, de présenter les inconvénients qu'on redoute avec tant de raison.

« Le Canada peut être à la fois pays agricole et pays manufacturier.

« Une chose est au moins certaine, c'est que l'établissement de manufactures contribuera puissamment à arrêter l'émigration et l'expatriation de notre belle jeunesse, et à rappeler au milieu de nous ces milliers de travailleurs canadiens dispersés aujourd'hui dans toutes les villes manufacturières de l'Union américaine. »

Tout en parlant ainsi, nous avions fait le tour de la paroisse et nous entrions dans le village par l'extrémité opposée à celle d'où nous étions partis.

Jean Rivard m'apprit que, outre les moulins, fabriques, fonderie, etc., appartenant à l'association industrielle de Rivardville, on comptait encore dans le village une fabrique d'horloges, une fabrique de cribles et de moulins à battre, cinq forges, une tannerie, six boutiques de charpentier, une de ferblantier, deux charrons, un tailleur, un sellier, un potier, quatre cordonniers, etc. On y comptait aussi deux médecins et deux notaires. Il y avait un grand marché fréquenté non seulement par les habitants de la paroisse, mais par ceux des paroisses voisines. Les rues étaient spacieuses et bordées de chaque côté d'un large trottoir en bois*.

En passant en face du lycée, nous nous arrêtâmes un instant pour admirer les proportions de l'édifice et la propreté des terrains environnants.

— Je vous proposerais bien d'entrer, me dit mon hôte, si nous n'avions pas à nous arrêter ailleurs: vous verriez ce que c'est qu'une école bien tenue. Je vous ferais voir aussi notre bibliothèque paroissiale qui occupe une des chambres du second étage. Nous avons un excellent choix de livres. À part ces petites historiettes d'une morale si pure, qui développent chez les jeunes gens le goût de la lecture en même temps qu'ils éveillent en eux les plus beaux sentiments de la nature, vous verriez des traités sur presque toutes les

---

* Si quelqu'un était porté à trouver exagéré le progrès de Rivardville depuis sa fondation, nous lui dirions que le village de L'Industrie, comté de Montcalm, après vingt ans d'existence, possédait tous les établissements dont nous venons de parler, sans compter un collège en pierre à deux étages, deux écoles, deux hôtelleries, etc. La construction du chemin de fer de L'Industrie vint couronner ce progrès en 1847.

branches des connaissances humaines; nous avons, comme de raison, donné la préférence aux ouvrages écrits d'un style simple et à la portée de toutes les intelligences. Des traités élémentaires d'agriculture, des manuels des arts et métiers forment une des plus intéressantes parties de notre collection. Les livres qui nous font connaître l'histoire et les ressources de notre pays ne nous manquent pas non plus. Chaque année nous achetons quelques nouveaux ouvrages, et le nombre des lecteurs augmente à proportion.

« Le professeur du lycée remplit les fonctions de bibliothécaire. C'est le dimanche, après vêpres, qu'il distribue les volumes à ceux qui veulent en emporter. Vous ne sauriez croire tout le bien que font ces petits livres répandus ainsi sur tous les points de la paroisse. Notre professeur continue, en outre, chaque dimanche, son cours de notions utiles et de connaissances générales; il est maintenant fort instruit, et ses leçons deviennent de plus en plus intéressantes. Il est tellement populaire que la paroisse vient d'élever le chiffre de son traitement, sans la moindre sollicitation de sa part. »

— C'est un fait honorable et pour la paroisse et pour le professeur. Mais, ajoutai-je, à part votre bibliothèque paroissiale, vous avez aussi, je suppose, un cabinet de lecture?

— Non; mais un grand nombre d'entre nous souscrivent aux gazettes. Nous recevons les principaux journaux de la province; nous en recevons plusieurs, afin de connaître autant que possible la vérité. Les voisins échangent souvent entre eux, qu'ils soient ministériels ou oppositionnistes; car en général l'esprit de parti, en dehors des temps d'élection, est beaucoup moins vivace, moins exclusif à la campagne qu'à la ville, et nous lisons volontiers toutes les gazettes, pourvu qu'elles contiennent quelque chose d'instructif. Vous n'ignorez pas — c'est un fait bien connu — que nulle part les gazettes ne sont aussi bien lues qu'à la campagne. Il n'est pas rare de rencontrer parmi nous de ces liseurs avides qui ne s'arrêtent qu'au bas de la quatrième page de chaque numéro, sans même faire grâce aux annonces des charlatans. À part les gazettes politiques, nous recevons des journaux consacrés à l'agriculture, à l'éducation, à l'industrie, et même des recueils purement littéraires. Nous considérons que les connaissances disséminées par ces divers recueils, les idées qu'ils répandent, les sentiments qu'ils produisent, les aliments qu'ils fournissent à l'esprit, sont une ample compensation de la somme minime exigée annuellement de chaque individu. Le goût de la lecture s'est accru graduellement; je pourrais vous citer des hommes, autrefois d'une parcimonie étrange à l'égard des choses de l'intelligence, des hommes qui n'auraient jamais lu un livre s'ils n'eussent trouvé à l'emprunter pour l'occasion, qui aujourd'hui dépensent littéralement plusieurs louis par année en achat de livres ou en souscriptions à des recueils périodiques. Les uns se privent de tabac, d'autres d'un article de toilette pour pouvoir souscrire à un journal ou acheter quelque livre nouveau.

« Depuis longtemps les entretiens sur la politique, sur le mérite des hommes publics ou les mesures d'utilité générale, sur les nouvelles européennes ou américaines, sur les découvertes récentes en agriculture ou en industrie, ont remplacé parmi nous les conversations futiles sur les chevaux, les médisances et les cancans de voisinage.

— Est-ce que vos discussions politiques sont généralement conduites avec sang-froid et dignité ? Ne dégénèrent-elles pas quelquefois en querelles ridicules, comme cela se voit le plus souvent ?

— Pour dire le vrai, notre petite société politique se ressent un peu de l'esprit des journaux qui composent sa nourriture intellectuelle. Celui qui fait sa lecture ordinaire de ces gazettes, où la passion, l'injure, l'intolérance, les personnalités grossières tiennent lieu de bon sens, se distingue généralement par un esprit hâbleur et des idées outrées. Celui au contraire qui reçoit un journal rédigé avec modération est presque invariablement poli, délicat, réservé dans son langage. L'esprit et le ton qui président à la rédaction d'un journal exercent une influence étonnante sur l'éducation du peuple et la moralité publique. Tel journal, tel abonné. On pourrait, au moyen des journaux, renouveler en peu d'années la face d'un pays.

Je pus voir de mes yeux, durant cette courte promenade, de quelle estime Jean Rivard était entouré. Tous ceux que nous rencontrions le saluaient respectueusement en ôtant leurs chapeaux. Quelques-uns l'arrêtèrent en passant pour lui demander quelque conseil. À la manière dont ils lui parlaient, je voyais qu'ils le considéraient tous comme leur meilleur ami. « Nous sommes rendus, me dit-il, à l'un des points les plus intéressants de notre itinéraire ; nous voici au presbytère, et nous allons entrer un instant faire visite à notre ami monsieur le curé. »

VI

Une visite à monsieur le curé — Dissertations économiques

M. Doucet était à la sacristie, occupé à faire un baptême. En l'attendant, Jean Rivard m'emmena faire un tour dans le jardin de son ami. Ce jardin s'étendait en arrière à l'ouest du presbytère, lequel semblait être ainsi au milieu des fleurs et des fruits. Le presbytère était une modeste maison en bois, à un seul étage, avec mansardes, mais assez spacieuse, et divisée commodément.

Un large perron s'étendait sur le devant, abrité du soleil et de la pluie par un prolongement de la toiture. Un petit parterre et des plantes grimpantes égayaient les abords de la maison.

Au bout d'un quart d'heure, monsieur le curé arriva et nous accueillit avec la plus affectueuse cordialité. Il nous fit d'abord entrer dans une chambre modestement mais proprement meublée, qui lui servait de salon, puis bientôt nous passâmes dans une chambre plus petite qui lui servait de bibliothèque et de salle ordinaire de réunion. Je trouvai M. Doucet tel que me l'avait dépeint Jean Rivard : bon, poli, simple, aimable, sans prétention, ne paraissant se douter ni de ses vertus, ni du bien qu'il accomplissait autour de lui. Nous fûmes tout de suite sur le pied de la plus parfaite intimité. On eût dit que nous nous connaissions depuis vingt ans.

Nous parlâmes longtemps de Rivardville, de sa naissance, de ses progrès, de sa prospérité. J'exprimai à monsieur le curé combien j'étais enchanté de mon excursion. Ce qui me surprend, ajoutai-je, c'est que les Cantons de l'Est n'attirent pas encore plus qu'ils ne font l'attention de nos compatriotes. Ils offrent, il faut l'avouer, des avantages de toutes sortes. Le sol y est fertile ; des voies faciles de communication les sillonnent en tous sens. Vous avez les plus beaux pouvoirs hydrauliques qu'il soit possible de désirer : puis voilà maintenant que des mines de diverses sortes s'exploitent en plusieurs endroits, ce qui ne peut manquer d'accroître encore l'industrie, l'activité et la richesse de ces belles et fertiles régions.

— Vous oubliez de mentionner, reprit le curé, un avantage que je considère, moi, comme supérieur à tous les autres, c'est la salubrité du climat. L'air de nos cantons est constamment pur et sain, grâce aux forêts qui couvrent encore une partie du territoire, et à l'absence de grands marécages. Aussi la vie dure-t-elle longtemps, et les vieillards de cent ans ne sont pas rares parmi nous. Les beautés naturelles de nos cantons sont égales sinon supérieures à celles de la Suisse ; nous avons une étonnante variété de lacs et de montagnes...

— Cet air pur de nos montagnes, ajouta Jean Rivard, et la salubrité générale de notre climat expliquent peut-être un fait qui semble d'abord assez étrange, mais qui n'en existe pas moins : c'est que la race canadienne transplantée ici s'améliore graduellement ; les hommes y deviennent plus hauts, plus forts, et les femmes s'y embellissent. Cette idée fait rire monsieur le curé, mais je voudrais que nous puissions vivre tous deux dans l'espace de deux ou trois générations, je serais certain de le convaincre.

— Vous oubliez une chose, dit le curé.

— C'est possible.

— La pêche et la chasse.

— C'est vrai ; mais je pouvais convenablement laisser cela à monsieur le curé qui, je crois, pêche beaucoup plus que moi. Il vous aurait dit que si nous voulons un poisson pour le vendredi, nous n'avons que le soin d'aller jeter une ligne sur le bord de la rivière, ou au milieu d'un des nombreux petits lacs du voisinage ; et que si nous avons fantaisie d'une tourte ou d'une perdrix, nous n'avons qu'à nous acheminer, le fusil sur l'épaule, vers la lisière de la forêt.

Au bout d'une heure, je me levai pour partir, mais monsieur le curé me fit rasseoir et nous fit consentir, de la manière la plus aimable, à prendre le thé avec lui.

Pendant le souper, la conversation prit une tournure tout à fait sérieuse et roula principalement sur ces mille et une questions si importantes, si intéressantes, qui se rattachent aux destinées de la patrie — sur les divers moyens d'accroître le bien-être du peuple, et de le rendre meilleur et plus heureux. Je pus me convaincre aussitôt que ces sujets si graves avaient déjà été plus d'une fois l'objet des délibérations des deux amis. Je ne tardai pas non plus à m'apercevoir que les opinions de monsieur le curé sur la plupart de ces grandes questions coïncidaient parfaitement avec celles de Jean Rivard.

De là à la politique proprement dite, il n'y avait qu'un pas, et je tentai, à diverses reprises, d'amener monsieur le curé sur ce terrain glissant : mais ce fut sans succès. Les questions de personnes ou de parti qui semblent seules avoir l'effet de passionner certaines gens le trouvaient complètement indifférent. Tout ce qu'il déplorait, c'était la coupable insouciance de nos législateurs pour ce qu'il appelait les intérêts fondamentaux du pays, l'éducation, l'agriculture et l'industrie. « On parle sans cesse de réformes politiques, disait-il, sans songer à poser les bases premières de ces réformes. On oublie qu'en construisant un édifice, ce n'est pas par le faîte qu'il le faut commencer. »

Sur ce que je faisais observer à monsieur le curé que l'état de l'agriculture dans la paroisse de Rivardville m'avait paru ne rien laisser à désirer :

« C'est vrai, répondit-il, mais vous ne sauriez croire tout ce qu'il nous a fallu d'efforts pour opérer les progrès que vous avez remarqués. Mon ami le maire de Rivardville, dit-il en regardant Jean Rivard, peut vous en dire quelque chose. Il vous suffirait d'ailleurs de visiter les paroisses voisines pour vous convaincre que ce progrès est loin d'être le même partout.

— Mais quel serait donc, suivant vous, le meilleur moyen de perfectionner l'agriculture ?

— Je ne crois pas qu'on parvienne jamais à lui donner une impulsion puissante sans l'établissement de fermes-modèles. Toute localité importante devrait avoir sa ferme-modèle, placée dans le voisinage de l'église, accessible, en tout temps et à tout le monde, ayant à sa tête une personne en état de fournir tous les renseignements demandés.

— Mais l'établissement d'un si grand nombre de fermes-modèles serait une charge énorme sur le budget de la province.

— Oui, c'est là, je le sais, le grand obstacle, l'obstacle insurmontable. Il est vrai qu'on ne recule pas devant cette grave difficulté lorsqu'il s'agit de chemins de fer, de vaisseaux transatlantiques, d'édifices gigantesques pour les bureaux du gouvernement, et de mille autres choses d'une importance secondaire — on approprie alors, sans y regarder de près, des centaines, des milliers, des millions de piastres sous prétexte d'utilité publique ; — on ne s'effraie ni du gaspillage, ni des spéculations individuelles qui pourront résulter de ces énormes dépenses ; mais lorsqu'il s'agit de l'agriculture, cette mamelle de l'État, comme l'appelait un grand ministre, cette première des industries, comme disait Napoléon, la base, la source première de la richesse d'un pays, on tremble de se montrer généreux. Comment ne comprend-on pas que, dans un jeune pays comme le nôtre, l'agriculture devrait être le principal objet de l'attention du législateur ? En supposant même pour un instant que le gouvernement se laissât aller à ce qui pourrait sembler une extravagance dans l'encouragement donné à l'agriculture et aux industries qui s'y rattachent, qu'en résulterait-il ? Aurions-nous à craindre une banqueroute ? Oh ! non, au contraire une prospérité inouïe se révélerait tout à coup. Des centaines de jeunes gens qui végètent dans les professions ou qui attendent leur vie du commerce, des industries des villes, des emplois publics abandonneraient leurs projets pour se jeter avec courage dans cette carrière honorable. Et soyez sûr d'une chose : du moment que la classe instruite sera attirée vers l'agriculture, la face du pays sera changée.

— Je partage l'opinion de monsieur le curé, dit Jean Rivard ; je désirerais de tout mon cœur voir notre gouvernement commettre quelque énorme extravagance pour l'encouragement de l'agriculture. C'est la seule chose que je serais volontiers disposé à lui pardonner.

— Je sais ce qui vous fait sourire, ajouta monsieur le curé : nos plans vous semblent chimériques. Vous vous représentez un gouvernement possesseur de deux ou trois cents fermes-modèles, et vous vous dites : quel embarras ! quelle dépense ! et comment un ministre, fût-il l'homme le plus actif et le plus habile, pourrait-il suffire à administrer tout cela ?

— J'admets que ce serait une œuvre colossale, et qu'elle exigerait des efforts extraordinaires. Mais les résultats répondraient à la grandeur du sacrifice. D'ailleurs les dépenses encourues pour cet objet ne devraient pas effrayer nos financiers puisqu'elles seraient ce qu'on appelle des dépenses reproductives, et qu'elles ne pourraient que contribuer à l'accroissement de la richesse générale. En outre, si l'on veut que nos immenses voies de transport et de communication remplissent le but pour lequel elles ont été établies, ne faut-il pas encourager la production par tous les moyens possibles ?

« Oui, encourager la production, surtout la production du sol, non par des demi-mesures, mais par des mesures larges, généreuses, puissantes, voilà ce qui stimulera le commerce et l'industrie, et fera du Canada un pays véritablement prospère. »

Il y avait dans le regard, l'accent, la voix de monsieur le curé un air de sincérité, de force et de conviction qui me frappa singulièrement et que je me rappelle encore.

— Mais ne pensez-vous pas, fis-je remarquer, que notre peuple se repose un peu trop sur le gouvernement pour le soin de ses intérêts matériels ?

— Oui, j'admets, répondit-il, qu'un de nos défauts, défaut que nous tenons peut-être de nos ancêtres, c'est de ne pas nous reposer assez sur nous-mêmes ; mais qu'on répande l'instruction parmi les masses, qu'on développe l'intelligence de toutes les classes de la population, et soyez sûr qu'elles marcheront bientôt seules, sans secours étranger.

« Oh ! l'éducation ! l'éducation ! Voilà encore un de ces mots magiques, un de ces mots qui renferment tout un monde d'idées ; mais ce qui frappe, ce qui semble incompréhensible, c'est l'indifférence de presque tous les hommes politiques pour cette cause sublime, pour cette grande réforme, la base de toutes les autres. Comment ne comprend-on pas que pour constituer un peuple fort et vigoureux, ayant toutes les conditions d'une puissante vitalité, il faut avant tout procurer à chaque individu le développement complet de ses facultés naturelles, et en particulier de son intelligence, cette intelligence qui gouverne le monde ? Comment ne comprend-on pas que les hommes éclairés dans tous les états de la vie, négociants, industriels, administrateurs, sont ce qui constitue la force, la richesse et la gloire d'un pays ?

« Ils se trompent étrangement ceux qui croient que le prêtre voit avec indifférence les progrès matériels et les améliorations de la vie physique. Si nous ne désirons pas voir la richesse sociale accumulée entre les mains d'un petit nombre d'individus privilégiés, nous n'en faisons pas moins des vœux pour que l'aisance soit aussi étendue, aussi générale que possible, et pour que toutes nos ressources soient exploitées dans l'intérêt de la fortune publique. Nous comprenons tout ce que la richesse bien administrée, bien appliquée, porte avec elle de force morale. En même temps que nous recommandons le bon emploi des biens que Dieu prodigue à certains de ses enfants, nous nous élevons avec force contre l'oisiveté, cette mère de tous les vices et la grande cause de la misère. Personne n'admire plus volontiers que nous les merveilles du travail et de l'industrie.

— Vous avez tout à l'heure prononcé le mot d'émigration : est-ce que la population de Rivardville se compose exclusivement de Canadiens français ?

— Non ; nous avons aussi plusieurs familles irlandaises. Toutes se distinguent par des habitudes industrieuses et par leur attachement inébranlable au culte catholique. Jusqu'à présent l'accord le plus parfait n'a cessé de régner entre elles et le reste des habitants. Il est vrai que je ne manque pas de leur répéter souvent la maxime de l'apôtre : « aimez-vous les uns les autres ». Car j'ai toujours considéré qu'un des plus beaux devoirs du prêtre c'est de s'efforcer de faire disparaître ces haines de race, ces préjugés nationaux, ces animosités sans fondement qui font tant de mal parmi les chrétiens ; c'est de travailler à faire de toutes ses ouailles une seule et même famille unie par les liens de l'amour et de la charité. Quand je vois arriver parmi nous de pauvres émigrés, venant demander à une terre étrangère le pain et le bonheur en échange de leur travail, je me sens pénétré de compassion, et je m'empresse de leur tendre une main sympathique : soyez les bienvenus, leur dis-je, il y a place pour nous tous sous le soleil ; venez, vous trouverez en nous des amis et des frères. En peu d'années ces familles laborieuses se font une existence aisée. Plusieurs mariages contractés avec leurs voisins d'origine française contribuent encore à cimenter l'union et la bonne harmonie qui n'a jamais cessé d'exister entre les deux nationalités.

« Il y a quelque chose de bon à prendre dans les mœurs et les usages de chaque peuple ; et notre contact avec des populations d'origine et de contrées différentes peut, sans porter atteinte à notre caractère national, introduire dans nos habitudes certaines modifications qui ne seront pas sans influence sur notre avenir, et en particulier sur notre avenir matériel. »

Je fus heureux d'apprendre dans le cours de notre entretien que le système municipal fonctionnait à merveille dans la paroisse de Rivardville.

— Notre gouvernement municipal, dit monsieur le curé, s'il est bien compris et bien administré, peut, tout en développant et exerçant le bon sens politique et l'esprit du gouvernement chez notre population, devenir la sauvegarde de ce que nous avons de plus cher. Chaque paroisse peut former une petite république où non seulement les ressources naturelles et matérielles, mais aussi les ressources morales du pays seront exploitées dans l'intérêt de notre future existence comme peuple. La paroisse sera notre château fort. Quand même toute autre ressource nous ferait défaut, il me semble que nous trouverions là un rempart inexpugnable contre les agressions du dehors.

« Oh! prions Dieu, ajouta-t-il d'un ton pénétré, prions Dieu que la gangrène ne s'introduise pas dans notre corps politique. Nous jouissons de toute la liberté désirable ; mais combien il est à craindre que la corruption, la vénalité, la démoralisation ne détruisent les avantages que nous pourrions retirer de notre excellente forme de gouvernement! Déjà l'on semble oublier que les principes sont tout aussi nécessaires dans la vie publique que dans la vie privée, et l'on sacrifie de gaieté de cœur les intérêts de la morale à ceux de l'esprit de parti. C'est à la presse, c'est aux hommes éclairés qui dirigent l'opinion à opposer sans délai une digue infranchissable à ce torrent dévastateur de l'immoralité qui menace d'engloutir nos libertés politiques. »

La conversation de monsieur le curé m'intéressait souverainement, et je passai plus de trois heures au presbytère sans m'apercevoir de la fuite du temps.

Nous dûmes cependant le quitter, pour retourner chez Jean Rivard, non toutefois sans avoir visité l'église de Rivardville, qui eût fait honneur à l'une des anciennes paroisses du bord du Saint-Laurent.

Chemin faisant, Jean Rivard me dit :

— Si vous n'aviez pas été si pressé, je vous aurais fait voir les champs de grains et de légumes semés par monsieur le curé ; je vous aurais montré ses animaux, ses volailles, ses lapins. Vous auriez vu s'il entend l'agriculture. En effet, pas un progrès ne se fait dans cette science sans qu'il en prenne connaissance. Après les devoirs de son état, c'est peut-être la chose qu'il entend le mieux. Il trouve dans cette occupation un délassement à ses travaux intellectuels en même temps qu'un moyen d'éclairer le peuple et de contribuer au bien-être général. Un mot de lui sur les meilleures races d'animaux, sur l'importance des engrais, etc. fait souvent plus d'effet que tout ce que pourraient dire les prédicateurs agricoles ou les livres les mieux écrits sur cette branche de connaissances.

« Cela ne l'empêche pas de s'occuper de réformes morales et sociales.

Il a réussi à établir dans la paroisse une société de tempérance dont presque tous les hommes font partie. Vous ne sauriez croire quelle influence une association de ce genre exerce sur la conduite et la moralité des jeunes gens. Il fait une guerre incessante au luxe, cette plaie des villes qui peu à peu menace d'envahir les campagnes. Enfin, grâce aux soins qu'il se donne pour procurer du travail aux pauvres, l'oisiveté est inconnue parmi nous. Aussi n'avons-nous pas un seul mendiant dans toute la paroisse de Rivardville. Nous sommes à bon droit fiers de ce résultat.»

En passant devant une des hôtelleries, nous entendîmes un bruit de voix discordantes et, bientôt, nous aperçûmes sur le perron un groupe de personnes au milieu desquelles était un vieillard qui parlait et gesticulait avec violence. Je craignis qu'on n'eût commis quelque voie de fait sur ce pauvre invalide et je proposai à mon compagnon d'intervenir. Mais Jean Rivard se mit à sourire.

— Laissez faire, me dit-il, ce vieillard serait bien fâché de notre intervention. C'est le père Gendreau dont je vous ai déjà parlé. Il est tellement connu dans la paroisse pour son esprit de contradiction que personne ne se soucie plus de discuter avec lui. Il en est réduit à s'attaquer aux étrangers qui séjournent dans nos auberges. En leur engendrant querelle à propos de politique, de chemins de fer, d'améliorations publiques, il peut trouver encore l'occasion de contredire et goûter ainsi quelques moments de bonheur.

«Toutes ces maisons que vous voyez, continua Jean Rivard, sont bâties sur les terrains que j'avais retenus pour mes frères et pour moi, lors de mon établissement dans la forêt; ainsi mes frères sont devenus riches sans s'en apercevoir. Ma bonne mère en est toute rajeunie. Elle vient nous voir de temps à autre; rien ne me touche autant que son bonheur. Le seul regret qu'elle laisse échapper, c'est que notre pauvre père n'ait pas pu voir tout cela avant de mourir!»

— Est-ce que vos frères sont tous établis dans le village?

— Non, je n'en ai encore que deux; l'un auquel j'ai cédé ma potasserie, qu'il a convertie en perlasserie et qu'il exploite avec beaucoup d'intelligence; l'autre qui s'est établi comme marchand et qui, grâce à son activité et à une grande réputation de probité, se tire passablement d'affaire. Tous deux sont mariés et sont d'excellents citoyens. Sur les sept autres, l'un est sur le point d'être admis au notariat, un autre exerce à Grandpré la profession de médecin, deux ont pris la soutane et font leurs études de théologie, et les trois autres sont au collège et n'ont pas encore pris de parti. À part les deux ecclésiastiques qui paraissent avoir une vocation bien prononcée pour le sacerdoce, j'aurais voulu voir tous mes autres frères agriculteurs;

mais ils en ont jugé autrement, que Dieu soit béni! Les prières de ma mère ont été exaucées, elle aura deux prêtres dans sa famille: cela suffit pour la rendre heureuse le reste de ses jours. Je crains bien que l'un des trois écoliers ne cherche à se faire avocat: ce paraît être comme une maladie épidémique parmi la génération actuelle de collégiens.

« Quant au petit Léon, le plus jeune de mes frères, il restera probablement, comme c'est l'usage, sur le bien paternel.

— Et vos deux sœurs, qu'en avez-vous fait?

— L'une est devenue ma belle-sœur en épousant le frère de ma femme, et l'autre a pris le voile. Toutes deux paraissent également heureuses.

VII

Un homme carré

> De tous les hommes, l'homme de bon sens, l'homme de foi et l'homme de bien sont sans contredit au premier rang.
>
> MGR DUPANLOUP

Il était près de neuf heures du soir quand nous fûmes de retour à la maison de mon hôte; mais les jours sont longs à cette époque de l'année, et la nuit n'était pas encore tout à fait descendue sur la terre. Madame Rivard venait d'abandonner son travail de couture et nous attendait assise sur la galerie en compagnie de sa fille aînée.

La petite Louise était d'une beauté angélique, et je ne pus m'empêcher en la regardant de me rappeler l'observation faite par son père quelques instants auparavant:

— Votre mari, dis-je à madame Rivard, a fait sourire monsieur le curé, en prétendant tout à l'heure que la race canadienne s'améliore sensiblement par le seul fait de la transplantation dans les Cantons de l'Est; pour ma part, d'après ce que j'ai pu voir durant mon court séjour à Rivardville, je me range sans hésiter à l'opinion de votre mari.

Madame Rivard, peu habituée à nos fades galanteries, ne put s'empêcher de rougir comme dans son beau temps de jeune fille. Quant à la petite Louise, elle se contenta de regarder sa mère; elle ne savait pas encore rougir.

Cependant l'heure de mon départ approchait; et ce ne fut pas sans regret que je songeai à me séparer de mes hôtes. Je n'avais passé qu'un seul jour sous ce toit hospitalier; mais ce seul jour valait pour moi toute une longue suite d'années. J'avais découvert un monde nouveau. J'étais pour ainsi dire affaissé sous le poids de mes pensées.

Cette famille, me disais-je, n'offre-t-elle pas l'image parfaite du bonheur et de la vertu, s'il est vrai, comme disent les philosophes, que la vertu tienne le milieu entre les deux extrêmes? Cet homme, en apparence si modeste et si humble, ne réunit-il pas dans sa personne toutes les qualités du sage et de l'homme de bien? L'intelligence qu'il a reçue du Créateur, il la cultive par l'étude et l'observation; sa force musculaire, il la développe par le travail et l'exercice; ses bons sentiments naturels, il les met en activité en se rendant utile à ses semblables; doué d'un cœur affectueux, il répand sa tendresse sur une famille chérie; il exerce enfin dans une juste mesure toutes les facultés morales, intellectuelles et physiques dont le ciel l'a doué: vivant d'ailleurs également éloigné de l'opulence et de la pauvreté, de la rusticité et de l'élégance raffinée, de la rudesse grossière et de la grâce prétentieuse, sans vanité, sans ambition, ayant dans toutes les actions de sa vie un but sérieux et honorable...

Quel contraste entre cette vie paisible et l'existence inquiète, agitée, tourmentée de la plupart des hommes de notre classe, qui ne parviennent à la science qu'en ruinant leur santé, qui ne parviennent à la richesse qu'en appauvrissant leurs semblables, qui dans tous leurs actes et leurs travaux n'ont en vue que la satisfaction de leurs désirs égoïstes et frivoles ou celle d'une ambition insatiable!

J'étais absorbé dans ces réflexions lorsque tout à coup le sifflet de la locomotive se fit entendre à la gare voisine de celle de Rivardville. Je n'avais plus qu'un quart d'heure à moi. Je fis donc mes adieux à madame Rivard et à ses enfants, puis serrant la main de mon hôte:

— En me séparant de vous, lui dis-je d'une voix émue, permettez-moi de me dire votre ami à la vie et à la mort. Jamais je n'oublierai la journée si bien remplie que j'ai passée dans votre société; les sentiments d'estime que vous m'avez inspirés, je les conserverai précieusement au fond de mon cœur. Estime n'est pas assez, je devrais dire admiration, car, soit dit sans vous flatter, monsieur (mon ton doit vous dire assez que je suis sincère), vous resterez pour moi tout à la fois le type de l'homme de bien et celui de l'homme de cœur.

— Je vous remercie beaucoup, monsieur, dit Jean Rivard, de vos paroles flatteuses. Je serais porté peut-être à m'en enorgueillir si je n'avais eu l'occasion de connaître par moi-même d'autres hommes d'un courage, d'une force de caractère et d'une persévérance bien supérieurs à tout ce que vous savez de moi. Et pour ne pas aller plus loin, je vous dirai que mon voisin et compagnon de travail, Pierre Gagnon, dont je vous ai parlé plus d'une fois, a, comme défricheur, beaucoup plus de mérite que je puis m'en attribuer ; si l'un de nous méritait le titre de héros, c'est à lui, à coup sûr, et non à moi que reviendrait cet honneur.

« En effet, remarquez, monsieur, qu'en me faisant défricheur, je n'étais pas tout à fait sans appui. J'appartenais à une famille connue, j'avais reçu une certaine instruction qui ne m'a pas été inutile ; puis j'étais possesseur d'un patrimoine de cinquante louis. Cela semble une bagatelle, mais cette somme suffisait pour m'obtenir les services d'un aide, ce qui n'était pas peu de chose dans les circonstances où je me trouvais. Rien de tout cela n'existait pour Pierre Gagnon.

« Orphelin de l'enfance, il avait travaillé toute sa vie pour se procurer le pain de chaque jour. Il ne connaissait pas la dure loi du travail. Ceux qui l'employaient ne le faisaient pas pour le protéger, mais parce qu'ils y trouvaient leur compte. C'est bien de lui qu'on peut dire avec raison qu'il a été l'enfant de ses œuvres.

« Jusqu'à l'âge de dix-huit ans, Pierre Gagnon n'avait reçu, pour prix de ses sueurs, que le logement, la nourriture et l'entretien. Durant les années subséquentes, grâce à ses habitudes économiques, il put mettre quelques piastres de côté et, lorsque je le pris à mon service, il avait une vingtaine de louis d'épargne.

« Je vous ai dit comment il avait travaillé pour moi, avec quelle patience, quelle gaieté philosophique il avait attendu après la fortune, jusqu'à ce que ses gains journaliers, le prix bien justement acquis de longues années de travail, lui eussent permis de devenir acquéreur d'un lot de terre inculte qu'il exploita pour son propre compte. Ceux-là seuls qui l'ont suivi de près peuvent dire ce qu'il a fallu chez cet homme d'heureuses dispositions et de force de caractère pour supporter sans murmurer les rudes fatigues de la première période de sa vie.

« Aujourd'hui il se trouve amplement récompensé. Propriétaire de la terre que vous avez vue, et qui est une des plus belles de la paroisse, il cultive avec beaucoup d'intelligence, il a de fort beaux animaux, il est bien logé de maison et de bâtiments : il est enfin ce qu'on peut appeler un cultivateur à l'aise. Ses enfants commencent à fréquenter l'école et font preuve de talents ; il soupire après le jour où ils pourront lire l'*Imitation de Jésus-Christ* et les histoires de Napoléon, de Don Quichotte et de Robinson Crusoé. Sa femme, Françoise, les élève bien et travaille autant que son mari ; c'est un ménage modèle.

« Où peut-on trouver plus de mérite réel que chez cet homme ?... »

Nous en étions là de notre conversation quand Pierre Gagnon lui-même, suivi de l'aîné de ses enfants, passa devant la porte pour se rendre à la gare du chemin de fer. Jean Rivard l'appela et nous présenta l'un à l'autre.

Tout en marchant ensemble vers les chars, j'adressai plusieurs fois la parole à Pierre Gagnon, et je fis quelque allusion à la conversation que nous venions d'avoir à son sujet.

— Ah! il est toujours comme ça, le bourgeois, dit Pierre Gagnon, il croit les autres plus *futés* que lui; mais ce n'est pas à moi qu'il en fera accroire. Je voudrais que vous puissiez le connaître à fond. Il est aussi savant que monsieur le curé, il sait la loi aussi bien qu'un avocat, ce qui n'empêche pas qu'il laboure *une beauté* mieux que moi. Il mène toute la paroisse comme il veut, et s'il n'est pas resté membre de la chambre, c'est parce qu'il n'a pas voulu, ou peut-être parce qu'il a eu peur de se gâter, parce qu'on dit que parmi les membres il y en a qui ne sont pas trop comme il faut. Enfin, monsieur, puisque vous êtes avocat, je suppose que vous avez lu l'histoire de Napoléon, et que vous savez ce qu'il disait : si je n'étais pas Empereur, je voudrais être juge de paix dans un village. Ah! notre bourgeois n'a pas manqué cela, lui; il est juge de paix depuis longtemps, et il le sera tant qu'il vivra. Vous savez aussi que ce que les hommes que Bonaparte aimaient le mieux c'étaient les hommes carrés. Eh bien! tonnerre d'un nom! notre bourgeois est encore justement comme ça, c'est un homme carré; il est aussi capable des bras que de la tête et il peut faire n'importe quoi — demandez-le à tout le monde...

— Je ne doute pas, répondis-je en riant, que votre bourgeois ne soit pas un homme carré; ce qui est encore plus certain, c'est que les hommes comme lui et vous ne sont pas communs de nos jours, et je remercierai longtemps le ciel de m'avoir procuré l'occasion de vous connaître. Ne soyez pas surpris si je me permets d'écrire un jour votre histoire, au risque de faire des incrédules.

En me disant « au revoir », Jean Rivard me pria de prendre quelques renseignements sur son ami Gustave Charmenil, dont il n'avait pas eu de nouvelles depuis longtemps.

Je serrai une dernière fois la main de mes amis et repris tout rêveur le chemin de la ville.

FIN

Philippe Aubert de Gaspé

LES ANCIENS CANADIENS

[1863]

Publier un roman à un âge avancé (76 ans) montre jusqu'à quel point le seigneur de Saint-Jean-Port-Joli, après une vie consacrée à ses concitoyens, mais malheureusement entachée par un emprisonnement de plusieurs années pour dettes contractées aux dépens des fonds publics, était désireux de reconstituer l'image d'une époque désormais révolue. Observateur perspicace, témoin privilégié de son temps, conteur intarissable, Philippe Aubert de Gaspé présente un tableau de mœurs extrêmement fidèle, à partir des combats qui opposent deux amis de collège lors des guerres de la Conquête de la Nouvelle-France, puis, surtout, à travers diverses manifestations de la vie rurale des Canadiens. Le roman compte trois parties, dont la première comporte une étude de mœurs, dans laquelle se consolide une belle amitié, mise à rude épreuve dans la deuxième partie, qui se transforme en roman historique, tout comme la troisième, où le narrateur s'efforce de panser les plaies.

Écrit dans une langue à la fois simple et savoureuse, le roman fournit mille et un détails de la vie quotidienne du seigneur d'Haberville et des «habitants», de leurs travaux et de leurs divertissements, de leurs joies et de leurs peines, dans le cadre d'un nouveau régime politique qui marque la fin de la noblesse canadienne et la ruine de nombreuses familles, dont celle du seigneur lui-même, dont le manoir a été incendié par l'envahisseur. Loin de montrer de l'aigreur et de monter en épingle l'antagonisme des conquérants anglais et des Canadiens, l'auteur cherche visiblement à établir des liens de fraternité et d'harmonie entre les races comme le démontrent clairement certains passages, de même que les nombreuses notes, contenues en appendice et que compléteront ses Mémoires. Se pose également le problème du mariage interracial que le patriotisme de Blanche d'Haberville réprouve — comme Marie, dans Jacques et Marie *de Napoléon Bourassa —, mais que les idées de son frère Jules lui permettent de conclure.*

*
* *

Dernier seigneur de Saint-Jean-Port-Joli, Philippe-Joseph Aubert de Gaspé naît à Québec en 1786. Il termine ses études de droit et est admis au barreau en 1811. Nommé shérif du district de Québec en 1816, il participe activement à la vie sociale de la capitale. Emprisonné pour dettes de 1838 à 1841, il se réinstalle à Québec où il renoue avec ses amis et participe aux rencontres du «club des anciens». En 1863 il publie Les anciens Canadiens *et, trois ans après,* Mémoires. *Le succès de ces ouvrages est sans précédent au Canada. Il meurt en 1871. Plusieurs années plus tard, en 1893, sera publié* Divers, *un recueil composite.*

I

La sortie du collège

> Eheu ! fugaces, Posthume...
>
> Horace

Ce chapitre peut, sans inconvénient, servir en partie de préface ; car je n'ai nullement l'intention de composer un ouvrage *secundum artem*, encore moins de me poser en auteur classique. Ceux qui me connaissent seront sans doute surpris de me voir commencer le métier d'auteur à soixante et seize ans ; je leur dois une explication. Quoique fatigué de toujours lire, à mon âge, sans grand profit ni pour moi ni pour autrui, je n'osais cependant passer le Rubicon ; un incident assez trivial m'a décidé.

Un de mes amis, homme de beaucoup d'esprit, que je rencontrai, l'année dernière, dans la rue Saint-Louis de cette bonne ville de Québec, me saisit la main d'un air empressé, en me disant : « Heureux de vous voir : j'ai conversé ce matin avec onze personnes ; eh bien, mon cher, tous êtres insignifiants ! pas une idée dans la caboche ! »

Et il me secouait le bras à me le disloquer.

— Savez-vous, lui dis-je, que vous me rendez tout fier ; car je vois, à votre accueil chaleureux, que je suis l'exception, l'homme que vous attendiez pour...

— Eh oui ! mon cher, fit-il sans me permettre d'achever ma phrase, ce sont les seules paroles spirituelles que j'aie entendues ce matin.

Et il traversa la rue pour parler à un client qui se rendait à la cour, son douzième imbécile, sans doute.

— Diable ! pensais-je, il paraît que les hommes d'esprit ne sont pas difficiles, si c'est de l'esprit que je viens de faire : j'en ai alors une bonne provision ; je ne m'en étais pourtant jamais douté.

Tout fier de cette découverte, et en me disant à moi-même que j'avais plus d'esprit que les onze imbéciles dont m'avait parlé mon ami, je vole chez mon libraire, j'achète une rame de papier *foolscap* (c'est-à-dire, peut-être, *papier-bonnet* ou *tête de fou*, comme il plaira au traducteur), et je me mets à l'œuvre.

J'écris pour m'amuser, au risque de bien ennuyer le lecteur qui aura la patience de lire ce volume ; mais comme je suis d'une nature compatissante, j'ai un excellent conseil à donner à ce cher lecteur: c'est de jeter promptement le malencontreux livre, sans se donner la peine de le critiquer: ce serait lui accorder trop d'importance, et, en outre, ce serait un labeur inutile pour le critiquer de bonne foi car, à l'encontre de ce vieil archevêque de Grenade dont parle Gil Blas, si chatouilleux à l'endroit de ses homélies, je suis, moi, de bonne composition et, au lieu de dire à ce cher critique: «Je vous souhaite toutes sortes de prospérités avec plus de goût», j'admettrai franchement qu'il y a mille défauts dans ce livre, et que je les connais.

Quant au critique malveillant, ce serait pour lui un travail en pure perte, privé qu'il serait d'engager une polémique avec moi. Je suis, d'avance, bien peiné de lui enlever cette douce jouissance, et de lui rogner si promptement les griffes. Je suis très vieux et paresseux avec délice, comme le Figaro d'ironique mémoire. D'ailleurs, je n'ai pas assez d'amour-propre pour tenir le moins du monde à mes productions littéraires. Consigner quelques épisodes du bon vieux temps, quelques souvenirs d'une jeunesse, hélas! bien éloignée, voilà toute mon ambition.

Plusieurs anecdotes paraîtront, sans doute, insignifiantes et puériles à bien des lecteurs: qu'ils jettent le blâme sur quelques-uns de nos meilleurs littérateurs, qui m'ont prié de ne rien omettre sur les mœurs des anciens Canadiens. «Ce qui paraîtra insignifiant et puéril aux yeux des étrangers, me disaient-ils, ne laissera pas d'intéresser les vrais Canadiens, dans la chronique d'un septuagénaire né vingt-huit ans seulement après la conquête de la Nouvelle-France.»

Ce livre ne sera ni trop bête ni trop spirituel. Trop bête! certes, un auteur doit se respecter tant soit peu. Trop spirituel! il ne serait apprécié que des personnes qui ont beaucoup d'esprit, et, sous un gouvernement constitutionnel, le candidat préfère la quantité à la qualité.

Cet ouvrage sera tout canadien par le style: il est malaisé à un septuagénaire d'en changer comme il ferait de sa vieille redingote pour un paletot à la mode de nos jours.

J'entends bien avoir, aussi, mes coudées franches, et ne m'assujettir à aucunes règles prescrites — que je connais d'ailleurs — dans un ouvrage comme celui que je publie. Que les puristes, les littérateurs émérites, choqués de ces défauts, l'appellent roman, mémoire, chronique, salmigondis, pot-pourri: peu m'importe!

Mon bout de préface achevé, je commence sérieusement ce chapitre par cette belle épigraphe inédite, et bien surprise, sans doute, de se trouver en si mauvaise compagnie:

Perché comme un aiglon sur le haut promontoire,
Baignant ses pieds de roc dans le fleuve géant,

Québec voit ondoyer, symbole de sa gloire,
L'éclatante splendeur de son vieux drapeau blanc.

Et, près du château fort, la jeune cathédrale
Fait monter vers le ciel son clocher radieux,
Et l'Angélus du soir, porté par la rafale,
Aux échos de Beaupré jette ses sons joyeux.

Pensif dans son canot, que la vague balance,
L'Iroquois sur Québec lance un regard de feu ;
Toujours rêveur et sombre, il contemple en silence
L'étendard de la France et la croix du vrai Dieu.

Que ceux qui connaissent notre bonne cité de Québec se transportent, en corps ou en esprit, sur le marché de la haute ville, ne serait-ce que pour juger des changements survenus dans cette localité depuis l'an de grâce 1757, époque à laquelle commence cette histoire. C'est toujours la même cathédrale par la structure, *minus* sa tour moderne, qui semble supplier les âmes charitables, soit de l'exhausser, soit de couper la tête à sa sœur géante, qui a l'air de la regarder sous cape, avec mépris, du haut de sa grandeur.

Le collège des Jésuites, plus tard métamorphosé en caserne, présentait bien le même aspect qu'aujourd'hui ; mais qu'est devenue l'église construite jadis à la place des halles actuelles ? Où est le bocage d'arbres séculaires, derrière ce temple, qui ornaient la cour maintenant si nue, si déserte, de cette maison consacrée à l'éducation de la jeunesse canadienne ? La hache et le temps, hélas ! ont fait leur œuvre de destruction. Aux joyeux ébats, aux saillies spirituelles des jeunes élèves, aux pas graves des professeurs qui s'y promenaient pour se délasser d'études profondes, aux entretiens de haute philosophie, ont succédé le cliquetis des armes, les propos de corps de garde, souvent libres et saugrenus !

À la place du marché actuel, des boucheries très basses, contenant, tout au plus, sept ou huit étaux, occupaient une petite partie du terrain, entre la cathédrale et le collège. Entre ces boucheries et le collège coulait un ruisseau, qui descendait de la rue Saint-Louis, passait au beau milieu de la rue de la Fabrique, traversait la rue Couillard et le jardin de l'Hôtel-Dieu, dans sa course vers la rivière Saint-Charles. Nos ancêtres avaient des goûts bucoliques très prononcés !

Nous sommes à la fin d'avril ; le ruisseau est débordé, et des enfants s'amusent à détacher de ses bords des petits glaçons qui, diminuant toujours de volume, finissent, après avoir franchi tous les obstacles, par disparaître à leurs yeux, et aller se perdre dans l'immense fleuve Saint-Laurent. Un poète, qui fait son profit de tout, contemplant, les bras croisés, cette scène d'un air rêveur, et suivant la descente des petits glaçons, leurs temps d'arrêt, leurs ricochets, les eût comparés à ces hommes ambitieux arrivant, après une vie agitée, au terme de leur carrière, aussi légers d'argent que de réputation, et finissant par s'engloutir dans le gouffre de l'éternité.

Les maisons qui avoisinent le marché sont, pour la plupart, à un seul étage, à l'encontre de nos constructions modernes, qui semblent vouloir se rapprocher du ciel, comme si elles craignaient un autre déluge.

Il est midi: l'*Angélus* sonne au beffroi de la cathédrale; toutes les cloches de la ville annoncent la salutation que l'ange fit à la mère du Christ, la patronne chérie du Canada. Les habitants[1] en retard, dont les voitures entourent les boucheries, se découvrent et récitent dévotement l'*Angélus*. Tout le monde pratiquant le même culte, personne ne tourne en ridicule cette coutume pieuse.

Certains chrétiens du dix-neuvième siècle semblent avoir honte d'un acte religieux devant autrui: c'est faire, pour le moins, preuve d'un esprit rétréci ou de pusillanimité. Les disciples de Mahomet, plus courageux, prient sept fois par jour, en tous lieux, en présence des timides chrétiens.

Les élèves du collège des Jésuites, toujours si bruyants lorsqu'ils entrent en récréation, sortent silencieux de l'église, où ils viennent de prier. Pourquoi cette tristesse inusitée? C'est qu'ils vont se séparer de deux condisciples chéris, de deux amis sincères pour tous sans distinction. Le plus jeune des deux, qui, plus rapproché de leur âge, partageait le plus souvent leurs jeux enfantins, protégeait aussi le faible contre le fort, et décidait avec équité leurs petits différends.

La grande porte du collège s'ouvre, et deux jeunes gens, en habit de voyage, paraissent au milieu de leurs compagnons d'étude. Deux portemanteaux de cuir, longs de cinq pieds, garnis d'anneaux, chaînes et cadenas, qui semblent assez forts pour amarrer un navire, gisent à leurs pieds. Le plus jeune des deux voyageurs, frêle et de petite taille, peut avoir dix-huit ans. Son teint brun, ses gros yeux noirs, vifs et perçants, ses mouvements saccadés, dénotent en lui l'origine française: c'est, en effet, Jules d'Haberville, fils d'un seigneur, capitaine d'un détachement de marine[2] de la colonie.

Le second, plus âgé de deux à trois ans, est d'une taille beaucoup plus forte et plus élevée. Ses beaux yeux bleus, ses cheveux blond châtain, son teint blanc et un peu coloré, quelques rares taches de rousseur sur le visage et sur les mains, son menton tant soit peu prononcé, accusent une origine

---

1. *Habitant* est synonyme de cultivateur, au Canada.
2. Ces détachements faisaient aussi le service de terre dans la colonie.

étrangère; c'est, en effet, Archibald Cameron of Locheill, vulgairement Arché de Locheill, jeune montagnard écossais qui a fait ses études au collège des Jésuites de Québec. Comment, lui, étranger, se trouve-t-il dans une colonie française? C'est ce que la suite apprendra.

Les jeunes gens sont tous deux d'une beauté remarquable. Leur costume est le même: capot de couverte avec capuchon, mitasses écarlates bordées de rubans verts, jarretières de laine bleue tricotées, large ceinture aux couleurs vives et variées ornée de rassades, souliers de caribou plissés à l'iroquoise, avec hausses brodées en porc-épic, et enfin, chapeaux de vrai castor, rabattus sur les oreilles au moyen d'un fichu rouge noué sous le col.

Le plus jeune montre une agitation fébrile et porte, à chaque instant, ses regards le long de la rue Buade.

— Tu es donc bien pressé de nous quitter, Jules? dit un de ses amis, d'un ton de reproche.

— Non, mon cher de Laronde, répliqua d'Haberville; oh! que non, je t'assure; mais, puisqu'il faut que cette séparation pénible ait lieu, je suis pressé d'en finir: ça m'énerve. Il est bien naturel aussi que j'aie hâte de revoir mes chers parents.

— C'est juste, dit de Laronde; et, d'ailleurs, puisque tu es Canadien, nous vivons dans l'espoir de te revoir bien vite.

— Il n'en est pas de même de toi, cher Arché, dit un autre: je crains bien que cette séparation soit éternelle, si tu rentres dans ta patrie.

— Promets-nous de revenir, cria-t-on de toutes parts.

Pendant ce colloque, Jules part comme un trait au-devant de deux hommes s'avançant à grands pas, le long de la cathédrale, avec chacun un aviron sur l'épaule droite. L'un d'eux porte le costume des habitants de la campagne: capot d'étoffe noire tissée dans le pays, bonnet de laine grise, mitasses et jarretières de la même teinte, ceinture aux couleurs variées, et gros souliers de peau de bœuf du pays, plissés à l'iroquoise. Le costume de l'autre est à peu près celui des deux jeunes voyageurs, mais beaucoup moins riche. Le premier, d'une haute stature, aux manières brusques, est un traversier de la Pointe-Lévis[a]. Le second, d'une taille moyenne, aux formes athlétiques, est au service du capitaine d'Haberville, père de Jules: soldat pendant la guerre, il prend ses quartiers chez lui pendant la paix. Il est du même âge que son capitaine, et son frère de lait. C'est l'homme de confiance de la famille: il a bercé Jules, il l'a souvent endormi dans ses bras, en chantant les gais refrains de nos voyageurs des pays hauts.

---

[a] Ces lettres indiquent des notes renvoyées à la fin du volume, et marquées de la même lettre au chapitre correspondant.

— Comment te portes-tu, mon cher José ? Comment as-tu laissé ma famille ? dit Jules, en se jetant dans ses bras.

— *Tou bin, 'ieu*[3] (Dieu) merci, fit José ; ils vous mandent bin des compliments, et ils ont grand hâte de vous voir. Mais comme vous avez profité depuis huit mois que je ne vous ai vu ! ma *frine* (foi), M. Jules, ça fait plaisir à voir.

José, quoique traité avec la bonté la plus familière par toute la famille d'Haberville, ne manquait jamais aux égards qu'il leur devait.

Une question n'attend pas l'autre ; Jules s'informe des domestiques, des voisins, du vieux chien, qu'étant en trente-sixième il avait nommé *Niger*, comme preuve de ses progrès dans la langue latine. Il ne garde pas même rancune au chat glouton qui, l'année précédente, avait croqué tout vif un jeune rossignol privé dont il raffolait et qu'il se proposait d'apporter au collège. Il est bien vrai que, dans un premier mouvement de colère, il l'avait poursuivi avec un gourdin sous les tables, sous les lits et même jusque sous le toit de la maison, où le méchant animal s'était réfugié, comme dans une forteresse inexpugnable. Mais il lui a pardonné ses forfaits, et il s'informe de sa santé.

— Ah çà ! dit Baron[(b)] le traversier, qui prenait peu d'intérêt à cette scène, ah çà ! dit-il d'un ton bourru, quand vous aurez fini de vous lécher et de parler chien et matou, vous plairait-il d'avancer ? La marée n'attend personne.

Malgré l'impatience et la mauvaise humeur de Baron, les adieux des jeunes gens à leurs amis du collège furent longs et touchants. Les régents les embrassèrent avec tendresse.

— Vous allez suivre tous deux la carrière des armes, leur dit le supérieur ; exposés, sans cesse, à perdre la vie sur les champs de bataille, vous devez doublement aimer et servir le bon Dieu. S'il est dans les décrets de la Providence que vous succombiez, soyez prêts en tout temps à vous présenter à son tribunal avec une conscience pure. Que votre cri de guerre soit : « Mon Dieu, mon roi, ma patrie ! »

Les dernières paroles d'Arché furent :

— Adieu, vous tous qui avez ouvert vos bras et vos cœurs à l'enfant proscrit ; adieu, amis généreux, dont les efforts constants ont été de faire oublier au pauvre exilé qu'il appartenait à une race étrangère à la vôtre ! Adieu ! Adieu ! peut-être pour toujours.

---

3. L'auteur met dans la bouche de José le langage des anciens habitants de nos campagnes, sans néanmoins s'y astreindre toujours. Il emploiera aussi, assez souvent, sans prendre la peine de les souligner, les expressions usitées par le peuple de la campagne.

Jules était très affecté.

— Cette séparation serait bien cruelle pour moi, dit-il, si je n'avais l'espoir de revoir bientôt le Canada avec le régiment dans lequel je vais servir en France.

S'adressant ensuite aux régents du collège, il leur dit:

— J'ai beaucoup abusé de votre indulgence, messieurs, mais vous savez tous que mon cœur a toujours mieux valu que ma tête: pardonnez à l'une, je vous prie, en faveur de l'autre. Quant à vous, mes chers condisciples, ajouta-t-il d'une voix qu'il s'efforçait inutilement de rendre gaie, avouez que si je vous ai beaucoup tourmentés par mes espiègleries, pendant mes dix années de collège, je vous ai par compensation fait beaucoup rire.

Et, prenant le bras d'Arché, il l'entraîna pour cacher son émotion.

Laissons nos voyageurs traverser le fleuve Saint-Laurent, certains de les rejoindre bien vite à la Pointe-Lévis.

II

Archibald Cameron of Locheill — Jules d'Haberville

> *Give me, oh! give me back the days*
> *When I — I too — was young,*
> *And felt, as they now feel, each coming hour,*
> *New consciousness of power [...]*
>
> *The fields, the grove, the air was haunted,*
> *And all that age has disenchanted,*
> *[...]*
> *Give me, oh! give youth's passions unconfined,*
> *The rush of joy that felt almost like pain.*
>
> GOETHE

Archibald Cameron of Locheill, fils d'un chef de clan des montagnes d'Écosse et d'une Française, n'avait que quatre ans lorsqu'il eut le malheur de perdre sa mère. Élevé par son père, vrai Nemrod, violent chasseur devant Dieu, suivant la belle expression de l'Écriture sainte, il le suivait, dès l'âge de dix ans, dans ses courses aventureuses à la poursuite du chevreuil et des autres bêtes fauves, gravissant les montagnes les plus escarpées, traversant souvent à la nage les torrents glacés, couchant fréquemment sur la terre humide sans autre couverture que son plaid (pr. *plè*, manteau écossais), sans autre abri que la voûte des cieux. Cet enfant, vrai Spartiate par l'éducation, semblait faire ses délices de cette vie sauvage et vagabonde.

Arché de Locheill n'était âgé que de douze ans, en l'année 1745, lorsque son père joignit les étendards de ce jeune et infortuné prince qui, en vrai héros de roman, vint se jeter entre les bras de ses compatriotes écossais pour revendiquer par les armes une couronne à laquelle il devait renoncer pour toujours après le désastre de Culloden. Malgré la témérité de l'entreprise, malgré les difficultés sans nombre qu'offrait une lutte inégale contre les forces redoutables de l'Angleterre, aucun des braves montagnards ne lui fit défaut; tous répondirent à l'appel avec l'enthousiasme d'âmes nobles, généreuses et dévouées: leur cœur fut touché de la confiance du prince Charles-Édouard en leur loyauté, et de cette grande infortune royale.

Au commencement de cette lutte sanglante, le courage triompha du nombre et de la discipline, et les échos de leurs montagnes répétèrent au loin leurs chants de triomphe et de victoire. L'enthousiasme fut alors à son comble: le succès ne paraissait plus douteux. Vain espoir! il fallut enfin succomber après les faits d'armes les plus éclatants. Archibald Cameron of Locheill, père, partagea le sort de tant d'autres soldats valeureux qui ensanglantèrent le champ de bataille de Culloden.

Un long gémissement de rage et de désespoir parcourut les montagnes et les vallées de l'ancienne Calédonie! Ses enfants durent renoncer pour toujours à reconquérir une liberté pour laquelle ils avaient combattu pendant plusieurs siècles avec tant d'acharnement et de vaillance. Ce fut le dernier râle de l'agonie d'une nation héroïque qui succombe. L'Écosse, partie intégrante maintenant d'un des plus puissants empires de l'univers, n'a pas eu lieu de déplorer sa défaite. Ses anciens ennemis s'enorgueillissent des travaux de ses littérateurs, et ses hommes d'État ont été aussi célèbres dans le cabinet de leur souverain, que leurs guerriers en combattant pour leur nouvelle patrie. Tandis que leurs frères de la verte Érin, les Irlandais, au cœur chaud et généreux, frémissent encore en mordant leurs chaînes, eux, les Écossais, jouissent en paix de leur prospérité. Pourquoi cette différence? L'Irlande a pourtant fourni plus que son contingent de gloire à la fière Albion; la voix puissante de ses orateurs a électrisé les tribunaux et les parlements anglais; ses soldats, braves entre les braves, ont conquis des royaumes; ses poètes, ses écrivains, charment toujours les loisirs des hommes de lettres de la Grande-Bretagne. Aucune part de gloire ne lui a été refusée. Pourquoi, alors, son dernier cri d'agonie gronde-t-il encore dans les champs, dans les vallées, dans les montagnes et jusque sur la terre de l'exil? On croirait que la terre d'Érin, arrosée de tant de larmes, ne produit que de l'absinthe, des ronces et des épines; et cependant ses prés sont toujours verts, et ses champs se couvrent d'abondantes moissons. Pourquoi ce mugissement précurseur de la tempête s'échappe-t-il sans cesse de la poitrine des généreux Irlandais? L'histoire répond à cette question.

Un oncle d'Arché, qui avait aussi suivi l'étendard et la fortune du malheureux prince, parvint, après la journée désastreuse de Culloden, à dérober sa tête à l'échafaud et, après mille périls, mille obstacles, réussit à se réfugier en France avec le jeune orphelin. Le vieux gentilhomme, proscrit et ruiné, avait beaucoup de peine à subvenir à ses propres besoins et à ceux de son neveu, lorsqu'un Jésuite, oncle maternel du jeune homme, le déchargea d'une partie de ce lourd fardeau. Arché, admis au collège des Jésuites à Québec, en sortait, après avoir terminé son cours de mathématiques, au moment où le lecteur fait sa connaissance.

Archibald Cameron of Locheill, que la main pesante du malheur avait mûri avant le temps, ne sut d'abord, quand il entra au collège, quel jugement porter sur un enfant espiègle, turbulent, railleur impitoyable, qui semblait faire le désespoir des maîtres et des élèves. Il est bien vrai que tout n'était pas profit à cet enfant: sur vingt férules et pensums que le régent distribuait dans la classe, Jules d'Haberville en empochait dix-neuf pour sa part.

Il faut avouer aussi que les grands écoliers, souvent à bout de patience, lui donnaient plus que sa part de taloches; mais, bah! on aurait cru que tout cela n'était que douceur, tant le gamin était toujours prêt à recommencer ses espiègleries. Il faut bien dire aussi que, sans avoir positivement de la rancune, Jules n'oubliait jamais une injure; qu'il s'en vengeait toujours d'une manière ou d'une autre. Ses sarcasmes, ses pointes acérées, qui faisaient rougir l'épiderme, arrivaient toujours à propos, soit à l'adresse des maîtres mêmes, soit à celle des grands écoliers qu'il ne pouvait atteindre autrement.

Il avait pour principe de ne jamais s'avouer vaincu; et il fallait, de guerre lasse, finir par lui demander la paix.

On croira sans doute que cet enfant devait être détesté. Aucunement: tout le monde en raffolait; c'était la joie du collège. C'est que Jules avait un cœur qui bat, hélas! rarement sous la poitrine de l'homme. Dire qu'il était généreux jusqu'à la prodigalité, qu'il était toujours prêt à prendre la défense des absents, à se sacrifier pour cacher les fautes d'autrui, ne saurait donner une idée aussi juste de son caractère que le trait suivant. Il était âgé d'environ douze ans, lorsqu'un *grand*, perdant patience, lui donna un fort coup de pied, sans avoir néanmoins l'intention de lui faire autant de mal. Jules avait pour principe de ne porter aucune plainte aux maîtres contre ses condisciples: cette conduite lui semblait indigne d'un jeune gentilhomme. Il se contenta de lui dire: «Tu as l'esprit trop obtus, féroce animal, pour te payer en sarcasmes; tu ne les comprendrais pas; il faut percer l'épiderme de ton cuir épais; sois tranquille, tu ne perdras rien pour attendre!»

Jules, après avoir rejeté certains moyens de vengeance, assez ingénieux pourtant, s'arrêta à celui de lui raser les sourcils pendant son sommeil, punition d'autant plus facile à infliger que Dubuc, qui l'avait frappé, avait le sommeil si lourd qu'il fallait le secouer rudement, même le matin, pour le réveiller. C'était d'ailleurs le prendre par le côté le plus sensible: il était beau garçon et très fier de sa personne.

Jules s'était donc arrêté à ce genre de punition, lorsqu'il entendit Dubuc dire à un de ses amis, qui le trouvait triste:

— J'ai bien sujet de l'être, car j'attends mon père demain. J'ai contracté des dettes chez les boutiquiers et chez mon tailleur, malgré ses défenses, espérant que ma mère viendrait à Québec avant lui, et qu'elle me tirerait d'embarras à son insu. Mon père est avare, coléreux, brutal; dans un premier mouvement, il est capable de me frapper. Je ne sais où donner de la tête; j'ai presque envie de prendre la fuite jusqu'à ce que l'orage soit passé.

— Ah çà! dit Jules, qui avait entendu, pourquoi n'as-tu pas eu recours à moi?

— Dame! dit Dubuc en secouant la tête.

— Crois-tu, fit Jules, crois-tu que, pour un coup de pied de plus ou de moins, je laisserais un écolier dans l'embarras et exposé à la brutalité de son aimable père? Il est bien vrai que tu m'as presque éreinté, mais c'est une autre affaire à régler en temps et lieu. Combien te faut-il?

— Ah! mon cher Jules, répliqua Dubuc, ce serait abuser de ta générosité. Il me faudrait une forte somme, et je sais que tu n'es pas en fonds dans le moment: tu as vidé ta bourse pour assister cette pauvre veuve dont le mari a été tué par accident.

— En voilà un caribou, celui-là, dit Jules, comme si l'on ne trouve pas toujours de l'argent pour soustraire un ami à la colère d'un père avare et brutal, qui peut lui casser la barre du cou! Combien te faut-il?

— Cinquante francs.

— Tu les auras ce soir, fit l'enfant.

Jules, fils unique, Jules, appartenant à une famille riche, Jules, l'enfant gâté de tout le monde, avait toujours de l'argent à pleines poches; père, mère, oncles, tantes, parrain et marraine, tout en proclamant bien haut cette maxime qu'il est dangereux de laisser les enfants disposer de trop fortes sommes, lui en donnaient cependant à qui mieux mieux, à l'insu les uns des autres!

Dubuc avait pourtant dit vrai: sa bourse était à sec dans le moment. C'était, d'ailleurs, alors une forte somme que cinquante francs. Le roi de France ne payait à ses alliés sauvages que cinquante francs la chevelure d'un

Anglais; le monarque anglais, plus riche, ou plus généreux, en donnait cent pour une chevelure française!

Jules avait trop de délicatesse pour s'adresser à ses oncles et à ses tantes, seuls parents qu'il eût à Québec. Sa première idée fut d'emprunter cinquante francs en mettant en gage sa montre d'or, laquelle valait vingt-cinq louis. Se ravisant ensuite, il pensa à une vieille femme, ancienne servante que son père avait dotée en la mariant, et à laquelle il avait ensuite avancé un petit fonds de commerce, qui avait prospéré entre ses mains : elle était riche, veuve et sans enfants.

Il y avait bien des difficultés à surmonter: la vieille était avare et acariâtre; d'ailleurs Jules et elle ne s'étaient pas laissés dans les meilleurs termes possibles à la dernière visite qu'il lui avait faite; elle l'avait même poursuivi avec son manche à balai jusque dans la rue. Le gamin n'était pourtant coupable que d'une peccadille : il avait fait humer une forte prise de tabac à son barbet favori, et, tandis que la vieille venait au secours de son chien, qui se débattait comme un énergumène, il avait vidé le reste de la tabatière dans une salade de dent-de-lion qu'elle épluchait avec grand soin pour son souper, en lui disant : « Tenez, la mère, voici l'assaisonnement. »

N'importe, Jules pensa qu'il était urgent de faire sa paix avec la bonne femme, et en voici les préliminaires. Il lui sauta au cou en entrant, malgré les efforts de la vieille pour se soustraire à ses démonstrations par trop tendres, après l'avanie qu'il lui avait faite.

— Voyons, dit-il, chère Madeleine, faluron dondaine, comme dit la chanson, je suis venu te pardonner tes offenses, comme tu dois les pardonner à ceux qui t'ont offensée. Tout le monde prétend que tu es avare et vindicative; peu m'importe, ce n'est pas mon affaire. Tu en seras quitte pour griller dans l'autre monde; je m'en lave les mains.

Madeleine ne savait trop si elle devait rire ou se fâcher de ce beau préambule; mais, comme elle avait un grand faible pour l'enfant, malgré ses espiègleries, elle prit le parti le plus sage, et se mit à rire.

— Maintenant que nous sommes de bonne humeur, reprit Jules, parlons sérieusement. J'ai fait des sottises, vois-tu, je me suis endetté; je crains les reproches de mon bon père, et encore plus de lui faire de la peine. Il me faudrait cinquante francs pour assoupir cette malheureuse affaire : peux-tu me les prêter ?

— Mais, comment donc, M. d'Haberville, dit la vieille, je n'aurais que cette somme pour tout bien dans le monde, que je la donnerais de grand cœur pour exempter la moindre peine à votre bon papa. J'ai assez d'obligation à votre famille...

— Tarare, dit Jules, si tu parles de ces cinq sous-là, point d'affaires.

Mais écoute, ma bonne Madeleine, comme je puis me casser le cou au moment qu'on s'y attendra le moins, ou qu'on s'y attendra le plus, en grimpant sur le toit du collège et sur tous les clochers de la ville de Québec, je vais te donner un mot d'écrit pour ta sûreté ; j'espère bien, pourtant, m'acquitter envers toi dans un mois au plus tard.

Madeleine se fâcha tout de bon, refusa le billet, et lui compta les cinquante francs. Jules faillit l'étrangler en l'embrassant, sauta par la fenêtre dans la rue, et prit sa course vers le collège.

À la récréation du soir, Dubuc était libéré de toute inquiétude du côté de son aimable père.

— Mais, souviens-toi, dit d'Haberville, que tu es dans mes dettes pour le coup de pied.

— Tiens, mon cher ami, dit Dubuc, très affecté, paie-toi tout de suite : casse-moi la tête ou les reins avec ce fourgon, mais finissons-en : penser que tu me gardes de la rancune, après le service que tu m'as rendu, serait un trop grand supplice pour moi.

— En voilà encore un caribou, celui-là, dit l'enfant, de croire que je garde rancune à quelqu'un parce que je lui dois une douceur de ma façon ! Est-ce comme cela que tu le prends ? alors ta main, et n'y pensons plus. Tu pourras te vanter toujours d'être le seul qui m'aura égratigné sans que j'aie tiré le sang.

Cela dit, il lui saute sur les épaules, comme un singe, lui tire un peu les cheveux pour acquit de conscience et court rejoindre la bande joyeuse qui l'attendait.

Archibald de Locheill, mûri par de cruelles épreuves, et partant d'un caractère plus froid, plus réservé que les enfants de son âge, ne sut d'abord, à son entrée au collège, s'il devait rire ou se fâcher des espiègleries d'un petit lutin qui semblait l'avoir pris pour point de mire et ne lui laissait aucun repos. Il ignorait que c'était la manière de Jules de prouver sa tendresse à ceux qu'il aimait le plus. Arché enfin, poussé à bout, lui dit un jour :

— Sais-tu que tu ferais perdre patience à un saint ; vraiment, tu me mets quelquefois au désespoir.

— Il y a pourtant un remède à tes maux, dit Jules : la peau me démange, donne-moi une bonne raclée, et je te laisserai en paix : c'est chose facile à toi, qui es fort comme un Hercule.

En effet, de Locheill, habitué dès la plus tendre enfance aux rudes exercices des jeunes montagnards de son pays, était, à quatorze ans, d'une force prodigieuse pour son âge.

— Me crois-tu assez lâche, lui dit Arché, pour frapper un enfant plus jeune et beaucoup plus faible que moi ?

— Tiens, dit Jules, tu es donc comme moi ? jamais une chiquenaude à un petit. Une bonne raclée avec ceux de mon âge et même plus âgés que moi, et ensuite on se donne la main, et on n'y pense plus.

Tu sais, ce farceur de Chavigny, continua Jules : il est pourtant plus âgé que moi, mais il est si faible, si malingre, que je n'ai jamais eu le cœur de le frapper, quoiqu'il m'ait joué un de ces tours qu'on ne pardonne guère, à moins d'être un saint François de Sales. Imagine-toi qu'il accourt vers moi tout essoufflé, en me disant : Je viens d'escamoter un œuf à ce gourmand de Létourneau, qui l'avait volé au grand réfectoire. Vite, cache-le, il me poursuit.

— Et où veux-tu que je le cache ? lui dis-je.

— Dans ton chapeau, répliqua-t-il ; il n'aura jamais l'idée de le chercher là.

Je suis assez sot pour le croire ; j'aurais dû m'en méfier, puisqu'il m'en priait.

Létourneau arrive à la course, et m'assène, sans cérémonie, un coup sur la tête. Le diable d'œuf m'aveugle, et je puis te certifier que je ne sentais pas la rose : c'était un œuf couvé, que Chavigny avait trouvé dans un nid de poule abandonné depuis un mois probablement. J'en fus quitte pour la perte d'un chapeau, d'un gilet et d'autres vêtements[1]. Eh bien, le premier mouvement de colère passé, je finis par en rire ; et si je lui garde un peu de rancune, c'est de m'avoir escamoté ce joli tour, que j'aurais eu tant de plaisir à faire à Derome, avec sa tête toujours poudrée à blanc. Quant à Létourneau, comme il était trop simple pour avoir inventé cette espièglerie, je me contentai de lui dire : « Bienheureux les pauvres d'esprit », et il se sauva tout fier du compliment, content, après tout, d'en être quitte à si peu de frais.

Maintenant, mon cher Arché, continua Jules, capitulons : je suis bon prince, et mes conditions seront des plus libérales. Je consens, pour te plaire, à retrancher, foi de gentilhomme, un tiers des quolibets et des espiègleries que tu as le mauvais goût de ne pas apprécier. Voyons : tu dois être satisfait, sinon tu es déraisonnable ! Car, vois-tu, je t'aime, Arché ; aucun autre que toi n'obtiendrait une capitulation aussi avantageuse.

De Locheill ne put s'empêcher de rire, en secouant un peu le gamin incorrigible. Ce fut après cette conversation que les deux enfants commencèrent à se lier d'amitié ; Arché, d'abord avec la réserve d'un Écossais ; Jules, avec toute l'ardeur d'une âme française.

---

1. Pas un seul, hélas ! de ceux qui faisaient retentir les salles, les corridors et les cours du séminaire de Québec, lorsqu'un semblable tour fut joué à l'auteur, à sa première entrée dans cette excellente maison d'éducation, n'est aujourd'hui sur la terre des vivants.

Quelque temps après cet entretien, environ un mois avant les vacances, qui avaient alors lieu le quinze août, Jules prit le bras de son ami, et lui dit :

— Viens dans ma chambre ; j'ai reçu de mon père une lettre qui te concerne.

— Qui me concerne, moi ? dit l'autre tout étonné.

— D'où vient ton étonnement ? repartit d'Haberville ; crois-tu que tu n'es pas un personnage assez important pour qu'on s'occupe de toi ? On ne parle que du bel Écossais dans toute la Nouvelle-France. Les mères, craignant que tu mettes bien vite en feu les cœurs de leurs jeunes filles — soit dit sans calembour — se proposent, dit-on, de présenter une requête au supérieur du collège pour que tu ne sortes dans les rues que couvert d'un voile, comme les femmes de l'Orient.

— Trêves de folies, et laisse-moi continuer ma lecture.

— Mais je suis très sérieux, dit Jules. Et entraînant son ami, il lui communiqua un passage d'une lettre de son père, le capitaine d'Haberville, ainsi conçu :

« Ce que tu m'écris de ton jeune ami, M. de Locheill, m'intéresse vivement. C'est avec le plus grand plaisir que j'octroie ta demande. Présente-lui mes civilités, et prie-le de venir passer chez moi, non seulement les vacances prochaines, mais toutes les autres, pendant le séjour qu'il fera au collège. Si cette invitation, sans cérémonie, d'un homme de mon âge, n'est pas suffisante, je lui écrirai plus formellement. Son père repose sur un champ de bataille glorieusement disputé ; honneur à la tombe du vaillant soldat ! Tous les guerriers sont frères ; leurs enfants doivent l'être aussi. Qu'il vienne sous mon toit, et nous le recevrons tous à bras ouverts, comme l'enfant de la maison. »

Arché était si ému de cette chaleureuse invitation, qu'il fut quelque temps sans répondre.

— Voyons, monsieur le fier Écossais, continua son ami, nous faites-vous l'honneur d'accepter ? Ou faut-il que mon père envoie, en ambassade, son majordome José Dubé, une cornemuse en sautoir sur le dos — comme ça se pratique, je crois, entre les chefs de clans montagnards — vous délivrer une épître dans toutes les formes ?

— Comme je ne suis plus, heureusement pour moi, dans mes montagnes d'Écosse, dit Arché en riant, nous pouvons nous passer de cette formalité. Je vais écrire immédiatement au capitaine d'Haberville, pour le remercier de son invitation si noble, si digne, si touchante pour moi, orphelin sur une terre étrangère.

— Alors, parlons raisonnablement, dit Jules, ne serait-ce, de ma part, que pour la nouveauté du fait. Tu me crois léger, bien fou, bien écervelé ;

j'avoue qu'il y a un peu de tout cela chez moi : ce qui ne m'empêche pas de réfléchir souvent beaucoup plus que tu ne penses. Il y a longtemps que je cherche un ami, un ami sincère, un ami au cœur noble et généreux ! Je t'ai observé de bien près ; tu possèdes toutes ces qualités. Maintenant, Arché de Locheill, veux-tu être cet ami ?

— Certainement, mon cher Jules, car je me suis toujours senti entraîné vers toi.

— Alors, s'écria Jules en lui serrant la main avec beaucoup d'émotion, c'est à la vie et à la mort entre nous, de Locheill !

Ainsi fut scellée, entre un enfant de douze ans et l'autre de quatorze, cette amitié qui sera exposée, par la suite, à des épreuves bien cruelles.

— Voici une lettre de ma mère, dit Jules, dans laquelle il y a un mot pour toi :

« J'espère que ton ami, M. de Locheill, nous fera le plaisir d'accepter l'invitation de ton père. Nous avons tous grande hâte de faire sa connaissance. Sa chambre est prête, à côté de la tienne. Il y a, dans la caisse que José te remettra, un paquet à son adresse qu'il me peinerait beaucoup de le voir refuser : je pensais, en le faisant, à la mère qu'il a perdue ! » La caisse contenait une part égale, pour les deux enfants, de biscuits, sucreries, confitures et autres friandises.

Cette amitié entre les deux élèves ne fit qu'augmenter de jour en jour. Les nouveaux amis devinrent inséparables ; on les appelait indifféremment, au collège, Pythias et Damon, Pylade et Oreste, Nysus et Euryale : ils finirent par se donner le nom de frères.

De Locheill, pendant tout le temps qu'il fut au collège, passait ses vacances à la campagne, dans la famille d'Haberville, qui ne semblait mettre d'autre différence, entre les deux enfants, que les attentions plus marquées qu'elle avait pour le jeune Écossais, devenu, lui aussi, le fils de la maison. Il est donc tout naturel qu'Arché, avant son départ pour l'Europe, accompagnât Jules dans la visite d'adieux qu'il allait faire à ses parents.

L'amitié des deux jeunes gens sera mise, par la suite, à des épreuves bien cruelles, lorsque le code d'honneur, que la civilisation a substitué aux sentiments plus vrais de la nature, leur dictera les devoirs inexorables d'hommes combattant sous des drapeaux ennemis. Mais qu'importe le sombre avenir ? N'auront-ils pas joui, pendant près de dix ans que durèrent leurs études, de cette amitié de l'adolescence, avec ses chagrins passagers, ses poignantes jalousies, ses joies délirantes, ses brouilles et ses rapprochements délicieux ?

III

Une nuit avec les sorciers

> Angels and minister of grace, defend us!
> Be thou a spirit of health, or goblin damned,
> Bring with thee airs from heaven, or blast from hell.
>
> *Hamlet*

> Écoute comme les bois crient. Les hiboux fuient épouvantés [...] Entends-tu ces voix dans les hauteurs, dans le lointain, ou près de nous? [...] Eh! oui! la montagne retentit, dans toute sa longueur d'un furieux chant magique.
>
> *Faust*

> *Lest bogles catch him unawares;*
> *[...]*
> *Where ghaits and howlets nightly cry.*
> *[...]*
> *When out the hellish legion sallied.*
>
> BURNS

Dès que les jeunes voyageurs sont arrivés à la Pointe-Lévis, après avoir traversé le fleuve Saint-Laurent, vis-à-vis de la cité de Québec, José s'empresse d'atteler un superbe et fort cheval normand à un traîneau sans lisses, seul moyen de transport à cette saison, où il y a autant de terre que de neige et de glace, où de nombreux ruisseaux débordés interceptent souvent la route qu'ils ont à parcourir. Quand ils rencontrent un de ces obstacles, José détèle le cheval. Tous trois montent dessus, et le ruisseau est bien vite franchi. Il est bien vrai que Jules, qui tient José à bras-le-corps, fait de grands efforts, de temps à autre, pour le désarçonner, au risque de jouir en commun du luxe exquis de prendre un bain à dix degrés centigrades: peine inutile; il lui serait aussi difficile de culbuter le cap Tourmente dans le fleuve Saint-Laurent. José, qui, malgré sa moyenne taille, est fort comme un éléphant, rit dans sa barbe et ne fait pas semblant de s'en apercevoir. Une fois l'obstacle surmonté, José retourne seul chercher le traîneau, *rattelle* le cheval, remonte dessus, avec le bagage devant lui, de crainte de le mouiller, et rattrape bien vite ses compagnons de voyage, qui n'ont pas un instant ralenti leur marche.

Grâce à Jules, la conversation ne tarit pas un instant pendant la route. Arché ne fait que rire de ses épigrammes à son adresse; il y a longtemps qu'il en a pris son parti.

— Dépêchons-nous, dit d'Haberville, nous avons douze lieues à faire d'ici au village de Saint-Thomas[1]. Mon oncle de Beaumont soupe à sept heures. Si nous arrivons trop tard, nous courrons le risque de faire un pauvre repas. Le meilleur sera gobé ; tu connais le proverbe : *tarde venientibus ossa*.

— L'hospitalité écossaise est proverbiale, dit Arché ; chez nous, l'accueil est toujours le même, le jour comme la nuit. C'est l'affaire du cuisinier.

— *Credo*, fit Jules ; je crois aussi fermement que si je le voyais des yeux du corps ; sans cela, vois-tu, il y aurait beaucoup de maladresse ou de mauvais vouloir chez vos cuisiniers portant la jupe. Elle est joliment primitive, la cuisine écossaise ; avec quelques poignées de farine d'avoine, délayées dans l'eau glacée d'un ruisseau en hiver — car il n'y a ni bois ni charbon dans votre pays — on peut, à peu de frais et sans grande dépense d'habileté culinaire, faire un excellent ragoût, et régaler les survenants ordinaires de jour et de nuit. Il est bien vrai que lorsqu'un noble personnage demande l'hospitalité — ce qui arrive fréquemment, tout Écossais portant une charge d'armoiries capable d'écraser un chameau —, il est bien vrai, dis-je, que l'on ajoute alors au premier plat une tête, des pattes et une succulente queue de mouton à la croque au sel : le reste de l'animal manque en Écosse.

De Locheill se contenta de regarder Jules par-dessus l'épaule en disant :

Quis talia fando Myrmidonum, Dolopumve…

— Comment, fit ce dernier en feignant une colère comique, tu me traites de Myrmidon, de Dolope, moi philosophe[2] ! et encore, grand pédant, tu m'injuries en latin, langue dont tu maltraites si impitoyablement la qualité, avec ton accent calédonien, que les mânes de Virgile doivent tressaillir dans leur tombe ! Tu m'appelles Myrmidon, moi le plus fort géomètre de ma classe ! à preuve que mon professeur de mathématiques m'a prédit que je serais un Vauban, ou peu s'en faut…

— Oui, interrompit Arché, pour se moquer de toi, à l'occasion de ta fameuse ligne perpendiculaire, qui penchait tant du côté gauche, que toute la classe tremblait pour le sort de la base qu'elle menaçait d'écraser ; ce que voyant notre professeur, il tâcha de te consoler en te prédisant que, lors de la reconstruction de la tour de Pise, on te passera la règle et le compas.

Jules prend une attitude tragi-comique, et s'écrie :

Tu t'en souviens, Cinna, et veux m'assassiner !

---

1. Maintenant Montmagny.

2. *Myrmidons, Dolopes* : noms de mépris que les élèves des classes supérieures donnaient aux jeunes étudiants avant leur entrée en quatrième.

Tu veux m'assassiner sur la voie royale, le long du fleuve Saint-Laurent, sans être touché des beautés de la nature qui nous environnent de toutes parts ; à la vue de cette belle chute de Montmorency, que les habitants appellent la Vache[3], nom peu poétique, à la vérité, mais qui explique si bien la blancheur de l'onde qu'elle laisse sans cesse échapper de ses longues mamelles, comme une vache féconde laisse sans cesse couler le lait qui fait la richesse du cultivateur. Tu veux m'assassiner en présence de l'île d'Orléans, qui commence à nous voiler, à mesure que nous avançons, cette belle chute que j'ai peinte avec des couleurs si poétiques. Ingrat ! rien ne peut t'attendrir ! pas même la vue de ce pauvre José, touché de tant de sagesse et d'éloquence dans une si vive jeunesse, comme aurait dit Fénelon, s'il eût écrit mes aventures.

— Sais-tu, interrompit Arché, que tu es pour le moins aussi grand poète que géomètre ?

— Qui en doute ? dit Jules. N'importe, ma perpendiculaire vous fit tous bien rire, et moi le premier. Tu sais, d'ailleurs, que c'était un tour du farceur de Chavigny, qui avait escamoté mon devoir, et en avait coulé un autre de sa façon que je présentai au précepteur. Vous avez tous feint de ne pas me croire, charmés de voir mystifier l'éternel mystificateur.

José qui, d'ordinaire, prenait peu de part à la conversation des jeunes messieurs, et qui, en outre, n'avait rien compris de la fin de la précédente, marmottait entre ses dents :

— C'est toujours un drôle de pays, quand même, où les moutons ne sont que têtes, pattes et queues, et pas plus de corps que sur ma main ! Mais, après tout, ce n'est pas mon affaire : les hommes, qui sont les maîtres, s'arrangeront toujours bien pour vivre ; mais les pauvres chevaux !

José, grand maquignon, avait le cœur tendre pour ces nobles quadrupèdes. S'adressant alors à Arché, il lui dit, en soulevant le bord de son bonnet :

— *Sous* (sauf) le respect que je vous dois, monsieur, si les nobles mêmes mangent l'avoine dans votre pays, faute de mieux, je suppose, que deviennent les pauvres chevaux ? Ils doivent bien pâtir, s'ils travaillent un peu fort.

Les deux jeunes gens éclatèrent de rire à cette sortie naïve de José. Celui-ci, un peu déconcerté de cette hilarité à ses dépens, reprit :

— Faites excuse, si j'ai dit une bêtise : on peut se tromper sans boire, témoin M. Jules, qui vient de nous dire que les habitants appellent le saut Montmorency « la Vache », parce que son écume est blanche comme du lait ;

---

3. Les habitants appellent encore aujourd'hui le saut Montmorency « la Vache ».

j'ai, moi, *doutance* que c'est parce qu'il beugle comme une vache pendant certains vents : c'est ce que les anciens disent quand ils en jasent[4].

— Ne te fâche pas, mon vieux, dit Jules, tu as probablement raison. Ce qui nous faisait rire, c'est que tu aies pu croire qu'il y a des chevaux en Écosse : c'est un animal inconnu dans ce pays-là.

— Point de chevaux, monsieur ! Comment fait donc le pauvre monde pour voyager ?

— Quand je dis point de chevaux, fit d'Haberville, il ne faut pas prendre absolument la chose à la lettre. Il y a bien un animal ressemblant à nos chevaux, animal un peu plus haut que mon gros chien Niger, et qui vit dans les montagnes, à l'état sauvage de nos caribous, auxquels il ressemble même un peu. Quand un montagnard veut voyager, il braille de la cornemuse ; tout le village s'assemble, et il fait part de son projet. On se répand alors dans les bois, c'est-à-dire dans les bruyères ; et, après une journée ou deux de peines et d'efforts, on réussit, assez souvent, à s'emparer d'une de ces charmantes bêtes. Alors, après une autre journée ou plus, si l'animal n'est pas trop opiniâtre, si le montagnard a assez de patience, il se met en route et arrive même quelquefois au terme de son voyage.

— Certes, dit de Locheill, tu as bel air à te moquer de mes montagnards ! Tu dois être fier aujourd'hui de ton équipage princier ! La postérité aura de la peine à croire que le haut et puissant seigneur d'Haberville ait envoyé chercher l'héritier présomptif de ses vastes domaines dans un traîneau à charroyer le fumier ! Sans doute qu'il expédiera ses piqueurs au-devant de nous, afin que rien ne manque à notre entrée triomphale au manoir de Saint-Jean-Port-Joli.

— Bravo ! de Locheill, fit Jules : te voilà sauvé, mon frère. Bien riposté ! coups de griffes pour coups de griffes, comme disait un jour un saint de ton pays, ou des environs, aux prises avec sa majesté satanique.

José, pendant ce colloque, se grattait la tête d'un air piteux. Semblable au Caleb Balderstone, de Walter Scott, dans sa *Bride of Lammermoor*, il était très sensible à tout ce qu'il croyait toucher à l'honneur de son maître. Aussi s'écria-t-il, d'un ton lamentable :

— Chien d'animal, bête que j'ai été ! c'est toute ma faute à moi ! Le seigneur a quatre *carrioles* dans sa remise, dont deux, toutes flambant neuves, sont vernies comme des violons ; si bien qu'ayant cassé mon miroir, dimanche dernier, je me suis fait la barbe en me mirant dans la plus belle. Si donc, quand le seigneur me dit, avant-hier au matin : « Mets-toi faraud, José, car

---

4. Il y a deux versions sur cette question importante.

tu vas aller chercher monsieur mon fils à Québec, ainsi que son ami, monsieur de Locheill; aie bien soin, tu entends, de prendre une voiture convenable!» Moi, bête animal! je me dis, voyant l'état des chemins, la seule voiture convenable est un traîneau sans lisses. Ah! oui! je vais en recevoir un savon! j'en serai quitte à bon marché, s'il ne me retranche pas mon eau-de-vie pendant un mois... À trois coups par jour, ajouta José en branlant la tête, ça fait toujours bien quatre-vingt-dix bons coups de retranchés, sans compter les *adons* (casualités, politesses); mais c'est égal, je n'aurai pas volé ma punition.

Les jeunes gens s'amusèrent beaucoup de l'ingénieux mensonge de José pour sauver l'honneur de son maître.

— Maintenant, dit Arché, que tu sembles avoir vidé ton *budget*, ton sac, de tous les quolibets qu'une tête française, tête folle et sans cervelle, peut convenablement contenir, parle sérieusement, s'il est possible, et dis-moi pourquoi l'on appelle l'île d'Orléans, l'île aux Sorciers.

— Mais, pour la plus simple des raisons, fit Jules d'Haberville: c'est qu'elle est peuplée d'un grand nombre de sorciers.

— Allons, voilà que tu recommences tes folies, dit de Locheill.

— Je suis très sérieux, reprit Jules. Ces Écossais sont d'un orgueil insupportable. Ils ne veulent rien accorder aux autres nations. Crois-tu, mon cher, que vous devez avoir seuls le monopole des sorciers et des sorcières? Quelle prétention! Sache, mon très cher, que nous avons aussi nos sorciers, et qu'il y a à peine deux heures, il m'était facile, entre la Pointe-Lévis et Beaumont, de *t'introduire* à une sorcière très présentable[a]. Sache, de plus, que tu verras, dans la seigneurie de mon très honoré père, une sorcière de première force. Voici la différence, mon garçon, c'est que vous les brûlez en Écosse, et qu'ici nous les traitons avec tous les égards dus à leur haute position sociale. Demande plutôt à José, si je mens.

José ne manqua pas de confirmer ces assertions: la sorcière de Beaumont et celle de Saint-Jean-Port-Joli étaient bien, à ses yeux, de véritables et solides sorcières.

— Mais, dit Jules, pour parler sérieusement, puisque tu veux faire de moi un homme raisonnable *nolens volens*, comme disait mon maître de sixième, quand il m'administrait une décoction de férules, je crois que ce qui a donné cours à cette fable, c'est que les habitants du nord et du sud du fleuve, voyant les gens de l'île aller à leurs pêches avec des flambeaux pendant les nuits sombres, prenaient le plus souvent ces lumières pour des feux follets; or, tu sauras que nos Canadiens des campagnes considèrent les feux follets[b] comme des sorciers, ou génies malfaisants qui cherchent à attirer le pauvre monde dans des endroits dangereux, pour causer leur perte:

aussi, suivant leurs traditions, les entend-on rire quand le malheureux voyageur ainsi trompé s'enfonce dans les marais. Ce qui aura donné lieu à cette croyance, c'est que des gaz s'échappent toujours de terres basses et marécageuses : de là aux sorciers il n'y a qu'un pas[5].

— Impossible, dit Arché ; tu manques à la logique, comme notre précepteur de philosophie te l'a souvent reproché. Tu vois bien que les habitants du nord et du sud qui font face à l'île d'Orléans vont aussi à leurs pêches avec des flambeaux, et qu'alors les gens de l'île les auraient aussi gratifiés du nom de sorciers : ça ne passera pas.

Tandis que Jules secouait la tête sans répondre, José prit la parole.

— Si vous vouliez me le permettre, mes jeunes messieurs, c'est moi qui vous tirerais bien vite d'embarras, en vous contant ce qui est arrivé à mon défunt père, qui est mort.

— Oh ! conte-nous cela, José ; conte-nous ce qui est arrivé à ton défunt père, qui est mort, s'écria Jules, en accentuant fortement les trois derniers mots.

— Oui, mon cher José, dit de Locheill, de grâce faites-nous ce plaisir.

— Ça me coûte pas mal, reprit José, car, voyez-vous, je n'ai pas la belle accent ni la belle *orogane* (organe) du cher défunt. Quand il nous contait ses tribulations dans les veillées, tout le corps nous en frissonnait comme des fiévreux, que ça faisait plaisir à voir ; mais, enfin, je ferai de mon mieux pour vous contenter.

Si donc qu'un jour, mon défunt père, qui est mort, avait laissé la ville pas mal tard, pour s'en retourner chez nous ; il s'était même diverti, comme qui dirait, à pintocher tant soit peu avec ses connaissances de la Pointe-Lévis : il aimait un peu la goutte, le brave et honnête homme ! à telle fin qu'il portait toujours, quand il voyageait, un flacon d'eau-de-vie dans son sac de loup marin ; il disait que c'était le lait des vieillards.

— *Lac dulce*, dit de Locheill sentencieusement.

— Sous le respect que je vous dois, monsieur Arché, reprit José, avec un peu d'humeur, ce n'était pas de l'eau douce, ni de l'eau de lac, mais bien de la bonne et franche eau-de-vie que mon défunt père portait dans son sac.

— Excellent ! sur mon honneur, s'écria Jules ; te voilà bien payé, grand pédant, de tes éternelles citations latines !

— Pardon, mon cher José, dit de Locheill de son ton le plus sérieux,

---

5. Cette discussion sur les sorciers de l'île d'Orléans était écrite avant que M. le D[r] LaRue eût publié ses charmantes légendes dans les *Soirées canadiennes*. L'auteur penchait, comme lui, pour la solution de Jules, nonobstant les arguments de Locheill à ce contraires, quand, hélas ! l'ami José est venu confondre le disciple de Cujas et le fils d'Esculape !

je n'avais aucunement l'intention de manquer à la mémoire de votre défunt père.

— Vous êtes tout excusé, monsieur, dit José tout à coup radouci, si donc que, quand mon défunt père voulut partir, il faisait tout à fait nuit. Ses amis firent alors tout leur possible pour le garder à coucher, en lui disant qu'il allait bien vite passer tout seul devant la cage de fer où la Corriveau faisait sa pénitence, pour avoir tué son mari.

Vous l'avez vue vous-mêmes, mes messieurs, quand j'avons quitté la Pointe-Lévis à une heure: elle était bien tranquille dans sa cage, la méchante bête, avec son crâne sans yeux; mais ne vous y fiez pas; c'est une sournoise, allez! si elle ne voit pas le jour, elle sait bin trouver son chemin la nuit pour tourmenter le pauvre monde.

Si bin, toujours, que mon défunt père, qui était brave comme l'épée de son capitaine, leur dit qu'il ne s'en souciait guère; qu'il ne lui devait rien à la Corriveau; et un tas d'autres raisons que j'ai oubliées. Il donne un coup de fouet à sa *guevalle* (cavale), qui allait comme le vent, la fine bête! et le voilà parti. Quand il passa près de l'*esquelette*, il lui sembla bin entendre quelque bruit, comme qui dirait une plainte; mais comme il venait un gros *sorouè* (sud-ouest), il crut que c'était le vent qui sifflait dans les os du *calâbre* (cadavre). Pu n'y moins, ça le *tarabusquait* (tarabustait), et il prit un bon coup, pour se réconforter. Tout bin considéré, à ce qu'*i* se dit, il faut s'entr'aider entre chrétiens: peut-être que la pauvre *créature* (femme) demande des prières. Il ôte donc son bonnet, et récite dévotement un *déprofundi* à son intention; pensant que, si ça ne lui faisait pas de bien, ça ne lui ferait pas de mal, et que lui, toujours, s'en trouverait mieux.

Si donc, qu'il continua à filer grand train; ce qui ne l'empêchait pas d'entendre derrière lui tic tac, tic tac, comme si un morceau de fer eût frappé sur des cailloux. Il crut que c'était son bandage de roue ou quelques fers de son *cabrouette* qui étaient décloués. Il descend donc de voiture; mais tout était en règle. Il toucha sa *guevalle* pour réparer le temps perdu; mais, un petit bout de temps après, il entend encore tic tac sur les cailloux. Comme il était brave, il n'y fit pas grande attention.

Arrivé sur les hauteurs de Saint-Michel, que nous avons passées tantôt, l'*endormitoire* le prit. Après tout, ce que se dit mon défunt père, un homme n'est pas un chien! faisons un somme; ma *guevalle* et moi nous nous en trouverons mieux. Si donc, qu'il détele sa *guevalle*, lui attache les deux pattes de devant avec ses *cordeaux*, et lui dit: «Tiens, mignonne, voilà de la bonne herbe, tu entends couler le ruisseau: bonsoir.»

Comme mon défunt père allait se fourrer sous son cabrouette pour se mettre à l'abri de la rosée, il lui prit fantaisie de s'informer de l'heure. Il regarde donc les trois Rois au sud, le Chariot au nord, et il en conclut qu'il était minuit. C'est l'heure, qu'il se dit, que tout honnête homme doit être couché.

Il lui sembla cependant tout à coup que l'île d'Orléans était tout en feu. Il saute un fossé, s'accote sur une clôture, ouvre de grands yeux, regarde, regarde... Il vit à la fin que des flammes dansaient le long de la grève, comme si tous les *fi-follets* du Canada, les damnés, s'y fussent donné rendez-vous pour tenir leur sabbat. À force de regarder, ses yeux, qui étaient pas mal troublés, s'éclaircirent, et il vit un drôle de spectacle: c'était comme des *manières* (espèces) d'hommes, une curieuse engeance tout de même. Ça avait bin une tête grosse comme un demi-minot, affublée d'un bonnet pointu d'une aune de long, puis des bras, des jambes, des pieds et des mains armés de griffes, mais point de corps pour la peine d'en parler. Ils avaient, *sous* votre respect, mes messieurs, le califourchon fendu jusqu'aux oreilles. Ça n'avait presque pas de chair: c'était quasiment tout en os, comme des *esquelettes*. Tous ces jolis gars (garçons) avaient la lèvre supérieure fendue en bec de lièvre, d'où sortait une dent de *rhinoféroce* d'un bon pied de long comme on en voit, monsieur Arché, dans votre beau livre d'images de l'histoire surnaturelle. Le nez ne vaut guère la peine qu'on en parle: c'était, ni plus ni moins, qu'un long groin de cochon, *sous* votre respect, qu'ils faisaient jouer à demande, tantôt à droite, tantôt à gauche de leur grande dent: c'était, je suppose, pour l'affiler. J'allais oublier une grande queue, deux fois longue comme celle d'une vache, qui leur pendait dans le dos, et qui leur servait, je pense, à chasser les moustiques.

Ce qu'il y avait de drôle, c'est qu'ils n'avaient que trois yeux par couple de fantômes. Ceux qui n'avaient qu'un seul œil au milieu du front, comme ces *cyriclopes* (cyclopes) dont votre oncle le chevalier, M. Jules, qui est un savant, lui, nous lisait dans un gros livre, tout latin comme un bréviaire de curé, qu'il appelle son Vigile; ceux donc qui n'avaient qu'un seul œil tenaient par la griffe deux acolytes qui avaient bien, eux, les damnés, tous leurs yeux. De tous ces yeux sortaient des flammes qui éclairaient l'île d'Orléans comme en plein jour. Ces derniers semblaient avoir de grands égards pour leurs voisins, qui étaient, comme qui dirait, borgnes; ils les saluaient, s'en rapprochaient, se trémoussaient les bras et les jambes, comme des chrétiens qui font le carré d'un *menuette* (menuet).

Les yeux de mon défunt père lui en sortaient de la tête. Ce fut bin pire quand ils commencèrent à sauter, à danser, sans pourtant changer de place, et à entonner, d'une voix enrouée comme des bœufs qu'on étrangle, la chanson suivante:

> *Allons' gai, compèr' lutin!*
> *Allons, gai, mon cher voisin!*
> *Allons, gai, compèr' qui fouille,*
> *Compèr' crétin la grenouille!*
> *Des chrétiens, des chrétiens,*
> *J'en fr'ons un bon festin.*

— Ah! les misérables *carnibales* (cannibales), dit mon défunt père, voyez si un honnête homme peut être un moment sûr de son bien. Non content de m'avoir volé ma plus belle chanson que je réservais toujours pour la dernière dans les noces et les festins, voyez comme ils me l'ont étriquée! c'est à ne plus s'y reconnaître. Au lieu de bon vin, ce sont des chrétiens dont ils veulent se régaler, les indignes!

Et puis après, les sorciers continuèrent leur chanson infernale, en regardant mon défunt père et en le couchant en joue avec leurs grandes dents de *rhinoféroce*.

> *Ah! viens donc, compèr' François,*
> *Ah! viens donc, tendre porquet!*
> *Dépêch'-toi, compèr', l'andouille,*
> *Compère boudin, la citrouille;*
> *Du Français, du Français,*
> *J'en fr'ons un bon* saloi *(saloir)*[6].

— Tout ce que je peux vous dire pour le moment, mes mignons, leur cria mon défunt père, c'est que si vous ne mangez jamais d'autre lard que celui que je vous porterai, vous n'aurez pas besoin de dégraisser votre soupe.

Les sorciers paraissaient cependant attendre quelque chose, car ils tournaient souvent la tête en arrière; mon défunt père regarde *itou* (aussi). Qu'est-ce qu'il aperçoit sur le coteau? un grand diable bâti comme les autres, mais aussi long que le clocher de Saint-Michel, que nous avons passé tout à l'heure. Au lieu d'un bonnet pointu, il portait un chapeau à trois cornes, surmonté d'une épinette en guise de plumet. Il n'avait bin qu'un œil, le gredin qu'il était; mais ça en valait une douzaine: c'était, sans doute, le tambour-major du régiment, car il tenait, d'une main, une marmite deux fois aussi grosse que nos chaudrons à sucre, qui tiennent vingt gallons; et, de l'autre, un battant de cloche qu'il avait volé, je crois, le chien d'hérétique, à quelque église avant la cérémonie du baptême. Il frappe un coup sur la

---

6. Le lecteur tant soit peu sensible au charme de la poésie n'appréciera guère la chanson du défunt père à José, parodiée par les sorciers de l'île d'Orléans; l'auteur leur en laisse toute la responsabilité.

marmite, et tous ces *insécrables* (exécrables) se mettent à rire, à sauter, à se trémousser, en branlant la tête du côté de mon défunt père, comme s'ils l'invitaient à venir se divertir avec eux.

— Vous attendrez longtemps, mes brebis, pensait à part lui mon défunt père, dont les dents claquaient dans la bouche comme un homme qui a les fièvres tremblantes, vous attendrez longtemps, mes doux agneaux; il y a de la presse de quitter la terre du bon Dieu pour celle des sorciers!

Tout à coup le diable géant entonne une ronde infernale, en s'accompagnant sur la marmite, qu'il frappait à coups pressés et redoublés, et tous les diables partent comme des éclairs; si bien qu'ils ne mettaient pas une minute à faire le tour de l'île. Mon pauvre défunt père était si embêté de tout ce vacarme, qu'il ne put retenir que trois couplets de cette belle danse ronde; et les voici:

> *C'est notre terre d'Orléans* (bis)
> *Qu'est le pays des beaux enfants,*
> *Toure-loure;*
> *Dansons à l'entour,*
> *Toure-loure;*
> *Dansons à l'entour.*
>
> *Venez tous en survenants* (bis),
> *Sorciers, lézards, crapauds, serpents,*
> *Toure-loure;*
> *Dansons à l'entour,*
> *Toure-loure;*
> *Dansons à l'entour.*
>
> *Venez tous en survenants* (bis),
> *Impies, athées et mécréants,*
> *Toure-loure;*
> *Dansons à l'entour,*
> *Toure-loure;*
> *Dansons à l'entour.*

Les sueurs abîmaient mon défunt père; il n'était pas pourtant au plus creux de ses traverses.

Mais, ajouta José, j'ai faim de fumer; et avec votre permission, mes messieurs, je vais battre le briquet.

— C'est juste, mon cher José, dit d'Haberville; mais, moi, j'ai une autre faim. Il est quatre heures à mon estomac, heure de la collation du collège. Nous allons manger un morceau.

Jules, par privilège de race nobiliaire, jouissait en tout temps d'un appétit vorace : excusable, d'ailleurs, ce jour-là, ayant dîné avant midi, et pris beaucoup d'exercice.

IV

La Corriveau [a]

> SGANARELLE — Seigneur commandeur, mon maître, Don Juan, vous demande si vous voulez lui faire l'honneur de venir souper avec lui.
>
> LE MÊME — La statue m'a fait signe.
>
> *Le festin de pierre*

> *What! the ghosts are growing ruder,*
> *How they beard me [...]*
> *To-night — Why this is Goblin Hall,*
> *Spirits and spectres all in all.*
>
> *Faustus*

José, après avoir débridé le cheval, et lui avoir donné ce qu'il appelait une gueulée de foin, se hâta d'ouvrir un coffre que, dans son ingénuité industrieuse, il avait cloué sur le traîneau pour servir, au besoin, de siège et de garde-manger. Il en tira une nappe dans laquelle deux poulets rôtis, une langue, un jambon, un petit flacon d'eau-de-vie et une bonne bouteille de vin étaient enveloppés. Il allait se retirer à l'écart, lorsque Jules lui dit :

— Viens manger avec nous, mon vieux.

— Oui, oui, dit Arché, venez vous asseoir ici, près de moi.

— Oh! messieurs, fit José, je sais trop le respect que je vous dois...

— Allons, point de façons, dit Jules ; nous sommes ici au bivouac, tous trois soldats, ou peu s'en faut : veux-tu bien venir, entêté que tu es ?

— C'est de votre grâce, messieurs, reprit José, et pour vous obéir, mes officiers, ce que j'en fais.

Les deux jeunes gens prirent place sur le coffre, qui servait aussi de table ; José s'assit bien mollement sur une botte de foin qui lui restait, et tous trois se mirent à manger et à boire de bon appétit.

Arché, naturellement sobre sur le boire et sur le manger, eut bien vite terminé sa collation. N'ayant rien de mieux à faire, il se mit à philosopher :

de Locheill, dans ses jours de gaieté, aimait à avancer des paradoxes pour le plaisir de la discussion.

— Sais-tu, mon frère, ce qui m'a le plus intéressé dans la légende de notre ami ?

— Non, dit Jules, en attaquant une autre cuisse de poulet, et je ne m'en soucie guère pour le quart d'heure : ventre affamé n'a pas d'oreilles.

— N'importe, reprit Arché : ce sont ces diables, lutins, farfadets, comme tu voudras les appeler, qui n'ont qu'un seul œil ; je voudrais que la mode s'en répandît parmi les hommes : il y aurait moins de dupes. Certes, il est consolant de voir que la vertu est en honneur même chez les sorciers ! As-tu remarqué de quels égards les cyclopes étaient l'objet de la part des autres lutins ? avec quel respect ils les saluaient avant de s'en approcher ?

— Soit, dit Jules ; mais qu'est-ce que cela prouve ?

— Cela prouve, repartit de Locheill, que ces cyclopes méritent les égards que l'on a pour eux : c'est la crème des sorciers. D'abord ils ne sont pas hypocrites.

— Bah ! fit Jules, je commence à craindre pour ton cerveau.

— Pas si fou que tu le penses, repartit Arché, et voici la preuve : vois un hypocrite avec une personne qu'il veut tromper : il a toujours un œil humblement à demi fermé, tandis que l'autre observe l'effet que ses discours font sur son interlocuteur. S'il n'avait qu'un œil unique, il perdrait cet immense avantage, et serait obligé de renoncer au rôle d'hypocrite, qui lui est si profitable. Et voilà déjà un homme vicieux de moins. Mon sorcier de cyclope a probablement beaucoup d'autres vices ; mais il est toujours exempt d'hypocrisie ; de là le respect qu'a pour lui une classe d'êtres entachés de tous les vices que nous leur attribuons.

— À ta santé, philosophe écossais, dit Jules, en avalant un verre de vin ; je veux être pendu si je comprends un mot à ton raisonnement.

— C'est pourtant clair comme le jour, reprit Arché ; il faut alors que ces aliments savoureux, pesants, indigestes, dont tu te bourres l'estomac, t'appesantissent le cerveau. Si te ne mangeais que de la farine d'avoine, comme nos montagnards, tu aurais les idées plus claires, la conception plus facile.

— Il paraît que l'avoine vous revient sur le cœur, l'ami, dit Jules : c'est pourtant facile à digérer, même sans le secours des épices.

— Autre exemple, dit Arché : un fripon qui veut duper un honnête homme, dans une transaction quelconque, a toujours un œil qui clignote ou à demi fermé, tandis que l'autre observe ce qu'il gagne ou perd de terrain dans le marché : l'un est l'œil qui pense, l'autre l'œil qui observe. C'est un avantage précieux pour le fripon : son antagoniste, au contraire, voyant toujours un des yeux de son interlocuteur clair, limpide, honnête, ne peut deviner ce qui se passe sous l'œil qui clignote, qui pense, qui calcule, tandis que son voisin est impassible, impénétrable comme le destin.

Tournons maintenant la médaille, continua Arché : supposons le même fripon devenu borgne, dans les mêmes circonstances. L'homme honnête, le regardant toujours en face, lit souvent dans son œil ses pensées les plus intimes : car mon borgne, méfiant aussi, est contraint de le tenir toujours ouvert.

— Un peu, dit Jules en riant aux éclats, pour ne pas se rompre le cou.

— Accordé, reprit de Locheill ; mais encore plus pour lire dans l'âme de celui qu'il veut duper. Il faut en outre qu'il donne à son œil une grande apparence de candeur et de bonhomie, pour dérouter les soupçons, ce qui absorberait une partie de ses facultés. Or, comme il y a peu d'hommes qui puissent suivre en même temps deux cours d'idées différentes sans le secours de leurs deux yeux, notre fripon se trouve perdre la moitié de ses avantages : il renonce à son vilain métier, et voilà encore un honnête homme de plus dans la société.

— Mon pauvre Arché, dit Jules, je vois que nous avons changé de rôle : que je suis, moi, l'Écossais sage, comme j'ai la courtoisie de te proclamer, que tu es, toi, le fou de Français, comme tu as l'irrévérence de m'appeler souvent. Car, vois-tu, rien n'empêcherait la race d'hommes à l'œil unique, que, nouveau Prométhée, tu veux substituer à la nôtre, qui te devra de grandes actions de grâces, continua Jules en éclatant de rire, rien ne l'empêcherait, dis-je, de clignoter de l'œil, puisque c'est une recette infaillible pour faire des dupes, et de le tenir, de temps en temps, ouvert pour observer.

— Oh ! Français ! légers Français ! aveugles Français ! il n'est pas surprenant que les Anglais se jouent de vous par-dessous la jambe, en politique !

— Il me semble, interrompit Jules, que les Écossais doivent en savoir quelque chose de la politique anglaise !

Le visage d'Arché prit tout à coup une expression de tristesse ; une grande pâleur se répandit sur ses nobles traits : c'était une corde bien sensible que son ami avait touchée. Jules s'en aperçut aussitôt, et lui dit :

— Pardon, mon frère, si je t'ai fait de la peine : je sais que ce sujet évoque chez toi de douloureux souvenirs. J'ai parlé, comme je le fais toujours, sans réfléchir. On blesse souvent, sans le vouloir, ceux que l'on aime le plus, par une repartie que l'on croit spirituelle. Mais, allons, vive la joie ! continue à déraisonner ; ça sera plus gai pour nous deux.

— Le nuage est passé, dit de Locheill en faisant un effort sur lui-même pour réprimer son émotion, et je reprends mon argument. Tu vois bien que mon coquin ne peut un seul instant fermer l'œil sans courir le risque que sa proie lui échappe. Te souvient-il de ce gentil écureuil que nous délivrâmes, l'année dernière, de cette énorme couleuvre roulée sur elle-même au pied du gros érable du parc de ton père, à Saint-Jean-Port-Joli ? Vois comme elle tient constamment ses yeux ardents fixés sur la pauvre petite bête, pour la fasciner. Vois comme l'agile créature saute de branche en branche en poussant un cri plaintif, sans pouvoir détourner un instant les yeux de ceux de l'horrible reptile ! Qu'il cesse de le regarder, et il est sauvé. Te souviens-tu comme il était gai après la mort de son terrible ennemi ? Eh bien, mon ami, que mon fripon ferme l'œil et sa proie lui échappe.

— Sais-tu, dit Jules, que tu es un terrible dialecticien, et que tu menaces d'éclipser un jour, si ce jour n'est pas même arrivé, des bavards tels que Socrate, Zénon, Montaigne et autres logiciens de la même farine ? Il n'y a qu'un seul danger, c'est que la logique n'emporte le raisonneur dans la lune.

— Tu crois rire ! dit Arché. Eh bien, qu'un seul pédant, portant la plume à l'oreille, se mêle de réfuter ma thèse sérieusement, et je vois venir cent écrivailleurs à l'affût, qui prendront fait et cause pour ou contre, et des flots d'encre vont couler.

Il a coulé bien des flots de sang pour des systèmes à peu près aussi raisonnables que le mien. Voilà comme se fait souvent la réputation d'un grand homme !

— En attendant, reprit Jules, ta thèse pourra servir de pendant au conte que faisait Sancho pour endormir Don Quichotte. Quant à moi, j'aime encore mieux la légende de notre ami José.

— Vous n'êtes pas dégoûtés ? fit celui-ci, qui avait un peu sommeillé pendant la discussion scientifique.

— Écoutons, dit Arché :

Conticuere omnes, intentique ora tenebant.

— *Conticuere...* incorrigible pédant, s'écria d'Haberville.

— Ce n'est pas un conte de curé, reprit vivement José ; mais c'est aussi vrai que quand il nous parle dans la chaire de vérité : car mon défunt père ne mentait jamais.

— Nous vous croyons, mon cher José, dit de Locheill ; mais continuez, s'il vous plaît, votre charmante histoire.

— Si donc, dit José, que le défunt père, tout brave qu'il était, avait une si fichue peur, que l'eau lui dégouttait par le bout du nez, gros comme une paille d'avoine. Il était là, le cher homme, les yeux plus grands que la tête, sans oser bouger. Il lui sembla bien qu'il entendait derrière lui le tic tac qu'il avait déjà entendu plusieurs fois pendant sa route; mais il avait trop de besogne par devant, sans s'occuper de ce qui se passait derrière lui. Tout à coup, au moment où il s'y attendait le moins, il sent deux grandes mains sèches, comme des griffes d'ours, qui lui serrent les épaules: il se retourne tout effarouché, et se trouve face à face avec la Corriveau, qui se grapignait amont lui. Elle avait passé les mains à travers les barreaux de sa cage de fer, et s'efforçait de lui grimper sur le dos; mais la cage était pesante, et, à chaque élan qu'elle prenait, elle retombait à terre avec un bruit rauque, sans lâcher pourtant les épaules de mon pauvre défunt père, qui pliait sous le fardeau. S'il ne s'était pas tenu solidement avec ses deux mains à la clôture, il aurait écrasé sous la charge. Mon pauvre défunt père était si saisi d'horreur qu'on aurait entendu l'eau qui lui coulait de la tête tomber sur la clôture, comme des grains de gros plomb à canard.

— Mon cher François, dit la Corriveau, fais-moi le plaisir de me mener danser avec mes amis de l'île d'Orléans.

— Ah! satanée bigre de chienne! cria mon défunt père (c'était le seul jurement dont il usait, le saint homme, et encore dans les grandes traverses).

— Diable! dit Jules, il me semble que l'occasion était favorable! Quant à moi, j'aurais juré comme un païen.

— Et moi, repartit Arché, comme un Anglais.

— Je croyais avoir pourtant beaucoup dit, répliqua d'Haberville.

— Tu es dans l'erreur, mon cher Jules! Il faut cependant avouer que messieurs les païens s'en acquittaient passablement, mais les Anglais! les Anglais! Le Roux qui, après sa sortie du collège, lisait tous les mauvais livres qui lui tombaient sous la main, nous disait, si tu t'en souviens, que ce polisson de Voltaire, comme mon oncle le Jésuite l'appelait, avait écrit dans un ouvrage qui traite d'événements arrivés en France sous le règne de Charles VII, lorsque ce prince en chassait ces insulaires, maîtres de presque tout son royaume; Le Roux nous disait que Voltaire avait écrit que «tout Anglais jure». Eh bien, mon fils, ces événements se passaient vers l'année 1445; disons qu'il y a trois cents ans depuis cette époque mémorable et juge toi-même quels jurons formidables une nation d'humeur morose peut avoir inventés pendant l'espace de trois siècles!

— Je rends les armes, dit Jules; mais continue, mon cher José.

— Satanée bigre de chienne, lui dit mon défunt père, est-ce pour me remercier de mon *dépréfundi* et de mes autres bonnes prières que tu veux me mener au sabbat? Je pensais bien que tu en avais, au petit moins, pour trois ou quatre mille ans dans le purgatoire pour tes fredaines. Tu n'avais tué que deux maris: c'était une misère! aussi ça me faisait encore de la peine, à moi qui ai toujours eu le cœur tendre pour la créature, et je me suis dit:

«Il faut lui donner un coup d'épaule»; et c'est là ton remerciement, que tu veux monter sur les miennes pour me traîner en enfer comme un hérétique!

— Mon cher François, dit la Corriveau, mène-moi danser avec mes bons amis; et elle cognait sa tête sur celle de mon défunt père, que le crâne lui résonnait comme une vessie sèche pleine de cailloux.

— Tu peux être sûre, dit mon défunt père, satanée bigre de fille de Judas *l'Escariot*, que je vais te servir de bête de somme pour te mener danser au sabbat avec tes jolis mignons d'amis!

— Mon cher François, répondit la sorcière, il m'est impossible de passer le Saint-Laurent, qui est un fleuve bénit, sans le secours d'un chrétien.

— Passe comme tu pourras, satanée pendue, que lui dit mon défunt père; passe comme tu pourras: chacun son affaire. Oh! oui! compte que je t'y mènerai danser avec tes chers amis, mais ça sera à poste de chien comme tu es venue, je sais comment, en traînant ta belle cage qui aura déraciné toutes les pierres et tous les cailloux du chemin du roi, que ça sera un escandale, quand le grand voyer passera ces jours ici, de voir un chemin dans un état si piteux! Et puis, ça sera le pauvre habitant qui pâtira, lui, pour tes fredaines, en payant l'amende pour n'avoir pas entretenu son chemin d'une manière convenable!

Le tambour-major cesse enfin tout à coup de battre la mesure sur sa grosse marmite. Tous les sorciers s'arrêtent et poussent trois cris, trois hurlements, comme font les sauvages quand ils ont chanté et dansé «la guerre», cette danse et cette chanson par lesquelles ils préludent toujours à une expédition guerrière. L'île en est ébranlée jusque dans ses fondements. Les loups, les ours, toutes les bêtes féroces, les sorciers des montagnes du nord s'en saisissent, et les échos les répètent jusqu'à ce qu'ils s'éteignent dans les forêts qui bordent la rivière Saguenay.

Mon pauvre défunt père crut que c'était, pour le petit moins, la fin du monde et le jugement dernier.

Le géant au plumet d'épinette frappe trois coups; et le plus grand silence succède à ce vacarme infernal. Il élève le bras du côté de mon défunt père, et lui crie d'une voix de tonnerre: «Veux-tu bien te dépêcher, chien de paresseux, veux-tu bien te dépêcher, chien de chrétien, de traverser notre amie? Nous n'avons plus que quatorze mille quatre cents rondes à faire autour de l'île avant le chant du coq: veux-tu lui faire perdre le plus beau du divertissement?»

— Va-t'en à tous les diables d'où tu sors, toi et les tiens, lui cria mon défunt père, perdant enfin toute patience.

— Allons, mon cher François, dit la Corriveau, un peu de complaisance!

tu fais l'enfant pour une bagatelle; tu vois pourtant que le temps presse : voyons, mon fils, un petit coup de collier.

— Non, non, fille de Satan ! dit mon défunt père. Je voudrais bien que tu l'eusses encore le beau collier que le bourreau t'a passé autour du cou, il y a deux ans : tu n'aurais pas le sifflet si affilé.

Pendant ce dialogue, les sorciers de l'île reprenaient leur refrain :

> *Dansons à l'entour,*
> *Toure-loure ;*
> *Dansons à l'entour.*

— Mon cher François, dit la sorcière, si tu refuses de m'y mener en chair et en os, je vais t'étrangler; je monterai sur ton âme et je me rendrai au sabbat. Ce disant, elle le saisit à la gorge et l'étrangla.

— Comment, dirent les jeunes gens, elle étrangla votre pauvre défunt père ?

— Quand je dis étranglé, il n'en valait guère mieux, le cher homme, reprit José, car il perdit tout à fait connaissance.

Lorsqu'il revint à lui, il entendit un petit oiseau qui criait : *qué-tu*[1] ?

— Ah çà ! dit mon défunt père, je ne suis donc point en enfer, puisque j'entends les oiseaux du bon Dieu ! Il risque un œil, puis un autre, et voit qu'il fait grand jour; le soleil lui reluisait sur le visage.

Le petit oiseau, perché sur une branche voisine, criait toujours : *qué-tu ?*

— Mon cher petit enfant, dit mon défunt père, il m'est malaisé de répondre à ta question, car je ne sais trop qui je suis ce matin : hier encore je me croyais un brave et honnête homme craignant Dieu; mais j'ai eu tant de traverses cette nuit, que je ne saurais assurer si c'est bien moi, François Dubé, qui suis ici présent en corps et en âme. Et puis il se mit à chanter, le cher homme :

> *Dansons à l'entour,*
> *Toure-loure ;*
> *Dansons à l'entour.*

Il était encore à moitié ensorcelé. Si bien toujours, qu'à la fin il s'aperçut qu'il était couché de tout son long dans un fossé où il y avait

---

1. L'auteur avoue son ignorance en ornithologie. Notre excellent ornithologiste, M. LeMoine, aura peut-être la complaisance de lui venir en aide en classant, comme il doit l'être, ce petit oiseau dont la voix imite les deux syllabes *qué-tu*. Ceci rappelle à l'auteur l'anecdote d'un vieillard *non compos mentis* qui errait dans les campagnes, il y a quelque soixante ans. Se croyant interpellé lorsqu'il entendait le chant de ces hôtes des bois, il ne manquait jamais de répondre très poliment d'abord : « Le père Chamberland, mes petits enfants », et, perdant patience : « Le père Chamberland, mes petits b...s. »

heureusement plus de vase que d'eau, car sans cela mon pauvre défunt père, qui est mort comme un saint, entouré de tous ses parents et amis, et muni de tous les sacrements de l'Église, sans en manquer un, aurait trépassé sans confession, comme un orignal au fond des bois, sauf le respect que je lui dois et à vous, les jeunes messieurs. Quand il se fut *déhâlé* du fossé où il était serré comme dans une *étoc* (étau), le premier objet qu'il vit fut son flacon sur la levée du fossé ; ça lui ranima un peu le courage. Il étendit la main pour prendre un coup ; mais, bernique ! Il était vide ! la sorcière avait tout bu.

— Mon cher José, dit de Locheill, je ne suis pourtant pas plus lâche qu'un autre ; mais, si pareille aventure m'était arrivée, je n'aurais jamais voyagé seul de nuit.

— Ni moi non plus, interrompit d'Haberville.

— À vous dire le vrai, mes messieurs, dit José, puisque vous avez tant d'esprit, je vous dirai en confidence que mon défunt père, qui, avant cette aventure, aurait été dans un cimetière en plein cœur de minuit, n'était plus si hardi après cela ; car il n'osait aller seul faire son train dans l'étable, après soleil couché.

— Il faisait très prudemment ; mais achève ton histoire, dit Jules.

— Elle est déjà finie, reprit José ; mon défunt père attela sa guevalle, qui n'avait eu connaissance de rien, à ce qu'il paraît, la pauvre bête, et prit au plus vite le chemin de la maison ; ce ne fut que quinze jours après qu'il nous raconta son aventure.

— Que dites-vous, maintenant, monsieur l'incrédule égoïste, qui refusiez tantôt au Canada le luxe de ses sorciers et sorcières ? dit d'Haberville.

— Je dis, répliqua Arché, que nos sorciers calédoniens ne sont que des sots comparés à ceux de la Nouvelle-France ; et que, si je retourne jamais dans mes montagnes d'Écosse, je les fais mettre en bouteilles, comme le fit LeSage de son diable boiteux d'Asmodée.

— Hem ! hem ! dit José, ce n'est pas que je les plaindrais, les insécrables gredins, mais où trouver des bouteilles assez grandes ? voilà le plus pire de l'affaire.

V

La débâcle

> On entendit du côté de la mer un bruit épouvantable, comme si des torrents d'eau, mêlés à des tonnerres, eussent roulé du haut des montagnes; tout le monde s'écria: voilà l'ouragan.
>
> Bernardin de Saint-Pierre

> *Though aged, he was so iron of limb,*
> *Few of your youths could cope with him.*
>
> Byron

> Que j'aille à son secours, s'écria-t-il, ou que je meure.
>
> Bernardin de Saint-Pierre

> Les vents et les vagues sont toujours du côté du plus habile nageur.
>
> Gibbon

Les voyageurs continuent gaiement leur route; le jour tombe. Ils marchent pendant quelque temps à la clarté des étoiles. La lune se lève et éclaire au loin le calme du majestueux Saint-Laurent. À son aspect, Jules ne peut retenir une ébullition poétique, et s'écrie:

— Je mes sens inspiré, non par les eaux de la fontaine d'Hippocrène, que je n'ai jamais bues, et que j'espère bien ne jamais boire, mais par le jus de Bacchus, plus aimable que toutes les fontaines du monde, voire même les ondes limpides du Parnasse. Salut donc à toi, ô belle lune! salut à toi, belle lampe d'argent qui éclaires les pas de deux hommes libres comme les hôtes de nos immenses forêts, de deux hommes nouvellement échappés des entraves du collège! Combien de fois, ô lune! à la vue de tes pâles rayons, pénétrant sur ma couche solitaire, combien de fois, ô lune! ai-je désiré rompre mes liens et me mêler aux bandes joyeuses, courant bals et festins, tandis qu'une règle cruelle et barbare me condamnait à un sommeil que je repoussais de toutes mes forces. Ah! combien de fois, ô lune! ai-je souhaité de parcourir, monté sur ton disque, au risque de me rompre le cou, les limites que tu éclairais dans ta course majestueuse, lors même qu'il m'eût fallu rendre visite à un autre hémisphère! Ah! combien de fois...

— Ah! combien de fois as-tu déraisonné dans ta vie, dit Arché, tant la folie est contagieuse: écoute un vrai poète et humilie-toi, superbe!

Ô lune! à la triple essence, toi que les poètes appelaient autrefois Diane chasseresse, qu'il doit t'être agréable d'abandonner l'obscur séjour de Pluton, ainsi que les forêts où, précédée de ta meute aboyante, tu fais un vacarme à étourdir tous les sorciers du Canada! Qu'il doit t'être agréable, ô lune! de parcourir maintenant, en reine paisible, les régions éthérées du ciel dans le silence d'une belle nuit! Aie pitié, je t'en conjure, de ton ouvrage; rends la raison à un pauvre affligé, mon meilleur ami, qui...

— Ô Phébé! patronne des fous, interrompit Jules, je n'ai aucune prière à t'adresser pour mon ami: tu es innocente de son infirmité; le mal était fait...

— Ah çà! vous autres, mes messieurs, dit José, quand vous aurez fini de jaser avec madame la lune, à laquelle j'ignorais qu'on pût conter tant de raisons, vous plairait-il d'écouter un peu le vacarme qui se fait au village de Saint-Thomas?

Tous prêtèrent l'oreille: c'était bien la cloche de l'église qui sonnait à toute volée.

— C'est l'Angélus, dit Jules d'Haberville.

— Oui, reprit José, l'Angélus à huit heures du soir!

— C'est donc le feu, dit Arché.

— On ne voit pourtant point de flammes, repartit José; dans tous les cas, dépêchons-nous; il se passe quelque chose d'extraordinaire là-bas.

Une demi-heure après, en forçant le cheval, ils entrèrent dans le village de Saint-Thomas. Le plus grand silence y régnait; il leur parut désert: des chiens seulement, enfermés dans quelques maisons, jappaient avec fureur. Sauf le bruit de ces roquets, on aurait pu se croire transporté dans cette ville des *Mille et une Nuits* où tous les habitants étaient métamorphosés en marbre.

Les voyageurs se préparaient à entrer dans l'église dont la cloche continuait à sonner, lorsqu'ils aperçurent une clarté, et entendirent distinctement des clameurs du côté de la chute, près du manoir seigneurial. S'y transporter fut l'affaire de quelques minutes.

La plume d'un Cooper, d'un Chateaubriand, pourrait seule peindre dignement le spectacle qui frappa leurs regards sur la berge de la Rivière-du-Sud.

Le capitaine Marcheterre, vieux marin aux formes athlétiques, à la verte allure, malgré son âge, s'en retournait vers la brune à son village de Saint-Thomas, lorsqu'il entendit, sur la rivière, un bruit semblable à celui d'un corps pesant qui tombe à l'eau; et aussitôt après les gémissements, les cris plaintifs d'un homme qui appelait au secours. C'était un habitant téméraire, nommé Dumais, qui, croyant encore solide la glace, assez mauvaise déjà, qu'il avait passée la veille, s'y était aventuré de nouveau, avec cheval et voiture, à environ une douzaine d'arpents au sud-ouest du bourg. La glace s'était effondrée si subitement que cheval et voiture avaient disparu sous l'eau. Le malheureux Dumais, homme d'ailleurs d'une agilité remarquable, avait bien eu le temps de sauter du traîneau sur une glace plus forte, mais le bond prodigieux qu'il fit pour échapper à une mort inévitable, joint à la pesanteur de son corps, lui devint fatal: un de ses pieds s'étant enfoncé dans une crevasse, il eut le malheur de se casser une jambe, qui se rompit au-dessus de la cheville, comme un tube de verre.

Marcheterre, qui connaissait l'état périlleux de la glace crevassée en maints endroits, lui cria de ne pas bouger, quand bien même il en aurait la force; qu'il allait revenir avec du secours. Il courut aussitôt chez le bedeau, le priant de sonner l'alarme, tandis que lui avertirait ses plus proches voisins.

Ce ne fut bien vite que mouvement et confusion: les hommes couraient çà et là sans aucun but arrêté; les femmes, les enfants criaient et se lamentaient; les chiens aboyaient, hurlaient sur tous les tons de la gamme canine; en sorte que le capitaine, que son expérience désignait comme devant diriger les moyens de sauvetage, eut bien de la peine à se faire entendre.

Cependant, sur l'ordre de Marcheterre, les uns courent chercher des câbles, cordes, planches et madriers, tandis que d'autres dépouillent les clôtures, les bûchers de leurs écorces de cèdre et de bouleau, pour les convertir en torches. La scène s'anime de plus en plus; et à la lumière de cinquante flambeaux qui jettent au loin leur éclat vif et étincelant, la multitude se répand le long du rivage jusqu'à l'endroit indiqué par le vieux marin.

Dumais, qui avait attendu avec assez de patience l'arrivée des secours, leur cria, quand il fut à portée de se faire entendre, de se hâter, car il entendait sous l'eau des bruits sourds qui semblaient venir de loin, vers l'embouchure de la rivière.

— Il n'y a pas un instant à perdre, mes amis, dit le vieux capitaine, car tout annonce la débâcle.

Des hommes moins expérimentés que lui voulurent aussitôt pousser sur la glace, sans les lier ensemble, les matériaux qu'ils avaient apportés; mais il s'y opposa, car la rivière était pleine de crevasses, et de plus le glaçon sur lequel Dumais était assis se trouvait isolé d'un côté par les fragments que le cheval avait brisés dans sa lutte avant de disparaître, et de l'autre, par une large mare d'eau qui en interdisait l'approche. Marcheterre, qui savait la débâcle non seulement inévitable, mais même imminente d'un moment à l'autre, ne voulait pas exposer la vie de tant de personnes sans avoir pris toutes les précautions que sa longue expérience lui dictait.

Les uns se mettent alors à encocher à coups de hache les planches et les madriers; les autres les lient de bout en bout; quelques-uns, le capitaine en tête, les halent sur la glace, tandis que d'autres les poussent du rivage. Ce pont improvisé était à peine à cinquante pieds de la rive que le vieux marin leur cria: «Maintenant, mes garçons, que des hommes alertes et vigoureux me suivent à dix pieds de distance les uns des autres, que tous poussent de l'avant!»

Marcheterre fut suivi de près par son fils, jeune homme dans la force de l'âge, qui, connaissant la témérité de son père, se tenait à portée de le secourir au besoin: car des bruits lugubres, sinistres avant-coureurs d'un grand cataclysme, se faisaient entendre sous l'eau. Chacun cependant était à son poste, et tout allait pour le mieux: ceux qui perdaient pied s'accrochaient au flottage, et, une fois sur la glace solide, reprenaient aussitôt leur besogne avec une nouvelle ardeur. Quelques minutes encore, et Dumais était sauvé.

Les deux Marcheterre, le père en avant, étaient parvenus à environ cent pieds de la malheureuse victime de son imprudence, lorsqu'un mugissement souterrain, comme le bruit sourd qui précède une forte secousse de tremblement de terre, sembla parcourir toute l'étendue de la Rivière-du-Sud, depuis son embouchure jusqu'à la cataracte d'où elle se précipite dans le fleuve Saint-Laurent. À ce mugissement souterrain succéda aussitôt une explosion semblable à un coup de tonnerre, ou à la décharge d'une pièce d'artillerie du plus gros calibre. Ce fut alors une clameur immense: «La débâcle! la débâcle! Sauvez-vous! sauvez-vous!» s'écriaient les spectateurs sur le rivage.

En effet, les glaces éclataient de toutes parts, sous la pression de l'eau, qui, se précipitant par torrents, envahissait déjà les deux rives. Il s'ensuivit un désordre affreux, un bouleversement de glaces qui s'amoncelaient les unes sur les autres avec un fracas épouvantable, et qui, après s'être élevées à une grande hauteur, s'affaissant tout à coup, surnageaient ou disparaissaient sous les flots. Les planches, les madriers sautaient, dansaient, comme s'ils eussent été les jouets de l'Océan soulevé par la tempête. Les amarres et les câbles menaçaient de se rompre à chaque instant.

Les spectateurs, saisis d'épouvante à la vue de leurs parents et amis exposés à une mort certaine, ne cessaient de crier du rivage: «Sauvez-vous! sauvez-vous!» C'eût été, en effet, tenter la Providence que de continuer davantage une lutte téméraire, inégale, avec le terrible élément dont ils avaient à combattre la fureur. Marcheterre, cependant, que ce spectacle saisissant semblait exalter de plus en plus, au lieu de l'intimider, ne cessait de crier: «En avant, mes garçons! pour l'amour de Dieu, en avant, mes amis!»

Ce vieux loup de mer, toujours froid, toujours calme, lorsque, sur le tillac de son vaisseau, pendant l'ouragan, il ordonnait une manœuvre dont dépendait le sort de tout son équipage, l'était encore en présence d'un danger qui glaçait d'effroi les hommes les plus intrépides. Il s'aperçut, en se retournant, qu'à l'exception de son fils et de Joncas, un de ses matelots, tous les autres cherchaient leur salut dans une fuite précipitée. « Ah ! lâches ! s'écria-t-il ; bande de lâches ! »

Ces exclamations furent interrompues par son fils, qui, le voyant courir à une mort inévitable, s'élança sur lui, et, le saisissant à bras-le-corps, le renversa sur un madrier, où il le retint quelques instants malgré les étreintes formidables du vieillard. Une lutte terrible s'engagea alors entre le père et le fils ; c'était l'amour filial aux prises avec cette abnégation sublime, l'amour de l'humanité !

Le vieillard, par un effort puissant, parvint à se soustraire à la planche de salut qui lui restait ; et lui et son fils roulèrent sur la glace, où la lutte continua avec acharnement. Ce fut à ce moment de crise de vie et de mort, que Joncas, sautant de planche en planche, de madrier en madrier, vint aider le jeune homme à ramener son père sur le pont flottant.

Les spectateurs, qui, du rivage, ne perdaient rien de cette scène déchirante, se hâtèrent, malgré l'eau qui envahissait déjà la berge de la rivière, de haler les câbles ; et les efforts de cent bras robustes parvinrent à sauver d'une mort imminente trois hommes au cœur noble et généreux. Ils étaient à peine, en effet, en lieu de sûreté, que cette immense nappe de glace restée jusque-là stationnaire, malgré les attaques furibondes de l'ennemi puissant qui l'assaillait de toutes parts, commença, en gémissant, et avec une lenteur majestueuse, sa descente vers la chute, pour de là se disperser dans le grand fleuve.

Tous les regards se reportèrent aussitôt sur Dumais. Cet homme était naturellement très brave ; il avait fait ses preuves en maintes occasions contre les ennemis de sa patrie ; il avait même vu la mort de bien près, une mort affreuse et cruelle, lorsque, lié à un poteau, où il devait être brûlé vif par les Iroquois, ses amis maléchites le délivrèrent. Il était toujours assis à la même place sur son siège précaire, mais calme et impassible, comme la statue de la mort. Il fit bien quelques signes du côté du rivage que l'on crut être un éternel adieu à ses amis. Et puis, croisant les bras, ou les élevant alternativement vers le ciel, il parut détaché de tous liens terrestres et préparé à franchir ce passage redoutable qui sépare l'homme de l'éternité.

Une fois sur la berge de la rivière, le capitaine ne laissa paraître aucun signe de ressentiment ; reprenant, au contraire, son sang-froid habituel, il donna ses ordres avec calme et précision.

— Suivons, dit-il, la descente des glaces, en emportant tous les matériaux nécessaires au sauvetage.

— À quoi bon ? s'écrièrent ceux qui paraissaient les plus expérimentés : le malheureux est perdu sans ressources !

— Il reste pourtant une chance, une bien petite chance de salut, dit le vieux marin en prêtant l'oreille à certains bruits qu'il entendait bien loin dans le sud, et il faut y être préparé. La débâcle peut se faire d'un moment à l'autre sur le bras Saint-Nicolas[1], qui est très rapide comme vous le savez. Cette brusque irruption peut refouler les glaces de notre côté ; d'ailleurs, nous n'aurons aucun reproche à nous faire !

Ce que le capitaine Marcheterre avait prédit ne manqua point d'arriver. Une détonation semblable aux éclats de foudre se fit bientôt entendre ; et le bras de la rivière, s'échappant furieux de son lit, vint prendre à revers cet énorme amas de glaces qui, n'ayant rencontré jusque-là aucun obstacle, poursuivait toujours sa marche triomphante. On crut, pendant un moment, que cette attaque brusque et rapide, que cette pression soudaine refoulerait une grande partie des glaces du côté du nord, comme le capitaine l'avait espéré. Il s'opéra même un changement momentané qui la refoula du côté des spectateurs ; mais cet incident, si favorable en apparence à la délivrance de Dumais, fut d'une bien courte durée ; car, le lit de la rivière se trouvant trop resserré pour leur livrer passage, il se fit un temps d'arrêt pendant lequel, s'amoncelant les unes au-dessus des autres, les glaces formèrent une digue d'une hauteur prodigieuse ; et un déluge de flots, obstrué d'abord par cette barrière infranchissable, se répandit ensuite au loin sur les deux rives, et inonda même la plus grande partie du village. Cette inondation soudaine, en forçant les spectateurs à chercher un lieu de refuge sur les écores de la rivière, fit évanouir le dernier espoir de secourir l'infortuné Dumais.

Ce fut un long et opiniâtre combat entre le puissant élément et l'obstacle qui interceptait son cours ; mais enfin ce lac immense, sans cesse alimenté par la rivière principale et par ses affluents, finit par s'élever jusqu'au niveau de la digue qu'il sapait en même temps par la base. La digue, pressée par ce poids énorme, s'écroula avec un fracas qui ébranla les deux rives. Comme la Rivière-du-Sud s'élargit tout à coup au-dessous du bras Saint-Nicolas, son affluent, cette masse compacte, libre de toute obstruction, descendit avec la rapidité d'une flèche ; et ce fut ensuite une course effrénée vers la cataracte qu'elle avait à franchir avant de tomber dans le bassin sur les rives du Saint-Laurent.

---

1. Rivière qui coupe la Rivière-du-Sud à angle droit, près du village.

Dumais avait fait, avec résignation, le sacrifice de sa vie : calme au milieu de ce désastre, les mains jointes sur la poitrine, le regard élevé vers le ciel, il semblait absorbé dans une méditation profonde, comme s'il eût rompu avec tous les liens de ce monde matériel.

Les spectateurs se portèrent en foule vers la cataracte, pour voir la fin de ce drame funèbre. Grand nombre de personnes, averties par la cloche d'alarme, étaient accourues de l'autre côté de la rivière, et avaient aussi dépouillé les clôtures de leurs écorces de cèdre pour en faire des flambeaux. Toutes ces lumières en se croisant répandaient une vive clarté sur cette scène lugubre.

On voyait, à quelque distance, le manoir seigneurial, longue et imposante construction au sud-ouest de la rivière, et assis sur la partie la plus élevée d'un promontoire qui domine le bassin et court parallèle à la cataracte. À environ cent pieds du manoir, s'élevait le comble d'un moulin à scie dont la chaussée était attenante à la chute même. À deux cents pieds du moulin, sur le sommet de la chute, se dessinaient les restes d'un îlot sur lequel, de temps immémorial, les débâcles du printemps opéraient leur œuvre de destruction[a]. Bien déchu de sa grandeur primitive — car il est probable qu'il avait jadis formé une presqu'île avec le continent, dont il formait l'extrémité —, cet îlot formait à peine une surface de douze pieds carrés à cette époque.

De tous les arbres qui lui donnaient autrefois un aspect si pittoresque, il ne restait plus qu'un cèdre séculaire. Ce vétéran qui, pendant tant d'années, avait bravé la rage des autans et des débâcles périodiques de la Rivière-du-Sud, avait fini par succomber à demi dans cette lutte formidable. Rompu par le haut, sa tête se balançait alors tristement au-dessus de l'abîme vers lequel, un peu penché lui-même, il menaçait de disparaître bien vite, privant ainsi l'îlot de son dernier ornement. Plusieurs cents pieds séparaient cet îlot d'un moulin à farine situé au nord-est de la cataracte.

Par un accident de terrain, cette prodigieuse agglomération de glaces qui, attirées par la chute, descendaient la rivière avec la rapidité d'un trait, s'engouffrèrent presque toutes entre l'îlot et le moulin à farine dont elles rasèrent l'écluse en quelques secondes ; puis, s'amoncelant au pied de l'écore jusqu'au faîte du moulin, elles finirent par l'écraser lui-même. La glace ayant pris cette direction, le chenal entre le moulin à scie et l'îlot se trouvait relativement à peu près libre.

La foule courait toujours le long du rivage en suivant des yeux, avec une anxiété mêlée d'horreur, cet homme qu'un miracle seul pouvait sauver d'une mort atroce et prématurée. En effet, parvenu à environ trente pieds de l'îlot, la glace qui emportait Dumais suivait visiblement une direction qui l'éloignait du seul refuge que semblait lui offrir la Providence lorsqu'une banquise, qui descendait avec une rapidité augmentée par sa masse énorme, frappant avec violence un de ses angles, lui imprima un mouvement contraire. Lancée alors avec une nouvelle impétuosité, elle franchit la partie de l'îlot que l'eau envahissait déjà et assaillit le vieux cèdre, seule barrière qu'elle rencontrait sur la cime de la cataracte. L'arbre, ébranlé par ce choc imprévu, frémit de tout son corps; sa tête déjà brisée se sépara du tronc et disparut dans des flots d'écume. Déchargé de ce poids, le vieil arbre se redressa tout à coup; et athlète encore redoutable, se prépara à soutenir une nouvelle lutte avec d'anciens ennemis dont il avait tant de fois triomphé.

Cependant Dumais, lancé en avant par ce choc inattendu, saisit le tronc du vieux cèdre qu'il enlaça de ses deux bras avec une étreinte convulsive; et, se soulevant sur une jambe, seul point d'appui qui lui restait, il s'y cramponna avec la ténacité d'un mourant, tandis que la glace sur laquelle reposait son pied unique, soulevée par l'eau qui augmentait à chaque instant de volume, et qui, attirée par deux courants contraires, oscillait de droite et de gauche, menaçait à chaque instant de lui retirer ce faible appui.

Il ne manquait rien à cette scène d'horreur si grandiose! Les flambeaux agités sur les deux plages reflétaient une lueur sinistre sur les traits cadavéreux, sur les yeux glauques et à moitié sortis de leur orbite de cette victime suspendue sur les dernières limites de la mort! Certes, Dumais était un homme courageux; il avait déjà, à diverses époques, fait preuve d'une bravoure héroïque; mais, dans cette position exceptionnelle et inouïe, il lui était bien permis d'être complètement démoralisé.

Cependant, Marcheterre et ses amis conservaient encore quelque espoir de salut.

Avisant, sur la plage, près du moulin à scie, deux grandes pièces de bois carré, ils se hâtèrent de les transporter sur un rocher qui avançait dans la rivière à environ deux cents pieds au-dessus de la chute. En liant chacune de ces pièces avec un câble et les lançant successivement, ils espéraient que le courant les porterait sur l'îlot. Vain espoir! efforts inutiles! l'impulsion n'était pas assez forte; et les pièces, empêchées d'ailleurs par la pesanteur des câbles, dérivaient toujours entre la plage et l'îlot.

Il semblerait impossible d'ajouter une nuance à ce tableau unique dans son atroce sublimité, d'augmenter l'émotion douloureuse des spectateurs, pétrifiés à la vue de cet homme prêt à disparaître à chaque instant dans le gouffre béant de la cataracte.

Il se passait pourtant sur le rivage une scène aussi sublime, aussi grandiose. C'était la religion offrant ses consolations au chrétien prêt à franchir le terrible passage de la vie à la mort.

Le vieux curé de la paroisse, que son ministère avait appelé auprès d'un malade avant la catastrophe, était accouru sur le lieu du désastre. C'était un vieillard nonagénaire de la plus haute stature ; le poids des années n'avait pu courber la taille de ce Nestor moderne, qui avait baptisé et marié tous ses paroissiens, dont il avait enseveli trois générations. Sa longue chevelure, blanche comme la neige, agitée par la brise nocturne, lui donnait un air inspiré et prophétique. Il se tenait là, debout sur la rive, les deux mains étendues vers le malheureux Dumais. Il l'aimait : il l'avait baptisé ; il lui avait fait faire cet acte touchant du culte catholique qui semble changer subitement la nature de l'enfant et le faire participer à la nature angélique. Il aimait aussi Dumais parce qu'il l'avait marié à une jeune orpheline qu'il avait élevée avec tendresse et que cette union rendait heureuse ; il l'aimait parce qu'il avait baptisé ses deux enfants qui faisaient la joie de sa vieillesse.

Il était là, sur le rivage, comme l'ange des miséricordes, l'exhortant à la mort, et lui donnant non seulement toutes les consolations que son ministère sacré lui dictait, mais aussi lui adressant ces paroles touchantes qu'un cœur tendre et compatissant peut seul inspirer. Il le rassurait sur le sort de sa famille dont le seigneur de Beaumont prendrait soin, quand, lui, vieillard sur le bord de sa fosse, n'existerait plus. Mais, voyant que le péril devenait de plus en plus imminent, que chaque nouvelle secousse imprimée à l'arbre semblait paralyser les forces du malheureux Dumais, il fit un grand effort sur lui-même, et lui cria d'une voix forte, qu'il tâchait de raffermir, mais qui se brisa en sanglot : « Mon fils, faites un acte de contrition, je vais vous absoudre de tous vos péchés. »

Le vieux pasteur, après avoir payé ce tribut de sensibilité à la nature, reprit d'une voix forte qui s'éleva vibrante au milieu du bruit assourdissant de la cataracte : « Mon fils, au nom du Dieu tout-puissant, au nom de Jésus-Christ, son Fils, qui m'a donné les pouvoirs de lier et de délier sur la terre, au nom du Saint-Esprit, je vous absous de tous vos péchés. Ainsi soit-il ! » Et la foule répéta en sanglotant : « Ainsi soit-il ! »

La nature voulut reprendre ses droits sur les devoirs de l'homme de Dieu, et les sanglots étouffèrent de nouveau sa voix ; mais, dans cette seconde lutte, le devoir impérieux du ministre des autels vainquit encore une fois la sensibilité de l'homme et du vieillard.

— À genoux, mes frères, dit-il, je vais réciter les prières des agonisants.

Et la voix du vieux pasteur domina de nouveau celle de la tempête, lorsqu'il s'écria, les deux mains étendues vers l'holocauste :

« Partez de ce monde, âme chrétienne, au nom de Dieu le Père tout-puissant qui vous a créée ; au nom de Jésus-Christ, Fils du Dieu vivant, qui a souffert pour vous ; au nom du Saint-Esprit qui vous a été donné ; au nom des Anges et des Archanges; au nom des Trônes et des Dominations; au nom des Principautés et des Puissances; au nom des Chérubins et des Séraphins, au nom des Patriarches et des Prophètes; au nom des saints Apôtres et des Évangélistes; au nom des saints Moines et Solitaires; au nom des saintes Vierges et de tous les Saints et Saintes de Dieu. Qu'aujourd'hui votre séjour soit dans la paix, et votre demeure dans la sainte Sion. Par Jésus-Christ Notre-Seigneur. Ainsi soit-il.» Et les spectateurs répétèrent en gémissant: «Ainsi soit-il[2].»

Un silence de mort avait succédé à cette scène lugubre, quand tout à coup des cris plaintifs se firent entendre derrière la foule pressée sur le rivage: c'était une femme, les vêtements en désordre, les cheveux épars, qui, portant un enfant dans ses bras, et traînant l'autre d'une main, accourait vers le lieu du sinistre. Cette femme était l'épouse de Dumais, qu'un homme officieux avait été prévenir, sans précaution préalable, de l'accident arrivé à son mari, dont elle attendait à chaque instant le retour.

Demeurant à une demi-lieue du village, elle avait bien entendu le tocsin; mais, seule chez elle avec ses enfants qu'elle ne pouvait laisser, elle s'était résignée, quoique très inquiète, à attendre l'arrivée de son mari pour se faire expliquer la cause de cette alarme.

Cette femme, à la vue de ce qu'elle avait de plus cher au monde suspendu au-dessus de l'abîme, ne poussa qu'un seul cri, mais un cri si déchirant qu'il pénétra comme une lame d'acier dans le cœur des spectateurs; et, perdant aussitôt connaissance, elle tomba comme une masse inerte sur le rivage. On s'empressa de la transporter au manoir seigneurial, où les soins les plus touchants lui furent prodigués par madame de Beaumont et sa famille.

Quant à Dumais, à l'aspect de sa femme et de ses enfants, une espèce de rugissement de jaguar, un cri rauque, surhumain, indéfinissable qui porta l'effroi dans l'âme des spectateurs, s'échappa de sa poitrine oppressée; et il sembla tomber ensuite dans un état d'insensibilité qui ressemblait à la mort.

Ce fut au moment précis où le vieux pasteur administrait le sacrement de pénitence, que Jules d'Haberville, Arché de Locheill et leur compagnon arrivèrent sur les lieux. Jules fendit la foule, et prit place entre le vénérable curé et son oncle de Beaumont; Arché, au contraire, s'avança sur le rivage, se croisa les bras, saisit d'un coup d'œil rapide tout l'ensemble de cette scène de désolation, et calcula les chances de salut.

---

2. L'auteur ne craint pas de citer au long cette incomparable exhortation. Les prières de la liturgie catholique sont malheureusement trop peu connues et appréciées. Quoi de plus sublime que cette prière que le prêtre adresse à l'âme du moribond au moment où, se dégageant de sa dépouille mortelle, elle va s'envoler au pied du tribunal redoutable de Dieu!

Après une minute de réflexion, il bondit plutôt qu'il ne courut vers le groupe où se tenait Marcheterre ; et, tout en se dépouillant à la hâte de ses vêtements, il lui donna ses instructions. Ses paroles furent brèves, claires et concises : « Capitaine, je nage comme un poisson, j'ai l'haleine d'un amphibie ; le danger n'est pas pour moi, mais pour ce malheureux, si je heurtais la glace en l'abordant. Arrêtez-moi d'abord à une douzaine de pieds de l'îlot, afin de mieux calculer la distance et d'amortir ensuite le choc : votre expérience fera le reste. Maintenant une corde forte, mais aussi légère que possible, et un bon nœud de marin. »

Il dit ; et, tandis que le vieux capitaine lui attachait l'amarre sous le bras, il se ceignit lui-même le corps d'une autre corde, dont il fit un petit rouleau qu'il tint dans la main droite. Ainsi préparé, il s'élança dans la rivière où il disparut un instant ; mais quand il revint sur l'eau, le courant l'entraînait rapidement vers le rivage. Il fit alors tous les efforts prodigieux d'un puissant nageur pour aborder l'îlot, sans pouvoir réussir ; ce que voyant Marcheterre, il se hâta, en descendant le long de la grève, de le ramener à terre avant que ses forces fussent épuisées. Une fois sur le rivage, de Locheill reprit aussitôt sa course vers le rocher.

Les spectateurs respirèrent à peine lorsqu'ils virent Arché se précipiter dans les flots pour secourir Dumais qu'ils avaient désespéré de sauver. Tout le monde connaissait la force herculéenne de Locheill et ses exploits aquatiques dans les visites fréquentes qu'il faisait au seigneur de Beaumont avec son ami Jules, pendant leurs vacances du collège. Aussi l'anxiété avait-elle été à son comble pendant la lutte terrible du jeune homme, repoussé sans cesse vers le rivage malgré des efforts qui semblaient surhumains, et un cri de douleur s'était échappé de toutes les poitrines en voyant la défaite.

Jules d'Haberville n'avait eu aucune connaissance de cette tentative de sauvetage de son ami de Locheill. D'une nature très impressionnable, il n'avait pu soutenir, à son arrivée sur la plage, le spectacle déchirant d'une si grande infortune. Après un seul regard empreint de la plus ineffable compassion, il avait baissé les yeux vers la terre, et il ne les en avait plus détachés. Cet homme suspendu par un fil sur ce gouffre béant, ce vieux et vénérable prêtre administrant à haute voix, sous la voûte des cieux, le sacrement de pénitence, ces prières des agonisants adressées à Dieu pour un homme dans toute la force de la virilité, cette sublime évocation qui ordonne à l'âme, au nom de toutes les puissances célestes, de se détacher d'un corps où coule avec abondance la sève vigoureuse de la vie, tout lui semblait l'illusion d'un rêve affreux.

Jules d'Haberville, entièrement absorbé par ces émotions navrantes, n'avait donc eu aucune connaissance des efforts qu'avait faits son ami pour sauver Dumais. Il avait seulement entendu, après la tentative infructueuse de Locheill, les cris lugubres de la foule qu'il avait attribués à une nouvelle péripétie de cette scène de désolation, dont il détournait ses regards.

Ce n'était pas un lien ordinaire entre amis qui l'attachait à son frère par adoption; c'était cet amour de David et de Jonathas, plus aimable, suivant l'expression emphatique de l'Écriture, que l'amour d'aucune femme. Jules n'épargnait pas ses railleries à Arché, qui ne faisait qu'en rire; mais c'était bien à lui, auquel il ne permettait à personne de toucher. Malheur à celui qui eût offensé de Locheill devant l'impétueux jeune homme!

D'où venait cette grande passion? Il n'y avait pourtant, en apparence, aucun rapport dans leur caractère. Arché était plutôt froid qu'expansif, tandis qu'une exubérance de sentiments exaltés débordait dans l'âme de Jules. Il y avait néanmoins une similitude bien précieuse : un cœur noble et généreux battait sous la poitrine des deux jeunes gens.

José, lui, qui n'avait rien perdu des préparatifs de Locheill à son arrivée et qui connaissait la violence des passions d'Haberville, son jeune maître, s'était glissé derrière lui, prêt à comprimer par la force physique cette âme fougueuse et indomptable.

L'anxiété des spectateurs fut à son comble à la seconde tentative d'Arché pour sauver Dumais, qu'ils croyaient perdu sans ressource aucune.

Tous les yeux étaient tournés, avec un intérêt toujours croissant, vers ce malheureux, dont le tremblement convulsif annonçait qu'il perdait graduellement ses forces, à chaque secousse du vieux cèdre, et à chaque oscillation de la glace qui roulait sous son pied. La voix brisée du vieux pasteur, criant pitié au Dieu des miséricordes, interrompait seule ce silence de la tombe.

Les premiers efforts inutiles de Locheill n'avaient servi qu'à l'exalter davantage dans son œuvre de dévouement; il avait, avec une abnégation bien rare, fait le sacrifice de sa vie. La corde, sa seule chance de salut, pouvait fort bien se rompre lorsqu'elle serait surchargée d'un double poids, et exposée de plus à l'action d'un torrent impétueux. Il était aussi trop habile nageur pour ignorer le danger de remorquer un homme incapable de s'aider d'aucune manière. Il savait qu'il aurait en outre à demeurer sous l'eau, sans respirer, jusqu'à ce qu'il eût atteint le rivage.

Conservant néanmoins tout son sang-froid, il se contenta de dire à Marcheterre :

— Il faut changer de tactique : c'est ce rouleau, que je tenais dans ma main droite, qui a d'abord paralysé mes forces lorsque je me suis élancé dans la rivière, et ensuite lorsque j'ai voulu aborder l'îlot.

Il élargit alors le diamètre du nœud de la corde, qu'il passa de son épaule droite sous son aisselle gauche, pour laisser toute liberté d'action à ses deux bras. Ces précautions prises, il fit un bond de tigre, et disparaissant aussitôt sous les flots qui l'emportaient avec la vitesse d'un cheval lancé à la course, il ne reparut qu'à environ douze pieds de l'îlot, arrêté par la corde que raidit Marcheterre, ainsi qu'ils en étaient convenus. Ce mouvement pensa lui être funeste, car, perdant l'équilibre, il fut renversé la tête sous l'eau, tandis que le reste de son corps surnageait horizontalement sur la rivière. Son sang-froid, très heureusement, ne l'abandonna pas un instant dans cette position critique, confiant qu'il était dans l'expérience du vieux marin. En effet, celui-ci, lâchant tout à coup deux brasses de l'amarre par un mouvement saccadé, de Locheill, se servant d'un de ces tours de force connus des habiles nageurs, ramena subitement ses talons à s'en frapper les reins ; puis, se raidissant les jambes pour battre l'eau perpendiculairement, tandis qu'il secondait cette action en nageant alternativement des deux mains, il reprit enfin l'équilibre. Présentant alors l'épaule gauche pour se préserver la poitrine d'un choc qui aurait pu lui être aussi funeste qu'à Dumais, il aborda le lieu du sinistre avec la vitesse de l'éclair.

Dumais, malgré son état de torpeur apparente, malgré son immobilité, n'avait pourtant rien perdu de tout de qui se passait. Un rayon d'espoir, bien vite évanoui, avait lui au fond de son cœur déchiré par tant d'émotions sanglantes à la vue des premières tentatives de son libérateur ; mais cette espérance s'était ravivée de nouveau en voyant le bond surhumain que fit de Locheill s'élançant de la cime du rocher. Celui-ci avait à peine, en effet, atteint la glace où il se cramponnait d'une seule main, pour dégager, de l'autre, le rouleau de corde qui l'enlaçait, que Dumais, lâchant le cèdre protecteur, prit un tel élan sur sa jambe unique, qu'il vint tomber dans les bras d'Arché.

Le torrent impétueux envahit aussitôt l'extrémité de la glace qui, surchargée d'un double poids, se cabra comme un cheval fougueux. Et cette masse lourde, que les flots poussaient avec une force irrésistible, retombant sur le vieux cèdre, le vétéran, après une résistance inutile, s'engouffra dans l'abîme, entraînant dans sa chute une portion du domaine sur lequel il avait régné en souverain pendant des siècles.

Ce fut alors une immense clameur sur les deux rives de la Rivière-du-Sud ; acclamation triomphante des spectateurs les plus éloignés et cri déchirant d'angoisse sur la rive la plus rapprochée du théâtre où s'était joué ce drame de vie et de mort. En effet, tout avait disparu comme si la baguette d'un enchanteur puissant eût frappé la scène et les acteurs qui avaient inspiré un intérêt si palpitant d'émotions. Le haut de la cataracte n'offrit plus, dans toute sa largeur, entre les deux rives, que le spectacle attristant des flots pressés qui se précipitaient dans le bassin avec un bruit formidable, et le rideau d'écume blanche qui s'élevait jusqu'à son niveau.

Jules d'Haberville n'avait reconnu son ami qu'au moment où il s'était précipité, pour la seconde fois, dans les flots. Souvent témoin de ses exploits natatoires, connaissant sa force prodigieuse, il n'avait d'abord montré qu'un étonnement mêlé de stupeur, mais quand il le vit disparaître sous l'eau, il poussa ce cri délirant que fait une tendre mère à la vue du cadavre sanglant de son fils unique ; et, en proie à une douleur insensée, il allait se précipiter dans le torrent, quand il se sentit étreint par les deux bras de fer de José.

Supplications, menaces, cris de rage et de désespoir, coups désespérés, morsures, tout fut inutile pour faire lâcher prise au fidèle serviteur.

— C'est bon, mon cher monsieur Jules, disait José, frappez, mordez, si ça vous soulage, mais au nom de Dieu, calmez-vous ; votre ami va bientôt reparaître, vous savez qu'il plonge comme un marsouin, et qu'on ne voit jamais l'heure qu'il reparaisse, quand une fois il est sous l'eau. Calmez-vous, mon cher petit monsieur Jules, vous ne voudriez pas faire mourir ce pauvre José qui vous aime tant, qui vous a tant porté dans ses bras. Votre père m'a envoyé vous chercher à Québec ; je réponds de vous corps et âme, et il n'y aura pas de ma faute si je manque à vous ramener vivant. Sans cela, voyez-vous, monsieur Jules, une bonne balle dans la tête du vieux José… Mais, tenez, voilà le capitaine qui hale l'amarre à force de bras ; et soyez sûr que monsieur Arché est au bout et plein de vie.

En effet, Marcheterre, aidé de ses amis, s'empressait, tout en descendant le long de la grève, de retirer, à fortes et rapides brassées, la corde à laquelle il sentait un double poids.

Il leur fallut de grands efforts pour dégager de Locheill, une fois en sûreté sur la plage, de l'étreinte de Dumais, qui ne donnait pourtant aucun signe de vie. Arché, au contraire, délivré de cette étreinte qui l'étouffait, vomit trois ou quatre gorgées d'eau, respira bruyamment et dit :

— Il n'est pas mort ; il ne peut être qu'asphyxié ; il vivait il y a une minute à peine.

On se hâta de transporter Dumais au manoir seigneurial, où des soins empressés et entendus lui furent prodigués. Au bout d'une demi-heure, des gouttes d'une sueur salutaire perlèrent sur son front, et, peu de temps après, il rouvrait des yeux hagards, qu'il promena longtemps autour de lui, et qui se fixèrent enfin sur le vieux curé. Celui-ci approcha son oreille de la bouche de Dumais, et les premières paroles qu'il recueillit furent : « Ma femme ! mes enfants ! monsieur Arché ! »

— Soyez sans inquiétude, mon cher Dumais, dit le vieillard : votre femme est revenue de son évanouissement ; mais, comme elle vous croit mort, il me faut de grandes précautions pour lui annoncer votre délivrance, tant d'émotions subites pourraient la tuer. Aussitôt qu'il sera prudent de le faire, je l'amènerai près de vous; je vais l'y préparer. En attendant, voici M. de Locheill, à qui, après Dieu, vous devez la vie.

À la vue de son sauveur, qu'il n'avait pas encore distingué des autres assistants, il se fit une réaction dans tout le système du malade. Il entoura Arché de ses bras, et, pressant ses lèvres sur sa joue, des larmes abondantes coulèrent dans ses yeux.

— Comment m'acquitter envers vous, dit-il, de ce que vous avez fait pour moi, pour ma pauvre femme et pour mes pauvres enfants!

— En recouvrant promptement la santé, répondit gaiement de Locheill. Le seigneur de Beaumont a fait partir un émissaire à toute bride pour amener le plus habile chirurgien de Québec, et un autre pour préparer des relais de voitures sur toute la route, en sorte que, demain, à midi, au plus tard, votre mauvaise jambe sera si bien collée, que, dans deux mois, vous pourrez faire à l'aise le coup de fusil avec vos anciens amis les Iroquois.

Lorsque le vieux pasteur entra dans la chambre où l'on avait transporté sa fille d'adoption, elle était à demi couchée sur un lit, tenant son plus jeune enfant dans ses bras, tandis que l'autre dormait à ses pieds. Pâle comme la statue de la mort, froide et insensible à tout ce que madame de Beaumont et d'autres dames du village pouvaient lui dire pour calmer son désespoir, elle répétait sans cesse: «Mon mari! mon pauvre mari! je n'aurai pas même la triste consolation d'embrasser le corps froid de mon cher mari, du père de mes enfants!»

En apercevant le vieux curé, elle s'écria, les bras tendus vers lui:

— Est-ce vous, mon père, qui m'avez donné tant de preuves d'affection depuis mon enfance, qui venez maintenant m'annoncer que tout est fini? Oh! non; je connais trop votre cœur: ce n'est pas vous qui vous êtes chargé d'un tel message pour l'orpheline que vous avez élevée. Parlez, je vous en conjure, vous dont la bouche ne profère que des paroles consolantes.

— Votre époux, dit le vieillard, recevra une sépulture chrétienne.

— Il est donc mort! s'écria la pauvre femme; et des sanglots s'échappèrent, pour la première fois, de sa poitrine oppressée.

C'était la réaction qu'attendait le vieux pasteur.

— Ma chère fille, reprit-il, vous demandiez comme faveur unique, il n'y a qu'un instant, d'embrasser le corps inanimé de votre mari, et Dieu vous a exaucée. Ayez confiance en lui; car la main puissante qui l'a retiré de l'abîme peut aussi lui rendre la vie.

La jeune femme ne répondit que par de nouveaux sanglots.

— C'est le même Dieu d'ineffable bonté, continua le vieux pasteur, qui dit à Lazare dans la tombe : « Levez-vous, mon ami, je vous l'ordonne. » Tout espoir n'est pas perdu, car votre mari, dans son état d'horribles souffrances...

La pauvre jeune femme, qui avait écouté jusque-là son vieil ami sans trop le comprendre, sembla s'éveiller d'un affreux cauchemar, et, pressant dans ses bras ses deux enfants endormis, elle s'élança vers la porte.

Peindre l'entrevue de Dumais avec sa famille serait au-dessus de toute description. L'imagination seule des âmes sensibles peut y suppléer. Il est souvent facile d'émouvoir en offrant un tableau de malheur, de souffrances atroces, de grandes infortunes, mais s'agit-il de peindre le bonheur, le pinceau de l'artiste s'y refuse et ne trace que de pâles couleurs sur le canevas.

— Allons souper maintenant, dit M. de Beaumont à son ancien et vénérable ami : nous en avons tous grand besoin, surtout ce noble et courageux jeune homme, ajouta-t-il, en montrant de Locheill.

— Doucement, doucement, mon cher seigneur, dit le vieux curé. Il nous reste un devoir plus pressant à remplir : c'est de remercier Dieu, dont la protection s'est manifestée d'un manière si éclatante !

Tous les assistants s'agenouillèrent ; et le vieux curé, dans une courte mais touchante prière, rendit grâce à Celui qui commande à la mer en courroux, à Celui qui tient dans ses mains puissantes la vie et la mort de ses faibles créatures.

VI

Un souper chez un seigneur canadien

> Half-cut-down, a pastry, costly made
> Where quail and pigeon, lark and loriot, lay
> Like fossils of the rock, with golden yokes
> Imbedded and enjellied.
>
> Tennyson

Le couvert était mis dans une chambre basse, mais spacieuse, dont les meubles, sans annoncer le luxe, ne laissaient rien à désirer de ce que les Anglais appellent confort. Un épais tapis de laine à carreaux, de manufacture canadienne, couvrait, aux trois quarts, le plancher de cette salle à manger. Les tentures en laine, aux couleurs vives, dont elle était tapissée, ainsi que les dossiers du canapé, des bergères et des chaises en acajou, aux pieds de quadrupèdes semblables à nos meubles maintenant à la mode, étaient ornés d'oiseaux gigantesques, qui auraient fait le désespoir de l'imprudent ornithologiste qui aurait entrepris de les classer.

Un immense buffet, touchant presque au plafond, étalait, sur chacune des barres transversales dont il était amplement muni, un service en vaisselle bleue de Marseille, semblant, par son épaisseur, jeter un défi à la maladresse des domestiques qui en auraient laissé tomber quelques pièces. Au-dessus de la partie inférieure de ce buffet, qui servait d'armoire, et que l'on pourrait appeler le rez-de-chaussée de ce solide édifice, projetait une tablette d'au moins un pied et demi de largeur, sur laquelle était une espèce de cassette, beaucoup plus haute que large, dont les petits compartiments, bordés de drap vert, étaient garnis de couteaux et de fourchettes à manches d'argent, à l'usage du dessert. Cette tablette contenait aussi un grand pot d'argent, rempli d'eau, pour ceux qui désiraient tremper leur vin, et quelques bouteilles de ce divin jus de la treille.

Une pile d'assiettes de vraie porcelaine de Chine, deux carafes de vin blanc[1], deux tartes, un plat d'œufs à la neige[2], des gaufres, un jatte de confitures, sur une petite table couverte d'une nappe blanche, près du buffet, composaient le dessert de ce souper d'un ancien seigneur canadien. À un des angles de la chambre était une fontaine, de la forme d'un baril, en porcelaine bleue et blanche, avec robinet et cuvette, qui servait aux ablutions de la famille. À un angle opposé, une grande canevette, garnie de flacons carrés, contenant l'eau-de-vie, l'absinthe, les liqueurs de noyau, de framboises, de cassis, d'anisette, etc., pour l'usage journalier, complétait l'ameublement de cette salle.

Le couvert était dressé pour huit personnes. Une cuillère et une fourchette d'argent, enveloppées dans une serviette, étaient placées à gauche de chaque assiette, et une bouteille de vin léger à la droite. Point de couteau sur la table pendant le service des viandes[3] : chacun était muni de cet utile

---

1. Les anciens Canadiens ne buvaient généralement que du vin blanc au dessert.

2. La maîtresse de la maison s'amusait quelquefois, pendant l'hiver, à mystifier ses amis, en substituant un plat de belle neige, arrosée de quelques cuillerées de la vraie sauce jaune de cet excellent entremets, pour mieux servir à l'illusion. Bien entendu, qu'après qu'on avait bien ri, le véritable plat d'œufs à la neige était substitué au premier, par trop froid pour les convives.

3. L'auteur a toujours vu la mode actuelle des couteaux de table pendant le service des viandes ; néanmoins la tradition était telle qu'il l'a mentionnée plus haut, l'anecdote suivante le confirme.

Un vieux gentilhomme canadien, dînant un jour au château Saint-Louis, après la conquête, se servit à table d'un superbe couteau à gaine, qu'il portait suspendu à son cou.

instrument, dont les Orientaux savent seuls se passer. Si le couteau était à ressort, il se portait dans la poche, si c'était, au contraire, un couteau-poignard, il était suspendu au cou dans une gaine de maroquin, de soie, ou même d'écorce de bouleau, artistement travaillée et ornée par les aborigènes. Les manches étaient généralement d'ivoire, avec des rivets d'argent, et même en nacre de perles pour les dames.

Il y avait aussi à droite de chaque couvert une coupe ou un gobelet d'argent de différentes formes et de différentes grandeurs[4] : les uns de la plus grande simplicité, avec ou sans anneaux, les autres avec des anses ; quelques-uns en forme de calice, avec ou sans pattes, ou relevés en bosse ; beaucoup aussi étaient dorés en dedans.

Une servante, en apportant sur un cabaret le coup d'appétit d'usage, savoir l'eau-de-vie pour les hommes et les liqueurs douces pour les femmes, vint prévenir qu'on était servi. Huit personnes prirent place à table : M. de Beaumont et son épouse, Mme Descarrières leur sœur, le curé, le capitaine Marcheterre, son fils Henri, et enfin Jules et Arché. La maîtresse de la maison donna la place d'honneur au vénérable curé, en le plaçant à sa droite, et la seconde place au vieux marin, à gauche.

Le menu du repas était composé d'un excellent potage (la soupe était alors de rigueur, tant pour le dîner que pour le souper), d'un pâté froid, appelé pâté de Pâques, servi, à cause de son immense volume, sur une planche recouverte d'une serviette ou petite nappe blanche, suivant ses proportions. Ce pâté, qu'aurait envié Brillat-Savarin, était composé d'une dinde, de deux poulets, de deux perdrix, de deux pigeons, du râble et des cuisses de deux lièvres : le tout recouvert de bardes de lard gras. Le godiveau de

---

Son fils, qui était présent, et qui, suivant l'expression de son père, avait introduit chez lui les couteaux de table avant le dessert, pour faire l'Anglais, racontait à l'auteur qu'il pensa mourir de honte en voyant ricaner en dessous les jeunes convives des deux sexes.

Les habitants se servaient toujours, il y a cinquante ans, de leur couteau de poche pendant les repas ; les hommes, de couteaux plombés. Un forgeron en fabriquait la lame ; les manches en bois étaient ornés de ciselures en étain ; et, comme cet instrument n'avait pas de ressort, le patient était contraint de tenir constamment la lame assujettie avec le pouce : l'esprit ingénieux de l'artiste facilitait l'opération au moyen d'un petit bouton, placé à la partie de la lame attenant au manche. Les habitants s'en servaient avec beaucoup d'adresse ; mais les novices se pinçaient horriblement le pouce : un petit apprentissage était nécessaire.

Les femmes se servaient de couteaux de poche ordinaires, qu'elles achetaient chez les boutiquiers.

4. Quelques familles canadiennes avaient conservé l'usage des gobelets d'argent pendant leurs repas, il y a près de soixante et dix ans. On y ajoutait les verres à patte de cristal au dessert, dont les convives se servaient indifféremment, suivant leur soif plus ou moins vive. L'ivrognerie était alors, d'ailleurs, un vice inconnu à la première classe de la société canadienne.

viandes hachées, sur lequel reposaient, sur un lit épais et mollet, ces richesses gastronomiques, et qui en couvrait aussi la partie supérieure, était le produit de deux jambons de cet animal que le juif méprise, mais que le chrétien traite avec plus d'égards. De gros oignons, introduits çà et là, et de fines épices complétaient le tout. Mais un point très important en était la cuisson, d'ailleurs assez difficile ; car, si le géant crevait, il perdait alors cinquante pour cent de son acabit. Pour prévenir un événement aussi déplorable, la croûte du dessous, qui recouvrait encore de trois pouces les flancs du monstre culinaire, n'avait pas moins d'un pouce d'épaisseur. Cette croûte même, imprégnée du jus de toutes ces viandes, était une partie délicieuse de ce mets unique[5].

Des poulets et des perdrix rôtis, recouverts de doubles bardes de lard, des pieds de cochon à la Sainte-Menehould, un civet bien différent de celui dont un hôtelier espagnol régala jadis l'infortuné Gil Blas, furent en outre les autres mets que l'hospitalité du seigneur de Beaumont put offrir à ses amis.

On mangea longtemps en silence et de grand appétit ; mais, au dessert, le vieux marin, qui, tout en dévorant comme un loup affamé, et buvant en proportion, n'avait cessé de regarder Arché avec un intérêt toujours croissant, rompit le premier le silence :

— Il paraît, jeune homme, dit-il d'un ton goguenard, que vous ne craignez guère les rhumes de cerveau ! Il me semble aussi que vous n'êtes pas trop pressé de respirer l'air du ciel, et que, comme le castor et la loutre, vos confrères, vous ne mettez le nez hors de l'eau que toutes les demi-heures, et encore pour la forme, pour voir ce qui se passe dans le monde d'en haut. Diable ! vous êtes aussi un peu comme le saumon : quand on lui donne de la touée, il en profite. M'est avis que les goujons de votre espèce ne se trouvent pas dans tous les ruisseaux !

— Ce qui n'empêche pas, capitaine, dit Arché, que sans votre présence d'esprit, sans votre calcul admirable à ne lâcher que la mesure précise de ligne, je me serais brisé la tête ou l'estomac contre la glace ; et que le corps du pauvre Dumais, au lieu d'être dans un lit bien chaud, roulerait maintenant dans le lit glacé du Saint-Laurent.

— En voilà un farceur ! fit Marcheterre ; à l'entendre parler, ce serait moi qui aurais fait la besogne. Il fallait bien vous donner de la touée, quand

---

5. L'auteur a cru faire plaisir aux gourmets, en leur donnant une description minutieuse de cet ancien pâté canadien, leur conseillant d'en faire l'essai s'ils ne le croient pas sur parole. Les familles nombreuses en faisaient souvent deux, montant à l'assaut du second quelque temps après la démolition du premier.

j'ai vu que les pieds menaçaient de vous passer par-dessus la tête, position qui aurait été assez gênante au beau milieu des flots déchaînés. Je veux que le di... Excusez, M. le curé, j'allais jurer : c'est une vieille habitude de marin.

— Bah! dit en riant le curé[a], un de plus ou de moins, il y a longtemps, vieux pêcheur, que vous en êtes coutumier : la taille est pleine, et vous n'en tenez plus aucun compte!

— Quand la taille sera pleine, mon cher curé, dit Marcheterre, vous passerez la varlope dessus, comme vous avez déjà fait, et on filera un autre nœud. D'ailleurs, je ne vous échapperai pas, vous saurez bien me gaffer en temps et lieu, et me remorquer à bon port avec les autres pêcheurs.

— Vous êtes trop sévère, M. l'abbé, dit Jules : comment voulez-vous que ce cher capitaine se prive de la consolation de jurer tant soit peu, ne serait-ce que contre son éthiopien de cuisinier qui lui fait des fricassées aussi noires que son visage?

— Comment, diablotin enragé, s'écria le capitaine avec une colère comique, tu oses encore parler, après le tour que tu m'as fait?

— Moi! dit Jules, d'un air bonasse, je vous ai joué un tour? J'en suis incapable, capitaine : vous me calomniez bien cruellement.

— Mais voyez le bon apôtre! dit Marcheterre, je l'ai calomnié! N'importe, allons au plus pressé. Reste en panne, mousse, pour le petit quart d'heure ; je saurai te retrouver bientôt.

Je voulais donc dire, continua le capitaine, lorsque M. le curé a coulé à fond de cale mon malencontreux juron et fermé l'écoutille par-dessus, que quand bien même, jeune homme, vous auriez descendu au pied de la chute, par curiosité, pour donner des nouvelles de ce qui s'y passe à vos amis, qu'alors comme votre confrère, le saumon, vous auriez aussi trouvé le tour de l'escalader.

La conversation avait tourné à la plaisanterie : les saillies, les bons mots succédèrent pendant longtemps aux émotions cruelles de la soirée.

— Remplissez vos gobelets ; feu partout, s'écria M. de Beaumont : je vais porter une santé qui, j'en suis sûr, sera bien accueillie.

— Vous en parlez à votre aise, dit le vieux curé, auquel on avait donné pour lui faire honneur une coupe richement travaillée, mais contenant presque le double de celles des autres convives. Je suis plus que nonagénaire, et par conséquent je n'ai plus ma tête bretonne de vint-cinq ans.

— Bah! mon vieil ami, fit M. de Beaumont, vous n'aurez toujours pas bien loin à aller, car vous couchez ici, c'est convenu. Et puis si les jambes faiblissent, ça passera pour votre grand âge : personne ne sera scandalisé.

— Vous oubliez, mon seigneur, dit le curé, que j'ai accepté votre aimable invitation pour être à portée de secourir au besoin le pauvre

Dumais : mon intention est de passer la nuit près de lui. Si vous m'ôtez les forces, ajouta-t-il en souriant, quel service voulez-vous que je lui rende ?

— Vous allez pourtant vous coucher, fit M. de Beaumont ; ce sont les ordres du maître de céans. On vous éveillera au besoin. N'ayez aucune inquiétude quant au pauvre Dumais et sa femme ; madame Couture, leur intime amie, est auprès d'eux. Je renverrai même, quand ils auront soupé (car j'ai fait servir des rafraîchissements à tous ceux qui sont ici), quantité de compères et de commères qui ne demanderaient qu'à encombrer la chambre du malade pendant toute la nuit, et partant vicier l'air pur dont il a le plus besoin. Nous serions tous sur pied, s'il est nécessaire[6].

— Vous parlez si bien, repartit le curé, que je vais m'exécuter en conséquence.

Et, ce disant, il versa une portion raisonnable de vin dans la formidable coupe.

Alors, le seigneur de Beaumont dit à Arché d'une voix émue et en même temps solennelle :

— Votre conduite est au-dessus de tout éloge. On ne sait lequel le plus admirer, de ce dévouement sublime qui vous a fait risquer votre vie pour sauver celle d'un inconnu, ou de ce courage, de ce sang-froid admirable, qui vous ont fait réussir ! Vous allez, je le sais, embrasser la carrière des armes ; vous possédez toutes les qualités requises dans votre nouvelle carrière. Soldat moi-même, je vous prédis de grands succès. À la santé de M. de Locheill, le héros du jour !

La santé du jeune Écossais fut bue avec enthousiasme. Arché, après avoir remercié, ajouta avec beaucoup de modestie :

— Je suis vraiment confus de tant de louanges pour une action aussi simple. J'étais probablement la seule personne qui sût nager, parmi les spectateurs : car tout autre en aurait fait autant. On prétend, ajouta-t-il en souriant, que vos femmes sauvages jettent leurs enfants nouveau-nés dans un lac, ou dans une rivière, leur laissant ensuite le soin de gagner le rivage : c'est une première leçon de natation. Je suis porté à croire que nos mères dans les montagnes d'Écosse suivent cette excellente coutume : il me semble que j'ai toujours su nager.

— Encore farceur ce M. Arché ! dit le capitaine. Quant à moi, il y a cinquante ans que je navigue, et je n'ai jamais pu apprendre à nager[(b)] : ce n'est pourtant pas faute d'avoir tombé à l'eau plus qu'à mon tour ; mais j'avais toujours la chance de me raccrocher quelque part. À défaut d'un objet

---

6. C'était alors la coutume, dans les campagnes, d'encombrer la chambre des malades ; il est à regretter qu'il en soit encore ainsi.

quelconque à ma portée, je jouais des pattes comme font les chats et les chiens ; et tôt ou tard quelqu'un me repêchait, puisque je suis ici.

Ceci me rappelle une petite aventure de ma vie de marin. Mon navire était ancré sur les bords du Mississipi. Il pouvait être neuf heures du soir, après une de ces journées étouffantes de chaleur dont on ne *jouit* que près des tropiques. Je m'étais couché sur le beaupré de mon vaisseau pour respirer la brise du soir. Sauf les moustiques, les brûlots, les maringouins, et le bruit infernal que faisaient les caïmans réunis, je crois, de toutes les parties du Père des Fleuves, pour me donner une aubade, un prince de l'Orient aurait envié mon lit de repos. Je ne suis pourtant pas trop peureux de mon naturel, mais j'ai une horreur invincible pour toute espèce de reptiles, soit qu'ils rampent sur la terre, soit qu'ils vivent dans l'eau.

— Vous avez, capitaine, dit Jules, des goûts délicats, raffinés, aristocratiques, pour lesquels je vous honore.

— Tu oses encore parler, méchant garnement, s'écria Marcheterre en le menaçant, tout en riant, de son énorme poing : j'allais t'oublier, mais tu auras ton tour bien vite. En attendant je continue : je me trouvais heureux dans ma sécurité sur mon mât, d'où j'entendais claquer les mâchoires de ces monstres affamés. Je narguais même mes ennemis en leur disant : vous seriez très friands, mes petits moutons, de faire un bon souper de ma carcasse, mais il n'y a qu'une petite difficulté ; c'est, voyez-vous, que quand bien même il vous faudrait jeûner toute votre vie comme des anachorètes, ça ne sera toujours pas moi qui vous ferai rompre votre jeûne, j'ai la conscience trop timorée pour cela.

Je ne sais trop, continua Marcheterre, comment la chose arriva ; mais toujours est-il que je finis par m'endormir, et que, quand je m'éveillai, j'étais au beau milieu de ces jolis enfants. Il est impossible de vous peindre mon horreur, malgré mon sang-froid habituel. Je ne perdis pourtant pas toute présence d'esprit ; je me rappelai, pendant mon immersion, qu'une corde pendait au beaupré : j'eus le bonheur de la saisir en remontant à la surface de l'eau ; mais malgré mon agilité de singe, pendant ma jeunesse, je ne m'en retirai qu'en laissant en otage, dans le gosier d'un caïman peu civilisé, une de mes bottes et une partie précieuse d'un de mes mollets[7].

À ton tour maintenant, lutin du diable, continua le capitaine : il faut tôt ou tard que tu me paies le tour que tu m'as joué. J'arrivais, l'année dernière, de la Martinique ; je rencontre monsieur, le matin, à la basse ville de Québec, au moment où il se préparait à traverser le fleuve, à l'ouverture

---

7. Le capitaine Demeule, de l'île d'Orléans, qui fréquentait les mers du Sud, me racontait, il y a cinquante ans, qu'une semblable aventure lui était arrivée.

de ses vacances, pour se rendre chez son père. Après une rafale d'embrassades, dont j'eus peine à me dégager en tirant à bâbord, je le charge d'annoncer mon arrivée à ma famille, et de lui dire que je ne pourrais descendre à Saint-Thomas avant trois ou quatre jours. Que fait ce bon apôtre? Il arrive chez moi, à huit heures du soir, en criant comme un possédé: de la joie! de la joie! mais criez donc, de la joie!

— Mon mari est arrivé, fait madame Marcheterre! Mon père est arrivé, s'écrient mes deux filles!

— Sans doute, dit-il; est-ce que je serais si joyeux sans cela?

Il embrasse d'abord ma bonne femme: il n'y avait pas grand mal à cela. Il veut embrasser mes filles, qui lui lâchent leur double bordée de soufflets, et filent ensuite toutes voiles au vent. Que dites-vous, M. le curé, de ce beau début, en attendant le reste?

— Ah! M. Jules, s'écria le vieux pasteur, j'apprends de jolies choses: une conduite certainement bien édifiante, pour un élève des révérends pères Jésuites!

— Vous voyez bien, M. l'abbé, dit Jules, que tout cela n'était qu'histoire de rire, pour prendre part à la joie de cette estimable famille. Je connaissais trop la vertu féroce, solide sur ses bases comme le cap des Tempêtes, de ces filles de marin, pour agir sérieusement. Je savais qu'après avoir lâché leur double bordée de soufflets, elles fileraient ensuite toutes voiles au vent.

— Je commence à croire, après tout, fit le vieux pasteur, que tu dis la vérité; que c'était plutôt espièglerie de ta part que mauvaise intention; je connais mon Jules d'Haberville sur le bout de mon doigt.

— De mieux en mieux, dit le capitaine; prenez maintenant sa part: il ne manquait plus que cela. Nous allons voir pourtant si vous serez aussi indulgent pour le reste. Quand monsieur eut fini son sabbat, il dit à ma femme: le capitaine m'a chargé de vous dire qu'il serait ici demain, vers dix heures du soir; et, comme il a fait de bonnes affaires (ce qui était après tout vrai), il entend que tous ses amis se ressentent de son bonheur. Il veut qu'il y ait bal et souper chez lui à son arrivée, qui sera vers l'heure où on se mettra à table. Ainsi préparez tout pour cette fête, à laquelle il m'a invité avec mon frère de Locheill. Ça me contrarie un peu, ajouta l'hypocrite, j'ai bien hâte de revoir mes chers parents, mais pour vous, mesdames, il n'y a rien que je ne fasse.

— Mais mon mari n'y pense donc pas, de me donner si peu de temps, dit madame Marcheterre. Nous n'avons point de marché ici; ma cuisinière est bien vieille pour faire tant de besogne dans l'espace d'une journée. C'est désespérant! À la fin nous allons faire l'impossible pour lui plaire.

— Je puis toujours vous rendre quelques services, dit l'hypocrite, en feignant de plaindre beaucoup ma bonne femme ; je me chargerai, avec le plus grand plaisir, de faire les invitations.

— Vous me rendrez vraiment un grand service, mon cher Jules, dit ma femme : vous connaissez notre société ; je vous donne carte blanche.

Ma femme fait aussitôt courir la paroisse pour se procurer les viandes dont elle aura besoin. Elle et mes filles passent la plus grande partie de la nuit à aider la vieille cuisinière à faire les pâtisseries, crèmes fouettées, blanc-manger, gaufres et un tas de *vêtes* (vétilles) qui ne valent pas les bonnes *tiaudes* de morue fraîche que l'on mange sur le banc de Terre-Neuve[8]. M. Jules fit, d'ailleurs, les choses en grand. Il expédia pendant la nuit deux courriers, l'un au nord-est et l'autre au sud-ouest, porteurs d'invitations pour la fête, en sorte que le lendemain, à six heures du soir, grâce à sa bienveillance, ma maison était pleine de convives, qui faisaient des plongeons comme des goélands, tandis que j'étais ancré à Québec, et que Madame Marcheterre, malgré une affreuse migraine, faisait, de la meilleure grâce du monde, les honneurs de la maison. Que dites-vous, messieurs, d'un pareil tour, et qu'as-tu à répondre, petit caïman, pour te justifier ?

— Je voulais, dit Jules, que tout le monde prît part d'avance à la joie de la famille, à l'heureux succès d'un ami si cher, si généreux, si magnifique ! Aussi, si vous aviez été témoin des regrets, de la consternation générale, quand il fallut se mettre à table vers onze heures, sans vous attendre davantage (le lendemain étant jour d'abstinence), vous auriez été attendri jusqu'aux larmes. Quant à madame votre épouse, c'est une ingrate, oui, une ingrate. Voyant, un peu avant onze heures, qu'elle ne se pressait pas de nous donner le souper, qu'elle commençait même à être un peu inquiète de son cher mari, je lui glissai un petit mot à l'oreille, et elle me cassa, pour remerciement, son éventail sur la figure.

Tout le monde éclata de rire, et le capitaine partagea de grand cœur l'hilarité générale.

— Comment se fait-il, Marcheterre, dit M. de Beaumont, que vous n'ayez jamais raconté cette bonne espièglerie ?

— Il y avait de la presse, reprit le capitaine, de répandre partout que nous avions été mystifiés par ce maringouin ; d'ailleurs, c'eût été peu obligeant de notre part de vous faire savoir que vous deviez cette fête à la

---

8. Un ancien habitant, auquel on offrait de la volaille à un repas, s'écria : Ce sont des *vêtes* ! Parlez-moi d'un bon *soc* de cochon, ou d'un bonne *tiaude*. Ce dernier mets est composé d'un rang de morue fraîche et d'un rang de tranches de lard, superposés alternativement, et qu'on fait étuver. L'origine en est hollandaise.

munificence de M. Jules d'Haberville : nous préférions en avoir le mérite. Si j'en parle aujourd'hui, c'est que j'ai trouvé le tour si drôle que je pensais vous amuser en vous le racontant.

Il me semble, M. le plongeur, fit ensuite Marcheterre en s'adressant à Arché, que malgré vos airs réservés de philosophe, vous avez été complice de votre cher compagnon de voyage.

— Je vous donne ma parole, dit de Locheill, que j'ignorais absolument le tout : ce n'est que le lendemain que Jules me fit part, sous secret, de son escapade, dont je le grondai sévèrement.

— Dont tu n'avais guère profité, fit d'Haberville, en faisant jouer tes grandes *jigues* (jambes) écossaises au péril éminent des tibias plus civilisés de tes voisins. Tu as sans doute oublié que, non content de danser les cotillons français, admis chez tous les peuples policés, il fallut, pour te plaire, danser tes *scotch reels*[9] sur un air que notre joueur de violon apprit aussitôt par oreille, chose assez facile d'ailleurs. Il s'agissait simplement, en serrant les cordes du violon, d'imiter les miaulements que feraient des chats enfermés dans une poche, et que l'on tirerait par la queue.

— Allons, mauvais sujet, dit le capitaine à Jules, viens manger la soupe chez moi, demain, avec ton ami, et faire en même temps ta paix avec la famille.

— C'est ce qui s'appelle parler cela, fit Jules.

— Voyez donc ce farceur, reprit Marcheterre.

Comme il était très tard, il fallut se séparer, après avoir bu à la santé du vieux marin et de son fils, et leur avoir donné la part d'éloges qu'ils méritaient tous deux.

Les jeunes gens furent contraints de passer quelques jours à Saint-Thomas. La débâcle continuait ; les chemins étaient inondés ; le pont le plus proche, en supposant même qu'il n'eût pas été détruit, était à quelques lieues au sud-ouest du village, et la pluie tombait à torrents[c]. Force leur fut d'attendre que la rivière, libre de glaces, leur permît de passer en bateau au pied des chutes. Ils partageaient leur temps entre la famille de Beaumont, leurs autres amis et le pauvre Dumais, qui fit une longue maladie chez le seigneur de Beaumont, celui-ci ne voulant jamais permettre qu'on le transportât chez lui avant une parfaite guérison. Le malade leur racontait ses combats contre les Anglais et contre leurs alliés sauvages, et les mœurs et coutumes de ces aborigènes qu'il avait beaucoup fréquentés.

---

9. Les *scotch reels*, que les habitants appellent *cos-reels*, étaient, à ma connaissance, dansés dans les campagnes, il y a soixante et dix ans. Les montagnards écossais, passionnés pour la danse comme nos Canadiens, les avaient sans doute introduits peu de temps après la Conquête.

— Quoique natif de Saint-Thomas, j'ai été élevé, leur dit-il un jour, dans la paroisse de Sorel. J'avais dix ans, et mon frère neuf, lorsque nous fûmes surpris dans les bois, où nous cueillions des framboises, par un parti d'Iroquois qui nous fit prisonniers. Arrivés, après une assez longue marche, à leur canot caché dans les broussailles, près de la grève, ils nous transportèrent sur une des îles nombreuses qui bordent le Saint-Laurent[10]. Quelqu'un donna l'alarme à ma famille, et mon père, ainsi que ses trois frères, armés jusqu'aux dents, se mirent aussitôt à leur poursuite. Ils n'étaient que quatre contre dix, mais, je puis le dire, sans me vanter, que ce sont des hommes que mon père et mes oncles, auxquels je ne conseillerais à personne de cracher au visage. Ce sont des hommes d'une bonne taille, la poitrine ouverte, et dont les épaules *déplombent* de six bons pouces en arrière.

Il pouvait être dix heures du soir ; nous étions assis, mon frère et moi, au milieu de nos ennemis, dans une petite clairière entourée de bois touffus, lorsque nous entendîmes la voix de mon père qui nous criait : « Couchez-vous à plat ventre. » Je saisis aussitôt par le cou mon petit frère qui pleurait et que je tâchais de consoler, et je l'aplatis avec moi sur la terre. Les Iroquois étaient à peine sur leurs pieds que quatre coups de fusil bien visés en abattirent quatre qui se roulèrent à terre comme des anguilles. Les autres canouaches (nom de mépris), ne voulant pas, je suppose, tirer au hasard sur des ennemis invisibles auxquels ils serviraient de cible, firent un mouvement pour chercher l'abri des arbres ; mais nos libérateurs ne leur en donnèrent pas le temps, car, tombant sur eux à coups de casse-tête, ils en abattirent trois d'un *vire-main*, et les autres se sauvèrent sans qu'ils songeassent à les poursuivre. Le plus pressé était de nous ramener à notre mère, qui pensa mourir de joie en nous embrassant.

De Locheill racontait aussi au pauvre malade les combats des montagnards écossais, leurs mœurs, leurs coutumes, leurs usages, les exploits quasi fabuleux de son héros Wallace ; tandis que Jules l'amusait par le récit de ses espiègleries ; ou lui rapportait quelques traits d'histoire qui pouvaient l'intéresser.

Lorsque les jeunes gens firent leurs adieux à Dumais, il dit à Arché, les larmes aux yeux :

---

10. Mon bon ami feu messire Boissonnault, curé de Saint-Jean-Port-Joli, me racontait qu'il avait connu, lorsqu'il desservait la paroisse de Sorel, un des deux frères que leur père et leurs oncles avaient ainsi délivrés de leur captivité entre les mains d'une troupe d'Iroquois. Chaque fois que cet homme racontait cette aventure, il ne manquait jamais d'ajouter :

—Mon père et mes oncles étaient des hommes auxquels je n'aurais conseillé à personne de cracher à la figure.

—Et, disait monsieur Boisonnault, je n'aurais conseillé à personne de faire la même insulte à mon interlocuteur, tout vieux qu'il était.

— Il est probable, monsieur, que je ne vous reverrai jamais ; mais soyez certain que je vous porte dans mon cœur, et que moi, ma femme et mes enfants nous prierons le bon Dieu pour vous tous les jours de notre vie. Il m'est douloureux de penser qu'en supposant même votre retour dans la Nouvelle-France, un pauvre homme comme moi n'aurait aucune occasion de vous prouver sa gratitude.

— Qui sait ? dit de Locheill ; peut-être ferez-vous plus pour moi que je n'ai fait pour vous.

Le montagnard écossais possédait-il la seconde vue dont se vantent ses compatriotes ? C'est ce que la suite de ce récit fera voir.

Les voyageurs laissèrent leurs amis de Saint-Thomas le trente d'avril, vers dix heures du matin, par un temps magnifique, mais des chemins affreux. Ils avaient six lieues à parcourir avant d'arriver à Saint-Jean-Port-Joli, terme de leur voyage, trajet qu'il leur fallait faire à pied, en pestant contre la pluie qui avait fait disparaître les derniers vestiges de neige et de glace. Ce fut bien pis, lorsqu'engagés dans le chemin qui traversait alors la savane du Cap Saint-Ignace[11], ils enfoncèrent souvent jusqu'aux genoux, et qu'il leur fallut dépêtrer le cheval qui s'embourbait jusqu'au ventre. Jules, le plus impatient des trois, répétait sans cesse :

— Si j'eusse commandé au temps, nous n'aurions pas eu cette pluie de tous les diables, qui a converti les chemins en autant de marécages.

S'apercevant enfin que José branlait, à chaque fois, la tête d'un air mécontent, il lui en demanda la raison.

— Ah ! dame ! voyez-vous, M. Jules, dit José, je ne suis qu'un pauvre ignorant sans induction ; mais je pense, à part moi, que si vous aviez eu le temps dans la main, nous n'en serions guère mieux : témoin, ce qui est arrivé à *Davi* (David) Larouche.

— Tu nous conteras l'aventure de Davi Larouche, dit Jules, quand nous aurons passé cette maudite savane dont j'ai bien de la peine à me dépêtrer, privé que je suis de l'avantage de jambes, ou pattes de héron, dont est gratifié ce superbe Écossais, qui marche devant nous en sifflant une *pibroch*, musique digne des chemins où nous nous perdons.

— Combien donnerais-tu, dit Arché, pour échanger tes jambes françaises de pygmée contre celles du superbe montagnard ?

— Garde tes jambes, fit Jules, pour la première retraite un peu précipitée que tu feras devant l'ennemi.

---

11. Il n'était pas prudent, à certaines saisons de l'année, de se mettre en route à moins d'affaires indispensables, sans s'informer de l'état de la savane du Cap, il y a quelque soixante ans. J'en parlerai plus au long dans une autre note.

La savane enfin franchie, les jeunes gens demandèrent l'histoire de José.

— Il est bon de vous dire, fit celui-ci, qu'un nommé Davi Larouche était établi, il y a longtemps de ça, dans la paroisse de Saint-Roch. C'était un assez bon habitant, ni trop riche, ni trop pauvre : il tenait le mitan. Il me ressemblait le cher homme, il n'était guère futé ; ce qui ne l'empêchait pas de rouler proprement parmi le monde.

Si donc que Davi se lève un matin plus de bonne heure que de coutume, va faire son train aux bâtiments (étable, écurie), revient à la maison, se fait la barbe comme un dimanche, et s'habille de son mieux.

— Où vas-tu, mon homme ? que lui dit sa femme, comme tu t'es mis faraud ! Vas-tu voir les filles ?

Vous entendez que tout ce qu'elle disait était histoire de farce : elle savait bien que son mari était honteux avec les femmes, et point carnassier pour la créature ; mais la *Têque* (Thècle) tenait de son oncle Bernuchon Castonguay, le plus *facieux* (facétieux) corps de toute la Côte du Sud. Elle disait souvent en montrant son ami : « Vous voyez ben ce grand hébété-là (vous l'excuserez, dit José, ce n'était guère poli d'une femme à son mari), eh bien ! il n'aurait jamais eu le courage de me demander en mariage, moi, la plus jolie créature de la paroisse, si je n'avais fait au moins la moitié du chemin ; et, pourtant, les yeux lui en flambaient dans la tête quand il me voyait ! J'eus donc compassion de lui, car il ne se pressait guère ; il est vrai que j'étais un peu plus pressée que lui : il avait quatre bons arpents de terre sous les pieds, et moi je n'avais que mon gentil corps. »

Elle mentait un peu, la *farceuse*, ajouta José : elle avait une vache, une taure d'un an, six mères moutonnes, son rouet, un coffre si plein de hardes qu'il fallait y appuyer le genou pour le fermer ; et dans ce coffre cinquante beaux francs [12].

— J'en eus donc compassion, dit-elle, un soir qu'il veillait chez nous, tout honteux dans un coin, sans oser m'accoster ! Je sais bien que tu m'aimes, grand bêta : parle à mon père, qui t'attend dans le cabinet, et mets les bans à l'église. Là-dessus, comme il était rouge comme un coq d'Inde, sans bouger pourtant, je le poussai par les épaules dans le cabinet. Mon père ouvre une armoire, tire le flacon d'eau-de-vie pour l'enhardir : eh bien ! malgré toutes ces avances, il lui fallut trois coups dans le corps pour lui délier la langue.

Si donc, continua José, que la Thèque dit à son mari : Où vas-tu, mon homme, que tu es si faraud ? vas-tu voir les filles ? prends garde à toi ; si tu fais des *averdingles* (fredaines), je te repasserai en saindoux.

---

12. C'était une belle dot, pendant mon enfance, que celle de la Thècle Castonguay ; la fille d'habitant qui l'apportait au mariage était bien vite pourvue d'un époux à son choix.

— Tu sais ben que non, fit Larouche en lui ceinturant les reins d'un petit coup de fouet par façon de risée ; nous voici à la fin de mars, mon grain est tout battu, je m'en vais porter ma dîme au curé.

— Tu fais bien, mon homme, que lui dit sa femme, qui était une bonne chrétienne : il faut rendre au bon Dieu ce qui nous vient de lui.

Larouche charge donc ses poches sur son traîneau, jette un charbon sur sa pipe, saute sur la charge, et s'en va tout joyeux.

Comme il passait un petit bois, il fit rencontre d'un voyageur qui sortait par un sentier de traverse. Cet étranger était un grand bel homme d'une trentaine d'années. Une longue chevelure blonde lui flottait sur les épaules ; ses beaux yeux bleus avaient une douceur angélique, et toute sa figure, sans être positivement triste, était d'une mélancolie empreinte de compassion. Il portait une longue robe bleue nouée avec une ceinture. Larouche disait n'avoir jamais rien vu de si beau que cet étranger ; que la plus belle créature était laide en comparaison.

— Que la paix soit avec vous, mon frère, lui dit le voyageur.

— Je vous remercie toujours de votre souhait, reprit Davi ; une bonne parole n'écorche pas la bouche ; mais c'est pourtant ce qui presse le moins. Je suis en paix, Dieu merci, avec tout le monde : j'ai une excellente femme, de bons enfants, je fais un ménage d'ange, tous mes voisins m'aiment : je n'ai donc rien à désirer de ce côté-là.

— Je vous en félicite, dit le voyageur. Votre voiture est bien chargée ; où allez-vous si matin ?

— C'est ma dîme que je porte à mon curé.

— Il paraît alors, reprit l'étranger, que vous avez eu une bonne récolte, ne payant qu'un seul minot de dîme par vingt-six minots que vous récoltez.

— Assez bonne, j'en conviens ; mais si j'avais eu du temps à souhait et à ma guise, ça aurait été bien autre chose.

— Vous croyez ? dit le voyageur.

— Si j'y crois ! il n'y a pas de doute, répliqua Davi.

— Eh bien, dit l'étranger, vous aurez maintenant le temps que vous souhaiterez ; et grand bien vous fasse.

Après avoir parlé, il disparut au pied d'un petit coteau.

— C'est drôle, tout de même, pensait Davi. Je savais bien qu'il y avait des mauvaises gens qui couraient le monde en jetant des *ressorts* (sorts) sur les hommes, les femmes, les enfants, les animaux : témoin la femme à *Lestin* (Célestin) Coulombe, qui s'était moquée, le propre jour de ses noces, d'un *quiéteux* qui louchait de l'œil gauche ; et elle en a eu bien du regret, la pauvre créature, car il lui avait dit en colère : « Prenez bien garde, jeune femme, de n'avoir que des enfants *loucheux* (louches). » Elle tremblait, la chère femme, à chaque enfant qu'elle mettait au monde, et elle en avait sujet ; car, voyez-vous, le quatorzième, en y regardant de bien près, paraît avoir une taie sur l'œil droit.

— Il semble, dit Jules, que madame Lestin avait en grande horreur les enfants louches, puisqu'elle ne s'est résignée à en présenter un à son cher époux qu'au bout de dix-huit à vingt ans de mariage. Au pis-aller, si la taie a disparu, comme il arrive souvent aux enfants en grandissant, elle aura ensuite accompli en conscience la prédiction du mendiant. C'était une femme réfléchie et peu pressée, qui prenait son temps dans tout ce qu'elle faisait.

José secoua la tête d'un air mécontent et continua :

— Mais, pensait toujours Larouche en lui-même, s'il y a des mauvaises gens qui courent les campagnes pour jeter des *ressorts*, je n'ai jamais entendu parler de saints ambulants qui parcouraient le Canada pour nous faire des miracles. Après tout, ce n'est pas mon affaire : je n'en parlerai à personne ; et nous verrons le printemps prochain.

L'année suivante, vers le même temps, Davi, tout honteux, se lève à la sourdine, longtemps avant le jour, pour porter sa dîme au curé. Il n'avait besoin ni de cheval ni de voiture : il la portait toute à la main dans son mouchoir.

Au soleil levant, il fit encore rencontre, à la même place, de l'étranger qui lui dit :

— Que la paix soit avec vous, mon frère !

— Jamais souhait ne vint plus à propos, répondit Larouche, car je crois que le diable est entré dans ma maison, où il tient son sabbat jour et nuit ; ma femme me dévore depuis le matin jusqu'au soir, mes enfants me boudent, quand ils ne font pas pis ; et tous mes voisins sont déchaînés contre moi.

— J'en suis bien peiné, dit le voyageur ; mais que portez-vous dans ce petit paquet ?

— C'est ma dîme, reprit Larouche d'un air chagrin.

— Il me semble pourtant, dit l'étranger, que vous avez toujours eu le temps que vous avez souhaité ?

— J'en conviens, dit Davi ; quand j'ai demandé du soleil, j'en ai eu ; quand j'ai souhaité de la pluie, du vent, du calme, j'en avais ; et cependant rien ne m'a réussi. Le soleil brûlait le grain, la pluie le faisait pourrir, le vent le renversait, et le calme amenait la gelée pendant la nuit. Tous mes voisins se sont élevés contre moi : on me traitait de sorcier qui attirait la malédiction sur leurs récoltes. Ma femme même commença à me montrer de la méfiance, et a fini par se répandre en reproches et en invectives contre moi. En un mot, c'est à en perdre l'esprit.

— C'est ce qui prouve, mon frère, dit le voyageur, que votre vœu était insensé; qu'il faut toujours se fier à la providence du bon Dieu, qui sait mieux que l'homme ce qui lui convient. Ayez confiance en elle et vous verrez que vous n'aurez pas l'humiliation de porter votre dîme dans un mouchoir.

Après ces paroles, l'étranger disparut encore au pied du même coteau.

Larouche se le tint pour dit, et accepta ensuite, avec reconnaissance, le bien que le bon Dieu lui faisait, sans se mêler de vouloir régler les saisons.

— J'aime beaucoup, dit Arché, cette légende dans sa naïve simplicité: elle donne une leçon de morale bien sublime, en même temps qu'elle montre la foi vive de vos bons habitants de la Nouvelle-France. Maudit soit le cruel philosophe qui chercherait à leur ravir les consolations qu'elle leur donne dans les épreuves sans nombre de cette malheureuse vie!

Il faut avouer, reprit Arché, dans un moment où ils étaient éloignés de la voiture, que l'ami José a toujours une légende prête à raconter à propos; mais crois-tu que son père lui ait rapporté lui-même son rêve merveilleux sur les côtes de Saint-Michel?

— Je vois, dit Jules, que tu ne connais pas tous les talents de José: c'est un faiseur de contes inépuisable. Les voisins s'assemblent dans notre cuisine pendant les longues soirées d'hiver; José leur fait souvent un conte qui dure pendant des semaines entières. Quand il est à bout d'imagination, il leur dit: «Je commence à être fatigué: je vous conterai le reste un autre jour.»

José est aussi un poète beaucoup plus estimé que mon savant oncle le chevalier, qui s'en pique pourtant. Il ne manque jamais de sacrifier aux muses, soit pour les jours gras, soit pour le jour de l'an. Si tu eusses été chez mon père à ces époques, tu aurais vu des émissaires arriver de toutes les parties de la paroisse pour emporter les productions de José.

— Mais il ne sait pas écrire, dit Arché.

— Et, répliqua Jules, ceux qui viennent les chercher ne savent pas lire que je sache. Voici comme cela se fait. On députe vers le poète un beau chanteux, comme ils disent, lequel chanteux a une excellente mémoire; et crac, dans une demi-heure au plus, il emporte la chanson dans sa tête. S'il arrive un événement funeste, on prie José de faire une complainte; si c'est, au contraire, quelque événement comique, c'est toujours à lui que l'on s'adresse dans ma paroisse. Ceci me rappelle l'aventure d'un pauvre diable d'amoureux qui avait mené sa belle à un bal sans être invité; ils furent, quoique survenants, reçus avec politesse; mais le jeune homme eut la maladresse de faire tomber en dansant la fille de la maison, ce qui fut accueilli aux grands éclats de rire de toute la société; mais le père de la jeune fille, un peu brutal de son métier, et indigné de l'affront qu'elle avait reçu, ne fit ni un ni deux: il prit mon José Blais par les épaules et le jeta à la porte; il fit ensuite des excuses à la belle et ne voulut pas la laisser partir. À cette nouvelle, l'humeur poétique de notre ami ne put y tenir et il improvisa la chanson suivante, assez drôle dans sa naïveté:

> *Dimanche après les vêp's, y aura bal chez Boulé,*
> *Mais il n'ira personn' que ceux qui sav'nt danser:*
>   *Mon ton ton de ritaine, mon ton ton de rité.*
>
> *Mais il n'ira personn' que ceux qui sav'nt danser.*
> *José Blai comme les autres itou (aussi) voulut y aller.*
>   *Mon ton ton, etc.*
>
> *José Blai comme les autres itou voulut y aller;*
> *Mais, lui dit sa maîtresse, t'iras quand le train sera fai'.*
>   *Mon ton ton, etc.*
>
> *Mais, lui dit sa maîtresse, t'iras quand le train sera fai'.*
> *Il courut à l'établ' les animaux soigner.*
>   *Mon ton ton, etc.*
>
> *Il courut à l'établ' les animaux soigner;*
> *Prend Barré par la corne et Rougett' par le pied.*
>   *Mon ton ton, etc.*
>
> *Prend Barré par la corne et Rougett' par le pied;*
> *Il saute à l'écurie pour les chevaux gratter.*
>   *Mon ton ton, etc.*
>
> *Il saute à l'écurie pour les chevaux gratter;*
> *Se sauve à la maison quand ils fur't étrillés.*
>   *Mon ton ton, etc.*
>
> *Se sauve à la maison quand ils fur't étrillés;*
> *Il met sa veste rouge et son capot barré.*
>   *Mon ton ton, etc.*
>
> *Il met sa veste rouge et son capot barré;*
> *Il met son fichu noir et ses souliers francés[13].*
>   *Mon ton ton, etc.*
>
> *Il met son fichu noir et ses souliers francés.*
> *Et va chercher Lisett' quand il fut ben greyé (habillé)*
>   *Mon ton ton, etc.*
>
> *Et va chercher Lisett' quand il fut ben greyé.*
> *On le met à la port' pour y apprendre à danser.*
>   *Mon ton ton, etc.*

---

13. De nos jours encore les habitants appellent *souliers français*, ceux qui s'achètent dans les magasins.

> *On le met à la port' pour y apprendre à danser ;*
> *Mais on garda Lisett', sa jolie fiancée.*
> *Mon ton ton, etc.*

— Mais c'est une idylle charmante ! s'écria Arché en riant ; quel dommage que José n'ait pas fait d'études : le Canada posséderait un grand poète de plus.

— Pour revenir aux traverses de son défunt père, dit Jules, je crois que le vieil ivrogne, après avoir bravé la Corriveau (chose que les habitants considèrent toujours comme dangereuse, les morts se vengeant tôt ou tard de cet affront), se sera endormi le long du chemin vis-à-vis de l'île d'Orléans, où les habitants qui voyagent de nuit voient toujours des sorciers ; je crois, dis-je, qu'il aura eu un terrible cauchemar pendant lequel il était assailli d'un côté par les farfadets de l'île, et de l'autre par la Corriveau avec sa cage[d]. José, avec son imagination très vive, aura fait le reste, car tu vois qu'il met tout à profit : les belles images de ton histoire surnaturelle, et les cyriclopes du Vigile de mon oncle le chevalier, dont son cher défunt père n'a jamais entendu parler.

Pauvre José ! ajouta Jules, comme j'ai regret de l'avoir maltraité l'autre jour ; je ne l'ai su que le lendemain, car j'avais entièrement perdu la raison quand je te vis disparaître sous les flots. Je lui ai demandé bien des pardons, et il m'a répondu : « Comment ! vous pensez encore à ces cinq sous-là ! et ça vous fait de la peine ! ça me réjouit, moi, au contraire, maintenant que tout le berda (vacarme) est fini : ça me rajeunit même en me rappelant vos belles colères quand vous étiez petit enfant, alors que vous égratigniez et mordiez comme un petit lutin, et que je me sauvais en vous emportant dans mes bras, pour vous exempter la correction de vos parents. Vous pleuriez ; ensuite, quand votre colère était passée, vous m'apportiez tous vos joujoux pour me consoler. »

Excellent José ! quelle fidélité ! quel attachement à toute épreuve à ma famille ! Des hommes au cœur sec comme l'amadou méprisent trop souvent ceux de la classe de l'humble José, sans posséder une seule de leurs qualités. Le don le plus précieux que le Créateur ait fait à l'homme est celui d'un bon cœur : s'il nous cause bien des chagrins, ces peines sont compensées par les douces jouissances qu'il nous donne.

La conversation, d'ordinaire si frivole, si railleuse, de Jules d'Haberville, fit place aux sentiments de la plus exquise sensibilité à mesure que les voyageurs approchaient du manoir seigneurial de Saint-Jean-Port-Joli, dont ils apercevaient le toit à la clarté des étoiles.

VII

Le manoir d'Haberville

> Je bénis le soleil, je bénis la lune et les astres qui étoilent le ciel. Je bénis aussi les petits oiseaux qui gazouillent dans l'air.
>
> Henri Heine

Le manoir d'Haberville était situé au pied d'un cap qui couvrait une lisière de neuf arpents du domaine seigneurial, au sud du chemin du Roi. Ce cap ou promontoire, d'environ cent pieds de hauteur, était d'un aspect très pittoresque ; sa cime, couverte de bois résineux conservant sa verdure même durant l'hiver, consolait le regard du spectacle attristant qu'offre, pendant cette saison, la campagne revêtue de son linceul hyperboréen. Ces pruches, ces épinettes, ces pins, ces sapins toujours verts reposaient l'œil attristé pendant six mois, à la vue des arbres moins favorisés par la nature qui, dépouillés de leurs feuilles, couvraient le versant et le pied de ce promontoire. Jules d'Haberville comparait souvent ces arbres à la tête d'émeraude, bravant, du haut de cette cime altière, les rigueurs des plus rudes saisons, aux grands et puissants de la terre qui ne perdent rien de leurs jouissances, tandis que le pauvre grelotte sous leurs pieds.

On aurait pu croire que le pinceau d'un Claude Lorrain se serait plu à orner le flanc et le pied de ce cap, tant était grande la variété des arbres qui semblaient s'être donné rendez-vous de toutes les parties des forêts adjacentes pour concourir à la beauté du paysage. En effet, ormes, érables, bouleaux, hêtres, épinettes rouges, frênes, merisiers, cèdres, mascouabinas et autres plantes aborigènes qui font le luxe de nos forêts formaient une riche tenture sur les aspérités de ce cap.

Un bocage d'érables séculaires couvrait, dans toute son étendue, l'espace entre le pied du cap et la voie royale, bordée de chaque côté de deux haies de coudriers et de rosiers sauvages aux fleurs printanières.

Le premier objet qui attirait subitement les regards du voyageur arrivant sur le domaine d'Haberville était un ruisseau qui, descendant en cascade à travers les arbres, le long du versant sud-ouest du promontoire, mêlait ses eaux limpides à celles qui coulaient d'une fontaine à deux cents pieds plus bas : ce ruisseau, après avoir traversé, en serpentant, une vaste prairie, allait se perdre dans le fleuve Saint-Laurent.

La fontaine, taillée dans le roc vif et alimentée par l'eau cristalline qui filtre goutte à goutte à travers les pierres de la petite montagne, ne laissait rien à désirer aux propriétaires du domaine pour se rafraîchir pendant les chaleurs de l'été. Une petite bâtisse blanchie à la chaux était érigée sur cette fontaine qu'ombrageaient de grands arbres. Nymphe modeste, elle semblait vouloir se dérober aux regards sous l'épais feuillage qui l'entourait. Des sièges, disposés à l'extérieur et au-dedans de cet humble kiosque, des *cassots* d'écorce de bouleau, ployés en forme de cônes et suspendus à la paroi, semblaient autant d'invitations de la naïade généreuse aux voyageurs altérés par les chaleurs de la canicule.

La cime du cap conserve encore aujourd'hui sa couronne d'émeraude; le versant, sa verdure pendant les belles saisons de l'année; mais à peine reste-t-il maintenant cinq érables, derniers débris du magnifique bocage qui faisait la gloire de ce paysage pittoresque. Sur les trente-cinq qui semblaient si vivaces, il y a quarante ans, trente, comme marqués du sceau de la fatalité, ont succombé un à un, d'année en année. Ces arbres périssant par étapes sous l'action destructrice du temps, comme les dernières années du possesseur actuel de ce domaine, semblent présager que sa vie, attachée à leur existence, s'éteindra avec le dernier vétéran du bocage. Lorsque sera consumée la dernière bûche qui aura réchauffé les membres refroidis du vieillard, des cendres se mêleront bientôt à celles de l'arbre qu'il aura brûlé; sinistre et lugubre avertissement, semblable à celui du prêtre catholique à l'entrée du carême: *Memento, homo, quia pulvis es, et in pulverem reverteris.*

Le manoir seigneurial, situé entre le fleuve Saint-Laurent et le promontoire, n'en était séparé que par une vaste cour, le chemin du roi et le bocage. C'était une bâtisse à un seul étage, à comble raide, longue de cent pieds, flanquée de deux ailes de quinze pieds avançant sur la cour principale. Un fournil, attenant du côté du nord-est à la cuisine, servait aussi de buanderie. Un petit pavillon, contigu à un grand salon au sud-ouest, donnait quelque régularité à ce manoir d'ancienne construction canadienne.

Deux autres pavillons au sud-est servaient, l'un de laiterie, et l'autre d'une seconde buanderie, recouvrant un puits qui communiquait par un long dalot à la cuisine du logis principal. Des remises, granges et étables, cinq petits pavillons, dont trois dans le bocage, un jardin potager au sud-ouest du manoir, deux vergers, l'un au nord et l'autre au nord-est, peuvent donner une idée de cette résidence d'un ancien seigneur canadien, que les habitants appelaient le village d'Haberville.

De quelque côté qu'un spectateur assis sur la cime du cap portât ses regards, il n'avait qu'à se louer d'avoir choisi ce poste élevé, pour peu qu'il aimât les belles scènes qu'offre la nature sur les bords du Saint-Laurent. S'il baissait la vue, le petit village, d'une éclatante blancheur, semblait surgir tout à coup des vertes prairies qui s'étendaient jusqu'aux rives du fleuve. S'il l'élevait au contraire, un panorama grandiose se déroulait à ses yeux étonnés : c'était le roi des fleuves déjà large de sept lieues en cet endroit, et ne rencontrant d'obstacle au nord que les Laurentides dont il baigne les pieds, et que l'œil embrasse, avec tous ses villages, depuis le cap Tourmente jusqu'à la Malbaie ; c'étaient l'île aux Oies et l'île aux Grues à l'ouest ; en face les Piliers, dont l'un est désert et aride comme le roc d'Œa de la magicienne Circé, tandis que l'autre est toujours vert comme l'île de Calypso ; au nord, la batture aux Loups-Marins, de tout temps si chérie des chasseurs canadiens ; enfin les deux villages de l'Islet et de Saint-Jean-Port-Joli, couronnés par les clochers de leurs églises respectives.

Il était près de neuf heures du soir, lorsque les jeunes gens arrivèrent sur le coteau qui domine le manoir au sud-ouest. Jules s'arrêta tout à coup à la vue d'objets qui lui rappelaient les plus heureux jours de son existence.

— Je n'ai jamais approché, dit-il, du domaine de mes ancêtres sans être vivement impressionné. Que l'on vante, tant qu'on voudra, la beauté des sites pittoresques, grandioses, qui abondent dans notre belle Nouvelle-France, il n'en est qu'un pour moi, s'écria-t-il en frappant fortement du pied la terre : c'est celui où je suis né ! C'est celui où j'ai passé mon enfance, entouré des soins tendres et affectionnés de mes bons parents. C'est celui où j'ai vécu chéri de tout le monde sans exception. Les jours me paraissaient alors trop courts pour suffire à mes jeux enfantins ! Je me levais avec l'aurore, je m'habillais à la hâte : c'était une soif de jouissances qui ressemblait aux transports de la fièvre !

J'aime tout ce qui m'entoure ! ajouta Jules ; j'aime cette lune que tu vois poindre à travers les arbres qui couronnent le sommet de ce beau cap : elle ne me paraît nulle part aussi belle. J'aime ce ruisseau, qui faisait tourner les petites roues que j'appelais mes moulins. J'aime cette fontaine à laquelle je venais me désaltérer pendant les grandes chaleurs.

C'est là que ma mère s'asseyait, continua Jules en montrant un petit rocher couvert de mousse et ombragé par deux superbes hêtres. C'est là que je lui apportais, à mon tour, l'eau glacée que j'allais puiser à la fontaine dans ma petite coupe d'argent. Ah ! combien de fois cette tendre mère, veillant au chevet de mon lit, ou réveillée en sursaut par mes cris, m'avait-elle présenté dans cette même coupe le lait que le besoin ou le caprice d'un enfant demandait à sa tendresse maternelle ! Et penser qu'il faut tout quitter ! peut-être pour toujours ! Oh, ma mère ! ma mère ! quelle séparation !

Et Jules versa des larmes.

De Locheill, très affecté, pressa la main de son ami en lui disant :

— Tu reviendras, mon cher frère; tu reviendras faire le bonheur et la gloire de ta famille.

— Merci, mon cher Arché, dit Jules, mais avançons : les caresses de mes parents dissiperont bien vite ce mouvement de tristesse.

Arché, qui n'avait jamais visité la campagne pendant la saison du printemps, demanda ce que signifiaient tous ces objets de couleur blanche qui se détachaient du fond brun de chaque étable.

— Ce sont, dit Jules, les coins que le sucrier[1] enfonce au-dessous des entailles qu'il fait aux érables pour recevoir la sève avec laquelle se fait le sucre.

— Ne dirait-on pas, répondit Arché, que ces troncs d'arbres sont d'immenses tubes hydrauliques avec leurs chantepleures prêtes à abreuver une ville populeuse?

Cette remarque fut coupée court par les aboiements furieux d'un gros chien qui accourait à leur rencontre.

— Niger! Niger! lui cria Jules.

Le chien s'arrêta tout à coup à cette voix amie; reprit sa course, flaira son maître pour bien s'assurer de son identité; et reçut ses caresses avec ce hurlement moitié joyeux, moitié plaintif, que fait entendre, à défaut de la parole, ce fidèle et affectueux animal, pour exprimer ce qu'il ressent d'amour.

— Ah! pauvre Niger! dit Jules, je comprends moi parfaitement ton langage, dont une moitié est un reproche de t'avoir abandonné pendant si longtemps; et dont l'autre moitié exprime le plaisir que tu as de me revoir, et c'est une amnistie de mon ingratitude. Pauvre Niger! lorsque je reviendrai de mon long voyage, tu n'auras pas même, comme le chien d'Ulysse, le bonheur de mourir à mes pieds.

Et Jules soupira.

Le lecteur aimera, sans doute, à faire connaissance avec les personnes qui composaient la famille d'Haberville. Pour satisfaire un désir si naturel, il est juste de les introduire suivant leur rang hiérarchique.

Le seigneur d'Haberville avait à peine quarante-cinq ans, mais il accusait dix bonnes années de plus, tant les fatigues de la guerre avaient usé sa constitution d'ailleurs si forte et si robuste : ses devoirs de capitaine d'un détachement de la marine l'appelaient presque constamment sous les armes. Ces guerres continuelles dans les forêts, sans autre abri, suivant l'expression énergique des anciens Canadiens, que la rondeur du ciel, ou la calotte des

---

[1]. On appelle ainsi en Canada ceux qui fabriquent le sucre.

cieux; ces expéditions de découvertes, de surprises, contre les Anglais et les sauvages, pendant les saisons les plus rigoureuses, altéraient bien vite les plus forts tempéraments.

Au physique, le capitaine d'Haberville était ce que l'on peut appeler un bel homme. Sa taille au-dessus de la moyenne, mais bien prise, ses traits d'une parfaite régularité, son teint animé, ses grands yeux noirs qu'il semblait adoucir à volonté, mais dont peu d'hommes pouvaient soutenir l'éclat quand il était courroucé, ses manières simples dans leur élégance, tout cet ensemble lui donnait un aspect remarquable. Un critique sévère aurait pu, néanmoins, trouver à redire à ses longs et épais sourcils d'un noir d'ébène.

Au moral, le seigneur d'Haberville possédait toutes les qualités qui distinguaient les anciens Canadiens de noble race. Il est vrai aussi que, de ce côté, un moraliste lui aurait reproché d'être vindicatif : il pardonnait rarement une injure vraie ou même supposée.

Madame d'Haberville, bonne et sainte femme, âgée de trente-six ans, entrait dans cette seconde période de beauté que les hommes préfèrent souvent à celle de la première jeunesse. Blonde, et de taille moyenne, tous ses traits étaient empreints d'une douceur angélique. Cette excellente femme ne semblait occupée que d'un seul objet : celui de faire le bonheur de tous ceux qui avaient des rapports avec elle. Les habitants l'appelaient, dans leur langage naïf, la dame achevée.

Mademoiselle Blanche d'Haberville, moins âgée que son frère Jules, était le portrait vivant de sa mère, mais d'un caractère plutôt mélancolique que gai. Douée d'une raison au-dessus de son âge, elle avait un grand ascendant sur son frère, dont elle réprimait souvent la fougue d'un seul regard suppliant.

Cette jeune fille, tout en paraissant concentrée en elle-même, pouvait faire preuve dans l'occasion d'une énergie surprenante.

Madame Louise de Beaumont, sœur cadette de madame d'Haberville, ne s'était jamais séparée d'elle depuis son mariage. Riche et indépendante, elle s'était néanmoins vouée à la famille de sa sœur aînée, pour laquelle elle professait un culte bien touchant. Prête à partager leur bonheur, elle l'était aussi à partager leurs peines, si la main cruelle du malheur s'appesantissait sur eux.

Le lieutenant Raoul d'Haberville, ou plutôt le chevalier d'Haberville, que tout le monde appelait « mon oncle Raoul », était le frère cadet du capitaine ; moins âgé de deux ans que lui, il n'en accusait pas moins dix ans de plus. C'était un tout petit homme que « mon oncle Raoul », à peu près aussi large que haut, et marchant à l'aide d'une canne ; il aurait été très laid, même sans que son visage eût été couturé par la petite vérole. Il est bien difficile de savoir d'où lui venait ce sobriquet. On dit bien d'un homme, il a l'air d'un père, il a l'encolure d'un père, c'est un petit père ; mais on ne dit jamais de personne qu'il a l'air ou la mine d'un oncle. Toujours est-il que le lieutenant d'Haberville était l'oncle de tout le monde ; ses soldats même, lorsqu'il était au service, l'appelaient, à son insu, « mon oncle Raoul ». Tel, si toutefois on peut comparer les petites choses aux grandes, Napoléon n'était pour ses grognards que « le petit caporal ».

Mon oncle Raoul était l'homme lettré de la famille d'Haberville ; et partant assez pédant, comme presque tous les hommes qui sont en rapports journaliers avec des personnes moins instruites qu'eux. Mon oncle Raoul, le meilleur enfant du monde, quand on faisait ses volontés, avait un petit défaut, celui de croire fermement qu'il avait toujours raison ; ce qui le rendait très irascible avec ceux qui ne partageaient pas son opinion.

Mon oncle Raoul se piquait de bien savoir le latin, dont il lâchait souvent quelques bribes à la tête des lettrés et des ignorants. C'étaient des discussions sans fin avec le curé de la paroisse, sur un vers d'Horace, d'Ovide ou de Virgile, ses auteurs favoris. Le curé, d'une humeur douce et pacifique, cédait presque toujours, de guerre lasse, à son terrible antagoniste. Mais mon oncle Raoul se piquait aussi d'être un grand théologien, ce qui mettait le pauvre curé dans un grand embarras. Il tenait beaucoup à l'âme de son ami, assez mauvais sujet pendant sa jeunesse, et qu'il avait eu beaucoup de peine à mettre dans la bonne voie. Il lui fallait pourtant céder quelquefois des points peu essentiels au salut du cher oncle, par crainte de l'exaspérer. Mais dans les points importants, il appelait à son secours Blanche, qui était l'idole de son oncle.

— Comment, mon cher oncle, disait-elle en lui faisant une caresse, n'êtes-vous pas déjà assez savant, sans empiéter sur les attributs de notre bon pasteur ? Vous triomphez sur tous les autres points de discussion, ajoutait-elle en regardant finement le bon curé : soyez donc généreux, et laissez-vous convaincre sur des points qui sont spécialement du ressort des ministres de Dieu.

Et comme mon oncle Raoul ne discutait que pour le plaisir de la controverse, la paix se faisait aussitôt entre les parties belligérantes.

Ce n'était pas un personnage de minime importance que mon oncle Raoul ; c'était, au contraire, à certains égards, le personnage le plus important du manoir, depuis qu'il était retiré de l'armée, car le capitaine, que le service militaire obligeait à de longues absences, se reposait entièrement sur lui du soin de ses affaires. Ses occupations étaient certes très nombreuses : il tenait les livres de recettes et de dépenses de la famille ; il retirait les rentes de la seigneurie, régissait la ferme, se rendait tous les dimanches à la messe, beau temps ou mauvais temps, pour y recevoir l'eau bénite en l'absence du seigneur de la paroisse; et, entre autre menus devoirs qui lui incombaient, il tenait sur les fonts du baptême tous les enfants premiers-nés des censitaires de la seigneurie, honneur qui appartenait de droit à son frère aîné, mais dont celui-ci se déchargeait en faveur de son frère cadet[2].

Une petite scène donnera une idée de l'importance de mon oncle Raoul, dans les occasions solennelles.

Transportons-nous au mois de novembre, époque à laquelle les rentes seigneuriales sont échues.

Mon oncle Raoul, une longue plume d'oie fichée à l'oreille, est assis majestueusement dans un grand fauteuil, près d'une table recouverte d'un tapis de drap vert, sur laquelle repose son épée. Il prend un air sévère lorsque le censitaire se présente, sans que cet appareil imposant intimide pourtant le débiteur accoutumé à ne payer ses rentes que quand ça lui convient: tant est indulgent le seigneur d'Haberville envers ses censitaires.

Mais, comme mon oncle Raoul tient plus à la forme qu'au fond, qu'il préfère l'apparence du pouvoir au pouvoir même, il aime que tout se passe avec une certaine solennité.

— Comment vous portez-vous, mon... mon... lieutenant? dit le censitaire, habitué à l'appeler mon oncle, à son insu.

— Bien, et toi; que me veux-tu? répond mon oncle Raoul d'un air important.

— Je suis venu vous payer mes rentes, mon... mon officier; mais les temps sont si durs, que je n'ai pas d'argent, dit Jean-Baptiste en secouant la tête d'un air convaincu.

Nescio vos! s'écrie mon oncle Raoul en grossissant la voix: *reddite quæ sunt Cæsaris Cæsari.*

— C'est bien beau ce que vous dites-là, mon... mon... capitaine; si beau que je n'y comprends rien, fait le censitaire.

— C'est du latin, ignorant! dit mon oncle; et ce latin veut dire: payez légitimement les rentes au seigneur d'Haberville, par peine d'être traduit devant toutes les cours royales, d'être condamné en première et seconde instance à tous dépens, dommages, intérêts et loyaux coûts.

---

2. Malheur au seigneur qui acceptait d'être le parrain d'un seul des enfants de ses censitaires: il lui fallait ensuite continuer à se charger de ce fardeau, pour ne point faire de jaloux. L'auteur se trouvait, le premier jour de l'an, chez un seigneur qui reçut, après l'office du matin, la visite d'une centaine de ses filleuls.

Le parrain fournissait toute la boisson qui se buvait au festin du compérage, ainsi que celle que buvait la mère de l'enfant nouveau-né, pendant sa maladie, le vin et l'eau-de-vie étant considérés comme un remède infaillible pour les femmes en couches.

— Ça doit pincer dur, les royaux coups, dit le censitaire.

— Tonnerre! s'écrie mon oncle Raoul en élevant les yeux vers le ciel.

— Je veux bien croire, mon… mon seigneur, que votre latin me menace de tous ses châtiments; mais j'ai eu le malheur de perdre ma pouliche du printemps.

— Comment, drôle! tu veux te soustraire, pour une chétive bête de six mois, aux droits seigneuriaux établis par ton souverain, et aussi solides que les montagnes du nord, que tu regardes, le sont sur leurs bases de roc. *Quos ego*[3] !

— Je crois, dit tout bas le censitaire, qu'il parle algonquin pour m'effrayer.

Et puis haut:

— C'est que, voyez-vous, ma pouliche, dans quatre ans, sera, à ce que disent tous les maquignons, la plus fine trotteuse de la Côte du Sud et vaudra cent francs comme un sou.

— Allons, va-t'en à tous les diables! répond mon oncle Raoul, et dis à Lisette qu'elle te donne un bon coup d'eau-de-vie pour te consoler de la perte de ta pouliche. Ces coquins! ajoute mon oncle Raoul, boivent plus de notre eau-de-vie qu'ils ne paient de rentes.

L'habitant, en entrant dans la cuisine, dit à Lisette en ricanant:

— J'ai eu une rude corvée avec mon oncle Raoul; il m'a même menacé de me faire donner des coups royaux par la justice.

Comme mon oncle Raoul était très dévot à sa manière, il ne manquait jamais de réciter son chapelet et de lire dans son livre d'heures journellement; mais aussi, par un contraste assez singulier, il employait ses loisirs à jurer, avec une verve peu édifiante, contre messieurs les Anglais, qui lui avaient cassé une jambe à la prise de Louisbourg: tant cet accident, qui l'avait obligé à renoncer à la carrière des armes, lui était sensible.

Lorsque les jeunes gens arrivèrent en face du manoir, ils furent surpris du spectacle qu'il offrait. Non seulement toutes les chambres étaient éclairées, mais aussi une partie des autres bâtisses. C'était un mouvement inusité, un va-et-vient extraordinaire. Et, comme toute la cour se trouvait aussi éclairée par ce surcroît de lumières, ils distinguèrent facilement six hommes, armés de haches et de fusils, assis sur un arbre renversé.

— Je vois, dit Arché, que le seigneur de céans a mis ses gardes sous les armes, pour faire honneur à notre équipage, comme je l'avais prédit.

---

3. Ces droits seigneuriaux, si solides, ont croulé dernièrement sous la pression influente d'une multitude de censitaires contre leurs seigneurs, et aux cris de: *fiat justitia! ruat cælum!* Pauvre ciel! il y a longtemps qu'il se serait écroulé au cri de *fiat justitia*, s'il n'eût été plus solide que les institutions humaines.

José, qui n'entendait pas le badinage sur ce sujet, passa sa pipe du côté droit au côté gauche de sa bouche, murmura quelque chose entre ses dents, et se remit à fumer avec fureur.

— Il m'est impossible d'expliquer, dit Jules en riant, pourquoi les gardes de mon père, comme tu leur fais l'insigne honneur de les appeler, sont sous les armes : à moins qu'ils ne craignent une surprise de la part de nos amis les Iroquois ; mais avançons, et nous saurons bien vite le mot de l'énigme.

Les six hommes se levèrent spontanément à leur entrée dans la cour, et vinrent souhaiter la bienvenue à leur jeune seigneur et à son ami.

— Comment, dit Jules en leur serrant la main avec affection : c'est vous, père Chouinard ! c'est toi, Julien ! c'est toi, Alexis Dubé ! c'est vous, père Tontaine ! et c'est toi, farceur de François Maurice ! moi qui croyais que, profitant de mon absence, la paroisse s'était réunie en masse pour te jeter dans le fleuve Saint-Laurent, comme récompense de tous les tours diaboliques que tu fais aux gens paisibles.

— Notre jeune seigneur, dit Maurice, a toujours le petit mot pour rire ; mais, si l'on noyait tous ceux qui font endiabler les autres, il y en aurait un qui aurait bu depuis longtemps à la grande tasse.

— Tu crois ! reprit Jules en riant ; ça vient peut-être du mauvais lait que j'ai sucé ; car rappelle-toi bien que c'est ta chère mère qui m'a nourri. Mais parlons d'autre chose. Que diable faites-vous tous ici à cette heure ? Bâillez-vous à la lune et aux étoiles ?

— Nous sommes douze, dit le père Chouinard, qui faisons, à tour de relève, la garde du mai que nous devons présenter demain à votre cher père ; six dans la maison qui se divertissent, et nous qui faisons le premier quart.

— J'aurais cru que le mai se serait bien gardé tout seul : je ne pense pas le monde assez fou que de laisser un bon lit pour le plaisir de s'éreinter à traîner cette vénérable masse ; tandis qu'il y a du bois à perdre à toutes les portes.

— Vous n'y êtes pas, notre jeune seigneur, reprit Chouinard : il y a toujours, voyez-vous, des gens jaloux de n'être pas invités à la fête du mai ; si bien que pas plus tard que l'année dernière des *guerdins* (gredins), qui avaient été priés de rester chez eux, eurent l'audace de scier, pendant la nuit, le mai que les habitants de Sainte-Anne devaient présenter le lendemain au capitaine Besse. Jugez quel affront pour le pauvre monde, quand ils arrivèrent, le matin, de voir leur bel arbre bon tout au plus à faire du bois de poêle !

Jules ne put s'empêcher de rire aux éclats d'un tour qu'il appréciait beaucoup.

— Riez tant que vous voudrez, dit Tontaine, mais c'est pas toujours être chrétien que de faire de pareilles farces. Vous comprenez, ajouta-t-il d'un ton sérieux, que ce n'est pas qu'on craigne un tel affront pour notre bon seigneur ; mais, comme il y a toujours des chétifs partout, nous avons pris nos précautions en cas d'*averdingles* (avanies).

— Je suis un pauvre homme, fit Alexis Dubé ; mais je ne voudrais pas, pour la valeur de ma terre, qu'une injure semblable fût faite à notre capitaine.

Chacun parla dans le même sens ; et Jules était déjà dans les bras de sa famille, que l'on continuait à pester contre les gredins, les chétifs imaginaires, qui auraient l'audace de mutiler le mai de sapin qu'on se proposait d'offrir le lendemain au seigneur d'Haberville. Il est à supposer que les libations et le réveillon pendant la veillée du mai, ainsi que l'ample déjeuner à la fourchette du lendemain, ne manquaient pas de stimuler le zèle dans cette circonstance.

— Viens, dit Jules à son ami après le souper : viens voir les apprêts qui se font pour le repas du matin des gens du mai. Comme ni toi ni moi n'avons eu l'avantage d'assister à ces fameuses noces du riche Gamache, qui réjouissaient tant le cœur de ce gourmand Sancho Pança, ça pourra, au besoin, nous en donner une idée.

Tout était mouvement et confusion dans la cuisine où ils entrèrent d'abord : les voix rieuses et glapissantes des femmes se mêlaient à celles des six hommes de relais occupés à boire, à fumer et à les agacer. Trois servantes, armées chacune d'une poêle à frire, faisaient, ou, suivant l'expression reçue, tournaient des crêpes au feu d'une immense cheminée, dont les flammes brillantes enluminaient à la Rembrandt ces visages joyeux, dans toute l'étendue de cette vaste cuisine. Plusieurs voisines, assises à une grande table, versaient avec une cuillère à pot, dans les poêles, à mesure qu'elles étaient vides, la pâte liquide qui servait à confectionner les crêpes ; tandis que d'autres les saupoudraient avec du sucre d'érable à mesure qu'elles s'entassaient sur des plats, où elles formaient déjà des pyramides respectables. Une grande chaudière, à moitié pleine de saindoux frémissant sous l'ardeur d'un fourneau, recevait les *croquecignoles*[4] que deux cuisinières y déposaient et retiraient sans cesse.

Le fidèle José, l'âme, le majordome du manoir, semblait se multiplier dans ces occasions solennelles.

---

4. *Croquecignoles*, beignets à plusieurs branches, essentiellement canadiens. La cuisinière passe les doigts entre les branches, pour les isoler, avant de les jeter dans le saindoux bouillant.

Assis au bout d'une table, capot bas, les manches de la chemise retroussées jusqu'aux coudes, son éternel couteau plombé à la main, il hachait avec fureur un gros pain de sucre d'érable, tout en activant deux autres domestiques occupés à la même besogne. Il courait ensuite chercher la fine fleur et les œufs, à mesure que la pâte diminuait dans les bassins, sans oublier pour cela la table aux rafraîchissements, afin de s'assurer qu'il n'y manquait rien, et un peu aussi pour prendre un coup avec ses amis.

Jules et Arché passèrent de la cuisine à la boulangerie où l'on retirait une seconde fournée de pâtés en forme de croissants, longs de quatorze pouces au moins : tandis que des quartiers de veau et de mouton, des *socs* et côtelettes de porc frais, des volailles de toute espèce, étalés sur des casseroles, n'attendaient que l'appoint du four pour les remplacer. Leur dernière visite fut à la buanderie, où cuisait, dans un chaudron de dix gallons, la fricassée de porc frais et de mouton, qui faisait les délices surtout des vieillards dont la mâchoire menaçait ruine.

— Ah çà! dit Arché, c'est donc un festin de Sardanapale, de mémoire assyrienne! un festin qui va durer six mois!

— Tu n'en as pourtant vu qu'une partie, dit Jules ; le dessert est à l'avenant. Je croyais, d'ailleurs, que tu étais plus au fait des usages de nos habitants. Le seigneur de céans serait accusé de lésinerie, si, à la fin du repas, la table n'était aussi encombrée de mets que lorsque les convives y ont pris place. Lorsqu'un plat sera vide, ou menacera une ruine prochaine, tu le verras aussitôt remplacé par les servants[5].

— J'en suis d'autant plus surpris, dit Arché, que vos cultivateurs sont généralement très économes, plutôt portés à l'avarice qu'autrement ; alors comment concilier cela avec le gaspillage qui doit se faire, pendant les chaleurs, des restes de viandes qu'une seule famille ne peut consommer[6] ?

— Nos habitants, dispersés à distance les uns des autres sur toute l'étendue de la Nouvelle-France, et partant privés de marchés, ne vivent, pendant le printemps, l'été et l'automne, que de salaisons, pain et laitage, et, à part les cas exceptionnels de noces, donnent très rarement ce qu'ils appellent un festin pendant ces saisons. Il se fait, en revanche, pendant l'hiver, une grande

---

5. Cet usage était universellement répandu parmi les habitants riches, ou qui aspiraient à le paraître, ainsi que parmi les riches bourgeois des villes. La première classe de la société encombrait aussi ses tables dans les grandes occasions, mais non à cet excès.

6. Les anciens habitants dépensaient un sou avec plus de répugnance que leurs descendants un louis, de nos jours. Alors riches pour la plupart, ils ignoraient néanmoins le luxe : le produit de leurs terres suffisait à tous leurs besoins. Un riche habitant, s'exécutant pour l'occasion, achetait à sa fille, en la mariant, une robe d'indienne, des bas de coton et des souliers, chez les boutiquiers : laquelle toilette passait souvent aux petits-enfants de la mariée.

consommation de viandes fraîches de toutes espèces ; c'est bombance générale : l'hospitalité est poussée jusqu'à ses dernières limites, depuis Noël jusqu'au carême. C'est un va-et-vient de visites continuelles pendant ce temps. Quatre ou cinq *carrioles* contenant une douzaine de personnes arrivent ; on dételle aussitôt les voitures, après avoir prié les amis de se *dégrayer* (dégréer)[7] ; la table se dresse, et, à l'expiration d'une heure tout au plus, cette même table est chargée de viandes fumantes.

— Vos habitants, fit Arché, doivent alors posséder la lampe d'Aladin !

— Tu comprends, dit Jules, que s'il leur fallait les apprêts de nos maisons, les femmes d'habitants, étant pour la plupart privées de servantes, seraient bien vite obligées de restreindre leur hospitalité, ou même d'y mettre fin ; mais il n'en est pas ainsi : elles jouissent même de la société sans guère plus de trouble que leurs maris[8]. La recette en est bien simple : elles font cuire de temps à autre, dans leurs moments de loisir, deux ou trois fournées de différentes espèces de viandes, qu'elles n'ont aucune peine à conserver dans cet état, vu la rigueur de la saison. Arrive-t-il des visites, il ne s'agit alors que de faire réchauffer les comestibles sur leurs poêles toujours chauds à faire rôtir un bœuf pendant cette époque de l'année : les habitants détestent les viandes froides.

C'est un vrai plaisir, ajouta Jules, de voir nos Canadiennes, toujours si gaies, préparer ces repas improvisés : de les voir toujours sur un pied ou sur l'autre, tout en fredonnant une chanson, ou se mêlant à la conversation, courir de la table qu'elles dressent à leurs viandes qui menacent de brûler, et, dans un tour de main, remédier à tout : de voir Josephte s'asseoir avec les convives, se lever vingt fois pendant le repas, s'il est nécessaire pour les servir, chanter sa chanson, et finir pas s'amuser autant que les autres[9].

Tu me diras, sans doute, que ces viandes réchauffées perdent beaucoup de leur acabit ; d'accord pour nous qui sommes habitués à vivre d'une manière différente ; mais comme l'habitude est une seconde nature, nos habitants n'y regardent pas de si près ; et, comme leur goût n'est pas vicié comme le nôtre, je suis certain que leurs repas, arrosés de quelques coups

---

7. *Dégrayer* (dégréer) : ce terme, emprunté à la marine, est encore en usage dans les campagnes. Dégrayez-vous, dit-on, c'est-à-dire ôtez votre redingote, etc. Quelle offre généreuse d'hospitalité que de traiter un ami comme un navire que l'on met en hivernement ! Cette expression vient de nos ancêtres normands, qui étaient de grands marins.

8. Les femmes de cultivateurs avaient rarement des servantes autrefois : elles en ont souvent de nos jours.

9. Josephte, sobriquet que les gens de villes donnent aux femmes des cultivateurs.

Les mauvaises récoltes de blé, depuis trente ans, et surtout les sociétés de tempérance, ont en grande partie mis fin à cette hospitalité par trop dispendieuse.

d'eau-de-vie, ne leur laissent rien à envier du côté de la bonne chère. Mais, comme nous aurons à revenir sur ce sujet, allons maintenant rejoindre mes parents qui doivent s'impatienter de notre absence, que je considère comme autant de temps dérobé à leur tendresse. J'ai cru te faire plaisir en t'initiant davantage à nos mœurs canadiennes de la campagne, que tu n'as jamais visitée pendant l'hiver.

La veillée se prolongea bien avant dans la nuit : on avait tant de choses à se dire ! Et ce ne fut qu'après avoir reçu la bénédiction de son père, et embrassé tendrement ses autres parents, que Jules se retira avec son ami, pour jouir d'un sommeil dont ils avaient tous deux grand besoin après les fatigues de la journée.

VIII

La fête du mai

> Le premier jour de mai,
> Labourez,
> J'm'en fus planter un mai,
> Labourez,
> À la porte à ma mie.
>
> *Ancienne chanson*

Il était à peine cinq heures le lendemain au matin, lorsque Jules, qui tenait de la nature du chat, tant il avait le sommeil léger, cria à de Locheill, dont la chambre touchait à la sienne, qu'il était grandement temps de se lever ; mais, soit que ce dernier dormît véritablement, soit qu'il ne voulût pas répondre, d'Haberville prit le parti le plus expéditif de l'éveiller en se levant lui-même. S'armant ensuite d'une serviette trempée dans de l'eau glacée, il entra dans la chambre de son ami, et commença sa toilette du matin en lui lavant brusquement le visage. Mais, comme Arché, malgré ses dispositions aquatiques, ne goûtait que bien peu cette prévenance par trop officieuse, il lui arracha des mains l'instrument de torture, en fit un rouleau, qu'il lui lança à la tête et, se retournant de côté, il se préparait à reprendre son sommeil quand Jules, passant aussitôt au pied du lit, lui arracha toutes ses couvertures. Force fut à la citadelle, réduite à cette extrémité, de se rendre à discrétion, mais, comme la garnison dans la personne d'Arché était plus forte que les assiégeants dans celle de Jules, de Locheill le secoua fortement en lui demandant avec humeur si c'était la nuit que l'on ne dormait point au manoir d'Haberville. Il allait même finir par l'expulser hors des remparts, lorsque Jules, qui, tout en se débattant entre les bras puissants de son adversaire, n'en riait pas moins aux éclats, le pria de vouloir bien l'écouter un peu, avant de lui infliger une punition si humiliante pour un soldat futur de l'armée française.

— Qu'as-tu donc à dire pour ta justification, gamin incorrigible, dit Arché, maintenant complètement réveillé ; n'est-ce pas suffisant de me faire endiabler pendant le jour, sans venir me tourmenter la nuit ?

— Je suis fâché, vraiment, dit Jules, d'avoir interrompu ton sommeil ; mais, comme nos gens ont un autre mai à planter à un calvaire, chez Bélanger *de la croix*[1], à une bonne demi-lieue d'ici, il est entendu que celui de mon père lui sera présenté à six heures du matin ; et, si tu ne veux rien perdre de cette intéressante cérémonie, il est temps de t'habiller. Je t'avoue que je crois tout le monde comme moi, aimant tout ce qui nous rapproche de nos bons habitants : je ne connais rien de plus touchant que cette fraternité qui existe entre mon père et ses censitaires, entre notre famille et ces braves gens. D'ailleurs, comme frère d'adoption, tu auras ton rôle à jouer pendant un spectacle que tu n'as pas encore vu.

Dès que les jeunes gens eurent fait leur toilette, ils passèrent de leur chambre dans une de celles qui donnaient sur la cour du manoir, où une scène des plus animées s'offrit à leurs regards. Une centaine d'habitants disséminés çà et là par petits groupes l'encombraient. Leurs longs fusils, leurs cornes à poudre suspendues au cou, leurs casse-tête passés dans la ceinture, la hache dont ils étaient armés, leur donnaient plutôt l'apparence de gens qui se préparent à une expédition guerrière, que celle de paisibles cultivateurs.

De Locheill, que ce spectacle nouveau amusait beaucoup, voulut sortir pour se joindre aux groupes qui entouraient le manoir, mais Jules s'y opposa en disant que c'était contre l'étiquette ; qu'ils étaient tous censés ignorer ce qui se passait au-dehors, où tout était mouvement et activité. Les uns, en effet, étaient occupés à la toilette du mai, d'autres creusaient la fosse profonde dans laquelle il devait être planté, tandis que plusieurs aiguisaient de longs coins pour le consolider. Ce mai était de la simplicité la plus primitive : c'était un long sapin ébranché et dépouillé jusqu'à la partie de sa cime,

---

1. Bélanger *de la croix*, ainsi nommé à l'occasion d'un calvaire situé devant sa porte. Ces sortes de surnoms sont encore très communs dans nos campagnes et sont donnés le plus souvent pour distinguer un membre d'une famille des autres membres du même nom.

appelée le bouquet ; ce bouquet, ou touffe de branches, d'environ trois pieds de longueur, toujours proportionné néanmoins à la hauteur de l'arbre, avait un aspect très agréable tant qu'il conservait sa verdeur ; mais desséché ensuite par les grandes chaleurs de l'été, il n'offrait déjà plus en août qu'un objet d'assez triste apparence. Un bâton peint en rouge, de six pieds de longueur, couronné d'une girouette peinte en vert et ornée d'une grosse boule de même couleur que le bâton, se coulait dans les interstices des branches du bouquet, et, une fois cloué à l'arbre, complétait la toilette du mai. Il est aussi nécessaire d'ajouter que de forts coins de bois, enfoncés dans l'arbre de distance en distance, en facilitaient l'ascension, et servaient aussi de points d'appui aux *étamperches* usitées pour élever le mai.

Un coup de fusil, tiré à la porte principale du manoir, annonça que tout était prêt. À ce signal, la famille d'Haberville s'empressa de se réunir dans le salon, afin de recevoir la députation que cette détonation faisait attendre. Le seigneur d'Haberville prit place sur un grand fauteuil ; la seigneuresse s'assit à sa droite, et son fils Jules à sa gauche. Mon oncle Raoul, debout et appuyé sur son épée, se plaça en arrière du premier groupe, entre madame Louise de Beaumont et Blanche, assises sur de modestes chaises. Arché se tint debout à gauche de la jeune seigneuresse. Ils étaient à peine placés, que deux vieillards, introduits par le majordome José, s'avancèrent vers le seigneur d'Haberville, et, le saluant avec cette politesse gracieuse, naturelle aux anciens Canadiens, lui demandèrent la permission de planter un mai devant sa porte. Cette permission octroyée, les ambassadeurs se retirèrent et communiquèrent à la foule le succès de leur mission. Tout le monde alors s'agenouilla pour demander à Dieu de les préserver de tout accident pendant cette journée[2]. Au bout d'un petit quart d'heure, le mai s'éleva avec une lenteur majestueuse au-dessus de la foule, pour dominer ensuite de sa tête verdoyante tous les édifices qui l'environnaient. Quelques minutes suffirent pour le consolider.

Un second coup de feu annonça une nouvelle ambassade ; les deux mêmes vieillards, avec leurs fusils au port d'arme, et accompagnés de deux des principaux habitants portant, l'un, sur une assiette de faïence, un petit gobelet d'une nuance verdâtre de deux pouces de hauteur, et l'autre, une bouteille d'eau-de-vie, se présentèrent, introduits par l'indispensable José, et prièrent M. d'Haberville de vouloir bien recevoir le mai qu'il avait eu la

---

2. Cette pieuse coutume des habitants de faire une prière avant de commencer un ouvrage qui peut les exposer à quelque danger, tel que l'érection du comble d'un édifice, etc., existe encore de nos jours. C'est un spectacle imposant de les voir se découvrir, s'agenouiller, et d'entendre un vieillard réciter, à voix haute, des prières auxquelles les autres répondent.

bonté d'accepter. Sur la réponse gracieusement affirmative de leur seigneur, un des vieillards ajouta :

— Plairait-il à notre seigneur d'arroser le mai avant de le noircir ?

Et sur ce, il lui présente un fusil d'une main et, de l'autre, un verre d'eau-de-vie.

— Nous allons l'arroser ensemble, mes bons amis, dit M. d'Haberville en faisant signe à José, qui, se tenant à une distance respectueuse avec quatre verres sur un cabaret remplis de la même liqueur généreuse, s'empressa de la leur offrir. Le seigneur, se levant alors, trinqua avec les quatre députés, avala d'un trait leur verre d'eau-de-vie, qu'il déclara excellente, et, prenant le fusil, s'achemina vers la porte, suivi de tous les assistants.

Aussitôt que le seigneur d'Haberville parut sur le seuil de la porte, un jeune homme, montant jusqu'au sommet du mai avec l'agilité d'un écureuil, fit faire trois tours à la girouette en criant : Vive le roi ! vive le seigneur d'Haberville ! Et toute la foule répéta de toute la vigueur de ses poumons : Vive le roi ! vive le seigneur d'Haberville ! Pendant ce temps, le jeune gars descendait avec la même agilité, en coupant avec un casse-tête qu'il tira de sa ceinture, tous les coins et jalons du mai.

Dès que le seigneur d'Haberville eut noirci le mai en déchargeant dessus son fusil chargé à poudre, on présenta successivement un fusil à tous les membres de sa famille, en commençant par la seigneuresse ; et les femmes firent le coup du fusil comme les hommes[3].

Ce fut ensuite un feu de joie bien nourri qui dura une bonne demi-heure. On aurait pu croire le manoir assiégé par l'ennemi. Le malheureux arbre, si blanc avant cette furieuse attaque, semblait avoir été peint subitement en noir, tant était grand le zèle de chacun pour lui faire honneur. En effet, plus il se brûlait de poudre, plus le compliment était supposé flatteur pour celui auquel le mai était présenté.

Comme tout plaisir prend fin, même celui de jeter sa poudre au vent, M. d'Haberville profita d'un moment où la fusillade semblait se ralentir pour inviter tout le monde à déjeuner. Chacun s'empressa alors de décharger son fusil pour faire un adieu temporaire au pauvre arbre, dont quelques éclats jonchaient la terre ; et tout rentra dans le silence[4].

---

3. Les Canadiennes, sans cesse exposées aux surprises des sauvages, savaient au besoin se servir des armes à feu.

4. Cette coutume de mutiler les *mais*, qui existait pendant l'enfance de l'auteur, a cessé lorsque les habitants leur substituèrent ensuite les beaux mâts, équarris sur huit faces, dont quelques-uns subsistent encore aujourd'hui.

Le seigneur, les dames et une douzaine des principaux habitants choisis parmi les plus âgés prirent place à une table dressée dans la salle à manger habituelle de la famille. Cette table était couverte des mets, des vins et du café qui composaient un déjeuner canadien de la première société ; on y avait aussi ajouté, pour satisfaire le goût des convives, deux bouteilles d'excellente eau-de-vie et des galettes sucrées en guise de pain[5].

Il n'y avait rien d'offensant pour les autres convives exclus de cette table ; ils étaient fiers, au contraire, des égards que l'on avait pour leurs parents et amis plus âgés qu'eux.

La seconde table dans la chambre voisine, où trônait mon oncle Raoul, était servie comme l'aurait été celle d'un riche et ostentateur habitant en pareilles circonstances. Outre l'encombrement de viandes que le lecteur connaît déjà, chaque convive avait près de son assiette la galette sucrée de rigueur, un *croquecignole*, une tarte de cinq pouces de diamètre, plus forte en pâte qu'en confiture, et de l'eau-de-vie à discrétion. Il y avait bien sur la table quelques bouteilles de vin auxquelles personne ne faisait attention ; ça ne grattait pas assez le gosier, suivant leur expression énergique. Ce vin avait été mis plutôt pour les voisines et les autres femmes occupées alors à servir, qui remplaceraient les hommes après leur départ. Josephte prenait un verre ou deux de vin sans se faire prier, mais après le petit coup d'appétit usité.

À la troisième table, dans la vaste cuisine, présidait Jules, aidé de son ami Arché. Cette table à laquelle tous les jeunes gens de la fête avaient pris place, était servie exactement comme celle de mon oncle Raoul. Quoique la gaieté la plus franche régnât aux deux premières tables, on y observait néanmoins un certain décorum ; mais, à celle du jeune seigneur, surtout à la fin du repas, qui se prolongea tard dans la matinée, c'était un brouhaha à ne plus s'entendre parler.

Le lecteur se trompe fort s'il croit que le malheureux mai jouissait d'un peu de repos après les assauts meurtriers qu'il avait déjà reçus ; les convives quittaient souvent les tables, couraient décharger leurs fusils, et retournaient prendre leurs places après cet acte de courtoisie.

Au commencement du dessert, le seigneur d'Haberville, accompagné des dames, rendit visite aux convives de la seconde et de la troisième tables, où ils furent reçus avec de grandes démonstrations de joie. On dit un mot affectueux à chacun ; le seigneur but à la santé des censitaires, les censitaires

---

5. Il fallait prier et supplier pour obtenir du pain à la table d'un riche habitant, un jour de noces ou de festin : la réponse était toujours : « Mais, monsieur, la galette est pourtant meilleure que le pain. »

burent à sa santé et à celle de sa famille, au milieu des détonations d'une vingtaine de coups de fusil que l'on entendait au dehors.

Cette cérémonie terminée, M. d'Haberville, de retour à sa table, fut prié de chanter une petite chanson, à laquelle chacun se prépara à faire chorus.

CHANSON DU SEIGNEUR D'HABERVILLE

Ah! que la table
Table, table, table
Est une belle invention!
Pour contenter ma passion,
Buvons de ce jus délectable.
Honni celui qui n'en boira,
Et qui ne s'en barbouille
Bouille, bouille :
Honni celui qui n'en boira,
Et ne s'en barbouillera!

Lorsque je mouille
Mouille, mouille, mouille
Mon gosier de cette liqueur,
Il fait passer dedans mon cœur
Quelque chose qui le chatouille
Honni, etc.[6]

À peine cette chanson était terminée, que l'on entendit la voix sonore de mon oncle Raoul :

Oui, j'aime à boire, moi :
C'est là ma manie,
J'en conviens de bonne foi :
Chacun a sa folie.
Un buveur vit sans chagrin
Et sans inquiétude :
Bien fêter le dieu du vin,
Voilà sa seule étude.

---

6. L'auteur a cru devoir consigner quelques-unes des anciennes chansons, probablement oubliées maintenant, que l'on chantait pendant son enfance. Plusieurs de ces chansons rappellent des réjouissances qui malheureusement dégénéraient souvent en excès, auxquels les sociétés de tempérance ont fort heureusement mis un terme.

Oui, j'aime à boire, moi :
C'est là ma manie,
J'en conviens de bonne foi :
Chacun a sa folie.
Que Joseph aux Pays-Bas
Aille porter la guerre :
Moi, je n'aime que les combats
Qu'on livre à coups de verre.
Oui, j'aime, etc.

— À votre tour, à présent, notre jeune seigneur, s'écria-t-on à la troisième table ; les anciens viennent de nous donner l'exemple.

— De tout mon cœur, dit Jules, et il entonna la chanson suivante :

Bacchus assis sur un tonneau,
M'a défendu de boire de l'eau,
Ni de puits ni de fontaine.
C'est, c'est du vin nouveau,
Il faut vider les bouteilles :
C'est, c'est du vin nouveau,
Il faut vider les pots.

Le roi de France ni l'Empereur,
N'auront jamais eu ce bonheur...
C'est de boire à la rasade.
C'est, etc.

Tandis que les filles et femmes fileront,
Les hommes et les garçons boiront ;
Ils boiront à la rasade.
C'est, etc.

Une fois l'exemple donné par les nobles amphitryons, chacun s'empressa d'en profiter, et les chansons se succédèrent avec une exaltation toujours croissante. Celle du père Chouinard, vieux soldat français retiré du service, dans laquelle l'amour jouait un certain rôle, sans toutefois négliger son frère Bacchus, eut le plus de succès.

CHANSON DU PÈRE CHOUINARD

Entre Paris et Saint-Denis (bis)
J'ai rencontré la belle
À la porte d'un cabaret ;
J'ai rentré avec elle.

> *Hôtesse! tirez-nous du vin :* (bis)
> *Du meilleur de la cave ;*
> *Et si nous n'avons pas d'argent,*
> *Nous vous ba'rons (baillerons) des gages.*
>
> *Quels gages nous ba'rez-vous donc* (bis)
> *Un manteau d'écarlate*
> *Sera pour faire des cotillons*
> *À vos jeunes billardes.*
>
> *Monsieur et dame, montez là-haut,* (bis)
> *Là-haut dedans la chambre :*
> *Vous trouverez pour vous servir*
> *De jolies Allemandes.*
>
> *Allemandes! N'en voulons pas :* (bis)
> *Je voulons des Françaises,*
> *Qu'ont toujours la joie au cœur,*
> *Pour nous verser à boire.*

Et toutes les voix mâles des trois tables répétèrent en chœur :

> *Je voulons des Françaises,*
> *Qu'ont toujours la joie au cœur,*
> *Pour nous verser à boire.*

Le père Chouinard, ayant réussi à mettre fin à cet élan de galante démonstration et ayant obtenu un moment de silence, exposa qu'il était temps de se retirer. Il remercia en termes chaleureux le seigneur d'Haberville de son hospitalité et, fier du succès de sa chanson, il proposa de boire de nouveau à la santé des dames du manoir ; ce qui fut accueilli avec enthousiasme par les nombreux convives.

La bande joyeuse se mit ensuite en marche en chantant : « Je voulons des Françaises », avec accompagnement de coups de fusil que l'écho du cap répéta longtemps après leur départ.

IX

La Saint-Jean-Baptiste

Chaque paroisse chômait autrefois la fête de son patron. La Saint-Jean-Baptiste, fête patronale de la paroisse de Saint-Jean-Port-Joli, qui tombait dans la plus belle saison de l'année, ne manquait pas d'attirer un grand concours de pèlerins, non seulement des endroits voisins, mais des lieux les plus éloignés. Le cultivateur canadien, toujours si occupé de ses travaux agricoles, jouissait alors de quelque repos, et le beau temps l'invitait à la promenade. Il se faisait de grands préparatifs dans chaque famille pour cette occasion solennelle. On faisait partout le grand ménage, on blanchissait à la chaux, on lavait les planchers que l'on recouvrait de branches d'épinette, on tuait le veau gras, et le marchand avait bon débit de ses boissons. Aussi, dès le vingt-troisième jour de juin, veille de la Saint-Jean-Baptiste, toutes les maisons, à commencer par le manoir seigneurial et le presbytère, étaient-elles encombrées de nombreux pèlerins.

Le seigneur offrait le pain bénit et fournissait deux jeunes messieurs et deux jeunes demoiselles de ses amis, invités même de Québec, longtemps d'avance, pour faire la collecte pendant la messe solennelle, célébrée en l'honneur du saint patron de la paroisse. Ce n'était pas petite besogne que la confection de ce pain bénit et de ses accessoires de *cousins* (gâteaux), pour la multitude qui se pressait, non seulement dans l'église, mais aussi en dehors du temple, dont toutes les portes restaient ouvertes, afin de permettre à tout le monde de prendre part au saint sacrifice.

Il était entendu que le seigneur et ses amis dînaient, ce jour-là, au presbytère, et que le curé et les siens soupaient au manoir seigneurial. Un grand nombre d'habitants, trop éloignés de leurs maisons pour y aller et en revenir entre la messe et les vêpres, prenaient leur repas dans le petit bois de cèdres, de sapins et d'épinettes qui couvrait le vallon, entre l'église et le fleuve Saint-Laurent. Rien de plus gai, de plus pittoresque que ces groupes assis sur la mousse ou sur l'herbe fraîche, autour de nappes éclatantes de blancheur, étendues sur ces tapis de verdure. Le curé et ses hôtes ne manquaient jamais de leur faire visite et d'échanger, avec les notables, quelques paroles d'amitié.

De tous côtés s'élevaient des abris, espèces de *wigwams* couverts de branches d'érable et de bois résineux, où l'on débitait des rafraîchissements. Les traiteurs criaient sans cesse d'une voix monotone, en accentuant fortement le premier et le dernier mot : « À la bonne bière ! Au bon raisin !

À la bonne pimprenelle ! » Et les papas et les jeunes amoureux, stimulés pour l'occasion, tiraient avec lenteur, du fond de leur gousset, de quoi régaler les enfants et la *créature* !

Les Canadiens de la campagne avaient conservé une cérémonie bien touchante de leurs ancêtres normands : c'était le feu de joie, à la tombée du jour, la veille de la Saint-Jean-Baptiste. Une pyramide octogone, d'une dizaine de pieds de haut, s'érigeait en face de la porte principale de l'église ; cette pyramide, recouverte de branches de sapin introduites dans les interstices d'éclats de cèdre superposés, était d'un aspect très agréable à la vue. Le curé, accompagné de son clergé, sortait par cette porte, récitait les prières usitées, bénissait la pyramide et mettait ensuite le feu, avec un cierge, à des petits morceaux de paille disposés aux huit coins du cône de verdure. La flamme s'élevait aussitôt pétillante, au milieu des cris de joie, des coups de fusil des assistants, qui ne se dispersaient que lorsque le tout était entièrement consumé.

Blanche d'Haberville, son frère Jules et de Locheill n'avaient pas manqué d'assister à cette joyeuse cérémonie, avec mon oncle Raoul, à qui il incombait de représenter son frère, que les devoirs d'hospitalité devaient nécessairement retenir à son manoir. Un critique malicieux, en contemplant le cher oncle appuyé sur son épée, un peu en avant de la foule, aurait peut-être été tenté de lui trouver quelque ressemblance avec feu Vulcain, de boiteuse mémoire, lorsque la lueur du bûcher enluminait toute sa personne d'un reflet pourpre : ce qui n'empêchait pas mon oncle Raoul de se considérer comme le personnage le plus important de la fête.

Mon oncle Raoul avait encore une raison bien puissante d'assister au feu de joie : c'était la vente de saumon qui se faisait ce jour-là. En effet, chaque habitant qui tendait une pêche vendait à la porte de l'église le premier saumon qu'il prenait, au bénéfice des bonnes âmes, c'est-à-dire qu'il faisait dire une messe, du produit de ce poisson, pour la délivrance des âmes du purgatoire[1]. Le crieur annonçant le but de la vente, chacun s'empressait de surenchérir. Rien de plus touchant que cette communion des catholiques avec ceux de leurs parents et amis que la mort a enlevés, que cette sollicitude qui s'étend jusqu'au monde invisible. Nos frères des autres cultes versent bien, comme nous, des larmes amères sur le tombeau qui recèle ce qu'ils ont de plus cher au monde, mais là s'arrêtent les soins de leur tendresse !

Ma mère, quand j'étais enfant, me faisait terminer mes prières par cet appel à la miséricorde divine : « Donnez, ô mon Dieu ! votre saint paradis à

---

1. Cette coutume, si générale autrefois, n'est pas tout à fait tombée en désuétude : nos habitants vendent encore pour les mêmes fins, à la porte de l'église, à l'issue des offices, les prémices des produits de leurs terres, pour remercier Dieu de leur réussite.

mes grand-père et grand-mère ! » Je priais alors pour des parents inconnus et en bien petit nombre ; combien, hélas ! à la fin d'une longue carrière, en aurais-je à ajouter, s'il me fallait énumérer tous les êtres chéris qui ne sont plus !

Il était nuit close depuis quelque temps, lorsque mon oncle Raoul, Blanche, Jules et de Locheill quittèrent le presbytère, où ils avaient soupé. Le cher oncle, qui avait quelque teinture d'astronomie, expliquait à sa nièce, qu'il ramenait dans sa voiture, les merveilles de la voûte éthérée : trésors de science astronomique, dont les deux jeunes messieurs ne profitaient guère, au grand dépit du professeur d'astronomie improvisé, qui leur reprochait d'éperonner sournoisement leurs montures, plus raisonnables que les cavaliers. Les jeunes gens, tout à leur gaieté, et qui respiraient le bonheur par tous les pores, pendant cette nuit magnifique au milieu de la forêt, s'excusaient de leur mieux, et recommençaient leurs gambades, malgré les signes réitérés de Blanche qui, aimant beaucoup son oncle, cherchait à éviter tout ce qui pouvait lui déplaire. La route était en effet d'autant plus agréable que le chemin royal était tracé au milieu d'arbres de toutes espèces qui interceptaient de temps à autre la vue du fleuve Saint-Laurent, dont il suivait les sinuosités, jusqu'à ce qu'une clairière offrît de nouveau ses ondes argentées.

Arrivés à une de ces clairières, qui leur permettait d'embrasser du regard tout le panorama, depuis le cap Tourmente jusqu'à la Malbaie, de Locheill ne put retenir un cri de surprise, et s'adressant à mon oncle Raoul :

— Vous, monsieur, qui expliquez si bien les merveilles du ciel, vous plairait-il d'abaisser vos regards vers la terre, et de me dire ce que signifient toutes ces lumières qui apparaissent simultanément sur la côte du nord, aussi loin que la vue peut s'étendre ? Ma foi, je commence à croire à la légende de notre ami José : le Canada est vraiment la terre des lutins, des farfadets, des génies, dont ma nourrice berçait mon enfance dans mes montagnes d'Écosse.

— Ah ! dit mon oncle Raoul, arrêtons-nous ici un instant : ce sont les gens du nord qui, la veille de la Saint-Jean-Baptiste, écrivent à leurs parents et amis de la côte du sud. Ils ne se servent ni d'encre, ni de plume pour donner de leurs nouvelles. Commençons par les Éboulements : onze décès de personnes adultes dans cette paroisse depuis l'automne, dont trois dans la même maison, chez mon ami Dufour : il faut que la picote ou quelque fièvre maligne aient visité cette famille, car ce sont des maîtres hommes que ces Dufour, et tous dans la force de l'âge. Les Tremblay sont bien ; j'en suis charmé : ce sont de braves gens. Il y a de la maladie chez Bonneau : probablement la grand-mère, car elle est très âgée. Un enfant mort chez Bélair ; c'était, je crois, le seul qu'ils eussent : c'était un jeune ménage.

Mon oncle Raoul continua ainsi pendant quelque temps à s'intéresser des nouvelles de ses amis des Éboulements, de l'île aux Coudres et de la Petite-Rivière.

— Je comprends, dit de Locheill, sans pourtant en avoir la clef, ce sont des signes convenus que se font les habitants des deux rives du fleuve, pour se communiquer ce qui les intéresse le plus.

— Oui, reprit mon oncle Raoul; et, si nous étions sur la côte du nord, nous verrions des signaux semblables sur la côte du sud. Si le feu une fois allumé, ou que l'on alimente, brûle longtemps sans s'éteindre, c'est bonne nouvelle; s'il brûle en amortissant, c'est signe de maladie; s'il s'éteint tout à coup, c'est signe de mortalité. Autant de fois qu'il s'éteint subitement, autant de personnes mortes. Pour un adulte, une forte lumière; pour un enfant, une petite flamme. Les voies de communication étant assez rares, même l'été, et entièrement interceptées pendant l'hiver, l'homme, toujours ingénieux, y a suppléé par un moyen très simple.

Les mêmes signaux, continua mon oncle Raoul, sont connus de tous les marins, qui s'en servent dans les naufrages pour communiquer leur détresse. Pas plus tard que l'année dernière, cinq de nos meilleurs chasseurs seraient morts de faim sur la batture aux Loups-Marins sans cette connaissance. Vers le milieu de mars, il se fit un changement si subit qu'on dut croire au printemps. En effet, les glaces disparurent du fleuve, et les outardes, les oies sauvages, les canards firent en grand nombre leur apparition. Cinq de nos chasseurs, bien munis de provisions (car le climat est traître au Canada), partent donc pour la batture mais leurs outardes sont en si grande abondance qu'ils laissent leurs vivres dans le canot, qu'ils amarrent avec assez de négligence vis-à-vis de la cabane, pour courir prendre leurs stations dans le chenal où ils doivent commencer par se *percer* avant le reflux de la marée. On appelle, comme vous devez le savoir, se *percer*, creuser une fosse dans la vase, d'environ trois à quatre pieds de profondeur, où le chasseur se blottit pour surprendre le gibier, qui est très méfiant, surtout l'outarde et l'oie sauvage. C'est une chasse de misère, car vous restez souvent accroupi sept à huit heures de suite dans ces trous, en compagnie de votre chien. L'occupation ne manque pas d'ailleurs pour tuer le temps, car il vous faut dans certains endroits vider continuellement l'eau bourbeuse qui menace de vous submerger.

Néanmoins tout était prêt et nos chasseurs s'attendaient à être amplement récompensés de leurs peines à la marée montante, quand il s'éleva tout à coup une tempête épouvantable. La neige, poussée par le vent, était d'une abondance à ne pas voir le gibier à trois brasses du chasseur. Nos gens, après avoir patienté jusqu'au flux de la mer, qui les chassa de leurs gabions, retournèrent, de guerre lasse, à leur cabane où un triste spectacle les attendait : leur canot avait été emporté par la tempête, et il ne restait pour toutes provisions aux cinq hommes qu'un pain et une bouteille d'eau-de-vie qu'ils avaient mis dans leur cabane à leur arrivée, afin de prendre un coup et une bouchée avant de partir pour la chasse. On tint conseil, et on se coucha sans souper : la tempête de neige pouvait durer trois jours, et il leur serait impossible, à une distance à peu près égale de trois lieues des terres du nord et du sud de faire apercevoir les signaux de détresse. Il fallait donc ménager les vivres. Ils étaient loin de leur compte ; il se fit un second hiver, le froid devint très intense, la tempête de neige dura huit jours, et à l'expiration de ce terme, le fleuve fut couvert de glaces comme en janvier.

Ils commencèrent alors à faire des signaux de détresse que l'on vit bien des deux rives du Saint-Laurent ; mais impossible de porter secours. Aux signaux de détresse succédèrent ceux de mort. Le feu s'allumait tous les soirs, et s'éteignait aussitôt ; on avait déjà enregistré la mort de trois des naufragés, quand plusieurs habitants, touchés de compassion, firent, au péril de leur vie, tout ce que l'on pouvait attendre d'hommes dévoués et courageux ; mais inutilement, car le fleuve était tellement couvert de glaces que les courants emportaient les canots soit au nord-est, soit au nord-ouest, suivant le flux et le reflux de la mer, sans les rapprocher du lieu du sinistre. Ce ne fut que le dix-septième jour qu'ils furent secourus par un canot monté par des habitants de l'île aux Coudres.

À leur arrivée, n'entendant aucun bruit dans la cabane, ils les crurent tous morts. Ils étaient néanmoins tous vivants, mais épuisés. Ils furent bien vite sur pied, après les précautions d'usage ; mais ils promirent bien, quoiqu'un peu tard, que leur première besogne en abordant une île, même en été, serait de mettre leur canot hors de toute atteinte de la marée[a].

Mon oncle Raoul, après avoir longtemps parlé, finit comme tout le monde par se taire.

— Ne trouvez-vous pas, mon cher oncle, dit Blanche, qu'une chanson, pendant cette belle nuit si calme, le long des rives du prince des fleuves, ajouterait beaucoup au charme de notre promenade ?

— Oh ! oui ! une chanson, dirent les jeunes gens.

C'était prendre le chevalier par son sensible. Il ne se fit pas prier, et chanta, de sa superbe voix de ténor, la chanson suivante qu'il affectionnait singulièrement, comme chasseur redoutable avant sa blessure. Tout en avouant qu'elle péchait contre les règles de la versification, il affirmait que ces défauts étaient rachetés par des images vives d'une grande fraîcheur.

CHANSON DE MON ONCLE RAOUL

Me promenant, sur le tard,
Le long d'un bois à l'écart,
Chassant bécasse et perdrix
Dans ce bois joli,
Tout à travers les roseaux
J'en visai une;
Tenant mon fusil bandé,
Tout prêt à tirer.

J'entends la voix de mon chien,
Du chasseur le vrai soutien;
J'avance et je crie tout haut
À travers les roseaux,
D'une voix d'affection.
Faisant ma ronde,
J'aperçus en faisant mon tour
Un gibier d'amour.

Je vis une rare beauté
Dedans ce bois écarté,
Assise le long d'un fossé,
Qui s'y reposait.
Je tirai mon coup de fusil
Pas bien loin d'elle;
La belle jeta un si haut cri,
Que le bois retentit.

Je lui ai dit : Mon cher cœur,
Je lui ai dit avec douceur :
Je suis un vaillant chasseur,
De moi n'ayez point peur.
En vous voyant, ma belle enfant
Ainsi seulette,
Je veux être votre soutien
Et vous faire du bien.

— Rassurez-moi, je vous prie,
Car de peur je suis saisie :
Je me suis laissée anuiter,
Je me suis écartée :
Ah! montrez-moi le chemin

De mon village,
Car sans vous, mon beau monsieur,
Je mourrais sur les lieux.

— La belle, donnez-moi la main!
Votre chemin n'est pas loin;
Je puis vous faire ce plaisir,
J'en ai le loisir;
Mais, avant de nous quitter,
Jolie mignonne,
Voudriez-vous bien m'accorder
Un tendre baiser?

— Je ne saurais vous refuser,
Je veux bien vous récompenser:
Prenez-en deux ou bien trois,
C'est à votre choix:
Vous m'avez d'un si grand cœur
Rendu service!
— C'est pour moi beaucoup d'honneur,
Adieu donc, cher cœur.

— Diable! dit Jules, monsieur le chevalier, vous n'y allez pas de main morte. Je gage, moi, que vous deviez être un furieux galant parmi les femmes dans votre jeunesse, et que vous avez fait bien des victimes. Eh bien! n'est-ce pas, cher oncle? De grâce racontez-nous vos prouesses.

— Laid, laid, mon petit-fils, fit mon oncle Raoul en se rengorgeant, mais plaisant aux femmes.

Jules allait continuer sur ce ton, mais, voyant les gros yeux que lui faisait sa sœur, tout en se mordant les lèvres pour s'empêcher de rire, il reprit le refrain du dernier couplet:

Vous m'avez d'un si grand cœur
Rendu service!
— C'est pour moi beaucoup d'honneur,
Adieu donc, cher cœur.

Les jeunes gens continuaient à chanter en chœur, lorsqu'ils virent, en arrivant à une clairière, un feu dans le bois, à une petite distance du chemin.

— C'est la sorcière du domaine, dit mon oncle Raoul.

— J'ai toujours oublié de m'informer pourquoi on l'appelle la sorcière du domaine, dit Arché.

— Parce qu'elle a établi son domicile de prédilection dans ce bois, autrefois le domaine d'Haberville, repartit mon oncle Raoul. Mon frère l'a échangé pour le domaine actuel, afin de se rapprocher de son moulin de Trois-Saumons.

— Allons rendre visite à la pauvre Marie, dit Blanche; elle m'apportait, le printemps, dans mon enfance, les premières fleurs de la forêt et les premières fraises de la saison.

Mon oncle Raoul fit bien quelques objections, vu l'heure avancée; mais, comme il ne pouvait rien refuser à son aimable nièce, on attacha les chevaux à l'entrée d'un taillis, et on se rendit près de la sorcière.

L'habitation de la pauvre Marie ne ressemblait en rien à celle de la sibylle de Cumes, ni à l'antre d'aucune sorcière ancienne ou moderne. C'était une cabane de pièces sur pièces, de poutres non équarries, tapissée en dedans de mousse de diverses couleurs, et dont le toit en forme de cône était recouvert d'écorce de bouleau et de branches d'épinette.

Marie, assise à la porte de la cabane sur un arbre renversé, veillait à la cuisson d'une grillade qu'elle tenait dans une poêle à frire, au-dessus d'un feu entouré de pierres pour l'empêcher de s'étendre. Elle ne fit aucune attention aux visiteurs, mais continua, à son ordinaire, une conversation commencée avec un être invisible derrière elle, à qui elle répétait sans cesse, en faisant le geste de le chasser tantôt de la main droite, tantôt de la main gauche qu'elle agitait en arrière: «Va-t'en! va-t'en! c'est toi qui amènes l'Anglais pour dévorer le Français!»

— Ah çà! prophétesse de malheur, dit mon oncle Raoul, quand tu auras fini de parler au diable, voudras-tu bien me dire ce que signifie cette menace?

— Voyons, Marie, ajouta Jules, dis-nous donc si tu crois vraiment parler au diable? Tu peux en imposer aux habitants; mais tu dois savoir que nous n'ajoutons pas foi à de telles bêtises.

— Va-t'en! va-t'en! continua la sorcière en faisant les mêmes gesticulations, c'est toi qui amènes l'Anglais pour dévorer le Français.

— Je vais lui parler, dit Blanche; elle m'aime beaucoup; je suis sûre qu'elle me répondra.

S'approchant alors, elle lui mit la main sur l'épaule, et lui dit de sa voix la plus douce:

— Est-ce que tu ne me reconnais pas, ma bonne Marie? Est-ce que tu ne reconnais pas la petite seigneuresse, comme tu m'appelais quand j'étais enfant?

La pauvre femme interrompit son monologue, et regarda la belle jeune fille avec tendresse. Une larme même s'arrêta dans ses yeux sans pouvoir couler: cette tête fiévreuse et toujours brûlante en contenait[b] si peu!

— Pourquoi, ma chère Marie, dit mademoiselle d'Haberville, mènes-tu cette vie sauvage et vagabonde? Pourquoi vivre dans les bois, toi la femme d'un riche habitant, toi la mère d'une nombreuse famille? Tes pauvres petits enfants, élevés par des femmes étrangères, auraient pourtant bien besoin des soins de leur bonne mère! Je viendrai te chercher après la fête avec maman et nous te ramènerons chez toi: elle parlera à ton mari qui t'aime toujours; tu dois être bien malheureuse!

La pauvre femme bondit sur son siège, et ses yeux lancèrent des flammes, lorsque debout, pâle de colère, elle s'écria en regardant les assistants:

— Qui ose parler de mes malheurs?

Est-ce la belle jeune fille, l'orgueil de ses parents, qui ne sera jamais épouse et mère?

Est-ce la noble et riche demoiselle, élevée entre la soie et le coton, qui n'aura bientôt comme moi qu'une cabane pour abri? Malheur! Malheur! Malheur!

Elle se releva tout à coup avant de s'enfoncer dans la forêt, et s'écria de nouveau en voyant Jules très affecté:

— Est-ce ce bon Jules d'Haberville qui s'apitoie sur mes malheurs? Est-ce bien Jules d'Haberville, le brave entre les braves, dont je vois le corps sanglant traîné sur les plaines d'Abraham? Est-ce bien lui qui ensanglante le dernier glorieux champ de bataille de ma patrie? Malheur! Malheur! Malheur!

— Cette pauvre femme me fait beaucoup de peine, dit de Locheill, comme elle se préparait à entrer dans le fourré.

Elle l'entendit, se retourna pour la dernière fois, se croisa les bras, et lui dit avec un calme plein d'amertume:

— Garde ta pitié pour toi, Archibald de Locheill: la folle du domaine n'a pas besoin de ta pitié! garde-la pour toi et tes amis! garde-la pour toi-même lorsque, contraint d'exécuter un ordre barbare, tu déchireras avec tes ongles cette poitrine qui recouvre pourtant un cœur noble et généreux! Garde ta pitié pour tes amis, ô Archibald de Locheill! lorsque tu promèneras la torche incendiaire sur leurs paisibles habitations: lorsque les vieillards, les infirmes, les femmes et les enfants fuiront devant toi comme les brebis à l'approche d'un loup furieux! Garde ta pitié; tu en auras besoin lorsque tu porteras dans tes bras le corps sanglant de celui que tu appelles ton frère! Je n'éprouve, à présent, qu'une grande douleur, ô Archibald de Locheill! c'est celle de ne pouvoir te maudire! Malheur! Malheur! Malheur!

Et elle disparut dans la forêt.

— Je veux qu'un Anglais m'étrangle, dit mon oncle Raoul, si Marie la folle n'était pas ce soir le type de toutes les sorcières chantées par les poètes anciens et modernes : je ne sais sur quelle herbe elle a marché, elle toujours si polie, si douce avec nous.

Tous convinrent qu'ils ne l'avaient jamais entendue parler sur ce ton. On fit le reste du chemin en silence ; car, sans ajouter foi à ses paroles, ils avaient néanmoins gardé dans leur âme un fond de tristesse.

Mais ce léger nuage fut bientôt dissipé à leur arrivée au manoir, où ils trouvèrent une société nombreuse.

De joyeux éclats de rire se faisaient entendre du chemin même, et l'écho du cap répétait le refrain :

> *Ramenez vos moutons, bergère,*
> *Belle bergère, vos moutons.*

Les danseurs avaient rompu un des chaînons de cette danse ronde, et parcouraient en tous sens la vaste cour du manoir, à la file les uns des autres. On entoura la voiture du chevalier, la chaîne se renoua, et l'on fit quelques tours de danse en criant à mademoiselle d'Haberville : Descendez, belle bergère.

Blanche sauta légèrement de voiture ; le chef de la danse s'en empara, et se mit à chanter :

> *C'est la plus belle de céans* (bis),
> *Par la main je vous la prends* (bis),
> *Je vous la passe par derrière,*
> *Ramenez vos moutons, bergère :*
> *Ramenez, ramenez, ramenez donc,*
> *Vos moutons, vos moutons, ma bergère.*
> *Ramenez, ramenez, ramenez donc*
> *Belle bergère, vos moutons.*

On fit encore plusieurs rondes autour de la voiture du chevalier en chantant :

> *Ramenez, ramenez, ramenez donc,*
> *Belle bergère, vos moutons.*

On rompit encore la chaîne ; et toute la bande joyeuse enfila dans le manoir en dansant et chantant le joyeux refrain.

Mon oncle Raoul, délivré à la fin de ces danseurs impitoyables, descendit comme il put de voiture pour rejoindre la société à la table du réveillon.

X

Le bon gentilhomme

> Tout homme qui, à quarante ans, n'est pas misanthrope, n'a jamais aimé les hommes.
>
> CHAMFORT

> J'ai été prodigieusement fier jusqu'à quarante-cinq ans ; mais le malheur m'a bien courbé et m'a rendu aussi humble que j'étais fier. Ah ! c'est une grande école que le malheur ! j'ai appris à me courber et à m'humilier sous la main de Dieu.
>
> CHÊNEDOLLÉ

Les deux mois que Jules devait passer avec sa famille, avant son départ pour l'Europe, étaient déjà expirés, et le vaisseau dans lequel il avait pris passage devait faire voile sous peu de jours. De Locheill était à Québec, occupé aux préparatifs d'un voyage qui, en moyenne, ne devait pas durer moins de deux mois. Il fallait d'amples provisions, et monsieur d'Haberville avait chargé de ces soins le jeune Écossais, tandis que de leur côté la mère et la sœur de Jules encombraient les valises des jeunes gens de toutes les douceurs que leur tendresse prévoyante pouvait leur suggérer. Plus approchait le temps d'une séparation qui pouvait être éternelle, plus Jules était empressé auprès de ses bons parents, qu'il ne quittait guère. Il leur dit cependant un jour :

— J'ai promis, comme vous savez, au bon gentilhomme, d'aller coucher chez lui avant mon départ pour l'Europe ; je serai de retour demain au matin pour déjeuner avec vous.

Ce disant, il prit son fusil, et s'achemina vers la forêt, tant pour chasser que pour abréger la route.

Monsieur d'Egmont, que tout le monde appelait « le bon gentilhomme », habitait une maisonnette située sur la rivière des Trois-Saumons, à environ trois quarts de lieue du manoir. Il vivait là avec un fidèle domestique qui avait partagé sa bonne et sa mauvaise fortune. André Francœur était du même âge que son maître, et son frère de lait ; compagnon des jeux de son enfance, plutôt son ami, son confident, que son valet de chambre dans un âge plus avancé, André Francœur avait trouvé aussi naturel de s'attacher à lui lorsque la main de fer du malheur l'eut étreint, que lorsqu'en ses jours prospères, il le suivait dans ses parties de plaisir et recevait les cadeaux dont le comblait sans cesse son bon et généreux maître.

Le bon gentilhomme et son domestique vivaient alors d'une petite rente, produit d'un capital qu'ils avaient mis en commun. On pouvait même dire que les épargnes du valet surpassaient celles du maître, provenant d'une petite pension alimentaire que lui faisait sa famille lorsqu'il vivait en France. Était-ce bien honorable à monsieur d'Egmont de vivre en partie des épargnes de Francœur ? Chacun répondra non ; mais le bon gentilhomme raisonnait autrement :

— J'ai été riche autrefois, j'ai dépensé la plus grande partie de ma fortune à obliger mes amis, j'ai répandu mes bienfaits sur tous les hommes indifféremment, et mes nobles amis ne m'ont payé que d'ingratitude. André seul s'est montré reconnaissant ; André seul m'a prouvé qu'il avait un noble cœur : je puis donc, sans manquer à la délicatesse, associer ma fortune à la sienne, comme je l'eusse fait avec un homme de mon rang, s'il s'en fût trouvé un seul, un seul assez généreux pour imiter mon valet ; d'ailleurs, au dernier vivant la succession.

Lorsque Jules arriva, le bon gentilhomme était occupé à sarcler un carré de laitues dans son jardin. Tout à sa besogne, il ne vit point son jeune ami, qui, appuyé sur l'enclos, le contemplait en silence en écoutant son monologue.

— Pauvre insecte ! disait le bon gentilhomme, pauvre petit insecte ! j'ai eu le malheur de te blesser, et voilà que les autres fourmis, naguère tes amies, se précipitent sur toi pour te dévorer. Ces petites bêtes sont donc aussi cruelles que les hommes. Je vais te secourir : et vous, mesdames les fourmis, merci de la leçon ; j'ai meilleure opinion maintenant de mes semblables.

— Pauvre misanthrope ! pensa Jules ; il faut donc qu'il ait bien souffert, ayant une âme si sensible.

Et, se retirant alors sans bruit, il entra par la porte du jardin.

Monsieur d'Egmont poussa un cri de joie en voyant son jeune ami, et l'embrassa avec affection : il l'avait vu élever, et l'aimait comme son fils. Quoiqu'il eût constamment refusé, depuis trente ans qu'il vivait dans la seigneurie du capitaine d'Haberville, de venir vivre au manoir avec son fidèle domestique, il y faisait cependant de fréquentes visites, qui duraient souvent au-delà d'une semaine, surtout en l'absence des étrangers ; car, sans éviter positivement la société, il avait trop souffert dans ses rapports avec les hommes de sa classe pour se mêler cordialement à leurs joies bruyantes.

Monsieur d'Egmont, quoique pauvre, ne laissait pas de faire beaucoup de bien : il consolait les affligés, visitait les malades, les soignait avec des simples, dont ses études botaniques lui avaient révélé les vertus secrètes ; et, si ses charités n'étaient pas abondantes, elles étaient distribuées de si bon cœur, avec tant de délicatesse, que les pauvres en étaient riches. On semblait en conséquence avoir oublié son nom pour ne l'appeler que le bon gentilhomme.

Lorsque monsieur d'Egmont et son jeune ami entrèrent dans la maison après une courte promenade aux alentours, André mettait sur la table un plat de truites de la plus belle apparence et un plat de tourtes à la crapaudine couvertes de cerfeuil cru.

— C'est un souper peu dispendieux, dit le bon gentilhomme ; j'ai pris les truites moi-même, devant ma porte, il y a une heure environ, André a tué les tourtes ce matin au soleil levant, dans cet arbre sec à demi-portée de fusil de ma maison : tu vois que, sans être seigneur, j'ai vivier et colombier sur mon domaine. Maintenant une salade de laitue à la crème, une jatte de framboises, une bouteille de vin : et voilà ton souper, Jules, mon ami !

— Et jamais vivier et colombier, dit celui-ci, n'auront fourni un meilleur repas à un chasseur affamé.

Le repas fut très gai, car monsieur d'Egmont semblait, malgré son grand âge, avoir retrouvé la gaieté de sa jeunesse, pour fêter son jeune ami. Sa conversation, toujours amusante, était aussi très instructive ; car, s'il avait beaucoup pratiqué les hommes dans sa jeunesse, il avait aussi trouvé dans l'étude une distraction à ses malheurs.

— Comment trouves-tu ce vin ? dit-il à Jules, qui, mangeant comme un loup, avait déjà avalé quelques rasades.

— Excellent, sur mon honneur.

— Tu es connaisseur, mon ami, reprit monsieur d'Egmont ; car, si l'âge doit améliorer les hommes et le vin, celui-ci doit être bien bon, et moi je devrais arriver à la perfection, car me voilà bien vite nonagénaire.

— Aussi, dit Jules, vous appelle-t-on le bon gentilhomme.

— Les Athéniens, mon fils, bannissaient Aristide en l'appelant le juste. Mais laissons les hommes et parlons du vin : j'en bois rarement moi-même ; j'ai appris à m'en passer comme de bien d'autres objets de luxe inutiles au bien-être de l'homme, et je jouis encore d'une santé parfaite. Ce vin, que tu trouves excellent, est plus vieux que toi : son âge serait peu pour un homme ; c'est beaucoup pour du vin. Ton père m'en envoya un panier le jour de ta naissance ; car il était si heureux, qu'il fit des cadeaux à tous ses amis. Je l'ai toujours conservé avec beaucoup de soin, et je n'en donne que dans les rares occasions comme celle-ci. À ta santé, mon cher fils ; succès à toutes tes entreprises, et lorsque tu seras de retour dans la Nouvelle-France, promets-moi de venir souper ici et boire une dernière bouteille de ce vin que je garderai pour toi.

Tu me regardes avec étonnement ; tu crois qu'il est probable qu'à ton retour j'aurai depuis longtemps payé cette dernière dette que le débiteur le plus récalcitrant doit à la nature! Tu te trompes, mon cher fils; un homme comme moi ne meurt pas. Mais, tiens, nous avons maintenant fini de souper; laissons la table du festin, et allons nous asseoir *sub tegmine fagi*, c'est-à-dire, au pied de ce superbe noyer, dont les branches touffues se mirent dans les eaux limpides de cette charmante rivière.

Le temps était magnifique : quelques rayons de la lune, alors dans son plein, se jouaient dans l'onde, à leurs pieds. Le murmure de l'eau faisait seul diversion au calme de cette belle nuit canadienne. Monsieur d'Egmont garda le silence pendant quelques minutes, la tête penchée sur son sein; et Jules, respectant sa rêverie, se mit à tracer sur le sable, avec son doigt, quelques lignes géométriques.

— J'ai beaucoup désiré, mon cher Jules, dit le gentilhomme, de m'entretenir avec toi avant ton départ pour l'Europe, avant ton entrée dans la vie des hommes. Je sais bien que l'expérience d'autrui est peu profitable, et qu'il faut que chacun paie le tribut de sa propre inexpérience; n'importe, j'aurai toujours la consolation de t'ouvrir mon cœur, ce cœur qui devrait être desséché depuis longtemps, mais qui bat toujours avec autant de force que lorsque, viveur infatigable, je conduisais les bandes joyeuses de mes amis, il y a déjà plus d'un demi-siècle. Tu me regardais tantôt, mon fils, avec étonnement, lorsque je te disais qu'un homme comme moi ne meurt pas : tu pensais que c'était une métaphore; j'étais pourtant bien sincère dans le moment. J'ai imploré la mort tant de fois à deux genoux que j'ai fini par cesser presque d'y croire. Les païens en avaient fait une divinité : c'était, sans doute, pour l'implorer dans les grandes infortunes. Si la physiologie nous enseigne que nos souffrances sont en raison de la sensibilité de nos nerfs, et partant de toute notre organisation, j'ai alors souffert, ô mon fils! ce qui aurait tué cinquante hommes des plus robustes.

Le bon gentilhomme se tut de nouveau, et Jules lança quelques petits cailloux dans la rivière.

— Voilà, reprit le vieillard, cette onde qui coule si paisiblement à nos pieds; elle se mêlera, dans une heure tout au plus, aux eaux plus agitées du grand fleuve, dont elle subira les tempêtes, et, dans quelques jours, mêlée aux flots de l'Atlantique, elle sera le jouet de toute la fureur des ouragans qui soulèvent ses vagues jusqu'aux nues. Voilà l'image de notre vie. Tes jours, jusqu'ici, ont été aussi paisibles que les eaux de ma petite rivière; mais bien vite tu seras ballotté sur le grand fleuve de la vie, pour être exposé ensuite aux fureurs de cet immense océan humain qui renverse tout sur son passage! Je t'ai vu naître, d'Haberville; j'ai suivi, d'un œil attentif, toutes les phases de ta jeune existence; j'ai étudié avec soin ton caractère, et c'est ce qui me fait désirer l'entretien que nous avons aujourd'hui; car jamais ressemblance n'a été plus parfaite qu'entre ton caractère et le mien. Comme toi, je suis né bon, sensible, généreux jusqu'à la prodigalité. Comment se fait-il alors que ces dons si précieux, qui devaient m'assurer une heureuse existence, aient été la cause de tous mes malheurs ? Comment se fait-il, ô mon fils ! que ces vertus tant prisées par les hommes se soient soulevées contre moi comme autant d'ennemis acharnés à ma perte ? Comment se fait-il que, vainqueurs impitoyables, elles m'aient abattu et roulé dans la poussière ? Il me semble pourtant que je méritais un meilleur sort. Né, comme toi, de parents riches, qui m'idolâtraient, il m'était sans cesse facile de suivre les penchants de ma nature bienfaisante. Je ne cherchais, comme toi, qu'à me faire aimer de tout ce qui m'entourait. Comme toi, je m'apitoyais, dans mon enfance, sur tout ce que je voyais souffrir, sur l'insecte que j'avais blessé par inadvertance, sur le petit oiseau tombé de son nid. Je pleurais sur le sort du petit mendiant déguenillé qui me racontait ses misères ; je me dépouillais pour le couvrir, et, si mes parents, tout en me grondant un peu, n'eussent veillé sans cesse sur ma garde-robe, le fils du riche monsieur d'Egmont aurait été le plus mal vêtu de tous les enfants du collège où il pensionnait. Inutile d'ajouter que, comme toi, ma main était sans cesse ouverte à tous mes camarades ; suivant leur expression, «je n'avais rien à moi». C'est drôle, après tout, continua le bon gentilhomme en fermant les yeux, comme se parlant à lui-même, c'est drôle que je n'aie alors éprouvé aucune ingratitude de la part de mes jeunes compagnons. L'ingratitude est-elle le partage de l'homme fait ? Ou est-ce un piège que cette charmante nature humaine tend à l'enfant bon, confiant et généreux, pour mieux le dépouiller ensuite lorsque la poule sera plus grasse ? Je m'y perds ; mais non : l'enfance, l'adolescence ne peuvent être aussi dépravées. Ça serait à s'arracher les cheveux de désespoir, à maudire...

Et toi, Jules, reprit le vieillard après cet *aparté*, as-tu déjà éprouvé l'ingratitude de ceux que tu as obligés, cette ignoble ingratitude qui vous frappe de stupeur, qui perce le cœur comme une aiguille d'acier ?

— Jamais ! dit le jeune homme.

— C'est alors l'intérêt, conséquence naturelle de la civilisation, qui cause l'ingratitude ; plus l'homme a de besoins, plus il doit être ingrat. Ceci me rappelle une petite anecdote, qui trouve sa place ici. Il y a environ vingt ans qu'un pauvre sauvage, de la tribu des Hurons, arriva chez moi dans un état bien pitoyable[a]. C'était le printemps ; il avait fait une longue et pénible marche, passé à la nage des ruisseaux glacés, ayant bien chaud, en sorte qu'il était attaqué d'une pleurésie violente, accompagnée d'une inflammation de poumons des plus alarmantes. Je jugeai qu'une abondante saignée pouvait seule lui sauver la vie. Je n'avais jamais phlébotomisé, et je fis, avec mon canif, mes premières armes dans cet art sur l'homme de la nature. Bref, des simples, des soins assidus opérèrent une guérison ; mais la convalescence fut longue : il resta plus de deux mois chez moi. Au bout d'un certain temps, André et moi parlions le huron comme des indigènes. Il me raconta qu'il était un grand guerrier, un grand chasseur, mais que l'usage immodéré de l'eau-de-feu avait été sa ruine ; qu'il avait une forte dette à payer, mais qu'il serait plus sage à l'avenir. Ses remerciements furent aussi courts que ses adieux :

— Mon cœur est trop plein pour parler longtemps, dit-il ; le guerrier huron ne doit pas pleurer comme une femme : merci, mes frères.

Et il s'enfonça dans la forêt.

J'avais complètement oublié mon indigène, lorsqu'au bout de quatre ans, il arriva chez moi avec un autre sauvage. Ce n'était pas le même homme que j'avais vu dans un si piteux état : il était vêtu splendidement, et tout annonçait chez lui le grand guerrier et le grand chasseur, qualités inséparables chez les naturels de l'Amérique du Nord. Lui et son compagnon déposèrent, dans un coin de ma chambre, deux paquets de marchandises de grande valeur : car ils contenaient les pelleteries les plus riches, les plus brillants mocassins brodés en porc-épic, les ouvrages les plus précieux en écorce, et d'autres objets dont les sauvages font commerce avec nous. Je le félicitai alors sur la tournure heureuse qu'avaient prise ses affaires.

— Écoute, mon frère, me dit-il, et fais attention à mes paroles. Je te dois beaucoup, et je suis venu payer mes dettes. Tu m'as sauvé la vie, car tu connais bonne médecine. Tu as fait plus, car tu connais aussi les paroles qui entrent dans le cœur : d'un chien d'ivrogne que j'étais, je suis redevenu l'homme que le Grand-Esprit a créé. Tu étais riche, quand tu vivais de l'autre côté du grand lac. Ce wigwam est trop étroit pour toi : construis-en un qui puisse contenir ton grand cœur. Toutes ces marchandises t'appartiennent.

Je fus touché jusqu'aux larmes de cet acte de gratitude de la part de cet homme primitif : j'avais donc trouvé deux hommes reconnaissants dans tout le cours d'une longue vie : le fidèle André, mon frère de lait, et ce pauvre enfant de la nature qui, voyant que je ne voulais accepter de ces dons qu'une paire de souliers de caribou, poussa son cri aigu « houa » en se frappant la bouche de trois doigts, et se sauva à toutes jambes, suivi de son compagnon. Malgré mes recherches, je n'en ai eu ni vent ni nouvelle. Notre respectable curé se chargea de vendre les marchandises, dont le produit, avec l'intérêt, a été distribué dernièrement aux sauvages de sa tribu.

Le bon gentilhomme soupira, se recueillit un instant, et reprit la suite de sa narration :

— Je vais maintenant, mon cher Jules, te faire le récit de la période la plus heureuse et la plus malheureuse de ma vie : cinq ans de bonheur ! cinquante ans de souffrances ! Ô mon Dieu ! une journée, une seule journée de ces joies de ma jeunesse, qui me fasse oublier tout ce que j'ai souffert ! Une journée de cette joie délirante qui semble aussi aiguë que la douleur physique ! Oh ! une heure, une seule heure de ces bons et vivifiants éclats de rire, qui dilatent le cœur à le briser, et qui, comme une coupe rafraîchissante du Léthé, effacent de la mémoire tout souvenir douloureux ! Que mon cœur était léger lorsque, entouré de mes amis, je présidais la table du festin ! Un de ces heureux jours, ô mon Dieu ! où je croyais à l'amitié sincère, où j'avais foi en la reconnaissance, où j'ignorais l'ingratitude !

Lorsque j'eus complété mes études, toutes les carrières me furent ouvertes ; je n'avais qu'à choisir : celle des armes s'offrait naturellement à un homme de ma naissance ; mais il me répugnait de répandre le sang de mes semblables.

J'obtins une place de haute confiance dans les bureaux. Avec mes dispositions, c'était courir à ma perte. J'étais riche par moi-même ; mon père m'avait laissé une brillante fortune, les émoluments de ma place étaient considérables, je maniais à rouleaux l'or que je méprisais.

Je ne chercherai pas, fit le bon gentilhomme en se frappant le front avec ses deux mains, à pallier mes folies pour accuser autrui de mes désastres ; oh ! non ! mais il est une chose certaine, c'est que j'aurais pu suffire à mes propres dépenses, mais non à celles de mes amis, et à celles des amis de mes amis, qui se ruèrent sur moi comme des loups affamés sur une proie facile à dévorer. Je ne leur garde aucune rancune : ils agissaient suivant leur nature : quand la bête carnassière a faim, elle dévore tout ce qu'elle rencontre. Incapable de refuser un service, ma main ne se ferma plus ; je devins non seulement leur banquier, mais si quelqu'un avait besoin d'une caution, d'un endossement de billet, ma signature était à la disposition de tout le monde. C'est là, mon cher Jules, ma plus grande erreur ; car je puis dire en toute vérité que j'ai été obligé de liquider leurs dettes, quatre-vingt-dix-neuf fois sur cent, de mes propres deniers, même dans mes plus grands embarras, pour sauver mon crédit et éviter une ruine d'ailleurs imminente. Un grand poète anglais a dit : «Ne prête ni n'emprunte, si tu veux conserver tes amis». Donne, mon cher fils, donne à pleines mains, puisque c'est un penchant irrésistible chez toi ; mais, au moins, sois avare de ta signature : tu seras toujours à la gêne, mais tu éviteras les malheurs qui ont empoisonné mon existence pendant un demi-siècle.

Mes affaires privées étaient tellement mêlées avec celles de mon bureau que je fus assez longtemps sans m'apercevoir de leur état alarmant. Lorsque je découvris la vérité, après un examen de mes comptes, je fus frappé comme d'un coup de foudre. Non seulement j'étais ruiné, mais aussi sous le poids d'une défalcation considérable! Bah! me dis-je, à la fin, que m'importe la perte de mes biens! que m'importe l'or que j'ai toujours méprisé! que je paie mes dettes; je suis jeune, je n'ai point peur du travail, j'en aurai toujours assez. Qu'ai-je à craindre d'ailleurs? mes amis me doivent des sommes considérables. Témoins de mes difficultés financières, non seulement ils vont s'empresser de s'acquitter envers moi, mais aussi, s'il est nécessaire, de faire pour moi ce que j'ai fait tant de fois pour eux. Que j'étais simple, mon cher fils, de juger les autres par moi-même! J'aurais, moi, remué ciel et terre pour sauver un ami de la ruine; j'aurais fait les plus grands sacrifices. Que j'étais simple et crédule! ils ont eu raison, les misérables, de se moquer de moi.

Je fis un état de mes créances, de la valeur de mes propriétés, et je vis clairement que mes rentrées faites, mes immeubles vendus, je n'étais redevable que d'une balance facile à couvrir à l'aide de mes parents. La joie rentra dans mon cœur. Que je connaissais peu les hommes! Je fis part, en confidence, de mes embarras à mes débiteurs. Je leur dis que je me confiais à leur amitié pour garder la chose secrète, que le temps pressait, et que je les priais de me rembourser dans le plus court délai. Je les trouvai froids comme j'aurais dû m'y attendre. Plusieurs auxquels j'avais prêté, sans reconnaissance par écrit de leur part, avaient même oublié ma créance. Ceux dont j'avais les billets me dirent que c'était peu généreux de les prendre au dépourvu; qu'ils n'auraient jamais attendu cela d'un ami. Le plus grand nombre, qui avaient eu des transactions à mon bureau, prétendirent effrontément que j'étais leur débiteur. Ils avaient raison, je leur devais une bagatelle; mais eux me devaient des sommes considérables. Je leur demandai à régler; on me le promit, mais on n'en fit rien: on se plut, au contraire, à saper mon crédit en publiant que j'étais ruiné et que j'avais le front de réclamer des dettes imaginaires. On fit plus: on me tourna en ridicule en disant que j'étais un fou prodige. Un d'eux, farceur quand même, qui dix-huit mois auparavant n'avait conservé une place qu'il devait perdre pour abus de confiance que par les secours pécuniaires que je lui donnai et dont le secret mourra dans mon cœur, fut intarissable de verve satirique à mes dépens; ses plaisanteries eurent un succès fou parmi mes anciens amis. Ce dernier trait d'ingratitude m'accabla.

Un seul, oui un seul, et celui-là n'était qu'une simple connaissance que j'avais rencontrée quelquefois en société, ayant eu vent de la ruine qui me menaçait, s'empressa de me dire:

— Nous avons eu des affaires ensemble: voici, je crois, la balance qui vous revient; compulsez vos livres pour voir si c'est correct.

Il est mort depuis longtemps; honneur à sa mémoire! et que les bénédictions d'un vieillard profitent à ses enfants.

Le temps pressait, comme je l'ai dit, et quand bien même j'aurais eu le cœur de faire des poursuites, rien ne pouvait me sauver. Ajoutons les intrigues d'amis et d'ennemis pour profiter de mes dépouilles, et il est aisé de pressentir qu'il me fallait succomber; je baissai la tête sans faire face à l'orage, et je me résignai.

Je ne voudrais pas, ô mon fils! attrister ta jeune âme du récit de tout ce que j'ai souffert; il me suffira d'ajouter que, tombé entre les griffes de créanciers impitoyables, je dus boire la coupe d'amertume jusqu'à la lie. À part l'ingratitude de mes amis, j'étais homme à souffrir peu pour moi individuellement. Ma gaieté naturelle ne m'aurait pas même abandonné entre les murs de la Bastille: j'aurais pu danser à la musique discordante que produit le grincement des verrous. Mais ma famille! Mais les remords cuisants qui poursuivent le jour, qui causent les longues insomnies, qui ne vous laissent ni trêve ni repos, qui font vibrer les nerfs de la sensibilité comme si de fortes tenailles les mettaient sans cesse en jeu avec leurs dents métalliques!

Je suis d'opinion, mon fils, qu'à de rares exceptions, tout homme qui en a les moyens paie ses dettes: les tourments qu'il endure à la vue de son créancier sont plus que suffisants pour l'y contraindre, sans la rigueur des lois qui ne sont souvent faites que pour les riches au détriment des pauvres. Parcours tous les codes de lois anciens et modernes, et tu seras frappé du même égoïsme barbare qui les a dictés. Peut-on imaginer, en effet, un supplice plus humiliant, plus cruel que celui d'un débiteur en face de son créancier, un fesse-mathieu, le plus souvent, auquel il se voit obligé de faire la courbette? Peut-on imaginer humiliation plus grande que de louvoyer sans cesse pour éviter la rencontre d'un créancier?

Une chose m'a toujours frappé: c'est que la civilisation fausse le jugement des hommes, et qu'en fait de sens commun, de gros bon sens, que l'on doit s'attendre à rencontrer dans la cervelle de tout être civilisé (j'en excepte pourtant les animaux domestiques qui reçoivent leur éducation dans nos familles), le sauvage lui est bien supérieur. En voici un exemple assez amusant. Un Iroquois contemplait, il y a quelques années, à New York, un vaste édifice d'assez sinistre apparence; ses hauts murs, ses fenêtres grillées l'intriguaient beaucoup: c'était une prison. Arrive un magistrat.

— Le visage pâle veut-il dire à son frère, fit l'Indien, à quoi sert ce grand wigwam?

Le citadin se rengorge et répond d'un ton important:

— C'est là qu'on renferme les peaux-rouges qui refusent de livrer les peaux de castor qu'ils doivent aux marchands.

L'Iroquois examine l'édifice avec un intérêt toujours croissant, en fait le tour, et demande à être introduit dans l'intérieur de ce wigwam merveilleux. Le magistrat, qui était aussi marchand, se donne bien garde de refuser, espérant inspirer une terreur salutaire aux autres sauvages, auxquels celui-ci ne manquerait pas de raconter les moyens spirituels, autant qu'ingénieux, qu'ont les visages pâles pour obliger les peaux-rouges à payer leurs dettes.

L'Iroquois visite tout l'édifice avec le soin le plus minutieux, descend dans les cachots, sonde les puits, prête l'oreille aux moindres bruits qu'il entend, et finit par dire en riant aux éclats :

— Mais sauvages pas capables de prendre castors ici !

L'Indien, dans cinq minutes, donna la solution d'un problème que l'homme civilisé n'a pas encore eu le bon sens, le gros sens commun de résoudre après des siècles d'études. Cet homme si simple, si ignorant, ne pouvant croire à autant de bêtise de la part d'une nation civilisée, dont il admirait les vastes inventions, avait cru tout bonnement qu'on avait pratiqué des canaux souterrains, communiquant avec les rivières et les lacs les plus riches en castors, et qu'on y enfermait les sauvages pour leur faciliter la chasse de ces précieux amphibies, afin de s'acquitter plus vite envers leurs créanciers. Ces murs, ces grillages en fer lui avaient semblé autant de barrières que nécessitait la prudence pour garder ces trésors.

Tu comprends, Jules, que je ne vais te parler maintenant que dans l'intérêt du créancier qui inspire seul la sympathie, la pitié, et non dans celui du débiteur, qui, après avoir erré tout le jour, l'image de la défiance craintive sans cesse devant les yeux, mord, la nuit, son oreiller de désespoir après l'avoir arrosé de ses larmes.

J'étais jeune, trente-trois ans, âge où commence à peine la vie ; j'avais des talents, de l'énergie, et une foi robuste en moi-même. Prenez, dis-je à mes créanciers, tout ce que je possède, mais renoncez à votre droit de contrainte par corps : laissez-moi toute liberté d'action, et j'emploierai toute mon énergie à vous satisfaire. Si vous paralysez mes forces, c'est vous faire tort à vous-mêmes. Ce raisonnement, si simple pourtant, était au-dessus de l'intelligence de l'homme civilisé : mon Iroquois, lui, l'eût compris ; il aurait dit : « Mon frère pas capable de prendre castors, si le visage pâle lui ôte l'esprit, et lui lie les mains. » Eh bien, mon ami, mes créanciers n'ont tenu aucun compte de ce raisonnement si aisé cependant à comprendre, et ont tenu cette épée de Damoclès suspendue sur ma tête pendant trente ans, terme que leur accordaient les lois du pays.

— Mais, c'était adorable de bêtise ! s'écria Jules.

— Un d'eux, cependant, continua le bon gentilhomme en souriant tristement de la saillie de Jules, un d'eux, dis-je, d'une industrie charmante en fait de tortures, obtint contrainte par corps, et, par un raffinement de cruauté digne d'un Caligula, ne la mit à exécution qu'au bout de dix-huit mois. Peut-on imaginer un supplice plus cruel que celui infligé à un homme entouré d'une nombreuse famille, qui la voit pendant dix-huit mois trembler au moindre bruit qu'elle entend, frémir à la vue de tout étranger qu'elle croit toujours porteur de l'ordre d'incarcération contre ce qu'elle a de plus cher! Ce qui m'étonne, c'est que nous n'ayons pas succombé sous cette masse d'atroces souffrances.

Cet état était si insupportable que je me rendis deux fois auprès de ce créancier, le priant, au nom de Dieu, d'en finir et de m'incarcérer. Il le fit, à la fin, mais à loisir. Je l'aurais remercié à deux genoux. Je jouissais d'un bonheur négatif, en défiant, à travers mes barreaux, la malice des hommes de m'infliger une torture de plus!

Le prisonnier éprouve un singulier besoin pendant le premier mois de sa captivité: c'est une inquiétude fébrile, c'est un besoin de locomotion continue. Il se lève souvent pendant ses repas, pendant la nuit même pour y satisfaire: c'est le lion dans sa cage. Pardon à ce noble animal de le comparer à l'homme! il ne dévore que quand il a faim: une fois repu, il est généreux envers les êtres faibles qu'il rencontre sur sa route.

Après tant d'épreuves, après cette inquiétude fébrile, après ce dernier râle de l'homme naguère libre, j'éprouvai, sous les verrous, le calme d'un homme qui, cramponné aux manœuvres d'un vaisseau pendant un affreux ouragan, ne ressent plus que les dernières secousses des vagues après la tempête; car, à part les innombrables tracasseries et humiliations de la captivité, à part ce que je ressentais de douleur pour ma famille désolée, j'étais certainement moins malheureux: je croyais avoir absorbé la dernière goutte de fiel de ce vase de douleur que la malice des hommes tient sans cesse en réserve pour les lèvres fiévreuses de ses frères. Je comptais sans la main de Dieu appesantie sur l'insensé, architecte de son propre malheur! Deux de mes enfants tombèrent si dangereusement malades, à deux époques différentes, que les médecins, désespérant de leur vie, m'annonçaient chaque jour leur fin prochaine. C'est alors, ô mon fils! que je ressentis toute la lourdeur de mes chaînes. C'est alors que je pus m'écrier comme la mère du Christ: «Approchez et voyez s'il est douleur comparable à la mienne!» Je savais mes enfants moribonds, et je n'en étais séparé que par la largeur d'une rue. Je voyais, pendant de longues nuits sans sommeil le mouvement qui se faisait auprès de leur couche, les lumières errer d'une chambre à l'autre; je tremblais à chaque instant de voir disparaître des signes de vie qui m'annonçaient que mes enfants requéraient encore les soins de l'amour maternel. J'ai honte de l'avouer, mon fils, mais j'étais souvent en proie à un tel désespoir que je fus cent fois tenté de me briser la tête contre les barreaux de ma chambre. Savoir mes enfants sur leur lit de mort, et ne pouvoir voler à leur secours, les bénir et les presser dans mes bras pour la dernière fois !

Et cependant mon persécuteur connaissait tout ce qui se passait dans ma famille, il le savait comme moi. Mais la pitié est donc morte au cœur de l'homme, pour se réfugier dans le cœur, j'allais dire dans l'âme de l'animal privé de raison ! L'agneau bêle tristement lorsqu'on égorge un de ses compagnons, le bœuf mugit de rage et de douleur lorsqu'il flaire le sang d'un animal de son espèce, le cheval souffle bruyamment, renâcle, pousse ce hennissement lugubre qui perce l'âme, à la vue de son frère se débattant dans les douleurs de l'agonie, le chien pousse des hurlements plaintifs pendant la maladie de ses maîtres : l'homme, lui, suit son frère à sa dernière demeure, en chuchotant, en s'entretenant de ses affaires et d'histoires plaisantes.

Lève la tête bien haut dans ta superbe, ô maître de la création ! tu en as le droit. Lève ta tête altière vers le ciel, ô homme ! dont le cœur est aussi froid que l'or que tu palpes jour et nuit. Jette la boue à pleines mains à l'homme au cœur chaud, aux passions ardentes, au sang brûlant comme le vitriol, qui a failli dans sa jeunesse. Lève la tête bien haut, orgueilleux Pharisien, et dis : « Moi, je n'ai jamais failli. » Moins indulgent que le divin Maître que tu prétends servir, qui pardonne au pécheur repentant, ne tiens aucun compte des souffrances, des angoisses qui dessèchent le cœur comme le vent brûlant du désert, des remords dévorants qui, après cinquante ans de stricte probité, rongent encore le cœur de celui que la fougue des passions a emporté dans sa jeunesse, et dis : « Moi, je n'ai jamais failli ! »

Le bon gentilhomme se pressa la poitrine à deux mains, garda pendant quelque temps le silence et s'écria :

— Pardonne-moi, mon fils, si, emporté par le souvenir de tant de souffrances, j'ai exhalé mes plaintes dans toute l'amertume de mon cœur. Ce ne fut que le septième jour après l'arrivée de ses amis, que ce grand poète arabe, Job, le chantre de tant de douleurs, poussa ce cri déchirant : *Pereat dies in qua natus sum !* Moi, mon fils, j'ai refoulé mes plaintes dans le fond de mon cœur pendant cinquante ans ; pardonne-moi donc si j'ai parlé dans toute l'amertume de mon âme ; si, aigri par le chagrin, j'ai calomnié tous les hommes, car il y a de nobles exceptions.

Comme j'avais fait à mes créanciers, depuis longtemps, l'abandon de tout ce que je possédais, que tous mes meubles et immeubles avaient été vendus à leur bénéfice, je présentai au roi supplique sur supplique pour obtenir mon élargissement après quatre ans de réclusion. Les ministres furent bien d'opinion que, tout considéré, j'avais assez souffert, mais il s'élevait une grande difficulté, et la voici : quand un débiteur a fait un abandon franc et honnête de tout ce qu'il possède, quand on a vendu tous ses meubles et immeubles, lui reste-t-il encore quelque chose ? La question était épineuse. Néanmoins, après d'assez longs débats, on décida dans la négative, malgré un argument de trois heures d'un grand arithméticien, beau parleur, qui prétendait résoudre que, qui de deux paie deux, il reste encore une fraction. Et l'on finit par me mettre très poliment à la porte.

Mon avenir étant brisé comme mon pauvre cœur, je n'ai fait que végéter depuis, sans profit pour moi ni pour les autres. Mais vois, mon fils, la fatalité qui me poursuivait. Lorsque je fis abandon de mes biens à mes créanciers, je leur demandai en grâce de me laisser jouir d'un immeuble de peu de valeur alors, mais que je prévoyais devoir être d'un grand rapport par la suite, leur promettant d'employer toutes mes forces morales et physiques pour l'exploiter à leur profit. On me rit au nez, comme de raison, car il y avait castors à prendre là. Eh bien! Jules, cette même propriété, dont la vente couvrit à peine alors les frais de la procédure, se vendit, au bout de dix ans, un prix énorme qui aurait soldé toutes mes dettes et au-delà, car on s'était plu comme de droit à en exagérer le montant dans les journaux et partout ; mais j'étais si affaissé, si abattu sous le poids de ma disgrâce, que je n'eus pas même le courage de réclamer contre cette injustice. Lorsque, plus calme, j'établis un état exact de mes dettes, je n'étais passif que d'un peu plus du tiers de l'état fabuleux qu'on avait publié.

L'Europe était trop peuplée pour moi : je m'embarquai pour la Nouvelle-France avec mon fidèle André, et je choisis ce lieu salutaire, où je vivrais heureux si je pouvais boire l'eau du Léthé. Les anciens, nos maîtres en fait d'imagination, avaient sans doute créé ce fleuve pour l'humanité souffrante. Imbu pendant longtemps des erreurs du seizième siècle, je m'écriais autrefois dans mon orgueil : « Ô hommes ! si j'ai eu ma part de vos vices, j'en ai rarement rencontré un parmi vous qui possédât une seule de mes vertus. » La religion, cette mère bienfaisante, a depuis réprimé ces mouvements d'orgueil, et m'a fait rentrer en moi-même. Je me suis courbé sous la main de Dieu, convaincu qu'en suivant les penchants de ma nature je n'avais aucun mérite réel à réclamer.

Tu es le seul, mon fils, auquel j'ai communiqué l'histoire de ma vie, tout en supprimant bien des épisodes cruels ; je connais toute la sensibilité de ton âme et je l'ai ménagée. Mon but est rempli ; allons maintenant faire un bout de veillée avec mon fidèle domestique, qui sera sensible à cette marque d'attention avant ton départ pour l'Europe.

Lorsqu'ils entrèrent dans la maison, André achevait de préparer un lit sur un canapé, œuvre due à l'industrie combinée du maître et du valet. Ce meuble, dont ils étaient tous deux très fiers, ne laissait pas d'avoir un pied un peu plus court que ses voisins, mais c'était un petit inconvénient auquel l'esprit ingénieux de Francœur avait remédié à l'aide d'un mince billot.

— Ce canapé, dit le bon gentilhomme d'un air satisfait, nous a coûté, je pense, plus de calculs à André et à moi qu'à l'architecte Perrault, lorsqu'il construisit la colonnade du Louvre, l'orgueil du Grand Roi ; mais nous en sommes venus à bout à notre honneur : il est bien vrai qu'un des pieds présente les armes à tout venant, mais quelle œuvre est sans défaut ? Quant à toi, mon ami Francœur, tu aurais dû te rappeler que dans ce lit de camp devait coucher un militaire, et laisser le pied, que tu as étayé au port d'arme.

André, sans beaucoup goûter cette plaisanterie, qui froissait un peu sa vanité d'artiste, ne put s'empêcher de rire de la sortie de son maître.

Après une assez longue veillée, le bon gentilhomme présenta à Jules un petit bougeoir d'argent d'un travail exquis.

— Voilà, mon cher enfant, tout ce que mes créanciers m'ont laissé de mon ancienne fortune : c'était, je suppose, pour charmer mes insomnies ! Bonsoir, mon cher fils, on dort bien à ton âge ; aussi lorsqu'après mes prières sous la voûte de ce grand temple qui, en annonçant la puissance et la grandeur de Dieu, me frappe toujours de stupeur, je rentrerai sous mon toit, tu seras depuis longtemps dans les bras de Morphée.

Et il l'embrassa tendrement.

XI

Légende de madame d'Haberville

Sæpe malum hoc nobis, si mens non læva fuisset,
De cælo tactas memini prædicere quercus.

VIRGILE

Tout était triste et silencieux dans le manoir d'Haberville : les domestiques mêmes faisaient le service d'un air abattu, bien loin de la gaieté qu'ils montraient toujours en servant cette bonne famille. Madame d'Haberville dévorait ses larmes pour ne pas contrister son mari, et Blanche se cachait pour pleurer, afin de ne pas affliger davantage sa tendre mère : car, dans trois jours, le vaisseau dans lequel les jeunes gens avaient pris leur passage faisait voile pour l'Europe. Le capitaine d'Haberville avait invité ses deux amis, le curé et monsieur d'Egmont, à dîner en famille : c'était un dîner d'adieux, que chacun s'efforçait inutilement d'égayer. Le curé, homme de tact, pensant qu'il valait mieux s'entretenir de choses sérieuses, que de retomber à chaque instant dans un pénible silence, prit la parole:

— Savez-vous, messieurs, que l'horizon de la Nouvelle-France se rembrunit de jour en jour? Nos voisins, les Anglais, font des préparatifs formidables pour envahir le Canada et tout annonce une invasion prochaine.

— Après? dit mon oncle Raoul.

— Après, tant qu'il vous plaira, mon cher chevalier, reprit le curé; toujours est-il que nous n'avons guère de troupes pour résister longtemps à nos puissants voisins.

— Mon cher abbé, ajouta mon oncle Raoul, il est probable qu'en lisant ce matin votre bréviaire, vous êtes tombé sur un chapitre des lamentations du prophète Jérémie.

— Cette citation est contre vous, car les prophéties se sont accomplies.

— N'importe, s'écria le chevalier en serrant les dents; les Anglais! les Anglais, prendre le Canada! ma foi, je me ferais fort de défendre Québec avec ma béquille. Vous avez donc oublié, continua mon oncle Raoul, en s'animant, que nous les avons toujours battus, les Anglais; battus un contre cinq, un contre dix et quelquefois un contre vingt… Les Anglais, vraiment!

— *Concedo*, dit le curé; je vous accorde tout ce que vous voudrez, et même davantage, si ça vous fait plaisir; mais remarquez bien que chacune de nos victoires nous affaiblit, tandis que l'ennemi, grâce à la prévoyance de l'Angleterre, semble reprendre de nouvelles forces, et que, d'un autre côté, la France nous abandonne presque à nos propres ressources.

— Ce qui montre, dit le capitaine d'Haberville, la confiance qu'a notre bien-aimé roi Louis XV dans notre courage pour défendre sa colonie.

— En attendant, interrompit monsieur d'Egmont, la France envoie si peu de troupes que la colonie va s'affaiblissant de jour en jour.

— Qu'on nous donne seulement de la poudre et du plomb, reprit le capitaine, et cent hommes de mes miliciens feront plus dans nos guerres de surprises, d'embuscades, de découvertes que cinq cents soldats des plus vaillants corps de l'armée française; je parle sans présomption: la preuve en est là. Ce qui n'empêche pas, ajouta-t-il un peu confus de cette sortie faite sans trop de réflexion, que nous avons un grand besoin des secours de la mère patrie, et qu'une bien petite portion des armées que notre aimé monarque dirige vers le nord de l'Europe afin d'aider l'Autriche, nous serait à peu près indispensable pour la défense de la colonie.

— Il serait bien à souhaiter, reprit le bon gentilhomme, que Louis XV eût laissé Marie-Thérèse se débattre avec la Prusse et nous eût moins négligés.

— Il sied peu à un jeune homme comme moi, dit de Locheill, de se mêler à vos graves débats; mais, à défaut d'expérience, l'histoire viendra à mon aide. Défiez-vous des Anglais, défiez-vous d'un gouvernement qui a toujours les yeux ouverts sur les intérêts de ses colonies, partant sur les intérêts de l'Empire britannique; défiez-vous d'une nation qui a la ténacité du *bull-dog*. Si la conquête du Canada lui est nécessaire, elle ne perdra jamais cet objet de vue, n'importe à quels sacrifices: témoin ma malheureuse patrie.

— Bah! s'écria mon oncle Raoul, des Écossais!

De Locheill se mit à rire.

— Doucement, mon cher oncle, dit le bon gentilhomme, et, pour me servir de votre maxime favorite, lorsque vous retirez les rentes de cette seigneurie: «Rendons à César ce qui appartient à César»; j'ai beaucoup étudié l'histoire d'Écosse, et je puis vous certifier que les Écossais ne le cèdent ni en valeur ni en patriotisme à aucune nation du monde connu, ancienne ou moderne.

— Vous voyez bien, repartit le chevalier, que j'ai voulu seulement faire endêver tant soit peu mon second neveu de Locheill: car, Dieu merci, fit-il en se rengorgeant, nous nous flattons de connaître l'histoire. Arché sait très bien la haute estime que j'ai pour ses compatriotes, et l'hommage que j'ai toujours rendu à leur bouillant courage.

— Oui, mon cher oncle, et je vous en remercie, dit Arché en lui serrant la main. Mais défiez-vous des Anglais; défiez-vous de leur persévérance; ça sera le *delenda est Carthago* des Romains.

— Tant mieux, dit Jules; merci de leur persévérance; ils me donneront alors l'occasion de revenir au Canada avec mon régiment. Que ne puis-je faire mes premières armes contre eux ici, dans la Nouvelle-France, sur cette terre que j'affectionne et qui renferme ce que j'ai de plus cher au monde! Tu reviendras avec moi, mon frère Arché, et tu prendras ta revanche sur cet hémisphère, de tout ce que tu as souffert dans ta patrie.

— De tout mon cœur, s'écria Arché en serrant avec force le manche de son couteau, comme s'il eût tenu en main la terrible claymore des Cameron of Locheill; je servirai comme volontaire dans ta compagnie, si je n'obtiens pas un brevet d'officier; et le simple soldat sera aussi fier de tes exploits, que s'il lui en revenait une plus grande part.

Les jeunes gens s'animèrent à l'idée d'exploits futurs; les grands yeux noirs de Jules lancèrent des flammes: on aurait dit que l'ancienne ardeur militaire de sa race se manifestait en lui subitement. L'enthousiasme devint général, et le cri de «vive le roi» s'échappa simultanément de toutes les poitrines. Quelques larmes roulèrent dans les yeux de la mère, de la sœur et de la tante, malgré leurs efforts pour les contenir.

La conversation, qui avait d'abord langui, se ranima tout à coup. On fit des plans de campagne, on battit les Anglais sur mer et sur terre, et l'on éleva le Canada au plus haut degré de gloire et de prospérité!

— Feu partout, s'écria le capitaine d'Haberville en se versant une rasade, car je vais porter une santé que tout le monde boira avec bonheur: «Au succès de nos armes! et puisse le glorieux pavillon fleurdelisé flotter jusqu'à la fin des siècles sur toutes les citadelles de la Nouvelle-France!»

À peine portait-on la coupe aux lèvres pour faire honneur à cette santé qu'une détonation épouvantable se fit entendre : c'était comme l'éclat de la foudre, ou comme si une masse énorme fût tombée sur le manoir, qui trembla jusque dans ses fondements. On se leva précipitamment de table, on courut dehors : le soleil le plus brillant éclairait un des plus beaux jours du mois de juillet ; on monta au grenier, mais rien n'indiquait qu'un corps pesant fût tombé sur l'édifice[a]. Tout le monde demeura frappé de stupeur ; monsieur d'Haberville surtout parut le plus impressionné. Serait-ce, dit-il, la décadence de ma maison que ce phénomène me prédit!

Monsieur d'Egmont, l'abbé et mon oncle Raoul, l'homme lettré de la famille, s'efforcèrent d'expliquer physiquement les causes de ce phénomène, sans réussir à dissiper l'impression pénible qu'il avait causée.

On passa dans le salon pour y prendre le café, sans s'arrêter dans la salle à manger, où les gobelets restèrent intacts.

Les événements qui eurent lieu plus tard ne firent que confirmer la famille d'Haberville dans leurs craintes superstitieuses. Qui sait, après tout, si ces présages, auxquels croyait toute l'antiquité, ne sont pas des avertissements du ciel, quand quelque grand malheur nous menace? S'il fallait rejeter tout ce qui répugne à notre faible raison, nous serions bien vite pyrrhoniens, pyrrhoniens à nous faire assommer, comme le Marphorius de Molière. Qui sait? Il y aurait un bien long chapitre à écrire sur les *qui sait?*

Le temps, qui avait été si beau pendant toute la journée, commença à se couvrir vers six heures du soir ; à sept heures, la pluie commença à tomber ; le tonnerre ébranlait les voûtes du ciel, un immense quartier de rocher, frappé par la foudre, se détacha du cap avec fracas, et tomba dans le chemin du Roi, qu'il intercepta pendant plusieurs jours.

Le capitaine d'Haberville, qui avait fait pendant longtemps la guerre avec les alliés sauvages, était imbu de beaucoup de leurs superstitions : aussi, lorsqu'il fut victime des malheurs qui frappèrent tant de familles canadiennes en 1759, il ne manqua pas de croire que ces désastres lui avaient été prédits deux ans auparavant.

Jules, assis après le souper entre sa mère et sa sœur et tenant leurs mains dans les siennes, souffrait de l'abattement de toute la famille. Afin de faire diversion, il demanda à sa mère de conter une de ces légendes qui l'amusaient tant dans son enfance.

— Il me semble, maman, que ce sera un nouveau souvenir de la plus tendre des mères, que j'emporterai avec moi dans la vieille Europe.

— Je n'ai rien à refuser à mon fils, dit madame d'Haberville. Et elle commença la légende qui suit :

Une mère avait une enfant unique : c'était une petite fille blanche comme le lis de la vallée, dont les beaux yeux d'azur semblaient se porter sans cesse de sa mère au ciel et du ciel à sa mère pour se fixer ensuite au ciel. Qu'elle était fière et heureuse cette tendre mère, lorsque dans ses promenades chacun la complimentait sur la beauté de son enfant, sur ses joues aussi vermeilles que la rose qui vient d'éclore, sur ses cheveux aussi blonds, aussi doux que les filaments du lin dans la filerie, et qui tombaient en boucles gracieuses sur ses épaules ! Oh ! oui ; elle était bien fière et heureuse cette bonne mère.

Elle perdit pourtant un jour l'enfant qu'elle idolâtrait ; et, comme la Rachel de l'Écriture, elle ne voulait pas être consolée. Elle passait une partie de la journée dans le cimetière, enlaçant de ses deux bras la petite tombe où dormait son enfant. Elle l'appelait de sa voix la plus tendre et, folle de douleur, elle s'écriait :

— Emma ! ma chère Emma ! c'est ta mère qui vient te chercher pour te porter dans ton petit berceau, où tu seras couchée si chaudement ! Emma ! ma chère Emma ! tu dois avoir bien froid sous cette terre humide !

Et elle prêtait l'oreille en la collant sur la pierre glacée, comme si elle eût attendu une réponse. Elle tressaillait au moindre bruit, et se prenait à sangloter en découvrant que c'étaient les murmures du saule pleureur agité par l'aquilon. Et les passants disaient :

— L'herbe du cimetière, sans cesse arrosée par les larmes de la pauvre mère, devrait être toujours verte, mais ses larmes sont si amères qu'elles la dessèchent comme le soleil ardent du midi après une forte averse.

Elle pleurait assise sur les bords du ruisseau où elle l'avait menée si souvent jouer avec les cailloux et les coquilles du rivage ; où elle avait lavé tant de fois ses petits pieds dans ses ondes pures et limpides. Et les passants disaient :

— La pauvre mère verse tant de larmes qu'elle augmente le cours du ruisseau !

Elle rentrait chez elle pour pleurer dans toutes les chambres où elle avait été témoin des ébats de son enfant. Elle ouvrait une valise dans laquelle elle conservait précieusement tout ce qui lui avait appartenu : ses hardes, ses jouets, la petite coupe de vermeil dans laquelle elle lui avait donné à boire pour la dernière fois. Elle saisissait d'une main convulsive un de ses petits souliers, l'embrassait avec passion, et ses sanglots auraient attendri un cœur de diamant[b].

Elle passait une partie de la journée dans l'église du village à prier, à supplier Dieu de faire un miracle, un seul miracle pour elle : de lui rendre son enfant ! Et la voix de Dieu semblait lui répondre :

— Comme le saint roi David, tu iras trouver ton enfant un jour ; mais lui ne retournera jamais vers toi.

Elle s'écria alors :

— Quand donc, mon Dieu ! quand aurai-je ce bonheur ?

Elle se traînait au pied de la statue de la sainte Vierge, cette mère des grandes douleurs ; et il lui semblait que les yeux de la madone s'attristaient, et qu'elle y lisait cette douloureuse sentence :

— Souffre comme moi avec résignation, ô fille d'Ève ! jusqu'au jour glorieux où tu seras récompensée de toutes tes souffrances.

Et la pauvre mère s'écriait de nouveau :

— Quand donc ! ma bonne sainte Vierge, arrivera ce jour béni ?

Elle arrosait le plancher de ses larmes et s'en retournait chez elle en gémissant.

La pauvre mère, après avoir prié un jour avec plus de ferveur encore que de coutume, après avoir versé des larmes plus abondantes, s'endormit dans l'église : l'épuisement amena, sans doute, le sommeil. Le bedeau ferma l'édifice sacré sans remarquer sa présence. Il pouvait être près de minuit lorsqu'elle s'éveilla : un rayon de lune, qui éclairait le sanctuaire, lui révéla qu'elle était toujours dans l'église. Loin d'être effrayée de sa solitude, elle en ressentit de la joie ; si ce sentiment pouvait s'allier avec l'état souffrant de son pauvre cœur !

— Je vais donc prier, dit-elle, seule avec mon Dieu ! seule avec la bonne Vierge ! seule avec moi-même !

Comme elle allait s'agenouiller, un bruit sourd lui fit lever la tête : c'était un vieillard qui, sortant d'une des portes latérales de la sacristie, se dirigeait, un cierge allumé à la main, vers l'autel. Elle vit, avec surprise, que c'était un ancien bedeau du village, mort depuis vingt ans. La vue de ce spectre ne lui inspira aucune crainte : tout sentiment semblait éteint chez elle, si ce n'est celui de la douleur. Le fantôme monta les marches de l'autel, alluma les cierges, et fit les préparations usitées pour célébrer une messe de *requiem*. Lorsqu'il se retourna, ses yeux lui parurent fixes et sans expression, comme ceux d'une statue. Il rentra dans la sacristie, et reparut presque aussitôt, mais cette fois précédant un vénérable prêtre portant un calice et revêtu de l'habit sacerdotal d'un ministre de Dieu qui va célébrer le saint sacrifice. Ses grands yeux démesurément ouverts étaient empreints de tristesse ; ses mouvements ressemblaient à ceux d'un automate qu'un mécanisme secret ferait mouvoir. Elle reconnut en lui le vieux curé, mort aussi depuis vingt ans, qui l'avait baptisée et lui avait fait faire sa première communion. Loin d'être frappée de stupeur à l'aspect de cet hôte de la tombe, loin d'être épouvantée de ce prodige, la pauvre mère, tout à sa douleur, pensa que son vieil ami, touché de son désespoir, avait brisé les liens du linceul pour venir offrir une dernière fois pour elle le saint sacrifice de la messe ; elle pensa que ce bon pasteur qui l'avait consolée tant de fois venait à son secours dans ses angoisses maternelles.

Tout était grave, morne, lugubre, sombre et silencieux pendant cette messe célébrée et servie par la mort. Les cierges même jetaient une lumière pâle comme celle d'une lampe qui s'éteint. À l'instant où la cloche du *sanctus*, rendant un son brisé comme celui des os que casse le fossoyeur dans un vieux cimetière, annonçait que le Christ allait descendre sur l'autel, la porte de la sacristie s'ouvrit de nouveau et donna passage à une procession de petits enfants qui, marchant deux à deux, défilèrent, après avoir traversé le chœur, dans l'allée du côté de l'Épître. Ces enfants, dont les plus âgés paraissaient avoir à peine six ans, portaient des couronnes d'immortelles, et tenaient dans leurs mains, les uns des corbeilles pleines de fleurs et des petits vases remplis de parfum, les autres des petites coupes d'or et d'argent contenant une liqueur transparente. Ils s'avançaient tous d'un pas léger, et la joie rayonnait sur leurs visages célestes. Une seule, une petite fille, à l'extrémité de la procession, semblait suivre les autres péniblement, chargée qu'elle était de deux immenses seaux qu'elle traînait avec peine. Ses petits pieds, rougis par la pression, ployaient sous le fardeau, et sa couronne d'immortelles paraissait flétrie. La pauvre mère voulut tendre les bras, pousser une acclamation de joie en reconnaissant sa petite fille, mais ses bras et sa langue se trouvèrent paralysés. Elle vit défiler tous ces enfants près d'elle dans l'allée du côté de l'Évangile, et en reconnut plusieurs que la mort avait récemment moissonnés. Lorsque sa petite fille, ployant sous le fardeau, passa à ses côtés, elle remarqua qu'à chaque pas qu'elle faisait, les deux seaux, qu'elle traînait avec tant de peine, arrosaient le plancher de l'eau dont ils étaient remplis jusqu'au bord. Les yeux de l'enfant, lorsqu'ils rencontrèrent ceux de sa mère, exprimèrent la tristesse, ainsi qu'une tendresse mêlée de reproches. La pauvre femme fit un effort pour l'enlacer dans ses bras, mais perdit connaissance. Lorsqu'elle revint de son évanouissement, tout avait disparu.

Dans un monastère, à une lieue du village, vivait un cénobite qui jouissait d'une grande réputation de sainteté.

Ce saint vieillard ne sortait jamais de sa cellule que pour écouter avec indulgence les pénibles aveux des pécheurs, ou pour secourir les affligés. Il disait aux premiers :

— Je connais la nature corrompue de l'homme, ne vous laissez pas abattre ; venez à moi avec confiance et courage chaque fois que vous retomberez ; et chaque fois, mes bras vous seront ouverts pour vous relever.

Il disait aux seconds :

— Puisque Dieu, qui est si bon, vous impose la souffrance, c'est qu'il vous réserve des joies infinies.

Il disait à tous :

— Si je faisais l'aveu de ma vie, vous seriez étonnés de voir en moi un homme qui a été le jouet des passions les plus effrénées, et mes malheurs vous feraient verser des torrents de larmes !

La pauvre mère se jeta en sanglotant aux pieds du saint moine et lui raconta le prodige dont elle avait été témoin. Le compatissant vieillard, qui connaissait à fond la nature humaine, n'y vit qu'une occasion favorable de mettre un terme à cette douleur qui surpassait tout ce que sa longue expérience lui avait appris des angoisses maternelles.

— Ma fille, ma chère fille, lui dit-il, notre imagination surexcitée nous rend souvent le jouet d'illusions qu'il faut presque toujours rejeter dans le domaine des songes ; mais l'Église nous enseigne aussi que des prodiges semblables à celui que vous me racontez peuvent réellement avoir lieu. Ce n'est pas à nous, êtres stupides et ignorants, à poser des limites à la puissance de Dieu. Ce n'est pas à nous à scruter les décrets de Celui qui a saisi les mondes dans ses mains puissantes et les a lancés dans des espaces infinis. J'accepte donc la vision telle qu'elle vous est apparue ; et l'admettant, je vais vous l'expliquer. Ce prêtre, sorti de la tombe pour dire une messe de *requiem*, a sans doute obtenu de Dieu la permission de réparer une omission dans l'exercice de son ministère sacré ; et ce bedeau, par oubli ou négligence, en avait probablement été la cause. Cette procession des jeunes enfants couronnés d'immortelles signifie ceux qui sont morts sans avoir perdu la grâce de leur baptême. Ceux qui portaient des corbeilles de fleurs, des vases où brûlaient les parfums les plus exquis, sont ceux que leurs mères, résignées aux décrets de la Providence, ont offerts à Dieu, sinon avec joie, ce qui n'est pas naturel, du moins avec résignation, en pensant qu'ils échangeaient une terre de misère pour la céleste patrie où, près du trône de leur créateur, ils chanteront ses louanges pendant toute une éternité. Dans les petites coupes d'or et d'argent étaient les larmes que la nature, avare de ses droits, avait fait verser aux mères qui, tout en faisant un cruel sacrifice, s'étaient écriées comme le saint homme Job : « Mon Dieu, Vous me l'avez donné ; mon Dieu ! Vous me l'avez ôté : que Votre saint nom soit béni ! »

La pauvre mère, toujours agenouillée, buvait avec ses larmes chacune des paroles qui tombaient des lèvres du saint vieillard. Comme Marthe s'écriant aux pieds du Christ : « Si vous eussiez été ici, Seigneur, mon frère ne serait pas mort ; mais je sais que présentement même, Dieu vous accordera tout ce que vous lui demanderez » ; elle répétait dans sa foi ardente : « Si vous eussiez été près de moi, mon père, ma petite fille ne serait pas morte, mais je sais que, présentement même, Dieu vous accordera tout ce que vous lui demanderez. »

Le bon religieux se recueillit un instant et pria Dieu de l'inspirer. C'était alors une sentence de vie ou de mort qu'il fallait prononcer sur cette mère qui paraissait inconsolable. Il fallait frapper un grand coup, un coup qui la ramenât à des sentiments plus raisonnables, ou qui brisât à jamais ce cœur prêt à éclater. Il prit les mains de la pauvre femme dans ses mains sèches et crispées par l'âge, les serra avec tendresse, et lui dit de sa voix la plus douce :

— Vous aimiez donc bien l'enfant que vous avez perdue ?

— Si je l'aimais, mon père ! oh ! mon Dieu ! quelle question !

Et comme une insensée, elle se roula en gémissant aux pieds du vieillard. Puis, se relevant tout à coup, elle saisit le bas de sa soutane, et lui cria d'une voix brisée par les sanglots :

— Vous êtes un saint, mon père : mon enfant ! rendez-moi mon enfant ! ma petite Emma !

— Oui, dit le moine, vous aimiez bien votre enfant : vous auriez fait beaucoup pour lui épargner une douleur, même la plus légère ?

— Tout, tout, mon père, s'écria la pauvre femme ; je me serais roulée sur des charbons ardents pour lui épargner une petite brûlure.

— Je le crois, dit le moine ; et vous l'aimez sans doute encore ?

— Si je l'aime, bonté divine ! dit la pauvre mère en se relevant d'un bond, comme mordue au cœur par une vipère ; si je l'aime ! on voit bien, prêtre, que vous ignorez l'amour maternel, puisque vous croyez que la mort même puisse l'anéantir.

Et, tremblant de tout son corps, elle versa de nouveau un torrent de larmes.

— Retirez-vous, femme, dit le vieillard d'un ton de voix qu'il s'efforçait de rendre sévère ; retirez-vous, femme qui êtes venue m'en imposer ; retirez-vous, femme qui mentez à Dieu et à son ministre. Vous avez vu votre petite fille ployant sous le fardeau de vos larmes, qu'elle a recueillies goutte à goutte, et vous me dites encore que vous l'aimez ! Elle est ici dans ce moment, près de vous, continuant sa pénible besogne : et vous me dites que vous l'aimez ! Retirez-vous, femme, car vous mentez à Dieu et à son ministre.

Les yeux de cette pauvre mère s'ouvrirent comme après un songe oppressif; elle avoua que sa douleur avait été insensée, et en demanda pardon à Dieu.

— Allez en paix, reprit le saint vieillard, priez avec résignation et le calme se fera dans votre âme.

Elle raconta, quelques jours après, au bon moine, que sa petite fille, toute rayonnante de joie et portant une corbeille de fleurs, lui était apparue en songe pour la remercier de ce qu'elle avait cessé de verser des larmes qu'elle aurait été condamnée à recueillir. Cette excellente femme, qui était riche, consacra le reste de ses jours aux œuvres de charité. Elle donnait aux enfants des pauvres les soins les plus affectueux et en adopta plusieurs. Lorsqu'elle mourut, on grava sur sa tombe : *Ci-gît la mère des orphelins.*

Soit disposition d'esprit dans les circonstances où se trouvait la famille, soit que la légende elle-même fût empreinte de sensibilité, tout le monde en fut attendri, quelques-uns jusqu'aux larmes. Jules embrassa sa mère en la remerciant et sortit de la chambre pour cacher son émotion.

— Mon Dieu! mon Dieu! s'écria-t-il, conservez mes jours: car s'il m'arrivait malheur, ma tendre mère serait aussi inconsolable que la mère de cette touchante légende qu'elle vient de nous raconter.

Quelques jours après, Jules et son ami voguaient sur l'Océan, et, au bout de deux mois, arrivaient en France, après une heureuse traversée.

XII

Incendie de la Côte du Sud

> *They came upon us in the night,*
> *And brake my bower and slew my knight :*
> *My servant a' for life did flee*
> *And left us in the extremitie.*
> *They slew my knight, to me so dear;*
> *They slew my knight, and drave his gear;*
> *The moon may set, the sun may rise,*
> *But a deadly sleep has closed his eyes.*
>
> WAVERLEY

Les arbres étaient revêtus de leur parure ordinaire à la sortie d'un hiver hyperboréen; les bois, les prairies étaient émaillés de fleurs aux couleurs vives et variées, et les oiseaux saluaient par leur gai ramage la venue du printemps de l'année mil sept cent cinquante-neuf. Tout souriait dans la nature; l'homme seul paraissait triste et abattu; et le laboureur, regagnant ses foyers sur la brune, ne faisait plus entendre sa joyeuse chanson, parce que la plus grande partie des terres étaient en friche, faute de bras pour les cultiver. Un voile sombre couvrait toute la surface de la Nouvelle-France, car la mère patrie, en vraie marâtre, avait abandonné ses enfants canadiens. Livré à ses propres ressources, le gouvernement avait appelé sous les armes tous les hommes valides pour la défense de la colonie, menacée d'une invasion formidable. Les Anglais avaient fait des préparatifs immenses; et leur flotte, forte de vingt vaisseaux de ligne, de dix frégates, de dix-huit bâtiments plus petits, joints à un grand nombre d'autres, et portant dix-huit mille hommes, remontait les eaux du Saint-Laurent sous les ordres du général Wolfe, tandis que deux armées de terre encore plus nombreuses devaient opérer leur jonction sous les murs mêmes de la capitale de la Nouvelle-France.

Toute la population valide du Canada avait noblement répondu à l'appel de la patrie en danger : il ne restait dans les campagnes que les femmes, les enfants, les vieillards et les infirmes. Suffira-t-il aux Canadiens de se rappeler leurs exploits passés, leur victoire si glorieuse de Carillon, l'année précédente, pour résister à une armée aussi nombreuse que toute la population de la Nouvelle-France, les femmes, les vieillards et les enfants compris ? Leur suffira-t-il de leur bravoure à toute épreuve pour repousser avec des forces si inégales un ennemi acharné à la perte de leur colonie ?

Vous avez été longtemps méconnus, mes anciens frères du Canada ! Vous avez été indignement calomniés. Honneur à ceux qui ont réhabilité votre mémoire ! Honneur, cent fois honneur à notre compatriote, M. Garneau, qui a déchiré le voile qui couvrait vos exploits ! Honte à nous qui, au lieu de fouiller les anciennes chroniques si glorieuses pour notre race, nous contentions de baisser la tête sous le reproche humiliant de peuple conquis qu'on nous jetait à la face à tout propos ! Honte à nous, qui étions presque humiliés d'être Canadiens ! Confus d'ignorer l'histoire des Assyriens, des Mèdes et des Perses, celle de notre pays était jadis lettre close pour nous.

Il s'est fait une glorieuse réaction depuis quelques années : chacun a mis la main à l'œuvre de réhabilitation ; et le Canadien peut dire comme François Ier : « Tout est perdu fors l'honneur ». Je suis loin de croire cependant que tout soit perdu : la cession du Canada a peut-être été, au contraire, un bienfait pour nous ; la révolution de 93, avec toutes ses horreurs, n'a pas pesé sur cette heureuse colonie, protégée alors par le drapeau britannique. Nous avons cueilli de nouveaux lauriers en combattant sous les glorieuses enseignes de l'Angleterre, et deux fois la colonie a été sauvée par la vaillance de ses nouveaux sujets. À la tribune, au barreau, sur les champs de bataille, partout sur son petit théâtre, le Canadien a su prouver qu'il n'était inférieur à aucune race. Vous avez lutté pendant un siècle, ô mes compatriotes! pour maintenir votre nationalité, et grâce à votre persévérance, elle est encore intacte; mais l'avenir vous réserve peut-être un autre siècle de luttes et de combats pour la conserver. Courage et union, mes compatriotes!

Deux détachements de l'armée anglaise étaient débarqués à la Rivière-Ouelle, au commencement de juin 1759. Quelques habitants de la paroisse, embusqués sur la lisière du bois, les avaient accueillis par une vive fusillade, et leur avaient tué quelques hommes. Le commandant, exaspéré de cet échec, résolut d'en tirer une éclatante vengeance. Les deux détachements avaient remonté la rivière, et étaient venus camper vers le soir près d'un ruisseau qui se décharge dans l'anse de Sainte-Anne, au sud-ouest du collège actuel. Le lendemain au matin, le commandant, prêt à ordonner la marche d'une des compagnies, appela le lieutenant et lui dit:

— Vous mettrez le feu à toutes les habitations de ces chiens de Français que vous rencontrerez sur votre passage; je vous suivrai à petite distance.

— Mais, dit le jeune officier, qui était Écossais, faut-il incendier aussi les demeures de ceux qui n'opposent aucune résistance? On dit qu'il ne reste que des femmes, des vieillards et des enfants dans ces habitations.

— Il me semble, monsieur, reprit le major Montgomery, que mes ordres sont bien clairs et précis; vous mettrez le feu à toutes les habitations de ces chiens de Français que vous rencontrerez sur votre passage. Mais j'oubliais votre prédilection pour nos ennemis!

Le jeune homme se mordit les lèvres à en faire jaillir le sang, et mit ses hommes en marche. Dans ce jeune homme, le lecteur reconnaîtra sans doute Archibald Cameron of Locheill, qui, ayant fait sa paix avec le gouvernement britannique, était entré dans sa patrie, et avait obtenu une lieutenance dans un régiment recruté par lui-même parmi son *clan* de montagnards écossais. Arché s'éloigna en gémissant et en lâchant tous les jurons gaéliques, anglais et français que sa mémoire put lui fournir. À la première maison où il s'arrêta, une jeune femme, tout en pleurs, se jeta à ses pieds, en lui disant:

— Monsieur l'Anglais, ne tuez pas mon pauvre vieux père; n'abrégez pas ses jours: il n'a pas longtemps à vivre.

Un petit garçon de onze à douze ans l'enlaça de ses bras en s'écriant:

— Monsieur l'Anglais, ne tuez pas grand-papa! si vous saviez comme il est bon!

— Ne craignez rien, dit Arché en entrant dans la maison; mes ordres ne sont pas de tuer les femmes, les vieillards et les enfants. On supposait, sans doute, ajouta-t-il avec amertume, que je n'en rencontrerais pas un seul sur mon chemin.

Étendu sur un lit de douleur, un vieillard, dans toute la décrépitude de l'âge, lui dit :

— J'ai été soldat toute ma vie, monsieur ; je ne crains pas la mort, que j'ai vue souvent de bien près ; mais, au nom de Dieu, épargnez ma fille et son enfant !

— Il ne leur sera fait aucun mal, lui dit Arché, les larmes aux yeux ; mais, si vous êtes soldat, vous savez qu'un soldat ne connaît que sa consigne : il m'est ordonné de brûler toutes les bâtisses sur ma route, et il me faut obéir. Où faut-il vous transporter, mon père ? Écoutez, maintenant, ajouta-t-il en approchant sa bouche de l'oreille du vieillard comme s'il eût craint d'être entendu de ceux qui étaient dehors, écoutez : votre petit-fils paraît actif et intelligent ; qu'il parte à toute bride, s'il peut se procurer un cheval pour avertir vos compatriotes que j'ai ordre de tout brûler sur mon passage : ils auront peut-être le temps de sauver leurs effets les plus précieux.

— Vous êtes un bon et brave jeune homme ! s'écria le vieillard : si vous étiez catholique, je vous donnerais ma bénédiction ; mais, merci, cent fois[a] merci !

— Je suis catholique, dit de Locheill.

Le vieillard se souleva de sa couche avec peine, éleva ses yeux vers le ciel, étendit les deux mains sur Arché, qui baissa la tête, et s'écria :

— Que le bon Dieu vous bénisse pour cet acte d'humanité ! Qu'au jour des grandes afflictions, lorsque vous implorerez la miséricorde divine, Dieu vous tienne compte de votre compassion pour vos ennemis, et qu'il veuille bien vous exaucer ! Dites-lui alors avec confiance, dans les grandes épreuves : j'ai été béni par un vieillard moribond, mon ennemi !

Les soldats transportèrent, à la hâte, le vieillard et son lit à l'entrée d'un bois adjacent ; et de Locheill eut la satisfaction, lorsqu'il reprit sa marche, de voir un petit garçon, monté sur un jeune cheval fougueux, qui brûlait l'espace devant lui. Il respira plus librement.

L'œuvre de destruction continuait toujours ; mais Arché avait de temps à autre la consolation, lorsqu'il arrivait sur une éminence qui commandait une certaine étendue de terrain, de voir les femmes, les vieillards et les enfants, chargés de ce qu'ils avaient de plus précieux, se réfugier dans les bois circonvoisins. S'il était touché jusqu'aux larmes de leurs malheurs, il se réjouissait intérieurement d'avoir fait tout en son pouvoir pour adoucir les pertes de ces infortunés.

Toutes les habitations et leurs dépendances d'une partie de la Rivière-Ouelle, des paroisses de Sainte-Anne et de Saint-Roch, le long du fleuve Saint-Laurent, n'offraient déjà plus que des ruines fumantes, et l'ordre n'arrivait point de suspendre cette œuvre diabolique de dévastation. De Locheill voyait, au contraire, de temps à autre, la division de son supérieur, qui suivait à une petite distance, s'arrêter subitement sur un terrain élevé, pour permettre, sans doute, à son commandant de savourer les fruits de son ordre barbare. Il lui semblait entendre quelquefois ses éclats de rire féroces à la vue de tant d'infortunes.

La première maison de Saint-Jean-Port-Joli était celle d'un riche habitant, sergent dans la compagnie du capitaine d'Haberville, où de Locheill avait été fréquemment collationner avec son ami Jules et sa sœur pendant leurs vacances. Il se rappelait, avec douleur, l'empressement, la joie de ces bonnes gens si heureux des visites de leurs jeunes seigneurs et de leurs amis. À leur arrivée, la mère Dupont et ses filles couraient à la laiterie, au jardin, à l'étable, chercher les œufs, le beurre, la crème, le persil, le cerfeuil, pour les crêpes et les omelettes aux fines herbes. Le père Dupont et ses fils s'empressaient de dételer les chevaux, de les mener à l'écurie et de leur donner une large portion d'avoine. Tandis que la mère Dupont préparait le repas, les jeunes gens faisaient un bout de toilette ; on improvisait un bal, et l'on sautait au son du violon, le plus souvent à trois cordes qu'à quatre, qui grinçait sous l'archet du vieux sergent. Jules, malgré les remontrances de sa sœur, mettait tout sens dessus dessous dans la maison, faisait endiabler tout le monde, ôtait la poêle à frire des mains de la mère Dupont, l'emmenait à bras-le-corps danser un menuet avec lui, malgré les efforts de la vieille pour s'y soustraire, vu son absence de toilette convenable ; et ces braves gens, riant aux éclats, trouvaient qu'on ne faisait jamais assez de vacarme.

De Locheill repassait toutes ces choses dans l'amertume de son âme, et une sueur froide coulait de tout son corps, lorsqu'il ordonna d'incendier cette demeure si hospitalière dans des temps plus heureux.

La presque totalité des habitations de la première concession de la paroisse de Saint-Jean-Port-Joli avait été réduite en cendres, et l'ordre d'arrêter la dévastation n'arrivait pourtant pas. Parvenu, au soleil couchant, à la petite rivière Port-Joli, à quelques arpents du domaine d'Haberville, de Locheill fit faire halte à sa troupe. Il monta sur la côte du même nom que la rivière, et là, à la vue du manoir et de ses vastes dépendances, il attendit ; il attendit comme un criminel qui, sur l'échafaud, espère jusqu'au dernier moment voir accourir un messager de miséricorde avec un sursis d'exécution. Il contempla, le cœur gros de souvenirs, cette demeure où pendant dix ans il avait été accueilli comme l'enfant de la maison ; où, pauvre orphelin proscrit et exilé, il avait retrouvé une autre famille. Il contemplait avec tristesse ce hameau silencieux qu'il avait vu si vivant et si animé avant son départ pour l'Europe. Quelques pigeons, qui voltigeaient au-dessus des bâtisses, où ils se reposaient de temps à autre, paraissaient les seuls êtres vivants de ce beau domaine. Il répéta en soupirant, avec le barde écossais : « *Selma, thy halls are silent. There is no sound in the woods of Morven. The wave tumbles alone in the coast. The silent beam of the sun is on the field.* » — Oh ! oui ! mes amis ! s'écria de Locheill dans l'idiome qu'il affectionnait, vos salons sont maintenant, hélas ! déserts et silencieux ! Il ne sort plus une voix de ce promontoire dont l'écho répétait naguère vos joyeux accents ! Le murmure de la vague tombant sur le sable du rivage se fait seul entendre ! Un unique et pâle rayon du soleil couchant éclaire vos prairies jadis si riantes.

Que faire, mon Dieu ! si la rage de cet animal féroce n'est pas assouvie ? Dois-je refuser d'obéir ? Mais alors je suis un homme déshonoré ; un soldat, surtout en temps de guerre, ne peut, sans être flétri, refuser d'exécuter les ordres d'un officier supérieur. Cette brute aurait le droit de me faire fusiller sur-le-champ, et le blason des Cameron of Locheill serait à jamais terni ! car qui se chargera de laver la mémoire du jeune soldat qui aura préféré la mort du criminel à la souillure de l'ingratitude ? Au contraire, ce qui, chez moi, n'aurait été qu'un sentiment de reconnaissance me serait imputé comme trahison par cet homme qui me poursuit d'une haine satanique.

La voix rude du major Montgomery mit fin à ce monologue.

— Que faites-vous ici ? lui dit-il.

— J'ai laissé reposer mes soldats sur les bords de la rivière, répondit Arché, et je me proposais même d'y passer la nuit après la longue marche que nous avons faite.

— Il n'est pas encore tard, reprit le major : vous connaissez mieux que moi la carte du pays ; et vous trouverez aisément pour bivouaquer une autre place que celle que je viens de choisir pour moi-même.

— Je vais remettre mes hommes en marche ; il y a une autre rivière à un mille d'ici, où nous pourrons passer la nuit.

— C'est bien, dit Montgomery d'un ton insolent, et comme il ne vous restera que peu d'habitations à brûler dans cet espace, votre troupe pourra bien vite se reposer de ses fatigues.

— C'est vrai, dit de Locheill, car il ne reste que cinq habitations ; mais deux de ces demeures, ce groupe de bâtisses que vous voyez et un moulin sur la rivière où je dois bivouaquer, appartiennent au seigneur d'Haberville, à celui qui, pendant mon exil, m'a reçu et traité comme son propre fils : au nom de Dieu ! major Montgomery, donnez vous-même l'ordre de destruction.

— Je n'aurais jamais pu croire, reprit le major, qu'un officier de Sa Majesté Britannique eût osé parler de trahison envers son souverain.

— Vous oubliez, monsieur, fit Arché se contenant à peine, que j'étais alors un enfant. Mais, encore une fois, je vous en conjure au nom de ce que vous avez de plus cher au monde, donnez l'ordre vous-même, et ne m'obligez pas à manquer à l'honneur, à la gratitude en promenant la torche incendiaire sur les propriétés de ceux qui dans mon infortune m'ont comblé de bienfaits.

— J'entends, reprit le major en ricanant : monsieur se réserve une porte pour rentrer en grâce avec ses amis quand l'occasion s'en présentera.

À cette cruelle ironie, Arché hors de lui-même fut tenté un instant, un seul instant, de tirer sa claymore et de lui dire :

— Si vous n'êtes pas aussi lâche qu'insolent, défendez-vous, major Montgomery !

La raison vint heureusement à son aide : sa main, au lieu de se porter à son sabre, se dirigea machinalement vers sa poitrine, qu'il déchira de rage avec ses ongles. Il se ressouvint alors des paroles de la sorcière du domaine :

« Garde ta pitié pour toi-même, Archibald de Locheill, lorsque, contraint d'exécuter un ordre barbare, tu déchireras avec tes ongles cette poitrine qui recouvre pourtant un cœur noble et généreux. »

— Elle était bien inspirée par l'enfer, cette femme, pensa-t-il, lorsqu'elle faisait cette prédiction à un Cameron of Locheill.

Montgomery contempla un instant, avec une joie féroce, cette lutte de passions contraires qui torturaient l'âme du jeune homme ; il savoura ce paroxysme de désespoir ; puis, se flattant qu'il refuserait d'obéir, il lui tourna le dos. De Locheill, pénétrant son dessein perfide, se dépêcha de rejoindre sa compagnie, et une demi-heure après, tout le hameau d'Haberville était la proie des flammes. Arché s'arrêta ensuite sur la petite côte, près de cette fontaine, où, dans des temps plus heureux, il avait été si souvent se désaltérer avec ses amis ; et de là ses yeux de lynx découvrirent Montgomery revenu à la même place où il lui avait signifié ses ordres, Montgomery qui, les bras croisés, semblait se repaître de ce cruel spectacle. Alors, écumant de rage à la vue de son ennemi, il s'écria :

— Tu as bonne mémoire, Montgomery ; tu n'as pas oublié les coups de plat de sabre que mon aïeul donna à ton grand-père dans une auberge d'Édimbourg ; mais moi aussi j'ai la mémoire tenace ; je ne porterai pas toujours cette livrée qui me lie les mains, et tôt ou tard je doublerai la dose sur tes épaules, car tu serais trop lâche pour me rencontrer face à face ; un homme aussi barbare que toi doit être étranger à tout noble sentiment, même à celui de la bravoure, que l'homme partage en commun avec l'animal privé de raison. Sois maudit, toi et toute ta race ! Puisses-tu, moins heureux que ceux que tu as privés d'abri, ne pas avoir, lorsque tu mourras, une seule pierre pour reposer ta tête ! Puissent toutes les furies de l'enfer…

Mais, voyant qu'il s'épuisait dans une rage impuissante, il s'éloigna en gémissant.

Le moulin, sur la rivière des Trois-Saumons, ne fut bientôt qu'un monceau de cendres; et l'incendie des maisons que possédait à Québec le capitaine d'Haberville, qui eut lieu pendant le siège de la capitale, compléta sa ruine.

De Locheill, après avoir pris les précautions nécessaires à la sûreté de sa compagnie, se dirigea vers l'ancien manoir de ses amis, qui n'offrait plus qu'une scène de désolation. En prenant par les bois, qu'il connaissait, il s'y transporta en quelques minutes. Là, assis sur la cime du cap, il contempla longtemps, silencieux et dans des angoisses indéfinissables, les ruines fumantes à ses pieds. Il pouvait être neuf heures; la nuit était sombre; peu d'étoiles se montraient au firmament. Il lui sembla néanmoins distinguer un être vivant qui errait près des ruines: c'était, en effet, le vieux Niger qui, levant quelques instants après la tête vers la cime du cap, poussa trois hurlements plaintifs: il pleurait, aussi, à sa manière, les malheurs de la famille qui l'avait nourri. De Locheill crut que ces cris plaintifs étaient à son adresse; que ce fidèle animal lui reprochait son ingratitude envers ses anciens amis, et il pleura amèrement.

— Voilà donc, s'écria-t-il avec amertume, les fruits de ce que nous appelons code d'honneur chez les nations civilisées! Sont-ce là aussi les fruits des préceptes qu'enseigne l'Évangile à tous ceux qui professent la religion chrétienne, cette religion toute d'amour et de pitié, même pour des ennemis. Si j'eusse fait partie d'une expédition commandée par un chef de ces aborigènes que nous traitons de barbares sur cet hémisphère, et que je lui eusse dit: « Épargne cette maison, car elle appartient à mes amis; j'étais errant et fugitif, et ils m'ont accueilli dans leur famille, où j'ai trouvé un père et des frères », le chef indien m'aurait répondu: « C'est bien, épargne tes amis; il n'y a que le serpent qui mord ceux qui l'ont réchauffé près de leur feu. »

J'ai toujours vécu, continua de Locheill, dans l'espoir de rejoindre un jour mes amis du Canada, d'embrasser cette famille que j'ai tant aimée et que j'aime encore davantage, aujourd'hui, s'il est possible. Une réconciliation n'était pas même nécessaire: il était trop naturel que j'eusse cherché à rentrer dans ma patrie, à recueillir les débris de la fortune de mes ancêtres presque réduite à néant par les confiscations du gouvernement britannique. Il ne me restait d'autre ressource que l'armée, seule carrière digne d'un Cameron of Locheill. J'avais retrouvé la claymore de mon vaillant père, qu'un de mes amis avait rachetée parmi le butin fait par les Anglais sur le malheureux champ de bataille de Culloden. Avec cette arme, qui n'a jamais trahi un homme de ma race, je rêvais une carrière glorieuse. J'ai bien été peiné, lorsque j'ai appris que mon régiment devait joindre cette expédition dirigée contre la Nouvelle-France ; mais un soldat ne pouvait résigner sans déshonneur, en temps de guerre : mes amis l'auraient compris. Plus d'espoir maintenant pour l'ingrat qui a brûlé les propriétés de ses bienfaiteurs ! Jules d'Haberville, celui que j'appelais jadis mon frère, sa bonne et sainte mère, qui était aussi la mienne par adoption, cette belle et douce jeune fille, que j'appelais ma sœur, pour cacher un sentiment plus tendre que la gratitude du pauvre orphelin l'obligeait à refouler dans son cœur, tous ces bons amis écouteront peut-être ma justification avec indulgence et finiront par me pardonner. Mais le capitaine d'Haberville ! le capitaine d'Haberville, qui aime de toute la puissance de son âme, mais dont la haine est implacable, cet homme qui n'a jamais pardonné une injure vraie ou supposée, permettra-t-il à sa famille de prononcer mon nom, si ce n'est pour le maudire ?

Mais j'ai été stupide et lâche, fit de Locheill en grinçant des dents ; je devais déclarer devant mes soldats pourquoi je refusais d'obéir ; et, quand bien même Montgomery m'eût fait fusiller sur-le-champ, il se serait trouvé des hommes qui auraient approuvé ma désobéissance, et lavé ma mémoire. J'ai été stupide et lâche, car dans le cas où le major, au lieu de me faire fusiller, m'eût traduit devant un tribunal militaire, on aurait, tout en prononçant sentence de mort contre moi, apprécié mes motifs. J'aurais été éloquent en défendant mon honneur ; j'aurais été éloquent en défendant un des plus nobles sentiments du cœur humain : la gratitude. Puissiez-vous, mes amis, être témoins de mes remords ! Il me semble qu'une légion de vipères me déchirent la poitrine. Lâche, mille fois lâche !

Une voix près de lui répéta : « Lâche ! mille fois lâche ! » Il crut d'abord que c'était l'écho du cap qui répétait ses paroles dans cette nuit si calme pour toute la nature, tandis que l'orage des passions grondait seul dans son cœur. Il leva la tête et aperçut, à quelques pieds de lui, la folle du domaine debout sur la partie la plus élevée d'un rocher qui projetait sur la cime du cap ; elle joignit les mains, les étendit vers les ruines à ses pieds, et s'écria d'une voix lamentable : « Malheur ! malheur ! malheur ! » Elle descendit ensuite, avec la rapidité de l'éclair, le sentier étroit et dangereux qui conduit au bas du promontoire, et, comme l'ombre d'Europe, se mit à errer parmi les ruines en criant : « Désolation ! désolation ! désolation ! » Elle éleva ensuite un bras menaçant vers la cime du cap et cria : « Malheur ! malheur à toi, Archibald de Locheill ! »

Le vieux chien poussa un hurlement plaintif et prolongé et tout retomba dans le silence.

Au moment où Arché, sous l'impression douloureuse de ce spectacle et de ces paroles sinistres, baissait la tête sur son sein, quatre hommes vigoureux se précipitèrent sur lui, le renversèrent sur le rocher, et lui lièrent les mains. C'étaient quatre sauvages de la tribu des Abénaquis, qui épiaient, cachés le long de la lisière des bois, tous les mouvements de la troupe anglaise, débarquée la veille à la Rivière-Ouelle. Arché, se confiant à sa force herculéenne, fit des efforts désespérés pour briser ses liens ; la forte courroie de peau d'orignal qui enlaçait ses poignets à triple tour se tendit à plusieurs reprises, comme si elle allait se rompre, mais résista à ses attaques puissantes. Ce que voyant de Locheill, il se résigna à son sort, et suivit, sans autre résistance, ses ennemis qui, s'enfonçant dans la forêt, se dirigèrent vers le sud. Sa vigoureuse jambe écossaise lui épargna bien des mauvais traitements.

Elles étaient bien amères les réflexions que faisait le captif pendant cette marche précipitée à travers la forêt, dans cette même forêt dont il connaissait tous les détours, et où, libre et léger comme le chevreuil de ses montagnes, il avait chassé tant de fois avec son frère d'Haberville. Sans faire attention à la joie féroce des Indiens, dont les yeux brillaient comme des escarboucles en le voyant en proie au désespoir, il s'écria :

— Tu as vaincu, Montgomery ; mes malédictions retombent maintenant sur ma tête ; tu diras que j'ai déserté à l'ennemi ; tu publieras que je suis un traître que tu soupçonnais depuis longtemps. Tu as vaincu, car toutes les apparences sont contre moi. Ta joie sera bien grande, car j'ai tout perdu, même l'honneur.

Et, comme Job, il s'écria :
— Périsse le jour qui m'a vu naître !

Après deux heures d'une marche rapide, ils arrivèrent au pied de la montagne, en face de la coupe qui conduit au lac des Trois-Saumons : ce qui fit supposer à Arché qu'un détachement de sauvages y était campé. Arrivés sur les bords du lac, un de ceux qui le tenaient prisonnier poussa, par trois fois, le cri du huard ; et les sept échos des montagnes répétèrent, chacun trois fois, en s'éloignant, le cri aigre et aigu du superbe cygne du Bas-Canada. Malgré la lumière incertaine des étoiles, de Locheill n'aurait pu se défendre d'un nouveau mouvement de surprise mêlée d'admiration, à la vue de cette belle nappe d'eau limpide encaissée dans les montagnes et parsemée d'îlots à la couronne de sapins toujours verts, si son cœur eût été susceptible d'autres impressions que de celles de la tristesse. C'était bien pourtant ce même lac où il avait, pendant près de dix ans, fait de joyeuses excursions de pêche et de chasse avec ses amis. C'était bien le même lac qu'il avait traversé à la nage, dans sa plus grande largeur, pour faire preuve de sa force natatoire. Mais pendant cette nuit funeste, tout lui semblait mort dans la nature, comme son pauvre cœur.

Un canot d'écorce se détacha d'un des îlots, conduit par un homme

portant le costume des aborigènes, à l'exception d'un bonnet de renard qui lui couvrait la tête : les sauvages ne portaient sur leur chef que les plumes dont ils l'ornaient. Le nouveau venu s'entretint assez longtemps avec les quatre sauvages ; ils lui firent, à ce que supposa Arché, le récit de leur expédition ; mais comme ils se servaient de l'idiome abénaquis, de Locheill ne comprit rien à leurs discours. Deux des Indiens se dirigèrent vers le sud-ouest, par un sentier un peu au-dessus du lac. On mit alors Arché dans le canot et on le transporta sur l'îlot d'où était sorti l'homme au bonnet de renard.

XIII

Une nuit avec les sauvages

What tragic tears bedew the eye!
What deaths we suffer ere we die!
Our broken friendships we deplore,
And loves of youth that are no more.

Logan

All, all on earth is shadow, all beyond
Is substance; the reverse is folly's creed,
How solid all, where change shall be no more!

Young's *Night Thoughts*

De Locheill, après avoir maudit son ennemi, après avoir déploré le jour de sa naissance, revint à des sentiments plus chrétiens, lorsque, lié fortement à un arbre, tout espoir fut éteint dans son cœur ; il savait que les sauvages n'épargnaient guère leurs captifs, et qu'une mort lente et cruelle lui était réservée. Reprenant alors subitement toute son énergie naturelle, il ne songea pas même à implorer de Dieu sa délivrance ; mais, repassant ses offenses envers son créateur dans toute l'amertume d'une âme repentante, il le pria d'accepter le sacrifice de sa vie en expiation de ses péchés, et de lui donner la force et le courage nécessaires pour souffrir avec résignation la mort cruelle qui l'attendait ; il s'humilia devant Dieu. Que m'importe après tout, pensa-t-il, le jugement des hommes, quand le songe de la vie sera passé ? Ma religion ne m'enseigne-t-elle pas que tout n'est que vanité ? Et il se courba avec résignation sous la main de Dieu.

Les trois guerriers, assis en rond à une douzaine de pieds de Locheill, fumaient la pipe en silence. Les sauvages sont naturellement peu expansifs, et considèrent d'ailleurs les entretiens frivoles comme indignes d'hommes raisonnables; bons, tout au plus, pour les femmes et les enfants. Cependant Talamousse, l'un d'eux, s'adressant à l'homme de l'îlot, lui dit:

— Mon frère va-t-il attendre longtemps ici les guerriers du portage?

— Trois jours, répondit celui-ci, en élevant trois doigts: la Grand'Loutre et Talamousse pourront partir demain avec le prisonnier; le Français ira les rejoindre au grand campement du capitaine Launière.

— C'est bien, dit la Grand'Loutre en étendant la main vers le sud, nous allons mener le prisonnier au campement du Petit-Marigotte[1], où nous attendrons pendant trois jours mon frère avec les guerriers du portage, pour aller au grand campement du capitaine Launière.

De Locheill crut s'apercevoir pour la première fois que le son de voix de l'homme au bonnet de renard n'était pas le même que celui des deux autres, quoiqu'il parlât leur langue avec facilité. Il avait souffert jusque-là les tourments d'une soif brûlante sans proférer une seule parole: c'était bien le supplice de Tantale, à la vue des eaux si fraîches et si limpides du beau lac qui dormait à ses pieds; mais sous l'impression que cet homme pouvait être français, il se hasarda à dire:

— S'il est un chrétien parmi vous, pour l'amour de Dieu qu'il me donne à boire.

— Que veut le chien? dit la Grand'Loutre à son compagnon.

L'homme interpellé fut quelque temps sans répondre; tout son corps tressaillit, une pâleur livide se répandit sur son visage, une sueur froide inonda son front; mais, faisant un grand effort sur lui-même, il répondit de sa voix naturelle:

— Le prisonnier demande à boire.

— Dis au chien d'Anglais, dit Talamousse, qu'il sera brûlé demain; et que, s'il a bien soif, on lui donnera de l'eau bouillante pour le refraîchir.

— Je vais le lui dire, répliqua le Canadien, mais en attendant, que mes frères me permettent de porter de l'eau à leur prisonnier.

— Que mon frère fasse comme il voudra, dit Talamousse: les visages-pâles ont le cœur mou comme des jeunes filles.

Le Canadien ploya un morceau d'écorce de bouleau en forme de cône, et le présenta plein d'eau fraîche au prisonnier en lui disant:

---

1. Le Petit-Marigotte est un étang giboyeux, situé à environ un mille au sud du lac des Trois-Saumons: les anciens prétendaient que c'était l'œuvre des castors.

— Qui êtes-vous, monsieur? Qui êtes-vous, au nom de Dieu! vous dont la voix ressemble tant à celle d'un homme qui m'est si cher?

— Archibald Cameron of Locheill, dit le premier, l'ami autrefois de vos compatriotes; leur ennemi aujourd'hui, et qui a bien mérité le sort qui l'attend.

— Monsieur Arché, reprit Dumais — car c'était lui —, quand vous auriez tué mon frère, quand il me faudrait fendre le crâne avec mon casse-tête à ces deux Canaouas[2], dans une heure vous serez libre. Je vais d'abord essayer la persuasion, avant d'en venir aux mesures de rigueur. Silence maintenant.

Dumais reprit sa place près des Indiens, et leur dit après un silence assez prolongé:

— Le prisonnier remercie les peaux-rouges de lui faire souffrir la mort d'un homme; il dit que la chanson du visage-pâle sera celle d'un guerrier.

— Houa! fit la Grand'Loutre, l'Anglais fera comme le hibou qui se lamente quand il voit le feu de nos wigwams pendant la nuit[3].

Et il continua à fumer en regardant de Locheill avec mépris.

— L'Anglais, dit Talamousse, parle comme un homme maintenant qu'il est loin du poteau; l'Anglais est un lâche qui n'a pu souffrir la soif; l'Anglais, en pleurant, a demandé à boire à ses ennemis, comme les petits enfants font à leurs mères.

Et il fit mine de cracher dessus.

Dumais ouvrit un sac, en tira quelques provisions, et en offrit aux deux sauvages, qui refusèrent de manger. Disparaissant ensuite dans les bois, il revint avec un flacon d'eau-de-vie qu'il avait mis en cache sous les racines d'une épinette, prit un coup et se mit à souper. Les yeux d'un des sauvages dévoraient le contenu du flacon.

— Talamousse n'a pas faim, mon frère, dit-il; mais il a soif: il a fait une longue marche aujourd'hui et il est bien fatigué: l'eau-de-feu délasse les jambes.

Dumais lui passa le flacon; le sauvage le saisit d'une main tremblante de joie, se mit à boire avec avidité, et lui rendit le flacon après en avoir avalé un bon demiard tout d'un trait. Ses yeux, de brillants qu'ils étaient, devinrent bientôt ternes et la stupidité de l'ivresse commença à paraître sur son visage.

---

2. *Canaoua*: nom de mépris que les anciens Canadiens donnaient aux sauvages.

3. Le hibou, peu sociable de sa nature, pousse souvent des cris lamentables à la vue du feu qu'allument, la nuit, dans les bois, ceux qui fréquentent nos forêts canadiennnes. On croirait que, dans sa fureur, il va se précipiter dans les flammes qu'il touche fréquemment de ses ailes.

— C'est bon ça, dit l'Indien en rendant le flacon.

— Dumais n'en offre pas à son frère la Grand'Loutre, dit le Canadien ; il sait qu'il n'en boit pas.

— Le Grand-Esprit aime la Grand'Loutre, dit celui-ci, il lui a fait vomir la seule gorgée d'eau-de-feu qu'il ait bue. Le Grand-Esprit aime la Grand'Loutre, il l'a rendu si malade qu'il a pensé visiter le pays des âmes. La Grand'Loutre l'en remercie : l'eau-de-feu ôte l'esprit à l'homme.

Ce sauvage, par une rare exception et au grand regret du Canadien, était abstème de nature.

— C'est bon l'eau-de-feu, dit Talamousse après un moment de silence en avançant encore la main vers le flacon, que Dumais retira.

— Donne, donne, mon frère, je t'en prie ; encore un coup, mon frère, je t'en prie.

— Non, dit Dumais, pas à présent ; tantôt.

Et il remit le flacon dans son sac.

— Le Grand-Esprit aime aussi le Canadien, reprit Dumais après une pause : il l'a visité la nuit dernière pendant son sommeil.

— Qu'a-t-il dit à mon frère ? demandèrent les sauvages.

Le Grand-Esprit lui a dit de racheter le prisonnier, fit Dumais.

— Mon frère ment comme un Français, s'écria la Grand'Loutre ; il ment comme tous les visages-pâles : les peaux-rouges ne mentent pas, eux[4].

— Les Français ne mentent jamais quand ils parlent du Grand-Esprit, dit le Canadien.

Et, retirant le flacon du sac, il avala une demi-gorgée d'eau-de-vie.

— Donne, donne, mon frère, dit Talamousse en avançant la main vers le flacon, je t'en prie, mon frère.

— Si Talamousse veut me vendre sa part du prisonnier, fit Dumais, le Français lui donnera une autre traite.

— Donne-moi toute l'eau-de-feu, reprit Talamousse, et prends ma part du chien d'Anglais.

— Non, dit Dumais : un autre coup et rien de plus.

---

4. Les anciens sauvages disaient souvent aux Canadiens : « Mon frère ment comme un Français. » Ce qui fait croire que les Indiens étaient plus véridiques.

Un sauvage montagnais accusait un jour, en ma présence, un jeune homme de sa tribu de lui avoir volé une peau de renard.

— Eh oui, dit le coupable en riant aux éclats, je l'ai prise ; tu la trouveras dans la forêt.

Et il lui indiqua en même temps le lieu où il l'avait cachée.

Malgré ce fait, les sauvages n'en ont pas moins mérité la réputation de menteurs. On connaît le proverbe canadien : menteur comme un sauvage.

Et il fit mine de serrer la flacon.

— Donne donc et prends ma part, fit l'Indien.

Il saisit le flacon à deux mains, avala un autre demiard de la précieuse liqueur, et s'endormit sur l'herbe, complètement ivre.

— Et d'un, pensa Dumais.

La Grand'Loutre regardait tout ce qui se passait d'un air de défiance, et continuait néanmoins à fumer stoïquement.

— Mon frère veut-il à présent me vendre sa part du prisonnier? dit Dumais.

— Que veux-tu faire? repartit le sauvage.

— Le vendre au capitatine d'Haberville qui le fera pendre pour avoir brûlé sa maison et son moulin.

— Ça fait plus mal d'être brûlé : d'Haberville boira la vengeance avec autant de plaisir que Talamousse a bu ton eau-de-feu.

— Mon frère se trompe, le prisonnier souffrira tous les tourments du feu comme un guerrier, mais il pleurera comme une femme si on le menace de la corde : le capitaine d'Haberville le sait bien.

— Mon frère ment encore, répliqua la Grand'Loutre : tous les Anglais que nous avons brûlés pleuraient comme des lâches, et aucun d'eux n'a entonné sa chanson de mort comme un homme. Ils nous auraient remerciés de les pendre : il n'y a que le guerrier sauvage qui préfère le bûcher à la honte d'être pendu comme un chien[a].

— Que mon frère écoute, dit Dumais, et qu'il fasse attention aux paroles du visage-pâle. Le prisonnier n'est pas Anglais, mais Écossais ; et les Écossais sont les sauvages des Anglais. Que mon frère regarde le vêtement du prisonnier, et il verra qu'il est presque semblable à celui du guerrier sauvage.

— C'est vrai, dit la Grand'Loutre : il n'étouffe pas dans ses habits comme les soldats anglais et les soldats du Grand Ononthio qui demeure de l'autre côté du grand lac ; mais, qu'est-ce que ça y fait?

— Ça y fait, reprit le Canadien, qu'un guerrier écossais aime mieux être brûlé que pendu. Il pense, comme les peaux-rouges du Canada, qu'on ne pend que les chiens, et que s'il visitait le pays des âmes la corde au cou, les guerriers sauvages ne voudraient pas chasser avec lui.

— Mon frère ment encore, dit l'Indien en secouant la tête d'un air de doute : les sauvages écossais sont toujours des visages-pâles, et ils ne doivent pas avoir le courage de souffrir comme les peaux-rouges.

Et il continua à fumer d'un air pensif.

— Que mon frère prête l'oreille à mes paroles, reprit Dumais, et il verra que je dis la vérité.

— Parle; ton frère écoute.

— Les Anglais et les Écossais, continua le Canadien, habitent une grande île de l'autre côté du grand lac; les Anglais vivent dans la plaine, les Écossais dans les montagnes. Les Anglais sont aussi nombreux que les grains de sable de ce lac, et les Écossais que les grains de sable de cet îlot où nous sommes maintenant; et néanmoins ils se font la guerre depuis autant de lunes qu'il y a de feuilles sur ce gros érable. Les Anglais sont riches, leurs sauvages sont pauvres; quand les Écossais battaient les Anglais, ils retournaient dans leurs montagnes chargés de riche butin: quand les Anglais battaient les Écossais, ils ne trouvaient rien en retour dans leurs montagnes: c'était tout profit d'un côté et rien de l'autre.

— Pourquoi les Anglais, s'ils étaient si nombreux, dit la Grand'Loutre, ne les poursuivaient-ils pas dans leurs montagnes pour les exterminer tous? Mon frère dit qu'ils vivent dans une même île: ils n'auraient pu leur échapper.

— Houa! s'écria Dumais à la façon du sauvage, mon frère va voir que c'est impossible, s'il veut m'écouter. Les sauvages écossais habitent des montagnes si hautes, si hautes, dit Dumais en montrant le ciel, qu'une armée de jeunes Anglais qui les avaient poursuivis, une fois, jusqu'à moitié chemin, avaient la barbe blanche quand ils descendirent.

— Les Français sont toujours fous, dit l'Indien, ils ne cherchent qu'à faire rire: ils mettront bien vite des *matchicotis* (jupons) et iront s'asseoir avec nos *squaws* (femmes), pour les amuser de leurs contes; ils ne sont jamais sérieux comme des hommes.

— Mon frère doit voir, reprit Dumais, que c'est pour lui faire comprendre combien sont hautes les montagnes d'Écosse.

— Que mon frère parle; la Grand'Loutre écoute et comprend, dit l'Indien accoutumé à ce style figuré.

— Les Écossais ont la jambe forte comme l'orignal, et sont agiles comme le chevreuil, continua Dumais.

— Ton frère te croit, interrompit l'Indien, s'ils sont tous comme le prisonnier, qui, malgré ses liens, était toujours sur mes talons quand nous l'avons amené ici: il a la jambe d'un sauvage.

— Les Anglais, reprit le Canadien, sont grands et robustes; mais ils ont la jambe molle et le ventre gros: si bien que, quoique souvent victorieux, lorsqu'ils poursuivaient leurs ennemis sur leurs hautes montagnes, ceux-ci plus agiles échappaient toujours, leur dressaient des embûches, et en tuaient un grand nombre; si bien que les Anglais renonçaient le plus souvent à les poursuivre dans les lieux où ils n'attrapaient que des coups et où ils crevaient de faim. La guerre continuait cependant toujours: quand les Anglais faisaient des prisonniers, ils en brûlaient quelques-uns; mais ceux-ci entonnaient au poteau leur chanson de mort, insultaient leurs ennemis en leur disant qu'ils avaient bu dans les crânes de leurs grands-pères, et qu'ils ne savaient pas torturer des guerriers.

— Houa! s'écria la Grand'Loutre, ce sont des hommes que ces Écossais!

— Les Écossais, reprit le Canadien, avaient pour chef, il y a bien longtemps de cela, un brave guerrier nommé Wallace; quand il partait pour la guerre, la terre tremblait sous ses pieds: il était aussi haut que ce sapin, et valait à lui seul toute une armée. Il fut trahi par un misérable, vendu pour de l'argent, fait prisonnier et condamné à être pendu. À cette nouvelle, ce ne fut qu'un cri de rage et de douleur dans toutes les montagnes d'Écosse; tous les guerriers se peignirent le visage en noir, on tint conseil et dix grands chefs, portant le calumet de la paix, partirent pour l'Angleterre. On les fit entrer dans un grand wigwam, on alluma le feu du conseil, on fuma longtemps en silence; un grand chef prit enfin la parole et dit: «Mon frère, la terre a assez bu le sang des guerriers de deux braves nations, nous désirons enterrer la hache: rends-nous Wallace, et nous resterons en otages à sa place: tu nous feras mourir, s'il lève encore le casse-tête contre toi.» Et il présenta le calumet au grand Ononthio des Anglais, qui le repoussa de la main en disant: «Avant que le soleil se couche trois fois, Wallace sera pendu.»

— Écoute, mon frère, dit le grand chef écossais, s'il faut que Wallace meure, fais-lui souffrir la mort d'un guerrier: on ne pend que les chiens; et il présenta de nouveau le calumet, qu'Ononthio repoussa. Les députés se consultèrent entre eux, et leur grand chef reprit: «Que mon frère écoute mes dernières paroles, et que son cœur se réjouisse: qu'il fasse planter onze poteaux pour brûler Wallace et ses dix guerriers, qui seront fiers de partager son sort: ils remercieront leur frère de sa clémence.» Et il offrit encore le calumet de paix, qu'Ononthio refusa.

— Hou! fit la Grand'Loutre, c'étaient pourtant de belles paroles et sortant de cœurs généreux. Mais mon frère ne me dit pas pourquoi les Écossais sont maintenant amis des Anglais, et font la guerre avec eux contre les Français?

— Les députés retournèrent dans leurs montagnes, la rage dans le cœur; à chaque cri de mort[b] qu'ils poussaient avant d'entrer dans les villes et les villages pour annoncer la fin lamentable de Wallace, tout le monde courait aux armes, et la guerre continua entre les deux nations pendant autant de lunes qu'il y a de grains de sable dans ma main, dit Dumais en jetant une poignée de sable devant lui. Le petit peuple de sauvages était le plus souvent vaincu par les ennemis aussi nombreux que les étoiles dans une belle nuit; les rivières coulaient des eaux de sang, mais il ne songeait pas à enfouir la hache du guerrier. La guerre durerait encore sans un traître qui avertit des soldats anglais que neuf grands chefs écossais, réunis dans une caverne pour y boire de l'eau-de-feu, s'y étaient endormis comme notre frère Talamousse.

— Les peaux-rouges, dit la Grand'Loutre, ne sont jamais traîtres à leur nation : ils trompent leurs ennemis, jamais leurs amis. Mon frère veut-il me dire pourquoi il y a des traîtres parmi les visages-pâles ?

Dumais, assez embarrassé de répondre à cette question faite à brûle-pourpoint, continua comme s'il n'eût rien entendu :

— Les neuf chefs, surpris loin de leurs armes, furent conduits dans une grande ville, et tous condamnés à être pendus avant la fin d'une lune. À cette triste nouvelle, on alluma des feux de nuit sur toutes les montagnes d'Écosse pour convoquer un grand conseil de tous les guerriers de la nation. Les hommes sages dirent de belles paroles pendant trois jours et trois nuits ; et cependant on ne décida rien. On fit la médecine, et un grand sorcier déclara que le mitsimanitou[5] était irrité contre ses enfants, et qu'il fallait enfouir la hache pour toujours. Vingt guerriers peints en noir se rendirent dans la grande ville des Anglais, et avant d'y entrer poussèrent autant de cris de mort qu'il y avait de chefs captifs. On tint un grand conseil, et l'Ononthio des Anglais leur accorda la paix à condition qu'ils donneraient des otages, qu'ils livreraient leurs places fortes, que les deux nations n'en feraient plus qu'une, et que les guerriers anglais et écossais combattraient épaule contre épaule les ennemis du grand Ononthio. On fit un festin qui dura trois jours et trois nuits, et où l'on but tant d'eau-de-feu que les femmes serrèrent les casse-tête, car, sans cela, la guerre aurait recommencé de nouveau. Les Anglais furent si joyeux qu'ils promirent d'envoyer en Écosse, par-dessus le marché, toutes les têtes, pattes et queues des moutons qu'ils tueraient à l'avenir.

— C'est bon ça, dit l'Indien ; les Anglais sont généreux[6] !

— Mon frère doit voir, continua Dumais, qu'un guerrier écossais aime mieux être brûlé que pendu, et il va me vendre sa part du prisonnier. Que mon frère fasse son prix, et Dumais ne regardera pas à l'argent.

---

5. Faire la médecine : les sauvages n'entreprenaient aucune expédition importante, soit de guerre, soit de chasse, sans consulter les esprits infernaux par le ministère de leurs sorciers.

Le mitsimanitou était le grand dieu des sauvages ; et le manitou, leur démon ou génie du mal, divinité inférieure toujours opposée au dieu bienfaisant.

6. Les sauvages sont très friands de la tête et des pattes des animaux. Je demandais un jour à un vieux canaoua, qui se vantait d'avoir pris part à un festin où sept de leurs ennemis avaient été mangés, quelle était la partie la plus délicieuse d'un ennemi rôti : il répondit sans hésiter, en se faisant claquer la langue : « Certes, ce sont les pieds et les mains, mon frère. »

— La Grand'Loutre ne vendra pas sa part du prisonnier, dit l'Indien ; il a promis à Taoutsï et à Katakouï de le livrer demain au campement du Petit-Marigotte, et il tiendra sa parole. On assemblera le conseil ; la Grand'Loutre parlera aux jeunes gens et, s'ils consentent à ne pas le brûler, il sera toujours temps de le livrer à d'Haberville.

— Mon frère connaît Dumais, dit le Canadien : il sait qu'il est riche, qu'il a bon cœur et qu'il est un homme de parole ; Dumais paiera pour le prisonnier six fois autant, en comptant sur ses doigts, qu'Ononthio paie aux sauvages pour chaque chevelure de l'ennemi.

— La Grand'Loutre sait que son frère dit vrai, répliqua l'Indien, mais il ne vendra pas sa part du prisonnier.

Les yeux du Canadien lancèrent des flammes ; il serra fortement le manche de sa hache ; mais, se ravisant tout à coup, il secoua d'un air indifférent les cendres de la partie du casse-tête qui servait de pipe aux Français aussi bien qu'aux sauvages dans leurs guerres de découvertes. Quoique le premier mouvement hostile de Dumais n'eût point échappé à l'œil de lynx de son compagnon, il n'en continua pas moins à fumer tranquillement.

Les paroles de Dumais, lorsque de Locheill l'avait reconnu, avaient fait renaître l'espérance dans son âme ; et il se rattachait à cette vie dont il avait d'abord fait le sacrifice avec résignation, en bon chrétien et en homme courageux. Malgré les remords cuisants qui lui déchiraient le cœur, il était bien jeune pour faire sans regret ses adieux à la vie et à tout ce qu'il avait de plus cher au monde. Pouvait-il sans amertume renoncer à la brillante carrière des armes qui avait illustré un si grand nombre de ses ancêtres ? Pouvait-il, lui le dernier de sa race, enfouir sans regret dans la tombe le blason taché des Cameron de Locheill ? Pouvait-il faire sans regret ses adieux à la vie, en pensant qu'il laisserait la famille d'Haberville sous l'impression qu'elle avait réchauffé une vipère dans son sein ; en pensant que son nom ne serait prononcé qu'avec horreur par les seuls amis sincères qu'il eût au monde ; en pensant au désespoir de Jules et aux imprécations de l'implacable capitaine ; à la douceur muette de cette bonne et sainte femme qui l'appelait son fils, et de cette belle et douce jeune fille qui l'appelait jadis son frère, et à laquelle il avait espéré donner un jour un nom plus tendre ? Arché était donc bien jeune pour mourir. En ressaisissant la vie, il pouvait encore tout réparer, et une lueur d'espérance ranima son cœur.

De Locheill, encouragé par les paroles de Dumais, avait suivi, avec une anxiété toujours croissante, la scène qui se passait devant lui. Ignorant l'idiome indien, il s'efforçait de saisir, à l'expression de leurs traits, le sens des paroles des interlocuteurs. Quoique la nuit fût un peu sombre, il n'avait rien perdu des regards haineux et méprisants que lui lançaient les sauvages, dont les yeux brillaient d'une lumière phosphorescente, comme ceux du chat-tigre. Connaissant la férocité des sauvages sous l'influence de l'alcool, il ne vit pas sans surprise Dumais leur passer le flacon; mais, quand il vit l'un d'eux s'abstenir de boire et l'autre étendu mort-ivre sur le sable, il comprit la tactique de son libérateur pour se débarrasser d'un de ses ennnemis. Quand il entendit prononcer le nom de Wallace, il se rappela que pendant la maladie de Dumais, il l'avait souvent entretenu des exploits fabuleux de son héros favori, sans pouvoir néanmoins deviner à quelle fin il entretenait le sauvage des exploits d'un guerrier calédonien. S'il eût compris la fin du discours du Canadien, il se serait rappelé les quolibets de Jules à propos du prétendu plat favori de ses compatriotes. Quand il vit la colère briller dans les yeux de Dumais, quand il le vit serrer son casse-tête, il allait lui crier de ne point frapper, lorsqu'il lui vit reprendre une attitude pacifique. Son âme généreuse se refusait à voir son ami exposé, par un sentiment de gratitude, à passer par les armes, en tuant un sauvage allié des Français.

Le Canadien garda pendant quelque temps le silence, chargea de nouveau sa pipe, se mit à fumer et dit de sa voix la plus calme:

— Quand la Grand'Loutre est tombé malade de la picote, près de la Rivière-du-Sud, ainsi que son père, sa femme et ses deux fils, Dumais a été les chercher; et au risque de prendre la maladie lui-même, ainsi que sa famille, il les a transportés dans son grand wigwam, où il les a soignés pendant trois lunes. Ce n'est pas la faute à Dumais si le vieillard et les deux jeunes gens sont morts: Dumais les a fait enterrer avec des cierges à l'entour de leurs corps, comme des chrétiens, et la robe noire a prié le Grand-Esprit pour eux.

— Si Dumais, répliqua l'Indien, ainsi que sa femme et ses enfants fussent tombés malades dans la forêt, la Grand'Loutre les aurait portés dans son wigwam, aurait pêché le poisson des lacs et des rivières, chassé le gibier dans les bois, aurait acheté l'eau-de-feu, qui est la médecine des Français, et il aurait dit: «Mangez et buvez, mes frères, et prenez des forces.» La Grand'Loutre et sa *squaw* auraient veillé jour et nuit auprès de la couche de ses amis français; et la Grand'Loutre n'aurait pas dit: «Je t'ai nourri, soigné, et j'ai acheté avec mes pelleteries l'eau-de-feu qui est la médecine des visages-pâles.» Que mon frère, ajouta l'Indien en se redressant avec fierté, emmène le prisonnier: le peau-rouge ne doit plus rien aux visages-pâles!

Et il se remit à fumer tranquillement.

— Écoute, mon frère, dit le Canadien, et pardonne à Dumais s'il t'a caché la vérité: il ne connaissait pas ton grand cœur. Il va parler maintenant en présence du Grand-Esprit qui l'écoute; et le visage-pâle ne ment jamais au Grand-Esprit.

— C'est vrai, dit l'Indien: que mon frère parle, et son frère l'écoute.

— Quand la Grand'Loutre était malade, il y a deux ans, reprit le Canadien, Dumais lui a raconté son aventure, lorsque les glaces du printemps l'emportaient dans la chute du Saint-Thomas, et comment il fut sauvé par un jeune Écossais, qui arrivait le soir chez le seigneur de Beaumont.

— Mon frère me l'a racontée, dit l'Indien, et il m'a montré les restes de l'îlot où, suspendu sur l'abîme, il attendait la mort à chaque instant. La Grand'Loutre connaissait déjà la place et le vieux cèdre auquel mon frère se tenait.

— Eh bien! reprit Dumais en se levant et ôtant sa casquette, ton frère déclare, en présence du Grand-Esprit, que le prisonnier est le jeune Écossais qui lui a sauvé la vie!

L'Indien poussa un cri terrible, que les échos des montagnes répétèrent avec l'éclat de la foudre, se releva d'un bond, en tirant son couteau, et se précipita sur le prisonnier. De Locheill, qui n'avait rien compris à leur conversation, crut qu'il touchait au dernier moment de son existence, et recommanda son âme à Dieu, quand, à sa grande surprise, le sauvage coupa ses liens, lui secoua fortement les mains avec de vives démonstrations de joie, et le poussa dans les bras de son ami.

Dumais pressa en sanglotant Arché contre sa poitrine, puis s'écria en s'agenouillant:

— Je vous ai prié, ô mon Dieu! d'étendre votre main protectrice sur ce noble et généreux jeune homme; ma femme et mes enfants n'ont cessé de faire les mêmes prières: merci, merci, mon Dieu! merci de m'avoir accordé beaucoup plus que je n'avais demandé! Je vous rends grâces, ô mon Dieu! car j'aurais commis un crime pour lui sauver la vie, et j'aurais traîné une vie rongée de remords, jusqu'à ce que la tombe eût recouvert un meurtrier.

— Maintenant, dit de Locheill après avoir remercié son libérateur avec les plus vives expressions de reconnaissance, en route au plus vite, mon cher Dumais: car, si l'on s'aperçoit de mon absence du bivouac, je suis perdu sans ressources; je vous expliquerai cela chemin faisant.

Comme ils se préparaient à mettre le pied dans le canot, trois cris de huard se firent entendre vis-à-vis de l'îlot du côté sud du lac.

— Ce sont les jeunes gens du Marigotte, dit la Grand'Loutre en s'adressant à de Locheill, qui viennent te chercher, mon frère; Taoutsï et Katakouï leur auront fait dire, par quelques sauvages qu'ils auront rencontrés, qu'il y avait un prisonnier anglais sur l'îlot; mais ils crieront longtemps avant de réveiller Talamousse, et la Grand'Loutre va dormir jusqu'au retour du Canadien. Bon voyage, mes frères.

Arché et son compagnon entendirent longtemps, en se dirigeant vers le nord, les cris de huard que poussaient les sauvages à courts intervalles, mais ils étaient hors de toute atteinte.

— Je crains, dit Arché en descendant le versant opposé de la montagne, que les jeunes guerriers abénaquis, trompés dans leur attente, ne fassent un mauvais parti à nos amis de l'îlot.

— Il est vrai, répondit son compagnon, que nous les privons d'une grande réjouissance: ils trouveront le temps long au Marigotte, et la journée de demain leur aurait paru courte en faisant rôtir un prisonnier. De Locheill frissonna involontairement.

Quant aux deux canaouas que nous avons laissés, n'ayez aucune inquiétude pour eux, ils sauront bien se tirer d'affaire. Le sauvage est l'être le plus indépendant de la nature ; il ne rend compte de ses actions à autrui qu'autant que ça lui plaît. D'ailleurs tout ce qui pourrait leur arriver de plus fâcheux dans cette circonstance serait, suivant leur expression, de couvrir la moitié du prisonnier avec des peaux de castor ou d'autres objets, en un mot d'en payer la moitié à Taoutsï et Katakouï. Il est même plus que probable que la Grand'Loutre, qui est une sorte de bel esprit parmi eux, se contentera de faire rire les autres aux dépens de ses deux associés, car il n'est jamais à bout de ressources. Il va leur dire que Talamousse et lui avaient bien le droit de disposer de la moitié de leur captif ; qu'une moitié une fois libre a emporté l'autre ; qu'ils se dépêchent de courir, que le prisonnier chargé de leur butin ne peut se sauver bien vite ; ou d'autres farces semblables toujours bien accueillies des sauvages. Enfin, ce qui est encore probable, c'est qu'il va leur parler de mon aventure aux chutes de Saint-Thomas, que tous les Abénaquis connaissent, leur dire que c'est à votre dévouement que je dois la vie ; et, comme les sauvages n'oublient jamais un service, ils s'écrieront : « Mes frères ont bien fait de relâcher le sauveur de notre ami le visage-pâle ! »

De Locheill voulut entrer dans de longs détails pour se disculper aux yeux de Dumais de sa conduite cruelle le jour précédent ; mais celui-ci l'arrêta.

— Un homme comme vous, monsieur Archibald de Locheill, dit Dumais, ne me doit aucune explication. Ce n'est pas celui qui, au péril de sa vie, n'a pas hésité un seul instant à s'exposer à la rage des éléments déchaînés pour secourir un inconnu, ce n'est pas un si noble cœur que l'on peut soupçonner de manquer aux premiers sentiments de l'humanité et de la reconnaissance. Je suis soldat et je connais toute l'étendue des devoirs qu'impose la discipline militaire. J'ai assisté à bien des scènes d'horreur de la part de nos barbares alliés, qu'en ma qualité de sergent commandant quelquefois un parti plus fort que le leur, j'aurais pu empêcher, si des ordres supérieurs ne m'eussent lié les mains : c'est un rude métier que le nôtre pour des cœurs sensibles.

J'ai été témoin d'un spectacle qui me fait encore frémir d'horreur quand j'y pense. J'ai vu ces barbares brûler une Anglaise : c'était une jeune femme d'une beauté ravissante. Il me semble toujours la voir liée au poteau où ils la martyrisèrent pendant huit mortelles heures. Je la vois encore cette pauvre femme au milieu de ses bourreaux, n'ayant, comme notre mère Ève, pour voile que ses longs cheveux, blonds comme de la filasse, qui lui couvraient la moitié du corps. Il me semble entendre sans cesse son cri déchirant de : *mein Gott! mein Gott!* Nous fîmes tout ce que nous pûmes pour la racheter, mais sans y réussir ; car, malheureusement pour elle, son père, son mari et ses frères, en la défendant avec le courage du désespoir, avaient tué plusieurs sauvages et entre autres un de leurs chefs et son fils. Nous n'étions qu'une quinzaine de Canadiens contre au moins deux cents Indiens. J'étais bien jeune alors, et je pleurais comme un enfant. Ducros dit Laterreur cria à Francœur en écumant de rage : « Quoi ! sergent, nous, des hommes, nous souffrirons qu'on brûle une pauvre créature devant nos yeux sans la défendre ! nous, des Français ! Donnez l'ordre, sergent, et j'en déchire pour ma part dix de ces chiens de canaouas avant qu'ils aient même le temps de se mettre en défense. » Et il l'aurait fait comme il le disait, car c'était un maître homme que Laterreur, et vif comme un poisson. L'Ours-Noir, un de leurs guerriers les plus redoutables, se retourna de notre côté en ricanant. Ducros s'élança sur lui le casse-tête levé en lui criant : « Prends ta hache, l'Ours-Noir, et tu verras, lâche, que tu n'auras pas affaire à une faible femme ! » L'Indien haussa les épaules d'un air de pitié, et se contenta de dire lentement : « Le visage-pâle est bête ; il tuerait son ami pour défendre la *squaw* du chien d'Anglais son ennemi. » Le sergent mit fin à cette altercation en ordonnant à Ducros de rejoindre notre petit groupe. C'était un brave et franc cœur, que ce sergent, comme son nom l'attestait. Il nous dit, les larmes aux yeux : « Il me serait inutile d'enfreindre mes ordres ; nous ne pourrions sauver cette pauvre femme en nous faisant tous massacrer. Quelle en serait ensuite la conséquence ? La puissante tribu des Abénaquis se détacherait de l'alliance des Français, deviendrait notre ennemie, et combien alors de nos femmes et de nos enfants subiraient le sort de cette malheureuse Anglaise ! Et je serais responsable de tout le sang qui serait répandu. »

Eh bien ! monsieur Arché, six mois même après cette scène horrible, je me réveillais en sursaut, tout trempé de sueur : il me semblait la voir, cette pauvre victime, au milieu de ces bêtes féroces ; il me semblait sans cesse entendre ses cris déchirants de *mein Gott ! mein Gott !* On s'est étonné de mon sang-froid, et de mon courage, lorsque les glaces m'entraînaient vers les chutes de Saint-Thomas ; en voici la principale cause. Au moment où la débâcle se fit, et que les glaces éclataient avec un bruit épouvantable, je crus entendre, parmi les voix puissantes de la tempête, les cris déchirants de la malheureuse Anglaise et son *mein Gott! mein Gott*[7]! Je pensai que c'était un châtiment de la Providence, que je méritais pour ne pas l'avoir secourue. Car, voyez-vous, monsieur Arché, les hommes font souvent des lois que le bon Dieu est loin de sanctionner. Je ne suis qu'un pauvre ignorant, qui doit le peu d'instruction que j'ai reçue au vénérable curé qui a élevé ma femme ; mais c'est là mon avis.

— Et vous avez bien raison, dit Arché en soupirant.

Les deux amis s'entretinrent, pendant le reste du trajet, de la famille d'Haberville. Les dames et mon oncle Raoul s'étaient réfugiés dans la ville de Québec, à la première nouvelle de l'apparition de la flotte anglaise dans les eaux du Saint-Laurent. Le capitaine d'Haberville était campé à Beauport, avec sa compagnie, ainsi que son fils Jules, de retour au Canada avec le régiment dans lequel il servait.

Dumais, craignant quelque fâcheuse rencontre de sauvages abénaquis qui épiaient les mouvements de l'armée anglaise, insista pour escorter Arché jusqu'au bivouac où il avait laissé ses soldats. Les dernières paroles de de Locheill furent :

— Vous êtes quitte envers moi, mon ami, vous m'avez rendu vie pour vie ; mais moi je ne le serai jamais envers vous. Il y a, Dumais, une solidarité bien remarquable dans nos deux existences. Parti de la Pointe-Lévis, il y deux ans, j'arrive sur les bords de la Rivière-du-Sud pour vous retirer de l'abîme : quelques minutes plus tard vous étiez perdu sans ressources. Je suis, moi, fait prisonnier, hier, par les sauvages, après une longue traversée de l'Océan ; et vous, mon cher Dumais, vous vous trouvez à point sur un îlot du lac Trois-Saumons pour me sauver l'honneur et la vie : la providence de Dieu s'est certainement manifestée d'une manière visible. Adieu, mon cher ami ; quelque aventureuse que soit la carrière du soldat, j'ai l'espoir que nous reposerons la tête sous le même tertre, et que vos enfants et petits-enfants auront une raison de plus de bénir la mémoire d'Archibald Cameron of Locheill.

Lorsque les montagnards écossais remarquèrent, au soleil levant, la pâleur de leur jeune chef, après tant d'émotions, ils pensèrent que, craignant quelque surprise, il avait passé la nuit sans dormir, à rôder autour de leur

---

7. Un vieux soldat, nommé Godrault, qui avait servi sous mon grand-père, me racontait, il y a près de soixante et dix ans, cette scène cruelle dont il avait été témoin. Il me disait que l'infortunée victime criait : *mein Gott!* Ma famille croyait que c'était une faute de prononciation de la part du soldat, et que ce devait être plutôt : *my God!* mais il est probable que cette malheureuse femme était hollandaise, et qu'elle criait vraiment : *mein Gott!*

bivouac. Après un léger repas, de Locheill fit mettre le feu à la maison voisine du moulin réduit en cendres ; mais il avait à peine repris sa marche, qu'un émissaire de Montgomery lui signifia de cesser l'œuvre de destruction[8].

— Il est bien temps ! s'écria Arché en mordant la poignée de sa claymore.

XIV

Les plaines d'Abraham

> Il est des occasions dans la guerre où le plus brave doit fuir.
>
> CERVANTÈS

Væ victis ! dit la sagesse des nations ; malheur aux vaincus ! non seulement à cause des désastres, conséquences naturelles d'une défaite, mais aussi parce que les vaincus ont toujours tort. Il souffrent matériellement, ils souffrent dans leur amour-propre blessé, ils souffrent dans leur réputation comme soldats. Qu'ils aient combattu un contre dix, un contre vingt, qu'ils aient fait des prodiges de valeur, ce sont toujours des vaincus ; à peine trouvent-ils grâce chez leurs compatriotes. L'histoire ne consigne que leur défaite. Ils recueillent bien, par-ci par-là, quelques louanges des écrivains de leur nation ; mais ces louanges sont presque toujours mêlées de reproches. On livre une nouvelle bataille, la plume et le compas à la main ; on enseigne aux mânes des généraux dont les corps reposent sur des champs de carnage vaillamment défendus, ce qu'ils auraient dû faire pour être au nombre des vivants ; on démontre victorieusement, assis dans un fauteuil bien bourré, par quelles savantes manœuvres les vaincus seraient sortis triomphants de la lutte ; on leur reproche avec amertume les conséquences de leur défaite. Ils mériteraient pourtant d'être traités avec plus de générosité. Un grand capitaine,

---

8. Cette maison, construite en pierre, et appartenant à monsieur Joseph Robin, existe encore ; car, après le départ des Anglais, les Canadiens, cachés dans les bois, éteignirent le feu. Une poutre roussie par les flammes atteste cet acte de vandalisme. La tradition veut que cette maison ait été préservée de l'incendie par la protection d'un Christ, les autres disent d'une madone exposée dans une niche pratiquée dans le mur de l'édifice, comme cela se voit encore dans plusieurs anciennes maisons canadiennes.

qui a égalé de nos jours Alexandre et César, n'a-t-il pas dit : « Quel est celui qui n'a jamais commis de faute à la guerre ? » *Væ victis !*

Le 13 septembre 1759, jour néfaste dans les annales de la France, l'armée anglaise, commandée par le général Wolfe, après avoir trompé la vigilance des sentinelles françaises, et surpris les avant-postes pendant une nuit sombre, était rangée en bataille le matin sur les plaines d'Abraham, où elle avait commencé à se retrancher. Le général Montcalm, emporté par son courage chevaleresque, ou jugeant peut-être aussi qu'il était urgent d'interrompre des travaux dont les conséquences pouvaient devenir funestes, attaqua les Anglais avec une portion seulement de ses troupes, et fut vaincu, comme il devait l'être avec des forces si disproportionnées à celles de l'ennemi. Les deux généraux scellèrent de leur sang cette bataille mémorable, Wolfe en dotant l'Angleterre d'une colonie presque aussi vaste que la moitié de l'Europe, Montcalm en faisant perdre à la France une immense contrée que son roi et ses imprévoyants ministres appréciaient d'ailleurs fort peu.

Malheur aux vaincus ! Si le marquis de Montcalm eût remporté la victoire sur l'armée anglaise, on l'aurait élevé jusqu'aux nues, au lieu de lui reprocher de n'avoir pas attendu les renforts qu'il devait recevoir de monsieur de Vaudreuil et du colonel de Bougainville ; on aurait admiré sa tactique d'avoir attaqué brusquement l'ennemi avant qu'il eût le temps de se reconnaître, et d'avoir profité des accidents de terrain pour se retrancher dans des positions inexpugnables ; on aurait dit que cent hommes à l'abri de retranchements en valent mille à découvert ; on n'aurait point attribué au général Montcalm des motifs de basse jalousie, indignes d'une grande âme : les lauriers brillants qu'il avait tant de fois cueillis sur de glorieux champs de bataille l'auraient mis à couvert de tels soupçons.

Væ victis ! La cité de Québec, après la funeste bataille du 13 septembre, n'était plus qu'un monceau de ruines ; les fortifications n'étaient pas même à l'abri d'un coup de main, car une partie des remparts s'écroulait ; les magasins étaient épuisés de munitions, les artilleurs, plutôt pour cacher leur détresse que pour nuire à l'ennemi, ne tiraient qu'un coup de canon à longs intervalles contre les batteries formidables des Anglais. Il n'y avait plus de vivres. Et l'on a cependant accusé de pusillanimité la brave garnison qui avait tant souffert et qui s'était défendue si vaillamment. Si le gouverneur, nouveau Nostradamus, eût su que le chevalier de Lévis était à portée de secourir la ville, et qu'au lieu de capituler, il eût attendu l'arrivée des troupes françaises, il est encore certain que, loin d'accuser la garnison de pusillanimité, on eût élevé son courage jusqu'au ciel. Certes, la garnison s'est montrée bien lâche en livrant une ville qu'elle savait ne pouvoir défendre ! Elle devait, confiante en l'humanité de l'ennemi qui avait promené le fer et le feu dans les paisibles campagnes, faire fi de la vie des citadins, de l'honneur de leurs femmes et de leurs filles exposées à toutes les horreurs d'une ville prise d'assaut! Elle a été bien lâche cette pauvre garnison! Malheur aux vaincus!

Les Anglais, après la capitulation, ne négligèrent rien de ce qui pouvait assurer la conquête d'une place aussi importante que la capitale de la Nouvelle-France. Les murs furent relevés, de nouvelles fortifications ajoutées aux premières, et le tout armé d'une artillerie formidable. Ils pouvaient devenir assiégés, d'assiégeants qu'ils étaient l'année précédente. Leurs prévisions étaient justes, car le général de Lévis reprenait, le printemps suivant, l'offensive avec une armée de huit mille hommes, tant de troupes régulières que de miliciens canadiens.

Cependant l'armée anglaise, fière de la victoire qu'elle avait remportée, sept mois auparavant, était encore rangée en bataille, dès huit heures du matin, le 28 avril 1760, sur les mêmes plaines où elle avait combattu avec tant de succès. Le général Murray, qui commandait cette armée forte de six mille hommes et soutenue par vingt-deux bouches à feu, occupait les positions les plus avantageuses, lorsque l'armée française, un peu plus nombreuse, mais n'ayant que deux pièces d'artillerie, couronna les hauteurs de Sainte-Foye. Les Français, quoique fatigués par une marche pénible par des chemins impraticables à travers les marais de la Suède[1], brûlaient du désir de venger leur défaite de l'année précédente. La soif du sang était bien ardente dans les poitrines d'ennemis qui attisaient depuis tant d'années les haines séculaires qu'ils avaient transportées de la vieille Europe sur le nouveau continent. Des deux côtés la bravoure était égale, et quinze mille hommes des meilleures troupes du monde n'attendaient que l'ordre de leurs chefs pour ensanglanter de nouveau les mêmes plaines qui avaient déjà bu le sang de tant de valeureux soldats.

Jules d'Haberville, qui s'était déjà distingué à la première bataille des plaines d'Abraham, faisait alors partie d'une des cinq compagnies commandées par le brave capitaine d'Aiguebelle, qui, sur l'ordre du général de Lévis, abandonnèrent d'abord le moulin de Dumont attaqué par des forces supérieures. Jules, blessé grièvement par un éclat d'obus qui lui avait cassé le bras gauche, refusa de céder aux instances de ses amis, qui le pressaient instamment de faire panser une blessure dont le sang coulait avec abondance ; et, se contentant d'un léger bandage avec son mouchoir, il chargea de nouveau, le bras en écharpe, à la tête de sa compagnie, lorsque le général, jugeant

---

1. Ce mot se prononce aussi *Suète*, et provient peut-être de ce que la terre *sue* dans cet endroit.

l'importance de s'emparer à tout prix d'un poste dont dépendait l'issue du combat, ordonna de reprendre l'offensive.

Presque toute l'artillerie du général Murray était dirigée de manière à protéger cette position si importante, lorsque les grenadiers français l'abordèrent de nouveau au pas de charge. Les boulets, la mitraille décimaient leurs rangs, qu'ils reformaient à mesure avec autant d'ordre que dans une parade. Cette position fut prise et reprise plusieurs fois pendant cette mémorable bataille où chacun luttait de courage. Jules d'Haberville, «le petit grenadier», comme l'appelaient ses soldats, emporté par son ardeur malgré sa blessure, s'était précipité, l'épée à la main, au milieu des ennemis qui lâchèrent prise un instant; mais à peine les Français s'y étaient-ils établis, que les Anglais, revenant à la charge en plus grand nombre, s'emparèrent du moulin, après un combat des plus sanglants.

Les grenadiers français, mis un instant en désordre, se reformèrent de nouveau à une petite distance sous le feu de l'artillerie et d'une grêle de balles qui les criblaient; et, abordant pour la troisième fois le moulin de Dumont à la baïonnette, ils s'en emparèrent après une lutte sanglante, et s'y maintinrent.

On aurait cru, pendant cette troisième charge, que tous les sentiments qui font aimer la vie étaient éteints dans l'âme du jeune d'Haberville, qui, le cœur ulcéré par l'amitié trahie, par la ruine totale de sa famille, paraissait implorer la mort comme un bienfait. Aussi dès que l'ordre avait été donné de marcher en avant pour la troisième fois, bondissant comme un tigre, et poussant le cri de guerre de sa famille: «À moi grenadier!» il s'était précipité seul sur les Anglais, qu'il avait attaqués comme un insensé. L'œuvre de carnage avait recommencé avec une nouvelle fureur, et, lorsque les Français étaient restés maîtres de la position, ils avaient retiré Jules d'un monceau de morts et de blessés. Comme il donnait signe de vie, deux grenadiers le portèrent sur les bords d'un petit ruisseau près du moulin, où un peu d'eau fraîche lui fit reprendre connaissance. C'était plutôt la perte du sang qui avait causé la syncope, que la grièveté de la blessure: un coup de sabre, qui avait fendu son casque, avait coupé la chair sans fracturer l'os de la tête. Un soldat arrêta l'effusion du sang, et dit à Jules, qui voulait retourner au combat:

— Pas pour le petit quart d'heure, notre officier: vous en avez votre suffisance pour le moment; le soleil chauffe en diable sur la butte, ce qui est dangereux pour les blessures de tête. Nous allons vous porter à l'ombre de ce bois, où vous trouverez des lurons qui ont aussi quelques égratignures. D'Haberville, trop faible pour opposer aucune résistance, se trouva bien vite au milieu de nombreux blessés, qui avaient eu assez de force pour se traîner jusqu'au bocage de sapins.

Tout le monde connaît l'issue de la seconde bataille des plaines d'Abraham; la victoire fut achetée bien chèrement par les Français et les Canadiens, dont la perte fut aussi grande que celle de l'ennemi. Ce fut, de la part des vainqueurs, effusion inutile de sang. La Nouvelle-France, abandonnée de la mère patrie, fut cédée à l'Angleterre par le nonchalant Louis XV, trois ans après cette glorieuse bataille qui aurait pu sauver la colonie.

De Locheill s'était vengé noblement des soupçons injurieux à sa loyauté, que son ennemi Montgomery avait essayé d'inspirer aux officiers supérieurs de l'armée britannique. Ses connaissances étendues, le temps qu'il consacrait à l'étude de sa nouvelle profession, son aptitude à tous les exercices militaires, sa vigilance aux postes qui lui étaient confiés, sa sobriété, lui valurent d'abord l'estime générale; et son bouillant courage, tempéré néanmoins par la prudence dans l'attaque des lignes françaises à Montmorency, et sur le champ de bataille du 13 septembre 1759, fut remarqué par le général Murray, qui le combla publiquement de louanges.

Lors de la déroute de l'armée anglaise, à la seconde bataille des plaines d'Abraham, Archibald de Locheill, après des prodiges de valeur à la tête de ses montagnards, fut le dernier à céder un terrain qu'il avait disputé pouce à pouce; il se distingua encore par son sang-froid et sa présence d'esprit en sauvant les débris de sa compagnie dans la retraite; car, au lieu de suivre le torrent des fuyards vers la ville de Québec, il remarqua que le moulin de Dumont était évacué par les grenadiers français, occupés à la poursuite de leurs ennemis dont ils faisaient un grand carnage, et profitant de cette circonstance pour dérober sa marche à l'ennemi, il défila entre cette position et le bois adjacent. Ce fut alors qu'il crut entendre prononcer son nom; et, se détournant, il vit sortir du bosquet un officier, le bras en écharpe, la tête couverte d'un linge sanglant, l'uniforme en lambeaux, qui, l'épée à la main, s'avançait en chancelant vers lui.

— Que faites-vous, brave Cameron de Locheill? cria l'inconnu. Le moulin est évacué par nos vaillants soldats; il n'est pas même défendu par des femmes, des enfants et des vieillards infirmes! Retournez sur vos pas, valeureux Cameron, il vous sera facile de l'incendier pour couronner vos exploits!

Il était impossible de se méprendre à la voix railleuse de Jules d'Haberville, quoique son visage, souillé de sang et de boue, le rendît méconnaissable.

Arché, à ces paroles insultantes, n'éprouva qu'un seul sentiment, celui d'une tendre compassion pour l'ami de sa jeunesse, pour celui qu'il désirait depuis longtemps presser dans ses bras. Son cœur battit à se rompre; un sanglot déchirant s'échappa de sa poitrine, car il lui sembla entendre retentir de nouveau les paroles de la sorcière du domaine :

— Garde ta pitié pour toi-même : tu en auras besoin, lorsque tu porteras dans tes bras le corps sanglant de celui que tu appelles maintenant ton frère ! Je n'éprouve qu'une grande douleur, ô Archibald de Locheill ! c'est celle de ne pouvoir te maudire ! Malheur ! malheur ! malheur !

Aussi, Arché, sans égard à la position critique dans laquelle il se trouvait, à la responsabilité qui pesait sur lui pour le salut de ses soldats, fit faire halte à sa compagnie, et s'avança au-devant de Jules, sa claymore dirigée vers la terre. Un instant, un seul instant, toute la tendresse du jeune Français pour son frère d'adoption sembla se réveiller en lui ; mais, réprimant ce premier mouvement de sensibilité, il lui dit d'une voix creuse et empreinte d'amertume :

— Défendez-vous, monsieur de Locheill, vous aimez les triomphes faciles. Défendez-vous ! Ah ! traître !

À cette nouvelle injure, Arché, se croisant les bras, se contenta de répondre de sa voix la plus affectueuse :

— Toi aussi, mon frère Jules, toi aussi tu m'as condamné sans m'entendre !

À ces paroles d'affectueux reproches, une forte secousse nerveuse acheva de paralyser le peu de force qui restait à Jules ; l'épée lui échappa de la main, et il tomba la face contre terre. Arché fit puiser de l'eau dans le ruisseau voisin par un de ses soldats ; et, sans s'occuper du danger auquel il s'exposait, il prit son ami dans ses bras et le porta sur la lisière du bois, où plusieurs blessés tant Français que Canadiens, touchés des soins que l'Anglais donnait à leur jeune officier, n'eurent pas même l'idée de lui nuire, quoique plusieurs eussent rechargé leurs fusils. Arché, après avoir visité les blessures de son ami, jugea que la perte de sang était la seule cause de la syncope : en effet, l'eau glacée qu'il lui jeta au visage lui fit bien vite reprendre connaissance. Il ouvrit les yeux, les leva un instant sur Arché, mais ne proféra aucune parole. Celui-ci lui serra une main, qui parut répondre par une légère pression.

— Adieu, Jules, lui dit Arché ; adieu, mon frère ! le devoir impérieux m'oblige de te laisser : nous reverrons tous deux de meilleurs jours.

Et il rejoignit en gémissant ses compagnons.

— Maintenant, mes garçons, dit de Locheill après avoir jeté un coup d'œil rapide sur la plaine, après avoir prêté l'oreille aux bruits confus qui en sortaient, maintenant, mes garçons, point de fausse délicatesse, la bataille est perdue sans ressources ; montrons à présent l'agilité de nos jambes de montagnards, si nous voulons avoir la chance d'assister à d'autres combats ; en avant donc, et ne me perdez pas de vue.

Profitant alors, avec une rare sagacité, de tous les accidents de terrain, prêtant l'oreille de temps en temps aux cris des Français acharnés à la poursuite des Anglais, qu'ils voulaient refouler sur la rivière Saint-Charles, de Locheill eut le bonheur de rentrer dans la ville de Québec, sans avoir perdu un seul homme de plus. Cette vaillante compagnie avait déjà assez souffert : la moitié était restée sur le champ de bataille ; et, de tous les officiers et sous-officiers, de Locheill était le seul survivant.

Honneur au courage malheureux ! Honneur aux mânes des soldats anglais dont les corps furent enterrés pêle-mêle avec ceux de leurs ennemis, le 28 avril 1760 ! Honneur à ceux dont on voit encore les monceaux d'ossements reposer en paix près du moulin de Dumont dans un embrassement éternel ! Ces soldats auront-ils oublié leurs haines invétérées pendant ce long sommeil ou seront-ils prêts à s'entr'égorger de nouveau, lorsque la trompette du jugement dernier sonnera le dernier appel de l'homme de guerre sur la vallée de Josaphat ?

Honneur à la mémoire des guerriers français dont les plaines d'Abraham recouvrent les corps sur le sinistre champ de bataille de l'année précédente ! Auront-ils mémoire, après un si long sommeil, de leur dernière lutte pour défendre le sol de leur patrie passée sous le joug de l'étranger ? Chercheront-ils, en s'éveillant, leurs armes pour reconquérir cette terre que leur courage trahi n'a pu conserver ? Les héros, chantés par les poètes de la mythologie, conservaient leurs passions haineuses dans les Champs-Élysées ; les héros chrétiens pardonnent en mourant à leurs ennemis.

Honneur au courage malheureux ! Si les hommes, qui fêtent l'anniversaire d'une grande victoire glorieusement disputée, avaient dans l'âme une parcelle de sentiments généreux, ils appendraient au brillant pavillon national un drapeau à la couleur sombre avec cette légende : « Honneur au courage malheureux ! » Parmi les guerriers célèbres dont l'histoire fait mention, un seul, le lendemain d'une victoire mémorable, se découvrit avec respect devant les captifs en présence de son nombreux état-major, et prononça ces paroles dignes d'une grande âme : « Honneur, messieurs, au courage malheureux ! » Il voulait, sans doute, que les Français, dans leurs triomphes futurs, fissent la part de gloire aux vaincus qui en étaient dignes : il savait que chacune de ses paroles resterait à jamais gravée sur le marbre de l'histoire. Les grands guerriers sont nombreux ; la nature avare prend des siècles pour enfanter un héros.

Le champ de bataille offrait un bien lugubre spectacle après la victoire des Français : le sang, l'eau et la boue adhéraient aux vêtements, aux cheveux, aux visages même des morts et des blessés étendus çà et là sur un lit de glace : il fallait de pénibles efforts pour les dégager. Le chevalier de Lévis fit prendre le plus grand soin des blessés des deux nations, dont le plus grand nombre fut transporté au couvent des Dames Hospitalières de l'Hôpital-Général. L'hospice et ses dépendances furent encombrés de malades. Tout le linge de la maison fut déchiré pour les pansements; il ne resta aux bonnes religieuses que les habits qu'elles portaient sur elles le jour de la bataille[a]. Toujours altérées de charité chrétienne, elles eurent une rare occasion de se livrer aux pénibles devoirs que cette charité impose à celles qui, en prononçant leurs vœux, en ont fait un culte et une profession.

Le général Murray, rentré, après sa défaite, dans la cité de Québec qu'il avait fortifiée d'une manière formidable, opposait une vigoureuse résistance au chevalier de Lévis, lequel n'avait d'autre matériel de siège que vingt bouches à feu pour armer ses batteries: c'était plutôt un blocus qu'un siège régulier que les Français prolongeaient, en attendant des secours qu'ils ne reçurent jamais de la mère patrie.

Le chevalier de Lévis, qui avait à cœur de montrer les soins qu'il donnait aux blessés ennemis, s'était prêté de la meilleure grâce du monde à la demande du général anglais d'envoyer trois fois par semaine un de ses officiers visiter les malades de sa nation transportés à l'Hôpital-Général. De Locheill savait que son ami devait être dans cet hospice avec les officiers des deux nations; mais il n'en avait reçu aucune nouvelle. Quoique dévoré d'inquiétude, il s'était abstenu de s'en informer pour ne point donner prise à la malveillance, dans la fausse position où ses anciennes relations avec les Canadiens l'avaient mis. Il était cependant naturel qu'il désirât rendre visite à ses compatriotes; mais, avec la circonspection d'un Écossais, il n'en fit rien paraître: et ce ne fut que le dixième jour après la bataille, lorsque son tour vint naturellement, qu'il se rendit à l'hospice, escorté d'un officier français. La conversation, entre les deux jeunes gens, ne tarit pas pendant la route.

— Je ne sais, dit à la fin de Locheill, si ce serait une indiscrétion de ma part de vous demander à parler privément à la supérieure de l'hospice?

— Je n'y vois pas d'indiscrétion, répondit le Français, mais je crains, moi, d'enfreindre mes ordres en vous le permettant: il m'est ordonné de vous conduire près de vos compatriotes, et rien de plus.

— J'en suis fâché, dit l'Écossais d'un air indifférent: ça sera un peu contrariant pour moi; mais n'en parlons plus.

L'officier français garda le silence pendant quelques minutes, et se dit, à part lui, que son interlocuteur, parlant la langue française comme un Parisien, avait probablement lié connaissance avec quelques familles canadiennes enfermées dans les murs de Québec; qu'il était peut-être chargé de quelque message de parents ou d'amis de la supérieure, et qu'il serait cruel de refuser sa demande. Il reprit donc après un moment de silence :

— Comme je suis persuadé que ni vous, ni madame la supérieure n'avez dessein de faire sauter nos batteries, je ne crois pas, après tout, manquer à mon devoir, en vous accordant l'entretien secret que vous demandez.

De Locheill, qui comptait sur cette entrevue pour opérer une réconciliation avec son ami, eut peine à réprimer un mouvement de joie, et répondit cependant d'un ton d'indifférence :

— Merci, monsieur, de votre courtoisie envers moi et cette bonne dame. Vos batteries, protégées par la valeur française, ajouta-t-il en souriant, sont en parfaite sûreté, lors même que nous aurions de mauvais desseins.

Les passages de l'hospice qu'il fallait franchir avant de pénétrer dans le parloir de la supérieure, étaient littéralement encombrés de blessés. Mais Arché, n'y voyant aucun de ses compatriotes, se hâta de passer outre. Après avoir sonné, il se promena de long en large, dans ce même parloir où la bonne supérieure, tante de Jules, leur faisait jadis servir la collation, dans les fréquentes visites qu'il faisait au couvent, avec son ami, pendant son long séjour au collège des Jésuites, à Québec.

La supérieure l'accueillit avec une politesse froide, et lui dit :

— Bien fâchée de vous avoir fait attendre ; prenez, s'il vous plaît, un siège, monsieur.

— Je crains, dit Arché, que madame la supérieure ne me reconnaisse pas.

— Mille pardons, répliqua la supérieure : vous êtes monsieur Archibald Cameron of Locheill.

— Vous m'appeliez autrefois Arché, fit le jeune homme.

— Les temps sont bien changés, monsieur de Locheill, répliqua la religieuse ; et il s'est passé bien des événements depuis.

De Locheill fit écho à ces paroles, et répéta en soupirant :

— Les temps sont bien changés, et il s'est passé bien des événements depuis. Mais, au moins, madame, comment se porte mon frère Jules d'Haberville ?

— Celui que vous appeliez autrefois votre frère, monsieur de Locheill, est maintenant, je l'espère, hors de danger.

— Dieu soit loué ! reprit de Locheill, toute espérance n'est pas maintenant éteinte dans mon cœur ! Si je m'adressais à une personne ordinaire, il ne me resterait plus qu'à me retirer après avoir remercié madame la supérieure de l'entrevue qu'elle a daigné m'accorder, mais j'ai l'honneur de parler à la sœur d'un brave soldat, à l'héritière d'un nom illustré dans l'histoire par des hauts faits d'armes, par les nobles actions d'une dame d'Haberville[2]; et, si madame veut le permettre, si madame veut oublier un instant les liens de tendre affection qui l'attachent à sa famille, si madame la supérieure veut se poser en juge impartial entre moi et une famille qui lui serait étrangère, j'oserais alors entamer une justification, avec espoir de réussite.

— Parlez, monsieur de Locheill, repartit la supérieure; parlez, je vous écoute, non comme une d'Haberville, mais comme une parfaite étrangère à ce nom: c'est mon devoir, comme chrétienne, de le faire; c'est mon désir d'écouter, avec impartialité, tout ce qui pourrait pallier votre conduite cruelle et barbare envers une famille qui vous aimait tant.

Une rougeur subite, suivie d'une pâleur cadavéreuse, empreinte sur les traits du jeune homme, fit croire à la supérieure qu'il allait s'évanouir. Il saisit des deux mains la grille qui le séparait de son interlocutrice, s'y appuya la tête pendant quelques instants; puis, maîtrisant son émotion, il fit le récit que le lecteur connaît déjà par les chapitres précédents.

Arché entra dans les détails les plus minutieux; il raconta ses regrets d'avoir pris du service dans l'armée anglaise, lorsqu'il apprit que son régiment devait faire partie de l'expédition dirigée contre le Canada; il parla de la haine héréditaire des Montgomery contre les Cameron of Locheill; il représenta le major acharné à sa perte, épiant toutes ses actions pour y réussir; il s'accusa de lâcheté de n'avoir pas sacrifié l'honneur même à la reconnaissance qu'il devait à la famille qui l'avait adopté dans son exil. Il n'omit rien: il raconta la scène chez le vieillard de Sainte-Anne; son humanité en faisant prévenir d'avance les malheureuses familles canadiennes du sort qui les menaçait; ses angoisses, son désespoir sur la côte de Port-Joli, avant d'incendier le manoir seigneurial; ses prières inutiles pour fléchir son ennemi le plus cruel; ses imprécations, ses projets de vengeance contre Montgomery à la fontaine du promontoire, après avoir accompli l'acte barbare de destruction; son désespoir à la vue des ruines fumantes qu'il avait faites; sa capture par les Abénaquis, ses réflexions amères, son retour à Dieu qu'il avait si grièvement offensé en se livrant à tous les mouvements de haine et de rage que le désespoir peut inspirer. Il raconta la scène sur les plaines d'Abraham, des angoisses dévorantes à la vue de Jules, qui pouvait avoir reçu des blessures mortelles; il n'omit rien, et n'ajouta rien à sa défense. En

---

2. L'auteur fait ici allusion aux dames de Verchères, ses grand'tantes, qui, en l'année 1690, et en l'année 1692, défendirent un fort attaqué par les sauvages, et les repoussèrent. La tradition dans la famille de l'auteur, est que ces dames, leurs servantes et d'autres femmes se vêtirent en hommes pour tromper les Indiens, tirèrent le canon, firent le coup de fusil en se multipliant sur tous les points attaqués, jusqu'à ce que les ennemis, pensant le fort défendu par une forte garnison, prissent la fuite.

mettant à nu les émotions cruelles de son âme, en peignant l'orage des passions qui avait grondé dans son sein pendant ces fatales journées, de Locheill n'avait rien à ajouter pour sa justification devant un tel juge. Quel plaidoyer pouvait être, en effet, plus éloquent que le récit fidèle de tout ce qui avait agité son âme! Quel plaidoyer plus éloquent que le récit simple et sans fard des mouvements d'indignation qui torturent une grande âme, obligée d'exécuter les ordres cruels d'un chef féroce, mort à tous sentiments d'humanité! De Locheill, sans même s'en douter, était sublime d'éloquence en plaidant sa cause devant cette noble dame, qui était à la hauteur de ses sentiments.

Elle était bien à la hauteur de ses sentiments, celle qui avait dit un jour à son frère le capitaine d'Haberville: «Mon frère, vous n'avez pas déjà trop de biens pour soutenir dignement l'honneur de notre maison, sans partager avec moi le patrimoine de mon père; j'entre demain dans un couvent; et voici l'acte de renonciation que j'ai fait en votre faveur.»

La bonne supérieure l'avait écouté avec une émotion toujours croissante; elle joignit les mains, et les tendit suppliantes vers le jeune Écossais, lorsqu'il répéta ses malédictions, ses imprécations, ses projets de vengeance contre Montgomery. Les larmes coulèrent abondamment de ses yeux, lorsque de Locheill, prisonnier des sauvages et voué à une mort atroce, rentra en lui-même, se courba sous la main de Dieu et se prépara à la mort d'un chrétien repentant; et elle éleva ses mains vers le ciel pour lui témoigner sa reconnaissance.

— Mon cher Arché, dit la sainte femme…

— Ah! merci! cent fois merci! madame, de ces bonnes paroles, s'écria de Locheill en joignant les mains.

— Mon cher Arché, reprit la religieuse, je vous absous, moi, de tout mon cœur; vous avez rempli les devoirs souvent pénibles du soldat, en exécutant les ordres de votre supérieur; votre dévouement à notre famille vous eût perdu sans ressource, sans empêcher la ruine de mon frère; oui, je vous absous, moi, mais j'espère que vous pardonnerez maintenant de même à votre ennemi.

— Mon ennemi, madame, ou plutôt celui qui le fut jadis, a eu à solliciter son pardon de Celui qui nous jugera tous.

Il se déroba un des premiers par la fuite au champ de bataille qui nous a été si funeste; un coup de feu l'étendit blessé à mort sur un monceau de glace; il n'a pas même eu une pierre pour y appuyer sa tête; le tomahawk a mis fin à ses souffrances, et sa chevelure sanglante pend maintenant à la ceinture d'un Abénaquis. Que Dieu lui pardonne, continua Arché en élevant les mains, comme je le fais du plus profond de mon cœur[b]!

Un rayon de joie illumina le visage de la supérieure; née vindicative comme son frère le capitaine d'Haberville, une religion toute d'amour et de charité, en domptant chez elle la nature, n'avait laissé dans son cœur qu'amour et charité envers tous les hommes. Elle parut prier pendant un instant, et reprit ensuite:

— J'ai tout lieu de croire qu'il sera facile de vous réconcilier avec Jules. Il a été aux portes de la mort; et, pendant son délire, il prononçait sans cesse votre nom, parfois en vous apostrophant d'une voix menaçante, vous adressant les reproches les plus sanglants, mais, le plus souvent, paraissant converser avec vous de la manière la plus affectueuse.

Il faut connaître mon neveu, pour juger du culte qu'il vous portait; il faut connaître cette belle âme toute d'abnégation, pour comprendre son amour pour vous, et ce qu'il aurait été capable d'entreprendre afin de vous le prouver. Combien de fois m'a-t-il dit: « J'aime les hommes, je suis toujours prêt à leur rendre service; mais, s'il fallait demain faire à mon frère Arché le sacrifice de ma vie, je mourrais, le sourire sur les lèvres, car je lui aurais donné la seule preuve de mon affection qui fût digne de lui. » De pareils sentiments ne s'éteignent pas soudain dans un noble cœur comme celui de mon neveu, sans des efforts surhumains. Il sera heureux, au contraire, d'entendre votre justification de ma bouche; et soyez sûr, mon cher Arché, que je n'épargnerai rien de ce qui pourra amener une réconciliation avec votre frère. Il n'a jamais prononcé votre nom depuis sa convalescence; et comme il est encore trop faible pour l'entretenir d'un sujet qui pourrait lui causer une émotion dangereuse, j'attendrai qu'il ait repris plus de force, et j'espère vous donner de bonnes nouvelles à notre prochaine entrevue. En attendant, adieu jusqu'au revoir: des devoirs indispensables m'obligent de vous quitter.

— Priez pour moi, madame, j'en ai besoin! dit Arché.

— C'est ce que je fais tous les jours, repartit la religieuse. On dit, peut-être à tort, que les gens du monde ont plus besoin de prières que nous, et surtout les jeunes officiers; quant à vous, de Locheill, vous auriez donc bien changé si vous n'êtes pas de ceux qui en ont le moins besoin, ajouta la supérieure en souriant avec bonté. Adieu, encore une fois; que le bon Dieu vous bénisse, mon fils.

Ce ne fut que quinze jours après cette visite que de Locheill se présenta de nouveau à l'hospice, où Jules, que la supérieure avait satisfait par les explications qu'elle lui avait données, l'attendait avec une anxiété nerveuse pour lui prouver qu'il n'éprouvait aucun autre sentiment que celui de l'affection dont il lui avait jadis donné tant de preuves. On convint de ne faire aucune allusion à certains événements, comme sujet d'entretien pénible pour tous deux.

Lorsque de Locheill entra dans la petite chambre qu'occupait Jules en sa qualité de neveu de la supérieure, par préférence à d'autres officiers de plus haut grade, Jules lui tendit les bras, et fit un effort inutile pour se lever du fauteuil où il était assis. Arché se jeta dans ses bras, et ils furent longtemps tous deux sans prononcer une parole. D'Haberville, après un grand effort pour maîtriser son émotion, rompit le premier le silence :

— Les moments sont précieux, mon cher Arché, et il m'importe beaucoup de soulever, s'il est possible, le voile de l'avenir. Nous ne sommes plus des enfants ; nous sommes des soldats combattant sous de glorieux étendards, frères d'affection, mais ennemis sur les champs de bataille. J'ai vieilli de dix ans pendant ma maladie : je ne suis plus ce jeune fou au cœur brisé, qui se ruait sur les bataillons ennemis en implorant la mort ; non, mon cher frère, vivons plutôt pour voir de meilleurs jours ; ce sont là tes dernières paroles, et elles me font espérer des temps plus heureux pour ceux qui n'ont jamais cessé d'être frères par le sentiment.

Tu connais comme moi continua Jules, l'état précaire de cette colonie : tout dépend d'un coup de dé. Si la France nous abandonne à nos propres ressources, comme il y a tout lieu de le croire, et si d'un autre côté vos ministres, qui attachent un si grand prix à la conquête de cette contrée, vous envoient du secours au printemps, il faudra de toute nécessité lever le siège de Québec et vous abandonner finalement le Canada. Dans l'hypothèse contraire, nous reprenons Québec, et nous conservons la colonie. Maintenant, mon cher Arché, il m'importe de savoir ce que tu feras dans l'une ou l'autre des deux éventualités.

— Dans l'un ou l'autre cas, dit de Locheill, je ne puis, avec honneur, me retirer de l'armée tant que la guerre durera ; mais, advenant la paix, je me propose de vendre les débris de mon patrimoine d'Écosse, d'acheter des terres en Amérique et de m'y fixer. Mes plus chères affections sont ici ; j'aime le Canada, j'aime les mœurs douces et honnêtes de vos bons habitants ; et, après une vie paisible, mais laborieuse, je reposerai du moins ma tête sur le même sol que toi, mon frère Jules.

— Ma position est bien différente de la tienne, répliqua Jules. Tu es le maître absolu de toutes tes actions ; moi, je suis l'esclave des circonstances. Si nous perdons le Canada, il est tout probable que la majorité de la noblesse canadienne émigrera en France, où elle trouvera amis et protection ; si ma famille est de ce nombre, je ne puis quitter l'armée. Dans le cas contraire, je reviendrai, après quelques années de service, vivre et mourir avec mes parents et mes amis, et, comme toi, reposer ma tête sous cette terre que j'aime tant. Tout me fait espérer, mon frère, qu'après une vie très agitée dans notre jeunesse, nous verrons plus tard de meilleurs jours.

Les deux amis se séparèrent après un long et affectueux entretien, le dernier qu'ils eurent dans cette colonie que l'on appelait encore la Nouvelle-France. Lorsque le lecteur les y retrouvera après quelques années, elle aura changé de nom et de maître.

XV

Le naufrage de l'*Auguste*

Les prédictions de la sorcière du domaine étaient accomplies. L'opulente famille d'Haberville avait été trop heureuse, après la capitulation de Québec, d'accepter l'hospitalité que monsieur d'Egmont lui avait offerte dans sa chaumière, que son éloignement de la côte avait sauvée de l'incendie. Le bon gentilhomme et mon oncle Raoul, aidés du fidèle Francœur, s'étaient mis tout de suite à l'œuvre : on avait converti en mansardes l'étroit grenier, pour abandonner le rez-de-chaussée aux femmes. Les hommes, afin de relever le courage de ces malheureuses dames, affectaient une gaieté qui était bien loin de leur cœur, et leurs chants se faisaient souvent entendre, mêlés aux coups secs de la hache, aux grincements de la scie et aux sifflements aigres de la varlope. On réussit, à force de travail et de persévérance, non seulement à se mettre à l'abri des rigueurs de la saison, mais aussi à se loger passablement ; et n'eût été l'inquiétude que l'on éprouvait pour le capitaine d'Haberville et son fils, exposés aux hasards des combats, on aurait passé l'hiver assez agréablement dans cette solitude.

Le plus difficile était de se nourrir, car la disette des vivres était affreuse dans les campagnes ; la plupart des habitants mangeaient bouilli le peu de blé qu'ils avaient récolté, faute de moulin pour le moudre[a]. Restait la ressource de la chasse et de la pêche, mais monsieur d'Egmont et son domestique étaient bien vieux pour se livrer à ces exercices pendant un hiver rigoureux. Mon oncle Raoul, quoique boiteux, se chargea du département des vivres. Il tendait dans les bois des collets pour prendre des lièvres et des perdrix, et sa charmante nièce le secondait. Elle s'était fait un costume propre à ces exercices : elle était ravissante ainsi, avec ses habits moitié sauvages et moitié français, son jupon de drap bleu qui lui descendait jusqu'à mi-jambe, ses mitasses écarlates, ses souliers de caribou ornés de rassades et de poils de porc-épic aux couleurs éclatantes et pittoresques. Elle était ravissante, lorsque, montée sur ses petites raquettes, le teint animé par l'exercice, elle arrivait à la maison avec lièvres et perdrix. Comme les habitants, dans cette grande disette, fréquentaient beaucoup le lac des Trois-Saumons, ils avaient battu sur la neige un chemin durci, qui servait au chevalier pour s'y transporter dans une traîne sauvage à l'aide d'un gros chien, et il revenait toujours avec ample provision d'excellentes truites, et de perdrix qui fréquentaient alors les montagnes du lac, et qu'il tuait au fusil. Ce gibier et ce poisson furent leur seule ressource pendant ce long hiver. La *manne* de tourtes qui parut le printemps sauva la colonie : elles étaient en si grand nombre qu'on les tuait à coups de bâton[1].

Lorsque le capitaine d'Haberville retourna dans sa seigneurie, il était complètement ruiné, n'ayant sauvé du naufrage que son argenterie. Il ne songea même pas à réclamer, de ses censitaires appauvris, les arrérages de rentes considérables qu'ils lui devaient, mais s'empressa plutôt de leur venir en aide en faisant reconstruire son moulin sur la rivière des Trois-Saumons, qu'il habita même plusieurs années avec sa famille, jusqu'à ce qu'il fût en moyen de construire un nouveau manoir.

C'était un bien pauvre logement que trois chambres exiguës, réservées dans un moulin, pour la famille jadis si opulente des d'Haberville ! Cependant tous supportaient avec courage les privations auxquelles ils étaient exposés ; le capitaine d'Haberville seul, tout en travaillant avec énergie, ne pouvait se résigner à la perte de sa fortune ; les chagrins le minaient ; et, pendant l'espace de six ans, jamais sourire n'effleura ses lèvres. Ce ne fut que lorsque son manoir fut reconstruit, et qu'une certaine aisance reparut dans le ménage, qu'il reprit sa gaieté naturelle[2].

On était au 22 février 1762 ; il pouvait être neuf heures du soir, lorsqu'un étranger, assez mal vêtu, entra dans le moulin, et demanda l'hospitalité pour la nuit. Le capitaine d'Haberville était assis, comme de coutume lorsqu'il n'avait rien à faire, dans un coin de la chambre, la tête basse, et absorbé dans de tristes pensées. Il faut une grande force d'âme à celui qui de l'opulence est tombé dans une misère comparative, pour surmonter toute cette ruine qui, loin d'être l'œuvre de son imprévoyance, de ses goûts dispendieux, de sa prodigalité, de sa mauvaise conduite, provient au contraire d'événements qu'il n'a pu contrôler. Dans le premier cas, les remords sont

---

1. Tous les anciens habitants que j'ai connus s'accordaient à dire que, sans cette manne de tourtes, qu'ils tuaient très souvent à coups de bâton, ils seraient morts de faim.
2. En consignant les malheurs de ma famille, j'ai voulu donner une idée des désastres de la majorité de la noblesse canadienne, ruinée par la conquête, et dont les descendants déclassés végètent sur ce même sol que leurs ancêtres ont conquis et arrosé de leur sang. Que ceux qui les accusent de manquer de talent et d'énergie se rappellent qu'il leur était bien difficile, avec leur éducation toute militaire, de se livrer tout à coup à d'autres occupations que celles qui leur étaient familières.

déchirants; mais l'homme sensé dit: «J'ai mérité mon sort, et je dois me soumettre avec résignation aux désastres, conséquences de mes folies.»

Monsieur d'Haberville n'avait pas même la consolation des remords, il dévorait son chagrin; il répétait sans cesse en lui-même:

— Il me semble pourtant, ô mon Dieu! que je n'ai pas mérité une si grande infortune: de la force, du courage, ô mon Dieu! puisque vous avez appesanti votre main sur moi!

La voix de l'étranger fit tressaillir le capitaine d'Haberville, sans qu'il pût s'en rendre raison; il fut quelque temps sans répondre, mais il lui dit enfin:

— Vous êtes le bienvenu, mon ami, vous aurez à souper et à déjeuner ici, et mon meunier vous donnera un lit dans ses appartements.

— Merci, dit l'étranger, mais je suis fatigué, donnez-moi un coup d'eau-de-vie.

Monsieur d'Haberville n'était guère disposé à donner à un inconnu, à une espèce de vagabond, un seul coup de la provision de vin et d'eau-de-vie qu'une bien petite canevette contenait, et qu'il réservait pour la maladie, ou pour les cas de nécessité absolue: aussi répondit-il par un refus, en disant qu'il n'en avait pas.

— Si tu me connaissais, d'Haberville, reprit l'étranger, tu ne me refuserais certes pas un coup d'eau-de-vie, quand ce serait le seul que tu aurais chez toi[3].

Le premier mouvement du capitaine, en s'entendant tutoyer par une espèce de vagabond, fut celui de la colère; mais il y avait dans la voix creuse de l'inconnu quelque chose qui le fit tressaillir de nouveau, et il se contint. Blanche parut au même instant avec une lumière, et toute la famille fut frappée de stupeur à la vue de cet homme, vrai spectre vivant, qui, les bras croisés, les regardait tous avec tristesse. En le contemplant dans son immobilité, on aurait pu croire qu'un vampire avait sucé tout le sang de ses veines, tant sa pâleur était cadavéreuse. La charpente osseuse de l'étranger semblait menacer de percer sa peau, d'une teinte jaune comme les momies des anciens temps; ses yeux ternes et renfoncés dans leur orbite paraissaient sans *spéculation*, comme ceux du spectre de Banquo au souper de Macbeth, le prince assassin. Tous furent surpris qu'il restât dans ce corps assez de vitalité pour la locomotion.

---

3. Cette scène entre M. de Saint-Luc, échappé du naufrage de l'*Auguste*, et mon grand-père Ignace Aubert de Gaspé, capitaine d'un détachement de la marine, a été reproduite telle que ma tante paternelle, madame Bailly de Messein, qui était âgée de douze ans à la conquête, me la racontait, il y a cinquante ans.

Après un moment, un seul moment d'hésitation, le capitaine d'Haberville se précipita dans les bras de l'étranger en lui disant :

— Toi, ici, mon cher de Saint-Luc ! La vue de mon plus cruel ennemi ne pourrait me causer autant d'horreur. Parle ; et dis-nous que tous nos parents et amis, passagers dans l'*Auguste*, sont ensevelis dans les flots, et que toi seul, échappé au naufrage, tu nous en apportes la triste nouvelle !

Le silence que gardait monsieur de Saint-Luc de Lacorne, la douleur empreinte sur ses traits, confirmaient assez les prévisions de son ami[4].

— Maudit soit le tyran, s'écria le capitaine d'Haberville, qui, dans sa haine pour les Français, a exposé de gaieté de cœur, pendant la saison des ouragans, la vie de tant de personnes estimables, dans un vieux navire incapable de tenir la mer.

— Au lieu de maudire tes ennemis, dit monsieur de Saint-Luc d'une voix rauque, remercie Dieu de ce que toi et ta famille vous ayez obtenu un répit du gouverneur anglais pour ne passer en France que dans deux ans[5]. Maintenant, un verre d'eau-de-vie et un peu de soupe ; j'ai tant souffert de la faim que mon estomac refuse toute nourriture solide. Laissez-moi aussi prendre un peu de repos, avant de faire le récit d'un sinistre qui vous fera verser bien des larmes.

Au bout d'une demi-heure à peu près, car il fallait peu de temps à cet homme aux muscles d'acier pour recouvrer ses forces, monsieur de Saint-Luc commença le récit.

— Malgré l'impatience du gouverneur britannique d'éloigner de la Nouvelle-France ceux qui l'avaient si vaillamment défendue, les autorités n'avaient mis à notre disposition que deux vaisseaux qui se trouvèrent insuffisants pour transporter un si grand nombre de Français et de Canadiens qu'on forçait de s'embarquer pour l'Europe. J'en fis la remarque au général Murray, et lui proposai d'en acheter un à mon propre compte. Il s'y refusa, mais deux jours après, il mit à notre disposition le navire l'*Auguste*, équipé à la hâte pour cet objet. Moyennant une somme de cinq cents piastres d'Espagne, j'obtins aussi du capitaine anglais l'usage exclusif de sa chambre pour moi et ma famille.

---

4. Les anciennes familles canadiennes restées au Canada après la Conquête racontaient que le général Murray, n'écoutant que sa haine des Français, avait insisté sur leur expulsion précipitée ; qu'il les fit embarquer dans un vieux navire condamné depuis longtemps, et qu'avant leur départ il répétait sans cesse en jurant : « On ne reconnaît plus les vainqueurs des conquis, en voyant passer ces damnés de Français avec leurs uniformes et leurs épées. » Telle était la tradition pendant ma jeunesse.

5. L'auteur a toujours entendu dire que son grand-père fut le seul des officiers canadiens qui obtint un répit de deux ans pour vendre les débris de sa fortune ; plus heureux que bien d'autres qui vendirent à d'énormes sacrifices.

Je fis ensuite observer au général Murray le danger où nous serions exposés dans la saison des tempêtes avec un capitaine qui ne connaissait pas le fleuve Saint-Laurent, m'offrant d'engager à mes frais et dépens un pilote de rivière. Sa réponse fut que nous ne serions pas plus exposés que les autres. Il finit cependant par expédier un petit bâtiment, avec ordre de nous escorter jusqu'au dernier mouillage.

Nous étions tous tristes et abattus ; et ce fut en proie à de bien lugubres pressentiments que nous levâmes l'ancre, le 15 octobre dernier. Grand nombre d'entre nous, pressés de vendre à la hâte leurs biens meubles et immeubles, l'avaient fait à d'immenses sacrifices, et ne prévoyaient qu'un avenir bien sombre sur la terre même de la mère patrie. C'était donc le cœur bien gros que, voguant d'abord à l'aide d'un vent favorable, nous vîmes disparaître à nos yeux des sites qui nous étaient familiers, et qui nous rappelaient de bien chers souvenirs.

Je ne parlerai que succinctement des dangers que nous courûmes au commencement de notre voyage, pour arriver au grand sinistre auquel j'ai échappé avec six seulement de nos hommes. Nous fûmes, le 16, à deux doigts du naufrage, près de l'île aux Coudres, où un vent impétueux nous poussait après la perte de notre grande ancre.

Le 4 novembre, nous fûmes assaillis par une tempête affreuse, qui dura dix jours et nous causa de grandes avaries. Le 7, un incendie, que nous eûmes beaucoup de peine à éteindre, se déclara pour la troisième fois dans la cuisine, et nous pensâmes brûler en pleine mer. Il serait difficile de peindre les scènes de désespoir qui eurent lieu pendant nos efforts pour maîtriser l'incendie.

Nous faillîmes périr le long des côtes de l'île Royale, le 11, sur un énorme rocher près duquel nous passâmes à portée de fusil, et que nous ne découvrîmes qu'à l'instant, pour ainsi dire, que le navire allait s'y briser.

Depuis le 13 jusqu'au 15, nous voguâmes à la merci d'une furieuse tempête, sans savoir où nous étions. Nous fûmes obligés de remplacer, autant que faire se pouvait, les hommes de l'équipage qui, épuisés de fatigue, s'étaient réfugiés dans les hamacs et refusaient d'en sortir ; menaces, promesses, coups de bâton même avaient été inutiles. Notre mât de misaine étant cassé, nos voiles en lambeaux ne pouvant être ni carguées ni amenées, le second proposa, comme dernière ressource dans cette extrémité, de faire côte : c'était un acte de désespoir ; le moment fatal arrivait ! Le capitaine et le second me regardaient avec tristesse en joignant les mains. Je ne compris que trop ce langage muet d'hommes accoutumés par état à braver la mort. Nous fîmes côte à tribord, où l'on apercevait l'entrée d'une rivière qui pouvait être navigable. Je fis part, sans en rien cacher, aux passagers des deux sexes, de cette manœuvre de vie et de mort. Que de prières alors à l'Être suprême! que de vœux! Mais hélas! vaines prières! vœux inutiles!

Qui pourrait peindre l'impétuosité des vagues! La tempête avait éclaté dans toute sa fureur : nos mâts semblaient atteindre les nues pour redescendre aussitôt dans l'abîme. Une secousse terrible nous annonça que le navire avait touché fond. Nous coupâmes alors mâts et cordages pour l'alléger ; il arriva, mais la puissance des vagues le tourna sur le côté. Nous étions échoués à environ cent cinquante pieds du rivage, dans une petite anse sablonneuse qui barrait la petite rivière où nous espérions trouver un refuge. Comme le navire faisait déjà eau de toutes parts, les passagers se précipitèrent sur le pont ; les uns même, se croyant sauvés, se jetèrent à la mer et périrent.

Ce fut à ce moment que madame de Mézière parut sur le tillac, tenant son jeune enfant dans ses bras ; ses cheveux et ses vêtements étaient en désordre : c'était l'image du désespoir personnifié. Elle s'agenouilla ; puis m'apercevant, elle s'écria : «Mon cher de Saint-Luc, il faut donc mourir!»

Je courais à son secours, quand une vague énorme, qui déferla sur le pont, la précipita dans les flots[b].

— Pauvre amie ! compagne de mon enfance, s'écria madame d'Haberville au milieu de ses sanglots ; pauvre sœur, que la même nourrice a allaitée! On a voulu me faire croire que j'étais en proie à une surexcitation nerveuse produite par l'inquiétude qui me dévorait, lorsque je t'ai vue tout éplorée pendant mon sommeil, le 17 novembre, sur le tillac de l'*Auguste*, avec ton enfant dans les bras, et lorsque je t'ai vue disparaître sous les flots! Je ne me suis point trompée ; pauvre sœur! elle voulait me faire ses adieux avant de monter au ciel avec l'ange qu'elle tenait dans ses bras!

Après un certain temps donné aux émotions douloureuses que ce récit avait causées, monsieur de Lacorne continua sa narration :

— Équipage et passagers s'étaient accrochés aux haubans et *galabans* pour résister aux vagues qui, déferlant sur le navire, faisaient à chaque instant leur proie de quelques nouvelles victimes : qu'attendre, en effet, d'hommes exténués et de faibles femmes? Il nous restait, pour toute ressource, deux chaloupes, dont la plus grande fut enlevée par une vague et mise en pièces. L'autre fut aussi jetée à la mer, et un domestique, nommé Étienne, s'y précipita, ainsi que le capitaine et quelques autres. Je ne m'en aperçus que lorsque mes enfants, que je tenais, un dans mes bras et l'autre attaché à ma ceinture, me crièrent : «Sauvez-nous donc, la chaloupe est à l'eau.» Je saisis un cordage avec précipitation, et au moyen d'une secousse violente, je tombai sur la chaloupe : le même coup de mer qui me sauva la vie emporta mes deux enfants.

Le narrateur, après avoir payé la dette qu'il devait à la nature au souvenir d'une perte si cruelle, reprit, en faisant un grand effort pour maîtriser une douleur qui avait été partagée par ses amis :

— Quoique sous le vent du navire, un coup de mer remplit la chaloupe à peu de chose près; une seconde vague nous éloigna du vaisseau, une troisième nous jeta sur le sable. Il serait difficile de peindre l'horreur de cette scène désastreuse, les cris de ceux qui étaient encore sur le navire, le spectacle déchirant de ceux qui, s'étant précipités dans les flots, faisaient des efforts inutiles pour gagner le rivage.

De sept hommes vivants que nous étions sur la côte de cette terre inconnue, j'étais pour ainsi dire le seul homme valide. Je venais de perdre mon frère et mes enfants, et il me fallait refouler ma douleur au fond de mon âme pour m'occuper du salut de mes compagnons d'infortune. Je réussis à rappeler à la vie le capitaine, qui avait perdu connaissance. Les autres étaient transis de froid, car une pluie glaciale tombait à torrents. Ne voulant pas perdre de vue le navire, je leur remis ma corne à poudre, mon tondre, mon *batte-feu* et une pierre à fusil, leur enjoignant d'allumer du feu à l'entrée d'un bois à un arpent du rivage : mais ils ne purent y réussir : à peine même eurent-ils la force de venir m'en informer, tant ils étaient saisis de froid et accablés de fatigue[6]. Je parvins à faire du feu après beaucoup de tentatives; il était temps, ces malheureux ne pouvaient ni parler, ni agir; je leur sauvai la vie.

Je retournai tout de suite au rivage, pour ne point perdre de vue le navire, livré à toute la fureur de la tempête. J'espérais secourir quelques malheureux que la mer vomissait sur la côte; car chaque vague qui déferlait sur l'épave emportait quelque nouvelle victime. Je restai donc sur la plage depuis trois heures de relevée que nous échouâmes, jusqu'à six heures du soir que le vaisseau se brisa. Ce fut un spectacle bien navrant que les cent quatorze cadavres étendus sur le sable, dont beaucoup avaient bras et jambes cassés, ou portaient d'autres marques de la rage des éléments !

Nous passâmes une nuit sans sommeil, et presque silencieux, tant était grande notre consternation. Le 16 au matin, nous retournâmes sur la rive, où gisaient les corps de nos malheureux compagnons de naufrage. Plusieurs s'étaient dépouillés de leurs vêtements pour se sauver à la nage; tous

---

6. Madame Élizabeth de Chapt de la Corne, fille de M. de Saint-Luc, décédée à Québec le 31 mars 1817, et épouse de l'honorable Charles Tarieu de Lanaudière, oncle de l'auteur, racontait que la précaution qu'avait prise son père de déposer sous son aisselle, dans un petit sac de cuir, un morceau de tondre, dès le commencement du sinistre, lui avait sauvé la vie ainsi qu'à ses compagnons d'infortune.

portaient plus ou moins des marques de la fureur des vagues. Nous passâmes la journée à leur rendre les devoirs funèbres, autant que notre triste situation et nos forces le permettaient.

Il fallut, le lendemain, quitter cette plage funeste et inhospitalière, et nous diriger vers l'intérieur de ces terres inconnues. L'hiver s'était déclaré dans toute sa rigueur : nous cheminions dans la neige jusqu'aux genoux. Nous étions obligés de faire souvent de longs détours pour traverser l'eau glacée des rivières qui interceptaient notre route. Mes compagnons étaient si épuisés par la faim et la fatigue, qu'il me fallait souvent faire ces trajets à plusieurs reprises pour rapporter leurs paquets, qu'ils n'avaient pas eu la force de porter. Ils avaient entièrement perdu courage ; et j'étais souvent obligé de leur faire des chaussures pour couvrir leurs pieds ensanglantés.

Nous nous traînâmes ainsi, ou plutôt je les traînai pour ainsi dire à la remorque (car le courage, ni même les forces ne me faillirent jamais), jusqu'au 4 de décembre, que nous rencontrâmes deux sauvages. Peindre la joie, l'extase de mes compagnons, qui attendaient à chaque instant la mort pour mettre fin à leurs souffrances atroces, serait au-dessus de toute description. Ces aborigènes ne me reconnurent pas d'abord en me voyant avec ma longue barbe, et changé comme j'étais après tant de souffrances. J'avais rendu précédemment de grands services à leur nation ; et vous savez que ces enfants de la nature ne manquent jamais à la reconnaissance. Ils m'accueillirent avec les démonstrations de la joie la plus vive : nous étions tous sauvés. J'appris alors que nous étions sur l'île du Cap-Breton, à trente lieues de Louisbourg.

Je pris aussitôt le parti de laisser mes compagnons aux premiers établissements acadiens, sûr qu'ils y seraient à portée de tout secours, et de m'en retourner à Québec donner au général Murray les premières nouvelles de notre naufrage. Inutile, mes chers amis, de vous raconter les particularités de mon voyage depuis lors, ma traversée de l'île à la terre ferme dans un canot d'écorce au milieu des glaces où je faillis périr, mes marches et contremarches à travers les bois : qu'il suffise d'ajouter qu'à mon estime, j'ai fait cent cinquante lieues sur des raquettes. J'étais obligé de changer souvent de guides ; car, après huit jours de marche, Acadiens ou sauvages étaient à bout de force.

Après ce touchant récit, la famille d'Haberville passa une partie de la nuit à déplorer la perte de tant de parents et d'amis expulsés, par un ordre barbare, de leur nouvelle patrie : de tant de Français et de Canadiens qui espéraient se consoler de cette perte sur la terre de leurs aïeux. C'était, en effet, un sort bien cruel que celui de tous ces infortunés, dont la mer en furie avait rejeté les cadavres sur les plages de cette Nouvelle-France qu'ils avaient colonisée et défendue avec un courage héroïque[7].

M. de Saint-Luc ne prit que quelques heures de repos, voulant être le premier à communiquer au général anglais la catastrophe de l'*Auguste*, et se présenter à lui comme protêt vivant contre la sentence de mort qu'il semblait avoir prononcée de sang-froid contre tant d'innocentes victimes, contre tant de braves soldats, dont il avait pu apprécier la valeur sur les champs de bataille, et qu'il aurait dû estimer si son âme eût été susceptible de sentiments élevés. Il pouvait se faire que sa défaite de l'année précédente tenait trop de place dans cette âme pour y loger d'autres sentiments que ceux de la haine et de la vengeance.

— Sais-tu, d'Haberville, dit M. de Saint-Luc en déjeunant, quel est le puissant protecteur qui a obtenu du général Murray un répit de deux ans pour te faciliter la vente de tes propriétés ? Sais-tu à qui, toi et ta famille, vous devez aujourd'hui la vie, que vous auriez perdue en toute probabilité dans notre naufrage ?

— Non, dit M. d'Haberville ; j'ignore quel a été le protecteur assez puissant pour m'obtenir cette faveur ; mais, foi de gentilhomme, je lui en conserverai une reconnaissance éternelle.

— Eh bien ! mon ami, c'est au jeune Écossais Archibald de Locheill que tu dois cette reconnaissance éternelle.

— J'ai défendu, s'écria le capitaine, de prononcer en ma présence le nom de cette vipère que j'ai réchauffée dans mon sein !

Et les grands yeux noirs de M. d'Haberville lancèrent des flammes[8].

---

7. Après le récit de M. de Saint-Luc, disait ma tante Bailly de Messein, nous passâmes le reste de la nuit à pleurer et à nous lamenter sur la perte de nos parents et amis péris dans l'*Auguste*.

L'auteur avait d'abord écrit de mémoire le naufrage de l'*Auguste* d'après les récits que ses deux tantes lui en avaient faits dans sa jeunesse ; il se rappelait aussi, mais confusément, avoir lu, il y a plus de soixante ans, la relation de ce sinistre écrite par M. de Saint-Luc, publiée à Montréal en 1778, et en possession de sa fille madame Charles de Lanaudière. Malgré ces souvenirs, cette version ne pouvait être que très imparfaite, quand, après maintes recherches, il apprit que cette brochure était entre les mains des Dames Hospitalières de l'Hôpital-Général, qui eurent l'obligeance de la lui prêter, et partant de lui donner occasion de corriger quelques erreurs commises dans la première version.

8. L'auteur croit que de toutes les passions le désir de la vengeance est le plus difficile à vaincre. Il a connu un homme excellent d'ailleurs, souvent aux prises avec cette terrible passion. Il aurait voulu pardonner, mais il lui fallait des efforts surhumains pour le faire. Il pardonnait et ne pardonnait pas ; c'était une lutte continuelle, même après avoir prononcé pardon et amnistie ; car, si quelqu'un proférait le nom de celui qui l'avait offensé, sa figure se bouleversait tout à coup, ses yeux lançaient des éclairs : il faisait peine à voir dans ces combats contre sa nature vindicative.

— J'ose me flatter, dit M. de Saint-Luc, que cette défense ne s'étend pas jusqu'à moi ; je suis ton ami d'enfance, ton frère d'armes, je connais toute l'étendue des devoirs auxquels l'honneur nous oblige ; et tu ne me répondras pas comme tu l'as fait à ta sœur la supérieure de l'Hôpital-Général, quand elle a voulu plaider la cause d'un jeune homme innocent : « Assez, ma sœur ; vous êtes une sainte fille, obligée par état de pardonner à vos plus cruels ennemis, à ceux même qui se sont souillés de la plus noire ingratitude envers vous ; mais moi, ma sœur, vous savez que je n'oublie jamais une injure : c'est plus fort que moi ; c'est dans ma nature. Si c'est un péché, Dieu m'a refusé les grâces nécessaires pour m'en corriger. Assez, ma sœur, et ne prononcez jamais son nom en ma présence, ou je cesserai tout rapport avec vous. » Non, mon cher ami, continua monsieur de Saint-Luc, tu ne me feras pas cette réponse, et tu vas me prêter attention.

Monsieur d'Haberville, connaissant trop les devoirs de l'hospitalité pour imposer silence à son ami sous son toit, prit le parti de se taire, fronça ses épais sourcils, abaissa ses paupières à s'en voiler les yeux, et se résigna à écouter monsieur de Saint-Luc avec l'air aimable d'un criminel à qui son juge s'efforce de prouver, dans un discours très éloquent, qu'il a mérité la sentence qu'il va prononcer contre lui.

Monsieur de Saint-Luc fit un récit succinct de la conduite de Locheill aux prises avec le major de Montgomery, son ennemi implacable. Il parla avec force du devoir du soldat, qui doit obéir quand même aux ordres souvent injustes de son supérieur ; il fit une peinture touchante du désespoir du jeune homme, et ajouta :

— Aussitôt que de Locheill fut informé que tu avais reçu ordre de t'embarquer avec nous pour l'Europe, il demanda au général anglais une audience, qui lui fut tout de suite accordée.

— *Capitaine* de Locheill, lui dit alors Murray en lui présentant le brevet de ce nouveau grade, j'allais vous envoyer chercher. Témoin de vos exploits sur notre glorieux champ de bataille de 1759, je m'étais empressé de solliciter pour vous le commandement d'une compagnie ; et je dois ajouter que votre conduite subséquente m'a aussi prouvé que vous étiez digne des faveurs du gouvernement britannique, et de tout ce que je puis faire individuellement pour vous les faire obtenir.

— Je suis heureux, monsieur le général, répondit de Locheill, que votre recommandation m'ait fait obtenir un avancement au-dessus de mes faibles services, et je vous prie d'agréer mes remerciements pour cette faveur qui m'enhardit à vous demander une grâce de plus, puisque vous m'assurez de votre bienveillance. Oh ! oui, général, c'est une grâce bien précieuse pour moi que j'ai à solliciter.

— Parlez, capitaine, dit Murray, car je suis disposé à faire beaucoup pour vous.

— S'il s'agissait de moi, reprit Arché, je n'aurais rien à désirer de plus; mais j'ai à vous prier pour autrui et non pour moi personnellement. La famille d'Haberville, ruinée, comme tant d'autres, par notre conquête, a reçu ordre de Votre Excellence de partir prochainement pour la France; et il lui a été impossible de vendre, même au prix des plus grands sacrifices, le peu de propriétés qui lui restent des débris d'une fortune jadis florissante. Accordez-lui, général, je vous en conjure, deux ans pour mettre un peu d'ordre à ses affaires. Votre Excellence sait que je dois beaucoup de reconnaissance à cette famille, qui m'a comblé de bienfaits pendant un séjour de dix ans dans cette colonie. C'est moi qui, pour obéir aux ordres de mon supérieur, ai complété sa ruine en incendiant ses immeubles de Saint-Jean-Port-Joli. De grâce, général, un répit de deux ans, et vous soulagerez mon âme d'un pesant fardeau!

— Capitaine de Locheill, fit le général Murray d'un ton sévère, je suis surpris de vous entendre intercéder pour les d'Haberville, qui se sont montrés nos ennemis les plus acharnés.

— C'est leur rendre justice, général, répondit Arché, que de reconnaître qu'ils ont combattu courageusement pour la défense de leur pays, comme nous l'avons fait pour le conquérir; et c'est avec confiance que je m'adresse au cœur d'un brave et vaillant soldat, en faveur d'ennemis braves et vaillants.

De Locheill avait touché une mauvaise corde, car Murray avait toujours sur le cœur sa défaite de l'année précédente: il était d'ailleurs peu susceptible de sentiments chevaleresques. Aussi répondit-il avec aigreur:

— Impossible, monsieur; je ne puis révoquer l'ordre que j'ai donné: les d'Haberville partiront.

— Que Votre Excellence, dans ce cas, dit Arché, daigne accepter ma résignation.

— Comment, monsieur! s'écria le général pâlissant de colère.

— Que Votre Excellence, reprit de Locheill avec le plus grand sang-froid, daigne accepter ma résignation, et qu'elle me permette de servir comme simple soldat: ceux qui chercheront, pour le montrer du doigt, le monstre d'ingratitude qui, après avoir été comblé de bienfaits par toute une famille étrangère à son origine, a complété sa ruine sans pouvoir adoucir ses maux, auront plus de peine à le reconnaître dans les rangs, sous l'uniforme d'un simple soldat, qu'à la tête d'hommes irréprochables.

Et il offrit de nouveau le brevet au général. Celui-ci rougit et pâlit alternativement, tourna sur lui-même comme sur un pivot, se mordit la lèvre, se passa la main sur le front à plusieurs reprises, marmotta quelque chose comme un *g…am* entre ses dents, parut réfléchir une minute en parcourant la chambre de long en large ; puis, se calmant tout à coup, tendit la main à Arché, et lui dit :

— J'apprécie, capitaine de Locheill, les sentiments qui vous font agir : notre souverain ne doit pas être privé des services que peut rendre, dans un grade supérieur, celui qui est prêt à sacrifier son avenir à une dette de gratitude ; vos amis resteront.

— Merci, mille fois merci monsieur le général, dit Arché : comptez sur mon dévouement à toute épreuve, quand il me serait même ordonné de marcher seul jusqu'à la bouche des canons. Un poids énorme pesait sur ma poitrine ; je me sens maintenant léger comme le chevreuil de nos montagnes.

De toutes les passions qui torturent le cœur de l'homme, le désir de se venger et la jalousie sont les plus difficiles à vaincre : il est même bien rare qu'elles puissent être extirpées. Le capitaine d'Haberville, après avoir écouté, en fronçant les sourcils, le récit de monsieur de Lacorne, se contenta de dire :

— Je vois que les services de monsieur de Locheill ont été appréciés à leur juste valeur : quant à moi, j'ignorais lui devoir autant de reconnaissance.

Et il détourna la conversation.

Monsieur de Saint-Luc regarda alternativement les autres membres de la famille qui, la tête basse, n'avaient osé prendre part à la conversation, et, se levant de table, il ajouta :

— Ce répit, d'Haberville, est un événement des plus heureux pour toi : car sois persuadé que, d'ici à deux ans, il te sera libre de rester en Canada ou de passer en France. Le gouverneur anglais a encouru une trop grande responsabilité envers son gouvernement, en vouant à une mort presque certaine tant de personnes recommandables, tant de gentilshommes alliés aux familles les plus illustres, non seulement du continent, mais aussi de l'Angleterre, pour ne pas chercher, en se conciliant les Canadiens, à étouffer les suites de cette déplorable catastrophe.

Maintenant, adieu, mes chers amis ; il n'y a que les âmes pusillanimes qui se laissent abattre par le malheur. Il nous reste une grande consolation dans notre infortune : nous avons fait tout ce que l'on pouvait attendre d'hommes courageux ; et, s'il eût été possible de conserver notre nouvelle patrie, nos cœurs, secondés de nos bras, l'auraient fait.

La nuit était bien avancée lorsque monsieur de Saint-Luc, en arrivant à Québec, se présenta à la porte du château Saint-Louis, dont on lui refusa d'abord l'entrée ; mais il fit tant d'instances, en disant qu'il était porteur de nouvelles de la plus haute importance, qu'un aide de camp consentit enfin à réveiller le gouverneur, couché depuis longtemps[9]. Murray ne reconnut pas d'abord monsieur de Saint-Luc, et lui demanda avec colère comment il avait osé troubler son repos, et quelle affaire si pressante il avait à lui communiquer à cette heure indue.

— Une affaire bien importante, en effet, monsieur le gouverneur, car je suis le capitaine de Saint-Luc, et ma présence vous dit le reste.

Une grande pâleur se répandit sur tous les traits du général; il fit apporter des rafraîchissements, traita monsieur de Lacorne avec les plus grands égards, et se fit raconter dans les plus minutieux détails le naufrage de l'*Auguste*. Ce n'était plus le même homme qui avait voué pour ainsi dire à la mort, avec tant d'insouciance, tous ces braves officiers, dont les uniformes lui portaient ombrage[10].

Les prévisions de M. de Lacorne se trouvèrent parfaitement justes; le gouverneur Murray, considérablement radouci après la catastrophe de l'*Auguste*, traita les Canadiens avec plus de douceur, voire même avec plus d'égards, et tous ceux qui voulurent rester dans la colonie eurent la liberté de le faire. M. de Saint-Luc, surtout, dont il craignait peut-être les révélations, devint l'objet de ses prévenances, et n'eut qu'à se louer des bons procédés du gouverneur envers lui. Ce digne homme qui, comme tant d'autres, avait beaucoup souffert dans sa fortune, très considérable avant la cession du Canada, mit toute son énergie à réparer ses pertes en se livrant à des spéculations très avantageuses[c].

---

9. Historique. Ma tante, fille de M. le chevalier de Saint-Luc, m'a souvent raconté l'entrevue de son père avec le général Murray.

10. L'auteur, en rapportant les traditions de sa jeunesse, doit remarquer qu'il devait exister de grands préjugés contre le gouverneur Murray, et qu'il est probable que la colonie ne l'a pas épargné. M. de Saint-Luc, dans son journal, en parle plutôt avec éloge qu'autrement; mais, suivant la tradition, ces ménagements étaient dus à la conduite subséquente du gouverneur envers les Canadiens, et surtout à la haute faveur dont lui, M. de Saint-Luc, était l'objet de la part de Murray.

XVI

De Locheill et Blanche

Après des privations bien cruelles pendant l'espace de sept longues années, la paix, le bonheur même commençaient à renaître dans l'âme de toute la famille d'Haberville. Il est vrai qu'une maison d'assez humble apparence avait remplacé le vaste et opulent manoir que cette famille occupait avant la conquête; mais c'était un palais, comparée au moulin à farine qu'elle venait de quitter depuis le printemps. Les d'Haberville avaient pourtant moins souffert que bien d'autres dans leur position; aimés et respectés de leurs censitaires, ils n'avaient jamais été exposés aux humiliations dont le vulgaire se plaît à abreuver ses supérieurs dans la détresse: comme c'est le privilège des personnes bien nées de traiter constamment leurs inférieurs avec égard, les d'Haberville avaient en conséquence bien moins souffert, dans leur pauvreté comparative, que beaucoup d'autres dans les mêmes circonstances. Chacun faisait à l'envi des offres de service; et, lorsqu'il s'agit de rebâtir le manoir et ses dépendances, la paroisse en masse s'empressa de donner des corvées volontaires pour accélérer l'ouvrage; on aurait cru, tant était grand le zèle de chacun, qu'il reconstruisait sa propre demeure. Tous ces braves gens tâchaient de faire oublier à leur seigneur des malheurs qu'eux-mêmes avaient pourtant éprouvés, mais qu'on aurait pu croire qu'eux seuls avaient mérités. Avec ce tact délicat dont les Français sont seuls susceptibles, ils n'entraient jamais dans les pauvres chambres que la famille s'était réservées dans le moulin, sans y être conviés: on aurait dit qu'ils craignaient de les humilier. S'ils avaient été affectueux, polis envers leur seigneur dans son opulence, c'était maintenent un culte, depuis que la main de fer du malheur l'avait étreint[1].

Il n'y a que ceux qui ont éprouvé de grands revers de fortune, qui ont été exposés à de longues et cruelles privations, qui puissent apprécier le contentement, la joie, le bonheur même de ceux qui ont en partie réparé leurs pertes; qui commencent à renaître à l'espérance d'un heureux avenir.

---

1. Historique. L'auteur se plaît à rappeler, avec bonheur, les témoignages d'affection des censitaires de Saint-Jean-Port-Joli envers sa famille, depuis plus de cent ans.

Lors de l'abolition de la tenure seigneuriale, il y a neuf ans, les marguilliers de l'œuvre et fabrique de la paroisse de Saint-Jean-Port-Joli décidèrent que, nonobstant l'acte du parlement à ce contraire, je jouirais du banc seigneurial ma vie durant.

Cette preuve si touchante d'affection me fut communiquée par Pierre Dumas, écuyer, alors marguillier en charge.

Chacun auparavant avait respecté le chagrin qui dévorait le capitaine d'Haberville : on ne se parlait qu'à demi-voix dans la famille ; la gaieté française avait semblé bannie pour toujours de cette triste demeure. Tout était maintenant changé comme par enchantement.

Le capitaine, naturellement gai, riait et badinait comme avant ses malheurs ; les dames chantaient sans cesse en s'occupant activement des soins du ménage, et la voix sonore de mon oncle Raoul réveillait encore, dans le calme d'une belle soirée, l'écho du promontoire.

Le fidèle José se multipliait pour prouver son zèle à ses maîtres ; et, pour se délasser, il racontait aux voisins, qui ne manquaient jamais de venir faire un bout de veillée, les traverses, comme il les appelait, de son défunt père avec les sorciers de l'île d'Orléans, ses tribulations avec la Corriveau, ainsi que d'autres légendes dont les auditeurs ne se lassaient jamais, sans égard pour les cauchemars auxquels ils s'exposaient dans leurs rêves nocturnes.

On était à la fin d'août de la même année 1767. Le capitaine d'Haberville, revenant le matin de la petite rivière Port-Joli, le fusil sur l'épaule et la gibecière bien bourrée de pluviers, bécasses et sarcelles, remarqua qu'une chaloupe, détachée d'un navire qui avait jeté l'ancre entre la terre et le Pilier-de-Roche, semblait se diriger vers son domaine. Il s'assit sur le bord d'un rocher pour l'attendre, pensant que c'étaient des matelots en quête de légumes, de lait ou d'autres rafraîchissements[a]. Il s'empressa d'aller à leur rencontre lorsqu'ils abordèrent le rivage, et vit avec surprise qu'un d'entre eux, très bien mis, donnait un paquet à un des matelots en lui montrant de la main le manoir seigneurial ; mais, à la vue de M. d'Haberville, ce gentilhomme sembla se raviser tout à coup, s'avança vers lui, lui présenta le paquet et lui dit :

— Je n'aurais jamais osé vous remettre moi-même ce paquet, capitaine d'Haberville, quoiqu'il contienne des nouvelles qui vont bien vous réjouir.

— Pourquoi, monsieur, répliqua le capitaine en cherchant dans ses souvenirs quelle pouvait être cette personne qu'il croyait avoir déjà vue ; pourquoi, monsieur, n'auriez-vous jamais osé me remettre ce paquet en main propre, si le hasard ne m'eût fait vous rencontrer ?

— Parce que, monsieur, dit l'interlocuteur en hésitant, parce que j'aurais craint qu'il vous fût désagréable de le recevoir de ma main : je sais que le capitaine d'Haberville n'oublie jamais ni un bienfait ni une offense.

M. d'Haberville regarda fixement l'étranger, fronça les sourcils, ferma fortement les yeux, garda pendant quelque temps le silence, en proie à un pénible combat intérieur ; mais, reprenant son sang-froid, il lui dit avec la plus grande politesse :

— Laissons à la conscience de chacun les torts du passé : vous êtes ici chez moi, capitaine de Locheill, et, en outre, étant porteur de lettres de mon fils, vous avez droit à un bon accueil de ma part. Toute ma famille vous reverra avec plaisir. Vous recevrez chez moi une hospitalité... (il allait dire, avec amertume, princière, mais sentant tout ce qu'il y aurait de reproche dans ces mots)... vous recevrez, dit-il, une hospitalité cordiale ; allons, venez.

Le lion n'était apaisé qu'à demi.

Arché, par un mouvement assez naturel, avança la main pour serrer celle de son ancien ami, mais il lui fallut aller la chercher bien loin ; et quand il l'eut saisie, elle resta ouverte dans la sienne.

Un long soupir s'échappa de la poitrine de l'Écossais. En proie à de pénibles réflexions, il parut indécis pendant quelques minutes, mais finit par dire d'une voix empreinte de sensibilité :

— Le capitaine d'Haberville peut bien conserver de la rancune au jeune homme qu'il a jadis aimé et comblé de bienfaits, mais il a l'âme trop noble et trop élevée pour lui infliger de cœur joie un châtiment au-dessus de ses forces : revoir les lieux qui lui rappellent de si poignants souvenirs sera déjà un supplice assez cruel, sans y rencontrer l'accueil froid que l'hospitalité exige envers un étranger.

Adieu, capitaine d'Haberville ; adieu pour toujours à celui que j'appelais autrefois mon père, s'il ne me regarde plus, moi, comme son fils, et un fils qui lui a toujours porté le culte d'affectueuse reconnaissance qu'il doit à un tendre père. Je prends le ciel à témoin, M. d'Haberville, que ma vie a été empoisonnée par les remords, depuis le jour fatal où le devoir impérieux d'un officier subalterne m'imposait des actes de vandalisme qui répugnaient à mon cœur ; qu'un poids énorme me pesait sans cesse sur la poitrine, même dans l'enivrement du triomphe militaire, dans les joies délirantes des bals et des festins, comme dans le silence des longues nuits sans sommeil.

Adieu pour toujours ; car je vois que vous avez refusé d'écouter le récit que la bonne Supérieure devait vous faire de mes remords, de mes angoisses, de mon désespoir, avant et après l'œuvre de destruction que, comme soldat sujet à la discipline militaire, je devais accomplir. Adieu pour la dernière fois ; et, puisque tout rapport doit cesser entre nous, oh ! dites, dites-moi, je vous en conjure, que la paix est rentrée dans le sein de votre excellente famille ; qu'un rayon de joie illumine encore quelquefois ces visages où tout annonçait autrefois la paix de l'âme et la gaieté du cœur ! Oh ! dites-moi, je vous en supplie, que vous n'êtes pas constamment malheureux ! Il ne me reste maintenant qu'à prier Dieu, à deux genoux, qu'il répande ses bienfaits sur une famille que j'aime avec tant d'affection ! Offrir de réparer les pertes que j'ai causées, avec ma fortune qui est considérable, serait une insulte au noble d'Haberville !

Si M. d'Haberville s'était refusé à toute explication de la part de sa sœur, il n'en avait pas moins été impressionné par le récit que lui avait fait M. de Saint-Luc, du dévouement sublime de Locheill offrant de sacrifier fortune et avenir à un sentiment exalté de gratitude. De là l'accueil à demi cordial qu'il lui avait d'abord fait; car il est à supposer que sans cette impression favorable, il lui aurait tourné de dos[2].

Les mots réparation pécuniaire firent d'abord frissonner M. d'Haberville, comme si un fer rouge eût effleuré sa peau; mais en proie à d'autres réflexions, à d'autres combats, ce mouvement d'impatience ne fut que transitoire. Il se serra la poitrine à deux mains, comme s'il eût voulu extirper le reste de venin qui adhérait, malgré lui, à son cœur, tourna deux ou trois fois sur lui-même en sens inverse, fit signe à de Locheill de rester où il était, marcha d'abord très vite sur le sable du rivage, puis à pas mesurés, et, revenant enfin vers de Locheill, il lui dit:

— J'ai fait tout ce que j'ai pu, Arché, pour dissiper tout reste de rancune; mais vous me connaissez: c'est l'œuvre du temps qui en effacera les dernières traces. Tout ce que je puis vous dire, c'est que mon cœur vous pardonne. Ma sœur, la Supérieure, m'a tout raconté: je me suis décidé à l'entendre après votre intercession pour moi auprès du gouverneur, dont m'a fait part mon ami de Saint-Luc. J'ai pensé que celui qui était prêt à sacrifier rang et fortune pour ses amis ne pouvait avoir agi que par contrainte, dans des circonstances auxquelles je fais allusion pour la dernière fois. Si vous remarquez de temps à autre quelque froideur dans mes rapports avec vous, ne paraissez pas y faire attention: laissons faire le temps.

Et il pressa cordialement la main de Locheill. Le lion était dompté.

— Comme il est probable, dit M. d'Haberville, que le calme va durer, renvoyez vos matelots, après que je leur aurai fait porter des rafraîchissements, et si, par hasard, il s'élevait un vent favorable, je vous ferai transporter dans six heures à Québec, avec ma fameuse Lubine, si toutefois vos affaires vous empêchaient de nous donner autant de temps que nous serions heureux de vous posséder sous notre toit. C'est convenu, n'est-ce pas?

Et passant amicalement son bras sous celui d'Arché, il s'achemina avec lui vers l'habitation.

— Maintenant, Arché, dit le capitaine, comment se fait-il que vous soyez chargé de ces lettres de mon fils, qui contiennent de bonnes nouvelles, comme vous venez de me le dire?

---

2. L'auteur, qui, malgré la meilleure volonté du monde, n'a jamais pu conserver vingt-quatre heures de rancune à ses plus cruels ennemis, a étudié avec un intérêt pénible cette passion dans autrui. Cette rébellion continuelle de la nature vindicative, dans une âme noble et généreuse, lui a toujours paru une énigme.

— J'ai laissé Jules à Paris, répondit Arché, il y a sept semaines, après avoir passé un mois avec lui dans l'hôtel de son oncle, M. de Germain, qui n'a pas voulu me séparer de mon ami pendant mon séjour en France ; mais, comme il vous sera plus agréable d'apprendre ces bonnes nouvelles de sa main même, permettez-moi de ne pas en dire davantage.

Si de Locheill fut attristé en voyant ce que l'on appelait, avant la conquête, le hameau d'Haberville, remplacé par trois ou quatre bâtisses à peu près semblables à celles des cultivateurs aisés, il fut néanmoins agréablement surpris de l'aspect riant du domaine. Ces bâtisses neuves et récemment blanchies à la chaux, ce jardin émaillé de fleurs, ces deux vergers chargés des plus beaux fruits, les moissonneurs retournant de la prairie avec deux voitures chargées de foins odorants, tout tendait à dissiper les impressions de tristesse qu'il avait d'abord éprouvées.

À l'exception d'un canapé, de douze fauteuils en acajou et de quelques petits meubles sauvés du désastre, l'intérieur de la maison était de la plus grande simplicité : les tables, les chaises et les autres meubles étaient en bois commun, les cloisons étaient vierges de peinture et les planchers sans tapis. Les portraits de famille, qui faisaient l'orgueil des d'Haberville, n'occupaient plus leur place de rigueur dans la salle à manger, les seuls ornements des nouvelles chambres étaient quelques sapins dans les encoignures, et abondance de fleurs dans des corbeilles faites par les naturels du pays. Cette absence de meubles coûteux ne laissait pas cependant d'avoir ses charmes ; les émanations de ces sapins, de ces fleurs, de ces bois neufs et résineux, que l'on respirait à pleine poitrine, semblaient vivifier le corps en réjouissant la vue. Il y avait partout une odeur de propreté qui ne faisait pas regretter des ameublements plus somptueux.

Toute la famille, qui avait vu venir de loin M. d'Haberville accompagné d'un étranger, s'était réunie dans le salon pour le recevoir. À l'exception de Blanche, personne ne reconnut Arché, qu'on n'avait pas vu depuis dix ans. La jeune fille pâlit et se troubla d'abord à l'aspect de l'ami de son enfance, qu'elle croyait ne jamais revoir ; mais se remettant promptement avec cette force d'âme qu'ont les femmes pour cacher les impressions les plus vives, elle fit, comme les deux autres dames, la profonde révérence qu'elle aurait faite à un étranger. Quant à mon oncle Raoul, il salua avec une politesse froide : il n'aimait pas les Anglais, et jurait contre eux, depuis la conquête, avec sa verve peu édifiante pour des oreilles pieuses.

— Je veux qu'un Iroquois me grille, fit le capitaine en s'adressant à Arché, si un seul d'entre eux vous reconnaît. Voyons ; regardez bien ce gentilhomme : dix ans ne doivent pas l'avoir effacé de votre mémoire ; je l'ai, moi, reconnu tout de suite. Parle, Blanche : tu dois, étant beaucoup plus jeune, avoir de meilleurs yeux que les autres.

— Je crois, dit celle-ci bien bas, que c'est M. de Locheill.

— Eh oui ! dit M. d'Haberville, c'est Arché, qui a vu Jules dernièrement à Paris ; et il nous apporte de lui des lettres qui contiennent de bonnes nouvelles. Que faites-vous donc, Arché, que vous n'embrassez pas vos anciens amis !

Toute la famille, qui ignorait jusqu'alors le changement du capitaine en faveur d'Arché, dont elle n'avait jamais osé prononcer le nom en sa présence, toute la famille qui n'attendait que l'assentiment du chef pour faire à Arché l'accueil le plus amical, fit éclater sa joie avec un abandon qui toucha de Locheill jusqu'aux larmes.

La dernière lettre de Jules contenait le passage suivant : « J'ai pris les eaux de Barèges pour mes blessures, et quoique faible encore, je suis en pleine convalescence. Le rapport des médecins est qu'il me faut du repos, et que les travaux de la guerre sont pour longtemps au-dessus de mes forces. J'ai obtenu un congé illimité pour me rétablir. Mon parent D... le ministre, et tous mes amis, me conseillent de quitter l'armée, de retourner au Canada, la nouvelle patrie de toute ma famille, et de m'y établir définitivement après avoir prêté serment de fidélité à la couronne d'Angleterre ; mais je ne veux rien faire sans vous consulter. Mon frère Arché, qui a de puissants amis en Angleterre, m'a remis une lettre de recommandation d'un haut personnage à votre gouverneur Guy Carleton, que l'on dit plein d'égards pour la noblesse canadienne, dont il connaît les antécédents glorieux. Si je me décide, sur votre avis, à me fixer au Canada, j'aurai donc encore l'espoir d'être utile à mes pauvres compatriotes. J'aurai le bonheur, Dieu aidant, de vous embrasser tous vers la fin de septembre prochain. Oh ! quelle jouissance, après une si longue séparation[3] ! »

Jules ajoutait dans un *post-scriptum* : « J'oubliais de vous dire que j'ai été présenté au Roi, qui m'a accueilli avec bonté et m'a même fait je ne sais quels éloges sur ce qu'il appelait ma belle conduite, en me nommant chevalier grand-croix du très honorable ordre royal et militaire de Saint-Louis. J'ignore quel mauvais plaisant de grand personnage m'a valu cette faveur : comme si tout Français qui portait une épée ne s'en était pas servi pour le moins aussi bien que moi. Je pourrais citer dix officiers de ma division qui méritaient d'être décorés à ma place. Il est bien vrai que plus qu'eux j'ai eu le précieux avantage de me faire écharper comme un écervelé à chaque

---

3. Lord Dorchester a sans cesse traité la noblesse canadienne avec les plus grands égards : il montrait toujours une grande sensibilité en parlant de ses malheurs.

rencontre avec l'ennemi. C'est vraiment dommage qu'on n'ait pas institué l'ordre des fous ; je n'aurais pas alors volé mon grade de chevalerie, comme celui dont Sa Majesté très chrétienne vient de me gratifier. J'espère pourtant que cet acte ne lui fermera pas les portes du paradis ; et que saint Pierre aura à lui objecter d'autres peccadilles ; car j'en serais au désespoir. »

De Locheill ne put s'empêcher de sourire aux mots «Majesté très chrétienne » ; il lui sembla voir la mine railleuse de son ami en écrivant cette phrase.

— Toujours le même, dit M. d'Haberville.

— Ne s'occupant que des autres ! s'écria-t-on en chœur.

— Je gagerais ma tête contre un chelin, dit Arché, qu'il aurait été plus heureux de voir décorer un de ses amis.

— Quel fils ! dit la mère.

— Quel frère ! dit Blanche.

— Oh ! oui ! quel frère ! dit de Locheill avec la plus vive émotion.

— Et quel neveu donc ai-je formé, moi ! s'écria mon oncle Raoul en coupant l'air de haut en bas avec sa canne, comme s'il eût été armé d'un sabre de cavalerie. C'en est un prince, celui-là, qui sait distinguer le mérite et le récompenser ! Elle n'est pas dégoûtée cette Majesté de France ; elle sait qu'avec cent officiers comme Jules, elle pourrait reprendre l'offensive, parcourir l'Europe avec ses armées triomphantes, franchir le détroit comme un autre Guillaume, écraser la fière Albion, et reconquérir ses colonies !

Et mon oncle Raoul coupa de nouveau l'air en tout sens avec sa canne, au péril imminent de ceux qui tenaient à conserver intacts leurs yeux, leur nez et leurs mâchoires menacés par cette charge d'un nouveau genre. Le chevalier regarda ensuite tout le monde d'un air fier et capable ; et à l'aide de sa canne, alla s'asseoir sur un fauteuil pour se reposer des lauriers qu'il venait de faire cueillir au roi de France avec cent officiers comme son neveu.

L'arrivée de Locheill avec les lettres de Jules répandit la joie la plus vive dans tous les cœurs de cette excellente famille ; on ne pouvait se lasser de l'interroger sur un être si cher, sur des parents et des amis qu'on avait peu d'espoir de revoir, sur le faubourg Saint-Germain, sur la cour de France, sur ses propres aventures depuis son départ du Canada.

Arché voulut voir ensuite les domestiques : il trouva la mulâtresse Lisette occupée dans la cuisine des apprêts du dîner : elle lui sauta au cou comme elle faisait jadis quand il venait au manoir pendant les vacances de collège avec Jules qu'elle avait élevé ; et les sanglots lui coupèrent la voix.

Cette mulâtresse, que le capitaine avait achetée à l'âge de quatre ans, était, malgré ses défauts, très attachée à toute la famille. Elle ne craignait un peu que le maître ; quant à la maîtresse, sur le principe qu'elle était plus ancienne qu'elle dans la maison, elle ne lui obéissait qu'en temps et lieux. Blanche et son frère étaient les seuls qui, par la douceur, lui faisaient faire ce qu'ils voulaient : et quoique Jules la fît endiabler très souvent, elle ne faisait que rire de ses espiègleries ; toujours prête, en outre, à cacher ses fredaines et à prendre sa défense quand ses parents le grondaient[4].

M. d'Haberville, à bout de patience, l'avait depuis longtemps émancipée ; mais « elle se moquait de son émancipation comme de ça », disait-elle, en se faisant claquer les doigts, « car elle avait autant droit de rester à la maison où elle avait été élevée, que lui et tous les siens ». Si son maître exaspéré la mettait dehors par la porte du nord, elle rentrait aussitôt par la porte du sud, et *vice versa*.

Cette même femme, d'un caractère indomptable, avait néanmoins été aussi affectée des malheurs de ses maîtres, que si elle eût été leur propre fille ; et, chose étrange, tout le temps qu'elle vit le capitaine en proie aux noires vapeurs qui le dévoraient, elle fut soumise et obéissante à tous les ordres qu'elle recevait, se multipliant pour faire seule la besogne de deux servantes. Quand elle était seule avec Blanche, elle se jetait souvent à son cou en sanglotant, et la noble demoiselle faisait trêve à ses chagrins pour consoler la pauvre esclave. Il faut dire à la louange de Lisette qu'aussitôt le bonheur revenu dans la famille, elle redevint aussi volontaire qu'auparavant.

De Locheill, en sortant de la cuisine, courut au-devant de José, qui revenait du jardin en chantant, chargé de légumes et de fruits.

— Faites excuse, lui dit José, si je ne vous présente que la gauche ; j'ai oublié l'autre sur les plaines d'Abraham. Je n'ai pas, d'ailleurs, de reproche à faire à la petite jupe (sauf le respect que je vous dois) qui m'en a débarrassé[5] : il a fait les choses en conscience ; il me l'a coupée si proprement dans la jointure du poignet qu'il a exempté bien de la besogne au chirurgien qui a fait le pansement. Il est vrai de dire que nous sommes qui dirait à peu près quittes, la petite jupe et moi ; car, faisant le plongeon pour reprendre mon fusil tombé à terre, je lui passai ma baïonnette au travers du corps. Après tout, c'est pour le mieux, car que ferais-je de ma main droite à présent qu'on ne se bat plus ? Pas plus de guerre que sur la main, depuis que l'Anglais est maître du pays, ajouta José en soupirant.

— Il paraît, mon cher José, reprit de Locheill en riant, que vous savez très bien vous passer de la main droite, quand la gauche vous reste.

— C'est vrai, fit José : ça peut faire dans les cas pressés, comme dans mon escarmouche avec la petite jupe ; mais, à vous dire vrai, j'ai bien

---

4. Lisette est ici le type d'une mulâtresse que mon grand-père avait achetée lorsqu'elle n'était âgée que de quatre ans.

5. Les anciens Canadiens appelaient les montagnards écossais « les petites jupes ».

regretté d'être manchot. Je n'aurais pas eu trop de mes deux mains pour servir mes bons maîtres. Les temps ont été durs, allez; mais, Dieu merci, le plus fort est fait.

Et une larme roula dans les yeux du fidèle José.

De Locheill se rendit ensuite auprès des moissonneurs, occupés à râteler et à charger les charrettes de foin; c'étaient tous des vieilles connaissances qui le reçurent avec amitié; car, le capitaine excepté, toute la famille, et Jules, avant son départ pour l'Europe, s'étaient fait un devoir de le disculper.

Le dîner, servi avec la plus grande simplicité, fut néanmoins très abondant, grâce au gibier dont grèves et forêts foisonnaient dans cette saison. L'argenterie était réduite au plus strict nécessaire; outre les cuillères, fourchettes et gobelets obligés, un seul pot de forme antique, aux armes d'Haberville, attestait l'opulence de cette famille. Le dessert, tout composé des fruits de la saison, fut apporté sur des feuilles d'érable dans des *cassots* et des corbeilles qui témoignaient de l'industrie des anciens aborigènes. Un petit verre de cassis avant le repas pour aiguiser l'appétit, de la bière d'épinette faite avec les branches mêmes de l'arbre, du vin d'Espagne que l'on buvait presque toujours trempé, furent les seules liqueurs que l'hospitalité du seigneur d'Haberville pût offrir à son convive: ce qui n'empêcha pas la gaieté la plus aimable de régner pendant tout le repas; car cette famille, après de longues privations, de longues souffrances, semblait ressaisir une vie nouvelle. M. d'Haberville, s'il n'eût craint de blesser Arché, n'aurait pas manqué de faire un badinage sur l'absence du champagne, remplacé par la bière mousseuse d'épinette.

— Maintenant que nous sommes en famille, dit le capitaine à Arché en souriant, occupons-nous de l'avenir de mon fils. Quant à moi, vieux et usé, avant le temps, par les fatigues de la guerre, j'ai une bonne excuse pour ne pas servir le nouveau gouvernement: ce n'est pas à mon âge, d'ailleurs, que je tirerais l'épée contre la France, que j'ai servie pendant plus de trente ans. Plutôt mourir cent fois!

— Et, interrompit mon oncle Raoul, nous pouvons tous dire comme Hector le Troyen:

[…] *si Pergama dextra*
Defendi possent, etiam hac defensa fuissent.

— Passe pour Hector le Troyen, dit M. d'Haberville, qui, n'étant pas aussi lettré que son frère, goûtait peu ses citations, passe pour Hector le Troyen, que je croyais assez indifférent à nos affaires de famille; mais revenons à mon fils. Sa santé l'oblige, peut-être pour longtemps, voire même pour toujours, à se retirer du service. Ses plus chers intérêts sont ici où il est né. Le Canada est sa patrie naturelle ; et il ne peut avoir le même attachement pour celle de ses ancêtres. Sa position, d'ailleurs, est bien différente de la mienne : ce qui serait lâcheté chez moi, sur le bord de la tombe, n'est qu'un acte de devoir pour lui qui commence à peine la vie. Il a payé glorieusement sa dette à l'ancienne patrie de ses ancêtres. Il se retire avec honneur d'un service que les médecins déclarent incompatible avec sa santé. Qu'il consacre donc maintenant ses talents, son énergie au service de ses compatriotes canadiens. Le nouveau gouverneur est déjà bien disposé en notre faveur : il accueille avec bonté ceux de mes compatriotes qui ont des rapports avec lui ; il a exprimé, en maintes occasions, combien il compatissait aux malheurs de braves officiers qu'il avait rencontrés face à face sur le champ de bataille, et que la fortune, et non le courage, avait trahis[b] : il a les mêmes égards, dans les réunions au château Saint-Louis, pour les Canadiens que pour ses compatriotes, pour ceux d'entre nous qui ont perdu leur fortune, que pour ceux plus heureux qui peuvent encore s'y présenter avec un certain luxe, ayant soin de placer chacun suivant le rang qu'il occupait avant la conquête. Sous son administration, et muni en outre des puissantes recommandations que notre ami de Locheill lui a procurées, Jules a tout espoir d'occuper un poste avantageux dans la colonie. Qu'il prête serment de fidélité à la couronne d'Angleterre ; et mes dernières paroles dans nos adieux suprêmes seront : « Sers ton souverain anglais avec autant de zèle, de dévouement, de loyauté, que j'ai servi le monarque français, et reçois ma bénédiction[6]. »

Tout le monde fut frappé de ce revirement si soudain dans les sentiments du chef de famille : on ne songeait pas que le malheur est un grand maître, qui ploie le plus souvent sous son bras d'acier les caractères les plus intraitables. Le capitaine d'Haberville, trop fier, trop loyal d'ailleurs pour avouer ouvertement les torts de Louis XV envers des sujets qui avaient porté le dévouement jusqu'à l'héroïsme, n'en ressentait pas moins l'ingratitude de la cour de France. Quoique blessé au cœur lui-même de cet abandon, il n'en aurait pas moins été prêt à répandre jusqu'à la dernière goutte de son sang pour ce voluptueux monarque, livré aux caprices de ses maîtresses ; mais là s'arrêtait son abnégation. Il aurait bien refusé pour lui-même toute faveur du nouveau gouvernement ; mais il était trop juste pour tuer l'avenir de son fils par une susceptibilité déraisonnable.

— Que chacun, maintenant, donne librement son opinion, dit le capitaine en souriant ; que la majorité décide.

Les dames ne répondirent à cet appel qu'en se jetant dans ses bras en

---

6. Telles furent les dernières paroles du grand-père de l'auteur à son fils unique.

pleurant de joie. Mon oncle Raoul saisit avec transport la main de son frère, la secoua fortement, et s'écria :

— Le Nestor des anciens temps n'aurait pas parlé avec plus de sagesse.

— Et ne nous aurait pas plus réjouis, dit Arché, si nous eussions eu l'avantage d'entendre les paroles de ce vénérable personnage.

Comme la marée était haute et magnifique, de Locheill proposa à Blanche une promenade sur la belle grève, aux anses sablonneuses, qui s'étend du manoir jusqu'à la petite rivière Port-Joli.

— Je retrouve partout, dit Arché lorsqu'ils furent le long du fleuve, que le soleil couchant frappait de ses rayons, je retrouve partout des objets, des sites qui me rappellent de bien doux souvenirs ! C'est ici que je vous faisais jouer, lorsque vous étiez enfant, avec les coquilles que je ramassais tout le long de ce rivage ; c'est dans cette anse que je donnais à mon frère Jules les premières leçons de natation ; voici les mêmes fraisiers et framboisiers où nous cueillions ensemble les fruitages que vous aimiez tant ; c'est ici, qu'assise sur ce petit rocher, un livre à la main, tandis que nous chassions, votre frère et moi, vous attendiez notre retour pour nous féliciter de nos prouesses, ou vous moquer de nous lorsque notre gibecière était vide ; il n'y a pas un arbre, un buisson, un arbrisseau, un fragment de rocher qui ne soit pour moi une ancienne connaissance, que je revois avec plaisir. Quel heureux temps que celui de l'enfance et de l'adolescence ! Toujours à la jouissance du moment, oublieuse du passé, insouciante de l'avenir, la vie s'écoule aussi paisible que l'onde de ce charmant ruisseau que nous franchissons maintenant. C'est alors que nous étions vraiment sages, Jules et moi, lorsque nos rêves ambitieux se bornaient à passer nos jours ensemble sur ce domaine, occupés de travaux et de plaisirs champêtres.

— Cette vie paisible et monotone, interrompit Blanche, est celle à laquelle notre faible sexe nous condamne : Dieu, en donnant à l'homme la force et le courage, lui réservait de plus nobles destinées. Quel doit être l'enthousiasme de l'homme au milieu des combats ! Quel spectacle plus sublime que le soldat affrontant cent fois la mort dans la mêlée, pour ce qu'il a de plus cher au monde ! Quel doit être l'enivrement du guerrier, lorsque le clairon sonne la victoire !

La noble jeune fille ignorait toute autre gloire que celle du soldat : son père, presque toujours sous le drapeau, ne revenait au sein de sa famille que pour l'entretenir des exploits de ses compatriotes, et Blanche, encore enfant, s'enthousiasmait au récit de leurs exploits presque fabuleux.

— Ce sont, hélas ! dit Arché, des triomphes bien amers, quand on songe aux désastres qu'ils causent, aux pleurs des veuves et des orphelins, privés de ce qu'ils ont de plus cher au monde ; à leurs cruelles privations ;

à leur misère souvent absolue ! Mais nous voici arrivés à la rivière Port-Joli : elle est bien nommée ainsi avec ses bords si riants couverts de rosiers sauvages, ses bosquets de sapins et d'épinettes, et ses talles d'aulnes et de buissons. Que de souvenirs cette charmante rivière me rappelle ! Il me semble voir encore votre excellente mère et votre bonne tante assises toutes deux sur ce gazon pendant une belle soirée du mois d'août, tandis que nous la remontions dans notre petit canot peint en vert, jusqu'à l'îlot à Babin, en répétant en chœur, et en battant la mesure avec nos avirons, le refrain de votre jolie chanson :

Nous irons sur l'eau nous y prom'promener
Nous irons jouer dans l'île.

Il me semble entendre la voix de votre mère nous criant à plusieurs reprises : « Mais allez-vous me ramener Blanche, mes imparfaits ; il est l'heure de souper, et vous savez que votre père exige la ponctualité aux repas. » Et Jules criant, en nageant vers elle avec force : « Ne craignez rien de la mauvaise humeur de mon père ; je prends tout sur moi ; je le ferai rire en lui disant que, comme Sa Majesté Louis XIV, il a pensé attendre. Vous savez que je suis l'enfant gâté, pendant les vacances. »

— Cher Jules ! dit Blanche, il était pourtant bien triste lorsque vous et moi, Arché, nous le trouvâmes dans ce bosquet de sapins, où il s'était caché pour éviter le premier mouvement de colère de mon père, après son escapade.

— Il n'avait pourtant commis que des peccadilles, dit Arché en riant.

— Énumérons ses forfaits, reprit Blanche, en comptant sur ses doigts : premièrement, il avait enfreint les ordres de mon père en attelant à une voiture d'été une méchante bête de trois ans, ombrageuse et même indomptable à la voiture d'hiver ; secondement, après une lutte formidable avec l'imprudent cocher, elle avait pris le mors aux dents, et, pour la première preuve de son émancipation, avait écrasé la vache de la veuve Maurice, notre voisine.

— Accident des plus heureux pour ladite veuve, répliqua Arché, car à la place du vieil animal qu'elle avait perdu, votre excellent père lui donna les deux plus belles génisses de sa métairie. Je ne puis me rappeler sans attendrissement, continua de Locheill, le désespoir de la pauvre femme quand elle sut qu'un passant officieux avait informé votre père de l'accident causé par son fils. Comment se fait-il que ce sont les personnes que Jules tourmente le plus qui lui sont le plus attachées ? Par quel charme se fait-il chérir de tout le monde ? La veuve Maurice n'avait pourtant guère de trêve quand nous étions en vacances ; et elle pleurait toujours à chaudes larmes, quand elle faisait ses adieux à votre frère.

— La raison en est toute simple, dit Blanche, c'est que tous connaissent son cœur. Vous savez, d'ailleurs, par expérience, Arché, que ce sont ceux qu'il aime le plus qu'il taquine sans relâche, de préférence. Mais continuons la liste de ses forfaits dans ce jour néfaste : troisièmement, après ce premier exploit, la vilaine bête se cabre sur une clôture, brise une des roues de la voiture, et lance le cocher à une distance d'une quinzaine de pieds dans la prairie voisine ; mais Jules, comme le chat qui retombe toujours sur les pattes, ne fut par bonheur aucunement affecté de cette chute. Quatrièmement, enfin, la jument, après avoir mis la voiture en éclats sur les cailloux de la rivière des Trois-Saumons, finit par se casser une jambe sur les galets de la paroisse de l'Îlet.

— Oui, reprit Arché, et je me rappelle votre éloquent plaidoyer en faveur du criminel qui, au désespoir d'avoir offensé un si bon père, allait peut-être se porter à quelques extrémités contre lui-même. Quoi ! cher papa, disiez-vous, ne devez-vous pas plutôt être heureux, et remercier le ciel de ce qu'il a conservé les jours de votre fils exposé à un si grand danger ! Que signifie la perte d'une vache, d'un cheval, d'une voiture ? Vous devez frémir en pensant qu'on aurait pu vous rapporter le corps sanglant de votre fils unique !

— Allons, finissons-en, avait dit M. d'Haberville, et va chercher ton coquin de frère, car Arché et toi savez sans doute où il s'est réfugié après ses prouesses.

— Je vois encore, continua Arché, l'air repentant, semi-comique de Jules, quand il sut que l'orage était passé. « Quoi ! mon père, finit-il par dire, après avoir essuyé des remontrances un peu vives, auriez-vous préféré que, comme un autre Hippolyte, j'eusse été traîné par le cheval que votre main a nourri pour être le meurtrier de votre fils ? et que les ronces dégouttantes eussent porté de mes cheveux les dépouilles sanglantes ? » « Allons, viens souper, avait dit le capitaine, puisqu'il y a un Dieu pour les étourdis de ton espèce. »

— C'est ce qui s'appelle parler, cela, avait répliqué Jules.

— Voyez donc ce farceur ! dit à la fin votre père en riant.

— Je n'ai jamais pu comprendre, ajouta Arché, pourquoi votre père, si vindicatif d'ordinaire, pardonnait toujours si aisément les offenses de Jules, sans même paraître ensuite en conserver le souvenir.

— Mon père, dit Blanche, sait que son fils l'adore ; qu'il agit toujours sous l'impulsion du moment, sans réfléchir aux conséquences de ses étourderies, et qu'il s'imposerait les privations les plus cruelles pour lui épargner le plus léger chagrin. Il sait que, pendant une cruelle maladie, suite de blessures dangereuses qu'il avait reçues à Monongahéla, son fils, fou de douleur, nous fit tous craindre pour sa raison, comme vous savez : si je puis me servir d'une telle expression, Jules ne peut jamais offenser mon père sérieusement.

— Maintenant, reprit Arché, que nous avons évoqué tant d'agréables souvenirs, asseyons-nous sur ce tertre où nous nous sommes jadis reposés tant de fois, et parlons de choses plus sérieuses. Je suis décidé à me fixer au Canada ; j'ai vendu dernièrement un héritage que m'a légué un de mes cousins. Ma fortune, quoique médiocre en Europe, sera considérable, appliquée dans cette colonie, où j'ai passé mes plus beaux jours, où je me propose de vivre et de mourir auprès de mes amis. Qu'en dites-vous, Blanche ?

— Rien au monde ne pourra nous faire plus de plaisir. Oh ! que Jules, qui vous aime tant, sera heureux ! combien nous serons tous heureux !

— Oui, très heureux, sans doute ; mais mon bonheur ne peut être parfait, Blanche, que si vous daignez y mettre le comble en acceptant ma main. Je vous ai...

La noble fille bondit comme si une vipère l'eût mordue ; et, pâle de colère, la lèvre frémissante, elle s'écria :

— Vous m'offensez, capitaine Archibald Cameron de Locheill ! Vous n'avez donc pas réfléchi à ce qu'il y a de blessant, de cruel dans l'offre que vous me faites ! Est-ce lorsque la torche incendiaire que vous et les vôtres avez promenée sur ma malheureuse patrie est à peine éteinte, que vous me faites une telle proposition ? Ce serait une ironie bien cruelle que d'allumer le flambeau de l'hyménée aux cendres fumantes de ma malheureuse patrie ! On dirait, capitaine de Locheill, que, maintenant riche, vous avez acheté avec votre or la main de la pauvre fille canadienne ; et jamais une d'Haberville ne consentira à une telle humiliation. Oh ! Arché ! je n'aurais jamais attendu cela de vous, de vous, l'ami de mon enfance ! Vous n'avez pas réfléchi à l'offre que vous me faites.

Et Blanche, brisée par l'émotion, se rassit en sanglotant[7].

Jamais la noble fille canadienne n'avait paru si belle aux yeux d'Arché qu'au moment où elle rejetait, avec un superbe dédain, l'alliance d'un des conquérants de sa malheureuse patrie.

— Calmez-vous, Blanche, reprit de Locheill : j'admire votre patriotisme ; j'apprécie vos sentiments exaltés de délicatesse, quoique bien injustes envers moi, envers moi votre ami d'enfance. Il vous est impossible de croire qu'un Cameron of Locheill pût offenser une noble demoiselle quelconque, encore moins la sœur de Jules d'Haberville, la fille de son bienfaiteur. Vous

---

7. Historique. Une demoiselle canadienne, dont je tairai le nom, refusa, dans de semblables circonstances, la main d'un riche officier écossais de l'armée du général Wolfe.

savez, Blanche, que je n'agis jamais sans réflexion : toute votre famille m'appelait jadis le grave philosophe et m'accordait un jugement sain. Que vous eussiez rejeté avec indignation la main d'un Anglo-Saxon, aussi peu de temps après la conquête, aurait peut-être été naturel à une d'Haberville ; mais moi, Blanche, vous savez que je vous aime depuis longtemps, vous ne pouvez l'ignorer malgré mon silence. Le jeune homme pauvre et proscrit aurait cru manquer à tous sentiments honorables en déclarant son amour à la fille de son riche bienfaiteur.

Est-ce parce que je suis riche maintenant, continua de Locheill, est-ce parce que le sort des armes nous a fait sortir victorieux de la lutte terrible que nous avons soutenue contre vos compatriotes ; est-ce parce que la fatalité m'a fait un instrument involontaire de destruction, que je dois refouler à jamais dans mon cœur un des plus nobles sentiments de la nature, et m'avouer vaincu sans même faire un effort pour obtenir celle que j'ai aimée constamment ? Oh ! non, Blanche, vous ne le pensez pas : vous avez parlé sans réflexion ; vous regrettez déjà les paroles cruelles qui vous sont échappées et qui ne pouvaient s'adresser à votre ancien ami. Parlez, Blanche, et dites que vous les désavouez ; que vous n'êtes pas insensible à des sentiments que vous connaissez depuis longtemps.

— Je serai franche avec vous, Arché, répliqua Blanche, candide comme une paysanne qui n'a étudié ni ses sentiments, ni ses réponses dans les livres, comme une campagnarde qui ignore les convenances d'une société qu'elle ne fréquente plus depuis longtemps, et qui ne peuvent lui imposer une réserve de convention, et je vous parlerai le cœur sur les lèvres. Vous aviez tout, de Locheill, tout ce qui peut captiver une jeune fille de quinze ans : naissance illustre, esprit, beauté, force athlétique, sentiments généreux et élevés : que fallait-il de plus pour fasciner une jeune personne enthousiaste et sensible ? Aussi, Arché, si le jeune homme pauvre et proscrit eût demandé ma main à mes parents, qu'ils vous l'eussent accordée, j'aurais été fière et heureuse de leur obéir ; mais, capitaine Archibald Cameron de Locheill, il y a maintenant entre nous un gouffre que je ne franchirai jamais.

Et les sanglots étouffèrent de nouveau la voix de la noble demoiselle.

— Mais, je vous conjure, mon frère Arché, continua-t-elle en lui prenant la main, de ne rien changer à votre projet de vous fixer au Canada. Achetez des propriétés voisines de cette seigneurie, afin que nous puissions nous voir souvent, très souvent. Et si, suivant le cours ordinaire de la nature (car vous avez huit ans de plus que moi), j'ai, hélas ! le malheur de vous perdre, soyez certain, cher Arché, que votre tombeau sera arrosé de larmes aussi abondantes, aussi amères, par votre sœur Blanche, que si elle eût été votre épouse.

Et lui serrant la main avec affection dans les siennes, elle ajouta :

— Il se fait tard, Arché, retournons au logis.

— Vous ne serez jamais assez cruelle envers moi, envers vous-même, répondit Arché, pour persister dans votre refus ! oui, envers vous-même, Blanche, car l'amour d'un cœur comme le vôtre ne s'éteint pas comme un amour vulgaire ; il résiste au temps, aux vicissitudes de la vie. Jules plaidera ma cause à son retour d'Europe, et sa sœur ne lui refusera pas la première grâce qu'il lui demandera pour un ami commun. Ah ! dites que je puis, que je dois espérer !

— Jamais, dit Blanche, jamais, mon cher Arché. Les femmes de ma famille, aussi bien que les hommes, n'ont jamais manqué à ce que le devoir prescrit, n'ont jamais reculé devant aucun sacrifice, même les plus pénibles. Deux de mes tantes, encore jeunes alors, dirent un jour à mon père[8] : « Tu n'as pas déjà trop de fortune, d'Haberville, pour soutenir dignement le rang et l'honneur de notre maison : notre dot, ajoutèrent-elles en riant, y ferait une brèche considérable ; nous entrons demain au couvent, où tout est préparé pour nous recevoir. » Prières, menaces, fureur épouvantable de mon père ne purent ébranler leur résolution : elles entrèrent au couvent, qu'elles n'ont cessé d'édifier par toutes les vertus qu'exige ce saint état.

Quant à moi, Arché, j'ai d'autres devoirs à remplir ; des devoirs bien agréables pour mon cœur : rendre la vie aussi douce que possible à mes parents, leur faire oublier, s'il se peut, leurs malheurs, les soigner avec une tendre affection pendant leur vieillesse, et recevoir entre mes bras leur dernier soupir. Bénie par eux, je prierai Dieu sans cesse, avec ferveur, de leur accorder le repos qui leur a été refusé sur cette terre de tant de douleurs. Mon frère Jules se mariera, j'élèverai ses enfants avec la plus tendre sollicitude, et je partagerai sa bonne et sa mauvaise fortune, comme doit le faire une sœur qui l'aime tendrement.

De Locheill et son amie s'acheminèrent en silence vers le logis ; les derniers rayons du soleil couchant qui miroitaient sur l'onde paisible et sur les sables argentés du rivage avaient prêté un nouveau charme à ce paysage enchanteur ; mais leur âme était devenue subitement morte aux beautés de la nature.

Un vent favorable s'éleva le lendemain, vers le soir ; le vaisseau qui avait amené de Locheill leva l'ancre aussitôt, et M. d'Haberville chargea José de conduire son jeune ami à Québec.

---

8. Historique dans la famille de l'auteur.

La conversation, pendant la route, ne tarit point entre les deux voyageurs : le sujet était inépuisable. Arrivé cependant vers les cinq heures du matin sur les côtes de Beaumont, de Locheill dit à José :

— Je m'endors comme une marmotte : nous avons veillé bien tard hier, et j'étais si fiévreux que j'ai passé le reste de la nuit sans sommeil ; faites-moi le plaisir de me chanter une chanson pour me tenir éveillé.

Il connaissait la voix rauque et assez fausse de son compagnon, ce qui lui inspirait une grande confiance dans ce remède antisoporifique.

— Ce n'est pas de refus, reprit José qui, comme presque tous ceux qui ont la voix fausse, se piquait d'être un beau chanteur, ce n'est pas de refus ; d'autant plus qu'en vous endormant, vous courez risque de vous casser la tête sur les cailloux, qui n'ont pu guère tenir en place depuis le passage de la Corriveau ; mais, je ne sais trop par où commencer. Voulez-vous une chanson sur la prise de Berg-op-Zoom[9] ?

— Passe pour Berg-op-Zoom, dit Arché, quoique les Anglais y aient été assez maltraités.

— Hem ! hem ! fit José, c'est toujours une petite revanche sur l'ennemi, qui nous a pas mal chicotés en 59.

Et il entonna les couplets suivants :

> *C'est st'ilà qu'a pincé Berg-op-Zoom* (bis)
> *Qu'est un vrai moule à Te Deum* (bis).
> *Dame ! c'est st'ilà qu'a du mérite*
> *Et qui trousse un siège bien vite.*

— Mais c'est adorable de naïveté, s'écria de Locheill.

— N'est-ce pas, capitaine ? dit José, tout fier de son succès.

— Oui, mon cher José, mais continuez ; j'ai hâte d'entendre la fin : vous ne resterez pas en si bon chemin.

— C'est de votre grâce, capitaine, dit José en portant la main à son bonnet qu'il souleva à demi.

> *Comme Alexandre il est petit* (bis),
> *Mais il a bien autant d'esprit* (bis),
> *Il en a toute la vaillance,*
> *De César toute la prudence.*

— « Mais il a bien autant d'esprit », répéta Arché, est un trait des plus heureux ! Où avez-vous pris cette chanson ?

— C'est un grenadier qui était au siège de Berg-op-Zoom qui la chantait à mon défunt père. Il disait que ça chauffait dur, allez, et il en

---

9. Berg-op-Zoom, La Pucelle, prise le 16 septembre 1747, par le comte de Lowendhall qui commandait l'armée française.

portait des marques; il ne lui restait plus qu'un œil, et il avait tout le cuir emporté à partir du front jusqu'à la mâchoire; mais comme toutes ces avaries étaient du côté gauche, il ajustait encore son fusil proprement du côté droit. Mais laissons-le se tirer d'affaire; c'est un gaillard qui ne se mouchait pas d'un hareng, et je suis sans inquiétude pour lui. Voyons le troisième couplet qui est l'estèque (le dernier).

> *J'étrillons messieurs les Anglés* (bis),
> *Qu'avions voulu faire les mauvés* (bis).
> *Dame! c'est qu'ils ont trouvé des drilles*
> *Qu'avec eux ont porté l'étrille!*

— Délicieux ! d'honneur, s'écria de Locheill : ces Anglais qui ont voulu faire les mauvais! ces drilles qui ont porté l'étrille! toujours adorable de naïveté! Oui, continua-t-il, ces doux et paisibles Anglais qui s'avisent un jour de faire les mauvais pour se faire étriller à la peine; moi qui croyais les Anglais toujours hargneux et méchants! Charmant! toujours charmant!

— Ah dame ! écoutez, capitaine, fit José, c'est la chanson qui dit cela ; moi je les ai toujours trouvés pas mal rustiques et bourrus vos Anglais ; pas toujours, non plus, aisés à étriller, comme notre guevalle Lubine, qui est parfois fantasque et de méchante humeur, quand on la frotte trop fort : témoin, la première bataille des plaines d'Abraham.

— Ce sont donc les Anglais qui ont porté l'étrille? dit Arché.

José se contenta de montrer son moignon de bras, autour duquel il avait entortillé la lanière de son fouet, faute de mieux.

Les deux voyageurs continuèrent leur route pendant quelque temps en silence ; mais José, s'apercevant que le sommeil gagnait son compagnon, lui cria :

— Eh ! eh ! capitaine, l'endormitoire vous prend ; prenez garde, vous allez, sauf respect, vous casser le nez. Je crois que vous auriez besoin d'une autre chanson pour vous tenir éveillé. Voulez-vous que je vous chante la complainte de Biron[10] ?

— Quel est ce Biron ? dit de Locheill.

— Ah dame ! mon oncle Raoul, qui est un savant, dit que c'était un prince, un grand guerrier, le parent et l'ami du défunt roi Henri IV, auquel il avait rendu de grands services : ce qui n'empêcha pas qu'il le fit mourir, comme s'il eût été un rien de rien. Et sur ce que je m'apitoyais sur son sort, lui et M. d'Haberville me dirent qu'il avait été traître à son roi, et de ne

---

10. Un ancien seigneur canadien, très chatouilleux à l'endroit des rois de France, blâmait mon père de me laisser chanter, quand j'étais enfant, la complainte de Biron.

jamais chanter cette complainte devant eux. Ça m'a paru drôle, tout de même, mais j'ai obéi.

— Je n'ai jamais entendu parler de cette complainte, dit Arché, et comme je ne suis pas aussi sensible à l'endroit des rois de France que vos maîtres, faites-moi le plaisir de la chanter.

José entonna alors d'une voix de tonnerre la complainte suivante :

> *Le roi fut averti par un de ses gendarmes,*
> *D'un appelé LaFin, capitaine des gardes :*
> *Sire, donnez-vous de garde du cadet de Biron,*
> *Qui a fait entreprise de vous jouer trahison.*
>
> *LaFin n'eut point parlé, voilà Biron qui entre*
> *Le chapeau à la main faisant la révérence ;*
> *C'est en lui disant : Sire, vous plaît-il de jouer*
> *Mille doublons d'Espagne, que je viens de gagner ?*
>
> *— Si tu les as, Biron, va-t'en trouver la reine,*
> *Va-t'en trouver la reine, elle te les jouera,*
> *Car des biens de ce monde longtemps tu ne jouiras.*
>
> *Il n'eut pas joué deux coups, le grand prévost qui entre*
> *Le chapeau à la main faisant la révérence,*
> *C'est en lui disant : Prince, vous plaît-il de venir*
> *Ce soir à la Bastille, où vous faudra coucher ?*
>
> *— Si j'avais mon épée, aussi mon arme blanche !*
> *Ah ! si j'avais mon sabre et mon poignard doré,*
> *Jamais prévost de France ne m'aurait arrêté.*
>
> *Il y fut bien un mois, peut-être six semaines,*
> *Sans être visité de messieurs, ni de dames,*
> *Hors trois gens de justice faisant les ignorants*
> *Lui ont demandé : Beau prince, qui vous a mis céans ?*
>
> *— Céans qui m'y ont mis ont pouvoir de m'y mettre ;*
> *C'est le roi et la reine, que j'ai longtemps servis,*
> *Et, pour ma récompense, la mort il faut souffrir.*
>
> *Se souvient-il le roi des guerres savoyardes,*
> *D'un coup d'arquebusade que je reçus sur mon corps ?*
> *Et pour ma récompense il faut souffrir la mort !*
>
> *Que pense-t-il le roi, qu'il faut donc que je meure,*
> *Que du sang des Biron encore il en demeure :*
> *J'ai encore un frère, le cadet d'après moi,*
> *Qui en aura souvenance, quand il verra le roi.*

Pour le coup de Locheill était complètement éveillé : la voix de stentor de José aurait réveillé la Belle au bois dormant, plongée depuis un siècle dans le sommeil le plus profond : ce qui est pourtant un assez joli somme, même pour une princesse qu'on supposerait avoir ses franches coudées pour se passer cette fantaisie.

— Mais, dit José, vous monsieur, qui êtes presque aussi savant que le chevalier d'Haberville, vous pourriez peut-être me dire quelque chose de ce méchant roi qui avait fait mourir ce pauvre monsieur Biron, qui lui avait rendu tant de services.

— Les rois, mon cher José, n'oublient jamais une offense personnelle et, comme bien d'autres qui n'oublient jamais les fautes d'autrui, même après expiation, ils ont la mémoire courte pour les services qu'on leur a rendus.

— Tiens ; c'est drôle tout de même, moi qui croyais que le bon Dieu ne leur avait rien refusé. La mémoire courte ! c'est farceur.

Arché reprit en souriant de la naïveté de son compagnon :

— Le roi Henri IV avait pourtant une bonne mémoire, quoiqu'elle lui ait fait défaut dans cette occasion : c'était un excellent prince, qui aimait tous ses sujets comme ses propres enfants, qui faisait tout pour les rendre heureux, et il n'est pas surprenant que sa mémoire soit encore si chère à tout bon Français, même après cent cinquante ans.

— Dame ! dit José, ce n'est pas surprenant si les sujets ont meilleure mémoire que les princes ! C'était toujours cruel de sa part de faire pendre ce pauvre M. Biron !

— On ne pendait pas la noblesse en France, fit Arché ; c'était un de leurs grands privilèges : on leur tranchait simplement la tête.

— C'était toujours un bon privilège. Ça faisait peut-être plus de mal, mais c'était plus glorieux de mourir par le sabre que par la corde.

— Pour revenir à Henri IV, dit Arché, il ne faut pas le condamner trop sévèrement : il vivait dans des temps difficiles, à une époque de guerres civiles ; Biron, son parent, son ami jadis, l'avait trahi, et il méritait doublement la mort.

— Pauvre M. Biron, reprit José, il parle pourtant bien dans sa complainte.

— Ce ne sont pas toujours ceux qui parlent le mieux qui ont le plus souvent raison, dit Arché ; rien ne ressemble plus à un honnête homme qu'un fripon éloquent.

— C'est pourtant vrai ce que vous dites là, M. Arché : nous n'avons qu'un pauvre voleur dans notre canton, et comme il est sans défense, tout le monde le mange à belles dents, tandis que son frère, qui est cent fois pire que lui, trouve le tour, avec sa belle langue, de passer pour un petit saint.

En attendant, voici la ville de Québec! mais pas plus de pavillon blanc que sur ma main, ajouta José en soupirant.

Et pour se donner une contenance, il chercha sa pipe dans toutes ses poches en grommelant et répétant son refrain ordinaire:

— Nos bonnes gens reviendront.

José passa deux jours à Québec, et s'en retourna chargé de tous les cadeaux que de Locheill crut lui être agréables. Il aurait bien désiré aussi envoyer quelques riches présents à la famille d'Haberville, il n'y aurait pas manqué dans d'autres circonstances; mais il craignait de les blesser dans leur amour-propre. Il se contenta de dire à José en lui faisant ses adieux:

— J'ai oublié au manoir mon livre d'heures; priez mademoiselle Blanche de vouloir bien le garder jusqu'à mon retour: c'était un «Pensez-y bien».

XVII

Le foyer domestique

Il s'était passé des événements bien funestes depuis le jour où, réunis à la table hospitalière du capitaine d'Haberville, les parents et amis de Jules lui faisaient les derniers adieux avant son départ pour la France. Le temps avait fait son œuvre ordinaire de destruction sur les vieillards; l'ennemi avait porté le fer et le feu dans les demeures des paisibles habitants de la colonie; la famine avait fait de nombreuses victimes; la terre avait été abreuvée à grands flots du sang de ses vaillants défenseurs; le vent de la mer avait englouti un grand nombre d'officiers d'extraction noble, que le sort des combats avait épargnés. Tous les éléments destructeurs s'étaient gorgés du sang des malheureux habitants de la Nouvelle-France. L'avenir était bien sombre surtout pour les gentilshommes déjà ruinés par les dégâts de l'ennemi; pour ceux qui, en déposant l'épée, leur dernière ressource, le dernier soutien de leurs familles, allaient être exposés aux privations les plus cruelles; pour ceux qui voyaient dans l'avenir leurs descendants déclassés végéter sur la terre qu'avaient illustrée leurs vaillants aïeux.

La cité de Québec, qui semblait braver jadis, sur son rocher, les foudres de l'artillerie et de l'escalade des plus vaillantes cohortes, l'orgueilleuse cité de Québec, encore couverte de décombres, se relevait à peine de ses ruines. Le pavillon britannique flottait triomphant sur sa citadelle altière; et le

Canadien qui, par habitude, élevait la vue jusqu'à son sommet, croyant y trouver encore le pavillon fleurdelisé de la vieille France, les reportait aussitôt avec tristesse vers la terre, en répétant, le cœur gros de soupirs, ces paroles touchantes: «Nous reverrons pourtant nos bonnes gens[1]!»

Il s'était passé depuis quelques années des événements qui devaient certainement navrer le cœur des habitants de ce beau pays, appelé naguère la Nouvelle-France.

Le lecteur retrouvera, sans doute avec plaisir, après tant de désastres, ses anciennes connaissances assistant à une petite fête que donnait M. d'Haberville pour célébrer le retour de son fils. Le bon gentilhomme même, quoique presque centenaire, avait répondu à l'appel. Le capitaine des Écors, compagnon d'armes de M. d'Haberville, brave officier ruiné par la conquête; sa famille et quelques autres amis faisaient aussi partie de la réunion. Une petite succession, que Jules avait recueillie en France d'un de ses parents péri dans le naufrage de l'*Auguste*, en apportant plus d'aisance dans le ménage, permettait à cette famille d'exercer une hospitalité qui lui était interdite depuis longtemps.

Tous les convives étaient à table, après avoir attendu inutilement Archibald de Locheill dont on ne pouvait expliquer l'absence, lui d'ordinaire si ponctuel en toute occasion.

— Eh bien! mes chers amis, dit M. d'Haberville au dessert, que pensez-vous des présages qui m'avaient tant attristé il y a dix ans? Votre opinion d'abord, M. le curé, sur ces avertissements mystérieux que le Ciel semblait m'envoyer?

— Je pense, répondit le curé, que tous les peuples ont eu ou ont cru avoir leurs présages, dans les temps même les plus reculés. Mais, sans chercher bien loin, dans des temps comparativement modernes, l'histoire romaine fourmille de prodiges et de présages. Les faits les plus insignifiants étaient classés comme bons ou mauvais présages: les augures consultaient le vol des oiseaux, les entrailles des victimes, que sais-je? Aussi, prétend-on que deux de ces véridiques et saints personnages ne pouvaient se regarder sans rire.

— Et vous en concluez? dit M. d'Haberville.

— J'en conclus, répliqua le curé, qu'il ne faut pas s'y arrêter; qu'en supposant même qu'il plût au Ciel, dans certaines circonstances exceptionnelles, de donner quelques signes visibles de l'avenir, ce serait une misère de plus à ajouter à celles déjà innombrables auxquelles la pauvre humanité est exposée. L'homme, naturellement superstitieux, serait dans un état continuel

---

1. L'auteur a entendu, pendant sa jeunesse, cinquante ans même après la Conquête, répéter ces touchantes paroles par les vieillards, et surtout par les vieilles femmes.

d'excitation fébrile insupportable, cent fois pire que le malheur qu'il redouterait sans cesse.

— Eh bien! dit monsieur d'Haberville qui, comme tant d'autres, ne consultait autrui que pour la forme, je crois, moi, fort de mon expérience, qu'il faut y ajouter foi le plus souvent. Toujours est-il que les présages ne m'ont jamais trompé. Outre ceux dont vous avez été vous-mêmes témoins oculaires, je pourrais en citer encore un grand nombre d'autres.

Je commandais, il y a environ quinze ans, une expédition contre les Iroquois, composée de Canadiens et de sauvages hurons. Nous étions en marche, lorsque je ressentis tout à coup une douleur à la cuisse, comme si un corps dur m'eût frappé; la douleur fut assez vive pour m'arrêter un instant. J'en fis part à mes guerriers indiens; ils se regardèrent d'un air inquiet, consultèrent l'horizon, respirèrent l'air à pleine poitrine, en se retournant de tous côtés, comme des chiens de chasse en quête de gibier; puis, certains qu'il n'y avait pas d'ennemis près de nous, ils se remirent en marche. Je demandai au Petit-Étienne, chef des Hurons, qui paraissait inquiet, s'il craignait quelque surprise: «Pas que je sache, fit-il, mais à notre première rencontre avec l'ennemi, tu seras blessé à la même place où tu as ressenti la douleur.» Je ne fis qu'en rire; ce qui n'empêcha pas que deux heures après, une balle iroquoise me traversa la cuisse au même endroit, sans, heureusement, fracturer l'os[a]. Non, messieurs, les présages ne m'ont jamais trompé.

— Qu'en pensez-vous, monsieur le chevalier? dit le curé.

— Je suis d'opinion, fit mon oncle Raoul, que voici le vin du dessert sur la table, et qu'il est urgent de l'attaquer[2].

— Excellente décision! s'écria-t-on de toutes parts.

— Le vin est le plus infaillible des présages, dit Jules, car il annonce la joie, la franche gaieté, le bonheur, enfin; et, pour preuve de son infaillibilité, voici notre ami de Locheill qui entre dans l'avenue; je vais aller au-devant de lui.

— Vous voyez, mon cher Arché, dit le capitaine en l'embrassant, que nous vous avons traité sans cérémonie, comme l'enfant de la maison, en nous mettant à table après une demi-heure d'attente seulement. Connaissant votre exactitude militaire, nous avons craint que des affaires indispensables ne vous empêchassent de venir.

— J'aurais bien été peiné que vous m'eussiez traité autrement que comme l'enfant de la maison, reprit Arché. J'avais bien pris mes mesures pour être ici ce matin de bonne heure; mais j'avais compté sans l'agréable savane

---

2. Autrefois le vin ne s'apportait sur la table ordinairement qu'au dessert; les domestiques, employés pendant le service des viandes, faisaient alors l'office d'échansons.

du Cap-Saint-Ignace[b]. Mon cheval est d'abord tombé dans un pot-à-brai, d'où je ne l'ai retiré, après beaucoup d'efforts, qu'aux dépens de mon harnais, qu'il m'a fallu raccommoder comme j'ai pu. Une des roues de ma voiture s'est ensuite brisée dans une fondrière; et j'ai été contraint d'aller chercher du secours à l'habitation la plus proche, distante d'environ une demi-lieue, enfonçant souvent dans la vase jusqu'aux genoux, et mort de fatigue.

— Ah! mon cher Arché, dit Jules, l'éternel railleur: *quantum mutatus ab illo!* comme dirait mon cher oncle Raoul, s'il eût pris la parole avant moi, ou comme tu dirais toi-même. Qu'as-tu donc fait de tes grandes jambes dont tu étais jadis si fier dans cette même savane? Ont-elles perdu leur force et leur agilité depuis le 28 avril 1760? Tu t'en étais pourtant furieusement servi dans la retraite, comme je te l'avais prédit.

— Il est vrai, répliqua de Locheill en riant aux éclats, qu'elles ne me firent pas défaut dans la retraite de 1760, comme tu l'appelles par égard pour ma modestie; mais, mon cher Jules, tu dois aussi avoir eu à te louer des tiennes, toutes courtes qu'elles sont, dans la retraite de 1759. Une politesse se rend par une autre, comme tu sais; toujours par égard pour la modestie du soldat.

— Vous n'y êtes pas, mon cher, il y a erreur dans les rôles. Une égratignure, que j'avais reçue d'une balle anglaise qui m'avait effleuré les côtes, ralentissait considérablement mon pas de retraite, lorsqu'un grenadier, qui m'avait pris en affection singulière (je ne sais pourquoi), me jeta sur son épaule sans plus de respect pour son officier que s'il eût été un havresac, et toujours courant, me déposa dans l'enceinte même des murs de Québec. Il était temps: le brutal, dans son zèle m'avait transporté la tête pendante sur ses chiens de reins, comme un veau qu'on mène à la boucherie, en sorte que j'étais suffoqué lorsqu'il se déchargea de son fardeau. Crois-tu que le coquin eut l'audace, à quelque temps de là, de me demander un pourboire pour lui et ses amis, charmés de voir leur petit grenadier encore une fois sur ses jambes, et que je fus assez sot pour le régaler lui et ses compagnons! Je n'ai jamais pu conserver rancune à personne, ajouta Jules avec un grand sérieux. Mais voici ton dîner tout fumant, que ton amie Lisette avait gardé sur ses fourneaux; il est vrai que pour l'anxiété que tu nous as causée (car la fête n'aurait point été complète sans toi), tu mériterais de prendre ton repas sur le billot; mais amnistie pour le présent, et à table[c]. Voici José qui t'apporte le coup d'appétit en usage chez toutes les nations civilisées: il est si charmé de te voir, le vieux, qu'il montre ses dents d'une oreille à l'autre. Je t'assure qu'il n'est pas manchot quand il s'agit d'offrir un coup à ses amis, et encore moins, comme son défunt père, quand il faut l'avaler lui-même.

— Notre jeune maître, répondit José en mettant sous son bras l'assiette vide, pour serrer la main que lui présentait Arché, a toujours le petit mot pour rire; mais M. de Locheill sait bien que s'il ne me restait qu'un verre d'eau-de-vie, je le lui offrirais de grand cœur, plutôt que de le boire moi-même. Quant à mon pauvre défunt père, c'était un homme rangé : tant de coups par jour et rien de plus. Je ne parle pas des noces et des festins : il savait vivre avec le monde et faisait des petites échappées de temps en temps, le digne homme ! Tout ce que je puis dire, c'est qu'il ne recevait pas ses amis la bouteille sous la table.

Goldsmith, dans son petit chef-d'œuvre *The Vicar of Wakefield*, fait dire au bon curé : *I can't say whether we had more wit amongst us as than usual ; but I am certain we had more laughing, which answered the end as well.* « Je ne sais si nous eûmes plus d'esprit que de coutume ; mais nous rîmes davantage, ce qui revient au même. » On peut en dire autant des convives à cette réunion, où régna cette bonne gaieté française qui disparaît, hélas ! graduellement « dans ces jours dégénérés », comme dirait Homère.

— Mon cher voisin, dit M. d'Haberville au capitaine des Écors, si ta petite déconvenue avec le général Murray ne t'a pas coupé le sifflet pour toujours, donne le bon exemple en nous chantant une chanson.

— Mais, en effet, répliqua Arché, j'ai entendu dire que vous aviez eu beaucoup de peine à vous retirer des griffes de notre bourreau de général, mais j'en ignore les détails.

— Quand j'y pense, mon ami, dit M. des Écors, j'éprouve dans la région des bronches une certaine sensation qui m'étrangle. Je n'ai pourtant pas lieu de trop me plaindre, car le général fit les choses en conscience à mon égard : au lieu de commencer par me faire pendre, il en vint à la juste conclusion qu'il était plus régulier de faire d'abord le procès à l'accusé, et de ne le mettre à mort que sur conviction. Le sort du malheureux meunier Nadeau, dont je partageais la prison, accusé du même crime d'avoir fourni des vivres à l'armée française, et dont il ne fit le procès qu'après l'avoir fait exécuter ; la triste fin de cet homme respectable, dont il reconnut trop tard l'innocence, lui donna, je crois, à réfléchir qu'il serait plus régulier de commencer par me mettre en jugement que de me faire pendre au préalable : mesure dont je me suis très bien trouvé, et que je conseille à tous les gouverneurs présents et futurs d'adopter, comme règle de conduite dans les mêmes circonstances. J'ai passé de bien tristes moments pendant ma captivité : toute communication au dehors m'était interdite ; je n'avais aucun moyen de me renseigner sur le sort qui m'était réservé. Je demandais chaque jour, à la sentinelle qui se promenait sous mes fenêtres, s'il y avait quelques nouvelles ; et je n'en recevais ordinairement pour toute réponse qu'un *g... m* des plus francs. À la fin, un soldat plus accostable et d'humeur joviale, qui baragouinait un peu le français, me répondit un soir: «Vous *pendar* sept heures *matingue*.» Tout défectueux que fût ce langage, il m'était facile de comprendre que je devais être pendu à sept heures du matin, sans connaître, néanmoins, le jour fixé pour mon exécution. Mon avenir était bien sombre: j'avais vu pendant trois mortels jours le corps de l'infortuné Nadeau, suspendu aux vergues de son moulin à vent et le jouet de la tempête; je m'attendais chaque matin à le remplacer sur ce gibet d'une nouvelle invention.

— Mais c'est infâme, s'écria Arché; et cet homme était innocent!

— C'est ce qui fut démontré jusqu'à l'évidence, repartit M. des Écors, par l'enquête qui eut lieu après l'exécution. Je dois ajouter que le général Murray parut se repentir amèrement du meurtre qu'il avait commis dans un mouvement de colère: il combla la famillle Nadeau de bienfaits, adopta les deux jeunes orphelins dont il avait fait mourir le père, et les emmena avec lui en Angleterre. Pauvre Nadeau[d]!

Et toute la société répéta en soupirant:

— Pauvre Nadeau!

— Hélas! dit le capitaine des Écors philosophiquement, s'il fallait nous apitoyer sur le sort de tous ceux qui ont perdu la vie par… Mais laissons ce pénible sujet.

Et il entonna la chanson suivante:

> *Je suis ce Narcisse nouveau,*
> *Que tout le monde admire;*
> *Dedans le vin et non dans l'eau*
> *Sans cesse je me mire:*
> *Et, quand je vois le coloris*
> *Qu'il donne à mon visage,*
> *De l'amour de moi-même épris,*
> *J'avale mon image.*
>
> *Est-il rien dans l'univers*
> *Qui ne te rende hommage?*
> *Jusqu'à la glace de l'hiver*
> *Tout sert à ton usage!*
> *La terre fait de te nourrir*
> *Sa principale affaire:*
> *Le soleil luit pour te mûrir,*
> *Moi, je vis pour te boire!*

Les chansons, toujours accompagnées de chorus, se succédèrent rapidement. Celle de Madame Vincelot contribua beaucoup à rendre bruyante la gaieté déjà assez folle de la société.

CHANSON DE MADAME VINCELOT

Dans cette petite fête,
    L'on voit fort bien (bis)
Que monsieur qui est le maître
    Nous reçoit bien (bis),
Puisqu'il permet qu'on fasse ici
    Charivari! charivari! charivari!

Versez-moi, mon très cher hôte,
    De ce bon vin (bis),
Pour saluer la maîtresse
    De ce festin (bis),
Car elle permet qu'on fasse ici
    Charivari! charivari! charivari!

COUPLET DE MADAME D'HABERVILLE

Si cette petite fête
    Vous fait plaisir (bis),
Vous êtes, messieurs, les maîtres
    D'y revenir (bis);
Et je permets qu'on fasse ici
    Charivari! charivari! charivari!

COUPLET DE JULES

Sans un peu de jalousie
    L'amour s'endort (bis);
Un peu de cette folie
    Le rend plus fort (bis);
Bacchus et l'amour font ici
    Charivari! charivari! charivari!

À la fin de chaque couplet, chacun frappait sur la table, sur les assiettes, avec les mains, les couteaux, les fourchettes, de manière à faire le plus de vacarme possible.

Blanche, priée de chanter «Blaise et Babet», sa chanson favorite, voulut d'abord s'excuser, et en proposer une autre, mais les demoiselles insistèrent en criant: «Blaise et Babet! la mineure est si belle!»

— J'avoue, dit Jules, que c'en est une mineure, celle-là, avec son «et que ma vie est mon amour» pour moi «ma vie est mon amour», qui doit tenir une place bien touchante dans le cœur féminin, d'ailleurs si constant ! Vite à la belle mineure, pour réjouir le cœur de ces charmantes demoiselles !

— Tu nous le paieras au colin-maillard, dit l'une.

— À la gage-touchée, dit l'autre.

— Tiens-toi bien, mon fils, ajouta Jules, car tu n'as pas plus de chance contre ces bonnes demoiselles qu'un chat sans griffes dans l'enfer. N'importe ; chante toujours, ma chère sœur : ta voix, comme celle d'Orphée, calmera peut-être le courroux de mes ennemis : elle était en effet bien puissante, à ce que l'on prétend, la voix de ce virtuose, dans sa visite aux régions infernales.

— Quelle horreur ! s'écrièrent les demoiselles, nous comparer... C'est bon ; c'est bon ; tu paieras le tout ensemble ; mais chante toujours en attendant, ma chère Blanche.

Celle-ci hésita encore ; mais, craignant d'attirer sur elle l'attention de la société par un refus, elle chanta avec des larmes dans la voix les couplets suivants : c'était le cri déchirant de l'amour le plus pur s'échappant de son âme malgré ses efforts pour le refouler dans son cœur :

C'est pour toi que je les arrange :
Cher Blaise, reçois de Babet
Et la rose et la fleur d'orange,
Et le jasmin et le muguet.
N'imite pas la fleur nouvelle
Dont l'éclat ne brille qu'un jour :
Pour moi, ma flamme est éternelle ;
Pour moi, ma vie est mon amour.

Comme le papillon volage
Qui voltige de fleurs en fleurs,
Entre les filles du village
Ne partage point tes ardeurs ;
Car souvent la rose nouvelle
Ne vit et ne brille qu'un jour,
Et que ma flamme est éternelle,
Et que ma vie est mon amour.

Si je cessais d'être la même,
Si mon teint perdait sa fraîcheur,
Ne vois que ma tendresse extrême,
Ne me juge que sur mon cœur :
Souviens-toi que la fleur nouvelle
Ne vit et ne brille qu'un jour ;

> *Pour moi ma flamme est éternelle ;*
> *Pour moi ma vie est mon amour.*

Tout le monde fut péniblement frappé de ces accents plaintifs dont on ignorait la vraie cause, l'attribuant aux émotions qu'éprouvait Blanche de voir, après de si cruelles infortunes, son frère bientôt échappé comme par miracle au sort des combats, et se retrouvant encore au milieu de ce qu'il avait de plus cher au monde. Jules, pour y faire diversion, s'empressa de dire :

— C'est moi qui en ai apporté une jolie chanson de France.

— Ta jolie chanson ! s'écria-t-on de toutes parts.

— Non, dit Jules, je la réserve pour ma bonne amie mademoiselle Vincelot, à laquelle je veux l'apprendre.

Or, ladite demoiselle, déjà sur le retour, avait depuis quelques années montré des sentiments très hostiles au mariage, partant un goût prononcé pour le célibat ; mais il était connu qu'un certain veuf, qui n'attendait que le temps nécessaire au décorum pour convoler en secondes noces, avait vaincu les répugnances de cette tigresse, et que le jour même des épousailles était déjà fixé. Cette ennemie déclarée du mariage ne se pressait pas de remercier Jules, dont elle connaissait l'espièglerie, et gardait le silence ; mais l'on cria de toutes parts :

— La chanson ! la chanson ! et tu en feras ensuite hommage à Élise.

— Ça sera, après tout, comme vous le voudrez, dit Jules : elle est bien courte, mais elle ne manque pas de sel.

> *Une fille est un oiseau*
> *Qui semble aimer l'esclavage,*
> *Et ne chérir que la cage*
> *Qui lui servit de berceau ;*
> *Mais ouvrez-lui la fenêtre ;*
> *Zest ! on la voit disparaître*
> *Pour ne revenir jamais* (bis).

On badina Élise, qui, comme toutes les prudes, prenait assez mal la plaisanterie ; ce que voyant madame d'Haberville, elle donna le signal usité, et on quitta la table pour le salon.

Élise, en passant près de Jules, le pinça jusqu'au sang.

— Allons donc, la belle aux griffes de chatte, dit celui-ci, est-ce une caresse destinée à votre futur époux, que vous distribuez en avancement d'hoirie à vos meilleurs amis ? Heureux époux ! que le ciel le tienne en joie !

Après le café, et le pousse-café de rigueur, toute la société sortit dans la cour pour danser des rondes, courir le lièvre, danser le moulin tic tac, et jouer à *la toilette à madame*. Rien de plus gai, de plus pittoresque que ce dernier jeu, en plein air, dans une cour semée d'arbres. Les acteurs, dames et messieurs, prenaient chacun leur poste auprès d'un arbre : un seul se tenait à l'écart. Chaque personne fournissait son contingent à la toilette de madame : qui une robe, qui un collier, qui une bague, etc. Dès que la personne chargée de diriger le jeu appelait un de ces objets, celui qui avait choisi cet objet était obligé de quitter son poste dont un autre s'emparait immédiatement : alors, à mesure que se faisait l'appel des différents articles de toilette à Madame, commençait, d'un arbre à l'autre, une course des plus animées qui durait suivant le bon plaisir de la personne choisie pour diriger le divertissement. Enfin, au cri de « Madame demande toute sa toilette », c'était à qui s'emparerait d'un arbre pour ne pas l'abandonner ; car celui qui n'avait pas cette protection payait un gage. Tout ce manège avait lieu au milieu des cris de joie, des éclats de rire de toute la société ; surtout quand quelqu'un, perdant l'équilibre, embrassait la terre au lieu du poste dont il voulait s'emparer.

Lorsque la fatigue eut gagné les dames, tout le monde rentra dans la maison pour se livrer à des jeux moins fatigants, tels que « La compagnie vous plaît-elle », ou « Cache la bague, bergère », ou « la cachette », « l'anguille brûle », etc. On termina par un jeu, proposé par Jules, qui prêtait ordinairement beaucoup à rire[3].

Les anciens Canadiens, terribles sur les champs de bataille, étaient de grands enfants dans leurs réunions. Presque tous étant parents, alliés, ou amis depuis l'enfance, beaucoup de ces jeux, qui seraient inconvenants de nos jours et qui répugneraient à la délicatesse du sexe féminin des premières sociétés, étaient alors reçus sans inconvénients. Tout se passait avec la plus grande décence : on aurait dit des frères et des sœurs se livrant en famille aux ébats de la plus folle gaieté[4].

Ce n'était pas sans intention que Jules, qui avait sur le cœur la pincée de l'aimable Élise, proposa un jeu au moyen duquel il espérait tirer sa revanche. Voici ce jeu : une dame, assise dans un fauteuil, commençait par choisir une personne pour sa fille ; on lui mettait ensuite un bandeau sur les yeux, et il lui fallait alors, à l'inspection du visage et de la tête seulement, deviner laquelle était sa fille de tous ceux qui s'agenouillaient devant elle, la tête enveloppée d'un châle ou d'un tapis ; chaque fois qu'elle se trompait, elle devait payer un gage. C'était souvent un jeune homme, un vieillard,

---

3. Ces jeux qui faisaient les délices des réunions canadiennes, il y a soixante ans, ont cessé par degré dans les villes depuis que l'élément étranger s'est mêlé davantage à la première société française.

4. Les anciens Canadiens avaient pour habitude, même à leurs moindres réunions, de chanter à leurs dîners et soupers : les dames et les messieurs alternativement.

une vieille femme qui s'agenouillait, la tête ainsi couverte : de là résultaient des quiproquos.

Quand ce fut le tour d'Élise de trôner, elle ne manqua de choisir Jules pour sa fille, ou son fils, comme il plaira au lecteur, afin de le martyriser un peu pendant l'inspection. Le jeu commence : tout le monde chante en chœur à chaque personne qui s'agenouille aux pieds de la dame aux yeux bandés :

> *Madame, est-ce là votre fille* (bis),
> *En boutons d'or, en boucles d'argent.*
> *Les mariniers sont sur leur banc.*

La dame voilée doit répondre par le même refrain :

> *Oui, c'est là ma fille* (bis),

Ou bien :

> *Ce n'est pas ma fille* (bis),
> *En boutons d'or, en boucles d'argent,*
> *Les mariniers sont sur leur banc.*

Après l'inspection de plusieurs têtes, Élise, entendant sous le châle les rires étouffés de Jules, crut avoir saisi sa proie. Elle palpe la tête : c'est bien Jules ou peu s'en faut ; le visage, à la vérité, est un peu long, mais ce diable de Jules a tant de ressources pour se déguiser ! N'a-t-il pas déjà mystifié toute une compagnie, pendant une soirée entière, sous le déguisement d'habits du temps de Louis XIV, après avoir été présenté comme une vieille tante arrivée le jour même de France ? Sous ce déguisement n'a-t-il pas eu même l'audace d'embrasser toutes les jolies dames de la réunion, y compris Élise elle-même ? Quelle horreur ! Oui, Jules est capable de tout ! Sous cette impression, tremblante de joie, elle pince une oreille : un cri de douleur s'échappe, un sourd grognement se fait entendre, suivi d'un aboiement formidable. Élise arrache son bandeau et se trouve face à face d'une rangée de dents menaçantes : c'était Niger. Comme chez le fermier Detmont de Walter Scott, dont tous les chiens s'appelaient *Pepper*, chez les d'Haberville, toute la race canine s'appelait *Niger* ou *Nigra*, suivant le sexe, en souvenir de deux de leurs aïeux que Jules avait ainsi nommés, lors de ses premières études au collège, pour preuve de ses progrès.

Élise, sans se déconcerter, ôte son soulier à haut talon, et tombe sur Jules, qui tenait toujours Niger à bras-le-corps, s'en servant comme d'un bouclier, et le poursuit de chambre en chambre, suivie des assistants riant aux éclats.

Heureux temps, où la gaieté folle suppléait le plus souvent à l'esprit, qui ne faisait pourtant pas défaut à la race française ! Heureux temps, où l'accueil gracieux des maîtres suppléait au luxe des meubles de ménage, aux ornements dispendieux des tables, chez les Canadiens ruinés par la conquête! Les maisons semblaient s'élargir pour les devoirs de l'hospitalité, comme le cœur de ceux qui les habitaient! On improvisait des dortoirs pour l'occasion; on cédait aux dames tout ce que l'on pouvait réunir de plus confortable, et le vilain sexe, relégué n'importe où, s'accommodait de tout ce qui lui tombait sous la main.

Ces hommes, qui avaient passé la moitié de leur vie à bivouaquer dans les forêts pendant les saisons les plus rigoureuses de l'année, qui avaient fait quatre ou cinq cents lieues sur des raquettes, couchant le plus souvent dans des trous qu'ils creusaient dans la neige, comme ils firent lorsqu'ils allèrent surprendre les Anglais dans l'Acadie, ces hommes de fer se passaient bien de l'édredon pour leur couche nocturne.

La folle gaieté ne cessait que pendant le sommeil, et renaissait le matin. Comme tout le monde portait alors de la poudre, les plus adroits s'érigeaient en perruquiers, voire même en barbiers. Le patient, entouré d'un ample peignoir, s'asseyait gravement sur une chaise; le coiffeur improvisé manquait rarement alors d'ajouter à son rôle, soit en traçant avec la houppe à poudrer une immense paire de favoris à ceux qui en manquaient; soit en allongeant démesurément un des favoris de ceux qui en étaient pourvus, au détriment de l'autre; soit en poudrant les sourcils à blanc. Le mystifié ne s'apercevait souvent de la mascarade que par les éclats de rire des dames, lorsqu'il faisait son entrée au salon[5].

La société se dispersa au bout de trois jours, malgré les instances de monsieur et de madame d'Haberville pour les retenir plus longtemps. Arché seul, qui avait promis de passer un mois avec ses anciens amis, tint parole et resta avec la famille.

---

5. L'auteur peint la société canadienne sans exagération et telle qu'il l'a connue dans son enfance.

XVIII

Conclusion

> Ainsi passe sur la terre tout ce qui fut bon, vertueux, sensible ! Homme, tu n'es qu'un songe rapide, un rêve douloureux ; tu n'existes que par le malheur ; tu n'es quelque chose que par la tristesse de ton âme et l'éternelle mélancolie de ta pensée !
>
> CHATEAUBRIAND

Après le départ des convives, on vécut dans la douce intimité de famille d'autrefois. Jules, que l'air vivifiant de la patrie avait retrempé, passait une grande partie de la journée à chasser avec de Locheill : l'abondance du gibier dans cette saison faisait de la chasse un passe-temps très agréable. On soupait à sept heures, on se couchait à dix ; et les soirées paraissaient toujours trop courtes, même sans le secours des cartes[1].

Jules, ignorant ce qui s'était passé entre sa sœur et de Locheill sur les rives du Port-Joli, ne laissait pas d'être frappé des accès de tristesse de son ami, sans néanmoins en pénétrer la cause. À toutes ses questions sur le sujet, il ne recevait qu'une réponse évasive. Comme il pensa à la fin en avoir deviné la cause, il crut, un soir qu'ils veillaient seuls ensemble, devoir aborder franchement la question.

— J'ai remarqué, mon frère, dit-il, tes accès de mélancolie, malgré tes efforts pour nous en cacher la cause. Tu es injuste envers nous, Arché, tu es injuste envers toi-même. Fort de ta conscience dans l'accomplissement de devoirs auxquels un soldat ne peut se soustraire, tu ne dois plus songer au passé. Tu as rendu, d'ailleurs, d'assez grands services à toute ma famille en leur sauvant une vie qu'elle devait perdre dans le naufrage de l'*Auguste*, pour être quitte envers elle ; c'est nous, au contraire, qui te devons une dette de reconnaissance que nous ne pourrons jamais acquitter. Il est bien naturel

---

1. Les anciens Canadiens, lorsqu'ils étaient en famille, déjeunaient à huit heures. Les dames prenaient du café ou du chocolat, les hommes quelques verres de vin blanc avec leurs viandes presque toujours froides. On dînait à midi ; une assiettée de soupe, un bouilli et une entrée composée soit d'un ragoût, soit de viande rôtie sur le gril, formaient ce repas. La broche ne se mettait que pour le souper, qui avait lieu à sept heures du soir. Changez les noms et c'est la manière de vivre actuelle : le dîner des anciens est notre goûter, leur souper notre dîner.

que, prévenus d'abord par les rapports de personnes que les désastres de 1759 avaient réduites à l'indigence et qu'oubliant tes nobles qualités, des amis, même comme nous, aigris par le malheur, aient ajouté foi à ces rapports envenimés; mais tu sais qu'une simple explication a suffi pour dissiper ces impressions, et te rendre toute notre ancienne amitié. Si mon père t'a gardé rancune pendant longtemps, c'est qu'il est dans sa nature, une fois qu'il se croit offensé, de ne vouloir prêter l'oreille à aucune justification. Il t'a maintenant rendu toute sa tendresse; nos pertes sont en grande partie réparées, et nous vivons plus tranquilles sous le gouvernement britannique que sous la domination française. Nos habitants, autres Cincinnatus, comme dit mon oncle Raoul, ont échangé le mousquet pour la charrue. Ils ouvrent de nouvelles terres, et, dans peu d'années, cette seigneurie sera d'un excellent rapport. La petite succession que j'ai recueillie aidant, nous serons bien vite aussi riches qu'avant la conquête. Ainsi, mon cher Arché, chasse ces noires vapeurs qui nous affligent, et reprends ta gaieté d'autrefois.

De Locheill garda longtemps le silence, et répondit après un effort pénible:

— Impossible, mon frère: la blessure est plus récente que tu ne le crois, et saignera pendant tout le cours de ma vie, car tout mon avenir de bonheur est brisé. Mais laissons ce sujet; j'ai déjà été assez froissé dans mes sentiments les plus purs: un mot désobligeant de ta bouche ne pourrait qu'envenimer la plaie.

— Un mot désobligeant de ma bouche, dis-tu, Arché! Qu'entends-tu par cela? L'ami, le frère que j'ai quelquefois offensé par mes railleries, sait très bien que mon cœur n'y avait aucune part; que j'étais toujours prêt à lui en demander pardon. Tu secoues la tête avec tristesse! Qu'y a-t-il, bon Dieu, que tu ne peux confier à ton ami d'enfance, à ton frère, mon cher Arché? Je n'ai jamais eu, moi, rien de caché pour toi: tu lisais dans mon âme comme dans la tienne, et tu paraissais me rendre la réciproque. Tu semblais aussi n'avoir aucun secret pour moi. Malédiction sur les événements qui ont pu refroidir ton amitié!

— Arrête, s'écria Arché; arrête, mon frère, il est temps! Quelque pénibles que soient mes confidences, je dois tout avouer plutôt que de m'exposer à des soupçons qui, venant de toi, me seraient trop cruels. Je vais te parler à cœur ouvert, mais à la condition expresse que, juge impartial, tu m'écouteras jusqu'à la fin sans m'interrompre. Demain, demain seulement, nous reviendrons sur ce pénible sujet; jusque-là, promets-moi de garder secret ce que je vais te confier.

— Je t'en donne ma parole, dit Jules en lui serrant la main.

De Locheill raconta alors, sans omettre les moindres circonstances, l'entretien qu'il avait eu récemment avec Blanche ; et, allumant une bougie, il se retira, en soupirant, dans sa chambre à coucher.

Jules passa une nuit des plus orageuses. Lui qui n'avait étudié la femme que dans les salons, dans la société frivole du faubourg Saint-Germain, ne pouvait comprendre ce qu'il y avait de grand, de sublime, dans le sacrifice que s'imposait sa sœur : de pareils sentiments lui semblaient romanesques, ou dictés par une imagination que le malheur avait faussée. Trop heureux d'une alliance qui comblait ses vœux les plus chers, il se décida, avec l'assentiment d'Arché, à un entretien sérieux avec Blanche, bien convaincu qu'il triompherait de ses résistances : elle l'aime, pensa-t-il, ma cause est gagnée.

L'homme, avec toute son apparente supériorité, l'homme dans son vaniteux égoïsme, n'a pas encore sondé toute la profondeur du cœur féminin, de ce trésor inépuisable d'amour, d'abnégation, de dévouement à toute épreuve. Les poètes ont bien chanté sur tous les tons cette Ève, chef-d'œuvre de beauté, sortie toute resplendissante des mains du Créateur ; mais qu'est-ce que cette beauté toute matérielle comparée à celle de l'âme de la femme vertueuse aux prises avec l'adversité ? C'est là qu'elle se révèle dans tout son éclat ; c'est sur cette femme morale que les poètes auraient dû épuiser leurs louanges. En effet, quel être pitoyable que l'homme en face de l'adversité ! C'est alors que, pygmée méprisable, il s'appuie en chancelant sur sa compagne géante, qui, comme l'Atlas de la fable portant le monde matériel sur ses robustes épaules, porte, elle aussi, sans ployer sous le fardeau, toutes les douleurs de l'humanité souffrante ! Il n'est point surprenant que Jules, qui ne connaissait que les qualités matérielles de la femme, crût triompher aisément des scrupules de sa sœur.

— Allons, Blanche, dit Jules à sa sœur après dîner, le lendemain de l'entretien qu'il avait eu avec son ami ; allons, Blanche, voici notre Nemrod écossais qui part, son fusil sur l'épaule, pour nous faire manger des sarcelles à souper ; voyons si nous gravirons l'étroit sentier qui conduit au sommet du cap, aussi promptement que dans notre enfance.

— De tout mon cœur, cher Jules ; cours en avant, et tu verras que mes jambes canadiennes n'ont rien perdu de leur agilité.

Le frère et la sœur, tout en s'aidant des pierres saillantes, des arbrisseaux qui poussaient dans les fentes du rocher, eurent bien vite monté le sentier ardu qui conduit au haut du cap ; et là, après un moment de silence, employé à contempler le magnifique panorama qui se déroulait devant leurs yeux, Jules dit à sa sœur :

— Ce n'est pas sans dessein que je t'ai conduite ici : je désire t'entretenir privément sur un sujet de la plus grande importance. Tu aimes notre ami Arché ; tu l'aimes depuis longtemps ; et cependant, pour des raisons que je ne puis comprendre, par suite de sentiments trop exaltés qui faussent ton jugement, tu t'imposes des sacrifices qui ne sont pas dans la nature, et tu te prépares un avenir malheureux, victime d'un amour que tu ne pourras jamais extirper de ton cœur. Quant à moi, si j'aimais une Anglaise, et qu'elle répondît à mes sentiments, je l'épouserais sans plus de répugnance qu'une de mes compatriotes.

Les yeux de Blanche se voilèrent de larmes ; elle prit la main de son frère, qu'elle pressa dans les siennes avec tendresse, et répondit :

— Si tu épousais une Anglaise, mon cher Jules, je la recevrais dans mes bras avec toute l'affection d'une sœur chérie ; mais ce que tu peux faire, toi, sans inconvenance, serait une lâcheté de la part de ta sœur. Tu as payé noblement ta dette à la patrie. Ton cri de guerre « à moi, grenadiers ! » électrisait tes soldats dans les mêlées les plus terribles ; on a retiré deux fois ton corps sanglant de nos plaines encore humides du sang de nos ennemis, et tu as reçu trois blessures sur l'autre continent. Oui, mon frère chéri, tu as payé noblement ta dette à la patrie, et tu peux te passer la fantaisie d'épouser une fille d'Albion. Mais, moi, faible femme, qu'ai-je fait pour cette terre asservie et maintenant silencieuse ; pour cette terre qui a pourtant retenti tant de fois des cris de triomphe de mes compatriotes ? Est-ce une d'Haberville qui sera la première à donner l'exemple d'un double joug aux nobles filles du Canada ? Il est naturel, il est même à souhaiter que les races française et anglo-saxonne, ayant maintenant une même patrie, vivant sous les mêmes lois, après des haines, après des luttes séculaires, se rapprochent par des alliances intimes ; mais il serait indigne de moi d'en donner l'exemple après tant de désastres ; on croirait, comme je l'ai dit à Arché, que le fier Breton, après avoir vaincu et ruiné le père, a acheté avec son or la pauvre fille canadienne, trop heureuse de se donner à ce prix. Oh ! jamais ! jamais[a] !

Et la noble demoiselle pleura amèrement, la tête penchée sur l'épaule de son frère.

— Tout le monde ignorera, reprit-elle, tu ne comprendras jamais toi-même toute l'étendue de mon sacrifice ! Mais ne crains rien, mon cher Jules, ce sacrifice n'est pas au-dessus de mes forces. Fière des sentiments qui me l'ont inspiré, toute à mes devoirs envers mes parents, je coulerai des jours paisibles et sereins au milieu de ma famille. Et sois certain, continua-t-elle avec exaltation, que celle qui a aimé constamment le noble Archibald Cameron de Locheill ne souillera jamais son cœur d'un autre amour terrestre. Tu as fait, Jules, un mauvais choix de ce lieu pour l'entretien que tu désirais, de ce cap d'où j'ai tant de fois contemplé avec orgueil le manoir opulent de mes aïeux, remplacé par cette humble maison construite au prix de tant de sacrifices et de privations. Descendons maintenant; et, si tu m'aimes, ne reviens jamais sur ce pénible sujet.

— Âme sublime! s'écria Jules.

Et le frère et la sœur se tinrent longtemps embrassés en sanglotant.

Arché, après avoir perdu tout espoir d'épouser Blanche d'Haberville, s'occupa sérieusement d'acquitter la dette de gratitude qu'il devait à Dumais. Le refus de Blanche changeait ses premières dispositions à cet égard, et lui laissait plus de latitude; car lui aussi jura de garder le célibat. Arché, que le malheur avait mûri avant l'âge, avait étudié bien jeune et de sang-froid les hommes et les choses; et il en était venu à la sage conclusion qu'il est bien rare qu'un mariage soit heureux sans amour mutuel. Bien loin d'avoir la fatuité de presque tous les jeunes gens, qui croient de bonne foi que toutes les femmes les adorent, et qu'ils n'ont que le choix des plus beaux fruits dans la vaste récolte des cœurs, de Locheill avait une humble opinion de lui-même. Doué d'une beauté remarquable et de toutes les qualités propres à captiver les femmes, il se faisait remarquer de tout le monde par ses manières élégantes dans leur simplicité lorsqu'il paraissait dans une société; mais il n'en était pas moins aussi modeste que séduisant, et croyait, avec la Toinette de Molière, que les grimaces d'amour «ressemblent fort à la vérité». J'étais pauvre et proscrit, pensait-il, j'ai été aimé pour moi-même; qui sait, maintenant que je suis riche, si une autre femme aimerait en moi autre chose que mon rang et mes richesses, en supposant toujours que mon premier, et mon seul amour, pût s'éteindre dans mon cœur? Arché se décida donc au célibat.

Le soleil disparaissait derrière les Laurentides, lorsque de Locheill arriva à la ferme de Dumais. Il fut agréablement surpris de l'ordre et de la propreté qui régnaient partout. La fermière, occupée des soins de sa laiterie, et assistée d'une grosse servante, s'avança au-devant de lui sans le reconnaître, et le pria de se donner la peine d'entrer dans la maison.

— Je suis ici, je crois, dit Arché, chez le sergent Dumais.

— Oui, monsieur, et je suis sa femme; mon mari ne doit pas retarder à revenir du champ avec une charretée de gerbes de blé; je vais envoyer un de mes enfants pour le hâter de revenir.

— Rien ne presse, madame; mon intention en venant ici est de vous donner des nouvelles d'un M. Arché de Locheill, que vous avez connu autrefois: peut-être l'avez-vous oublié.

Madame Dumais se rapprocha de l'étranger, l'examina pendant quelque temps en silence, et dit:

— Il y a assurément une certaine ressemblance; vous êtes, sans doute, un de ses parents? Oublier M. Arché! oh! ne dites pas qu'il nous croit capables d'une telle ingratitude. Ne savez-vous donc pas qu'il s'est exposé à une mort presque certaine pour sauver la vie de mon mari, que nous prions tous les jours le bon Dieu de le conserver, d'étendre ses bénédictions sur notre bienfaiteur? Oublier M. Arché! vous m'affligez beaucoup, monsieur.

De Locheill était très attendri. Il prit sur ses genoux la petite Louise, âgée de sept ans, la plus jeune des enfants de Dumais, et lui dit en la caressant:

— Et toi, ma belle petite, connais-tu M. Arché?

— Je ne l'ai jamais vu, dit l'enfant, mais nous faisons tous les jours une prière pour lui.

— Quelle est cette prière? reprit Arché.

«Mon Dieu, répandez vos bénédictions sur M. Arché, qui a sauvé la vie à papa, s'il vit encore; et s'il est mort, donnez-lui votre saint paradis.»

De Locheill continua à s'entretenir avec madame Dumais jusqu'à ce que celle-ci, entendant la voix de son mari près de la grange, courût lui dire qu'un étranger l'attendait à la maison pour lui donner des nouvelles de M. Arché. Dumais, qui se préparait à décharger sa charrette, jeta sa fourche, et ne fit qu'un saut de la grange à la maison. Il faisait déjà brun, quand il entra, pour l'empêcher de distinguer les traits de l'étranger.

— Vous êtes le bienvenu, lui dit-il en le saluant, vous qui m'apportez des nouvelles d'un homme qui m'est si cher.

— Vous êtes sans doute le sergent Dumais? dit de Locheill.

— Et vous M. Arché! s'écria Dumais en se jetant dans ses bras: croyez-vous que je puisse oublier la voix qui me criait «courage», lorsque j'étais suspendu au-dessus de l'abîme, cette même voix que j'ai entendue tant de fois pendant ma maladie?

— Mon cher Dumais, reprit Arché vers la fin de la veillée, je suis venu vous demander un grand service.

— Un service! fit Dumais; serais-je assez heureux, moi, pauvre cultivateur, pour être utile à un gentilhomme comme vous? Ce serait le plus beau jour de ma vie.

— Eh bien! Dumais, il ne dépendra que de vous de me rendre la santé: tel que vous me voyez, je suis malade, plus malade que vous ne pensez.

— En effet, dit Dumais, vous êtes pâle et plus triste qu'autrefois. Qu'avez-vous, mon Dieu?

— Avez-vous entendu parler, repartit de Locheill, d'une maladie, à laquelle les Anglais sont très sujets, et que l'on appelle le *spleen* ou diable bleu?

— Non, fit Dumais; j'ai connu plusieurs de vos Anglais, qui, soit dit sans vous offenser, paraissaient avoir le diable au corps, mais je les aurais crus, ces diables, d'une couleur plus foncée.

Arché se prit à rire.

— Ce que l'on appelle, mon cher Dumais, diable bleu, chez nous, est ce que vous autres Canadiens appelez peine d'esprit.

— Je comprends maintenant, dit Dumais; mais qu'un homme comme vous, qui a tout à souhait, qui possède tant d'esprit, et tant de ressources pour chasser les mauvaises pensées, puisse s'amuser à vos diables bleus, c'est ce qui me surpasse.

— Mon cher Dumais, reprit Arché, je pourrais vous répondre que chacun a ses peines dans le monde, même ceux qui paraissent les plus heureux; qu'il me suffise de vous dire que c'est maladie chez moi, et que je compte sur vous pour m'en guérir.

— Commandez-moi, M. Arché, je suis à vous le jour comme la nuit.

— J'ai essayé de tout, continua Arché: l'étude, les travaux littéraires; j'étais mieux le jour, mais mes nuits étaient sans sommeil; et, si j'avais même la chance de dormir, je me réveillais aussi malheureux qu'auparavant. J'ai pensé qu'un fort travail manuel pourrait seul me guérir, et qu'après une journée de fort labeur, je goûterais un sommeil réparateur qui m'est refusé depuis longtemps.

— C'est vrai cela, dit Dumais: quand un homme a bien travaillé le jour, je le défie d'avoir des insomnies; mais où voulez-vous en venir, et en quoi serais-je assez heureux pour vous aider?

— C'est de vous, mon cher Dumais, que j'attends ma guérison. Mais écoutez-moi sans m'interrompre, et je vais vous faire part de mes projets. Je suis maintenant riche, très riche, et voici mon principe: puisque la Providence m'a donné des richesses que je ne devais jamais espérer, je dois en employer une partie à faire le bien. Il y a, dans cette paroisse et dans les environs, une immense étendue de terre en friche, soit à vendre, soit à concéder. Mon dessein est d'en acquérir une quantité considérable, et non seulement d'en surveiller le défrichement, mais d'y travailler moi-même: vous savez que j'ai les bras bons; et j'en ferai bien autant que les autres.

— Connu, fit Dumais.

— Il y a beaucoup de pauvres gens, continua Arché, qui seront trop heureux de trouver de l'ouvrage, surtout en leur donnant le plus haut salaire. Vous comprenez, Dumais, que je ne pourrai seul suffire à tout, et qu'il me faut une aide: que ferais-je d'ailleurs le soir, sous la tente et pendant le mauvais temps, sans un ami pour me tenir compagnie? C'est alors que le chagrin me tuerait.

— Partons dès demain, s'écria Dumais, et allons visiter les plus beaux lots, que je connais au reste déjà assez bien.

— Merci, dit Arché en lui serrant la main. Mais qui prendra soin de votre ferme pendant vos fréquentes absences?

— Soyez sans inquiétude là-dessus, monsieur: ma femme seule pourrait y suffire, quand bien même elle n'aurait pas son frère, vieux garçon qui vit avec nous: jamais ma terre n'a souffert de mes absences. Que voulez-vous, c'est comme un mal, j'ai toujours, moi, préféré le mousquet à la charrue. Ma femme me tance de temps en temps à ce sujet; mais, à la fin, nous n'en sommes pas pires amis.

— Savez-vous, dit Arché, que voilà sur le bord de la rivière, près de ce bosquet d'érables, le plus charmant site que je connaisse pour y construire une maison. La vôtre est vieille: nous allons en bâtir une assez grande pour nous loger tous. Je me charge de ce soin, à condition que j'aurai le droit d'en occuper la moitié, ma vie durant; et, à ma mort, ma foi, le tout vous appartiendra. J'ai fait vœu de rester garçon.

— Les hommes comme vous, fit Dumais, sont trop rares: il serait cruel que la race vînt à s'en éteindre. Mais je commence à comprendre qu'au lieu de songer à vous, c'est à moi et à ma famille que vous pensez, et que c'est nous que vous voulez enrichir.

— Parlons maintenant à cœur ouvert, reprit Arché; je n'ai de vrais amis dans le monde que la famille d'Haberville et la vôtre.

— Merci, monsieur, dit Dumais, de nous mettre sur la même ligne, nous pauvres cultivateurs, que cette noble et illustre famille.

— Je ne considère dans les hommes, repartit de Locheill, que leurs vertus et leurs bonnes qualités. Certes, j'aime et respecte la noblesse; ce qui ne m'empêche pas d'aimer et respecter tous les hommes estimables, et de leur rendre la justice qu'ils méritent. Mon intention est de vous donner le quart de ma fortune.

— Ah! monsieur, s'écria Dumais.

— Écoutez-moi bien mon ami. Un gentilhomme ne ment jamais. Lorsque je vous ai dit que j'avais ce que vous appelez des peines d'esprit, je vous ai dit la vérité. J'ai trouvé le remède contre cette affreuse maladie: beaucoup d'occupations et de travail manuel; et ensuite faire du bien à ceux que j'aime. Mon intention est donc de vous donner, de mon vivant, un quart de ma fortune; gare à vous, Dumais: je suis persévérant et entêté comme un Écossais que je suis; si vous me chicanez, au lieu du quart, je suis homme à vous en donner la moitié. Mais pour parler sérieusement, mon cher Dumais, vous me rendriez très malheureux si vous me refusiez.

— S'il en est ainsi, monsieur, dit Dumais avec des larmes dans la voix, j'accepte vos dons, que j'aurais d'ailleurs mauvaise grâce de refuser d'un homme comme vous.

Laissons de Locheill s'occuper activement d'enrichir Dumais, et retournons à nos autres amis.

Le bon gentilhomme, presque centenaire, ne vécut qu'un an après l'arrivée de Jules. Il mourut entouré de ses amis, après avoir été l'objet des soins les plus touchants de Blanche et de son frère, pendant un mois que dura sa maladie. Quelques moments avant son décès, il pria Jules d'ouvrir la fenêtre de sa chambre, et jetant un regard éteint du côté de la petite rivière qui coulait paisiblement devant sa porte, il lui dit:

— C'est là, mon ami; c'est à l'ombre de ce noyer que je t'ai donné le récit de mes malheurs; c'est là que je t'ai donné des conseils dictés par l'expérience que donne la vieillesse. Je meurs content, car je vois que tu en as profité. Emporte, après ma mort, ce petit bougeoir: en te rappelant les longues insomnies dont il a été témoin dans ma chambre solitaire, il te rappellera aussi les conseils que je t'ai donnés, s'ils pouvaient sortir de ta mémoire.

— Quant à toi, mon cher et fidèle André, continua M. d'Egmont, c'est avec bien du regret que je te laisse sur cette terre, où tu as partagé dans tous mes chagrins. Tu seras bien seul et isolé après ma mort! Tu m'as promis de passer le reste de tes jours avec la famille d'Haberville: elle aura le plus grand soin de ta vieillesse. Tu sais qu'après ton décès les pauvres seront nos héritiers.

— Mon cher maître, dit Francœur en sanglotant, les pauvres n'attendront pas longtemps leur héritage.

Le bon gentilhomme, après avoir fait les adieux les plus tendres à tous ses amis, s'adressant au curé, le pria de réciter les prières des agonisants. Et à ces paroles: «Partez, âme chrétienne, au nom du Dieu tout-puissant qui vous a créée», il rendit le dernier soupir. Sterne aurait dit: «L'ange registrateur de la chancellerie des cieux versa une larme sur les erreurs de sa jeunesse, et les effaça pour toujours.» Les anges sont plus compatissants que les hommes, qui n'oublient ni ne pardonnent les fautes d'autrui!

André Francœur fut frappé de paralysie lorsqu'on descendit le corps de son maître dans sa dernière demeure, et ne lui survécut que trois semaines.

Lorsque Jules avait dit à sa sœur: «Si j'aimais une Anglaise, et qu'elle voulût accepter ma main, je l'épouserais sans plus de répugnance qu'une de mes compatriotes», elle était loin alors de soupçonner les vraies intentions de son frère. Jules, en effet, pendant la traversée de l'Atlantique, avait fait la connaissance d'une jeune demoiselle anglaise d'une grande beauté. Jules, autre Saint-Preux, lui avait donné d'autres leçons que celles de langue et de grammaire françaises, pendant un trajet qui dura deux mois. Il avait d'ailleurs montré son bon goût: la jeune fille, outre sa beauté ravissante, possédait toutes les qualités qui peuvent inspirer une passion vive et sincère.

Enfin, tous les obstacles levés, toutes les difficultés surmontées par les deux familles, Jules épousa l'année suivante la blonde fille d'Albion, qui sut bien vite gagner le cœur de tous ceux qui l'entouraient.

Mon oncle Raoul, toujours rancunier au souvenir de la jambe que les Anglais lui avaient cassée dans l'Acadie, mais trop bien élevé pour manquer aux convenances, se renfermait d'abord, quand il voulait jurer à l'aise contre les compatriotes de sa belle nièce ; mais, entièrement subjugué au bout d'un mois par les prévenances et l'amabilité de la charmante jeune femme, il supprima tout à coup ses jurons, au grand bénéfice de son âme et des oreilles pieuses qu'il scandalisait.

Ce coquin de Jules, disait mon oncle Raoul, n'est pas dégoûté d'avoir épousé cette Anglaise ; et il avait bien raison, ce saint homme de pape, de dire que ces jeunes insulaires seraient des anges, s'ils étaient seulement un peu chrétiens : *non Angli, sed angeli forent si essent christiani*, ajoutait-il d'un air convaincu.

Ce fut bien autre chose quand le cher oncle, tenant un petit-neveu sur un genou et une petite-nièce sur l'autre, les faisait sauter en leur chantant les jolies chansons des voyageurs canadiens. Qu'il était fier quand leur maman lui criait : « Mais venez donc, de grâce, à mon secours, mon cher oncle, ces petits démons ne veulent pas s'endormir sans vous. »

Mon oncle Raoul avait déclaré qu'il se chargerait de l'éducation militaire de son neveu ; aussi, dès l'âge de quatre ans, ce guerrier en herbe, armé d'un petit fusil de bois, faisait déjà des charges furieuses contre l'abdomen de son instructeur, obligé de défendre avec sa canne la partie assiégée.

— Le petit gaillard, disait le chevalier en se redressant, aura le bouillant courage des d'Haberville, avec la ténacité et l'indépendance des fiers insulaires dont il est issu par sa mère.

José s'était d'abord montré assez froid pour sa jeune maîtresse ; mais il finit par lui être sincèrement attaché. Elle avait bien vite trouvé le point vulnérable de la cuirasse. José, comme son défunt père, aimait le vin et l'eau-de-vie, qui n'avaient d'ailleurs guère plus d'effet sur son cerveau breton que si l'on eût versé les liqueurs qu'il absorbait sur la tête du coq dont était couronné le mai de son seigneur, afin de fausser le jugement de ce vénérable volatile dans ses fonctions ; aussi la jeune dame ne cessait de présenter à José, tantôt un verre d'eau-de-vie pour le réchauffer, tantôt un gobelet de vin pour le rafraîchir ; et José finit par avouer que, si les Anglais étaient pas mal rustiques, les Anglaises ne leur ressemblaient nullement.

Monsieur et madame d'Haberville rassurés, après tant de malheurs, sur l'avenir de leurs enfants, coulèrent des jours paisibles et heureux jusqu'à la vieillesse la plus reculée. Les dernières paroles du capitaine à son fils furent :

— Sers ton nouveau souverain avec autant de fidélité que j'ai servi le roi de France; et que Dieu te bénisse, mon cher fils, pour la consolation que tu m'as donnée!

Mon oncle Raoul, décédé trois ans avant son frère, n'eut qu'un regret avant de mourir : celui de laisser la vie avant que son petit-neveu eût embrassé la carrière militaire.

— Il n'y a qu'une carrière digne d'un d'Haberville, répétait-il sans cesse, c'est celle des armes.

Il se consolait pourtant un peu dans l'espoir que son neveu, qui achevait de brillantes études, serait un savant comme lui, et que la science ne s'éteindrait pas dans la famille.

José, qui avait un tempérament de fer et des nerfs d'acier, José qui n'avait jamais eu un instant de maladie depuis qu'il était au monde, regardait la mort comme un événement assez hypothétique. Un de ses amis lui disait un jour, après le décès de ses anciens maîtres :

— Sais-tu, José, que tu as au moins quatre-vingts ans bien sonnés, et qu'à te voir on te donnerait à peine cinquante?

José s'appuyant sur une hanche, comme signe de stabilité, souffla dans le tuyau de sa pipe pour en expulser un reste de cendre, fouilla longtemps dans sa poche de culotte, de la main qui lui restait, pour en retirer son sac à tabac, son tondre et son briquet, et répliqua ensuite, sans se presser, comme preuve de ce qu'il allait dire :

— Je suis, comme tu sais, le frère de lait de notre défunt capitaine; j'ai été élevé dans sa maison; je l'ai suivi dans toutes les guerres qu'il a faites; j'ai élevé ses deux enfants; j'ai commencé, entends-tu, sur de nouveaux frais, à prendre soin de ses petits-enfants : eh bien! tant qu'un d'Haberville aura besoin de mes services, je ne compte pas désemparer!

— Tu penses donc vivre aussi longtemps que le défunt *Maqueue-salé* (Mathusalem)? fit le voisin.

— Plus longtemps encore, s'il le faut, répliqua José.

Ayant ensuite tiré de sa poche tout ce qu'il lui fallait, il bourra sa pipe, mit dessus un morceau de tondre ardent, et se mit à fumer en regardant son ami de l'air d'un homme convaincu de ce qu'il avait avancé.

José tint parole pendant une douzaine d'années; mais il avait beau se raidir contre la vieillesse, en vaquant à ses occupations ordinaires malgré les remontrances de ses maîtres, force lui fut enfin de garder la maison.

Toute la famille s'empressa autour de lui.

— Qu'as-tu, mon cher José? dit Jules.

— Bah! c'est la paresse, dit José, ou peut-être mon *rhumatique* (rhumatisme).

Or José n'avait jamais eu aucune attaque de cette maladie : c'était un prétexte.

Give the good old fellow man his morning glass : it will revive him, fit Arché.

— Je vais vous apporter un petit coup d'excellente eau-de-vie, dit madame Jules.

— Pas pour le quart d'heure, repartit José ; j'en ai toujours dans mon coffre, mais ça ne me le dit pas ce matin.

On commença à s'alarmer sérieusement, c'était un mauvais symptôme.

— Je vais alors vous faire une tasse de thé, dit madame Jules, et vous allez vous trouver mieux[b].

— Mon Anglaise, reprit d'Haberville, croit que son thé est un remède à tous maux.

José but le thé, déclara que c'était une fine médecine, et qu'il se trouvait mieux ; ce qui n'empêcha pas le fidèle serviteur de prendre le lit le soir même pour ne plus le quitter vivant.

Lorsque le brave homme vit approcher sa fin, il dit à Jules qui le veillait pendant cette nuit :

— J'ai demandé au bon Dieu de prolonger ma vie jusqu'aux vacances prochaines de vos enfants, afin de les voir encore une fois avant de mourir ; mais je n'aurai pas cette consolation.

— Tu les verras demain, mon cher José.

Une heure après, de Locheill était sur la route qui conduit à Québec et le lendemain au soir tout ce que le fidèle et affectionné serviteur avait de plus cher au monde entourait sa couche funèbre. Après s'être entretenu avec eux pendant longtemps, après leur avoir fait les plus tendres adieux, il recueillit toutes ses forces pour s'asseoir sur son lit, et une larme brûlante tomba sur la main de Jules qui s'était approché pour le soutenir. Après ce dernier effort de cette nature puissante, celui qui avait partagé la bonne et la mauvaise fortune des d'Haberville n'existait plus.

— Prions pour l'âme d'un des hommes les plus excellents que je connaisse, dit Arché en lui fermant les yeux.

Jules et Blanche, malgré les représentations qu'on leur fit, ne voulurent se reposer sur personne du soin de veiller auprès de leur vieil ami, pendant les trois jours que son corps resta au manoir.

— Si un de notre famille fût mort, dirent-ils, José ne l'aurait pas abandonné à autrui.

Un jour qu'Arché, pendant ses fréquentes visites chez les d'Haberville, se promenait avec Jules devant le manoir, il vit venir un vieillard à pied, passablement mis, portant un sac de loup-marin sur ses épaules.

— Quel est cet homme ? dit-il.

— Ah! dit Jules, c'est notre ami M. D. portant son étude sur son dos.
— Comment! son étude? dit Arché.
— Certainement: il est notaire ambulant! Il parcourt tous les trois mois certaines localités, passant de nouveaux actes, et expédiant des copies de ses minutes qu'il porte toujours avec lui, pour n'être pas pris au dépourvu. C'est un excellent et très aimable homme, Français de naissance et plein d'esprit. Il commença par faire, à son arrivée au Canada, un petit commerce d'images peu profitable; et puis, se rappelant qu'il avait étudié jadis pendant deux ans chez un clerc d'avoué en France, il se présenta bravement devant les juges, passa un examen sinon brillant, du moins assez solide pour sa nouvelle patrie, et s'en retourna triomphant chez lui avec une commission de notaire dans sa poche. Je t'assure que tout le monde s'accommode très bien des actes, rédigés avec la plus scrupuleuse honnêteté: ce qui supplée à une diction plus pure, mais souvent entachée de mauvaise foi, de certains notaires plus érudits[c].

— Votre notaire nomade, reprit Arché en souriant, arrive fort à propos: j'ai de la besogne pour lui.

En effet, de Locheill, déjà très avancé dans l'œuvre de défrichement qu'il poursuivait avec activité au profit de son ami Dumais, lui fit un transport en bonne et due forme de tous ses immeubles, se réservant seulement, sa vie durant, la moitié de la nouvelle et vaste maison qu'il avait construite.

Les visites d'Arché au manoir d'Haberville devinrent plus fréquentes à mesure qu'il avançait en âge; et il finit même par s'y fixer lorsque l'amitié la plus pure eut remplacé le sentiment plus vif qui avait obscurci les beaux jours de sa jeunesse. Blanche ne fut désormais, aux yeux d'Arché, qu'une sœur d'adoption: et le doux nom de frère, que Blanche lui donnait, purifiait ce qui restait d'amour dans ce noble cœur de femme.

Jules avait un fils tendre et respectueux: ses deux enfants furent pour lui ce qu'il avait été pour ses bons parents.

Tant que M. et Mme d'Haberville vécurent, Jules leur tint fidèle compagnie, ne s'absentant que pour affaires indispensables, ou pour remplir un devoir auquel son père, strict observateur de l'étiquette avant la conquête, tenait beaucoup: celui d'assister avec son épouse au bal de la reine, le 31 décembre, et le lendemain à onze heures, à un lever, où le représentant du roi recevait l'hommage respectueux de toutes les personnes ayant leurs entrées au château Saint-Louis, à Québec[d].

L'auteur a tant d'affection pour les principaux personnages de cette véridique histoire, qu'il lui en coûte de les faire disparaître de la scène: on s'attache naturellement aux fruits de ses œuvres. Il craindrait aussi d'affliger ceux des lecteurs qui partagent son attachement pour ses héros, en les tuant d'un coup de plume : le temps fera son œuvre de mort sans l'assistance de l'auteur.

Il est onze heures du soir, vers la fin d'octobre ; toute la famille d'Haberville est réunie dans un petit salon suffisamment éclairé, sans même le secours des bougies, par la vive clarté que répand une brassée d'éclats de bois de cèdre qui *flambe* dans la vaste cheminée. De Locheill, qui approche la soixantaine, fait une partie d'échecs avec Blanche. Jules, assis près du feu entre sa femme et sa fille, les fait endêver toutes deux, sans négliger pourtant les joueurs d'échecs.

Le jeune Arché d'Haberville, fils unique de Jules et filleul de Locheill, paraît réfléchir sérieusement tout en suivant d'un œil attentif les figures fantastiques que crée son imagination dans le brasier qui s'éteint lentement dans l'âtre de la cheminée.

— À quoi pensez-vous, grave philosophe ? lui dit son père.

— J'ai suivi avec un intérêt toujours croissant, répond le jeune homme, un petit groupe d'hommes, de femmes, d'enfants qui marchaient, dansaient, sautaient, montaient, descendaient ; et puis tout a disparu.

En effet, le feu de cèdre venait de s'éteindre.

— Tu es bien le fils de ta mère, et le digne filleul de ton parrain, fit Jules d'Haberville en se levant pour souhaiter le bonsoir à la famille prête à se retirer pour la nuit.

Semblables à ces figures fantastiques que regardait le jeune d'Haberville, mes personnages, cher lecteur, se sont agités pendant quelque temps devant vos yeux, pour disparaître tout à coup peut-être pour toujours, avec celui qui les faisait mouvoir.

Adieu donc aussi, cher lecteur, avant que ma main, plus froide que nos hivers du Canada, refuse de tracer mes pensées.

NOTES ET ÉCLAIRCISSEMENTS

Chapitre premier

(a) Tous les bateliers de la Pointe-Lévis étant aussi cultivateurs, il y a quelque soixante ans, ce n'était pas une petite affaire que de traverser le fleuve Saint-Laurent pour se rendre à Québec, pendant les travaux agricoles ; hormis les jours de marché, où le trajet avait lieu à certaines heures fixes, le voyageur était obligé d'attendre quelquefois pendant des demi-journées, et même de coucher souvent à la Pointe-Lévis. Les bateliers, généralement assez bourrus de leur métier, ne se dérangeaient de leur besogne que pour leurs pratiques, qu'ils refusaient, d'ailleurs, souvent de traverser, pour peu qu'ils eussent d'autres affaires. Il faut pourtant avouer que les femmes suppléaient de temps à autre à leurs maris ; qu'en les cajolant un peu, elles finissaient par prendre le voyageur en pitié, et laissaient leur ménage aux soins des dieux lares, pour prendre l'aviron. Il est juste de leur rendre ce témoignage, qu'une fois l'aviron en main, elles guidaient les petits canots d'alors avec autant d'habileté que leurs époux.

À défaut des Canadiens restait, pendant la belle saison de l'été, la ressource des sauvages, dont les cabanes couvraient près de deux milles des grèves, depuis l'église de la Pointe-Lévis, en courant au sud-ouest. Mais ces messieurs n'étaient guère tempérants : ils avaient pour principe bien arrêté de boire à la santé de leur bon père le roi George III, jusqu'à la dernière nippe des cadeaux qu'ils recevaient du gouvernement ; ce sentiment était sans doute très louable, mais peu goûté des voyageurs, à la vue de leurs frêles canots d'écorce de bouleau, guidés par des hommes à moitié ivres.

Ceci me rappelle une petite anecdote qui peint assez bien les mœurs de cette époque. C'était un dimanche, jour de gaieté pour toute la population sans exception de cultes. Les auberges étaient ouvertes à tout venant, et les sauvages, malgré les lois prohibitives à leur égard, avaient bu dans le courant de la matinée plus de *lom* (rhum) que de *raille* (lait).

(Je n'ai jamais pu résoudre pourquoi ces sauvages substituaient la lettre *l* à la lettre *r* dans rhum et la lettre *r* à la lettre *l* dans lait ; ainsi que la lettre *b* à la lettre *f* dans frère : ils disaient le plus souvent mon *brère*, au lieu de mon frère. Je laisse le soin de décider cette importante question à ceux qui sont versés dans la connaissance des idiomes indiens.)

C'était donc un dimanche ; plusieurs jeunes gens (et j'étais du nombre), libérés des entraves de leur bureau, devaient se réunir l'après-midi, à la basse ville, pour aller dîner à la Pointe-Lévis. Mais, lorsque j'arrivai au débarcadère avec un de mes amis, la bande joyeuse avait traversé le fleuve dans une chaloupe que le hasard leur avait procurée ; c'était imprudent à eux par le vent épouvantable qu'il faisait.

Le premier objet qui attira nos regards fut quatre sauvages, à demi ivres, qui quittaient le rivage dans une de leurs frêles embarcations. Ils étaient à peine à un arpent de distance que voilà le canot renversé. Nous les vîmes aussitôt reparaître sur l'eau, nageant comme des castors vers la grève où les attendaient une vingtaine de leurs amis qui leur tendaient des avirons pour leur aider à remonter sur un petit quai à fleur d'eau, d'où ils étaient partis quelques minutes avant leur immersion. Nous fûmes ensuite témoins d'un plaisant spectacle : l'eau-de-vie avait sans doute attendri le cœur de ces philosophes naturels, toujours si froids, si sérieux ; car les hommes et les femmes se jetèrent en pleurant, sanglotant, hurlant dans les bras des naufragés, qui, de leur côté, pleuraient, sanglotaient, hurlaient, et ce furent des étreintes sans fin.

L'aventure de ces quatre sauvages aurait dû donner un avis salutaire du danger auquel nous serions exposés en traversant le fleuve par le temps qu'il faisait ; mais nous étions déterminés à aller rejoindre nos amis, et rien ne nous arrêta. Le fleuve Saint-Laurent était aussi notre ami d'enfance ; nous avions déjà failli nous y noyer deux ou trois fois dans nos exploits aquatiques : il ne pouvait nous être hostile dans cette circonstance.

Nous décidâmes néanmoins, malgré ce beau raisonnement, qu'il serait toujours plus prudent de n'employer qu'un sauvage sobre pour nous traverser : c'était, il faut l'avouer, *rara avis in terra* ; mais, en cherchant bien, nous aperçûmes à une petite distance un jeune Montagnais d'une rare beauté, d'une haute stature, élancé comme une flèche, qui, les bras croisés, regardait la scène qui se passait devant lui d'un air stoïque où perçait le mépris.

Nous avions enfin trouvé l'homme que nous cherchions.

— Veux-tu nous traverser, mon brère ? lui dis-je.

— Le Français, fit l'Indien, toujours grouille, toujours grouille ; pas bon, quand vente.

Mon ami l'assura que nous étions de jeunes Français très posés, très experts dans les canots d'écorce, et qu'il gagnerait un chelin. Comme preuve de ce qu'il disait, il s'empara aussitôt d'un aviron. Le Montagnais le regarda d'un air de mépris, lui ôta assez rudement l'aviron des mains et nous dit : « Viens. » Il fit ensuite un signe à une toute jeune femme qui nous parut d'abord peu disposée à risquer la traversée ; elle nous regardait, en effet, d'un air assez malveillant pendant la discussion ; mais, à un signe impératif de son mari, elle prit un aviron et s'agenouilla en avant du canot. L'Indien fit asseoir les deux Français au milieu de l'embarcation et s'assit lui-même, malgré nos remontrances, sur la pince du canot.

Nous étions à peine au quart de la traversée que je m'aperçus qu'il était ivre. Ses beaux yeux noirs, de brillants qu'ils étaient à notre départ, étaient devenus ternes, et la pâleur habituelle aux sauvages pendant l'ivresse se répandit sur tous ses traits. Je fis part de cette découverte à mon ami, afin d'être préparés à tout événement. Nous convînmes que le plus prudent pour nous était de continuer notre route ; que quand bien même le Montagnais consentirait à retourner, cette manœuvre nous exposerait à un danger imminent. Toutefois, nous eûmes la précaution d'ôter nos souliers.

Je puis affirmer que nous volions sur l'eau comme des goélands. La femme coupait les vagues avec une adresse admirable, tandis que son mari, nageant tantôt du côté droit, tantôt du côté gauche, en se balançant pour conserver l'équilibre, poussait le léger canot d'écorce avec un bras d'Hercule. Nos amis, qui, assis sur le rivage de la Pointe-Lévis, nous voyaient venir, sans se douter que nous étions dans la barque, nous dirent ensuite qu'ils distinguaient souvent le dessous de notre canot dans toute sa longueur, comme si nous eussions volé au-dessus des vagues. Ô jeunesse imprudente ! L'ami d'enfance, l'ami de cœur dont j'ai parlé plus haut, était le Dr Pierre de Sales Laterrière, alors étudiant en médecine et frère de l'honorable Pascal de Sales Laterrière, membre actuel du Conseil législatif. Il m'a abandonné, comme tant d'autres, sur le chemin de la vie, il y a déjà près de vingt-cinq ans.

★ ★ ★

Dix ans, à peu près, avant cette aventure, et c'était encore un dimanche, pendant l'été, la ville de Québec offrait un spectacle qui paraîtrait bien étrange de nos jours : il est vrai de dire qu'il s'est écoulé bien près de trois quarts de siècle depuis cette époque ; car alors j'étais, tout au plus, âgé de neuf ans.

Vers une heure de relevée, un grand nombre de sauvages, traversés de la Pointe-Lévis, commencèrent à parcourir les rues par groupes assez imposants pour inspirer quelque inquiétude au commandant de la garnison, qui fit doubler les gardes aux portes de la ville et des casernes. Il n'y avait pourtant rien de bien hostile dans leur aspect : les hommes, à la vérité, n'avaient pour tout vêtement que leurs chemises et leurs brayets, pour toute arme que leur tomahawk, dont ils ne se séparaient jamais. Quelques chevelures humaines accrochées à la ceinture des vieux Indiens attestaient même qu'ils avaient pris une part assez active à la dernière guerre de l'Angleterre contre les Américains.

C'étaient bien de vrais aborigènes que ceux que j'ai connus pendant ma jeunesse : leur air farouche, leur visage peint en noir et en rouge, leur corps tatoué, leur crâne rasé à l'exception d'une touffe de cheveux qu'ils laissaient croître au-dessus de la tête pour braver leurs ennemis, leurs oreilles découpées en branches, comme nos *croquecignoles* canadiens, et dont quelques-uns de ces sauvages ne possédaient plus que quelques lambeaux pendant sur leurs épaules, tandis que d'autres, plus heureux, les avaient conservées intactes et en secouaient d'un air fier les branches chargées d'anneaux d'argent de quatre pouces de diamètre, échappés à leurs rixes fréquentes pendant l'ivresse : c'étaient bien, dis-je, de vrais Indiens, et tout attestait en eux le guerrier barbare et féroce, prêt à boire le sang dans le crâne d'un ennemi, ou à lui faire subir les tortures les plus cruelles.

Je n'ai jamais su pourquoi ils se réunirent en si grand nombre, ce dimanche-là, dans la ville de Québec. Avaient-ils reçu leurs présents la veille ou était-ce un jour de fête particulière à leurs nations ? Toujours est-il que je n'en ai jamais vu, ni auparavant ni depuis, un si grand nombre dans l'enceinte des murs de la cité. Une particularité assez remarquable était l'absence de leurs femmes, ce jour-là.

Les Indiens, après avoir parcouru les principales rues de la ville par groupes de trente à quarante guerriers, après avoir dansé devant les maisons des principaux citoyens qui leur jetaient des pièces de monnaie par les fenêtres, soit pour les récompenser de leur belle aubade, soit peut-être aussi pour s'en débarrasser, finirent par se réunir sur le marché de la haute ville, à la sortie des vêpres de la cathédrale. C'est là que je les vis, au nombre de quatre à cinq cents guerriers, chanter et danser cette danse terrible qui a nom « la guerre » parmi tous les sauvages de l'Amérique du Nord.

Il était facile de comprendre leur pantomime. Ils nous parurent d'abord tenir un conseil de guerre ; puis, après quelques courtes harangues de leurs guerriers, ils suivirent à la file leur grand chef, en imitant avec leurs tomahawks l'action de l'aviron qui bat l'eau en cadence. Ils tournèrent longtemps en cercle en chantant un air monotone et sinistre : c'était le départ en canot pour l'expédition projetée. Le refrain de cette chanson, dont j'ai encore souvenance pour l'avoir souvent chanté en dansant la guerre avec les gamins de Québec, était sauf correction quant à l'orthographe : « Sahontès ! sahontès ! sahontès ! oniakérin ouatchi-chicono-ouatche. »

Enfin, à un signal de leur chef, tout rentra dans le silence, et ils parurent consulter l'horizon en flairant l'air à plusieurs reprises. Ils avaient, suivant leur expression, senti le voisinage de l'ennemi. Après avoir parcouru l'arène pendant quelques minutes en rampant à plat ventre comme des couleuvres et en avançant avec beaucoup de précautions, le principal chef poussa un hurlement épouvantable, auquel les autres firent chorus ; et, se précipitant dans la foule des spectateurs en brandissant son casse-tête, il saisit un jeune homme à l'air hébété, le jeta sur son épaule, rentra dans le cercle que fermèrent aussitôt ses compagnons, l'étendit le visage contre terre, et lui posant le genou sur les reins, il fit mine de lui lever la chevelure. Le retournant ensuite brusquement, il parut lui ouvrir la poitrine avec son tomahawk, et en recueillir du sang avec sa main qu'il porta à sa bouche, comme s'il eût voulu s'en abreuver, en poussant des hurlements féroces.

Les spectateurs éloignés crurent pendant un instant que la scène avait tourné au tragique, quand l'Indien, sautant sur ses pieds, poussa un cri de triomphe en agitant au-dessus de sa tête une vraie chevelure humaine teinte de vermillon, qu'il avait tirée adroitement de sa ceinture ; tandis que les assistants les plus rapprochés du théâtre où se jouait le drame s'écrièrent, en riant aux éclats :

— Sauve-toi, mon *Pitre* (Pierre) ! les *canaouas* vont t'écorcher comme une anguille !

Le petit Pitre ne se le fit pas dire deux fois ; il s'élança parmi la foule, qui lui livrait passage, et prit sa course à toutes jambes le long de la rue de la Fabrique, aux acclamations joyeuses du peuple, qui criait : « Sauve-toi, mon petit *Pitre* ! »

Les sauvages, après avoir dansé pendant longtemps, en poussant des cris de joie qui nous semblaient être les hurlements d'autant de démons que Satan, d'humeur accostable, avait déchaînés ce jour-là, finirent par se disperser, et, sur la brune, la ville retomba dans son calme habituel : ceux des aborigènes qui n'étaient pas trop ivres retournèrent à la Pointe-Lévis, tandis que ceux qui avaient succombé dans le long combat qu'ils avaient livré au *lom* (rhum) dormirent paisiblememt sur le sein de leur seconde mère, la terre, dans tous les coins disponibles de la haute et de la basse ville de Québec.

* * *

Deux ans après la scène burlesque que je viens de peindre, je fus témoin d'un spectacle sanglant qui impressionna cruellement toute la cité de Québec. Le théâtre était le même ; mais les acteurs, au lieu d'être les peaux-rouges, étaient les visages-pâles. Il s'agissait de David McLane, condamné à mort pour haute trahison.

Le gouvernement, peu confiant dans la loyauté dont les Canadiens français avaient fait preuve pendant la guerre de 1775, voulut frapper le peuple de stupeur par les apprêts du supplice. On entendit, dès le matin, le bruit des pièces d'artillerie, que l'on transportait sur la place de l'exécution en dehors de la porte Saint-Jean, et de forts détachements de soldats armés parcoururent les rues. C'était bien une parodie du supplice de l'infortuné Louis XVI, faite en pure perte.

J'ai vu conduire McLane sur la place de l'exécution : il était assis le dos tourné au cheval sur une *traîne* dont les lisses grinçaient sur la terre et les cailloux. Une hache et un billot étaient sur le devant de la voiture. Il regardait les spectateurs d'un air calme et assuré, mais sans forfanterie. C'était un homme d'une haute stature et d'une beauté remarquable. J'entendais les femmes du peuple s'écrier en déplorant son sort :

—Ah! si c'était comme du temps passé, ce bel homme ne mourrait pas! il ne manquerait pas de filles qui consentiraient à l'épouser pour lui sauver la vie!

Et, plusieurs jours même après le supplice, elles tenaient le même langage.

Cette croyance, répandue alors parmi le bas peuple, venait, je suppose, de ce que des prisonniers français, condamnés au bûcher par les sauvages, avaient dû la vie à des femmes indiennes qui les avaient épousés.

La sentence de McLane ne fut pourtant pas exécutée dans toute son horreur. J'ai tout vu, de mes yeux vu : un grand écolier, nommé Boudrault, me soulevait de temps à autre dans ses bras, afin que je ne perdisse rien de cette dégoûtante boucherie. Le vieux Dr Duvert était près de nous ; il tira sa montre aussitôt que Ward, le bourreau, renversa l'échelle sur laquelle McLane, la corde au cou et attaché au haut de la potence, était étendu sur le dos ; le corps, lancé de côté par cette brusque action frappa un des poteaux de la potence, et demeura ensuite stationnaire, après quelques faibles oscillations.

«Il est bien mort», dit le Dr Duvert, lorsque le bourreau coupa la corde à l'expiration de vingt-cinq minutes ; «il est bien mort : il ne sentira pas toutes les cruautés qu'on va lui faire maintenant!» Chacun était sous l'impression que la sentence allait être exécutée dans toute sa rigueur ; que la victime éventrée vivante verrait brûler ses entrailles! Mais, non : le malheureux était bien mort quand Ward lui ouvrit le ventre, en tira le cœur et les entrailles qu'il brûla sur un réchaud, et qu'il lui coupa la tête pour la montrer toute sanglante au peuple.

Les spectateurs les plus près de la potence rapportèrent que le bourreau refusa de passer outre après la pendaison, alléguant «qu'il était un bourreau, mais qu'il n'était pas boucher», et que ce ne fut qu'à grands renforts de guinées que le shérif réussit à lui faire exécuter toute la sentence ; qu'à chaque nouvel acte de ce drame sanglant, il devenait de plus en plus exigeant. Toujours est-il que le sieur Ward devint après cela un personnage très important : il ne sortait dans la rue qu'en bas de soie, coiffé d'un chapeau tricorne et l'épée au côté. Deux montres, l'une dans le gousset de sa culotte et l'autre pendue à son cou avec un chaîne d'argent, complétaient sa toilette.

Je ne puis m'empêcher, en me séparant de cet exécuteur des hautes œuvres, de rapporter un fait dont je n'ai jamais pu me rendre compte. À mon arrivée à Québec, vers l'âge de neuf ans, pour aller à l'école, on semblait regretter un *bon* bourreau nommé Bob ; c'était un nègre dont tout le monde faisait des éloges. Cet Éthiopien aurait dû inspirer l'horreur qu'on éprouve pour les gens de son métier ; mais, tout au contraire, Bob entrait dans les maisons comme les autres citoyens, jouissait d'un caractère d'honnêteté à toute épreuve, faisait les commissions, et tout le monde l'aimait. Il y avait, autant que je puis me souvenir, quelque chose de bien touchant dans l'histoire de Bob : il était victime de la fatalité, qui l'avait fait exécuteur des hautes œuvres à son corps défendant. Il versait des larmes quand il s'acquittait de sa cruelle besogne. Je ne sais pourquoi ma mémoire, si tenace pour tout ce que j'ai vu et entendu pendant ma plus tendre enfance, me fait défaut quand il s'agit d'expliquer la cause de cette sympathie dont Bob était l'objet.

Mais je reviens à McLane. Un spectacle semblable ne pouvait manquer d'impressionner vivement un enfant de mon âge ; aussi ai-je beaucoup réfléchi sur le sort de cet homme qu'une partie de la population considérait comme ayant été sacrifié à la politique du jour. J'ai fait bien des recherches pour m'assurer de son plus ou moins de culpabilité. Je pourrais dire beaucoup de choses sur ce sujet ; mais je me tairai. Qu'il me suffise d'ajouter que si, maintenant, un Yankee vantard proclamait à tout venant qu'avec cinq cents hommes de bonne volonté, armés de bâtons durcis au feu, il se ferait fort de prendre la ville de Québec, les jeunes gens s'empresseraient autour de lui *to humour him*, pour l'encourager à parler, lui feraient boire du champagne, et en riraient aux éclats sans que le gouvernement songeât à l'éventrer.

On a prétendu que McLane était un émissaire du gouvernement français ; je n'en crois rien pour ma part. La république française, aux prises avec toutes les puissances de l'Europe, avait alors trop de besogne sur les bras pour s'occuper d'une petite colonie contenant quelques millions d'arpents de neige, suivant une expression peu flatteuse pour nous.

La politique de nos autorités, à cette époque, était soupçonneuse et partant cruelle. On croyait voir partout des émissaires du gouvernement français. Deux Canadiens furent alors expulsés du pays : leur crime était d'avoir été à la Martinique, je crois, dans un navire américain, pour terminer quelques affaires de commerce : on leur fit la grâce d'emmener avec eux leurs femmes et leurs enfants.

* * *

Je fis la rencontre dans un hôtel d'Albany, en l'année 1818, d'un vieillard qui vint passer la soirée dans un salon où nous étions réunis. Il avait bien certainement la tournure d'un Yankee, mais, quoiqu'il parlât leur langue avec facilité, je m'aperçus qu'il avait l'accent français : et comme un Français s'empresse toujours de répondre à une demande polie (soit dit sans offenser d'autres nations moins civilisées), j'abordai franchement la question et je lui demandai s'il était français.

—Certainement, me dit-il ; et je suppose que vous êtes un compatriote ?

—Mais quelque chose en approchant, répliquai-je : je suis d'origine française et citoyen de la ville de Québec.

—Ah ! la cité de Québec ! fit-il, me rappelle de bien douloureux souvenirs. J'ai été incarcéré pendant l'espace de deux ans dans l'enceinte de ses murs, et je veux être pendu comme un chien si je sais, même aujourd'hui, quel crime j'avais commis. C'était, il est vrai, au début de la révolution française, la République était en guerre avec l'Angleterre ; mais, étant sujet américain naturalisé depuis longtemps, je crus pouvoir sans crainte visiter le Canada avec mes marchandises. On m'empoigna néanmoins aussitôt que j'eus franchi la frontière, et je fus enfermé dans le couvent des Récollets à Québec, dont une partie servait alors de prison d'État.

—Vous étiez, lui dis-je, en bonne voie de faire pénitence dans ce saint asile.
—Oh oui! répliqua-t-il, j'en fis une rude pénitence. Je fus longtemps au secret, ne pouvant communiquer avec personne, et j'aurais encore beaucoup plus souffert sans la sympathie des âmes charitables qui m'envoyaient des douceurs et du linge pour me changer.
—Mais, lui dit mon ami feu monsieur Robert Christie, mon compagnon de voyage, vous deviez vous prévaloir de votre titre de citoyen américain?
—C'est ce que je fis, parbleu! répliqua le vieillard; je produisis mes lettres de naturalisation, qui étaient en règle, mais tout fut inutile. On me retint comme émissaire du gouvernement français. Je n'étais pourtant guère pressé de m'occuper de ses affaires. Tandis que mes compatriotes s'égorgeaient comme des sauvages, j'étais trop heureux de vivre tranquillement ici, sous un gouvernement de mon choix. N'importe; à l'expiration de deux ans de captivité, on me mit à la porte, et l'on poussa même la politesse jusqu'à me faire reconduire à la frontière sous bonne escorte. On aurait pu s'en épargner les frais: je ne demandais pas mieux que de fuir cette terre inhospitalière, en jurant de n'y jamais remettre les pieds.

Nous l'invitâmes à souper, et il nous raconta maintes anecdotes divertissantes sur les divers personnages et les autorités de Québec pendant sa réclusion; anecdotes que je me donnerai bien garde de répéter, car il n'épargnait guère son prochain. À notre grande surprise, il avait connu tout le monde, rapportait les faibles de celui-ci, les ridicules et les vices de celui-là, assaisonnait le tout de récits d'aventures assez scandaleuses, dont j'ignorais même une partie et qui se trouvèrent, après information, être véritables.

Je lui parlai de ma famille et il me nomma quatre de mes oncles. Il narrait avec beaucoup de bonheur; et, s'il déversait le sarcasme à pleines mains sur ceux qui l'avaient maltraité, il parlait avec la plus vive reconnaissance de ceux dont il avait eu à se louer.

J'oubliais de dire que les premières paroles qu'il proféra lorsqu'il sut que j'étais de Québec, furent celles-ci:
—Madame La Badie est-elle encore vivante?
Et il se répandit ensuite en éloges sur cette bonne et charitable femme à laquelle il avait tant d'obligation, et de grosses larmes roulèrent dans ses yeux.

(b) J'ai dit et fait même des bêtises pendant le cours de ma longue vie; mais Baron m'a corrigé depuis soixante ans d'en répéter une qui s'est propagée de génération en génération jusqu'à nos jours: c'est autant de gagné.

Le pont de la Pointe-Lévis avait pris à vive et fine glace pendant la nuit; mais les canotiers l'avaient néanmoins traversé avec leurs canots en l'endommageant un peu. Baron, qui avait son franc parler, était au débarcadère de la basse ville, entouré d'un groupe d'hommes considérable.

— Eh bien! maître Baron, dit un citadin, voilà le pont pris malgré vos efforts pour l'en empêcher.

— Il n'y a que les gens de la ville assez simples, répliqua Baron, pour de telles bêtises! Nous traversons le pont avec nos canots, bande d'innocents, quand la glace est faible, crainte d'accident pour nos pratiques qui ne peuvent attendre qu'elle soit plus ferme. Vos imbéciles de la citadelle tirent le canon pour nous disperser, quand ils nous voient de grand matin occupés à préparer des chemins pour descendre nos canots ou pour d'autres objets. Nous ne sommes ordinairement qu'une poignée d'hommes ; mais vous autres qui êtes si fins, mettez-vous donc à l'œuvre, cinq, dix et même vingt mille hommes, et nous verrons si vous le ferez déraper !

Baron avait bien raison : j'ai vu des cinquantaines d'hommes travailler des journées entières pour faire avancer d'un demi-arpent des goélettes prises dans les glaces formées pendant une seule nuit sur de bien petites rivières.

Chapitre III

(a) J'avais vingt ans lorsque je rendis visite à la prétendue sorcière de Beaumont. Je retournais de Saint-Jean-Port-Joli à Québec, après un court voyage chez mes parents. Mon père m'avait donné, à cause de mes péchés, je crois, un de ses censitaires pour charretier : c'était un habitant très à l'aise, mais qui lui devait une quinzaine d'années d'arrérages de cens et rentes. Mon père ainsi que mon grand-père avaient pour principe de ne jamais poursuivre les censitaires : ils attendaient patiemment : c'est un mal de famille. Mon conducteur de voiture était très reconnaissant, à ce qu'il paraît, de cette indulgence ! C'était un de ces hâbleurs insolents, bavard impitoyable, comme on en rencontre quelquefois dans nos paroisses de la Côte du Sud, et qui descendent presque tous de la même souche. Obligé, en rechignant, de s'acquitter envers le père d'une dette légitimement due, il s'en dédommageait amplement sur le fils par une avalanche de sarcasmes grossiers, de bas quolibets, à l'adresse des curés, des seigneurs, des messieurs qu'il gratifiait à n'en plus finir du nom de dos blancs[1], d'habits à poches, etc.

J'étais résigné à endurer ce supplice avec patience, sous l'impression qu'il ne cherchait qu'un prétexte pour me planter là. Arrivé à la paroisse de Beaumont, il me parla de la mère Nolette, la femme savante, la sorcière qui connaissait le passé, le présent et l'avenir ; le tout appuyé d'histoires merveilleuses de curés, de seigneurs, de dos blancs et d'habits à poches qu'elle avait *rembarrés*. Je lui dis à la fin que les gens d'éducation avaient l'avantage sur lui de ne pas croire de telles bêtises, et qu'elle n'avait *rembarré*, suivant son expression, que des imbéciles comme lui.

Ce fut de sa part un nouveau déluge de quolibets.

— Voulez-vous faire un marché avec moi ? lui dis-je : nous allons arrêter chez votre sorcière : si je vous prouve qu'elle n'est pas plus sorcière que vous, ce qui n'est pas beaucoup dire, voulez-vous me promettre de ne plus me parler pendant le reste de la route ?

— De tout mon cœur, me dit-il ; mais prenez garde : je dois vous dire, sans vous faire de peine, qu'elle en a confondu de plus futés que vous.

— Soit, lui dis-je, nous verrons.

C'était bien un antre de sorcière que l'habitation de la mère Nolette : petite maison noire, basse, construite au pied d'une côte escarpée, et aussi vierge de chaux

---

1. Le mot injurieux « dos blancs » venait probablement de la poudre que les messieurs portaient journellement, et qui blanchissait le collet de leurs habits.

en dehors et en dedans que si le bois avec lequel elle avait été construite eût encore poussé dans la forêt. Tout annonçait la pauvreté, sans être la misère absolue.

Nous conversâmes pendant un certain temps : c'eût été de ma part un grand manque aux usages des habitants de la campagne que de l'entretenir immédiatement du sujet de ma visite. La sorcière me parut une femme douce, simple et même bonasse : elle montra pourtant ensuite quelque sagacité en tirant mon horoscope.

Est-ce bien là, pensai-je, cette femme extraordinaire dont j'ai tant entendu parler ? Est-ce bien cette sibylle dont les prédictions merveilleuses ont étonné mon enfance ? C'était pourtant bien elle : et aujourd'hui même, après un laps d'au moins quarante ans qu'elle a passé de vie à trépas, son nom est encore aussi vivace dans nos campagnes de la Côte du Sud qu'il l'était lorsque je lui rendis visite, il y a plus d'un demi-siècle.

Je finis par lui dire que je désirais la consulter, ayant entendu parler d'elle comme d'une femme savante.

— Souhaitez-vous, fit-elle, m'entretenir privément, ou en présence de votre compagnon de voyage ?

— En présence de monsieur, répondis-je.

Et je vois encore la figure triomphalement insolente de mon habitant.

La vieille nous fit passer dans une espèce de bouge obscur où elle alluma une chandelle de suif aussi jaune que du safran, s'assit près d'une table dont elle tira un jeu de cartes qui devait avoir servi à charmer les loisirs du malheureux Charles VI, tant il était vieux et tout rapetassé avec du fil jadis blanc, mais, alors, aussi noir que les cartes mêmes. Les figures étaient différentes de toutes celles que j'avais vues auparavant ; et je n'en ai point vu de semblables depuis. Un grand chat noir, maigre, efflanqué, orné d'une queue longue et traînante, sortant je ne sais d'où, fit alors son apparition. Après avoir fait un long détour en nous regardant avec ses yeux fauves et sournois, il sauta sur les genoux de sa maîtresse. C'était bien la mise en scène d'un bon drame de sorcellerie : tout était prêt pour la conjuration. Mon compagnon me regardait en clignotant de l'œil ; je compris... cela signifiait : enfoncé l'habit à poches !

J'avais eu soin de me placer en face de mon habitant, afin de pouvoir intercepter au besoin tout signe télégraphique entre la sorcière et lui.

— Que souhaitez-vous savoir ? me dit la sibylle.

— Je suis parti d'Halifax, répondis-je, il y a plus d'un mois, et je suis très inquiet de ma femme et de mes enfants.

La vieille remua les cartes, les étendit sur la table et me dit :

— Vous avez eu bien de la misère dans votre voyage !

— Ah ! oui, la mère, lui dis-je : on en mange de la misère, quand on est réduit à faire souvent huit lieues sur des raquettes, et que pour se délasser le soir, on fait un trou dans la neige pour y passer la nuit ; ça n'arrange pas un homme !

— Pauvre monsieur, dit la vieille, en me regardant d'un air de compassion.

Mon Jean-Baptiste[2], commençant à trouver la chambre chaude, défit deux boutons de son capot qui lui serraient la gorge, et s'agita sur son siège.

---

2. Nom que l'on donne souvent aux Canadiens français, mais surtout aux habitants.

— Mais il ne s'agit pas de ma misère, lui dis-je : elle est passée ; je n'y pense plus. Donnez-moi, s'il vous plaît, des nouvelles de ma femme et de mes enfants.

La sorcière rassembla les cartes, les mêla de nouveau, les étendit sur la table, et s'écria :

— Oh ! la jolie créature.

— Mais pas trop laide, fis-je en me rengorgeant.

Mon charretier, qui savait à quoi s'en tenir sur mon prétendu mariage, me lança un regard courroucé et déboutonna son capot jusqu'à la ceinture, qu'il desserra. Il tenait à la réputation de la sorcière, n'aimait pas à la voir mystifiée, encore moins à passer pour un sot lui-même.

— Votre femme, continua la sibylle, se porte bien, bien, et a tout à souhait. Elle s'ennuie un peu, et attend avec hâte une lettre de vous qu'elle recevra bien vite.

— J'en suis bien aise, lui dis-je ; car je lui ai écrit à la sortie du portage, et je craignais que ma lettre eût été perdue. Maintenant, mes enfants ?

Elle fait un tour de cartes et commence à compter « un, deux… » en me regardant attentivement.

— Eh oui, la mère, lui dis-je, deux enfants ; un petit garçon et une petite fille.

Évidemment soulagée, elle s'écria de nouveau :

— Oh ! les beaux petits anges ! comme ils sont gaillards ! Le plus jeune paraît pourtant tourmenté, mais ça ne sera rien : ce sont ses dents qui le font souffrir.

— Justement, la mère, lui dis-je.

Après l'avoir remerciée de ces bonnes nouvelles, je lui donnai une pièce blanche ; prodigalité à laquelle elle ne s'attendait guère, son tarif étant de trois sous pour les pauvres et de six pour les gens riches.

— Partons, dit mon charretier.

— Oui : il fait pas mal chaud ici, répondis-je d'un ton assez goguenard.

Une fois dehors, il lâcha un juron à s'ébranler toutes les dents, sauta dans sa carriole et garda à ma grande satisfaction un silence obstiné jusqu'au passage de la Pointe-Lévis.

* * *

(b) Il y a deux moyens bien simples, suivant la tradition, de se soustraire aux espiègleries des feux follets les plus mal intentionnés. Le premier consiste à demander, à celui qui intercepte votre route, quel quantième est Noël. Le sorcier, toujours peu au fait de notre calendrier, ne sait que répondre, et s'empresse de faire la même question à son interlocuteur. Malheur alors au voyageur s'il hésite seulement à répondre catégoriquement. C'est un pauvre diable bien à plaindre entre les mains d'un sorcier aussi malfaisant.

Les enfants autrefois dans les campagnes ne manquaient pas de s'informer, aussitôt qu'ils commençaient à balbutier, du quantième de Noël, crainte de faire la rencontre d'un feu follet. Ceux qui avaient la mémoire ingrate faisaient la même question vingt fois par jour.

Le second moyen, encore plus infaillible que le premier, est de mettre en croix deux objets quelconques, que le feu follet, toujours mauvais chrétien, ne peut franchir.

Ceci me rappelle une anecdote connue dans ma jeunesse. Plusieurs jeunes gens, retournant chez eux fort tard après une veillée, aperçurent tout à coup un feu follet qui, sortant d'un petit bois, venait à leur rencontre. Chacun s'empresse de mettre en croix au milieu du chemin tous les objets qu'il avait dans sa poche : couteaux, sac à tabac, pipes ; nos jeunes gens rebroussent ensuite chemin en se sauvant d'abord à toutes jambes. Ils se retournent néanmoins à une distance respectueuse et aperçoivent le feu follet qui, après avoir voltigé longtemps autour des objets qu'ils avaient déposés, s'enfonçait de nouveau dans le bois d'où il était sorti.

Il y eut alors une longue discussion entre les jeunes gens.

— Je ne demande pas mieux que de m'en retourner chez nous, disait Baptiste, si François veut passer le premier.

— Non ! répondait François ; passe, toi, José, qui es le plus vieux.

— Pas si fou ! disait José : que Tintin (Augustin) nous donne l'exemple, et nous le suivrons.

Nos braves seraient encore probablement à la même place, si le Nestor de la bande n'eût proposé l'expédient de se tenir tous par la main, et d'avancer comme font les *soldares* en ligne de bataille. Cette proposition fut adoptée ; mais, hélas ! il ne restait plus rien de leurs dépouilles ! le feu follet avait tout emporté. Il est probable qu'un rusé farceur avait voulu hacher son tabac et fumer une pipe à leurs dépens.

Chapitre IV

(a) Anachronisme : la Corriveau ne fut exposée dans une cage de fer qu'après le 15 avril 1763, ainsi qu'il appert par un jugement d'une cour martiale en date de ce jour.

Trois ans après la conquête du pays, c'est-à-dire en 1763, un meurtre atroce eut lieu dans la paroisse de Saint-Valier, district de Québec ; et, quoiqu'il se soit bientôt écoulé un siècle depuis ce tragique événement, le souvenir s'en est néanmoins conservé jusqu'à nos jours, entouré d'une foule de contes fantastiques qui lui donnent tout le caractère d'une légende.

En novembre 1749, une femme du nom de Corriveau se maria à un cultivateur de Saint-Valier.

Après onze ans de mariage, cet homme mourut dans cette paroisse le 27 avril 1760. Une vague rumeur se répandit alors que *la Corriveau* s'était défaite de son mari, en lui versant, tandis qu'il était endormi, du plomb fondu dans l'oreille.

On ne voit pas toutefois que la justice de l'époque ait fait aucune démarche pour établir la vérité ou la fausseté de cette accusation ; et trois mois après le décès de son premier mari, *la Corriveau* se remariait en secondes noces, le 20 juillet 1760, à Louis Dodier, aussi cultivateur de Saint-Valier.

Après avoir vécu ensemble pendant trois ans, la tradition s'accorde à dire que, sur la fin du mois de janvier 1763, *la Corriveau*, profitant du moment où son mari était plongé dans un profond sommeil, lui brisa le crâne, en le frappant à plusieurs reprises avec un *broc* (espèce de pioche à trois fourchons). Pour cacher son crime, elle traîna le cadavre dans l'écurie et le plaça en arrière d'un cheval, afin de faire croire que les blessures infligées par le *broc* provenaient des ruades de l'animal. La Corriveau fut en conséquence accusée du meurtre conjointement avec son père.

Le pays étant encore à cette époque sous le régime militaire, ce fut devant une cour martiale que le procès eut lieu.

La malheureuse Corriveau exerçait une telle influence sur son père (Joseph Corriveau), que le vieillard se laissa conduire jusqu'à s'avouer coupable de ce meurtre : sur cet aveu, il fut condamné à être pendu, ainsi que le constate la pièce suivante extraite d'un document militaire, propriété de la famille Nearn, de la Malbaie.

«Quebec, 10th April, 1763

GENERAL ORDER

The Court Martial, whereof lieutenant colonel Morris was president, having tried Joseph Corriveau and Marie Josephte Corriveau, Canadians, for the murder of Louis Dodier, as also Isabelle Sylvain, a Canadian, for perjury on the same trial. The Governor doth ratify and confirm the following sentence : That Joseph Corriveau having been found guilty of the charge brought against him, he is therefore adjudged to be hung for the same.

The Court is likewise of opinion that Marie Josephte Corriveau, his daughter and widow of the late Dodier, is guilty of knowing of the said murder, and doth therefore adjudge her to receive sixty lashes, with a cat o'nine tails on her bare back, at three different places, viz : under the gallows, upon the market place of Quebec and in the parish of St. Valier ; twenty lashes at each place, and to be branded in the left hand with the letter M.

The Court doth also adjudge Isabelle Sylvain to receive sixty lashes with a cat o'nine tails on her bare back, in the same manner and at the same time and places as Marie Josephte Corriveau, and to be branded in the left hand with the letter P. »

(Traduction)

«Québec, 10 avril 1763

ORDRE GÉNÉRAL

La Cour martiale, dont le lieutenant-colonel Morris était président, ayant entendu le procès de Joseph Corriveau et de Marie-Josephte Corriveau, Canadiens, accusés du meurtre de Louis Dodier, et le procès d'Isabelle Sylvain, Canadienne, accusée de parjure dans la même affaire ; le gouverneur ratifie et confirme les sentences suivantes : Joseph Corriveau, ayant été trouvé coupable du crime imputé à sa charge, est en conséquence condamné à être pendu.

La Cour est aussi d'opinion que Marie-Josephte Corriveau, sa fille, veuve de feu Dodier, est coupable d'avoir connu avant le fait le même meurtre, et la condamne, en conséquence, à recevoir soixante coups de fouet à neuf branches sur le dos nu, à trois différents endroits, savoir : sous la potence, sur la place du marché de Québec et dans la paroisse de Saint-Valier, vingt coups à chaque endroit, et à être marquée d'un fer rouge à la main gauche avec la lettre M.

La Cour condamne aussi Isabelle Sylvain à recevoir soixante coups de fouet à neuf branches sur le dos nu, de la même manière, temps et places que ladite Josephte Corriveau, et à être marquée d'un fer rouge à la main gauche avec la lettre P. »

Heureusement ces sentences ne furent point exécutées, et voici comment le véritable état de la cause fut connu.

Le malheureux Corriveau, décidé à mourir pour sa fille, fit venir le Père Glapion, alors supérieur des Jésuites à Québec, pour se préparer à la mort.

À la suite de sa confession, le condamné demanda à communiquer avec les autorités. Il dit alors qu'il ne lui était pas permis consciencieusement d'accepter la mort dans de pareilles circonstances, parce qu'il n'était pas coupable du meurtre qu'on lui imputait. Il donna ensuite aux autorités les moyens d'arriver à la vérité et d'exonérer Isabelle Sylvain du crime supposé de parjure, dont elle était innocente.

À la suite des procédés ordinaires, l'ordre suivant fut émané :

« Quebec, 15th April, 1763

GENERAL ORDER

The Court Martial, whereof lieutenant colonel Morris was president dissolved.

The General Court Martial having tried Marie Josephte Corriveau, for the murder of her husband Dodier, the Court finding her guilty. The Governor (Murray) doth ratify and confirm the following sentence : — That Marie Josephte Corriveau do suffer death for the same, and her body to be hung in chains wherever the Governor shall think fit.

(Signé) THOMAS MILLS,
T. Major »

(Traduction)

« Québec, 15 avril 1763

ORDRE GÉNÉRAL

La Cour Martiale, dont le lieutenant-colonel Morris était président, est dissoute.

La Cour Martiale Générale ayant fait le procès de Marie-Josephte Corriveau, accusée du meurtre de son mari Dodier, l'a trouvée coupable. Le Gouverneur (Murray) ratifie et confirme la sentence suivante : — Marie-Josephte Corriveau sera mise à mort pour ce crime, et son corps sera suspendu dans les chaînes, à l'endroit que le gouverneur croira devoir désigner.

(Signé) THOMAS MILLS,
Major de ville »

Conformément à cette sentence, Marie-Josephte Corriveau fut pendue, près des plaines d'Abraham, à l'endroit appelé les buttes à Nepveu, lieu ordinaire des exécutions, autrefois.

Son cadavre fut mis dans une cage de fer, et cette cage fut accrochée à un poteau, à la fourche des quatre chemins qui se croisent dans la Pointe-Lévis, près de l'endroit où est aujourd'hui le monument de tempérance — à environ douze arpents à l'ouest de l'église et à un arpent du chemin.

Les habitants de la Pointe-Lévis, peu réjouis de ce spectacle, demandèrent aux autorités de faire enlever cette cage, dont la vue, le bruit et les apparitions nocturnes tourmentaient les femmes et les enfants. Comme on n'en fit rien, quelques hardis jeunes gens allèrent décrocher, pendant la nuit, *la Corriveau* avec sa cage, et allèrent la déposer dans la terre à un bout du cimetière, en dehors de l'enclos.

Cette disparition mystérieuse, et les récits de ceux qui avaient entendu, la nuit, grincer les crochets de fer de la cage et cliqueter les ossements, ont fait passer *la Corriveau* dans le domaine de la légende.

Après l'incendie de l'église de la Pointe-Lévis, en 1830, on agrandit le cimetière; ce fut ainsi que la cage s'y trouva renfermée et qu'elle y fut retrouvée en 1850 par le fossoyeur. La cage, qui ne contenait plus que l'os d'une jambe, était construite de gros fer feuillard. Elle imitait la forme humaine, ayant des bras et des jambes, et une boîte ronde pour la tête. Elle était bien conservée et fut déposée dans les caveaux de la sacristie. Cette cage fut enlevée secrètement, quelque temps après, et exposée comme curiosité à Québec, puis vendue au musée Barnum, à New York, où on doit encore la voir.

Chapitre V

(a) Un îlot dont il existe encore quelques restes, mais plus près du moulin à scie, couronnait le sommet de la chute de Saint-Thomas, pendant mon enfance. On l'abordait quand les eaux étaient basses, soit en passant sur la chaussée même du moulin, soit en traversant dans un petit canot les eaux profondes de l'écluse. Pendant les fréquentes visites que ma famille faisait au seigneur Jean-Baptiste Couillard de L'Épinay, son fils et moi faisions des excursions fréquentes sur l'îlot, où nous avions construit une petite cabane avec les branches de cèdre et de sapin dont il était encore couvert, malgré les ravages fréquents des débâcles du printemps.

Mon jeune ami demanda un jour à son père de lui céder ce petit domaine, dont il avait même déjà pris possession.

— Volontiers, lui dit son père, qui était un savant en *us*, mais quel nom lui donnerons-nous? Attends un peu, et choisis toi-même.

Et il commença alors à faire une nomenclature de toutes les îles connues, je crois, des anciens Grecs et des anciens Romains, et le fils de lui dire:

— Non! non! Il y a une heure que je m'égosille à crier que je veux l'appeler «l'îlot au petit Couillard».

On fut aux voix; et toute la société prit pour l'enfant, malgré les réclamations du père, désolé de ne pouvoir lui donner un nom scientifique.

Toute la société se transporta l'après-midi sur «l'îlot du petit Couillard», où une excellente collation l'attendait ; et mon jeune ami prit possession de son domaine.

Ô le plus ancien et le plus constant de mes amis ! tu m'as abandonné sur cette terre de douleurs, après une amitié sans nuage de plus d'un demi-siècle, pour habiter un lieu de repos. Car toi aussi, ô le plus vertueux des hommes que j'ai connus ! tu as bu la coupe amère des tribulations ! tu as vu passer le domaine de tes aïeux entre les mains de l'étranger ! Et lorsque tu es descendu dans le tombeau, tu n'as emporté avec toi, de toutes tes vastes possessions, de l'îlot même que tu affectionnais pendant ton enfance, que la poignée de terre que le fossoyeur et tes amis ont jetée sur ton cercueil !

Chapitre VI

(a) Quelques personnes m'ont demandé si mon vieux pasteur n'était pas le type d'un ancien curé de la paroisse de Saint-Thomas, qui, lui aussi, avait baptisé et marié tous ses paroissiens, dont il avait enterré trois générations. Oh, oui ! c'est bien le modèle que j'avais sous les yeux en écrivant « La débâcle ». J'ai beaucoup connu le respectable monsieur Verrault, depuis mon enfance jusqu'à sa mort. C'était un prêtre d'un zèle inextinguible, mais aussi indulgent pour les autres qu'il était sévère pour lui-même. Il aimait la société, et se dépouillait, dans ses rapports avec elle, de la rigidité nécessaire au ministre des autels quand il exerce ses fonctions. Ce n'était plus alors que le vieillard gai et aimable, se livrant avec entrain aux charmes de la causerie.

La mansuétude du saint homme fut mise un jour à une rude épreuve, à un souper chez le seigneur du lieu.

J'ai déjà dit, dans une note précédente, que le seigneur Couillard, père de mon ami le docteur Couillard, si avantageusement connu dans le district de Québec, était un savant en *us* ; il parlait les langues latine, anglaise et allemande avec autant de facilité que la sienne propre. Sa mémoire était si prodigieuse, qu'il serait devenu sans doute un linguiste distingué en Europe, où il aurait eu la facilité d'étudier plusieurs idiomes des nations étrangères. Un régiment de troupes allemandes était stationné à Saint-Thomas ; monsieur Couillard fit la connaissance des officiers, et au bout de trois mois, il parlait l'allemand aussi bien qu'eux. Mais grand fut son désespoir, après le départ de ses nouveaux amis, de n'avoir personne pour converser dans une langue qu'il affectionnait.

Il apprend, le jour même du souper dont j'ai parlé plus haut, qu'un docteur allemand, arrivé de la veille, avait élu domicile dans le village de Saint-Thomas. Quelle bonne fortune pour lui ! Il se rappelle les moments agréables qu'il avait passés peu d'années auparavant dans la société du docteur Oliva, marié à sa cousine germaine, médecin aussi distingué dans sa profession que par ses vastes connaissances littéraires ; sans doute que tous les docteurs allemands doivent se ressembler, à peu de chose près. Il se rend aussitôt chez l'étranger, qui lui fait l'accueil le plus aimable. Ils conversent tous deux en allemand pendant deux heures, à se disloquer la mâchoire ; et monsieur Couillard finit par l'inviter à souper pour le soir même.

On allait se mettre à table, lorsque le nouveau docteur arriva *half seas over*, c'est-à-dire à moitié ivre. Le malheureux n'avait, je crois, appris de la langue française qu'un vocabulaire de tous les jurons en usage chez la canaille canadienne, qu'il débitait avec une verve impitoyable. Le pauvre prêtre, assis entre ma mère et la dame de la maison qui présidait à sa table, s'écriait à chaque instant :

— Dites donc un peu (cette locution lui était habituelle) ! dites donc un peu, mesdames, que le bon Dieu est offensé par un homme comme celui-là !

Tout le monde était consterné : madame Couillard lançait des œillades peu bienveillantes à son érudit époux : ces œillades voulaient dire sans doute : « Où as-tu pêché cet animal-là ? » Monsieur Couillard faisait l'impossible pour détourner la conversation entièrement au profit de la langue allemande, mais si les oreilles du saint curé se reposaient tant soit peu, le diable n'y perdait rien, car le docteur devait jurer encore davantage, en se servant de sa langue vernaculaire ; autant qu'on en pouvait juger par les grimaces que faisait son interlocuteur, qui était très pieux.

Le seigneur Couillard finit enfin par où il aurait dû commencer : il dit quelques mots à l'oreille d'un des servants, et, quelques minutes après, on entendit une voiture s'arrêter devant la porte du manoir. Un garçon de ferme entra d'un air effaré, en disant qu'on était venu chercher le docteur pour une femme qui se mourait. Les adieux de l'Esculape furent des plus touchants ; il était complètement ivre, et secoua, les larmes aux yeux, pendant au moins cinq minutes, la main de son généreux amphytrion, sans pouvoir s'en détacher.

Le saint homme de prêtre, très soulagé après le départ de ce malencontreux convive, s'écria :

— Dites donc un peu, mes amis, que le bon Dieu est offensé par cet homme-là.

Il reprit ensuite sa bonne humeur ordinaire, abandonnant pour le quart d'heure le *schlinderlitche* à son malheureux sort.

Il est inutile de dire que tout rapport cessa dès ce jour entre le cher docteur et la bonne société, pendant le peu de temps qu'il résida dans la paroisse.

* * *

Je me permettrai de consigner une autre anecdote, tant j'aime à parler de mes anciens amis. Mon père, sachant que son ami, le même monsieur Couillard, était arrivé à Québec, se rend aussitôt à l'hôtel où il pensionnait, pour lui rendre visite ; il demande à un domestique allemand de le conduire à la chambre qu'occupait le monsieur canadien.

— *Ché* n'ai pas *connaître* de *monchire* canadien, dit le domestique, il être *ichi* trois *Anglais* et une *monchire* allemand, ché lui être une cran pel homme plond, avec de cros chieux bleus et peaucoup crandement des couleurs au fisage.

C'était bien le signalement du cher seigneur : et mon père, sachant que son ami parlait l'allemand, pensa que le domestique l'avait pris pour un compatriote ; il lui dit que c'était le monsieur qu'il désirait voir, mais qu'il était canadien.

— Chez lui il être allemande, fit le domestique, il me l'a dit lui-même, ché lui barlé mieux que moi mon langue. Ché lui barlé moi de l'Allemagne et du crand Frieds (Grand Frédéric) qui me l'a fait donner peaucoup crandement de schlag, quand moi l'être soldat.

Mon père, entendant rire du haut de l'escalier, aperçut son ami qui lui criait de monter à sa chambre :

— Quel diable t'a possédé, dit mon père, de te faire passer ici pour un Allemand ?

— Ce n'est pas moi, répliqua monsieur Couillard en montrant le domestique, c'est lui qui a voulu absolument que je fusse son compatriote ; j'ai accepté bravement mon rôle, et je m'en suis, je t'assure, très bien trouvé ; il est aux petits soins avec moi.

Cher monsieur Couillard ! l'ami d'enfance de mon père, comme son fils était le mien, je lui ai fermé les yeux, il y a cinquante-six ans, dans la rue de la cité de Québec qui porte son nom.

Il tomba malade, à son retour de Montréal, dans une maison de pension, et ne put être transporté chez lui. Tel père, tel fils ; ce sont les deux meilleurs hommes et les deux hommes les plus vertueux que j'aie connus.

Monseigneur Plessis, son ancien compagnon de classe, venait le voir fréquemment pendant sa maladie ; et leurs longues conversations étaient toujours en latin, langue que tous deux affectionnaient.

Je ne puis passer sous silence le fait suivant que nous ne pûmes expliquer. J'avais constamment veillé monsieur Couillard, avec son fils, pendant sa maladie ; et, la nuit qu'il mourut, j'étais encore auprès de lui avec son fils et feu M. Robert Christie, notre ami. Lorsque le moribond fut à l'agonie, je courus chez son confesseur, monsieur Doucet, alors curé de Québec ; il vint lui-même m'ouvrir la porte du presbytère en me disant :

— Fâché de t'avoir fait attendre.

— Comment ! répliquai-je, j'arrive à l'instant même.

— Mon domestique, fit-il, est pourtant venu m'éveiller, il y a environ un quart d'heure, en me disant de me dépêcher, que monsieur Couillard se mourait.

Était-ce une hallucination produite par l'inquiétude qu'éprouvait le prêtre sur l'état alarmant d'un malade qu'il chérissait ? Était-ce l'ange de la mort, faisant sa ronde nocturne, qui s'arrêta au chevet du zélé serviteur du Très-Haut pour lui envoyer une dernière consolation qu'il implorait ? Sa mission funèbre ne fut guère interrompue ; car, à ces mots sublimes prononcés par le prêtre : « Partez, âme chrétienne, au nom du Dieu tout-puissant qui vous a créée ! » cette belle âme s'envola au ciel sur les ailes du messager de Jéhovah !

* * *

b) Cette note peut être utile à plusieurs personnes dans certaines circonstances critiques.

Je puis affirmer que la population mâle de la cité de Québec, à quelques exceptions près, savait nager, il y a soixante ans. Quand la marée était haute le soir pendant la belle saison, les grèves étaient couvertes de baigneurs depuis le quai de la Reine, maintenant le quai Napoléon, jusqu'aux quais construits récemment sur la rivière Saint-Charles, à l'extrémité ouest du Palais. Quant à nous, enfants, nous passions une partie de la journée dans l'eau, comme de petits canards. L'art de la natation était d'ailleurs alors très simplifié : voici ma première et ma dernière leçon.

J'avais près de neuf ans, et je commençais à barboter très joliment au bord de l'eau, en imitant les grenouilles, sans résultat notable. La raison en était bien simple : le volume d'eau n'était pas suffisant pour me faire flotter.

Je sortais un jour de l'école, à quatre heures de relevée, lorsque j'entendis, dans la rue de la Fabrique, la voix d'un gamin en chef qui s'égosillait à crier : *cook ! cook !* C'était un cri de ralliement, dont il m'est difficile de tracer l'origine ; perte très sérieuse, je l'avoue, pour la génération actuelle. Si j'osais néanmoins émettre une opinion sur une question aussi importante, je crois que ce cri venait d'un jeu introduit par les enfants anglais, et que voici. Un de nous, élu roi par acclamation, pendant une belle soirée de l'été, s'asseyait majestueusement, disons, sur les marches de l'église des Récollets, remplacée par le palais de justice actuel ; et de là envoyait ses sujets à tels postes qu'il lui plaisait d'assigner aux coins des rues adjacentes ; mais à l'encontre des potentats de tous les pays du monde, il agissait généralement avec assez d'équité pour que les plus grands se trouvassent les plus éloignés de son trône. Il y avait quelquefois peut-être de la partialité ; mais quel souverain, ou même quel gouvernement constitutionnel peut se flatter d'en être exempt ?

Chacun était au poste à lui assigné ; le roi criait à s'époumonner : *a tanta ! a tanta ! bétri cook !* et chacun d'accourir à qui mieux mieux : le dernier arrivé était passible d'une amende assez arbitraire.

Le lecteur, je suppose, n'est guère plus savant qu'il l'était avant cet exposé ; je vais lui venir en aide. Bien peu de Canadiens français parlaient l'anglais à cette époque ; et ceux qui s'en mêlaient massacraient sans pitié la langue de Sa Majesté Britannique, tandis que les enfants anglais, étant peu nombreux, parlaient le français aussi bien, ou aussi mal que nous. Je dois supposer que ce que nous prononcions *bétri cook* devait être *Pastry cook*, pâtissier, artiste si apprécié de tout temps du jeune âge. Quant aux deux mots, *a tanta*, c'était peut-être notre manière de prononcer *attend all*, rendez-vous tous ; nous en étions bien capables.

Mais revenons à nos moutons. J'avais à peine rejoint mon premier ami qu'un autre petit polisson qui faisait rouler, à force de coups de bâton, un cercle de barrique aussi haut que lui et orné intérieurement de tous les morceaux de fer-blanc qu'il avait pu y clouer, répondit à l'appel en criant aussi *cook ! cook !* Un troisième accourut ensuite en agitant entre ses doigts deux immenses os de bœuf, castagnettes peu coûteuses et très à la mode parmi ces messieurs. Celui-ci criait : « Roule billot, la moelle et les os. » C'était un autre cri de ralliement. Comment me séparer d'une société si distinguée ? J'étais bien, à la vérité, un peu confus, humilié même, de ne pouvoir faire ma partie dans ce charmant concert ! D'abord, les instruments me manquaient, et je n'avais pas même acquis ce cri aigre, aigu, particulier aux gamins des villes, si difficile à imiter pour un petit campagnard récemment arrivé parmi eux. Mais ces messieurs, pleins d'indulgence, en considération des sous qu'ils me suçaient, ne se faisaient aucun scrupule de m'admettre dans leur aimable société.

J'avais malheureusement alors mes coudées franches, étant en pension chez des étrangers ; mon père et ma mère vivaient à la campagne, et j'évitais avec grand soin, dans mes escapades, ceux de mes parents qui demeuraient à Québec. Aussi étais-je, au bout de deux ans, maître passé dans l'art de jouer aux marbres, à la toupie, etc. La marraine, hélas ! était le seul jeu dans lequel je montrais mon infériorité. Il fallait se déchausser pour bien faire circuler une pierre, en se balançant sur un seul pied, à travers un certain nombre de cercles tracés sur la terre ; et ces messieurs, tant ceux qui marchaient assez souvent nu-pieds que ceux qui ôtaient leurs souliers pour l'occasion, avaient un grand avantage sur moi en se servant, pour cette opération, des doigts de pieds avec autant de dextérité que des singes. Certaines habitudes aristocratiques, que j'avais contractées dans ma famille, m'empêchaient de me déchausser dans les rues ! C'était être par trop orgueilleux !

J'avais donc fait beaucoup de progrès dans la gaminerie, mais peu dans mes études, quand mon père, qui appréciait fort peu mes talents variés et estimables, me flanqua (c'était son expression quand il était de mauvaise humeur), me flanqua, dis-je, pensionnaire au séminaire de Québec. Je ne puis nier que j'y gagnai beaucoup ; mais aussi notre bonne ville perdit un de ses polissons les plus accomplis.

Mais revenons encore une fois à mes précieux compagnons, car au train dont je vais, mon histoire sera éternelle, elle n'aura ni commencement ni fin.

— Qu'allons-nous faire ? cria le *roule-billot* en agitant ses castagnettes.

— Nous baigner, répondit le gamin en chef.

Là-dessus, nous descendîmes la côte de Léry, à la course ; et nous fûmes bien vite rendus sur la grève vis-à-vis de la rue Sault-au-Matelot ; la marée était haute et baignait le sommet d'un rocher élevé d'environ sept à huit pieds. Quelques minutes étaient à peine écoulées que mes trois amis se jouaient comme des dauphins dans les eaux fraîches du fleuve Saint-Laurent, tandis que, moi, j'étais resté triste, pensif et désolé, comme la fille du Soleil après le départ d'Ulysse.

— Est-ce que tu ne te baignes pas ? me crièrent les bienheureux dauphins.

— Je ne sais pas nager, répondis-je d'une voix lamentable.

— C'est égal, fit le principal gamin, que j'admirais beaucoup, jette-toi toujours à l'eau, innocent ! Imite la grenouille, et si tu te noies, nous te sauverons.

Comment résister à une offre aussi gracieuse ? « Si tu te noies, nous te sauverons ! » Je fus irrésolu pendant une couple de minutes ; le cœur me battait bien fort : j'avais un abîme à mes pieds. La honte l'emporta, et je m'élançai dans l'eau.

À ma grande surprise, je nageai aussitôt avec autant de facilité que les autres. Je m'éloignai peu d'abord, comme le petit oiseau qui, sortant de son nid, fait l'essai de ses ailes ; et je remontai sur mon rocher. Ah ! que le cœur me battait ! mais c'était de joie alors. Que j'étais fier ! j'avais conquis un nouvel élément. Mes amis s'étaient éloignés ; je jouis pendant un certain temps de ma victoire : et me jetant de nouveau à l'eau, j'allai vite les rejoindre au large. Il ne me manquait que la force musculaire pour traverser le Saint-Laurent.

Je ne conseille à personne de suivre mon exemple, à moins d'être assisté de puissants nageurs. Il est certain que je me serais infailliblement noyé, si ma bonne étoile ne m'eût favorisé : qu'attendre, en effet, d'enfants de mon âge ? Il est même probable que la ville de Québec aurait eu aussi à regretter la perte d'un ou deux autres de ses gamins les plus turbulents.

L'art de nager ne s'oublie jamais ; pourquoi ? parce que tout dépend de la confiance que l'on a en soi-même, c'est la chose la plus simple : chacun pourrait nager, s'il conservait son sang-froid et se persuadait qu'il peut le faire. Le premier mouvement d'une personne qui tombe à l'eau par accident est, aussitôt qu'elle revient à la surface, de se renvoyer la tête en arrière pour respirer, ce qui la fait caler infailliblement. Qu'elle tienne, au contraire, son menton seulement à la surface de l'eau, qu'elle imite les mouvements de la grenouille, ou bien qu'elle batte l'eau alternativement des pieds et des mains à l'instar des quadrupèdes ; et elle nagera aussitôt.

Si, lors du sinistre du vapeur le *Montréal*, brûlé il y a six ans, vis-à-vis du Cap-Rouge, et où tant de malheureux perdirent la vie, des personnes conservant tout leur sang-froid se fussent, après s'être dépouillées de leurs vêtements, précipitées sans crainte dans le fleuve, les pieds les premiers (car il est très dangereux de frapper l'eau de la poitrine sans tomber même de bien haut, le coup étant presque aussi violent qu'une chute sur un plancher) ; si, dis-je, ces personnes eussent suivi la méthode que je viens d'indiquer, il est probable que vingt-cinq naufragés sur trente auraient réussi à sauver leur vie.

Il est très dangereux, même pour un excellent nageur, de secourir une personne en danger de se noyer, sans les plus grandes précautions. J'en ai fait moi-même l'expérience.

Je me promenais un jour sur les bords de la rivière Saint-Charles, près de l'ancien pont Dorchester, avec mon jeune frère, âgé de quinze ans ; j'en avais vingt. Il faisait une chaleur étouffante du mois de juillet, et l'envie de nous baigner nous prit. Il est vrai que la marée était basse ; mais une fosse longue et profonde, près des arches du pont, pouvait suppléer à cet inconvénient quant à moi ; et j'en profitai aussitôt. Mon frère, élevé à la campagne, ne savait pas encore nager, et aurait voulu jouir aussi de la fraîcheur de l'eau, où je me jouais comme un pourcil.

J'eus alors l'imprudence de lui dire, sans autres instructions :

— Ne crains pas, viens avec moi, appuie seulement ta main sur mon épaule droite, nage de l'autre et des pieds, comme tu me vois faire ; et tout ira bien.

Tout alla bien, en effet, pendant quelques minutes ; mais, enfonçant à la fin dans l'eau, il fut saisi d'une frayeur subite, et il m'enlaça au cou de ses deux bras, tenant sa poitrine appuyée contre la mienne. Je ne perdis pourtant pas mon sang-froid dans ce moment critique, où toutes mes ressources de nageur étaient paralysées ; je fis des efforts désespérés pour prendre terre. Efforts inutiles ! le poids de tout son corps suspendu à mon cou m'entraînait à chaque instant au fond de la fosse. Il me fallait, en outre, de toute nécessité, frapper le sable fortement de mes deux pieds pour venir respirer à la surface de l'eau, ce qui me faisait perdre bien du temps, en sorte que je n'avançais guère. Je me déterminai alors à rester au fond de l'eau, et en m'aidant des pieds et des mains, en saisissant les ajoncs et les pierres, d'essayer à sortir de la terrible fosse. Je faisais un peu plus de chemin ; les secondes me paraissaient des siècles, lorsque j'entendis du bruit sur le rivage ; je m'élançai hors de l'eau par un effort puissant, et je distinguai une voix qui criait : « Saisissez la perche ! » Je l'empoignai au hasard, et notre sauveur nous tira tous deux sur le sable. C'était un jeune homme qui, travaillant de l'autre côté de la rivière, aurait pu nous secourir dès le commencement, s'il n'eût pensé que, sachant nager tous deux, nous nous amusions à jouer dans la rivière. Mon frère vomit beaucoup d'eau ; pour moi je n'en avais pas avalé une seule goutte.

J'ai souvent failli me noyer par mes imprudences, mais je n'ai jamais couru un si grand danger.

Le proverbe populaire : beau nageur, beau *noyeur*, est vrai à certains égards : nous étions tous alors d'une témérité qui me fait frémir maintenant. Si l'un de nous disait : « Vous n'êtes pas capables de nager jusqu'à ce navire ancré dans la rade », rien n'empêchait les autres d'accepter le défi, ni la marée contraire, ni le vent, ni même la tempête. Il ne faut pas néanmoins en conclure que l'art de la natation doit être négligé. En voici encore un exemple entre mille.

Je me promenais, étant enfant, sur le fleuve Saint-Laurent dans un bien petit canot avec un de mes jeunes amis, lorsqu'en nous penchant tous deux par inadvertance sur un des bords de la légère embarcation, nous la fîmes chavirer. Renversés en arrière, nous fîmes une culbute qui nous procura l'agrément de faire la connaissance de quelques poissons, à deux ou trois brasses de profondeur, avant de reprendre l'équilibre pour remonter à la surface de l'eau ; mais, loin d'être déconcertés, ce ne fut qu'un nouveau surcroît de jouissance pour nous. Aussi notre premier mouvement fut de rire aux éclats en nageant vers notre canot et vers nos chapeaux que le courant emportait. Après mûre délibération, nous convînmes de faire un paquet de nos hardes, savoir : gilets, chaussures, chapeaux ; et, à l'aide de nos cordons de souliers, de les déposer sur la quille de la petite barque, transformée en dos d'âne, avec son bât pour l'occasion. La marée aidant, nous réussîmes à remorquer le canot jusqu'à terre. Nous n'avancions guère à la vérité, et ça nous prit beaucoup de temps ; mais nous avions un endroit de refuge, en nous accrochant à la barque quand nous étions fatigués.

Voilà un exemple frappant de l'utilité de savoir nager : ce qui ne fut pour nous qu'une partie de plaisir aurait probablement été un accident fatal à d'autres qui, dans notre position, auraient ignoré cet art utile.

* * *

(c) Quoique ami du progrès, je ne puis m'empêcher d'avouer qu'il y avait beaucoup de charme, de poésie même pour la jeunesse, dans la manière primitive dont on passait les rivières, il y a soixante ans. Aucun pont n'existait alors sur la rivière des Mères, sur les deux rivières vis-à-vis le village de Saint-Thomas et sur celle de la Rivière-Ouelle. Quant à cette dernière, comme je l'ai toujours traversée dans un bac, avec cheval et voiture, je n'en parle que pour mémoire. Il est vrai qu'elle avait aussi ses agréments : le câble était sujet à se rompre pendant la tempête, ou par la force du courant ; et si, par malheur, la marée baissait alors, le bac et sa charge couraient grand risque d'aller faire une petite promenade sur le fleuve Saint-Laurent. J'ai entendu parler d'un accident semblable, où plusieurs personnes faillirent perdre la vie.

On passait les trois premières rivières à gué, quand les eaux étaient basses, en sautillant dans la voiture comme un enfant qui marcherait pieds nus sur des écailles d'huîtres ; mais c'était un plaisir pour la jeunesse, folle de la danse. Il arrivait bien parfois des accidents sérieux ; mais la vie n'est-elle pas semée de ronces et d'épines ?

J'ai vu, un jour, mon père et ma mère verser en traversant le bras de Saint-Thomas ; mais ce n'était pas la faute de l'aimable rivière. Mon père conduisait deux chevaux un peu violents, attelés de front ; une des guides s'accrocha je ne sais à quelle partie du harnais, une des roues de la voiture monta sur une roche énorme, et il fallut bien faire la culbute dans l'eau, d'ailleurs très limpide et peu profonde, mais très solidement pavée de gros cailloux. Comme c'était à cette époque la seule manière de traverser le bras, je n'ai jamais ouï-dire que mon père lui ait gardé rancune ; il s'en est toujours pris aux rênes qu'il tenait en main.

Mais l'agrément! ce que j'appelle agrément! était de passer ces rivières quand les eaux étaient trop profondes pour les franchir à gué.

Un voyageur arrive au village de Saint-Thomas, dans une calèche, avec sa famille. Métivier, le seul et unique batelier, demeure de l'autre côté de la rivière, et il n'est pas toujours d'humeur accostable; je dois, cependant, lui rendre la justice de dire qu'après maints signaux, et lorsque le requérant a les poumons vides, ou peu s'en faut, le batelier se décide à donner signe de vie en quittant la rive opposée dans une espèce de coque de noix qu'il affirme être un canot.

Le plus difficile, d'abord, est de traverser la calèche, beaucoup trop large pour entrer dans la barque; cependant, Métivier, après avoir beaucoup pesté contre les voyageurs en général qui se servent de voitures en dehors de toutes proportions légitimes, et contre sa chienne de pratique en particulier, finit par poser la calèche sur le haut du canot, les roues traînantes dans l'eau de chaque côté d'icelui. Il a beau protester ensuite qu'il n'y a aucun danger à faire le trajet avec une compagne aussi aimable, pourvu que l'on sache bien garder l'équilibre, personne ne veut en courir les risques; et cela sous le vain prétexte que la rivière est très rapide et que l'on entend le bruit de la cataracte qui mugit comme un taureau en fureur à quelques arpents au-dessous du débarcadère. Comme personne n'a voulu servir de lest vivant, Métivier[3], après avoir voué les peureux à tous les diables, jette quelques grosses pierres au fond du canot; et, comme l'acrobate Blondin, il sait bien conserver l'équilibre, malgré les oscillations de la calèche, qui franchit, sans plus de danger que lui, sinon le Niagara, du moins la rivière du Sud.

Et le cheval maintenant! Ah! le cheval! c'est une autre affaire. Il regarde tout, d'un air inquiet, il renâcle fréquemment, tandis qu'on le tient poliment par la bride, seule partie qui lui reste de son harnais. Comme il ne se soucie guère de se mettre à l'eau, un combat toujours opiniâtre s'engage alors entre la bête et les gens qui, à grands renforts de coups de fouet, veulent l'obliger à traverser seul la rivière; mais comme il se trouve le plus maltraité, il finit par succomber dans la lutte, se jette à la nage, se promettant bien sans doute de prendre sa revanche à l'autre rive où on le guette. Aussi a-t-il bien soin de ne jamais prendre terre où ses ennemis l'attendent.

Oh! comme je riais de bon cœur lorsque je voyais le noble animal, libre de toute entrave, franchir les clôtures, courir dans les champs et dans les prairies, pendant que ses ennemis suaient à grosses gouttes pour le rattraper.

J'ai dit plus haut que j'étais ami du progrès: je me rétracte. La civilisation a tué la poésie: il n'y en a plus pour le voyageur. Belle prouesse, en effet, exploit bien glorieux que de passer sur un pont solide comme un roc, et assis confortablement dans une bonne voiture! Aussi dois-je garder de la rancune à M. Riverin qui, le premier, vers l'année 1800, a privé le voyageur du plaisir de passer la rivière des

---

3. Que la terre qui recouvre le brave et honnête Métivier lui soit légère! Que ses mânes me pardonnent d'avoir évoqué son souvenir! Si le voyageur ingrat l'a oublié, je me plais, moi, à le faire revivre dans cette note: il a fait rétrograder de soixante et quelques années l'ombre qui marque les heures sur le cadran de ma vie. Ce n'a été, il est vrai, que pendant un instant; mais quel instant précieux pour le vieillard que celui qui lui rappelle quelques bonnes jouissances de sa jeunesse!

Mères avec ses anciens agréments. J'ai de même beaucoup de peine à pardonner à M. Fréchette qui, en l'année 1813, a construit sur la rivière du Sud le superbe pont dont s'enorgueillit le village de Montmagny. Je crois encore en vouloir davantage au seigneur de la Rivière-Ouelle d'avoir construit un pont magnifique sur la rivière du même nom. Il y avait tant d'agrément à haler, en chantant, le câble de l'ancien bac, après avoir failli verser de voiture en y embarquant. On a proclamé bien haut que ces messieurs avaient été les bienfaiteurs de leur pays! bienfaiteurs, oui; mais, poètes, non.

(d) Je descendais, pendant une belle nuit du mois de juin de l'année 1811, à la cour de circuit de la paroisse de Kamouraska.

Le conducteur de ma voiture était un habitant de la paroisse de Saint-Jean-Port-Joli, nommé Desrosiers, homme non seulement de beaucoup d'esprit naturel et d'un jugement sain, mais aussi très facétieux. Je le fis asseoir à côté de moi, quoiqu'il s'en défendît d'abord: mon père et ma mère m'avaient accoutumé, dès l'enfance, à traiter avec beaucoup d'égards nos respectables cultivateurs. Je ne me suis jamais aperçu que cette conduite nous ait fait moins respecter de cette classe d'hommes estimables; bien au contraire.

Après avoir épuisé plusieurs sujets, nous parlâmes des revenants, auxquels Desrosiers croyait *mordicus*, avec une espèce de raison appuyée sur une aventure qu'il me raconta.

— Je rencontrai, un soir, me dit-il, un de mes amis arrivant d'un long voyage. C'était auprès d'un jardin où avait été enterré un Canadien rebelle, auquel le curé de la paroisse avait refusé de donner la sépulture ecclésiastique[4]. Il y avait longtemps que nous ne nous étions vus, et nous nous assîmes sur l'herbe pour jaser. Je lui dis, dans le cours de la conversation, que Bernuchon Bois était mort.

— Est-il trépassé? dit-il, avec sa grande pipe dans la bouche, qu'il ornait de toutes les plumes de coq vertes et rouges qu'il pouvait ramasser.

— Oui, lui répondis-je en badinant: je crois qu'il ne l'a lâchée que pour rendre le dernier soupir.

---

4. On remarquait autrefois plusieurs de ces tombes, le long de la Côte du Sud. C'étaient celles d'un certain nombre de Canadiens rebelles, qui, pendant la guerre de 1775, avaient pris fait et cause pour les Américains, et auxquels leurs curés avaient été obligés, quoique bien à regret, de refuser la sépulture ecclésiastique, à cause de leur obstination à ne pas vouloir reconnaître leur erreur. Ces infortunés, ayant appris que les Français combattaient pour la cause de l'indépendance, s'imaginèrent, à l'époque de l'invasion de 1775, qu'en se rangeant du côté des Américains, ils verraient bientôt venir les Français derrière eux. Le souvenir de la conquête était, en effet, bien vivant alors, et les persécutions du gouvernement n'avaient pas peu contribué à attiser les haines invétérées des Canadiens contre les Anglais. Il était donc bien naturel de voir les malheureux vaincus tourner toujours leurs regards attristés vers l'ancienne patrie, d'où ils espéraient toujours voir revenir «leurs gens». On rapporte qu'un de ces rebelles étant à son lit de mort, le curé vint l'exhorter à avouer sa faute. Le mourant se soulève à demi, et le regarde d'un air de mépris en lui disant: «Vous sentez l'Anglais!» Puis il se retourne du côté de la muraille et expire.

Et là-dessus nous nous mîmes à faire des charades qui n'avaient plus de fin.

Vous savez, monsieur, ajouta Desrosiers, que les habitants se servent toujours de *brûlots* bien courts : c'est plus commode pour travailler ; mais le défunt Bernuchon était un homme glorieux, qui portait haut ; et il fumait constamment, même pendant les jours ouvriers, avec une longue pipe ; il en avait en outre une, pour les dimanches, ornée comme l'avait dit mon ami. Les *jeunesses* s'en moquaient, mais il ne voulait pas en démordre. Tous ces badinages étaient bons de son vivant ; mais c'était très mal à nous de le charader, quand il était à dix pieds de nous, bien tranquille dans son cercueil. Les morts sont rancuneux, et ils trouvent toujours le moyen de prendre leur revanche : on ne perd rien pour attendre ; quant à moi, je n'attendis pas longtemps, comme vous allez voir.

Il faisait une chaleur étouffante du mois de juillet ; le temps se couvrit tout à coup, si bien qu'en peu d'instants il fit aussi noir que dans le fond d'une marmite. Un éclair dans le sud nous annonça l'orage, et mon ami et moi nous nous séparâmes après avoir bien ri du défunt Bernuchon et de sa grand'pipe.

J'avais près de trois bons quarts de lieue pour me rendre chez moi ; et plus j'avançais, plus je me trouvais mal à l'aise de m'être moqué d'un chrétien qui était *défunté*... Boum ! boum ! un coup de tonnerre ; le pas commence à me ralentir : j'avais une pesanteur sur les épaules. Je faisais mon possible pour hâter le pas, je pensais toujours au défunt et je lui faisais bien des excuses d'en avoir fait des risées. Cri ! cra ! cra ! un épouvantable coup de tonnerre, et je sens aussitôt un poids énorme sur mon dos, et une joue froide collée contre la mienne ; je ne marchais plus qu'en tricolant.

Ce n'était pourtant pas, ajouta Desrosiers, la pesanteur de son corps qui me fatiguait le plus : c'était un petit homme chétif de son vivant ; j'en aurais porté quatre comme lui, sans me vanter ; et il devait encore avoir pas mal racorni depuis trois ans qu'il était en terre. Ce n'était donc pas sa pesanteur qui me fatiguait le plus, mais... Tenez, monsieur, faites excuse si je suis obligé de jurer ; je sais que ce n'est pas poli devant vous.

— À votre aise, mon cher Desrosiers, lui dis-je ; vous contez si bien que je consentirais à vous voir souffrir quelques mois de purgatoire plutôt que de supprimer les moindres circonstances de votre intéressante aventure.

— C'est de votre grâce, monseigneur, répliqua-t-il tout fier de mon éloge.

Desrosiers se faisait courtisan : je n'étais alors seigneur qu'en perspective. Si je lui eusse demandé l'heure, il m'aurait probablement répondu : l'heure qu'il plaira à votre seigneurie, comme fit à Sa Majesté Louis XIV je ne sais quel courtisan, d'une flatterie sans pareille.

Desrosiers, alors, libre de toute entrave, grâce à ma libéralité de vingt-cinq ans, continua son récit dans les mêmes termes :

— Ce n'était donc pas sa pesanteur qui me fatiguait le plus, mais c'était sa s...ée pipe, qui me battait continuellement le long de la gueule.

— Certes, lui dis-je, un évêque même vous pardonnerait, je crois, ce juron.

Et me voilà pris d'une telle fougue de rire que je ne pouvais plus m'arrêter. C'était ce bon, ce franc rire de la jeunesse, alors que le cœur est aussi léger que l'air qu'il respire. Mon compagnon ne partageait guère mon hilarité, et paraissait au contraire très mécontent.

Je voulus ensuite badiner en lui disant que c'était, sans doute, un mendiant qui, n'ayant pas les moyens de payer la poste, lui avait monté sur les épaules pour voyager plus à l'aise. Et je recommençai à rire de plus belle.

Enfin, voyant qu'il me boudait, je tâchai de lui faire comprendre que tout ce qui lui était arrivé était très naturel ; que les impressions de son enfance, que la ferme croyance où il était que les morts se vengent de ceux qui s'en moquent, que l'état pesant de l'atmosphère, que le coup de tonnerre qui l'avait probablement électrisé, avaient causé ce cauchemar ; qu'aussitôt que la peur maîtrisait un homme, il ne raisonnait guère plus qu'un cheval saisi d'épouvante, qui va follement se briser la tête contre une muraille.

— Ce que vous me dites là, monsieur, fit Desrosiers, a bien du bon sens, et je me rappelle, en effet, qu'étant enfant, je me réveillai, la nuit, en peur ; j'étais dans les bras de ma mère qui tâchait de me consoler, ce qui ne m'empêchait pas de voir toujours notre gros bœuf rouge qui voulait m'encorner, et je continuai à crier longtemps, car il était toujours là qui me menaçait.

Je sais que les gens instruits ne croient pas aux revenants, ajouta-t-il ; ils doivent en savoir plus long que les pauvres ignorants comme nous, et je pense vraiment que le tout était l'effet de mon imagination effrayée. N'importe, une fois dans ma maison, je fus un peu soulagé ; mais je ne fus débarrassé de Bernuchon et de sa... j'allais encore jurer.

— Ne vous gênez pas, lui dis-je ; je trouve que vous jurez avec beaucoup de grâce, et que votre récit perdrait infiniment de son sel sans cela.

— Non, non, fit Desrosiers ; vous en parlez à votre aise, vous, avec vos quelques mois de purgatoire qui ne vous feront pas grand mal. Je vois maintenant que chacun pour soi est la meilleure des maximes. Je conclurai donc en disant que je ne fus débarrassé de Bernuchon et de son insécable pipe que dans mon lit, à côté de ma femme.

Pourriez-vous me dire, vous qui êtes un avocat d'esprit, continua mon compagnon, qui me conservait un peu de rancune, si chaque religion a son enfer ?

— Comment ! chaque religion son enfer ? dis-je.

— Oui, monsieur ; un enfer pour les catholiques, un enfer pour les protestants, un enfer pour les juifs, et chacun à son à part ?

— Je ne suis guère versé dans la théologie, repris-je pour le faire parler ; pourquoi me faites-vous cette question ?

— Ah dame ! voyez-vous, quand le bétail est bien nombreux, il faut bien faire des séparations dans les écuries et dans les étables. Mais ce n'est pas cela qui m'inquiète le plus : ce sont ces pauvres protestants qui doivent avoir un enfer bien rude à endurer, eux qui ont aboli le purgatoire, et qui sont si tendres à leur peau, qu'ils ne veulent ni jeûner ni faire carême : ça doit chauffer dur, allez. Vous comprenez, n'est-ce pas, que les plus grands pécheurs de notre religion font toujours un petit bout de pénitence de temps à autre ; autant de pris, autant de payé, et notre enfer doit moins chauffer.

— Savez-vous, Desrosiers, lui dis-je, que vous m'inquiétez...

— Ne soyez pas en peine, monsieur ; les avocats ne seront pas logés dans le grand enfer avec les autres, ils auraient bien vite tout bouleversé avec leurs chicanes, si bien que Satan n'aurait pas assez de diables pour faire la police.

— Qu'en ferez-vous donc ? m'écriai-je en éclatant de rire.

— Ils auront leur petit enfer, bien clos, bien chauffé, bien éclairé même pour se voir mieux, où, après avoir mangé les pauvres plaideurs sur la terre, ils se dévoreront à belles dents, sans que le diable s'en mêle.

Desrosiers s'était vengé de moi. Ce fut à son tour de rire, et je fis chorus de grand cœur.

— Maintenant, lui dis-je, que vous avez disposé si charitablement des avocats, que ferez-vous des docteurs ?

— Il ne faut pas dire du mal de son prochain, reprit-il. (Desrosiers ne comptait pas, à ce qu'il paraît, les avocats comme son prochain.) Je n'en connais qu'un âgé de quatre-vingts ans, et j'espère que le diable lui fera avaler toutes les pilules de terre glaise qu'il a fait prendre à ses malades ; ma pauvre femme en a pris six pour sa part d'une haleinée, et a pensé en crever à la peine[5]. Il lui avait expressément recommandé de n'en prendre qu'une à la fois, soir et matin, mais comme il la soignait à l'entreprise, elle croyait, avec raison, que c'était pour ménager ses remèdes, et elle se dit en englobant les six boulettes d'une gueulée : je vais l'attraper, et il faudra bien qu'il m'en donne d'autres.

Le soleil, qui s'était levé radieux sur les côtes de Pincourt, éclairait alors un des plus beaux sites du Canada et mit fin à notre conversation. Nous étions à Kamouraska, où quatre cents causes nouvelles, à expédier en deux jours, attendaient avocats et greffiers. Nous n'étions que quatre avocats récemment admis au barreau, MM. Vallières, LeBlond, Plamondon et moi, et nous fîmes honneur à toute cette besogne, aux dépens, je crains bien, de nos pauvres clients. Comme j'étais seul d'entre nous qui fût connu dans les paroisses d'en bas, et que j'eusse le choix de presque toutes les causes, j'ai souvent pensé depuis à la place que le charitable Desrosiers avait assignée à Messieurs les membres du barreau, partis de Québec pour assister à la seule cour de tournée qui se tenait alors une fois par année, seulement, dans la paroisse de Kamouraska, et comprenait un immense arrondissement.

Chapitre IX

(a) Cette aventure n'est arrivée que cinquante ans après ; et voici dans quelles circonstances elle me fut racontée par trois chasseurs qui faillirent être les victimes de leur imprévoyance. C'était vers l'année 1817, que, passant un mois à Saint-Jean-Port-Joli, M. Charron, négociant, et deux notables de l'endroit du nom de Fournier, oncles du représentant actuel du comté de l'Islet, m'invitèrent, ainsi que notre respectable et aimable curé, Messire Boissonnault, à une partie de chasse sur la batture aux Loups-Marins.

Nous étions à la grande mer d'août, époque de l'ouverture de la chasse au petit gibier sur cette batture. Lorsque nous l'abordâmes, elle était littéralement couverte de pluviers, de corbigeaux et d'alouettes. Quelle aubaine pour un chasseur

---

5. Un docteur pesait, avec précaution, une dose d'émétique pour un habitant, en présence de l'auteur : «Allons donc, M. le docteur, dit Jean-Baptiste, on vous paie bien : donnez bonne mesure ! »

citadin! L'enthousiasme me domine, je saisis mon fusil, je saute à terre et laisse mes compagnons s'éreinter à monter la chaloupe sur le sable.

J'avais déjà tiré sept ou huit coups de fusil au grand amusement de mes compagnons de chasse, qui n'étaient qu'à moitié de leur besogne, lorsque M. Charron, qui était très farceur, me cria en riant: Bravo, mon seigneur! encore un coup! tâchez de laisser le père et la mère pour empêcher la race de s'éteindre! On vous le passe pour cette fois-ci; mais gare à votre prochaine visite à la batture.

Je ne compris que la première partie de l'apostrophe ironique, et je continuai mon massacre de petit gibier.

Chacun se dispersa ensuite sur la grève, et la nuit seule nous réunit à la cabane où nous préparâmes aussitôt l'*apola*, ou étuvée d'alouettes avec pommes de terre, mie de pain et *michigouen* : plat obligé des chasseurs qui fréquentent la batture à cette saison, nonobstant les amples provisions dont ils sont munis. Le *michigouen*, qui a conservé son nom indigène, est une espèce de persil d'un arôme bien supérieur à celui de nos jardins : il donne surtout un fumet exquis au saumon frais.

En attendant la cuisson de notre apola, je demandai à M. Charron ce que signifiaient les dernières paroles qu'il m'avait adressées et que je n'avais pas comprises. Il commença alors, en présence des deux messieurs Fournier, ses compagnons d'infortune, à me faire le récit que j'ai mis dans la bouche de mon oncle Raoul. Quoique M. Charron fût le plus jeune et d'une force athlétique, il aurait certainement succombé le premier sans le secours qu'ils reçurent des gens de l'île aux Coudres. Mais laissons-le parler lui-même :

—J'étais si épuisé que j'étais presque toujours assoupi; et, pendant cette espèce de sommeil, je ne faisais qu'un seul et unique rêve : j'étais à une table couverte des mets les plus appétissants, et je mangeais avec une voracité de loup, sans pouvoir me rassasier! Eh bien! n'allez pas croire qu'une fois réveillé, j'eusse seulement l'idée de désirer ces mets : oh non! Au milieu de mes souffrances atroces, je m'écriais : Ma fortune entière pour la nourriture que mes domestiques donnent chez moi à mes plus vils animaux.

Vous voyez, continua M. Charron, ce caillou qui est là à une demi-portée de fusil : je sors un jour en chancelant de la cabane avec mon fusil, et j'aperçois une corneille sur ce même caillou. Je la couche en joue, et alors au lieu d'une corneille, j'en vois trois; je tire et la corneille s'envole : il n'y en avait pourtant qu'une seule; et moi qui suis, sans me vanter, un excellent chasseur, je l'avais manquée presque à bout portant. Je la convoitais avec tant d'avidité que je l'aurais croquée crue avec ses plumes. Je compris alors toute l'horreur de ma situation, et quelques larmes coulèrent de mes yeux.

—Je ne puis concevoir, lui dis-je, comment cinq hommes ont pu vivre pendant dix-sept jours sur un seul pain et une bouteille de rhum.

—C'est pourtant la vérité, répliqua-t-il; car, excepté quelques têtes d'anguilles et quelques pelures de patates gelées, que nous trouvâmes dans le sable, nous n'eûmes pas d'autre nourriture.

—Maintenant, repris-je, les paroles que vous m'avez adressées lorsque je chassais?

—Ce n'était qu'un badinage, répliqua-t-il, sur la peine que vous vous donniez pour tuer une quinzaine d'alouettes par coup de fusil, quand elles sont dispersées à basse marée sur toute la batture, tandis qu'en attendant comme nous une couple d'heures, vous en auriez tué cinquante, soixante et souvent cent d'un seul coup de fusil. Et ensuite, ajouta-t-il, c'était un petit reproche de ne pas nous aider à monter sur le sable notre chaloupe qui est très pesante : car depuis notre triste aventure, nous sommes convenus entre chasseurs de ne jamais tirer un seul coup de fusil avant de l'avoir mise hors de toute atteinte de la marée ; mais vous êtes étranger, et ça ne vous regardait pas : ce n'était qu'un badinage.

J'ai fait ensuite la chasse avec les mêmes personnes pendant une dizaine d'années ; mais je n'avais garde de me soustraire à un règlement aussi prudent.

* * *

(b) J'ai bien connu, pendant mon enfance, et même à un âge plus avancé, la pauvre Marie, que les habitants appelaient la Sorcière du Domaine, qui avait fait partie d'un ancien domaine de mon grand-père. C'était une belle femme, d'une haute stature, marchant toujours les épaules effacées, et d'un air fier et imposant. Malgré sa vie errante et sa réputation de sorcière, elle n'en jouissait pas moins d'un haut caractère de moralité. Elle se plaisait à confirmer les habitants dans leur croyance et simulait souvent un entretien avec un être invisible, qu'elle faisait mine de chasser, tantôt d'une main, tantôt de l'autre.

Il serait difficile de résoudre pourquoi, femme d'un riche cultivateur, elle abandonnait sa famille pour mener une vie si excentrique. Elle allait bien quelquefois chercher des vivres chez son mari, mais elle mangeait le plus souvent dans les maisons des cultivateurs, qui la craignaient plus qu'ils ne l'aimaient, n'osaient lui refuser ce qu'elle leur demandait même à emporter, crainte des ressorts (maléfices) qu'elle pouvait jeter sur eux.

On s'entretenait souvent, dans ma famille, de cette femme excentrique. On supposait qu'il y avait autant de malice que de folie dans son caractère aigri par des chagrins domestiques, causés peut-être par un mariage mal assorti.

Mon père et ma mère lui disaient souvent, quand elle faisait ses momeries à leur manoir, où elle venait fréquemment :

— Tu dois bien savoir, Marie, que nous n'ajoutons pas foi à tes prétendus entretiens avec le diable ! Tu peux en imposer aux superstitieux habitants, mais non pas à nous.

Ce qui ne l'empêchait pas de soutenir qu'elle conversait souvent avec le mauvais esprit, qui la tourmentait quelquefois plus qu'à son tour, disait-elle.

Il y avait longtemps que mon père voulait s'assurer si elle était vraiment de mauvaise foi, ou si, dans sa folie, elle croyait voir et entendre l'esprit de ténèbres. Un jour donc, pendant mes vacances de collège, il la soumit à l'épreuve qu'il préméditait. Nous la vîmes venir de loin, et, pensant bien qu'elle ne passerait pas sans nous rendre visite, nous nous préparâmes en conséquence.

— Bienheureuse de te voir, ma pauvre Marie, lui dit ma mère : je vais te faire préparer un déjeuner.

— Merci, madame, dit Marie, j'ai pris ma suffisance.

— N'importe, reprit ma mère, tu vas toujours prendre une tasse de thé.

Il était difficile de refuser une offre aussi gracieuse : le thé était, à cette époque, un objet de luxe très rare même chez les riches habitants.

— Pas de refus pour un coup de thé, dit Marie.

Elle avait à peine avalé deux gorgées du délicieux breuvage, qu'elle commença son monologue ordinaire : « Va-t'en, laisse-moi tranquille ; je ne veux pas t'écouter. »

— As-tu jamais vu le diable, auquel tu parles si souvent ? fit ma mère.

— Je l'ai vu plus de cent fois, répliqua la sorcière : il n'est pas si méchant que le monde pense, mais pas mal tourmentant par *escousse*.

— Si tu le voyais, dit ma mère, tu n'en aurais donc pas peur ?

— En voilà une demande ! fit Marie.

Et elle avala une autre gorgée de thé, après avoir entamé sa galette.

La porte s'ouvrit au même instant, à un signe que fit mon père par la fenêtre, et donna passage à une espèce de démon d'environ quatre pieds de haut, revêtu d'une chemise d'homme de grosse toile qui lui tombait jusqu'aux genoux, et laissait voir à nu des bras, des jambes et des pieds d'un noir de mulâtre. Ce farfadet portait sur sa figure un masque horrible, orné de cornes, et tenait une fourche de fer dans sa main droite. Ce diablotin était tout simplement Lisette, fille mulâtre que mon grand-père avait achetée à l'âge de quatre ans, et qui en avait alors seize à dix-sept. Quant au masque, je l'avais apporté de Québec.

L'épreuve était trop forte ; la pauvre femme devint pâle comme une morte, poussa un cri lamentable, et se sauva dans une chambre, où elle se barricada avec tous les meubles, qu'avec une force surhumaine elle empila contre la porte.

Nous étions tous au désespoir d'une imprudence qui pouvait avoir des suites funestes pour cette malheureuse femme. Ma mère, tout en se désolant, tâchait de calmer Marie en lui criant que c'était un tour qu'on lui avait fait ; que le prétendu diable n'était que la mulâtresse. Elle finit par lui faire entendre raison en lui montrant toutes les pièces de la mascarade, par la fenêtre de la chambre où elle s'était enfermée. Elle lui fit avaler ensuite des gouttes de je ne sais quoi, lui fit boire du vin chaud, et la renvoya chargée de présents, mais avec la ferme résolution de ne plus se prêter, à l'avenir, à de tels badinages. J'ai toujours entendu dire que la folle du domaine avait cessé d'habiter sa cabane après cette aventure.

Chapitre X

(a) Monsieur James Caldwell, réfugié à Québec après la prise du Détroit, et cousin germain de ma femme (son père ayant épousé une demoiselle Baby, du Haut-Canada), me racontait, vers l'année 1814, une anecdote à peu près semblable. Son frère, le capitaine John Caldwell, ayant rendu à un sauvage ivrogne un service à peu près analogue à celui que j'ai consigné, l'indigène réformé voulut d'abord lui témoigner sa reconnaissance en lui offrant de riches présents d'une manière assez singulière, quoique dans les mœurs de ces barbares.

Il apprend que son bienfaiteur est en danger de mort des suites d'une blessure qu'il avait reçue, dans un combat, pendant la dernière guerre américaine avec l'Angleterre. Il se rend au chevet du lit du malade avec deux prisonniers américains qu'il avait faits, et lui dit :

— Tiens, mon frère, je vais casser la tête à ces deux chiens de grands couteaux (noms que les sauvages donnaient aux Américains), et le manitou satisfait te laissera vivre.

Le capitaine Caldwell eut beaucoup de peine à empêcher le sacrifice au manitou, mais, à force de supplications, la reconnaissance l'emporta, et l'Indien lui fit présent des deux prisonniers.

Les circonstances qui accompagnèrent la blessure de Caldwell méritent d'être rapportées. Dans un combat qu'il livrait aux Américains avec nos alliés sauvages, il aperçut un soldat ennemi blessé, qui faisait des efforts inutiles pour se relever ; mû par la compassion, il courut à lui, afin d'empêcher les Indiens de le massacrer ; mais, comme il se baissait en disant à l'Américain de ne rien craindre, et qu'il allait le protéger, celui-ci tira un couteau et le lui passa au travers de la gorge. Caldwell tomba à terre, et l'Américain, penché à son tour sur lui, allait redoubler le coup, quand un sauvage, embusqué à une cinquantaine de verges, voyant le danger que courait son ami, lâche un coup de fusil avec tant de précision que la cervelle du Yankee jaillit sur le visage de la victime qu'il allait immoler.

Chose extraordinaire ! le capitaine Caldwell guérit assez promptement de sa blessure ; et assista même peu de temps après comme témoin à une cour martiale siégeant à Montréal, autant que je m'en souviens, pour le procès du général Proctor.

Quand il commença à rendre son témoignage d'une voix faible, le président de la cour lui cria :

— *Speak louder*, parlez plus haut.

— Impossible, répliqua Caldwell en montrant son cou encore entouré d'emplâtres : un Américain m'a passé un couteau au travers de la gorge.

J'avoue qu'on aurait pu être enroué à moins.

Caldwell était simplement capitaine dans la milice du Haut-Canada tandis que les officiers qui composaient la cour martiale appartenaient à l'armée régulière, ce qui fut cause, probablement, que sa réponse fut accueillie avec beaucoup d'hilarité par ces messieurs.

Le capitaine Caldwell indigné leur dit :

— Je parlais aussi haut qu'aucun de vous, en présence de l'ennemi, avant ma blessure !

Plusieurs officiers, qui avaient servi dans la milice du Haut-Canada, pendant la guerre de 1812, m'ont raconté que les officiers de l'armée régulière les traitaient avec une hauteur impardonnable. Il m'est impossible d'en expliquer la raison : car les miliciens du Bas-Canada n'ont eu qu'à se louer, à cette époque, des égards que leur montraient les officiers de l'armée régulière dans leurs rapports mutuels.

Chapitre XI

(a) C'était, je crois, en 1806 : toute la famille était à table chez mon père à Saint-Jean-Port-Joli, vers une heure de relevée, lorsque nous fûmes témoins d'un semblable phénomène. Comme le soleil brillait de son plus bel éclat, la détonation, qui ébranla le manoir jusque dans ses fondements, ne pouvait être, comme nous le pensâmes d'abord, l'effet de la foudre. On aurait pu croire que l'immense farinier, mesurant dix pieds de longueur, qui était dans le grenier, avait été soulevé jusqu'au toit par le fluide électrique, pour retomber de tout son énorme poids sur le plancher. Je laisse aux physiciens le soin d'expliquer la cause de ce phénomène.

* * *

(b) Les grands poètes observent avec soin la nature humaine; rien ne leur échappe. En lisant *Notre-Dame de Paris*, cette belle conception de Victor Hugo, je fus particulièrement frappé de la scène si touchante de la recluse, couvrant de larmes et de baisers le petit soulier de l'Esmeralda, car elle m'en rappela une semblable.

Ma mère avait perdu une petite fille de six ans, mon unique sœur: elle en eut tant de chagrin que nous n'avons jamais osé prononcer le nom de l'enfant en sa présence. Près de dix ans après cette perte cruelle, j'entrai, par distraction dans sa chambre à coucher, sans frapper à la porte: je la trouvai tout en larmes, assise sur le tapis près d'une commode, dont le tiroir inférieur, toujours soigneusement fermé à la clef, était alors ouvert.

— Qu'avez-vous, ma chère mère? lui dis-je en l'embrassant.

— Je n'ai plus, dit-elle, que ce petit soulier, qui me la rappelle, que je baise et que j'arrose souvent de mes larmes!

En effet, ma famille, aussitôt après la mort de l'enfant, avait cru devoir faire disparaître tous les objets dont la vue pouvait nourrir la douleur de la mère, mais sa tendresse ingénieuse en avait soustrait ce petit soulier à l'insu de tout le monde.

Chapitre XII

(a) Madame Couillard, seigneuresse de Saint-Thomas, rivière du Sud, morte depuis soixante ans, me racontait une scène à peu près semblable. Mon père, disait-elle, était bien malade, lorsque je vis venir un détachement de soldats anglais; je sortis comme une insensée, et, me jetant aux pieds de l'officier qui les commandait, je lui dis en sanglotant: «Monsieur l'Anglais, ne tuez pas mon vieux père, je vous en conjure! il est sur son lit de mort! N'abrégez pas le peu de jours qui lui restent à vivre!»

Cet officier était le quartier-maître Guy Carleton, depuis lord Dorchester.

— Il me releva avec bonté, ajoutait-elle, me traita avec les plus grands égards et, pour dissiper mes craintes, posa une sentinelle devant ma maison.

Lord Dorchester, devenu ensuite gouverneur du Bas-Canada, ne manquait pas de demander à madame Couillard, chaque fois qu'elle visitait le château Saint-Louis, «si elle avait encore bien peur des Anglais»!

— Non, répondait cette dame; mais vous avouerez, Mylord, que ce n'était pas sans sujet que les Canadiennes craignaient vos compatriotes, qui n'étaient pas à beaucoup près aussi humains que vous.

Les préjugés des anciens Canadiens étaient tels, qu'ils n'auraient pas cru pouvoir bénir un protestant. Un brave et vaillant officier canadien, M. de Beaujeu, racontait qu'il avait blessé à mort un soldat anglais à la prise de l'Acadie, et que ce malheureux lui dit en tombant:

— *Me Roman Catholic!*

— Que ne l'avez-vous pas dit plus tôt, mon cher frère, répondit cet officier, je vous aurais pressé dans mes bras.

Mais, ajouta-t-il, il était trop tard : ses entrailles traînaient sur la neige. Et le vieux octogénaire s'attendrissait encore à ce souvenir.

Ces préjugés des catholiques canadiens-français, contre leurs frères d'une autre croyance, sont entièrement effacés : je désirerais de tout mon cœur faire le même compliment à un grand nombre de nos frères séparés.

Le respectable vieillard canadien de naissance, qui me racontait cette anecdote, était Louis Liénard Villemomble de Beaujeu, chevalier de l'ordre royal et militaire de Saint-Louis, grand-père de mon gendre, l'honorable Saveuse de Beaujeu, membre actuel du Conseil législatif.

Ce vaillant officier avait commandé avec honneur, sous le gouvernement français, à Michillimakinak et à la Louisiane. Il s'était distingué à la prise de l'Acadie, et ce fut lui qui réunit, en 1775, près de mille miliciens de sa seigneurie et des environs, avec lesquels le général Carleton partit de Montréal pour rencontrer Montgomery.

Son frère, Daniel Liénard de Beaujeu, paya de sa vie la victoire éclatante qu'il remporta en 1755, contre Braddock, à Monongahéla, où le général anglais fut tué en même temps que lui. Les deux généraux préludaient à la scène sanglante qui eut lieu quatre ans plus tard sur les plaines d'Abraham, où les deux combattants, Wolfe et Montcalm, périrent aussi sur le champ de bataille.

M. J.-G. Shea, dans ses relations de la bataille de Monongahéla, et notre historien, M. Garneau, rapportent que Washington, qui, à la tête de ses miliciens, assura la retraite des Anglais échappés au massacre, écrivait : « Nous avons été battus, battus honteusement par une poignée de Français ! »

Le nom de Beaujeu me rappelle un autre Canadien de la même famille, qui a fait honneur à son pays sur l'autre hémisphère.

L'abbé Louis Liénard de Beaujeu était frère des précédents. La famille de Beaujeu doit à l'obligeance du vénérable abbé Faillon, qui s'occupe avec tant de succès de nos annales canadiennes, la copie d'une lettre d'un supérieur de Saint-Sulpice, à Paris, au supérieur de la maison succursale à Montréal, qui contient le passage suivant : « J'ai le plaisir de vous annoncer qu'un jeune Canadien, l'abbé de Beaujeu, a remporté le prix d'une thèse de théologie sur tous ses concurrents français. » L'abbé de Beaujeu fut ensuite le confesseur ordinaire de l'infortuné Louis XVI.

Chapitre XIII

(a) Les sauvages avaient horreur de la corde ; ils préféraient le poteau, où leurs ennemis les torturaient pendant des journées entières. Un jeune sauvage ayant assassiné deux Anglais, quelques années après la conquête, sa tribu ne le livra au gouvernement qu'à la condition expresse qu'il ne serait pas pendu. Convaincu de ce meurtre, il fut fusillé. Le pays devait être alors sous la loi militaire : une cour criminelle ordinaire n'aurait pu légalement substituer le plomb à la corde dans un cas de meurtre.

Il est de tradition dans ma famille que mon bisaïeul maternel, le second baron de Longueuil, étant gouverneur de Montréal, fit pendre un prisonnier iroquois, et que cet acte de rigueur eut le bon effet d'empêcher ces barbares de torturer les prisonniers français qu'ils firent ensuite, le baron de Longueuil leur ayant déclaré qu'il ferait pendre deux prisonniers sauvages pour un Français qu'ils feraient brûler.

* * *

(b) Lorsque les sauvages retournaient d'une expédition guerrière, ils poussaient, avant d'entrer dans leurs villages, autant de cris de mort qu'ils avaient perdu d'hommes. J'ai eu l'occasion d'entendre ces cris lamentables qu'ils tirent du fond de leurs poitrines. C'était pendant la guerre de 1812, contre les Américains. Dix-huit grands chefs députés des diverses tribus du Haut-Canada vers le gouverneur Provost vinrent à Québec, pendant l'hiver; ils étaient assis dans le fond des carrioles; et commencèrent à pousser leurs cris de mort vis-à-vis de l'Hôpital-Général, et ne cessèrent que quand ils laissèrent leurs voitures pour entrer dans la maison du «Chien d'or» où ils furent d'abord reçus.

Il paraît que cette réception, dans une maison presque vierge de meubles, fut loin de leur plaire, et qu'ils s'attendaient à être reçus moins cavalièrement. En effet, un aide de camp étant venu les complimenter de la part du gouverneur, un des chefs lui dit que s'ils eussent rendu visite au président des États-Unis, on les aurait traités avec plus d'égards à Washington. Dès le lendemain, ils furent logés dans le meilleur hôtel de Québec aux frais du gouvernement. Il paraît néanmoins qu'ils n'attachaient aucun prix aux meubles des chambres, car ils ne se servirent ni des lits, ni des chaises, pendant tout le temps qu'ils restèrent dans l'hôtel.

Ils ne furent frappés que de deux choses pendant leur séjour dans notre cité: d'abord du flux et du reflux de la marée qui attira toute leur admiration, ne sachant comment expliquer ce phénomène; et ensuite de la hauteur de la citadelle. Ils s'écrièrent qu'ils étaient heureux de voir que les grands couteaux ne culbuteraient pas leur Père (le gouvernement) dans le grand lac.

Ils étaient accompagnés de leurs truchements. Quelqu'un observa en présence d'un chef sioux qu'il ressemblait au prince de Galles:

— Je n'en suis pas surpris, répliqua-t-il, car moi aussi je suis le fils d'un Roi.

Une autre personne lui ayant demandé s'il était un grand guerrier:

— Je suis un si grand guerrier, dit-il en se redressant d'un air superbe, que quand je marche au combat, la terre tremble sous mes pieds.

J'ai rarement vu un plus bel homme que cet Indien.

Chapitre XIV

(a) Ma grand'tante, la mère Saint-Alexis, qui a été supérieure de l'Hôpital-Général pendant de longues années, et dont le nom est encore vénéré dans cet hospice, me disait souvent à ce sujet:

— Tout le linge de notre maison fut déchiré pour les pansements des blessés des deux nations, y compris notre linge de corps; il ne nous restait que les habits que nous portions le jour de la bataille. Nous n'étions pas riches et nous fûmes réduits à la plus grande pauvreté; car non seulement notre linge, qui était un objet considérable dans un hospice, mais aussi nos provisions et les animaux de nos fermes furent mis à la disposition des malades. Le gouvernement anglais refusa de nous indemniser après la conquête.

Il ne nous restait, ajoutait-elle, d'autre ressource, dans cette extrémité, que de fermer notre maison et de nous disperser dans les autres couvents de la colonie, mais la Providence vint à notre secours. Notre chapelain trouva un matin dans sa chambre une bourse de cent portugaises; et comme nous n'avons jamais pu découvrir la main charitable qui nous l'a envoyée, nous avons cru que c'était un miracle de Dieu.

L'Hôpital-Général était encore bien pauvre, il y a cinquante ans, mais les concessions de terrains que la communauté a faites depuis ont répandu l'aisance dans cette maison consacrée au soutien des infirmes.

* * *

(b) Montgomery est, dans cet ouvrage, un personnage imaginaire, quoique son homonyme ait aussi commis des actes d'une cruauté froide et barbare envers les Canadiens, lors de la conquête. Les mémoires du colonel Malcolm Fraser, alors lieutenant du 78ᵉ des Frasers' Highlanders, en font foi : « There were several of the enemy killed and wounded, and a few taken prisoners, all of whom the barbarous Captain Montgomery, who commanded us, ordered to be butchered in a most inhuman and cruel manner. »

Le même colonel Malcolm Fraser, lors de l'invasion du Canada par le général Wolfe, faisait partie d'un détachement qui incendia les habitations des Canadiens depuis la Rivière-Ouelle jusqu'à la rivière des Trois-Saumons. Devenu, après la conquête, l'intime de ma famille, il répondait à mon grand-père, lorsque celui-ci se plaignait de cet acte de vandalisme :

— Que voulez-vous, mon cher ami, à la guerre comme à la guerre : vos Français, embusqués dans les bois, tuèrent deux des nôtres, lorsque nous débarquâmes à la Rivière-Ouelle.

— Vous auriez dû, au moins, répliquait mon grand-père, épargner mon moulin à farine ; mes malheureux censitaires n'auraient pas été réduits à faire bouillir leur blé, pour le manger en *sagamité* comme font les sauvages.

— À la guerre comme à la guerre, ajoutait ma grand-mère ; je veux bien vous accorder cette maxime, mais était-ce de bonne guerre d'avoir assassiné mon jeune frère Villiers de Jumonville, comme le fit au fort Nécessité M. Washington, votre compatriote ?

— Ah ! madame, répondit le colonel Fraser, de grâce pour l'honneur des Anglais, ne parlez jamais de ce meurtre atroce.

Et tous les Anglais tenaient alors le même langage.

J'ai reproché bien doucement à notre célèbre historien, M. Garneau, d'avoir passé légèrement sur cet horrible assassinat. Il me répondit que c'était un sujet bien délicat, que la grande ombre de Washington planait sur l'écrivain, ou quelque chose de semblable.

D'accord ; mais il m'incombe à moi de laver la mémoire de mon grand-oncle, dont Washington, dans ses écrits, a cherché à ternir le caractère pour se disculper de son assassinat.

La tradition dans ma famille est que Jumonville se présenta comme porteur d'une sommation enjoignant au major Washington, commandant du fort Nécessité, d'évacuer ce poste construit sur les possessions françaises, qu'il éleva son pavillon de parlementaire, montra ses dépêches, et que néanmoins le commandant anglais ordonna de faire feu sur lui et sur sa petite escorte, et que Jumonville tomba frappé à mort, ainsi qu'une partie de ceux qui l'accompagnaient.

Il y a une variante, très facile d'ailleurs à concilier, entre la tradition de ma famille et la vérité historique. En outre, cette variante est insignifiante quant à l'assassinat du parlementaire, dont la mission était de sommer les Anglais d'évacuer les possessions françaises et non le fort Nécessité, qui ne fut achevé qu'après le guet-apens.

Voyons maintenant si l'histoire est d'accord avec la tradition : ce qui suit est un extrait du tome Ier, page 200, du *Choix d'anecdotes et faits mémorables*, par M. de La Place :

« Les Anglais ayant franchi, en 1753, les monts Apalaches, limites de leurs possessions et des nôtres dans l'Amérique Septentrionale, bâtirent, sur nos terres, un fort qu'ils nommèrent le fort Nécessité ; sur quoi le commandant français leur députa M. de Jumonville, jeune officier qui s'était plus d'une fois signalé contre eux, pour les sommer de se retirer.

« Il part avec une escorte ; et, lorsqu'il s'approche du fort, les Anglais font contre lui un feu terrible. Il leur fait signe de la main, montre de loin des dépêches, et demande à être entendu. Le feu cesse, on l'entoure, il annonce sa qualité d'envoyé, il lit la sommation dont il est porteur. Les Anglais l'assassinent : sa troupe est enveloppée ; huit hommes sont tués, le reste est chargé de fers. Un seul Canadien se sauve et porte au commandant français cette affreuse nouvelle.

« M. de Villiers, frère de l'infortuné Jumonville, est chargé d'aller venger son propre sang et l'honneur de la France.

« En moins de deux heures, le fort est investi, attaqué et forcé de capituler… de Villiers[6] voit à ses pieds ses ennemis lui demander la vie… Il sacrifie son ressentiment à la tranquillité des nations, à sa propre gloire, à l'honneur de la patrie, aux devoirs de l'humanité… Quel contraste !

« Un bon Français, au moment où il apprit, en frémissant, cette affreuse nouvelle, s'écria quoique d'une voix étouffée de ses sanglots :

> *Perfides dans la guerre et traîtres dans la paix,*
> *À la foi des traités par système indociles,*
> *Anglais ! dans ce tombeau repose Jumonville :*
> *Rougissez, s'il se peut, à l'aspect d'un Français !*
> *Si par l'assassinat, dans vos fureurs brutales,*
> *De ce jeune héros vous crûtes vous venger,*
> *Après un tel forfait, atroces cannibales,*
> *Il ne restait qu'à le manger.* »

---

6. Mon grand-père, Coulon de Villiers, mourut de la picote à l'âge de soixante et quelques années, en répétant sans cesse ces paroles : « Moi, mourir dans un lit comme une femme ! Quelle triste destinée pour un homme qui a affronté tant de fois la mort sur les champs de bataille ! J'espérais pourtant verser la dernière goutte de mon sang pour ma patrie ! »

À la nouvelle de ce meurtre, il s'éleva un cri de rage et d'indignation dans toute la nouvelle et l'ancienne France, et un membre de l'Académie française, Thomas, écrivit le poème *Jumonville*.

Avant de citer la capitulation que M. de Villiers fit signer à Washington, je crois devoir donner un extrait, tiré des archives de la marine française, où l'on trouve les instructions qu'il avait reçues de son officier supérieur:

«M. de Contrecœur, le 28 juin, envoya M. de Villiers, frère de Jumonville, avec six cents Canadiens et cent sauvages, venger la mort de son frère, etc.

«Lui ordonnons (au sieur de Villiers) de les attaquer et de les détruire même en entier, s'il se peut, *pour les châtier de l'assassin (sic)* qu'ils nous ont fait en violant les lois les plus sacrées des nations policées.

« *Malgré leur action inouïe,* recommandons au sieur de Villiers d'éviter toute cruauté, autant qu'il sera en son pouvoir.

«Il ne leur laissera pas ignorer (aux Anglais) que *nos sauvages, indignés de leur action*, ont déclaré ne vouloir rendre les prisonniers qui sont entre leurs mains, etc.

«Fait au camp du fort Duquesne, le 28 juin, 1754.

(Signé) CONTRECŒUR»

Il faut avouer que mon grand-oncle de Villiers avait à peu près carte blanche; et que, sans son âme magnanime, Washington n'aurait jamais doté ses concitoyens d'un grand et indépendant empire, et qu'il n'occuperait aujourd'hui qu'une bien petite place dans l'histoire.

Ci-suit un extrait de la capitulation:

«Ce 3 juillet 1754, à huit heures du soir.

«Capitulation accordée par M. de Villiers, capitaine d'infanterie, commandant les troupes de S. M. T. C., à celui des troupes anglaises actuellement dans le fort de la Nécessité qui avait été construit sur les terres du domaine du roy:

«Savoir: comme notre intention n'a jamais été de troubler la paix et la bonne armonie (sic) qui régnaient entre les deux princes amis *mais seulement de venger l'assassin* qui a été fait sur un de nos officiers porteur d'une sommation et sur son escorte, etc.»

Nous lisons ensuite à l'article VII de cette capitulation:

«Que comme les Anglais ont en leur pouvoir un officier, deux cadets, et généralement les prisonniers *qu'ils ont faits dans l'assassinat* du Sieur de Jumonville, etc.

«Fait double sur un des postes de notre blocus, etc.

(Signé) JAMES MACKAY,
G. WASHINGTON

(Signé) COULON VILLIERS[7]»

---

7. Le double de ce document existe au greffe de Montréal. L'autre est aux archives de la marine, à Paris.

Certes, personne n'est plus disposé que moi à rendre justice aux grandes qualités du héros américain; lorsque l'on s'entretenait dans ma famille de la mort cruelle et prématurée de notre parent assassiné au début d'une carrière qui promettait d'être brillante, je cherchais à excuser Washington sur sa grande jeunesse; il n'était alors, en effet, âgé que de vingt ans. Je faisais valoir ses vertus; son humanité, lorsque, vingt-deux ans après cette catastrophe, il prenait en main la cause de ses compatriotes et créait une grande et indépendante nation.

Aussi n'aurais-je jamais songé à tirer de l'oubli cette déplorable aventure, si Washington lui-même ne m'en eût donné l'occasion en cherchant, pour se disculper, à ternir la réputation de mon grand-oncle Jumonville, dans les mémoires qu'il a publiés plusieurs années après la catastrophe.

« Nous étions informés, dit-il, que Jumonville, déguisé en sauvage, rôdait (*was prowling*) depuis plusieurs jours aux environs de nos postes, et je dus le considérer comme un espion. »

Cette excuse n'a rien de vraisemblable, parce que Washington ne pouvait pas ignorer que non seulement les soldats, mais les officiers même de l'armée française, portaient le costume des aborigènes : capot court, mitasses, brayets et souliers de chevreuil. Cet accoutrement souple et léger leur donnait un grand avantage sur des ennemis toujours vêtus à l'européenne. De Jumonville ne pouvait non plus, sans une témérité blâmable, se rendre directement aux postes des Anglais, qu'en prenant de grandes précautions, les bois étant infestés de sauvages, ennemis des Français, qui, dans un premier mouvement, auraient peu respecté son titre de parlementaire.

Après avoir fait justice de cette accusation d'espionnage à laquelle Washington n'a songé que bien des années après le meurtre, en écrivant ses mémoires, voyons ce qu'il dit, pour sa justification, dans ses dépêches à son gouvernement immédiatement après le guet-apens. Il est nécessaire de faire observer ici que les couronnes de France et d'Angleterre vivaient alors en paix ; que la guerre ne fut déclarée par Louis XV qu'après cet événement ; que les seules hostilités commises l'étaient par les Anglais, qui avaient envahi les possessions françaises, et que c'était contre cet acte que Jumonville voulait protester.

Mais revenons à la justification de Washington dans ses dépêches. Il dit « qu'il regardait la frontière de la Nouvelle-Angleterre comme envahie par les Français, *que la guerre lui semblait exister, etc.* Que les Français, à sa vue, avaient couru aux armes ; qu'alors il avait ordonné le feu ; qu'un combat d'un quart d'heure s'était engagé, à la suite duquel les Français avaient eu dix hommes tués, un blessé et vingt et un prisonniers ; les Anglais, un homme tué et trois blessés ; qu'il était faux que Jumonville eût lu la sommation, etc. Qu'il n'y avait point eu de guet-apens, mais surprise et escarmouche, ce qui est de bonne guerre. »

Excellente guerre, sans doute, pour un fort détachement qui attaque à l'improviste une poignée d'hommes en pleine paix ! Ce n'était pas trop mal s'en tirer pour un simple major âgé de vingt ans ; certains généraux de l'armée américaine du Nord ne feraient pas mieux aujourd'hui, eux qui s'en piquent. Les deux phrases suivantes sont d'une admirable naïveté : « que la guerre lui semblait exister ; que les Français, à sa vue, avaient couru aux armes. » Ces chiens de Français avaient, sans doute, oublié qu'il était plus chrétien de se laisser égorger comme des moutons !

Si l'on accepte la version de Washington, comment expliquer alors le cri d'indignation et d'horreur qui retentit dans toute la Nouvelle-France et jusqu'en Europe ? On n'a pourtant jamais reproché aux Français de se lamenter comme des femmes pour la perte de leurs meilleurs généraux, ou pour une défaite même signalée : pourquoi alors leur indignation, leur fureur à la nouvelle de la mort d'un jeune homme qui faisait, pour ainsi dire, ses premières armes, s'il avait péri dans un combat livré suivant les règles des nations civilisées ? Ceci doit tout d'abord frapper le lecteur qui n'aura pas même lu la version française que je vais citer.

Tous les prisonniers français, et Manceau, qui seul se déroba par la fuite au massacre, les sauvages mêmes alliés des Anglais déclarèrent que Jumonville éleva un mouchoir au-dessus de sa tête, qu'il invita les Anglais, par un interprète, à s'arrêter, ayant quelque chose à leur lire ; que le feu cessa ; que ce fut pendant qu'il faisait lire la sommation par un truchement qu'il fut tué d'une balle qu'il reçut à la tête ; que, sans les sauvages qui s'y opposèrent, toute la petite troupe aurait été massacrée.

M. Guizot, dans ses mémoires sur Washington, après avoir cité le poème *Jumonville*, des extraits de Hassan, de Lacretelle, de Montgaillard, qui corroborent tous la version de M. de La Place, fait fi de toutes ces autorités consignées dans les archives de la marine française, et s'en tient à la version seule de Washington.

La grande ombre du héros républicain aurait-elle influencé le jugement du célèbre écrivain français ? Il n'appartient pas à moi, faible pygmée, d'oser soulever ce voile. Je dois baisser pavillon en présence d'une si haute autorité, me contentant de dire : Washington alors n'aurait jamais dû signer un écrit où les mots *assassin* et *assassinat* lui sont jetés à la figure, comme on le voit dans le cours de la capitulation que j'ai citée.

N'importe ; c'est maintenant au lecteur à juger si j'ai lavé victorieusement la mémoire de mon grand-oncle, accusé d'espionnage. Si Jumonville eût accepté le rôle odieux que son ennemi lui prête pour se justifier d'un honteux assassinat, les Français n'auraient pas versé tant de larmes sur la tombe de la victime.

Chapitre XV

(a) Historique. Plusieurs anciens habitants m'ont souvent raconté qu'alors, faute de moulins, ils mangeaient leur blé bouilli.

Les moulins à farine étaient peu nombreux même pendant mon enfance. Je me rappelle que celui de mon père, sur la rivière des Trois-Saumons, ne pouvant suffire, pendant un rude hiver, aux besoins des censitaires, ils étaient contraints de transporter leur grain soit à Saint-Thomas, distant de dix-huit à vingt milles, soit à Kamouraska, éloigné de quarante milles ; et il leur fallait souvent attendre de trois à quatre jours avant d'obtenir leur farine.

* * *

(b) L'auteur n'a jamais été crédule, c'est une faiblesse que personne ne lui a reprochée ; néanmoins, au risque de le paraître sur ses vieux jours, il va rapporter l'anecdote suivante, telle que la racontaient sa grand-mère maternelle et sa sœur, madame

Jarret de Verchères, toutes deux filles du baron Lemoine de Longueuil, et sœurs de madame de Mézière, qui périt avec son enfant dans l'*Auguste*.

Le 17 novembre 1762, une vieille servante, qui avait élevé les demoiselles de Longueuil, parut le matin tout en pleurs.

— Qu'as-tu, ma mie — c'était le nom d'amitié que lui donnait toute la famille — qu'as-tu à pleurer?

Elle fut longtemps sans répondre, et finit par raconter qu'elle avait vu en songe, pendant la nuit, madame de Mézière sur le tillac de l'*Auguste*, avec son enfant dans ses bras; qu'une vague énorme les avait emportés.

On ne manqua pas d'attribuer ce rêve à l'inquiétude qu'elle éprouvait sans cesse pour la demoiselle qu'elle avait élevée. L'auteur, malgré ses doutes quant à la date précise de la vision, n'a pu s'empêcher d'ajouter foi à une anecdote que non seulement sa famille, mais aussi plusieurs personnes de Montréal, attestaient comme véritable. Qui sait après tout? Encore un chapitre à faire sur les qui sait!

* * *

(c) M. le chevalier de Saint-Luc, d'un commerce très agréable, devint dans la suite un favori du général Haldimand, qui s'amusait beaucoup des reparties spirituelles, mais quelquefois assez peu respectueuses du vieillard, que l'auteur ne croit pas devoir consigner. Un jour qu'il dînait au château Saint-Louis, en nombreuse compagnie, il dit au général:

— Comme je sais que Votre Excellence est un bon casuiste, j'oserai lui soumettre un cas de conscience qui ne laisse pas de me tourmenter un peu.

— Si c'est un cas de conscience, dit le gouverneur, vous ferez mieux de vous adresser à mon voisin, le révérend Père de Bérey, supérieur des Récollets.

— Soit! fit M. de Saint-Luc; mais j'ose me flatter que Votre Excellence sanctionnera le jugement du révérend Père.

— J'y consens, dit en riant le général Haldimand, qui aimait beaucoup à mettre le Père de Bérey, homme bouillant d'esprit, aux prises avec les laïques: beaucoup de ces laïques, très spirituels d'ailleurs, mais imbus des mêmes principes philosophiques du XVIIIe siècle que le Gouverneur lui-même, ne laissaient échapper aucune occasion de railler sans pitié le fils de saint François. Il faut dire, du reste, qu'aucun ne s'en retirait sans quelques bons coups de griffe du révérend Père, lequel ayant été aumônier d'un régiment, était habitué à cette sorte d'escrime, et emportait presque toujours le morceau, quel que fût le nombre des assaillants.

— Voici donc mon cas de conscience, dit M. de Saint-Luc. Je passai en France après la cession finale du Canada, en 1763, où j'achetai une quantité considérable de dentelles de fil d'or et d'argent et d'autres marchandises précieuses. Les droits sur ces effets étaient très onéreux; mais il fallait bien s'y soumettre. Je me présente aux douanes anglaises, avec quatre grands coffres, en sus de mes effets particuliers, exempts de tous droits. Les officiers retirèrent du premier coffre qu'ils ouvrirent un immense manteau de la plus belle soie écarlate, qui aurait pu servir au couronnement d'un empereur, tant il était surchargé de dentelles de fil d'or et d'argent, etc.

— Oh! oh! dirent messieurs les douaniers: tout ceci est de bonne prise.

— Vous n'y êtes pas, messieurs, leur dis-je. Et je retirai l'un après l'autre tous les articles qui composent l'habillement d'un grand chef sauvage ; rien n'y manquait : chemise de soie, capot, mitasses du plus beau drap écarlate, le tout orné de précieux effets, sans oublier le chapeau de vrai castor surchargé aussi de plumes d'autruche les plus coûteuses. J'ôtai mon habit, et, dans un tour de main, je fus affublé, aux yeux ébahis des douaniers, du riche costume d'un opulent chef indien. Je suis, messieurs, leur dis-je, surintendant des tribus sauvages de l'Amérique du Nord ; si vous en doutez, voici ma commission. Ce superbe costume est celui que je porte lorsque je préside un grand conseil de la tribu des Hurons, et voici le discours d'ouverture obligé. Je prononçai alors, avec un sang-froid imperturbable, un magnifique discours dans l'idiome le plus pur de ces aborigènes : harangue qui fut très goûtée, si je puis en juger par les éclats de rire avec lesquels elle fut accueillie.

— Passe pour l'accoutrement obligé, à l'occasion du discours d'ouverture des chambres de messieurs les Hurons, dit le chef du bureau en se pâmant d'aise.

Nous passâmes ensuite au second coffre : il contenait un costume aussi riche, mais différent quant à la couleur de la soie et du drap seulement.

Mêmes objections, même mascarade. On me fit observer que le roi d'Angleterre, tout puissant qu'il était, portait uniformément le même costume quand il ouvrait son parlement, corps autrement auguste que celui de mes Hurons. Je répliquai qu'il ne s'agissait plus de Hurons, mais bien d'Iroquois, tribu très pointilleuse à l'endroit de sa couleur nationale qui était le bleu ; et que je ne doutais aucunement que si le roi d'Angleterre présidait quelques grandes solennités écossaises, il adopterait leur costume, y inclus la petite jupe, aux risques de s'enrhumer : et là-dessus j'entonnai un superbe discours en idiome iroquois. Le flegme britannique ne put y tenir, et, à la fin de mon discours, on s'écria : « Passe donc pour l'ouverture du parlement iroquois. »

Bref, je réussis à passer le contenu de mes quatre coffres, comme président des grands conseils des Hurons, des Iroquois, des Abénaquis et des Malécites. Ce qui me fut d'un grand secours, je crois, c'est qu'étant très brun et parlant avec facilité la langue de ces quatre tribus, les douaniers me prenaient pour un sauvage pur sang, et étaient assez disposés à l'indulgence envers celui qui leur avait donné une telle comédie [8].

— Maintenant, mon révérend Père, continua M. de Saint-Luc, je vous avouerai que j'ai eu quelquefois de petits picotements de conscience, quoique messieurs les Anglais aient fait les choses galamment en laissant passer mes marchandises exemptes de droits ; et, comme Son Excellence vous a laissé la décision de cette question théologique, avec promesse d'y souscrire, j'attends votre sentence.

Le Père de Bérey avait pour habitude, dans la chaleur de la discussion, ou quand il était pris à l'improviste, de tutoyer, par distraction ; il marmotta entre ses dents :

— Je ne te croyais pas si fin.
— Que dites-vous, mon révérend Père ? fit M. de Saint-Luc.
— Que le diable en rit, répliqua le moine.

Cette saillie excita l'hilarité des convives canadiens et anglais, et du général Haldimand lui-même.

---

8. M. de Saint-Luc parlait avec facilité quatre ou cinq idiomes indiens.

En terminant cette note, je me permettrai de citer quelques fragments d'une lettre du même M. de Saint-Luc, que j'ai extraite des «Mémoires de Famille» de ma bonne amie et parente, madame Éliza-Anne Baby, veuve de feu l'honorable Charles-E. Casgrain. Cette lettre semble écrite d'hier tant elle renferme d'actualité ; elle fait voir en même temps avec quelle rectitude de jugement et quel coup d'œil cet homme remarquable envisageait les affaires du pays.

«À monsieur Baby, à Québec, en Canada.

Paris, rue des fossés Montmartre, ce 20 mars 1775.

J'ay reçu, mon cher pays, celle que vous m'avez fait l'amitié de m'écrire... Recevez mes remercîments des bonnes nouvelles que vous me donnez et du détail consolant que vous m'y faites sur la réponse du gouvernement aux demandes qui lui avaient été faites de la part des Canadiens. Il paroit que cette cour est remplie de bonne volonté à leur égard ; je suis intimement persuadé qu'il dépendra d'eux d'obtenir également une décision favorable. Sur les appréhensions qui vous restent, et dont vous me parlez, si vous estes tous bien unis, que vous ne vous divisiez pas et que vous soyez surtout d'accord avec votre preslat, qui est éclairé et (aussi) par les grâces de son état, vous verrez que tout ira bien. Vous ne devez, mon cher pays, ne faire qu'un corps et une âme, et suivre aveuglement l'advis de votre premier pasteur... L'histoire des Bostonnais et des colonies anglaises révoltées fait icy beaucoup de bruit ; il paroit... qu'ils ont pris le dessus. Quoi qu'il en soit, je crois fermement que vous avez très-bien fait et agi sagement en ne prenant point partie pour eux ; soyez toujours neutres, comme les Hollandais, et reconnaissants des bontés du gouvernement : mon principe est de ne pas manquer le premier, et l'ingratitude est mon monstre ; soyez assuré d'ailleurs qu'en vous attachant à la cour de Londres, vous jouirez au moins des mêmes prérogatives des habitants de la Nouvelle-Angleterre. Tel est mon avis.»

Chapitre XVI

(a) Ma mère entrait un jour dans sa laiterie (il y a quelque soixante ans de cela). Elle trouve, aux prises avec notre mulâtresse, deux matelots, dont l'un portait une chaudière, et l'autre un pot de faïence.

— Qu'y a-t-il, Lisette ? dit ma mère.

— Je leur ai donné du lait, répliqua celle-ci, et maintenant ils me font signe qu'ils veulent de la crème : ils n'ont pas le bec assez fin pour cela.

— Donne-leur ce qu'ils demandent, fit ma mère : ces pauvres matelots ont bien de la misère pendant leurs longues traversées, et me font beaucoup de peine.

Trois mois après cette scène, ma mère, dînant au château Saint-Louis, s'aperçut qu'un officier la regardait en souriant en dessous. Un peu choquée, elle dit assez haut à sa voisine de table :

— Je ne sais pourquoi cet original me regarde ainsi : c'est sans doute de la politesse britannique.

— Je vous prie de bien vouloir m'excuser, madame, répondit l'officier en bon français ; je ne puis m'empêcher de sourire en pensant à l'excellente crème que vous faites donner aux pauvres matelots pour leur adoucir la poitrine.

Cet officier et un de ses amis s'étaient déguisés en matelots pour jouer ce tour.

* * *

(b) Lord Dorchester a toujours rendu justice à la bravoure de ses anciens ennemis. Bien loin de leur faire, comme tant d'autres, le reproche de pusillanimité, il ne craignait pas de proclamer son admiration pour leur héroïque résistance malgré leur peu de ressources, et l'étonnement qu'il avait éprouvé, lors de la capitulation, en entrant dans la ville de Québec, qui n'était alors qu'un amas de ruines. En effet, mon oncle maternel, l'honorable François Baby, qui était un des défenseurs de Québec en 1759, me disait souvent qu'à l'époque de la capitulation, la ville n'était plus qu'un monceau de décombres, qu'on ne se reconnaissait même plus dans certaines rues, et que l'on ne tirait quelques coups de canon de temps en temps, qu'afin de faire croire à l'ennemi qu'il y avait encore des munitions ; mais qu'elles étaient presque entièrement épuisées. Lord Dorchester ne perdit jamais le souvenir de cette bravoure. J'ai entre mes mains une de ses lettres, en date du 13 septembre 1775, à mon grand-oncle, le colonel Dominique-Emmanuel Lemoine de Longueuil, dans laquelle il y a ce passage remarquable : «Je vous prie de recommander à ceux qui sortiront d'être bien circonspects et de ne point écouter leur valeur : cela a été la perte du pauvre Perthuis.»

Chapitre XVII

(a) Un officier distingué de la cité du Détroit, ci-devant comprise dans les limites du Haut-Canada, le colonel Caldwell, qui avait fait les guerres de 1775 et 1812 contre les Américains, avec les alliés sauvages de l'Angleterre, racontait cette aventure assez extraordinaire. L'auteur ayant demandé à plusieurs des parents et des amis du colonel quelle foi on devait ajouter à cette anecdote, tous s'accordaient à rendre témoignage à la véracité du colonel, mais ajoutaient qu'ayant fait longtemps la guerre avec les sauvages, il était imbu de leurs superstitions.

Le colonel Caldwell, qui a laissé une nombreuse postérité dans le Haut-Canada, avait épousé une des filles de l'honorable Jacques Dupéron Baby, tante de la femme de l'auteur.

* * *

(b) Cette malheureuse savane faisait autrefois le désespoir des voyageurs, non seulement l'automne et le printemps, mais aussi pendant les années de sécheresse, car la tourbe s'enflammait alors souvent par l'imprévoyance des fumeurs et flambait pendant des mois entiers. Chacun se plaignait, jurait, tempêtait contre la maudite savane. Toutefois il faut dire que si elle avait beaucoup d'ennemis, elle avait aussi de chauds partisans. José (sobriquet donné aux cultivateurs) tenait à sa savane par des liens bien chers : son défunt père y avait brisé un harnais, son défunt grand-père y avait laissé les deux roues de son cabrouet, et s'était éreinté à la peine ; enfin son oncle Baptiste avait pensé y brûler vif avec sa guevalle. Aussi le grand-voyer, M. Destimauville, rencontra-t-il beaucoup d'opposition lorsqu'il s'occupa sérieusement de faire disparaître cette nuisance publique. Il ne s'agissait pourtant que de tracer un nouveau chemin à quelques arpents, pour avoir une des meilleures voies de la Côte du Sud. Tous les avocats du barreau de Québec, heureusement peu nombreux alors (car il est probable que le procès ne serait pas encore terminé), furent employés pour plaider pour ou contre l'aimable savane ; mais comme un des juges avait un jour pensé s'y rompre le cou, le bon sens l'emporta sur les arguties des hommes de loi et le procès-verbal du grand-voyer fut maintenu. Les voyageurs s'en réjouissent ; la savane défrichée produit d'excellentes récoltes, mais il ne reste plus rien, hélas ! pour défrayer les veillées, si ce n'est les anciennes avaries arrivées, dans cet endroit, il y a quelque cinquante ans.

* * *

(c) Les enfants des cultivateurs ne mangeaient autrefois à la table de leurs père et mère qu'après leur première communion. Il y avait, dans les familles aisées, une petite table très basse pour leur usage ; mais généralement les enfants prenaient leur repas sur le billot ; il y en avait toujours plusieurs dans la cuisine, qui était quelquefois la chambre unique des habitants. Ces billots suppléaient dans l'occasion à la rareté des chaises, et servaient aussi à débiter et hacher la viande pour les tourtières (tourtes) et les pâtés des jours de fêtes. Il ne s'agissait que de retourner le billot suivant le besoin. Dans leurs petites querelles, les enfants plus âgés disaient aux plus jeunes : Tu manges encore sur le billot ! ce qui était un cruel reproche pour les petits.

* * *

(d) Le récit de ce meurtre, raconté par le capitaine des Écors, est entièrement historique. Un des petits-neveux de l'infortuné Nadeau disait dernièrement à l'auteur que toute sa famille croyait que le général Murray avait fait jeter à l'eau les deux orphelines dans le passage de l'Atlantique, pour effacer toute trace de sa barbarie, car on n'avait jamais entendu parler d'elles depuis. Il est plutôt probable que Murray les aura comblées de biens, et qu'elles sont aujourd'hui les souches de quelques familles honorables. L'auteur a toujours entendu dire, pendant sa jeunesse, à ceux qui avaient connu le général Murray, et qui ne l'aimaient pourtant guère, que son repentir avait été réel.

Chapitre XVIII

(a) Historique. Une demoiselle canadienne de famille noble, dont je tairai le nom, refusa, dans de semblables circonstances, la main d'un riche officier écossais de l'armée du général Wolfe.

* * *

(b) Les anciens Canadiens détestaient le thé. Les dames en prenaient quelquefois, comme sudorifique, pendant leurs maladies, donnant la préférence, néanmoins, à une infusion de camomille.

Lorsque la mère de l'auteur, élevée dans les villes, où elle fréquentait la société anglaise, introduisit le thé dans la famille de son beau-père, après son mariage, il y a soixante-dix-huit ans, les vieillards se moquaient d'elle en disant qu'elle prenait cette drogue pour faire l'Anglaise et qu'elle ne devait y trouver aucun goût.

* * *

(c) L'auteur a connu à la campagne, pendant son enfance, deux notaires qui passaient régulièrement tous les trois mois, chargés de leur étude dans un sac de loup-marin pour la préserver de la pluie. Ces braves gens se passaient bien de voûtes à l'épreuve du feu: dans un cas d'incendie, ils jetaient sac et étude par la fenêtre.

Il y avait certainement alors des notaires très instruits au Canada: leurs actes en font foi; mais il y en avait aussi d'une ignorance à faire rayer du tableau un huissier de nos jours.

Un certain notaire de la seconde catégorie rédigeait un acte pour une demoiselle, fille majeure. Il commence le préambule. Fut présente demoiselle L..., écuyer.

— Oh! fit le père de l'auteur, une demoiselle écuyer!

— Alors, écuyère, dit le notaire pensant s'être trompé de genre.

— Bah! M. le notaire! biffez-moi cela.

— Eh bien! écuyéresse! s'écria le notaire triomphant.

* * *

(d) Ni la distance des lieux ni la rigueur de la saison n'empêchaient les anciens Canadiens qui avaient leurs entrées au château Saint-Louis, à Québec, de s'acquitter de ce devoir: les plus pauvres gentilshommes s'imposaient même des privations pour paraître décemment à cette solennité. Il est vrai de dire que plusieurs de ces hommes, ruinés par la conquête, et vivant à la campagne sur des terres qu'ils cultivaient souvent de leurs mains, avaient une mine assez hétéroclite en se présentant au château, ceints de leur épée qu'exigeait l'étiquette d'alors. Les mauvais plaisants leur donnaient le sobriquet «d'épétiers»; ce qui n'empêchait pas lord Dorchester, pendant tout le temps qu'il fut gouverneur de cette colonie, d'avoir les mêmes égards pour ces pauvres «épétiers», dont il avait éprouvé la valeur sur les champs de bataille, que pour d'autres plus favorisés de la fortune. Cet excellent homme était souvent attendri jusqu'aux larmes à la vue de tant d'infortune.

Napoléon Bourassa

Jacques et Marie

Souvenirs d'un peuple dispersé

[1865-1866]

Si l'unique roman de Napoléon Bourassa, avant tout peintre, mais attiré par la littérature, n'est pas le seul qui ait été consacré au drame de la Déportation des Acadiens (1755 ss.), il reste jusqu'à maintenant le meilleur qui ait été publié sur le sujet. Sous-titré «Souvenirs d'un peuple dispersé», le roman s'ordonne autour des amours d'un couple séparé par les querelles politiques qui divisent les Acadiens et les Anglais, des Acadiens qui voudraient rester neutres, mais que le conquérant oblige à jurer fidélité à la couronne d'Angleterre. Les positions irréductibles des deux camps conduisent à des affrontements armés, à une déportation massive des Acadiens, incapables de s'opposer aux décisions arbitraires de certains officiers britanniques. L'auteur, cependant, ne voulant pas céder à la tentation de l'amertume et de la haine, comme il le souligne dans son prologue, cherche plutôt à faire œuvre littéraire tout en développant «un thème qui pût [lui] fournir beaucoup de vertus à imiter». Tels sont les buts de ce roman historique, l'un des plus réussis de la littérature narrative du XIXe siècle canadien.

*
* *

Napoléon Bourassa est né à L'Acadie en 1827. Inscrit à l'école de droit, il opte bientôt pour la peinture et part étudier les beaux-arts en Europe. De retour au pays, il gagne sa vie en enseignant le dessin à l'école normale Jacques-Cartier. Il exécute des murales dans plusieurs chapelles, trace les plans de monastères et d'églises. Parallèlement, ses intérêts littéraires l'amènent à participer à la fondation de la Revue Canadienne *dont il deviendra directeur. C'est d'ailleurs pour cette revue qu'il écrit* Jacques et Marie. *Il meurt à Montréal en 1916.*

> Un grand bruit a été entendu dans Rama ; on y a entendu des plaintes et des cris lamentables ; Rachel pleurant ses enfants et ne voulant point recevoir de consolations, parce qu'ils ne sont plus...
>
> Saint Matthieu
>
> Nous nous sommes assis sur le bord des fleuves de Babylone ; et là nous avons pleuré en nous souvenant de Sion...
>
> Psaume CXXXVI

Prologue [1]

On dit que les Troyens exilés donnaient des noms aimés aux lieux inconnus où ils étaient venus chercher une nouvelle patrie.

Au temps de la conquête, on vit arriver quelques familles démembrées, ralliées par le même malheur, chassées de leurs foyers comme les enfants d'Ilion. Ces infortunés s'arrêtèrent sur les bords de la *Petite Rivière de Montréal,* à cet endroit où elle semble prendre plaisir à revenir sur son cours, comme pour mieux arroser les plaines fertiles qu'elle sillonne et rafraîchir ses ondes sous les ombrages des ormes géants qui les abritent. Après avoir entamé la forêt et asséché le sol par des travaux herculéens, ils y fixèrent leurs demeures.

Pour eux, la terre qui allait boire leurs sueurs et leurs larmes, recueillir leurs dernières espérances, donner des fleurs à leur vieillesse et garder leurs cendres bénies, ne pouvait pas s'appeler autrement que celle où ils avaient appris à connaître tout ce que la vie donne de délices dans les joies pures du foyer, durant ces beaux jours d'illusions et de mystères qui charment toute jeunesse ici-bas : ils firent comme ces autres pèlerins de l'Ausonie, ils nommèrent le coin de terre qu'ils venaient d'adopter la *Petite-Cadie,* du nom de la patrie perdue.

Tous les proscrits sont frères, qu'ils soient victimes des Grecs ou des Anglais, et le génie de l'infortune a partout la même poésie de langage.

Ces familles étaient venues là, les unes après les autres, comme viennent les débris d'un naufrage sur la même falaise, quand, après bien des vents contraires, une brise continue se met à souffler vers la terre. Des pères qui avaient eu des familles nombreuses arrivèrent avec quelques-uns de leurs enfants, ou avec ceux de leurs voisins seulement ; des jeunes filles, parties

---

1. Fait pour la *Revue canadienne*.

avec leurs vieux parents, se rendirent avec les parents des autres; un homme qui comptait plusieurs frères parvint au terme de la route avec deux ou trois neveux: il n'entendit jamais parler de ceux qui étaient restés en arrière; quelques amis, quelques alliés réussirent à se rejoindre à différents intervalles, mais cela fut rare. Un jeune homme qui s'était fait marin parvint à recueillir plusieurs des siens dispersés sur différents rivages.

Dans le cours de leurs pérégrinations, il y en a qui franchirent des espaces incroyables, à pied, à travers les forêts, le long des fleuves, sur les rivages arides de la mer. Tantôt ils furent arrêtés par la maladie et la misère, d'autres fois ils s'égarèrent longtemps. On offrit à quelques-uns le travail des esclaves, à d'autres un salaire, mais un salaire donné par des mains étrangères. Mais tous préférèrent continuer leur chemin. Ils cherchaient un ciel ami qui leur rappelât celui qu'ils ne devaient plus revoir, ou ils mouraient en le cherchant...

N'ont-ils pas bien gagné ce pied de terre où ils ont enfin pu s'asseoir pour rompre en famille le pain de l'exil, et raconter leurs tristes récits à des cœurs capables de les comprendre et de pleurer avec eux, sans remords? Sans doute, ils aperçurent des larmes dans les yeux des étrangers qui les voyaient passer, mais à ceux-là ils ne pouvaient faire entendre leur langage, et ils portaient à leurs yeux la marque d'un crime national.

C'est au milieu de cette petite colonie d'humbles mais héroïques infortunés; c'est dans leurs champs, près de leurs chaumes déjà prospères, que naquit et grandit mon père, et c'est aussi là, dans cette *Petite-Cadie*, qu'il m'est arrivé de voir le jour.

Fondateurs de la paroisse, les premiers dans l'aisance, les Acadiens se sont liés avec toutes les familles qui s'étaient fixées autour de leurs établissements: la mienne tient à leur sang par toutes ses générations; et j'en suis fier, car ces braves gens n'ont apporté sous le toit qui les a reçus que les traditions de l'honneur le plus vigoureux et des vertus les plus robustes.

Je n'ai pu connaître ceux qui vinrent déjà grands dans le pays, malgré l'âge avancé qu'ils ont atteint; je me rappelle seulement avoir vu les enfants de l'exil, ceux qui naquirent après le départ, sur des vaisseaux, ou dans les ports de la Nouvelle-Angleterre, et que leurs mères portèrent sur leur sein tout le long de la route. Je me souviens surtout d'avoir entendu raconter souvent, quand j'étais petit, l'histoire douloureuse de toutes ces familles, et ces tristes anecdotes ont exercé mon cœur à la pitié.

Je ne sache pas qu'aucune ait été notée. Il serait difficile aujourd'hui de les recueillir dans leur exactitude primitive: malgré que la source en soit un peu éloignée, il s'y est évidemment introduit beaucoup de versions étrangères et invraisemblables; elles ne peuvent donc trouver place que dans le recueil des légendes de mon village. Mais prises dans leur ensemble, elles pourront toujours servir à témoigner d'un fait cruel de l'histoire, comme ces débris de la nature morte, disséminés dans les diverses stratifications du globe, annoncent les cataclysmes qui l'ont bouleversé.

Le récit que je vais offrir résume les impressions qui me sont restées de tous ceux que j'ai entendus dans mon enfance sur les Acadiens, et il rappellera le plus fidèlement possible l'existence éphémère d'un peuple que la Providence semblait destiner à une vie nationale plus longue et plus heureuse, tant elle avait mis en lui de foi, d'amour et d'énergie.

Cette longue narration aura les proportions d'un livre; le lecteur jugera lui-même si elle renferme les qualités qui font les bons livres. Je ne puis rien promettre de plus que des efforts consciencieux pour arriver à ce but. Je n'aurais jamais eu l'idée d'écrire tant de pages, si on ne m'eût pas demandé de le faire. La confiance que mes amis et confrères de la *Revue* m'ont témoignée a fait à peu près toute la mienne.

N'ayant jamais fait le plus petit volume, ni jamais entretenu l'idée d'en faire un, j'ai entrepris cet écrit sans forme préméditée, sans modèle adopté. Il va donc voir le jour comme un enfant conçu dans les hasards de la vie, et je fais des vœux pour qu'il ne naisse pas difforme. S'il l'était, eh bien! tant pis, le plus fâché sera toujours le père; car quelque dénaturé que l'on soit, on tient à ce que ses œuvres viennent au monde sans défaut.

J'ai pris pour sujet de mon livre un événement lugubre, conséquence d'un acte bien mauvais de la politique anglaise; mais ce n'est pas pour soulever des haines tardives et inutiles dans le cœur de mes lecteurs: à quoi bon? Tous les peuples ne conservent-ils pas dans leurs annales des souvenirs qui rappellent des crimes affreux qu'ils ont expiés, ou dont ils porteront la tache durant les siècles? C'est au souverain Juge de les peser aujourd'hui et de dire lesquels impriment le plus de honte à leurs auteurs, et leur imposent le plus de responsabilité. Quant à moi, je suis trop de ma race pour entreprendre ce grand procès; je mettrais peut-être mon cœur et ma main dans la balance, qui ne doit porter que la mesure de l'iniquité et les poids de la justice.

D'ailleurs, la Providence, qui a laissé les Acadiens disparaître, nous a conservés au milieu de circonstances analogues; elle a eu ses intentions secrètes. La situation qu'elle nous a faite nous impose des devoirs que nous devons accomplir avec intelligence et dignité, comme elle en prescrit à ceux qui nous entourent. Si elle a voulu que nous vivions, il n'est pas laissé à notre volonté de nous suicider ou de consentir à être retranchés du nombre des peuples; si elle a créé des liens et des intérêts communs entre nous et les nationalités qui nous environnent, ce n'est pas pour que nous les changions en instruments de guerre. Il ne convient pas plus à notre pensée qu'à nos mains de fabriquer des machines de discorde. Je ne tourmenterai donc pas l'histoire pour servir l'intérêt de mon livre et la cause de mes héros ; je ne dirai rien de plus que ce qui a été dit par Haliburton et les écrivains de la Nouvelle-Angleterre : ce livre sera un épisode historique, rien de plus.

Si, dans l'expression des sentiments de quelques-uns de mes personnages, on trouve parfois de la violence, il ne faudra pas oublier dans quels moments ils s'exprimaient : ils étaient dépouillés, chassés, dispersés sur les côtes de la moitié de notre continent ; et pourquoi ?...

Non, aucune arrière-pensée, aucun but indirect, sournoisement caché, n'a guidé ma plume ; je proteste d'avance contre toute imputation de ce genre.

M'étant engagé à faire une œuvre littéraire, j'ai cherché au milieu de mes souvenirs, dans les sphères du monde que j'ai le plus connu et le plus aimé, un thème qui pût me fournir beaucoup de vertus à imiter, beaucoup de courage et de persévérance à admirer, beaucoup de péripéties et de combats à raconter, et je l'ai trouvé au berceau de ceux qui vinrent fonder les humbles hameaux où j'ai vu le jour.

Je fais donc hommage de mon travail aux petits-enfants des proscrits acadiens, à ceux qui ont conservé l'héritage précieux que leurs pères leur avaient laissé dans ce pays : ces maisonnettes blanches, aux alentours propres et soignés, ces champs qu'ils avaient dépouillés de la forêt et rendus fertiles, mais surtout ces habitudes de travail et d'économie qui leur assuraient, partout où ils fixaient leurs foyers, l'indépendance, la richesse et les bénédictions du ciel ; et je dois dire que les héritiers de ces biens sont encore nombreux. Souvenirs que personne ne peut dépouiller, si vous ne pouvez pas donner des provinces et distribuer des décorations à ceux qui vous louent, il en est peu au-dessus de vous qui méritent plus d'estime à cause de leur origine ! Triompher du malheur en gardant une âme pure, c'est conquérir des titres de noblesse qui en valent bien d'autres, et vos pères l'ont tous fait.

Ces pages, que j'ai consacrées à leur mémoire et que je vous offre, sont probablement peu de choses ; mais si elles peuvent faire verser quelques larmes nouvelles sur les souffrances oubliées de vos parents ; si elles servent à retremper vos cœurs dans leur foi et leurs vertus de toutes sortes et vous engagent à imiter leur exemple dans toutes les circonstances difficiles qui sont encore réservées à votre existence nationale, alors je n'aurai pas entrepris une tâche inconsidérée, et je serai plus satisfait encore de l'avoir accomplie pour vous ; on me pardonnera peut-être ensuite les fautes de forme et de détail.

Napoléon Bourassa

PREMIÈRE PARTIE

I

En 1710, Port-Royal fut pris par les Anglais, qui le nommèrent Annapolis. C'était le centre de l'établissement le plus considérable des Français en Amérique, l'un des appuis importants de leur puissance et le point qui avait toujours le plus menacé les colonies britanniques.

En 1711, toute la presqu'île acadienne subit le sort de Port-Royal : la France l'abandonna par le traité d'Utrecht.

Ce traité laissait une latitude de deux ans aux anciens habitants pour disposer de leurs biens et rentrer dans les domaines de leur patrie ; il ne spécifiait rien pour ceux qui voudraient rester sous le sceptre des nouveaux maîtres.

En 1714, Nicholson, gouverneur d'Annapolis, invita les Acadiens à prêter le serment d'allégeance ou à quitter le pays dans l'espace d'un an. Beaucoup de ces pauvres gens croyaient que ce serment était d'une nature indissoluble, et qu'il y avait crime de le prêter à un souverain après l'avoir formulé pour un autre ; ils étaient unanimes, d'ailleurs, à ne faire cet acte solennel qu'après avoir reçu l'assurance que leurs services ne seraient jamais requis contre la France. Ils demandèrent donc la permission de s'embarquer sur des vaisseaux de leur nation. Mais on leur répondit que, aux termes du traité, les vaisseaux français n'avaient pas le droit de mouiller dans leurs eaux. Ils se résignèrent à attendre les chances de l'avenir ; pour le moment, ils n'osèrent pas confier leur sort à des navires anglais : un vague pressentiment leur faisait déjà redouter quelque perfidie.

En 1719, pendant une absence du colonel Philips, qui avait succédé à Nicholson, son lieutenant trouva le moyen, soit par violence, soit par ruse, de faire prêter le serment à un assez grand nombre des habitants de la ville et du voisinage. Le gouverneur étant de retour, ils allèrent se plaindre amèrement à lui de l'acte de son subalterne. Philips les calma et leur assura que s'ils prêtaient le serment, on ne les obligerait jamais à porter les armes contre la France. Sur cette promesse, 880 hommes, qui devaient former la portion la plus influente de la population de la péninsule, jurèrent fidélité au roi George Ier.

Depuis lors jusqu'en 1744, les Acadiens, retirés dans leurs foyers, s'occupèrent sans inquiétude de la culture de leurs terres, s'habituant à un état de neutralité que tous, Anglais et Français, semblaient leur confirmer. On les nommait *neutrals* (les neutres).

En 1744, la politique européenne ayant entraîné de nouveau l'Angleterre et la France sur les champs de batailles, l'Acadie devint un des principaux théâtres de la guerre en Amérique. Les flottes des deux nations vinrent se heurter sur ses côtes. Le siège de Louisbourg par les Anglais, celui d'Annapolis par les Français, occasionnèrent, au milieu des populations acadiennes, des rencontres fréquentes de corps armés qui ne manquèrent pas d'y jeter la perturbation. Un des plus brillants faits d'armes de cette guerre de quatre ans eut lieu à Grand-Pré même, sur le Bassin des Mines, le bourg le plus considérable et le plus tranquille des neutres.

C'était une singulière situation pour ces habitants que celle de voir, du seuil de leurs chaumières, des Français et des Anglais répandre leur sang dans ces combats acharnés. Pendant le désordre de la mêlée, quand ils entendaient la voix de leurs anciens compatriotes les appeler dans l'agonie ou les narguer dans le triomphe, quelle lutte terrible devaient se livrer en eux le sentiment de la nature et celui de la foi jurée!

Comme ils étaient les seuls dans cette partie du continent qui eussent des greniers bien remplis et des troupeaux abondants, les vainqueurs et les vaincus, les concitoyens de jadis et les nouveaux maîtres, vinrent s'approvisionner chez eux. L'escadre du duc d'Anville, jetée par des contretemps dans la rade de Chebouctou, était ravagée par la peste: des commissaires vinrent demander des aliments frais pour les équipages décimés, aux Mines, à Cobequid et à Chignectou. On leur en donna; c'était pour des Français expirants qu'on leur tendait la main, et rien dans leurs nouveaux liens politiques ne leur défendait cet acte d'humanité.

Pendant ces événements, il est naturel de croire que les sollicitations de la part des soldats et des agents de la France, pour persuader aux Acadiens de se soustraire à l'autorité des conquérants, furent fréquentes et vives. Mais aucun fait sérieux n'a prouvé qu'elles aient réussi à faire commettre un acte de trahison à ces âmes loyales, pour qui la parole d'honneur valait un serment. Au contraire, les propos malveillants que les Canadiens leur jetaient en toute occasion, les provisions que leur arrachait de force le corps expéditionnaire de M. de Villiers et la captivité de plusieurs habitants de Grand-Pré, entre autres du vieux notaire Leblanc, qui fut retenu pendant quatre ans à Louisbourg, comme citoyen anglais, prouve leur fidélité à la Grande-Bretagne. D'un autre côté, il est évident que les Anglais leur reconnaissaient bien le caractère de neutres ou du moins leur en laissaient les privilèges, puisqu'ils ne leur demandèrent aucun service militaire durant toute cette guerre.

En 1748 fut signée la paix d'Aix-la-Chapelle. En Amérique, les belligérants rentrèrent dans leurs anciennes possessions ; mais comme ces possessions avaient des limites fort incertaines, une des stipulations du traité de paix laissait à une commission le soin de les définir : nouveau nœud gordien resté entre les deux peuples, pour amuser, pendant quelque temps, la fine diplomatie, mais qu'il fallut bien trancher avec l'épée.

Le peu de connaissance que l'on avait de ces contrées, lors des traités antérieurs, avait laissé tant de vague dans les termes de ces pièces publiques, que chaque nation prétendait bien, en fin de compte, posséder la moitié de ce que l'autre réclamait. Le Conseil des arbitres n'était pas encore nommé que déjà les gouverneurs s'empressaient d'occuper tout ce qui paraissait leur convenir, et de fonder des établissements solides là où ils n'avaient fait que passer.

En Acadie, aussitôt la paix signée, un des premiers soins de Mascaren fut de forcer les habitants voisins du golfe [du] Saint-Laurent à jurer foi et hommage à son souverain, dans les termes communs à tous les sujets anglais. Puis il chassa le curé de Grand-Pré, qu'il accusait d'exciter le peuple à la désertion et à la révolte.

Dans le même temps, les gouverneurs du Canada renouvelèrent leurs sollicitations auprès des Acadiens pour les décider à venir se fixer sur les côtes septentrionales de la Baie de Fundy, qu'ils prétendaient posséder, ainsi que toute la rive sud du golfe [du] Saint-Laurent, jusqu'à l'île du Cap-Breton. On offrait de mettre à leur disposition les subsides nécessaires à ce déplacement, d'autres terres, des provisions et la protection du drapeau de la France. Plusieurs familles se laissèrent, dès lors, entraîner par l'attrait de ces propositions ; devant la nouvelle attitude du gouvernement britannique, on conçoit que de pareilles offres devaient être bien puissantes sur des cœurs restés aussi sincèrement français, malgré leurs nouveaux liens politiques. Il était évident, aux yeux du plus grand nombre, que les Anglais n'entendaient plus leur laisser leurs droits et privilèges de neutres en face de la France menaçante et armée. Cet état anormal devenait de jour en jour plus insupportable pour les Anglais comme pour les Acadiens, surtout pour les habitants voisins du Canada et du Cap-Breton.

Le parlement de la métropole venait de voter des sommes considérables pour favoriser la colonisation du pays par des émigrants de la Grande-Bretagne, et, en 1749, Cornwallis débarqua dans le havre de Chebouctou, à la tête de 3760 hommes, à peu près tous mauvais sujets de Sa Majesté. Car pour hâter cette colonisation, le gouvernement ne tint guère à y implanter que des germes de vertu et d'honneur. On y déversa le trop-plein des prisons. C'était un charmant voisinage à procurer aux honnêtes Acadiens que ces troupes de bandits ! Ils ne leur firent pas, pourtant, mauvais accueil. À peine avaient-ils appris leur arrivée, qu'ils s'empressèrent auprès d'eux, leur offrant des provisions de toutes espèces, l'aide de leur travail et de leur expérience.

Quelque temps après, ce même Cornwallis lança une proclamation qui enjoignait à tous les habitants indistinctement de venir faire acte de soumission au roi dans la formule ordinaire. On accordait une période de trois mois pour remplir cette obligation. À tous ceux qui obéiraient à l'ordonnance, on assurait la paisible possession de leurs terres et le libre exercice de leur religion et de leurs droits de citoyens anglais ; les autres étaient menacés de confiscation et d'exil.

La même protestation unanime s'éleva contre cette nouvelle injonction. Les habitants rappelèrent la promesse de Philips, la réserve qu'on leur avait toujours accordée dans les termes de leur serment, leur fidélité constante ; la cruauté qu'il y aurait de les jeter, main armée, contre des poitrines et des cœurs français, etc. On leur répondit que Philips avait été censuré par le roi pour ses promesses indiscrètes. Ils n'avaient jamais entendu dire un mot de cette censure jusque-là : pendant plus de trente ans, confiants dans la parole du représentant de leur souverain, et fidèles à celle qu'ils lui avaient donnée, en retour, ils avaient cultivé en paix leurs champs, défriché des terres considérables, accompli des travaux publics gigantesques, accru les ressources du pays. Mais la raison politique fait découvrir bien des choses !

À l'époque des garanties de Philips, le gouvernement colonial était peu de chose ; il n'aurait pas pu imposer des serments cruels à une population déjà nombreuse, placée à quelques pas de ses anciens drapeaux ; il n'aurait pu empêcher ces populations de se soustraire à son autorité et d'aller grossir sensiblement les rangs de ses ennemis ; on fut bon et généreux. Mais au temps des Cornwallis, Philips et son roi étaient morts depuis longtemps, leurs promesses devaient être mortes aussi... D'ailleurs, Annapolis était plus forte, appuyée par les établissements de la Nouvelle-Angleterre ; Halifax venait d'être fondée ; on avait mis des garnisons à Passiequid et à Grand-Pré, et une guerre terrible, une guerre de géants, un combat suprême allait s'engager entre deux puissances rivales en Europe, rivales en Asie, rivales en Amérique, rivales partout. Il fallait bien soumettre, à tout prix, ces quelques milliers de cœurs français que l'on avait laissés battre au sein d'un pays anglais.

Il y avait eu duplicité politique à les garder là malgré eux, et ce premier crime, comme tous ceux de ce genre, ne devait avoir pour conséquences qu'une plus grande duplicité et qu'un crime national plus hideux !

Les Acadiens demandèrent si, dans le cas où ils voudraient laisser le pays, on leur permettait de disposer de leurs propriétés.

On leur répondit que le traité d'Utrecht leur avait accordé deux années pour faire ces dispositions, et que ces deux années étaient depuis longtemps écoulées; qu'ils ne pouvaient, par conséquent, ni vendre leurs biens, ni partir.

Ils retournèrent alors dans leurs foyers, les uns disposés à confier leur sort au désespoir, les autres à attendre. Pas un n'alla mettre la main sur la Bible pour jurer à l'Angleterre qu'ils lèveraient cette main armée contre la France!

II

Deux familles de Grand-Pré se séparèrent durant ces temps agités; l'une partit, emportant sa haine pour les persécuteurs; l'autre resta en leur gardant toujours fidélité, attendant encore des jours de clémence et de justice, des jours de bonheur et de tranquillité!

Ces séparations étaient devenues fréquentes depuis quelque temps; mais aucune peut-être n'avait été plus pénible que celle-ci. Les deux familles étaient nombreuses, voisines, également à l'aise, et liées depuis longtemps, non seulement par le nœud de la plus douce amitié, mais par des alliances à divers degrés; il s'en préparait même une nouvelle, qui aurait encore ajouté son charme à cette heureuse union. Le départ la fit remettre à d'autres temps.

Ce fut vers l'automne de 1749 que le père Hébert dit adieu à son vieux voisin et quitta Grand-Pré pour aller s'établir sur les bords de la Missagouache, au fond de la Baie de Beau-Bassin. Après le sacrifice de ses biens-fonds et l'abandon de ses amis, ce qui l'affectait le plus, c'était de partir la nuit, presque à la sourdine, comme un malfaiteur. Mais il fallait bien subir cette pénible nécessité. Si les autorités avaient connu son départ, on l'aurait fait arrêter comme un traître. Ses propriétés se trouvaient déjà confisquées par le seul fait de sa fuite. Il n'avait même pas cherché des acquéreurs, il les aurait exposés à l'expropriation et à d'autres châtiments. Il n'avait pu disposer que de ses meubles, des produits de sa récolte et de ses animaux, qui étaient nombreux et beaux. Comme il avait fait ses ventes de gré à gré, en secret, et comme les acheteurs étaient tous ses amis, il avait réalisé une somme bien suffisante pour commencer un nouvel établissement. D'ailleurs, il avait quatorze enfants, dont les huit aînés étaient des garçons, forts et laborieux; et puis les Acadiens ne craignaient pas les travaux héroïques.

Quatre de ses garçons étaient déjà fixés, avec leurs petites familles, sur la Baie de Beau-Bassin: leurs sollicitations continuelles, activées sans doute par la présence de M. de La Corne, qui venait d'arriver dans les environs avec un corps nombreux de Canadiens; le plaisir de rassembler sous un même toit tous les membres d'une famille aimante et unie; les entraves croissantes que le gouvernement jetait entre eux, pour gêner leurs relations; l'espérance de se retrouver encore Français: tous ces motifs, surtout le dernier, parurent suffisants au père Hébert pour le décider à s'expatrier, malgré son âge déjà avancé et toutes ces habitudes de vieille date que l'aisance et des relations toujours bienveillantes lui avaient rendues plus douces. Il partit donc.

Il pouvait être dix heures du soir quand le vieillard, se levant de dessus la dernière chaise restée dans la maison, jeta un regard autour de lui, sur les murs vides, sur l'âtre éteint, sur quelques groupes de femmes qui pleuraient avec ses filles, et dit d'une voix encore sonore:

— Mes enfants, c'est l'heure, il faut partir; nous devons aller coucher plus loin ce soir...

Alors, il s'ouvrit une voie devant lui, au milieu des enfants, des intimes et des petits-enfants, et il sortit le premier, tenant son vieil ami par le bras. La conversation avait été peu animée dans la maison, les voix étaient altérées, les phrases entrecoupées; elle cessa tout à fait sur le seuil de la porte.

À la suite du chef se rangèrent les fils et les brus, la mère, les filles et les nombreux représentants d'une troisième génération. Tous portaient quelques fardeaux, objets d'utilité journalière. Cette procession se dirigea ainsi silencieuse au milieu des ténèbres, vers l'embouchure de la Gaspéreau, où l'attendaient les embarcations nécessaires au voyage.

Peu de personnes accompagnaient les pauvres émigrants; ils s'en allaient comme ces cercueils ignorés qu'accompagnent les seuls parents en pleurs. On avait craint d'éveiller l'attention de l'autorité, qui commençait à tenir l'oreille ouverte, même à Grand-Pré. Arrivés sur la grève, il se fit un peu plus de bruit; l'installation de tout ce monde et de tout le menu ménage, au milieu des ténèbres et de l'aveuglement que donnent les larmes, entraîna quelque désordre; on s'appelait à demi-voix, on préparait la manœuvre, on dégageait les amarres. Mais bientôt le bruit cessa peu à peu, on entendit encore quelques voix qui se disaient adieu sur divers tons de la gamme des douleurs; on entendit aussi des cris d'enfants troublés dans leur sommeil.

Pauvres petits!... Une brise froide et humide passait sur leur visage; ils sentaient bien que ce n'était pas là le souffle caressant de leur mère: un vigoureux ballottement commençait à se faire sentir sous l'effort des rameurs; ce n'était plus pour eux le doux balancement du berceau! Ils pleuraient; et leur voix, errant au caprice des vents, fut la dernière chose que l'oreille put saisir dans les solitudes de la mer.

III

Deux personnes se tenaient encore debout sur le rivage: c'était le vieux voisin Landry et sa fille Marie.

Quand ils ne virent plus rien sur la silhouette incertaine des flots, quand les ondes soulevées par les rames eurent cessé d'apporter à la plage l'adieu lointain et suprême des voyageurs, le vieillard se retourna vers l'enfant qui s'appuyait à son côté, et il lui dit avec effort et d'une voix incertaine:

— Ne pleure pas, petite; tu sais bien qu'il reviendra, ton Jacques, au printemps.

Puis il passa sa main autour de son cou pour lui caresser la joue et le bout de sa jolie petite oreille, et ils s'acheminèrent lentement du côté de leur demeure.

Marie marcha quelque temps sans rien dire, se contentant de soulever souvent jusqu'à ses yeux le coin de son tablier blanc; après, elle dit à son père:

— L'année dernière, au mois de mai, un petit ménage de rossignols était venu s'établir dans une belle touffe de trèfle rouge et de millet sauvage; une grande feuille de plantain se penchait sur le nid, lui servant de toit, et le taillis de pruniers lui jetait toute son ombre. Aussitôt que je vis le couple assidu au logis, je me mis à chasser tous les chats du voisinage; je mis même Minou prisonnier dans la cave: le perfide m'avait grippé un poulet, autrefois. Tous les jours, quand la mère allait dîner (et elle n'allait pas loin, car je lui portais toute la mie de pain sur cette grosse pierre plate, de l'autre côté du taillis), moi, je courais bien doucement, comme aurait fait Minou, puis écartant les grandes herbes, je regardais si les quatre petits ne mettaient pas le nez à la fenêtre de leur maisonnette. Quand ils en furent sortis, je leur portai bien autant de vers que si j'eusse été leur maman; et je remarquais en passant le progrès de leurs plumes.

Un jour, je trouvai toute la famille perchée au bord du nid; un d'eux même avait grimpé au plus haut faîte de la feuille de plantain; et tous ensemble ils regardaient le ciel et la prairie, où jouaient les grands oiseaux, leurs aînés. Je jugeai qu'il était temps de laisser un souvenir à mes petits ambitieux, et je leur attachai à chacun un fil de soie rouge à la patte droite. Le lendemain, à l'aurore, ils étaient déjà en plein pré, trottinant et soulevant l'aile à chaque brise qui passait. J'essayai de les attirer avec mon pain, en imitant le cri de leur mère, mais elle les appelait plus loin dans le feuillage, et ces enfants du ciel ne voulaient plus que l'espace et de l'air; ils firent tant qu'à la fin une rafale vint les saisir, et ils allèrent en tourbillonnant se perdre, les uns dans les futaies, les autres dans les charmilles. J'en ai vu tomber un dans la rivière; il a surnagé longtemps, suivant le cours de l'eau, et je ne l'ai pas vu revenir... Les autres s'appelèrent encore jusqu'à la nuit; mais le jour suivant je ne les ai plus entendus: eux aussi, ils s'étaient dit adieu!...

Ce printemps, au premier chant du rossignol, je suis allée vite, vite, voir si le nid était en ordre, si les écureuils ne l'avaient pas pillé, pour faire leur lit d'hiver; il y était encore, aussi mollet, aussi caché; et j'attendis l'heure de la couvée, croyant que l'un de mes petits ne manquerait pas de venir me confier ses enfants où il avait lui-même trouvé tant de soins et de bonheur... Aucun n'est revenu!... et le nid est encore vide!

J'ai eu bien du chagrin!

J'ai pensé qu'ils étaient peut-être tous morts... Un méchant hibou aurait bien pu les croquer pendant leur sommeil... Ils ont peut-être été gelés dans leur maison d'hiver... Ils sont peut-être tombés dans la mer, en voulant la traverser pendant la grosse tempête du mois de juillet... Les oiseaux, mon cher papa, est-ce que ça se souvient de quelque chose? — Puis, sans attendre la réponse, qui tardait un peu, Marie reprit: — Depuis ce temps-là, mon cher papa, j'ai pensé que le départ c'était toujours une chose bien triste! C'était le premier que je voyais... et ce soir... » Et la jeune fille reprit le coin de son tablier blanc.

— Oui, mon enfant, ce soir, c'est un départ bien pénible; mais au moins Jacques n'a pas fait comme tes oiseaux, il t'a promis, en partant, qu'il reviendrait; il reviendra.

Je ne suis pas bien sûr si les rossignols se souviennent de quelque chose; comme les tiens ne sont pas de retour, c'est le meilleur signe qu'ils ne se rappellent rien. Mais les garçons, Marie, ça se souvient toujours!...

Il paraît que ceci était déjà une vérité bien connue au temps du père Landry, car autrement il ne l'aurait pas affirmé: on sait jusqu'à quel point les Acadiens abhorraient le mensonge.

Dans tous les cas, Jacques avait bien décidé de revenir à Grand-Pré, au printemps. Comme il était le seul des Hébert non marié, il devait suivre son vieux père pour l'aider dans son nouvel établissement; mais il était convenu, en famille, qu'on ne le retiendrait pas après les premières semailles.

IV

Cependant, quoiqu'il emportât l'espoir d'un prochain retour, le départ n'en avait pas été moins pénible pour lui. Il n'avait pas, sans doute, comme ses parents, à rompre avec de vieilles habitudes; il n'avait que dix-huit ans; cependant, celle toute petite qu'il avait contractée depuis quelque temps lui parut bien aussi difficile à briser que les plus antiques et les plus solennelles. On comprend qu'il ne s'agit ici ni de cartes, ni de pipe, ni de course au clocher, mais bien d'une fille d'Ève. Il y en avait beaucoup à Grand-Pré, et elles n'attendaient pas d'avoir vingt ans pour charger leurs frères d'aller dire à leurs amis qu'elles étaient bonnes à marier; et quand elles étaient jolies et douces comme Marie, elles pouvaient facilement se dispenser de confier aux frères cette mission délicate, qu'ils remplissaient d'ailleurs toujours assez mal. Dans ces heureux temps, les épouseurs se présentaient presque aussitôt après la démolition de la dernière poupée. Ainsi, Marie avait à peine treize ans au départ de Jacques, et les fiançailles étaient déjà une affaire convenue entre eux et leurs familles.

Raconter minutieusement les origines et les phases de cette liaison serait chose futile; qu'il me suffise de dire que ces origines ne remontaient pas à la nuit des temps, et que les phases les plus saillantes n'étaient pas extraordinaires. Un petit tableau de l'état des coutumes des colonies acadiennes fera deviner en partie au lecteur ces simples et suaves mystères dont chacun a plus ou moins dans son cœur la secrète intuition.

L'isolement où se trouvaient ces colonies; le nombre encore peu considérable des habitants; leur vie sédentaire, surtout à Grand-Pré; leur industrie, leur économie, la surabondance des produits agricoles, le grand nombre des enfants, la pureté et la simplicité des mœurs, tout cela rendait les rapports sociaux faciles et agréables, et préparait des mariages précoces. Tout le monde se voyait, se visitait, s'aimait de ce sentiment que donnent l'honnêteté et la charité réciproque. Les enfants trouvaient facile de se lier entre eux dans cette atmosphère de bienveillance où vivaient leurs pères: toujours mêlés ensemble autour de l'église, de la chaumière, des banquets de familles, ils rencontraient bientôt l'objet sympathique et l'occasion de marcher sur les traces de leurs généreux parents. Les entraves ne surgissaient pas plus après qu'avant ces liaisons. Il n'y avait pas d'inégalité de conditions; à part le curé et le notaire, tous les autres avaient la même aisance, à peu près la même éducation et la même noblesse: toutes choses qu'ils acquéraient facilement avec leur intelligence, leurs cœurs honnêtes et les lumières de la foi.

Or, le curé ne pouvant pas se marier, personne n'avait donc à se disputer sa main; lui, de son côté, tenait beaucoup à faire des mariages. Quant au notaire, comme il était ordinairement seul dans le canton, on ne pouvait toujours le ravir qu'une fois, ou deux tout au plus, dans le cas d'un veuvage, ce qui le rendait déjà moins ravissant.

Cet énorme parti, ce suprême personnage une fois fixé, les grandes ambitions du village n'avaient plus de but, car il n'y avait pas d'avocat — ô le beau temps! Comme son curé, le notaire n'avait pas de plus grand intérêt que de conjoindre les autres. Ainsi, tout contribuait à faire les voies larges et fleuries à ce sacrement des cœurs tendres. Donc pas de longs pourparlers; pas de ces mystérieuses intrigues; pas de ces dramatiques alternatives de rires et de larmes qui précèdent et gâtent si souvent les unions de nos jours, et qui fournissent de nombreuses pages aux fictions romanesques; pas de ces interminables répétitions d'un mot, qui s'affadit à force d'être redit; pas de ces intarissables protestations de constance éternelle, de passion héroïque; ce que l'on gaspille, ce qu'on laisse évaporer de ces beaux sentiments ailleurs, avant le mariage, on l'apportait là, en plus, dans la vie d'époux et de mère.

Oh! nos saintes mères! combien nous devons admirer et bénir leur héroïque existence; combien nous devons dépenser avec sagesse et générosité le sang et les forces qu'elles nous ont prodigués avec tant d'amour et de dévouement! Si jamais rôle de femme a été complètement accompli, c'est le leur; si jamais quelqu'un a su se donner aux autres, avec joie, abandon et sincérité, dans le silence et l'obscurité du foyer, celles-là l'ont fait plus que toute autre. À peine les fleurs de leurs printemps étaient-elles écloses, qu'elles s'empressaient de les effeuiller sur la tête de leurs enfants. Elles n'avaient qu'une saison, l'automne; la jeunesse ne leur semblait pas donnée pour jouir et alimenter leurs plaisirs, mais pour la faire couler à flots purs dans la vie d'une nombreuse famille et pour fonder une génération forte.

Mariées à quatorze ans, elles étaient mères à quinze, puis elles l'étaient de nouveau tous les dix-huit mois, jusqu'à l'âge de quarante-cinq ans! Comptez... je ne mentionne pas les jumeaux. Vous pouvez noter facilement, sans doute, le chiffre des rejetons; mais vous ne trouverez jamais le nombre des pensées d'amour, des heures sans sommeil, des soins coquets donnés à tous les marmots; vous n'additionnerez jamais les points d'aiguille, les tours de quenouille, les allées et venues de la navette; puis les fromages, puis les conserves, puis les produits du jardin, puis les milliers d'autres travaux d'économie domestique, accomplis avec joie pour vêtir et nourrir, pour fêter même cette postérité d'Abraham! Vous ne compterez jamais, non plus, les services rendus aux voisines, aux filles et aux brus, dans les temps de maladie, ou pour leur faciliter le rude apprentissage du ménage. Ah! vous, leurs filles, qui, après avoir laissé courir longtemps vos doigts sur des claviers ingrats et vos pieds sur des tapis brûlants, durant les jours et les nuits de votre jeunesse, osez vous écrier, dans l'énervement de vos forces, quand vos enfants pleurent, quand vos domestiques ne peuvent pas assez vous servir : — Que la vie est difficile ! — jugez devant le souvenir de vos fortes mères, quelles femmes vous êtes !

Jacques et Marie ont donc commencé à filer la trame de leur bonheur, absolument comme leur père, leur mère et tous leurs devanciers de Grand-Pré le firent autrefois. Ils vivaient à côté l'un de l'autre, leurs familles étaient intimes, leurs relations journalières. Jacques avait à peine quatre ans de plus que sa petite voisine, et, comme il est proverbial que les garçons ont l'esprit beaucoup moins précoce que les filles, que leur mémoire ou leur tête est beaucoup plus dure — dans l'enfance, bien entendu — Jacques et Marie se trouvaient au même degré de développement moral.

Ils suivirent ensemble les instructions religieuses du bon curé, qui leur enseignait, en même temps, à lire, à écrire et à compter. Pendant plusieurs saisons ils tracèrent, de compagnie, le petit sentier qui conduisait à l'église, le long du grand chemin. Tantôt Marie trottinait devant, tantôt Jacques, pour lui battre la neige, quand c'était l'hiver, ou lui faciliter le passage des mares boueuses, si communes en automne ; bien entendu qu'à tous les mauvais pas, le sexe fort aidait au sexe faible. Quelquefois, pour être plus agiles, les deux enfants eurent l'idée friponne d'enlever leurs chaussures. Alors, Jacques attachait les deux paires par les bouts des cordons et se les passant autour du cou, ils couraient tous deux, joyeux de l'aventure. Jacques ne faisait, d'ailleurs, nullement attention aux petits pieds de Marie, qui laissaient, en touchant l'argile fraîche, tant de jolies empreintes !

C'était une de leurs habitudes de prendre, avec eux, leur collation de midi, qu'ils dégustaient d'ordinaire en commun, sur le gazon, à l'ombre de l'église. Jacques aimait, entre autres choses, le lait-pris, et Marie avait une petite dent aiguisée tout exprès pour grignoter la galette au beurre qui lui faisait éprouver des jouissances toujours nouvelles. Or, il arrivait souvent que Marie avait, dans son panier, du lait-pris, et Jacques, dans son sac, de quoi satisfaire la petite dent de Marie. L'on partageait, cela se devine.

J'ai oublié de dire que les deux amis avaient un fidèle compagnon, qui ne les quittait jamais d'un pas. Cette dernière circonstance me le rappelle ; car il aimait également la galette et le lait-pris, et il faisait grand honneur aux deux ; il aimait aussi, à un égal degré, sa sœur Marie et son voisin Jacques. Il se nommait André.

Les délices de la collation et tous ces agréables petits rapports de bon voisinage n'en firent pas aller plus mal le catéchisme. Le jour de la première communion venu, les deux enfants allèrent ensemble à la sainte table, et quand ils revinrent à la maison, au milieu des parents en fête, il s'échappait un rayon de grâce de leurs fronts purs et candides. Marie était charmante sous son petit bonnet blanc, et dans sa toilette chaste et simple comme son âme. Un séraphin n'aurait pas pu mieux se travestir pour visiter notre pauvre terre, incognito.

Il est probable que ce bon Jacques ne constata pas encore le fait, tout occupé qu'il était à regarder une grande enluminure que lui avait donnée monsieur le curé, où l'on voyait un groupe d'anges débraillés et retors, comme on en faisait sous Louis XV.

V

Depuis lors, Jacques se remit aux travaux des champs avec ses frères, et Marie aux occupations nombreuses d'une ferme aisée. Ils avaient pris à l'autel de leurs pères cette énergie morale qui caractérise les colons de ce temps; ils allaient maintenant se former, dans leurs familles, à cette vie forte, active et régulière, à ces habitudes de travail et d'économie, de bienveillance et de probité qui furent tout le secret de la richesse et du bonheur des Acadiens.

Le fait seul que l'on retrouve ces deux enfants fiancés, quatre ans après leur première communion, prouve qu'ils n'en restèrent pas, l'un et l'autre, à leurs goûts pour le lait-pris et le gâteau populaire de leur pays. Jacques ne revit plus, sans doute, le petit pied blanc de Marie, car depuis que l'on avait dit à la fillette qu'elle était maintenant une grand'fille, elle aurait rougi jusque sous la plante de ce même petit pied si on l'eût aperçu nu, en public. Mais elle n'avait pas que le pied de mignon. Son minois... qu'elle ne cachait jamais, parce que jamais le chagrin, la honte ou le repentir n'eurent l'occasion de l'effleurer d'un nuage; son minois était aussi trop gracieux, trop attrayant pour que Jacques ne finît pas par s'en apercevoir.

En grandissant, ils ne perdirent pas complètement l'habitude de faire route ensemble pour aller à l'église ou ailleurs. Les bois et les prairies des deux familles se touchaient; on avait souvent l'occasion d'y cheminer durant la fenaison ou les récoltes, et, comme tous les hommes des champs aiment à échanger quelques mots avec le voisin, sur les choses de la terre, les Landry et les Hébert suivaient souvent le fossé mitoyen. Les enfants ne faisaient pas autrement que leurs parents; seulement, Jacques franchissait quelquefois sa levée.

Un jour du mois de juillet, qu'ils s'en allaient ainsi tous ensemble visiter les foins en fleurs, pendant que les papas discouraient sur quelques singulières influences de la lune et sur l'avenir des pommes de terre, Marie avait aperçu, à travers les herbes, de belles grosses fraises qui lui arrachèrent un de ces cris de joie comme en font seul commettre, à pareil âge, ces agaçantes primeurs. Jacques, en garçon bien élevé, lui cueillit aussitôt les plus belles; et, pendant qu'il jouissait du plaisir avec lequel Marie dévorait ces fruits nés des rosées, des parfums et des couleurs de l'aurore, il constata que les fruits, en s'approchant des lèvres de sa compagne, ne les faisaient pas paraître plus pâles.

Première découverte.

Dans ces terres alluviales, les maringouins sont toujours très abondants; il arriva donc que plusieurs de ces traîtres insectes osèrent aller butiner sur le frais épiderme de Marie, pendant qu'elle moissonnait ainsi tout le produit du matin; avec une vivacité qui lui était naturelle, sans songer aux fraises qu'elle tenait sous le pouce, elle appliquait à la partie blessée un preste soufflet qui, tout en tuant le sanguinaire moucheron, écrasait sur place le fruit inoffensif. Plusieurs maringouins vinrent ainsi puiser au sang de la petite fermière, et tous en furent punis, mais non sans le sacrifice de quelques-unes des offrandes de Jacques.

Quand les promeneurs furent près d'arriver au village, un ruisseau se présentant, Marie, tout naturellement, demanda à Jacques de lui indiquer les endroits barbouillés de son visage, afin de faire toilette. Celui-ci trouva facilement les taches de jus vermeil sur le front, aux tempes, dans la fossette du cou, à cet endroit où s'arrondissait la gracieuse oreille que le père Landry aimait tant à caresser; c'est là où les maringouins font ordinairement le plus de ravage. Mais, quand il fallut explorer les joues et la partie la plus arrondie du menton, Jacques déclara, après un long examen, qu'il lui était impossible de constater l'impression du fruit délicat. Il aurait été bien plus simple de dire tout de suite à Marie de laver le tout; ce n'était pas l'eau qui manquait... Mais décidément ces enfants commençaient à devenir minutieux. Ce qui est le plus probable, c'est que le grand Jacques avait trouvé, dans ses recherches, sur la figure de son amie, bien d'autres jolis problèmes à résoudre.

La vie laborieuse et libre des champs, le soleil abondant, l'air vif de la mer, les émanations embaumées des bois, les rosées matinales dans lesquelles Marie avait si souvent trempé son pied, en compagnie des narcisses et des violettes; enfin, le contact continuel et l'aliment d'une nature vierge et féconde avaient donné à toute sa personne cette maturité précoce, commune à toutes les filles du pays. C'était l'union, sur une même tige, de l'éclat de la fleur qui féconde à la saveur du fruit mûrissant.

Un contour ferme marquait toutes les ondulations gracieuses de la figure que l'ardeur de l'âge et la gaieté que donnent le bonheur et l'innocence animaient sans cesse, comme ces bruyères légères, sous l'haleine d'une brise continuelle. Son teint, abandonné négligemment aux caresses du soleil, avait revêtu sur ses lys et ses roses une légère nuance de bistre qui ajoutait encore à l'apparence de force et de nubilité hâtive de la jeune fille. Avec cela, les traits, que l'âge n'avait pas encore bien caractérisés, avaient une finesse peu commune chez les villageoises; la beauté de l'âme y rayonnait vaguement comme la lumière d'une étoile à travers un nuage léger; et dans leurs lignes indécises, on lisait déjà une grande sensibilité de cœur unie à beaucoup de force, de volonté et de vivacité d'esprit. Une certaine élégance native jetait sur toute cette petite personne un vernis de distinction naturelle qui ne s'alliait pas mal au bonnet normand, au mantelet de serge bleue du pays, au jupon de droguet écourté.

Voilà la seconde découverte que fit Jacques. Après celle-ci il n'en eut plus guère d'autres à faire que dans son propre cœur, et ces dernières ne l'obligèrent pas à de longues recherches; elles se révélèrent elles-mêmes à sa conscience: car de ce jour, la petite voisine fut une incarnation complète dans sa pensée, dans son cœur et dans ses sens: il avait rencontré cet être unique, cette femme choisie après sa mère pour féconder dans son cœur cette seconde efflorescence qu'on appelle toujours l'amour, et qui contient comme en essence, toutes les joies, toutes les émotions futures, toutes les espérances, toutes les destinées de notre vie de la terre; il avait connu pour la première fois et pour toujours, cette attraction mystérieuse de deux êtres, ce contact de deux âmes destinées à perpétuer sur la terre l'amour par leur amour, la vie par leur vie; il avait goûté toutes ces pures délices que le créateur a semées autour du berceau de la famille, pour nous entraîner par le plaisir vers l'accomplissement des grands devoirs que nous prescrivent la Providence et la société; il avait senti se graver dans sa mémoire le plus gracieux et le plus éternel de ses souvenirs, celui qui perce sous tous les autres, qui apparaît à toutes les phases de la carrière, jeune, chaste, riant, consolateur, malgré les douleurs, les défaillances et les égarements de l'existence. Enfin la nature, les circonstances, une heureuse destinée avaient fait fleurir un mariage de plus sur le sentier de la vie; les parents, le prêtre et le bon Dieu n'avaient plus qu'à le bénir.

Il y a des choses qui n'ont pas besoin d'être dites, surtout d'être répétées pour être comprises: et quand on s'aime, pas en amateur, mais pour se marier, pour se marier à treize et quatorze ans, on ne prend pas la peine d'aller chanter les notes de ses sentiments à tous les échos, et aussi souvent que son *Ave Maria*. Mais enfin, quelque sobre de paroles que l'on puisse être, il faut toujours bien finir par prononcer le mot de la chose, puisque c'est la seule transition possible pour arriver au sacrement. Ce fut Marie qui le dit la première, mais elle le dit d'abord à sa mère ; voici dans quelle circonstance.

On dansait quelquefois sur l'herbe menue, devant la maison des Landry, après les offices du dimanche. C'étaient des cotillons animés, ou des rondes exécutées sur un chant naïf. Dans une figure, je ne sais plus laquelle, Jacques fut obligé de jeter son foulard autour du cou de Marie ; celle-ci s'enfuit ; le foulard était en nœud coulant ; pour ne pas étrangler sa voisine, Jacques lâcha prise, et Marie se sauva vers la maison avec son entrave, qu'elle serra soigneusement avec ses bonnets blancs, dans son tiroir parfumé de propreté et d'herbes odoriférantes. J'ignore si, le soir, elle le mit sous l'oreiller de son lit, ou si elle le noua autour de son cou, pour qu'il lui inspirât de doux rêves durant son sommeil ; mais il est certain que le foulard gardé fut toute une déclaration et devint le premier lien indissoluble contracté entre les deux amants.

Le dimanche suivant, Marie s'en coiffa pour aller à l'église, ce qui procura un bonheur infini à Jacques et ne put échapper à l'observation de la bonne mère Landry, qui jetait toujours un œil à la toilette de sa fille, sur la route de l'église, surtout quand il passait de jolis garçons, des partis... De retour à la maison, dans un moment où les deux femmes étaient seules, la mère dit à la fille :

— Eh bien, si Jacques te demandait en mariage, que dirais-tu ?

— Qui, moi ?... fit Marie avec un grand étonnement qui tournait peu à peu au sourire ; puis elle rougit jusqu'aux yeux ; puis elle embrassa deux ou trois fois sa maman, riant enfin décidément, et elle continua : — Eh bien, ma chère petite mère, je dirais... oui !

— Tu dirais bien, mon enfant, et tu nous ferais beaucoup de plaisir, à tous ; tu n'aimes Jacques que tout juste... un peu plus que nous... et la brave femme embrassa sa fille à son tour, qui se tenait le visage caché dans le cou de sa maman, et se taisait.

Après le grand effort qu'il lui avait fallu faire pour jeter ce premier secret de son cœur à deux oreilles humaines, en face du soleil qui éclaire tout le monde... et entre les quatre grands murs de la maison, qui ont la réputation de tout entendre et de tout répéter, Marie avait besoin de vingt minutes de silence au moins. Quand elles furent passées, la mère Landry reprit :

— As-tu songé à l'époque du mariage ?

— Non, maman, est-ce que je puis me marier à présent ? Suis-je assez grande pour avoir un mari à moi ? Quel âge aviez-vous, mère, quand vous avez pris papa ?...

— Quatorze ans moins... moins quatre mois.

— C'est-à-dire un peu plus que treize, n'est-ce pas, maman ? Eh bien ! j'ai treize ans faits, moi, maintenant ; je pourrai donc, bien vite, dans six ou huit mois, faire comme vous... Ah ! que je suis heureuse ! je ne veux jamais être autrement que vous, maman ; cela fera que je serai une bonne petite mère aussi ! Est-ce que j'aurai dix-huit enfants, moi ?

— Peut-être davantage ; cela dépendra des bénédictions du ciel.

— Alors, vous prierez bien pour moi, maman. Et Marie continua, pendant deux heures, ce chapelet de phrases détachées. Quand le père Landry vint l'interrompre, elle avait déjà fait toutes ses invitations pour le mariage, préparé le dîner de noces, disposé sa toilette, monté et démonté sa maison plusieurs fois, fait dix pièces de toile, autant de flanelle, élevé cinquante douzaines de poules, battu mille livres de beurre, fait baptiser ses deux aînés, un garçon et une fille qui s'appelaient Jacques et Marie ; Marie ressemblait à sa grand'maman... etc., etc., etc.

Quelques jours après cette scène, les parents s'entendirent entre eux sur les dispositions du mariage, qui fut fixé à six mois. Les deux familles, durant cette période, devaient faire les premiers défrichements d'une terre que l'on destinait à Jacques. Quant à la maison, on ne s'en inquiéta pas pour le moment. Après leur mariage, les deux enfants devaient rester dans celle des Hébert. Quoiqu'il y eût déjà quatre ménages dans la maison, on ne craignait pas la gêne : des cœurs qui s'aiment peuvent se loger dans un bien petit espace. D'ailleurs, la ruche devenant trop pleine, il y avait toujours la ressource de faire une rallonge à la demeure commune ; on comptait beaucoup de maisons à Grand-Pré que l'on avait rallongées cinq fois.

C'est pendant la période des six mois de fiançailles que la famille Hébert résolut de quitter le village.

Les passions, à l'âge et dans les conditions de vie où se trouvait Marie, peuvent être vives, et se faire jour par des formes et des expressions bruyantes, mais elles ne peuvent avoir une grande profondeur. D'ailleurs, les espérances sont encore infinies et la vie semble n'avoir pas de limites. Le départ de Jacques laissa donc la jeune fille bien triste pendant trois ou quatre jours, durant lesquels le tablier blanc ne cessa pas d'être humide. Mais comme le fiancé devait revenir, elle finit par l'attendre : six mois sont bientôt passés...

. . . .

Ils passèrent, en effet, les six mois, mais personne ne vit revenir le plus jeune des Hébert. Les événements politiques jetèrent entre lui et Marie des obstacles insurmontables.

VI

Vers cette époque, tout semblait compliquer les relations de la France et de l'Angleterre ; les deux pays étaient entraînés invinciblement l'un contre l'autre. La lenteur des communications faisait qu'en Amérique les difficultés s'aggravaient avant qu'on pût y mettre ordre en Europe ; l'impossibilité d'avoir des rapports bien exacts à de si grandes distances ; l'avarice jalouse de toutes ces compagnies de traiteurs anglais et français qui se disputaient les richesses des forêts et l'amitié des sauvages ; la haine et l'envie qui animaient les colonies encore plus que les métropoles : tout engendrait la discorde ; la guerre naissait partout et à chaque instant. Ces deux peuples, qu'une mer avait éternellement séparés dans leur vieux monde, semblaient ne pouvoir pas fouler la même terre ; notre continent était déjà trop petit pour leur double ambition ; leur antipathie se recherchait à travers les solitudes immenses du monde nouveau pour se heurter. Il fallait bien que l'un d'eux disparût.

On se rappelle que le chevalier de La Corne avait été envoyé par M. de la Jonquière pour occuper l'isthme acadien ; c'est sur la rive occidentale de la Missagouache, presque en face de Beau-Bassin, que cet officier vint planter le drapeau de la France. Il voulait affirmer publiquement les droits de son gouvernement à la possession de ces terres, avant que la question des frontières fût discutée par la commission désignée pour cet objet. Les émigrés de Grand-Pré étaient arrivés dans ces environs quelques semaines seulement après lui ; et, en attendant la saison favorable pour se construire une demeure, ils avaient accepté l'hospitalité de leurs parents. Ceux-ci habitaient la côte opposée à celle où stationnaient les Français.

Le gouverneur Cornwallis ne fut pas longtemps à s'apercevoir que les intentions de La Corne étaient de se fortifier dans les positions qu'il venait d'occuper ; il envoya donc, dès le printemps suivant, le major Lawrence à la tête d'un petit corps d'armée pour le déloger.

Quelques détachements de ces troupes traversèrent le district des Mines, et l'on apprit bientôt chez les Landry quelle était leur destination ; et quoique l'on s'efforçât, autour de Marie, de lui cacher la tristesse que cet événement causait dans la famille, la jeune fille, avec cet instinct clairvoyant que possède tout cœur aimant, n'en fut pas moins saisie d'une pénible inquiétude. Et l'époque du retour de Jacques n'était pas encore passée, qu'elle sentait naître dans son cœur les plus sombres appréhensions. Le vague pressentiment qu'elle exprimait à son père au départ de la famille Hébert renaissait dans son âme avec l'impression d'un malheur réellement accompli.

D'ailleurs, elle avait raison de tout craindre : l'irritation était grande chez les Anglais. Depuis l'arrivée du commandant français dans la Baie de Beau-Bassin, les populations acadiennes abandonnaient en plus grand nombre leurs foyers et elles se précipitaient vers le Canada et l'île Saint-Jean. Cette désertion générale faisait la rage de Cornwallis ; il désirait bien déjà se délivrer de ces sujets détestés, mais il n'aurait pas voulu les voir aller grossir les rangs de l'ennemi.

Tout le monde augurait donc de tristes choses de l'expédition de Lawrence, et l'on tint l'oreille ouverte à toutes les rumeurs qui vinrent de ce côté-là.

Le père Landry, tout en essayant de rassurer sa fille, ne s'abusait guère sur la situation de la famille de son vieil ami. Quoiqu'il le sût établi sur un territoire appartenant incontestablement aux Anglais, il était persuadé que l'autorité ne lui pardonnerait pas de s'être rapproché de la frontière, dans ces circonstances, et qu'on allait le traiter en vil transfuge, malgré qu'on fût encore en pleine paix.

Les bruits sinistres ne se firent pas longtemps attendre : il circula de terribles histoires, et comme aucune n'était apportée par une voie directe et qu'elles passaient à travers des esprits terrifiés, elles revêtaient partout mille couleurs plus sombres les unes que les autres. On racontait des combats sanglants, des proscriptions en masse, l'incendie de tous les établissements de Beau-Bassin, la fuite des habitants dans les bois, et leur massacre par les sauvages. De nouvelles troupes passèrent à Grand-Pré, allant toujours vers la Missagouache : autres conjectures lugubres. Enfin l'on apprit vaguement que tout l'isthme était occupé par des soldats, que Français et Anglais y avaient élevé des fortifications, et l'on prédit en même temps que la guerre allait commencer partout ; mais personne ne parla des anciens voisins.

Malheureusement, beaucoup de ces narrations étaient exactes ; on ne fut donc pas étonné de ne pas voir revenir Jacques.

Cependant, on ne désespéra pas tout à fait de son sort et de son retour, quoique nul ne vînt pour les rassurer : ils firent la réflexion que les massacres devaient avoir été bien exagérés : pourquoi les sauvages auraient-ils tué des hommes avec lesquels ils avaient toujours été alliés ? De tous les indigènes, les Micmacs étaient ceux qui gardaient pour les Français l'attachement le plus inviolable et, dans ces derniers temps, leur acharnement contre les Anglais s'était manifesté plus que jamais. Jacques ne pouvait avoir péri par leurs mains, et s'il vivait, comme la cause première de son absence n'existait plus, il ne manquerait pas de faire tous ses efforts pour revenir ; et si quelqu'un pouvait déjouer l'habileté des patrouilles qui gardaient les frontières et triompher de grands obstacles, c'était bien lui.

à toi, comme tu as occupé toutes les heures de mes journées! comme ton souvenir a fécondé tous mes efforts!...

VII

Les mois passèrent rapidement au milieu de toutes ces occupations et de ces perplexités. Comme tout attachement vrai, celui de Marie ne faisait que grandir et se consolider avec l'âge et la séparation. Les dangers que courait son fiancé, les chagrins continuels, les pleurs secrets que lui causait son malheureux sort, faisaient rayonner constamment vers lui toutes les puissances de son cœur. Dieu a mis des trésors mystérieux dans l'amour de la femme, cette gracieuse providence de la famille: les douleurs, les inquiétudes, les larmes ont la vertu d'alimenter et de grandir son affection, et souvent l'être qui leur en a demandé davantage est encore celui qui est le plus aimé.

Marie, pour chasser les tristes images que lui traçaient ses frayeurs, dans le présent et dans l'avenir, recherchait les lieux qui lui rappelaient les scènes de son enfance. Tous ces petits souvenirs étaient éparpillés comme une moisson de fleurs, autour du champ de son père; elle pouvait facilement en faire la récolte; cette floraison de sa vie de treize ans, si tôt fauchée par le temps, conservait encore toute sa fraîcheur, tout son éclat; aucun calice n'avait été flétri...

Partout elle retrouvait les moindres incidents de sa liaison avec le petit voisin, et ressentait comme la répercussion des plaisirs qui les avaient accompagnés: les bois reverdissants, les émanations des foins fraîchement fanés, les fraises rougissantes, la première javelle dorée tombée sous la faucille, la dernière gerbe de la ferme couronnée dans la grange: tout cela lui parlait tour à tour de cette saison mystérieuse de sa vie où toutes les choses de la terre s'étaient révélées à ses sens, avec un charme jusqu'alors incompris.

Quelquefois, sans qu'on la vît, elle s'acheminait dans le sentier des enfants du catéchisme. Ce n'était pas pour aller faire ses dévotions, car il n'y avait plus de curé à Grand-Pré; un missionnaire y passait, seulement, de temps à autre; le gouvernement ne lui donnait pas la permission d'y séjourner. Le commandant de la place habitait le presbytère, et depuis quelques jours l'église même avait été changée en arsenal.

Le sentier était donc devenu solitaire et voilé; Marie seule retraçait ses sinuosités dans les foins. Quand elle passait émue, se hâtant, à cause du soir, il lui arrivait de s'arrêter tout à coup, pour se retourner: elle croyait entendre les pas rapides de quelqu'un qui accourait derrière elle comme pour lui saisir

Marie n'était pas disposée pour tout cela à croire à l'éternité de son malheur ; à quinze ans, il s'élève souvent des montagnes entre notre cœur et le but où s'élance notre ambition ou nos amours : il s'ouvre des mers immenses, il se fait des vides terribles, il se creuse des abîmes, il s'écroule des châteaux en Espagne ; cependant, on regarde toujours devant soi, l'œil souriant, la lèvre avide et l'on attend que les montagnes s'abaissent, que les rivages se rapprochent, que les vides et les abîmes se remplissent, que d'autres châteaux s'élèvent et s'embellissent ; on croit sincèrement que tout cela va se faire pour nous laisser toucher au pinacle... Que ne reste-t-on longtemps à l'âge de quinze ans !

Le travail aussi, ce soutien des âmes fortes, le travail assidu, sanctifié par l'amour du devoir, dirigé et régularisé par une pensée fixe, par un but toujours présent dans son cœur, lui aidait à passer les heures tristes.

On se rappelle que pendant les six mois qui devaient précéder le mariage des jeunes voisins, leurs parents étaient convenus de leur préparer un établissement qui pût les mettre de suite en état de bien vivre ; le départ des Hébert avait changé cette disposition. Cependant le père Landry ne voulut pas que sa Marie fût déshéritée de cette promesse, et il prit sur lui seul de la remplir, et de préparer, de concert avec elle, une douce surprise à l'épouseur. Une occasion lui permit d'acheter une jolie ferme tout à fait de son choix, et comme il sentait que la petite avait besoin de distractions, il mit de suite la propriété sous sa direction, lui offrant d'ailleurs de lui prêter main-forte pour tous les travaux un peu rudes. La jolie fermière prit pour locataire une pauvre veuve restée avec deux gars de douze à quatorze ans ; et, en faisant du bien à cette brave femme, elle associa à ses intérêts une aide dévouée.

Aussitôt que tout fut prêt pour l'exploitation régulière de la terre, Marie se mit à l'œuvre avec l'activité de son âge, de son caractère et de ses désirs de bien faire : elle demandait conseil à toutes les vieilles têtes et secours à tous les jeunes bras de la parenté. Tous se prêtaient à ses désirs. Il y avait quelque chose de si touchant dans le culte que la jeune fille donnait au souvenir de son fiancé et dans l'ardeur qu'elle mettait à lui préparer des joies, pour un retour qui n'aurait peut-être jamais lieu, que chacun s'empressait de contribuer à ses douces illusions, sans autre espoir que celui de voir Jacques cueillir un jour les peines de leur travail.

Tout allait à merveille, et pendant quelque temps, la pauvre enfant jouit pleinement du bonheur de penser que tous ses pas, toutes les ressources de sa main et de son esprit, toutes ses ingénieuses industries concouraient à l'édification de sa petite fortune, au charme de son futur intérieur ; elle allait pouvoir dire à l'arrivée du cher exilé : — Vois tout ce que j'ai fait en pensant clandestinement la main, ou lui secouer dans le cou des touffes de trèfles pleins de rosée... mais elle ne voyait rien que les grandes herbes, qui, courbées un instant sous ses jupons, se relevaient après son passage en se frôlant ensemble.

Elle évitait bien d'aller jusqu'au bout du chemin, à cause des soldats effrontés qu'elle y voyait toujours; elle se contentait de regarder de loin le petit temple de bois où elle ne pouvait plus aller prier: les portes étaient fermées, la lampe ne brillait plus au milieu du chœur, la cloche n'appelait plus personne, une sentinelle passait machinalement devant le portail... Que cette vue lui faisait mal! L'église de sa première communion... où Jacques, un jour déjà passé, aurait dû la conduire par la main, joyeuse et couronnée de fleurs blanches!... ces portes lui semblaient fermées comme un tombeau sur le bonheur de sa vie.

Que tout était changé à Grand-Pré, maintenant! On aurait dit qu'on avait arraché le cœur de cette population en lui enlevant son église et son prêtre; il n'y avait plus de centre de ralliement et de vie; les joies saintes de la religion étaient enfuies; on ne chantait plus, on ne jouait plus, le dimanche soir, près du presbytère, sous le regard souriant du curé; la naissance était triste et la mort sans consolation; l'autel était profané. On ne voyait plus, aux heures de l'instruction, les petits enfants, ces amis du Christ, se presser tout grouillants sur les degrés du perron, comme les hirondelles sous le clocher, pour prendre la curée frugale.

Souvent, la petite Landry dirigeait ses pas du côté de la Gaspéreau: là, chaque buisson de noisetiers lui rappelait une fête; c'est elle qui rapportait autrefois, dans les plis de son tablier, la récolte friande cueillie par ses frères aidés de l'ami Jacques.

En suivant toujours la côte, elle trouvait les anses qui servaient jadis de port aux petites barques des pêcheurs.

Durant la morte-saison, les jeunes gens avaient l'habitude de quitter le pays, pour aller faire la provision de poisson nécessaire pour les longs jours d'abstinence, qu'on observait si rigoureusement alors. Ils prenaient avec eux quelques produits de leurs fermes qu'ils échangeaient contre des objets de commerce, dans les comptoirs européens établis à l'entrée du golfe [du] Saint-Laurent. Et comme la pêche était tellement abondante qu'ils pouvaient en quelques jours prendre et saler la quantité de morue et de hareng suffisante à la consommation de la famille, il leur était encore facile de vendre plusieurs cargaisons aux marchands étrangers.

Ces expéditions étaient donc toujours très fructueuses; la recette entière appartenait à la jeunesse. Le retour était une réjouissance publique. C'était le vent de la fortune, le souffle du bonheur qui gonflait toutes ces petites voiles : il y avait peu de ces garçons qui ne rapportaient pas quelques beaux présents pour leurs mères, leurs sœurs, ou pour les bonnes filles du village ; des présents venus de France ! En outre, la petite caisse d'économie renfermait amplement pour payer la noce de ceux qui devaient se marier, et même quelque chose de plus pour commencer le ménage. Bien des cœurs soupiraient après l'arrivée de la flotte fortunée. À peine la voyait-on poindre à l'entrée de la Baie de Fundy que tout le monde était au rivage. Pendant qu'on chantait en chœur sur les embarcations, les chapeaux et les fichus s'agitaient aux ports, et bien des heureuses, de l'âge de Marie, se pressaient vivement du coude et se montraient en rougissant des heureux qui les regardaient aussi !

Tout cela était encore disparu... Il avait été strictement défendu aux Acadiens de posséder la moindre embarcation et d'exporter leurs produits. Les bords de la mer étaient devenus silencieux.

En errant ainsi, la fiancée de Jacques arrivait toujours à l'endroit où s'était embarquée la famille Hébert ; et c'était peut-être la raison pour laquelle elle allait faire un si long circuit, ne voulant pas laisser soupçonner le but de sa course. C'est là qu'elle avait vu pour la dernière fois des barques se balancer sur l'eau.

Assise sur une roche perdue, en attendant la venue du crépuscule, elle laissait errer son regard sur cette surface nue ; son œil s'attachait à chaque flot qui allait ou venait, et il le suivait jusqu'à ce qu'il se brisât sur la plage ou qu'il disparût au loin. Soit que la vague expirât doucement, soit qu'elle vînt, comme une montagne croulante, ébranler la falaise, elle n'avait toujours pour elle qu'une voix, qu'un mot : ce mot d'adieu qu'elle avait entendu à ce triste soir d'automne... passé déjà depuis trois ans. Parfois il lui semblait l'entendre auprès, au loin, partout, et comme répété par un chœur immense ; cependant, elle retrouvait toujours la mer vide !

Alors, elle regagnait la maison.

VIII

Le capitaine Butler, qui habitait le presbytère de Grand-Pré, n'était pas la douceur même ; et le gouvernement, qui lui avait donné le commandement de cette partie du pays, n'avait pas, évidemment, l'intention de laisser prendre aux populations des habitudes déloyales. Il alliait à une expression bourrue des manières impertinentes de son choix ; son type tenait du renard et de l'hyène; c'était la cruauté unie à la fourberie: il avait le ton rogue, souvent sa démarche et son teint accusaient le rogomme, et ses colères fréquentes faisaient transsuder sur sa figure les liqueurs subtiles; on n'aimait pas plus son voisinage que sa société. Contre l'habitude de cette époque, il s'était laissé croître une moustache énorme de crins fauves et grisonnants qui lui battaient les oreilles à la moindre brise de l'avant, ajoutant beaucoup à sa physionomie de carnivore. C'était un vil instrument; la nature l'avait fait naître bourreau.

Le capitaine Murray, son collègue de Passequid, était son digne comparse; mais comment le lieutenant George Gordon, joyeux et beau garçon, se trouvait-il en si mauvaise compagnie? C'est un de ces mystères que nous ne sommes pas en état de dévoiler.

Il n'était arrivé que depuis peu, et comme il devait remplacer Butler au poste de Grand-Pré quand celui-ci s'absentait, et que, d'ailleurs, il y avait en lui quelque chose de distingué et d'avenant, on parla beaucoup sur son sujet. Il fut rumeur qu'il avait commis quelques grosses fredaines de jeunesse, comme cela arrive à quelques fils de bonnes familles, en Angleterre, et que ses parents l'avaient obligé de prendre du service en Amérique. Il fallait nécessairement s'être rendu coupable d'un gros péché pour se trouver au milieu de tant d'ours mal léchés: c'est ainsi que pensaient les gens. Ce qu'on savait de plus certain, c'est qu'il avait de la fortune et de la noblesse, et qu'il était venu avec un de ses frères qui occupait un grade dans le corps de Lawrence.

Si Monsieur George, comme on le nommait, avait fait des fredaines, pourquoi son frère, qui n'en avait pas fait, aurait-il été puni comme lui? Enfin, malgré tout ce que l'on en dit, sa présence aux Mines fit un sensible plaisir aux habitants: le contraste était si frappant entre lui et son chef!

Le jeune lieutenant avait les manières obligeantes et polies d'un homme de bonne éducation; c'était un joyeux compagnon, bon, vivant à ses dépens et pour le plaisir des autres autant que pour le sien; aimant à s'amuser partout et un peu trop de tout, il ne prétendait pas endosser la figure obligée d'un fonctionnaire désagréable; et s'il désirait quelquefois voir son capitaine s'éloigner, ce n'était pas pour abuser de son pouvoir, mais, en premier lieu, pour se voir délivré d'un supérieur si déplaisant, ensuite pour laisser flotter à loisir les rênes du gouvernement. Celui-ci au moins était né bon prince. Malheureusement, on ne lui donnait pas souvent l'occasion de l'être.

Étant enfant, il avait fait un assez long séjour dans les collèges de Paris; il parlait donc le français comme sa propre langue, et il ne s'en gênait pas, quand il en avait l'occasion; Butler avait beau s'en fâcher, lui qui n'avait appris que nos jurons. — « En voilà un, se disaient les Acadiens, qui ne répond pas toujours, quand on s'adresse à lui : — « G... d... m ! parle anglais, va à l'diable ! » — Au contraire, M. George, qui a l'air du fils du roi, il ne dit rien fièrement, lui ; il nous donne la main, il parle d'autre chose que des ordonnances de Son Excellence, il s'informe de nos familles, de nos biens, et quand il nous rencontre, il ôte son chapeau ; oui, il ôte son chapeau, même à nos gars !... On croyait, à voir les autres, que les Anglais ça naissait et ça mourait le chapeau sur la tête. » — Ils n'en revenaient pas, les bonnes gens, et ils ajoutaient souvent : — « Ah ! pour celui-là, s'il a jamais fait le gros péché qu'on dit, ça ne peut être par méchanceté, toujours ! »

En effet, le fond du caractère du jeune officier se composait de bienveillance et de bonhomie : malgré les dissipations d'une jeunesse laissée sans frein, et l'égoïsme que donnent ordinairement l'amour des plaisirs et les jouissances d'une grande richesse, il n'avait pas perdu ces bonnes dispositions de son naturel. À vingt-cinq ans, il est impossible qu'un cœur aussi bien doué que l'était le sien ait épuisé tous ses trésors.

Douze mois de séjour au presbytère de Grand-Pré n'étaient pas nécessaires au lieutenant George pour découvrir qu'il allait faire garnison en lieu peu séduisant, et que son nouveau capitaine était une espèce d'ogre avec lequel il faudrait s'abrutir où se quereller. En quittant l'Angleterre, il avait compté sur une vie aventureuse, des expéditions gigantesques, des découvertes merveilleuses, pour occuper l'activité de ses passions et lui faire oublier les frivolités de sa vie passée, qui lui avait laissé d'ailleurs un peu de satiété. Il espérait aussi garder la compagnie de son frère, qu'il aimait. Mais quand il se vit lié, par une discipline brutale, dans ce petit village, au milieu de populations qui avaient toutes les raisons du monde de le détester d'avance ; à côté d'un être antipathique dont il fallait subir les ordres ; séparé de tous ses anciens plaisirs par des forêts et des mers immenses, il eut un instant de vertige, et il songea qu'il allait tout probablement connaître le spleen.

— Ce n'était pas la peine, pensait-il, de laisser l'Angleterre pour venir chercher si loin un produit de son climat !

Cependant, avant de prendre des airs tristes et de pleurnicher aux horizons, il résolut de remuer ciel et terre pour trouver un passe-temps supportable. Durant un mois entier, il fit la chasse et la pêche ; il poursuivit tout le gibier du pays, et jeta l'appât à tous les habitants de la mer. On aurait dit que les pauvres créatures se donnaient rendez-vous au bout de son fusil ou de son hameçon, tant les prises étaient abondantes. Ce succès facile finit par le lasser. Il n'y avait là, d'ailleurs, aucune châtelaine séduisante à qui faire hommage de ses conquêtes, aucun voisin joyeux et gourmet avec qui faire bombance ; quant à réjouir le palais de Butler des délicatesses de sa venaison, il n'y tenait guère: — Qu'il mange du *roast beef,* le vil païen! se dit-il un jour après l'avoir vu se rassasier de filet de chevreuil à la sauce aux champignons, de queue de castor, de gorge de perdrix, de salade de homard, de soupe aux huîtres et de saumons frais; s'il compte sur moi pour le repaître, il se trompe, notre ogre!

Au milieu de ces violentes distractions, notre lieutenant ne négligeait pas d'étudier ces Acadiens dont on lui avait dit tant de mal; il découvrit bientôt qu'ils valaient beaucoup mieux que ses compatriotes du voisinage, et que leur société lui serait infiniment plus agréable que celle qu'il était obligé de subir à la caserne. Mais comment arriver dans leur intérieur? Ils paraissaient tous effrayés quand ils passaient près de lui. Un soir, il était entré chez lui, tard, avec une pointe d'ennui véritable dans le cœur.

En revenant de la chasse, il avait passé dans le village, au moment où les réunions de familles commencent à se former: des groupes nombreux et animés se composaient devant les portes, sous les grands arbres; les chefs se donnaient la main, les jeunes voisines s'embrassaient, comme si toutes ne s'étaient pas rencontrées la veille; après cela les vieux avaient pris place aux tables de jeux, les garçons s'étaient joints aux jeunes filles, autour de leurs mères, et tous ensemble ils avaient uni joyeusement leur voix dans un concert de paroles; musique sans mesure et sans harmonie, mais pleine de nuance qui fait une bien douce impression sur le cœur de l'étranger qui ne peut s'y mêler. À quelques endroits, la jeunesse arrivant en plus grand nombre, on avait fini par organiser la danse, et pendant que la chanteuse du bal vocalisait sur ses airs populaires, mieux qu'un rossignol, des couples mystérieux s'en étaient allés se promener sur le chemin, se contant, entre des éclats de rires, des secrets qui paraissaient bien charmants... Ce n'est qu'après la retraite générale que George avait regagné sa chambre solitaire. Au seuil, ayant aperçu Butler, son cauchemar, il s'était esquivé: son aspect lui faisait regretter davantage le tableau qu'il venait de voir.

Après avoir jeté son harnais au hasard sur tous les meubles, dans tous les coins, il se laissa tomber de lassitude et de dégoût dans la vieille bergère du dernier curé, et il se prit à penser comment il tuerait son lendemain. Mais sa pensée ne pouvait s'arrêter à rien: il entendait toujours le timbre argentin et le *tra-li-la-la* de l'orchestre primitif de Grand-Pré; il voyait sans cesse apparaître et tourbillonner autour de lui, comme les nuées d'âmes de l'enfer du Dante, les jolies Acadiennes: elles allaient et venaient les bras entrelacés; dans leur démarche folâtre, leurs têtes mutines se penchaient les unes vers les autres; sous leurs petits bonnets blancs, leurs yeux se souriaient; il devinait ce que voulaient dire le bruissement de leurs lèvres discrètes, les ricanements de leurs voix sonores... et moins que jamais il trouvait des amusements pour le jour suivant. Les sarcelles et les perdreaux avaient beau s'élever en volée à la suite de ses premières visions, il s'écriait d'impatience : « Mais on ne tue pas toute sa vie des sarcelles et des perdreaux ! »

L'homme ne naît ni duc, ni lord, ni même essentiellement Anglo-saxon ; qu'il soit conçu sous la pourpre, ou reçu dans des langes en lambeaux, cela ne met rien de différent dans son cœur : ce cœur est toujours celui d'un enfant d'Adam.

Jetez un homme dans un désert, qu'il soit roi de Rome ou du Bengale, s'il en rencontre un autre, il ne lui demandera pas quels sont ses armoiries et son drapeau, avant de se précipiter sur son sein ; il lui suffit de savoir qu'il a des pensées et des sentiments humains qui répondent à ses sentiments et à ses pensées.

George ne fit pas tout à fait cette réflexion ; mais ses instincts naturels et caractéristiques lui en firent sentir vivement la vérité, et il se mit à se parler confidentiellement : — Ces gens sont bons, intelligents, affables ; ils aiment la gaieté, ont des mœurs faciles : il n'y a qu'à les bien traiter pour s'en faire des amis et arriver à leur intimité. Les filles sont bien tournées, elles aiment le plaisir, n'ont pas une horreur très marquée pour les garçons de vingt à vingt-cinq ans ; elles paraissent avoir le cœur fait exactement sur le modèle commun : un salut bien intentionné, une attention obligeante en passant, quand on connaîtra bien le papa et la maman ; puis, un petit présent de monsieur le lieutenant, aujourd'hui ; une course dans la voiture de monsieur le lieutenant, demain ; un cotillon dansé sur l'herbe avec monsieur le lieutenant, un autre jour, cela ne peut pas manquer d'avoir son effet !... Mais diable ! comment pourrai-je jamais me démener aussi dru que ces gars du village ?... Bah ! j'apprendrai... cela ne doit pas être si difficile de se frotter ainsi les pieds. Et le jeune officier, revenu en humeur, se mit à exécuter, sur-le-champ, une bourrée fougueuse, capable d'ébranler la maison.

Butler, éveillé en sursaut, dans la pièce voisine, lui envoya à travers la cloison un *go to hell* qui ne fit qu'animer l'exercice. Étant à bout d'haleine il s'arrêta, presque satisfait, mais épuisé :

« Il me fallait toujours voir, reprit-il, combien on peut vivre de temps en allant d'un pareil train : bravo ! monsieur le capitaine, il y a de la vertu dans vos jambes ! Ce n'est pas mal débuter ; d'ailleurs un peu de gaucherie et d'inexpérience a son mérite auprès des belles, de même qu'un brin d'extravagance a souvent des succès. Une idée ! Si j'avais des chevaux ! Deux beaux chevaux fringants, des harnais éclatants, une voiture attrayante me suffiront. Je parle le français et s'il fallait tourner une galanterie, j'en sais quelque chose aussi. Il est vrai que je suis protestant... tiens, protestant, moi ?... mais je n'y avais pas songé... C'est que je ne suis pas bien sûr si je suis protestant après tout ; je n'ai jamais détesté les catholiques... Bah !... je ne crois guère qu'en mes vingt-cinq ans, et mon culte, c'est le plaisir : il s'agit pour le moment de ne pas me laisser sécher d'ennui sur ces rivages comme les morues que j'ai vues tout à l'heure étendues sur le sable... À demain donc la chasse aux belles ! » fit-il en accrochant sa carabine à son clou, avec sa gibecière.

Après ce monologue, George se mit à regarder dix portraits d'êtres adorés distribués sur le mur autour de son lit et suspendus par des mèches de cheveux de différentes couleurs. Ce n'étaient pas des portraits de famille. Tout en se préparant à se mettre au lit, il clignait de l'œil à l'une de ces images, faisait un grand salut à une seconde ; une révérence profonde à une troisième ; envoyait un baiser de la main, puis une moue caressante, puis un soupir entrecoupé, puis un gémissement prolongé, modulé sur une gamme chromatique, au reste de la série. Durant ces démonstrations expressives il récitait la kyrielle suivante : — *Good night*, Ketty la blonde ; *good night*, Eva la nocturne ; *bonsoar*, Clara la langoureuse ; *buona notte*, Francesca *bella* ; bonne nuit, Laura la lutine, *et caetera*. Il n'en oublia pas une. À la dernière, sa toilette de nuit était complète et il se jeta tout d'une pièce sur son grabat, en lançant du pied ses deux pantoufles sur la cloison de Butler, à peu près à l'endroit où il le savait couché. Ces pantoufles étaient dépareillées : l'une était un souvenir de Ketty, l'autre de Clara ; dans ses nombreux déménagements il avait confondu ces deux œuvres également chères.

À peine, était-il tombé à la renverse qu'il lui vint une idée : — Tiens ! mais je n'ai pas choisi la place où je pendrai mes Acadiennes : voyons. Et la bougie se rallume, George retombe sur ses jambes et il reprend son discours : — Voilà tout juste l'espace ; entre ma nocturne et ma langoureuse ; ces petites paysannes françaises sont fraîches et riantes comme le matin ; leurs bonnets blancs, leurs fichus de dentelle, leurs corsets discrets, tout cela va faire un contraste charmant dans ma collection : jusqu'à leurs noms qui viendront mettre un peu de variété dans mon catalogue : les terminaisons en *a* commençaient à me donner sur les nerfs ; Suzette, Charlotte, Zabelle, comptons-en trois, pour le moment ; si je passe deux ans ici, c'est raisonnable.

Puis, avisant trois clous dans un de ses tiroirs, il se met à les ficher à grands coups de marteau, toujours dans la cloison de Butler. Il n'avait pas fini qu'il entendit de l'autre côté un grognement terrible suivi du *go to hell* caractéristique. Cette fois il crut plus prudent de se fourrer dans ses couvertures. Le colonel était à son second somme, les vapeurs de l'eau-de-vie devaient être passées, et il était homme à mettre son lieutenant aux arrêts pendant une semaine, pour avoir troublé son repos. Force fut donc à celui-ci de chasser toute nouvelle inspiration qui aurait pu lui venir et d'attendre tranquillement le sommeil. Pour le hâter il se contenta de penser à des souvenirs détachés dans le genre de ceux-ci : — Les cheveux blonds de Ketty, comme ils étaient soyeux ! tout le monde en voulait ; je serais curieux de savoir si elle a pu en conserver quelques-uns... il faut avouer que je n'ai pas eu les primeurs, et que la tresse de Richard était beaucoup plus grosse que la mienne. À cette époque, elle était tout cœur... et tout cheveux.

Et Laura, quelles dents elle avait ! des perles fondues avec des diamants dans la coupe enchantée de Cléopâtre ! C'est peut-être cela qui lui donnait tant appétit pour les pierres précieuses. La petite fée m'a ravi bien des rubis et des opales avec ces petites dents-là !

Clara, quelle bonne enfant ! elle aimait un peu trop le chant du rossignol, le roucoulement des colombes, le murmure des ruisseaux ; mais en revanche elle se contentait de si peu ! Une bonbonnière de temps en temps suffisait à l'alimentation de ce sentiment délicat.

Eva la nocturne avait aussi le tort d'aimer un peu trop les clairs de lune ; mais elle aimait également les officiers ; et sa manie avait cette singularité charmante, qu'un clair de lune sans officier, de même qu'un officier sans clair de lune, était toujours pour elle une jouissance incomplète ; il fallait que ces deux choses existassent simultanément pour réaliser son idéal de bonheur : on n'avait qu'une précaution à prendre, c'était de faire sa connaissance dans le croissant.

L'esprit de George continua pendant quelque temps à divaguer de la sorte au milieu de ses visions passées ; mais il vint un moment où les apparitions successives se confondirent dans sa mémoire sous les voiles magiques du sommeil, et il se trouva insensiblement transporté dans le domaine des songes. Son lit devint un esquif léger dans lequel il vogua doucement sur un lac d'eau de Cologne ; toutes les images du mur se changèrent en nymphes amphibies, avec des ailes de papillons et des queues d'anguilles. Clara, Ketty, Laura sillonnaient ainsi l'onde parfumée, plongées dedans jusqu'au cou, ce qui les habillait un peu plus que leur toilette de portrait ; elles étaient d'ailleurs devenues ridées et incolores, comme les fleurs d'un vieil herbier, et elles allaient à tous les vents, comme un feuillage tombé qui a fini de donner l'ombre et la fraîcheur. D'autres nymphes de la nature des Sylphides, plus gracieuses et plus séduisantes que les premières, vinrent aussi se jouer autour de ses voiles ; elles glissaient à la surface de l'eau, tourbillonnaient dans des rondes échevelées, tendaient vers lui leurs mains pleines de fleurs blanches, comme pour lui offrir des bouquets qu'elles ne laissaient jamais saisir. Après lui avoir fait éprouver un supplice de Tantale, elles s'élancèrent au loin en ricanant à la manière des jeunes filles qu'il avait vues le soir. Au bout de leur course, il sortit de la mer un grand monstre qui les avala. Cette bête hideuse ressemblait tellement à Butler que George lui lança de colère un terrible coup de poing qui vint encore ébranler la cloison du capitaine. Le lieutenant s'éveilla, c'était le matin.

À peine fut-il debout, qu'il alla donner l'ordre de lui faire venir de Boston deux beaux chevaux anglais, et de Liverpool une voiture.

Au déjeuner Butler s'informa, avec sa délicatesse ordinaire, si le diable avait visité cette maison de prêtres damnés, durant la nuit.

IX

En attendant ses chevaux, George ne perdit aucune occasion de faire des connaissances à Grand-Pré, et les occasions ne lui firent pas défaut. Comme il parlait le français et qu'il était d'humeur traitable, les gens s'adressaient à lui de préférence dans leurs difficultés avec l'autorité, et à cette époque le gouvernement prenait plaisir à leur en créer de nouvelles tous les jours.

On a vu avec quelle rigueur ils avaient été privés de leur pasteur et de leur église; quelles entraves on jetait autour d'eux pour briser tout rapport avec leur ancienne patrie. Dans l'automne de 1754 que nous touchons, les Acadiens ne connaissaient plus d'autre régime administratif que celui de l'arbitraire et de l'imprévu : les mesures préventives injustes, les ordonnances péremptoires des gouverneurs et de leurs subalternes, obligatoires le lendemain de leur promulgation, les corvées forcées se succédaient presque sans interruption. Les décrets les plus simples revêtaient toujours une forme insultante, et ceux qui étaient chargés de les faire exécuter ne tenaient guère à en adoucir la portée. Tous ces fripiers des carrefours de Londres, tous ces réhabilités par l'exil volontaire, tous ces mercenaires émancipés qui avaient suivi Cornwallis et qui tenaient garnison dans tous les villages des *Neutres*, étaient heureux de prendre des airs de conquérants et de tyranniser des hommes honnêtes et désarmés. — «Ils les détestent tellement, disait un de leurs chefs, qu'ils les tueraient pour le moindre motif.»

Les palissades du fort de Passequid avaient besoin d'être renouvelées. — «Commandez aux habitants, dit une dépêche du gouverneur au capit. Murray, datée du 5 août, de vous apporter le nombre de pieux nécessaires, en leur désignant la dimension qu'ils doivent avoir; ne convenez d'aucun prix avec eux, mais envoyez-les se faire payer à Halifax; nous leur donnerons ce qui nous paraîtra convenable. S'ils n'obéissent pas immédiatement, assurez-les bien que le prochain courrier vous apportera l'ordre de les passer par les armes!»

Quelques semaines plus tard, comme le temps était venu pour les garnisons de faire la provision de bois de chauffage, une autre dépêche vint d'Halifax: elle ordonnait aux Acadiens de pourvoir de suite les forts du combustible nécessaire. «Aucune excuse, disait ce document, ne sera reçue de qui voudrait se soustraire à cette contribution; et si le bois n'est pas apporté en temps convenable, les soldats prendront celui des maisons!»

A-t-on jamais vu des soldats, en temps de paix, forcer les citoyens paisibles à leur fournir le feu, à réparer les ouvrages militaires, sous peine de se faire fusiller ou déloger de leurs foyers, à la veille de l'hiver, s'ils ont des raisons pour ne pas obéir immédiatement... et les obliger ensuite, si l'on juge à propos de leur donner un salaire, à l'aller toucher à quinze lieues de là, à travers forêts et savanes?... Est-il possible d'imaginer des procédés plus déraisonnables et plus immérités? Quelle répulsion devaient éprouver ces pauvres victimes pour cette impertinente et brutale engeance; et quels traitements ne devaient-elles pas encore en attendre!...

Dans un pareil état de chose, il est aisé de deviner que les chevaux de monsieur George n'eurent qu'un succès de route public et ne firent d'autres sensations que celles que produisent d'ordinaire les belles bêtes; ils ne menèrent pas leur maître plus vite sur le chemin du bonheur. Quelle que fût la sympathie qui entourait déjà le jeune officier, il était toujours, aux yeux de la population, un Anglais, un compatriote de ses grossiers petits tyrans; et la personne qui eût osé monter dans sa voiture aurait été chassée du pays comme une fille de mauvais nom.

Mais ces mêmes circonstances, qui avaient entravé si fortement les triomphes des chevaux de race, servirent autrement la bonne fortune du lieutenant.

X

Un jour qu'il revenait chez lui, il vit quelques-uns de ses soldats qui entraînaient vers le presbytère une pauvre femme tout éplorée. Deux enfants de dix à douze ans s'acharnaient autour des hommes d'armes, comme des jeunes tigres blessés; ils sanglotaient dans leur colère, s'accrochaient aux habits des Anglais, leur sautaient au visage, les déchiraient de leurs ongles et criaient à moitié suffoqués: — Rendez notre mère! rendez notre mère! — Et pendant que la pauvre captive essayait de les calmer, les soldats les repoussaient à grands coups de pied et de crosse de fusil.

En apercevant le lieutenant, les deux petits vinrent se jeter à ses pieds, criant toujours: — Monsieur George! monsieur George! pourquoi ces gens-là ont-ils pris notre mère? Vous êtes bon, vous, vous savez bien qu'elle n'a rien fait de mal!

— Halte là! fit monsieur George à ses gens; qui vous a dit d'arrêter cette femme? Pourquoi la traitez-vous si brutalement?

— Il paraît que ces vauriens n'ont pas fourni de bois à la garnison: le sergent nous a commandé d'aller en prendre chez eux.

— Vous avait-il dit de prendre aussi la mère et les enfants de la maison pour les brûler?...

— Non, mais comme nous n'avons trouvé au logis que cette femme et ses deux gars, et qu'avec son baringouin inintelligible la vieille n'a pu nous donner ni une bonne raison, ni nous montrer un fagot, nous avons pris le parti de briser les portes et les fenêtres pour les emporter, comme l'ordonne notre gouverneur.

— Oui, je le sais, vous avez le droit d'être lâches et vous en profitez; mais cette femme, cette pauvre femme, pourquoi la traîner et la rudoyer ainsi?

— Oh! c'est que nous n'avons pu toucher à rien, sans que la sorcière et ses deux diablotins n'aient fait un train d'enfer; ils se ruaient au devant de nous, s'attachaient à tout et il nous aurait fallu les tuer avant de pouvoir nous emparer de quelque chose; nous les conduisons au violon, cela les calmera peut-être, et après...

— Et après, on vous y conduira vous-mêmes, vils bourreaux! interrompit le lieutenant. Relâchez cette pauvre créature et retournez à la caserne; je comprends son baringouin, moi, et je sais d'avance qu'elle va me donner assez de raisons pour vous mériter cinq cents coups de fouet, à chacun!

Pendant ces paroles, les deux enfants, qui jugeaient à la voix et à l'expression de l'officier, que leur cause était gagnée, avaient saisi sa main et ils l'embrassaient en regardant leur protecteur avec des yeux tout illuminés de bonheur. Aussitôt qu'ils virent leur mère libre, ils s'élancèrent pour enlacer son cou et l'accabler de caresses: l'un essuyait ses larmes, l'autre rajustait ses cheveux épars, ses habits déchirés; elle tressaillit d'abord sous leurs baisers, mais en fixant son regard sur eux, elle resta navrée... ses chers enfants, ils faisaient pitié à voir: leurs visages lacérés étaient souillés de sang; leurs corps contusionnés se soutenaient à peine; ils parlaient étouffés; ils marchaient chancelants, haletants; ils ne se tenaient debout que pour supporter leur mère.

Le lieutenant, tout ému, détourna la tête pour laisser tomber quelques

larmes ; puis, ne voulant pas donner le temps et la fatigue à ces infortunés de venir lui exprimer leur reconnaissance, il s'avança vers eux en disant :
— Mes hommes vous ont fait bien du mal, brave femme ; je vous en demande pardon et je vais faire en sorte qu'ils n'y reviennent plus. Laissez-moi vous aider à gagner votre maison ; quand nous serons rendus, vous me direz toutes vos plaintes ; et si je puis quelque chose ici, on vous fera justice.

La demeure de la mère Trahan n'était pas éloignée, et grâce aux soins et aux bonnes paroles de monsieur George, la malheureuse famille fut bientôt arrivée. L'assurance qu'elle venait de recevoir d'une puissante protection lui avait rendu les forces ; mais quand elle aperçut le dégât fait dans son logis, ce fut un nouveau chagrin. Des meubles étaient en pièces, la porte enfoncée, deux châssis brisés. — Pauvre mamselle Marie ! se répétaient entre eux la mère et les enfants, chère mamselle Marie, quesqu'elle va dire ?... elle qui aimait tant sa petite maison !... sa table que voilà éhanchée !... sa bergère qu'ils ont éreintée !... Et les larmes leur revenaient, ils oubliaient la présence de leur libérateur, qui, de son côté, restait absorbé dans la contemplation de cet intérieur désolé. Cependant ce n'était pas le désordre qui le frappait autant que l'apparence d'aisance, d'ordre, de propreté qui régnait partout et qui semblait annoncer plus de fortune que n'en possédaient évidemment ses protégés. Mais quand il s'aperçut de leur nouvelle angoisse, il se hâta de dire que tout le dommage serait bientôt réparé, et qu'il ne leur en coûterait rien.

— Ah ! que vous nous faites du bien, monsieur l'officier ! s'écria la mère ; tenez, j'aurais mieux aimé me faire trépaner plutôt que de voir un brin de tout cet avoir enlevé sous mes yeux. Ah ! si le bien avait été le mien, pour le sûr que je n'en aurais pas soufflé un mot à vos soldats ; et je me serais dit, en les voyant tout enlever : Que le bon Dieu soit béni ; il connaît les coupables, lui ; mais on ne peut pas laisser prendre ce qui n'est pas à soi, quand on en a la garde. Ce n'est pas que mamselle Marie soit incapable de payer le dégât : son père est un richard qui ne lui refuse rien ; mais ce qui nous chagrinait, c'était que le mal se faisait chez nous... Notre maîtresse est si bonne ! Ah ! si vous la connaissiez ! Tenez si nous ne l'avions pas eue, nous serions à la merci d'un chacun, je sais bien qu'on ne laisse pas pâtir le pauvre monde, ici, mais c'est bien triste de n'avoir pas de chez-soi ! Mon défunt mari était pourtant un bon et honnête homme, que les grosses gens respectaient comme un monsieur ; qui travaillait tant qu'il pouvait ; mais il n'était pas chanceux, — tout le monde ne l'est pas ; souvent des malheurs, des pertes de bétail ; surtout il n'avait pas de talent pour les vaches ; malgré tous ses soins, il en perdait toujours quelques-unes ; et puis, mon bon monsieur, il était battu du mal d'estomac, ce qui fait qu'il en est trépassé, que Dieu ait pitié de son âme !... Il m'a laissée avec six enfants, dont quatre sont morts de son mal, et ces deux gars, deux bessons, comme ça se voit, qui se portent bien et m'aident à faire des rentes à mamselle Marie. Elle les aime bien aussi, la maîtresse; et eux!... si vous les aviez vus tantôt comme ils se battaient pour elle! Ah! ce n'est pas par malice s'ils ont tant égratigné vos soldats. Je vous assure, ils n'ont jamais frippé de la douceur à personne: vous leur pardonnerez, n'est-ce pas monsieur George?...

— Très volontiers, d'autant plus que je vais en faire donner bien davantage à mes brutes.

— Ah! quel bon Anglais vous êtes, monsieur l'officier; mais mamselle Marie, qu'est-ce qu'elle va penser de nous quand elle apercevra sa maison?... Et pourtant, ce n'est pas nous autres qui lui avons attiré ça; nous ne comprenions rien à ce que nous demandaient ces hommes, et ils ne voulaient pas nous permettre d'aller chercher notre maîtresse, elle qui devine tout. Ils se sont mis de suite à faire le sabbat. Tenez, vous me croirez si vous voulez, mais je vais vous conter toute la chose, exactement comme elle s'est passée.

Le lieutenant, connaissant d'avance à peu près tout ce qui s'était passé à la ferme, songea de suite au moyen d'éviter le menaçant récit. Il lui dit qu'elle était épuisée, et qu'une pareille narration ne pourrait que renouveler ses douleurs; que dans ce moment elle devait songer surtout à prendre du repos; puis il promit de revenir le lendemain. Si cette pauvre Didon n'avait pas voulu écouter davantage Énée, il est probable qu'elle n'aurait jamais été surprise par ce gros orage qui faillit lui être si funeste.

Dans ce moment George ne s'intéressait plus qu'à une seule chose: à savoir mamselle Marie, la petite maîtresse si bonne, la fille du richard, qui devinait tout. Il n'avait déjà plus conscience de la bonne action qu'il venait de faire. Il l'avait cependant accomplie par l'impulsion sincère et spontanée de son cœur, mais, surtout, parce qu'il l'avait trouvée sur son chemin. Je crois bien qu'il n'aurait jamais reculé devant un acte de dévouement à faire; mais soit éducation, soit caractère, il ne courait pas après, et dans ce moment-ci, ayant décidé d'infliger une bonne bastonnade à ses vauriens et de bien payer leur saccage, il n'y songeait plus, se souciant peu de verser encore quelques larmes sur cette affaire, et il laissait son esprit léger courir comme un follet sur les pas de mamselle Marie.

— Mamselle Marie... pensait-il en lui-même, mais il me semble qu'on ne me l'a jamais montrée celle-là; je dois pourtant avoir vu toutes les filles du district: ça doit être quelque bonne, laide, vieille fille, sur la soixantaine, qui se fait aimer des veuves et des orphelins avec son argent, parce qu'elle n'a jamais pu s'en attacher d'autres autrement, et qui visite ses pauvres après soleil couché... Cependant elle a encore son père... mais on vit si vieux, ici...

Pourquoi n'est-elle pas dans cette maison?... Est-ce qu'elle n'y reste pas?... Voilà une heure que je l'attends.

Puis reprenant tout haut : — Je comprends votre situation, bonne mère : étant restée veuve et dans la misère, vous avez rencontré une personne âgée et sans enfant, qui a bien voulu vous prendre avec elle pour soigner la maison pendant qu'elle va causer chez les voisines et faire des charités...

— Une vieille fille ! vous dites, mais il n'y en a jamais eu à Grand-Pré ; on ne connaît pas encore ça ! Oh ! monsieur l'officier je vous en souhaite des vieilles filles comme celle-là ! Excusez un peu ! Si elle n'était pas promise ; si elle ne s'entêtait pas à rester constante pour ce pauvre Jacques Hébert, qui ne revient plus ; si on pouvait prendre plusieurs hommes, elle aurait de quoi choisir car les cavaliers, ça pleut chez elle ; mais c'en est merveilleux comme elle n'est pas marieuse ! Elle ne veut plus même danser, pas plus avec ses cousins Leblanc qu'avec les autres ; et si elle va chez les voisins, ce n'est pas pour s'amuser, la pauvre belle ! Elle vient ici, le matin ou l'après-midi, fait son petit tour partout et elle s'en retourne à la brunante, tout droit chez elle. Mais ce soir... son heure est passée... elle a peut-être eu un pressentiment qui l'a empêchée de partir... Chère petite maîtresse ! comme ça lui aurait crevé le cœur de voir ce saccage !

À peine la veuve avait-elle terminé cette phrase, que Marie entra précipitamment, toute troublée, suivie de son plus jeune frère ; elle alla se jeter dans les bras de la malheureuse mère, l'embrassa avec pitié. — Pauvre fermière, lui dit-elle, on vient de tout me raconter ; je ne croyais pas venir ce soir, j'étais chez l'oncle Leblanc, qui est malade ; mais j'accours. Ils vous ont fait bien du mal, n'est-ce pas ?... Comme vous voilà défaite !... et toi, mon Janot, dans quel état tu as la figure !... Les méchantes gens !

— Et votre maison ! votre ménage ! dirent les deux enfants, pleurant en se joignant les mains.

— Oh ! cela n'est rien, mes amis ; et c'est un peu ma faute. Cet étourdi d'Antoine avait livré l'autre jour, à la caserne, la contribution de bois imposée sur cette ferme, avec celle que notre père envoyait pour sa propre terre, et il avait oublié d'en faire la remarque au sergent. Depuis, j'ai négligé moi-même de l'informer de cet oubli, ne m'attendant pas à tant de rigueur : voilà pourquoi vous avez été tant maltraités. Mais vous ne souffrirez pas davantage ; demain, tout sera réparé ; vous serez mieux qu'avant, et personne ne viendra vous inquiéter.

— Et c'est monsieur qui se charge de tout payer, interrompit Pierriche en montrant, tout triomphant, l'officier que la jeune fille n'avait pas encore aperçu dans la pénombre de l'appartement, occupée qu'elle était à consoler son monde.

Marie ne put retenir une exclamation de surprise à la vue du militaire ; elle fit un pas en arrière, rougit et se sentit muette.

George s'était tenu immobile, absorbé tout entier par le charme que donnait à cette nouvelle scène la douce et gracieuse petite maîtresse ; la terrible apostrophe de Pierriche, tout en offrant un excellent à-propos pour faire la connaissance d'un propriétaire lésé, ne lui fit qu'un demi-plaisir, en le mettant en évidence. Il aurait voulu rester spectateur plus longtemps. Mais quand il vit le trouble de la jeune fille, il s'empressa de lui dire, sur le ton le plus rassurant :

— Oui, mademoiselle, c'est à nous à réparer le tort que vous a causé la brutalité de nos soldats ; je me charge de remettre tout à neuf et de plus, Janot viendra chercher, au presbytère, certains remèdes excellents qui guérissent infailliblement les contusions que reçoivent les enfants braves et dévoués comme lui et son frère.

— Mais ce n'est pas tout, dit encore Pierriche, c'est que monsieur nous a dit qu'il ferait donner cinq cents coups de fouet à chacun de ses brigands !...

— Cinq cents coups de fouet ! exclama Marie ; ah ! mais ce serait aussi cruel !...

— Oui, répond George, cinq cents... six cents... sept cents... — et il est probable qu'il ne se serait arrêté qu'à mille, tant il se sentait le cœur aux réparations devant les beaux yeux si compatissants de la petite maîtresse. Mais celle-ci l'interrompit : — Ah ! monsieur le capitaine, vous ne serez pas si rigoureux : il y a aussi de notre faute.

— De votre faute ?... mais ne pouvaient-ils pas attendre une explication, les brigands ?

— C'est vrai, mais il me semble que trois cents coups sont déjà beaucoup trop ; je vous demande grâce pour le reste : c'est si horrible de battre ainsi des hommes !

— Ils ont bien battu une femme et deux enfants, les scélérats !

— C'est vrai, monsieur le capitaine, mais trois cents coups de fouet comptés sur les épaules, songez donc que cela doit être bien long ! D'ailleurs, les malheureux se croyaient bien autorisés par l'ordre du gouverneur...

— Eh bien ! pour vous, mademoiselle, j'en retranche deux cents.

— Grâce pour une autre centaine... c'est toujours bien nous qui avons plus le droit de nous plaindre.

— Ils ne vous en tiendront pas compte, soyez-en sûre. Enfin, puisque vous le voulez encore, soit, deux cents, mais...

— Mais, si un cent suffisait pour satisfaire à la discipline militaire... pourquoi pas un cent, puisque vous êtes si bon ?...

— C'est bien, mais à une condition : c'est que la bouche charmante et miséricordieuse qui m'implore pour ses persécuteurs ne s'ouvrira plus pour me demander des grâces, mais pour m'en accorder.

Marie fut complètement décontenancée par cette période galante. *Bouche charmante et miséricordieuse*: cela était beaucoup trop énergique pour une première entrevue; et comme l'humble fille ne savait pas quelles grâces pouvaient attendre d'une petite villageoise ces superbes messieurs anglais qui n'avaient pas l'habitude d'en demander aux personnes de son village, elle crut rêver et resta muette.

Ce qui fit que les soldats reçurent au moins cent coups de fouet. Car il est probable que sans la phrase ébouriffante et malencontreuse, la bouche miséricordieuse aurait continué d'intercéder pour eux, et en allant comme elle était partie là, elle aurait pu certainement amener monsieur George à distribuer des bonbons à ses soldats. Aussi, Pierriche, qui faisait souvent des réflexions, se disait-il à part, à la fin de ce dialogue: — Véritablement, si cette petite maîtresse s'en mêlait, elle empêcherait le bon Dieu de faire brûler le diable. Quatre cents coups de moins sur le dos de ces assassins, c'est beaucoup trop obtenir!...

Le lieutenant, sentant qu'il n'était plus qu'un embarras dans cette maison, assez confus lui-même, sonna la retraite et se hâta de rentrer au presbytère.

XI

Arrivé dans sa chambre, il ne put s'empêcher de jeter un coup d'œil sur les trois clous qui restaient là, solitaires comme lui, depuis plus de six mois. Il lui sembla qu'ils avaient poussé, tant leur nudité lui paraissait de jour en jour plus triste, plus désespérante; et il ne put retenir un soupir, qu'il dirigea vers Clara, faute d'une Dulcinée plus fraîche et plus nouvelle.

— Quelle singulière population! se dit-il; les beaux chevaux, les petits présents n'y peuvent rien; je m'expose à la haine des miens; je cours même le risque d'être assassiné par ces brigands que je vais faire fustiger pour cette petite villageoise; je comptais qu'elle allait au moins tomber à mes genoux — ce que je me proposais bien d'empêcher, — et voilà qu'elle oublie tout, au premier mot galant, qu'elle m'arrête au premier point d'admiration! Bouche charmante!... il n'y avait pourtant rien là que de très innocent.

Véritablement, je suis à bout de ressources, et je ne sais pas comment je m'y prendrai demain pour ne pas m'ennuyer, après que j'aurai fait fouetter ces quatre vauriens... Je regrette de leur avoir retranché les quatre cents coups, cela aurait duré tout l'avant-midi... Je crois bien que je me tuerai, après le dîner.

Et George alla se coucher, ce soir-là, sans adresser de souhaits à ses images favorites. Il était d'humeur maussade. Il eût bien volontiers repris son marteau pour enfoncer jusqu'à la tête les trois clous qui semblaient insulter à sa mauvaise fortune, et faire sentir en même temps, par ce tapage, à son désagréable voisin, un peu de son supplice ; mais celui-ci était absent depuis quelques jours ; il attendit son retour.

Cette absence explique pourquoi le lieutenant se permettait d'exercer une si sévère justice dans la garnison.

XII

La nuit porte conseil : un beau soleil levant, une brillante matinée d'automne, le sourire universel de la nature, le chant matinal des oiseaux, font retrouver l'existence attrayante, après un jour orageux. Le lendemain, le jeune officier revit la sienne tout en beau : il déjeuna bien, et remit son suicide à un autre jour, songeant à revoir Marie encore une fois avant de mourir. Il ne se souvenait plus que de la beauté et des grâces de son apparition de la veille ; le désappointement était oublié.

Aussitôt la besogne régulière de son office accomplie, il se hâta de se rendre à la ferme de la mère Trahan pour installer les ouvriers qui devaient faire les réparations de la maison. Il était encore matin, mais pas assez pour que la petite maîtresse ne fût pas déjà rendue sur les lieux. Dès l'aurore elle était accourue pour voir comment sa fermière avait passé la nuit, après les cruelles émotions du jour précédent. Elle reçut le capitaine sur le seuil de la porte, ce qui lui fit une surprise si agréable qu'il en rougit, comme aurait fait quelqu'un moins aguerri que lui. Le pauvre garçon se trouvait dans un monde si nouveau pour lui, qu'il se sentait redevenu novice. Mais ce qui lui fit encore plus de plaisir, c'est que la jeune fille le salua presque le sourire sur les lèvres. Malgré le trouble évident de sa démarche et les nuances pourpres qui passaient sur son visage, habituellement un peu pâle, depuis quelque temps, elle vint au-devant de lui, l'invitant à entrer et à s'asseoir ; puis elle lui fit l'aimable reproche de mettre trop d'empressement dans une affaire si peu importante, le remercia ingénument de sa conduite généreuse à l'égard de sa famille adoptive, s'excusa de ne l'avoir pas fait plus tôt, à cause de son trouble et parce qu'elle n'avait connu tous les détails de son action que par le récit de la mère Trahan.

George n'en revenait pas de son étonnement: il était stupéfié; il ne savait quelle trompette emboucher, quel langage tenir, quels sentiments exprimer. Il balbutia quelques lieux communs; évitant, avant tout, de répéter rien qui ressemblât à bouche charmante, regard angélique, sourire ineffable. Enfin, cet incendiaire de cœurs, ce lion de haut parage était ébloui et confus devant une simple villageoise; il ne savait plus faire qu'une sotte figure; il restait devant elle comme un chanteur enthousiaste, qui, après avoir débuté fièrement dans un morceau favori, vient à s'étouffer tout à coup au plus brillant passage.

Il rayonnait tant de grâce naturelle, tant de vertu sincère et confiante, tant de dignité vraie dans toute cette petite personne: car ce n'était plus la petite fille de l'automne de 1749, ce papillon doré qui ne se reposait que dans le mouvement, et ne vivait que du sourire et des joies qu'il faisait naître autour de lui. Elle atteignait à ses vingt ans, elle possédait tout ce qu'avait fait espérer son joli printemps. Son esprit avait acquis, dans la vie retirée et laborieuse à laquelle elle s'était condamnée depuis le départ de son fiancé, une maturité peu commune chez les filles de son âge. Pour varier un peu et distraire ses heures d'isolement, son oncle, le notaire, lui avait passé quelques-uns de ses moins gros livres; elle les avait lus et relus plusieurs fois avec attention; car la bibliothèque n'était pas considérable. Le raisonnement et l'observation continuels qu'exigent les travaux des champs, joints à ces lectures substantielles des œuvres du grand siècle, avaient donné à son esprit une trempe et une étendue plus qu'ordinaires dans la société de Grand-Pré. Le vieux notaire, qui l'aimait beaucoup et qui, d'un autre côté, s'était toujours montré partisan et l'ami des Anglais, lui avait aussi fait apprendre un peu la langue des conquérants qu'il jugeait nécessaire aux habitants dans les conditions où se trouvait le pays. Marie était donc devenue, à tous égards, une fille très remarquable, qui n'aurait été déclassée nulle part, avec quelques notions de plus sur les usages du grand monde. À n'apprécier que sa valeur morale, elle était de beaucoup la supérieure du beau militaire qu'elle venait de charmer. Et c'était sans doute cette supériorité voilée, mais réelle, qui en imposait tellement à celui-ci.

George s'était tellement fait à ce monde du convenu, à cette société où tout est masque, intérêt, image, fard, parfum; où les paroles, le regard, la démarche sont soumis comme la musique à des règles subtiles qui permettent aux habiles d'en tirer plus ou moins d'effet; il s'était si bien habitué à ne voir autour de lui que des acteurs de la grande comédie universelle, dont il faut se servir pour ses jouissances, en les payant tout juste pour le temps du spectacle; sa langue s'était si peu formée à parler autre chose que ce verbiage frelaté à l'usage de la coquetterie, du libertinage mitigé et du mensonge, qu'il sentit en voyant Marie qu'il avait toute une éducation à commencer, pour avoir quelque chose de commun avec elle: l'éducation du simple vrai, du simple juste, du simple bien, celle qu'il aurait dû faire la première ou que la vie à grande volée avait promptement altérée chez lui.

Remarquez que ce ne fut qu'une impression du moment chez le jeune lieutenant, et non une réflexion; il avait pour principe de ne pas s'amuser à faire des raisonnements abstraits; mais le sens moral était encore si juste en lui, qu'il s'y faisait sentir en toute circonstance, s'il ne maîtrisait pas toujours la légèreté et les entraînements de son caractère. Ainsi, nous l'avons vu tout occupé à chercher une autre Ketty, une autre Clara, un de ces jouets d'un jour, qui s'acquièrent facilement et se quittent sans regret; une de ces sylphides qu'enfantent les lieux de garnison, créatures légères et inoffensives, qui voltigent sans crainte autour des hommes d'épée comme des insectes de nuit autour des feux de joie où ils finissent par brûler leurs ailes; mais en voyant Marie, il fut frappé de ce qu'il y avait de noble et de beau dans cette créature d'élite; et il ne vint pas à sa pensée de l'assimiler aux fantômes éphémères de sa folle vie passée; et quoiqu'il restât tout épris d'elle à première vue, selon sa vieille habitude qui ne souffrait pas le temps perdu, il se sentit tout investi par un sentiment de respect dont il resta subjugué.

Il n'en perdit pas plus, pour tout cela, ce qu'il y avait d'inconséquence et de spontanéité irréfléchie dans ses actions; ainsi, dans ce moment, sentant son cœur glisser du côté de Marie, la pente lui sembla douce, il le laissa faire sans songer comment il s'arrêterait.

XIII

C'est dans ces dispositions intimes qu'il entreprit les travaux de restauration à la ferme de la petite maîtresse: jugez s'il y mit du soin et surtout de la patience.

Il fit d'abord transporter tant de matériaux que la mère Trahan crut qu'il allait bâtir une nouvelle maison par-dessus l'ancienne; mais elle n'en souffla mot, puisque cela pouvait donner plus de valeur au bien de mamselle Marie. Et puis, avant de commencer l'ouvrage, le capitaine, peut-être pour en faciliter l'exécution, donna une bourse bien ronde et bien sonnante à la veuve et à ses deux garçons, par manière de compensation, pour les mauvais traitements qu'ils avaient soufferts dans leur personne. Pierriche trouva que ses meurtrissures étaient beaucoup trop prisées, car il comptait bien en avoir rendu la moitié aux soldats, avec ses ongles qu'il avait encore tout ébréchés.

Il trouva, de plus, que si les Anglais savaient donner rudement les coups, ils s'entendaient à les bien payer, et son estime pour l'officier s'accrut en raison inverse de la haine que lui inspiraient ses hommes.

La besogne marcha bien durant l'avant-midi ; George ne voulut pas laisser les ouvriers d'un pas : il disait qu'il était nécessaire de bien surveiller son monde si l'on voulait être bien servi, lui qui d'ordinaire s'inquiétait encore moins du devoir des autres que du sien. Il s'amusa à prendre des mesures, à crayonner des plans sur son carnet ; enfin, il parut se donner beaucoup plus de mouvement qu'il n'en fallait en réalité pour une affaire si simple. Marie riait un peu, en secret, et se permettait même de badiner avec sa femme de ce qu'elle appelait l'inexpérience prétentieuse du beau monsieur. Sur ces entrefaites, arriva le père Landry : nouvelle fortune pour notre militaire. Faire la connaissance du papa quand on accomplit si noblement un grand acte de justice pour la fille, cela ne peut être défavorable. Il s'empressa donc de venir au-devant du vieillard, pour lui faire ses condoléances sur l'événement pénible de la veille.

— Mais, dit celui-ci, quand un malheur est si tôt et surtout si généreusement réparé, on n'a pas le droit de s'en plaindre : les infortunes sans remèdes, les injustices sans compensation sont si communes dans ce monde ! Véritablement, s'il nous reste quelque chose en mémoire de cette triste journée, ce sera surtout le plaisir d'avoir trouvé en vous un cœur équitable et bienveillant.

Et les deux hommes continuèrent ainsi à s'échanger d'honnêtes civilités, qui eurent un effet excellent sur l'un et sur l'autre, après quoi ils parlèrent de choses variées, surtout d'agriculture ; George en ignorait le premier mot. Il se rappelait avoir entendu dire, un jour qu'il s'extasiait devant un incomparable *roastbeef,* qu'il y avait *at home,* une race de bœufs extraordinaires, appelée Durham : il s'était aperçu en voyageant qu'on n'avait jamais pu lui servir de *mutton-chops* comme ceux de son pays ; il en avait demandé dans tous les restaurants de l'Europe. Il dit donc au père Landry que l'Angleterre produisait les plus beaux animaux de la terre, ce qui procura l'occasion au vieux cultivateur de proposer au jeune officier de venir voir ceux de sa petite fille et de faire ensuite une excursion sur la ferme. Celui-ci se prêta volontiers à ce désir. Pendant cette visite, le père ne manquait pas de faire remarquer l'esprit pratique, l'ordre, la propreté et le travail actif de la petite maîtresse, et M. George ne cessait pas d'en être émerveillé, et surtout de le dire.

Il passe bien des instants inaperçus pendant qu'un père enthousiaste de sa progéniture s'entretient de ses perfections avec quelqu'un qui semble y prendre plaisir. Or, comme aucun autre Josué ne s'avisa de fixer le soleil pour donner le temps au vieillard de finir la conversation, midi vint à son heure ordinaire, sans qu'on l'eût prévu. Marie se présenta juste comme sonnait le douzième coup de la vieille horloge, pour prier son père de venir dîner avec elle, ajoutant à son oreille d'inviter lui-même l'étranger.

— Capitaine, dit M. Landry, je ne sais pas comment on fait dans votre pays, mais ici, il est d'usage d'inviter à notre table tous ceux qui se trouvent sous notre toit au moment du repas, seraient-ils rois ou mendiants ; ma fille vous offre le potage, mais elle vous laisse libre d'agir selon vos coutumes anglaises.

— Chez nous, répond l'officier, la coutume ne refuse à personne le plaisir de partager le pain d'un honnête homme ; et comme j'ai l'avantage de n'être, ici, ni un roi ni un mendiant, mais l'ouvrier, le serviteur de Mlle Marie, j'accepterai avec reconnaissance tout ce qu'elle voudra bien me donner.

— Oh ! mais c'est encore à une condition, interrompit celle-ci : c'est que vous voudrez bien avoir l'appétit de Pierriche et ne pas vous rappeler plus que celui-ci vos festins de duchesse.

— Voilà des conditions qui, chez vous, mademoiselle, ne me coûteront aucun effort : je m'y engage.

Et il tint parole ; il eût oublié les mets de Vatel, un quart d'heure après la fin tragique de cet illustre cuisinier, quand même il n'y eût eu sur la table de la petite fermière qu'un de ces célèbres ragoûts que saint Jean-Baptiste s'apprêtait dans le désert. Mais il y avait mieux que cela. La nappe de toile du pays était si blanche, si éblouissante de propreté, la vieille faïence brillait tellement, la volaille avait été si bien nourrie et si bien apprêtée, et la maîtresse répandait sur tout cet humble banquet, avec sa main, avec son regard, avec sa conversation moitié enjouée, moitié contrainte, un assaisonnement si délicat, que le goût et le sentiment les plus dépravés y auraient trouvé quelque attrait. Pierriche, qui servait la table pour laisser reposer sa mère de ses contusions de la veille et qui se trouvait alors dans toute la force de cette voracité de gars de quatorze ans, regardait l'officier avec envie ; il se croyait volé en voyant celui-ci dévorer tout à la fois les poulets à belles dents et sa jolie maîtresse à pleins yeux. Il était fier et jaloux en même temps, ce qui ajoutait beaucoup à la réjouissante gaucherie qu'il apportait dans ses fonctions provisoires, et lui donnait cet air que prend le matin de la maison quand il voit un caniche étranger mieux traité que lui par son maître.

XIV

L'après-midi se passa comme la matinée, avec cette différence considérable pour George, que Marie s'en retourna chez son père à bonne heure, ce qui diminua beaucoup l'intérêt que le jeune militaire avait pris tout à coup à surveiller ses employés; il prolongea donc peu son séjour près de la veuve Trahan. Après avoir échangé quelques paroles d'intelligence avec les deux garçons de la ferme, il se retira le cœur inondé par un océan de bonheur. En partant il eut envie d'embrasser la barrière, ou, au moins, le petit chien du logis, que la maîtresse gâtait de ses caresses, quoique la fidèle bête le poursuivît longtemps de ses aboiements : depuis la scène de la veille, elle avait en horreur les habits rouges indistinctement. Mais ce que George embrassa réellement et à plusieurs reprises, ce fut un bouquet que Janot lui avait présenté au moment de son départ et qu'il avait fait faire par Marie pour témoigner, disait-il, de sa reconnaissance pour les bontés du monsieur en faveur de sa mère. George avait vu la jeune fille cueillir les fleurs et il était convaincu qu'elle était non seulement l'auteur du bouquet, mais encore qu'elle en avait dirigé l'offrande. Il n'avait pas été frappé d'abord de cette idée, mais à mesure qu'il s'éloignait de la maison, il se disait : — C'est peut-être elle qui me l'a donné... c'est probablement elle... c'est évidemment elle... oh! oui! c'est sûrement elle qui me l'a donné!... puis il finit par se mettre à composer une stance qui commençait ainsi :

> Ô toi, bouquet trop parfumé
> Du jardin de Marie,
> Je sens bien quand je t'ai humé
> Que tu viens de ma mie!...

Il y avait dans ce bouquet une douzaine de marguerites, deux ou trois pavots, un œillet d'Inde, quelques herbages jaunes et deux humbles pensées : ce qui prouve que si Monsieur George connaissait peu la loi des hiatus, il possédait un sentiment poétique exubérant, dans ce moment surtout, puisqu'il pouvait trouver tant de parfum dans cette botte de plantes insipides.

Quand il fut entré chez lui, comme il manquait de rimes pour terminer sa pièce et qu'il éprouvait encore un violent besoin d'épancher son cœur trop plein, il remit la composition des dernières strophes au lendemain pour écrire une épître à son frère, en prose cette fois, mais toujours en français; il se servait aussi facilement de cette langue que de la sienne, et dans ce moment elle lui paraissait plus douce que l'anglais. Voici cette lettre :

Mon cher frère, je suis peiné de n'avoir pas encore pu répondre à ta douzaine de lettres, et tu dois être bien fâché, toi le meilleur des frères. J'ai eu tant d'occupations!!!! Le croiras-tu? jusqu'à ce soir, mon cœur m'était resté tout entier; malgré tous mes efforts, je n'avais trouvé ni à le donner, ni à l'échanger, ni à le perdre. J'ai le malheur de l'emporter toujours avec moi de sorte qu'il me cause sans cesse de l'embarras. Mais il ne m'en avait jamais fait tant éprouver. Il était là cloué dans ma poitrine, comme Angélique sur son rocher, et j'attendais qu'un monstre vînt le dévorer. Mais c'est un ange qui est venu, soudainement, comme arrivent d'ordinaire les apparitions.

Ah! cette fois, je crois que c'est la dernière créature terrestre qui ravit mon âme! Je sens quelque chose d'inaccoutumé et j'affirme qu'on n'aime jamais bien qu'à sa onzième flamme!!!

On n'a jamais imaginé une fée pareille à celle-ci. Je l'ai vue pour la première fois, hier, et aujourd'hui elle m'a prié de dîner avec elle, ce soir elle m'a fait présenter un bouquet délicieux, cependant elle n'a rien de ces allures provocantes, de ces insinuations invitantes, de ces empressements si commodes qui facilitent et abrègent les petits romans de salon et permettent d'en multiplier les éditions. Je ne puis définir ce charme particulier qu'elle a; c'est peut-être celui qui conduit au mariage... Ah! le mariage... ce n'est pourtant pas ce que je rêve... Tout ce que je réalise bien c'est que je l'adore et que je me sens bientôt adoré; et j'entrevois dans l'avenir la révélation des mystères les plus délicieux. Je vais emboucher les pipeaux et chanter des couplets de bergerie; crois-moi, mon cher frère, il n'y a que du temps de Tityre qu'on savait aimer; en conséquence, je me fais pasteur. Et cette fois tu vas m'approuver, puisque cet innocent caprice ne va diminuer en rien la part de mes héritiers.

Adieu, cher frère, le courrier te dira de bouche ce que je ne puis pas t'écrire; je suis encore excessivement occupé.

Ton frère,

CORIDON, *berger d'Acadie.*

Après cet effort de plume, le jeune lieutenant retira le bouquet du gobelet où il l'avait planté provisoirement, puis en extrayant les deux chétives pensées, il les étendit en croix, entre deux pages des œuvres de l'abbé Chaulieu, qui composaient toute sa bibliothèque: c'étaient les pages consacrées aux *bouquets*. Une des pièces commençait ainsi:

Ce bouquet est des jardins de Cythère.
Il est cueilli par la main de l'amour, etc.,

et c'est sur cette poésie-là que les timides pensées furent collées indéfiniment ; quelle destinée !...

Après cette opération, il ferma le livre et le mit en presse sous sa caisse d'armes, et reprenant le reste des fleurs, il les lia avec un cordon couleur rose-tendre, faute de cheveux, et il le suspendit à l'un des clous inoccupés de la cloison. — En effet, dit-il, je n'y avais pas songé !... Quand même il serait dans l'ordre des choses possibles que j'eusse le portrait de Marie, qui pourrait le peindre dans ce pays, où les Giotto indigènes en sont encore à figurer sur leurs A.B.C. les chevaux et les moutons favoris de la place ? J'ai bien des dispositions pour l'art... j'ai déjà crayonné quelque peu... si j'essayais de me faire peintre !... N'est-ce pas un forgeron hollandais que son amour pour la fille d'un monsieur quelconque a transformé en artiste célèbre ? L'illustre Boucher m'a souvent dit que je pourrais réussir. Quel grand maître que ce Boucher! Quel génie facile et gracieux! c'est comme cela que je voudrais peindre, sans études et sans retouches, tout d'un jet, tout d'une inspiration. Boucher a des goûts pastoraux, je m'en sens aussi de violents ; il a représenté toutes les dames de la cour en habit de bergère, et il n'a jamais fait un portrait de femme sans lui mettre un de ces petits nez paysans retroussés, mutins que j'adore. Si bien que les voilà de mode. Quel talent endiablé il y a dans toutes les poses de ces pastourelles poudrées. Pas une qui ne réussisse à montrer un ou deux genoux. Ce n'est pas tout à fait modeste mais ainsi le veut la vertu de notre temps... et celle de ces dames aussi. Il est très probable qu'il me suffira de faire des études de tête. Marie me dispensera de déployer mon talent sur ses genoux. Allons, à demain le premier exercice de dessin.

XV

Les dommages causés à la maison avaient été réparés durant la journée, il ne restait plus que les meubles à raccommoder. George les avait fait transporter dans un bâtiment inoccupé de la ferme, et il avait ordonné aux ouvriers de faire l'ouvrage en secret.

Le lendemain il alla jeter un coup d'œil à la boutique, et comme il fallait passer tout proche de la maison, et que la maîtresse était à la croisée, il voulut s'assurer que tout avait été consciencieusement fait. Il vit que la porte tournait bien sur ses gonds, que les châssis fermaient juste ; il vit aussi que Marie était aussi jolie que la veille.

Après avoir fait un examen beaucoup plus minutieux qu'il n'était nécessaire, ne trouvant plus de prétextes suffisants pour rester à la maison, il se retira, priant la jolie fermière de prendre un peu patience, vu que la vieille chaise et l'antique table de chêne étaient très délabrées, et qu'elles nécessiteraient une restauration générale. Revenu chez lui, il consacra toute son après-midi à l'étude de la nature morte ; il fit un croquis d'une tête superbe de chevreuil qui ornait le chevet de son lit. Il avait réellement du talent, ce premier essai lui en donnait la preuve.

Le jour suivant, il alla demander à Marie de choisir la peinture qu'elle désirait donner aux parties de la maison qui avaient été renouvelées, et il entreprit avec elle une dissertation subtile sur les teintes vives et les nuances indécises ; d'où elle conclut qu'elle aimait beaucoup le rouge, que c'était pour le moment la couleur de ses souvenirs, et elle pria l'officier d'adopter celle-là de préférence. Il en fut charmé, puisque c'était aussi celle de sa nation et de son uniforme ; et il prit ce goût décidé pour un compliment, sans remarquer que les volets et la porte avaient été peints en rouge, autrefois.

Les meubles n'étaient pas encore prêts ; et Marie se demandait ce qu'on pouvait faire de ces humbles vieilleries.

À son retour chez lui, le jeune militaire reprit ses crayons, et passa sans plus de préliminaires à la nature vivante ; il esquissa la figure de sa chienne *Squaw*. Grands progrès !... Pour juger de la perfection qu'il avait déjà acquise, il exposa son carton sous les regards de la chatte de Butler qui se trouvait à passer ; la commère féline, en apercevant cette image, fit le dos rond, sortit ses griffes, se moucha dans l'air d'une façon terrible et bondit vers la porte voisine : les deux bêtes se détestaient à l'égal de leurs deux maîtres : l'artiste conclut qu'il serait bientôt l'égal de Zeuxis.

Le quatrième jour, George vint encore faire une halte à la ferme pour une raison quelconque ; satisfaire sa soif probablement, à la manière du messager d'Isaac au puits de Laban. Il entreprit une nouvelle dissertation, cette fois, sur les différents genres de constructions rustiques. La mère Trahan, qui n'avait jamais songé à faire une académie de son logis, ne comprenait rien à ce goût pour la discussion ; Marie s'y complaisait parce qu'elle avait l'esprit curieux. Elle n'avait jamais vu d'autres monuments que ceux de Grand-Pré, mais certains livres illustrés de l'oncle Leblanc lui avaient laissé quelques notions d'architecture. Elle aimait bien, comme beaucoup de femmes, le style capricieux et orné des successeurs des Mansard, mais le gothique avait toute sa prédilection ; elle l'admirait surtout dans les habitations rurales.

Monsieur George parut encore plus enchanté de cet autre goût de la petite maîtresse ; c'était absolument le sien. Quant aux vieux meubles, il n'en dit pas un mot, ils n'étaient pas encore prêts...

Après cette nouvelle visite, le lieutenant se remit à ses travaux artistiques. Cette fois, il voulut faire une première tentative sur la figure humaine et il demanda à Butler de poser. Le capitaine aimait mieux les chats que la peinture : cependant, pour jouir de la satisfaction de contempler une reproduction de sa moustache, il consentit à subir l'épreuve.

George procédait systématiquement ; il voulait arriver au portrait de Marie après douze essais, comme on apprend aujourd'hui en douze leçons l'équitation, l'escrime, la calligraphie et même le dessin. Il prit Butler comme type de transition entre la bête et l'homme.

La séance fut longue, le feu sacré entraînait l'artiste, le modèle commençait à jurer sur la sellette et il brûlait de voir l'ébauche de ses nobles traits. Enfin, George lui fit grâce de quelques hachures, et le capitaine, certain d'être émerveillé, vint se placer devant le carton. Mais hélas !...

Toute ébauche est un peu une caricature : imaginez ce que devait être celle du visage de Butler...

George, dans l'ardeur du travail, tout occupé qu'il était à saisir les proportions générales et à jeter les premières lignes avec précision, ne s'était pas arrêté à comparer et à faire l'analyse de cette étrange physionomie ; mais quand il se fut levé et mis à la distance convenable pour bien juger de l'ensemble, il partit d'un éclat de rire inextinguible, qui, pendant dix minutes, résista à tous les efforts qu'il fit pour l'arrêter. Chaque fois que ses yeux tombaient sur le dessin, son hilarité recommençait. Quand il put prononcer quelques paroles, il se hâta de dire :

— Excusez-moi, capitaine ; pardonnez à une main novice ; je m'aperçois qu'à mon insu, l'image de ma chienne s'est déteinte sur la vôtre ; il est resté quelque chose de ma *Squaw* dans mon crayon ; c'est le résultat d'une première étude trop bien faite ; c'est pour cela que votre portrait ressemble au sien ; il est probable que si j'eusse fait le sien après le vôtre, c'est elle qui en aurait souffert.

L'explication ne calma pas la colère que l'éclat de rire du lieutenant avait causée à Butler ; il franchit la porte tout enflammé, ne voulant plus écouter un mot de George qui s'empressait de lui démontrer qu'une seconde séance réparerait tout le mal, et qu'à force de considérer ses traits, il finirait par effacer de sa mémoire le museau de sa trop séduisante *Squaw*.

XVI

Enfin, un jour devait venir où les meubles de Marie seraient réparés, et ce jour était arrivé.

Le lieutenant, qui, le soir précédent, avait laissé des ordres très précis à ses ouvriers, se rendit chez la veuve avant l'aube. Tout son monde était sur pied et à l'œuvre; les enfants de la fermière, les menuisiers, la femme elle-même, tous s'occupaient à transformer la maison; l'œuvre s'achevait, tant on y avait mis d'activité. Les pièces étaient peintes, et si bien ajustées d'avance qu'il n'y avait plus qu'à les placer.

Un porche élégant s'élevait devant l'entrée, surmonté d'un tympan pointu et d'une petite flèche gracieuse; trois légers balcons, avec des détails gothiques, ornaient les fenêtres; d'autres aiguilles s'élevaient sur le toit, dont une surmontée d'un coq tournant; les meubles étaient installés à l'intérieur; la boutique n'avait plus de secrets.

Quand l'heure de l'arrivée de la petite maîtresse fut sonnée, tous les heureux complices allèrent se cacher derrière un buisson pour jouir de l'agréable surprise que Marie ne pouvait manquer d'éprouver.

Elle ne se fit pas longtemps attendre: elle était ponctuelle comme tout bon économe. Elle venait légère, sur les herbes blanchies de rosée, que personne n'avait encore secouée; sa marche empressée, l'air vif d'une fraîche matinée d'automne, l'espérance d'une belle journée de travail animaient sa figure; elle brillait comme la dernière reinette du verger.

La brume était si épaisse ce matin-là que la petite fermière n'aperçut la maison qu'en arrivant dessus. Quand elle vit la modeste demeure se dessiner tout à coup avec ces flèches élégantes et toute cette toilette de fête, elle resta fixée sur la terre comme la femme de Loth, son teint se décolora, il vint deux grosses larmes dans ses yeux et elle fut obligée de s'appuyer à la clôture.

George, croyant que c'était l'effet d'un plaisir trop soudain, s'empressa d'aller auprès d'elle. Marie le regarda avec un air plus triste que surpris, attendant un premier mot d'explication.

— Mademoiselle, dit-il, tout est complété, meubles et logis; et j'espère que le tort que nous vous avions fait est réparé à votre satisfaction.

— Ah! monsieur le capitaine, c'est beaucoup trop... beaucoup trop...

— Mais je ne le crois pas; car on n'avait pas seulement détérioré votre propriété, on vous avait fait aussi un grand chagrin; vous aviez droit par conséquent à un plaisir compensatoire, j'ai imaginé celui-ci...

— Ah! monsieur, c'est trop de délicatesse, et... mais... et Marie resta plus que jamais embarrassée.

— Mais... interrompit George, peut-être n'ai-je pas réussi?

— Oh! oui, je vous suis très reconnaissante... mais j'aurais été assez indemnisée par ce que vous aviez déjà fait.

— Voyez, reprit le capitaine, qui commençait lui-même à se décontenancer: on a rempli les deux pans de côté de votre vestibule en claire-voie; vous pourrez y faire grimper des vignes sauvages et du chèvrefeuille; j'ai fait donner assez de profondeur aux balcons pour qu'ils puissent recevoir facilement plusieurs pots de fleurs: vous placerez là des géraniums, des héliotropes, de la mignonnette, des œillets, et en ajoutant quelques pieds de pois d'odeur, tout cela composera un parfum qui ne sera peut-être pas désagréable à respirer, à vos heures matinales?

Marie se taisait; ce parfum réjouissant n'avait aucun effet sur elle; il ne ramenait pas le sourire dans ses deux grands yeux nuancés de tristesse qui se promenaient sur toutes ces jolies nouveautés, elle semblait chercher la vieille demeure sous son travestissement de jeunesse.

George se rappela la fameuse bouche charmante et resta désolé. Il accompagna pourtant la jeune fille, qui s'était mise à marcher machinalement autour de sa propriété. Quand ils furent revenus sur leurs pas, celle-ci fit un effort pour dire à son cavalier: — C'est bien joli... c'est un cottage anglais, je crois?...

— Oui, mademoiselle; et cela ne vous convient pas, je le vois bien.

— Monsieur George, je vous prie de me pardonner un sentiment que vous trouverez peut-être futile, mais que je ne puis pas maîtriser; cette vieille demeure était un souvenir bien cher pour moi, je l'aimais avec sa pauvre porte, ses volets rouges, avec toute sa simplicité d'autrefois. Que voulez-vous, j'aime mes souvenirs, moi, et je n'avais pas encore songé à les varier ou à les rajeunir... Tous ces beaux changements m'ont trop surprise... Si vous m'aviez parlé d'avance, je vous aurais épargné tant de soins et de temps perdus.

— Les soins et le temps perdus pour vous, mademoiselle, ne sont rien, dit George en tendant sa main à Marie; seulement, je suis désolé de vous avoir causé de la peine; vous voyez au moins que ce n'était pas mon intention. — Il appuya sur ces derniers mots; puis, il salua profondément. En s'éloignant il laissa des ordres à ses ouvriers, échangea quelques paroles avec la veuve Trahan; ce qu'elle lui dit fit passer un nuage sur sa vue; il était évidemment affecté.

Une heure après son départ, la maison avait repris ses allures d'autrefois: comme une de ces vierges folles et surannées qui se sont masquées de jeunesse durant un jour de carnaval pour causer quelques dernières mystifications, l'antique chaumière se retrouva avec ses années et ses lézardes.

Les gens de la ferme ne savaient que dire ; la tristesse était générale. On s'était promis une fête autour de Marie, et tout ceci ressemblait à un enterrement. Pierriche faisait entendre une exclamation à chaque flèche qui tombait sous la hache des menuisiers, et quand celle de la girouette s'écroula, il faillit écraser lui-même ; car il s'était bien promis d'aller faire tourner quelquefois la queue du coq contre le gré du vent. Aussi ne put-il retenir une réflexion :

— C'est-il triste de laisser détruire ainsi une espèce de château ! Notre maîtresse, vous qui êtes née pour vivre dans les châteaux, ça aurait été si joli de vous voir dans votre fenêtre, à travers les pois d'odeur, comme disait monsieur l'officier anglais ! Et moi, ça ne m'aurait pas fait paraître plus chétif, les pois d'odeur !...

— Oui, il me semble, dit sa mère à mademoiselle Marie, que vous auriez pu conserver ces améliorations... Si vous saviez comme ce pauvre monsieur George avait du chagrin : lui, le seul Anglais qui soit bon pour nous !

— J'en suis aussi chagrinée pour lui ; mais croyez-vous que Jacques eût été bien fier d'apprendre que ce bel Anglais s'était chargé de lui bâtir en partie sa maison pendant son absence. Vous savez comme il les déteste tous. Cela n'aurait pas été pour lui une agréable surprise.

— Pourquoi pas ? dit Pierriche ; un château est toujours un château ; qu'il vienne de monsieur George ou d'Adam, ça fait toujours plaisir d'en avoir un, surtout quand on prend la châtelaine avec.

XVII

Jusqu'à ce moment, le jeune officier n'avait fait aucun cas de cet absent qui s'appelait Jacques, le fiancé de Marie : c'était pour lui un être imaginaire comme l'Hippogriffe, le Sphinx ou quelque autre bête semblable, née du cerveau des poètes. Il ne concevait rien à une constance de cinq ans, et il s'était bien persuadé qu'il lui suffirait de se présenter avec sa belle figure, ses épaulettes, son habit rouge, ses attentions assidues, ses petits présents, pour effacer, dans l'esprit de Marie, une première illusion d'enfance, qui avait pu charmer un instant sa jeunesse, comme les histoires des follets, ou le conte de la Belle au bois dormant. Mais aujourd'hui, après les quelques mots que lui avait dits la mère Trahan, Jacques lui apparut comme une sérieuse réalité.

L'échec qu'il venait de recevoir à la ferme blessait son orgueil: c'était le premier qu'il subissait. Il sentit en même temps que le sentiment qu'il éprouvait pour la belle Marie avait creusé de profondes racines dans son cœur. Naguère, la multiplicité des objets aimés, et leur succession rapide, diminuaient la force de ses liaisons: l'idole présente fournissait des consolations pour l'idole passée. Mais, ici, George ne pouvait trouver l'occasion d'être inconstant; il voyait surgir les mêmes entraves de tout côté; il lui parut inutile de jeter le regard ailleurs. S'il avait peu réussi contre un rival à l'état de mythe, quels avantages pouvait-il espérer contre ceux qui existeraient sous une forme visible et palpable?... Il ne tenait pas à recommencer tous ses frais de plans, toutes ses démarches matinales, toutes ses fantaisies d'architecte; sa vocation pour la peinture avait reçu même une terrible secousse; il en resta à son ébauche de Butler, et il ne se mit pas à la recherche d'un type de l'homme perfectionné.

Cependant, il ne voulut pas s'avouer publiquement battu: on allait parler de l'aventure de la ferme; malgré toute la diligence et la discrétion qu'il avait apportées dans la préparation et la démolition des embellissements de la maison, deux femmes, deux enfants et trois hommes en avaient le secret... ce secret avait toutes les chances de la popularité. C'eût été un ridicule de plus de rompre les glaces et de laisser percer son dépit. George se décida donc à continuer ses relations avec la famille Landry, comme elles étaient commencées, puis à s'effacer plus tard... insensiblement.

Résolution éphémère, comme il en a été pris un grand nombre, depuis que les filles et les garçons ont été inventés.

XVIII

Les relations ne cessèrent pas. Plusieurs mois s'écoulèrent après la chute du coq tournant de Pierriche, et George ne trouva pas l'occasion ou la force de s'effacer insensiblement: au contraire, il espérait maintenant ne s'effacer jamais.

La solitude, l'habitude forcée de se parler à lui-même, le spectacle continuel de la vie simple et honnête de cette petite population, le sentiment délicat que lui inspirait de plus en plus Marie; tout cela avait entraîné sa pensée dans une série de réflexions justes. Son âme s'épurait à la chaste flamme qui s'était allumée en lui; il eut du repentir d'avoir dissipé vainement les forces de son âme et les trésors de son cœur. En outre, un malheur sensible venait de lui arriver; dans de pareilles circonstances, il ne pouvait être plus cruellement frappé. Son frère avait été tué dans un engagement isolé avec les indigènes ; les barbares avaient levé sa chevelure et son corps avait été brûlé.

Cette mort horrible le plongea dans une grande tristesse, son caractère en resta profondément altéré ; il n'était plus le même ; quoiqu'il n'eût pas vu son frère depuis son arrivée en Amérique, et que, par légèreté ou par négligence, il ne lui écrivît pas souvent, ni longuement, c'était pourtant l'être qu'il affectionnait le plus au monde : il le sentait près de lui, sur la même terre ; il savait que sa pensée accompagnait la sienne avec sollicitude ; il espérait bientôt le revoir. Sa mort lui fit éprouver la sensation d'une solitude affreuse, insupportable, et un besoin plus grand encore d'affection. Désormais une puissance irrésistible l'entraînait vers la fille des Landry.

Il résolut d'en finir avec les incertitudes et les ennuis de sa situation. L'inconstance est souvent la marque d'une grande puissance de passions ; les circonstances ont manqué de fixer sur un but l'activité de ces natures d'élite ; elles courent à vingt fantômes à la fois : mais si un accident de leur vie vient à rallier à temps les forces et les désirs de leur âme pour les pousser vers un objet de leur choix, ils s'y précipitent alors, avec l'ardeur et l'aveuglement de la fatalité et du désespoir.

George avait mis la mère Trahan dans ses intérêts, et la vieille fermière et ses enfants ne tarissaient pas sur son compte. Quand leur jeune maîtresse arrivait à la ferme, ils trouvaient moyen de mêler le nom du lieutenant à l'histoire de tous les légumes et de toutes les bêtes à cornes du champ. Marie les laissait dire, souriant également aux éloges donnés au bétail et au jeune officier.

George avait aussi conquis les bonnes grâces de madame Landry. Depuis quelque temps l'excellente femme pensait que sa fille était une créature extraordinaire, née, comme disait Pierriche, pour habiter les châteaux ; elle ne voyait plus de partis convenables pour elle, parmi les habitants de Grand-Pré ; une ambition imperceptible s'était glissée dans cette âme simple. Elle ne croyait plus d'ailleurs au retour de Jacques, et souvent il lui arrivait d'exprimer son admiration pour monsieur le lieutenant : — Quel charmant homme ! disait-elle ; si peu fier ! comme il nous témoigne de l'amitié ! comme il est bon pour les Acadiens ! comme il respecte notre religion ! quel bonheur ce serait pour les habitants et quelle fortune pour une fille du pays, s'il allait se marier à Grand-Pré !... D'autres fois, la mère s'adressait plus directement à Marie : — Ma chère enfant, je ne veux pas te désespérer ni te causer du chagrin ; mais je crois qu'il est inutile d'attendre davantage ce pauvre Jacques... Nous voilà vieux ; il y a bien des dangers qui nous menacent ; tu auras besoin de protection... La providence nous envoie quelquefois des occasions... des chances... dans les mauvais moments... il ne faut pas les mépriser.

Marie écoutait toutes ces choses, sans répondre, puis elle embrassait tendrement sa mère et s'en allait dans le secret de sa chambre prier Dieu et sa patronne.

Elle comprenait parfaitement le sens et le but de semblables discours; mais comme sa mère restait dans les termes vagues, n'osait consulter ses dispositions ni lui proposer ouvertement des projets, elle ne se crut pas obligée de dévoiler ses sentiments et ses inclinations. Elle s'était bien aperçue de ce qu'il y avait de culte tendre dans les assiduités du jeune officier, et elle n'avait pas pu lui demander de les interrompre, quoiqu'elle subît quelques reproches à ce propos, de la part de plusieurs de ses amies. Elle éprouvait beaucoup d'estime pour monsieur George; sa conduite envers sa pauvre fermière, dans les circonstances où il se trouvait placé au milieu de la garnison; ses procédés bienveillants, ses relations continuelles, avouées devant tous les siens, lui annonçaient une âme généreuse, un cœur sensible, un esprit sans préjugés, une conscience droite et indépendante; il avait acquis des droits à sa reconnaissance, cela avait suffi pour lui faire repousser les méchantes histoires venues de la garnison, et détruire en elle l'impression défavorable qu'il avait d'abord produite sur son esprit. D'ailleurs, il s'était toujours montré parfaitement délicat et réservé dans tous ses rapports avec sa famille, et elle, de son côté, ne lui avait jamais témoigné que l'amitié la plus simple et la plus sincère, ne lui cachant en rien l'attachement qu'elle gardait pour son fiancé.

Elle ne crut donc pas devoir rompre la première, sans que sa famille ou le militaire lui en donnent l'occasion, des relations qui s'étaient établies sur des motifs que légitimait sa conscience, qui plaisaient à ses parents et leur assuraient une puissante protection.

Quant au père Landry, il ne variait pas ostensiblement de langage et d'habitudes depuis l'entrée de son jeune hôte dans sa maison: il était toujours affable, également jovial avec lui; mais quand l'occasion s'en présentait, dans l'absence de l'officier, il ne manquait pas de réciter les deux phrases suivantes qu'il tenait comme des axiomes de ses pères: « Qu'une Française n'a pas le droit d'aliéner le sang de sa race; et, qu'une fille des champs qui songe à s'élever au-dessus de sa condition est presque une fille perdue. »

Un jour de la fin d'août 1755, George était rentré dans ses appartements très agité. Il avait assisté à une séance extraordinaire du conseil militaire, tenue au presbytère. Il marchait à grands pas, puis s'arrêtait tout à coup, passant fortement ses deux mains sur son front, comme pour enlever une tache hideuse qu'on y aurait imprimée. Il frappait du pied, et on l'entendait articuler avec rage des mots incohérents : — Lâcheté... fourberie... mensonge... infamie. — Il se détournait violemment vers la porte, comme pour s'y élancer, et il restait fixé sur le seuil, répétant comme un énergumène : — Mon devoir! mon devoir! me voilà cloué dessus comme sur une croix... ils vont prendre un infernal plaisir à me le faire remplir jusqu'au bout... — Et il détacha son épée pour la jeter avec mépris dans un coin.

Tout à coup, son visage bouleversé se transforma sous l'effort d'un sentiment plus doux, ses yeux enflammés se noyèrent dans ses larmes, et il vint s'affaisser sur son secrétaire, se cachant le visage dans ses deux mains. Il cherchait à se recueillir pour prendre une résolution.

Il resta longtemps ainsi; après quoi, prenant une feuille de papier, il écrivit fermement trois pages, les ploya et mit dessus l'adresse de Marie; puis il sortit, apportant avec lui la lettre.

DEUXIÈME PARTIE

I

Enfin, les grands événements étaient près de s'accomplir. Pendant cette lutte secrète de deux cœurs, dans le petit bourg de Grand-Pré, il s'en était préparé une qui devait agiter durant huit ans l'univers entier : pendant que ce jeune Anglais essayait de conquérir l'affection de cette fille de la France, les deux nations s'étaient armées pour le combat suprême.

Comme on n'avait pas compté sur la Commission des frontières pour régler les difficultés entre les deux peuples, on n'avait pas attendu son jugement pour commencer les hostilités.

On sait ce qui eut lieu dans la première partie de l'année 1755. L'amiral Dubois de Lamothe avait laissé Brest dès le mois d'avril pour venir porter des secours à la colonie ; l'amiral Boscowen quitta Plymouth à peu près dans le même temps pour lui fermer l'entrée du Saint-Laurent ; mais il ne put réussir dans son dessein : deux vaisseaux seulement de la flotte française tombèrent entre ses mains. On se vengea de cette déception sur les navires marchands ; il en fut pris trois cents qui voguaient, confiants dans les lois de la paix qui n'étaient pas encore régulièrement suspendues.

Peu après, le colonel Winslow débarqua en Acadie ; il avait ordre de déloger les Français de toutes les positions qu'ils tenaient sur l'isthme de Beau-Bassin et dans les environs. Sa mission fut couronnée de succès ; tous les forts furent emportés ou détruits.

Au Canada, De Beaujeu défit Braddock près de la Monongahéla, et cet échec des Anglais exaspéra toutes leurs colonies.

Après la prise des forts Beauséjour et Gaspéreau, la campagne se trouva terminée en Acadie, et les pacifiques habitants de Grand-Pré durent se féliciter de voir les furies de la guerre s'éloigner de leurs foyers ; car ils ne gardaient qu'un bien faible espoir de rentrer sous l'empire de la France. Cependant ils ne demeurèrent pas sans inquiétude sur leur avenir. On n'avait pas requis leurs services dans ces premiers engagements, mais il restait bien des batailles à livrer... D'ailleurs, on avait appris que trois cents Acadiens avaient été pris les armes à la main sous le commandement de M. de Vergor. Il est vrai que ces malheureux avaient été forcés de s'enrôler dans le corps de ce misérable commandant, et qu'ils avaient été graciés après la capitulation ; mais le défenseur du fort Beauséjour avait exigé cette grâce, en rendant la place, et l'on devait penser que des maîtres qui menaçaient de mort pour les moindres infractions à leurs ordonnances reviendraient plus tard sur ce pardon intéressé.

On vit bientôt arriver des renforts de troupes dans tous les petits villages du Bassin-des-Mines; des vaisseaux de guerre vinrent jeter l'ancre en face de ces demeures agrestes qui n'abritaient que la paix et la bienveillance. Le colonel Winslow, le vainqueur de Beauséjour, vint établir sa résidence au presbytère de Grand-Pré. On remarqua un mouvement inaccoutumé de courriers entre Halifax et tous les centres de population, et l'on se demanda ce que signifiaient tous ces soldats, toutes ces patrouilles, tous ces préparatifs, toutes ces dépêches à propos de gens désarmés et qui se trouvaient, plus que jamais, privés de tous secours de leur ancienne patrie. Les natures confiantes, ceux qui avaient quelques rapports avec le gouvernement, les nouvellistes bien renseignés répondirent que les troupes venaient tout simplement prendre leurs quartiers d'hiver là où elles savaient trouver plus facilement à vivre. La chose était vraisemblable; on ignorait les coutumes de la guerre; on avait l'âme encore ingénue; on crut facilement et l'on resta tranquille.

Mais voilà que, le 2 septembre, des pelotons militaires se mettent à parcourir les champs et les villages, au son du tambour; ils distribuaient dans toutes les maisons une proclamation du colonel Winslow. Voici quelle en était la teneur:

> Aux habitants du district de Grand-Pré, des Mines, de la Rivière-aux-Canards, etc., tant vieillards que jeunes gens et adolescents.
>
> Son Excellence le gouverneur nous ayant fait connaître sa dernière résolution concernant les intérêts des habitants, et nous ayant ordonné de la leur communiquer en personne; Son Excellence étant désireuse que chacun d'eux soit parfaitement instruit des intentions de Sa Majesté, elle nous enjoint aussi de [les] leur exposer telles qu'elles lui ont été confiées: en conséquence, nous ordonnons et enjoignons strictement, par ces présentes, à tous les habitants tant du district sus-nommé que de tous les autres districts, aux vieillards comme aux jeunes gens, de même qu'aux enfants au-dessus de dix ans, de se rendre dans l'église de Grand-Pré, vendredi le 5 du courant, à 3 heures de l'après-midi, afin que nous puissions leur faire part de ce que nous avons été chargés de leur communiquer; déclarant qu'aucune excuse ne sera reçue, sous aucun prétexte quelconque, et que toute désobéissance encourt la confiscation des biens, et de tous les meubles à défaut d'immeubles.
>
> Donné à Grand-Pré, le 2 septembre 1755, la 29ème année du règne de Sa Majesté[1].

JOHN WINSLOW

---

1. C'est la traduction du document historique.

Ce document étrange, les secrets importants qu'il semblait receler, son laconisme, sa forme entortillée, impérative, et la manière extraordinaire que l'on avait adoptée pour le faire parvenir à la connaissance des Acadiens, tout cela fit grande sensation. Le soir même de sa publication, un grand nombre de ceux qui ne savaient pas lire se rendirent chez le notaire Leblanc, pour le prier de le leur déchiffrer ; et comme le vieillard était le père d'une nombreuse famille et l'oracle ordinaire de Grand-Pré, beaucoup d'autres vinrent lui demander des explications et des conseils. Les Landry se trouvèrent à cette réunion.

On parla fort et dru, pendant que le notaire relisait et méditait la pièce tout bas. Plusieurs affirmaient que c'était une perfidie voilée ; qu'on ne pouvait rien attendre de bon des Anglais, dans de pareilles circonstances.— Pourquoi, disaient d'autres, sur un ton sinistre, pourquoi tant de mystères et de hâte ? Pourquoi rassembler nos enfants pour leur parler d'affaires si importantes ?... Et puis, cette réunion convoquée le vendredi... à trois heures du soir... le jour des grands malheurs, du sacrifice du calvaire... à l'heure de la mort du Christ ! Ah ! il y a là quelque chose de diabolique ! Il faut s'armer, résister, ou il faut fuir !...

L'agitation était indescriptible ; quand le chef octogénaire se leva, le silence se fit dans toute la salle. Tout en lui commandait le respect. Il avait vingt enfants dans l'assemblée, et cent cinquante de ses petits-enfants reposaient sous la sauvegarde de l'honnêteté et de l'honneur du gouvernement : il n'avait pas intérêt à se faire illusion, ni à donner de vaines espérances aux autres. Il avait toujours été, par le choix même des habitants, leur juge suprême et unique dans tous leurs petits différends ; et, depuis l'expulsion du curé, c'est autour de lui qu'on venait se ranger, le dimanche et les jours de fête, pour faire quelques prières, chanter des hymnes, entendre quelques enseignements de la sagesse chrétienne. Il avait l'extérieur et le caractère d'un patriarche, il était vénéré à l'égal d'un pasteur.

— Mes enfants, dit-il ; — et sa voix, et sa main qui tenait la proclamation, tremblèrent —, mes enfants, je sais que vous avez toujours mis votre confiance en moi, et que vous avez toujours suivi mes conseils ; je n'ai jamais hésité à vous les donner ; les connaissances que j'avais acquises dans ma profession me faisaient une obligation de vous être utile ; je remercie le ciel, si ma longue vie vous a servi.

Mais aujourd'hui, je sens que les circonstances sont bien graves, et qu'il faut plus que la sagesse des livres pour diriger nos actions. Je n'ose pas vous donner d'avis, et je laisse à Dieu de vous inspirer ce qu'il est bon que vous fassiez. Je vous dirai seulement ce que je pense du décret du commandant et ce que ma conscience me suggère pour ma propre conduite dans ce moment critique. D'abord, je ne devine pas plus que vous les nouvelles destinées que semble nous annoncer ce parchemin. Je n'y vois qu'une chose : c'est que l'autorité a voulu nous en faire un mystère, maintenant, pour avoir l'avantage, sans doute, de nous le révéler et nous l'expliquer plus minutieusement quand nous serons tous réunis. Vous savez que beaucoup d'entre nous manquent de l'instruction nécessaire pour bien comprendre les lois nouvellement promulguées. Le gouvernement a peut-être eu l'intention de nous épargner beaucoup d'embarras.

Il y en a qui soupçonnent des desseins perfides, qui parlent de fuir ou de résister... Je crois que rien de tout cela n'est raisonnable. D'abord, l'Angleterre est une noble nation ; elle est incapable d'un guet-apens infâme, d'une lâcheté superflue, pour tromper des hommes confiants et honnêtes, pour enchaîner des vaincus désarmés, qui, depuis cinquante ans, lui gardent fidélité sur leur honneur et sur leur serment ; pour trahir et rejeter des sujets qui ont plus d'une fois souffert pour elle. Quelques subalternes ont pu, souvent, nous imposer leurs volontés injustes ; mais aujourd'hui, c'est au nom du roi qu'on nous commande : si l'on abusait de ce nom, nous pourrions toujours en appeler au tribunal de notre souverain ; tout citoyen anglais a le droit de se faire entendre de lui.

Quant à ceux qui veulent résister, quels moyens ont-ils de le faire ? Nous n'avons pas une arme, et personne ne peut nous en fournir ; nous sommes environnés de soldats et de forteresses, nul ne peut nous secourir, les Français ont été repoussés de nos frontières... « Mais nous pouvons fuir, au moins, disent d'autres... »

Fuir ?... comment ?... où ?... Le pays est partout occupé par des corps armés ; nous ne possédons pas une embarcation ; la flotte anglaise garde toutes nos côtes, la mer nous est fermée. Et, mes chers enfants, je vous l'ai souvent dit, malgré tous les efforts que pourra faire la France, sa puissance n'en sera pas moins perdue en Amérique... Nous ne la retrouverons nulle part, sur ce continent ! Pourquoi irions-nous errer dans les bois, avec nos femmes et nos enfants, à la veille de l'hiver, pour chercher une autre patrie qui sera toujours l'Angleterre ?...

Non, je crois qu'il ne nous reste qu'une voie à suivre, celle du devoir ; qu'une chose à faire, obéir à l'ordonnance. Nous ne sommes pas libres de changer notre sort, nous pouvons peut-être l'améliorer en montrant notre soumission et notre confiance à l'autorité. Il y a toujours de la grandeur et du courage dans la confiance que l'on donne à ceux qui nous la demandent, et cela ne peut inspirer que l'estime et la clémence. Remarquez que, depuis quelque temps, notre gouvernement nous a traités avec plus d'équité que par le passé : c'est peut-être le commencement d'un règne de justice ; et dans ce cas, le moment serait mal choisi de nous soulever contre le pouvoir qui nous régit. Puisque nous ne connaissons pas les intentions de l'Angleterre, nous ne pouvons pas les juger et nous serions criminels de nous insurger d'avance contre elles.

Je vous le répète, mes enfants, le devoir est notre unique ressource; c'est la seule garantie de tranquillité que nous ayons; tous sont soumis à cette grande loi de la vie sociale, ceux qui commandent comme ceux qui obéissent. S'il nous arrive du mal, nous n'en serons que les victimes, nous n'en serons pas coupables; Dieu prend pitié de ceux qui souffrent, il ne punit que ceux qui font souffrir; il sera pour nous!»

Ces paroles firent un grand effet; elles étaient pleines de bon sens. Le silence religieux avec lequel on les avait écoutées se continua; chacun se dirigea vers la porte, le regard abaissé, s'arrêtant, en passant, pour serrer la main du vieillard; on était à peu près convaincu, mais on méditait encore; personne ne répliqua; seulement, quand on fut dehors, on entendit la voix d'un jeune homme qui disait à son voisin: — Le vieux notaire! il est toujours coiffé de ses Anglais.

— Dame, dit l'autre, tous les Leblanc et les Landry le sont; depuis que M. George fréquente leur petite Marie, ils se feraient tous couper le cou pour plaire à ces bourreaux de chrétiens. C'est vrai qu'il est bien poli celui-là, mais après tout, il a tout au plus l'intention de s'amuser. Puisque la petite Landry voulait oublier Jacques, ça ne valait pas la peine de nous faire la dédaigneuse, pour ce beau mécréant qui rit d'elle sans doute en dessous...

— Et la vieille Trahan, qui dit tout haut qu'il veut la demander en mariage!

— Et la mère Landry, qui se gourme déjà à l'idée d'avoir un officier pour gendre... un Anglais... un protestant!...

— Non, non pas, car Pierriche dit qu'il se ferait catholique!... rien moins que ça... les bêtas, à quoi ça songe-t-il?...

II

George ne s'était pas fait d'amis parmi ses compagnons d'armes, il les méprisait trop pour vouloir de leur affection. Dès son arrivée, sa distinction naturelle, sa politesse, ses habitudes aristocratiques avaient indisposé cet entourage incivil: le vernis de l'éducation et de la société offusque d'ordinaire ces natures sordides, parce qu'il met en relief leur écorce grossière. Ses relations avec les Acadiens, les coups qu'il avait fait donner à ses soldats, pour leur conduite à la ferme de Marie, lui avaient attiré leur haine: ces misérables cherchaient toutes les occasions et tous les moyens de satisfaire leur vengeance.

D'un autre côté, on avait vu se former depuis quelque temps, au milieu des familles de Grand-Pré, une division assez marquée; quoique les adversaires les plus ardents des Anglais eussent déjà quitté le pays à cette époque, cependant il s'en trouvait encore beaucoup que les intérêts de famille avaient retenus, malgré eux, et que révoltait l'idée d'être pour toujours et sans réserve des citoyens anglais. D'autres au contraire, plus timides ou plus sensés, voyant leur situation devenir de jour en jour plus désespérée, plus menaçante, en étaient venus à la conclusion que les conquérants pouvaient exiger d'eux une soumission entière; qu'étant leurs souverains, ils en possédaient toutes les prérogatives, et que c'était folie de vouloir se regimber contre leur autorité. Les Leblanc et les Landry partageaient ce dernier avis, et comme ils étaient les familles les plus riches de Grand-Pré, ils avaient de l'influence.

Ces deux partis n'en étaient pas arrivés à une rupture complète; ils se dessinaient, seulement, l'un sur l'autre, par la nuance de leurs opinions: chaque événement public venait accentuer davantage cette division; les moindres incidents, l'ombre d'un scandale servaient d'aliment à cette petite guerre de partisans. Les relations assidues du jeune lieutenant avec la famille Landry ne manquèrent pas, comme on vient de le voir, de servir de thème aux jaloux, aux prétendants déçus, d'abord, puis aux adversaires des Anglais, ensuite.

Malgré cette division de la population, le discours sensé du vénérable notaire prévint tout le trouble que pouvait faire naître au milieu d'elle la proclamation de Winslow: les deux partis sentirent la sagesse des paroles du vieillard, et tous se remirent pacifiquement aux travaux de la saison. Une chose leur inspirait quelque confiance: c'est que, depuis trois ou quatre mois, les vexations semblaient avoir fait trêve, comme l'avait remarqué l'oncle Leblanc. Ils étaient aussi très occupés à sauver la moisson; le temps pressait, elle n'avait jamais été plus abondante; les gerbes écrasaient les moissonneurs sous leurs épis trop pleins; les greniers allaient regorger; l'abondance s'annonçait partout et tempérait un peu, par les joies qu'elle faisait espérer, les préoccupations politiques. Le peuple, surtout le peuple français, quitte volontiers les sentiers de deuil pour suivre ceux qui conduisent au plaisir.

Il ne restait plus çà et là, dans les champs, que quelques javelles; presque partout les grands troupeaux avaient envahi l'espace laissé par la récolte. On s'était hâté plus que d'habitude, par l'espoir que les besoins de la guerre allaient nécessiter une vente plus précoce des produits des champs. Ceux qui avaient abrité plus tôt leurs grains assistaient les autres. Ces travaux en commun occasionnaient encore quelques réjouissances; la dernière gerbe, qu'on appelait la *grosse gerbe,* fut brillamment fêtée en plusieurs endroits.

C'est peut-être à la ferme de Marie qu'on y apporta plus d'apprêts et de coquetterie.

C'était le 4 septembre: tous les frères, tous les cousins, tous les amis, parmi lesquels se trouvaient plus d'un aspirant à la main de notre nouvelle Pénélope, prirent part à la solennité champêtre. Quand la grange eut reçu tout le produit de l'année, les travailleurs se réunirent autour de la plus belle charrette, qui les attendait au bout de la terre. Le vaste véhicule était transformé en char de triomphe. Les hautes échelettes avaient été enlevées; dans celles de côté on avait entrelacé des branches de sapins; de chaque coin pendaient des guirlandes de verdure que soutenaient quatre des plus beaux cousins; tout au milieu de la voiture s'élevait la reine de la fête, faisceau énorme de six pieds de hauteur, composé des plus beaux épis que le bon Dieu avait fait mûrir, et des plus jolies fleurs qui décoraient encore les prés. Deux bœufs majestueux formaient l'attelage; à leurs cornes étaient attachés, avec des rubans de couleurs variées, des bouquets de feuilles d'érable rougies par les premiers souffles de l'automne. Deux des plus jeunes de la bande se tenaient assis sur le dos des nobles bêtes, portant chacun un aiguillon orné d'épis; les autres marchaient de chaque côté, chantant des couplets populaires.

Quand le cortège fut près d'arriver à la maison, Pierriche alla prévenir la petite maîtresse ainsi que le père et la mère Landry, et quelques jeunes voisines qui s'étaient rendues sur les lieux.

George, par un hasard singulier, se trouvait à passer dans ce moment; le chant, la nouveauté du spectacle fixa d'abord son attention, et quand Pierriche accourut lui dire de quoi il s'agissait et l'inviter à s'arrêter, il se laissa facilement entraîner. Il n'avait pas vu Marie et ses parents depuis qu'il avait fait remettre sa lettre à la jeune fille. Le premier moment de leur rencontre leur donna visiblement beaucoup d'embarras; l'officier semblait inquiet et Marie évitait sa conversation; le père et la mère se contentaient de les observer: quant aux autres, ils attribuèrent au deuil du lieutenant la gêne qu'il paraissait éprouver; d'ailleurs, la charrette venait de faire son entrée triomphale dans la grange, chacun s'empressa de la suivre. George, voyant tout ce monde, délibéra un instant s'il était opportun pour lui de s'y mêler; mais, entraîné par le mouvement général, ne sachant d'ailleurs quelles excuses trouver pour se retirer, il fit comme les autres, il entra.

Quand tous furent arrivés sous le chaume, on installa la grosse gerbe au milieu de l'aire, qui avait été préalablement tapissée de feuillage frais, puis on en fit hommage à la maîtresse, avec grande pompe. Ensuite tous les assistants prirent place autour de la reine de la fête, sur des sièges improvisés avec des bottes de foin. George eut la place d'honneur, à côté de Marie: un gros feu de joie fut allumé par les enfants, en face de la grande porte, de sorte que tout l'intérieur du bâtiment en fut éclairé; puis on servit le souper. Le repas fut d'abord assez animé; les jeunes gens y mirent tout l'entrain qui leur était habituel en pareille circonstance. Quelques rasades de vieille eau-de-vie apportèrent encore au banquet un élément de gaieté. Mais tout cela n'empêcha pas la conversation de devenir languissante: la verve folle s'envolait souvent.

Pour la retenir, on essaya de la danse; mais les cotillons n'allaient pas dans leur mouvement allègre; les plus beaux danseurs traînaient derrière la note, enfin, la fête marchait tirée par les cheveux. Les enfants seuls ne participaient pas à cette langueur générale; au contraire, leurs cris, leurs gambades, leurs culbutes dévergondées autour du bûcher, qu'ils attisaient, établissaient un contraste accablant avec les amusements forcés de l'intérieur. Marie participait, plus que tout autre, à la contrainte qui l'entourait; elle était dominée par un sentiment pénible. Plusieurs avaient été priés de chanter quelques-unes des romances du temps; le tour de la maîtresse vint; le lieutenant joignit ses sollicitations à celles des convives qui s'empressaient de vaincre la répugnance que la jeune fille avait à se faire entendre, ce soir-là. Elle finit par céder. Mais, soit à cause de son embarras, soit avec intention, elle choisit un vieux chant breton composé sur le combat de Trente. Voici quelle était cette ballade:

> *Dans le beffroi d'un antique castel*
> *S'assit, jadis, une haute baronne,*
> *Pour regarder aux champs de Ploërmel*
> *Les trente preux de noblesse bretonne*
> *Qui combattaient contre Bembro l'Anglais:*
> *Elle suivait, dans les flots de poussière,*
> *L'écu d'acier que Beaumanoir portait*
> *Et les éclairs que lançait sa rapière.*
>
> *Longtemps son œil vit le fier chevalier*
> *Frapper d'estoc sur la troupe félonne,*
> *Guider, aux flots des crins de son cimier,*
> *Les rangs bardés de sa noble colonne.*
> *Mais vint un temps où la dame en émoi*
> *De Beaumanoir ne vit plus les prouesses;*
> *Car il fléchit, et le champ du tournoi*
> *Resta voilé sous des ombres traîtresses.*

« Seigneur, Jésus ! Messire Beaumanoir
Serait-il mort, pour son roi, pour sa dame ? »...
Et, se mettant à genoux, jusqu'au soir
Elle pria pour la paix de son âme.
En attendant le retour des féaux,
Morne, dolente, ainsi resta la belle,
Prêtant l'oreille aux clairons des hérauts,
Suppliant l'air d'apporter la nouvelle.

Au couvre-feu se fit entendre enfin
Un bruit de fer au loin dans la campagne,
Des pas pressés qui brûlaient le chemin,
Des troubadours qui chantaient la Bretagne...
« Abaissez vite, au-devant du vainqueur,
Les ponts-levis, cria la châtelaine.
C'est lui ! c'est lui ! il revient, mon seigneur,
Il n'est pas mort, j'entends sa voix lointaine. »

« Accourez tous, mes pages, mes valets,
Préparez-lui sa tunique de soie,
Apportez-moi les bons vins, les bons mets,
Mon luth d'argent, je veux chanter ma joie,
Baiser son front au milieu de ses preux,
Mettre à son cou mon écharpe de reine ;
Mon Beaumanoir revient victorieux,
Bembro l'Anglais est couché sur l'arène ! »

Bientôt au seuil de l'antique manoir
Caracola la noble cavalcade.
Qu'il était beau, le sieur de Beaumanoir,
Celui que chante en tous lieux ma ballade !
Qu'il était beau, le chevalier breton,
Quand, détachant de dessus sa cavale
Du chef anglais le sanglant écusson,
Le mit aux pieds de sa dame féale !

« Salut, salut, haut et puissant seigneur !
Dit notre belle en répandant des larmes,
Dans ce grand jour votre bras est l'honneur
De la Bretagne ! et la France et nos armes
Ont fait par vous trembler encor l'Anglais.
Sire, acceptez le prix de la vaillance,

Et le baiser des champions courtois. »
Et chacun dit : — « Vive le roi de France ! »

« Et vous, dit-elle, écuyers et barons,
Brillante fleur de la chevalerie
Les troubadours iront chantant vos noms
De Ploërmel aux déserts d'Illyrie ;
Et notre roi mettra sur vos écus
Le lys d'argent des souverains de France,
Et l'on verra des ennemis vaincus,
S'enfuir au loin l'audacieuse engeance. »

La châtelaine, après ce beau discours
Et le baiser reçu vif sur sa bouche,
S'alla vêtir de ses plus beaux atours
Et préparer le repas et la couche
De son époux. Messire Beaumanoir
Disait aux preux en regardant la dame :
« Quelqu'un de vous a-t-il jamais pu voir
De par le monde une plus noble femme ? »

ENVOI

Si vous voulez des chevaliers français
Nourrir la gloire, exciter les prouesses
Et couronner leurs travaux, leurs hauts-faits,
Écoutez-moi, filles, dames, duchesses :
Ayez amour pour les exploits guerriers,
Ayez vertu sans trop de pruderie,
Aux fronts vainqueurs déposez des lauriers
Et le plus pur de vos chastes baisers ;
Dans vos chansons célébrez la patrie,
Notre roi Jean, notre chevalerie !

Marie ne put pas arriver au bout de sa ballade ; le sentiment qui lui en avait imposé le choix fit sans doute bientôt place à un autre ; car à mesure qu'elle chantait, sa voix limpide et vibrante s'attendrit peu à peu ; au troisième couplet, elle trembla ; au quatrième, quand elle articula ces vers :

« C'est lui, c'est lui, il revient, mon seigneur ;
Il n'est pas mort, j'entends sa voix lointaine ! »

l'air expira dans ses sanglots. Fort heureusement pour M. George ; car s'il eût entendu la fin de la pièce, il en aurait été tout à fait offensé. Il méditait déjà sur le motif probable qui avait si mal inspiré la chanteuse, et il se proposait de lui demander si elle ne savait pas, par hasard, quelques chants semblables composés sur la bataille de Poitiers, autre événement fameux arrivé sous ce bon roi Jean. Mais l'émotion de Marie et le malheureux succès de la ballade calmèrent son dépit. Il avait attaché machinalement son regard sur le feu de joie, il ne le détourna pas même pour juger quelle impression avait pu saisir la jolie maîtresse.

Cet incident finit de tuer la conversation. Ceux qui auraient désiré fournir un sujet assez intéressant pour fixer l'attention générale lançaient quelques phrases détachées, mais elles passèrent sans provoquer de réponses ; elles semblaient tomber dans un abîme sans produire plus de bruit que ces cailloux qu'un enfant s'amuse à jeter dans l'océan. La mère Landry n'était pas plus habile que les autres, mais elle était femme, elle était curieuse, et ne pouvait consentir à voir expirer une conversation dans sa compagnie : elle parla justement de ce qui occupait secrètement tout le monde et de ce dont personne n'osait discourir.

— C'est demain, dit-elle, le jour de la grande assemblée ; c'est bien à 3 heures juste qu'elle a lieu, Monsieur le lieutenant ?...

George n'avait pas encore détourné ses yeux des spirales brillantes de la flamme, quand il s'entendit ainsi brusquement interpeller, sur une matière aussi délicate ; il tressaillit comme un coursier qu'on vient d'éperonner aux deux flancs : il pressentait où cette première question allait le conduire. Les convives subirent la même commotion et tous les regards tombèrent en un même instant sur l'officier. Il répondit, en se remettant tant bien que mal :

— Mais, oui, Madame, je crois que l'assemblée est bien convoquée pour trois heures ; il me semble que l'ordonnance était très explicite là-dessus.

— Je me rappelle, maintenant, reprit la mère Landry, qu'elle était bien précise sur l'heure de la réunion et sur l'obligation de s'y trouver ; mais elle l'était si peu sur son objet que j'ai confondu. D'ailleurs, je vous avouerai que personne n'y comprend rien à cette proclamation. Nous pensons bien que le gouvernement n'a pas de mauvaises intentions à notre égard ; mais s'il nous avait éclairés davantage sur ce que le roi veut bien faire pour nous, elle aurait empêché les gens de mal parler. Je vous assure, Monsieur le lieutenant, que vous nous feriez un grand plaisir si vous pouviez nous expliquer un peu l'écrit de votre colonel.

La question était indiscrète, mais la brave femme l'avait faite avec l'intention sincère de servir également le gouvernement et ses compatriotes ; elle était persuadée qu'un conseil où était entré M. George ne pouvait décréter un acte infâme, et que quelques révélations de la part de leur ami pouvaient ramener la confiance.

Le militaire comprit tout ce qu'il y avait de bonhomie dans la curiosité de Madame Landry, et cela ne le mit pas plus à l'aise. Sa situation ne pouvait être pire; il sentait son âme livrée à toutes les tortures; il eût préféré se trouver en face d'une batterie de siège chargée à mitraille. Il était assailli par mille sentiments divers. Un mot inconsidéré, une confidence trop hâtée pouvait briser tout cet édifice de bonheur qu'il était peut-être sur le point de couronner. D'un autre côté, il se croyait obligé de calmer les inquiétudes de Marie et de tous ses bons parents. S'excuser sur l'obligation de garder les secrets d'office... cela devait confirmer les gens dans leurs appréhensions. Déguiser la vérité... elle devait être révélée le lendemain au grand jour, et connue par tous et par Marie... Sa droiture naturelle se révoltait à cette idée. Le regard pensif et brûlant de la jeune fille était d'ailleurs fixé sur lui, comme pour percer dans sa pensée. Le père Landry se tenait en face, avec sa longue chevelure blanche, et sa figure vénérable lui semblait la divinité de l'honnêteté et du vrai. Il se sentit atterré, il eut peur de ses premières paroles; par malheur pour lui, aucune ne devait passer inaperçue: le silence était complet; car les enfants eux-mêmes, que le chant de la petite maîtresse avait attirés, étaient restés mornes et tristes. George fit donc la réponse la plus incohérente et la plus embrouillée; chacun des sentiments qui l'agitaient semblait en dicter une phrase; de sorte que le document de Winslow n'en parut que plus incompréhensible. Seulement, l'auditoire crut comprendre que le lieutenant leur disait de rester rassurés sur leur sort.

La mère Landry, qui ne se sentait pas plus instruite, allait revenir à la charge pour obtenir quelques commentaires plus lucides. Mais sa fille se hâta de la prévenir: — Ma chère mère, dit-elle, je vous en prie, n'imposez pas à monsieur un interrogatoire, auquel il ne peut être préparé; ne le mettez pas dans la pénible situation de vous dévoiler ses secrets d'état ou de forcer sa conscience pour vous laisser les charmes d'un faux espoir.

George sentit un trait passer à travers son cœur. Il regarda sa montre, et sans avoir vu l'heure, il dit qu'il était très tard, puis il se leva pour partir: tous les autres en firent autant.

On était venu pour se réjouir et personne ne s'était amusé. Chacun se croyait un peu coupable du sentiment pénible qui avait attristé la fête, et se trouvait obligé de témoigner plus d'amitié aux autres pour se faire pardonner sa prétendue morosité. On se souhaita donc plus tendrement le bon soir, on se serra plus cordialement la main, on se promit des veillées plus agréables. George seul ne participa pas à cet épanchement suprême; il se sentait comme un point isolé dans ce centre d'affection; il n'osait offrir sa main aux autres; il trembla en la présentant à Marie, quand il fut seul en face d'elle.

La jeune fille ne leva pas même la sienne ; — elle la laissa pendante comme un crêpe attaché à la porte d'un mort.

Heureusement que les feux de joie s'étaient affaissés ; les ombres qui envahissaient déjà la grange cachèrent l'émotion dont le jeune officier fut saisi à ce témoignage de mépris. — Au revoir, M. George, dit Marie, d'une voix ferme, mais sans aigreur. Je vous dois une réponse, je vous prie de venir la recevoir, après demain... Pardonnez-moi ce retard : mais il me semble que dans des moments aussi difficiles, on ne peut songer à fixer sa vie... Elle appuya sur ces derniers mots.

— Je croyais, mademoiselle, reprit le lieutenant, que votre chanson de ce soir et cette manière inusitée de me congédier... étaient votre réponse, et je n'en attendais pas d'autre... Dieu veuille que celle que vous me promettez ne vienne pas trop tard !... Je vous pardonne ce nouveau délai ; je vous pardonne aussi le sentiment qui vous a inspiré le choix de votre complainte et le traitement que vous m'infligez maintenant : vous croyez avoir des raisons légitimes pour me faire subir cette double humiliation, je ne vous les conteste pas ; peut-être apprendrez-vous un jour combien je viens de souffrir ! Quoi qu'il en soit, vous trouverez toujours en moi le protecteur le plus dévoué, le plus respectueux, le plus constant. — Il salua.

Sa voix tremblante et brisée révélait assez tout ce qu'il éprouvait. Marie se sentit touchée ; elle lui tendit la main, mais il était déjà disparu dans les ténèbres.

En regagnant leurs demeures, les conviés à la fête rencontrèrent des petites patrouilles qui parurent les épier. George trouva tout le monde debout au corps de garde ; le conseil siégeait au coin du feu, sans lumière. Il entra droit chez lui, et se jeta, tout botté, sur son lit ; il était fiévreux et harassé, et il avait ordre d'être debout avant l'aube. — Quel terrible jour que ce demain ! dit-il, en tombant sur le grabat comme un fardeau trop lourd. Pauvres gens !... j'ai peu d'espoir... Quand elle aura connu les terribles enchaînements de ma situation, quand elle aura compris toute la sincérité de mon cœur et de mon dévouement, elle me rendra son estime, au moins... peut-être davantage... Les événements feront le reste...

III

Le lendemain, vers midi, près de deux mille personnes étaient réunies dans le bourg de Grand-Pré. Beaucoup étaient venus d'une assez grande distance, avec toute leur famille. Tous étaient groupés le long de la rue principale, devant les maisons, autour de l'église; la plupart s'occupaient à expédier un léger repas qu'ils tenaient sous le pouce. Il n'y avait pas de tumulte; au contraire, une sorte de stupeur régnait sur toute cette foule. On s'entretenait à demi-voix, comme autour d'une guillotine, à l'heure de l'exécution, comme sur la porte d'une tombe où l'on va déposer un ami du bien public.

Quand les vieilles horloges qui avaient marqué tant de moments heureux, dans ces chaumières ignorées, commencèrent à sonner trois heures, tous sentirent leur cœur se serrer; les groupes se mirent à s'ébranler. Au même instant, un roulement de tambour se fit entendre du côté du presbytère: c'était le signal annonçant l'ouverture de l'assemblée. Aussitôt la population tout entière se mit en marche. La plupart des membres d'une famille se tenaient réunis. On voyait çà et là quelques têtes blanchies, et autour, se pressaient les représentants de plusieurs générations, échelonnés selon leur âge: on aurait dit les patriarches s'acheminant dans les plaines de la terre promise. Quelques femmes, quelques filles, avides de connaître plus tôt le résultat de cette grande et mystérieuse affaire, s'étaient aussi mêlées à la masse des hommes.

Marie voulut suivre son vieux père; elle l'accompagna jusqu'au perron de l'église. La grande porte était ouverte à deux battants, et la population l'encombrait en s'y précipitant, comme aux plus beaux jours de fête, lorsque Grand-Pré jouissait de son prêtre et de son culte.

La compagnie de M. George était distribuée de chaque côté du porche; lui-même se tenait tout près de l'entrée, veillant à ce qu'il n'y eût pas de désordre. Sa vue rassurait les braves gens, et tous s'empressaient de le saluer, en passant, comme d'habitude. Mais lui, en rendant la civilité, n'avait plus ce sourire naturel et bienveillant qui naît sur le visage de tout homme bien né, devant ceux qui le respectent et qui l'estiment: chacun de ces saluts lui faisait monter le rouge à la figure, et il semblait désirer se soustraire à ce témoignage de confiance et d'amitié. Mais quand il vit Marie, il pâlit; car la jeune fille avait attaché sur lui un regard terrible comme celui de la justice. Le sien ne put y résister, il tomba vers la terre. Elle était à deux pas de lui.

Au moment de se séparer de son père (car les femmes n'avaient pas la permission d'entrer), elle le retint un instant lui demandant à l'embrasser; et comme il se penchait tendrement vers elle, elle lui dit en lui montrant le sanctuaire, et assez fort pour que le lieutenant pût l'entendre : — Voilà notre autel, notre saint autel ! Si c'est un sacrifice qu'on va faire, Dieu saura protéger les victimes contre les faux prêtres...

Pour se retirer et sortir du courant de la foule, Marie dut passer si près du jeune officier que ses habits frôlèrent les siens ; dans ce moment, elle l'entendit qui disait : — Miséricorde pour moi, Marie, et courage pour vous... pauvre enfant !

Elle se détourna fièrement, puis elle alla se mêler au groupe des autres femmes qui s'étaient assises sur les bancs et sur la pelouse de la place, à une petite distance de l'église.

Quand le dernier de cette longue procession d'hommes fut entré et que le petit temple fut plein de tous ceux qu'il avait vus jadis prier et chanter, on vit s'avancer Winslow, Butler et Murray, entourés d'une garde qui portait l'épée nue ; tous franchirent le seuil de l'église, et après avoir ouvert un sillon au sein de l'assemblée, ils allèrent s'arrêter sur les degrés de l'autel. La porte se referma derrière eux et un double rang de soldats fit le tour de l'église, l'enfermant dans une double ceinture de baïonnettes aiguisées.

Un silence effrayant s'établit partout, au dehors comme au dedans. Winslow, quoique homme de résolution, en paraissait accablé ; il hésita quelque temps à le rompre ; il semblait faire des efforts pour ramener sa voix dans son gosier devenu tout à coup aride et tendu ; sa main tournait et retournait le fatal parchemin, sans pouvoir le déployer ; elle était agitée de spasmes nerveux comme celle d'un assassin novice. Murray et Butler se sentaient déjà de la pitié pour tant de faiblesse, quand le colonel, prenant énergiquement sur lui, put enfin formuler ces quelques phrases :

> Messieurs, j'ai reçu de son excellence le Gouverneur Lawrence la dépêche du roi que voici. Vous avez été réunis pour connaître la dernière résolution de Sa Majesté concernant les habitants français de la Nouvelle-Écosse, province qui a reçu plus de bienfaits, depuis un demi-siècle, qu'aucune autre partie de l'empire...
>
> Vous ignorez moins que personne comment vous avez su le reconnaître...
>
> Le devoir qui me reste à remplir maintenant est pour moi une dure nécessité ; il répugne à mon caractère, et il va vous paraître bien cruel... vous avez, comme moi, le pouvoir de sentir.
>
> Mais je n'ai pas à censurer, je dois obéir aux ordres que je reçois. Ainsi donc, sans plus hésiter, je vous annonce la volonté de Sa Majesté, à savoir : que toutes vos terres, vos meubles et immeubles, vos animaux de toute espèce, tout ce que vous possédez, enfin, sauf votre linge et

votre argent, soit déclaré, par les présentes, biens de la couronne : et que vous-mêmes soyez expulsés de cette province.

Vous le voyez, c'est la volonté définitive de Sa Majesté que toute la population française de ces districts soit chassée.

Je suis chargé, par la bienveillance de notre souverain, de vous laisser prendre votre argent et autant d'effets de ménage que vous pourrez en emporter, sans encombrer trop les navires qui doivent vous recevoir. Je ferai tout ce qui est en mon pouvoir pour vous assurer la possession de ces choses et empêcher que personne ne soit molesté en les transportant.

Je veillerai à ce que les familles soient embarquées sur les mêmes vaisseaux, et à ce que ce déplacement s'opère avec autant d'ordre que le permettra le service de Sa Majesté.

J'espère que, dans quelque partie du monde que vous soyez jetés, vous serez des sujets fidèles, paisibles et heureux.

Je dois maintenant vous informer que c'est le plaisir de Sa Majesté que vous restiez en sûreté, sous la garde et la direction des troupes que j'ai l'honneur de commander. En conséquence, je vous déclare tous prisonniers du Roi[2].

Ces derniers mots produisirent une commotion générale, comme le premier effort d'un volcan qui entre soudainement en éruption ; il s'échappa de toutes ces poitrines une exclamation déchirante pleine d'angoisse et de sanglots ; c'était le cri de mille cœurs broyés, de mille victimes atteintes du même coup. Tous ces malheureux, subitement frappés, se sentirent instinctivement portés vers celui d'où partait le coup, comme ces naufragés sous les pieds desquels vient de s'ouvrir l'abîme, s'élancent avec l'instinct de la vie vers le rocher qui les a perdus. Tous les bras s'élevèrent simultanément vers Winslow, implorant... implorant sans paroles, avec des cris étouffés, avec un désespoir déchirant... Mais la sentence était portée, le sacrifice était accompli ; Winslow, Murray, Butler descendirent les marches de l'autel ; les épées de leur garde éloignèrent les bras implorants, les poitrines haletantes, et les trois bourreaux passèrent, mornes, froids ; ils semblaient s'efforcer de paraître impassibles, comme s'ils eussent voulu, après avoir commis cette mauvaise action, mieux cacher la honte qui devait les poursuivre devant tant de consciences honnêtes si cruellement mystifiées. Les portes s'ouvrirent pour les laisser passer ; mais elles se refermèrent derrière eux...

---

2. Haliburton.

Cet instant fut le plus terrible ; tout espoir de clémence était évanoui, la poignante clameur des infortunés n'avait pas pu briser l'arrêt qui venait de les foudroyer, n'avait pas pu faire entrer la pitié dans les entrailles d'airain de leurs maîtres... Alors il se produisit un revirement violent dans cette tempête de douleur ; le désespoir aveugle prit un moment le dessus, revêtit toutes ses formes hideuses, s'abandonna à toutes ses inspirations frénétiques, surtout parmi les jeunes gens. Il est si dur d'être saisi tout à coup dans la force et l'ardeur de la vie, au centre de ses affections, au seuil de l'édifice de bonheur qu'on s'était créé, devant tous les enchantements de l'avenir, pour être lié par une main inhumaine à laquelle on ne peut résister, pour être encore arraché du sein de l'amitié et de la famille, chassé, livré à tous les supplices de la proscription !... Les uns se précipitèrent vers les ouvertures, s'attaquant aux gonds et aux serrures, essayant de broyer sous leurs poings les vieux panneaux de chêne. Le bois craquait sous ces violents efforts, mais rien ne cédait ; les assaillants se retournaient de rage, laissant le sang de leurs mains déchirées sur les rivets de fer dont on avait hérissé les portes. D'autres, ceux qui avaient prévu ces malheurs, qui en avaient averti les incrédules, criaient, vociféraient en passant devant les Landry et les Leblanc : — Ah ! nous vous l'avions bien dit ! — Autour du vieux notaire ils se pressaient comme une avalanche, dirigeant vers sa tête leurs mains dont les doigts tendus semblaient devenus des griffes de lion ; et tous lui jetaient une accusation, un sarcasme : — Voilà ce que vous avez fait ! Nous étions des fous... nous avions des terreurs imaginaires, des soupçons déraisonnables ;... eh bien ! les connaissez-vous maintenant vos Anglais ? Vous pensiez être épargné, peut-être, parce que vous les aviez si bien servis :... allez maintenant, traître, lâche !

Au milieu de cet orage, le vieillard s'est tenu au bas de l'autel, agenouillé sur le premier degré ; il avait les mains jointes et il regardait vers le ciel dans une attitude de douleur inspirée qui aurait dû en imposer à ses accusateurs, s'ils n'eussent pas été aveuglés par la passion. En entendant tomber sur ses cheveux blancs les mots insultants de traître et de lâche, il se leva comme une ombre de saint, et se tournant du côté de la foule, il articula ces quelques paroles d'une voix brisée :

— Mes amis, venez, arrachez ces cheveux blancs, écrasez-moi au pied de cet autel, vous le pouvez impunément ; il n'y a de justice à craindre ou à espérer pour personne ici. Tuez-moi... allez, vous n'ajouterez pas à mes maux, et j'ai fini maintenant de vous être utile ; mais vous, mes compatriotes, mes enfants, que j'ai aimés pendant quatre-vingts ans, ne m'insultez pas au milieu de tant de douleur !... À mon âge, l'insulte est plus dure que la mort ; et je croyais avoir vécu pour n'en pas mériter une aussi dure !... Je me suis confié à la générosité d'une nation, j'ai cru à la parole d'un roi... si c'est un crime, il m'a perdu, et maintenant, mon Dieu! je baise ton autel, j'appuie dessus ces deux mains épuisées; si j'ai voulu tromper quelqu'un, que le ciel confonde mon imposture; dites si je suis un lâche... ou un renégat!

— Non, non, crièrent quelques voix: pardonnez-nous! priez pour nous! priez avec nous!...

Ces voix dominèrent et entraînèrent toutes les autres.

Le notaire était resté prosterné devant le tabernacle vide, le mouvement saccadé de ses épaules laissait voir que ses sanglots l'étouffaient. Il y a quelque chose de tout-puissant dans les pleurs d'un vieillard, quelque chose de saint qui dompte les hommes et qui touche le ciel. Celles du père Leblanc produisirent une réaction subite dans toutes ces âmes bouleversées: le sentiment du malheur commun, de la douleur partagée, rétablit chez tous celui de la justice. On ne songea plus à s'accuser entre frères, entre victimes; l'injustice qui pesait sur tous était à elle seule assez lourde à porter, on avait trop besoin de miséricorde et de consolation. Peu à peu, un calme contenu s'établit au milieu de tout ce monde; le silence religieux de la résignation envahit cette enceinte; on n'entendit plus que les cris étouffés des enfants dans les bras de leurs pères, et ce balbutiement uniforme d'une foule en prières. La vieille église semblait avoir repris son caractère pieux d'autrefois pour faire descendre sur ses enfants les consolations célestes, un peu des béatitudes du Dieu des infortunés.

IV

À l'extérieur, quand les femmes entendirent l'exclamation terrible de leurs parents, elles sentirent leurs entrailles tressaillir, comme à l'appel suprême d'un père ou d'un frère blessé à mort; leurs tendres instincts les poussèrent toutes ensemble vers l'entrée de l'église et elles attendirent dans une anxiété indicible le moment où la porte s'ouvrirait. Lorsqu'elles la virent s'entrebâiller elles s'y précipitèrent; mais c'étaient Murray, Butler et Winslow qui sortaient avec leurs sbires, ils leur signifièrent de se retirer, elles n'en firent rien; ils les repoussèrent de la main, de leurs épées, mais elles offraient leur sein au fer, leurs têtes aux coups, pour tendre leurs bras à ceux qu'elles apercevaient par l'ouverture du porche. Elles ne reculèrent que lorsqu'elles virent Butler tourner la clef de la porte sur tout ce qu'elles avaient de plus cher; alors elles comprirent qu'elles étaient devenues des femmes et des filles de proscrits, et elles s'en allèrent dans leur douleur affolée. Elles parcouraient

les rues au hasard, se tordant les mains, et criant les unes vers les autres:
— Ils les ont pris... ils les ont tous pris!...

Celles qui étaient restées chez elles, en entendant toutes ces lamentations, sortaient de leurs demeures, accouraient au-devant des autres, les embrassaient étroitement, se confondant dans leur désespoir. De proche en proche, le coup fatal fut porté sous tous les chaumes, dans tous les cœurs; bientôt, il n'y eut plus, dans tout Grand-Pré, qu'une seule clameur; on ne vit plus qu'une foule de femmes effarées, errant en désordre, comme des bacchantes ivres, mais ivres de leurs larmes. Une nuit hâtive vint encore répandre ses voiles sur ce spectacle.

Parmi toutes celles qui étaient revenues de l'église, la mère Landry chercha vainement sa fille. Elle alla demander aux autres ce qu'elle était devenue; on n'en savait rien; elle parcourut toute cette route de désolation, regardant, s'informant; elle vint explorer les abords du presbytère, fit le tour de la place publique: Marie n'était nulle part; elle alla jusqu'à s'adresser à M. George, qui n'avait pas encore laissé les rangs de sa compagnie: — Monsieur le lieutenant, dit-elle, où est donc Marie?... vous savez ce qu'elle est devenue... Elle non plus, n'est pas rentrée à la maison... l'avez-vous enfermée avec les autres?... George dit qu'il ne savait rien de son sort; qu'il s'en occuperait.

Les ténèbres étaient venues, la pauvre mère fut forcée de rentrer chez elle comme les autres femmes.

Qui pourra jamais analyser et peser les douleurs que cette nuit a cachées dans son sein!... toutes ces familles sans chefs, toutes ces créatures faibles et défaillantes, sans soutien, toutes ces mères dépouillées dans leur joie, dans leur orgueil, dans leur amour, toutes ces places vides au coin du feu, au grabat des jeunes gens, aux lits des époux; toute cette douce gaieté de la veillée envolée, tous ces souhaits d'amis et de voisins, tous ces baisers du soir, tous ces rêves de bonheur évanouis; toutes ces horribles visions de l'avenir mêlées dans les ténèbres aux cauchemars hideux; tous ces appels des enfants dans les frayeurs de leur insomnie; tous ces sanglots harmonisés avec le bruit des vents dans les arbres dépouillés, avec les mugissements des troupeaux laissés, ce soir-là, sans abri et sans nourriture?... Dieu seul a tout vu, a tout entendu; puisse-t-il avoir tout pardonné à ceux qui ont froidement préparé et accompli tant de maux!...

V

Pendant que ces scènes se passaient à Grand-Pré, d'autres, peut-être plus lamentables encore, se produisaient sur tous les points du territoire acadien. Soit que les conquérants n'eussent pas tenté partout la même ruse ; soit que les habitants fussent prévenus de leurs projets, une grande partie d'entre eux s'étaient déjà enfuis dans les forêts, à la date de la proclamation. Les Anglais se mirent donc à les poursuivre, à les traquer jusque dans les habitations des sauvages, où un grand nombre s'étaient réfugiés. La terreur de ces pauvres gens était si grande, que, dans leur départ précipité, ils s'étaient à peine pourvus des choses les plus nécessaires à la vie, de sorte qu'après quelques jours de souffrances extrêmes, ils revinrent se livrer à leurs maîtres. Ceux qui furent saisis en voulant s'échapper, ou qui firent quelques tentatives de résistance, furent fusillés ; partout le long des rivières, dans les sentiers sauvages, sur les routes publiques, on rencontrait des détachements de milice qui chassaient devant eux, comme des troupeaux égarés, quelques familles qu'ils avaient arrêtées au passage, ou saisies dans leurs dernières retraites : ils les conduisaient ainsi, au bout de leurs armes, vers les endroits de la côte où stationnaient les navires qui devaient les recevoir ; il y avait parmi ces captifs des femmes enceintes qui portaient d'autres enfants ; des vieillards, des filles adolescentes ; ils étaient affamés, dénudés et frileux.

VI

Le cimetière de Grand-Pré avoisinait immédiatement l'église ; au milieu, s'élevait un tertre abrité par un groupe harmonieusement composé d'ormes, de cyprès et de saules pleureurs ; c'est du milieu de ce bocage que s'élevait la grande croix destinée à protéger le repos de la famille des morts ; et c'est près d'elle que, vers 9 heures du soir, vint se fixer une partie des troupes anglaises pour y déployer ses tentes et allumer les feux de bivouac. La nuit était une des plus noires de la saison : on voyait à peine se dessiner sur le fond plus gris du ciel les grands massifs d'arbres sombres qui peuplaient le champ funèbre.

Quelques soldats, en tournant autour de la croix qu'ils voulaient abattre pour faire du combustible, sentirent leurs pieds heurter un objet qui leur parut n'être ni de bois ni de pierre ; en y portant la main ils découvrirent que c'était un corps inanimé.

— Une femme ! se dirent-ils entre eux, à demi-voix ; il faut s'assurer si elle est morte ou vivante,.... si elle est jeune ou vieille.... si elle est belle ou laide...

— Sa main est froide... son cœur bat encore un peu... De la lumière ! allons chercher de la lumière, dirent quelques-uns.

— Non, pas de lumière, murmurèrent sourdement les autres ; elle est jeune... ses cheveux sont longs et bien tressés !... pas besoin de lumière.

— Oui, oui, il faut y voir un peu, grommelèrent les premiers ; pour la faire revenir, il faut de l'eau-de-vie, et lui mouiller le front : John, va faire la garde pour éloigner les intrus et nous irons prendre toutes ces choses.

Et ces monstres s'éloignèrent, disputant entre eux avec des ricanements sinistres.

George les aperçut comme ils venaient d'allumer leur torche et se préparaient à retourner à leur proie. — Où allez-vous, leur dit-il, avec cette lumière ?

— Nous voulons jeter à terre cette grande croix, pour entretenir notre feu, répondit le plus rusé de la bande.

— Ce n'est pas la peine, reprit le lieutenant ; laissez au moins aux morts leurs consolations ; il y a du bois tout autour du presbytère, allez en chercher.

— Il nous faut bien aussi faire quelques fagots de branches sèches et il nous est impossible de nous trouver le nez, par cette nuit de tombeau.

Le lieutenant les laissa continuer. En arrivant près du corps de la femme, qui était étendu la face conte terre, ils le retournèrent et, le soulevant dans leurs bras, ils approchèrent la torche près de la figure pour en étudier les traits. — Quel beau morceau ! s'écrièrent-ils tous ensemble ; quel dommage que cela soit inanimé !... Qui a l'eau-de-vie ?...

Mais George était sur leurs talons ; il les avait suivis, soupçonnant à leur réponse qu'ils l'avaient trompé : en apercevant à une petite distance le visage de la jeune fille, il s'écria : — Dieu, c'est Marie ! et il vint tomber comme un tigre au milieu de la bande. Ses hommes, tout abasourdis par cette brusque entrée en scène, laissèrent tomber leur fardeau, et le corps de la fille des Landry roula par terre, d'abord sur les degrés qui formaient les assises du monument rustique, puis ensuite jusqu'au bas du tertre.

Dans son premier mouvement le jeune officier tira son épée, et il lui fit décrire, à la face de ses soldats, un cercle terrible où quelques-uns auraient certainement laissé leurs têtes, s'ils ne s'étaient pas hâtés de sortir du rayon menaçant ; puis, arrachant la torche des mains de celui qui la portait, il leur dit à tous : — Allez maintenant, vils poltrons ! je prends cette femme sous ma garde ; si quelqu'un ose seulement flairer de ce côté, il s'en repentira !

La bande s'empressa de disparaître.

Aussitôt que le lieutenant n'entendit plus leurs pas et leurs grognements, il alla relever le corps toujours inanimé de Marie, et après avoir étendu sa capote au pied de la croix, il déposa dessus la pauvre abandonnée, et il s'assit à une petite distance, par respect pour cette forme virginale, pour cet ange de la terre tombé près de lui, sans protection et sans témoin ; il craignait aussi qu'en revenant à elle, la jeune fille fût trop effrayée de le trouver à côté d'elle. Il aurait donné tout au monde pour pouvoir la transporter à la maison de son père ; mais il lui était strictement interdit de quitter son poste avant six heures du matin, et il n'aurait pu confier à personne des siens une mission aussi délicate. Il lui fallut donc accepter une situation qui avait pourtant son charme et qui pouvait changer heureusement sa mystérieuse destinée.

Ayant fixé sa torche en terre, après avoir amorti un peu la lumière, il s'était accoudé sur ses genoux, fixant les yeux dans la pénombre où se dessinait à peine dans les plis de sa redingote la figure de Marie. Sa pensée s'abandonnait tour à tour aux plus tristes réflexions et aux plus doux rêves de la vie ; des espérances extravagantes venaient encore lui apparaître au milieu de ce cimetière, après cette journée terrible, devant ce corps inanimé. La vie est de sa nature si prédisposée aux contrastes ; nos jours ont si souvent des lendemains extraordinaires que les imaginations vives et les cœurs jeunes sont instinctivement portés à ne douter de rien.

Il n'y avait que peu d'instants que George était plongé dans sa méditation, quand il vit un mouvement se manifester à l'endroit où se trouvait Marie ; puis il aperçut la redingote qui se déployait et tombait de chaque côté de la jeune fille, pendant qu'elle se soulevait lentement, lentement comme une tige frêle qu'a pressée sans la briser le pied du moissonneur. Après bien des efforts elle se trouva assise, mais encore chancelante. George ne put s'empêcher de faire quelques pas vers elle, il craignait de la voir s'affaisser de nouveau : mais elle se raffermit, sa tête resta recourbée sur sa poitrine, ses yeux étaient fixés devant elle.

En entendant le bruit des pas de l'officier, elle se retourna légèrement mais elle ne parut pas effrayée, quoiqu'elle eût bien aperçu le jeune homme. Tout à coup elle étendit ses bras du côté de l'église, et elle resta ainsi, avec une expression de désolation stupide, la figure pâle, les mains tremblantes. La lumière restée à l'écart éclairait vaguement ses traits ; c'était quelque chose de saisissant de la voir ainsi sortir de l'ombre, se détacher de la terre, au pied de cette grande croix : on aurait dit une martyre des premiers siècles sortant de son tombeau avec le signe de sa foi. Le lieutenant fut maîtrisé par cette apparition, il tomba près d'elle, à genoux ; alors, il l'entendit qui murmurait d'une voix oppressée :

— Ils sont tous là les miens... mon père, mes frères ils sont tous là... là!... Ils vont être chassés, dispersés comme des méchants... Et Jacques, quand il viendra, ne trouvera personne... plus de parents... plus de maison... plus de troupeau... plus de Marie!... Les traîtres! les cruels!... ils nous mentaient tous... tous... au nom du roi! Ce monsieur George aussi. Et elle partit d'un éclat de rire effrayant. Puis, reprenant avec désespoir :

— Vous monsieur, l'avez-vous connu le lieutenant Gordon?... il venait dans notre maison, il mangeait de notre pain, il riait à nos joies, il jouissait de notre bonheur; nous lui donnions toute notre confiance... il disait, il y a quelques jours, qu'il voulait ma main... Et nous trahir!... Il était donc le plus méchant, celui-là; il mentait avec son amitié, avec ses bienfaits, avec son amour!... Ah! que c'est affreux tant de malice... faire du bien, faire naître la reconnaissance, l'amitié, l'amour... pour mieux frapper!...

George n'en put entendre davantage, tout son sang avait fait irruption vers sa gorge : saisissant fortement les deux mains de la jeune fille : — Ah! Marie! Marie! s'écria-t-il, revenez à la raison, ne brisez pas la mienne; épargnez-moi ce supplice d'ignominie!...

Cette interruption subite, la sensation violente que produisit l'étreinte de l'officier sur les poignets de Marie, la fit bondir : — Ah! un Anglais!... cria-t-elle avec effroi; éloignez-vous!... Ne me touchez pas avec ces mains-là... il y a du sang, des larmes dessus... les larmes de mon père et de ma mère!... Monstre! vous m'en avez inondée!... Et... quoique ce sang et ces larmes soient souillés sur vous, gardez-les, gardez-les éternellement, devant Dieu et devant les hommes!... pour qu'ils vous jugent et vous maudissent toujours!... toujours!... Et la jeune fille fit un effort terrible pour s'enfuir; mais George la retint : — Non, non, Marie, ces mains qui vous arrêtent sont celles d'un ami, d'un protecteur; des mains qui ne voudraient trahir que pour vous sauver! — Elle n'entendit pas ces paroles, elle était tombée de nouveau sur les degrés de pierre.

Dans ce moment, la torche brûlée jusqu'au bout s'éteignit, laissant, confondus dans les mêmes ombres, l'officier, la fiancée de Jacques, le bosquet de saules pleureurs, et la croix noire. À de petites distances, on voyait encore luire les feux mourants des bivouacs; mais leurs rayons n'arrivaient pas jusqu'au tertre solitaire. George ne pouvait s'éloigner pour chercher de la lumière; il craignait que quelques autres soldats ne passassent par là; d'ailleurs, il était irrésolu, accablé. Dans cet état il chercha la croix, et quand il l'eut trouvée, il l'entoura de ses bras et il s'appuya dessus; et si quelqu'un avait pu percer les ténèbres qui l'environnaient il l'aurait vu, à genoux, les mains jointes priant comme on priait à Grand-Pré.

Dans les jours d'isolement, de dégoût de la terre; dans les jours où l'abandon et l'oubli des hommes, où l'injustice et les chagrins cuisants vous assaillent et vous écrasent, quand le sentier où l'on marche vers un but de prédilection semble céder à chaque pas sous nos pieds, comme dans un cauchemar, quel est l'homme sensible, quelle est l'âme venue de Dieu qui n'a pas senti naître en elle une prière? Il y a des moments où la vie a besoin d'être ravivée dans la source divine d'où elle découle, pour ne pas être abîmée dans ses accablements. Heureux ceux qui se rappellent alors leur sublime origine et qui sentent encore ce suprême tressaillement de l'immortel amour, cet élancement du cœur qui est la prière. Quel bienfait que la prière! Elle naît en tout lieu, surtout dans les cachots, dans la cabane désolée, dans les déserts, dans la pauvreté, dans la douleur, elle a toujours une voie ouverte vers le ciel; elle trouve Dieu partout, tout près des lèvres de celui qui souffre; qu'elle soit un balbutiement, un soupir, un regard, une pensée, elle arrive à celui qui a dit: «Vous m'appellerez votre père.»

George s'y abandonna longtemps.

VII

Le froid de la nuit, mais surtout la forte rosée du matin qui vint ruisseler sur le front de Marie, ranimèrent peu à peu ses sens et sa raison. L'aube commençait à poindre quand elle ouvrit les yeux. Elle n'avait la conscience de rien de ce qui lui était arrivé depuis le moment où elle était tombée évanouie sous le bosquet funèbre, après la sortie de Winslow de l'église.

En promenant son premier regard autour d'elle, elle aperçut George assis au pied de la croix: — Quoi, vous ici! dit-elle avec un air effaré: mais où suis-je donc!... Et après un moment de réflexion pendant lequel elle essayait de recueillir ses pensées longtemps égarées et d'analyser les événements, elle ajouta, en faisant un effort pour se lever: — Oh! mon Dieu, c'est vrai!... J'ai donc passé la nuit ici... parmi ces gens... et ma pauvre mère restée seule avec sa douleur!

George voyant qu'elle allait tomber, s'approcha pour lui offrir son bras: — Permettez-moi, dit-il, de vous soutenir et de vous accompagner jusqu'à votre maison.

— Non, dit la jeune fille, chancelante, non monsieur, laissez-moi, je ne m'appuierai jamais sur le bras d'un homme que je méprise; je me traînerai plutôt sur cette terre, elle me souillera moins.

— Ah! Marie, l'appui d'un honnête homme ne souille personne!

— Vous avez pris part au conseil qui a dicté la proclamation mensongère du 2, et, hier même, vous nous avez laissés sous la fausse impression que nous n'avions rien à craindre de vous autres: ce sont là deux actes déshonnêtes.

— Marie, vous êtes injuste dans votre douleur, vous m'enveloppez dans la réprobation que mérite mon gouvernement, vous m'imputez la cruauté et la perfidie de mes supérieurs; ne devais-je pas obéir?...

— Monsieur George, le premier devoir qui commande est celui de l'honnêteté; un homme est toujours libre de ne pas participer à un acte infâme, un soldat peut briser son épée devant le déshonneur: il vous est facile de vous passer du salaire et du pain qu'on vous donne; et un gentilhomme n'en accepte pas de mains souillées. Ce n'est donc pas une injustice de laisser peser sur vous une honte que vous avez acceptée vous-même. Eh! monsieur, qui pouvait vous pousser si ardemment à demander la main d'une pauvre Acadienne, quand vous aviez signé l'arrêt de proscription de tous ses parents? Pourquoi tant de hâte?... Vous vouliez sans doute garder sur cette terre que vous alliez vider de ses habitants, et où vous êtes condamné à rester, un objet de plaisir,... un passe-temps;... car il paraît que vous regardez peu aux moyens de vous amuser...

— Ah! Marie! Marie! vous avez le droit de torturer un Anglais, fût-il innocent, pour les cruels supplices que vous inflige sa nation; mais, je vous en prie, n'en abusez pas: par le sens de la justice qui est en vous, par la reconnaissance que vous m'aviez gardée, veuillez m'écouter.

— Eh bien! parlez... Mais ma mère, ma pauvre mère, qui est restée seule, durant cette longue nuit!...

— Je ne vous retarderai pas, dit George; il est d'ailleurs nécessaire que nous quittions ce lieu! Si Butler m'apercevait ici, avec vous, il me mettrait peut-être dans l'impossibilité de vous être utile; mon heure de service est passée, je puis donc m'éloigner; si vous daignez m'accorder encore un peu de confiance, prenez mon bras, je vais vous conduire jusque chez vous.

Marie hésita quelques instants; elle regarda l'officier avec un regard où le doute se confondait encore avec la douleur; puis elle lui dit: — Je suis votre prisonnière, je vais devant vous; — et elle s'achemina vers un sentier détourné. Sa démarche incohérente, ses pas irréguliers peignaient assez l'effort qu'elle faisait pour soutenir son corps brisé par cette nuit de défaillance et de lutte.

Aussitôt qu'ils furent sortis du cimetière et hors de la vue des soldats, le lieutenant prit la parole:

— Voilà plus de deux ans que j'habite Grand-Pré: quand vous ai-je donné le droit de soupçonner ma conduite passée, et de croire à des calomnies que mes gens ont popularisées parmi vous?

— Jamais, monsieur, avant ces derniers événements.

— Quand je vous aurai dévoilé tous les motifs qui ont dirigé ma conduite durant ces derniers événements, et que vous aurez jugé combien mon cœur était honnête, croirez-vous les détails que je vais vous donner sur ma vie antérieure ?

— Oui, monsieur, et cela me fera du bien ; on ne croit pas tout à coup à tant de mal, sans faire violence à tous les bons instincts de sa nature.

— Parlons d'abord des années passées, reprit George.

« J'ai perdu mes parents bien jeune : à vingt ans, je me trouvai à la tête d'une grande fortune, avec un grade dans l'armée. Une partie de mon éducation avait été négligée. On ne m'avait bien appris qu'une chose : celle de jouir de tous les biens de la terre ; cela devait être le but de mon existence. Je me trouvai donc lancé dans cette vie de garnison, la plus agitée, la plus frivole, la plus vide où un jeune homme puisse être jeté. Pendant cinq ans, j'ai fait des visites, j'ai accepté des invitations à tous les bals, j'ai pris part à toutes les parties de plaisirs, j'ai torturé mon esprit pour lui faire produire des madrigaux et d'autres fadeurs moins prétentieuses mais aussi futiles, aussi mensongères. Je fus bientôt entouré de cette troupe de mères et de filles que le démon de la frivolité et des folles ambitions vient saisir dans leur heureuse médiocrité intellectuelle et sociale, pour les ronger au cœur : malheureuses créatures qui peuplent nos villes de provinces et surtout celles de nos colonies : sorties de la petite bureaucratie et des comptoirs des négociants fortunés, elles aspirent à notre société pour jouir de la vaine gloriole d'être vues en compagnie de nos épaulettes et de nos épées ; elles n'ont qu'un instant le rêve d'enchaîner notre existence ; elles se contentent de quelques petits morceaux de notre fortune. Nous les trouvons sur notre chemin, faciles et sans souci ; elles font presque toutes les démarches ; elles viennent orner nos équipages, se prêtent à nos fêtes, charment nos heures inutiles avec une aisance qui rend les mères bien coupables, même si les filles ne le deviennent pas toujours.

Je crus un moment que j'étais un être extraordinaire, en me voyant au milieu de cette triple enceinte de voix insinuantes et câlines, de cajoleries extravagantes, de relations familières. J'étais un des plus riches de mon régiment, par conséquent un des plus heureux... Pendant quelque temps, je fus absorbé dans ce milieu délétère, subissant le charme qu'il offre à l'inexpérience et à la sotte présomption de la jeunesse. Je changeai de lieu (fort heureusement pour moi), ce ne fut qu'un changement de scène et de décor ; je trouvai là les mêmes acteurs, à peu près, avec d'autres fards et d'autres oripeaux. Tout cela finit par me donner une lassitude morale que je ne sus pas m'expliquer tout de suite. Instinctivement, j'avais cherché dans ce tourbillon de monde le but et l'exercice d'un sentiment sain, pur et profond de mon cœur, et je n'avais trouvé que la satisfaction éphémère de caprices toujours plus nombreux, toujours plus exigeants. Les hommes n'ont qu'un engouement passager, et bien peu d'estime et de respect pour ces idoles empressées, qui s'offrent à tous les cultes et glissent sur le chemin quand elles devraient attendre des hommages moins abondants et mieux choisis, au milieu du sanctuaire embaumé de vertu, de réserve et de grâces vierges que leur préparent des parents véritablement sages.

À la fin, il me vint le désir de changer de lieux tous les jours afin de briser, le lendemain, toutes les liaisons contractées la veille : le départ de mon pauvre frère pour l'Amérique me surprit dans cette idée extravagante ; je voulus le suivre ; il en fut charmé ; il était non seulement le meilleur des frères, mais aussi le plus tendre de mes amis, toujours disposé à me donner d'aimables conseils et surtout de beaux exemples. Nous partîmes donc ensemble, lui avec une provision de sagesse à ma disposition, moi avec le regret de beaucoup de temps perdu, le dégoût des misères qu'enfante notre vieille société et un peu de scepticisme à l'endroit de la sincérité et de l'élévation du caractère de la femme.

Voilà quelle a été ma vie jusqu'au moment où je suis arrivé dans votre village ; j'ai voulu ne vous en rien cacher.

Maintenant, puisque je suis devant vous pour recevoir ma sentence, et que c'est un de mes plus ardents désirs qu'elle ne soit pas injuste, je me dois un témoignage que je tairais dans toute autre occasion : c'est que cette existence fausse et cette atmosphère viciée dont j'ai si abondamment vécu n'ont rien détourné, rien oblitéré, rien détruit de ce qui était droit et juste en moi. Il y a quelque chose dans ma nature de plus fort que la volonté et que la passion ; c'est ce dégoût hâtif qui me saisit devant tout ce qui s'offre trop facilement et se prodigue à tout le monde, devant tout ce qui n'est pas l'expression spontanée et vraie de l'âme ; si, dans ces cœurs usés, sur toutes ces bouches repeintes, dans tous ces yeux aguerris, j'avais vu s'échapper un sentiment et un mot sincères, une larme pure de tout intérêt, je n'aurais jamais eu le courage de m'en faire un jouet, et j'aurais horreur de moi-même, si je l'avais fait. Je me suis donc amusé d'une plaie de notre monde, j'ai dissipé près de cinq ans de ma vie en frivolités, j'ai négligé l'exercice des facultés les plus élevées qui m'ont été données, voilà mon crime, tout mon crime : jugez-le...

Ici, vous savez ce que j'ai fait aussi bien que moi. Le hasard m'ayant conduit à Grand-Pré, j'y suis resté cloué par le devoir. Les grandes aventures que j'avais rêvées, les découvertes étonnantes que je devais faire en me distrayant m'ont manqué ; je suis resté seul avec mon cœur vide et mon esprit impatient et lassé devant les grandeurs de votre continent et les mœurs simples, essentiellement honnêtes de vos compatriotes. Ces deux spectacles m'ont touché : mon esprit laissé sans entraves et mon cœur sans séductions ont retrouvé devant tant de beautés nouvelles de la nature et de l'âme leur voie et leur élan naturels. Et puis, Marie (laissez-moi vous le dire, puisque c'est une partie de ma confession et une nécessité de ma défense), j'ai trouvé, dans mes relations avec vous, la vertu si aimable, si belle, si entraînante, que sa vue, son contact, sa puissance féconde, ont purifié et développé la mienne ; et un jour, j'ai pensé que ce trésor de bien que je sentais naître en moi, par vos soins, deviendrait peut-être assez grand pour mériter de vous être offert en hommage ; ... j'ai osé l'espérer. »

George s'arrêta ; Marie tressaillit et parut touchée ; son visage était devenu pourpre ; ses pas se ralentirent, et semblèrent irrésolus, mais après quelques instants, ils se raffermirent et parurent même se précipiter davantage. George avait suivi ses moindres mouvements, avec une angoisse indicible ; il tendait l'oreille pour compter et mesurer chacun de ses soupirs oppressés ; il tremblait à chacune des oscillations que décrivait sa taille ; il souffrait peut-être plus que Marie en la regardant aller ainsi, devant lui, victime pure, morne, chancelante, mais plus grande, noble, plus adorable sous le poids du malheur. Quand il remarqua l'altération momentanée qui se produisit dans sa contenance, il crut que ses dernières paroles avaient fait une impression favorable, et il attendit un mot, un regard ; ... mais elle continua sa marche silencieuse, et il fut forcé de reprendre son récit.

— Le 25 août dernier, le conseil militaire s'assembla ; je dus y assister, malgré la répugnance que cela m'inspirait : j'avais le pressentiment d'une perfidie. On discuta les moyens à prendre pour accomplir votre expatriation : Murray et Butler, qui s'étaient entendus d'avance, proposèrent les dispositions les plus lâches et les plus traîtres. Il fut résolu de vous prendre par surprise au moyen de la proclamation que vous connaissez. Je m'emportai d'abord contre un acte politique aussi inhumain, et ensuite contre un guet-apens aussi indigne d'une nation civilisée : on me traita de transfuge, on me menaça des arrêts, on me fit un crime de mes relations avec vos parents, enfin, je fus seul de mon parti, seul pour vous défendre : le projet infâme fut arrêté devant moi, on me désigna mon rôle ; je dus me résigner à servir à l'exécution de votre sentence, à porter pendant dix jours le secret de votre désolation. Et, si je n'ai pas brisé mon épée, Marie, si j'ai obéi, si j'ai souffert le supplice d'infamie que m'ont imposé mes chefs, quand toute mon indignation s'échappait de mon âme, quand ma main allait faire tomber sur vous la foudre, quand je savais qu'au jour de l'exécution je serais peut-être flétri pour toujours dans votre esprit, rejeté parmi les soldats sans honneur... eh bien! savez-vous pourquoi, Marie?... j'espérais vous sauver à ce prix!

Dans le premier moment de trouble, je vous écrivis cette lettre qui n'a pas eu de réponse, cette demande en mariage que je croyais bien trop précoce; mais c'était la seule et la plus sûre voie qui me paraissait s'offrir à votre salut, et celle-là conduisait aussi à mon bonheur: en acceptant, vous étiez, vous et votre famille, à l'abri des rigueurs de l'exil. Je savais bien ne pas avoir assez mérité votre main, je n'ignorais pas, non plus, le nœud sacré qui lie votre existence à celle d'un autre; mais j'avais l'espoir qu'après cinq ans d'attente inutile, après les événements qui se sont passés du côté de Beau-Bassin, au milieu de circonstances aussi précaires, vous trouveriez peut-être dans votre raison des motifs assez forts, et dans ma conduite auprès de vous assez de garanties de protection, de respect et d'amour, pour vous faire accueillir mes vœux... Vous ne m'avez pas répondu... Dans quelles angoisses vous m'avez laissé!... J'étais gardé à vue; connaissant en partie l'attachement qui m'unissait à vous et aux vôtres, mes gens épiaient mes pas, craignant une trahison. Le soir de la fête de la ferme, la veille de l'assemblée, je n'en pouvais plus; le désir de vous voir et de vous parler m'entraîna du côté de votre maison; mais elle était pleine de monde. Cependant j'entrai, j'espérais vous voir encore sourire avant les jours de larmes!... Et comme j'ai souffert!... Ma langue a été fausse, et vous m'en avez accusé; mais que pouvais-je dire? Si j'avais laissé apercevoir dans ma réponse le but de l'assemblée, cela aurait sans doute produit un soulèvement désespéré au milieu de la population, qui n'aurait eu d'autre résultat qu'un massacre horrible; et d'ailleurs, j'étais lié par mes serments d'office: je puis désobéir à mes supérieurs et désapprouver ma nation, je ne suis pas libre de les trahir.

Voilà, Marie, tout ce que je puis dire pour ma justification; maintenant, si je mérite encore votre mépris, il ne me reste plus qu'à jeter ces épaulettes souillées à la face de Winslow, quoi qu'il arrive... Mais si vous me jugez encore digne de votre estime, je reste sous les armes avec le faible espoir de protéger votre sort. Aujourd'hui, je ne puis ni formuler de nouveau ni retirer ma demande de l'autre jour. Avant ces funestes événements, je pouvais demander votre main, les malheurs ne pesaient pas sur votre volonté; mais maintenant, vous pourriez peut-être croire encore que je veux m'en faire un auxiliaire... Soyez libre, Marie... Seulement, je vous déclare sur l'honneur que le jour où mon nom vous paraîtra assez réhabilité pour que vous puissiez le porter, il vous appartiendra. Je suis déjà catholique de cœur et de foi, je le serai publiquement le jour de mon mariage...

En entendant ces dernières paroles, Marie mit ses deux mains sur son visage et resta un instant silencieuse. Elle éprouvait un combat terrible dans son âme: elle voyait tout à la fois, comme dans un seul tableau, ses vieux parents exposés à une longue suite de tortures qu'elle pouvait leur épargner; Jacques, dont le retour était désormais impossible et d'ailleurs inutile, traîné dans les fers, élevant vers elle ses bras enchaînés; ses compatriotes la regardant passer avec un Anglais, rougissant d'elle dans leurs angoisses, et sa mère, toujours sa mère, l'accusant de faire le malheur des siens. Enfin, faisant un effort pour chasser ces images, elle se retourna du côté de l'officier:

— Monsieur George, dit-elle, vous êtes un cœur noble et généreux! Pardonnez-moi les aveugles accusations que le délire m'a dictées; je vous rends toute mon estime... Quant à ma main, vous l'avez plus que méritée par votre dévouement; mais je ne puis pas en disposer sans le consentement de mes parents; puisque leur sort dépend de ma décision, j'attendrai qu'ils me la dictent. — Et Marie tendit sa main avec confiance au lieutenant, qui, dans le premier abandon de son bonheur, la porta jusqu'à ses lèvres; mais la jeune fille la lui retira violemment: sa vue venait de se fixer sur quelqu'un qui accourait devant elle, et elle s'écria tout éperdue, en étendant les bras: — Jacques! mon pauvre Jacques!...

TROISIÈME PARTIE

I

Le 5 septembre, par conséquent le jour de l'arrestation des habitants de Grand-Pré, une légère barque de pêcheurs était entrée de grand matin dans la Baie des Français (Fundy), par l'embouchure du fleuve Saint-Jean (Nouveau-Brunswick). Penchée sous l'effort de sa petite voile latine, qu'une brise favorable venait de saisir, elle courait à la surface de l'eau comme une alouette au vol. Sa course en zigzag, qui semblait n'avoir d'autre but que le caprice, se dirigeait cependant vers Beau-Bassin. Le pilote évitait soigneusement le large, quoique la mer fût sans houle et le ciel sans nuages. Il entrait dans chaque anse autant qu'il fallait pour ne pas perdre le vent, et il longeait étroitement chaque promontoire, se tenant toujours dans l'ombre des grands rochers qui bordent toute cette côte.

Arrivée à peu près vis-à-vis du Cap Chignectou, qui forme la pointe de cette langue de terre prolongée qui divise la baie de Beau-Bassin de celle des Mines, la barque vira tout à coup de bord, et abaissant sa voile, elle se dirigea à force de rames vers un point abrupt de la côte acadienne voilé dans les demi-teintes du lointain. Ce point était le Cap Fendu (Split), écueil gigantesque qui garde, comme une sentinelle immuable, l'entrée du Bassin des Mines. Cette fois, dans sa course non moins rapide, la barque suivait une ligne droite avec une précision géométrique.

Quatre hommes étaient à bord ; deux, à peu près d'égale taille et d'égale force, tenaient les rames auxquelles ils imprimaient une action si puissante qu'elles ployaient sous leurs efforts en chassant au loin la mer troublée de son écume. On remarquait une notable différence dans le caractère de la physionomie et l'accoutrement de ces deux rameurs. L'un avait, avec ses six pieds de taille, une carrure bien fournie ; son teint fleuri, sans trop de délicatesse, où le sourire avait tracé ses réjouissants sillons, annonçait une belle santé nourrie dans l'abondance, sous les heureuses influences du travail des champs, de la vertu et du bonheur. L'autre, quoique moulé dans des proportions aussi héroïques, avait évidemment senti dans son printemps le contact d'éléments mauvais. À l'aisance avec laquelle il ébranlait la mer de sa rame, il était facile, cependant, de juger que la vitalité et l'énergie n'avaient pas été atteintes sous cette forte machine humaine. Au calme qui régnait sur son front lisse et dans son œil sec, à la fermeté avec laquelle les muscles de la bouche appuyaient ses lèvres minces l'une contre l'autre, il n'était pas possible d'attribuer au vice ni à une consomption hâtive cette maigreur et cette maturité forcée. Sous une peau hâlée et sans nuances se dessinaient les angles bien accusés d'une belle charpente osseuse. Du creux des tempes jaillissait un faisceau de veines toujours gonflées, qui allaient se perdre dans l'orbite de l'œil et vers la naissance des cheveux, annonçant que sous cet extérieur aride et grave circulait un sang ardent et prodigue : ses yeux un peu affaissés dans le repos, sous la projection frontale, voilés dans l'ombre d'un sourcil épais et noir, légèrement enflammés aux cils, laissaient soupçonner, non pas un caractère violent (le regard était doux et triste), mais une fièvre latente, des nuits sans sommeil, des travaux surhumains, des orages terribles. La vie avait pesé sur cette tête de vingt-trois ans ; car on lui en aurait donné volontiers dix de plus. Avec cela, une fée sauvage avait présidé à la toilette de cette singulière figure. Ses cheveux noirs et sans reflets descendaient sur ses épaules en grosses mèches droites et mêlées, qu'une main pressée avait seule labourées depuis plusieurs années. Tout le corps était recouvert de peau de chevreuil et de veau marin. Un large pantalon lié à la cheville du pied couvrait le bas, et une chemise ample, portée en tunique, revêtait le haut ; ces deux pièces d'habillement étaient unies et serrées à la taille par une forte courroie, d'où pendait, sur le devant, une sacoche faite dans une peau de loup-cervier dont elle gardait la tête et les pattes : un long coutelas était passé en travers de cette ceinture, et quoique ce fût la seule arme que l'on remarquât dans le harnais de ce soldat des bois, l'on voyait à des signes évidents qu'il avait dû en porter d'autres.

De prime abord, et à une petite distance, il aurait été difficile de ne pas confondre ce personnage avec les naturels du pays ; mais aussitôt après cette première impression, un œil intelligent pouvait aisément distinguer tout ce qu'il y avait de beauté et de force de caractère sous les dehors incultes et ravagés de cette jeune figure et sous la bizarrerie de son costume.

Personne, dans tous les cas, n'y aurait reconnu les traits de dix-huit ans de Jacques Hébert. C'était pourtant lui : quels changements en cinq ans !

Son compagnon de rames n'était autre qu'André, frère de Marie et fidèle confident des deux fiancés. Du même âge que Jacques, il ne s'était jamais séparé de lui plus d'un jour, avant le départ de la famille Hébert.

Le troisième voyageur était le plus jeune frère d'André ; il s'appelait Antoine. Quoiqu'il n'eût que seize ans, il était aisé de juger qu'il ne dépasserait pas cette stature dont Napoléon, Chateaubriand et M. Thiers ont assez bien usé pour qu'elle ne soit jamais considérée une cause d'incapacité. Il avait la vivacité et l'adresse ordinaires aux gens de sa taille. Assis à l'arrière, il maniait avec tant d'habileté l'aviron, que tout en aidant ses compagnons à nager, il conservait à l'embarcation cette direction précise qui la conduisait comme un trait, droit à son but. Comme cet habile pilote vivait au milieu d'hommes de grand calibre, on ne lui épargnait pas les diminutifs : on le nommait tour à tour : Toinon, Toiniche ou P'tit Toine.

Les deux frères avaient quitté leur village depuis plusieurs jours. Le père Landry, inquiet du sort réservé à l'Acadie, depuis la défaite des Français à Beau-Bassin, avait médité un projet qu'il ne voulut communiquer à personne. C'était de se réfugier au Canada. Mais avant de partir, il désirait s'assurer si la famille Hébert s'était réellement dirigée de ce côté. Son but était de la rejoindre et d'assurer ainsi le bonheur de sa fille, qu'il craignait de voir compromise par l'influence de sa mère et les assiduités du lieutenant George. C'était pour aller à la recherche des anciens voisins que Antoine et André étaient disparus tout à coup de leurs demeures sous un prétexte quelconque. Ils ignoraient, d'ailleurs, les projets de leur père.

Après avoir construit un esquif sur un endroit tout à fait isolé de la côte, ils avaient fait voile vers la rivière Saint-Jean. Plusieurs familles françaises étant établies sur les bords de cette rivière, dans l'intérieur du pays, ils espéraient trouver chez elles un guide sûr qui les aurait conduits, à travers les bois, jusqu'à Miramichi, sur le golfe [du] Saint-Laurent, où les Canadiens avaient des comptoirs importants ; ils étaient persuadés qu'ils trouveraient là quelques membres de la famille Hébert ou au moins des indices certains de leur passage ; ils avaient tout lieu de croire, par des rumeurs vagues venues à Grand-Pré, que leurs anciens amis s'étaient acheminés vers le Canada. Ce voyage était pour eux une rude entreprise, mais ils ne pouvaient pas se servir d'une route plus directe, la baie de Beau-Bassin étant sillonnée par des vaisseaux anglais, et ses côtes ainsi que l'isthme acadien continuellement battus par des corps armés. Une heureuse coïncidence, qu'ils n'auraient jamais pu espérer, leur épargna toutes les fatigues de la route en leur faisant retrouver Jacques juste au début.

C'est le matin même où nous avons vu la barque sortir de l'embouchure du Saint-Jean que les frères rencontrèrent leur ami. Ils l'auraient certainement laissé passer outre si Jacques ne les eût reconnus le premier : comme ils étaient les uns et les autres infracteurs des ordonnances du gouverneur, ils se sentaient plutôt disposés à s'éviter qu'à se rapprocher. Après les premiers mots provoqués par la surprise et le bonheur de la reconnaissance, Jacques monta, avec le compagnon qu'il avait avec lui, dans la barque d'André, laissant là le canot qui n'aurait pas pu les contenir tous quatre, et ils se remirent à voguer.

Ce compagnon de Jacques, que P'tit Toine regardait toujours de toute la puissance de ses yeux, était un sauvage de la tribu des Micmacs, à peu près du même âge que Jacques ; quoiqu'il ne comprît pas le français, il laissait voir, dans ses rapports avec celui-ci, non pas de la familiarité (les sauvages n'en témoignent jamais), mais une franchise et une bonne volonté qui annonçaient un commerce assez prolongé entre eux.

C'était le plus jeune chef de sa nation. La nature avait pris soin de le désigner au choix de la tribu en ébauchant rudement sur son front le caractère de sa sauvage royauté. Il était grand, et sa tête, bien dégagée de ses épaules, tournait librement sur la nuque comme celle du roi des vautours dont elle rappelait d'ailleurs l'air dominateur. Tous les traits de son visage, énergiquement modelés, laissaient voir, comme dans un marbre de Michel-Ange, l'action des muscles et la nature de chaque passion qui venait agiter tour à tour le fond de son âme. La couleur de bronze neuf qui recouvrait ses traits ajoutait quelque chose de dur à l'impression qu'ils produisaient. Un collier de griffes d'ours ceignait trois fois son cou et tenait suspendu, au milieu de la poitrine, une plaque de cuivre clair sur laquelle étaient grossièrement gravés le signe de sa nation et une effigie du roi de France. Ses longs cheveux noirs, entrelacés avec des plumes rouges et groupés en gerbe désordonnée sur le sommet de la tête, flottaient au gré des vents comme une crinière de bison, jetant sous le soleil des reflets d'un bleu métallique. Il portait à sa ceinture, autour de son tomahawk, six chevelures blondes qui disaient assez que les souvenirs qu'il avait échangés avec les Anglais n'étaient pas des témoignages d'amitié. Un grand manteau de peau de caribou, tanné en jaune-ocre, l'enveloppait depuis la tête jusqu'à mi-jambe, dessinant sous ses plis aplatis sa forte charpente. Des dessins brodés en poil d'orignal teints de différentes couleurs chamarraient tout le fond de ce vêtement: ils figuraient des lézards ou d'autres monstres informes. Une frange en dards de porc-épic courait tout autour, portant à espaces réguliers des osselets, des grelots et des ongles de hibou. Tout cela produisait, en se frôlant, le bruit du serpent à sonnettes glissant sur le gravier. Les bras, les jambes et le haut de la poitrine étaient nus; les pieds portaient le mocassin national.

Depuis que la barque sillonnait la baie des Français, le sauvage s'était tenu blotti sur l'avant, l'oreille au guet et l'œil au qui-vive, se contentant, chaque fois que l'esquif allait tourner un promontoire, de faire un profond signe de tête et d'envoyer en avant ses deux bras d'où pendait son manteau, imitant assez bien la figure d'un goéland qui va s'envoler. Cette pantomime, accompagnée d'un certain grognement du pays, voulait dire: — « Allez! en avant! »

Au moment de passer devant le cap Fendu et d'entrer dans la passe étroite qui s'ouvre sur le Bassin des Mines, il éleva de nouveau les bras, mais cette fois il les tint plus longtemps suspendus; alors, les rames restèrent immobiles et la barque suivit seule un instant la forte impulsion qu'on lui avait donnée : le silence se fit dans le petit équipage ; on n'entendit que les gouttes qui tombaient des rames et le déchirement de l'onde sur la proue tranchante de l'esquif. Les trois Acadiens sentirent leur poitrine se gonfler et leur cœur battre convulsivement : dressés sur leurs sièges, ils avaient fixé leurs yeux sur l'Indien. Celui-ci, de son côté, s'était penché sur la surface de l'eau, et les mains fixées en entonnoir derrière les oreilles, il promenait son regard d'épervier dans les espaces, les plongeant dans toutes les profondeurs de l'horizon, essayant de transpercer de sa prunelle de diamant ces couches d'air vaporeux que le soleil illuminait de tous ses rayons et où se fondaient les rives les plus lointaines ; en même temps il cherchait à saisir tous ces bruits qui circulent sur les ondes assoupies, surtout le soir, entre des rivages élevés ; enfin, après quelque temps de cette observation, le Micmac fit son geste accoutumé : il avait aperçu d'abord quelques nefs du côté de Grand-Pré, mais celles-là étaient trop loin pour lui inspirer des craintes ; plus près, rien de suspect ne s'était offert à sa vue ; aussitôt les rames et les avirons retombèrent, comme des marsouins en fête, au milieu de la mer, et les trois jeunes gens ne purent retenir, dans leurs poitrines détendues, l'éclat de leur joie ; ils envoyèrent à tous les échos un accord puissant auquel se joignit le cri guerrier du sauvage.

Après ce premier épanchement de bonheur, la barque glissa bientôt au milieu des écueils jetés autour de cap Fendu. Toutes les brises étaient assoupies, la mer ne gardait plus que ces longues et lentes ondulations qui s'en vont les unes après les autres vers l'immensité, emportant sur leurs flancs polis, d'un côté l'image du ciel, de l'autre les ombres de l'abîme. Au pied des gigantesques rochers, dans les entrebâillements que font leurs masses coupées abruptes, la mer avait pris une teinte profonde d'indigo, sur laquelle la barque laissait un long sillon d'argent comme un trait de burin sur un métal bruni. On pouvait ainsi suivre sa course sinueuse dans l'ombre des récifs ; car le soleil, tombé sur le couchant, n'éclairait plus que les sommets roux et crénelés des plus grands promontoires.

Les rameurs se hâtaient ; ils voulaient atteindre avant la brume le Cap Porc-épic (Blomidon) ; leur intention était d'y descendre pour y prendre un peu de nourriture et de repos, et s'acheminer ensuite vers Grand-Pré à la faveur des ténèbres.

Malgré cette longue journée de fatigue, leur vigueur semblait s'accroître à mesure qu'ils approchaient du terme de leur course. L'air aimé de la patrie, la vue des horizons connus et des rivages tant de fois explorés dans les jours de bonheur, tout cela doublait la vie que Jacques sentait en lui. Il ne voyait plus surgir de nouveaux obstacles devant son amour, que cet espace de quelques milles rempli de lumière rose, d'eau placide, de souvenirs enchanteurs; toutes ces petites colonnes de fumée qui s'élevaient là-bas étaient bien la fumée de ses foyers; une main chère attisait l'âtre pétillant et vingt figures souriantes se pressaient tout autour!... son cœur fuyait devant lui et l'espace n'avait pas assez de ce doux air natal pour fournir à ses longues aspirations; il étouffait d'émotion, et son bonheur, comme chez toutes ces natures violentes, aurait voulu se faire jour par quelques-unes de ces vives explosions de paroles: les couplets dont il avait jadis ébranlé les rivages arrivaient sur ses lèvres, mais le silence auquel il était toujours condamné, surtout depuis qu'ils longeaient la côte, étreignait dans sa poitrine ce besoin d'expansion. Il frappait l'onde avec une énergie dont il n'avait plus conscience; ses compagnons, non moins heureux de leur prompt retour, imitaient sa manœuvre. La barque volait. Aussi vint-elle bientôt labourer de sa quille la base de la falaise.

Le soleil n'avait pas encore détaché ses derniers rayons des plus hauts sommets.

II

Le premier soin des voyageurs, après avoir amarré solidement leur esquif au fond d'une anse obscure, fut d'escalader les plus grands rochers.

Malgré la raideur de la saillie, ils en vinrent facilement à bout; ils n'étaient pas novices à cet exercice. En s'accrochant, tantôt aux fissures du roc, tantôt aux racines et aux branches des cèdres nains qui tapissent les flancs les moins abrupts, ils parvinrent bientôt à plusieurs cents pieds de hauteur.

Le Bassin des Mines, après la passe étroite que garde le Cap Fendu, s'élargit tout à coup sur un espace d'à peu près vingt milles et se prolonge ensuite en se rétrécissant toujours jusqu'à Cobequid, formant un triangle allongé de cinquante milles de hauteur environ. Le Cap Porc-épic s'élève vers le milieu de la base de ce triangle; c'est le point le plus élevé de toute la côte et le plus avancé dans la mer. C'est sur sa cime que venaient de s'asseoir les quatre jeunes gens.

Jacques était là, pétrifié dans son silence, non pas à cause de la fatigue causée par sa rude ascension, il n'en sentait plus rien; non par raison de prudence, il ne songeait plus à la consigne; mais on aurait dit qu'il venait de fouler le parvis d'un sanctuaire trois fois saint: c'est qu'il contemplait en cet instant toute sa patrie!... et qui a jamais tant aimé la sienne que ces pauvres Acadiens!

Du plateau qu'il occupait, la vue peut embrasser tous les établissements riverains jusqu'à Cobequid, et suivre les contours infiniment variés que tracent sur cette brillante surface les rivages ombragés ou abrupts de la baie ; à des endroits ils s'avancent en lagunes étroites, comme pour se rejoindre à travers le bassin, jetant une frange de grands arbres entre les nappes argentées qu'ils divisent. Vingt rivières viennent se décharger au milieu de toutes ces anses, et l'on aperçoit dans un rayon immense la trace de leurs cours, à travers les forêts sombres et les prairies grasses. On touchait au temps des hautes marées d'automne, qui prennent ici des proportions prodigieuses ; ces rivières, épanchées dans les vallons, formaient autour des hameaux et sous les arbres des flaques d'eau et des îles enchantées où se jouaient les dernières lueurs du soir, avec les images des chaumières blanches et des collines bleues.

La Gaspéreau apparaissait la seconde sur leur droite ; c'est sur ses bords immergés que les regards de Jacques errèrent avec plus d'abandon. Il y retrouvait toute son enfance ; son petit village de Grand-Pré semblait sortir de sous les eaux, tant il lui paraissait blanc et embelli durant son absence. Quoique le soleil fût disparu déjà depuis quelque temps au fond de la baie des Français, il surnageait dans l'air des flots de lumière ambiante qui formaient un jour vague dont la terre resta longtemps éclairée. À la faveur de ce brillant crépuscule, Jacques put parfaitement distinguer l'église, les principaux groupes de maisons, les longues digues qui fermaient les anciennes terres de son père, les vieux arbres, antiques protecteurs du toit aimé ; le point de la rive où il s'était embarqué cinq ans avant, au milieu des larmes de sa famille et des adieux de Marie...

Le lien qui s'établit entre le cœur et tous les témoins de nos pensées, de nos plaisirs et de nos larmes est bien fort ! Les bois, les grèves solitaires, les quatre murs d'une chambrette, le petit coin du ciel que l'on aperçoit du carreau borné d'une mansarde sont souvent les seuls confidents de nos secrets ; et quels trésors de souvenirs ils nous révèlent, quand on les revoit longtemps après !

Jacques resta dans sa silencieuse contemplation jusqu'au moment où les brumes, communes dans cette saison et sur cette plage, commencèrent à étendre leur long voile cendré sur le tableau chéri de la patrie ; ces brumes qui venaient de l'océan passaient comme la nuée du désert, d'abord à la surface de l'eau, puis elles allaient en avant, voilant les premiers plans, puis les seconds, puis tout, jusqu'à ce dernier cordon de lumière rouge resté sur la silhouette du couchant. Alors il ne vit plus autour de lui que les crêtes arides et sombres du Cap Porc-épic, sur lesquelles il semblait suspendu dans le vague infini ; cela lui fit éprouver quelque chose de triste, comme un pressentiment de mort ; et il se hâta de rejoindre ses compagnons qui commençaient à opérer leur descente.

III

À peine étaient-ils en bas que l'aîné des Landry s'écria en se laissant choir sur le sol : — Ah ! ça, mes amis, je crois qu'il est bien temps de déjeuner, si nous voulons ne pas laisser un vide dans la liste de nos repas.

— Ma liste, reprit Jacques, est pleine de ces vides-là.

— Cela se voit sur ta figure, fit André ; je n'ai pas encore osé te le dire, voulant laisser à ton prochain miroir ce désagrément-là. Y a-t-il longtemps que tu t'es miré ?

— Pas depuis cinq ans ! En déménageant nous avions cassé notre miroir, et les événements ne nous ont pas permis de remplacer ce meuble utile. Je me rappelle seulement qu'un jour, ayant été blessé à la tête, je m'étais lavé la figure dans une fontaine, et comme je réfléchissais que le coup aurait bien pu m'envoyer dans l'autre monde, il me vint une pensée pour Marie ; alors je me penchai de nouveau au-dessus de l'eau, pour m'assurer si j'avais encore ma figure de dix-huit ans... La fontaine n'était pas limpide, mon sang l'avait troublée, mais je pus voir assez de mon visage pour juger que la vie des bois ne l'avait pas fait fleurir.

— En effet, et si Marie s'attend à cueillir un bouquet là-dessus, elle va le trouver petit, et si tu t'aventures, à l'arrivée, à lui offrir ta joue pour y mettre ses lèvres roses, elle va trouver le présent médiocre.

— Pauvre Marie ! et quand je songe que je n'ai rien autre chose à lui offrir !...

— Eh ton cœur, mon Jacques !

— Oui, mon cœur, où s'est concentrée toute ma jeunesse, toute mon énergie, et qui, si Dieu le permet encore, saura bien faire sortir de mon dénuement, le bonheur et l'aisance de notre petit ménage futur...

— Avec d'autant plus de facilité que nous t'avons, mon père et mes frères, préparé un peu cette jolie tâche ; et Marie a bien aussi utilisé pour cela ses mains et surtout sa petite langue, que tu connais aussi bien que ses frères. La sœur ne désespérait pas de te revoir, elle ; elle avait bien décidé, dans les cachettes de son cœur, et elle nous assurait toujours que tu reviendrais (bien entendu, quand il n'y aurait plus d'Anglais dans le monde ; au moins en Acadie...) ; elle allait même jusqu'à penser que tu n'attendrais peut-être pas cette grande époque. Tu vois qu'elle ne jugeait pas trop mal... de toi et des événements. Tiens, mon Jacques, il faut bien nous l'avouer : il y en aura toujours des Anglais, dans ce monde, maintenant... ils y sont trop diablement engeancés !

— Plus qu'il ne faut, je le crains, pour notre bonheur à tous...

— Bah! tu t'exagères le mal, je parie que les Anglais ont leur bon côté; tu sais bien que tout ce qui a été créé est utile à quelque chose; c'est ainsi que monsieur le curé nous justifiait l'existence d'une multitude d'insectes malfaisants... des maringouins, par exemple... il faut tout simplement apprendre à les souffrir, s'endurcir la peau... Toi qui vis depuis quatre ans au milieu des bois, tu dois avoir appris à supporter tous ces suceurs de sang.

— Les maringouins, les brûlots et les moustiques, je les tue, quand ils me piquent; et les Anglais!... les Anglais!... Je les tue aussi! Mais pourquoi me parles-tu de ces gens-là? Ça m'enrage!

Et Jacques, une main crispée dans les plis de son habit à l'endroit du cœur, allait se lever, quand son ami reprit: — Eh bien! donc, Marie (j'espère que ça te fait un tout autre effet), après six mois, un an, deux ans, t'attendait toujours et elle nous babillait sans cesse dans les oreilles: «Quand Jacques sera de retour, nous ferons ceci, puis cela, tout un régiment de choses... n'est-ce pas, mon petit papa, mes bons petits frères?» Et elle nous embrassait tant, tant, qu'à la fin nous avons fini par faire tout de suite une grande partie des choses qu'elle nous demandait pour l'époque de ton retour.

Te rappelles-tu ce joli vallon, si bien cultivé autrefois, en amont des aboiteaux des Comaux, où se trouvait un bosquet d'ormes?...

— Comment! si je me souviens de la terre de ma famille?...

— Eh bien! à peine étiez-vous partis que mon père désirait déjà l'acheter; il lui était pénible de la voir abandonnée; il ne tarda pas en effet à faire cette acquisition, seulement il se contenta du tiers de la ferme, c'est-à-dire de la partie que baigne la rivière et où se trouvent la butte et le bosquet d'ormes. La propriété avait été confisquée, comme tu dois l'imaginer; mais pour bon argent comptant le commandant de Grand-Pré se rendit facilement à nos désirs: «Allons, dit mon père, en remettant le contrat de vente à notre sœur pour le serrer: voilà une bonne affaire, cette terre ne changera pas de main, il est légitime qu'elle retourne aux petits Hébert: je te charge de la leur remettre, ma fille.»

Votre vieille maison était tombée en ruines; nous avons acheté ses débris pour peu de chose; après avoir rogné les pièces pourries, nous avons pu la reconstruire très solidement mais plus en petit, sous le bosquet d'ormes. Je t'assure qu'elle se trouve bien du changement, elle est toute rajeunie. La porte, les fenêtres et une partie des cloisons sont les mêmes: la chambre de ton père s'y trouve tout entière. «Il me semble, disait Marie, que Jacques dormira bien dans celle-là, et qu'elle lui portera bonheur; il y a reçu pendant dix-huit ans la bénédiction paternelle.»

Tu te souviens que nous avions acheté une partie de votre ménage, à votre départ: eh bien! la petite sœur a tout fait transporter dans la chambre du futur père Jacques; le miroir y est... tu croyais qu'il avait été cassé; c'est elle qui l'avait acquis à la vente, sans doute, pour se mirer par-dessus ton image envolée.

Et le banc rouge! le vieux banc rouge, qui était devant votre porte, sur lequel les anciens allaient s'asseoir quand nous dansions à la fête du grand-papa Hébert; il a bien fallu l'installer sous le feuillage, entre la maison et la rivière. P'tit Toine a parié que tu avais dû t'asseoir là-dessus avec elle, un jour que les anciens n'y étaient pas...

Après la maison, nous avons encore songé aux dépendances de la ferme. Une laiterie, par conséquent une étable, puis une grange, «rien qu'une petite grange, disait Marie; il faudra bien mettre les grains et le foin quelque part, car il y aura des vaches, des moutons, des poules et une jument: n'est-ce pas, mon papa, qu'il y aura une vieille jument, noire comme notre pauvre Dragone que j'aime tant, et qui n'est plus bonne qu'à nourrir des petits poulains?»

Il y a maintenant près de deux ans que la ferme est au complet; nous y avons tous mis la main. Et comme, depuis quelques années, il nous est défendu de vendre nos animaux et nos produits hors de chez nous, il nous a été facile d'en faire une bonne part à notre chère fermière, car il nous en reste toujours plus qu'il n'est nécessaire; ensuite, nous avons pensé que tout ça amuserait peut-être la pauvre sœur, qui, je dois l'avouer, commençait depuis quelque temps à réfléchir un peu trop et à changer aussi.

Je crois qu'elle fait avec ça de jolies recettes dont elle te réserve encore la découverte; car elle est la seule à Grand-Pré qui vende bien tous ses produits. M. George notre lieutenant n'achète ailleurs que quand il a tout pris ce qu'elle peut lui livrer, et il la paie toujours en beaux louis d'or; quant à nous, c'est à peine si l'on nous donne des bons payables à la fin du monde. Mais qu'importe nous, pourvu que la petite ait bien fait ses affaires, pourvu surtout que tout ça l'ait, non pas rendue heureuse, mais entretenue dans l'idée qu'elle le serait bientôt.

Mais il est temps que tu arrives: nous étions parvenus au bout de nos ressources pour distraire la pauvre enfant; elle commençait à perdre l'espérance, et je crois vraiment qu'elle allait songer à te remplacer... Tu avoueras qu'il faut une grosse dose de patience pour attendre toujours un galant qui s'amuse à courir les bois avec les sauvages sans donner vent ni nouvelle.

Jacques entendit, mais il ne put répondre: il pleurait comme un enfant battu. Après une vie affreuse, privée de toutes les joies, de tous les bonheurs faits pour le cœur de l'homme, la révélation de tant de choses embaumées, l'apparition d'une figure si aimante, l'assurance d'une vie prochaine entourée de tant d'éléments de bonheur, tout cela avait ébranlé cet héroïque caractère.

Depuis cinq ans, son âme n'avait pu se reposer un seul instant dans un de ces sentiments simples, délicats, qui abondaient dans l'existence aimante des enfants de l'Acadie; puis, voir subitement tout son avenir, débarrassé de ses sombres images, se présenter souriant et paré de charmes qu'il n'aurait pas même rêvés, c'était là une révolution trop forte. Il était tombé dans les bras d'André qu'il tenait étroitement embrassé, et il répétait dans ses sanglots :— Mes bons frères!... Marie, ma chère Marie!... est-il vrai que vous avez pu tant m'aimer dans mon absence? — Puis, après un moment de silence où il sembla subir mille émotions soudaines et contraires, il ajouta : — Eh! faut-il que tant de soins délicats, qu'un bonheur si généreusement préparé, si longtemps attendu, soit encore une vaine illusion qu'il faudra voir disparaître demain!...

— Comment cela, Jacques?...

— Mais comprends-tu, mon pauvre André, que je puisse habiter Grand-Pré aujourd'hui?... Les Anglais le permettront-ils, puis-je l'espérer, après m'être autant compromis?...

— Bah! tu n'avais que dix-huit ans quand tu es parti; quel Anglais te connaît ici?... M. George peut-être... il nous a fait quelquefois parler de toi, mais il est si bon pour nous et pour Marie, celui-là! D'ailleurs, tu n'étais pas libre de ne pas partir avec ton père; on te pardonnera facilement une faute que tu n'as pas commise volontairement, et dans ton propre intérêt.

— Mais il faudra toujours demander grâce, et redevenir Anglais; et je ne me sens de dispositions ni pour l'un ni pour l'autre : je me suis trop habitué à être Français depuis quelque temps.

— D'abord, mon Jacques, je dois te dire que nous n'avons jamais joui plus librement de nos droits de *neutres* que depuis le commencement de la guerre; ainsi, il est probable que si la France perd toutes ses colonies d'Amérique, notre sort ne sera pas encore trop mauvais; et tu n'auras qu'à ne pas montrer trop souvent à notre gouvernement ce grand couteau que tu portes là à ta ceinture, pour jouir à peu près de toutes tes prérogatives nationales.

— Mon cher André, tu as la partie belle, dans ce moment, et tu sais en profiter : ce que tu m'as dit tout à l'heure a trop disposé mon cœur à la confiance pour que je ne m'abandonne pas un peu à la tienne. Mais, en restant à Grand-Pré, je ferai des sacrifices que votre dévouement et l'amour de Marie peuvent seuls m'arracher. Au reste, tu jugeras toi-même, tout à l'heure, quand je t'aurai raconté l'histoire de mes années passées, ce qu'il m'en coûtera pour aller habiter la jolie maison de ta sœur, sous le bosquet d'ormes, au bord de la Gaspéreau... Ah! j'avais d'autres projets, oui... des projets qui ne devaient pas, sans doute, briser mon union avec Marie, mais peut-être l'éloigner et changer les conditions de notre bonheur...

— C'est bien, c'est bien, tu raconteras tout ça à la petite maîtresse, elle sera ta complice ; je crains seulement qu'elle ne change quelques-unes des dispositions de tes plans.

— Ce que tu viens de me dire a déjà eu un peu cet effet...

IV

Pendant cette conversation, P'tit Toine était allé à quelques pas plus loin, avec le Micmac, pour apprêter le déjeuner.

Après avoir fait quelques fagots dans les cèdres voisins, ils allumèrent un feu pétillant dans un endroit de la côte abrité par les grands rochers. Aussitôt qu'il fut bien ardent, P'tit Toine fit embrocher dans un jet de jeune bois, par Wagontaga (c'était le nom du sauvage,) trois canards que celui-ci avait tués le matin même, puis il l'installa près du foyer, comme tournebroche. Pour lui, il se chargea du rôle délicat de premier cuisinier. Armé d'une tige, comme celle du sauvage, il tenait suspendu au-dessus de la volaille un morceau de lard taillé dans le gras, qui avait survécu à plusieurs assauts ; et pendant que les palmipèdes décrivaient dans la flamme le mouvement diurne de la terre, le porc en se fondant faisait descendre dessus une rosée bienfaisante. P'tit Toine et le Micmac, qui ne se comprenaient bien que par leur appétit respectif et leurs signes les plus expressifs, trouvaient inutile de faire la conversation. Tout entiers à leur œuvre, assis de chaque côté du feu, appuyés sur le sol de la main qui ne leur servait pas, ils tenaient les yeux fixés sur leur déjeuner qui commençait à poindre, avec une intensité d'attention qui témoignait de leur grand intérêt : je crois même que, sous l'ardeur de ce double regard, le lard se fondait plus vite et les canards jaunissaient davantage.

Je connais des femmes qui disent que quand elles ont mis seulement le nez à leur cuisine avant le dîner, elles ne peuvent plus toucher aux fritures, même du bout des lèvres, sans éprouver un sentiment de dégoût profond. Je puis assurer qu'il n'en fut pas ainsi pour P'tit Toine et Wagontaga.

Le juste à point fut constaté à l'aide du couteau de poche de P'tit Toine, qui, après l'avoir plongé dans la poitrine de l'un des oiseaux, le fit glisser sur sa langue dans toute sa longueur. Il n'était pas arrivé au bout de la lame que le sauvage avait déjà compris, à l'expression de son compagnon que le rôle du tournebroche était passé et que celui du convive commençait ; il fit faire aussitôt aux oiseaux, pour les sortir du feu, un tour si rapide au bout de son bras, que P'tit Toine en éprouva une crise nerveuse : il crut, dans son effroi, que les canards reprenaient leur vol vers leur élément favori : heureusement que le Micmac n'y tenait pas plus que lui-même.

À peine Wagontaga eut-il jeté sa brochée sur une écorce de bouleau qu'il avait là toute prête, qu'il prit un des canards par les pattes, et le saisissant à l'épaule avec son croc de sanglier, il l'écartela comme on eût fait autrefois du plus grand criminel ; puis les morceaux commencèrent à s'engouffrer comme des maringouins dans un gosier d'engoulevent, puis on entendit, dans le silence du soir, le bruit des ossements broyés. Un canard était disparu ! Toinon restait stupéfié. Devant cette sauvage gloutonnerie, il regardait son terrible compagnon, comme un roitelet charmé par l'œil d'un serpent doit regarder la gueule béante qui le convoite. Mais l'instinct de sa propre conservation le fit bien sortir de sa stupeur quand il vit le Micmac allonger de nouveau ses deux grands bras vers un second canard, avec un air de pitié méprisante qui semblait dire : « Ces peaux blanches, ça n'a pas d'estomac. » P'tit Toine saisit alors vivement la broche qui n'était pas encore déchargée de son précieux fardeau, et s'élançant du côté de son frère et de Jacques, qui étaient toujours restés à l'écart, il fit retentir l'air de deux ou trois cris de détresse.

Cet appel désespéré vint surprendre les deux amis au milieu de leur émotion, et faire une diversion puissante dans les sentiments de Jacques. Ils étaient loin de soupçonner, aux cris d'alarme de P'tit Toine, qu'il ne s'agissait que de leurs canards.

Sa démarche effarée se laissait assez voir à la lueur incertaine du feu : les cheveux et le gilet au vent, il courait tenant sa brochée tout au bout de son bras comme pour la sauver d'une troupe de loups affamés ; et il criait :
— Jacques ! Jacques ! c'est un ogre, mais c'est un ogre ! ton sauvage !

Jacques comprit de suite le motif de son épouvante, et riant de tout cœur, il essaya de le calmer : — Bah ! bah ! mon Toinon, tranquillise-toi ; il a un peu trop d'appétit, mais il a un bon cœur, va !

— Bon cœur ! mais où veux-tu qu'il le loge quand il s'emplit ainsi l'intérieur ? Il mangerait les trois canards et moi par-dessus qu'il aurait encore faim !

— Tiens, reprit Jacques, donne-les-moi tes canards, je les prends sous ma protection ; Wagontaga n'y touchera pas sans ma permission. Et prenant la brochée précieuse des mains de P'tit Toine, ils regagnèrent tous ensemble le foyer.

Le Micmac était resté attablé absolument dans la position où son maître cuisinier l'avait laissé, moins la curée qu'il s'apprêtait à saisir ; et il regardait, impassible, dans la direction ou son second service avait disparu, sans doute pour voir s'il ne reviendrait pas. La vue du canard fit passer un léger sourire sur sa figure de bronze, auquel Jacques répondit par quelques mots en langue sauvage, après quoi, s'asseyant à terre, près du feu, entre ses compagnons, il procéda au service de la table d'une manière un peu plus civile que ne l'avait fait son ami des bois.

Ayant séparé les deux gibiers par le milieu avec le couteau d'Antoine, il en donna une moitié à chacun des deux frères, puis, regardant le plus jeune qui semblait trouver que Wagontaga avait bien eu sa part, il lui dit :
— Nous autres, mon Toiniche, nous déjeunerons tous les trois en famille, demain matin, à l'aurore ; et je pense que la cuisine de Marie vaudra bien la tienne. Lui, ajouta-t-il en regardant le Micmac, auquel il jeta la troisième portion, je ne sais pas quand il déjeunera de nouveau, seul, avec ses parents, ou avec nous : ces pauvres gens ne mangent pas quand ils veulent. Il a fait près de cent lieues pour me conduire ici ; s'il avait été pris par les Anglais, ils l'auraient tué comme un chien (tu sais qu'il ne peut pas mettre le pied en Acadie) ; demain, probablement... il va nous dire adieu, pour s'en retourner... où ? Dieu seul le sait. Depuis cinq ans il n'a vécu qu'avec moi, ne me quittant jamais d'un pas, servant fidèlement la France ; tout cela vaut bien une petite part de plus, n'est-ce pas, Toine ?...

— D'accord, mon capitaine ; mais je crains bien que ça ne le mette que tout juste en appétit ; comme il va passer une partie de la nuit avec moi, sur la même paillasse !...

— Ne crains rien, depuis que je couche à côté de lui, il lui est arrivé bien souvent de souper plus légèrement qu'il ne le fera ce soir, et tu vois qu'il ne m'a jamais entamé : pourtant, je crois bien être un aussi bon morceau que toi, hérisson !...

— Un peu sec, grand Jacquot. Tout de même, je ne me fie pas à cet ami-là, et tu coucheras entre nous deux, ce soir ; le lit est large.

La flamme tourbillonnante éclaira vivement le groupe des trois voyageurs et projeta sa lumière jusqu'aux sommets des rochers : les vapeurs flottantes de la nuit, en arrêtant les rayons du foyer, formaient autour d'eux une atmosphère fantastique qui encadrait bien cette scène étrange.

V

Quand les trois amis eurent satisfait aux premières exigences de la faim, André attisa le brasier qui commençait à pâlir en jetant un monceau d'arbres résineux, d'écorces de merisier et de bouleau dont les essences embaumèrent bientôt tous les alentours. Une gerbe d'étincelles s'élevait dans le ciel et retombait loin dans la mer comme une pluie d'étoiles. Chacun s'était accommodé à sa guise près du brasier. Après avoir bourré généreusement son calumet, Jacques fut prié de commencer l'histoire de ses cinq années d'absence. Il l'avait promis en retour des indiscrétions d'André sur le compte de Marie. Il ne se fit donc pas attendre :

« — Notre voyage fut triste, mais sans avaries ; le plaisir que nous témoignèrent les parents qui nous avaient précédés sur la baie de Beau-Bassin donna quelque charme à notre arrivée dans ces lieux étrangers. Les occupations que nécessitait notre nouvel établissement chassèrent les premiers chagrins, et remplirent les heures que j'aurais été tenté de donner à l'ennui. Mes frères nous avaient choisi un joli vallon près de l'eau, qui ressemblait assez à celui que nous avions laissé sur les bords de la Gaspéreau ; seulement, il était submergé à chaque marée ; il fallait des aboiteaux considérables pour le protéger contre la mer.

« Après avoir fait bénir la terre par le Père de Laloutre qui dirigeait alors cette mission, nous commençâmes les premières jetées ; le bon prêtre venait travailler avec nous, nous donnait ses conseils et soutenait notre courage. Je faisais double tâche dans l'espoir de gagner plus tôt ma feuille de route.

« Les digues montèrent rapidement, et quand arrivèrent les grands froids et les fortes marées d'automne, nous avions déjà volé un beau domaine à l'océan.

« Nous songeâmes aussitôt à la construction des maisons : ce fut l'occupation de tout l'hiver ; cette saison, qui s'annonça cette année-là très à bonne heure, promettait d'être longue.

« Lorsque je vis toutes les rivières glacées et les champs couverts de neige, vers le temps de Noël et de l'Épiphanie, il me vint souvent à l'idée, en songeant aux anciens jours de fête, de m'échapper sur mes raquettes, sous prétexte de courir le chevreuil ou l'original, et d'arriver jusqu'à Grand-Pré, en suivant les rivages et surtout mon cœur. Je ne pouvais me faire à la pensée d'être séparé de vous, durant ces moments heureux où il semble que tous ceux qui se sont aimés devraient être réunis. Mais j'étais lié par un saint devoir, il fallait laisser à mes vieux parents un toit pour les années que je ne devais plus passer avec eux, et je ne pouvais pas manquer la dernière bénédiction de mon père.

« La veille au soir de cette nouvelle année, la table nous parut plus étroite, la famille s'embrassa plus tendrement. Il nous semblait que nous avions de l'amour de trop... Nous pensions que c'était à cause des absents, mais Dieu voulait peut-être aussi nous rendre ces heures de réunion plus douces, puisqu'il devait encore nous séparer.

« Et le lendemain matin !... je n'oublierai jamais le moment qui nous vit tous, à genoux, autour du lit de mon pauvre père, pour lui demander de nous bénir. Je n'avais jamais aperçu en lui le signe d'une faiblesse ; il ne nous laissait voir d'habitude que le côté énergique de son caractère, que sa prudence calme, toujours attentive à notre conduite et à nos besoins ; mais, dans cet instant, il ne pouvait maîtriser son émotion, la voix lui manquait, et j'ai vu briller des larmes dans ses yeux pour la première fois de ma vie. Quand il leva la main sur moi, il me dit : "Toi, mon Jacques, tu es le plus jeune, et tu vas retourner seul à Grand-Pré ; tu ne seras plus des nôtres ; ... peut-être ne nous reverrons-nous plus jamais ; je suis vieux, et les temps vont au pire... Va, je te bénis pour toute ta vie !... Sois toujours un honnête homme, sois fidèle à ta parole. Tu vas rester avec les Anglais ; eh bien ! ne les trahis pas ; si tu ne peux supporter leurs injustices, reviens avec nous : un homme, après tout, est bien maître de sa personne, et libre de choisir son ciel ; mais n'oublie pas que tu es un enfant de la France ; le sang et la langue que Dieu donne, vois-tu, Jacques, ça ne se livre pas à la conquête, ça ne se sacrifie devant rien, ça tient au cœur ; c'est un dépôt que le Créateur veut qu'on garde dans quelque situation désespérée où l'on se trouve, pour accomplir ses desseins. S'en débarrasser au premier obstacle, c'est insulter la Providence et douter de son pouvoir. Et puis, le sang que tu as reçu est assez plein de gloire pour que tu sois orgueilleux de le garder pur, partout !..." Pauvre père, il avait le pressentiment de ce qui est arrivé ! Quoique je n'aie pu revenir à Grand-Pré, au printemps, comme il avait été convenu, cette bénédiction a été la dernière....

« Le reste de l'hiver se passa dans un travail sans relâche, mais sans nouvelles inquiétudes. Cette activité excessive m'était douce, chaque entreprise accomplie était un pas de fait vers mon bonheur. Au mois d'avril, plusieurs maisons étaient terminées et nous pûmes installer nos vieux parents dans la plus spacieuse et la plus commode.

« Je commençais à rêver au retour et à m'y préparer insensiblement, quand on vint nous annoncer que les Anglais s'avançaient du côté de la Missagouache pour déloger M. de La Corne, qui occupait la rive opposée à celle où nous venions de nous fixer. Le major Lawrence avait aussi pour mission de nous faire jurer de gré ou de force notre allégeance à l'Angleterre. Cette nouvelle nous fut apportée, le dimanche, à l'heure des vêpres: les troupes anglaises n'avaient plus que six heures de marche pour joindre nos établissements. Tout le monde se sentit frappé comme par une punition du ciel. Nous nous rendîmes en tumulte à l'église pour prier et pour demander les avis de notre missionnaire.

«Le Père de Laloutre nous attendait sur le seuil de l'église. Après que nous fûmes tous réunis autour de lui, il nous tint à peu près ce discours: Mes enfants, le moment est venu où Dieu et la France veulent de grands sacrifices: serez-vous assez généreux pour les accomplir?

«— Oui, oui! répondirent comme un seul homme tous les anciens.

«— Eh bien! voici les Anglais, nos éternels ennemis, nos persécuteurs acharnés; ils viennent encore réclamer cette terre sur laquelle nous avions cru retrouver l'autorité et la protection de la France, où nous pensions établir en paix nos demeures et nos familles. Ils disent qu'elle est leur conquête, qu'elle leur appartient par les traités; que nous devons à leur roi notre fidélité et nos hommages, quoique le traité d'Utrecht ne leur ait jamais livré que Port-Royal et son territoire. Ils viennent encore exiger de nous des serments pour un gouvernement qui fait jurer à son souverain et à ses représentants de proscrire, par tous les moyens, le catholicisme, de favoriser et de défendre la religion protestante. Pourrions-nous jamais commettre un pareil acte de lâcheté; accepter l'opprobre des transfuges et des renégats; renoncer au titre de Français, appeler la proscription de notre culte, faire de nos enfants des ennemis de la France?...

«— Non, non! jamais! s'écrièrent à la fois les hommes, les femmes et les enfants, en élevant leurs mains vers l'église comme pour affirmer leur promesse devant Dieu.

«— Alors, continua le prêtre, il ne nous reste qu'une alternative. Voyez-vous de l'autre côté de la rivière, sur les bases naissantes de ces fortifications, flotter le drapeau que nous aimons? Les soldats qui l'ont planté là ont voulu nous dire que ce sol est celui de notre véritable patrie, et qu'ils sont prêts à le protéger. Ici, nous ne pouvons pas nous défendre; nos demeures seront envahies, notre église sera profanée, nos toits serviront d'habitation à nos tyranniques ennemis, ils se nourriront de notre pain et de nos troupeaux, ils nous forceront à les servir comme des esclaves. Il n'y a de salut pour nous que dans la fuite; je sais qu'il est dur pour un Français de fuir sans combattre, mais les circonstances nous en font un devoir d'honneur, nous combattrons plus tard. Pour le moment, fuyons, emportons ce que nous pourrons de nos biens, brûlons et détruisons le reste, nos maisons, notre église, nos greniers, nos étables, tout, tout, jusqu'aux forêts, jusqu'à l'herbe de nos prés, s'il est possible ; qu'ils n'aient aucun abri, aucun aliment, rien à ravir, rien à souiller, et soyons encore Français !...

« — Oui, oui ! cria la foule, brûlons tout ! Vive la France ! Vive notre drapeau !

« Alors le prêtre entra dans l'église ; nous nous y précipitâmes derrière lui ; il monta à l'autel ; après s'être revêtu de ses habits de chœur, il tira du tabernacle toutes les saintes espèces ; la foule entonna tout d'une voix un chant sacré, après lequel elle se prosterna pour adorer son Dieu une dernière fois sur cette terre de l'Acadie. Après la bénédiction, le prêtre abandonna l'autel emportant avec lui la sainte Eucharistie et les vases sacrés, laissant le tabernacle et l'église vides. Aussitôt le feu fut allumé dans le sanctuaire, dans la nef, au portail, à la sacristie, et en un instant tout ce qui avait servi au culte ne fut plus qu'un brasier.

« Pendant que le Père de Laloutre s'avançait en silence vers le rivage, au milieu d'un petit groupe d'enfants de chœur, les habitants coururent à leurs maisons pour rassembler ce qu'ils purent de leurs bestiaux et prendre les objets qu'ils désiraient emporter. Lorsque tout fut prêt pour le départ, l'incendie général commença.

« Tout ce qui pouvait servir d'habitation à un être vivant fut atteint par les flammes. Il régnait dans la population un enthousiasme singulier. Les femmes et les enfants pleuraient, et cependant tous couraient à l'envi porter la destruction dans leurs demeures ; personne ne voulut s'éloigner avant d'avoir la certitude que rien ne resterait debout.

« Mon père porta le premier la torche à sa maison ; il n'y avait pas plus d'un mois qu'il y était logé.

« J'arrivais de l'église avec un brandon pétillant lorsque je le trouvai occupé à sa pénible besogne. Ma mère sortait en cet instant avec les quelques derniers objets qu'elle tenait à conserver : c'étaient des souvenirs de Grand-Pré qui prenaient le chemin d'un second exil. En quittant la porte, la pauvre mère regarda, sans rien articuler, cet intérieur déjà si blanc, si rangé, déjà si chéri, et elle se contenta de dire à mon père :

« — Allons, allons, faites brûler, vite !... En m'apercevant, le vieillard impatienté me cria : — Mais, arrive donc, avec ton tisonnier, ça ne prend pas, le bois est trop vert. Voilà ce que c'est que des maisons trop neuves !...

« Je me mis de la partie, et la flamme commença bientôt à courir dans les cloisons et sur les planchers. Mon père, qui s'était arrêté pour regarder mes succès, me dit, quand le temps de nous enfuir fut venu :

« — C'est bien, mon Jacques, je vois que tu as la main sûre : viens servir ton pays. Brûler aussi vaillamment la maison de son père et ses plus douces espérances par amour pour la France, c'est bien commencer. Allons, va maintenant soutenir ta mère.

« Trois heures avaient suffi pour accomplir cette ruine complète de notre village et du reste de notre fortune, et le soir était venu quand nous commençâmes à traverser la Missagouache. Les lueurs de l'incendie éclairaient au loin les deux rives et favorisaient, avec les dernières lueurs du jour, l'opération de notre fuite : c'était le dernier service que nous rendaient toutes ces choses qui nous avaient coûté tant de travail.

« Le passage de la rivière se fit sans trop de désordre. Les femmes et les provisions furent transportées sur les quelques embarcations qui nous restaient, les hommes et les bêtes traversèrent à gué ou à la nage.

« À peine avions-nous touché l'autre rive, que nous vîmes apparaître au milieu des ruines fumantes que nous venions de quitter, les premières vedettes du corps de Lawrence. Un sentiment universel de reconnaissance s'empara de nous. Notre premier mouvement fut de tomber à genoux pour remercier le ciel. Notre missionnaire éleva sur nos têtes prosternées le corps de notre sauveur et nous pleurâmes de joie. Les troupes de M. de La Corne, averties de notre arrivée, accoururent dans le même temps pour nous accueillir, pour nous serrer dans leurs bras. Car, en les voyant, il semblait que nous avions retrouvé des frères et nous nous précipitions au-devant d'eux pour les embrasser. Oh! mes amis, ce moment a été la plus douce récompense de notre sacrifice ; nous oubliions que nous n'avions plus de toit, plus d'aisance, qu'il nous restait à peine de la nourriture pour les jours suivants ; un seul sentiment dominait nos cœurs en les comblant de jouissance, c'était l'amour de notre patrie ; nous venions de renaître dans son sein, de revivre de la vie de la France !...

« Quelle rage dut s'emparer de nos ennemis quand ils ne trouvèrent plus que des cendres à la place de nos demeures, que des victimes absentes ; quand ils entendirent le cri de "Vive la France !" que nous leur adressâmes de notre rive ! Ils se mirent à déployer leurs lignes, à courir sur le rivage, à faire entendre des commandements rapides mêlés de fusillades. M. de La Corne, craignant une attaque immédiate, nous achemina vers ses retranchements situés à une petite distance ; il rangea ses troupes en ligne de bataille et fit faire quelques décharges pour annoncer aux Anglais qu'il était prêt à combattre. Ceux-ci le comprirent bien vite, car ils se hâtèrent de se mettre eux-mêmes en défense. De deux côtés on passa la nuit sous les armes. Quant à nous, retirés sous les tentes que les soldats avaient laissées à notre disposition, nous cherchâmes le repos dans le sommeil.

« Ce premier soir passé sous le drapeau de la France ne fut pourtant pas le plus heureux pour moi. Pendant tout le temps que durèrent les scènes du départ, nous étions restés sous l'empire d'une exaltation aveugle; les cris d'excitation, l'entraînement du dévouement et du sacrifice, les horreurs de la destruction, les lueurs et les mugissements de l'incendie nous donnaient de l'ivresse; et moi, j'entendais toujours au-dessus de tous ces bruits les derniers mots du curé: "Soyons encore Français!" et ces mots avaient grisé ma raison.... Mais quand tout cela fut passé, quand le calme de la nuit fut descendu sur cet attroupement de familles et de parents sans abri, il me vint en tête tout autre chose que du sommeil et des songes riants. Mes yeux errèrent sur cette frontière franchie, je ne vis plus que ce village disparu dans les flammes, que ces bataillons anglais gardant l'autre rive, et je sentis, comme l'avait dit mon père, "que j'avais brûlé mes espérances..." En effet, ce second départ ne me promettait plus de retour; ma vie était désormais vouée aux chances des événements; je songeais que je ne pourrais jamais arriver jusqu'à Marie qu'en combattant.

«Le lendemain fut pour tout le monde un jour de réflexion et de projets divers: un jour bien triste, car il fallut songer à nous séparer de nouveau et à travailler à une existence que personne n'avait prévue. Nous étions entourés de forêts, sur un sol ingrat, et trop près des Anglais pour songer à nous y fixer; puis, ce que nous possédions d'aliments ne pouvait suffire pendant longtemps à notre nourriture. D'ailleurs, les Anglais n'étaient pas venus jusque-là pour nous laisser en paix; dès le jour même, ils enjoignirent à M. de La Corne de quitter une terre qui, disaient-ils, appartenait à l'Angleterre. Celui-ci leur fit répondre qu'il était bien dans le domaine de la France, et qu'il ne reculerait qu'à l'ordre de son souverain ou devant une force supérieure; les négociations en restèrent là. On s'attendait à tout instant à voir l'ennemi franchir la rivière.

«Dans ces circonstances, notre commandant dut nous prévenir qu'il pourrait difficilement garder près de lui tant de monde sans compromettre les intérêts de la France, notre propre salut et celui de ses soldats. Il nous offrit de nous diriger du côté de Shédiac et de Miramichi, le long du golfe [du] Saint-Laurent; il nous assurait que nous trouverions là tout probablement des vaisseaux du gouvernement qu'il ferait mettre à notre disposition. Nous partîmes le soir même. M. de La Corne, pour plus grande sûreté, fit armer ce qu'il y avait de jeunes gens parmi nous, et nous donna pour guide Wagontaga, l'ami que voici. C'est de ce moment que date notre intimité.

«Rendus à Shédiac, nous apprîmes qu'une petite flotte de transports venait de partir, faisant voile pour Québec; on n'en attendait pas d'autres avant plusieurs mois. Quelques familles résolurent de s'embarquer sur de méchants bateaux pêcheurs qui couraient les côtes, et de se rendre à l'île Saint-Jean (Île du Prince-Édouard), où un grand nombre de nos compatriotes s'étaient déjà fixés. Mais nous étions plus dénués que la plupart des émigrés, puisque nous n'avions pu faire aucun approvisionnement considérable dans notre dernier établissement; nous restâmes donc à la merci de M. de Boishébert, qui commandait dans ces lieux. Notre situation ne fit qu'empirer. Les secours que nous faisait espérer sans cesse le gouvernement n'arrivaient pas, les troupes étaient elles-mêmes mal nourries, il fallut nous mettre à la ration, à la ration de poisson... Les Anglais, apprenant que des convois étaient partis de Louisbourg pour venir nous apporter quelques aliments, mirent des croiseurs sur toutes les passes entre la côte et l'île Saint-Jean, pour intercepter ces envois. Nous n'en reçûmes rien. L'hiver approchait et nous étions menacés de famine; nous couchions sur la terre, sous des cabanes d'écorce, à la manière des sauvages; il nous restait à peine de quoi nous couvrir la nuit et nous vêtir le jour. Nous étions sur une grève aride, sans aucun espoir de délivrance, ne comptant pour vivre que sur la charité du commandant. Cette situation était pour nous insupportable, et mon père ne pouvait s'y résigner. La faim le faisait moins dépérir que l'humiliation de se voir ainsi réduit jusqu'à la mendicité. Il ne s'arrêtait pas à la pensée que la France, qui avait inspiré notre sacrifice, était tenue de pourvoir, durant quelque temps au moins, à notre existence; il ne voyait que cet état misérable de dépendance. Il parla d'aller se fixer sur la rivière Coudiac, dans l'intérieur du pays, à quelques lieues de la Baie-des-Français; plusieurs familles acadiennes étaient établies sur ces bords depuis quelques années. "Là, disait le pauvre père, nous trouverons peut-être quelqu'un dans l'aisance, et si nous ne pouvons pas tirer de suite notre pain de la terre, ils nous le feront gagner: un salaire, c'est honorable, au moins; mais ici, la nourriture que je prends me répugne; et puis, là-bas, j'irai regarder quelquefois la côte acadienne!.... Qui sait?.... si la France venait à reprendre le pays!... j'aurais moins loin à marcher pour y retourner." À cette époque de l'année, et dans l'état où se trouvaient les affaires politiques, ce projet était plein de dangers. Pour le faire manquer, ou au moins en retarder la réalisation, j'allai offrir mes services à M. de Boishébert, qui les accepta volontiers. C'était me mettre sous le coup de la peine capitale, dans le cas où je serais pris par les Anglais, et rendre mon pardon impossible; et puis je me liais pour cinq ans; mais il n'y avait pas à balancer. Plusieurs jeunes gens, pour assurer à leurs parents une protection plus obligée, firent comme moi, et nous formâmes un corps à part, exempt pour le moment du service régulier, destiné autant à la chasse qu'à la guerre. Wagontaga se joignit à nous avec quelques sauvages de sa tribu. Il fut pour nous d'une grande utilité, connaissant les lieux fréquentés par le gibier et habitué qu'il était à le traquer. Nous avions ordre de ne poursuivre les bêtes fauves que sur le territoire français, en deçà de l'isthme acadien, et de ne commettre aucun acte agressif contre les Anglais. Mais si nous les rencontrions en deçà de ces limites, il ne nous était pas défendu de les traiter comme gibier de bon aloi.

« Nous passâmes ainsi l'hiver à poursuivre le chevreuil et l'orignal, le castor et la martre, faisant des amas de pelleteries pour notre commandant et des provisions de viandes fumées pour nourrir nos familles. Les Anglais seuls ne se présentèrent pas à l'affût, au grand regret de Wagontaga, qui a pour la chair anglaise un goût exclusif. Mais s'il en manqua durant toute cette saison, il n'en a pas été privé depuis. »

En entendant ces derniers mots, Toinon s'éloigna de plusieurs pas du terrible sauvage, et poussa timidement de son côté quelques restes de pain et sa carcasse de canard où il restait pourtant assez peu à manger.

Jacques reprit en riant son récit : « Jusque-là cette vie ne manquait pas d'avoir son charme ; la chasse était assez abondante, nous apportions quelque soulagement aux privations de nos parents et nous nous préparions à des aventures plus importantes. Il s'établissait un lien d'affection entre nous et nos armes qui nous servaient de gagne-pain, et nous éprouvions quelquefois le désir de nous en servir sur un autre champ. Un Français, placé comme nous l'étions, si près de ses ennemis, ne se familiarise pas avec le fusil sans qu'il lui vienne l'envie de le diriger du côté de la frontière, et nous avions, nous particulièrement, bien des raisons de le désirer.

« Cependant, le printemps ne changea rien à la situation des émigrés acadiens. Mon père, fatigué de son inaction et de recevoir toujours l'aumône du gouvernement au prix du sacrifice de ses enfants, partit, comme il l'avait projeté, pour se rendre sur le Coudiac ; il ne voyait plus de dangers à craindre, les Français ayant élevé des forts à Beau-Bassin, sur la Baie-Verte et à l'entrée du fleuve Saint-Jean ; il était persuadé que la France finirait par reprendre des provinces dont les habitants lui avaient montré tant de dévouement, et il croyait à son départ ne faire qu'une seule étape avant d'arriver à Grand-Pré.

« Il fallut donc faire encore des adieux, et cette fois, j'allais être séparé de tout ce qui me restait de cher. Car je ne pouvais pas m'éloigner avec eux ; j'aurais rougi d'offrir un remplaçant à l'approche de la guerre, au moment du danger. D'ailleurs, comme il était évident que je ne pourrais jamais arriver à Grand-Pré qu'avec les armes de la France, je n'avais plus d'autre ambition, d'autre désir que de rester sous mon drapeau. Après le départ de mes parents, ce drapeau fut tout ce qui put me captiver ; je lui confiais toutes mes espérances, il portait dans ses plis toutes mes amours ; sa vue seule m'a fait supporter pendant trois ans la monotonie de ma solitude, l'absence de toutes mes affections, l'inquiétude que m'avait laissée l'éloignement de tous les miens. Ah! que de rêves il faisait encore naître dans mon esprit fiévreux! Il m'arrivait quelquefois de m'arrêter à le contempler; quand nous campions dans quelque lieu où se réveillaient mes souvenirs, alors je lui parlais dans mon cœur, je lui souriais dans mes illusions; je lui disais: "Signe de la France, non tu n'es pas trompeur, tu n'es pas infidèle à notre gloire, tu passeras encore sur cette terre d'où tu as été chassé; je te suivrai pas à pas, versant mon sang, frappant de toutes mes forces; je te suivrai jusqu'à ce que tu t'arrêtes sur ma chère Acadie, sur mon Grand-Pré, et qu'il n'y ait plus autour de toi d'ennemis assez puissants pour te menacer encore!" Et je me voyais arrivant ainsi dans mon village délivré, chargé de drapeaux ennemis, fier de notre triomphe, ramenant vers leurs champs mes parents exilés, demandant à Marie, restée fidèle à mon souvenir et à celui de notre vieille patrie, de me récompenser... Et je hâtais les événements de tous mes désirs, j'appelais la guerre!....

«Et Dieu a voulu que tout cela fût de la folie!.... Aujourd'hui, j'ai bien peu l'air d'un triomphateur, n'est-ce pas?...

«Le départ de M. de Boishébert pour la rivière Saint-Jean fut encore pour moi un événement pénible, car il nous laissa sous le commandement d'un homme détestable, M. de Vergor, un commis de tripot plutôt qu'un soldat, un filou, un valet intrigant, un lâche; et nous étions à la veille de combattre.

«Le colonel Winslow venait de débarquer avec deux mille hommes à quelque distance de Beau-Bassin. Il fallait résister à une pareille force, et nous n'étions en tout que quatre cents, dont trois cents recrues, à peine armées et levées à la hâte. Bien dirigée, cette petite troupe aurait pu causer quelque mal aux Anglais, et les arrêter pendant longtemps devant le fort Beauséjour; nous étions habitués à combattre un contre quatre. Mais notre chef était inhabile et personne n'avait de confiance en lui. Je fus chargé avec mes gens de courir en éclaireurs et de faire l'escarmouche autour des palissades. Cette besogne me convenait assez. Je connaissais bien le pays; les bois et le cours des rivières m'étaient familiers.

«Pleins d'ardeur, Wagontaga et moi nous courûmes au-devant de l'ennemi. Mais il venait de culbuter un corps des nôtres, retranché derrière quelques redoutes construites à la hâte. Nous dûmes nous retirer dans le fourré, nous contentant d'observer la marche de nos adversaires et de leur envoyer quelques décharges bien dirigées. La nuit, nous tombions dans leur camp avec un bruit d'armes et des cris sauvages capables de faire fuir les morts. Cette tactique eut d'abord son effet: elle déguisait notre nombre, ralentissait la marche des Anglais, en leur faisant craindre quelque coup de main, et elle donnait le temps à la garnison du fort de se préparer à la résistance ou à la retraite. Mais elle ne pouvait se prolonger, l'ennemi était déjà prévenu de notre faiblesse. Il réussit bientôt à former ses lignes de siège. M. de Vergor s'y laissa enfermer, quoiqu'il dût savoir qu'il ne pouvait pas défendre la place; le feu des batteries fut ouvert, et quelques jours après je vis glisser le pavillon français : notre commandant avait capitulé. J'étais resté avec mes troupes en dehors de l'enceinte fortifiée pour battre la campagne et inquiéter les derrières des assiégeants : aussitôt que je vis tomber notre drapeau et le feu se ralentir, je compris notre malheur et je m'éloignai sans attendre d'ordres supérieurs, sans savoir les conditions de notre honte; je sentais mon cœur plein de dégoût et de rage. J'avais résolu d'aller prévenir ma famille de cet échec et de pousser ensuite jusqu'au fort de la rivière Saint-Jean où commandait M. de Boishébert. Mais quelques-uns de mes hommes avaient été blessés, il fallait les porter à travers les bois, tantôt dans des routes escarpées et jamais bien tracées, tantôt dans des savanes boueuses; puis nous avions les rivières à franchir, et nous manquions d'aliments sains. Toutes ces entraves apportèrent bien du retard dans notre marche, et les Anglais eurent le temps de pénétrer dans le Coudiac avant nous.

« Nous étions arrivés à quelque distance de cette rivière quand nous rencontrâmes plusieurs familles de nos compatriotes; elles étaient dans un état déplorable, presque sans habillements, manquant à peu près de nourriture ; elles se traînaient à peine et elles essayaient de fuir. Leur épouvante était si grande que lorsqu'elles nous aperçurent elles ne voulurent pas nous reconnaître, et crurent que nous venions pour les massacrer. C'étaient des anciens colons de ce lieu; je n'en connaissais aucun. Pauvres gens! ils semblaient croire qu'il n'existait plus d'Acadiens dans le monde.... Lorsqu'ils virent qui nous étions, ils s'écrièrent avec désespoir :

« — Ah!... vous venez trop tard!... les Anglais sont passés chez nous!...

« Nous comprîmes que le feu avait dû y passer aussi. C'est en effet ce que nous apprîmes par le récit de ces malheureux.

« Aussitôt après la reddition de Beauséjour, Winslow avait détaché quelques troupes et il les avait envoyées par eau dans le Coudiac pour détruire tous les établissements qu'elles rencontreraient sur leur passage. Ces hommes s'y rendirent de nuit, entrèrent dans les maisons, saisirent les habitants au milieu de leur sommeil, les poussèrent dehors et mirent ensuite le feu à leurs demeures. Dans la terreur qui s'empara d'eux, ils se précipitèrent au hasard dans les bois environnants.

« Vous comprenez mon angoisse et mon désespoir en entendant raconter ces détails. — Et les Hébert! m'écriai-je, que sont-ils devenus?... les connaissiez-vous? — Les Hébert! répondit un de la bande, si nous les avons connus?... Ah! oui, capitaine; les braves gens! c'étaient nos voisins, ils habitaient parmi nous depuis trois ans seulement, et déjà ils étaient à la veille de jouir de leur travail. Quel courage!... si vous aviez vu les vieux à l'ouvrage!... c'était à faire rougir ceux de notre temps. Ils possédaient déjà une maison et plus de défrichement qu'il ne leur en fallait pour vivre. Et il leur a bien fallu partir comme nous autres. Mais ça coûtait aux enfants; ils voulurent résister, et ils en ont tué deux!

« — Qui en a tué deux? m'écriai-je.

« — Les Anglais... Ils ont fait feu, et deux des aînés sont tombés; nous ne savons pas leur nom. Les autres de la famille se sauvèrent de notre côté. Ils allèrent bien quelques jours; mais la pauvre mère était trop âgée pour tant marcher, pour tant souffrir; et elle est morte!...

« — Ma pauvre mère est morte!... m'écriai-je en étouffant de douleur, morte dans ces bois!...

« — Quoi! c'était votre mère, reprit le conteur. Ah! pauvre monsieur, allez, n'ayez pas tant de chagrin, elle est mieux que nous tous à présent, c'est une sainte martyre qui se repose au ciel. Si vous aviez vu ses derniers moments!... comme c'était beau! Elle a dit à ses enfants de se réunir autour d'elle; elle était couchée sur un lit de sapin au pied d'un gros arbre près de cette petite rivière qui passe non loin d'ici. Il y avait encore dans le ciel un peu de la lueur du soleil couchant et ça éclairait sa figure comme les regards du bon Dieu. Quand toute sa famille fut agenouillée autour de son grabat, elle demanda à son mari et à ses enfants de lui pardonner le mal, les chagrins et les scandales qu'elle avait pu leur causer dans sa vie; puis elle a prié Dieu de ne pas punir les Anglais à cause de leurs cruautés, et elle lui a demandé de réunir un jour ses enfants autour de leur père dans un pays français; et pendant que nous étions tous à réciter le chapelet avec elle, elle a rendu l'âme. Ses yeux étaient tournés vers le ciel; nous pensions qu'elle priait encore... et elle avait quitté la terre... Durant la nuit, nous creusâmes une fosse et nous déposâmes le corps dedans. C'était bien triste de ne pas avoir là de prêtre pour bénir la terre; mais tant de larmes de malheureux sont tombées dessus que Dieu a dû la trouver assez sainte... Après ça, votre pauvre père a fait deux grandes entailles en forme de croix sur l'arbre près duquel reposent les restes de sa défunte femme, et ils ont continué leur chemin...

«Je restai un instant torturé par l'excès de ma douleur, puis je demandai à ces gens pourquoi ils n'avaient pas suivi mes parents.

« — Ah! reprit celui qui m'avait parlé, c'est que c'était impossible; pendant que vos frères résistaient aux Anglais, les autres avaient pu saisir quelques aliments, de quoi se couvrir et un canot d'écorce. Arrivés sur les bords de cette rivière, comme ils ont jugé qu'elle devait se diriger du côté de Shédiac, ils résolurent de suivre son cours par eau. Nous ne pouvions pas tous entrer dans le canot; il fallut donc nous séparer. Après nous avoir laissé une partie de leurs provisions et pris avec eux ceux d'entre nous qui pouvaient le moins marcher, ils se sont hâtés de s'éloigner pour nous envoyer plus tôt du secours. Voilà quatre jours maintenant que nous cheminons seuls.

« Il était inutile d'aller à la recherche de ma famille, je n'aurais pas pu la rejoindre ; j'étais à peu près sûr de la retrouver à Shédiac et de rencontrer prochainement quelques-uns de mes frères quand ils reviendraient au-devant des malheureux restés en arrière. Et puis, je brûlais de courir sus aux Anglais et de leur enlever le butin qu'ils avaient dû faire dans leur expédition. Il était aussi, plus que jamais, nécessaire d'aller avertir M. de Boishébert pour empêcher l'ennemi de lui couper la retraite. Nous laissâmes donc tous nos blessés et toutes les provisions dont nous pouvions nous dispenser à la rigueur parmi les émigrés que nous venions de rencontrer, et nous nous remîmes en marche.

« Le lendemain soir, comme nous allions faire halte, nous entendîmes à quelque distance, en avant de nous, les hurlements d'une meute de loups-cerviers. Je m'avançai dans la direction du bruit et j'aperçus, dans un endroit que les voyageurs de la veille m'avaient décrit, l'arbre marqué par mon père. C'est à ses pieds que les animaux sauvages faisaient leur affreux sabbat. Je pressentis quelque chose d'horrible et je m'élançai de ce côté. J'avais bien deviné : les affreuses bêtes, après avoir déterré le corps de ma mère, achevaient de s'en repaître... Il n'y avait plus autour de la fosse que quelques ossements épars, comme les restes d'un repas de camp. C'était là tout ce qui restait de l'image de ma mère... Ma mère ! ma pauvre mère ! elle n'avait pas même pu dormir en paix dans cette solitude, sous cette forêt sauvage !

« Mes chers amis, je ne sais plus ce qui se passa dans ma tête et dans ma poitrine dans ce moment-là ; je sentis quelque chose comme le bouleversement d'un orage qui vient ; je crus que j'allais devenir fou de douleur et de rage. Je me rappelle que je m'arrêtai devant cette croix que la main d'un infortuné avait laissée là pour veiller sur le corps d'une martyre ; je la regardai presque avec mépris et je lui demandai ce qu'elle avait fait de sa relique, des larmes et des prières des miens... Puis, je ramassai un à un tous ces chers débris, je les montrai au ciel et je lui demandai s'il était juste d'accabler ainsi tant d'innocence, de poursuivre jusque dans son dernier refuge tant d'infortune ! Je fus même tenté de jeter vers Dieu (ah ! qu'il me le pardonne !) de jeter comme un défi, comme une insulte, ces restes palpitants. Mais l'âme sanctifiée de ma mère, qui devait voir mon désespoir, me retint sans doute, elle qui avait peut-être pardonné aux Anglais, et je n'articulai pas un blasphème sur ces saintes dépouilles... Je les pressai sur ma poitrine.... Mais moi, je ne pardonnai pas. Oh! non, je ne pardonnai pas! Ma sainte mère serait venue dans cet instant me demander ce pardon, à deux genoux, avec ses pleurs, avec sa voix tendre, avec son amour céleste, que j'aurais repoussé ses deux mains jointes sur mon cœur!... Une haine brûlante s'était allumée dans mon sang, et désormais je ne pouvais plus me coucher sur cette terre sans m'être vengé. Je le jurai là devant cette croix marquée par mon père...

«Après avoir déposé au fond du lit de la rivière les restes de ma mère, je dis à mes hommes:

«— Eh bien! maintenant, pouvez-vous me suivre?

«Ils m'aimaient, ils partageaient mon exaspération, ils répondirent tous:

«— Oui, oui! nous irons partout; sus aux Anglais!

«— Alors, en avant! m'écriai-je en ouvrant la marche, et nous partîmes ainsi sans avoir pris de repos ni de nourriture. Nous ne nous arrêtâmes que pendant quelques heures de la nuit.

«Le lendemain matin, nous touchions aux rives du Coudiac; en explorant ses bords, nous aperçûmes au loin dans le ciel une colonne de fumée. Ce ne pouvait être un incendie; le nuage était étroit et s'élevait avec calme comme du foyer d'une chaumière; or, il n'en existait pas une debout: ce ne pouvait être que le feu du camp des Anglais. Cette conclusion parut juste à tout le monde et elle nous remplit de joie, car jusqu'à ce moment, la crainte de trouver l'ennemi disparu m'avait laissé dans une grande inquiétude.

«Je fis prendre à ma troupe une double ration; et le repas expédié, nous préparâmes nos armes pour le combat. Nous portions tous un fusil et un grand coutelas de chasse. Les fusils furent chargés jusqu'à la gueule, et chacun s'assura que sa lame tenait ferme dans le manche. Un frisson d'impatience courait sur tous nos membres, et je pus à peine retenir mes hommes jusqu'au soir, ne voulant commencer l'attaque qu'à la chute du jour.

«L'heure du départ venue, après quelques heures de marche forcée, nous pûmes reconnaître la position des Anglais, leur force et leurs moyens de défense. Ils occupaient le fond d'une anse située au pied d'une petite hauteur; ils étaient au nombre de cent, à peu près, distribués autour de trois feux et s'occupant à discourir bruyamment comme des gens qui ont trop bu. Ils semblaient n'avoir prévu aucune attaque, deux sentinelles seulement stationnaient à chaque extrémité du camp; un troupeau de bêtes et des amas de butin encombraient le rivage et les embarcations; les armes étaient groupées par faisceaux à côté des soldats. Les imprudents! ils n'avaient pas même fait occuper le monticule.

«Nous nous hâtâmes d'y monter nous-mêmes, à travers les broussailles. Aussitôt arrivés au sommet, je disposai ma petite troupe sur trois files de dix hommes chacune, et je leur dis à demi-voix : "Descendons d'abord à pas de loup, jusqu'à la moitié de la distance qui nous sépare de l'ennemi ; là, nous nous diviserons, dix à droite, dix à gauche, dix au milieu. Parvenus à vingt verges les uns des autres, vous vous rangerez en ligne de combat, vous armerez vos fusils, vous choisirez vos victimes et vous resterez attentifs... À mon signal, faites la décharge, jetez vos fusils, prenez vos couteaux et tombez tous ensemble sur eux. Frappez aux extrémités et au centre tout à la fois, et surtout frappez juste, pas un coup perdu, pas de merci !..."

« Nous partîmes : des branches mortes craquaient sous nos pieds, les feuilles s'agitaient à notre passage ; mais les Anglais riaient si fort que les sentinelles n'entendaient que les éclats de leurs voix. Nous nous glissâmes abrités derrière une lisière d'aunes qui s'étendait jusqu'aux abords du camp et le cernait en partie. Là, nous nous séparâmes, les dix hommes que je gardais avec moi se tapirent et j'attendis durant quelques instants, l'oreille tendue... Quand les branches eurent cessé de craquer, quand je n'entendis plus une seule feuille trembler, je jugeai que tous mes gens étaient à leur poste. Alors, je fis trois cris, imitant la voix du chat-huant ; les trois décharges éclatèrent et nous nous élançâmes le bras tendu, en poussant des rugissements sauvages.

« Nous étions au milieu des Anglais, qu'ils n'avaient pas encore eu le temps de se reconnaître et de saisir leurs armes. Leur désordre était extrême, ils avaient peur d'eux-mêmes : en se précipitant les uns sur les autres, ils se croyaient assaillis de tous côtés par des bandes deux fois plus nombreuses ; ils se heurtaient, se frappaient entre eux avec tout ce qui leur tombait sous la main, pendant que nous en faisions un massacre épouvantable. Leur capitaine essaya vainement de les rallier et de les faire courir aux armes ; sourds à sa voix, ils se pressaient à ses côtés, se cachant le visage dans leurs mains pour recevoir la mort. Lui-même, serré dans les rangs de cette masse d'hommes stupéfiés par l'effroi, il pouvait à peine se mouvoir. Pour se dégager de leur étreinte et ranimer leur courage, il frappait sur eux à grands coups d'épée. Mais rien ne put maîtriser leur épouvante. Le ton de son commandement, l'éclat que faisait son épée en s'agitant au-dessus de la foule, me le firent d'abord reconnaître pour le chef, au milieu de l'ombre dont les autres le couvraient. C'est lui que je cherchais : c'est sur lui que ma vengeance voulait surtout se satisfaire.

« Je m'ouvris d'abord une voie pour le rejoindre, en abattant sous mes pieds six de ses soldats. Mais lui pouvait m'atteindre de plus loin, et il m'attendit l'épée levée, prêt à me pourfendre. Je n'avais plus qu'un effort à faire pour l'atteindre quand je vis son arme tracer un éclair au-dessus de moi ; je mis ma lame en travers sur ma tête, elle fit glisser la sienne, le coup alla porter sur un autre fuyard qui me barrait encore le chemin et le fit culbuter. Je bondis par-dessus, j'enlaçai l'officier à la taille, le pressant dans mes bras comme une gerbe sous le lien; je l'enlevai du milieu des siens et le fis rouler sous moi à dix pas de distance. À peine avait-il touché la terre qu'il fit un affreux gémissement en se cambrant en arrière, et je sentis un flot de sang inonder mon visage. Mon coutelas était entré jusqu'à la garde au-dessous de son épaule et ressortait sur sa poitrine. Je repoussai ma victime, j'étais déjà satisfait. Mais Wagontaga arrivait en cet instant. Apercevant ma figure toute sanglante et ne sachant pas comment j'avais frappé mon adversaire, il me crut blessé; il se précipita sur le cadavre encore agité de l'Anglais, le perça deux fois au cœur, puis il le saisit ensuite par les cheveux, fit tourner son couteau autour du front et de la nuque, et d'un effort de poignet dépouilla complètement le crâne.

«C'est cette belle chevelure blonde que vous voyez là suspendue au milieu de sa ceinture.»

— Comment! s'écrièrent ensemble les deux Landry, mais c'était donc le frère de M. George Gordon!... Il était blond comme notre lieutenant, et c'est bien ainsi, et dans cette expédition qu'il a péri.... Voilà qui n'assure pas ton repos à Grand-Pré, mon pauvre Jacques....

À cette exclamation de ses deux amis, Jacques ne put cacher un mouvement de surprise ni retenir les mots suivants: — Quoi! c'était le frère de votre «bon monsieur George!» Il donna même une inflexion toute particulière à sa voix en articulant ces dernières paroles, puis son expression revêtit une nuance d'inquiétude bien marquée qui ne s'effaça pas du reste de la soirée. Après être resté quelques instants livré à ses réflexions, il poursuivit son récit.

«— Je laissai donc le corps du commandant aux mains de Wagontaga pour courir après les fuyards. Ceux qui avaient d'abord échappé à nos coups s'étaient enfuis vers le rivage pour se réfugier sur leurs bateaux. Mais ces embarcations étaient déjà surchargées de butin; la plupart s'enfoncèrent sous le poids du trop grand nombre qui s'y précipita. D'ailleurs, nous suivions les Anglais de trop près pour en laisser échapper beaucoup: quelques-uns seulement réussirent à s'éloigner du bord, à la faveur des ténèbres; tous les autres furent culbutés dans la rivière, puis assommés dans l'eau ou massacrés sur la grève. La boucherie ne cessa que lorsqu'on n'entendit plus un seul gémissement poussé par une voix étrangère. Les sauvages achevaient ceux que nous avions laissés blessés.

«À peine étions-nous réunis ensemble au milieu du camp encombré de cadavres, que nous entendîmes tout autour de nous un grand bruit de pas dans les bois. Aussitôt, je criai à mes hommes: "Prenez les fusils des

Anglais... rangez-vous en ligne.... montez sur la colline!" En un instant nous étions armés, rendus sur les hauteurs et prêts à combattre. Mais soudain il me vint à l'esprit que nous pourrions bien être victimes d'une méprise, et nous heurter contre des Français ou des sauvages amis. Je fis entendre immédiatement le cri du chat-huant qui était notre signe de reconnaissance avec les sauvages. Rien ne répondit et les pas s'avancèrent toujours. Alors, nous nous écriâmes tous ensemble: "Vive la France!" Cette fois, les pas s'accélérèrent, et nous entendîmes de tous côtés cent voix qui répétèrent avec les échos: "Vive la France! Vive la France!" Et en même temps, le drapeau blanc sortit du fourré, et nous vîmes déboucher, à droite et à gauche du champ de notre combat, nos frères d'armes, au milieu desquels nous nous précipitâmes. La nuit nous surprit sur le champ de bataille.

« C'était le corps de garnison du fort Saint-Jean que M. de Boishébert ramenait vers Beau-Bassin. Ayant entendu dans le lointain notre fusillade, il était accouru, soupçonnant une attaque des Anglais contre les habitants du Coudiac. Il connaissait déjà la défaite de M. de Vergor depuis quelques jours, et c'est ce qui lui avait fait incendier ses ouvrages de défense. Il n'aurait pas pu s'y maintenir et il craignait de se voir fermer toute retraite du côté du Canada.

« Quelle joie ce fut pour moi de montrer à mon ancien commandant ce que nous avions fait avant son arrivée! Nous comptions quatre-vingts ennemis dans l'autre monde, nous avions des tentes et d'abondantes provisions, et nos adversaires avaient reçu une leçon qui devait leur apprendre à ne plus venir déloger des gens paisibles.

« Le lendemain, nous levâmes le camp pour nous diriger du côté de Shédiac; en chemin nous recueillîmes toutes les familles qui erraient encore dans les bois. Un grand nombre de ces malheureux avaient déjà atteint le poste français; mais je n'y trouvai pas mes parents. Peut-être s'étaient-ils acheminés vers Miramichi. Rien n'a pu m'indiquer depuis la route qu'ils avaient suivie, et j'ignore encore quel a été leur sort...

« Depuis cette époque, je n'ai pas laissé d'un pas M. de Boishébert. Les Anglais, retirés dans leurs forts, semblèrent craindre de s'aventurer au dehors; de notre côté, trop faibles pour les y attaquer nous dûmes nous contenter de les observer et de les surprendre dans leurs mouvements isolés. Ils avaient évidemment terminé la campagne. L'automne arrivait, il ne nous restait plus qu'à songer à nos quartiers d'hiver. Alors, le désir de revoir Grand-Pré vint s'emparer obstinément de moi. Mon engagement touchait à sa fin; j'en profitai pour demander mon congé.

« Il me restait peu d'espoir sur l'avenir de l'Acadie; l'époque où il faudrait s'éloigner pour toujours de ces lieux me semblait proche. Je voulus les revoir encore avant de partir, avant de me mettre à la recherche de mes parents et de tenter de nouveaux combats : un vague pressentiment m'obsédait. Au risque de ma vie, il fallait donner à mon cœur le bien de la certitude, la jouissance d'un moment de bonheur. Depuis si longtemps que je n'en avais pas ressenti !... Le souvenir de votre sœur n'avait jamais eu sur moi tant de puissance que dans ce moment, sa figure se retraçait dans mon esprit avec tout son attrait passé. Ah ! je ne l'avais pas oubliée ! Mais tant de choses affreuses, tant de spectacles repoussants avaient frappé mes yeux, s'étaient gravés dans mon âme depuis le départ, que son image était restée souvent voilée. Mon cœur, durant des mois entiers, s'était rempli de haine et de vengeance, perdant dans ces sentiments violents l'habitude d'aimer et même le sentiment de la souffrance. Souvent, cependant, après une de ces journées de marche forcée, de travail, d'inquiétude, de faim, soit au milieu de ma famille en fuite, soit à la poursuite des Anglais, quand, accablé de la tâche accomplie, j'allais reposer ma pauvre tête sur un peu de feuilles sèches, à l'heure où mon cœur exprimait une prière que ma bouche pouvait à peine articuler ; souvent, j'ai vu passer dans mon âme accablée une figure calme, pure ; elle semblait jeter sur moi un regard de sainte pitié et vers l'avenir un sourire d'espérance !.... C'était peut-être un ange qui, pour mieux me consoler, prenait la figure de Marie. Quoi qu'il en soit, les horreurs du combat livré la veille, la pensée d'un affreux lendemain, les alarmes de la nuit, qui étaient continuelles au milieu de femmes et d'enfants énervés par les privations et les dangers, tout cela venait bientôt jeter un voile sur ma bienfaisante vision. Elle n'est reparue que dans ce moment de lassitude et de dégoût où mon cœur et mon ambition, abîmés par nos déboires, n'avaient plus d'autre but que la fuite et l'incertain ; mais elle est reparue entourée de tout le charme de mes souvenirs, avec les promesses du passé, avec... »

Ici, Jacques s'arrêta tout à coup au milieu de l'entraînement de ses paroles, comme devant un doute affreux qui naissait malgré lui dans sa pensée, qu'il n'osait exprimer ou qu'il aurait voulu repousser. Puis, craignant de laisser deviner la cause de cette réticence, il reprit aussitôt la parole sur un ton plus froid :

« — M. de Boishébert était content de moi ; il ne consentit à me laisser éloigner qu'à la condition que je retournerais bientôt au Canada pour reprendre du service. Il ne prétendait pas m'imposer cette obligation ; mais il croyait que les circonstances m'en faisaient un devoir ; il le demandait au nom de l'amitié : je promis.

« — Malheureux ! s'écria André, pourquoi promettre ?

« — Ah ! c'est parce que, du côté de Grand-Pré, mon avenir n'était pas très certain, après tout...

«— Il faut avouer que tu as bien fait ton possible pour te compromettre ; mais enfin, qui connaît tout cela chez nous ?...

«— D'abord, continua Jacques, à part le danger de me faire fusiller en arrivant aux Mines, je n'étais pas bien sûr si Marie m'avait gardé sa main ; mon cœur repoussait bien ce soupçon, mais on ne peut pas compter éternellement sur la constance d'un cœur de treize ans ; j'avais moi-même manqué au rendez-vous ; elle aurait bien pu se croire excusable de faire un autre choix. Je suppose que les occasions ne lui ont pas manqué... »

En prononçant ces derniers mots, Jacques regardait ses amis et appuyait sur chaque syllabe.

— Les occasions... non bien sûr... reprit André. Mais tu jugeras toi-même demain si elle en a profité... Pour le moment, il est temps de prendre un peu de sommeil si nous voulons arriver à Grand-Pré avant le jour.

VI

Quelques instants après cette conversation, les quatre voyageurs étaient étendus autour de leur feu sur des couvertures que les frères Landry avaient prises avec eux. Deux d'entre eux ronflaient comme des tuyaux d'orgue, c'étaient André et Wagontaga ; Antoine reposait bien aussi, mais il avait des cauchemars ; quoiqu'il eût passé le bras de Jacques autour de son cou pour être plus en sûreté, cela n'empêcha pas qu'il se vît à tout instant dévoré par des monstres tous plus hideux les uns que les autres.

Jacques seul ne put fermer les yeux. Une agitation fiévreuse s'était emparée de son esprit ; ses sens regimbaient contre les accablements de la fatigue et du sommeil ; il sentait déjà le bonheur, qui lui avait souri pendant un instant, s'éloigner de lui.

On a pu remarquer, vers la fin de la conversation, une fluctuation singulière dans ses sentiments, des contrastes heurtés, une exaltation extraordinaire. André s'en était aperçu, et il avait tout attribué aux impressions variées du retour ; mais d'autres causes étaient au fond des émotions de Jacques ; un incident, purement fortuit, venait de produire une émotion soudaine dans son esprit : en voici l'histoire.

Après le combat du Coudiac, Wagontaga, en fouillant dans les habits du commandant anglais, trouva plusieurs papiers qu'il passa à Jacques. Celui-ci parcourut attentivement ces divers écrits, croyant y trouver quelques renseignements utiles à son gouvernement, mais la plupart étaient insignifiants ;

une lettre seulement le frappa, c'était celle que George avait écrite à son frère après le dîner qu'il avait pris chez Marie. La lecture de cette pièce bouffonne l'amusa d'abord. — Tiens, dit-il, les filles de mon village qui invitent les officiers à dîner... qui leur donnent des bouquets, et s'amusent à leur tourner la tête!... Il faut qu'elles soient bien changées depuis mon départ. Mettons ceci en réserve; si jamais je retourne à Grand-Pré, je serai curieux de connaître celle de mes compatriotes qui donne de si beaux exemples, ainsi que ce monsieur Coridon qui fait le Français et se sent des inclinations si peu naturelles à sa race. Coridon, c'est là un singulier nom pour un Anglais!... — Et là-dessus, il mit le chiffon dans sa poche sans plus y songer. Comme on ne traduisait pas les *Églogues* de Virgile, à Grand-Pré, du temps de Jacques, il n'avait pas compris la plaisanterie de George. De sorte que lorsque André lui parla de son *bon monsieur George,* il n'y fit d'abord que peu d'attention; mais quand son ami s'écria qu'il avait tué le frère du lieutenant, alors il se prit à penser que le berger Coridon et George Gordon pourraient bien avoir des relations très intimes, s'ils n'étaient pas le même individu, ce qui fit naître en lui quelques craintes, assez naturelles, chez un amant absent depuis si longtemps. Il se rappela la confiance des Landry dans les Anglais, puis les phrases successives d'André: — Véritablement, se dit-il, ce bon militaire me semble bien privilégié; et l'intérêt exclusif qu'il porte à Marie n'est pas absolument un indice de celui qu'il me portera... M. George qui achetait tous les produits de la petite fermière; M. George qui s'intéressait tant à Marie, qu'il obtiendrait facilement tous les pardons dont son fiancé aurait besoin.

André avait le tort d'être un bon enfant, trop crédule, un de ces frères qui peuvent être excellents quand leurs sœurs en sont à leur premier amoureux, mais qui deviennent dangereux quand les seconds arrivent. Jacques douta de sa perspicacité; puis il se rappela qu'à l'époque où le Coridon avait écrit à son frère, il était déjà à la veille d'être adoré, que ses relations avec Marie avaient toujours continué, que celle qui devait ainsi lui donner son culte était la plus séduisante fille qu'il eût jamais rencontrée. Or, sa fiancée était bien la plus gracieuse créature de Grand-Pré!... Il savait aussi que les frères de sa fiancée étaient partis sans la prévenir de leur dessein; peut-être craignaient-ils qu'elle ne s'opposât à leur départ... Ces considérations enflammèrent peu à peu l'esprit du pauvre Jacques. Cependant, il voulut douter encore; il n'avait jamais bien remarqué l'adresse de la lettre qu'un trop long séjour dans la poche du militaire avait un peu flétrie. Il se rappelait seulement qu'une seule syllabe du nom était encore bien lisible: c'était la dernière; or, celle-là termine également Gordon et Coridon: nouveau motif de doute; pourquoi n'y aurait-il pas eu dans l'armée anglaise deux Gordon et deux

Coridon? Ces coïncidences ne sont pas rares. — Oui. Mais, pensa Jacques, qu'il se rencontre deux Anglais qui aiment également les Acadiens et les Acadiennes, cela est plus inouï.

Toutes ces ambiguïtés de circonstances, tous ces doutes contradictoires avaient retenu jusque-là son esprit en suspens; il n'avait pas osé faire de questions à ses amis, craignant de les offenser. Aussitôt qu'il vit ses compagnons pris de leur plus lourd sommeil, il se leva, tira la lettre, s'approcha du feu, et après avoir remué quelques tisons, il essaya de déchiffrer le mot de sa terrible énigme. Avec les données qu'il avait déjà, il put facilement constater l'adresse suivante: «À monsieur le capitaine Charles Gordon, en station au fort Lawrence.»... Il ne lui restait plus de doute sur l'identité du tendre «berger d'Acadie» et du «bon monsieur George».

Le caractère de Jacques était naturellement doux; mais il renfermait un grand fonds de sensibilité joint à des passions élevées et énergiques: les malheurs, les luttes continuelles de la vie poussent souvent ces natures à la violence; elles s'insurgent contre les obstacles, elles s'habituent à douter du bien qu'elles ne voient pas, elles soupçonnent du mal aux moindres apparences; leur imagination malade les pousse au fanatisme de leurs opinions et de leurs vertus, en même temps qu'elle leur exagère les obligations et les devoirs des autres.

— C'est donc bien vrai! murmura Jacques, en regardant encore le papier; elle aurait consenti à recevoir les hommages d'un officier anglais, d'un drôle «à sa onzième flamme»... et cela, pendant que les conquérants insultent les siens, les pillent, les chassent;... pendant que nous répandons notre sang pour la France;... pendant que je souffre toutes les privations de la misère, dans l'espoir d'arracher l'Acadie des mains de ces bourreaux, n'ayant qu'une seule pensée pour soutenir mon courage, celle d'obtenir de Marie la récompense de mes sacrifices et de mes fatigues!... C'est déjà un crime de laisser arriver dans sa maison un pareil fripon, lors même qu'elle aurait repoussé ses assiduités.

Après un moment de contemplation intime, durant lequel il entrevit, dans un rayon céleste, la petite maison blanche de la fermière plus blanche encore, il se reprocha ses soupçons injustes: — Non! non! dit-il, c'est impossible; il n'y a pas de fille à Grand-Pré assez dégradée, assez indigne du nom qu'elle porte pour aller ainsi, méprisant son sang, outrager dans un pareil moment tous les devoirs qu'imposent le cœur et l'honneur, tous les souvenirs, toutes les traditions de gloire de sa race! Et s'il pouvait se rencontrer une Acadienne assez lâche pour vendre sa main et son amour, ses engagements sacrés, pour la fortune, le nom et la position d'un officier anglais, ce ne pourrait être Marie... Elle sait combien je les déteste; elle était toujours de mon parti quand j'en disais du mal chez les Leblanc... On ne pervertit pas si tôt son caractère et son âme, dans mon pays. Ce bouffon de lieutenant se sera fait illusion sur une simple politesse.

VII

Après ces paroles, Jacques se leva brusquement; il ne pouvait plus tenir en place et brûlait de partir. Dans son impatience, il s'approcha de Wagontaga et, le poussant rudement, il lui dit: — Allons! debout! il faut se presser. Puis, lorsqu'il vit le sauvage bien éveillé, il ajouta:

— Maintenant, guerrier des forêts, ne perds pas une seule de mes paroles. Tu vas suivre nos pas jusqu'au chemin qui conduit à Grand-Pré; car il faut que tu saches où le prendre... Là, nous nous séparerons et tu te hâteras de retourner à l'embouchure du Saint-Jean; en retrouvant mes hommes, tu leur diras de ma part de te suivre, et ils te suivront. Vous prendrez alors tous les canots que vous pourrez trouver sur la côte et vous viendrez à force d'avirons. Rendus dans ce lieu, vous attendrez des ordres; il est possible que j'aie besoin de vous avant la troisième aurore... As-tu compris, Wagontaga?

— J'ai compris.

Et, en même temps, pour tirer P'tit-Toine et André de leur sommeil, le Micmac fit entendre à leurs oreilles deux ou trois de ces cris sinistres que ces sauvages mêlent à leur cri de guerre. Au premier, P'tit-Toine se trouva lancé sur ses pieds comme par un ressort magique; il avait les yeux vitrés, les paupières tendues, il semblait pétrifié.

— Ah ça! dit André un peu hors d'humeur comme tout brave homme qu'on éveille trop tôt; c'est une jolie manière que vous avez là, messieurs, d'annoncer le réveil; vous ne l'introduirez pas à Grand-Pré, j'espère; nos femmes ne goûteront pas ça.

— Au soleil de la France, répondit Jacques. Ce soleil-là, André, il brille avant tous les autres, et il nous poursuit de ses rayons jusque sur les domaines de l'Angleterre. Allons, en route!

Pour écouter cet avis qui ne le touchait guère, Wagontaga approcha du feu une torche qu'il avait préparée avec de l'écorce de bouleau, et quand il la vit bien enflammée, il la passa à son capitaine, qui, la saisissant, prit aussitôt les devants et s'enfonça rapidement au cœur de la forêt.

Il se rappelait encore parfaitement le pays, et ses compagnons avaient peine à le suivre dans ce labyrinthe de sentiers sauvages qui furent les routes primitives de ces solitudes. Ils marchèrent ainsi durant plusieurs heures, gardant le silence, à la lueur du flambeau qui éclairait au loin les voûtes gigantesques et bizarres de la forêt, et projetait en arrière une fumée d'essence embaumée. André et P'tit-Toine avaient à peine le temps de respirer, peu habitués qu'ils étaient à un pareil exercice. Wagontaga fermait la marche ; de temps en temps, on entendait son tomahawk déchirer le flanc de quelques arbres sur son passage. Le Micmac marquait ainsi le chemin parcouru, pour mieux le retrouver plus tard. À un endroit, la voie leur parut mieux frayée, et les deux Landry jugèrent, après avoir consulté leurs souvenirs, qu'ils devaient être très près de la Rivière-aux-Canards, qui bornait de ce côté les premiers établissements des Mines. Non loin de là, ils trouvèrent quelques vêtements tombés sur la route : c'étaient de nouveaux indices qu'ils touchaient aux habitations. Après avoir recueilli ces choses, ils hâtèrent le pas ; mais leur regard tomba sur quelques autres objets domestiques qui gisaient par terre. Ce nouvel incident éveilla leur attention ; il leur parut avoir une signification toute particulière ; ils s'arrêtèrent en s'entre-regardant.

— Voilà qui est étrange, dit André ; qui s'amuse à semer ainsi son linge sur les chemins ?...

— C'est une bonne fée, dit P'tit-Toine, qui veut donner à Jacques une occasion de s'habiller plus chrétiennement avant de se montrer à Grand-Pré.

— Quant à moi, interrompit celui-ci, ça m'a bien l'air d'un déménagement forcé qui me rappelle celui des habitants du Coudiac ; on trouvait ainsi, en approchant de cette rivière, des pièces d'habillements, des couvertures, que les gens avaient perdus dans leur fuite précipitée.

Dans ce moment, Wagontaga, qui avait continué de marcher, vint frapper sur l'épaule de Jacques en lui faisant signe de se taire, puis il lui montra, dans la direction de la grande route où ils allaient entrer, un point menaçant... Les trois voyageurs se turent, et après avoir prêté l'oreille, ils distinguèrent le bruit de pas qui semblaient s'éloigner.

— Ce sont des compatriotes, dit André, qui vont comme nous à Grand-Pré ; ils viennent de perdre ces choses, hâtons-nous de les rejoindre pour les leur rendre, et nous ferons route ensemble. Et sans attendre d'autre réflexion, les deux frères s'élancèrent du côté des inconnus. Jacques, quoique moins confiant, les suivit de près avec son flambeau ; Wagontaga se contenta de les regarder de loin. Il touchait, d'ailleurs, au terme de son voyage, et comme les sauvages n'ont pas l'habitude de faire de trop longs adieux, il se préparait à tourner de bord aussitôt qu'il aurait touché la lisière de la forêt.

À peine P'tit-Toine avait-il franchi quelque distance, qu'il aperçut vaguement, devant lui, entre le massif de sombre verdure qu'il venait de quitter et la nappe pâle de la rivière, un groupe de personnes dont quelques-unes étaient à cheval. Dans son premier transport, l'heureux garçon fit retentir l'air d'une exclamation stridente ; les échos avaient à peine répondu, qu'une décharge d'armes à feu répandit une vive lumière dans cette scène nocturne. Jacques sentit sa torche échapper de ses mains, des balles sifflèrent tout autour de lui, et il distingua, à l'éclair de l'explosion, une troupe de soldats anglais. Son premier mouvement fut de voler au secours d'Antoine, qui venait de pousser un cri déchirant. Dégainant son coutelas, il courut en avant, à tout hasard ; les ténèbres lui paraissaient impénétrables depuis la disparition de sa lumière. Dans sa course, il vint tomber dans les rangs ennemis, qu'il croyait plus éloignés.

C'est en vain qu'il fit des efforts inouïs pour se dégager de leurs mains : il frappa d'abord de grands coups, mais sa lame, dirigée à l'aveugle, vint heurter un objet résistant et vola en éclats. Il ne lui restait plus que ses poings désarmés pour défendre sa vie. Mais les Anglais étaient nombreux ; en un instant, il se vit enlacé de toute part par vingt bras qui paralysèrent toutes ses forces et l'écrasèrent sur le sol. Il sentit alors la chaleur de son sang qui ruisselait sur sa poitrine par une large blessure, mais ce qu'il sentit surtout, c'est qu'il avait perdu sa liberté. Accablé sous la masse de ceux qu'il avait entraînés avec lui, il rugit comme le lion du désert que l'étreinte du piège vient d'arrêter dans son élan. — Prisonnier !... murmura-t-il entre ses dents qui grinçaient de rage... prisonnier ! au moment d'arriver...

Et il lui vint un moment de stupeur glacée, comme en ont les forcenés après un accès de furie ; les soldats en profitèrent pour lui lier les mains derrière le dos, et l'attacher ensuite à une longue entrave qui servait à retenir ensemble plusieurs autres malheureux. Il ne sortit de cette crise affreuse qu'au moment où un homme de l'escorte lui administra dans le dos un grand coup de crosse de fusil, pour l'avertir qu'il lui fallait marcher et obéir désormais à d'autres maîtres.

Tout ceci s'était passé si précipitamment que Jacques n'avait pas eu le temps d'analyser les causes de son nouveau malheur ; il s'était senti comme le jouet d'un événement mystérieux, dont les Anglais, son cauchemar, conduisaient la trame infernale. Pourquoi traitait-on ainsi les hommes qui pouvaient être des amis, des concitoyens !... Antoine et André étaient en réalité tout cela. D'où venaient ces autres captifs qui marchaient à côté de lui ?... Ils étaient trop nombreux pour lui laisser croire que c'étaient ses trois compagnons. Les habitants de la Rivière-aux-Canards avaient-ils subi l'infortune de ceux du Coudiac ?... Il s'arrêta à cette dernière conjecture ; mais ses amis étaient-ils au milieu d'eux ? Il brûlait d'éclaircir là-dessus son incertitude. Pour y parvenir, il les appela les uns après les autres, à demi-voix ; mais il n'entendit répondre que ce soldat, qui parlait si fort avec la crosse de son fusil.

— *Silence!* cria-t-il, *go on, rascal!...*

Jacques comprit que les autres prisonniers avaient probablement reçu, comme lui, le conseil de se taire, et il ne voulut pas les exposer à d'autres rudesses en leur adressant des questions ; il se résigna donc à attendre le jour pour voir plus clair dans sa situation. Il comprit seulement à certains gémissements, ici, plus étouffés, là, plus aigus, qu'il y avait autour de lui des femmes et des enfants attachés à la même corde.

Pour ceux qui connaissent l'état où en étaient alors les choses en Acadie, à l'arrivée de nos voyageurs, il est aisé de deviner que Jacques était tombé au milieu d'une de ces patrouilles qui pourchassaient dans les champs et les bois les habitants échappés de leurs demeures, au temps de la proclamation de Winslow.

VIII

Le jour, un de ces beaux jours de septembre, les plus brillants de cette latitude, commença peu à peu à nuancer l'horizon de teintes joyeuses. Des couches légères de vapeur s'élevaient au-dessus de la surface endormie de la Rivière-aux-Canards, comme ces voiles de gaze que les enfants de chœur tendent sur le front des mariés. La nature charmée semblait attendre le réveil de la vie universelle, l'apparition des splendeurs de la création, tant elle restait sans haleine et sans murmure. Au-dessus de cette nuée virginale, immense et nivelée, où tout se fondait vaguement comme dans une esquisse à l'estompe, perçaient des collines bleues et de grandes masses de forêts touffues et rougies. C'était bien l'aurore que le prisonnier Jacques avait rêvée pour son retour ; mais en promenant ses yeux autour de lui, il n'aperçut que les soldats de l'escorte et d'autres victimes, parmi lesquelles il ne retrouva pas même un ancien ami... Tous ces charmes ne brillaient que pour éclairer son infortune, et compléter ses regrets !

Les quelques chaumières qu'il vit sur le chemin paraissaient vides et désolées ; les portes étaient restées ouvertes, comme après un tremblement de terre, quand les habitants ne sont pas encore rentrés. En passant, les soldats y mirent le feu ; Jacques ne douta plus de ce qui était arrivé.

Le moment où ils allaient toucher Grand-Pré approchait : la triste caravane avait franchi la rivière à son embouchure et suivait la grève, le long du Bassin-des-Mines. Cette grève forme à cet endroit une baie gracieuse qui sert aussi d'entrée à la Gaspéreau. À peine Jacques y avait-il mis le pied, qu'il aperçut son village ; il se déroulait sur la pente étagée de la côte, à une petite distance devant lui. Le soleil venait en ce moment de franchir et de disperser les derniers rideaux de brume que la nuit avait tendus devant lui, et il semblait vouloir inonder de ses magnificences cette humble bourgade, séjour chéri, où l'on avait si souvent béni ses faveurs et salué joyeusement son apparition. L'astre reconnaissant voulait lui faire de solennels adieux. Les toits les plus modestes, les plus petits carreaux de verre resplendissaient sous ses rayons de pourpre, comme des palais enchantés. Près du rivage, pour ajouter à la variété du spectacle, étaient venus s'ancrer cinq bricks élégants de la Nouvelle-Angleterre ; ils se balançaient sur les premières ondulations de la marée fuyante, agitant dans le ciel cette parure de lumière que le soleil attachait à leurs voiles à demi déployées et à leurs réseaux de cordages.

Bientôt le cortège commença son lugubre défilé ; il venait d'atteindre les premières maisons du village ; les femmes et les petits enfants sortaient aux portes pour regarder passer ces autres malheureux qui entraient ainsi de temps à autre, de la campagne, venant, comme les flots tardifs d'un grand orage, activer les dégâts d'un naufrage. Mornes, sur leurs seuils, les curieux suivaient de l'œil les nouveaux captifs, et semblaient vouloir leur communiquer, par leur regard, l'expression de leur pitié. C'est sur Jacques surtout, blessé et sanglant, que s'attachaient les yeux ; on se demandait étonné, à l'aspect de son costume, d'où pouvait venir cette étrange victime.

Après avoir franchi quelques arpents dans la rue centrale, qui pouvait avoir un mille de long, depuis le rivage jusqu'à l'église, l'escorte s'arrêta près d'un corps de garde établi provisoirement dans une habitation privée : il s'agissait de prendre, ici, des mesures pour distribuer dans différents lieux de réclusion cette moisson de la nuit : l'église était déjà trop pleine. Jacques, en attendant que les dispositions qui le concernaient fussent arrêtées, vint s'appuyer à la clôture mitoyenne entre le corps de garde et la maison voisine, qui n'était autre que celle de la femme Piecruche, si bien connue pour sa mauvaise langue. La blessure qu'il avait reçue, quoique peu dangereuse, lui avait fait perdre beaucoup de sang ; les fatigues excessives qu'il endurait depuis quelques jours, et tous les cuisants déboires qui l'assaillaient à la fois à son retour, avaient épuisé son héroïque énergie ; il crut un instant qu'il allait chanceler et il chercha un soutien pour cacher sa faiblesse. Dans cet accablement universel, il regarda son pauvre village si désolé ; mais surtout, il fixa les croisées et la porte de cette maison qui lui avait laissé tant de promesses de félicité et devant laquelle il ne retrouvait plus que l'inutile et suprême espoir de voir apparaître à l'une de ses ouvertures la figure de Marie. La vieille demeure des Landry était, en effet, à quelques pas devant lui.

Si la vie semblait s'éteindre à toutes les extrémités de son corps, combien elle débordait de son cœur, en cet instant! Il était secoué de ses palpitations, comme un volcan qui va entrer en éruption.

— Bientôt, pensa-t-il, nous allons être traînés devant cette porte; elle verra, comme ces autres femmes de là-bas, passer ces gens liés; et parmi eux, cet étranger avec des habits sauvages et du sang sur sa poitrine:... elle attachera sur moi son regard... et... peut-être ne me reconnaîtra-t-elle pas... et quand je serai passé elle aura pitié de ces malheureux, sans penser à moi... Mais si elle allait me deviner sous ce travestissement ignoble, sous cette figure ravagée!... si son regard en croisant le mien se voile de larmes... et si elle s'élance vers moi!... Ah! je sens que j'oublierai tout, que tout sera pardonné!... Le bonheur embellirait mon supplice, je me sentirais plus fort pour mourir; cette mort sans résultats, cette infortune misérable, elles me laisseraient au moins une consolation: cet ange qui venait me sourire dans mes angoisses, il me regarderait encore tomber, il prierait Dieu sur la fosse où ils vont jeter mes os... Mais si Marie allait me voir passer avec indifférence, comme une connaissance oubliée!... Ah! mon Dieu, pardonnez-moi ces faiblesses!... Je n'ai jamais tremblé, pourtant, et je sens que je tremble jusque dans la moelle de mes os.

Et Jacques sentait comme un incendie dans ses désirs impatients; il hâtait le moment du départ; ses yeux, pour ne pas perdre la minute fortunée où Marie pourrait se montrer à ses croisées, allaient de l'une à l'autre avec une persistance et une activité à briser la plus ferme prunelle. Mais cette tension du regard, joint à l'effet du miroité des carreaux illuminés par le soleil, finit par donner à ses yeux l'illusion de ce qu'il désirait voir: il lui sembla que les fenêtres s'ouvraient les unes après les autres, et que la figure de sa fiancée se montrait à toutes à la fois.

Il était sous l'influence de ce charme trompeur, quand son attention fut attirée du côté de la porte voisine par un dialogue, conduit par deux timbres aigus sur un rythme de crécelle.

— Tiens, disait le soprano le plus criard, mais regarde donc là-bas, cousine, c'est ben la p'tite Landry que j'voyons venir à travers le pré de son père, avec son Anglais...

— Mais, oui, répondait une cousine, ça n'peut pas être une autre; il n'y a que c'te p'tite opulente qui se laisse fréquenter par ce beau coureur de filles.

— Ce n'est pourtant pas elle qui est coupable comme sa mère, qui voudrait faire la grosse dame, et nous passer sur le corps avec c't'habit rouge-là...

— Pouah! j'trouvions que la p'tite bellâtre tire ben son épingle du jeu... Toujours qu'il est vrai que ce n'est pas ben choisir son heure pour courailler les champs avec les militaires, pendant que son père et ses frères sont en prison, et que sa folle mère se chagrine toute seule dans sa maison. Elle doit s'en mordre les pouces, la bonne femme. V'là c'que c'est que d'apprendre tant à lire aux filles; de leur mettre de l'anglais à la langue... Quand on pense que le vieux Leblanc a voulu éduquer sa nièce dans ce baringouin-là!... Non, non, tout ça, entends-tu, voisine, c'est bon pour donner de l'orgueil aux filles; ça leur tue le cœur; et puis, ça permet à celles qui en ont envie d'agacer les officiers.

— D'où peut-elle venir si matin? reprit le premier soprano... Sa mère l'a cherchée une partie de la nuit... Elle n'aura pas couché au logis;... le beau George lui aura donné le couvert pour la nuit. Elle avait besoin de consolation, sans doute, la pauvrette... Ah! ils n'iront pas en exil, ceux-là; tu verras qu'ils n'iront pas, les Landry, les Leblanc: c'est moi qui te l'dis! Quand nous serons partis, ce sera moins honteux de se marier avec un protestant. Mais tiens!... regarde donc, voisine, comme ils se parlent tendrement; allons donc! la belle lui tend la main... il la prend... c'est-il joli un peu!... ah! pour le coup, v'là qui est plus fort!...

Chacune de ces paroles était tombée comme des gouttes de ciguë dans le cœur de Jacques; la calomnie avait pénétré dans toutes ses veines, il en était ivre. De l'endroit où il se trouvait, il n'avait pu suivre le couple tendre qui venait dans le pré des Landry; les dépendances de la ferme interceptaient sa vue: ce n'est que lorsqu'ils furent près de la maison qu'il les aperçut; le sentier faisait là un circuit autour des bâtiments, pour rejoindre la route publique: Marie venait de s'arrêter, et elle tendait sa main à George... De son côté, Jacques se trouvait détaché d'une partie de ses compagnons; il ne restait à ses mains que quelques liens. Dans son exaspération, il fit un effort gigantesque, les cordes volèrent en charpie, et il alla tomber devant sa malheureuse fiancée comme une apparition vengeresse. Il était terrible à voir; sa blessure, que le sang coagulé avait un instant fermée, s'était rouverte, et un ruisseau fumant s'épanchait sur sa poitrine comme une lave brûlante; sa crinière de lion battait ses épaules, les bouts de ses attaches pendaient encore à ses poignets, un feu de foudre jaillissait de ses yeux.

En le reconnaissant, Marie avait levé ses bras vers lui, mais elle ne savait plus, tant elle le voyait menaçant, si elle était devant son fiancé ou devant son juge, si elle devait implorer sa grâce, ou verser les flots d'une passion si longtemps contenue! Elle resta fixée dans l'élan de son transport, comme une de ces navrantes figures de marbre du groupe des Niobé.

— Jacques! mon pauvre Jacques! répétait-elle, tremblante, éperdue, la mort sur les lèvres.

Mais lui avait fait un pas en arrière devant ces bras tendrement étendus pour ceindre son cou ; et, morne, il brûlait la jeune fille de son regard. Puis, rompant tout à coup son silence :

— Vois-tu ce sang-là, dit-il d'une voix sourde, en montrant des deux mains le ruisseau rouge qui descendait sur sa tunique ; vois-tu, vois-tu... c'était pour toi qu'il soutenait ma vie,... c'est pour toi qu'il m'a conduit jusqu'ici... c'est pour toi qu'il coule... Mais n'y touche pas... n'y touche pas, malheureuse, tu l'as oublié, tu l'as méprisé, tu l'as vendu avec ton honneur, avec l'amour des tiens, avec ton respect pour la France !... Va, je te méprise, je te rejette.

En articulant ces dernières paroles, il saisit les deux bras défaillants de Marie, les repoussa en arrière ; et la pauvre enfant, foudroyée, s'affaissa comme une tubéreuse rompue dans toute son efflorescence embaumée. Jacques lui jeta à la face la lettre de George ; puis, se tournant du côté de celui-ci, qui était resté pétrifié de surprise devant cette scène inattendue :

— Et vous ! monsieur George, lui cria-t-il d'une voix tonnante, séducteur de filles, bourreau de vieillards et de femmes, apprenez que c'est moi qui ai tué votre frère, et qui vais vous tuer aussi.

En même temps, il bondit vers l'officier, les mains crispées, et il le saisit à la gorge. Mais dans ce moment, les soldats, que son évasion avait un instant déconcertés, et qui avaient dû veiller d'abord sur le gros des prisonniers restés sans entraves, arrivèrent sur lui, l'assaillirent de coups et le terrassèrent de nouveau. Il avait, d'ailleurs, épuisé la mesure de son énergie. Il fallut presque le traîner au corps de garde.

— Mais d'où sort-il donc, ce forcené-là ? dit le chef de l'escorte en le voyant revenir ; pour cette fois, il faut l'empêcher de prendre de nouveaux ébats.

Quelques instants après, Jacques fut chargé de fers ; on lui en mit aux mains, aux pieds, au cou, et c'est dans cette toilette de galérien qu'il parcourut tout l'espace qu'il y avait à franchir pour se rendre au presbytère. Quelle route fut pour lui ce chemin joyeux et fleuri d'autrefois !... En passant devant chaque maisonnette, il nommait les habitants, les compagnons de son enfance, de ses plaisirs ; il pensait à une fête, à une rencontre, à un incident heureux, à un mariage ;... c'était un chapelet de plaisirs qu'il répétait sur un sentier d'ignominie.

À peine fut-il rendu à la demeure de son ancien curé, qu'on le jeta dans un caveau creusé sous la cuisine, et qui n'avait qu'une seule entrée pratiquée dans le plancher supérieur et fermée par une trappe, comme la prison où Jugurtha mourut de faim, à Rome. En y tombant, Jacques disparut dans les ténèbres, la grande porte de chêne s'abattit sur sa tête, deux soldats firent un pas dessus, comme pour la sceller de mépris sous leurs pieds, et ils s'y établirent en faction.

IX

Après la rencontre de la ferme des Landry, George rentra chez lui ; il était libre pour le reste de la journée, il sentait le besoin de s'appartenir à lui seul durant quelques heures ; la solitude lui était nécessaire pour se recueillir et mettre un peu de calme dans ses sens et ses pensées. Il n'était pas né pour vivre au milieu des larmes et pour torturer des cœurs humains. Les scènes de la veille avaient révolté tous ses sentiments, dérouté ses meilleurs instincts ; la nuit du cimetière était passée comme une tempête capricieuse dans son âme ; si les dernières paroles de Marie y avaient fait luire un jet de douce lumière, l'apparition soudaine de l'ancien amant, du rival outragé, avait terriblement assombri le brouillard ; il ne savait plus quelle résolution prendre, ou de jeter son épée aux gémonies de ce peuple victime et de s'enfuir, ou de garder encore quelque espoir...

— Jacques est revenu ! Jacques est revenu ! se répétait-il souvent. Et cette figure du fiancé furieux, meurtrier de son frère, se levait toujours comme un spectre entre lui et l'image suppliante de Marie ; il en était obsédé ; il la retrouvait au bout de toutes ses pensées, partout où il portait sa vue. Mais son corps était aussi tellement harassé par la fatigue, qu'il fut pris d'une prostration générale, sorte de somnolence morale et physique où les forces de la vie semblent retrouver l'énergie dans ses affaissements.

Après être resté ainsi, durant un assez long espace de temps, il se leva brusquement en se frappant les deux mains avec un air de satisfaction, et il se rendit aux appartements de Winslow.

Il existait quelque sympathie entre le colonel et le lieutenant. Le premier appartenait à une bonne famille de la Nouvelle-Angleterre ; son éducation avait été soignée ; c'était un homme de bonne compagnie, qui se sentait naturellement plus à l'aise avec les gens bien nés. Quoiqu'il obéît rigoureusement aux ordres barbares de son gouvernement, il laissait cependant percer quelque hésitation ; il évitait de mettre dans ces injustes procédés à l'égard des Acadiens ce raffinement de grossièreté qui caractérisait ceux de Murray et de Butler. George lui en savait gré, et cela lui inspirait quelque confiance.

Après une heure de conversation secrète, durant laquelle les noms du père Landry, de Jacques et de Marie furent souvent prononcés, l'officier rentra chez lui avec le même empressement, mais encore plus content de lui-même et de son colonel qu'il ne l'était avant ; et il ne pouvait s'empêcher de s'adresser quelques mots de félicitation.

— C'est bien, c'est très bien ! Jacques expédié, le père chez lui, presque libre... à la veille du grand départ :... il faudra plus que de l'héroïsme pour y tenir !... Pour le reste, attendons à demain... Elle sera rétablie de sa secousse de ce matin, ils auront joui du bonheur de revoir le vieillard; réunis ensemble, ils sentiront mieux l'horreur d'être séparés de nouveau et la réflexion aura le dessus... Mais commençons par leur annoncer la bonne nouvelle. Et l'officier se mit à son secrétaire pour écrire.

X

Il y avait maintenant plus d'une longue journée que les habitants de Grand-Pré étaient enfermés dans leur église, et leurs geôliers n'avaient pas encore songé à leur procurer quelque aliment. La faim et la soif dévoraient ces poitrines fiévreuses, et depuis le matin on les entendait demander de la nourriture à travers les portes et les fenêtres fermées. Les femmes étaient accourues les bras remplis de toute espèce de comestibles, et elles assiégeaient le presbytère pour obtenir de les donner à leurs parents, mais personne ne semblait songer à écouter leurs prières; personne n'en avait le temps. Quand George alla chez Winslow, il offrit de veiller à ce que la distribution de ces provisions se fît régulièrement et sans embarras pour le service militaire, qui devenait excessif au milieu d'une population entière devenue prisonnière. Il obtint aussi que les chefs des familles iraient, les uns après les autres, passer quelques heures dans leurs maisons pour aider les femmes dans les préparatifs du départ, et pour leur adoucir les déchirements de l'adieu. Mais cette disposition, quelque peu humaine, n'eut en partie son exécution que deux ou trois jours avant l'embarquement des exilés. Il n'y eut que le père Landry et l'oncle Leblanc qui reçurent tout de suite cette faveur. On en devine en partie la raison : le vieux notaire avait une grande influence sur sa nièce, et dans les circonstances on pouvait d'ailleurs avoir besoin du secours de sa profession...

XI

Le père Landry était rendu parmi les siens depuis quelques heures, et il ignorait à quel titre il jouissait de cette liberté exceptionnelle et quelle en serait la durée, quand George fit appeler dans sa chambre Pierriche, qu'il avait pris chez lui la veille, sous prétexte de le retenir à son service, mais au fond pour le conserver à la pauvre veuve, et se ménager encore le bon vouloir de cette femme qui lui avait toujours été si favorable. Au reste, s'il ne pouvait pas obtenir leur grâce, il désirait sincèrement veiller à ce que la mère ne fût pas séparée de son fils dans son exil. Lorsque le garçon fut entré, l'officier lui dit, en lui tendant une lettre :

— Tu vas porter ceci à monsieur Landry ; tu le trouveras chez lui et tu t'informeras de ma part de l'état de la famille. En passant tu iras voir ta mère, pour la consoler un peu. Tu lui donneras ceci pour moi ; — et il mit dans la main du gars quelques pièces d'or. — Dis-lui de prendre courage, que je veillerai sur elle, que ni toi ni ton frère ne seront séparés d'elle. J'ai fait donner à Janot tout ce qu'il lui faut pour ne pas souffrir. Tu l'avertiras en même temps de ne pas être effrayée, le 9, à six heures du soir, car il doit se faire une exécution sur la ferme... On y fusillera quelqu'un...

— Dieu, mon maître! s'écria Pierriche ; mais qui vont-ils ainsi défuntiser, monsieur George?...

— Je ne puis te le dire. J'aurais bien voulu épargner la vue de ce sang à ta pauvre mère et ne pas le laisser répandre sur la terre de Mlle Marie, mais je n'ai pu réussir... Va, mon garçon, si ta mère dit qu'elle a trop peur, tu iras rester avec elle... D'ailleurs, je serai là : Winslow a voulu que ce fût ma compagnie qui fît l'exécution.

Pierriche partit comme un trait, heureux d'aller embrasser sa mère, de revoir la petite maîtresse, mais surtout, tout ébloui de la confiance que le lieutenant venait de lui témoigner ; il se croyait devenu si important, il se trouvait tellement grandi à ses propres yeux, qu'il ne savait plus marcher comme d'habitude ; il s'imaginait que tout le monde devinait, en le voyant passer, que sa tête renfermait des secrets énormes. Les enfants et les esprits faibles croient s'illustrer par les grandes nouvelles qu'ils publient ; ils trouvent de la satisfaction à proclamer les plus grands malheurs, même quand ils en sont frappés ; le bruit que cela fait les console du mal que cela cause.

XII

Quand le commissionnaire du lieutenant entra dans la demeure des Landry, Marie était assise dans une grande bergère qui s'élevait d'ordinaire au centre de la pièce principale de la maison comme un monument consacré aux générations passées et futures de la famille; dans ce moment on l'avait poussée en face de la cheminée où s'engouffrait, comme dans un entonnoir renversé, la flamme d'un brasier fortement attisé. Jadis, ce spectacle eût été réjouissant à voir; mais l'intérieur de ce foyer était bien changé: Marie était là, immobile entre son père et sa mère qui la regardaient, courbés dans leur angoisse et leur silence; ses pieds joints comme dans la tombe reposaient sur un trépied devant le feu; ses deux mains tombées de chaque côté d'elle pendaient comme des grappes que le froid a touchées pendant la nuit; sa tête affaissée sur l'épaule, vivement éclairée par la lueur de l'âtre, ressortait, avec sa pâleur de perle pure, sur le cuir marron du fauteuil comme une belle figure de camée antique. De temps en temps, deux voisines qui l'avaient ramassée sur le chemin et portée chez elle faisaient quelques frictions sur son front et sur ses bras, avec une liqueur essentielle, pour y ramener la sensibilité; mais les mains retombaient toujours, et le front un instant relevé décrivait de nouveau sa courbe de tige fanée. Elle n'était pourtant pas évanouie, elle était abîmée, anéantie. Pauvre fille, elle avait trop souffert pour la puissance de sa sensibilité; son âme avait été soumise à tous les genres de tortures; une furie semblait avoir pris plaisir à lacérer de ses fouets toutes les fibres de son cœur.

Depuis le matin, elle avait passé par plusieurs crises terribles où sa raison semblait devoir s'envoler pour toujours; dans ses délires, des images hideuses avaient succédé à des visions célestes; on aurait dit qu'elle était précipitée des régions bienheureuses dans des abîmes de douleurs. Chacun de ces tableaux déchirants, qui défilaient devant elle comme des visions d'halluciné, paraissait laisser tomber sur son sein, en s'éloignant, un poids qui l'écrasait; mais il s'en présentait un surtout qui faisait frissonner tous ses nerfs: on la voyait alors raidir ses membres comme pour le repousser, et dans son impuissance, ses deux mains s'attachaient à son sein et, dans un effort capable de l'ouvrir en deux lambeaux, on l'entendait s'écrier d'une voix étranglée:

— Jacques! c'est assez... c'est trop!... tu marches sur ma gorge, je sens ton pied écraser mon cœur! pourquoi me traiter ainsi?... Je n'ai pas mérité tant de haine, tant de mépris. Je ne suis pas une fille misérable, déshonorée, perdue!... Non, non! je n'ai rien vendu, rien souillé de mes amours... le tien, il était encore tout dans mon cœur: et la France! ah! comme je l'aimais, pour toi, pour moi, parce qu'elle est belle, grande, toujours glorieuse!... Mais personne ne te l'a donc dit;... pas un homme, pas un frère, pas un ange?... Douce Vierge Marie, je vous avais demandé, à genoux, de lui parler de moi!... et des méchants m'ont calomniée, avilie, perdue :... vous l'avez permis!... c'est le démon qui a gagné. Et toi, Jacques, tu as pu croire que j'étais tout cela... sans foi, sans cœur, sans vertu!... ah! c'est trop cruel, c'est trop injuste cela!... Va-t'en! va-t'en! je ne veux plus de toi... Tu me fais horreur avec ces yeux de feu, ces poings fermés, ce sang... Du sang! c'est vrai, il en était couvert... malheureuse que je suis!...

Et en s'affaissant peu à peu, elle murmurait encore :

— Ce beau retour!... voilà donc tout ce qu'il devait être... Je suis abandonnée... Pauvre Jacques, peut-être qu'une autre, une vraie Française, aura su soulager son exil; je n'étais pas là, moi, pour lui dire de temps en temps : « Jacques, repose-toi, tu es fatigué, tu as trop travaillé, tu as trop combattu;... et puis, console-toi, tu auras un jour un foyer joyeux et tranquille, une autre Acadie tendrement aimée; va, je saurai bien te faire oublier toutes tes souffrances, tes séparations. »... Et quand il était blessé, *celle-là* aura peut-être approché de son lit pour étancher son sang, pour essuyer les sueurs de son front, pour mouiller ses lèvres... c'est pour cela qu'il m'a repoussée quand j'accourais pour fermer sa blessure avec mon cœur. Je n'étais plus digne, moi, de toucher ce sang-là, et il m'a jetée à terre!... Ah!... il y a des Anglais qui sont moins barbares!...

Alors, la pauvre délaissée versait des torrents de larmes; et c'est ce qui lui conservait la vie.

Dans ce moment elle avait du mieux : l'arrivée de son père semblait avoir opéré quelque bien; les lueurs d'une aurore nouvelle coloraient le chaos de cette nature bouleversée. Ses yeux s'entrouvraient de temps en temps, et s'abaissaient sur son père avec un sourire comme en ont seuls les anges de la terre quand ils retournent au ciel, un sourire où rayonnait toute sa tendresse filiale : elle n'avait plus que cet amour-là, mais il débordait de tout celui qu'on lui avait si cruellement rejeté.

Au moment où Pierriche ouvrit la porte et présenta la lettre du lieutenant, elle fit un léger mouvement; ses membres tremblèrent comme des feuilles desséchées quand une brise passe dessus, et elle murmura, si bas, si bas que personne ne put l'entendre : — Dieu! ce n'est pas lui!...

— Une lettre de monsieur George?... dit avec empressement la mère Landry.

— Oui, madame, répondit le garçon : c'est, comme je le pense bien, pour savoir des nouvelles de votre santé; car il avait l'air d'en avoir grande envie, le maître.

— Comment, le maître! dit le père Landry, est-ce que tu restes chez lui?...

— Mais oui, il m'a pris hier, me disant, comme ça, que c'était pour me garder à ma mère; il m'a soufflé ça à l'oreille, comme par manière de secret; aussi je ne le répète à personne; ah! oui dâ! Je crois bien que vous, monsieur Landry, avec l'oncle Leblanc et moi, nous sommes les seuls ici au-dessus de dix ans, qui ayons la permission de ne pas être prisonniers.

— Tu crois, Pierriche?...

— Ah! oui dâ! monsieur George me l'a bien dit; toujours en secret... Il m'a dit aussi qu'il essaierait de me sauver de l'exil, avec ma pauvre maman et Janot par-dessus le marché, de même que toute votre famille. Ah, pour ça je l'ai entendu de mes deux oreilles. En même temps, il m'a poussé dans la main ces six belles pièces que voilà, par manière de consolation pour ma mère.

Et le garçon étala aux rayons de la cheminée son brillant trésor. — Ah! s'ils étaient tous comme celui-là, il n'y aurait pas tant de gens en larmes à Grand-Pré, aujourd'hui!

Pierriche allait continuer, mais la mère Landry lui fit signe de retenir un instant son caquet; elle venait d'enfourcher sur son nez une immense paire de bésicles qui brillaient devant la flamme comme des œils-de-bœuf de cathédrale au soleil couchant, et elle se mit à épeler la lettre du lieutenant. La mère n'était pas très versée dans les difficultés de l'écriture à la main; les ratures la mettaient aux abois, et la note du lieutenant, écrite sous l'empire de l'excitation, en renfermait quelques-unes: c'était Marie ou P'tit Toine qui se chargeaient d'ordinaire de griffonner ou de débrouiller la correspondance de la famille; et comme, dans ce moment, ni l'un ni l'autre ne pouvaient agir, et que la maman d'ailleurs brûlait de connaître le contenu de la lettre, elle s'y aventura résolument. Elle prit d'abord un ton uniforme et continu, comme la chanson d'un vent de cheminée, passant par-dessus les points là où la ligne se déroulait bien lucide, et s'arrêtant juste au milieu d'une période quand se présentaient des mots revêches ou voilés par une rature, ce qui produisait souvent le sens le plus burlesque. Voici comment elle procède:

«Mon... si... eur, Dans votre douleur j'ai la consolation de vous apprendre que... que... que je pue... que je pue... que je pue...»

— Allons, dit le père Landry, ça ne peut pas être ça.

La femme fit une pause, consolida sa verrerie, tourna le papier du côté du feu, fit un grand salut, avec mine d'avaler quelque chose de très difficile, et reprit: «que j'ai pu obtenir de notre... de notre c, o, co... c, o, co... de notre coco, que j'ai pu obtenir de notre coco...»

— Mais pauvre femme, interrompit encore le bonhomme, tu n'y es pas, ça doit être colo... nel.

— Ah! oui, je crois qu'il y a une *l*; c'est que, voyez-vous, il y a là une patarafe qui a coupé l'*l* et la queue de colonel, et ça fait *coco*.

— Allons, continue.

« Que j'ai pu obtenir de notre colonel que vous resteriez libre, sous ma res... pon... sa... bi... li... té, sous ma responsabilité, jusqu'au moment du départ des bais... des bestiaux... des vessies, des vais... »

— Des vaisseaux! murmura le père Landry impatienté.

Il passa dans ce moment un léger sourire sur la figure de Marie, qui fut immédiatement suivi d'une première nuance d'incarnat.

Sa mère continua: « C'est tout ce que j'ai pu, pour vous, aujourd'hui: peut-être que si j'étais dans d'autres conditions, il me serait permis d'espérer davantage, mais il faudrait pour cela l'inter... ven... tion de la Providence et des actes qui ne dépendent pas de ma seule volonté. Je prie et je désire de toute l'ardeur de mon... de mon c... o... e... u... r. ... de toute l'ardeur de mon TIEUR que ces choses s'accomplissent. »

Ici la lectrice prit cinq minutes de repos; elle était épuisée d'avoir franchi sans obstacles un si long passage. Elle alla donc prendre un plein gobelet d'eau fraîche, cette ressource providentielle de tout orateur échoué dans le désert de ses idées; après quoi, ayant retrouvé sa tonique, elle reprit sur le même air: « Je n'ai dans ce moment qu'une pan... qu'une panse... qu'une seule panse »...

Jusqu'ici, Pierriche avait réussi, quoique avec peine, à brider son hilarité, naturellement impertinente, comme d'ordinaire à cet âge. Mais il avait fallu, pour lui en imposer, la gravité des circonstances, le triste état de Marie, l'âge vénérable de la lectrice, et avec cela la pression de ses deux mains qu'il tenait serrées sur sa bouche par un effort désespéré. Mais quand il vit arriver, à la suite des autres *quiproquos,* la *panse* de son maître, il perdit tout frein, jeta ses deux bras autour de son ventre comme pour l'empêcher d'éclater, et il partit d'un de ces éclats de gaieté qui ne se terminent que par les larmes. Tout le monde en fut atteint; ce fut une explosion générale, et comme on n'est jamais mieux disposé à rire que lorsqu'on a beaucoup pleuré, chacun sentit son cœur se dilater.

Marie, que les bonnes nouvelles annoncées par le lieutenant avaient ranimée quelque peu, fut prise d'une révolution nerveuse mêlée de saillies joyeuses et de sanglots qui dura longtemps et eut sur elle un effet inespéré. Car cette crise, dans l'état où la jeune fille se trouvait déjà, aurait pu devenir fatale; mais elle la sauva. Sa pauvre mère, qui aurait pu se trouver froissée de l'impitoyable accueil fait à ses débuts, était tout heureuse du résultat qu'ils avaient eu pour son enfant, et elle était prête à recommencer la dose; mais Marie lui épargna ce soin délicat, en la priant de lui passer la lettre, lui faisant signe, en même temps, de s'approcher bien près d'elle, pour qu'elle pût se faire entendre.

Alors elle recommença la lecture de la précieuse épître que sa mère avait trop agréablement variée pour ne pas en altérer un peu le sens et l'effet: la voici intégralement:

> Monsieur, dans votre douleur, j'ai la consolation de vous apprendre que j'ai pu obtenir de notre colonel que vous resteriez libre dans votre famille, sous ma responsabilité, jusqu'au moment du départ des vaisseaux. C'est tout ce que j'ai pu pour vous aujourd'hui; peut-être que si j'étais dans d'autres conditions, il me serait permis d'espérer davantage, mais il faudrait pour cela l'intervention de la Providence, et des actes qui ne dépendent pas de ma seule volonté: je prie et je désire de toute l'ardeur de mon cœur que ces choses s'accomplissent... Je n'ai dans ce moment qu'une pensée, qu'une seule préoccupation, c'est d'alléger vos maux. Ma position est bien précaire, mon action est fort restreinte; mais s'il est quelque bien, quelque grâce que je puisse obtenir pour vous, faites-les-moi dire par Pierriche. Veuillez aussi m'apprendre l'état où vous vous trouvez tous.
>
> Votre ami dévoué et respectueux,
GEORGE GORDON

À ces derniers mots, Marie laissa tomber le papier, et elle sentit ses membres reprendre ce sinistre tremblement des feuilles séchées sur leur tige; mais un effort de sa volonté y ramena bien vite le calme; elle étendit ses deux bras autour du cou de son père et de sa mère, et attirant leur tête sur son sein, elle leur dit en touchant leur front de ses lèvres:

— Que Dieu le bénisse, il a eu pitié de vous, au moins, cet ennemi-là; il est bon, monsieur George, n'est-ce pas, père?...

Le père fit un léger signe de tête, mais ne répondit pas.

Pierriche, impatient de voir que personne n'articulait une syllabe après une pareille lecture, se hâta de s'écrier:

— Je vous l'avais bien dit qu'il voulait vous sauver tous!

Puis s'approchant de sa petite maîtresse les mains jointes, avec un air d'adoration: — Mon Jésus, mamselle! ajouta-t-il, que ça me donne du contentement de vous voir sourire ainsi de la façon d'autrefois; c'est toujours comme ça que je vous voyais, moi! avec ça, seulement que vous étiez plus colorée. Monsieur George va se ravigoter aussi, quand je vais lui dire comment vous vous sentez. Je vous assure qu'il faisait une furieuse lippe quand je l'ai quitté, et que ça lui démangeait le cœur tout autant qu'à moi d'avoir de vos nouvelles ! N'est-ce pas que je lui dirai que vous êtes bien ?

— Oui, mon Pierriche.

— Que vous êtes bien heureuse de ce qu'il fait pour vous ?

— Mais oui, mon garçon.

— Que vous voulez bien être sauvée, s'il peut le faire et si c'est son envie, à lui?... N'est-ce pas que vous viendrez encore à la ferme tous les soirs?... Ah! c'était trop dur, l'idée de quitter tout ça à l'abandon, moi qui ai tant soigné toutes ces pauvres bêtes!... Tenez, tout à l'heure, après avoir embrassé not' vieille mère, je n'ai pu m'empêcher d'aller à l'étable... et j'ai embrassé aussi ma Rougette, elle et son veau, sur les deux joues. Voyez-vous, mamselle Marie, si ça vous plaisait de rester, j'en aurais encore plus de soin. Et vos poules!... qui vous ont fait vendre tant d'œufs à M. George ; je vous promets qu'elles pondront... qu'elles pondront... qu'elles pondront!... — et Pierriche étendait les bras comme s'il eût eu des œufs à brassée, et ses larmes inondaient son visage. — N'est-ce pas, maîtresse, que je lui dirai tout ça, à monsieur George ?

— Pas tout, Pierriche, pas tout ; mais tu lui diras qu'il a tant de titres à notre reconnaissance, que nous ne pourrons jamais assez le remercier, et que nous prierons Dieu pour qu'il lui rende le prix de ses bienfaits.

— Rien que ça ?

— Oui, Pierriche.

— Et vous, monsieur Landry, dit le garçon en regardant le vieillard avec une expression de bienfaiteur modeste, vous auriez-t-il quelques services à demander, pour faire plaisir à not' maître ?

— Non, mon homme, aucun autre pour le moment ; tu remercieras monsieur le lieutenant comme te l'a dit Marie ; va.

Aussitôt Pierriche s'achemina vers la porte ; il se faisait tard. En s'éloignant, le garçon tournait et retournait son feutre, se grattait le front, regardait en arrière, comme un homme qui n'est pas tout à fait satisfait de sa mission. Il n'avait pas parlé de Jacques, et ça lui démangeait violemment la langue, comme il aurait dit lui-même.

Marie lui avait paru si faible qu'il avait senti son indiscrétion naturelle liée par sa pitié pour sa jeune maîtresse. Mais il lui en coûtait de s'éloigner sans jeter son secret dans quelque coin de la maison ; son embarras fut bientôt compris. Le créateur a donné à certaines femmes un flair exquis et tout spécial pour saisir les secrets ; elles savent où ils gisent, quand ils partent, où ils s'arrêtent ; elles les suivent à la piste comme le lévrier suit le chevreuil.

Les deux voisines, qui n'avaient plus de soins à donner à la maison, firent mine de profiter de la porte ouverte pour s'esquiver avec le commissionnaire. À peine eurent-elles franchi le seuil, qu'elles saisirent l'enfant au collet et l'accrochant à leurs bras, elles débutèrent toutes deux en même temps, comme un orchestre qui frappe le premier accord d'une symphonie.

— Mais où cours-tu, P'tit-Pierre? Attends-nous donc un peu, nous avons peur des soldats!

— Moi étout, mesdames.

— Et puis, P'tit-Pierre, il y a quelque chose qui te tourmente encore, il y a du mystère dans ta caboche; hein, sournois, t'as pas tout dit, n'est-ce pas, p'tit finaud, que tu n'as pas tout dit? Quand on est, comme toi, dans la manche du lieutenant et d'l'état-major, on doit savoir bien des choses... Parions qu'ils t'ont dit qu'ils te feraient un officier?...

— Pas si dru que ça; et puis, c'est que je dirais nanni! Pierriche Trahan ne tient pas à ce métier-là... Mais tout de même j'ai mes secrets.

— Des secrets!... des secrets! s'écrièrent les deux femmes en l'arrêtant tout court et en étendant vers lui leurs quatre oreilles, qui représentaient en ce moment une puissance acoustique égale à quatre cents tympans de la plus fine trempe. Des secrets! — Et un silence solennel s'établit sous ces deux câlines qui couvaient le jeune homme de leurs immenses passes en se rejoignant presque par-dessus sa tête.

— Oui, des secrets, reprit Pierriche; mais je crois que je peux bien vous les faufiler sous bonnet, en cachette; mais vous n'en soufflerez miette avant que ça coure un peu; on m'appellerait babillard...

— Parole de voisine, P'tit-Pierre!...

— Eh bien! il paraît que Jacques Hébert, qui est revenu... eh bien! c'est lui qui est arrivé et qui a tué le frère de not' lieutenant! Il va se faire fusiller.

— Fusiller!...

— Oui, fusiller, le 9, à neuf heures du soir, et pour que ça lui fasse plus de chagrin, que ça lui donne plus de contrition d'avoir tué des Anglais, ils vont le faire mourir devant l'ancienne maison de son père...

Mais il faut que je me hâte; j'étais si fort pressé de venir ici que j'ai oublié de dire à c'te pauvre mère de n'pas avoir peur; elle craint tant les fusils et les soldats, à présent. M. George m'a dit pourtant qu'il y serait, pour commander la fusillade; mais ça n'fait rien... elle aura peur. Bonsoir! — Et sans attendre d'autres questions, le garçon disparut dans la direction de la ferme de Marie.

À peine la poussière de ses pas était-elle retombée sur la terre qu'une des femmes se répandait déjà dans le voisinage, semant partout sa nouvelle sinistre; l'autre était rentrée chez les Landry pour leur apprendre discrètement un événement qui devait les intéresser si fort.

Mais Marie venait de s'assoupir doucement dans les bras de la bergère séculaire ; le père et la mère préludaient tous deux à un faible repas qu'ils tenaient sur leurs genoux, au coin du feu. Ils regardaient toujours leur fille, leur amour, leur adoration ; ils tremblaient qu'un souffle ne l'éveillât. La commère fut invitée à prendre un morceau, ce qui lui permit d'attendre une occasion favorable de déposer dans l'intimité sa petite moisson de nouvelles.

Il est probable qu'elle attendit longtemps, car elle ne rentra chez elle que fort tard ; ce qu'il y a de certain, c'est qu'elle se sentit alors le cœur soulagé et que peu d'instants après, il était bruit par tout le bourg que Jacques avait mangé cent Anglais, au moins, depuis son départ. La rumeur que le père Landry avait donné sa fille au lieutenant pour échapper au malheur commun prit aussi une telle consistance que personne n'en douta davantage ; et il est aussi certain que Marie ne rentra pas dans sa chambre sans avoir entendu la révélation des secrets de la voisine. Sa mère tenait trop à lui faire comprendre l'inutilité du retour de Jacques sur ses destinées futures, pour ne pas la prévenir du sort de son cruel fiancé. Elle pensait qu'après le coup terrible qu'il avait porté à sa fille, la nouvelle de cette exécution ne pouvait pas lui causer plus de mal. Quoi qu'il en soit, elle reçut cette confidence, qu'elle pressentait d'ailleurs, sans désespoir apparent : soit qu'elle fît un effort suprême pour cacher son émotion à ses parents, soit qu'il y eût chez elle impossibilité de souffrir davantage, on ne vit sur sa figure qu'une contraction fugitive.

XIII

Marie n'avait jamais parlé à ses parents de la lettre qu'elle avait reçue de George, par laquelle le lieutenant sollicitait sa main.

On se rappelle qu'elle l'avait reçue quelques jours seulement avant la proclamation de Winslow, et que George l'avait écrite au milieu d'une grande agitation, à la suite d'une réunion du conseil militaire qui avait décidé du sort des Acadiens. Son premier mouvement en la lisant avait été d'y répondre tout de suite, et de repousser une proposition incompatible avec ses inclinations, ses sentiments et ses liaisons précédentes ; elle aurait voulu ne laisser à l'officier aucun instant d'espoir. Mais en relisant cette lettre, elle se ravisa ; elle lui parut d'abord un peu prématurée de la part d'un homme d'esprit et d'expérience.

— Il me semble, pensa-t-elle en rougissant beaucoup, que je ne lui ai pas encore donné le droit de mettre les bans à l'église... Quelle hâte, quelle impatience inexplicable! Je ne suis pas assaillie par les prétendants... il y a longtemps que je les éloigne avec la chère ombre de Jacques, et celui-ci n'a pas fait dire au lieutenant qu'il était près de son retour; j'espère que j'en saurai quelque chose avant les Anglais; pauvre Jacques!... Et puis que veulent dire ces phrases qui ont la prétention d'expliquer la précocité de cette demande et qui n'éclaircissent rien... au contraire...? Que signifient cette empreinte de sentiments agités, cette couleur vague de mystère que revêtent ces trois petites pages?... Tout cela me fait bien l'effet d'une énigme que je serais fort aise de méditer quelque peu, dans le secret. Ce monsieur-là a des côtés inconnus, une histoire accidentée, paraît-il... J'aurai peut-être avec ceci l'occasion de désenchanter ma bonne mère...

Marie ne répondit donc pas à l'officier. Quelques jours après vint la proclamation de la fête de sa «grosse gerbe», qui ajoutèrent à ses impressions les nuages sombres de ses pressentiments. Enfin la terrible catastrophe apporta ses affreuses révélations; l'entrevue fortuite qu'elle eut avec George la surprit au milieu de l'accablement de son malheur; les nobles paroles de l'officier, sa conduite généreuse, le caractère de sincérité des sentiments eurent un effet puissant sur son âme atterrée. Dans l'écroulement soudain de tous les bonheurs de la vie, dans l'horreur que cause à une âme belle et tendre l'assaut des injustices et des perversités humaines, l'apparition d'un être bienveillant, juste et protecteur, en impose involontairement au cœur : Marie n'eut donc pas la force de repousser immédiatement cette main qui ne s'offrait pas seulement à elle, mais qui pouvait arracher ses parents à une longue suite de tortures; et malgré que cette alliance répugnât tout autant à son amour, elle crut un instant pouvoir la subir, si ses parents voulaient y donner leur assentiment. Les événements de la journée ne lui permirent pas de leur exposer ses intentions ni même de réfléchir à l'acte important qu'elle s'apprêtait à consommer. Ce n'est que lorsqu'elle se fut retirée dans sa chambre que son esprit se concentra tout entier sur le triste problème que lui présentait sa situation. Elle avait retrouvé de la force dans le repos et dans les embrassements de ses parents, elle put mesurer son courage et calculer ce qui lui restait de bonheur dans la vie.

En se retrouvant dans le petit sanctuaire qu'elle n'avait jamais déserté qu'un soir, celui de la veille, et où elle avait consacré les souvenirs de ses dix-huit beaux printemps, elle jeta un coup d'œil sur toutes ces petites reliques d'affection qu'une enfant naïve et tendre suspend autour du berceau de ses plus jolis rêves, et elle s'aperçut que la lampe qui brûlait d'ordinaire devant son image de Notre-Dame Auxiliatrice s'était éteinte : cela n'était pas arrivé depuis cinq ans... Durant la journée, personne n'avait songé à mettre de l'huile dans le petit godet de verre.

— C'est vrai, dit-elle en la regardant, il est revenu, il est revenu!... et la Madone a laissé mourir la veilleuse!... elle m'a exaucée!... je n'avais demandé que son retour!...

Et Marie s'assit sur l'unique degré de son humble oratoire pour penser et pour prier.

Elle resta longtemps dans cette posture de la Vierge au Calvaire, pleurant doucement, mais avec une expression de résignation sublime; elle balbutiait quelquefois des phrases entrecoupées; sa respiration se précipitait davantage, des paroles plus ardentes brûlaient encore ses lèvres, mais la passion était enchaînée, elle ne pouvait plus jaillir de son sein par torrents débordés; cette âme pure avait regardé son Dieu crucifié, et elle lui avait dit:

— Mon Dieu! je boirai mon calice, j'accepterai mon ignominie, je gravirai mon calvaire, mais vous me soutiendrez; il me faudra votre main; il me faudra de votre amour plein mon cœur... Ah! faites que j'aime cet homme comme je le respecte, comme je l'estime, comme le mérite son noble dévouement. Il n'y a que vous qui puissiez briser l'éternité d'un sentiment, changer les voies d'un pauvre cœur. Ne permettez pas que je devienne jamais une méchante épouse... Ah! j'avais aspiré à trop de bonheur dans ma vie de femme;... j'avais rêvé le ciel dans les liens de la terre!... Faites que je perde la mémoire du passé,... que j'oublie les horreurs qui m'entourent... Mon Dieu! mon Dieu! si je méritais un miracle, je vous demanderais de sauver mes parents sans mon sacrifice, mais ce serait une prière lâche; sauvez-les! sauvez-les, à quelque prix que ce soit, pourvu que ma vie puisse payer leur salut, pourvu que ce salut soit aussi leur bonheur!... Et faites miséricorde à Jacques!... je lui pardonne son injustice, sa cruauté... Il m'a tout rendu, serment, liberté; il m'a rapporté de la haine à la place de son amour; il m'aurait arraché le mien de mon cœur s'il eût pu; il ne me laisse que le martyre de son souvenir, que le désespoir de son injustice qu'il emportera dans sa tombe... Mon Dieu! j'endurerai tout mon supplice, mais vous veillerez sur sa mort; qu'il ne croie pas jusqu'à son dernier soupir que j'étais une femme infâme!...

La chandelle qui éclairait seule la petite chambre s'abaissait, s'abaissait toujours; la mèche allongée et toute couverte de noirs champignons ne répandait plus qu'une lueur sinistre. Marie s'en aperçut tout à coup et eut peur; elle se hâta de rogner le mouchon, et, jugeant qu'il devait être fort tard, elle se leva pour se mettre au lit.

En passant devant sa croisée dont les volets étaient restés entrouverts, elle crut entendre les vitres résonner, comme si quelqu'un les avait frappées légèrement du dehors. Elle s'arrêta aussitôt avec effroi; le même bruit se répéta de suite, mais plus accentué.

— Il y a là quelqu'un, dit Marie glacée... quelqu'un qui me regarde, qui m'épie... à cette heure avancée, dans cette nuit solitaire, dans ce village où il n'y a plus un seul homme ami qui soit libre !...

À peine eut-elle balbutié ces paroles, qu'une figure dépassa à moitié le bas de la fenêtre et se colla sur les carreaux, et elle entendit son nom discrètement articulé.

— Marie, Marie, c'est moi...

Elle allait crier, fuir, quand elle reconnut P'tit-Toine, le peureux P'tit-Toine, qui, en s'accrochant des pieds et des mains dans les chanfreins des vieilles pièces du solage, était enfin parvenu à une hauteur que sa taille ne lui permettait pas d'atteindre sans échelle, et il répétait, soupçonnant la terreur de sa sœur :

— C'est moi P'tit-Toine, ton frère.

Lui ouvrir, le hisser par les bras dans sa chambre et l'embrasser à cent reprises fut pour Marie la besogne d'un instant. En tombant sur le plancher P'tit-Toine s'écria, sans voix, tout haletant :

— Pauvre p'tite sœur, je ne suis donc pas mort ! et toi non plus... et les autres ?

— Les autres non plus, p'tit frère... Mais d'où viens-tu ? d'où t'es-tu échappé ?... tu n'étais donc pas prisonnier avec les autres ?...

— Je n'en sais rien d'où je viens ;... du bout du monde ! de l'autre côté de la mer !... J'ai vu Jacques... des sauvages ;... ils ont tiré sur nous... j'ai cru qu'ils m'avaient tué ; mais non !... Après, je n'ai retrouvé ni André, ni Jacques, ni son Micmac, rien que mon chemin, et je suis revenu à travers les bois, de nuit ; j'ai vu ta petite lumière, c'est ce qui m'a fait penser que tu devais être dans ta chambre, peut-être Jacques aussi ;... et ça m'a donné du courage pour arriver, pour frapper... Tu as eu bien peur, hein, pauvre sœur ; mais tiens, j'ai eu plus peur encore ; et j'ai faim, p'tite Marie, je meurs de faim !...

— Tu as vu Jacques, toi ?... des sauvages ?... tu étais avec André !... tu as traversé la mer ?... mais explique-toi, explique-toi !...

— Oui, oui, je l'ai vu.

— Mais où l'as-tu vu ? comment l'as-tu rencontré ?... Il n'était donc pas encore prisonnier ? Tu lui as donc parlé ? Ah ! dis-moi vite, p'tit frère, ce qu'il t'a raconté ; dis-moi tout, tout !

Et Marie embrassait encore son frère.

— Eh bien ! je l'ai vu là-bas... reprit P'tit-Toine, à moitié étouffé dans les bras de sa sœur ; nous allions le chercher et il venait nous chercher aussi ; nous lui avons parlé de toi, de ta petite maison, de tes troupeaux, de tes économies, de tes grosses ventes à monsieur George... mais j'ai faim...

— Oui, mais paraissait-il heureux... content, gai ? parlait-il de moi ?

— Dame, il riait, il pleurait, il disait des choses en l'air comme tous ceux qui reviennent au pays, pour y retrouver une jolie fille, qui les attend en larmoyant beaucoup trop, avec des beaux yeux comme ceux-là ;... mais j'ai faim !...

— Tu es bien sûr, frère, tu ne te trompes pas, il n'était pas inquiet... triste ?...

— Peut-être un peu, de temps en temps, à la fin de la veillée, quand il parlait des Anglais... Il ne les aime pas, Marie, nos Anglais. Durant la nuit, je crois qu'il n'a pas dormi : je couchais près de lui, et je ne dormais pas non plus, mais je faisais le mort, tant j'avais de frayeur de son sauvage ; je le vis donc se lever, s'approcher près du feu et lire une lettre ;... et ça m'a semblé lui donner une diable d'humeur ; il fit bien du mouvement, réveilla le Micmac et nous força tous de nous remettre en route... Mais, petite Marie, j'ai faim ! j'ai faim ! j'ai faim ! Si tu veux que je parle, donne-moi d'abord de quoi me faire vivre quelques instants, j'écrase... j'expire... je suis mort !

En effet, le pauvre enfant était rendu, il chancelait, et c'était avec effort qu'il avait pu jeter pêle-mêle ces quelques phrases. Malgré qu'elles fussent pour sa sœur autant d'énigmes dont elle brûlait de connaître le sens, elle ne put pas résister davantage à sa prière, et elle alla lui chercher de suite quelque chose à gruger, en lui faisant signe du doigt de rester bien tranquille dans sa chambre.

En entendant parler de lettre, Marie avait tressailli, son front s'était ridé ; elle avait semblé chercher dans sa mémoire les traces d'un souvenir perdu ; mais le besoin pressant de son frère ne lui permit pas de s'arrêter pour le moment à de plus longues réflexions. Elle courut recueillir dans les buffets ce qu'elle crut le plus convenable à l'appétit de P'tit-Toine, et elle revint aussitôt, les bras chargés, s'asseoir devant lui.

Le pauvre garçon ne se fit pas longtemps prier pour se servir... il usa de ses deux mains, comprenant sans peine, après la rude expérience qu'il venait de faire de la vie des bois, le sans-gêne de Wagontaga.

Sa sœur le regarda durant un instant avec satisfaction, lui laissant le loisir de se réconforter un peu avant de l'accabler de nouveau de ses questions ; puis elle voulut se faire raconter minutieusement le voyage des deux frères et tout le récit de Jacques ; insistant pour connaître jusqu'aux moindres nuances de cette narration, les réflexions isolées de son fiancé, jusqu'aux altérations de sa figure. On conçoit que cette conversation dut les retenir longtemps. Marie y mit un intérêt fiévreux ; elle revint souvent sur certains détails, surtout sur celui de la lettre, qui l'intriguait plus que tout autre.

Les premières teintes de l'aube étaient prêtes d'apparaître, que ce dialogue se poursuivait avec la même activité. Mais le temps était venu de l'interrompre; P'tit-Toine ne pouvait rester davantage dans la maison paternelle, sans courir le danger d'être arrêté... Il ne tenait pas à s'éloigner; pour une bonne nuit passée sous son toit, il aurait bien volontiers sacrifié sa liberté du lendemain. Mais une liberté sans ses parents ne lui souriait guère. Marie insista sur la nécessité de son départ, lui disant qu'il fallait aller à la recherche d'André, lui porter quelques provisions et le prévenir des dangers qui l'attendaient à son retour. Le jeune homme comprit son devoir et se disposa à repartir. Sa sœur alla quérir un sac, le remplit de nourriture et le lui mit sur les épaules; après quoi, elle lui donna la main pour le congédier de force; car le pauvre enfant sentait son cœur défaillir en s'acheminant vers la porte de la maison... Quand il passa devant la chambre des vieillards, ses pas s'arrêtèrent malgré les efforts de celle qui l'entraînait, et il murmurait à l'oreille de Marie:

— Partir sans les embrasser!...

— Non, vite, vite! sauve-toi! il est tard!... Et puis, laisse-les reposer encore une fois, là; ils n'ont pas fermé l'œil depuis deux jours, et c'est sans doute la dernière nuit qu'ils dormiront ensemble sous ce toit; peut-être font-ils un dernier songe d'espérance!...

— Et moi, reprit Toinon résistant toujours; je ne les reverrai peut-être jamais!... Marie, laisse-moi les regarder encore une fois... tiens, j'irai si doucement... je me contiendrai.

— Tu les embrasseras, malheureux!

— Non, Marie, je ne les embrasserai pas, je te le jure; je n'embrasserai que toi, bonne petite sœur, que toi seule!...

En articulant ces mots, il entraîna Marie vers la porte de ses parents, l'ouvrit, comme eût fait un voleur, et, s'approchant du lit où dormait son père et sa mère, il s'arrêta quelque temps à les contempler. La sérénité d'un ciel pur régnait au front de sa mère, mais deux sillons orageux séparaient les sourcils de son père; il les fit apercevoir à sa sœur qui le retenait toujours par la main, et il lui dit à l'oreille:

— Il n'y a pas de rêve d'espérance là, Marie!...

P'tit-Toine essuya alors les grosses larmes qui commençaient à l'aveugler, et pour tenir parole à Marie, il lui tendit les bras, et tenant toujours les yeux fixés vers le lit vénéré, il n'embrassa qu'elle seule... Mais on aurait dit que, dans cette étreinte suprême, il serrait tout ce qu'il aimait au monde.

Après ce moment de pieuse consolation, où cet enfant avait paru respirer l'amour et la bénédiction de ses parents, il sortit de cette chambre, quitta les bras de sa sœur et le seuil de sa maison.

La fiancée, retirée de nouveau chez elle, se hâta d'allumer la lampe suspendue devant sa madone et s'apprêta tout de suite à se mettre au lit. En délaçant le corsage de sa robe, un vieux papier glissa dans les plis de sa jupe ; mais elle ne s'en aperçut pas, tant elle s'empressait de chercher un repos qui lui était bien nécessaire. Il ne se fit pas attendre longtemps : pendant qu'elle regardait les vacillements de la veilleuse ravivée et que ses mains se tenaient jointes sur son cœur comme pour formuler une prière muette, ses beaux cils noirs descendirent comme un voile de deuil sur son regard attristé ; il ne resta plus sur sa figure que les traces vagues d'une grande douleur assoupie.

XIV

Dix heures venaient de sonner dans le silence et la tristesse de la vieille maison blanche. Le père Landry, sa femme et leur fille s'occupaient à sortir des armoires et à détacher de diverses parties de la maison le linge, les habits et tous ces effets d'usage continuel qu'il faut prendre quand on part pour un long voyage dans des régions inconnues. Un sentiment profond de découragement se manifestait dans leur démarche ; la tristesse dominait surtout les deux femmes : elles étaient indécises, distraites, aveugles. On voyait seulement que Marie faisait de grands efforts pour garder les apparences du courage et soutenir celui de ses vieux parents ; mais son trouble la trahissait souvent, elle venait les bras chargés de choses inutiles et s'en retournait quelquefois avec les nécessaires.

— Allons, disait le père, qui liait les paquets, ayons plus de force, ne nous troublons pas ; ma pauvre enfant, ne prends que les choses les plus urgentes ; les maîtres ne se chargeront probablement pas d'un gros bagage ; ils tiennent plus à exporter nos corps que notre marchandise.

— Oui, répondait sa fille, mais prenez toujours ces bonnes flanelles et ces couvertures ; on ne peut pas en avoir trop ; c'est bientôt l'hiver, vous pourriez être malade et nous coucherons peut-être dehors... Et puis, père, vous êtes vieux, vous ; ils auront bien un peu pitié d'un vieillard ?... — Le père secouait la tête et prenait. — Ajoutez donc cette autre casaque, continuait Marie, et ces deux juste-au-corps, et ce frac, et ces vestes, et ces *mitasses,* et ceci... Mettez, mettez toujours, le voyage sera long, et nous ne pourrons pas coudre de sitôt, peut-être...

— Mais pour toi, ma Marie, tu ne t'apportes rien ?

— Oh ! soyez tranquille, je ferai bien mon petit paquet ; je le mettrai avec celui de ma mère ; — et elle jetait parmi les habits de celle-ci tout ce qu'elle croyait devoir être utile à la bonne femme, mais rien ne tombait pour elle-même.

Une fois, son père la vit venir avec une brassée prise tout d'une pièce dans la lingerie; le morceau semblait enveloppé depuis longtemps; Marie le laissa tomber près du vieillard et elle allait repartir sans trop savoir ce qu'elle venait de faire, quand le père l'arrêta:

— Mais où veux-tu que je te place ceci, pauvre enfant? C'est bien gros! Qu'est-ce qu'il y a là-dedans?...

— Tiens, comme je suis folle!... Mais je ne sais plus ce qu'il y a là-dedans; c'était parmi d'autres paquets semblables. — Là-dessus, elle fit partir les attaches et il jaillit de l'enveloppe trop tendue, un nuage de blancs et légers tissus, au milieu duquel reposait, comme une couvée dans son nid de duvet, une couronne de fleurs d'oranger artificielles: de tout cela s'exhalait le parfum du foin de la vierge. La pauvre enfant fit un cri de surprise, et se cacha le visage de ses deux mains. C'était le trousseau de la mariée, qu'elle avait préparé, dans les longs soirs de l'hiver de 1749, pour charmer son attente et s'entretenir de son bonheur futur, dans le secret de sa chambre. La toilette était restée ainsi au fond de l'armoire, où, dans les familles économes de cette époque, on reléguait les habits qui ne devaient servir qu'aux fêtes de l'année. Ceux-ci attendaient la grande fête du retour...

Le père Landry, navré, regarda sa fille quelque temps, n'osant articuler une parole; puis quand il vit qu'elle sanglotait, il enlaça ses bras autour de son cou et il la pressa sur son cœur. Après un instant, Marie lui dit:

— Père, vous me teniez comme cela, quand il partit: vous rappelez-vous?... je vous disais, comme une enfant que j'étais, que mes oiseaux n'étaient jamais revenus; et vous me répondiez: «Ma Marie... les garçons, ça revient, ça se souvient toujours»... C'était le jour du second départ, celui-là; aujourd'hui, c'est le troisième... Mais, ajouta-t-elle, en s'apercevant que les larmes de son père inondaient son front, je vois que je vous fais pleurer; vous aviez pourtant assez de peine; pauvre père, je ne veux plus vous causer de chagrin, comme cela; — et, après l'avoir embrassé, elle reprit dans ses bras son inutile fardeau, ajoutant tout haut mais comme par irréflexion:

— Voyons, mettons toujours ceci de côté; on pourra peut-être encore s'en servir... ici...

Son père, en l'entendant, la regarda s'éloigner avec étonnement: mais dans le même moment, une main frappa quelques coups à la porte, qui s'ouvrit presque aussitôt, et George demanda, avec douceur et même avec timidité, s'il pouvait entrer. En l'apercevant, Marie sentit le besoin de rencontrer le sein de sa mère pour s'y appuyer; et elle murmura de ses lèvres glacées:

— Quoi ! c'est lui !... c'est lui, mon Dieu !...

Son père s'était levé pour aller au-devant de l'officier, et sans lui présenter la main, il lui dit, cependant, avec beaucoup de déférence :

— Entrez, monsieur, entrez, asseyez-vous ; vous en avez plus que la permission ; vous êtes maintenant chez vous, ici...

— Comment ! dit George, en prenant avec empressement les mains du vieillard, vous auriez été favorable à la demande de Mlle Marie ! Ah ! merci, j'en suis si heureux !... Vous êtes tous sauvés, et il est inutile que vous vous donniez la peine et la fatigue de ce bouleversement, puisque nous devons rester tous ensemble !

En entendant ces derniers mots, la mère Landry tomba à genoux, joignit les mains comme pour remercier le ciel. Mais le père resta stupéfait, regardant tour à tour le lieutenant et sa fille :

— Pardon, monsieur, dit-il, mais je ne vous comprends pas. Ma fille ne m'a pas encore fait part des engagements qu'elle a pris avec vous... Vous vous méprenez sur le sens de mes paroles ; je voulais dire que cette maison m'ayant été enlevée par votre gouvernement, vous aviez désormais, plus que moi-même, le droit de vous y asseoir. Je suis ici, maintenant, votre obligé...

Marie, qui ne s'attendait guère à une pareille entrée en matière, blessée au cœur par le sentiment de reproche que renfermaient les paroles de son père, se hâta d'intervenir,

— C'est à moi, dit-elle, d'expliquer la cause de la méprise de M. George. Il y a quelques jours, il m'a demandé ma main ; la difficulté des circonstances, puis votre absence et le trouble où nous nous sommes trouvés depuis, m'ont empêchée jusqu'à ce moment de vous confier cette proposition, et de vous demander vos conseils et une décision. Aujourd'hui, ce mariage est la seule chose qui puisse vous sauver, vos enfants et vos biens... Les moments sont précieux ; jugez si vous devez y consentir. Je soumets tout à votre volonté... Ce qui pourra faire votre bonheur fera le mien...

— Et le mien aussi, interrompit sa mère, et celui de M. George. N'est-ce pas, M. George, que vous en serez très heureux ?...

— Ah ! madame, ce serait mon plus grand bonheur !... et c'est tout ce qui peut me faire solliciter cette faveur...

— N'est-ce pas, mon mari, que tu donnes ton consentement, comme je donne le mien... puisque ça doit satisfaire tout le monde, sauver tes enfants ?... Ah ! sauve nos enfants, nos pauvres enfants !... Qu'ils ne puissent pas te reprocher leur exil, leurs tortures ; et puis, qu'est-ce que tu pourras faire, toi, en exil, vieux, peut-être séparé de tes plus forts soutiens, peut-être sans moi ?... car bien sûr, je ne pourrai survivre... ; j'en mourrai, je le sens !...

Ici, Marie, que ses forces ébranlées par tant d'assauts soutenaient à peine, les sentit céder tout à fait sous son émotion, et elle vint de nouveau s'appuyer contre sa mère, ce qui interrompit la plainte de la bonne femme.

— M. le lieutenant, reprit aussitôt le vieillard, qui n'avait pas paru profondément touché des lamentations de sa femme, vous êtes donc venu pour me demander ma fille en mariage?

— Oui, monsieur, je venais avec l'espoir d'obtenir votre consentement.

— Ce n'était pas la peine, monsieur; je n'ai jamais prétendu gêner les sentiments légitimes de ma fille; si elle en sent assez pour vous épouser, elle peut le faire; elle est libre, elle a l'âge nécessaire pour décider elle-même de ses propres volontés. Nous lui avons toujours laissé le choix de son bonheur, et elle ne s'est jamais plainte que nous l'empêchions d'y arriver. Nous n'avons exigé de nos enfants que d'être honnêtes jusque dans leur pensée, et de respecter la loi de Dieu, l'honneur de leurs parents et de leur pays. Parlez donc à ma fille, monsieur; je n'ai pas la garde de son cœur; elle ne me doit que l'amour d'un enfant; vous lui en avez demandé un autre, il n'appartient qu'à elle de le donner. Le mariage, paraît-il, sera chose facile; Marie a là une toilette de noce, et le notaire et le père ont reçu tout exprès leur liberté... Il ne manque que le prêtre. Il est vrai qu'il aurait peu à faire, dans ce cas-ci...

— M. Landry, je déclare aujourd'hui que je suis catholique.

— J'en suis bien aise, monsieur... Quant à mes propriétés, il ne peut pas en être question dans cette affaire; je ne les possède plus... Votre gouvernement a cru juste de me les enlever, soit: mais je les avais trop bien gagnées pour me sentir aujourd'hui le désir de les racheter avec de l'argent si l'on m'en offrait l'occasion, encore moins avec la volonté, le sang et la vie des miens. Parlez donc à ma fille, qu'elle dispose seule de ce qui lui appartient: je serais fâché qu'elle en sacrifiât quelque chose pour moi ou pour conserver les biens qui ne sont plus à nous. Votre gouvernement a décrété que nous étions tous des traîtres à notre roi, que nous ne pouvions plus être considérés comme des sujets loyaux de Sa Majesté; cet arrêt est tombé sur moi comme sur mes voisins, mes enfants, tous mes compatriotes; or, je pourrais jurer sur ma conscience et sur la parole de Dieu (si cela m'était permis) qu'aucun de ceux que votre sentence a frappés n'est plus coupable que moi... Ce n'est pas un mariage, monsieur, qui peut absoudre d'un crime d'État, qui peut laver d'une flétrissure de l'autorité souveraine, si l'on juge qu'elle est méritée, et si la sentence est maintenue. Je rougirais de manger le pain que me donnerait ma terre, si ce n'était pas la loi même de mon pays qui m'en rendait la propriété intacte; je rougirais de rester seul ici: avec l'apparence du seul citoyen innocent de Grand-Pré, je me sentirais la conscience du seul coupable, du seul traître ; je rougirais devant mes enfants, devant ma fille... ; et à mon âge, monsieur, on n'apprend pas la honte et on ne l'enseigne pas à sa famille. Je ne suis donc pas libre de rester ici : que ceux des miens qui veulent profiter de vos bontés demeurent s'ils le désirent, s'ils craignent de m'imposer la responsabilité de leurs misères ; moi, je partirai comme tous les Acadiens ; et comme je crois devoir encore le moment de liberté dont je jouis aujourd'hui à la faveur de ce futur mariage, je ne puis pas en faire usage plus longtemps : on dit déjà, autour de la maison, que je suis à marchander des pardons. Je pars... Vous avez un notaire, monsieur, et vous pouvez avoir des témoins ; ma femme peut donner le consentement pour deux : ça suffit pour ces sortes de mariages... Marie, réponds à présent à M. George ; c'est à toi qu'il s'adresse...

La jeune fille s'était d'abord caché la figure sur le sein de sa mère, pour entendre l'arrêt qui allait décider de son sort ; mais pendant que les phrases graves de son père tombaient une à une sur elle, comme pour déposer sur son front la responsabilité soit de l'honneur, soit de la honte de la famille, et l'investir du libre arbitre de sa conduite, elle avait relevé peu à peu la tête, puis s'était détachée de l'étreinte maternelle, et aux derniers mots qui lui furent directement adressés, elle se trouvait déjà debout, imposante comme une reine, le visage resplendissant de toute la noblesse de ses traits et de toutes les beautés de son âme. George s'était retourné de son côté, mais elle n'attendit pas qu'il lui fît une question qu'il n'avait plus, d'ailleurs, la force et la dignité de formuler, elle se précipita aux genoux de son père, et passant ses mains autour de son cou, elle lui dit en attachant sur lui un regard où l'amour et le bonheur débordaient :

— Eh bien ! non, je ne voulais pas vous humilier, faire rougir ce front que j'ai toujours vu briller de l'éclat de l'honneur, qui m'a toujours montré le chemin de la probité, que j'ai toujours regardé avec orgueil et confiance. — Et Marie baisait avec une tendresse ineffable les cheveux blancs du vieillard. — Je ne voulais, mon père, que vous sauver d'un exil affreux ; je ne pensais qu'à cela, moi, ou plutôt je ne pensais pas ; je ne sentais que mon amour pour vous, je le sentais en aveugle, je ne mesurais pas même le sacrifice cruel que m'imposait ce sentiment... cruel à mon sang, cruel à mes croyances, cruel à mes souvenirs, mais doux à mon cœur parce qu'il devait vous sauver !... Je ne réfléchissais pas même qu'il pouvait faire injure à votre honnêteté, que vous le repousseriez ainsi... Vous me le pardonnerez !... n'est-ce pas que vous me le pardonnerez, père ?... Une femme qui aime ne pense pas ; vous le savez bien que nous ne pensons jamais, que nous ne raisonnons pas, nous ;... vous me l'avez si souvent dit... Une femme sent, puis elle agit, elle rit ou elle pleure, elle s'arrête ou elle se précipite à travers le feu, au fond de l'abîme, partout où son amour ou sa haine la pousse ; notre intelligence, notre raison, est là, là, dans notre cœur ; Dieu l'a mise au foyer de nos affections ; si elle ne nous inspire pas toujours des actes bien réfléchis, n'est-ce pas, père, qu'elle nous en fait commettre quelquefois de généreux ?...

— Oui, ma fille, ma Marie belle, aimée,... toujours de plus généreux que les nôtres et souvent de plus raisonnables !...

— J'aurais dû pourtant penser, continua Marie, que vous n'accepteriez pas cet échange de votre petite fille contre votre liberté, cette alliance étrangère, cet isolement honteux dans le malheur commun... Ah ! que je vous aime ainsi, noble et généreux ; que vous me faites du bien, que vous me rendez orgueilleuse de vous !... Ah ! quelle action j'allais faire ! quel sacrifice, mon Dieu !... Comme il comprimait mon âme ! comme il blessait mes instincts ! comme il clouait mes aspirations !... Ah ! que je me sens bien, là, maintenant, avec vous, devant l'indépendance de notre exil !... Je respire !... je respire, dans ce souffle que vous répandez sur mon visage, tous les parfums de ma vie que je croyais perdus, la liberté de mes anciens cultes, l'amour de la France... Je me sens encore fière, je me retrouve ce que j'étais ; je suis toute votre fille, parce que vous êtes tout mon père... Oui ! oui ! nous irons en exil, nous irons... Je vous aimerai tant, tant !... que vous ne souffrirez pas, que vous ne vieillirez pas, que vous vous croirez encore dans notre Grand-Pré, avec tous vos parents, tous vos amis, avec tout ce qui vous faisait plaisir, rien qu'avec votre petite Marie !...

Et la belle enfant entrecoupait chacune de ces phrases avec un baiser qu'elle mettait au front, sur la barbe, sur les yeux tout pleins de larmes du noble vieillard. Elle avait oublié George.

Quand elle se leva pour courir porter à sa mère une consolation et une caresse, lui dire qu'elle l'aimerait bien aussi, qu'elle saurait lui alléger les chagrins de la proscription, et lui faire oublier ses vieux rêves d'ambition, l'officier se retrouva devant elle : il était encore debout, dans l'attitude d'un criminel qui a reçu sa sentence, le cœur déchiré, l'âme accablée d'humiliation devant les grandeurs de cette chaumière. Ces infortunés venaient d'ouvrir un abîme devant ses félicités tant rêvées, mais ils l'avaient creusé d'une main sublime ; en le laissant tomber au fond, avec l'édifice écroulé de son amour, cette jeune fille restait à ses yeux tout illuminée sur les hauteurs, gardant sur son front toutes les grâces célestes que peut refléter la figure d'une femme ici-bas. Si elle avait blessé si cruellement ses plus purs sentiments, ce n'était pas par malice ou par mépris personnel, ce n'était pas en s'abaissant, mais par grandeur d'âme, en s'élevant au-dessus de lui, parce qu'il était investi de toute l'injustice de son gouvernement, parce qu'il portait la réprobation de son pays. George comprenait assez les élans généreux du cœur humain pour ne pas sentir de la haine contre Marie : il rougissait d'être Anglais, mais il aimait plus que jamais.... et il souffrait horriblement...

Marie s'en aperçut d'un coup d'œil ; car il avait attaché sur elle un regard qui implorait un mot de pitié ; elle s'arrêta soudainement devant lui et parut ébranlée.

— Monsieur George, dit-elle, je viens de vous outrager, n'est-ce pas ?... et vous n'attendiez pas cela de moi,... vous,... si généreux !... Ah ! pardonnez-le-moi. Dans tous ces combats qui se sont livrés dans mon âme, j'ai perdu mon chemin ;... et quand j'ai vu mon père, ma mère, tout ce qui tient à ma vie, sur le bord d'un affreux gouffre, et que pour les sauver vous m'avez dit qu'il fallait y jeter mon cœur, je me suis sentie prête à le faire. Pourquoi tentiez-vous mon amour d'enfant ?... il était plus grand que celui que je pouvais vous donner, il m'a poussée,... et j'ai cru qu'il serait assez puissant pour me donner toutes les vertus de mon sacrifice, pour me faire oublier tout le passé, qu'il pourrait absorber, dans le simple sentiment de reconnaissance et de respect profond que je vous dois, dans les bornes obligées du devoir que je vous aurais juré, toutes mes passions de Française, tous les élans refoulés d'un amour déjà fiancé. Mais, monsieur, je me trompais ; vous voyez bien que je me trompais,... puisqu'à la première rupture de ces liens de fer dont j'enlaçais mon cœur pour le soumettre à l'holocauste, il a éclaté et a brisé le vôtre... Vous êtes Anglais, et vous avez trop d'orgueil et de dignité pour renoncer à votre caractère national, pour consentir à voir mépriser votre sang et maudire votre drapeau. Eh ! bien, je l'aurais fait dans mon cœur, et mon estime se serait peut-être changée en haine... Cette nationalité que vous m'auriez donnée, ce drapeau dont vous auriez couvert mon front, ils auraient toujours été pour moi une injustice, comme une insulte éternelle, et dans mon cœur, comme un remords sanglant ;... je vous aurais détesté... Et Jacques !... dont le souvenir m'aurait poursuivi dans ma félicité apparente,... au lieu de son supplice,... sur la terre de ses dépouilles ;... Jacques à qui j'aurais fait injure le jour de son arrivée, la veille de son exécution, quand il revenait réclamer ma foi et ma parole, ah !...

— Mais il vous a rendu... il vous a rejeté tout cela, dit George ; il vous a traitée comme une malheureuse !...

— Oui, c'est vrai, il m'a repoussée quand j'allais tomber dans ses bras, il a eu l'injustice de me croire capable de toutes les lâchetés, de toutes les bassesses qui puissent avilir le cœur d'une honnête fille et le caractère d'une Française ; il m'a laissée tomber à ses pieds... Ah ! c'était bien affreux, cela !... mais je lui pardonne, parce qu'il a beaucoup souffert, parce qu'il aimait la France plus que moi, autant que mon père, et parce qu'il n'est pas seul coupable de son injustice... Dans les circonstances où il m'a revue, son indignation était assez motivée, et si vous voulez, monsieur, relire les pages que voici, qui se trouvaient en sa possession, vous comprendrez que ces injustes soupçons avaient aussi une cause qui peut les excuser, même à vos yeux...

Marie tendit à l'officier la lettre que Jacques lui avait jetée à la figure, au moment de leur entrevue ; cette lettre qu'elle avait saisie et mise dans son sein, sans savoir ce qu'elle faisait, elle l'avait retrouvée le matin même, sur le plancher de sa chambre.

— Je ne l'aurais pas lue, poursuivit-elle, si j'avais vu tout de suite qu'elle était adressée à monsieur votre frère, ou si j'eusse compris plus tôt le pseudonyme...

George se sentit foudroyé de honte en voyant revenir ce ridicule témoignage de sa légèreté et de ses extravagances passées, dans de semblables circonstances, et par de pareilles mains : il chancela, il aurait voulu disparaître sous terre. La jeune fille le regarda durant quelques instants, en silence, jouissant peut-être, dans le secret, du cruel châtiment que venait d'infliger à son auteur cette œuvre impertinente. Mais la situation était trop pénible pour le lieutenant, et Marie avait trop bon cœur pour en profiter quand elle le voyait déjà tant puni.

— Monsieur, dit-elle, cette lettre ne peut détruire l'estime que vous méritez ; elle confirme le mien ; elle est pour moi un témoignage de la sincérité de vos aveux d'hier... En la relisant, vous penserez au tort que peuvent faire quelques mots tracés dans un moment d'oubli. Vous voudrez bien croire, de plus, que si je ne consens pas à devenir l'objet d'une onzième flamme, ce n'est pas tant que je croie à la frivolité et à la fausseté de votre onzième, que parce que je ne puis pas arracher de mon cœur l'impression des premières qui l'ont brûlé ; et vous me pardonnerez, je l'espère, le mal que je puis vous avoir fait aujourd'hui... Ah ! ne nous en voulez pas, monsieur George ; il vaut mieux que les choses soient ainsi ; nous serions restés ici, avec des cœurs comprimés, des sentiments pénibles, et sans doute, avec des devoirs odieux, malgré vos bontés. Eh bien ! nous emporterons dans l'exil des souvenirs pleins de notre reconnaissance pour vous ; en pensant à vous, nous haïrons moins la nation qui nous a frappés... J'espère que vous ne refuserez pas un adieu amical.

Marie tendit sa main au lieutenant, qui la prit en silence, et elle ajouta :

— Maintenant, monsieur, puis-je encore vous demander une grâce... une grâce qui est une réparation ?

— Quelle grâce puis-je vous accorder, mademoiselle, qui soit une réparation ? dit George avec surprise.

— Que vous fassiez dire à Jacques, avant qu'il meure, que je lui ai conservé ma parole, que je n'ai jamais aimé que lui...

À ces mots, George sentit son orgueil jaloux se réveiller violemment et faire irruption au milieu des sentiments les plus généreux de son âme. Sa tête se releva et perdit tout à coup cette expression de douleur passive qu'elle avait gardée jusque-là; l'humiliation que sa lettre lui avait fait subir ulcérait encore son cœur, malgré les paroles de baume de Marie; sa fierté en avait profondément souffert. Cependant, il sentait qu'il expiait une faute, un tort envers cette fille admirable, et il en avait enduré dignement le châtiment: la noble indignation manifestée devant lui par les Landry contre sa nation ne l'avait pas outragé; il comprenait qu'elle était méritée. Mais aller s'immoler devant ce Jacques, qui lui ravissait un être adoré, qui lui avait occasionné cette honte sous les yeux de Marie; s'avouer vaincu devant ce paysan brutal, devant ce meurtrier de son frère, qui avait osé porter la main sur lui, cela le révoltait, et il dit avec fermeté:

— C'est moi que vous voulez charger de ce message étrange?

— C'est vous, monsieur, parce que j'ai une confiance absolue dans votre générosité, parce que vous êtes le seul qui puissiez approcher de Jacques, et surtout, parce qu'il ne convient qu'à vous d'expliquer les rapports qui ont existé entre nous, et la portée réelle de votre lettre.

— C'est donc une confession que vous voulez que j'aille faire à votre ami.

— Ce n'est pas une confession, c'est un service d'ami, c'est un bienfait, c'est un acte de probité, compatible avec toutes les croyances et avec toutes les dignités, qu'une femme vous demande avec des larmes; et je ne pense pas qu'un homme juste, qu'un prétendu catholique puisse appeler cela du nom de confession pour se donner l'avantage de le refuser avec mépris; s'il en était ainsi, je croirais, moi, avoir le droit d'appeler cet homme un hypocrite... Ce n'est pas l'opinion que nous avons de vous, monsieur.

— Pardon, mademoiselle, j'avoue que j'ai eu tort de m'exprimer ainsi. Ce que vous voulez, donc, c'est que j'aille m'humilier devant ce traître, devant ce rival forcené, cet amant extraordinaire, qui, après être resté absent pendant cinq ans, sans donner signe de vie, sans songer à sécher les larmes qui coulaient ici pour lui, et à soulager, au moins par un message, les inquiétudes constantes d'une fiancée, se croit autorisé, par dix lignes de gaieté trouvées dans la poche d'un étranger, à vous soupçonner de tous les crimes, et à vous traiter, en arrivant, comme une épouse infidèle et perdue... Vous voulez que je m'abaisse à parler à ce transfuge qui vient, les mains pleines du sang de mon frère, briser mon bonheur, enlever brutalement de mon cœur l'idole pure que j'entourais depuis deux ans du culte le plus vrai, le plus constant; que j'encensais, dans le secret, de tous les parfums purifiés de ma passion; qui avait fait naître pour moi, dans cette solitude, un monde enchanté que je n'aurais pas voulu sacrifier pour toutes les merveilles de notre vieux continent et que je croyais ne jamais abandonner... Vous voulez, Marie, que je porte à ce misérable mon cœur comme une victime expiatoire, pour recueillir ensuite des paroles de pardon pour vous, et pour moi... le silence du mépris !...

— Je sais, lieutenant, à quoi m'en tenir sur l'absence prolongée de Jacques et sur son silence. J'ai appris tout ce qu'il avait fait... je connais aussi ce qu'ont pu produire vos dix lignes de gaieté sur cette âme droite animée du sentiment le plus profond et le plus digne : dans notre pays, on ne connaît pas cette sorte de gaieté, parce qu'on ne croit pas qu'une fille respectable puisse en être l'objet. D'ailleurs, monsieur, il y avait dans votre lettre des faussetés... Ce n'est pas moi, mais c'est mon père qui vous avait invité à dîner, à la ferme, et c'est Janot, seul, qui vous a servi le bouquet délicieux... cela, vous le saviez. Je vous demande de rétablir la vérité de ces faits près de votre prisonnier ; vous seul, vous pouvez le faire avec autorité et délicatesse. Vous lui direz, en outre, que vous n'étiez reçu dans notre maison qu'à titre de bienfaiteur, et que c'est le hasard qui a voulu que nous fussions ensemble hier matin... le hasard et la confiance que j'avais dans votre respect et votre dignité.

— Lui dirai-je vos dernières paroles... aussi ?... dit George avec un peu d'ironie.

— Oui, monsieur, dites-les ; car je les lui dirais, moi, devant vous !... dites-les, si vous tenez à tout dire... Mais si c'était pour abuser de votre situation auprès de lui, pour le tromper encore dans l'impossibilité où il est de m'entendre, comme vous semblez vouloir abuser de celle que vous m'avez faite par votre légèreté et vos perfides témoignages d'affection en face des cruautés de votre gouvernement, alors, cette vérité deviendrait une calomnie cent fois plus méchante que les folies que vous avez écrites, et je ne verrais plus en vous qu'une passion égoïste et vile !...

— Oh ! pour le coup, c'en est trop, je ne dirai pas un mot...

— Vous me refuseriez cette réparation ?... Est-ce parce que je suis une femme faible, malheureuse,... une prisonnière ?... Vous autres, hommes d'honneur, vous n'en accordez qu'à ceux qui vous les demandent les armes à la main.

— Mais c'est un brigand... l'assassin de mon frère, il me répugne...

— Un soldat, monsieur, n'est pas un assassin ; il a tué votre frère sous le drapeau de la France, après avoir vu vos gens disperser ses parents, incendier leurs demeures ; il l'a tué sur un champ de combat, et il vous l'a dit, lui, parce qu'il était fier de son action, et qu'il n'a pas peur de la vérité... Vous, monsieur, vous avez tué, par un mensonge, sa foi dans ma parole, son espérance dans mon amour, son orgueil dans ma vertu ; ceci n'est pas honnête, c'est un crime contre la probité... Ce brigand de Jacques serait donc votre maître dans les voies de l'honneur?... Votre gouvernement peut se croire le droit de lui ôter la vie ; vous, monsieur, vous n'avez pas celui de lui ravir un sentiment légitime, une confiance juste, une consolation à la mort ; vous n'avez pas le droit de laisser mourir mon nom marqué d'infamie, dans le cœur de mon fiancé...

George avait fait trois pas du côté de la porte ; il s'arrêta sous le coup de ces paroles qui le frappaient comme l'arrêt d'une souveraine justice ; un instant, il chancela, puis il franchit le seuil en murmurant :

— Non! non! jamais!... jamais!...

XV

À peine George était-il sorti, que les trois habitants de la ferme des Landry furent entraînés par un même sentiment dans les bras les uns des autres ; ce ne fut qu'une même étreinte, longue, silencieuse, mais surtout brûlante de tendresse. Ils ne purent rien se dire ; ils s'admiraient, ils s'aimaient dans leur générosité sublime ; tout voile était déchiré entre leurs âmes unies ; plus de soupçons, plus d'incertitudes isolées, plus de trames secrètes ne les séparaient. La mère avait compris tout ce qu'il y avait de noble délicatesse dans les sentiments de son mari et de sa fille ; l'héroïsme d'une action s'impose à l'admiration de tous, même des intelligences médiocres : quoique incapables de concevoir des dévouements désintéressés, ces natures en subissent involontairement le prestige, quand elles ne sont pas dégradées. La brave femme perdit donc bien vite le souvenir de ses naïves ambitions, de ses frayeurs de l'exil, et comme toutes les vraies mères, comme toutes les fortes épouses de ce temps, elle ne songea plus qu'à partager la vie et les souffrances de ses enfants, et à suivre avec respect et amour le chef de la famille dont l'autorité doit répondre des lâchetés de sa maison, dont le nom doit porter le déshonneur comme la gloire des siens. Ces trois cœurs s'abandonnèrent longtemps à cette joie sainte du sacrifice accepté en commun, à cette harmonie de leurs sentiments unis dans le malheur, dans le devoir, unis au bord de l'abîme, dans ce pur embrassement qui devait être la dernière caresse du foyer.

Mais le père vint à penser qu'il ne se considérait plus libre, que l'honneur ne lui permettait pas de rester dans sa maison ; il s'arracha donc doucement des bras de sa femme et de son enfant, leur disant, en les pressant encore une fois sur son cœur :

— Je vois que j'abuse d'un bonheur qui m'avait été prêté, seulement à de certaines conditions que je n'ai pas remplies... ; il faut nous séparer.

— Mais vous pourriez peut-être attendre un ordre, cher père : ces conditions ne vous ont pas été exprimées, et votre élargissement est illimité.

— Non, ma fille. Il faut apprendre à ceux qui ne connaissent pas les voies de la justice et de la probité que les obligations dictées par l'honnêteté et la conscience s'accomplissent sans commandement. Un vieillard impuissant comme moi, prisonnier, n'a que ce moyen de faire respecter l'honneur des siens... D'ailleurs, je ne voudrais pas laisser aux malheureux qui nous environnent, à mes amis, à mes autres enfants qui souffrent dans l'église, le soupçon injurieux que nous négocions ici une affaire indigne de toi, de moi, du dernier Acadien de Grand-Pré. C'est assez longtemps avoir paru insulter à une infortune respectable, s'être montré chancelant entre la faiblesse et le courage ; il faut finir les inquiétudes des honnêtes gens qui nous considèrent et qui nous aiment. Et puis, je sens que si je restais plus longtemps dans vos bras, je me trouverais plus irrésolu à l'heure du départ. Adieu !... je ne vous reverrai probablement qu'au jour de l'embarquement... Vous allez être encore seules... Recueillez toutes vos forces ; quand elles vous manqueront, priez Dieu ; il ne sera pas sourd à tant de voix qui pleurent et montent vers lui !

En achevant ces mots, le vieillard avait ouvert la porte ; sa femme s'était laissée choir dans la bergère pour cacher ses sanglots, mais Marie retenait toujours le bras de son père.

— Mais que veux-tu faire, pauvre enfant ?...

— Vous suivre jusqu'à l'église.

— Mais tu es si faible, tu as tant souffert !...

— Non, non, père, je suis forte à présent, je suis délivrée d'un poids si pesant ! je pourrais marcher jusqu'au bout de l'Amérique avec vous ! Je pourrais même vous soutenir ; voyez... laissez-moi faire jusqu'à l'église.

Et en exprimant son désir, la jeune fille enlaçait si bien le bras du brave homme, que celui-ci ne voulut pas faire d'efforts pour s'en détacher.

Marie était une de ces organisations élevées et puissantes qui, lorsqu'elles voient dans un événement de leur vie l'abaissement de leurs sentiments, la dépréciation de leur caractère devant leur propre conscience, la destruction de l'idéal de leur bonheur, la contrainte des élans enthousiastes de leur âme, la perte de cette douce liberté d'aimer et de parler d'après l'impulsion de leur cœur et de leurs pensées, sentent plus de souffrances que si elles étaient soumises aux tortures toutes physiques du martyre. C'est pour elles l'anéantissement de leur personnalité morale ; elles ont perdu l'essor divin, elles se traînent, elles languissent, elles disparaissent dans la masse du vulgaire. Comme un fleuve qui s'était creusé un lit superbe sur le roc, dans des plaines solides et plantureuses, qu'on vient tout à coup détourner de son cours pour le jeter dans des savanes sans pentes et sans rivages, où il ne forme plus que des mares stagnantes et fétides, où ses flots n'ont plus d'harmonie ni de fécondité, ainsi Marie, tant que les insinuations et les plaintes de sa mère, jointes à la pitié que lui inspirait le triste sort de ses parents dans leur âge avancé, l'avaient laissée sous l'impression qu'elle devait accepter la main de George, que c'était le devoir commandé par les circonstances, elle était restée dans cet état de dépression morale, d'indécision, de nullité relative qui réagissent si violemment sur les forces physiques. Mais maintenant «elle respirait», comme elle l'avait dit à son père; sa vie avait repris son cours naturel dans les voies nobles que le Créateur lui avait tracées, et elle s'y élançait avec d'autant plus d'énergie qu'elle avait senti plus longtemps l'entrave mortelle: le fleuve avait retrouvé ses rives spacieuses. Le sort de Jacques, le coup qu'il lui avait porté ulcérait bien encore son cœur, mais cette douleur, elle la recevait dans une âme qui conservait toute sa valeur; et l'on sait quelle force de résistance une femme oppose à la souffrance. Elle savait d'ailleurs, à présent, que Jacques ne l'avait repoussée que sur les apparences de sa culpabilité, et elle était sûre que Dieu ne permettrait pas qu'il mourût avec la certitude qu'il avait été lâchement oublié. C'était peut-être pour hâter cette faveur de Dieu, pour offrir une occasion à la miséricorde divine, qu'elle tenait tant à accompagner son père...

Ils se dirigèrent donc ensemble du côté de la prison. Quand ils y arrivèrent, George venait de faire relever les corps de garde et il s'éloignait lentement du côté du presbytère. Il vit bien d'un œil venir les Landry, mais il feignit d'être absorbé par les préoccupations de son service.

Douze hommes armés faisaient la ronde autour de l'église, outre les sentinelles qui gardaient les portes. En voyant approcher Marie et son père, sans escorte, ils ne parurent pas comprendre ce que venaient faire cet homme et cette femme, et ils se hâtèrent de les croiser au passage.

— Halte-là! dit l'un d'eux, que voulez-vous?...

Marie répondit: — Mon père veut rentrer en prison.

— Nous n'avons pas plus d'ordre pour laisser entrer que pour laisser sortir; il faut un permis du lieutenant.

— Un permis pour se constituer prisonnier!... dit en elle-même Marie, voilà qui n'est pas naturel dans ce moment... N'y aurait-il pas dans cette disposition quelques vues secrètes du lieutenant?... peut-être un remords?... Aurait-il voulu se ménager par ce moyen une entrevue de conciliation? Avec un caractère semblable à celui de George, un pareil revirement est dans l'ordre des choses possibles; chez lui la générosité doit finir par triompher de l'orgueil et de la jalousie.

Ces suppositions firent tressaillir Marie tour à tour d'espérance et de crainte. Il fallait de toute nécessité aller au presbytère, se trouver de nouveau face à face avec l'officier; cela lui répugnait horriblement; mais en y allant, elle devait passer sur le plancher qui cachait la captivité de Jacques, et l'idée de se sentir si près de son fiancé l'entraînait malgré elle; peut-être entendrait-il sa voix... peut-être pourrait-elle jeter quelques paroles qui lui feraient comprendre sa situation: comme les mourants, les captifs ont l'oreille au guet et l'ouïe sensible.

C'est en faisant ces conjectures, dont les amants ont surtout l'esprit d'invention, que Marie joignit, avec son père, le porche qui servait d'entrée à la demeure de l'ancien curé. Pierriche les reçut à la porte et les fit entrer dans le salon, qui se trouvait vide dans ce moment: George s'était retiré dans sa chambre.

Le garçon se disposait déjà à faire quelques questions indiscrètes, mais le père Landry lui dit de suite:

— Va demander à M. le lieutenant s'il veut bien me donner la permission de retourner en prison.

— Rien que pour voir les autres? dit Pierriche.

— Non, mon enfant: la permission de redevenir prisonnier, va!

L'enfant de la veuve Trahan crut entendre une parole de l'Apocalypse; il ne songeait pas à bouger.

— Allons, dit Marie, pars, petit Pierre, il nous faut une permission signée.

Force fut au garçon d'obéir.

Il fut plus longtemps absent qu'il ne fallait pour une telle affaire, ce qui laissa Marie dans une grande perplexité.

En l'attendant, le père et la fille ne purent s'empêcher, au milieu de leur préoccupation, de jeter un coup d'œil autour de cette pièce qui leur rappelait la présence et les vertus d'un saint prêtre. Peu de choses avaient été changées dans cette maison à part les habitants, les coutumes et les conversations. On avait tout simplement mis le curé dehors et l'on s'était établi dans ses meubles. Comme ces soldats ne voulaient faire là qu'un séjour passager, ils n'avaient pas jugé nécessaire de remplacer l'humble défroque du saint apôtre par un luxe de ménage qui, d'ailleurs, aurait juré avec l'habitation; ils se contentaient d'y bien vivre. Le rustique mobilier, fait en partie par la main du vieux prêtre, était encore distribué autour du salon qui servait aussi, jadis, de réfectoire, lorsqu'il y avait des voyageurs à Grand-Pré ou quand le curé réunissait à sa table les pères de familles, ce qui arrivait régulièrement à Pâques et à la Saint-Laurent, patron de la paroisse. Mais les nouveaux occupants n'avaient pas pris grand soin de cette propriété mal acquise. Les chaises, les tables, tout annonçait une ruine prochaine.

C'est toujours bien triste d'entrer dans l'habitation d'un ami parti, mais cela serre doublement le cœur quand on voit la dilapidation et le mépris s'attacher à ses reliques, quand on ne retrouve plus cette atmosphère tout imprégnée du baume de notre vieille affection, mais que tout au contraire, tout nous fait éprouver l'impression d'un bien perdu, d'un vide poignant qui ne pourra jamais être rempli. Marie et son père ne pouvaient attacher leur vue à un objet que le commerce de leur aimable pasteur leur avait rendu familier, sans y trouver la trace d'une maculation.

XVI

L'existence d'un bon curé est intimement liée à celle de tous ceux qui l'entourent. C'est le centre de la vie morale d'une population, un foyer de repos, de consolation, de bonheur placé au-dessus des intérêts de la terre ; elle se relie à tous les souvenirs purs d'une famille, à toutes les dates d'un village ; elle tient au berceau de tous les habitants, elle aide à préparer la carrière de chacun d'eux en leur donnant pour régler leurs actions le mobile de la foi ; elle participe à leurs joies comme à leurs misères ; après avoir sanctifié leurs premières pensées, elle apporte des bénédictions à leurs derniers soupirs, et elle les accompagne jusqu'au seuil de l'éternité. Elle forme donc, dans ces rapports continuels d'une nature si élevée, des liens bien forts avec toutes ces autres existences qui semblent rayonner de la sienne.

Le vieux curé de Grand-Pré, d'ailleurs, avait bien été pour son troupeau le véritable bon pasteur du Christ.

Venu d'abord dans cette commune comme missionnaire, il s'y était fixé à la prière des habitants, avec l'assentiment de son évêque, quand la population eut pris des proportions trop considérables pour rester sans prêtre. Il y habitait depuis trente ans, lorsque les Anglais l'expulsèrent. Ce long ministère l'avait rendu l'habitué de chaque maison, le bienfaiteur de plusieurs générations.

C'était un homme d'une intelligence ordinaire, d'une instruction suffisante, d'un jugement solide, qui connaissait avant tout ses devoirs d'état, et l'esprit encore beaucoup mieux que la lettre de l'Évangile... Quand il arriva dans sa paroisse, il n'était pas exempt de certains défauts, qui avaient résisté au travail de sa forte volonté, ou dont il avait moins senti la présence et le danger dans sa vie errante. C'est quand on est fixé dans une société, quand la nécessité et le devoir nous lient par des rapports réguliers et les besoins de notre condition à ceux qui nous entourent, qu'il devient surtout nécessaire de soumettre son âme à ces lois de la perfection qui rendent tout commerce intime aimable et facile, et toute existence véritablement utile. Il est aisé à ceux qui ne se laissent voir qu'en passant de paraître des gens accomplis.

Les curés, moins que tous autres, peuvent se soustraire à cette nécessité du perfectionnement. Celui de Grand-Pré était né violent et absolu, et ces vices de tempérament, domptés, ou assoupis durant ses rudes travaux apostoliques, se réveillèrent aussitôt que la vie aisée de la cure eut succédé aux fatigues et aux épreuves salutaires des missions. Mais, loin de se laisser aller à cette nonchalance morale qui succède souvent au zèle et à la ferveur d'une jeunesse dévouée quand on vient tout à coup d'être pacifiquement installé dans une habitation commode, chaude et bien pourvue, au milieu de sujets débonnaires, avec un rôle de chef, et une tâche journalière et réglée d'avance à remplir; loin de se dire: «J'ai bien quelques petits défauts; les saints en ont tous eu... Mais on me les pardonnera, pourvu que je dise régulièrement ma messe, que je confesse mon monde à heure fixe, et que je fasse de beaux sermons, dans les jours frais. Que resterait-il à me reprocher?»...

Le jeune prêtre s'était dit, au contraire, devant son autel, un jour qu'il s'accusait d'avoir prononcé quelques paroles regrettables dans un moment d'humeur, en voulant réconcilier deux de ses paroissiens: «Quelle autorité pourront avoir mes paroles sur les autres, si je prouve à tout instant que ma sagesse est impuissante à régler mes propres actions?... Comment pourrai-je persuader à ceux que je prêche qu'ils peuvent dominer leurs passions, si je me laisse vaincre à leurs yeux par les miennes?... Moi, le ministre de Dieu, qui habite dans son temple, qui sacrifie sur son autel, qu'il a choisi pour distribuer ses grâces et enseigner ses perfections, qu'il a consacré... pourrai-je jamais, sans rougir, reprocher à ces pauvres gens des fautes dont ils ne mesurent pas la gravité, s'ils peuvent me répondre: "Vous qui êtes plus coupable, pourquoi jetez-vous sur nous la pierre?"... Ah! on est bien misérable apôtre quand on n'a plus que cette prédication à faire: "Faites ce que je vous enseigne, mais évitez ce que je fais..."»

Il tint parole à Dieu et à lui-même, et quoiqu'il n'eût que peu de choses à se reprocher, il crut devoir en demander pardon à sa paroisse dans une circonstance particulière où il avait à signaler quelques désordres. Il voulut, avant d'exiger des coupables la réparation du scandale qu'ils avaient donné, s'humilier le premier de ses fautes passées.

Depuis lors, il acquit cet empire divin et tout-puissant que donnent la douceur et l'humilité. Victorieux sur lui-même, il le fut facilement sur les autres. Le plus rude combat est celui qu'on livre à ses passions. Cependant, jamais on ne l'entendit réprimander amèrement ceux qui, dans l'entraînement de leurs passions, s'étaient gravement oubliés, ce qui, d'ailleurs, était très rare; il priait alors les fidèles de ne pas imiter ces mauvais exemples, et sans publier le mal, il attirait la pitié sur les coupables; il cherchait lui-même à les voir, comme on va près des malades, et il leur disait: «Mes amis, pourquoi voulez-vous vous séparer de Dieu et des gens de bien?»... Jamais, surtout, on ne l'entendit leur faire un plus grand crime de leur mauvaise conduite parce qu'elle lui avait fait de la peine, ou qu'elle était une injure à l'autorité de ses paroles: il comprenait trop que le bien ne se commande pas aux hommes pour les hommes, mais pour lui-même, et pour Dieu qui est son essence, et qui peut seul le récompenser; que c'est le rabaisser, le rendre impuissant ou hypocrite que de ne lui offrir pour but que le bon plaisir d'un individu, serait-il un bienfaiteur de l'humanité. Il aurait craint de faire croire qu'il cherchait dans la conduite de ses paroissiens plutôt la gloire de son propre règne que celle du règne de Dieu. Lui, il n'attendait sa couronne que du ciel; il avait méprisé, une fois pour toutes, celles qui se donnent sur la terre.

Rendre sa vie utile à la vigne du Seigneur, voilà ce qui devint son but unique et son occupation constante; cela comprenait en même temps tous les devoirs qui obligent l'homme envers la société. Il étudiait soigneusement tout ce qu'il voulait entreprendre; après avoir raisonné ses projets, il examinait encore si l'esprit d'égoïsme ne lui avait pas voilé, par des sophismes insinuants, la recherche de son propre intérêt et de son seul plaisir, sous l'apparence de l'intérêt de sa paroisse; on est si ingénieux à se faire illusion sur les véritables motifs de ses œuvres!

Cette volonté ferme de faire le bien, embrasée par la charité chrétienne, secondée par une vigilance toujours éveillée, par une régularité constante et une direction unique dans les actions de la vie, et surtout par cette humilité qui déroute toutes les jalousies et les ambitions du monde et s'associe à tout ce qui mène au succès, sans s'occuper de savoir qui en recueillera la gloire, peuvent rendre une vie bien féconde sur la terre, même celle d'une intelligence comparativement médiocre. Dieu n'a pas voulu qu'il fût nécessaire d'avoir un grand esprit pour arriver à l'héroïsme du bien: il suffit d'avoir un grand cœur. La vertu, cette gloire pure de la terre, la seule qui, dans les prévisions de la sagesse antique et dans les dogmes du christianisme, mérite des félicités éternelles, est accessible à tout le monde.

Aussi, le curé de Grand-Pré put-il, en peu d'années, accomplir des travaux considérables et rendre des services éminents à ses paroissiens. Non seulement il donnait l'instruction religieuse, mais il avait formé des maîtres qui, sous sa direction, enseignaient par toute la bourgade les choses nécessaires dans les conditions sociales où se trouvaient les Acadiens; pour lui, il se réservait le plaisir de développer les intelligences d'élite, afin de préparer à Grand-Pré un noyau de population mieux cultivé, qui pourrait, plus tard, éclairer et diriger ce petit peuple. Jacques et Marie avaient fait partie de ce choix. Il s'appliquait surtout dans ses leçons à faire aimer tout ce qui rend le commerce de la vie facile et agréable: la sincérité dans les paroles, la droiture dans la conduite et cette urbanité dans les manières qui ont suivi partout les Acadiens dans l'exil et sont restées dans eux comme un cachet de famille au milieu des populations parmi lesquelles on a essayé de les absorber.

Comme il représentait dans le pays l'unique autorité bien définie et en qui l'on eût quelque confiance, les habitants ne s'adressaient pas à d'autres pour débrouiller leurs démêlés. Il était juge suprême par l'élection populaire, et son tribunal était sans appel. La confiance accueillait tous ses jugements, car on savait qu'il n'avait pas de préjugés ni de couleur politique; on ne voyait pas d'intérêts terrestres, de pluie d'or flotter au-dessus de sa tête: il ne regardait qu'au bien de tous; sa justice était toute paternelle; il conciliait les parties moins avec des citations de gros livres, qu'il n'avait pas et qui n'auraient fait d'ailleurs qu'obscurcir le litige, qu'avec les paroles de cette charité dont il possédait des trésors.

Tous ces travaux ne bannissaient pas de sa maison la gaieté; le bonheur de cette belle âme avait besoin de s'épancher dans la société de ceux qu'elle aimait. Il réunissait souvent les jeunes gens autour du presbytère; il présidait à leurs jeux au milieu des anciens; il voyait naître les liaisons qu'il devait bénir plus tard; il en causait sagement avec les parents, leur aidant dans ce petit travail d'espérance qui préparait les vertes moissons de l'avenir.

Quoiqu'il vécût dans la plus grande frugalité, faisant à ses pauvres la plus grosse part de son abondance, cependant, il évitait de soumettre ses hôtes à la sévérité de son régime. Sa table, toujours prête à recevoir les étrangers, révélait alors les réserves de sa cave et de sa basse-cour et le génie de la vieille ménagère.

Voilà quel était celui dont le père Landry et Marie se rappelaient tristement le souvenir dans sa demeure profanée. Ils n'avaient pas même pu lui faire leurs adieux; les Anglais l'avaient chassé durant la nuit, pour que son départ ne causât aucune émotion. Ce n'est que le lendemain que la population apprit son exil. Depuis, aucun autre prêtre n'avait pu séjourner à Grand-Pré plus de deux ou trois jours, avec la permission du gouvernement. Le vide était donc toujours resté sensible.

XVII

Quand Pierriche rentra dans le salon, il portait une note à la main que Marie saisit avec empressement; en l'ouvrant, elle ne vit que ces quatre mots d'écriture:

«*Laissez passer le prisonnier.*»

«Signé: GEORGE GORDON»

— Cela suffit, dit le père Landry, en se levant: tu remercieras ton maître pour nous, mon enfant; nous lui sommes très obligés...

— Ta pauvre mère, poursuivit Marie, l'as-tu vue aujourd'hui?

Pierriche fit un signe négatif avec un gros soupir.

— Si tu la vois, ajouta l'ancienne maîtresse, tu lui diras que j'irai la voir demain... qu'elle ne s'occupe nullement des choses de la maison, qu'elle prenne seulement pour elle tout ce qu'elle voudra bien emporter...

En même temps, les deux visiteurs se retirèrent comme après un devoir de civilité. Marie se contenta, en s'éloignant, d'étudier du regard le solage du presbytère, cherchant furtivement un soupirail: mais il n'en existait pas... En constatant le fait en elle-même, on vit qu'elle se faisait violence pour raffermir sa démarche et cacher à son père la défaillance qui la menaçait dans son corps et dans son âme. Elle avait maintenant la certitude que George serait inébranlable dans son injuste refus; que tous moyens de communiquer avec son fiancé lui étaient ravis; qu'il mourrait sans qu'elle pût le voir, lui parler... qu'il mourrait avec le reproche et peut-être la malédiction et le mépris sur les lèvres, si Dieu ne venait calmer son désespoir et accomplir un miracle... Et puis, la séparation de son père lui remettait devant les yeux cette hideuse réalité de l'avenir qu'elle avait envisagée un instant avec joie, dans un moment d'exaltation surnaturelle. Le vieillard sentit, au poids inaccoutumé qu'imprimait sur lui le corps si souple et si léger de sa fille et au froid qui gagnait ses mains, qu'elle était frappée au cœur; il se hâta d'entourer sa taille de son bras, pour la soutenir. Ils arrivaient à la porte de l'église.

— Tu faiblis, mon enfant, je crois?... dit-il.

— Quand je pense, répondit Marie, toute haletante, en montant les dernières marches, que Jacques est bien revenu et que c'est ainsi que nous allons vers l'église...

— Mais, ma bonne, tu ne pourras pas retourner à la maison seule; je vais appeler Pierriche... Voilà ces gens qui vont m'entraîner, et tu vas rester...

— Ah! de grâce! mon père, Pierriche n'est plus à nous; ne demandez plus rien à son maître; ne lui donnez pas le méchant plaisir de nous être utile. Qu'il ne voie pas ce moment d'accablement; il pourrait concevoir de nouvelles espérances, et méditer des desseins plus affreux. Dieu m'aidera; je vais prier.

— Mais ces soldats! murmura le père avec effroi.

— Ils ne toucheront pas une fille qui prie dans les bras de son père!

En effet, les sentinelles, qui s'étaient approchées, n'osaient arracher du sein du vieillard cette enfant qui regardait le ciel avec tant d'ardeur; ils craignaient que Dieu ne les punît d'interrompre une si touchante supplication. Mais ce ne fut qu'une faiblesse momentanée dont la jeune fille se releva bien vite, avec la force de sa foi. Elle n'attendit pas les violences des gendarmes pour leur présenter la feuille de l'autorité, et donner le dernier adieu à son père; après l'avoir vu disparaître derrière la porte, elle reprit rapidement le chemin de sa demeure.

George avait observé toute cette scène, caché derrière les rideaux de sa fenêtre; quand il vit Marie s'éloigner, il s'approcha un peu plus des carreaux et il la suivit des yeux jusqu'à ce qu'elle s'effaçât dans un repli du chemin. Peut-être voulait-il surprendre dans sa démarche un moment d'hésitation... peut-être obéissait-il à un sentiment de pitié sincère... Dans le demi-jour qui régnait dans sa chambre et dont il se trouvait enveloppé, il n'était pas possible de lire sur ses traits sa pensée véritable.

XVIII

Tous les soirs, depuis le jour de l'arrestation, on avait remarqué au-dessus de l'horizon, du côté d'Annapolis, de la Rivière-aux-Canards, de Cobequid et de Beau-Bassin, de longues traînées de lueur rouge. Ces cordons lumineux, d'abord interrompus et peu perceptibles, se renouaient les uns aux autres en s'allongeant; le soir du 7 septembre, ils formaient déjà, au-dessus du cercle des forêts voisines, une enceinte menaçante qui éclairait le lointain, comme l'aurore dans un ciel d'orage. C'était l'aurore de la destruction qui se levait sur l'Acadie, les préludes d'un incendie général. Les femmes et les enfants, groupés par l'effroi devant les maisons, suivaient les progrès de l'élément terrible, qui, comme un géant, approchait toujours ses bras immenses comme pour les étouffer. Ces malheureux spectateurs, attachés au milieu de l'arène, assistaient d'avance à l'acte de leur ruine. Ils la voyaient lentement venir, ils réalisaient le désastre, ils imaginaient le désert qui allait se faire sur ce coin de terre où ils avaient vécu leurs beaux jours... Ils semblaient croire, dans leurs idées chrétiennes et dans leur frayeur naïve, qu'ils touchaient à cette conflagration suprême que les anges doivent allumer, un jour, aux quatre coins de la terre.

Les Anglais se pressaient, ils craignaient de la résistance sur plusieurs points. Pour répandre une terreur salutaire au milieu des habitants et les forcer de venir se livrer à leurs bourreaux, pour ne laisser aux fuyards aucun abri capable de couvrir leurs têtes, aucun aliment propre à soutenir leur vie, les soldats avaient ordre, dans certains districts, de ne pas laisser un toit debout, de vider les greniers, de brûler jusqu'à la dernière gerbe, de raser même les vergers. Cette terre devait devenir pour toujours inhospitalière à ceux qui n'avaient jamais fermé leur porte à un étranger; les arbres qu'ils avaient plantés ne pouvaient plus, sans crime, leur donner leurs fruits!

Dès le 3 septembre, tous les établissements du fond de la Baie-des-Français, de Chipodi, de Mémérancouge, de Passequid étaient déjà la proie des flammes; quelques jours plus tard, ceux situés le long de la baie Sainte-Marie et sur les rivières qui se déchargent dans la baie d'Annapolis subirent le même sort. Tout ce qui ne pouvait pas être absolument nécessaire à l'existence des troupes anglaises fut sacrifié. On se rappelle que la population des Mines fut à peu près la seule qui se laissa prendre par la ruse ou qu'on voulut bien saisir par stratagème. Les instructions du gouverneur Lawrence laissaient le choix des moyens aux commandants militaires: «que ce soit par force ou par stratagème, selon le besoin des circonstances», disait une dépêche. Dans le district des Mines, les hameaux se trouvant plus compacts et les communications plus faciles, il fut aisé de faire circuler la proclamation de Winslow, et l'on put compter sur une réunion plus générale des habitants. Mais la population de ce district ne représentait qu'une fraction de celle de toute l'Acadie. Partout ailleurs, les familles enfuies dans les bois étaient encore en partie libres. Malgré que plusieurs fussent revenues se livrer à leurs maîtres, il en restait encore beaucoup qui préféraient tenter un avenir de dénuement, les rigueurs de la faim et d'un hiver terrible au sort que leur réservaient les Anglais. Cela commençait à inquiéter les chefs et à les faire douter du succès de leur œuvre d'infamie; ils craignaient que le désespoir n'inspirât à ces malheureux quelques résolutions extrêmes. Des courriers avaient apporté du Fort Cumberland des nouvelles désastreuses qui répandirent l'alarme dans tous les camps.

Un parti d'Anglais était occupé à promener ses torches dans les maisons abandonnées de Chipodi; «ils en avaient brûlé sans relâche durant tout un avant-midi. Deux cent cinquante-trois logis, granges et étables, avec une grande quantité de bled et de lin, étaient détruits», écrivait un des officiers de l'expédition[1]. La besogne allait à merveille ; on ne trouvait çà et là que quelques femmes ; la journée promettait d'être fructueuse. Le tour de l'église vint, et il paraît que, dans son impatience d'y mettre le feu, un officier courut avec son détachement y porter ses brandons, sans attendre d'ordres supérieurs. Ils en furent bien punis. À peine jouissaient-ils du plaisir de voir la flamme envelopper le monument sacré, qu'une troupe de trois cents hommes fondit sur eux. C'étaient des Acadiens et des Sauvages. Ces braves gens, réfugiés derrière la lisière de la forêt, avaient pu laisser consumer leurs toits ; mais porter des mains sacrilèges sur la maison de Dieu, c'était un crime qu'ils ne pouvaient permettre. Ils tombèrent donc avec une telle violence sur leurs ennemis, qu'ils les dispersèrent après en avoir tué et blessé un certain nombre, ce qui termina les dévastations de l'incendie pour le reste de la journée.

Celui qui écrivait ces détails à Winslow terminait ainsi sa lettre :

Ici nous demeurons dans une grande inquiétude, craignant qu'un sort semblable ne vous soit réservé ; car vous vous trouvez au milieu d'une bande nombreuse et *diabolique*.

Dieu ne voulut pas donner raison à ces frayeurs en infligeant à d'autres le châtiment qu'ils méritaient. Ce premier succès de la résistance ne fit, au contraire, qu'aggraver la situation des Acadiens, en doublant la fureur de leurs tyrans et en leur inspirant des terreurs imaginaires. Ils étaient maintenant aveuglés par cette excitation que donne le mal que l'on fait ; le crime a son enthousiasme, et la peur rend plus cruel. Toutes les lettres qui arrivaient au quartier général avaient une nuance de sombre inquiétude ; ce peuple victime pesait à la conscience de ses persécuteurs. On ne voyait surgir partout que des mains vengeresses ; et d'où pouvaient-elles venir... à moins que Dieu ne fît descendre celles de sa justice ? Ce n'est que du côté de la frontière française que les fugitifs pouvaient recevoir quelque secours et des armes, mais cette frontière étroite était gardée par deux forts, et la mer était aux Anglais ; partout ailleurs les Acadiens étaient dispersés, sans point de ralliement, sans moyens de défense, sans pain, presque sans vêtements ; et ceux que l'on avait saisis ne songeaient plus qu'à la résignation et à la prière.

Le commandant d'Annapolis demandait du renfort pour réduire à la raison, disait-il, « cent chefs de familles qui s'étaient réfugiés dans les bois avec leurs lits !... » Pour les pousser dans les vaisseaux qui devaient les emporter, sans leurs femmes et leurs enfants, il est probable que cet homme usa

---

[1]. Tous ces détails sont historiques et ont été puisés dans les archives du temps. — *Note de l'auteur.*

d'une cruauté telle, que ces malheureux ne purent s'empêcher de résister avec désespoir. C'est ce que laisse croire une lettre subséquente de Murray, datée de Passequid, où il était allé après l'arrestation des habitants de Grand-Pré, pour saisir ceux qui n'avaient pas obéi à la proclamation de Winslow. Lui aussi était inquiet!...

Voici cette lettre, adressée à son colonel:

> Cher Monsieur, j'ai reçu la vôtre, etc. et je suis très heureux d'apprendre que les choses sont dans un si bon état à Grand-Pré, et que les pauvres diables sont si résignés: ici, ils sont plus patients que j'aurais pu le prévoir dans les circonstances où ils se trouvent. *Quand je songe à ce qui est arrivé à Annapolis*, j'appréhende le moment où il faudra les pousser dedans; je crains qu'il n'y ait quelque difficulté à les réunir; et, vous le savez, nos soldats les détestent; s'ils peuvent trouver seulement un prétexte pour les tuer, ils le feront. Je suis réellement heureux de penser que votre camp est bien sûr. J'ai hâte de voir arriver le moment où les pauvres misérables seront embarqués, et *nos comptes réglés;* alors, je me donnerai le plaisir d'aller vous voir *et de boire à leur bon voyage!* etc.
>
> A. Murray

Winslow sentit donc la nécessité de presser les préparatifs du départ, afin de pouvoir prêter main-forte à ses lieutenants. Il n'y avait encore à la côte que cinq vaisseaux de transport; cela suffisait à peine à loger la moitié des prisonniers de Grand-Pré. Il fut résolu de faire le plus tôt possible le chargement de ces navires en attendant d'autres voiles; une fois entassés dans les pontons, on avait au moins la certitude que ces malheureux ne pourraient plus inspirer de craintes. Le colonel fixa donc au 10 ce premier embarquement, et il fit avertir les prisonniers de s'y préparer.

Ce fut alors qu'on permit à quelques-uns des chefs de famille d'aller passer un jour dans leur maison pour aider les femmes à faire les provisions de l'exil. Dix seulement devaient s'absenter à la fois, et ils étaient choisis par le suffrage des autres captifs, qui répondaient sur leur tête du retour de ces élus du malheur. Ce choix, dicté par la pitié, se faisait nécessairement en faveur des vieillards, pères de plusieurs générations. Mais combien purent jouir d'un bonheur si parcimonieusement distribué, durant les deux ou trois jours qui leur restaient à passer à Grand-Pré?... Il y en a qui restaient plus près, et ceux-là revinrent plus tôt pour faire à d'autres une petite part de leur faveur. Mais plusieurs devaient aller loin, dans les villages voisins; quelques-uns avaient le pas appesanti par l'âge, et le temps qu'on leur donnait pour le dépenser en soins précieux, en conseils, en caresses, en larmes d'amour,

Le père Landry avait déjà joui de son congé d'absence ; il ne voulut pas profiter du droit d'élection que lui donnaient ses années. Quant à Jacques, comme il était enfermé à part, personne ne songea à lui. D'ailleurs, il n'avait plus de proches parents dans le pays, et il était classé dans une catégorie de criminels qui ne pouvaient attendre de faveurs.

XIX

Deux jours s'étaient écoulés depuis qu'il languissait dans son cachot, mais il n'avait pu les compter ; dans l'obscurité complète où il se trouvait plongé, il croyait que c'était une longue nuit qui passait. Il entendait toujours les pas pesants et réguliers des soldats qui marchaient au-dessus de lui, et c'étaient les seules sensations qu'il recevait du monde extérieur.

Aussitôt après son incarcération, la fatigue, l'épuisement, le poids de ses fers, l'accablement de son âme l'avaient couché sur la terre de sa prison, et un sommeil dont il ne put calculer la durée s'appesantit sur lui.

Rien, peut-être, n'anéantit l'homme malheureux comme la privation complète des rayons de cette lumière qui vivifie et embellit tout dans la nature, et qui, dans l'absence de toutes les autres jouissances de la vie, sert au moins à compter les heures qui passent et approchent de la délivrance. Cette existence de sépulcre qui étiole les plantes et pâlit les fleurs fait encore entrer ses ombres jusque dans l'âme humaine ; et avec ces ténèbres, l'oubli, le silence, le mépris !... oh ! que cela fait horreur aux abords du trépas, quand on a tant aimé la vie !

Il appela donc de tous ses désirs le jour de l'exécution ; il demanda au ciel comme un bienfait de mourir par les armes, sous des regards humains, en regardant encore son village.

Dieu ne voulut pas lui refuser cette unique consolation.

XX

Winslow et ses aides-de-camp pouvaient enfin jouir de quelques loisirs. Bien que l'époque de l'expatriation eût été avancée, et que les préparatifs nécessaires à cette opération entraînassent encore beaucoup de travail, cependant il y avait loin de là à l'arrestation en masse de toute une population. Le conseil militaire songea donc un instant au prisonnier du presbytère, et il décida de lui faire un simulacre de procès, non pas tant pour montrer qu'il voulait lui accorder quelque justice (on ne tenait guère plus à l'apparence qu'à la chose), que pour lui arracher certains aveux utiles sur la position, les mouvements et les projets des Français de l'autre côté de la baie. Le soir même du 8 septembre, les sentinelles reçurent donc l'ordre d'amener Jacques devant un tribunal provisoire constitué pour la circonstance.

Jacques était en prières, à genoux au-dessous de la trappe de chêne, lorsqu'il entendit un bruit inusité de pas se produire sur sa tête. Il se préparait au sommeil, jugeant, au silence plus profond qui régnait depuis quelque temps là-haut, qu'il devait être nuit. Ce piétinement le fit tressaillir.

— Les voilà! dit-il en formulant sur sa poitrine le signe de la croix. C'est votre heure, ô mon Dieu! je vous bénis; aidez-moi seulement à la franchir.

Et, là-dessus, il se leva; il croyait qu'on venait le chercher pour le conduire au supplice.

La porte s'ouvrit aussitôt, et l'un des gardes lui tendit une petite échelle qu'il escalada péniblement sous le poids de ses chaînes, dans l'épuisement de sa vigueur. Arrivé au degré supérieur, quatre soldats l'environnèrent et lui firent signe de les suivre dans la salle du conseil, qui n'était autre que le salon du vieux curé. En entrant, il vit trois hommes assis devant une table, entre deux lampes; en reconnaissant celui de droite, il sentit un instant bondir son cœur et une pâleur de cadavre passa sur son visage: c'était George; ceux du centre et de gauche n'étaient autres que Winslow et Butler. Rendu à deux pas de la table, le commandant donna l'ordre à l'escorte de se ranger de chaque côté de la chambre, laissant leur prisonnier isolé au milieu du parquet.

Un silence général suivit son entrée; les yeux des juges s'arrêtèrent avec étonnement sur lui. À part Butler, dont l'intelligence grossière ne voyait que du burlesque dans les individualités exceptionnelles qui ne ressemblaient pas à la sienne, et qui fut près d'éclater de son rire insultant en apercevant Jacques, les deux autres toisèrent de la tête aux pieds avec intérêt ce personnage auquel son costume, ses longs cheveux, sa barbe, sa taille altière, son expression de sombre énergie et ses chaînes traînantes imprimaient le caractère d'un fantôme d'un autre âge. Il semblait une de ces ombres errantes, victimes de quelques barons félons, qui venaient jadis, durant chaque nuit, traîner leurs fers et montrer leurs figures décharnées dans les donjons déserts de leurs persécuteurs. George, surtout, étudiait avec une curiosité jalouse cet être dont le souvenir était resté si profondément gravé dans le cœur de Marie. Il n'avait fait guère que l'apercevoir le jour de leur rencontre; mais ici, il lui fut facile d'analyser ses traits en repos. Jacques était découvert; ses cheveux jetés en arrière tombaient à flots sur ses larges épaules et laissaient son front recevoir librement la lumière des deux lampes. Il ne fallut pas un long examen au lieutenant pour apprécier la beauté réelle du dernier rejeton des Hébert, et ce que révélait de puissance morale cette mâle physionomie; et, sans concevoir pour lui plus d'estime, il sentit au moins cet intérêt qu'on ne peut pas refuser à un rival qu'on sent digne de l'être.

Après ce premier moment donné à la curiosité des yeux, Winslow pria George de lui servir d'interprète, et de poser au prisonnier les questions suivantes:

— Quel est votre nom?

— Jacques Hébert.

— Vous êtes fils du nommé Pierre Hébert qui a laissé Grand-Pré en 1749 pour se réfugier sur le territoire français?

— Oui.

— Vous avez pris du service dans le corps de M. de Boishébert?

— Oui.

— Avez-vous été gracié au fort Beauséjour?

— Non, je n'étais pas dans la place, je n'ai pas été fait prisonnier.

— Alors vous avez continué de porter les armes contre nous?

— Oui, et j'ai surpris et détruit un corps des vôtres, commandé par le capitaine Gordon, sur le Haut-Coudiac.

— C'est vous qui conduisiez cette expédition qui s'est souillée de tant d'atrocités?

— Oui, c'est moi qui ai pu venger une partie des maux et des injustices dont vous avez accablé ma famille et mes compatriotes depuis tant d'années.

— Quand vous avez été arrêté, aviez-vous quitté le service de l'ennemi?

— Oui, temporairement.

— Que veniez-vous faire ici?

— Profitant de la liberté que me laissait l'expiration d'un premier engagement, je venais satisfaire à une promesse faite à une famille que je croyais honnête, méditer sur les lieux les moyens d'arracher ce pays au pouvoir de l'Angleterre, et soustraire ses habitants au traitement infâme qu'ils subissent aujourd'hui.

— Y avait-il entente entre vous et votre commandant ?
— Non.
— Où avez-vous laissé le corps dont vous formiez partie ?
— Sur le territoire français.
— Mais à quel endroit ?
— C'est une question qui peut s'adresser à un transfuge ; mais comme elle n'est pas nécessaire au jugement que vous devez prononcer sur moi, je n'y réponds pas.
— La réponse pourrait peut-être alléger la sentence... vous sauver de la mort...
— Je ne tiens pas à ces adoucissements.
— Mais vous oubliez qu'il y a des moyens plus effectifs que de simples questions, pour contraindre les criminels de répondre... Il y a aussi des genres de mort qui punissent davantage ceux qui refusent de parler :... un homme a sans doute la faculté de se taire, mais il n'a pas toujours celle de souffrir.
— Je vous comprends : vous me menacez de la torture, pour me faire dire des choses qui ne peuvent ni m'incriminer davantage ni me disculper à vos yeux ; vous voulez des révélations qui ne peuvent compromettre que des gens que vous n'avez pas à juger et qui ne relèveront pas de longtemps de votre tribunal, je l'espère ; eh bien ! je ne suis pas plus déserteur qu'un espion ; vous ne délierez pas plus ma langue avec des menaces qu'avec des promesses ; essayez des moyens que vous croyez dignes de votre humanité ; après ceux dont vous avez fait usage pour vous délivrer d'une population inoffensive, je ne suis pas enclin à embellir d'avance mon supplice. Je m'attends à tout.

Ici les trois juges se consultèrent à voix basse durant quelques instants, après quoi l'interprète reprit la parole :

— Jacques Hébert, vous êtes un traître à la nation anglaise ; vous avez répandu le sang de vos concitoyens, et vous avez été arrêté sur le territoire anglais au moment où vous veniez, comme un conspirateur, organiser la révolte des sujets britanniques. Vous êtes coupable du crime de haute trahison... Avez-vous quelque chose à dire pour votre défense ?

— Rien... pour me sauver de la mort... J'affirme seulement, devant votre tribunal et devant Dieu, que je ne me reconnais pas coupable de trahison contre mon pays, ni de conspiration contre l'autorité de mon gouvernement ; je ne suis ici qu'un ennemi malheureux. Il y a près de six ans, je partis avec mon père ; il allait s'établir sur une terre qu'il croyait appartenir à la France; j'étais alors un enfant mineur, j'obéissais à l'autorité paternelle. Nous quittions, d'ailleurs, un pays qui, aux termes de toutes nos conventions, était indépendant de l'autorité de votre roi. Nous le quittions à cause des empiétements injustes que vos gouverneurs prenaient sur nos droits prescrits et légitimes, nous fuyions pour nous soustraire à des actes tyranniques de tous les jours, et pour ne pas prêter des serments qu'aucune nation ne peut exiger d'un peuple auquel elle a reconnu les prérogatives de neutres. En vous jurant notre allégeance, nous devenions également traîtres à la France; nous ne l'avons pas voulu, car de ce côté se trouvait, de plus, notre sang; c'eût été non seulement une trahison, mais encore une profanation qui répugnait à tous nos sentiments; nous avons préféré sacrifier tous nos biens plutôt que de commettre ce crime contre nature. Où est la trahison?... chez nous, qui n'étions pas citoyens anglais, puisque nous n'étions pas liés par le pacte du serment? ou chez vous, qui, après nous avoir laissés jouir pendant quarante ans de droits conférés par un des représentants de votre roi, vouliez les violer, et nous forcer de manquer aux devoirs sacrés qui nous liaient à notre ancienne patrie? Chassés par votre injustice, accueillis sous le drapeau de la France, nous devions l'offrande de notre vie au pays qui nous donnait sa protection; aussi, quand la guerre s'est élevée entre nous, je n'ai pas balancé, j'ai offert mes services à la nation qui était seule la mienne à tous les titres; et celle-là seule aurait eu le droit de m'appeler traître si je lui eusse refusé le soutien de mon bras. Ah! je suis fier de l'avouer, et c'est aujourd'hui ma seule consolation, je n'ai senti d'autres désirs que celui de vous chasser de cette terre aimée que vous m'aviez ravie : la fortune a voulu que tous mes efforts fussent perdus... Eh bien! si le malheur de faillir dans sa tâche était un crime, celui-ci serait le plus grand qu'il me resterait à déplorer!... Quand vous m'avez arrêté, encore une fois, je venais, non pas avec la conscience d'un sujet révolté, mais avec les convictions d'un homme devenu libre par les actes de votre mauvaise foi, par votre infidélité à vos engagements; je venais organiser la résistance, essayer d'arracher mes concitoyens au sort affreux que je pressentais, soustraire au moins à votre tyrannie quelques êtres qui m'étaient restés plus chers... Mais il était trop tard!... vous aviez consommé votre œuvre par un infâme guet-apens; et ceux en qui j'avais le plus espéré s'étaient avilis!... Maintenant, je n'attends plus que ma sentence...

— Nous allons vous la lire, dit George en prenant devant Winslow le papier sur lequel elle était écrite en anglais; il la traduisit ainsi :

> Jacques Hébert, vous êtes condamné à être fusillé, le neuvième jour de ce présent mois, à 9 heures du soir, sur la ferme de la nommée Marie Landry.

La justice de notre Roi veut que cette terre qui vous a vu naître et qui vous a nourri boive votre sang coupable.

La justice de notre Roi, pour inspirer une crainte salutaire à tous ceux qui seraient tentés d'imiter votre exemple, veut encore que votre corps soit jeté à la rivière avec un boulet attaché au cou, afin que personne ne puisse lui donner une sépulture chrétienne.

— Maintenant, le tribunal désire savoir si vous avez quelque chose à lui demander, quelques aveux à faire...

Jacques avait écouté sans sourciller et même, avec une apparence de satisfaction, les premiers mots de sa sentence; mais quand il entendit nommer le lieu de son exécution par celui qu'il regardait comme son rival triomphant, il sentit l'indignation monter violemment à son front :

— Solliciter quelque chose?... vous implorer?... s'écria-t-il, et que vous demanderais-je que vous voudriez m'accorder?... Non, ce désir de votre tribunal n'est qu'une hypocrisie; vous voulez me laisser encore une occasion d'accomplir quelque lâcheté... vous désirez voir si cette sentence ne produira pas quelque faiblesse dans mon âme. Vous attendez des révélations... des aveux perfides... Eh bien! détrompez-vous, si vous avez cru que les raffinements de cruauté dont vous allez entourer ma mort pourraient ébranler mes résolutions. M. Gordon, j'étais tenté de vous remercier en apprenant que le tribunal fixait un jour si proche pour mon exécution; je vous attribuais le mérite de cette prompte délivrance, parce qu'il me semblait que vous étiez le plus intéressé à me rendre ce service. Mais en appréciant les dispositions toutes particulières que vous avez prises pour rendre ma mort pénible et qui ont un cachet de malice trop individuelle pour être attribuées à d'autres qu'à vous, je ne puis vous regarder que comme le plus lâche des hommes. Qu'avez-vous donc fait à ces Landry, pour qu'ils aient pu croire à votre générosité?... Comment donc avez-vous pu cacher assez votre âme pour qu'ils aient consenti à s'avilir jusqu'à accepter votre amitié? Il ne suffisait pas à votre gouvernement de me tuer, vous avez voulu empoisonner mes derniers moments!... Mettre de l'amertume, de la haine, du désespoir dans le cœur d'un mourant, que c'est vil, cela! Vous avez cru qu'il me serait trop doux de mourir à l'écart, au milieu des ténèbres, dans l'oubli... de mourir sans souvenirs!... et vous avez décidé de me frapper devant cette maison où mes parents m'ont enseigné leurs vertus, que ma fiancée a reçue comme votre butin avec vos autres faveurs, qu'elle habite... où elle vous reçoit... et où vous irez peut-être vous établir avec elle!... avec elle... si vous croyez ne l'avoir pas trop déshonorée!...

George s'était levé, hors de patience, mais comme lié et torturé par les passions contraires qui se heurtaient en lui-même. Il était aveuglé, étourdi par cette situation fatale où l'avaient jeté ses liaisons, ses inconséquences et les actes honteux de son gouvernement, où il s'enchevêtrait toujours plus quand il espérait en sortir.

Dans le premier moment de l'interrogatoire, les sentiments élevés de Jacques avaient conquis son estime, et il s'était senti disposé à rendre à ce malheureux un peu du bonheur qu'il lui avait ravi.

Mais les paroles de mépris et les accusations qu'il venait d'entendre lui ôtèrent tout sentiment de pitié et de justice. D'un autre côté, il était exaspéré de servir toujours d'instrument aux barbaries des siens. Repoussé de ceux qu'il aimait, complice apparent de ceux qu'il détestait, serviteur d'une mauvaise cause, en butte à des soupçons humiliants, s'abhorrant lui-même, il se sentait gagné par les fureurs de la rage; il était prêt à commettre des actes de folie, à se précipiter sur quelqu'un, à frapper partout, sur Jacques, sur ses voisins, sur lui-même. Et, chose étonnante! dans son aveuglement, indigné qu'il était d'entendre des paroles si outrageantes tomber sur celle qu'il savait être innocente et qu'il avait lui-même respectée jusque dans ses pensées, il fut sur le point d'accorder à la fiancée, dans sa colère, une justification qu'il venait de lui refuser dans sa jalousie. Mais Winslow ne lui en laissa pas le temps; il comprit, aux paroles de Jacques et à la figure tourmentée du lieutenant, que le procès allait prendre des développements tout à fait inutiles à l'intérêt du tribunal et du gouvernement, et il ordonna aux gardes de reconduire le prisonnier dans son cachot.

XXI

En se retrouvant dans les ténèbres et le silence, Jacques éprouva quelque satisfaction d'être délivré de la présence de ces hommes détestés, dont la vue apportait toujours le trouble dans son âme, en soulevant l'orage assoupi de ses passions.

— Il me reste au moins une pensée consolante, se dit-il, après s'être remis un peu de ses émotions; je vais être bientôt délivré de l'étreinte de ces monstres; la mort va me tirer de ce trou, va briser ces fers!... C'est demain le 9 septembre, c'est le dernier de mes tristes jours!...

Puis il se mit à réfléchir profondément sur cet acte final du drame de sa vie.

Un jour!... c'était bien peu pour oublier tout le mal que les hommes lui avaient fait, et pour se préparer à mourir comme le Christ a enseigné aux hommes à le faire; pour se disposer seul, sans le secours du prêtre, sans les consolations de la religion, à prononcer les paroles d'adieu, mais surtout celles du pardon... Mais en se rappelant les promesses de celui qui fut le précepteur et le modèle, et qui a dit: «Bienheureux ceux qui souffrent, bienheureux ceux qui pleurent, bienheureux ceux qui sont persécutés», il sentit une douce espérance; car il avait bien rempli toutes ces tâches des déshérités de la terre, et il les avait remplies avec courage; il pensa donc qu'en apportant avec résignation cette offrande, qui résumait tout le travail de sa vie, au Dieu juste et bon, il mériterait bien une part du repos et des béatitudes du paradis. Il fit donc des efforts pour ramener dans son cœur la charité et la prière. Il passa des heures entières à genoux, attendant que tout ressentiment s'éteignît en lui. Mais c'était chose difficile dans une organisation capable d'élans si impétueux.

Cependant, le ciel eut pitié de cet homme qui priait avec droiture de cœur, courbé sous ses chaînes, au fond de son cachot, et Jacques sentit enfin cette douceur infinie de la grâce qui élève un être au-dessus des injustices et des vengeances de notre monde, et lui communique, au seuil de la vie, cette vertu de l'amour et du pardon qui commence l'éternité du ciel.

XXII

Le dernier jour que l'on passe sur la terre est bientôt écoulé; aussi, quand l'heure fatale vint à sonner sur la tête du condamné, il la croyait encore éloignée. Personne n'était venu troubler son recueillement, et il en était bien aise, puisque nul n'avait de consolation à lui apporter.

Vers sept heures, il entendit, comme la veille, un bruit inaccoutumé de pas, dans la pièce supérieure; mais le mouvement était beaucoup plus considérable; en même temps, la marche d'un corps nombreux, qui approchait de la maison, vint ébranler le sol jusque dans son souterrain. Peu d'instants après, il vit se soulever la trappe du caveau et descendre devant lui l'échelle, qui, cette fois, venait lui faire gravir les premiers degrés de l'autre vie... Il y monta avec fermeté; ses chaînes ne lui pesaient plus, il les entraînait par une force immortelle. Plusieurs soldats le reçurent sur le haut, et l'entourèrent; George était avec eux.

— Toujours cet homme!... murmura Jacques avec quelque impatience, toujours devant mes yeux!... Il me faudra donc le voir jusqu'à mon dernier soupir!... Mon Dieu! mon Dieu!... j'ai besoin de vous jusqu'au bout!... Ne m'abandonnez pas. — En même temps il baissa les regards pour ne plus apercevoir l'officier.

— Allons! dit celui-ci, c'est l'heure de l'exécution, préparez-vous à la mort.

— Je suis prêt, monsieur, répondit Jacques d'une voix assurée.

— Auriez-vous quelque chose à me dire? ajouta le lieutenant, sur un ton qui ne manquait pas de bienveillance.

— Je suis prêt, monsieur, à me rendre au lieu désigné...: je vous demande seulement de laisser ces derniers moments à mes réflexions!... il ne me reste rien à dire ici-bas...

— Alors, dit George, en se tournant du côté d'un fonctionnaire subalterne, ôtez-lui ses chaînes et faites la toilette...

Après l'avoir déchargé de ses lourdes entraves, cet homme enleva au condamné tout ce qu'il avait de vêtements sur la poitrine jusqu'au milieu du corps et lui relia le reste à la taille par une courroie; puis, après lui avoir croisé les mains derrière le dos, il les saisit fortement ensemble par le même lien qui lui ceignait le torse. Cette opération étant terminée, tous sortirent de la maison. Une escouade les attendait à la porte, rangée sur deux files, le fusil sur l'épaule; à l'avant étaient placés deux sapeurs tenant chacun une torche allumée; un autre attendait Jacques au centre de l'escorte; il portait un boulet rivé au bout d'une chaîne. Aussitôt qu'il vit le prisonnier rendu à son poste, il vint se placer près de lui pour l'accompagner jusque sur la place du supplice.

George donna immédiatement le signal du départ, et un tambour se mit à battre la marche.

La ferme de Marie était située à l'autre extrémité du village, à l'écart, près de la rivière; il fallait par conséquent, pour y arriver, parcourir de nouveau tout cet espace que Jacques avait franchi à son retour, repasser devant la maison des Landry... Jacques redoutait cette épreuve plus que toute autre.

L'atmosphère était pesante et la nuit obscure comme au soir du départ de 1749. La pluie menaçait; on n'entendait pas un souffle de vent; le son mat du tambour et le bruit cadencé des pas de la troupe couraient plus loin sous ce ciel chargé. Les femmes, prévenues d'avance de l'heure de l'exécution, avaient éteint les lumières de leurs demeures, par un instinct singulier de leur frayeur, comme si elles eussent craint d'être criminelles en éclairant ce convoi du supplice, comme si elles eussent voulu prendre d'avance le deuil de celui qui allait être injustement exécuté. Cependant, leur curiosité les portait malgré elles aux carreaux de leurs fenêtres, et la lueur passagère des flambeaux révélait leur présence dans l'ombre épaisse de leurs habitations. C'était quelque chose de bien sinistre à voir que tous ces visages pâles et stupéfiés, groupés comme des images de mortes dans ces tableaux de nuit!

Le moment vint bientôt de défiler devant la maison des Landry. Jacques et le lieutenant sentaient également le froid entrer dans leur sang. Ni l'un ni l'autre n'osaient détourner le regard, pour s'assurer si quelqu'un de la famille n'était pas là, comme ailleurs, pour les regarder passer. George redoutait les yeux vengeurs de Marie pendant qu'il conduisait son fiancé à la mort, sans consolation, comme il l'avait dit ; quant à Jacques, il aurait voulu ignorer la présence ou l'absence de Marie... S'il l'eût vue, froide spectatrice de son convoi funèbre, il aurait été tenté de la maudire ; s'il ne l'eût pas aperçue, il l'aurait encore accusée... et dans ce moment il voulait garder la paix de son âme. Et c'était une bonne inspiration du ciel... car personne ne se tenait penché sur les châssis de cette demeure, pour le voir s'acheminer vers la mort. Cependant, malgré ses bonnes résolutions, Jacques ne put s'empêcher de le constater d'un coup d'œil ; mais il fut plus fort qu'il ne l'avait prévu, et au lieu de jeter sur ce toit des paroles de malédiction, ses lèvres murmurèrent ces quelques mots, pendant que ses yeux se reportèrent vers le ciel :

— Mon Dieu, vous pardonnez, vous, aux cœurs qui faiblissent comme aux accusateurs injustes ;... et vous seul pouvez savoir quand les hommes sont coupables... Et puis, vous entourez notre vie de terribles mystères !... c'est pour nous conduire malgré nous dans les voies de votre Providence... Eh bien ! soyez-en béni !

Après vingt minutes de marche, la troupe se trouva sur le terrain désigné par la justice, et Jacques revit pour la première fois l'habitation de son père...

On se rappelle que la famille Landry l'avait fait transporter près d'un bosquet qui abritait une petite élévation ; c'est sur la partie culminante de ce coteau que le prisonnier fut conduit. Aussitôt qu'il s'y fut arrêté, l'escorte forma une demi-circonférence autour de lui, le laissant adossé au bosquet, le visage tourné vers la maison. En même temps, les deux sapeurs chargés d'éclairer l'exécution vinrent se poster sur ses côtés, à une petite distance ; huit hommes de l'escouade s'avancèrent en avant et se fixèrent à trois pas de lui, et George prit place au bout de leur ligne pour donner le dernier commandement.

Tout le monde était à son poste ; l'officier regarda sa montre, il restait encore dix minutes pour neuf heures ; il fallait attendre le coup de canon du rappel, pour ordonner la décharge.

— Monsieur le lieutenant, dit Jacques, aussitôt qu'il vit le calme rétabli, j'ai une faveur à vous demander, si cela n'est pas contraire à vos instructions...

— Quelle est-elle ? répondit George.

— Je voudrais mourir à genoux.

— Cela est indifférent ; mettez-vous sur ce banc qui vous touche.

C'était celui qui servait jadis à la fête des anciens et sur lequel, comme l'avait dit P'tit-Toine, Jacques avait dû s'asseoir quand les anciens n'y étaient pas. Il s'y installa, c'était maintenant son gibet.

— Il vous reste dix minutes pour vous recueillir, ajouta le lieutenant.

Le condamné promena son regard sur toute la scène qui se développait autour de lui ; le site qu'il occupait était assez élevé, et la lumière assez vive pour lui permettre d'apercevoir les premiers plans du tableau, la maison paternelle, les dépendances de la ferme et la rive de la Gaspéreau vaguement dessinée dans ses ombrages de saules et de trembles frissonneux. Dans ce moment, une brise de la mer agitait toute cette feuillée mobile et lui faisait rendre son plus triste gémissement. La mère Trahan avait bien fermé tous les volets pour être moins effrayée, ce qui donnait à la chaumière une apparence inhospitalière qu'elle n'avait jamais eue. On ne fermait les volets, autrefois, que pour se garantir contre les gros orages : la crainte des tueurs d'hommes ou d'autres malfaiteurs n'avait pas encore appris à prendre ces précautions humiliantes pour l'humanité.

Jacques se sentit ébranlé par cette vue ; tout cela lui remémorait trop de souvenirs !... Il ferma les yeux un instant ; il sentait ses larmes y monter, et c'était mal se présenter devant la mort et devant des soldats quand il les avait si souvent bravés.

Un court moment de résistance entre l'homme de résolution et l'homme sensible suivit ce dernier coup d'œil jeté sur un séjour chéri ; après quoi, Jacques articula fortement ces quelques mots :

— Si, dans mon cœur ou dans mes paroles, j'ai fait à quelqu'un une injure que j'ignore, une injustice involontaire, je lui en demande pardon... Maintenant, mon Dieu, je vous offre ma vie pour le salut de mon pays ; délivrez l'Acadie ! sauvez la Nouvelle-France !

Comme il cessait de parler, une lueur rapide passa sur les nuages abaissés du ciel ; c'était l'éclair du canon de neuf heures. George fit entendre un premier commandement, et les huit soldats abaissèrent leurs fusils sur la poitrine de leur victime. Le lieutenant allait probablement dire quelques mots avant le signal de la décharge ; il paraissait pris de pitié et de remords devant cet homme agenouillé en face de la mort ; mais un bruit soudain attira l'attention générale du côté de la maison ; la porte s'était ouverte avec fracas, et Marie, enveloppée de la tête au pied dans un grand châle noir, s'élança dehors. La mère Trahan et Pierriche, entraînés par son mouvement, essayèrent un instant de la retenir.

— Arrêtez, arrêtez ! criaient-ils ensemble. Ah ! mon Dieu ! mon Dieu ! ils vont vous tuer !... Notre maîtresse, vous voulez donc mourir ?

— Laissez-moi, dit Marie avec un geste impératif, ne me suivez pas plus loin!

Et, en même temps, elle leur rejeta son châle que Pierriche retenait encore, peu disposé qu'il était à obéir. En la voyant sortir des plis de cette sombre draperie, les deux fidèles serviteurs tombèrent à terre comme évanouis, pour ne pas voir... car ils venaient de comprendre la résolution de leur maîtresse. Elle était revêtue des habits préparés pour ses noces, la tête parée de sa couronne de fleurs blanches; elle paraissait tout illuminée de l'éclat de ses vêtements.

— Où allez-vous, malheureuse? s'écria George en la voyant passer devant lui.

— Je vais mourir avec mon fiancé! Je suis la cause de sa mort, je veux la partager.

— Insensée, que faites-vous?... et vos parents, votre mère!...

— Ah! oui! mes parents, ma mère... ma mère!... c'est cruel à vous de me les rappeler ici!... Dieu les protégera!... et puis, ils ont d'autres enfants, d'autres soutiens, eux... ils ont des amis... vous n'avez pas pu leur faire croire qu'ils étaient trahis par tout le monde... Mais lui... vous lui avez tout ravi!... je viens lui prouver au moins qu'en lui jurant ma foi de fiancée, j'étais prête aussi à remplir tous mes serments d'épouse!... Je veux le suivre jusque dans la mort.

— Mais cela est un crime!...

— Un crime!... vous appelez cela un crime, vous!... vous vous y connaissez! Vous m'en avez fait un devoir en ne me laissant que cette voie pour regagner son estime et lui montrer mon innocence!... Si c'est un crime, eh bien! il n'appartient qu'à votre conscience, et vous le porterez!

En lançant ces dernières paroles, Marie écarta de la main les fusils que les soldats tenaient toujours dirigés sur Jacques, et elle se trouva pressée entre les armes et lui.

— Jacques, lui dit-elle avec une douceur angélique, je t'avais voué ma vie... je te l'apporte... Ce n'est pas le temps de me disculper; j'avais demandé à cet homme de le faire, lui qui m'avait, par un mensonge, attiré ta disgrâce; il ne l'a pas voulu... Je viens te redemander ton estime, à cette heure, avec mon sang!... Jacques, tu as cru avoir des motifs suffisants pour me repousser à ton arrivée, pour douter de ma parole, pour briser des liens qui nous unissaient; moi, je n'en aurai jamais pour accepter la séparation de nos deux cœurs, pour te tenir libre de tes engagements. Je t'avais promis d'être à toi le jour de ton retour... me voici!... Regarde, j'ai mes habits de noce, je suis prête à monter à l'autel. Aujourd'hui, tu ne peux me repousser, tu as les mains liées, et si ton cœur veut me rejeter encore, ton sang, lui, sera moins cruel; il coulera dans le mien, nous serons mariés dans la mort!... et Dieu, qui a compté toutes nos larmes et qui a lu toutes nos pensées, bénira notre union, là-haut! Jacques, là-haut!... Maintenant, ajouta-t-elle en se retournant du côté du lieutenant, commandez à vos hommes!...

Puis elle s'attacha éperdument à la poitrine de son fiancé. Jacques laissa courber sa tête vers la sienne, et elles s'unirent pour l'éternité... Il était suffoqué, il ne put articuler que ce mot: «Marie!»...

L'ange qu'il avait appelé pour embellir sa mort était venu...

Les soldats, frappés de stupeur devant cette jeune fille toute rayonnante de beauté dans l'éclat de ses blancs tissus, restaient toujours là, l'arme en joue, la main tremblante, attendant un commandement. Ils n'avaient rien compris aux paroles de Marie; mais son action puissante et les rayons de grâce qui s'échappaient de sa figure subjuguaient ces natures vulgaires: il y a des moments où les tigres ont des larmes... les soldats de George pleuraient... Et lui, les bras croisés, le regard voilé, il regardait avec extase ce tableau d'amour sublime... Ah! il ne sentait plus de haine, ni de jalousie, ni rien de ce qui est vil dans le cœur de l'homme; il ne sentait même plus le feu qu'avaient fait monter à son front les paroles de châtiment de Marie; il admirait, s'oubliant lui-même, ne songeant plus à ce qu'il était venu faire là. Et si, dans ce moment, il n'eût pas cru que toute réparation de sa part était superflue, il serait tombé aux genoux de ses victimes pour demander son pardon.

Mais le temps s'écoulait, il fallait exécuter les ordres supérieurs, et George se trouvait dans la cruelle alternative de laisser tuer Marie, ou de l'arracher du corps de son fiancé, pour pouvoir ensuite tuer celui-ci, devant elle!... Cela le révoltait également, il ne put s'y résoudre.

— Sergent, dit-il, sauvez la jeune fille; que ces deux hommes la conduisent dans la maison, et la laissent au soin de cette femme qui est là, et puis, après cela, faites votre devoir...

Aussitôt il se retourna pour fuir cette scène de désespoir...

Il n'était pas très loin, quand il entendit un cri déchirant,... et après... une décharge d'armes à feu, suivie d'autres cris étranges. Il revint sur ses pas, n'y pouvant plus tenir. Il trouva Marie étendue, sans mouvement, sur le lit de la veuve; elle n'était qu'évanouie.

Après avoir pleuré avec la pauvre femme et Pierriche sur cette victime innocente, qu'il contemplait peut-être pour la dernière fois de sa vie, il s'empressa de retourner au presbytère, avec son jeune domestique, pour envoyer à la fermière tout ce qu'il fallait pour soulager sa maîtresse.

Les soldats étaient déjà disparus, probablement du côté de la Gaspéreau, où ils devaient aller jeter le corps.

Le lendemain, on trouva des traces de sang à l'endroit de l'exécution et tout le long du sentier qui conduisait à la rivière...

Mais ces traces de sang ne rougirent pas longtemps l'herbe de la prairie : la rosée du matin ne réussit pourtant pas à les laver en faisant boire les fleurs tardives de septembre ; les pieds des troupeaux ne la foulèrent pas, non plus, en passant ; mais une main pieuse vint les effacer avec un beau linge blanc, bien avant le lever du soleil, pour les ensevelir sur son cœur et les emporter en exil. Et cependant, Jacques n'était pas encore mort.

XXIII

Durant toute la nuit, une partie des troupes s'était tenue sur pied, battant les chemins autour du village, furetant dans les bois voisins. À six heures, toutes les trompettes sonnèrent, les tambours firent entendre un roulement sinistre dans toutes les directions ; le canon de la caserne appela celui des vaisseaux, et leurs grandes voix annoncèrent sur terre et sur mer le jour d'adieu ; la garnison tout entière sortit de ses gîtes et envahit bientôt toutes les rues, passant par pelotons, au pas pressé, avec ce bruit d'armes heurtées et tout cet appareil de guerre qui glace d'effroi les natures pacifiques. L'autorité préparait au drame qu'elle allait jouer une mise en scène et un décor menaçants. C'était d'ailleurs le même jour triste de la veille, le même ciel monotone, la même atmosphère accablante ; seulement, une brise du nord-ouest chargée de brume commençait à souffler : un orage s'avançait dans le lointain.

Jusqu'à midi les femmes et les enfants s'occupèrent à placer le long du chemin qui conduisait à la grève les choses qu'elles voulaient emporter, croyant pouvoir en livrer une partie aux hommes quand ils passeraient. Elles faisaient ce travail en pleurant, mais avec activité ; le besoin d'y appliquer tout leur esprit bannissait d'elles les grands accès de la douleur.

On dit que, dans le secret, beaucoup de ces mères attentives cachèrent sous terre, dans les lieux qu'elles croyaient sûrs, des sommes d'argent et leurs objets les plus précieux, par la crainte qu'on ne les leur enlevât plus tard. Elles espéraient que quelqu'un de leur famille pourrait venir un jour redemander à la terre de la patrie la restitution de ces trésors confiés à son sein. Elles ne voulaient pas encore croire à leur proscription perpétuelle, elles ne pouvaient pas s'imaginer qu'on les punirait jusque dans leurs postérités ; ignorant les limites de notre continent, elles croyaient, dans leur amour naïf de la patrie, qu'on ne pourrait jamais les jeter sur des rivages assez éloignés pour que leur retour fût une éternelle impossibilité. Elles croyaient que la haine de leurs persécuteurs aurait une borne et qu'ils s'attendriraient sur le berceau de leurs enfants...

Vers midi, donc, la pénible corvée des femmes était terminée ; quelques-unes seulement circulaient encore, prises de cette excitation involontaire que l'attente des grands événements communique aux personnes sensibles ; presque toutes les autres se tenaient assises sur les paquets qu'elles avaient transportés, groupées dans ces poses brisées et immobiles qui peignent plus que les paroles le deuil et la douleur du peuple. Les plus jeunes enfants jouaient çà et là avec cet abandon que le silence des autres et le désordre du ménage encouragent ; les petites filles se faisaient des toilettes burlesques avec les chiffons épars qu'elles trouvaient sous la main ; les petits garçons convertissaient en armes, en chevaux, en mille autres jouets tous ces ustensiles abandonnés dont on ne savait que faire. Leurs mères ne prêtaient qu'une attention distraite à cette mascarade innocente jouée en face de leur malheur ; elles ne regardaient attentivement que deux points : l'église et le rivage.

Mais il vint un moment où leurs regards se portèrent tous à la fois du côté de l'église ; ce fut celui où les trois portes s'ouvrirent au commandement de Winslow pour laisser passer les hommes.

Alors commença le triage des jeunes et des vieux. À mesure que les prisonniers franchissaient le seuil du petit temple, les gardes qui se trouvaient au porche séparèrent les enfants d'avec leurs pères, comme le maître d'un troupeau sépare les agneaux qu'il envoie à différents marchés. Les malheureux crurent que c'était tout simplement une mesure d'ordre et de précaution. Winslow leur avait dit que les familles s'en iraient ensemble ; ils se fiaient à cette promesse, confiants encore dans la bonne foi de ces hommes qui les avaient si impudemment trompés. Rien ne pouvait détruire la crédulité de ces âmes honnêtes. Ils se séparèrent donc sans se faire leurs adieux, pensant se rencontrer un instant plus tard, sur le même vaisseau, avec leurs femmes, leurs mères et leurs filles ; et cette idée de se retrouver encore tous ensemble tempérait dans leurs cœurs les angoisses du départ des fils et des pères. Ces quelques jours de séparation leur avaient fait désirer l'exil qui devait les rendre au moins aux affections de leurs foyers... Ils obéirent donc tous sans murmurer.

Les jeunes gens furent mis à l'avant, distribués par rangs de six, et les vieillards, placés à leur suite, dans le même ordre, attendirent avec calme le signal du colonel pour s'acheminer vers la côte. Tous étaient résignés ; il ne s'élevait pas une réclamation du milieu de cette foule ; au contraire, quelques-uns semblaient refléter sur leur figure cet enthousiasme que les martyrs apportaient sur le théâtre de leurs tortures ; beaucoup d'entre eux croyaient véritablement souffrir pour leur foi : à leurs yeux, le serment qu'on avait voulu leur imposer était un acte sacrilège. Mais Butler vint bientôt soulever une tempête dans leurs cœurs pacifiés, en commandant aux jeunes gens de s'avancer seuls du côté des vaisseaux :

— Il faut que vous montiez à bord avant vos parents.

Tous se récrièrent :

— Non, non ! nous ne voulons pas partir sans eux !... Nous ne bougerons pas à moins qu'ils ne nous suivent !... Pourquoi nous séparer ?... Nous sommes prêts à obéir, mais avec eux... Nos parents ! nos parents !...

En même temps ils se retournèrent pour aller se confondre dans les rangs de ceux-ci. Mais ce cri de leurs entrailles avait été prévu, et ils trouvèrent derrière eux une barrière de soldats qu'ils ne purent enfoncer, et devant laquelle ils s'arrêtèrent, protestant toujours avec la même fermeté. Butler cria à ses soldats de marcher sur eux et de les pousser à la pointe de leurs armes. Ces hommes n'attendaient qu'un ordre semblable pour satisfaire leur haine. Ils s'élancèrent donc, dirigeant des faisceaux de baïonnettes vers ces poitrines trop pleines d'amour, contre ces bras levés vers le ciel, sans armes, et qui ne demandaient qu'un embrassement paternel ! Le sang de ces enfants coula devant leurs mères, devant leurs vieux parents qui leur tendaient aussi les bras, mais qui, voyant pourquoi on les blessait, les prièrent de s'en aller sans eux, sans s'inquiéter d'eux...

Ils furent bien obligés d'obéir ; ils n'avaient d'autre alternative que celle de se faire massacrer sous les yeux de ceux qu'ils aimaient. Ils tournèrent la face du côté de la mer et s'avancèrent au mouvement rapide que leur imprimaient les armes que les troupiers tenaient toujours fixées sur leurs reins.

Mais bientôt leur marche précipitée se ralentit, on les laissa respirer. On vit que c'était se lasser inutilement que de poursuivre ainsi des gens soumis. Leur acte n'avait pas été une révolte inspirée par la colère, mais le premier mouvement de cœurs qu'on vient de briser : maintenant, dépouillés du dernier bien de leur vie, de la seule consolation qu'ils pouvaient apporter dans leur exil, la société et l'affection de leurs parents, ils ne faisaient entendre aucune menace, aucune imprécation ; ils souffraient seulement, beaucoup, mais sans faiblesse, comme des hommes chrétiens savent souffrir.

Ce qu'ils firent dans ce moment, en s'en allant vers le rivage, quand l'ordre se fut rétabli dans leurs rangs, on ne le croirait pas si l'historien de la Nouvelle-Écosse ne l'avait pas raconté !... Pendant que leurs pères les regardaient s'éloigner en les bénissant, que leurs mères, que leurs jeunes épouses, que leurs fiancées leur jetaient des paroles d'amour et d'adieu, au milieu de leurs sanglots, en se tordant dans la douleur, ces enfants se mirent tous ensemble à chanter... Et ces chants n'étaient pas sur leurs lèvres une bravade jetée à leurs bourreaux, un mépris et une insulte impie lancés à leur infortune : c'était un acte de foi, une prière, une expression consolante de leur courage qu'ils adressaient aux âmes faibles qui succombaient en les voyant passer. Ils chantaient les hymnes qu'ils avaient appris en servant à l'autel leur vénérable pasteur : accents d'espérances, cris résignés de la souffrance chrétienne, saintes harmonies de l'Église militante, ces couplets naissaient naturellement sur leurs lèvres, à cette heure de déchirement où on ne leur laissait plus rien à aimer sur la terre, où il leur était interdit de faire entendre un seul mot de pitié à ceux qu'ils laissaient en arrière...

Les soldats ne firent pas taire ces supplications qui semblaient ne s'adresser qu'à Dieu ; et ce chœur de voix à l'unisson, poussé par toutes ces fortes poitrines, domina longtemps tous les bruits, tous les commandements. Les anciens et les mères en furent consolés et ravis, les Anglais l'écoutèrent avec étonnement, et il alla apprendre aux échos lointains des forêts qui devaient rester longtemps silencieuses l'agonie de cette jeune nation. Le chant funèbre ne cessa d'être entendu que lorsque les flancs des navires eurent reçu cette première cargaison de martyrs.

On en remplit un, puis deux, et ce qui resta fut mis sur un troisième...

Les maîtres, après cela, se trouvèrent satisfaits. C'était pour eux une rude besogne accomplie : ils avaient enfermé les forts, il ne leur restait plus que l'embarras des faibles.

Les vieillards reçurent aussitôt l'ordre de partir. Ce fut le même spectacle navrant ; les mêmes scènes de douleur les accompagnèrent ; seulement, leur marche fut plus silencieuse : il ne leur restait pas assez de voix pour chanter, ils se contentèrent de prier en silence. Ils s'avançaient lentement, courbés par l'âge et le chagrin, comptant leurs derniers pas sur cette terre qu'ils avaient rendue bienfaisante. Plusieurs allèrent tête nue, comme s'ils se fussent crus sur le chemin du calvaire ; patriarches pieux, ils saluaient d'heureux berceau qu'ils avaient préparé à ces générations venues comme une bénédiction du ciel et qu'on allait maintenant livrer, comme une mauvaise semence, aux caprices des vents et de la mer ; ils montraient aux petits, à leurs filles et à leurs vieilles compagnes qui allaient les suivre, leurs fronts résignés et sans souillure, leurs beaux cheveux blancs, pour leur enseigner encore comment on s'achemine sur le chemin de l'infortune quand on y est conduit par le respect de son devoir et de sa conscience. Ces pauvres femmes, en les regardant passer, sentaient comme des flots d'affection s'éloigner de leur vie ; il leur semblait que leur cœur se vidait tout à fait.

Rendus sur le rivage, les soldats firent trois parts de cette seconde bande et ils les distribuèrent sur les vaisseaux qui restaient à charger. Un seul renferma des vieillards et des jeunes gens ; ce fut celui qu'on n'avait pu remplir au premier convoi, et celui-là ne réunit de pères et de fils que ceux qu'un pur hasard y fit se rencontrer.

Après ce second embarquement, les vaisseaux se trouvèrent remplis à pleins bords, comme on l'avait prévu, et même davantage ; il fallut donc de toute nécessité attendre d'autres voiles pour embarquer les femmes. Heureusement qu'elles ne tardèrent pas longtemps à se montrer.

Lawrence avait donné ordre au corps chargé de dépeupler le bassin de Chignectou de s'arrêter en passant avec sa flottille sur les côtes de Grand-Pré pour prendre le reste de la population. Les difficultés qu'avait éprouvées cette expédition à s'emparer des habitants l'avaient retenue plus longtemps qu'on ne s'y était attendu ; et ces vaisseaux, arrivés depuis le matin près du Cap Fendu, avaient manqué d'une brise favorable pour franchir la passe étroite qui s'ouvre sur le Bassin-des-Mines ; mais, profitant du passage du *bore,* ce flot précurseur de la marée, qui entraîne tout sur son chemin, ils doublèrent le promontoire et parurent enfin, peu d'instants après, à l'embouchure de la Gaspéreau.

Dans ce moment, les femmes assemblées sur le rivage erraient en désordre ; oubliant les choses qu'elles avaient amassées pour l'exil, elles appelaient leurs maris et leurs pères et suppliaient les Anglais de les entasser avec eux plutôt que de les laisser ainsi languir en arrière. La vue des voiles de la petite flotte les fit tressaillir de joie... Tant il est vrai qu'il n'y a pas de situation si poignante dans la série des souffrances humaines qui n'ait des degrés et des contrastes qu'on ne puisse appeler heureux par l'impression qu'ils causent : le mal qu'on appréhende et qui n'arrive pas devient encore du bonheur.

Le jour était encore assez haut pour permettre d'embarquer tout ce qui restait d'Acadiens à Grand-Pré ; c'était seulement un problème que de les loger dans l'espace laissé vide sur ces derniers transports, qui, quoique plus nombreux, se trouvaient déjà à moitié remplis. Cependant il fallait tout amener, on n'attendait plus d'autres voiles. On s'ingénia...

— Des compatriotes et des amis peuvent bien se presser un peu les uns contre les autres, dit spirituellement Butler.

Lawrence avait prescrit à ses lieutenants, dans ses instructions, de ne prendre sur les navires que deux prisonniers par tonne : ce n'était déjà pas leur donner du confort, en supposant qu'on leur laissât la liberté d'apporter quelques effets avec eux. Mais on enferma le double de ce nombre dans la même capacité, et ce fut avec des femmes et des petits enfants que l'on fit ce remplissage. On mit d'ailleurs, dans cette tâche brutale, encore plus d'expédition et moins d'égards : le temps pressait, la mer devenait houleuse, la brume hâtait la nuit. En quelques heures, les rivages, les maisons et les rues de Grand-Pré devinrent une solitude. Il ne fut fait d'exemption en faveur de personne; ni le vieux notaire Leblanc, ni Pierriche ni sa mère ne furent épargnés, comme le gars de la veuve s'en était flatté. On ne put rester sur cette terre même à titre de domestique. Quant au notaire, il n'aurait pas plus accepté sa grâce que le père Landry; il avait vingt enfants et cent cinquante petits-enfants parmi les proscrits, sa patrie ne pouvait être que sur le chemin de l'exil avec cette noble progéniture.

Par un hasard qui ne fut peut-être pas étranger à la volonté de George, la famille de la fermière et celle de sa maîtresse se trouvèrent réunies; c'est-à-dire les femmes avec les deux bessons de la mère Trahan. On pouvait facilement voir une intention bienveillante dans cette réunion; car ces personnes ne s'étaient pas cherchées particulièrement, et les soldats n'avaient pas pris plus de soins de ménager les liaisons et les affections des femmes qu'ils ne s'étaient occupés de laisser aux pères leurs fils. Il n'y eut que les petits à la mamelle qui purent éviter le sort qui sévit sur tant d'autres de leurs aînés. On poussait ces bandes d'adolescents dans les embarcations, comme on pousse les troupeaux qui se regimbent et s'attroupent dans leur frayeur: les uns tombaient dans une chaloupe, les autres dans une autre, et les rameurs s'éloignaient de différents côtés, quand la mesure était pleine.

Marie, durant tout ce tumulte, toutes ces clameurs des exécuteurs et des victimes, tous les sanglots de ses compagnes, resta morne et sans larmes; elle sembla n'avoir la conscience de rien de ce qui se passait autour d'elle et parut indifférente à tout ce qui pouvait la menacer encore. Elle suivit pas à pas sa mère, comme si un lien caché mais insensible l'eût attachée au corps de celle-ci, marchant et s'arrêtant comme elle, l'imitant dans tous ses mouvements. Dans sa démarche machinale, elle attachait un regard glacé sur toutes les scènes qui venaient frapper ses sens. Depuis le soir du jour précédent, elle n'avait pas trouvé le temps, ou la pensée ne lui était pas venue de se dépouiller de sa toilette de mariée. Sa couronne blanche, tombée sur le champ de l'exécution, manquait seule à sa parure. On voyait de temps en temps, quand le vent soulevait les plis de son châle noir qui l'enveloppait encore de la tête aux pieds, apparaître ses habits de fête. C'était un spectacle étrange, au milieu du bouleversement et du deuil général, que de voir cette belle jeune fille errant, avec l'oubli de la vie et le calme de la mort, parée comme une vierge arrachée du temple. La vue du navire qui devait l'emporter, et de toutes ces figures étrangères qui se pressèrent autour d'elle au moment où elle monta à son bord, ne la fit pas même sortir de sa torpeur: quand elle fut descendue dans l'étroit espace qu'elle devait occuper, elle entoura de ses deux bras le sein de sa mère, et en s'asseyant à côté d'elle, sur le plancher, elle lui dit avec un accent plus ému:

— Il fait noir ici comme dans un tombeau !...

Cependant, l'obscurité n'était pas complète ; il descendait encore sous les ponts, par les écoutilles, une lueur vague. Les proscrits en profitèrent pour se reconnaître, pour se chercher entre amis, entre parents, pour se compter... C'était l'heure de l'appel du sang... Oh ! que cette heure fut triste !... Que de fois le silence accueillit ces voix qui nommaient les noms chers du foyer... Chez les femmes, ce moment fut plus poignant, car elles étaient plus divisées, se trouvant mêlées aux populations de Chignectou et des environs de Beau-Bassin, avec lesquelles les habitants de Grand-Pré n'avaient eu que fort peu de relations. Quelques-uns essayèrent d'aller regarder par-dessus le bord pour apercevoir sur les autres navires ceux qui leur manquaient ; mais un ordre sévère défendait à toute autre personne que celles de l'équipage de se montrer sur les ponts supérieurs.

Pendant ce temps-là, les troupes recueillirent sur les chemins une partie des bagages que les femmes avaient préparés et qu'elles n'avaient pu prendre avec elles, et ils en distribuèrent une part à peu près égale sur chaque embarcation. Chacun dut se contenter de ce qui lui tombait sous la main, et beaucoup se trouvèrent déshérités de ces faibles restes de leur fortune ; car les soldats s'étaient à peu près bornés à prendre les effets de lit.

On avait disposé des liens de famille de ces pauvres gens, de leurs affections, on pouvait bien distribuer à loisir, au premier venu, leurs habits et leurs reliques... Dans l'antiquité, c'était un crime de ravir aux exilés leurs pénates ; et un peuple moderne a pu en chasser tout un autre sans lui laisser emporter les plus humbles souvenirs de ses foyers !...

XXIV

Cette première nuit dut paraître bien longue aux habitants de l'Acadie entassés sur les vaisseaux ; ils durent mesurer avec une bien sombre amertume les heures qui leur apportaient le premier matin de la proscription avec les prémices de ses longues horreurs ; peu d'entre eux, sans doute, purent fermer la paupière ; et le calme résigné, la force chrétienne dont ils étaient doués le leur eût-il permis, la mer et les vents les en auraient empêchés. La tempête qui s'était élevée peu à peu, durant tout le jour, après avoir appelé de tous les lointains abîmes ses nombreux acolytes, avait enfin pris son essor et déchaîné autour d'elle sa meute de vagues aboyantes et de vents mugissants. Ils vinrent assaillir toutes ces plages avec une furie qui paraissait s'être concertée avec les Anglais pour porter la désolation sur cette terre. Si la flotte eût fait voile le même soir, il est probable qu'elle aurait été mise en pièces sur les récifs de la Baie-des-Français. Heureusement, elle ne pouvait être nulle part plus à l'abri que dans le Bassin-des-Mines.

Cependant, les petits vaisseaux étaient secoués sur leurs ancres, comme le froment sous la main du vanneur. Les flots de la baie, accrus par une marée surabondante, refoulés par les grandes masses de l'océan, venaient s'engouffrer dans la Gaspéreau et inonder ses rivages jusqu'à une hauteur prodigieuse. La petite flotte y fut invinciblement entraînée. Là, les vaisseaux, pressés les uns contre les autres, se heurtant violemment à bâbord et tribord, attendirent l'apparition du jour. Si les captifs avaient été sur le pont pendant que l'ouragan se jouait ainsi des embarcations et des matelots, ils auraient pu souvent se donner la main d'un navire à l'autre, et peut-être se réunir à l'insu de leurs gardiens.

Malgré tout ce tumulte des vagues et des aquilons, il fallait que les transports ne courussent aucun danger sérieux, car Murray et Butler passèrent la nuit sans s'inquiéter de leurs victimes et le colonel Winslow partit pour Halifax, dans le cours de la soirée. Il est vrai qu'après un pareil labeur ces hommes devaient avoir besoin de repos et de distraction : la veille et le jour qui venaient de s'écouler avaient été pour eux trop bien remplis, pour qu'ils ne fussent pas harassés dans leur corps et dans leur esprit. Les victimes étaient passées à d'autres bourreaux, ils se sentaient soulagés d'un poids énorme...

L'Acadie était enfin déserte et prête à recevoir une autre race ; de ce moment elle avait perdu son nom en perdant ses premiers habitants. On n'avait plus à craindre cette diabolique engeance, comme on les nommait, ces mauvais sujets qui étonnèrent, quelques mois plus tard, par le spectacle de leurs vertus, de leur patience et de leurs procédés honnêtes, tous ceux qui n'avaient pas intérêt à les calomnier et à les exproprier... Les soldats, après avoir pillé les caves les mieux garnies et mis le feu à toutes les habitations qui ne pouvaient pas être utiles à l'occupation militaire, s'étaient donc retirés dans leurs anciens cantonnements, repus et satisfaits. Ils ne s'arrêtèrent pas même, comme ce tyran de Rome dont ils avaient les instincts, à contempler cette illumination allumée pour le simple plaisir de ravager ; ils s'en allèrent dormir. L'incendie ne pouvait les atteindre, non plus que le presbytère et l'église qui se trouvaient à l'écart ; ils s'inquiétaient peu de ses ravages. D'ailleurs, le vent avait été si terrible que toutes ces constructions, pour la plupart en bois, avaient disparu dans l'espace de quelques heures, et, grâce à la pluie, le feu ne pouvait se transporter au-delà de ses foyers. Avant même le milieu de la nuit, on ne voyait déjà plus, sur toute l'étendue que couvrait le petit bourg, qu'une suite de brasiers d'où s'élevaient de vastes tourbillons de fumée et de vapeur.

Ce fut à peu près dans ce moment que quelques hommes firent furtivement leur apparition sur les bords de la rivière, à peu de distance du coteau où fumaient les ruines de la maison de Marie. Ils marchaient avec prudence, rampant sous les rameaux affaissés des saules de la grève, comme des renards qui évitent l'affût. Quand une clairière menaçait de trahir leur démarche, ils la franchissaient, les uns après les autres, ventre à terre.

Il eût été bien difficile, même à quelqu'un sur le qui-vive, de surprendre au passage, dans cet endroit isolé, ces étranges visiteurs ; mais par un temps semblable, à une pareille heure, la chose devenait d'une impossibilité absolue. Les oies du Capitole y auraient été trompées. Il est vrai qu'elles n'ont donné, depuis l'existence de leur espèce, que cette célèbre preuve de leur finesse, et elle n'a pu établir leur réputation. D'ailleurs, quand même elles se seraient égosillées, ce soir-là, il est probable que leur voix n'aurait pas été entendue, car la garnison s'était couchée avec trop de sécurité pour se troubler de si peu ; de plus, tous les animaux n'avaient cessé depuis plusieurs jours de faire entendre leurs cris d'alarmes, et dans ce moment leurs clameurs étaient générales.

Réunis en grand nombre autour des cendres de leurs étables, les uns erraient inquiets, les autres regardaient avec effroi les lueurs agitées de l'incendie. C'était encore un spectacle touchant, après les scènes de la journée, de voir ces pauvres bêtes, qu'on avait pourtant bien négligées depuis quelque temps, venir seules gémir sur la désolation de leurs chaumes et le départ de leurs maîtres. Pendant que les Anglais s'endormaient près de là satisfaits de leur mauvaise action et indifférents à ses cruels résultats, les bêtes, plus sensibles, venaient rendre au malheur les devoirs de l'humanité... Haliburton dit qu'elles restèrent ainsi, pendant plusieurs jours, clouées sur ces chères ruines, sans songer à retourner au pâturage ou à l'abreuvoir. Elles s'appelaient et se répondaient d'un troupeau à un autre, par de longs gémissements, se confiant ainsi leur douleur commune. Les chiens flairaient avec impatience les derniers pas de leurs maîtres, puis les suivaient jusqu'au rivage où ils finissaient par les perdre ; là, après s'être agités pendant quelque temps, avoir aboyé aux vagues furieuses qui menaçaient de les engloutir, ils revenaient plus tristes, plus mornes, s'accroupir devant l'endroit qui avait été le seuil de leur maison.

Celui de la fermière de Marie, déjà caduc, venait de se blottir ainsi dans la cendre, presque sur les tisons, las de recherches et de hurlements, n'attendant plus que sa dernière heure, quand il se leva tout à coup comme pris d'une inspiration plus heureuse, et il se précipita, avec toutes les démonstrations de la joie et les notes les plus caressantes qu'il put trouver dans son timbre cassé, du côté où s'avançaient nos maraudeurs nocturnes. Un « va-tecoucher ! » articulé par la bouche et le pied, avec autant d'énergie que pouvait le permettre la discrétion la plus circonspecte, fut la seule réception que fit au caniche trop expansif un des hommes de la troupe. Mais un autre, saisissant l'excellente bête par le cou, lui dit à l'oreille, en lui imposant entre ses bras pour la faire taire une caresse qui faillit l'étrangler :

— Non, vieux Farfadet, reste ici ; puisque tu es le seul qui puisse maintenant nous apporter une vieille amitié, sois le bienvenu : je te porterai plutôt, s'ils craignent tes indiscrétions ; mais tais-toi, tais-toi ; autrement, vois-tu, je serai forcé de te presser encore !...

Alors, ces hommes, dont il était encore impossible de préciser le nombre et de distinguer la figure et les habits, entrèrent dans l'ombre que projetait jusqu'à la rivière le bosquet d'ormes, placé entre celle-ci et le brasier où achevait de se consumer la maison de Marie. Ils marchèrent aussitôt dans la direction du groupe d'arbres, redoublant de vigilance, restant soigneusement dans les limites de l'ombre qui les enveloppait comme un rideau funèbre ; car les ténèbres étaient si profondes que le regard ne pouvait les percer là où n'arrivaient pas les reflets de l'incendie ou des nuages illuminés : le ciel ne laissait voir à la terre aucun de ses astres protecteurs ; il s'était complètement voilé.

La bande joignit ainsi le tertre vert et s'y établit en éclaireur durant quelques instants. Ce point était tout à fait favorable à une étude secrète des lieux, qui ne paraissaient pourtant pas étrangers à la plupart de ces explorateurs ; il était bien abrité, isolé du village et il dominait tous les quartiers importants.

Pendant un quart d'heure d'observation, il fut facile à ces yeux aguerris de constater que personne ne s'attendait à leur visite, et que si quelqu'un courait le danger d'être surpris, ce n'était pas eux... Aucune forme humaine ne frappa leurs regards au milieu de ce désert, et ils n'observèrent d'autres lumières que celles qui s'échappaient encore faiblement des ruines de chaque maison ; cependant, dans les fenêtres du réfectoire du presbytère ils crurent distinguer la lueur vacillante de quelques bougies et un peu d'agitation à l'intérieur, mais la distance était assez grande pour causer de l'illusion ; ce pouvait être les reflets des feux voisins. D'ailleurs, on avait là l'habitude de dîner tard... et à cette heure il était raisonnable de croire que l'état-major ne pouvait inspirer de crainte.

— Allons, dit une voix, assez haut, les tigres dorment, les loups peuvent donc sortir, ils ont le champ libre...

— Excepté les gros de là-bas... répondit une autre voix, moins vigoureusement timbrée.

— Oh! pour ceux-là, dit le premier, ils se sont eux-mêmes rogné les griffes.

Aussitôt douze figures d'hommes se dessinèrent vaguement au bord de la feuillée. Celui qui s'avança le premier marchait en s'aidant d'un fusil pour soulager une de ses jambes qui semblait ne le servir qu'à regret. Après avoir fait quelques pas, il s'arrêta près du banc rouge sur lequel Jacques s'était agenouillé la veille, et malgré la pluie qui tombait toujours par torrents, il ne put s'empêcher de s'y asseoir, évidemment ému...

— Nous n'avons pas de temps à perdre, dit le plus jeune et le plus petit de la bande;... à moi aussi, cela me fait de la peine!...

Et le jeune homme essuya ses larmes et, en touchant de l'autre main l'épaule du premier, il continua:

— Pauvre Marie!... c'est dans son troupeau que nous allons nous servir... elle qui ne voulait pas permettre que l'on tuât un seul de ses agneaux!... Mais dans ce moment, elle serait bien heureuse de nous les voir tous prendre!...

Le compagnon auquel il s'adressait plus particulièrement semblait ne pas l'entendre.

— Eh bien! laisse au moins aller notre Farfadet; les moutons le connaissent encore mieux que moi; il nous rendra leur abord plus facile.

— Va, Farfadet! fut la seule réponse qui sortit de sous la peau de caribou chamarrée que nous avons déjà vue sur Wagontaga, et qui enveloppait le personnage taciturne de la tête aux pieds.

— Maintenant, dit le jeune homme en menaçant du doigt le chien qui commençait à oublier sa première leçon, bride ton cœur, notre fidèle, et viens avec P'tit-Toine. En terminant ces mots, le plus jeune des Landry se dirigea du côté où s'élevait la bergerie. Les moutons s'y pressaient tremblants sous leur toison tout imprégnée par l'orage. En reconnaissant leur gardien en titre et le frère de la petite maîtresse, ils donnèrent des signes évidents de sympathie, contre les prévisions d'Antoine, qui croyait que de pareils événements avaient dû changer leur caractère. Il ne lui fallut donc pas de grands efforts pour se faire suivre par quelques belles brebis. Leur maîtresse les avait familiarisées par ses caresses; la plupart portaient leurs petits noms d'amitié et elles accouraient volontiers à l'appel des amis de la ferme.

Les compagnons s'emparèrent des quatre plus grosses, et après les avoir traînées sous le bosquet, ils les tuèrent et allèrent les porter, par le chemin d'où ils étaient venus, à une assez grande distance, car il s'écoula beaucoup de temps durant ce voyage.

XXV

À leur retour, ils retrouvèrent celui qu'ils avaient laissé assis sur le banc et dont ils n'avaient pas voulu troubler la sombre méditation; mais il était debout, marchant ferme et à grands pas, comme s'il n'eût jamais été blessé: cependant, il avait reçu, la veille, deux balles dans la cuisse, en outre d'une entaille qu'il portait depuis quelque temps sur la poitrine. Son manteau sauvage ne se drapait plus étroitement sur sa taille, mais volait au vent, comme une aile d'aigle immense; ses traits, à demi effacés jusqu'alors dans sa pose rêveuse et sous les plis de son vêtement emprunté, se révélaient avec toute leur énergie, et son regard jetait au brasier qu'il contemplait de temps en temps avec haine et envie plus de feu et plus d'éclairs qu'il n'en avait jamais lancé; il semblait lui demander de lui rendre l'édifice de son bonheur. En voyant revenir ceux qu'il appelait de temps en temps ses sauveurs, ses frères, il leur montra une couronne de fleurs blanches tachée de sang et de boue, qu'il venait de trouver dans les broussailles, près de son siège, et il leur dit pour la centième fois:

— Malheureux! pourquoi ne l'avez-vous pas sauvée, elle, elle seule?...

— Mon pauvre Jacques, faut-il te le répéter?... quand nous t'avons enlevé, Marie était déjà dans sa maison, et nous avions toute une compagnie entre nous et elle... et puis, il fallait aller te déposer en sûreté dans notre campement; tu te traînais à peine; tu voulais revenir vers les Anglais, et nous ne pouvions t'empêcher de crier: «Laissez-moi! laissez-moi! je veux mourir avec elle!» Nous avons été obligés de te mettre la main sur la bouche pour te réduire au silence... Quand nous voulûmes revenir pour tenter un nouveau coup de main, nous trouvâmes partout des patrouilles et des sentinelles sur le qui-vive; ta disparition avait semé l'alarme dans tous les corps de garde, nous dûmes renoncer à tout nouveau projet.

Jacques écouta ces paroles d'un air distrait; puis il se reprit à se promener comme un insensé. Les autres s'arrêtèrent à le regarder avec pitié: ils doutèrent pendant quelque temps de son état normal. P'tit-Toine s'approcha enfin de lui, et lui dit sur le ton le plus insinuant:

— Allons, frère, il faut nous éloigner; garde tes forces pour le voyage.

— Partir!... moi, partir, maintenant!

— Il me semble, dit P'tit-Toine, que ce serait mieux de le faire...

— Et s'ils l'avaient enlevée, eux, de leur côté... si elle était là... avec eux, — il montra la lumière agitée du presbytère, — forcée d'écouter leurs discours grossiers, d'assister à leur orgie, en attendant un dernier outrage!...

— C'est impossible, Jacques ; monsieur George est incapable d'une pareille chose, et il ne l'aurait pas permis aux autres.

— Ces gens-là !... ces brutes sont capables de tout ; je veux y voir ; je ne partirai pas sans avoir la certitude que Marie n'est point là.

— Mais c'est extravagant cela, Jacques ; Marie n'est pas là, et c'est risquer de tout compromettre. Et ton épuisement, tes blessures !... Il ne faudra pas que tu en reçoives beaucoup d'autres pour y rester.

— Mes blessures !... mon Benjamin, on songe à cela quand on n'a rien de mieux à faire... Et puis, si j'en reçois encore, elles guériront avec les autres ; une de plus, une de moins... D'ailleurs, il s'agit bien de recevoir des coups quand on ne nous laisse que l'occasion d'en donner !... Allons, tu n'y entends rien.

— Mes amis, continua-t-il en s'adressant à tous, la partie est bonne, je pense. Ce soir, les Anglais sont dans la joie ; ils pensent qu'ils ont assez pillé, assez brûlé, assez frappé de femmes et de vieillards pour que personne ne soit tenté de remettre le pied sur ce sol ruiné ; ils ont bu et se sont couchés ivres et las... La nuit est à nous, tâchons d'en user mieux que l'autre soir. Allons au presbytère ; si Marie s'y trouve, nous la sauverons, et si elle n'y est pas !... Winslow, Butler, Murray et le lieutenant y sont, et il ne tiendra qu'à nos bras qu'ils y restent jusqu'au jugement dernier.

Ces paroles produisirent un mouvement de satisfaction chez ces hommes, amateurs de l'imprévu, habitués à l'aventure et aux tentatives audacieuses. Dans ces guerres de coups de main, où les forces fractionnées des belligérants devaient opérer sur de vastes espaces, la valeur et l'intrépidité se plaisaient, comme au temps de la chevalerie, dans les combats corps à corps, et dans ces entreprises de maraudeurs.

— Pour toi, P'tit-Toine, ajouta Jacques, comme je sais que tu cries dans les moments critiques, et comme je doute de ton courage, je te conseille de te rendre tout de suite à nos canots, avec ce chien qui pourrait aussi nous compromettre, et tu te prépareras à un départ précipité.

— Merci ; si cette mission n'est pas absolument nécessaire, je n'en veux pas, notre capitaine. Tu oublies que j'étais avec ceux qui t'ont délivré, hier soir, pour ne songer qu'à ma bévue de l'autre jour qui a failli te coûter la vie. Mais si j'ai contribué à te faire saisir, j'ai aussi servi à te délivrer. D'ailleurs, je n'ai pas crié, hier, quand une balle m'a fait ce vilain accroc dans le fond de mon feutre...

— C'est vrai, mon petit frère, je te demande pardon : la bravoure doit exister dans un sang où il y a tant de générosité ; il te fallait une occasion de montrer ta bravoure. Eh bien ! en voici encore une ; viens avec nous, je compte beaucoup sur toi. Mais avant, attache-moi ce pauvre Farfadet à un arbre, car il pourrait nuire à notre expédition.

Jacques instruisit Wagontaga en peu de mots de son nouveau projet.

— Oh! oh! fit le Micmac en frémissant, voilà qui est digne de véritables guerriers!... Nous rapporterons autre chose que de la laine... nous ne mangerons pas que de la chair de moutons, comme des loups!...

Deux hommes seulement avaient des fusils avec eux. Dans cette nuit obscure, et pour le but que la troupe se proposait d'abord, on n'avait pas cru devoir s'embarrasser de ces armes. Wagontaga en portait un; Jacques le fit partir en avant avec un autre sauvage, pour éclairer la marche. Et lui-même se mit à leur suite avec ses autres compagnons, qui n'étaient armés que de coutelas et de tomahawks. Tous disparurent bientôt dans les ténèbres, s'acheminant dans ce sentier détourné qu'avaient suivi George et Marie, après leur rencontre au cimetière.

XXVI

Pendant que notre héros s'avance sur le chemin de nouveaux combats et d'autres aventures, je vais dire par quelle suite de coïncidences merveilleuses il se retrouve vivant, sur ces mêmes lieux où il aurait dû infailliblement périr. Car, malgré que les Anglais eussent fait leur possible pour le faire disparaître de la scène du monde, c'est bien notre Jacques et non pas son ombre que nous venons de voir et d'entendre.

On se rappelle qu'Antoine, après sa visite à la maison de son père, en repartit le même soir pour aller à la recherche de son frère André, et s'assurer s'il n'était pas resté blessé ou mort quelque part près de l'endroit où Jacques avait été arrêté. Il connaissait alors le sort réservé à celui-ci, le lieu et l'heure de son exécution. Toutes ses recherches furent vaines ; il ne retrouva nulle part les vestiges de son aîné, mais il fit la rencontre de deux jeunes compatriotes qui, après s'être échappés d'un convoi de captifs, effrayés de leur solitude et ne pouvant supporter l'absence de leurs parents, revenaient se livrer de nouveau aux autorités. Ces malheureux lui apprirent qu'ils avaient vu son frère en compagnie d'un sauvage, et que tous deux faisaient route vers le cap Porc-épic. Sans leur raconter le but de son voyage, André leur avait dit qu'il traversait du côté des Français pour revenir prochainement, et il leur avait offert de les prendre dans son embarcation, s'ils voulaient s'échapper.

Antoine profita de ces indications et alla attendre le retour de son frère au pied du cap Porc-épic.

Ce fut le 9, à l'aube, qu'il le vit reparaître, toujours avec le Micmac, mais suivi, de plus, par les dix étrangers dont nous venons de faire la connaissance. Ils occupaient tous ensemble deux canots d'écorce.

Il paraît que Wagontaga était parvenu à faire comprendre à André, après la rencontre des Anglais, qu'il allait chercher un secours assez puissant pour délivrer Jacques et tous les Acadiens; c'est au moins ce que crut entendre André. Mais le sauvage n'avait trouvé que ces quelques compagnons d'armes; les autres s'étaient dispersés pour faire des provisions. Comme il était impossible d'attendre ceux-là, le chef indien était reparti tout de suite, avec cette poignée de dévoués, laissant l'ordre aux autres de se tenir prêts au premier avis.

En les revoyant, P'tit-Toine leur fit le récit des malheurs de leur pays, de la captivité de Jacques, et il leur annonça qu'il devait être exécuté le soir même.

Ils partirent sans hésiter, résolus à tout tenter pour arracher leur commandant à la mort. Mais il leur fallut faire tant de détours, user de précautions si nombreuses pour éviter la rencontre des troupes qui fouillaient sans cesse les bois et les chemins, qu'ils n'arrivèrent à la ferme de la mère Trahan qu'au moment où l'ordre de la fusillade allait être donné. Et sans l'instant de trouble et de retard que vint y apporter l'apparition de la fiancée, ils n'auraient trouvé qu'un cadavre.

Pauvre Marie! Elle ignorait que sa démarche était toute providentielle, et qu'en allant s'immoler avec son fiancé, elle lui apportait la vie et la liberté dans son amour dévoué...

Profitant du bruit, du désordre et de l'émotion qui accompagnèrent le départ du lieutenant, quand les soldats arrachèrent la jeune fille de la poitrine du condamné, les libérateurs avaient pu s'approcher impunément derrière le bocage, et se glisser ensuite jusque sur les talons des Anglais. Au moment opportun, ils culbutèrent les porte-flambeaux, puis les exécuteurs, et leur arrachèrent des mains leur victime, avant même qu'ils pussent voir contre qui se défendre. Se trouvant jetés soudainement dans une obscurité complète, et plusieurs des soldats dans leur trouble ayant déchargé leurs fusils, aucun d'eux ne put se rendre compte ni du nombre de leurs assaillants ni du point de l'attaque: la plupart crurent cependant qu'elle leur venait du côté du village, et sans s'arrêter à penser que cette supposition n'avait pas de sens, ils s'échappèrent vers le presbytère par les champs et la grève.

Les détonations firent croire au loin qu'on venait de faire la décharge fatale: la mère Trahan et ses enfants, tout occupés de leur maîtresse qu'on leur apportait à moitié morte, ne firent attention à rien autre chose; George, en revenant sur ses pas, crut que ses soldats étaient allés jeter le cadavre à la rivière, selon que le voulait la sentence; et Marie trouvant, le matin, du sang près du banc rouge et sur le sentier qui menait à la Gaspéreau, l'avait recueilli, pensant que c'était celui de son fiancé... C'était plus probablement celui de quelque soldat qui l'avait répandu sur son passage. Les autorités, les soldats et George, plus tard, furent donc les seuls qui surent ce qui s'était passé à la ferme de la veuve, et comme aucun n'avait intérêt à le faire connaître à la population, Jacques resta bien mort pour tout le monde.

XXVII

Le presbytère de Grand-Pré occupait l'angle formé par la rue principale du village et la place de l'église. La petite troupe de Jacques y arriva en longeant la clôture mitoyenne du domaine curial et s'introduisit dans une grange qui, placée en arrière de la maison, touchait par un côté à la place publique. Vis-à-vis de la porte par laquelle ils étaient entrés s'en trouvait une autre qui communiquait avec une petite cour et le jardin: de celle-ci l'œil pouvait facilement observer ce qui se passait dans l'intérieur de l'habitation, car les fenêtres nombreuses et plus élevées laissaient pénétrer la vue dans presque toutes les principales pièces, et la grange n'en était pas séparée de plus de dix pas.

Dans ce moment, une partie des officiers du corps d'occupation, au nombre de vingt-cinq à trente, se trouvaient réunis autour d'une table qui touchait aux deux extrémités. Comme plusieurs devaient partir le lendemain matin pour accompagner les proscrits dans des colonies anglaises, ils fraternisaient au moment du départ; et puis, comme l'avait deviné Jacques, ils fêtaient ensemble l'heureux résultat de leur entreprise, ils couronnaient la tâche accomplie...

Le banquet durait depuis longtemps, la série des services était épuisée; les *waiters* assis sur deux lignes vers les confins de la chambre, les mains jointes, le nez au plafond, le cou étranglé dans leurs cravates blanches, attendaient que leurs maîtres eussent roulé sous la table pour aller les imiter sur un théâtre plus obscur, avec les débris de la fête. Il ne restait plus sur la nappe que des bouteilles au corsage varié, et ces petits plats bienfaisants qui servent d'intermèdes aux nombreuses rasades et aux discours stupides que les buveurs officiels savent trouver en l'honneur de toutes les hiérarchies de la puissance et des causes les plus mauvaises: le fromage de Stilton tirait à sa fin, et le céleri, ce légume prédestiné de l'Angleterre, ce favori du potager, qui créerait une révolution sociale dans les Îles Britanniques s'il cessait de se montrer tous les jours à la table, après les friandises les plus exquises, le céleri était épuisé, signe évident que le dîner comptait déjà un long passé. Le désordre avait succédé à la symétrie ; la désinvolture et le sans-gêne remplaçaient la tenue compassée d'une société anglaise formée d'hommes de grades différents et de connaissance récente : on avançait les coudes sur la table, on se prenait par la taille pour se faire des confidences à tue-tête, on jetait les bouteilles sur le côté quand elles étaient vides, sans égard pour la célébrité de leurs blasons. On avait bu au bonheur du roi, à celui de la famille royale, au Royaume-Uni, à la Nouvelle-Angleterre et à chacune des provinces britanniques en particulier ; à la galante armée de terre, à la galante marine, à l'héroïque milice coloniale et à son commandant Winslow ; et l'on était loin d'avoir épuisé la liste des santés : quelqu'un venait de proposer celle de Lawrence, Boscawen et Moystyn, noble trinité qui avait décrété d'abord la perte des Acadiens, quand Jacques, après avoir jeté un regard attentif autour de la maison, fit quelques pas dans la cour avec P'tit-Toine et lui dit à l'oreille :

— Tu le vois, personne ici pour nous arrêter... les sentinelles sont sur le devant... Ouvre la barrière du jardin, prends par l'allée des lilas qui touche au pignon de la maison, et va t'assurer du nombre des sentinelles et de leurs mouvements ; en revenant, arrête-toi dans toutes les croisées de ce côté-là, et regarde bien dans tous les appartements pour t'assurer s'il ne s'y trouve ni prisonniers ni soldats ; s'il le faut, grimpe dans les croisées pour mieux voir ; le feuillée de vigne qui y forme des rideaux épais ne peut permettre que tu sois vu... Va, je te donne dix longues minutes pour tout examiner ; tu vois que j'ai confiance en ton habileté et dans ton courage, maintenant !

— Merci, mon Jacques.

P'tit-Toine, là-dessus, s'éloigna d'un pas félin, et Jacques vint passer lui-même sous les ouvertures qui faisaient face à la grange ; il se fixa un instant devant chacune d'elles, plongeant avidement l'œil à l'intérieur, dans tous les sens. Les portes des chambres étaient peu nombreuses et pour la plupart entrouvertes, de sorte que la lumière qui venait du passage ou des pièces principales les éclairait suffisamment pour permettre d'y découvrir tout ce qu'elles renfermaient.

Après avoir rempli minutieusement son importante mission, P'tit-Toine rejoignit son chef devant une des fenêtres du réfectoire.

— Eh bien ! lui dit Jacques à voix basse, as-tu tout vu ?...

— Oui, tout ce que j'ai pu, avec mes deux yeux.

— Combien de sentinelles ?

— Deux seulement, devant les portes, fatiguées et sans soupçons, et qui semblent s'ennuyer beaucoup de se voir tomber tant d'eau sur le dos quand il coule tant de vin dans le ventre de leurs chefs : elles se promènent pour s'empêcher de dormir et on les aperçoit facilement quand elles passent vis-à-vis des châssis.

— Très bien, et ailleurs ?

— Personne dehors. Dans la maison, je n'ai vu que les deux cuisiniers, avec un compagnon et deux femmes ; ils s'occupent joyeusement à démolir les pâtés et les dindes qui leur sont revenues entamées ; puis, ils achèvent de vider quelques bouteilles restées là pour la sauce. Les goinfres ! Ils me donnaient appétit... et j'avais déjà l'idée d'entrer.

— Nous allons leur rogner le dessert, et nuire quelque peu à leur digestion. Est-ce tout ce que tu as observé ?... pas de soldats, pas de prisonniers, nulle part ?...

— Personne.

— Tant mieux ! murmura Jacques, avec un tressaillement violent. Allons, ni ton père, ni Marie ne se trouvent ici... ils ne les auraient pas mis à la cave, non plus au grenier...

En achevant ces mots, il s'approcha plus près des carreaux pour compter les convives, reconnaître quelles places occupaient les principaux personnages, et s'assurer du degré d'ivresse qu'ils avaient atteint.

La salle était oblongue ; elle avait trois ouvertures sur la cour où se trouvait Jacques, et deux sur la place publique ; deux portes, à l'intérieur, la mettaient en communication avec les autres appartements. La première introduisait aux chambres à coucher, par un couloir étroit. Toutes ces chambres étaient situées sur l'arrière de la maison ; la seconde ouvrait sur un petit vestibule où se trouvait l'entrée principale du presbytère, et une autre porte qui donnait accès à la véritable salle à manger ; cette dernière pièce ne communiquait qu'avec la cuisine. C'étaient là les seules issues par lesquelles pouvaient s'échapper les officiers anglais.

Un coup d'œil jeté autour de la table suffit à Jacques pour compléter ses observations et lui permettre de combiner ses plans d'attaque. L'ivresse existait et se manifestait chez tous à des degrés divers, par des symptômes caractéristiques.

Une nuance imperceptible distinguait Murray de Butler. Celui-ci n'avait plus qu'une faible lueur de raison ; Murray touchait aux confins de la sienne ; il était arrivé à ce point où les gens d'esprit n'en ont plus, et où ceux qui n'en ont jamais eu croient le plus en avoir ; c'est le moment où, dans les pays constitutionnels, on fait des discours officiels, parce que, alors, personne n'est en état ou obligé de s'en souvenir, et qu'il reste toujours à l'orateur la faculté de nier les sottises qu'il a dites, en voulant pallier celles qu'il a faites. Butler ne pouvait plus même lever dignement son verre pour boire à la santé de quelques îles des Indes Orientales qui n'avaient pas encore eu les honneurs d'un toast.

Quant à George, il était le seul qui parût posséder l'usage de toutes ses facultés ; il se tenait froid, taciturne sur son siège, tantôt rêveur, tantôt bouillant d'impatience au milieu de ces brutes en goguette, écoutant malgré lui leurs propos décousus, grossiers et révoltants. Une seule chose pouvait tempérer l'ennui que lui donnaient les discours échevelés qu'on lui imposait : c'étaient les scènes bouffonnes et les caricatures que présentait cet ensemble de visages et de caractères lancés dans le champ de la folie la plus expansive et du délire de l'ivresse. C'était quelque chose de singulier à voir que ce rire convulsif amené violemment, par le vin, sur ces figures qui n'avaient laissé voir depuis quelques jours que les traits de la haine, de la colère et de la cruauté. Il était facile, à travers un simple vitrail, de saisir les saillies et de suivre les homélies quand elles étaient lucides. Jacques ne comprenait pas un mot anglais, mais P'tit-Toine, qui l'avait appris dans la compagnie de son oncle Leblanc et du lieutenant George, pouvait traduire assez facilement à son voisin ce qu'il saisissait.

Dans ce moment, il entendit un cri général :

— Silence ! silence ! disaient les voix : un toast !... encore un toast !... commandant Murray !... Vive notre commandant Murray !

En même temps, tous les visages se tournèrent du côté du capitaine, qui fit aussitôt un effort énergique pour se hisser sur ses deux jambes, en s'aidant des bras de son fauteuil. Mais ses forces n'étaient plus à la hauteur de son courage ; il chercha vainement à trouver son centre de gravité, malgré qu'on lui criât de toute part :

— Bravo, capitaine ! vous avez un grand cœur, vous y arriverez.

— Pas encore, mes amis, pas encore ;... je crois que j'ai les jambes plus grandes... il me semble qu'elles ont poussé pendant le dîner et qu'elles poussent encore... je ne pourrai jamais arriver à me planter dessus !... Ou bien ce vilain plancher de curé s'enfonce... oui, il s'enfonce.

Il allait saisir son verre, en balbutiant ces dernières paroles, mais aussitôt que sa main laissa son siège, il s'écroula comme une tour minée, avec un long gémissement.

— Nous ne permettrons pas que vous succombiez ainsi sur le champ du combat, au moment d'une charge générale ! Commandant, nous vous soutiendrons jusqu'à notre dernier soupir !... ou nous tomberons tous sous vous.

— C'est bien ! je reconnais là mes braves compagnons d'armes, le sang anglo-saxon : c'est ainsi que nous aimons à succomber !

— Et si vous ne pouvez pas boire votre verre, eh bien! nous le boirons!

— Non, je ne permettrai pas qu'on me ravisse cette gloire; je veux le boire, et je le boirai! — Allons, à moi, mes braves!

Deux sous-officiers, des plus dispos, saisirent alors le capitaine sous les bras, et, après l'avoir élevé à sa hauteur, le soutinrent debout.

— Messieurs, dit alors le commandant de Passequid, sur un ton connu des orateurs populaires, je n'ai pas l'habitude de faire des discours; mais j'ai du cœur, je laisserai parler mon cœur.

— C'est vrai; écoutez, écoutez! crièrent les convives.

— Messieurs, nous avions oublié le but principal de cette réunion; nous nous sommes laissés emporter par notre admiration pour les gloires de notre patrie et les grandes choses qui ont été accomplies dans cet empire sur lequel le soleil ne se couche pas!...

— Et sur lequel nous allons tous nous coucher glorieusement! cria quelqu'un qui glissait sous la table.

— Écoutez! écoutez! N'interrompez pas l'éloquent orateur! vociférèrent plusieurs voix.

— Nous avons oublié, continua Murray, de boire à la grande œuvre que nous chômons ce soir!

— Bravo! bravo! vive notre commandant! C'est à vous qu'en revient tout l'honneur!

— Il faut boire à ce grand succès obtenu sur la France; cette terre est enfin toute à nous; nous l'avons purgée de cette race enragée de Gaulois!

— De mangeurs de grenouilles! fit un gros joufflu, en sortant de son gobelet une bouche pleine d'écume de *porter*.

— Cette terre, poursuivit Murray, n'entendra plus articuler un seul mot français... Ils étaient jadis quinze mille, ici; demain, on ne pourra plus en trouver un seul; et si ces bois perfides en recélaient encore quelques-uns dans leur sein, on les retirera au printemps de sous un linceul de feuilles sèches.

— Quant à ceux qui s'en vont sur nos vaisseaux, nous allons si bien les noyer dans le sein de notre puissante race, que leurs enfants ignoreront leur origine et s'uniront avec les nôtres pour détester le sang de leurs pères; et le monde n'entendra jamais parler d'eux!...

— Que par l'histoire, qui nous maudira! dit une voix indignée, qui n'était autre que celle de George.

— Ah! ah! ah! éclatèrent ensemble tous les convives, égayés par une interruption qui leur paraissait ridicule.

— Qui connaît ce troupeau de paysans, dans le monde? qui songera à eux quand le continent tout entier sera notre glorieuse conquête ? répondit une voix à celle de George.

— Vos propres documents révéleront votre crime, et vos descendants en les relisant rougiront de vous!...

— Ah! ah! ah! nos documents!... nous les déchirerons, monsieur Gordon, s'ils doivent donner du malaise aux enfants timides et trop sensibles que vous vous proposez de mettre au jour!...

Un bruit épouvantable d'applaudissements, de cris, de bouteilles heurtées, accueillit cette phrase, après lequel Murray reprit :

— Buvons donc à nos futurs compatriotes : que leur voyage soit heureux et assez long pour qu'ils ne soient jamais tentés de revenir dans ces lieux ; et comme nous en avons vidé cette terre, il faut ainsi vider pour eux nos verres jusqu'au fond.

— Oui, vidons les verres jusqu'au fond, et les bouteilles aussi!...

À cette exclamation, les deux files d'échansons s'ébranlèrent pour venir remplir la mesure qu'on allait offrir comme une libation à l'honneur de l'iniquité. George brisa son verre à ses pieds quand un des valets s'approcha pour le servir.

— Mes amis, au bon voyage du peuple acadien! s'écria Murray. Tous répondirent :

— Hip, hip, hourrah! hip, hip, hourrah! hip, hip, hourrah!

Le commandant se laissa choir sur sa chaise après cet effort suprême, et dit à ses voisins, pendant que le vide achevait de se faire partout dans les coupes de cristal.

— Eh bien! qui va répondre à ce toast?

— Gordon! Gordon! s'écrièrent quelques voix, auxquelles toutes les autres se joignirent; il n'a presque pas bu, et il n'a encore rien dit que quelques bêtises : il lui convient de parler. Gordon! Gordon!...

— Allons, debout, lieutenant!

— Montez à la tribune aux harangues!

— Faites-nous un éloge en trois points de vos amis les Acadiens, avec un exorde et une péroraison touchante!...

Ces phrases partirent ensemble comme des traits, de divers points de la table.

— Scélérats!... murmura George en se levant brusquement et en faisant un pas vers la porte.

— Arrêtez-le! arrêtez-le! hurla-t-on de toute part; il nous faut un discours! Gordon, un discours, un discours!

En même temps, plusieurs s'attachèrent aux habits du lieutenant pour le retenir ; mais il se retourna, et d'un geste violent du bras qu'il décrivit en saisissant son épée, il fit si bien rebrousser chemin à toutes les mains que pas une n'osa revenir à la charge; puis en lançant à ces visages ébahis un regard de mépris, il s'écria:

— Voilà quatre heures de honte et de dégoût que vous m'imposez, et vous voulez maintenant me condamner à vous parler!... Oh! si vous étiez encore en état d'apprécier la valeur d'une parole, je vous ferais volontiers comprendre tout ce que vous m'inspirez de répulsion!... Si vous ne veniez pas d'accomplir assez de lâchetés, et d'infamies pour vous rendre incapables de sentir le châtiment que devrait vous infliger l'appréciation de vos œuvres, oui, je parlerais!... et je voudrais rejeter à vos ignobles visages l'opprobre dont vous avez, aujourd'hui, chargé ma vie et le nom de l'Angleterre!...

— Sur laquelle le soleil ne se couche pas... ah! ah! ah! grommela celui qui gisait à demi sous la table et dont la tête apparut un instant, en soulevant le bord de la nappe.

— Écoutez! écoutez! firent quelques-uns, l'orateur s'inspire!

— Oui, ripostèrent quelques autres, il s'inspire de l'eau de la Gaspéreau, il en a trop bu. C'est comme une indigestion ce qu'il dit là.

— Non, il est pris d'une révolution de bucoliques renfoncées...

— Bel Adonis, si vous ne pouvez pas faire un discours, chantez-nous une élégie sur les charmes de votre bergère envolée...

— Redites-nous son goût pour les chaumières gothiques...

— Répétez-nous les accents plaintifs et enchanteurs qu'elle aimait à faire entendre à l'ombre des arbres du cimetière...

— Célébrez sa constance éternelle, et racontez-nous ses transports quand elle enlaçait le cou de son pastoureau... à son arrivée d'un long voyage... ah! ah! ah!

George frémit de rage sous la morsure de ces traits railleurs et impertinents qui lui arrivaient de toute part, accompagnés de ricanements féroces; il était devenu l'amusement de ces brutes qu'il avait toujours méprisées, il était le dernier jouet réservé à cette gaieté délirante de l'orgie... Il bondit un instant sur le plancher comme un disque d'acier sur une table de marbre; on aurait dit que la foudre l'électrisait; puis, culbutant ses voisins qui allèrent rouler avec leurs sièges, il vint se fixer comme un dard, à deux pas de Murray, frissonnant, écumant, brandissant son épée sur la tête du commandant. Mais cédant tout à coup à un sentiment étrange, il abaissa sa main et recula avec mépris:

— Non! dit-il, je la souillerais!...

Et s'adressant directement au commandant, il ajouta:

— Digne chef de ces vauriens qui m'insultent devant toi, je te jette, à toi, le mépris que je voue à tous!... J'allais te passer cette épée à travers le corps, mais j'ai pensé que je l'avais reçue pour la tremper dans un sang plus noble que le tien, et aussi pour combattre d'autres ennemis que des femmes, des vieillards et des enfants. Je te la rends!... j'ai trop rougi de la porter dans une pareille société, pour faire le métier de bourreau, et je ne veux pas encore la salir en te frappant!... Pour te châtier dignement, pour imprimer à ton front le sentiment de ta bassesse, il me faudrait avoir la main d'un galérien! — Tiens!...

Et en même temps, George arracha ses épaulettes, défit son harnais et lança le tout, à la fois, en pleine poitrine de Murray. L'épée, la sangle, le fourreau, en fauchant l'espace, prirent en écharpe tout ce qu'il y avait sur la table, bouteilles, carafes, verres et bougies, et les éparpillèrent comme une mitraille dans la figure de tout le monde. Les vins inondèrent les buveurs; un flacon d'eau-de-vie, encore intact, vint crever sa panse sur la face somnolente de Butler; la liqueur fine ruissela sur l'ignoble capitaine de la tête aux pieds; ses habits en burent comme il en avait bu lui-même. En sentant l'ablution mouiller ses lèvres, il entrouvrit sa bouche pour recevoir ce nectar complaisant qu'il croyait venir du ciel.

Dans ce moment, Jacques tira P'tit-Toine en arrière, et lui dit en retournant à la grange:

— En voilà un qui nous devance... Il a véritablement plus d'honneur et de courage que je ne croyais... Maintenant, à nous la partie!...

Et il rejoignit ses compagnons qui l'attendaient avec impatience.

— Allons, murmura-t-il, le moment est favorable, ils sont à la cuvée! P'tit-Toine, tu vas conduire Wagontaga et Sakiamistou par l'allée de lilas, à l'endroit où tu as pu mieux observer les sentinelles, et tu reviendras aussitôt. Vous autres, ajouta-t-il en s'adressant aux deux sauvages, suivez le petit camarade, ajustez bien les deux soldats qu'il vous montrera; en entendant mon signal, abattez-les et courez à la porte qu'ils gardent; retenez-la fermée si vous pouvez; et si on la force, repoussez à l'intérieur ceux qui voudraient pousser, ou tuez-les sur le seuil. Ne vous occupez pas de ceux qui pourront s'échapper par les fenêtres latérales; il n'y a que les domestiques qui puissent avoir le pied assez leste pour passer par là, et nous avons mieux à faire qu'à tuer des marmitons!... Ne poursuivez personne, mais à mon appel, vous viendrez me rejoindre derrière la grange.

Les deux sauvages sortirent avec leur guide.

— Maintenant, poursuivit Jacques! mettons tout de suite le feu aux quatre coins de ce bâtiment: entassons ici, au milieu de l'aire, ces bottes de foin sec, pour faire un brasier à part. Aussitôt qu'il sera suffisamment enflammé, cinq d'entre nous... vous Dupuy, Foret, Cotard, Bastarache, Doucet, vous irez prendre dans le bûcher que vous voyez là, tout près, chacun un vigoureux rondin, et vous enfoncerez ensemble les cinq fenêtres de la salle à manger; et, vous plaçant ensuite de côté, pour ne pas être vus, vous recevrez à la brèche, avec vos bâtons, tous ceux qui voudraient s'y montrer; et nous, armés de ces fourches que voilà, nous accomplirons le reste... Il nous faut aussi notre feu de joie!...

Une partie de ces dispositions étaient exécutées; le brasier de réserve venait d'être allumé, les hommes allaient sortir, quand quelqu'un vint ouvrir vivement la porte cochère qui servait à communiquer de la place à la cour. Un frisson vint glacer tous ces aventuriers énergiques qui, tenant déjà sous la main leur terrible vengeance, redoutaient tout ce qui pouvait la leur ravir; ils restèrent cloués comme les statues du silence dans une inquiétude mortelle. Des pas s'avançaient vers eux... il n'y avait qu'un homme... mais P'tit-Toine s'en revenait dans ce moment; il pouvait le rencontrer, se troubler et tout compromettre.

Jacques, qui avait vu le lieutenant quitter la salle à manger, soupçonna que ce pouvait être lui... En effet, après être sorti de la maison où il ne pouvait songer à passer le reste de la nuit, George venait, sans domestique, seller son cheval pour s'enfuir du côté d'Halifax, où il espérait rejoindre Winslow. Il touchait à la porte de la grange: Jacques, qui s'y trouvait embusqué, dit à voix basse:

— Foret! Cotard! ici!... le voilà... il passe devant nous... tout près... saisissez-le à la gorge et à la bouche, et traînez-le ici! Pas un mot, pas un bruit!...

Les deux hommes bondirent comme des léopards attaquant un taureau, et dans un tournemain terrassèrent et enlevèrent leur proie.

À la lueur déjà brillante qui se répandait dans la grange, il fut facile à Jacques de reconnaître son rival.

— Le plus court serait... dit Bastarache, en dégainant son énorme coutelas et en l'élevant sur la poitrine de l'officier, qui gisait sur le dos.

— Non pas, dit Jacques; contentez-vous de le lier et de le bâillonner si bien, qu'il ne puisse ni remuer ni geindre du reste de la soirée.

Il tailla aussitôt de larges lanières de peau dans le bas du manteau de Wagontaga et les fit attacher sur la bouche du prisonnier; puis, avisant une de ces fortes perches munies de cordes, dont on se sert durant la moisson pour consolider sur les charrettes la charge de gerbes que l'on conduit à l'abri, il dit à ses hommes d'étendre le lieutenant dessus, de l'y fixer étroitement depuis les pieds jusqu'à la tête, avec l'attache: cela fait, il ordonna de le traîner à l'autre extrémité de la grange, près de la porte voisine du champ, et il fit jeter quelques brassées de paille sur lui, pour le cacher; puis, revenant du côté de la cour, il dit, en s'armant lui-même d'une fourche:

— À l'œuvre maintenant!

Aussitôt les dix compagnons se séparèrent; cinq sortirent, et Jacques attendit avec les autres que la flamme enveloppât complètement l'amas de foin, pour donner son signal.

XXVIII

Les convives n'étaient pas remis de l'émotion que venait de leur causer la sortie du lieutenant. Son terrible coup d'épée avait chassé comme une baguette magique la verve bachique, avec ses fantaisies et ses délires. La fête avait un aspect déplorable.

Cependant, ceux qui tenaient encore, les plus vigoureux, les plus aguerris et les plus jeunes, ne purent consentir à se séparer avec des figures aussi lugubres; ils se mirent donc à resserrer leurs rangs, passant sur le corps des invalides, ralliant au milieu d'eux les bouteilles qu'avait épargnées l'épée de George. Puis, le gros joufflu, ce blond et spirituel buveur de *porter*, se pâmant dans sa chaise, appela l'attention générale, et dit sur un ton de fausset et d'une voix qui mitonnait dans sa graisse:

— Messieurs, après avoir conjuré cette peste de papistes, il est convenable que nous buvions à leurs amis: le diable et le pape!... Ah! ah! ah!

— Ah! ah! ah!... répétèrent tous les autres; — et ce rire, ramené soudainement au banquet par cette grossière saillie, menaçait d'être inextinguible, quand deux détonations firent frémir les vitres et trembler tout ce qu'il y avait de verrerie sur la table.

Jacques venait de donner son signal.

Au même instant, les châssis volent en pièces et viennent couvrir de leurs débris la table et les hôtes stupéfiés; et aussitôt après, cinq masses flamboyantes franchissent les fenêtres, se heurtent aux cloisons, bondissent sur les têtes, et roulent dans tous les sens, répandant partout dans leur course une pluie de feu; puis, après cette première éruption, une autre, puis une troisième. On aurait dit un volcan débordant de tous côtés; il semblait que la maison allait s'emplir de feu, qu'on voulait en faire une fournaise.

Une gerbe brûlante, dirigée vers Butler, s'abattit sur sa figure: le capitaine, depuis le départ de George, était resté la tête béatement renversée sur le dos de son fauteuil, la bouche entrebâillée vers le ciel, sommeillant dans les vapeurs d'eau-de-vie qui montaient de ses vêtements trempés. La liqueur essentielle, au contact du feu, s'allume subitement, et de petites flammes bleuâtres, agiles et caressantes comme des vipères, se mettent à courir autour des bras et des jambes, le long de la poitrine du capitaine; elles s'enfoncent dans son cou, se jouent dans ses moustaches et ses cheveux crépus; elles s'agitent et frissonnent en serpentant sur cette figure appétissante, comme dans un accès de joie. Oh! c'était horrible à voir, cet homme flamboyant sur son séant, au milieu d'un festin comme une effigie dérisoire! Ses voisins s'éloignèrent de lui avec horreur; le toucher, essayer de le sauver, c'eût été vouloir partager son supplice, et personne n'y tenait.

Et l'avalanche incendiaire continuait toujours.

Comme Butler, Murray avait vu un des terribles projectiles s'abattre sur lui et donner à son abdomen une accolade infernale.

Rien ne peut peindre l'effet que produisit cette attaque si soudaine et si étrange sur ces hommes, pour la plupart endormis dans l'ivresse. Les uns crurent qu'ils avaient assisté au repas de Balthazar et qu'ils s'éveillaient à l'heure des vengeances divines; les autres, qu'ils venaient d'opérer leur descente aux enfers et qu'ils commençaient une éternité de supplices bien mérités. Tous étaient frappés d'épouvante. Ne pouvant mettre la tête aux fenêtres, aveuglés par le feu qui leur pleuvait dans les yeux, ils ne songèrent à autre chose qu'à se soustraire à l'incendie. La flamme s'attachait à leurs habits, à leurs cheveux; elle courait dans les rideaux des fenêtres et dans le linge de table; elle allait entamer les boiseries. La fumée et la chaleur les étouffaient déjà; comment auraient-ils pu deviner qui leur infligeait ce châtiment?

Cependant, l'émotion de la surprise, la vue du danger, et l'aiguillon tout-puissant du feu qui les dardait dans tous les sens, les eurent bientôt dégrisés; et sauf ceux qui, comme Butler, avaient atteint l'inanition complète, tous retrouvèrent bientôt leur énergie et s'élancèrent du côté de la porte. Ils la croyaient encore libre parce qu'elle n'avait pas été brisée. Mais les deux sauvages s'y étaient cramponnés et la tenaient clouée sur ses gonds. Dans leur frayeur les fuyards vinrent s'entasser dessus et la claquemurer si bien devant eux qu'il leur fut impossible de l'enfoncer. Ils tentèrent alors de s'échapper par la petite pièce qui conduisait à la cuisine et dont la porte touchait à celle de l'entrée: elle était fermée, et l'encombrement les empêcha encore de la forcer. Les cuisiniers, craignant d'être interrompus dans leur repas clandestin ou d'être obligés de le partager avec les autres domestiques, avaient poussé le pêne de la serrure et s'étaient enfuis sans songer à le retirer. Resserrés dans l'étroit passage, leurs maîtres perdirent un temps précieux à se bousculer, à se terrasser, à s'écraser au milieu de toutes les horreurs du désespoir, et l'incendie leur arrivait dans les reins, cette fois, puissant, irrésistible!...

Tout à coup, Butler, que les tortures de l'agonie avaient enfin tiré de son état de mort factice pour lui rendre la conscience et la sensation d'une réalité épouvantable avant une mort réelle, ayant réussi à se lever du milieu des flammes, vint se précipiter parmi ses compagnons éperdus. Sa chair pétillait dans une enveloppe ardente; il traînait derrière lui un courant de feu; il semblait s'être échappé des abîmes de l'enfer.

À son aspect, le groupe tumultueux se sépara d'horreur et laissa la voie libre devant lui, jusqu'à cette dernière porte qu'on avait tenté en vain de dégager : alors, un des plus dispos, profitant du vide qui venait de se faire autour d'elle, y appliqua un violent coup de pied; les panneaux éclatèrent et la foule, refermant tout à coup sa masse, se précipita dans l'ouverture, emportant avec elle les débris du bois et le cadavre de Butler.

Jacques et ses compagnons, entraînés par cette excitation que donne le succès, avaient bientôt épuisé le brasier formé pour allumer l'incendie, et ils plongeaient maintenant leurs fourches en pleines *tasseries*, retirant le foin en lambeaux échevelés du milieu de la flamme qui envahissait la grange, pour venir le lancer dans les fenêtres des chambres à coucher, où quelqu'un pouvait s'être réfugié.

— Allons, s'écria Jacques, c'est assez pour ici; courons du côté de la cuisine, c'est la seule voie qui leur reste!

En même temps, il franchit la clôture du jardin, suivi maintenant de tous ses hommes, qui n'avaient plus à garder des postes devenus inutiles. Mais dans le même instant, les Anglais, qui venaient de briser l'obstacle qui les avait retenus si longtemps, se précipitèrent dans les fenêtres de la petite salle et de la cuisine, et ils reçurent en face une décharge terrible. Mais ils ne pouvaient plus retourner sur leurs pas; leur seule chance de salut était devant eux. Poussés les uns par les autres, ils se culbutèrent pêle-mêle sur leurs assaillants, qu'ils entrevirent pour la première fois. Ceux-ci tombèrent dessus avec leurs bâtons, leurs fourches et leurs coutelas, et en laissèrent plusieurs sur le carreau. Un grand nombre, cependant, réussirent à s'échapper; comme ils sortaient de deux côtés, sur la rue et sur le jardin, et par plusieurs ouvertures, et qu'ils se dispersaient dans tous les sens, il fut impossible à notre petite troupe de les atteindre tous. Le dernier était à peine sorti des fenêtres que de longs jets de flammes attirés par le courant des fuyards s'élancèrent comme pour les menacer encore au loin.

Jacques donna le signal de la retraite; l'alarme devait être portée aux casernes, car les cuisiniers avaient dû s'échapper depuis quelque temps; l'incendie allait envelopper la maison, la grange et toutes les dépendances; ses lueurs pouvaient compromettre la retraite de sa troupe; il renonça donc à poursuivre l'ennemi : d'ailleurs, il était satisfait de son succès; Butler n'avait pu manquer de périr avec quelques autres; Murray devait au moins porter de cuisantes brûlures, s'il n'avait pas été tout à fait écorché par la flamme; plusieurs étaient restés gisant dans le jardin; tous s'en allaient avec des habits rognés, troués, noircis, des chevelures privées de leurs queues, des visages balafrés, dont plusieurs sans barbe et sans sourcils; enfin, l'état-major se trouvait sans abri, et tous ces officiers superbes allaient être forcés, le lendemain, de présenter à leurs soldats le spectacle de leurs figures piteuses et la honte de s'être fait prendre et enfumer par une poignée d'hommes, à cause de leur inconduite.

Pendant que ceci se passait à la maison, George était toujours resté enfermé dans la grange. Fort heureusement pour lui, la porte près de laquelle il se trouvait n'avait pas été fermée; il put respirer librement durant quelque temps. La couche de paille qui le couvrait était légère et le cachait comme un voile transparent; il put donc voir l'incendie naître, se développer et l'enceindre rapidement dans ses terribles replis.

Déjà des tourbillons de flammes commençaient à se frôler autour des grands pans de la bâtisse, à glisser sous le toit, à s'allonger vers son grabat fragile comme des langues avides. À la lueur qui filtrait toujours davantage à travers sa paille, à l'air ardent qu'il respirait, à la fumée qui l'étranglait, il jugea qu'un linceul épouvantable commençait à l'ensevelir. Jacques et ses compagnons, dans leur démarche furibonde, ne faisaient guère attention s'il s'échappait des étincelles vers le fond de l'aire, quand ils venaient enlever leurs gerbes embrasées; la rafale en semait partout.

Cependant, tant que George entendit les pas des incendiaires, il ne voulut pas se croire condamné; mais il vint un moment où les pas s'éloignèrent pour ne plus revenir: alors il ne saisit plus au-dehors que les clameurs et les râlements de ses compatriotes et au-dedans que les efforts triomphants de l'incendie...

Il était livré aux flammes!

Le bois de la couverture, exfolié par le feu, tomba en tisons légers tout autour de lui; le vent qui s'échappait de ce foyer haletant chercha partout des issues et se mit à s'engouffrer en rugissant dans la porte, à chasser du côté de George des nuées étincelantes et des faisceaux de dards ardents autour de lui. Le malheureux sentit la paille s'agiter, se crisper, se roussir sur son visage, puis il entendit un pétillement qui s'étendait comme un cercle sur le plancher. Puis il sentit, au frissonnement de la perche sur laquelle il était lié, qu'elle se fendillait, qu'elle éclatait à une de ses extrémités, sous le contact de l'élément terrible... Il fut pris d'un affreux vertige.

Mais dans le même temps, quelques voix se firent entendre près de la porte. C'était Wagontaga qui se plaignait à Jacques de n'avoir trouvé que des chevelures ignobles, que du crin grillé.

— Au moins, disait-il, tu vas me laisser prendre celle de ton lieutenant, pour faire paire avec celle de son frère.

— Ah! pour celle-là, mon confrère, tu n'y toucheras pas... d'ailleurs, je crois qu'il est trop tard: vois la flamme dans le haut de la porte...

Et en disant ces mots, il s'enfonça dans la masse tourbillonnante de feu et de fumée que vomissait la porte. La flamme, en sentant l'obstacle qui rebroussait vers elle, se replia sur elle-même et voila toute l'ouverture... un instant de silence et d'angoisse terribles pour les compagnons de l'héroïque Acadien... Mais ils le revirent aussitôt percer le rideau brûlant, portant dans ses bras son ennemi à demi mort, encore lié sur sa perche. La flamme sembla se retirer avec respect devant lui, et couronner son front de ses sauvages splendeurs.

En franchissant la porte, Jacques courut avec son fardeau se mettre sous le torrent que l'orage faisait descendre du toit, pour éteindre le feu qui s'attachait déjà aux habits du lieutenant. Quant aux siens, ils étaient intacts; la pluie dont ils étaient imprégnés les avait rendus incombustibles.

En sentant l'eau ruisseler sur son corps et le contact de l'air pur, George reprit tout à fait l'usage de ses sens, pendant que son généreux ennemi tranchait d'un coup de couteau son bâillon et ses entraves.

— Vous êtes libre, dit Jacques! Un Français ne sait pas infliger une mort ignominieuse à un ennemi respectable.

— Merci, monsieur... après ce que nous vous avons fait, me traiter ainsi, c'est de l'héroïsme.

— Si ces gens, répondit Jacques en portant sa main du côté du presbytère, n'avaient pas insulté aux malheurs qu'ils viennent de faire, je ne les aurais pas grillés comme des bêtes féroces.

— Et que vous dois-je maintenant, Jacques Landry?

— Rien, lieutenant; je ne vous demande que deux heures de silence.

— Vous les aurez, avec toute une vie de reconnaissance et d'admiration.

En même temps le lieutenant se précipita vers son rival pour presser sa main avec effusion, mais Jacques se hâta de s'éloigner.

Il fit bien; car un instant après, l'ancien bourg de Grand-Pré et ses environs furent battus en tous sens par la garnison tout entière.

XXIX

Le lendemain, vers midi, George était seul avec Winslow, dans un appartement du gouverneur Lawrence, à Halifax. Il lui faisait un récit sincère de ce qui s'était passé la nuit précédente au presbytère de Grand-Pré. Quand il eut fini, le colonel, qui l'avait écouté avec intérêt, lui dit:

— Mon ami, vous avez donné cours à des sentiments généreux que j'apprécie et que je partage... Nous avons accompli une tâche dont je rougirai toute ma vie, pour mon pays. Mais les lois militaires ont cette inexorable rigueur que, lorsqu'on y est soumis par ses engagements, il faut les subir jusqu'à la cruauté. Notre crime pèse plus sur nos supérieurs; nous n'avons été que leurs instruments. J'aurais voulu mettre plus d'humanité dans l'exécution des ordres qui m'ont été donnés; mais Butler, Murray et leurs subalternes m'ont dépassé partout, et le temps de mieux faire m'a été refusé... Je ne vous punirai pas... Vos chefs, qui pourraient exiger votre châtiment, étaient eux-mêmes dans le cas de mériter les arrêts; d'ailleurs, ils ne peuvent se souvenir de ce qui s'est passé dans cette soirée, mais je vous donnerai un conseil: ne persistez pas à vouloir vous retirer du service dans ces circonstances; je serais obligé de vous contraindre à y rester par la violence, ou à vous punir comme déserteur; vous seriez dégradé pour toute votre vie... Je sais qu'il vous est odieux de rester attaché à votre régiment et de séjourner plus longtemps dans cette province; voici une frégate qui part pour Boston: je vais vous faire donner une commission de capitaine dans un régiment incomplet qui retourne en garnison dans cette ville avec une mission spéciale pour le gouverneur du Massachusetts... Acceptez-vous?

Dans les circonstances présentes, un voyage dans la Nouvelle-Angleterre ne pouvait répugner au lieutenant... Il remercia le colonel avec reconnaissance, et partit peu d'heures après pour la métropole de cette province.

À peu près dans le même temps, Jacques, caché avec sa troupe dans les récifs du cap Fendu, regardait passer, les uns après les autres, les navires qui emportaient bien loin son peuple, le bonheur de toute sa vie et sa fiancée!... Il attendait la nuit pour franchir lui-même la Baie-des-Français et s'acheminer vers un avenir nouveau, sans illusions et sans espoir!... La mer qu'il allait traverser ne portait déjà plus son premier nom... C'est ainsi que le souvenir et le génie malheureux de la France s'en allaient s'effaçant peu à peu de la surface de ce continent, devant la persévérance acharnée de sa puissante rivale.

Allez! maintenant, vils instruments d'une politique barbare, allez distribuer sur tous les rivages de l'Amérique cette moisson de la tyrannie, cette semence du malheur! Allez cacher dans les forêts vierges, sur des grèves sans échos, au milieu de solitudes sans chemins, sur des flots qui coulent vers d'autres hémisphères, ces tristes victimes, vous flattant de l'espoir que leurs voix resteront muettes; que leurs pas ne retrouveront jamais le chemin de la patrie; que leurs récits n'arriveront jamais aux oreilles des peuples civilisés, à des cœurs sensibles; que Dieu et le monde les laisseront éternellement sans justice, et que vous continuerez, vous, votre règne sans anathèmes et sans châtiments!... Non, tous les enfants de ces mères aux entrailles fécondes ne seront pas étouffés sur la terre de l'exil; il survivra des cœurs conçus dans ces seins désolés, trempés dans les larmes de la nation, pétris dans le creuset de la souffrance, bercés aux chants de leurs malheurs, aux cris de leurs angoisses, aux tressaillements de leurs poitrines épuisées, pour vous jeter au-delà des âges la clameur vengeresse de l'histoire. Lawrence, Boscawen, Moystyn, Winslow, Murray, quoi que fassent vos panégyristes, quoi que disent vos épitaphes menteuses, allez! cette clameur, elle tombera sur votre mémoire et descendra jusque sur les ossements de vos tombes menteuses!

QUATRIÈME PARTIE

I

Cinq années de combats continuels et acharnés suivirent ces événements. En Canada, l'attention générale des colons fut tout absorbée par cette lutte gigantesque qu'entreprit de soutenir une poignée d'hommes héroïques pour garder à la France la moitié d'un continent, et repousser de leurs foyers une domination abhorrée. Toutes les passions individuelles se concentrèrent dans cet intérêt urgent de l'honneur national et du salut de la patrie. Chacun fit taire ses propres douleurs, oublia ses malheurs, ses pertes, ses jouissances envolées ou différées, pour ne songer qu'au danger commun, au danger présent ! La vie de famille fut interrompue, arrêtée, pour laisser le peuple combattre ; on ne pensa plus au bien-être du foyer qu'on avait payé si cher, on fit taire chez soi-même et les siens la fatigue, la souffrance, le cœur, le sang. La Nouvelle-France, épuisée par toutes les privations, accablée sous le nombre de ses ennemis, et cependant toujours debout, toujours menaçante, semblait avoir attiré dans son sein la vie de tous ses enfants pour porter de plus grands coups ou tomber tout d'une pièce ; et ses enfants n'attendaient pas qu'elle leur demandât leur vie, ils couraient lui en faire l'offrande ; des soldats de douze ans marchaient avec des octogénaires sous le même drapeau ; on ne laissait à la chaumière que les femmes avec les plus petits de la famille ; les prêtres, après avoir dirigé ces faibles ouvriers aux travaux de la moisson, allaient bénir ceux qui tombaient sur les champs de bataille : ils recueillaient le froment à la maison et les morts à la frontière !... Le peuple entier était à la ration, il n'avait presque plus de pain, on lui mesurait à l'once le poisson séché et la chair des chevaux qui avaient fait leur service ou qu'on ne pouvait plus nourrir. Eh ! faut-il le dire ?... pendant ces calamités, une troupe de vampires s'était abattue sur nous et soutirait les forces de la patrie défaillante.

Profitant du trouble et des embarras où nous tenait une tâche si laborieuse, un agent infâme d'un gouvernement sans nerf et sans gloire, aidé de complices encore plus dénués de vergogne, détournait les fonds destinés à la défense et au soutien de la colonie, affamait encore la population pour lui faire payer plus cher les grains qu'il extorquait, d'une autre main, des cultivateurs, par sa fourberie et ses vexations ; des grains produits avec les sueurs des femmes, des vieillards et des invalides, que les soldats avaient semés et recueillis entre deux campagnes, après avoir battu l'ennemi et couru sur cinq cents lieues de frontière!... Pendant que nous mourions de faim, la clique de Bigot se hâtait d'acheter des châteaux en province et des hôtels à Paris, pour aller dépenser en débauches, quand la France serait vaincue, le prix de notre indigence, de notre faim, de notre désespoir, de notre défaite!

Est-il possible qu'il se soit trouvé, à côté de tant de dévouement et de valeur, des Français si lâches et si dégradés!

Ces extorsions, on ne les ignorait pas; on connaissait aussi l'indifférence de la Cour, l'ineptie du ministère, les dédains de la métropole, on en murmurait quelquefois; cependant, aucune pensée de désespoir, aucune faiblesse ne se manifestait au milieu de ces enfants abandonnés de la France; ils remettaient le châtiment des mauvais serviteurs au temps de la paix, et pour le moment, ils ne connaissaient qu'un devoir, celui de combattre.

Aussitôt que la neige laissait la terre découverte, que les eaux reprenaient leurs cours, ils couraient aux avant-postes; la nature ranimée semblait leur rendre une vie nouvelle, leur donner d'autres bras; on aurait dit, aux coups qu'ils préparaient, qu'ils avaient grandi; à plus de mille lieues de la France, n'ayant pas dans leur gamelle leur repas du lendemain, et comptant dans leur giberne moins de cartouches qu'ils n'avaient d'adversaires; ne voyant derrière eux que la solitude et la ruine, et devant eux que des ennemis toujours croissants, ces hommes se levaient toujours sans crainte et sans murmure pour voler au combat, allant chercher les Anglais du Cap-Breton au lac Supérieur, du Saint-Laurent aux limites de la Pennsylvanie, et souvent, n'attendant pas le printemps pour tenter de pareilles expéditions. Victorieux, ils ne revenaient pas pour recevoir des couronnes — qui donc, parmi les distributeurs de lauriers, s'amusait à regarder d'Europe ces pauvres batailleurs de nos solitudes? — ils allaient revoir pendant quelques jours la désolation de leurs chaumes; c'était leur récompense: vaincus, expirants, ils ne songeaient pas à se rendre, mais ils appelaient encore du secours; ils criaient à la France: «Du pain! du pain et seulement quelques bras!...»

Ils attendirent durant des années entières, l'arme à l'épaule, jusqu'à la dernière charge de fusil, jusqu'à la dernière bouchée, ce pain et ces quelques bras qui ne vinrent jamais... Et pendant ce temps-là, les femmes et les religieuses pansèrent les blessés avec leur linge de corps, les soldats bourrèrent leurs canons, sur les ruines de leurs remparts, avec leurs draps de lit et leurs chemises! La conquête nous prit presque nus. Ces héros qui se dressaient devant le monde pour soutenir sur leurs reins un empire immense qui leur échappait par lambeaux, étaient vêtus comme des mendiants; les rayons de leur gloire s'échappaient à travers les trous de leurs haillons!

Malgré les victoires de la Monongahéla, d'Oswégo, de William-Henry, de Carillon et de Montmorency, où nos soldats combattirent toujours un contre cinq, attaqués tous les ans par trois armées qui se décuplaient quand les nôtres se décimaient, nos défenseurs virent tomber un à un ces remparts qu'ils avaient jetés à travers l'Amérique, depuis le golfe du Saint-Laurent jusqu'au Mississippi. Louisbourg, cette sentinelle du Canada, placée sur l'océan à l'embouchure de notre unique artère, fut pris et rasé; les forts Frontenac, sur le lac Ontario; Duquesne, dans les vallées de l'Ohio; Carillon et Saint-Frédéric, sur les lacs Champlain et Saint-Sacrement; Niagara, sur la route de Détroit, furent tous abandonnés, occupés par l'ennemi, ou détruits; nous avions perdu cette ligne de défense; les lacs et la mer, la route de France et de la Louisiane nous étaient également fermés. À mesure que notre phalange voyait les gardiens de ses avant-postes écrasés sur la frontière, elle se resserrait sur le cœur de la patrie. Enfin, Montcalm, ce dernier chevalier de l'ancienne France, tomba avec la fleur de ses officiers et une partie de son armée sur les plaines d'Abraham; et Québec, abandonné de son gouverneur, presque sans garnison, encombré de ruines et vide de provisions, avec une population sans toit, qui, à la suite des bombes des Anglais, voyait arriver les rigueurs de l'hiver, n'attendant plus aucun secours avant le printemps, Québec ouvrit ses portes au vainqueur. Cette citadelle fameuse, l'unique et dernier point d'appui de la puissance française en Amérique, était perdue.

Quelques-uns appelèrent cela un acte de trahison, de lâcheté!... À cette époque, dans notre pays, on était déshonoré quand on ne savait pas mourir de faim plutôt que de subir le joug des Anglais!

Le général Murray, en entrant dans la ville, fut obligé de faire distribuer du biscuit aux habitants; ils n'avaient pas mangé depuis vingt-quatre heures; et les troupes se mirent à relever quelques habitations, sans cela elles n'auraient pas pu se loger durant l'hiver[1]...

Pendant ces cinq années de labeur, on entendit parler bien peu des proscrits acadiens, et il fut difficile de leur porter secours; que dis-je? on put à peine songer à eux, et si Jacques pensa souvent à Marie, il désespéra plus que jamais de la rencontrer de nouveau; il voyait l'espace qui le séparait d'elle s'élargir toujours davantage et se remplir d'obstacles de plus en plus insurmontables. Lorsqu'au Canada, les hommes valides, placés dans de meilleures conditions, ne voyaient plus le jour où ils s'arrêteraient pour reposer leurs têtes, sécher leurs sueurs, reprendre la vie tranquille avec ses jouissances, bâtir le toit de leurs amours et le berceau d'une postérité nouvelle, quels rêves heureux pouvait édifier ce malheureux exilé!

---

1. Je dois avertir le lecteur peu familier avec l'histoire du Canada que le général Murray, que nous retrouvons ici, n'est pas le même qui a joué un si triste rôle en Acadie.

II

Avant d'arriver à l'époque ou je dois reprendre le récit des événements de sa vie, il me faut dire, en peu de mots, quel chemin Jacques suivit durant cette période historique dont je viens d'esquisser le tableau.

Ayant quitté pour toujours les côtes de l'Acadie, il rejoignit après dix jours de séparation, avec P'tit-Toine et sa troupe expéditionnaire, le corps de M. de Boishébert. Ces dix jours allaient désormais compter dans sa vie plus que toutes ses années!...

Pendant plusieurs mois, il vit venir de tous côtés des fractions de familles, débris des populations de Port-Royal et de Beau-Bassin échappés aux fureurs des Anglais; ils arrivaient à moitié nus, se traînant à peine dans les boues d'automne, sur des chemins de neige, avec des figures livides, décharnées, un aspect de spectre; ils parlaient comme des insensés; l'excès de toutes les douleurs, de toutes les privations avait anéanti toutes les forces de leur âme; plusieurs n'étaient plus que des machines hideuses qui marchaient par le seul instinct de la vie: les plus forts traînaient les plus faibles, et quand ils n'en pouvaient plus, ils s'arrêtaient et ils attendaient que la mort les délivrât de leur fardeau, puis ils essayaient de continuer ensuite leur route; c'est ainsi que beaucoup déposèrent au bord des sentiers sauvages qu'ils ne revirent jamais, un enfant, une mère, un vieillard, une épouse!... semence d'affections qui ne rapportait que des larmes...

La petite troupe de M. de Boishébert accueillit ces malheureux et leur partagea sa ration. Le commandant en fit transporter une partie jusqu'à Québec. Mais à la chute de Louisbourg, il se vit de plus assailli par tous les anciens émigrés qui s'étaient fixés sur l'île Saint-Jean (du Prince-Édouard), au Cap-Breton et sur les côtes du golfe du Saint-Laurent. Cette fois, c'étaient des villages entiers qui se dépeuplaient. Craignant les atrocités qu'avaient subies leurs frères de l'Acadie, et qu'éprouvèrent ceux qui restèrent derrière eux, ces pauvres gens venaient en foule s'abriter sous un drapeau qui s'en allait, et demander protection contre une armée à deux cents hommes qui pouvaient à peine se nourrir!

M. de Boishébert, voyant tout perdu sur cette frontière, se repliait sur Québec, devant la flotte et la division de terre qui venaient mettre le siège devant cette ville. Les Acadiens s'attachèrent à ses pas, mais c'était pour mourir en suivant les couleurs de la France; car bien peu de ceux-là parvinrent à la capitale ou réussirent à se soustraire à la haine insatiable de leurs persécuteurs. On en compta trois cents qui tombèrent sur les grèves arides, dans leur épuisement et leur lassitude, et qui ne se relevèrent jamais; et combien d'autres expirèrent, que personne ne compta? Tous ne suivaient pas immédiatement le camp français; quelques-uns s'attardaient, d'autres n'avaient pas réussi à le joindre: quand on demande aux statistiques anglaises et françaises de ce temps les noms des six à sept mille habitants qui disparurent à cette époque, de ces nouvelles provinces conquises par la Grande-Bretagne, on trouve bien des absents; et il est au moins permis de demander aux bourreaux de l'Acadie: «Qu'avez-vous donc fait de ceux-là?...» car c'est encore à la lueur des villages incendiés par les troupes de Wolfe que M. de Boishébert ramena son petit détachement au camp de Montmorency.

D'autres brigands, dignes émules des Lawrence et des Murray, inscrivaient leurs noms sur des champs nivelés par le feu, tout le long de la rive peuplée du Saint-Laurent. Là aussi, on punit la terre fécondée par le travail; on brûla tous les arbres fruitiers!

Parmi les réfugiés de l'île Saint-Jean, Jacques reconnut plusieurs des anciens habitants de la Missagouache, mais il ne revit aucun de ses parents et personne ne put rien lui en dire. Cela lui laissa l'espoir qu'il les retrouverait quelque part au Canada.

C'est sous de pareilles circonstances que le capitaine Jacques Hébert vint se rallier avec son détachement à l'armée du marquis de Montcalm, pour livrer les derniers combats; la mort qu'il avait vue se présenter à lui sous toutes les formes, qu'il avait bravée, insultée et cherchée tant de fois, l'épargna encore sur les plaines d'Abraham, en 1759; de sorte qu'on le vit de nouveau, fidèle au rendez-vous des derniers braves, venir se ranger sous les ordres du chevalier de Lévis, le 25 avril 1760, à la Pointe-aux-Trembles, pour commencer une nouvelle campagne.

III

Ils se trouvèrent réunis, là, à peu près sept mille hommes; à part quelques centaines de soldats laissés à l'Île-aux-Noix, à Saint-Jean, à l'entrée du lac Ontario et à Montréal, c'était toute notre armée; la Nouvelle-France, après avoir pressuré ses flancs pour en faire sortir toute sa sève généreuse, ne put compter sur plus de bras pour la sauver. Mais le chef était un de ces héros dont la Grèce a fait ses demi-dieux, et ceux qui le suivaient, peu habitués à choisir leurs bonnes fortunes, à énumérer leurs ennemis avant de les frapper, ne connaissaient pas encore la mesure de leur courage. Cette fraction d'armée allait en voir surgir trois devant elle toutes plus nombreuses qu'elle;

aussi, elle se hâtait de porter les premiers coups; elle courait à ses adversaires les plus avancés.

Avant que les Anglais fussent prêts à se mettre en campagne et que leur flotte pût entrer dans le fleuve encore chargé de glaces; avant la fonte des neiges et l'affermissement des chemins de terre, Lévis avait voulu aller surprendre la garnison de Québec, reprendre la ville, s'y fortifier à la hâte pour pouvoir ensuite offrir une résistance désespérée aux Anglais, en attendant les quelques secours que la France pouvait envoyer encore à la colonie. C'est dans ce but qu'il s'était embarqué à Montréal sur des petits bateaux, avec le noyau principal de ses troupes, et avait donné l'ordre aux autres corps qui avaient hiverné dans les villages de se rendre en toute diligence sur les bords de la petite rivière Jacques-Cartier, où il les rejoignit.

C'est le 28 avril, au matin, que Lévis fit son apparition à la tête de toutes ses forces, au bord du plateau de Sainte-Foy, en vue de ces mêmes plaines d'Abraham déjà marquées, pour nous, d'un triste souvenir. Nos soldats ne les avaient pas revues depuis le lendemain de leur défaite. Aussi, c'est avec une impression profonde et une ardeur singulière qu'ils gravirent les premières saillies qui conduisaient à cette arène où ils venaient lutter une seconde fois.

Ils étaient mornes en y mesurant leurs premiers pas; et, malgré la résolution énergique qui les poussait, ils ne pouvaient se défendre de ce certain serrement de cœur qui n'est pas la peur de l'ennemi, mais la crainte des décrets de Dieu quand on va tenter une des grandes entreprises de sa vie, et jouer le sort d'un pays. Oh! non, ils ne craignaient pas l'ennemi, ceux-là, car dans ce moment, cet ennemi c'était leur but désiré, leur ambition, l'unique ressource laissée à leur salut!... Il n'était pas nécessaire d'animer leur courage pour leur faire accomplir des prodiges; ils avaient devant eux un champ tout marqué des traces d'un terrible échec qu'il fallait réparer, une terre toute remplie de cadavres qui avaient mal dormi sous les talons des patrouilles anglaises et qui appelaient vengeance! Ils étaient aux pieds de cette citadelle qu'il fallait emporter si l'on voulait rester Français et garder le prestige et les avantages de la victoire; toute leur espérance se levait donc sur cette plaine, comme une aurore, pour couronner leurs succès, et en y apercevant les Anglais qui venaient au-devant d'eux, ils se sentirent reposés de leurs fatigues, et forts comme des athlètes longtemps préparés pour la lutte.

Quelques corps seulement avaient atteint les dernières assises échelonnées autour des hauteurs de Sainte-Foy, et toutes les forces ennemies étaient déjà sur les lieux, rangées en bataille en avant des buttes de Neveu: elles ne s'étaient pas laissées surprendre.

Murray ne voulut pas donner aux Français le temps d'atteindre les hauteurs et de se développer sur la plaine; il ne pouvait maîtriser l'impatience de ses soldats; lui-même avait hâte de se débarrasser de cette poignée de téméraires; il espérait venir bientôt à bout de ces bandes déguenillées et affamées qui marchaient depuis trois jours et trois nuits, sur des chemins affreux, dans la boue et la neige fondue, à travers les bois et les savanes, sous une pluie froide d'avril, une pluie de Québec!... Ils arrivaient sans artillerie, n'ayant pu traîner dans les marais de la Suète que trois petites pièces de canon; et ils allaient être forcés de déployer leurs lignes à la hâte sur la déclivité d'un terrain inégal, plein de ravins, où le pied glissait, où l'œil perdait l'horizon, en face de toute l'artillerie ennemie, devant ses tirailleurs qui occupaient tous les sommets. Murray dut se féliciter qu'on lui présentât la bataille dans de pareilles conditions; c'était lui permettre de terminer la guerre et d'en recueillir les triomphes...

Cependant, les Français, qui comptaient surprendre leurs adversaires, ne furent pas déconcertés de se voir si bien attendus; ils étaient aussi nombreux qu'eux, et dans cette proportion ils avaient toujours été vainqueurs sur ce continent; leur avant-garde avait eu le temps d'arriver sur le terrain. Lévis la fit courir aussitôt sur deux points: à droite, pour occuper une redoute élevée par les Anglais l'année précédente; à gauche, pour s'adosser au moulin et à la ferme Dumont: le premier point protégeait la côte et l'anse du Foulon où devaient débarquer les munitions, l'artillerie et les approvisionnements des troupes; le second, placé sur la route de Sainte-Foy, gardait le passage où se précipitait en ce moment le gros de l'armée. C'est sur ces deux pivots que devait tourner la fortune de la journée, car c'étaient pour les Français des positions essentiellement nécessaires à leur succès. À peine quelques compagnies de grenadiers y furent-elles établies, que Murray lança dessus des forces écrasantes pour les déloger. Lévis, sentant que ses hommes allaient être hachés, et n'ayant pas de soldats à sacrifier, ordonna aux grenadiers de se replier en combattant vers les corps qui débouchaient en cet endroit sur la plaine et qui venaient pour les soutenir. Il attirait ainsi une partie des assaillants sous son feu.

C'est du côté du moulin, et par conséquent sur l'aile gauche de Lévis, que Murray voulut faire les plus grands efforts; il fallait arrêter la marche des Français, les rompre et les précipiter vers les bois et les marais d'où ils sortaient; il fait donc tourner toutes ses batteries dans cette direction; vingt canons se mettent à vomir les boulets et la mitraille en travers du chemin de Sainte-Foy; les Français qui défilent sous cette averse fulminante sont fauchés, et tombent couverts de boue et de sang. L'intrépide commandant de l'avant-garde est atteint en ce moment et roule parmi ses morts, laissant ses hommes sans commandement. Mais ils pouvaient s'en passer ; dans ces armées presque nomades et avec l'habitude que l'on avait des combats de petites bandes, les soldats aguerris pouvaient tous être capitaines dans l'occasion. Voyant les grenadiers accablés sous le nombre, céder le terrain, ils volent à leur secours, les soutiennent, et tous ensemble reprenant de pied ferme, ils arrêtent les Anglais, les acculent à leurs coteaux, les écrasent, passent sur le ventre d'une partie d'entre eux, poussent les autres jusqu'à la ferme Dumont, s'y précipitent avec furie, en chassant le corps qui l'occupait, et après un combat de gladiateurs, s'y établissent eux-mêmes. Forcés d'évacuer la place une seconde fois, ils y reviennent une troisième, et finissent par s'y maintenir malgré une grêle de projectiles qui les décime et les ensevelit sous les décombres de leur frêle rempart.

Pendant ces charges brillantes, toute l'armée s'est précipitée sur le champ de bataille et a pu prendre ses positions. Lévis, profitant des avantages de sa gauche et du mouvement considérable de troupes que Murray avait dirigées contre elle, donne l'ordre de reprendre la redoute du Foulon, sur sa droite. Les petits combats, ou, pour mieux dire, les petites armées ont cet avantage, que les combattants se voient, s'animent de leurs propres exemples, utilisent tout de suite leurs succès. Il existait une certaine jalousie et beaucoup d'émulation entre les troupes régulières et celles tirées de la colonie qui, à cette époque, avaient presque autant de service que les premières et pouvaient mieux résister aux rigueurs du climat. Or, c'est aux Canadiens de la brigade de la Reine, au corps mêlé de M. de Saint-Luc et du bataillon de Jacques, qu'est confiée la tâche d'occuper la redoute ; ces gens brûlaient d'éclipser la prise de la ferme Dumont : ils avaient vu les Anglais sauter par les fenêtres, culbuter par-dessus les clôtures, et notre drapeau flotter sur le moulin ; et c'est en le saluant d'une immense acclamation, qu'ils s'élancèrent des bois de pins où ils s'étaient tenus jusqu'alors. Ils ondulèrent un instant dans les ravins et sur les coteaux, comme des vagues que la tempête pousse de la haute mer, puis ils assaillirent l'épaulement de la redoute et retombèrent derrière. Un feu terrible les avait accueillis ; ils disparurent un instant dans la masse de fumée, comme dans le cratère d'un volcan en éruption. Les Anglais ne purent résister à un choc si violent, et on les vit bientôt sortir pêle-mêle du nuage où ils étaient ensevelis et se retirer précipitamment vers leur point de départ.

La redoute comme le moulin étaient entre nos mains ; les deux tentatives de Murray contre nos extrémités avaient échoué, notre armée était rentrée dans toutes ses positions ; elle pouvait, à son tour, attaquer l'ennemi dans les siennes ; mais le général anglais nous prévint. Exaspéré d'avoir échoué sur nos ailes, il avait résolu de faire un effort décisif sur notre centre.

Pendant que son artillerie continue de foudroyer le moulin et la redoute, il charge le milieu de nos lignes avec le gros de son armée. Cette masse descend de ses buttes, sous notre fusillade, compacte et solide comme un mur. Sans artillerie, il est impossible de la rompre; elle porte avec elle l'espérance de Murray. L'on fait avancer au-devant un détachement de milice de Montréal pour recevoir le premier choc; les bataillons anglais tombent dessus, nos hommes résistent, leurs officiers succombent, les premiers rangs sont broyés, d'autres les remplacent et la ligne reste inébranlable : de nouveaux bataillons se ruent sur eux, les chargent à outrance, mais ils ne bronchent pas davantage; on dirait qu'ils se sont enracinés au sol. Ils ont maintenant un rempart d'Anglais devant eux; le colonel Rhéaume, leur commandant, est enseveli dessous : ses soldats lui ont fait cet holocauste terrible; le champ du combat devient hideux : la neige boit le sang, le sang se mêle à tous les ruisseaux que produit le dégel, il s'étend sur les surfaces glacées; on dirait que les hommes piétinent dans une grande mare coagulée.

Pendant ce temps-là, le corps de Jacques, joint à quelques détachements de milice canadienne, s'était élancé sur l'artillerie ennemie qui nous causait tant de mal; troupiers légers, tirailleurs habiles, on les voyait bondir dans les ravins, ramper sur les coteaux, se coucher à la gueule des canons pour laisser passer la mitraille par-dessus leur tête, puis fusiller à bout portant les canonniers sur leurs pièces. Jacques était admirable. C'était un jour comme il lui en fallait un; il avait enfin un champ de bataille, ce n'était plus un combat isolé dans le secret des forêts. On voyait partout apparaître sa grande taille, on le distinguait à ses coups; il saisissait les tireurs à la gorge, les écrasait deux par deux, les pourfendait, les foulait à ses pieds et faisait ensuite rouler leurs pièces au bas de leurs affûts. Les Anglais pliaient rien qu'en le voyant paraître; son passage laissait le vide; il n'avait plus de chapeau; ses longs cheveux fouettaient l'espace, sa poitrine était découverte; elle fumait comme un bûcher humide auquel on vient de mettre le feu; ses habits volaient en lambeaux; il y avait du sourire et de la rage sur ses lèvres muettes. Son exemple électrisait ses compagnons sauvages et canadiens : cette troupe se précipitait comme un ouragan. Elle laissa derrière elle les batteries du chemin de Saint-Jean, complètement muettes. Restaient celles qui battaient la ferme Dumont; nos milices vont encore les atteindre : un bataillon de grosse infanterie vient se jeter en travers de leur course, mais il ne peut ralentir leur élan; nos hommes s'ouvrent des trouées dans ses rangs, frappent et culbutent les Anglais sur tous les côtés à la fois, et assaillent de nouveau l'artillerie, toujours avec la même vigueur, toujours avec le même succès.

Ce fut au milieu de cette seconde attaque que Jacques entendit son nom prononcé plusieurs fois au milieu de la mêlée, par une voix qui lui parut étrangère; elle semblait sortir du fond d'un trou où venaient de rouler, pêle-mêle, plusieurs corps d'Anglais et de Canadiens: mais il n'avait pu s'arrêter à cet appel.

Lévis était rayonnant en voyant tout ce qui se passait autour de lui, la victoire brillait déjà dans sa figure: profitant du mouvement des ennemis sur notre centre et de la faiblesse de leur gauche qu'ils avaient dégarnie pour soutenir l'attaque du milieu et leurs charges sur la ferme Dumont, il ordonne au colonel Poularier de fondre sur cette aile, de la briser, de prendre ensuite les Anglais en flanc, de les pousser du chemin Saint-Jean sur celui de Sainte-Foy, et de là, dans les baissières de Sainte-Geneviève.

« Alors, se dit en lui-même notre général, leur retraite sur la ville sera coupée, et ils resteront sans munition, sans nourriture et presque sans armes, au milieu d'un pays ennemi désolé; nous échangerons avec eux nos positions et nos greniers; nous verrons s'ils s'en trouvent bien!... Alors, nous pourrons encore soutenir un siège, attendre nos secours s'il nous en vient, avec un bon traité de paix; ou bien rendre la ville, quand cela me plaira... Oh! ce n'est pas moi qui vous la donnerai, vilains Anglais, allez!... »

Le Royal Roussillon était déjà parti pour exécuter cette tâche, et c'est sans doute en le voyant aller que Lévis faisait ses beaux rêves de victorieux; car ces valeureux soldats couraient presque aussi vite que sa pensée au-devant de ses désirs. Ayant abordé la gauche de Murray à la baïonnette et au pas de course, ils l'enfoncent sans se ralentir, la traversent de part en part, et ne s'arrêtent que sur la pente de ces fameuses buttes de Neveu qui avaient vu tomber Montcalm et choir notre drapeau l'année précédente. Toute notre armée les aperçoit; le coup est décisif; les Anglais dispersés sur ce point sont rejetés sur leur centre, les uns en avant, les autres en arrière, et en paralysent l'action. Lévis, en voyant ce désordre, pousse aussitôt son autre aile sur la droite ennemie; celle-ci se délabre, tourne le dos et se précipite à son tour vers la ville. La commotion de cette seconde défaite vient encore ébranler les masses centrales de l'armée de Murray; elles se fracturent, se séparent, le lien de l'obéissance est partout rompu; la voix du général reste étouffée dans le grand cri: « Sauve qui peut! »

Lévis croit atteindre son but: il fait dire aux brigadiers de la Reine d'appuyer le bataillon du colonel Poularier, trop faible pour précipiter dans la plaine l'armée anglaise tout entière. Cet ordre est mal rendu, la brigade se porte sur un autre côté, et l'ennemi fuit avec tant de précipitation, avec si peu de cohésion, et il est si proche de la ville, qu'il devient impossible de le saisir en corps, et de l'empêcher de se réfugier derrière ses murailles.

Un mot mal prononcé ou mal entendu l'avait sauvé; il laissait entre nos mains presque tout ce qu'il avait apporté au combat, ses canons, son matériel de guerre, ses morts et une partie de ses blessés, mais il avait sauvé les restes de son armée, et refermé sur lui les portes de la ville. Ce succès était suffisant à la bonne fortune de l'Angleterre. Dieu voulait au moins accorder au courage des Français la victoire pour récompense; il nous abandonnait les fumées de la gloire, il nous donnait un champ de lauriers pour ensevelir notre empire naissant, mais il n'en livrait pas moins la possession de l'Amérique septentrionale à nos éternels adversaires.

IV

Cette victoire avait été remportée après trois heures de combat; mais elle nous avait coûté bien cher: c'est quand le moment fut venu de recueillir les blessés et d'ensevelir les morts, que nous pûmes calculer ce qu'elle nous valait de sang précieux.

La curiosité de Jacques et son inquiétude l'entraînèrent vers l'endroit où il avait entendu une voix l'appeler. Comme il n'avait pas revu P'tit-Toine depuis leur charge sur l'artillerie ennemie, il pensa que ce devait être lui qui lui avait demandé secours dans la mêlée.

Le brave jeune homme s'était conduit admirablement, durant toute cette guerre, et il avait gagné le grade de lieutenant au combat de Montmorency. Jacques pleurait d'avance à l'idée qu'il pouvait être séparé de cet excellent frère d'armes et de cœur. Il l'aimait de toute la force de ses affections. Le plus jeune des Landry avait dans ses traits tout ce qu'un homme peut prendre à la figure d'une jolie femme sans avoir l'air efféminé; il portait surtout la ressemblance morale de sa sœur, et il essayait de rendre à Jacques, qu'il admirait beaucoup, quelque chose de la tendresse de Marie; il ne manquait à ce sentiment que cette nuance exquise qui ne peut exister qu'entre un cœur d'homme et un cœur de femme, l'amour.

Le pressentiment de Jacques ne l'avait pas trompé: en arrivant au lieu qu'il avait remarqué, il vit dans une dépression du terrain, en partie comblée par des cadavres d'Anglais et de Français, un corps de jeune homme dont on n'apercevait qu'une épaule et les extrémités inférieures. Il lui fut facile de reconnaître son pauvre lieutenant. Il se hâta de le dégager, pour l'emporter et s'assurer s'il vivait encore; et dans son tendre empressement, il s'aperçut à peine qu'il était étroitement serré dans les bras d'un officier anglais, celui probablement qui lui avait porté le coup fatal: la mort retenait dans un embrassement éternel ces deux ennemis qui s'étaient joints pour se tuer!... L'Anglais était couché la face contre le Français, et comme il était plus grand, il le dépassait de toute la tête, Jacques le repoussa rudement et, saisissant son ami, il essaya de retrouver sur ses lèvres et sur son cœur les indices de la vie ; mais il ne s'y révélait ni respiration ni battement de cœur : le visage conservait seulement l'incarnat que donne l'action, il était froid ; le torse portait sur le côté un trou béant, qui semblait avoir été fermé jusqu'alors, car il s'en dégorgea, dans ce moment, un ruisseau de sang.

— Encore un ! s'écria Jacques, en pressant sur sa poitrine le cadavre insensible. Encore celui-là !...

Après ces paroles, il demeura un instant à regarder cette figure, image d'une autre plus chère encore dont il allait perdre avec celle-ci le dernier souvenir vivant ; puis se levant par un de ces mouvements passionnés qui lui étaient naturels, il s'écria en brandissant son coutelas :

— Maudits Anglais !

Et en articulant cette imprécation, ses yeux s'arrêtèrent sur l'officier ennemi qui n'était plus gisant devant lui, mais à genoux et assis sur ses talons. Pendant l'instant de contemplation navrante que Jacques avait donné aux restes de son ami, l'Anglais, qui n'était que blessé, ranimé sans doute par la secousse qu'il venait d'éprouver, s'était relevé peu à peu, et en apercevant le groupe pitoyable que formait P'tit-Toine dans les bras de Jacques, il s'était arrêté à les considérer avec un regard vitré et comme perdu dans le vague de l'oubli. Il était horrible à voir ; une blessure lui séparait presque le visage en deux, mutilant le nez et les lèvres de manière à leur ôter toute forme humaine.

Jacques, dans son premier mouvement, sans considérer qu'il avait devant lui un ennemi vaincu et blessé, se précipita vers cet adversaire impuissant, et levant sa terrible lame, il s'écria :

— Et c'est toi, misérable, qui l'as tué !...

— Non, capitaine Jacques Hébert, répondit l'officier d'une voix calme et dans un français irréprochable, j'ai voulu le sauver !...

— Tu as voulu le sauver, toi ?... le sauver ?... mais tu le tenais étouffé dans tes bras !... Et pourquoi donc voulais-tu le sauver ? Tu n'es donc pas un Anglais ?...

— Oui, je suis Anglais et j'ai voulu le sauver ;... je ne vous dis pas cela parce que vous me menacez de m'enlever le reste d'une vie misérable à laquelle je ne tiens plus, mais parce que c'est la vérité... j'aimais ce pauvre Antoine Landry !... mais il était trop tard... le fer qui l'avait frappé traversait son corps, je venais moi-même d'être blessé, je n'ai eu que le temps d'arracher l'arme de la plaie et de me jeter sur sa poitrine pour empêcher le sang de sortir : je voulais aussi mourir sur un cœur ami ; un cœur qui ne pût me maudire, comme vous venez de le faire, M. Jacques !... Et puis, j'aurais voulu lui parler avant qu'il ne mourût... j'aurais voulu lui parler de vous et de Marie... lui dire...

— Mais je ne me trompe donc pas... interrompit Jacques, frappé et retenu par ces paroles et cette voix qui lui rappelaient une ancienne connaissance ; — c'est bien vous, capitaine Gordon, que je revois ainsi !... Pardonnez au premier transport d'une douleur cruelle.

Gordon, qui avait articulé avec effort les quelques phrases que nous avons entendues, fut pris d'une grande faiblesse ; tout son corps se couvrit d'une sueur froide ; Jacques crut qu'il allait rendre le dernier soupir. Durant cette syncope, il étendait toujours sa main vers celui-ci comme pour vouloir l'attirer à lui, et il prononça plusieurs fois ces mots à travers un balbutiement inintelligible :

— Jacques Hébert !.... Marie !... Mon Dieu !... Winslow !... Où suis-je ?...

Le capitaine Hébert lui couvrit le front de neige, lava son visage que le sang voilait complètement, et il chercha sur son corps pour s'assurer s'il n'avait pas d'autres blessures graves, afin de les panser à la hâte. Une balle lui avait traversé le cou, au-dessus des clavicules, deux autres avaient pénétré dans le ventre à la base du foie.

— En voilà plus qu'il n'en faut pour le tuer, dit Jacques à ses compagnons. Faites un brancard avec vos fusils et nous allons le transporter avec le corps d'Antoine à l'hôpital général.

Cet ordre s'exécuta sur-le-champ. Le trajet qu'il leur fallait faire était long et difficile, avec un pareil fardeau. Ils n'en avaient pas franchi la moitié, que le capitaine Gordon fut saisi d'un frissonnement convulsif à la suite duquel il reprit connaissance avec un peu de vigueur ; et il fit signe à ses porteurs de s'arrêter.

— Où me conduisez-vous ? dit-il.

— À l'hôpital, répondit Jacques, pour vous faire donner les soins que reçoivent nos officiers.

— Merci, capitaine, c'est inutile, n'allez pas plus loin... Dieu veut que mon chemin se termine ici... je sens la mort qui monte à mon cœur... veuillez toucher ma main, il me semble qu'elle est froide.

— Oui, répondit celui-ci, elle me paraît se glacer !... Mais ce n'est peut-être que de la faiblesse...

— Oh ! j'aurais voulu vous la donner chaude de toute la vie de mon cœur ; mais je suis encore heureux de pouvoir vous rencontrer et vous dire quelques mots avant de mourir, un adieu d'ami... L'appellerez-vous ainsi, vous ?

Jacques lui serra affectueusement la main, et ne lui cacha pas les larmes qui lui venaient aux yeux. George continua :

— M'avez-vous bien pardonné le mal que ma conduite légère et lâche a pu vous faire autrefois?...

— Capitaine Gordon, tout a été pardonné le soir où je vous ai vu lancer vos insignes militaires à la figure de Murray.

— C'est vrai! et vous me l'avez prouvé tout de suite en me délivrant d'un supplice que vous aviez bien le droit de m'infliger comme aux autres. Veuillez accepter un gage de ma reconnaissance pour votre conduite généreuse, et une preuve que j'ai fait des efforts pour mériter encore votre pardon et votre estime.

En même temps l'officier anglais détacha péniblement son épée, et il l'offrit à Jacques, ajoutant:

— N'en ayez pas d'horreur; ce n'est pas elle qui a servi à chasser vos compatriotes... celle-ci n'a jamais frappé un Français en traître.

— Oh! je la reçois comme le souvenir d'un frère d'armes, et si jamais je la porte contre les vôtres, j'espère qu'elle saura distinguer les adversaires nobles et généreux comme vous!...

— Voici maintenant, poursuivit George, une lettre que j'avais prise sur moi, ce matin, espérant que j'aurais l'occasion de vous la faire parvenir;... elle vous servira peut-être à retrouver Marie.

En achevant ces mots, il la tira de la poche de sa veste; elle se trouva tout inondée de sang, et elle portait à un angle la trace d'une des balles qui avait blessé George:

— Si vous la recevez, et si vous pouvez la lire, vous voyez que vous ne pourrez pas en remercier votre bataillon.

— Et vous devez avouer que vous n'avez pas cherché à la mettre à l'abri de nos coups, répondit Jacques.

Il passa un léger sourire sur la figure de George; et ce fut le dernier de sa vie; car aussitôt après, sa voix s'altéra sensiblement et il fallut le soutenir, car il s'affaissait; sa figure prit cette teinte de profond recueillement qui semble refléter l'éternité. Faisant signe à Jacques de s'approcher, il lui dit à voix plus basse, en lui montrant un petit crucifix qu'il tenait entre sa main et son cœur:

— Je veux mourir catholique, j'ai pris cette résolution depuis plusieurs années;... ce n'est que l'occasion qui m'a manqué ... je suis prêt... je sais ce qu'il faut croire... je désire être baptisé.

— Courez chercher l'abbé Daudin, dit Jacques à l'un de ses hommes, il doit être à la ferme Dumont.

— C'est trop loin!... murmura George; le Père a, là, beaucoup à faire avec les siens, il ne viendra pas ici pour un Anglais.

— Il viendra, s'écria Jacques; cours, Bastarache!

— Il y viendrait pour le diable, dit celui-ci en prenant ses jambes à son cou, si le diable voulait un tant soit peu ne plus être protestant et goûter de l'eau bénite, comme ce bon confrère anglais!

Mais le messager était à peine parti qu'une seconde défaillance s'empara de l'officier; Jacques crut que c'était l'agonie, il courut à un ruisseau voisin, puisa de l'eau dans son chapeau, et, revenant au mourant, il fit sur sa tête l'ablution baptismale en prononçant les paroles sacramentelles. George n'avait pas complètement perdu l'usage de ses sens; l'on voyait, au mouvement régulier de ses lèvres, qu'il récitait une prière, et sa figure semblait s'illuminer de cette joie surnaturelle qui rayonne d'une âme éclairée soudainement par la foi. Il resta, durant un moment, silencieux et recueilli, puis il baisa la croix qui pendait à son cou, et, l'élevant ensuite vers Jacques, il murmura à son oreille:

— Je l'ai trouvée près de la maison du père Landry, après le départ de la famille, je l'ai toujours portée; elle m'a bien inspiré; elle m'est arrivée quand mon bonheur terrestre m'était ravi pour me conduire vers des jouissances meilleures!... Vous la laisserez reposer sur mon cœur... Je puis, à présent, être mis dans une enceinte bénie; je désire être enterré avec notre pauvre P'tit-Toine: que je sois uni éternellement avec un de ces cœurs honnêtes, sur cette terre où l'on maudira si longtemps le nom des Anglais!... Jacques, quand vous retrouverez Marie, dites-lui que j'ai expié mes torts envers elle, que j'ai travaillé à votre réunion, que j'ai reçu mon pardon de votre bouche avec le titre de ma foi... Demandez-lui de ne pas haïr quelqu'un qui l'a sincèrement aimée... Dites-lui, Jacques, dites-lui que j'emporte l'espoir, en mourant dans le sein de son Église, de confondre ma vie avec la sienne dans l'océan de l'amour divin... Mon cher rival, ajouta-t-il avec plus de difficulté, la jalousie est une chose de la terre,... elle ne sépare personne, là-haut... là, rien que l'amour!... que l'amour infini!...

Jacques sentit encore un léger pressement sur sa main, après lequel le corps de l'officier resta immobile comme la terre sur laquelle il était couché.

Un profond sentiment de pitié et de respect religieux domina pendant quelque temps tous les témoins de cette triste scène: ils ne savaient à qui donner plus de regret, à George ou à Antoine: Jacques donna ses larmes de soldat et de proscrit aux deux; puis il fit transporter leurs restes au cimetière de la ville. Là, au milieu du recueillement du deuil et de la nuit, il les fit inhumer cœur contre cœur, selon le désir de George, à un endroit qu'il marqua; et quelques jours après, il alla planter sur le tertre nouvellement élevé une planche grossièrement polie sur laquelle il avait gravé avec son couteau, dans ses heures de bivouac, deux épées croisées, avec cette épitaphe au-dessus:

À MES DEUX FRÈRES,
PAIX ET BONHEUR
AU CIEL.

Aussitôt que Jacques en eut le loisir, il ouvrit la lettre du capitaine Gordon; elle était ainsi conçue:

Québec, 28 avril au matin

Monsieur le Capitaine,

J'ai su, l'automne dernier, que le corps de M. de Boishébert, dont vous faites partie, était attaché à l'armée de Québec; et comme je suppose qu'il doit encore prendre part aux opérations que monsieur de Lévis vient entreprendre contre nous, aujourd'hui, je me permets de vous écrire cette lettre, ayant l'intention de vous la faire parvenir par le premier moyen que le hasard m'offrira, soit que nous soyons heureux ou malheureux dans le combat que nous allons livrer. Depuis notre séparation au presbytère de Grand-Pré, j'ai cherché toutes les occasions de soulager la famille Landry dans l'infortune où mon gouvernement l'a plongée. Arrivé à Boston, quelques jours seulement après madame Landry et sa fille, j'ai chargé une tante de notre colonel Winslow d'aller les recueillir avec la veuve Trahan et ses deux enfants au milieu des autres proscrits, et de leur donner tous les soins que leur état requérait; pour ne pas éveiller leurs soupçons et effrayer leur délicatesse, j'avais prié cette dame de ne jamais prononcer mon nom devant ses protégées.

Vos amis étaient à bord d'un transport qui avait été dirigé en premier lieu sur la Pennsylvanie, mais que les vents rejetèrent sur les côtes du Massachusetts.

Sous prétexte de leur procurer un travail de leur choix, l'excellente famille Winslow les conduisit dans un petit village des environs où ils avaient une maison de campagne: je pus ainsi veiller sur eux et leur laisser ignorer ma présence dans la Nouvelle-Angleterre; et ils acceptèrent plus volontiers les services que je leur fis rendre. D'un autre côté, je fis faire partout des recherches pour découvrir le père Landry. Elles furent infructueuses à New York et dans le Maryland. Vers la fin de l'hiver, j'ai appris qu'un grand nombre d'Acadiens avaient abordé à Philadelphie. Malheureusement, je fus obligé de partir presque aussitôt pour l'Angleterre, et je ne revins en Amérique qu'en 1758, avec l'armée d'Amherst, pour prendre part au siège de Louisbourg; et depuis, mon régiment est resté attaché à l'armée du Saint-Laurent. Mais j'avais, dans le colonel Winslow et sa famille, des amis dévoués à mes intérêts.

Un an après mon départ, j'ai reçu de mon ancien commandant la lettre incluse dans celle-ci. Je vous l'adresse, quoiqu'elle révèle ce que j'ai pu faire pour votre fiancée et ses parents ; je n'ai le temps ni de la traduire, ni même de vous en donner la substance. Elle témoignera de la sincérité de mon affection pour vos compatriotes et du désintéressement de mon cœur brisé ; et vous donnerez, j'espère, à mon souvenir une estime que vous avez dû refuser à ma vie... car j'ai un pressentiment,... qui n'est peut-être que la nuance d'un désir non avoué... les trompettes qui sonnent l'alarme tout autour de moi me semblent l'appel d'une autre vie... j'espère qu'elle sera meilleure que celle-ci.

Il me faut courir aux armes, peut-être pour me trouver encore poitrine contre poitrine avec vous... Ah ! soyez persuadé d'avance que je n'apporte à ce combat que de l'estime pour vous et pour votre nation.

Je me rappelle que c'est une de mes lettres qui vous a fait le plus de mal à vous et à Marie : eh bien ! puisse celle que vous allez lire avoir des conséquences plus favorables à votre bonheur : c'est mon désir le plus ardent.

GEORGE GORDON

Jacques, dans son premier transport, ouvrit la seconde lettre, oubliant qu'il ne pouvait pas en lire un mot. Il fut au désespoir en constatant qu'il n'y avait aucune personne de sa connaissance en état de lui en donner la traduction. Il fut donc forcé d'attendre un Œdipe inconnu, pour avoir la révélation de cette énigme précieuse qu'il tenait sous la main.

V

Les Anglais étant entrés dans Québec, il fallait que Lévis entreprît un siège ; un siège !... avec quoi ? Avec du courage, de l'énergie, de la patience, avec de l'héroïsme, sans doute : mais notre armée était réduite à quelques bataillons ; elle avait apporté de Montréal ses rations mesurées pour quelques semaines, et elle attendait de France la grosse artillerie de siège pour démanteler une ville qu'il aurait à rebâtir aussitôt après l'avoir prise, pour y subir, elle, d'autres assauts. Cependant Lévis ne balance pas ; il jette autour des remparts cette poignée de monde, et il fait commencer les tranchées : il comptait sur la Providence — les colons étaient habitués à tout attendre d'elle ; — il espérait encore recevoir des secours de la France ; — on croit si difficilement à l'abandon d'une cause à laquelle on a tout sacrifié soi-même! Tout dépendait de la promptitude que notre métropole ou l'Angleterre mettrait dans l'expédition des envois de troupes. La première flotte venue devait décider du sort de l'une et de l'autre armée. Un jeu du vent et de la mer permis par les décrets de Dieu allait régler définitivement notre avenir national. Qui sait avec quel intérêt nos hommes se mirent à étudier le ciel et l'océan dans la direction de la France?... Un nuage à l'orient, une houle menaçante qui courait sur le golfe, faisait battre leur cœur. Leur dernier regard, le soir, se portait à l'horizon, et leur premier, le matin, se fixait encore sur cette ligne incertaine qui cachait leur destinée.

Lévis réussit à faire arriver sur les lieux une quinzaine de canons: c'étaient des petites pièces insuffisantes à faire brèche. Elles étaient pourtant encore trop nombreuses pour les munitions qu'elles pouvaient consommer. On fut réduit à ne faire tirer à chacune qu'un boulet par heure. C'était se contenter de dire aux Anglais que la France était encore là; ceux-ci répondaient à ces faibles efforts par la voix de cent quarante bouches à feu de grand calibre. Il fallait qu'ils fussent eux-mêmes bien réduits, ou devenus bien prudents pour ne rien tenter de plus contre des assiégeants en pareil désarroi. Ce n'était pas là un siège, c'était une trêve forcée, un repos de lutteurs atterrés.

Un soir, on vit dans le lointain une voile qui s'avançait sous le soleil couchant, un côté dans la lumière, un côté dans l'ombre, image du sort contraire qu'elle apportait à chaque armée. C'était une frégate: l'histoire semble dire qu'elle ne portait pas de couleurs. Elle voguait avec précaution: en écoutant les détonations qui retentissaient autour de la ville, elle interrogeait l'espace, lui demandant où était le vainqueur, où était le vaincu. Et d'un autre côté, Anglais et Français demandaient en la regardant: «Viens-tu de France ou d'Angleterre?... viens-tu nous apporter la vie ou la mort?» Quelle torture ce fut que ce dernier moment d'incertitude, surtout pour les vainqueurs de Sainte-Foy!

Le vaisseau s'approchait toujours.

Quand il fut dans la rade, ne craignant plus sans doute de révéler son drapeau, il salua la citadelle par vingt et un coups de canon. Alors la grande vérité se fit pour tout le monde, produisant d'une part le délire de la joie, et de l'autre le désespoir. La garnison prit plaisir à venir l'annoncer aux assiégeants, par des clameurs frénétiques qui durèrent des heures entières. Avec ces cris commença notre agonie; ils déchiraient nos cœurs et donnaient à notre deuil quelque chose de cruel.

Deux jours après, deux autres frégates anglaises entrèrent dans le port: elles formaient l'avant-garde d'une flotte et d'une armée. Alors Lévis, le brave Lévis, fit ployer ses tentes et ce drapeau blanc qui ne devait plus revoir les bords du Saint-Laurent, et il alla dire dans tous les rangs: « Allons-nous-en! »

La France n'avait pas de secours à nous envoyer, cette année-là, mais elle nous fulminait de la banqueroute; elle faisait perdre à la colonie pour quarante millions de créance!...

Nous nous étions saignés pour défendre la puissance et les intérêts de notre métropole et elle nous ruinait au moment de nous abandonner! Eh bien! ces hommes qu'on dépouille, qu'on affame sur le champ de bataille, qu'on méprise à la cour, qu'on ignore ailleurs, qu'on abandonne partout par impuissance et par égoïsme, ces soldats sans chemises et sans souliers, avec leurs gibernes et leurs sacoches vides, croyez-vous qu'en s'éloignant de Québec ils vont s'asseoir dans leurs chaumières pour y attendre la loi du vainqueur, et y recevoir le nom du nouveau maître? Oh! non, mille fois non! ils ont encore du sang, et la terre va leur produire du froment nouveau qu'ils mangeront sans prendre le temps de le broyer; puis ils défendront pied à pied tout ce qu'il leur restera de territoire depuis Québec jusqu'au lac Ontario, depuis le lac Champlain jusqu'au Saint-Laurent; et quand on leur aura tout arraché, ils espéreront encore se frayer un chemin jusqu'aux sources du Mississippi, franchir plus de mille lieues de solitude et de forêts, pour aller abriter l'honneur des armes de la France dans les régions pestiférées de la Louisiane! Telle est leur résolution; ils n'étaient pas quatre mille hommes contre cinquante mille adversaires! En vérité, on dirait des Titans pour qui le monde n'avait que l'espace d'une enjambée!

Merci, nos pères! vous avez fièrement illustré notre défaite; votre héroïsme!... c'est un grand héritage que vous nous avez laissé dans notre infortune. Faut-il s'étonner si les Anglais, après la paix, trouvaient encore tant d'orgueil dans ces gentilshommes nécessiteux qui passaient devant eux avec mépris dans les rues de Québec?... Le joug n'abâtardit pas si tôt les héros de semblables épopées. Merci, nos pères! Ah! nous avions bien besoin, dans la carrière pénible qui allait s'ouvrir devant nous, du spectacle de vos vertus et de vos exemples, et vous en avez été prodigues. Et, aujourd'hui, dans ces temps mauvais où des défections déplorables nous humilient tous les jours, où une légion d'autres Bigot s'apprêtent à vendre ce grand héritage de gloire que vous nous avez transmis, pour les oripeaux d'un petit pouvoir, ou les miettes qui tombent de la table d'une bureaucratie délétère... nous avons besoin de relire votre histoire pour nous sentir de l'orgueil national, encore!...

La fortune ne permit pas même à nos pères d'atteindre le but suprême de leur résolution désespérée, et le chemin du Mississippi leur fut encore fermé.

Pendant que Lévis courait à tous les points menacés, ranimait le courage des soldats, demandant de nouveaux sacrifices aux villageois épuisés, les trois armées anglaises entrées en campagne convergeaient vers l'île de Montréal : celle de Murray et Rollo par le bas du Saint-Laurent, celle d'Haviland, par le lac Champlain, celle d'Amherst par le haut Saint-Laurent. Pouchot, le vaillant défenseur du fort Niagara, arrêta pendant douze jours, avec deux cents hommes, toute la division du général en chef, devant le petit fort Lévis, une bicoque située au-dessous du lac Ontario. Cette division d'Amherst comptait onze mille combattants. Pendant ce temps-là, Murray passa devant le fort Jacques-Cartier, et brûla Sorel ; Haviland occupa l'Île-aux-Noix et Saint-Jean, abandonnés successivement par Bougainville ; et quelques jours après, Montréal se vit investi par les trois corps d'invasion. Cette ville n'était alors qu'un gros bourg, ouvert aux quatre vents, protégé simplement contre les flèches des sauvages.

Il n'y avait plus de résistance possible ; il ne restait de poudre que pour un combat, et nous n'avions de nourriture que pour quinze jours.

Le gouverneur assembla un conseil de guerre, on y délibéra sur l'état de la colonie, on rédigea un projet de capitulation, et puis on fit proposer aux conquérants un armistice d'un mois. L'armistice fut refusé, mais les articles de la capitulation furent tous acceptés ; sauf les deux qui demandaient la neutralité perpétuelle des Canadiens et les honneurs de la guerre pour les troupes françaises. Lévis, en apprenant ce refus, se leva indigné : il avait bien mérité les honneurs du soldat, celui-là ! Il voulut aller se réfugier sur la petite île Sainte-Hélène et s'y faire ensevelir avec le drapeau de la France. C'était un acte de désespoir, qui exposait à la vengeance du vainqueur les habitants restés à sa merci ; M. de Vaudreuil et les autres trouvèrent plus humain d'accepter une humiliation qui assurait d'ailleurs à la colonie des conditions passables si elles étaient sincèrement accordées.

Le 8 septembre, l'acte de capitulation fut signé, et les Anglais entrèrent dans la ville.

Il n'y avait plus de Nouvelle-France ; près de deux siècles de sacrifices et de combats étaient perdus !...

Aussitôt après, les soldats déposèrent leurs armes qu'ils n'avaient pas quittées depuis six ans ; les quelques sauvages qui nous étaient restés fidèles dirent adieu au grand chef des Français et à leurs compagnons d'armes, puis regagnèrent la forêt : pour eux, leurs anciens alliés étaient un peuple déchu ; les troupes régulières s'acheminèrent vers les vaisseaux qui devaient les rendre à la France, et les miliciens, les plus infortunés de cette grande infortune, furent conduits devant des magistrats militaires pour subir un supplice pire que celui des Fourches caudines, celui de jurer leur allégeance à l'Angleterre ainsi qu'avaient été forcés de le faire tous les habitants des rives du Saint-Laurent. Ceux-là, la nécessité, les besoins pressants de la famille les rivaient à la terre conquise ; il fallait qu'ils passent sous le joug !... Alors, il y en eut qui firent entendre des imprécations contre cette cour de Sardanapale qui régnait à Versailles, et veillait dans ses débauches sur l'honneur de la nation ; qui gorgeait des concubines auxquelles elle abandonnait le sceptre, et laissait, dans son épuisement et sa gueuserie, écraser ses héros sans secours, démembrer l'empire, ruiner le prestige et l'influence de la France de Louis XIV, et borner son action civilisatrice dans le monde ; gouvernement hermaphrodite, qui, par l'impudeur de ses vices et la mollesse de sa conduite, n'inspirait de hardiesse qu'aux fripons dissolus ; gouvernement marqué par la main de la justice divine, et que le peuple, soulevé comme la tempête, allait bientôt briser et rejeter dans l'ombre du passé avec les choses vieillies et souillées.

Ô vous, bergers courtisans ! qui durant ces jours de deuil, fatigués d'entendre le son des clairons et ces histoires de batailles, qu'on livrait « pour quelques arpents de neige », passiez vos heures aux chevets des Philis et des Chloé, lisant, sous tenture de damas, des idylles à ces bergères poudrées et peu candides inventées dans cette époque d'afféterie !... ô vous tous, petits et grands bénéficiers, abbés mignons et parfumés, à qui l'héritage ou la faveur donnait la robe ; hommes privilégiés qui n'étiez ni prêtres ni citoyens, qui dépensiez alors vos redevances à faire la cour aux Omphale régnantes, afin qu'elles empêchassent le roi de vous demander des sacrifices pour soutenir l'État ébranlé, ah ! vous ne saviez pas, dans votre égoïsme aveugle, ce qui se passait dans le cœur de plusieurs milliers de vos compatriotes d'Amérique, quand on venait leur dire, en leur mettant un fer sur la gorge et une torche au seuil de leur demeure : « Jurez d'être Anglais ! Donnez votre nom, votre parole, votre pensée, votre génie, votre travail, votre postérité à la nation que vous détestez le plus, et qui vous a fait le plus de mal ; jurez d'aimer ce qu'elle aimera et de combattre ceux qu'elle vous désignera, fussent-ils vos frères !... » Non, non, vous n'avez pas pu comprendre cela, car autrement, vous n'auriez pas balancé à jeter aux pieds du trône de ce bon Louis XV cette fraction de vos revenus qu'on vous demandait pour venir à notre secours ; et puis, vous ignoriez ce que deviendraient un jour ces « quelques arpents de neige », qui s'étendaient depuis le pôle jusqu'à l'équateur !

VI

Pour Jacques en particulier, l'heure de la capitulation fut poignante; ce fut une heure d'irrésolution où il dut livrer dans son cœur des combats plus désespérés que ceux où il avait déployé toute sa valeur. Sa situation ne lui permettait pas de temporiser; elle ne lui offrait que deux chemins pour y jeter sa vie; il fallait choisir tout de suite entre la France ou l'Angleterre.

— Oh! si j'avais la certitude, s'écriait-il en ce moment, de retrouver, au fond de quelque solitude, mon vieux père et Marie!... J'y fixerais ma vie, et ce serait encore là du bonheur! Il nous sera facile, durant bien des années, dans ces forêts sans limites, de cacher notre existence et d'ignorer le joug du conquérant; nos enfants qui n'auront pas servi d'autres drapeaux verront arriver le nouveau au milieu des travaux de la paix et ils ignoreront, eux, sur quelle cendre il a passé, et quelles ruines il a laissées derrière lui!... le décret de la Providence n'aura déchiré que nos entrailles, il ne laissera à notre postérité que des regrets... Mais ce serment! ce serment qu'il me faut, avant tout, aller proférer pour moi et pour eux, que je ne puis éluder, qui va lier mes pensées, mon bras, mon sang! Oh! qu'il m'est dur d'imposer cela à ma conscience, de river ce lien sur mes reins et sur mon cou!... et si, après m'être enchaîné, je ne retrouve jamais dans ces espaces immenses ni mon vieux père, ni Marie, ni aucun des miens, s'ils ont suivi des routes inconnues, s'ils n'existent plus!... oh! alors, mon Dieu! vous me soutiendrez!...

En articulant ces paroles, Jacques promena un instant son regard sur cet horizon plat qui s'étend autour de l'île de Montréal jusqu'à l'infini, et qui à cette époque devait apparaître comme un océan de verdure, et il sembla demander à cette immensité quel gage de bonheur elle réservait à ses espérances. Puis il tira de sa poche cette lettre de Winslow que George lui avait remise devant Québec. Il l'avait si bien et si souvent fait traduire, depuis, qu'il la lisait, qu'il la comprenait maintenant comme s'il eût toujours possédé la langue anglaise; il se mit donc à la parcourir pour la centième fois et à en méditer chaque point avec une grande attention.

Nous allons la lire avec lui:

Mon cher Capitaine,

> Depuis votre départ, nous n'avons pas cessé de nous occuper de vos protégés et nous avons usé largement des moyens que vous nous avez donnés de soulager les Acadiens. Votre banquier trouve que nous faisons honneur à votre munificence. Nous faisons distribuer tous les jours des aliments à tous ceux qui ne peuvent rien gagner. Nous avons

fait visiter les malades par des médecins. Grâce à vos bonnes intentions et au plaisir que nous éprouvons d'ailleurs de soulager ces infortunés, leur état s'améliore. Quant à la famille Landry, qui nous intéresse plus que jamais, je dois vous en parler plus en détail.

J'ai continué les recherches que vous aviez commencées, pour réunir ensemble ces tendres cœurs déchirés, et j'ai le chagrin de vous mander que j'ai peu réussi. Ces recherches étaient d'autant plus difficiles que les armateurs n'avaient pas pris la peine d'enregistrer le nom des déportés; comme il leur suffisait, pour toucher leur salaire, de constater le nombre de ceux qu'ils avaient à leur bord, ils ne se sont pas donné plus de peine.

J'avais ouï dire que le vieux notaire Leblanc venait d'arriver à Philadelphie; j'y fis faire aussitôt des perquisitions qui n'eurent d'autres résultats que de m'apprendre la fin déplorable de ce vieux serviteur de notre gouvernement. Accosté d'abord dans le port de New York avec sa femme et deux de ses plus jeunes enfants, il n'avait pas voulu s'y reposer sans avoir retrouvé quelques autres des siens. Mais sa santé était déjà trop délabrée pour supporter plus de fatigue et de chagrin, il expira en rejoignant trois autres membres de sa famille. On ne sait ce que sont devenus les seize qui manquent encore. Quelques rapports recueillis en Pennsylvanie m'ont fait soupçonner que le père Landry serait mort lui-même à bord de l'un des pontons, et aurait été jeté à la mer. D'ailleurs, près de trois cents de ceux qui sont arrivés dans cette province ont déjà péri de maladie et de misère.

Pour se délivrer de la dépense qu'entraîne le soutien de ceux qui survivent, le gouvernement leur a offert de les *vendre comme esclaves!...* Vous savez déjà que, ici, la ville s'est crue généreuse en offrant de placer, dans la maison des pauvres, les enfants que leurs parents ne peuvent pas alimenter. Nous leur avons enlevé une partie des objets de leurs affections et nous leur demandons, *par charité,* de leur arracher le reste. Nous les avons faits prisonniers sans raisons légitimes et nous trouvons lourd de leur donner à manger; et nous nous étonnons qu'ils refusent de pareils témoignages de bienveillance! Vraiment, nous allons laisser une belle preuve de notre esprit de justice à la postérité!

Malgré tous mes efforts, je n'ai pu me mettre sur la trace d'aucun des frères de Marie; il n'est pourtant pas probable qu'ils aient tous succombé; quelques-uns auront réussi, je l'espère, à s'échapper du côté du Canada ou de la Louisiane. Je sais qu'un convoi s'est dirigé vers le Mississippi; que deux vaisseaux ont été saisis par les prisonniers et forcés de rebrousser chemin vers la Baie-des-Français, d'où personne ne les a vus revenir, et qu'un autre s'est perdu, corps et biens, sur les côtes de la Pennsylvanie. On m'a dit qu'une partie de ceux qui avaient été déposés sur le littoral de la Georgie s'acheminaient vers le nord avec l'espoir d'atteindre l'Acadie. Quoiqu'ils n'ignorent pas l'immense étendue de côtes qui les séparent de leur patrie, ils ne désespèrent pas d'y arriver. Plusieurs ont atteint New York ; et ils rapportent qu'un grand nombre d'entre eux ont péri dans ce long voyage. Pauvres gens! Ils ne se doutent pas de ce qui les attend ici. Lawrence vient d'expédier l'ordre de les disperser de nouveau!...

Depuis quelques mois, j'ai dû négliger vos intérêts devant les occupations incessantes que m'a données le service.

Vous le voyez donc, mon cher capitaine, toutes nos peines n'ont abouti qu'à constater des pertes irréparables pour nos protégés. Comme il n'y avait aucun avantage à leur rendre compte de ce triste résultat, j'ai préféré leur laisser tout ignorer. Le hasard et le temps leur révéleront toute l'étendue de leur malheur. Cependant, comme leur isolement me paraissait les accabler de jour en jour davantage, je leur ai proposé de les acheminer vers le Canada. Ils acceptèrent ma proposition avec reconnaissance. Un échange de prisonniers avait eu lieu, je profitai du départ de quelques Français pour leur confier les proscrits. Un convoi de nos troupes qui partait pour la frontière les accompagna jusqu'au lac Champlain. Je doute que la mère Landry et la veuve Trahan aient pu survivre à ce long voyage. Si le succès couronne vos efforts sur Québec, vous saurez bientôt si mes prévisions se sont accomplies.

Adieu mon ami,

JOHN WINSLOW

Après cette nouvelle lecture, Jacques se leva ; sa résolution était arrêtée : il allait l'exécuter.

S'il restait quelquefois indécis entre deux grands intérêts de sa vie, aussitôt qu'il avait fait son choix, il ne consultait plus que son énergie. Il se rendit donc au quartier où était cantonné le corps désarmé de M. de Boishébert pour faire ses adieux à ses confrères et à son commandant. Celui-ci, qui soupçonnait les motifs secrets de la conduite de son capitaine, ne voulut pas lui adresser de questions sur ce qui le faisait renoncer au service de la France. Jacques lui sut gré de sa discrétion : il avait trop combattu dans son propre cœur pour aimer à lutter encore avec un ami pour lequel il avait tant de considération. Cet adieu fut presque silencieux ; on se pressa vivement poitrine contre poitrine, avec des larmes dans les yeux. En apercevant quelques lambeaux de son drapeau de Montmorency et de Sainte-Foy, que son chef rapportait sans doute en France comme une relique, Jacques s'en empara et, les embrassant étroitement, il ne put s'empêcher de s'écrier :

— Adieu ! je ne te reverrai plus que dans mon souvenir et dans mon amour passé... que dans mes heures de désespoir ! c'est fini !... Maintenant, il me faudra prier pour que tu ne reparaisses jamais sur cette frontière... je serais obligé de te combattre !...

Jacques se sentit suffoqué et il hâta le pas : il lui sembla dans ce moment qu'il franchissait un océan et qu'il mettait le pied dans un autre camp : malgré les motifs purs qui le guidaient, il crut que la honte des transfuges rougissait son front, et il fut prêt de se rejeter en arrière. Mais Wagontaga, à qui il avait donné le bras, l'entraîna sans comprendre son émotion.

De là, il se rendit devant les magistrats chargés de recevoir le serment d'allégeance, et il le prêta ; puis, ayant découvert des bateliers, il loua une embarcation et se dirigea avec son compagnon vers la mission de la Prairie de la Magdeleine, que des Jésuites évangélisaient depuis plusieurs années. Voici quel était le but de ce voyage.

Jacques savait qu'un grand nombre de ses compatriotes, lors de leur émigration, avaient obtenu du gouvernement d'ouvrir quelques nouvelles concessions le long du Saint-Laurent. Durant les deux hivers précédents et pendant sa retraite sur Montréal, il avait pu recueillir assez d'informations pour être persuadé qu'aucun de ses parents ne se trouvait dans les établissements situés entre Québec et Montréal, mais il avait su tout dernièrement que plusieurs familles acadiennes s'étaient fixées, sous la direction des Pères Jésuites, dans un endroit isolé, en arrière de leur mission, au milieu de la vallée formée par le Saint-Laurent et le Richelieu. Il ne connaissait le nom d'aucune d'entre elles ; mais il espérait avec raison obtenir tous les renseignements nécessaires à la maison de la compagnie : il avait connu autrefois plusieurs de ces zélés missionnaires ; il espérait en rencontrer quelques-uns à la Prairie de la Magdeleine. Il faisait encore une hypothèse assez vraisemblable et qui n'avait pas moins de charme pour lui :

— Si Marie est venue au Canada par le lac Champlain et le Richelieu, comme le laisse croire la lettre du colonel Winslow, elle se sera arrêtée dans le premier établissement où elle aura rencontré quelques-uns de ses compatriotes.

Or, la *Petite-Cadie,* bien isolée à cette époque, se trouvait sur son chemin.

VII

C'est donc le cœur plein d'espérance et de crainte que Jacques monta les degrés du perron qui conduisait à l'humble habitation des Pères. Un frère vint ouvrir la porte du parloir et introduisit les voyageurs dans une pièce déjà remplie de monde, puis il leur dit:

— Vous désirez parler à quelqu'un d'ici?

— Oui, bon frère, répondit Jacques, je voudrais avoir un moment d'entretien avec le Père Supérieur.

— Le voici lui-même qui vient. Veuillez vous asseoir, en attendant qu'il ait terminé avec ces autres personnes.

La plupart de ces visiteurs étaient des femmes, des vieillards et des enfants canadiens ou sauvages. En apprenant la capitulation, ils étaient accourus auprès de leurs pasteurs pour leur demander des conseils et des secours, apprendre quel sort leur était réservé et ce qui allait advenir à leurs parents restés sous les armes. Le bon religieux répondait à tous selon son cœur et comme le requéraient les besoins de chacun; il distribuait en même temps ce que sa charitable indigence lui permettait d'enlever à la vie de la petite communauté pour le donner à ceux qui demandaient les soins les plus urgents. Une table était dressée dans un coin où les habitués de l'aumône allaient prendre quelque nourriture que leur servait le frère portier. Puis le charitable pasteur congédiait tout ce monde avec douceur, leur disant:

— Allez, mes enfants, espérez en Dieu et priez; soyez ensuite sans inquiétude. Regagnez vos maisons et vos cabanes, vous reverrez bientôt vos parents, il ne leur est pas arrivé de mal. Ce soir, à l'*Ave Maria,* trouvez-vous tous dans la chapelle; je vous donnerai les avis que le ciel m'inspirera... Et tous ces malheureux se retiraient, l'âme calmée par ces simples paroles qui représentaient pour eux la sagesse et la volonté divine. La paix qui régnait sur le front du prêtre descendait dans tous ces cœurs naïfs. En le voyant s'approcher de lui, Jacques sentit augmenter ses espérances; il lui sembla qu'un air vivifiant venait l'envelopper, il éprouvait une sensation de repos et de satisfaction qu'il avait oubliée depuis longtemps.

— Et vous, dit le Supérieur en l'accostant, vous avez aussi à me parler, que désirez-vous? À qui ai-je l'avantage de parler?

— Je suis un proscrit acadien; depuis le jour de mon exil, j'ai servi constamment la France, et maintenant je ne puis plus rien faire pour elle, je cherche mes parents dispersés... Je venais vous demander, mon Père, si dans votre maison quelqu'un n'aurait pas entendu parler d'eux.

— Comment se nomment-ils?

— Mon père se nomme Pierre Hébert, et nous sommes alliés aux Leblanc, aux Landry, aux Cômeaux.

— Mon enfant, ces noms ne me sont pas inconnus; je les ai souvent entendu prononcer lorsque j'étais à Québec et même depuis le peu de temps que je suis ici. Mais je ne puis moi-même vous donner aucun renseignement exact sur les familles qui les portent et sur les lieux où elles résident; depuis que j'habite la Nouvelle-France, j'ai exercé mon ministère surtout parmi les sauvages. Un des Pères de cette mission pourra vous être plus utile que moi; il a séjourné au milieu de vos compatriotes, il les a suivis après qu'ils se furent enfuis de leurs pays, les a aidés dans leurs nouveaux établissements, et depuis les quelques semaines qu'il est ici, il a visité deux fois ceux qui se sont fixés à quelques lieues d'ici, sur les bords de la petite rivière de Montréal: peut-être le connaissez-vous.

— Puis-je savoir son nom, mon Père?

— C'est le Père de la Brosse.

— Le Père de la Brosse! s'écria Jacques, mais c'est presque un frère d'armes, il a vécu pendant près d'un an à côté de moi; nous couchions sous la même tente. Oh! qu'il m'a fait du bien, après les dures séparations que je venais de subir, quand nous errions dans les environs de l'Acadie, moi, pour protéger nos émigrés, lui pour les recueillir et les consoler! Que je suis heureux de le rencontrer encore!

— Malheureusement, dit le Père Supérieur, il ne se trouve pas maintenant dans la maison; on est venu le quérir pour des malades en danger... précisément pour un Acadien de la nouvelle commune. Il ne reviendra pas, probablement, avant mardi prochain. C'est aujourd'hui vendredi; or, comme les chemins sont très mauvais, et que le Père veut donner à ces bonnes gens le service divin, les visiter tous un peu, leur offrir tous les secours spirituels et les préparer au grand coup qui vient de les frapper, il a besoin de ces quatre jours.

— Depuis combien de temps est-il parti? dit Jacques avec précipitation.

— Depuis une heure seulement.

— Alors, il nous sera facile de le rejoindre, n'est-ce pas, mon Père, en prenant le train d'expédition?

— Je n'en doute pas; le Père de la Brosse a maintenant le pas appesanti; mais je vous en préviens, la route est difficile.

— Alors, mon Père, permettez que nous partions; j'ai grande hâte de causer avec lui; s'il allait me conduire lui-même à la maison de ma famille!...

— Je vous le souhaite, mon brave; quand on sait si bien accomplir ses devoirs de citoyen et d'enfant, on mérite que Dieu nous récompense; que la bénédiction d'un vieillard vous accompagne dans vos pieuses recherches!

Si nous restons ici... et si le ciel vous favorise dans votre voyage, venez me conter votre bonheur, afin que je me réjouisse avec vous.

Après ces paroles, le saint religieux indiqua à Jacques la route qu'il devait suivre.

Un seul chemin traversait alors l'immense forêt qui séparait de ce côté le Saint-Laurent du Richelieu ; c'était celui de Saint-Jean, et c'est celui que le Jésuite avait désigné à nos voyageurs. Il était droit et déjà bien tracé, on ne pouvait s'y égarer : Jacques et Wagontaga s'y avancèrent rapidement, mais après avoir franchi un espace de trois lieues à peu près, ils commencèrent à s'étonner de ne pas apercevoir, même dans le lointain, le missionnaire qu'ils désiraient tant rejoindre.

— Pour quelqu'un dont le pas est appesanti, se dit Jacques en lui-même, je trouve qu'il enjambe lestement cette route d'enfer ; il faut qu'un ange l'ait voituré, ou bien qu'il soit tombé aux mains de quelques patrouilles anglaises.

En effet, ce chemin, qui a été dans tout le temps un des plus difficiles du pays, était à cette époque à peine praticable dans les plus beaux mois de l'été ; percé à travers des marais, des savanes et des terres argileuses, ponté à plusieurs endroits de bois rond, il avait servi de passage, durant toute une saison, à toutes les troupes françaises et anglaises ; ce n'était plus qu'une voie de cahots et de boue. À tout instant les deux voyageurs étaient forcés d'entrer dans le fourré pour tourner quelques mauvais pas, et aussi, pour éviter la rencontre de quelques bataillons anglais qui rejoignaient l'armée à Montréal. Quoique Jacques fût pourvu d'un acte qui faisait foi de son allégeance, il pouvait fort bien arriver que les conquérants missent des entraves à son voyage. Il fut donc bien heureux, quand, arrivé dans les environs de la petite rivière de Montréal, qu'on appelle communément aujourd'hui rivière de Lacadie, il trouva un sentier de traverse qui pénétrait à droite dans le cœur de la forêt, et qui, selon les indications du Père Jésuite, devait le conduire directement aux premiers établissements acadiens.

Cependant, il n'eut pas meilleure fortune dans le sentier que sur la grande route ; celui qu'il poursuivait avec tant d'ardeur ne s'offrit pas plus à son regard. Le soleil baissait rapidement, et sous l'épaisse feuillée, il faisait déjà soir.

— Allons ! hâtons-nous encore s'il est possible, lui dit son compagnon.

Ils marchèrent encore quelque temps avec cette inquiétude, puis après quelques milles parcourus, ils remarquèrent que les lueurs du soleil couchant arrivaient plus librement sous les voûtes impénétrables de la futaie. C'était l'abord d'un premier hameau qui se dévoila bientôt après : quelques arpents de chaumes ; une cabane couverte en paille ; une hutte pour les bêtes ; un meulon de foin ; une femme assise au seuil de sa porte ; quelques petits enfants occupés à fagoter près d'un bûcher de bois vert ; une colonne de fumée qui montait dans la lumière rose du soir, partant d'un trépied sur lequel mijotait le souper ; une vieille haridelle, naguère superbe cavale qui avait échappé aux boulets des Anglais et à la dent de ses compatriotes, et qui se délectait maintenant en broutant sans partage l'herbe de son champ et en mirant ses nobles infirmités dans la rivière qui passait auprès : voilà quel était tout le tableau qui s'offrit à leurs yeux. Jacques en fut enchanté.

En apercevant le sauvage, les enfants puis la mère rentrèrent dans la maison. Ce pauvre réduit ne les mettait pas, pourtant, à l'abri de la violence ; la porte, qui était la seule ouverture de l'habitation, ne consistait qu'en quelques pièces de bois mal jointes que les habitants suspendaient, à la nuit, devant l'entrée.

Aussitôt que Jacques s'en fut approché, il mit la tête au guichet et dit à la mère :

— N'ayez pas peur, brave femme, nous sommes de vos amis : je venais seulement vous demander si vous aviez vu passer le missionnaire, cet après-midi.

— Not' nouveau Père ? répondit celle-ci.

— Précisément.

— Eh ! ben, non, monsieur, je ne l'avons pas vu depuis quinze jours.

— C'est étrange ! fit Jacques ; est-ce qu'il peut passer par un autre chemin ?

— Sans doute, monsieur, depuis quelque temps il vient toujours par un sentier isolé, plus direct que le chemin du roi et meilleur pour les piétons ; vous le rencontrerez à trois quarts de lieue d'ici.

— Pourriez-vous me dire, ajouta Jacques, s'il se trouve des Hébert parmi les habitants de cette nouvelle commune ?...

— Des Hébert ! monsieur, oh ! il n'en manque pas. D'abord, mon mari est un Hébert... Thomas, fils de Thomas et petit-fils du grand Thomas... puis, j'avons un cousin, qui est not' cinquième voisin, Paul dit le courteau, un blond ; puis j'avons un oncle, qui s'appelle François à Simon, c'est le père de not' cousin : ils restent côte à côte ; puis il y en a encore d'autres...

— Et d'où vient votre famille ? poursuivit notre capitaine avec vivacité.

— De Port-Lajoye, dans l'Île Saint-Jean : elle sortait originairement des Hébert de la Rivière-aux-Hébert, sur la Baie de Beau-Bassin.

Évidemment, se dit Jacques en lui-même, voilà des parents qui ne me touchent pas de très près.

— Et les autres Hébert de la commune, ajouta-t-il tout haut, les connaissez-vous bien ? Savez-vous de quelle partie de notre pays ils étaient ?

— Je ne les connaissions pas beaucoup, monsieur. Il n'y a pas un an que je sommes ici ; et je n'avions pas eu le temps, je vous assure, de courir le voisinage qui n'est pas encore proche, comme vous voyez : faire un peu de terre neuve, semer un p'tit brin de grain, le couper et le mettre à l'abri ; puis, soigner quatre enfants, pour une pauvre femme presque toujours toute seule, tout ça ne laisse pas le temps de voisiner, ni d'être malade, allez !... et avec ça mon pauvre mari qui est à la guerre depuis le mois d'avril ! Ah ! quand ça finira-t-il, cette guerre-là ?... Mon Dieu ! qu'est-ce que j'allions devenir ?... Vous qui venez de ces endroits, dites donc, comment ça va-t-il ? J'avons entendu de ce côté-là comme des coups de canon, et les petits enfants qui sont allés ces jours-ci près du chemin de Saint-Jean pour voir s'ils ne verraient pas venir leur père m'ont dit qu'ils avaient vu passer beaucoup de soldats.

— Rouges comme des pavots ! cria l'aîné de la bande.

— Ici, continua la mère, je n'voyons passer que des lièvres.

— Les Anglais ont le dessus, brave femme, le pays est à eux.

— Mon doux Jésus ! ils vont donc encore nous brûler, nous chasser !...

— Non pas ; cette fois, M. de Vaudreuil nous a abandonnés à condition que nous soyons bien traités ; ainsi, calmez-vous, la guerre est terminée, et vous reverrez bientôt votre mari. Dans quel corps était-il ?

— Dans celui du commandant Pouchot.

— Oh ! oh ! fit Jacques, alors c'était un brave ; mais, poursuivit-il à part, il doit laisser une pauvre veuve.

— Vous l'avez connu ? dit la femme avec un certain orgueil...

— Non, mais ils étaient tous comme leur chef, dans ce bataillon-là. Allons, adieu, bonne femme ; prenez courage ! Où croyez vous que je trouverai les autres Hébert ?

— Au-delà des Boudreau, des Dupuis, des Bourgeois... vous pouvez vous informer quand vous arriverez à ce chemin que je vous ai dit, où a dû passer not' Père ; vous n'avez d'ici là qu'à suivre la rivière.

— Ce n'est pas moins un inconvénient, dit Jacques en s'éloignant avec son compagnon, que d'avoir eu des aïeux qui ont su si bien multiplier leur nom.

— C'est vrai, répondit Wagontaga ; mais s'ils n'avaient pas tant eu d'enfants, il ne te resterait plus l'espoir de retrouver tes parents, mon chef, et ce nouveau voyage serait encore perdu.

— Oui, mais il est bien cruel, Wagontaga, de voir si souvent cet espoir trompé ; combien de fois, en apprenant que quelqu'un portait mon nom, ai-je demandé vainement s'il était de ma famille !... combien souvent mon cœur a palpité pour ce qui n'était qu'une illusion !... et aujourd'hui, si je suis encore frustré dans mon attente, de quel côté pourrai-je adresser mes désirs?... Il me faudra aller parcourir la Nouvelle-Angleterre.

— Tu viendras avec moi, mon frère, dit Wagontaga.

— Et que vas-tu faire toi-même, maintenant? Te soumettre aux Anglais, regagner les domaines de ta tribu, ou te résoudre à rester près de moi?

— Moi, me soumettre à ces Blancs! s'écria le Micmac: non, non, nous ne nous soumettons jamais qu'à la loi de la mort. Il est encore glorieux pour un guerrier vaincu de braver les horreurs du supplice, d'insulter ses ennemis qui le lient sur le bûcher, de les braver sous les coups de leurs casse-tête, dans les ceintures de haches brûlantes. Nous combattons jusqu'à l'anéantissement, jusqu'à la dispersion de la tribu, alors ceux qui sont pris savent mourir, et ceux qui s'échappent vont plus loin engendrer une génération de vengeurs. Nous prêtons notre secours aux autres nations, dans la guerre, mais nous ne lions jamais nos bras et notre volonté. Vous autres, Blancs, vous pensez à vos parents, à vos femmes, vous avez des cœurs mous; nous autres, nous ne voyons que l'insulte faite aux os de nos pères, et nous ne vivons pas s'ils ne sont pas vengés dans le sang de nos ennemis. Ma tribu a été dispersée, les os de mes aïeux ont été souillés; je serais impie si j'allais m'asseoir, seulement durant un soleil, sous la tente de ceux qui portent la flétrissure de ce crime. Non, j'irai me joindre à ceux qui peuvent combattre encore; je me ferai de nouvelles armes; j'aurai des enfants que j'exercerai à la guerre en leur faisant tuer des renards et des bisons, puis je les conduirai plus tard contre les Anglais. Il poussera des ailes aux ours et des cheveux aux cailloux avant que la clémence et l'oubli n'entrent dans le cœur de Wagontaga. Et crois-tu que je voudrais attacher ma vie à vos lois de la paix, à vos travaux d'esclaves? Vous autres, hommes faibles, vous vous êtes fait des besoins serviles; il vous faut dormir sur des lits, manger des viandes assaisonnées, couvrir votre peau sensible d'habits variés; vous êtes gouvernés par ces nécessités, et vous travaillez toute votre vie pour gagner ces morceaux de métal qui servent à vous procurer ces choses. Quant à nous, nous prenons à la terre ce qu'elle donne pour nous alimenter et nous couvrir, et nous continuons à coucher sur elle tels que la vie nous y condamne. Partout elle nous offre ses richesses et elle ne nous retient nulle part. Nous sommes ses véritables souverains, jamais ses serviteurs et ses captifs. Méprisant ce que vous appelez des biens, nous n'avons pas de vils intérêts à protéger, ou à pleurer si nous les perdons, comme des femmes pleurent leurs enfants; et nous ne sommes pas tentés d'avoir recours au vol et au mensonge pour déposséder les autres. Un enclos ne nous parque pas comme un bétail sur une coudée de terre et ne nous retient pas devant la voix du devoir. Quand notre raison et notre honneur nous disent: «il faut partir», nous partons; quand le cri de guerre nous appelle, nous n'avons pas à réfléchir si l'ennemi brûlera nos palais, enlèvera nos trésors, ruinera nos jardins, déchirera nos beaux vêtements, s'emparera de nos champs; nous volons au combat sans regarder en arrière. Oh! non, mes bois sans limites, mes espaces sans entraves, je ne vous sacrifierai jamais.

Jacques écoutait, tout rêveur, ce discours où respirait tant de grandeur sauvage, et il en restait tout ému: il se demandait si, dans le cas où il ne retrouverait ni Marie ni son père, il ne s'enfuirait pas avec ce sage du désert pour mener avec lui cette vie de souverain nomade.

Pendant cette conversation, la forêt s'était refermée autour des voyageurs, mais la route restait cependant découverte et éclairée sur un côté, car elle contournait la grève de la petite rivière, calquant exactement toutes ses sinuosités. À cette époque, le soleil et les défrichements n'avaient pas tari ce gracieux affluent du Richelieu, et son lit trop rempli s'épanchait souvent sur les terres environnantes, formant sous l'ombrage des nappes argentées. Çà et là, on voyait descendre dans le miroir des eaux des lambeaux festonnés de la feuillée, ou d'énormes troncs d'arbres encore verts que les flots du printemps avaient en partie déracinés. Ces colonnes de la forêt se croisaient à quelques endroits, par-dessus le cours de l'onde, formant des arcs agrestes, sous lesquels fuyaient, peu soucieux de gloire, des alouettes et des mauves en gaieté; des volées de canards s'élevaient à tout instant du milieu des prairies de joncs et s'en allaient s'abattre, en chuchotant, derrière un repli de la rivière, pour recommencer, à l'approche de Jacques et de Wagontaga, la même course et le même plongeon. Une multitude d'écureuils venaient aussi trottiner autour de la route, se pourchasser sur les arbres, se balancer sur les lianes au-dessus de l'eau, et grignoter sans scrupule, aux yeux des voyageurs affamés, un souper friand composé d'un bleuet, d'un gland ou d'une noisette. Le soleil était disparu depuis quelque temps, le baume des sapins et des liards remplissait l'air, avec les fraîches vapeurs du soir.

Jacques respirait avidement les senteurs vivifiantes de cette solitude; il écoutait avec extase ces chants des oiseaux insouciants: au lendemain des combats et des horreurs d'une longue guerre, la vue de cette retraite ramenait la paix dans son âme.

— Si j'allais trouver ici ceux que j'aime!... s'écriait-il à tout instant, en goûtant une nouvelle émotion, en passant devant un nouveau tableau.

Après une demi-heure de marche, les traces de défrichements plus considérables se manifestèrent de nouveau: le bois s'éclaircit sensiblement, la route devint mieux frayée, des haies d'arbres renversés annoncèrent l'existence de la propriété; on entendit à quelque distance le bêlement d'un troupeau et des voix d'enfants qui s'appelaient; enfin, en tournant une anse de la rivière, les deux compagnons virent apparaître, sur une pointe de prairie verte, un petit chaume bien propret qui se cachait sous un groupe de grands ormes ; plus loin encore, leur regard put embrasser une suite d'éclaircies non interrompues s'étendant de chaque côté de la rivière : ici, la main du défricheur avait fait une vigoureuse trouée ; la paroisse nouvelle était bien fondée ; à plusieurs endroits, une moisson abondante mêlait ses teintes dorées au sombre feuillage de la forêt vierge, et des habitations se montraient entourées de toutes les dépendances d'une métairie déjà florissante.

Jacques hâta le pas, comptant les maisons, mesurant sa marche qui lui semblait sans fin. Quoiqu'il rencontrât maintenant quelques personnes, il n'osait plus leur faire de nouvelles questions sur les Hébert : il attendait pour cela qu'il fût arrivé près du sentier qui conduisait à la prairie de la Magdeleine, au-delà des Boudreau, des Dupuis et des Bourgeois ; il se contentait de se faire désigner les demeures de ceux-ci. S'il devait être encore trompé dans son attente, il voulait au moins garder ses illusions jusqu'à la fin.

VIII

Enfin, arrivé dans une passe où le bois se rapprochait sensiblement de la route, les voyageurs crurent distinguer dans une tranchée coupée dans les taillis et formant sentier des figures humaines. La nuit était presque venue : ils attendirent un instant, pour s'assurer s'ils ne s'étaient pas trompés. La rivière faisait à cet endroit une forte saillie sur la rive où ils marchaient, à quelques pas en avant d'eux ; sur sa surface polie et encore légèrement éclairée par l'image du ciel, tous les objets dessinaient leur silhouette. Jacques ne resta pas longtemps à son point d'observation avant de voir glisser entre ses yeux et le miroir de l'eau deux formes qui ne lui laissèrent aucun doute sur leur nature. C'était bien le missionnaire et son guide. Il entendit même distinctement le prêtre dire, en sortant du bois :

— Voilà une rude tâche pour toi, mon enfant ; j'espère que nous arrivons.

— Oui, mon Père, répondit le jeune homme, il ne reste plus que quelques arpents.

Jacques et son ami se précipitèrent sur leurs pas, et les rejoignirent bientôt.

La surprise du religieux ne fut égale qu'à sa joie, en reconnaissant son capitaine aimé d'autrefois :

— Quoi ! c'est bien vous, mon cher Hébert, que je revois ici, à une pareille heure !

— Et c'est une bien bonne fortune que le ciel me fait que de me jeter sur votre chemin, à cet instant.

— Mais, c'est que je vous croyais parmi nos morts, depuis longtemps ; connaissant votre ardeur, je supposais que les balles des Anglais iraient d'abord droit à vous.

— La bénédiction que vous m'avez donnée, quand nous nous séparâmes près de la rivière Saint-Jean, leur a ôté tout l'esprit qu'elles auraient pu avoir. Et vous, mon Père, comment avez-vous pu échapper à nos ennemis ?... Vous vous êtes bien exposé pour sauver mes malheureux compatriotes !

— Oh ! je m'en suis tiré à merveille ; j'ai réussi à conduire jusqu'à Québec presque tous ceux que j'avais recueillis, grâce à la connaissance que j'avais du pays. Une partie de ces braves gens ont pu s'établir dans les environs des Trois-Rivières. Depuis cette époque, j'ai exercé le ministère chez différentes tribus sauvages, et les derniers événements m'ont ramené dans notre mission de la Prairie de la Magdeleine, où, en attendant que le vainqueur règle notre sort futur, je vais m'occuper à visiter les nouveaux établissements disséminés dans ces environs. Ce sont ces devoirs qui m'amènent ce soir dans cette *concession* isolée, ouverte en partie par vos compatriotes... En effet, je suppose que je dois à cette circonstance le plaisir de vous rencontrer dans ce lieu ; auriez-vous des parents, ici, par hasard ?...

— Je l'ignore encore, mon Père ; après avoir cherché inutilement ailleurs, je venais ici pour m'assurer si quelqu'un de ma famille ne s'y était pas réfugié.

— Lors de mes deux visites, j'ai bien rencontré quelques Hébert, mais je n'ai pas eu l'occasion de m'assurer s'ils vous étaient parents ; nous découvrirons cela ensemble, capitaine.

— Mais c'est pour un Hébert que je sommes allé vous chercher, mon Père, dit le petit guide.

— Comment se nomme-t-il ? dit Jacques, avec inquiétude.

— On l'appelle monsieur Pierre, c'est not' vieux voisin, qui vient de la vieille Cadie.

— Ah ! mon Dieu ! s'écria Jacques, j'arrive donc pour le voir mourir !... il est bien malade, mon enfant ?...

— Bendam, monsieur, j'croyons qu'il est malade d'avoir trop vécu, car il ne m'a pas paru plus faible que de coutume ; mais il est si vieux, si vieux qu'il ne peut pas aller plus loin, quoi ! Ce matin, il a dit comme ça en changeant de visage et en se passant les mains sur les côtés : « Ah ! malheur ! il me semble que ça va finir, ma fille, je me sens faiblir. » Là-dessus sa fille, qui le veille comme son ange gardien, est venu nous demander d'aller chercher not' Père.

— Connais-tu les personnes avec qui il vit habituellement?...

— Depuis le printemps, il est seul avec cette fille dont je viens de vous parler : durant l'hiver dernier, il y en avait trois autres avec lui, une femme et deux garçons, qu'il appelait tous ses enfants ; mais ce printemps, la femme est morte, et les deux garçons sont partis pour la guerre. Il leur avait dit comme ça, par manière de conseil : « Quand la France est en guerre avec l'Angleterre, les jeunes gens ne doivent pas rester à la maison parmi les femmes et les enfants, comme des peureux. »

— Les deux femmes, dit Jacques, étaient sans doute deux de mes sœurs, devenues veuves, ou les deux belles-sœurs dont les maris ont péri dans la rivière Coudiac, en défendant la maison de mon père... Quel âge a celle qui reste, mon garçon?

— J'connaissions pas ça, monsieur, l'âge des femmes, peut-être vingt-cinq, peut-être trente-cinq.

— As-tu jamais entendu parler dans la famille d'un certain Jacques?...

— Oh! oui! beaucoup, et quand ils en parlent, toute le monde pleure, le père, les filles... J'partions pour l'autre monde, moi, mes sœurs ne se fondraient pas ainsi les yeux en eau. Il parait que c'était un fier homme ce garçon-là ; le vieux voisin dit que s'il ne s'était pas fait prendre comme une oie, il en aurait tué des Anglais!... Il a été fusillé cinq ans trop vite.

— Pauvre père! s'écria Jacques, qui donc lui aura porté cette triste nouvelle?... Depuis quand habite-t-il ici?...

— Depuis cinq ans, à ce que j'ai entendu dire ; car nous ne sommes venus nous-mêmes ici que depuis l'automne dernier.

— Eh bien! vous le voyez, dit Jacques en prenant avec effusion les mains du missionnaire, c'est bien mon père, ce ne peut être un autre que lui : il faut courir me jeter dans ses bras ; pauvre père, malade, seul, mourant!...

— Patience! mon ami, dit le Jésuite, il est important, dans de pareilles circonstances, que vous ne brusquiez pas le moment de la reconnaissance, cela pourrait avoir des suites fatales pour votre père. Si vous désirez jouir de quelques heures de sa vie, il faut vous résigner à souffrir un peu de contrainte. Je vais d'abord entrer dans la maison, je verrai le malade ; s'il est en danger prochain, je viendrai vous avertir de suite, sinon, je le préparerai à vous recevoir et vous pourrez entrer dans un quart d'heure. Vous éviterez d'abord de vous faire connaître ; la chose sera d'autant plus facile qu'il n'y a pas d'autre lumière dans la maison que celle qui s'échappe de la cheminée. Depuis que la guerre est commencée, personne dans ce pays, à part les seigneurs, n'a eu de quoi brûler sa chandelle.

— Faites comme il vous plaira, dit Jacques, je vous obéis.

Le religieux quitta son guide et les deux amis, et se dirigea seul du côté de la petite demeure du père Hébert, qui n'était plus qu'à quelques pas ; l'enfant des voisins retourna aussitôt chez lui et Jacques attendit sur les lieux son quart d'heure d'angoisse.

IX

Le nouveau logis du père Hébert était assis sur un coteau, à un endroit où la rivière coulait plus rapide. C'était une maisonnette basse, bâtie de pièces superposées les unes sur les autres et blanchies à la chaux. Le défricheur avait pris soin de laisser autour de sa chaumière quelques grands arbres, vieux géants de la forêt qui devaient en perpétuer le souvenir. Jacques remarqua, sous leur ombrage, la forme d'un banc rustique fait de bois encore tout neuf : cela lui rappela le bocage voisin de la Gaspéreau où sa vie avait laissé tant de souvenirs. Des rideaux blancs étaient tendus dans les petites fenêtres, à travers lesquelles on voyait vaciller faiblement les lueurs de l'âtre. La forêt, déjà reculée dans le lointain, ne laissait distinguer à sa base que des formes vagues, mais elle dessinait vigoureusement les découpures gracieuses et infiniment variées de sa feuillée qui semblait suspendue comme une guipure noire devant la ligne du crépuscule.

Jacques ne jeta qu'un œil distrait sur ce tableau ; sa vue était clouée sur les petits rideaux auxquels le mouvement des personnes de l'intérieur imprimait une légère agitation. Mais il ne vit personne sortir de la porte. Cela lui laissa l'espoir que son père n'était pas encore dans un état alarmant ; et il compta les minutes par les pulsations de son cœur, ce qui raccourcit encore son quart d'heure d'attente.

Le Jésuite en était encore à ses préliminaires, quand il entendit le capitaine Hébert poser le pied sur le seuil de la porte.

— Diantre ! fit-il tout bas, je devais pourtant m'y attendre !

— On frappe, je crois... dit le père Hébert ; en même temps il cria d'une voix encore vigoureuse :

— Entrez !...

La porte s'ouvrit, et Jacques, s'avançant avec précaution pour éviter les rayons du foyer et raffermir sa démarche ébranlée par l'émotion, dit au maître du logis :

— Nous sommes deux soldats en voyage ; lassés, ignorant les chemins, nous venons vous demander le couvert pour la nuit.

— Vous êtes les bienvenus, vous êtes des amis; des soldats qui servent si bien notre roi doivent être reçus partout et à toute heure; vous trouverez seulement l'espace étroit et la table bien nue; nous avons tout donné pour l'armée. Et puis, vous le voyez, je ne pourrai pas vous faire joyeuse compagnie, on s'en va, on s'en va!...Asseyez-vous en attendant que ma fille puisse vous préparer un souper que vous partagerez avec le bon missionnaire que voici.

La maison était divisée en deux petites pièces par une simple cloison de planches; la porte de communication se trouvait vis-à-vis de la cheminée, qui était placée nécessairement dans la partie qui servait de cuisine et d'antichambre. Le vieillard était assis, dans ce moment, sur un lit, au fond de la seconde pièce, à moitié appuyé sur des oreillers comme un convalescent. Sa tête, penchée en avant, entrait de profil dans le cadre d'une fenêtre, ouverte sur le couchant, et ses traits amaigris par l'âge se découpaient avec toute leur énergie sur les dernières teintes du jour, comme apparaissent dans l'horizon ces grands pins brûlés restés debout après l'incendie de nos forêts. Sa fille, accoudée à son chevet, passait son bras derrière le vieillard et appuyait son front sur son épaule comme pour le soutenir; et le Père de la Brosse, assis vers le pied du lit, se disposait à poursuivre la conversation, mais à l'approche de son ancien ami, il vint au-devant de lui, sans doute pour l'observer de plus près et le contenir.

Quand Wagontaga eut été blotti dans un coin et que Jacques se fut assis près de la porte de division, le dos soigneusement tourné du côté du feu, le père Hébert dit aux voyageurs avec beaucoup d'effort:

— Vous venez de l'armée de M. de Lévis?...

— Oui, monsieur, nous arrivons de Montréal, répondit Jacques.

— Avez-vous vu nos deux enfants?...

— Étaient-ils du corps de M. de Boishébert?...

— Du corps de M. de Boishébert!... fit le vieillard en tressaillant; oh! non, je ne veux pas parler de celui-là!... celui-là, on n'en parle plus!...

Et le pauvre octogénaire resta un instant muet, pris d'un tremblement pénible que sembla partager celle qui l'appuyait; puis, après cette pause, il continua:

— Vous avez nommé le corps de M. de Boishébert; est-ce que vous lui appartenez, par hasard?

— Oui, c'est dans celui-là que je sers.

— Alors, vous l'avez bien véritablement connu, ce pauvre Jacques, mon vrai fils!... car les autres étaient des adoptés, des orphelins proscrits.

— Vous voulez sans doute parler du capitaine Jacques Hébert?...

— Oui, monsieur, Jacques Hébert, de Grand-Pré.

— Oh! sans doute, je l'ai connu, c'était mon capitaine.

— Votre capitaine!... s'écria le père Hébert ébahi; et des larmes remplirent ses yeux; sa fille fit entendre des sanglots. Vous avez été plus heureux, vous, monsieur; vous avez pu combattre tout le temps et vous avez échappé au sort de ceux qui ont succombé; lui au contraire... Mais vous savez aussi bien que moi comment il a péri... Allons, ma fille, ajouta-t-il d'une voix caressante en se tournant vers celle-ci, ne pleure pas ainsi, je n'y pense jamais... je suis père, aussi, vois-tu, ma petite!...

— En effet, j'ai entendu dire, reprit Jacques, que votre garçon avait été fusillé à Grand-Pré, mais c'est une erreur que je suis heureux de détruire ici, ce soir; des amis l'ont enlevé au moment où il allait être exécuté, grâce à l'intervention d'une personne héroïque qui a troublé les bourreaux.

— Comment! mon Jacques vit encore!... s'écrièrent en même temps le vieillard et sa fille: — et celle-ci, quittant subitement le malade, fit un pas vers le militaire, joignant ses mains et le regardant d'un air suppliant et navré, comme pour lui dire: — Parlez-nous encore, achevez, achevez! — Lui, en apercevant cette figure qui recevait en face toute la lumière du foyer, fit un bond sur son siège; mais sentant en même temps la main puissante du missionnaire tomber sur son épaule, il resta comme foudroyé de son bonheur: c'était Marie!... et le salut de son père le clouait devant elle! Il ne pouvait prononcer son nom que dans son cœur!

— Oui, dit aussitôt le religieux, avec une feinte sévérité, vite, monsieur, dites à ces pauvres cœurs que vous ne venez pas leur apporter de vaines espérances, et, qu'inspiré par une fausse pitié, vous ne vouliez pas tromper leur douleur en accréditant des rumeurs qui peuvent être incertaines.

— Je vous le jure, dit Jacques avec énergie, votre enfant, votre frère vit encore; j'ai servi avec lui jusqu'à ces jours derniers; loin d'avoir été exécuté par les Anglais, il leur a bien rendu le mauvais quart d'heure qu'ils lui avaient fait passer à Grand-Pré.

Alors il raconta toutes les circonstances de sa délivrance, appuyant avec intention sur les détails qui concernaient sa fiancée, louant avec effusion son dévouement et ne se ménageant pas à lui-même la censure que méritaient ses soupçons injustes et sa conduite cruelle envers elle. L'entrain et la passion qu'il mit dans cette narration, l'exactitude avec laquelle il décrivit les moindres circonstances de cet événement qui étaient restées gravées vivement dans la mémoire de Marie, ne pouvaient laisser subsister de doute. Quand il eut fini, la jeune fille, entraînée par cette confiance qu'on éprouve pour ceux qui vous rappellent avec sympathie les souvenirs les plus sensibles de votre cœur et qui se font les messagers du bonheur qui vous revient, Marie saisit les deux mains du narrateur et lui dit avec l'accent de la plus touchante émotion:

— Merci! monsieur, merci! Oui, tout cela est bien vrai; excepté ce que vous avez dit « des soupçons injustes et de la conduite cruelle de notre Jacques »: ah! non, il n'a pas été cruel; il était malheureux et il aimait la France jusqu'à l'aveuglement; il a cru aux apparences; si vous aviez été à sa place, vous en auriez fait autant. Ah! monsieur, que vous nous apportez de bonheur pour le mauvais grabat que nous allons vous donner!... Eh! croyez-vous que nous pourrons le revoir bientôt?... Connaît-il le lieu de notre existence?... Pourra-t-il nous trouver? Pourrons-nous lui faire parvenir un message?...

Jacques tressaillait à cette tendre pression qu'imprimaient sur ses mains celles de sa fiancée, et il était près de tomber à ses genoux. Mais le Père de la Brosse appuyait toujours sur lui son poing vigoureux comme pour lui dire: — Pas encore. — Heureusement que, dans ce moment, le feu de la cheminée s'était presque entièrement assoupi sous sa cendre, et que le temps et la conformation de son uniforme avaient apporté assez de changements dans sa physionomie pour tromper l'œil d'une ancienne connaissance dans cette demi-obscurité; autrement il n'aurait pas pu garder plus longtemps l'incognito, tant Marie tenait avec persistance le regard fixé sur lui. Il lui répondit donc, en faisant un effort sur lui-même:

— Le capitaine Hébert ne connaissait rien encore du lieu que vous habitez lorsque je l'ai quitté, et il n'avait pu recueillir que des conjectures sur votre existence; il se proposait, aussitôt qu'il serait libre, de visiter tous les lieux où vos compatriotes se sont réfugiés, mais je vous promets de lui éviter des démarches inutiles; demain avant le soir, il saura où vous trouver.

— Merci, monsieur, dirent Marie et le père Hébert, c'est le ciel qui vous envoie vers nous.

— Il veut vous accorder quelque soulagement dans votre vieillesse, dit le Jésuite, et récompenser tout de suite votre bonne hospitalité.

— Maintenant, dit Marie avec une grâce suppliante, tenant toujours les mains de son hôte, racontez-nous ce qui est arrivé à notre Jacques depuis son départ de l'Acadie; vous semblez si bien connaître sa vie!... Notre père sera si heureux de vous entendre, cela va le guérir, le rajeunir; il est persuadé que son fils a dû faire toutes les grandes choses de l'armée, et moi je pense un peu comme lui: je vais vous écouter de toutes mes oreilles, pendant que je vous préparerai un bien mauvais repas, je vous assure; que voulez-vous? Vous avez dévoré, au camp, tout ce que nous aurions eu à vous donner de bon, ici. Si nous l'avions su, nous aurions au moins gardé une petite part pour ce pauvre Jacques, que vous auriez entamée avant son arrivée.

— Je suis persuadé, mademoiselle, que le capitaine Hébert se nourrira bien durant quelques jours du plaisir de revoir son père et une si bonne sœur !...

Jacques ne pouvait comprendre la prudence excessive du religieux, qui jugeait encore à propos de retarder le dénouement d'une situation qui torturait son cœur ; cependant, il se soumit à sa volonté, trouvant sans doute quelque compensation à cette contrainte dans le tendre intérêt que Marie montrait pour tout ce qu'elle entendait dire de lui, et il entreprit volontiers un récit qui allait le faire apprécier beaucoup comme historien et encore plus comme héros.

Marie venait de s'éloigner, se dirigeant vers la cheminée ; Jacques jugeant qu'elle allait attiser la flamme avec toute la ferveur du sentiment qui dominait son âme, et qu'il courait le danger d'être bientôt reconnu, se hâta d'entrer dans la chambre et d'occuper la place qu'elle venait de quitter. Après quoi, il commença l'histoire de tout ce qu'il avait fait depuis sa fuite de Grand-Pré, ayant soin de bien accentuer toutes ses paroles afin que sa fiancée ne perdît aucun détail de son récit. Il aurait parlé moins haut qu'elle eût tout entendu. Une fille qui écoute parler de son amant a une subtilité de tympan incomparable. Tout en voyant avec une attention intelligente à tous les petits soins domestiques nécessaires, pour offrir dans son indigence une hospitalité qu'elle aurait voulu rendre somptueuse, tout en exécutant ces mille évolutions d'une ménagère empressée que le bonheur est venu visiter avec ses hôtes, il ne lui échappait pas une syllabe de la narration.

C'est encore une vérité incontestable, qu'il n'y a que les femmes qui savent bien faire plusieurs choses à la fois. On a vanté César qui dictait à plusieurs secrétaires en même temps ; s'il eût été femme, il aurait pu en occuper le double, et trouver encore le temps d'ouvrir çà et là des parenthèses pour le compte d'une jolie voisine ou d'un voisin bien convenable : des Césars, j'en connais cent parmi le beau sexe, à qui il ne manque, pour être supérieur au conquérant des Gaules, que d'avoir gagné quelques victoires de plus.

Le père Hébert, en entendant raconter le combat du Coudiac et l'incendie du presbytère de Grand-Pré, ne put s'empêcher de s'écrier, dans l'épanchement d'une joie sombre :

— C'est bien, mon Jacques ! ces coups-là soulagent la vieillesse de ton père !

On se rappelle la haine profonde que le vieillard avait toujours nourrie pour les Anglais, avec quelle fermeté de résolution, pour fuir leur domination, il s'était arraché de Grand-Pré, après le sacrifice d'une partie de ses biens ; il avait brûlé sa maison à Chignectou ; cette haine ne s'était pas refroidie avec l'âge ; au contraire, ses nouveaux malheurs l'avaient envenimée, et les succès croissants de l'ennemi qui lui ôtaient désormais tout espoir de se voir vengé laissaient son âme toute saturée de ce sentiment. Il ne pouvait donc se rassasier d'entendre parler des actions de cet enfant de prédilection qui avait si bien hérité de son amour national. En l'écoutant, une vigueur inusitée s'emparait de ses membres; sa figure s'illuminait, une exaltation depuis longtemps disparue rallumait la vie dans tout son être, tout symptôme de caducité disparaissait de sa figure; il était maintenant redressé sur son lit; il sortait de la tombe comme Lazare à la voix divine du divin maître; c'était le miracle de l'enthousiasme.

Le Père de la Brosse jouissait du changement qu'opérait sur le malade cette narration de son fils. Jacques lui-même subissait le charme que produisaient ses paroles; sa voix vibrait de ses notes les plus sympathiques; son discours, qui n'était que la peinture de ce qu'il avait vu, que l'écho de ce qu'il avait senti, se déroulait avec la puissance de l'action aux yeux de ses auditeurs. Cette éloquence naturelle et incisive du soldat, cette passion entraînante du patriote dévoué jusqu'à l'héroïsme, faisait de Jacques un orateur dans la belle acception du mot; il avait oublié son rôle de simple historien pour parler comme le héros de son récit. Aussi, quand il vint à raconter la bataille de Sainte-Foye, Marie abandonna sur son trépied le dernier chapon de sa basse-cour et vint s'appuyer au côté de la porte; elle resta là tout le temps du récit, immobile et sans haleine, comme la femme de Loth après qu'elle eut regardé indiscrètement derrière elle. Sans la prévoyance de Wagontaga, qui veillait dans son coin à ne pas manquer de souper ce soir-là, et qui alla retirer du feu la volaille en danger, Jacques était cause que tout le monde allait jeûner, malgré toute la bonne volonté de Marie.

Lorsqu'il eut fini ce beau chapitre de notre histoire, le père Hébert lui ouvrit ses bras dans le transport de son admiration, et lui dit en sanglotant:

— Ah! vous avez parlé comme mon fils l'aurait fait! C'est la même voix!... les mêmes mouvements!... la même ardeur!... J'ai cru que c'était lui!... C'est ainsi qu'il aimait la France et qu'il haïssait les Anglais! Ah! avant que je revoie mon enfant, vous voulez me donner l'illusion de sa présence, me laisser croire que je l'entends et que je l'embrasse, pour prolonger ma vie jusqu'à lui! Eh bien! partagez mon cœur avec lui; vous étiez deux frères d'armes, soyez deux fils dans mes bras; et si je meurs avant qu'il n'arrive, dites-lui que j'ai cru le presser là, à votre place!...

Marie, de son côté, l'âme saisie par une exaltation indicible, regardait avec extase cet étonnant visiteur; elle semblait tout à la fois entraînée vers lui par un ravissement d'une incompréhensible douceur, et repoussée par un doute accablant; dans cet état elle restait immobile et palpitante, avide de nouvelles paroles. Aussi, à peine le père Hébert avait-il donné cours à son émotion, qu'elle s'empressa de reprendre la parole:

— Et qu'a-t-il fait ensuite, qu'a fait votre armée?... Ne craignez pas de nous fatiguer.

— Notre armée?... dit Jacques avec étonnement, mais n'avez-vous pas su?...

— Nous avons su, dit son père, qu'elle avait quitté Québec au printemps, sans doute pour venir rosser les envahisseurs arrivés dans cette partie-ci du pays. Eh bien! notre victoire a-t-elle été complète? Sommes-nous enfin délivrés de leurs insultes et de leurs ravages?... Nous attendions nos jeunes gens pour tout apprendre.

— Ah! notre armée... dit Jacques avec hésitation, notre armée, elle n'existe plus!

— Comment! elle a été battue?...

— Non, elle s'est fondue partiellement devant les trois corps d'invasion des Anglais. Refoulés de tout côté par l'ennemi jusque dans Montréal, nous nous sommes aperçus que nous n'étions plus que quelques milliers de soldats sans vivres et sans munitions, et il a fallu nous rendre.

— Et le pays est perdu?...

— Perdu!...

À peine Jacques avait-il laissé échapper cette parole, qu'il sentit qu'elle tombait comme la foudre sur son pauvre père; mais la question lui avait été posée si explicitement, elle était de sa nature si difficile à éluder, qu'il n'aurait pas pu le faire sans mentir; et un enfant acadien était incapable de tromper. Le vieillard oscilla comme un arbre sous un grand vent, mais il ne fut pas renversé du coup.

— Marie! murmura-t-il en faisant un effort pour se soutenir, approche mon enfant.

La jeune fille accourut vers lui; il lui passa la main autour du cou et il ajouta d'un accent brisé:

— As-tu bien du courage, ma petite fille?...

— Oui, mon père, je suis exercée au malheur depuis l'âge de treize ans et je suis encore jeune, j'endurerai bien cette nouvelle infortune si elle ne vous accable pas vous-même; si vous savez bien la supporter, avec calme, avec résignation... avec...

— Peux-tu marcher longtemps, mon enfant, endurer la faim, le froid, coucher dehors?

— Vous savez que j'ai marché depuis Boston jusqu'ici, que j'ai vu mourir des hommes épuisés, à côté de moi.

— C'est vrai, ma fille, c'est vrai; oh! je t'aime, parce que tu étais digne de lui... La nuit est-elle bien noire?...

— Non, père, le soleil s'est couché bien beau, le ciel est plein d'étoiles.

— Eh bien! partons!...

— Partir! pauvre père!

— Va mettre à part ce qu'il nous faut prendre pour le voyage; fais deux paquets, un gros et un petit... petit et léger, pour qu'il ne te donne pas trop de fatigue... Nous prendrons les devants et nous ferons dire à Jacques quel chemin nous aurons pris; il a le pas plus long que nous, lui.

— Mais vous pouvez à peine vous lever, calmez-vous... je vous en supplie. Où donc voulez-vous aller?

— Là où les Anglais ne pourront jamais arriver... à la Louisiane, à l'extrémité de l'Amérique!

— Tous les chemins praticables vous sont fermés, dit Jacques, et l'ennemi n'a permis qu'aux soldats de rentrer en France; il a contraint tous les habitants à prêter le serment d'allégeance; votre fils lui-même en a passé par cette condition.

— Jacques! s'écria le vieillard, en relevant la tête avec la fierté d'un prophète de Michel-Ange. Non, il n'a pas fait cela... On vous a trompé, ce n'est pas mon Jacques qui se serait déshonoré par une pareille lâcheté, par un parjure! Il est jeune, lui, et puis, n'est-il pas soldat?... libre de sa destinée, il se serait fait Anglais!... Non, non, ce n'est pas dans notre sang, ces choses-là!

— C'est avec la rage dans le cœur qu'il y a consenti... On ne lui laissait pas d'autre alternative pour arriver jusqu'à vous...

— Mais il devait savoir que si j'existais encore, ce n'était pas dans un pays soumis aux Anglais qu'il devait me trouver. J'ai sacrifié trois fois mes biens, — et il savait que ces sacrifices m'étaient plus durs que celui que je pourrais faire aujourd'hui; j'ai brûlé ma demeure, — il en a été le témoin; j'ai vu trois fois ma famille jetée sur le chemin de la proscription, s'éparpiller, et s'éteindre autour de moi, me laisser seul... avec cet ange que Dieu m'a envoyé pour m'accompagner jusqu'au tombeau, et tout cela, pour fuir un joug abominable! Et lui... il n'a fait que combattre, après tout, il le pouvait, c'était un plaisir... Ah! sans mes quatre-vingt-dix ans!...

— Votre fils, monsieur, a brûlé avec vous la maison de son père, et, comme vous le lui avez dit, «il brûlait alors toutes ses espérances»; il a fui, pour défendre la Nouvelle-France, une terre qui lui offrait toutes les séductions d'une union longtemps désirée; il a laissé dans les larmes celle à qui il avait promis de revenir après six mois et qui lui a gardé pendant dix ans l'amour le plus constant et le plus dévoué; il a combattu pendant six ans, sans salaire et presque sans nourriture, courant à tous les dangers, restant sous le drapeau jusqu'à ce qu'il le vît tomber; et après cet événement, prévoyant que son vieux père, cloué par l'infortune et par l'âge sur le sol conquis, serait encore obligé d'accepter la volonté du conquérant et resterait peut-être sans soutien pour supporter le plus cruel des malheurs, il a songé à venir le soulager. Prévoyant encore, par les indications à peu près certaines qu'il avait reçues, que celle qui avait voulu partager sa mort malgré d'injurieux soupçons conçus contre sa constance s'était aussi réfugiée dans cette partie du pays la plus rapprochée de la Nouvelle-Angleterre, il venait partager avec elle une infortune que tout son courage n'avait pu conjurer, la mort nationale. La France l'avait livré, il se croyait libre de ses premiers serments ; sa patrie étant perdue, il croyait, en abandonnant les dix années de salaire que lui doit encore le roi de France, pouvoir offrir sans crime son travail et son amour à ce qu'il y a de plus sacré après la patrie, son père et sa fiancée... Et il espérait qu'après avoir trouvé la main qu'il avait cherchée pour en être béni, cette main ne le repousserait pas avec mépris !... Mon père !... Marie ! c'est moi qui fus autrefois votre Jacques : dites-moi si je dois être maintenant... heureux ou maudit ?...

— Heureux, aimé, béni ! n'est-ce pas, mon père ?... s'écria Marie en enlaçant le cou de son fiancé et celui de son père, et en unissant dans son étreinte leurs deux visages inondés de larmes.

— Oui ! ma fille, dit le vieillard à moitié suffoqué. — C'est Dieu qui nous a vaincus tous les deux, mon bon Jacques, non pas les Anglais.

Après ces paroles, il se fit un instant de silence, pendant lequel ces trois infortunés retrouvèrent ensemble le sentier perdu de leur bonheur. Mais ils ne devaient pas y marcher longtemps unis.

X

Marie tenait toujours le vieillard embrassé, quand tout à coup elle sentit qu'il pesait de tout son poids sur elle.

— Vous faiblissez, lui dit-elle effrayée ; seriez-vous plus mal ?

Pour toute réponse, il s'affaissa sur son lit, et on l'entendit murmurer d'une voix qui s'éteignait :

— Mon Dieu, mon Dieu ! vous l'avez donc voulu !... Pas un pied de terre ne restera à la France pour recouvrir mes os !... À quatre-vingt-dix ans, changer de patrie, oh ! c'est bien dur !... Il me semblait que c'était une sainte chose que l'amour de la France, et que vous ne l'aviez pas mis dans mon cœur pour l'arracher, pour l'outrager, pour le punir !...

Il se tut. Le Père de la Brosse s'approcha, lui prit la main et resta lui-même silencieux ; et malgré qu'il fit tous ses efforts pour ne rien laisser paraître de son trouble, il fut saisi d'une pâleur mortelle en constatant une perturbation fatale dans toute l'organisation de son patient : des commotions nerveuses agitaient toutes ses extrémités, ses lèvres et ses narines étaient violemment contractées. Jacques et Marie, penchés sur son front, dans une angoisse cruelle, suivaient tous les mouvements de sa figure, épiant une révolution salutaire, un retour de la parole qui semblait pour toujours envolée.

— Priez avec moi, dit le prêtre.

Les fiancés tombèrent à genoux, le Père de la Brosse continua à suivre les phases de la crise, tout en faisant quelques pieuses invocations.

Après quelques minutes, la parole commença à manifester son retour par des balbutiements inintelligibles, puis par des phrases incohérentes et détachées ; enfin elle s'échappa avec abondance, comme un torrent débordé ; mais c'était le délire, un délire affreux qui peignait l'état où s'était abîmée son âme :

— C'est bien ! disait-il, c'est bien, mon Dieu ! vous êtes juste, je vous remercie... Ah ! je vous vois enfin, Lawrence, Murray, Winslow, Butler !... Vous êtes bien là, dans ce feu, emportés comme un vent sur une mer de larmes... Vous avez soif, et les démons vous plongent dans cet abîme amer et vous obligent de boire, de boire toujours des larmes... au milieu d'une tempête de malédictions que vous lancent des nuées de victimes... Buvez, l'éternité ne vous rassasiera pas, allez !... Il y a là des mères, des jeunes enfants, des vieillards, tous vous arrêtent quand vous passez, vous déchirent le visage de leurs ongles, vous arrachent les cheveux, et vous crient de leurs gosiers étranglés : « Rendez-nous nos enfants ! rendez-nous nos pères, nos mères, nos maisons, nos terres, nos églises, rendez-nous notre Acadie, et tout notre bonheur ! » Mais ce ne sont pas là nos femmes, nos enfants, nos frères, ce sont d'autres démons qui ont pris leurs figures pour vous tourmenter... Nos parents, Dieu les a pris dans son ciel, pour sécher leurs larmes, pour remplir encore leurs cœurs d'amour ; ils nous appellent dans notre exil...

Peu à peu les paroles du malade se ralentirent, une sueur abondante couvrit son corps, sa figure prit une expression plus calme ; alors le religieux, se baissant à son oreille, lui dit doucement :

— Il faut mourir sans haine, il faut pardonner...

— Pardonner !... s'écria le vieillard, sortant soudain de son épuisement comme par l'effet d'un puissant réactif, et se soulevant à demi. Pardonner, à qui ?... aux Anglais ?... Ah ! c'est impossible cela, mon père !... Ils ont chassé les miens dans les bois et sur les mers, ils les ont jetés en pâture aux bêtes féroces et aux poissons, ils ont mêlé leurs cendres à toutes les terres étrangères, ils ont voulu les vendre comme des esclaves, et ils sont restés triomphants dans leur crime ! Et leur pardonner ?... Non, jamais, jamais !

— Dieu le veut, mon cher frère.

— Il ne leur pardonnera pas, Lui!

— Quand il était sur le calvaire, il a pardonné aux Juifs.

— Oui, mais il gardait son éternité de justice pour les punir.

— Pauvre infortuné, ah! ne parlez pas ainsi; ne savez-vous pas qu'en cessant d'être homme et malheureux, vous aurez aussi l'éternité de la justice divine pour venger votre innocence? La vie de Jésus-Christ n'a été sur la terre qu'un holocauste d'expiation; si, en mourant, il lui restait une éternité de toute-puissance pour châtier ses bourreaux, il leur laissait éternellement son sang pour laver leur crime et mériter sa miséricorde! Dieu n'est venu donner aux hommes qu'une loi d'amour, il ne leur a pas laissé le droit de haïr et de juger pour l'éternité; c'est un droit réservé à sa souveraine justice; il est venu apprendre aux faibles, aux dépossédés de la terre, à ceux qui ont souffert, à tous les hommes enfin, comment il faut vivre et mourir; il se réserve de vous dire, là-haut, comment il faut juger!...

Le père Hébert s'était d'abord levé jusque sur ses genoux, comme pour se roidir contre cette nécessité du pardon suprême imposé par la religion; il tenait les mains jointes, son regard enflammé se tournait vers le ciel; mais peu à peu les paroles du prêtre firent courber son front, ébranlèrent tout son être; il trembla, et quand il n'entendit plus parler, il articula lentement ces mots d'une voix déchirante:

— Ma sainte femme, mes enfants, mes petits-enfants, qui êtes aux cieux, vous savez par vos yeux de bienheureux si mon cœur est encore rempli de vos douleurs et des injustices que vous avez souffertes; eh bien! entendez-moi devant Dieu: je pardonne aux Anglais, pour vous et pour moi.

— Et moi, dit le religieux, je vous bénis au nom de Jésus-Christ.

Le dernier effort de cette vigoureuse existence était accompli: c'était le plus difficile que la Providence avait exigé du vieillard; à peine l'eut-il fait, qu'il tomba dans les bras de ses enfants, qui recueillirent dans un tendre embrassement son dernier soupir.

XI

Deux jours après, on vit un cortège funèbre s'avancer lentement sur les bords de la petite rivière, à l'ombre d'une avenue d'ormes gigantesques. L'humble bière de bois brut était portée par les vieillards les plus vigoureux de la commune, car les jeunes gens y étaient rares; Jacques et Marie marchaient tout près; sur leurs visages éplorés on distinguait un sentiment plus calme, plus doux, plus résigné, qu'on ne voit d'ordinaire chez les personnes frappées d'un pareil deuil... Derrière eux venaient tous les voisins et voisines. Le cortège, après avoir suivi le cours de l'eau pendant quelque temps, s'arrêta près d'un cimetière nouveau, situé sur la pente d'un coteau: la haie de l'enceinte descendait d'un côté jusque dans la rivière où elle trempait ses bouquets de noisetiers. On voyait déjà sur cette terre vierge quelques croix de bois, et une fosse qui attendait la dépouille d'un autre exilé. C'est près de là que fut déposé le cercueil.

Après quelques prières, les porteurs le descendirent dans le trou; chacun lui jeta, pour adieu, une poignée de terre, et tout le monde s'en retourna en silence, quelques-uns seulement s'agenouillèrent un instant devant les croix qu'ils rencontrèrent. Sur ces croix, on lisait, à la suite des noms des défunts, les mots suivants, écrits par une main inculte: *Né à Beau-Bassin, né à Grand-Pré, né à Port-Royal, né à l'île Saint-Jean...* ils étaient venus de partout, à ce rendez-vous de toutes les infortunes et de toutes les misères. Jacques et Marie restèrent penchés sur le bord de la fosse, jusqu'à ce que le travail du fossoyeur eût fait disparaître le bois du cercueil; ensuite ils regagnèrent aussi leur demeure, suivis du religieux, de Wagontaga et de deux voisins.

Le bon missionnaire qui venait de bénir une tombe s'en allait bénir un mariage.

Joseph Marmette

L'INTENDANT BIGOT

[1862 et 1864]

*Les malversations, réelles ou supposées, du dernier intendant de la Nouvelle-France ont suscité tellement d'intérêt et sont à ce point entrées dans la légende populaire qu'il était inévitable qu'un romancier s'empare du sujet et en propose une version aux lecteurs avides de connaître les événements d'une période particulièrement sombre et tragique de l'histoire canadienne. Après la publication de l'*Histoire du Canada depuis sa découverte jusqu'à nos jours *(1848-1852) de François-Xavier Garneau, un nouvel horizon d'attente s'était développé pour les romans historiques. Aussi ce genre prit-il une importance considérable, à l'égal de l'engouement du public, et vint à l'emporter sur les autres genres littéraires. Si les deux premiers romans historiques de Joseph Marmette portent sur le Régime français,* L'intendant Bigot *en marque la fin. L'auteur, alors archiviste, s'inspirant de nombreux documents historiques et les citant d'ailleurs soigneusement avec notes à l'appui, les suit ou s'en écarte selon le déroulement de son intrigue, qu'il s'agisse des menées secrètes de Bigot et de ses âmes damnées, de ses amours orageuses avec madame du Péan, de la trahison qui fit basculer la Nouvelle-France sous le régime anglais et des châtiments que le romancier imagine pour les coupables. Tout au cours du roman, l'écrivain intervient pour juger les actions condamnables de Bigot et de son entourage et s'inscrire de cette façon dans la problématique moralisatrice de nombreuses œuvres narratives du XIXe siècle.*

*
* *

Joseph Marmette est né à Saint-Thomas-de-Montmagny en 1844. Il fait ses études classiques au Petit Séminaire de Québec et au collège Regiopolis de Kingston avant de s'inscrire en droit à l'Université Laval en 1865. Peu avant la fin de ses études, il quitte l'université et se trouve un emploi de commis au bureau de la Trésorerie de la Province de Québec. En 1882 il est nommé à Ottawa agent spécial de l'immigration pour la France et l'Italie, ce qui lui offre la possibilité de voyager régulièrement en Europe.

Dès son adolescence Joseph Marmette écrit. D'abord des vers, mais très rapidement son intérêt pour le roman historique et le roman d'aventures se développe. Sa première œuvre, Charles et Éva, *paraît en 1866. Par la suite il publie bon nombre de romans historiques, essais, récits et souvenirs. Joseph Marmette meurt en 1895.*

Prologue

I

1755

Un froid intense faisait craqueter la neige sous les pas rapides des piétons qui, dans la nuit du vingt-quatre décembre mil sept cent cinquante-cinq, se dirigeaient, renfrognés dans leurs fourrures, vers la cathédrale de la bonne ville de Québec.

La cloche du lourd beffroi, dont la silhouette se dessinait nettement sur un ciel bleu tout semé d'étoiles étincelantes, rendait un son mat et sec qu'étouffait encore une épaisse couche de neige dont les millions de parcelles cristallines scintillaient sur la terre gelée, comme autant de vers luisants, tandis que la lumière pâle de la lune estompait les larges ombres de la cathédrale sur la grande place de l'église.

Chacun se hâtait. Car la bise mordait les joues rougies des femmes sous la capuche de leurs pelisses chaudement doublées d'ouate; et les bons bourgeois sentaient leur barbe frimasser rapidement par suite d'une respiration fréquente que doublait leur marche précipitée.

Puis, si l'on allait si vite, n'était-ce pas aussi pour arriver plus tôt à l'église, tout illuminée depuis la grande porte jusqu'à l'autel, en l'honneur de l'Enfant-Dieu?

Oui certes: et les derniers tintements de la cloche, se mêlant aux grincements de la corde que le froid avait raidie et qui gémissait là-haut en frottant l'une des parois du clocher, annonçaient l'approche du service divin.

Déjà même on pouvait entendre du dehors le refrain joyeux de l'un de ces vieux noëls que nous ont légués nos pères de France, et que nous conservons précieusement. Aussi frappait-on vite du pied le parvis de l'église pour y secouer la neige amassée durant la marche; car on entendait du dehors les fraîches voix de jeunes enfants de chœur qui chantaient, à pleins poumons, dans la cathédrale:

Çà, bergers, assemblons-nous.

La pesante porte de chêne venait de se refermer sur le dernier des arrivants, quand elle fut rouverte pour donner passage à un vieillard et à une petite fille, qui avaient dû refouler, tous deux, le courant des fidèles pour sortir ainsi de l'église au moment même où presque toute la population de la ville y entrait.

Comme il lui avait fallu jouer quelque peu des coudes pour se frayer un passage, l'homme importun, cause de ce dérangement imprévu, avait arraché des murmures aux vieilles dévotes agenouillées dans la grande allée; et celles-ci, qui égrenaient leur chapelet, ne s'étaient déplacées qu'en marmottant une menace entrecoupée d'un lambeau d'*Ave*.

L'homme et l'enfant qui le suivait s'étaient rendus des premiers à l'église.

Ils s'étaient avancés vers l'autel pour s'agenouiller le plus près possible d'une crèche tout ornée de fleurs où reposait un petit Jésus de cire dont la vue faisait ouvrir bien grands les yeux des bambins qui avaient arraché des parents la permission d'assister à la messe de minuit.

Il y avait à peine quelques minutes qu'ils étaient arrivés, lorsque la petite fille, dont la figure pâlie par la misère prenait des tons de marbre blanc à la lumière des cierges, se pencha vers le vieillard aux habits duquel elle se retint en disant d'une voix faible :

— Oh! que j'ai faim, mon papa! Tu m'avais dit, pourtant, que l'enfant Jésus nous voudrait bien donner du pain!

L'homme n'avait pas répondu. Mais il s'était tourné vers sa fille, et avait jeté sur elle un long regard de tendresse douloureuse ; puis un frisson nerveux avait passé sur sa figure, et l'on avait pu voir deux grosses larmes glisser sur ses joues hâves pour aller se perdre dans ses longues moustaches grises.

Et prenant la petite fille par la main, il s'était relevé péniblement pour sortir du saint lieu.

Chacun les regardait.

Le vieillard, manchot du bras droit, était fièrement drapé dans une vieille capote militaire usée jusqu'à la corde, mais dont les déchirures, cicatrices du temps, soigneusement recousues, annonçaient la dignité en lutte avec l'indigence. La croix de l'ordre de Saint-Louis brillait sur sa poitrine.

Quant à la petite fille, une légère robe d'été que recouvrait, en guise de pelisse, un reste d'habit d'officier, dont certains vestiges des parements de couleurs trahissaient la glorieuse origine, revêtait à moitié son corps grêle et transi de froid.

Ses méchants bas, trop souvent ravaudés, laissaient voir, par de nombreux accrocs que l'aiguille industrieuse avait vainement voulu refermer, les pauvres frêles jambes de la petite, toutes bleuies par les caresses sournoises de la gelée ; pendant que les souliers, privés de leurs boucles, semblaient se complaire à mettre en contact immédiat avec la neige les mignons pieds qu'ils auraient dû si soigneusement protéger.

C'était une courte mais navrante histoire que celle de leur misère.

Vieux débris des guerres occasionnées par les successions d'Espagne et d'Autriche, M. de Rochebrune avait émigré au Canada, où il avait été d'abord enseigne, puis lieutenant d'une compagnie de la marine, à venir jusqu'à l'été de dix-sept cent cinquante-cinq.

C'était un pauvre officier de fortune. Il n'avait pour tout bien qu'une petite rente qui venait de s'éteindre par la mort de sa femme. Or, comme le faisait remarquer M. Doreil dans une lettre du 20 octobre 1758, adressée au ministre de la Guerre, le maréchal de Belle-Isle, il était presque impossible à un lieutenant dont le traitement n'était que de cent quinze livres par mois de ne pas mourir de faim, vu la disette qui sévissait dans la colonie. On s'imaginera donc sans peine que le vieux gentilhomme et sa fille se trouvaient dans une gêne extrême depuis la mort de Mme de Rochebrune, arrivée en dix-sept cent quarante-huit.

Le vieil officier vécut ainsi tant bien que mal jusqu'à l'été de mil sept cent cinquante-cinq, pendant lequel il perdit le bras droit à la glorieuse bataille de la Monongahéla, où huit cents Canadiens et Sauvages remportèrent une victoire complète sur les douze cents hommes commandés par Braddock.

Rendu invalide par ce dernier malheur, M. de Rochebrune se vit obligé de quitter l'armée et fut mis à sa demi-solde vers la fin de l'été de mil sept cent cinquante-cinq.

Depuis quelques mois cependant, une grande famine sévissait à Québec, par suite des malversations et du pillage éhonté auxquels se livraient l'intendant Bigot et ses amis Péan, Deschenaux, Cadet, et autres fonctionnaires vautours de cette trempe.

«On s'arrachait le pain à la porte des boulangers», dit l'auteur du *Mémoire sur les affaires du Canada depuis 1749 jusqu'à 1760*[1]. «On voyait souvent les mères déplorer de n'en avoir pas assez pour donner à leurs enfants, et courir à l'intendant Bigot, implorer son secours et son autorité. Tout était inutile; il était assiégé d'un nombre d'adulateurs qui ne pouvaient comprendre, au sortir des abondants et délicats repas qu'ils venaient de prendre chez lui, comment on pouvait mourir de faim.»

On paya intégralement au vieil officier ses deux premiers mois de pension.

Mais lorsqu'au commencement d'octobre il alla chez M. Péan, capitaine et aide-major des troupes de la marine, pour toucher sa demi-solde, on lui en fit attendre le paiement jusqu'à la fin du mois.

Puis, on ne lui donna plus rien.

C'est alors que la misère força la porte de l'invalide.

---

1. Ce Mémoire, publié en 1838 par la Société historique de Québec, abonde en renseignements sur cette sombre époque de notre histoire. Pour m'exempter de le citer trop souvent, je dirai tout de suite que j'y ai puisé presque tous les détails qui concernent Bigot et ses complices.

Trop fier pour demander un secours que de plus riches compagnons d'armes lui auraient octroyé avec plaisir, M. de Rochebrune, au contraire, voulut cacher sa pauvreté, ferma sa porte à tous, et ne sortit plus que pour faire quelques tentatives auprès des commis de Péan, lesquels, de concert avec leur maître, et intéressés comme lui au pillage des deniers du roi, surent toujours éconduire l'officier en retraite avec de menteuses promesses.

Il essaya bien alors de faire parvenir ses plaintes jusqu'à Bigot, mais il en fut empêché par le secrétaire de l'intendant, Deschenaux, qui, du reste, était probablement de connivence avec son maître.

«L'impitoyable Deschenaux, toujours alerte, dit l'auteur du Mémoire déjà cité, écartait tout ce qui pouvait nuire; on s'enquérait, avant de faire parler à l'intendant, de ce que l'on voulait lui dire; les bonnes gens avouaient le sujet pour lequel ils venaient; alors on les faisait parler à Deschenaux, qui commençait par les maltraiter et les menaçait de les faire mettre en prison. S'ils persistaient de vouloir parler à l'intendant, il allait le prévenir et les dépeignait comme des rebelles; on les faisait approcher, on n'écoutait point leurs raisons, on les maltraitait, et ils se trouvaient encore heureux de n'être point emprisonnés; en sorte que personne n'osait se plaindre.»

Aussi, quel ne dut pas être le désespoir du vieux militaire, le soir où il rentra chez lui, après sa dernière et infructueuse démarche auprès des indignes fonctionnaires devant lesquels tremblaient presque tous les honnêtes gens du pays!

On était rendu au quinzième jour de décembre.

L'hiver s'annonçait rigoureux, et le bois manquait complètement au logis. La famine avait porté les vivres à un prix excessif dans la ville, et c'est à peine s'il restait à M. de Rochebrune un écu sur le dernier paiement qu'il avait touché!

La petite Berthe, sa fille unique, âgée de treize ans, avait d'autant plus froid, dans cette maison dont le foyer désert attendait vainement la visite du feu, qu'elle manquait tout à fait de ces bons vêtements que les mères attentives tirent de la profonde armoire au linge, alors que les enfants joyeux veulent aller s'ébattre sur la première bordée de neige que nous apportent les brouillards de novembre.

Berthe avait, le printemps précédent, donné ses vêtements d'hiver, un peu passés, à une petite pauvresse. La demoiselle de Rochebrune ne se doutait pas que l'hiver suivant la verrait aussi dénuée de tout que cette mendiante qu'elle secourait alors.

Le père et la fille vécurent, du douze au vingt décembre, de petites provisions que M. de Rochebrune s'était procurées avec la minime somme qui lui restait, celui-là osant à peine prendre, chaque jour, deux ou trois bouchées de pain sec, afin de permettre à sa petite Berthe de satisfaire un peu son appétit.

Lorsque l'enfant remarquait l'extrême frugalité de son père, celui-ci répondait que son âge et le soin de sa santé ne lui permettaient pas de faire aucun excès de bonne chère, et que ce sévère régime lui allait bien mieux.

Pour preuve, il prenait Berthe sur ses genoux et la faisait sauter en chantant.

Mais lorsqu'il sentait les mains froidies de son enfant glacer les siennes, les larmes lui montaient aux yeux, et il se détournait pour pleurer sans être vu.

Le matin de la vingtième journée de décembre, le malheureux père s'aperçut qu'il ne restait plus que quelques sols, juste assez pour suffire à la nourriture de Berthe durant trois ou quatre jours.

— Je jeûnerai complètement, se dit-il.

Et lorsque l'enfant cassait, le matin, de ses doigts gourds, le morceau de pain qui représentait son déjeuner, son père lui affirmait que, s'étant levé avant elle, il l'avait aussi devancée pour prendre son premier repas.

Quand arrivait le midi, le vétéran disait n'avoir pas faim à cette heure de la journée.

Et comme Berthe était au lit quand il rentrait le soir, il était censé souper seul.

Le matin de la veille de Noël, Berthe n'eut pas assez de pain pour son déjeuner. Elle en demanda d'autre. Il n'en restait plus !

Le père, qui la regardait manger, laissa tomber sa tête sur la table où il était accoudé, et pleura.

L'héroïque vieillard n'avait pas pris autre chose que de l'eau froide depuis quatre jours !

L'enfant vint entourer de ses petits bras le cou de son père et lui demanda pardon, en l'embrassant, de lui avoir causé de la peine.

Les sanglots du vieillard redoublèrent, puis il tomba dans un état d'extrême prostration.

Quand les forces lui revinrent un peu, il vit que sa fille, endormie par le froid et la faim, s'était assoupie sur ses genoux. Il la déposa bien doucement dans son petit lit tout glacé, la recouvrit avec soin et reprit sa place auprès de la table.

Les tiraillements aigus de la faim montaient maintenant de l'estomac au cerveau du vieillard exténué ; et la fièvre des hallucinations se mit à faire tournoyer sa pensée comme une roue sous son crâne.

Il lui vint d'abord un désir de suicide qu'un reste de raison, dont la lueur brillait encore dans un recoin de sa tête, lui fit repousser aussitôt.

Ce fut ensuite une idée de vengeance qui succéda à la première. Et les noms de Bigot, de Deschenaux et de Péan passaient sur ses lèvres avec de sanglants reproches et d'affreuses menaces.

Enfin le sommeil le reprit et il s'endormit de nouveau.

L'infortuné ne rêva que collations, petits soupers et festins.

Les plats les plus succulents et les plus variés passaient en songe devant lui, dans une procession fantastique et interminable. Ce n'étaient que jambons rosés, chapons gras, dindonneaux truffés, perdrix rôties à la broche et pâtés de venaison, que suivaient en foule compacte les crèmes, les conserves, les gelées et les fruits variés du dessert; le tout suivi d'une formidable arrière-garde de vins de choix.

En un mot, tout ce que la vengeance d'une faim non satisfaite peut inventer pour torturer le cerveau d'un homme exténué.

Des plaintes étouffées le tirèrent de cette délirante hallucination.

Mais il fut quelque temps à se remettre et à comprendre d'où venaient ces gémissements.

C'était Berthe qui sanglotait sur son lit où elle se tenait à demi agenouillée.

M. de Rochebrune se leva; mais ses jambes fléchirent sous lui et, si la table n'avait été à la portée immédiate de sa main, il serait tombé.

— Qu'as-tu donc, mon enfant? lui demanda M. de Rochebrune, qui se dirigea en tâtonnant vers le lit.

Car la nuit était venue, et quelques pâles rayons de lune éclairaient seuls l'appartement.

— J'ai faim, mon papa, et mon lit est bien froid! répondit l'enfant au milieu de ses pleurs.

— Mon Dieu! s'écria le pauvre père, accablez-moi de tout votre courroux, mais au nom votre infinie miséricorde, prenez pitié de mon enfant!

Soudain, le son joyeux des cloches de la cathédrale et des communautés de la ville répondit à cette douloureuse exclamation.

Le vieillard se ressouvint que le lendemain était Noël, et que ce gai carillon appelait maintenant les fidèles à la messe de minuit.

— Habille-toi, dit-il à Berthe. Nous irons à la messe, et le bon Dieu que nous prierons voudra, sans doute, nous donner ce que nous refusent les hommes.

Et tous deux, grelottant dans la nuit, s'étaient rendus à l'église.

On a vu qu'ils en sortirent bientôt.

Quand ils eurent fait quelques pas dans la rue de la Fabrique, le vieillard s'arrêta.

Où donc aller à cette heure avancée?

La cathédrale, la chapelle du Séminaire et l'église des Jésuites étaient bien illuminées; mais comment aller troubler les fidèles en prières, pour leur demander du secours?

On ne voyait pas de lumière dans les maisons qui avoisinaient la grande place. Et d'ailleurs, la seule idée d'aumône réveillait toutes les susceptibilités du vieux gentilhomme.

Un geste de désespoir lui fit porter la main à son front. Dans ce mouvement, il rencontra sous ses doigts la croix d'or qu'il devait à son courage.

— Oh! mais comment n'y ai-je pas pensé plus tôt? s'écria-t-il. Ne me reste-t-il pas encore ma croix? Mon Dieu! aurais-je jamais pu m'imaginer qu'il me faudrait un jour trafiquer cet insigne d'honneur! N'importe, viens, Berthe, tu auras du pain cette nuit! Allons à l'intendance, où j'échangerai, à *La Friponne*, contre quelques vivres, ma croix de Saint-Louis! Clavery, le garde-magasin, veille peut-être encore, occupé à compter les profits de sa journée!

Les Québécois appelaient *La Friponne* une maison de commerce établie par Bigot, près de l'intendance, dans le but de s'attirer tout le négoce et surtout de fournir les magasins du roi.

«L'intendant envoyait tous les ans à la cour l'état de ce qui était nécessaire pour l'année suivante: il pouvait diminuer à son gré la quantité à demander, qui d'ailleurs, par les circonstances, n'était jamais suffisante, et que souvent on amoindrissait. Ce magasin se trouvait justement fourni de ce qui manquait à celui du roi; alors on n'avait plus recours, comme auparavant, aux négociants, et par là, on les réduisit à un simple détail.

On trouva encore le moyen de fournir plusieurs fois la même marchandise au roi, et toujours de la lui faire acheter plus cher.»

M. de Rochebrune et Berthe se remirent à marcher.

Après avoir descendu la rue de la Fabrique, ils s'engagèrent dans la rue Saint-Jean, qu'ils laissèrent bientôt pour entrer dans la rue des *pauvres* ou du *palais*.

Leur ombre, grêle et allongée, que la lumière et l'inclinaison de la lune faisaient se dessiner derrière eux, sur la neige, semblait le spectre de la faim qui s'acharnait à les suivre.

Ils allèrent ainsi vers la porte du *palais*, le père chancelant à chaque pas et l'enfant pâmée de froid. Cette porte conduisait au palais de l'intendant, qui s'élevait sur le terrain maintenant occupé en grande partie par des usines, et dans le voisinage immédiat de la rivière Saint-Charles.

Pour retracer l'origine du palais des intendants, il faut presque reculer à un siècle de distance de l'époque où remonte ce récit, c'est-à-dire au temps où l'administration vigoureuse et éclairée de M. Talon donnait un si bel essor à la prospérité naissante de la Nouvelle-France.

Celui-ci, dans le dessein d'établir une brasserie à Québec, avait fait élever, sur les bords de la rivière Saint-Charles, des constructions qui devinrent ensuite, avec des additions et des embellissements considérables, la résidence des intendants français.

Le palais se nommait ainsi parce que le Conseil supérieur s'y assemblait.

Un incendie le dévora complètement dans la nuit du cinq janvier dix-sept cent treize. M. Bégon et sa jeune femme, qui l'habitaient alors, n'eurent que le temps de s'échapper en robes de chambre et perdirent, dans ce désastre, tous leurs effets mobiliers.

Charlevoix nous apprend, par la description qu'il fait, en dix-sept cent vingt, du nouvel édifice, que l'ancien était bâti sur la rue, très près du cap, et qu'il n'avait pas d'avant-cour.

Le palais fut encore réduit en cendres en dix-sept cent vingt-six, et construit de nouveau.

C'est dans le dernier que Bigot demeurait. On y arrivait par une grande porte cochère dont les ruines étaient visibles, il n'y a pas longtemps encore, dans la rue Saint-Vallier. L'entrée se trouvait du côté du cap et des fortifications qui, en cet endroit, bordaient la vue.

Au fond de l'avant-cour s'étendait le palais, grand pavillon à deux étages, dont les deux extrémités débordaient de quelques pieds. Un perron à double rampe conduisait à la porte d'entrée, au-dessus de laquelle grinçait la girouette d'un clocheton qui s'élevait sur le milieu de la toiture.

Les magasins du roi se trouvaient sur la cour à droite et la prison derrière.

Les cuisines s'élevaient sur la gauche. Et, coïncidence singulière, la cheminée, qui en subsiste encore, sert aujourd'hui à l'immense fonderie de M. George Bisset. Ainsi les mêmes pierres qui virent autrefois rôtir les perdreaux des intendants français se rougissent maintenant au contact de la fonte ardente d'un industriel anglais.

De l'autre côté, la vue s'étendait sur un grand parc, puis sur la rivière Saint-Charles et plus loin sur les Laurentides qui bordent fièrement au loin l'horizon.

De toutes ces magnificences, il ne reste plus que des murailles en ruines, et qui ne s'élèvent pas plus haut que le rez-de-chaussée. Le lecteur curieux les pourra voir en arrière de la brasserie de M. Boswell et des usines de M. Bisset.

Quand M. de Rochebrune et Berthe eurent dépassé la porte de la ville, le palais leur apparut éclairé depuis les cuisines jusqu'au salon. Chaque fenêtre, à partir du rez-de-chaussée jusqu'aux mansardes, jetait des flots de lumière sur la blanc tapis de neige qui recouvrait le jardin et les cours.

C'est qu'il y avait grand gala chez M. l'intendant Bigot.

— Oui! murmura le vétéran, tandis que ces vauriens se réjouissent là-bas, les honnêtes gens meurent de faim!

Et ce fut en grommelant qu'il descendit la côte qui menait droit au palais.

La porte cochère en était restée toute grande ouverte pour les invités.

Le vieillard et sa fille entrèrent dans la cour; obliquant à droite, ils prirent le chemin des magasins du roi.

Autant la façade du palais était resplendissante de lumières, autant celle des bâtisses consacrées au commerce était sombre.

Le vieil officier frappa vainement aux portes; il n'entendit pour toute réponse que les aboiements furieux d'un dogue que l'on y enfermait chaque soir pour la garde des marchandises.

Ce chien était plus fidèle que ceux qu'il servait.

— Il ne me fallait plus que ce dernier coup du sort pour m'achever! s'écria le malheureux en se rongeant les poings. Oh! s'il faut que d'honnêtes gens meurent de faim cette nuit, ce ne sera pas du moins avant que j'aie flétri de ma dernière malédiction les misérables qui en sont la cause!

Surexcité par une fièvre atroce qu'éperonnait encore une faim délirante, M. de Rochebrune se dirigea à pas précipités vers la grande entrée du palais.

Les domestiques avaient assez à faire ailleurs, et la soirée se trouvait en outre trop avancée pour qu'il fût besoin d'un valet qui annonçât les invités, maintenant au complet, aussi personne ne gardait la porte.

M. de Rochebrune l'ouvrit et entra.

II

Somptueux devait être l'intérieur de la résidence d'un homme tel que Bigot, qui avait apporté de France ces goûts de luxe, de bien-être et de mollesse qui distinguèrent le règne du roi Louis XV.

L'histoire et la tradition, d'ailleurs, sont là pour nous prouver que M. l'intendant du roi sembla chercher à imiter son illustre souverain, en ayant, comme lui, des maîtresses, avec en outre, comme nous le verrons plus tard, maisons de ville, de campagne et de chasse.

Aussi pouvons-nous avancer sans crainte que le coup d'œil présenté par les salons de l'intendant, le soir du vingt-quatre décembre mil sept cent cinquante-cinq, était des plus ravissants.

Les flots de lumière jetés par mille bougies dont la flamme scintille en gerbes multicolores sur le cristal des lustres éclairent superbement les lambris dorés, les tapisseries luxueuses et les riants groupes de petits Amours et de colombes amoureuses qui se becquettent sur le plâtre des plafonds au milieu de guirlandes de fleurs artistement dessinées, pendant que de hautes glaces semblent doubler en nombre un riche mobilier d'acajou que l'esprit du temps a chargé d'une profusion surannée de ciselures et de reliefs.

Enfin, sur un moelleux tapis de Turquie, où les souliers à boucle s'enfoncent et disparaissent presque entièrement, s'agitent et se croisent de nombreux invités dont les brillants costumes sont en harmonie avec les somptuosités qui les entourent.

Entre tous les galants cavaliers qui papillonnaient auprès des dames, lesquelles n'étaient pas le moins bel ornement de ce lieu enchanteur, M. l'intendant, leur hôte, se faisait remarquer autant par la coupe gracieuse et la richesse de ses habits que par l'exquise urbanité de ses manières.

Il portait un habit de satin aurore, à très larges basques et à revers étroits lisérés d'or. Ce brillant justaucorps laissait voir une veste de satin blanc, par l'échancrure de laquelle s'échappait une cravate de mousseline dont les bouts très longs pendaient par-devant en compagnie des cascades de dentelle qui tombaient de la chemise.

La culotte, de même étoffe que l'habit, descendait en serrant la jambe jusqu'au-dessous du genou ; là, elle s'arrêtait retenue par de petites boucles en or et recouvrait le bas bien étiré sous lequel se dessinait avec avantage un musculeux mollet.

Des souliers à talon, attachés par des boucles d'or, emprisonnaient ses pieds.

Quant à ses cheveux roux, ils étaient poudrés à blanc, relevés et frisés sur le front et les tempes, pour venir se perdre en arrière dans une bourse de taffetas noir.

Une épée de parade à poignée d'ivoire ornée de pierreries relevait par derrière les basques de son justaucorps.

Mais la nature avait gratifié M. Bigot d'un défaut terrible, puisque, disent les intéressants mémoires de M. de Gaspé, Bigot était punais ! Aussi parfumait-il à outrance et sa personne et ses habits afin de rendre son approche tolérable aux intimes.

François Bigot était d'une famille de Guyenne, illustre dans la robe. Nommé d'abord commissaire à Louisbourg, où il se distingua tout de suite par cet éminent esprit de calcul qui lui fit toujours accorder ses préférences à la soustraction, il avait été élevé plus tard à l'emploi d'intendant de la Nouvelle-France, qu'il occupait depuis quelques années au moment où nous le présentons au lecteur.

Il pouvait avoir trente-cinq ans. Doué d'une taille au-dessus de la moyenne, d'une figure sympathique où se lisait pourtant une expression de ruse et d'astuce aussitôt qu'il parlait d'affaires, tranchant du grand seigneur par ses manières courtoises et sa prodigalité, Bigot avait su se faire un grand nombre d'amis.

Porté par tempérament aux excès qui caractérisent l'époque de Louis XV[2], cette fièvre de jouissance, dont l'incessante satisfaction exigeait un revenu dix fois plus considérable que ses ressources personnelles et ses appointements, lui fit bientôt rejeter le masque d'honnête homme dont la nature l'avait doué. Alors, il se montra le plus effronté pillard que jamais roi de France ait eu pour fermier général ou pour intendant.

Afin de voiler un peu ses exactions, il sut inviter ses subordonnés et leurs commis au silence, et leur inspira des goûts de luxe qu'ils ne pouvaient satisfaire qu'en imitant ses propres malversations.

L'on croira sans peine que ses amis et complices formaient non seulement la grande majorité, mais même la totalité de ses hôtes. Car les honnêtes gens de Québec fréquentaient peu Bigot, déjà suspect à cette époque.

Après le maître, celui qui par ses saillies se faisait le plus valoir auprès des dames était le secrétaire de l'intendant, Brassard Deschenaux. Il était fils d'un cordonnier de Québec.

Les mémoires de l'époque nous le montrent comme un homme laborieux et de beaucoup d'esprit, mais d'un caractère rampant. « Il avait une envie si démesurée d'amasser de la fortune, que son proverbe ordinaire était de dire "qu'il en prendrait jusque sur les autels". »

Puis l'on voyait le sieur Cadet, fils d'un boucher. Protégé par Deschenaux, qui avait eu occasion de reconnaître son esprit intrigant, par l'entremise de M. Hocquart, prédécesseur de Bigot à l'intendance, Cadet, qui dans sa jeunesse avait gardé les animaux d'un habitant de Charlesbourg, remplissait maintenant les fonctions de munitionnaire général.

---

2. En cela Bigot tenait de sa race. On peut s'en convaincre en lisant les *Historiettes* de Tallemant des Réaux, où le nom des aïeux de Bigot figure *honorablement* à côté de ceux des grands personnages dont Tallemant raconte, avec un peu trop de détails, les amoureuses prouesses. Voir, entre autres, l'article sur M. Servien, « qui était amoureux d'une Mme Bigot, une belle femme mariée à un M. Bigot dont le père avait été procureur général du Grand Conseil ». Cette dame Bigot demeurait à Angers.

Venaient ensuite le contrôleur de la marine, Bréard, qui, de très pauvre qu'il était lors de sa venue en Canada, s'en retourna extrêmement riche ; puis le sieur Estèbe, garde-magasin du roi à Québec, et son commis Clavery, préposé, comme on l'a vu, à l'administration de *La Friponne*.

Enfin, c'était Jean Corpron, l'associé et le commis de Cadet, que ses coquineries avaient fait chasser de chez plusieurs négociants dont il était l'employé, et bien d'autres fonctionnaires de même acabit, dont l'histoire n'a pas jugé à propos de nous conserver les noms.

Le plus laid et le moins spirituel de toute cette société d'intrigants, c'était sans contredit l'aide-major des troupes de la marine, Michel-Jean-Hugues Péan. Bien qu'il n'eût aucun talent et nulle disposition pour la guerre, il avait obtenu ce poste élevé grâce aux charmes de sa moitié qui avait su plaire à M. Bigot.

C'était une adorable coquette que Mme Péan. Elle avait de la beauté, de la jeunesse, de l'esprit, disent les mémoires ; et sa conversation était amusante et enjouée.

« L'intendant fut attaché à elle tout le temps qu'il demeura en Canada, et lui fit tant de bien qu'on envia sa fortune. Il allait régulièrement chez elle passer ses soirées ; car elle s'était fait une petite cour de personnes de son caractère, ou approchant, qui méritèrent sa protection par leurs égards et firent des fortunes immenses. »

Le mari fermait les yeux sur la liaison de sa femme avec l'intendant, et comme il s'enrichissait vite, grâce à Bigot, il s'efforçait de porter noblement son infortune en faisant la cour à la femme de l'un de ses collègues en pillerie, Pénissault, qui était chargé, à Montréal, de la direction d'une maison succursale de *La Friponne*.

Mais la chronique impitoyable nous apprend que Péan ne fut guère plus heureux de ce côté que dans son ménage, vu que la jolie et spirituelle dame Pénissault finit par lui préférer le chevalier de Lévis, qui l'enleva pour l'emmener en France.

Il va sans dire que Mme Péan éclipsait toutes les autres femmes auxquelles la faveur, plus encore que le rang, avait, ce soir-là, ouvert les portes du salon de l'intendance.

Aussi se sentait-elle parfaitement à l'aise dans cette somptueuse demeure où elle régnait en maîtresse.

Inondée de bouillons de soie, noyée de brouillards de blonde, elle était mise avec tout le superbe mauvais goût auquel surent arriver, par trop de recherche, les femmes du temps de Louis XV.

Elle portait une robe de soie moirée, à dos flottant, ouverte de corsage, et à la jupe qui ondoyait d'autant plus à la lumière des lustres, qu'un énorme panier — cet ancêtre de la crinoline, laquelle vient de disparaître à son tour — gonflait de manière à obliger ceux qui lui parlaient de se tenir à six pieds de distance.

Des échelles de rubans couvraient la poitrine au défaut de la robe, tandis qu'un gros nœud à deux feuilles s'étalait tout en haut d'un corsage que la mode lascive du temps voulait être très échancré, chose dont ne semblait nullement songer à se plaindre la jeune femme qui étalait avec complaisance les épaules les plus parfaitement blanches et arrondies qu'ait jamais effleurées l'haleine d'un valseur.

Un mignon collier d'or et de rubis d'orient s'enroulait comme une couleuvre autour de son beau cou.

Ses luxuriants cheveux noirs, dont la couleur tranchait vivement sur son teint de blonde, se relevaient sur le sommet de la tête, de manière à former autour du front et des tempes une espèce de diadème terminé par une rivière de diamants.

Des manchettes à trois rangs composées de dentelle, de linon et de fine batiste, retombaient en éventail sur un avant-bras nu, rond, blanc et potelé comme en dut rêver le statuaire qui créa la Vénus de Médicis.

Quand cette femme arrêtait sur un homme son œil bleu, dans lequel se miraient, ainsi que de grands roseaux sur les bords d'un lac limpide, ses longs et soyeux cils noirs, et qu'un sourire frissonnait sur ses lèvres voluptueuses, il se sentait aussitôt vaincu par le charme magnétique de cette fascinatrice beauté.

Bigot, son esclave, ne le savait que trop.

Cependant, l'on avait apporté des tables de jeu autour desquelles s'étaient placés ceux qui voulaient tenter la fortune.

À l'exception de Mme Péan qui suivait le jeu avec intérêt, les autres dames, raides, guindées et la figure vermillonnée, se tenaient assises à l'écart.

Quelques invités, dont les habitants de froid négoce se refusaient aux hasards du tapis vert, causaient avec elles en chiffonnant d'une main distraite la dentelle de leur jabot, tandis que certaines dames s'amusaient beaucoup de la contenance générale de l'ex-bouvier Cadet, qui ne savait que faire de son petit tricorne galonné que l'étiquette ordonnait de porter sous le bras.

L'un des plus joyeux joueurs était sans contredit Bigot. Et pourtant, il était d'une malchance désespérante, pendant que la fortune favorisait Péan qui restait froid ou ne faisait entendre qu'un rire sec lorsqu'on le complimentait sur le monceau d'or qui allait toujours s'entassant devant lui.

Était-ce par affection pour son mari ? Je n'oserais vraiment répondre à cette question. Toujours est-il que Mme Péan suivait les différentes phases du trente et un avec une animation toujours croissante.

— Vingt-deux en pique, dit Bigot.

— Vingt-sept en cœur, répondit Péan qui étala son jeu.

— Vous gagnez, repartit nonchalamment Bigot, tandis que Péan tirait à lui deux jointées de pièces d'or avec un petit mouvement de langue qui lui était familier quand lui réussissait une opération monétaire.

— Vous devez avoir devant vous une vingtaine de mille francs, reprit à quelques moments de là Bigot. Si vous le voulez bien, Péan, nous les jouerons d'un seul coup. Il faut en finir; car je m'aperçois, dit-il, en se retournant vers les femmes retirées à l'écart, que ces dames qui ne jouent point s'ennuient de ne pas danser.

Un imperceptible mouvement nerveux plissa le front de Péan.

C'était bien dommage, en effet, pour un homme âpre au gain, d'avoir à risquer une si forte somme d'un seul coup. Mais enfin, sous peine de passer pour un ladre, il lui fallait s'exécuter.

— C'est bien, dit-il en faisant les jeux, pendant que les autres joueurs plus timorés abandonnaient la partie et se penchaient vers la table, pour mieux voir l'intéressante tournée de cartes qui allait suivre.

— Trente en trèfle, dit Bigot avec insouciance.

— Trente et un en cœur, répondit Péan d'une voix émue.

— Deschenaux, reprit l'intendant qui savait perdre en grand seigneur[3] et sans sourciller, vous compterez demain vingt mille francs à M. l'aide-major.

— Cordieu! comme les cartes… et le cœur portent chance à ce damné Péan, souffla le contrôleur Bréard à l'oreille de Deschenaux.

— Oui; mais c'est parce que M. l'intendant joue à qui perd gagne, ajouta le malicieux secrétaire en jetant à la dérobée un regard à la belle Mme Péan.

— La Péan doit aimer beaucoup l'or pour rester attachée à ce punais, dit à sa voisine une femme laide et près du retour qui faisait tapisserie sur une causeuse.

— Oui! ma chère; et je pensais précisément que l'odeur désagréable exhalée par le cher homme, malgré tous les parfums qu'il emploie pour la combattre, est peut-être cause de la largeur démesurée des paniers de sa maîtresse, qui sait ainsi tenir…, en société du moins, l'amant à une respectueuse distance.

Et l'envieuse jeta un regard de convoitise sur la robe chatoyante qui retombait avec une riche ampleur autour de la femme enviée.

---

3. L'histoire nous dit que, pendant que les pauvres gens crevaient de faim dans les rues de Québec, il se faisait chez Bigot un jeu d'enfer, et que l'intendant perdit deux cent mille francs dans une seule saison.

On enleva les tables de jeu.

— Ne disiez-vous pas tantôt, Bréard, fit Bigot en se dirigeant vers les dames, que les bourgeois se plaignent hautement de la taxe que nous leur avons imposée pour l'entretien des casernes?

— Oui, monsieur. Il en est même qui ne se contentent pas de murmurer, mais qui menacent.

— Ah! bah! qu'importe, pourvu qu'ils payent!

Cette répétition du fameux mot de Mazarin eut un succès fou et fit rire aux éclats les courtisans de Bigot.

— Oui! riez, messieurs! répondit comme un écho une voix vibrante qui partit de l'extrémité de l'appartement.

Les femmes se retournèrent avec effroi, les hommes avec surprise.

Et tous aperçurent à la porte du salon un vieillard qui semblait plutôt un spectre, avec ses joues hâves et ses yeux creusés par la misère.

Derrière lui apparaissait la tête curieuse d'une pâle enfant dont les grands yeux noirs regardaient avec autant de timidité que d'étonnement la brillante réunion qui les frappait.

C'étaient M. de Rochebrune et sa fille, que le peu de lumière produit par l'éloignement des lustres ne permettait pas de reconnaître à l'endroit reculé où ils se trouvaient tous deux.

— Allez! continua le vieux militaire d'une voix puissante qui avait plus d'une fois dominé le tumulte des batailles, gaudissez-vous, valets infidèles, car le maître est loin et le peuple, que vous volez sans merci, courbe la tête! Allons! plus de vergogne, vous êtes ici tout-puissants et le pillage amène l'orgie! Il fait si bon, n'est-ce pas, pour des roués de votre espèce, s'enivrer à table alors que la famine règne sur la ville entière! Certes, je conçois que ce raffinement réveille même l'appétit d'un estomac blasé!

«Prenez garde, pourtant, mes maîtres! car de l'escroquerie à la trahison, il n'y a qu'un pas à faire! Et si le voleur risque au moins sa réputation, l'autre joue sa tête.

«Écoutez! continua le vieillard, comme saisi d'une subite inspiration. L'ennemi s'avance... j'entends au loin le bruit de son avant-garde qui franchit la frontière... Manquant de vivres et de munitions, nos soldats, inférieurs en nombre, retraitent pour la première fois... l'Anglais les suit... il s'approche... il arrive... et je vois ses bataillons serrés entourer nos murailles... Bien qu'épuisés par la disette et la lutte, le soldat, le milicien, le paysan disputent avec acharnement à l'étranger le sol de la patrie... La victoire va peut-être couronner leur courage... Mais non! des hommes éhontés se sont dit: "Le moment est venu d'éteindre le bruit causé par nos exactions sous le fracas de la chute du pays que nous avons si mal administré... Entendons-nous avec l'Anglais..." Et guidés par un traître, je vois nos ennemis tant de fois vaincus, surprendre et écraser nos frères! Honte et malheur! Ce traître, c'est par vous qu'il sera soudoyé!

« Oh! puisse la malédiction d'un vieillard mourant et première victime de vos brigandages stigmatiser votre mémoire, et, spectre funèbre, escorter votre agonie au passage de l'éternité! »

Stupéfiés par cette brusque apparition qui pesait sur eux comme un remords, subjugués par cette voix tonnante qui leur jetait si hardiment leurs méfaits à la face, tous, maîtres, femmes et valetaille, avaient écouté sans pouvoir interrompre.

Bigot fut le premier à recouvrer ses esprits.

— Tudieu! marauds! cria-t-il aux valets ébahis, ne mettrez-vous pas ce fou furieux à la porte!

— Arrière! manants! exclama Rochebrune, qui retraversa lentement l'antichambre et sortit du palais suivi de loin par les domestiques qui n'osaient se rapprocher de lui.

Lorsque le plus hardi d'entre eux sortit sa tête au-dehors, par la porte entrebâillée, il vit le vieillard chanceler et s'abattre lourdement sur le dernier degré du perron.

— Au diable le vieux fou! fit le valet en refermant la porte, qu'il s'empressa cette fois de verrouiller au-dedans.

— A-t-on jamais vu pareille impudence! murmuraient les invités.

— Bah! ce n'est rien, repartit Bigot. Seulement j'aurai soin désormais de placer le lieu de nos réunions hors des approches de pareils maroufles. Allons! mesdames, je crois qu'un peu de danse vous remettra. Violons! une gavotte!

Et tandis que les premiers accords de l'air demandé roulaient sous les hauts plafonds de la salle, l'intendant offrait le bras à Mme Péan avec laquelle il ouvrit le bal.

Quelques instants plus tard, à voir l'entrain des hommes et la coquetterie des femmes, on n'aurait jamais cru que la colère et l'effroi venaient de faire trembler cette foule enivrée maintenant de musique et de danse.

Cependant, un homme de cœur se mourait en ce moment de froid et d'inaction sur les degrés du palais.

À peine avait-il mis le pied hors de l'intendance que cette exaltation fébrile, qui avait un instant rendu ses forces à M. de Rochebrune, l'abandonna complètement.

Saisi par le froid au sortir de la chaude atmosphère qui régnait dans le palais, il se sentit aussitôt faiblir. Ses pieds glissèrent sur la neige durcie; il tomba.

Quelque peu ranimé par les cris que jeta Berthe en voyant sa chute, il voulut se relever; mais ses forces brisées lui refusèrent leurs secours et sa tête retomba lourdement sur le seuil.

L'enfant s'agenouilla près de lui dans la neige, entoura de ses pauvres petits bras le cou du vieillard et essaya vainement de relever son père.

Mais voyant que ses efforts étaient inutiles:

— Viens-t'en, papa, dit-elle en sanglotant, j'ai peur! Allons-nous-en chez nous, où du moins il ne fait pas si froid qu'ici.

Le malheureux, aidé tant soit peu par son enfant, se souleva la tête.

Tout à coup, ses yeux gardèrent une effrayante fixité; puis il parut tendre l'oreille à la bise qui courait en sifflant sur la neige, comme pour mieux entendre un bruit lointain.

— Écoute! enfant, dit-il d'une voix sourde.

En effet, on entendait comme des voix plaintives qui pleuraient dans la nuit.

Ces sons lugubres venaient de la rivière Saint-Charles, qui, de l'autre côté de l'intendance, arrosait les jardins du palais.

C'était le souffle du vent du nord se mêlant avec le bruit des flots qui gémissaient en se brisant sur les glaçons de la grève, à l'embouchure de la rivière.

Au même instant, les notes sémillantes d'un air de danse partirent de l'intérieur en joyeuses fusées de trilles et vinrent déchirer l'oreille des deux infortunés comme un ironique éclat de rire.

— Oh! les traîtres infâmes!... grommela le vieil officier que le délire étreignait. Ils nous livrent à l'ennemi!... Entendez-vous, soldats?... Sus à eux! Apprêtez armes!... Joue!... Feu!...

Sa tête retomba sur la pierre.

L'engourdissement causé par le froid passa de ses membres au cerveau et il s'endormit.

Mais ce sommeil, c'était celui de la mort qui venait de fermer à jamais les paupières du brave.

La petite Berthe pleura longtemps; et après d'inutiles efforts pour réveiller son père qu'elle croyait endormi, le froid la gagna tellement à son tour qu'elle glissa sur le cadavre du vieillard et resta sans mouvement.

. . . .

Le bal était fini et, chaudement drapés dans leurs fourrures, les invités de M. l'intendant venaient de prendre congé de leur hôte.

Celui-ci donnait le bras à Mme Péan dont le cou de cygne se perdait dans le duvet d'une riche pèlerine. Il la voulait reconduire jusqu'à sa carriole.

— Mais où sont donc vos domestiques ? dit Bigot en sortant sur le perron. Je ne les vois point. Ah ! je comprends. Ces messieurs sont à faire la noce à la cuisine avec mes serviteurs, leurs amis. Car je vois les voitures de ce côté.

En ce moment, la jeune femme poussa un cri terrible.

Elle venait de mettre le pied sur le cadavre de M. de Rochebrune.

— Valets ! des flambeaux ! cria l'intendant.

Aussitôt des domestiques sortirent avec des torches.

— Encore cet homme ! fit Bigot, qui s'était penché sur le corps inanimé.

Attirés par les cris et la lumière, de braves bourgeois de Saint-Roch, qui revenaient de la messe de minuit et s'en retournaient chez eux, entrèrent dans la cour du palais et s'approchèrent du groupe sur lequel la flamme des torches agitées par le vent jetait d'étranges et vacillantes lueurs.

L'un des valets mit la main à l'endroit du cœur, sur la poitrine de M. de Rochebrune.

— Le vieux est bien mort ! dit-il.

— Tant mieux pour lui, grommela Bigot, car cet homme était gênant !

— Mais la petite fille vit, continua le domestique. Elle respire encore.

— Oh ! la pauvrette ! dit un homme du peuple en se penchant vers Berthe qu'il enleva dans ses bras, je ne suis pas riche, mais il ne sera jamais dit que Jean Lavigueur aura laissé périr de froid une créature du bon Dieu.

Il perça la foule et s'éloigna avec l'enfant.

— Mon Dieu ! fit Mme Péan, que Bigot déposa dans sa voiture, encore pâmée, la pauvre femme, de la peur qu'elle avait éprouvée au contact du cadavre ; mon Dieu ! je ne dormirai pas de la nuit, c'est bien sûr !

PREMIÈRE PARTIE
Les roués

I

Chasseur et proie

1759

Quatre ans se sont écoulés.

Déjà couvert de nuages menaçants à la mort de M. de Rochebrune, l'horizon de la Nouvelle-France s'est de plus en plus assombri.

Pendant quatre années, la guerre a fait rage sur nos frontières et, malgré la valeur héroïque déployée par nos miliciens et les soldats français, nonobstant nos brillantes victoires de la Monongahéla, de Chouéguen, de William-Henry et de Carillon, notre ruine est imminente.

Victorieux, en effet, sur l'Ohio, maîtres de Frontenac, cet arsenal de la marine française sur le lac Ontario, les Anglais viennent aussi de s'emparer de Louisbourg, le Dunkerque de l'Amérique, dont la possession leur ouvre le Saint-Laurent, c'est-à-dire le chemin de Québec. Ce dernier succès leur est des plus importants, puisqu'il laisse le Canada sans défense du côté de la mer et qu'il intercepte nos communications avec la France.

Dieu sait pourtant si nous avions besoin des secours de la mère patrie, n'ayant au plus que quinze mille hommes à opposer aux soixante mille combattants prêts à s'abattre, comme une nuée d'oiseaux de proie, sur nos frontières dégarnies.

Aussi, voyant bien que la milice sera la principale ressource de défense, car il ne reste plus dans la colonie que cinq mille cinq cents soldats de troupes régulières, M. de Vaudreuil vient de commander une levée en masse de toute la population mâle de seize à soixante ans.

Nos Canadiens dans leur enthousiasme ont su noblement répondre à ce cri d'alarme, et l'on a vu jusqu'aux enfants de douze ans et aux vieillards de quatre-vingts accourir à la rescousse de ces cinq mille soldats, leurs frères, pour sauver avec eux l'honneur du drapeau français.

À la difficulté de repousser les forces supérieures de l'ennemi avec le petit nombre de combattants qu'il reste à leur opposer, vient se joindre encore le manque presque absolu de vivres.

Car les incessantes campagnes qui ont retenu depuis quatre ans sur la frontière, durant la belle saison, les colons en état de porter les armes ont beaucoup trop fait négliger l'agriculture, pourtant indispensable à une colonie si difficile à ravitailler, vu l'éloignement et les croiseurs anglais qui la séparent de la mère patrie.

Mais si grande est la résignation de tous qu'on voit le commissaire ordonnateur des guerres, M. Doreil, rendre le beau témoignage qui suit aux loyaux habitants d'une colonie que la France livrait, presque sans la secourir, à la convoitise anglaise: « Le peuple périt de misère; cependant, il prend son mal en patience ! »

Cet héroïsme est d'autant plus grand qu'on le sait à peu près inutile, puisque M. de Montcalm, animé du même esprit que ses soldats, vient d'écrire à la cour « qu'il se défendra jusqu'à la fin, résolu qu'il est de s'ensevelir sous les ruines de la colonie ».

On a compris que la dernière action qui reste à faire est bien de mourir, et l'on s'y prépare sans qu'un seul murmure vienne ternir l'éclat d'un si beau courage.

Tels sont les tristes auspices sous lesquels on voit s'ouvrir la campagne de dix-sept cent cinquante-neuf.

Voici maintenant les dispositions prises par le gouverneur, M. de Vaudreuil, et le général en chef, M. de Montcalm, afin d'opposer à l'ennemi une résistance aussi effective que le permettent le petit nombre de nos soldats et la vaste étendue de nos frontières.

Le brave capitaine Pouchot, du régiment de Béarn, s'en est allé, dès les premiers jours du mois de mai dix-sept cent cinquante-neuf, prendre possession du fort Niagara pour défendre notre droite contre les troupes du général Prideaux, qui a pour mission de s'emparer du même fort et de couper nos communications avec la Louisiane.

M. de la Corbinière s'est aussi rendu au fort de Frontenac (aujourd'hui Kingston) afin d'en achever les fortifications et de tenir ensuite Prideaux en échec en l'empêchant, de concert avec les douze cents hommes de M. de la Corne, de marcher sur Montréal.

Au centre, le courageux et dévoué Bourlamaque vient de déployer ses deux mille six cents hommes dans les fourrés qui bordent les rives des lacs Saint-Sacrement et Champlain pour arrêter les douze mille envahisseurs conduits par le successeur d'Abercromby, le général Amherst.

Quant à notre gauche, treize mille sept cent dix-huit soldats, miliciens et sauvages, commandés par Montcalm, Lévis et Bougainville, la protégeront contre la formidable attaque du major général de l'armée britannique, James Wolfe. Celui-ci s'est embarqué à Louisbourg au mois de mai et fait voile sur

Québec avec onze mille hommes de débarquement et dix-huit mille marins.

Par suite de la négligence apportée à fortifier Québec, on a décidé de couvrir la ville par un camp retranché dont la gauche devra s'appuyer à la rivière Montmorency, tandis que la droite se ralliera à la capitale par un pont de bateaux jeté sur la rivière Saint-Charles.

Les travaux de fortification du camp de Beauport sont déjà fort avancés, grâce à la diligence apportée par M. de Bougainville, au moment où nous prions le lecteur de vouloir bien nous suivre au palais de l'intendant sur le déclin du vingt-troisième jour de juin.

Il est sept heures du soir. Le soleil, qui descend majestueux à l'horizon, va bientôt disparaître derrière la cime des monts boisés qui dominent le village huron de Lorette.

Les rayons dorés du soleil couchant, qui poudroient sur la vallée de la rivière Saint-Charles et s'en vont jeter un dernier miroitement sur les eaux assoupies du grand fleuve, ajoutent encore à l'animation qui règne depuis la ville jusqu'au camp de Beauport.

Une longue file de chariots traînés par des chevaux et des bœufs transportent, des magasins de l'intendance au camp, le matériel et les munitions de guerre.

Les craquements des véhicules sous le poids d'un canon ou d'une pyramide de boulets, les cris et jurements des conducteurs, le hennissement des chevaux et le meuglement des bœufs dont l'ombre se dessine en bizarre silhouette sur le bord du chemin, tous ces bruits rapprochés se confondent avec les lointaines détonations de coups de feu tirés par des miliciens faisant l'exercice de peloton à la Canardière et à Beauport.

Au moment où le soleil disparaît en arrière des Laurentides, dont la cime dentelée se détache d'un horizon tout éblouissant de lumière, tandis que les coteaux de Charlesbourg et de Beauport commencent à rentrer dans l'ombre, Bigot, suivi de son âme damnée, Deschenaux, et de quelques autres amis, fait son apparition sur le perron du palais.

Ces messieurs, vêtus d'habits de chasse galonnés et en drap vert, descendent en riant les degrés et se dirigent vers un groupe de chevaux superbes dont quelques valets, habillés en piqueurs, ont peine à contenir l'ardeur impatiente.

À l'exception de l'ex-garde-magasin du roi, Estèbe, qui s'est démis de son emploi et a passé en France dans le cours de l'année dix-sept cent cinquante-sept, après s'être énormément enrichi, et de Clavery, son successeur, lequel est mort huit mois après sa nomination, les amis de M. Bigot sont à peu près les mêmes que nous avons déjà présentés au lecteur.

L'intendant vient de s'élancer en selle avec toute l'habileté d'un cavalier consommé, puis il a fait signe de s'approcher à un sous-employé qui semblait attendre des ordres à une respectueuse distance.

— Eh bien! lui dit Bigot, ma présence est-elle encore requise ici ce soir?

— Non, monsieur l'intendant; mais me permettez-vous de demander quand vous serez de retour?

— Heu... demain après-midi, répondit négligemment Bigot, qui éperonna son cheval, sortit de la cour et prit, par la rue Sous-le-Coteau [4], le chemin du faubourg Saint-Roch, tandis que ses amis l'imitaient, suivis à distance par des valets aussi à cheval et en livrée.

— Cordieu! s'écria l'intendant qui se retourna vers Deschenaux, ces marauds-là croient-ils que je vais être nuit et jour aux affaires? Depuis trois semaines que MM. de Montcalm et de Lévis sont arrivés de Montréal, je n'ai pas eu un seul moment de répit! Au diable la flotte anglaise et ce damné Bougainville qui m'a, depuis quinze jours, donné tant de mal avec ses fortifications!

— N'ai-je pas eu raison, dit le secrétaire, d'avoir suggéré cette partie à Beaumanoir?

— Certes, oui, Deschenaux! Et je vous en sais d'autant plus gré que nous allons faire à ma maison de Charlesbourg notre première chasse de la saison. C'est intolérable de penser que les pluies du mois dernier et ces maudits préparatifs de défense nous ont empêchés de lancer le moindre lièvre depuis l'automne passé!

— Aussi allons-nous pouvoir nous dédommager amplement de cette longue privation. Car Jacques, votre grand veneur, m'assure avoir trouvé, non loin de Beaumanoir, la tanière d'un ours de la plus belle taille, sans compter qu'il a reconnu, plus loin, par ses abattures, la présence d'un orignal dix cors. Je vous réservais cette surprise.

— Vous avez entendu, messieurs! s'écria Bigot en se tournant vers ses amis. Par saint Hubert! il fera beau, demain, courre l'orignal après avoir acculé l'ours dans sa bange [5]. Mais, morbleu! la jolie fille que voilà!

L'intendant mit son cheval au pas et finit par l'arrêter tout à fait, afin de mieux contempler une jeune femme qui marchait vers la ville et allait croiser nos cavaliers.

---

4. Aujourd'hui rue Saint-Vallier.

5. Au dire de M. Montpetit, qui a battu les bois — plutôt comme archéologue que comme chasseur — aux alentours de Beaumanoir, il reste des traces indiquant qu'il y eut autrefois, dans les environs du château Bigot, des chemins pratiqués dans la forêt pour la chasse à courre. La tradition rapporte que Bigot forçait les paysans de Charlesbourg, qui avaient bien peur de l'intendant, à ouvrir ces chemins.

Ceux-ci avaient, depuis quelques instants, laissé derrière eux les dernières maisons du faubourg Saint-Roch et se dirigeaient, à travers les champs, déserts alors, sur lesquels s'étend aujourd'hui la populeuse paroisse de Saint-Sauveur, vers l'Hôpital général, dont Bigot et ses amis n'étaient plus éloignés que de quelques arpents.

Pour imiter le maître, ses courtisans s'arrêtèrent, et la jeune personne confuse dut passer en rougissant sous une double rangée de regards indiscrets.

Cette jeune fille était réellement charmante.

Sa taille svelte ondoyait sans contrainte à chacun de ses pas ; car l'absence de paniers, alors en grande vogue, donnait toute leur souplesse à ses mouvements, et faisait ressortir la parfaite harmonie du buste et des hanches dont une longue robe à taille faisait deviner toute la perfection.

Sa petite main, dont on apercevait le poignet délicat, grâce à la large manche qui flottait sur son avant-bras, laissait voir, en relevant un peu la jupe de robe, deux pieds d'enfant que faisaient valoir à merveille de mignonnes bottines de maroquin.

Les cheveux noirs, entremêlés de pendeloques de rubans, étaient d'abord coiffés de la cornette ou petit bonnet de rigueur chez la haute bourgeoisie du temps ; puis une mantille, légère écharpe coquettement posée sur la tête et dont les bouts retombaient en se nouant sur la poitrine, complétait cette coiffure antique et piquante.

À mesure qu'elle approchait, les traits de la jeune fille devenaient de plus en plus distincts. Ils n'avaient certes rien à perdre à être vus de près.

Elle était brune, la jouvencelle : mais la nature et le soleil semblaient s'être concertés pour respecter son teint, que n'auraient pas désavoués de fort jolies blondes.

Les plis de sa mantille étaient disposés de manière à laisser ressortir le galbe d'un front pur et légèrement bombé.

Ses grands yeux noirs, que surmontait un arc de sourcils couleur d'ébène et hardiment dessiné, annonçaient une fermeté de caractère que ne démentait nullement un nez au profil un tantinet aquilin.

Quant à ses lèvres, fermes de couleur et de dessin, elles paraissaient avoir au plus haut point l'habitude du rire, et certaines fossettes, qui avaient élu domicile aux recoins de sa bouche, en rendaient au besoin l'évident témoignage.

Enfin, la couleur virginale de ses joues rosées tempérait tout ce que la hardiesse des traits de ce coquet minois aurait pu donner de précocité à une fille de dix-sept ans.

— Eh ! la belle ! où allons-nous si tard ? lui dit Bigot, afin de lui faire lever la tête et de mieux contempler la fillette.

— Mordiable! murmura l'intendant, elle est plus que jolie, elle est belle! Quels yeux! Et ces lèvres!... Hum!

La jeune fille n'avait pu s'empêcher de jeter sur son interlocuteur un rapide coup d'œil. Mais elle l'eut à peine envisagé qu'une impression d'horreur et de haine se peignit aussitôt sur son visage. Elle se détourna brusquement et hâta le pas pour dépasser le groupe d'importuns.

Il fallait que ce sentiment subit eût de vieilles et profondes racines dans un aussi jeune cœur, pour inspirer le regard de profonde répulsion dont la jolie fille avait, en passant, gratifié un aussi galant cavalier que l'était M. Bigot.

— Oh! là! là! quelle moue charmante! se dit l'intendant. Par ma foi! il me prend une furieuse envie d'apprivoiser ce sauvage et beau lutin!

— Sournois! cria-t-il à son valet de chambre, qui le suivait partout.

Ce dernier piqua son cheval et l'amena côte à côte de celui de son maître.

Bigot se pencha vers son domestique et lui parla un instant à voix basse.

C'était une bien laide figure que celle de Louis Sournois[6]; et si la similitude entre leurs grossiers penchants rapprochait le valet du maître, et réciproquement, la nature s'était montrée plus négligente, ou plutôt plus conséquente, en donnant ce disgracieux visage au serviteur de l'élégant mais roué Bigot.

La seule ressemblance physique qui existait entre eux était leurs cheveux roux, et encore ceux de Sournois l'étaient-ils tellement que la poudre en atténuait à peine la couleur désagréable.

Quant au front, le valet l'avait rugueux, bas et fuyant. Ses yeux chassieux, d'un brun sale et presque jaune, sortaient tellement de leurs orbites qu'ils dépassaient le profil d'un nez écrasé vers le milieu et se relevant épaté du bout comme le pavillon d'un cor de chasse.

Un rire cynique entrouvrait continuellement ses lèvres plates et bleuâtres; et comme sa bouche, fendue jusqu'aux oreilles, découvrait une double et formidable rangée de dents jaunes, irrégulières et pointues, ses mâchoires avaient une grande ressemblance avec celles d'un loup.

Son menton carré, que reliaient au cou de vigoureux tendons, annonçait une puissance de mastication peu commune et que ne démentait aucunement un appétit des plus voraces.

---

6. Le véritable nom du valet de chambre de Bigot était Louis Froumois; je l'ai trouvé dans les livres de comptes de mon aïeul maternel, M. Jean Taché, riche négociant de Québec, que ruina la conquête. L'histoire nous dit que M. Taché luttait, avec le parti des honnêtes gens de la colonie, contre la coterie Bigot.

Un corps court et membré fortement, ainsi que des pieds larges et plats, servaient de piédestal et de fût à ce burlesque chapiteau, digne, en tous points, de figurer parmi les colonnades bizarres de la pagode de Jagrenat.

Sournois était ivrogne, son teint violacé le disait tout de suite, et menteur autant que vain et chicanier avec ses égaux. Mais avec son maître, il était tellement serviable et rampant, son crâne étroit contenait tant d'inventions sataniques, lorsque le valet voulait flatter les passions mauvaises de l'intendant, que celui-ci n'aurait pas échangé ce domestique contre le plus galant écuyer qui ait jamais transmis des ordres dans l'antichambre d'un grand seigneur.

— Tiens! dit Bigot qui jeta sur le bras de Sournois un large manteau que le maître portait en croupe en cas de pluie. Tu *l'en* envelopperas avec soin. Fais vite et garde-toi des curieux!

Sournois tourna la bride après s'être incliné et mit au galop son cheval, qu'il dirigea du côté de la ville, tandis que l'intendant et sa suite continuaient d'avancer vers l'Hôpital général.

À cette époque, il n'y avait pas encore de pont sur la rivière Saint-Charles, que l'on traversait sur «le bac des sœurs», qui établissait une communication entre le terrain des dames de l'Hôpital général et la rive opposée.

Tandis que Bigot hèle d'une voix impatiente le passeur qui revient de l'autre côté de la rivière où il a traversé quelque habitant de Charlesbourg, retournons un peu en arrière afin d'épier Sournois dans sa mystérieuse mission.

Le valet rejoignit bientôt la jeune fille, qui avait hâté le pas instinctivement afin de se rapprocher des habitations.

L'ombre du soir allait s'épaississant de plus en plus, et c'est à peine si la jeune fille pouvait entrevoir les premières maisons de Saint-Roch dont une dizaine d'arpents de chemin la séparaient encore, lorsqu'elle entendit derrière elle le galop d'un cheval.

Saisie d'un vague pressentiment, elle voulut courir, mais le froid de la peur paralysa ses mouvements.

— Savez-vous, charmante créature, lui dit Sournois qui s'arrêta près d'elle, que vous avez ébloui mon maître par votre beauté sans pareille? Aussi, m'envoie-t-il vous proposer une petite promenade à Beaumanoir. Il m'a chargé d'ajouter qu'il y aura ce soir au château un joli souper auquel vous voudrez bien, sans doute, vous charger de présider.

La proximité des habitations ne laissait pas au valet le choix ni le temps des précautions oratoires.

— Je n'ai que faire de la proposition de votre maître, et me puis passer de votre importune compagnie, répondit notre héroïne d'une voix qu'elle eût voulue être plus assurée; car la pauvre enfant tremblait de tous ses membres.

— Oh! j'avoue, mademoiselle, répliqua Sournois, en dirigeant son cheval de manière à prévenir la fuite de la jeune femme, j'avoue en toute humilité que les charmes de ma figure ne sont point dignes de ceux qui distinguent votre personne. Pourtant j'ai rencontré plus d'une fois, sur mon chemin, certains minois assez agaçants et point trop cruels. Il est vrai, murmura à part lui le disgracieux valet, que ces conquêtes m'ont coûté bien de l'argent!

— Mon Dieu! monsieur, que me voulez-vous donc? dit la jeune fille d'une voix suppliante et effarée.

— Vous prendre en croupe, mademoiselle, et, comme un fidèle écuyer des temps passés, vous conduire au château de mon seigneur et maître.

— Je vous en supplie, mon bon monsieur, laissez-moi passer, s'écria la pauvrette qui joignit ses belles mains dans l'attitude de la prière en se trouvant arrêtée par l'angle que formait le poitrail du cheval avec la clôture qui bordait le chemin.

Sournois qui avait imaginé, puis exécuté ce mouvement stratégique en un moment, lança les rênes de la bride sur la tête du pieu le plus rapproché et se laissa glisser à terre comme un trait.

Avant que la jeune fille pût appeler efficacement à l'aide, il la bâillonna, lia ses frêles poignets avec son mouchoir et l'enveloppa dans le large manteau que l'intendant lui avait passé.

La captive avait eu le temps de jeter un cri, mais cet appel s'était confondu avec les clameurs confuses des conducteurs de chariots, qui bruissaient là-bas dans l'ombre crépusculaire.

D'ailleurs, sa résistance ne fut pas longue, car, affolée par cette brusque agression, la jeune fille s'évanouit de terreur.

Sournois put donc aisément la placer devant lui sur son cheval, après s'être toutefois ressaisi des courroies de la bride.

Et faisant aussitôt volte-face, le ravisseur lança sa monture à fond de train dans la direction du bac des sœurs, que le batelier ramenait à force de bras de ce côté-ci de la rivière.

— Ordre de M. l'intendant de garder la plus stricte discrétion, dit Sournois au passeur qui parut jeter un regard curieux sur la forme humaine qu'il voyait se dessiner sous l'étoffe du manteau.

Pour sceller la bouche du batelier, Sournois lui glissa un écu entre les dents.

Quelques minutes plus tard, le passeur se reposait de l'autre côté en s'appuyant sur sa gaffe, tandis que le valet de Bigot galopait déjà sur le chemin de Charlesbourg.

— Il paraît que l'approche de l'ennemi n'empêche pas M. l'intendant de s'amuser, pensa le batelier, qui avait entrevu, sous le manteau, le joli pied de la jeune fille, au moment où Sournois avait fait sauter son cheval à terre. Je me suis dit bien souvent que c'est une grande chance pour moi que Josephte ne soit plus de la première jeunesse. Car c'est le diable pour les femmes que cet homme-là!

Comme il rentrait dans sa maisonnette, laquelle avoisinait le passage, le bruit rendu par les sabots ferrés du cheval, qui frappaient en cadence les pierres du chemin, s'éteignait au loin dans la nuit.

II

Le Château Bigot

S'il est, dans les environs de Québec, un site dont le seul nom fasse lever dans l'imagination toute une volée de souvenirs légendaires, c'est certainement Beaumanoir ou le Château Bigot.

Situées au milieu de bois solitaires que domine la montagne de Charlesbourg, les ruines moussues de Beaumanoir doivent leur mystérieuse renommée autant à leur isolement qu'à la réputation suspecte de l'intendant Bigot, l'ancien maître de cette demeure seigneuriale.

Si l'endroit semble bien choisi pour y couronner les plaisirs de la chasse par de joyeux petits soupers imités des festins du Parc-aux-Cerfs, l'ombre discrète des grands bois, et les hurlements sinistres du nord-est dans la forêt par nos longues nuits d'automne et d'hiver, n'ont pas moins contribué à imprimer un cachet de terreur superstitieuse à cette demeure abandonnée depuis le départ précipité du maître.

Car l'imagination des conteurs du village, surexcitée le soir par les rafales du vent qui mugit au-dehors et se plaint dans la cheminée avec des cris lugubres, brode hardiment sur les canevas de souvenirs historiques, alors que les femmes et les enfants se pressent en frissonnant de peur autour du narrateur, impressionné lui-même par le récit de ses sombres légendes.

Les ruines du Château Bigot sont situées au pied de la montagne de Charlesbourg et à sept ou huit milles de Québec.

Immédiatement après avoir dépassé l'église de Charlesbourg, on laisse le *chemin du roi* pour s'engager dans une route qui tourne à angle droit et finit par serpenter en plein bois.

Avant d'entrer dans la forêt, le touriste se sent porté à jeter en arrière un dernier coup d'œil sur les coteaux de Charlesbourg et de Beauport, dont les beaux champs de blé semblent rouler des flots d'or sous la brise légère et les chauds rayons du soleil d'août.

L'œil descend ensuite au fond de la vallée pour errer sur la rivière Saint-Charles et en suivre les capricieux méandres jusqu'à l'embouchure par où elle vient verser son tribut dans les eaux du grand fleuve, qui étreint, plus loin, l'île d'Orléans dans ses gigantesques bras.

Le regard s'arrête enfin sur les hauteurs de la ville dont les milliers de toits en fer-blanc et les clochers élancés reluisent au soleil et tranchent superbement à l'horizon sur le ciel bleu.

À mesure qu'on entre dans le bois, ce paysage disparaît graduellement derrière les arbres.

L'île d'Orléans et les fertiles coteaux de Beauport et de Charlesbourg sont les premiers à fuir le regard. Quelques pas plus loin, les eaux de la rivière Saint-Charles et du fleuve, qui coulent des ondes dorées sous la lumière du jour, ont aussi disparu.

Enfin, les toits et les clochers resplendissants de la capitale jettent un dernier rayonnement à travers les branchages, et l'on n'a plus bientôt autour de soi que des massifs d'arbres dont la cime verdoyante s'agite avec un doux murmure sous l'immense dôme du ciel.

Après une demi-heure de marche en pleine solitude, on débouche dans une clairière sur un plateau que surmontent trois murs en ruine.

Vous avez devant vous tout ce qui subsiste aujourd'hui du château de Bigot, les deux murs de pignons et celui de refend. Quant au reste de l'édifice, toit, murs de face, poutres et planchers, presque tout s'est effondré sous la pression de l'irrésistible genou du temps.

Je dois à l'obligeance de mon ami, M. Montpetit, la connaissance d'un numéro du *Harper's New Monthly Magazine*, de 1859, dans lequel se trouve une esquisse des ruines de Beaumanoir. Ce dessin doit être correct, car il est accompagné de différentes vues des environs et des principaux édifices de Québec, reproduites avec une grande fidélité. Quand l'auteur, touriste américain, visita les ruines de l'Hermitage, les murs de face existaient encore, ce qui laisse constater que la façade était percée de sept ouvertures à chaque étage. La porte d'entrée se trouvait au milieu du rez-de-chaussée entre six fenêtres qui n'avaient rien de gothique, malgré ce qu'en dit M. Amédée Papineau dans sa légende de *Caroline*. On voit que le maître n'avait demandé aucun effort d'architecture à la construction de cette solide maison bourgeoise, plutôt faite pour le confort que pour le plaisir des yeux.

L'édifice avait cinquante-cinq pieds de long sur trente-cinq de large. Le mur de refend est très rapproché du côté de l'est, car il n'y a, à droite, que la largeur de deux fenêtres entre lui et le mur de pignon. C'est donc à gauche que devaient se trouver les grands appartements, tels que la salle à dîner, le salon de réception ainsi que les chambres à coucher de l'amphitryon et de ses hôtes.

Comme le dit M. Le Moine dans la première série de ses *Maple Leaves*, on aperçoit dans la cave une petite porte pratiquée dans le mur de l'ouest; elle communique avec une voûte en maçonnerie qui servait, sans doute, de fondation à la tour mentionnée par M. Papineau, lequel dut visiter Beaumanoir en 1831.

Avant d'arriver aux ruines, il a fallu traverser un ruisseau qui se traîne en babillant sur des cailloux.

En arrière de l'habitation abandonnée s'élève la montagne de Charlesbourg, de laquelle on a, paraît-il, une vue splendide de Québec et de ses environs.

Quelques lilas, des pruniers, des pommiers et des groseilliers devenus sauvages témoignent qu'il y eut jadis jardin et verger à Beaumanoir. Mais la forêt primitive a maintenant repris ses droits sur son ancien domaine; et les allées ombreuses côtoyant autrefois des parterres émaillés de fleurs ont disparu comme les belles dames et les galants cavaliers qui les foulèrent jadis de leurs pas distraits.

Neuf heures du soir viennent de sonner dans le silencieux manoir de l'intendant.

La lune se lève derrière les grands arbres qui allongent leur ombre mystérieuse sur la pelouse et les fleurs du parterre; la curieuse semble vouloir jeter un furtif coup d'œil au-dedans de la maison, car sa pâle lumière argente les carreaux sombres des fenêtres de la façade.

Mais discrète est sa curiosité; car, qui saura jamais les mystères qu'elle a surpris quand elle appuyait ainsi son front diaphane sur les croisées du château?

Le bruit du galop d'un cheval se fait entendre dans l'avenue, pour cesser tout à coup à quelques arpents de l'habitation.

Un homme descend de sa monture qui halète et fume sous la fraîcheur du soir. Il porte dans ses bras quelque chose qui laisse deviner des formes humaines sous les plis d'un ample manteau.

Laissant là son cheval, ce personnage quitte l'avenue pour entrer dans le bois.

Après avoir fait une trentaine de pas sur la gauche, il s'arrête et, se baissant vers les racines d'un arbre recouvertes par une touffe d'arbustes, il tire à lui un anneau caché par le feuillage, ce qui fait ouvrir une trappe habilement dissimulée sous le gazon.

Cette trappe laisse béante une ouverture profonde de plusieurs pieds.

Quelques marches, taillées dans le roc, s'enfoncent dans un long souterrain creusé dans la direction du château.

L'homme descendit ces degrés et referma sur lui la trappe. Ensuite il déposa son fardeau à terre et tira de sa poche un briquet, dont il se servit pour allumer une des lanternes qui pendaient accrochées à l'entrée du souterrain.

Puis il reprit sa charge et se remit à marcher.

Son falot jetait une lumière blafarde sur les parois humides, où elle laissait voir de grosses araignées, qu'on n'avait pas dû déranger depuis longtemps, sans doute, tant elles dormaient sans crainte dans leurs légers hamacs attachés à toutes les aspérités, pendant que de petits lézards et d'autres reptiles de ce genre fuyaient sous les pas de l'importun pour se réfugier dans les crevasses du pavé.

Mais Sournois, qu'on a dû reconnaître, paraissait se soucier peu de la hideuse présence des insectes et des reptiles, ainsi que de l'atmosphère humide; d'un pas ferme il gagna l'extrémité du souterrain que terminait un escalier semblable à celui de l'entrée.

Il en gravit les marches et, lorsque sa tête toucha la voûte du corridor, il appuya le pouce sur un bouton de cuivre dont un secret mécanisme fit ouvrir une seconde trappe qui donnait accès dans la cave de la petite tour de l'ouest.

Un autre escalier conduisait d'abord au rez-de-chaussée, puis devant l'unique appartement du premier étage dont Sournois ouvrit la porte avec une clef qu'il tira d'une cachette habilement pratiquée dans la muraille.

C'était une ravissante petite chambre que celle où il pénétra, un vrai boudoir de marquise.

Un moelleux tapis de Perse y étouffait le bruit des pas, tandis que des rideaux de damas rouge, qui laissaient retomber gracieusement jusqu'à terre les flots soyeux de leurs épais replis, empêchaient les regards indiscrets du dehors de pénétrer à l'intérieur de la chambre.

À côté d'un lit blanc et coquet à demi caché dans une alcôve, on apercevait un riche chiffonnier en bois de marqueterie satiné que surmontait une glace de Venise. Sur ce meuble s'étalait un charmant nécessaire de toilette, dont les nombreuses pièces de vermeil renfermaient la poudre alors en grand usage, les diverses pommades et les parfums variés indispensables à une femme élégante et jeune.

Une causeuse et deux fauteuils, aussi de bois satiné et de velours rouge, semblaient attendre d'élégants visiteurs. En voyant les carreaux d'épais velours qui s'étendaient au pied de chacun de ces sièges, on pensait combien de mignonnes bottines devaient faire ressortir avec avantage le petit pied d'une femme sur le fond cramoisi du velours.

Une splendide tenture de tapisserie des Gobelins, que Bigot avait fait venir à grands frais de France, et représentant des sujets tirés de la mythologie amoureuse, revêtait les murs de la chambre; et des Amours joufflus, peints sur le plâtre du plafond, lançaient leurs flèches à de folâtres bergères qui semblaient faire aussi peu de cas de leur vertu que de leurs moutons, tant leur attitude était provocatrice et leurs robes courtes, légères et transparentes.

— Cornebœuf! se dit Sournois, qui déposa sur le lit la jeune fille toujours évanouie, le joli lieu pour souper en compagnie de deux amis d'un pâté de venaison et de vins de choix à discrétion! Sont-ils heureux ces richards-là! Tout pour eux et rien pour nous! Mais n'importe, j'espère assez grossir le magot que j'ai caché dans le souterrain, à côté de celui du maître, pour retourner vivre en France d'ici cinq ou six ans. C'est alors, morbleu! que je pourrai tâter à mon tour de cette vie de plaisir, sous un nom d'emprunt! Mais il me va, pour cela, falloir augmenter un peu les légers impôts que j'ai jusqu'ici prélevés sur la bourse de M. l'intendant. Et pourquoi m'en ferais-je un scrupule? Le diable ne rit-il pas du voleur qui en pille un autre? Ah ça! mais cette donzelle a-t-elle donc eu assez peur de moi pour passer, en un rien de temps, de vie à trépas!

Sournois venait d'entrouvrir le manteau, et la lumière de la lanterne tombait en plein sur la jeune fille, dont la belle figure avait la pâleur de la mort. Elle ne remuait pas, notre héroïne, et le souffle vital semblait avoir fui sa poitrine, si l'on s'en rapportait à l'absence complète de mouvement et de bruits respiratoires.

— Ah bien! par exemple, qu'elle soit morte ou non, dit le valet, peu m'importe! J'ai bien et dûment exécuté les ordres de mon maître, ma tâche est maintenant accomplie, et c'est son affaire de rendre cette belle à la vie. Quant à moi, je m'en vais souper: car cette course à franc étrier m'a donné une faim de diable!

Sournois alluma une bougie rose qu'il y avait dans un bougeoir d'argent sur le chiffonnier, et se retira par où il était venu.

Avant de sortir du souterrain, il s'arrêta toutefois près de la trappe d'entrée pour faire jouer un ressort qui ouvrit un petit panneau de fer, lequel fermait une cache pratiquée dans la paroi de gauche. Il en tira une cassette qu'il ouvrit avec hâte.

Un sourire de satisfaction effleura ses lèvres à la vue de plusieurs piles de louis d'or qui couvraient le fond de la boîte, en compagnie d'un portefeuille des plis duquel débordaient un assez grand nombre de bons sur le trésor.

Il referma la boîte ainsi que le panneau du coffre-fort et jeta un regard d'envie sur la paroi opposée.

— Le maître m'a défendu de toucher à l'autre, se dit-il, et m'a menacé d'une épouvantable catastrophe si j'osais porter la main de ce côté. Qui sait si ce n'est pas seulement pour m'effrayer? L'occasion me viendra bientôt, peut-être, de tenter à ce sujet une expérience dont la réussite comblerait d'un seul coup tous mes vœux.

Après quelques minutes de contemplation devant ce mur humide qui n'offrait pourtant aucune trace d'ouverture, le valet de confiance de M. l'intendant gravit les degrés et sortit du souterrain dont il referma la trappe.

Lorsqu'il revint dans l'avenue, il rencontra plusieurs cavaliers. C'étaient l'intendant et sa suite.

Sournois les avait dépassés en chemin au grand galop de son cheval. Bigot, qui avait eu le temps d'entrevoir la jeune fille sous le manteau, ne se sentait pas de joie. Quant à ses amis, ils avaient feint de ne rien remarquer.

L'intendant se pencha sur son cheval et dit à l'oreille de Sournois quelques mots auxquels le domestique répondit aussi à voix basse.

— Fort bien! dit Bigot en se redressant. Va donner mes ordres pour qu'on serve tout de suite le souper.

Tandis que Sournois se dirigeait vers les cuisines, avec d'autant plus de hâte que son estomac lui avait suggéré l'idée de ce pèlerinage, Bigot et ses hôtes remirent leurs chevaux aux soins des laquais et entrèrent au château.

Deux heures plus tard, la salle à manger de Beaumanoir présentait un coup d'œil tout à fait propre à charmer le moraliste qui aurait pu entendre la conversation tenue par l'intendant et ses amis.

Le souper tirait à sa fin.

Ces messieurs en étaient arrivés au fromage, et le vin, qui avait commencé à leur monter au cerveau dès le second service, continuait à circuler avec plus d'entrain que jamais et témoignait maintenant de l'excellence de son cru par le chaleureux effet qu'il produisait sur les convives.

Tous les invités parlaient et gesticulaient à la fois. Dans leur expansion, causée par les vins capiteux, les conviés laissaient, à leur insu, ressortir les traits saillants de leur caractère.

Aussi le spirituel et méchant Deschenaux s'amusait à taquiner l'ex-boucher Cadet qui, en devenant munitionnaire général, n'avait pu se départir de cette rudesse de manières qu'il avait puisée dans son éducation première. Aux fines attaques et aux saillies mordantes du secrétaire, Cadet ne savait répondre que par quelques grossières platitudes appuyées de jurons malsonnants dans la bouche d'un homme de sa position.

Quant à Corpron, le premier commis de Cadet, bien que son intérêt le portât à défendre son patron, une lueur de bon sens qui éclairait encore, à travers les vapeurs de l'ivresse, son esprit sournois et rusé lui conseillait de ne pas s'exposer à s'aliéner le secrétaire ; aussi ne faisait-il que parer les plus rudes estocades de Deschenaux, sans engager directement le fer avec ce redoutable et influent adversaire.

Pour ce qui est de De Villiers, qui avait succédé au contrôleur de la marine, Bréard — celui-ci s'en était retourné en France extrêmement riche — il buvait sans prendre part à cette lutte agaçante et perfide. C'était un homme de rien, qui avait d'abord été simple commis dans les bureaux de la marine. « Personne, dit le *Mémoire sur les affaires du Canada*, ne fut plus insatiable et de plus mauvaise foi que lui ; et ses mœurs ainsi que sa conduite répondirent à la perversité de son génie. »

Il s'enivrait sans rien dire, en parvenu qui aime les plaisirs de la table et ne se veut point immiscer dans la critique des petites faiblesses et misères des autres, de peur qu'on ne vienne à découvrir, par un dangereux rapprochement, de plus honteuses turpitudes sur son propre compte.

L'intendant venait de congédier tous les serviteurs de peur qu'ils n'abusassent de quelque indiscrétion échappée aux convives avinés.

Son front soucieux trahissait certaine préoccupation intérieure assez forte pour le poursuivre jusque dans les jouissances oublieuses d'un copieux repas.

Pensait-il aux difficultés que la venue des nouveaux événements militaires allait jeter sur sa voie déjà fort embarrassée, ainsi qu'à l'orage qui déjà grondait à son horizon assombri, et qui, venant de la cour, pouvait contenir dans ses flancs le coup de foudre destiné à écraser l'intendant infidèle ?

Songeait-il, au contraire, aux moyens à prendre pour se faire aimer de cette jeune fille qu'il avait fait enlever si brutalement le soir même ?

C'était certainement l'une ou l'autre de ces deux pensées qui le préoccupait ainsi, lorsqu'il fut soudain tiré de sa rêverie par le bruit d'une assiette qui, après lui avoir effleuré la figure, alla se briser en éclats sur la muraille.

Cadet venait de lancer ce projectile à la tête de Deschenaux.

Voici ce qui avait causé cet esclandre.

Deschenaux, jaloux de la fortune rapide de Cadet, l'avait d'abord raillé sur l'impopularité des immenses levées de blé faites, dans les campagnes, par le munitionnaire général, levées très profitables, du reste, avait-il ajouté, pour celui qui était chargé de les faire.

— Et vous, avait répondu Cadet, croyez-vous être en odeur de sainteté auprès des bourgeois de Québec ? Outre que vous êtes receveur de l'imposition qu'on a mise sur eux pour l'entretien des casernes et que cela suffit pour vous attirer la malveillance des citoyens, on ne se gêne pas de dire que vous empochez la moitié des contributions.

— Oh parbleu! la bonne farce! répliqua Deschenaux. Et pensez-vous, mon cher, que l'histoire de ce gros million, à vous compté lors de votre entrée en charge, soit plus édifiante que celle de l'impôt?

— Mais, dit Corpron, qui intervint prudemment, vous avez dû voir, M. le secrétaire, le compte rendu que nous avons fait tenir à M. l'intendant de l'emploi de ce million. Pourquoi donc vous arrêter à de viles calomnies?

— Allons donc, mon cher Corpron, lui dit Deschenaux avec un rire cynique, je vous croyais plus fort! Est-ce que nous ne nous connaissons pas tous un peu, hein? Entre nous cette feinte est ridicule. Aussi soyez certain que malgré votre savant état de compte fait pour aveugler, là-bas, messieurs les ministres, je sais fort bien quels jolis prélèvements vous avez faits, Cadet et vous, sur ce million de francs avancés au munitionnaire. Mais ce n'est point là la question. Car il est constant, entre nous, que c'est à qui s'enrichira le plus vite parmi tous les fonctionnaires de ce gouvernement qui ne fait que se modeler, du reste, sur celui de Mme de Pompadour. Ce que je veux reprocher à Cadet, c'est qu'il nous compromet tous.

— Et comment cela, s... tonnerre? s'écria Cadet; ne suis-je pas aussi futé que vous, par hasard?

— Je serais le dernier à vous refuser les plus brillantes qualités de l'esprit, dit Deschenaux d'un ton railleur, qui ne fit qu'exaspérer Cadet. Mais avouez que vous vous êtes mis sur un trop haut ton. Le peuple, qui crève de faim, s'indigne de vous voir une table aussi fastueuse que celle que vous tenez, avec, en outre, valets de chambre, laquais et maître d'hôtel.

— Eh! mille diables! peu m'importe ce que dit la populace! Je maintiens mon rang, voilà tout!

— Votre rang? votre rang? Bah!

— Comment? mais ne suis-je pas autant et même plus que vous?

— Autant, je ne dis pas; mais plus!...

— Pour être né dans la boutique d'un cordonnier, vous faites bien l'important, monsieur le secrétaire!

— Oh! oh! monsieur le munitionnaire général, le prenez-vous sur ce ton-là? D'abord, je ne crois pas devoir en céder à un ex-porcher. Puis laissez-moi vous répéter ce bon mot qui courut tout Québec, lors de votre élévation à l'emploi que vous occupez aujourd'hui et que vous n'avez certes pas dû à une instruction laborieusement acquise. C'est étonnant, disait-on, que Cadet, le boucher, ait su passer aussi vite du couteau à l'épée[7].

---

7. Toutes les allusions faites aux personnages de cette scène sont exactement historiques. Voyez le *Mémoire sur les affaires du Canada*.

— Bélître! rugit Cadet, qui saisit une assiette et la lança au visage du malicieux Deschenaux.

— Messieurs! messieurs! s'écria Bigot. Au lieu de vous griser et de vous quereller, il vaudrait mieux, je pense, aviser aux moyens de nous tirer de l'impasse où nous a poussés une administration plus que suspecte. Tandis que vous dormez sur le fruit de vos exactions, je suis seul à veiller au salut de tous.

«En effet, qui a su, jusqu'à présent, entretenir une sourde inimitié entre M. de Vaudreuil et le marquis de Montcalm, et nous attirer la protection du gouverneur aveuglé? Qui vous a mis à même, afin de hâter avant la tempête votre retour en France, de réaliser en espèces sonnantes les biens considérables que vous avez acquis en bons sur le trésor? N'est-ce pas encore moi, grâce au soin que j'ai pris d'envoyer en France l'aide-major Péan, dont la mission spéciale était de nous expédier ce printemps des navires chargés de marchandises que nous avons vendues au poids de l'or?»

— Ce pauvre Péan! interrompit Cadet toujours à moitié ivre. Il doit s'ennuyer de sa jolie femme qu'il a laissée, sur votre avis, à Québec.

— Monsieur Cadet, reprit sèchement Bigot, vous badinez mal à propos, croyez-moi. Pour vous en convaincre, je vais vous lire une lettre que j'ai reçue, il n'y a pas longtemps, du nouveau ministre de la Marine, M. Berryer. Bien qu'elle vous concerne, ainsi que ces messieurs, tout autant que moi, je n'ai pas voulu vous en faire part avant ce jour; car il m'en coûtait de troubler votre sécurité. Rappelez-vous seulement que, lors de l'arrivée du vaisseau qui, ce printemps, nous apporta de France les premières nouvelles de la saison, je vous ai tous avertis de vous tenir sur vos gardes, parce que la tempête commençait à gronder. Écoutez maintenant ce que m'écrit le ministre de la Marine.

Bigot prit une lettre dans la poche de son justaucorps.

Les convives penchèrent vers l'intendant leurs figures anxieuses, et à mesure que Bigot avançait dans sa lecture, leurs physionomies terrifiées montraient combien les fumées de l'ivresse se dissipaient vite sous le coup des dures vérités contenues dans le foudroyant message du ministre.

«On vous attribue directement, disait M. Berryer dans sa lettre à Bigot, datée du 19 janvier 1759, d'avoir gêné le commerce dans le libre approvisionnement de la colonie. Le *munitionnaire général*» — Bigot eut soin de souligner ces derniers mots dans sa lecture — «le munitionnaire général s'est rendu maître de tout, et donne à tout le prix qu'il veut. Vous avez vous-même fait acheter pour le compte du roi, de la seconde et de la troisième main, ce que vous auriez pu vous procurer de la première et à moitié meilleur marché; vous avez fait la fortune *des personnes qui ont des relations avec vous* par les intérêts que vous leur avez fait prendre dans ces achats ou dans d'autres entreprises; vous tenez l'éclat le plus splendide et le plus grand jeu au milieu de la misère publique. Je vous prie de faire de très sérieuses réflexions sur la façon dont l'administration qui vous est confiée a été conduite jusqu'à présent. Cela est plus important que peut-être vous ne le pensez[8]. »

Quand il eut fini de lire, Bigot regarda Cadet dont il était fait spécialement mention dans le message officiel.

Le munitionnaire avait perdu sa morgue. Il était là, le regard rivé sur la table, décontenancé, pâle, défait, stupide.

Les autres convives ne paraissaient guère plus rassurés.

— Pardonnez-moi, chers hôtes, ajouta l'intendant, de vous faire terminer ce repas d'une aussi triste manière. Mais le moment est des plus critiques, et le temps est venu de chercher une planche de salut afin de ne pas sombrer dans le gouffre qui menace de nous engloutir.

« Il y a dans la vie de pénibles étapes où l'homme le plus heureux doit s'arrêter afin de bien calculer l'élan qui lui fera franchir avec succès un précipice inopinément ouvert devant lui par la main de l'inconstante fortune. À l'heure présente, nous en sommes tous rendus là, vous et moi; car vous ne devez point vous cacher qu'en tombant je vous entraînerais avec moi dans l'abîme.

« Puisque donc le moment d'agir est venu, sachons oublier, pour un certain temps, les plaisirs de la vie facile que nous avons menée jusqu'ici, sachons redevenir hommes d'énergie. Combinons notre plan, réunissons toutes nos forces afin de contraindre la main de la fortune à nous aider plutôt qu'à nous laisser choir. Et quand une fois nous aurons franchi le périlleux obstacle, nous reprendrons là-bas, sur le sol de France, notre joyeuse vie.

— Bravo! bravo! s'écrièrent Deschenaux et De Villiers.

— Vous avez raison, dirent à la fois Corpron et Cadet.

— Mais, poursuivit Bigot, nous avons d'autant plus besoin d'agir de concert qu'il nous va falloir faire face à des circonstances imprévues. Je vous avoue, pour ma part, que certain plan que j'avais formé pour notre très prochain retour en France devient irréalisable, pour cette année du moins, vu l'expédition que ces maudits Anglais dirigent sur Québec. Comment croire, en effet, que le roi accepterait notre démission à la veille de cette crise imminente que la colonie va bientôt traverser?

« C'est bien dommage; car, outre que nous avons pu, ce printemps, réaliser en espèces les biens que nous avions acquis, mes mesures étaient

---

8. Historique.

prises pour que vous me suivissiez tous en France, cette année même. L'orage n'aurait éclaté que sur nos successeurs. Déjà même j'avais commencé à mettre ce projet à exécution. Ainsi, Varin, le commissaire de la marine à Montréal, n'a dû son retour en France qu'à mes sollicitations. »

— En voilà un qui est heureux! murmura Deschenaux. Il jouit maintenant, sans alarmes, de l'immense fortune qu'il a pu s'amasser en fort peu de temps.

— J'avais encore su procurer à Péan, sous prétexte de mauvaise santé, ce congé d'absence qui lui a permis de s'acheter là-bas de grands biens. Et c'est ainsi que je voulais vous faire tous battre en retraite vers la France, les uns après les autres, me réservant, comme votre chef, la partie la plus périlleuse de ces opérations vraiment stratégiques, celle de former à moi seul votre arrière-garde et de quitter le dernier ce terrain miné qui menace à chaque instant de sauter sous nos pieds. Mais comme tous ces beaux projets seront mis à néant par l'arrivée prochaine des Anglais, il nous faut tâcher de tirer le meilleur parti possible des événements et de tourner à notre avantage les conséquences qui en pourront résulter.

« Messieurs, continua-t-il après avoir jeté à ses complices un regard profond qui fit baisser la tête à chacun d'eux, comme je vous l'ai dit tantôt, votre sort est étroitement lié au mien. Ma perte causerait infailliblement la vôtre. Étant donc assuré de votre discrétion, je n'hésite pas à vous confier le secret terrible dont dépend notre conservation. Au point où nous en sommes rendus dans nos relations avec MM. les ministres du roi, le seul moyen de salut qui nous reste se trouve, à mon avis, dans la victoire des armes britanniques et la cession de la Nouvelle-France aux Anglais. »

Les gestes d'assentiment qui échappèrent à ses convives indiquèrent à Bigot que tous avaient saisi la portée de cet argument.

— Vous comprenez qu'en laissant le pays après une lutte acharnée de plusieurs mois il nous serait encore assez facile de faire entrer une partie des énormes dépenses entraînées jusqu'à présent par notre administration dans les frais considérables qu'exigerait cette dernière et désastreuse campagne. Il ne nous resterait alors qu'à nous prémunir contre les attaques de nos ennemis sur notre conduite et notre gestion antérieures. Mais je crois qu'une fois en France il nous serait aisé de prévenir ce danger en sacrifiant chacun quelques milliers d'écus pour conserver et acquérir des influences à la Cour.

« Que nos armes soient victorieuses, au contraire, et voyez d'ici le désastre qui nous attend. Notre administration se prolonge indéfiniment, les dettes s'accumulent de plus en plus, et nous sommes exposés à une reddition de comptes scabreuse, lorsque la patience et la libéralité du roi seront lassées de voir tant de millions enterrés sous quelques arpents de neige, comme

M. de Voltaire définit, si mal, entre nous, l'immense et riche territoire du Canada. Je crois donc, et ce n'est qu'après y avoir longtemps réfléchi que j'en suis arrivé à ce moyen extrême, je crois donc qu'il nous faudra violenter la fortune et la contraindre à favoriser les armes anglaises, si les nôtres s'acharnaient à nous donner la victoire. »

— Mais, interrompit Cadet en bégayant de peur, vous aurez donc recours à la trahison ?

— Pourquoi pas ?

Les misérables pillards que Bigot dominait de toute la hauteur de son infernal génie et de sa force indomptable de caractère durent courber la tête sous le froid regard de l'intendant.

— Écoutez ! continua-t-il, si vous ne vous sentez pas le courage d'affronter directement les risques de cet acte nécessaire — donnez-lui le nom que vous voudrez — reposez-vous sur moi de ce soin. Seulement, malheur à celui d'entre vous qui oserait jamais desserrer les lèvres à ce sujet ! Vous savez que ma police à moi est bien faite et qu'elle est même meilleure que celle du roi. Je ne donnerais pas à ce double traître deux jours de vie. Votre rôle sera bien simple. Vous êtes tous assez riches maintenant pour cesser vos dilapidations. Agissez donc honnêtement dans vos transactions publiques, montrez un grand zèle pour le service du roi, afin d'achever d'aveugler le marquis de Vaudreuil et de parvenir à convaincre le général de Montcalm de la droiture de nos intentions. Quant au reste, je m'en charge. Est-ce dit, Messieurs ?

Tous ses hôtes lui tendirent simultanément la main.

— C'est bien ! Y a-t-il longtemps, Deschenaux, que vous avez vu de Vergor ?

— J'ai dîné tout dernièrement avec lui.

— Se rappelle-t-il le fameux coup de main que je lui ai donné pour le libérer du procès qu'il lui fallut subir en 1757 à cause de sa lâche défense du fort de Beauséjour ?

— Il m'en a précisément causé la dernière fois que je l'ai vu.

— A-t-il donc encore assez de cœur pour me garder de la reconnaissance ?

— Dame ! on pourrait en douter sans jugement téméraire ; mais enfin, il me renouvelle à tout propos l'assurance de son dévouement pour vous.

— Il faudra, dans ce cas, l'entretenir dans ses bonnes résolutions en lui rappelant combien je pourrais aisément le perdre si jamais il refusait de m'obéir en quoi que ce fût.

— Ce sera facile.

— Veuillez en outre lui signifier d'ici à quelques jours d'avoir à se tenir prêt pour le premier moment où j'aurai besoin de lui. Maintenant, chers amis, je vous laisse libres de rester à table ou d'aller, si vous l'aimez mieux, vous reposer. Quant à moi, je vais gagner mon lit. Car il nous faudra demain être sur pied de bonne heure, si nous ne voulons pas manquer la chasse.

Bigot sonna et se fit apporter un martinet d'or dont Sournois alluma la bougie.

L'intendant avait une chambre à coucher dans le grand corps de logis du château. Mais ce n'était que pour la forme, vu qu'il n'y passait presque jamais la nuit. Il couchait, au contraire, dans la tourelle de l'ouest où il occupait, au rez-de-chaussée, un petit appartement situé au-dessous de celui où nous avons vu Sournois apporter la jeune fille.

Cette particularité n'était connue que de Bigot, de Sournois et de Mme Péan, qui seuls savaient quelles étaient les voies de communication avec la tour, isolée complètement, en apparence, du reste de l'édifice. Aussi Sournois était-il le seul chargé du service de la tourelle, et, lorsque la folâtre dame Péan la venait habiter, le disgracieux valet servait momentanément de page à la femme de ce pauvre aide-major.

L'intendant se rendit donc à la chambre du château où il était censé coucher. Elle était située au rez-de-chaussée et regardait le nord.

Il y entra, verrouilla la porte au-dedans et, marchant vers son lit, il en déplaça les couvertures et donna deux ou trois coups de poing dans les oreillers, afin de laisser croire que c'était là qu'il avait dormi.

Ensuite, il alluma une lanterne sourde, éteignit la bougie du martinet et se dirigea vers une armoire dont le fond était scellé dans le mur.

Il ouvrit l'armoire et poussa certain ressort caché qui fit tourner un panneau dissimulé dans la boiserie. Cette ouverture secrète laissa voir un petit escalier dérobé qui descendait dans l'épaisse muraille.

L'intendant referma derrière lui la porte de l'armoire ainsi que le panneau et s'engagea dans le sombre escalier, juste assez large pour donner passage à un homme.

Une autre porte l'arrêta, quand il eut descendu douze marches. Il la toucha du doigt. Elle s'ouvrit et se referma sans bruit, comme par enchantement.

Bigot se trouvait dans la cave du château.

Il marcha droit au mur du pignon de l'ouest, où une autre ouverture, praticable seulement pour celui qui en avait le secret, lui livra passage et le conduisit sous le rez-de-chaussée de la tourelle.

— Je ne sais trop comment cette jeune fille va m'accueillir, dit-il en gravissant les degrés.

Arrivé devant la chambre où Sournois avait laissé la pauvre enfant seule et sans connaissance, Bigot frappa discrètement.

Ne recevant aucune réponse, il ouvrit la porte et pénétra dans le mystérieux boudoir.

III

Berthe

Une heure s'était écoulée depuis que Sournois l'avait laissée évanouie dans la tour de l'ouest, lorsque la jeune fille reprit connaissance.

La somptuosité de l'appartement, la lumière pâle jetée par la bougie sur la riche tenture à personnages qui couvrait les murs, le silence régnant dans la chambre ne lui parurent d'abord que la continuation des rêves qui l'avaient agitée pendant qu'elle était évanouie.

Mais la fatigue qu'elle ressentit aussitôt par tous ses membres l'éveilla tout à fait, et elle se mit sur son séant.

— Mon Dieu! se dit-elle, où suis-je donc? Que s'est-il passé?

Ses yeux interrogèrent avec une curiosité mêlée d'effroi les objets, nouveaux pour elle, qui l'entouraient.

Pendant quelques minutes, ses regards errèrent d'un meuble à l'autre avec cette lenteur qui indique une profonde préoccupation d'esprit.

Elle cherchait à se ressouvenir.

Ses yeux s'étant arrêtés sur l'un des sujets mythologiques de la tapisserie, qui représentait, avec tout le cynisme dont cette époque était capable, Jupiter déguisé en satyre et surprenant Antiope, le sang lui monta aux joues.

Sa pudeur de jeune fille lui fit détourner avec dégoût la tête de cette allégorie transparente qu'elle ne comprenait pourtant qu'à demi.

Puis elle sauta à bas du lit avec autant de terreur que si elle s'y fût trouvée couchée au milieu de reptiles.

Elle se rappelait maintenant les événements de la soirée; sa rencontre avec l'intendant Bigot, la frayeur que lui avait causée la poursuite, les propos cyniques et l'assaut de Sournois.

— Oh mon Dieu! s'écria-t-elle en tombant à genoux, protégez-moi contre les desseins pervers de l'intendant! Vous, mon bon père, et toi, mère chérie, qui êtes maintenant au ciel, ne permettez pas que votre enfant devienne la victime de cet homme infâme!

Une résolution soudaine jaillit ensuite du cerveau de la jeune fille.

Elle courut vers la porte qu'elle essaya d'ouvrir. Mais Sournois l'avait verrouillée au-dehors; et les efforts de la pauvre enfant furent inutiles.

Alors elle se dirigea vers une des fenêtres après en avoir écarté les épais rideaux.

Le silence le plus complet régnait autour du château, et la lune, qui apparaissait à travers la cime des grands arbres, semblait s'y bercer mollement endormie sur ce lit de feuillage qu'une faible brise agitait doucement, comme une blonde créole qu'on voit se balancer dans un hamac en rêvant à ses amours.

Notre héroïne mesura d'un regard atterré la distance qui la séparait du sol.

Il y avait au moins trente pieds de hauteur!

Comment franchir cet obstacle qui s'opposait à sa fuite, faible et seule comme elle était?

De nouveau cette pensée ébranla son courage et elle se mit à pleurer.

Alors, ainsi qu'il arrive bien souvent dans les situations désespérées, les souvenirs heureux du passé vinrent en foule, comme une joyeuse volée d'oiseaux, s'abattre sur son front. Car le malheur semble souvent se complaire à joindre l'ironie à la cruauté, en nous rendant plus cuisantes les souffrances du présent par le douloureux contraste qu'offre la souvenance des plaisirs évanouis.

Aussi mademoiselle de Rochebrune vit-elle tout d'abord défiler devant ses yeux les heureux épisodes de son enfance.

Elle se rappela les tendresses que lui prodiguait sa mère, qu'elle voyait, dans sa pensée, comme une blanche apparition penchée sur son lit d'enfant pour lui donner le dernier baiser du soir.

Elle se revoyait entre Mme et M. de Rochebrune. Celui-ci tenait sa fille sur ses genoux et chaussait ses pieds mignons d'une charmante paire de mocassins qu'il venait de lui apporter à la suite d'une expédition contre les sauvages. L'enfant battait des mains à la vue des brillantes broderies en piquants de porc-épic teints de couleurs vives et variées.

Puis Mme de Rochebrune, morte alors que sa fille n'avait pas encore six ans, s'effaçait du tableau, et Berthe se retrouvait seule avec une vieille servante qui tâchait de lui faire oublier, par ses gâteries, la mort de la mère et l'absence de M. de Rochebrune, que le service tenait éloigné de Québec durant la belle saison.

Venait ensuite le souvenir d'un été passé à Charlesbourg, où la vieille Marie l'avait menée chez un parent de la servante.

À travers ses larmes, elle ne pouvait s'empêcher de sourire en se voyant courir, avec deux petites filles de son âge, sur les riants coteaux de Charlesbourg.

Le ciel était bleu, brillant le soleil, et les papillons secouaient leurs ailes d'or sur les foins embaumés. Soudain l'une des paysannes s'arrêtait en poussant un cri de joie. Et les trois lutins s'agenouillaient auprès d'un pied de belles fraises roses comme les lèvres gourmandes qui les savouraient.

Le sourire persistait à effleurer sa bouche à la seule pensée qu'au retour de cette course joyeuse, le fils du fermier lui avait donné un petit lièvre qu'il venait de prendre dans le bois voisin.

Bibi, farouche d'abord, avait bientôt fini par s'apprivoiser jusqu'à venir prendre sa nourriture dans le tablier de sa jeune maîtresse. Alors elle couvrait de baisers les longues et soyeuses oreilles du levraut, qui n'en continuait pas moins à croquer son repas à belles dents et avec des petits mouvements de tête qui plongeaient l'enfant en extase.

Puis, c'était l'hiver, et Berthe se trouvait au coin du feu avec son père et un petit ami à elle, Raoul de Beaulac.

Celui-ci, qui avait trois ans de plus que Berthe, venait tous les soirs entendre les récits de batailles et de combats qui exaltaient sa jeune imagination.

Tandis que la vieille Marie tricotait, à moitié perdue dans l'ombre derrière un angle de la vaste cheminée, le feu flambait dans l'âtre en pétillant, et faisait danser sur les murs de la salle des ombres bizarres que les deux enfants prenaient pour les fantômes des guerriers morts dont le vieux militaire leur racontait les glorieux exploits.

Son cœur palpita plus vite encore quand le souvenir de la perception de ses premiers sentiments d'amour lui revint à la mémoire.

C'était par une après-midi du mois de juillet de l'année qui vit mourir M. de Rochebrune.

Les deux enfants, Berthe avait alors douze et Raoul quinze ans, étaient sortis de la ville pour aller folâtrer dans les champs, qui étalaient alors leur verdure à l'endroit maintenant occupé par le faubourg Saint-Jean.

L'air était tiède et parfumé. Le soleil s'inclinait lentement à l'horizon en versant des flots de lumière sur les eaux du fleuve, qui semblaient dormir dans la baie formée par la rive nord du Saint-Laurent et l'embouchure de la rivière Saint-Charles.

Les blanches maisonnettes de Beauport miraient leurs toits rouges et pointus dans l'onde calme et transparente du fleuve ; et, plus loin, entre l'île verdoyante d'Orléans et la Pointe-Lévi, la voile d'un bateau s'était arrêtée assoupie par l'absence de vent et le doux roulis des vagues paresseuses.

De temps à autre une rumeur, à demi étouffée par la distance, s'élevait au-dessus de la ville et arrivait jusqu'aux enfants.

Autour d'eux chantaient les cigales. Des oisillons voltigeaient dans les blés verts et se jetaient l'un à l'autre leurs gazouillements.

Berthe, qui n'avait alors que douze ans, se laissait aller à un babil naïf et sans suite, ses paroles suivant le vol de ses folâtres pensées et parfois celui des libellules au corsage d'or dont les ailes diaphanes bruissaient parfois à son oreille.

Quant à Raoul, ses quinze ans révolus, avec en outre certaine autre cause dont nous aurons bientôt le secret, lui inspiraient un air sérieux et rêveur qui étonnait d'autant plus Berthe qu'elle avait remarqué, depuis quelque temps, combien son compagnon de jeu se montrait avec elle taciturne et rêveur.

— Qu'as-tu donc, Raoul? lui demanda-t-elle tout à coup, tandis que celui-ci soupirait après avoir jeté à la dérobée un long regard à son amie. T'ai-je fait de la peine que tu parais si triste?

— Oh non!

— Alors tu es fâché?

— Encore moins.

— Mais enfin tu as quelque chose?

Il ne répondit pas d'abord, puis, comme à regret :

— Tu es trop jeune encore, vois-tu, pour me comprendre.

— Oh! dans ce cas, gardez vos secrets, monsieur, répondit Berthe, dont un sanglot fit trembler la voix.

Raoul n'y put tenir, et lui prenant une main qu'elle lui laissa sans contrainte comme sans émotion :

— Eh bien! je t'aime, Berthe!

— Et c'est pour ça que tu es si triste?

— Oui, car il m'arrive souvent de penser que tu en aimeras un autre auquel tu te marieras un jour.

— Mais ne t'ai-je pas promis d'être ta petite femme?

Raoul soupira plus fort que jamais. Et comme Berthe inclinait vers lui sa tête en souriant au milieu de ses larmes, le vilain garçon, abusant de sa force et de l'occasion, enlaça de son bras le cou de l'enfant.

Leurs lèvres se rencontrèrent dans un baiser pur comme celui des anges.

Quand ils revinrent à la ville, Berthe était rêveuse à son tour; et le soir, elle s'endormait en murmurant le nom de Raoul.

Cette dernière scène, en se déroulant devant notre héroïne, lui fit verser de nouveaux pleurs.

Car, depuis lors, ils avaient continué de s'aimer. Et Raoul de Beaulac, qui était maintenant un brillant officier, passait, non sans raison, pour l'heureux fiancé de Mlle de Rochebrune.

— Mon Dieu ! s'écria-t-elle en revenant à elle-même, Raoul saura-t-il ce que je suis devenue ? Et s'il fait des recherches, pensera-t-il à les pousser jusqu'ici ? Guidez-le vers moi, Seigneur, afin qu'il me sauve, lorsqu'il en est encore temps !

Ces dernières pensées ayant ramené vers elle le cours de ses idées tristes, elle en vint à passer en revue les malheurs qui étaient venus fondre sur elle dans l'automne de mil sept cent cinquante-cinq.

Elle se rappela son père revenant blessé, après la bataille de la Monongahéla, et le saisissement qu'en avait éprouvé la vieille Marie qui, de surprise, tomba en paralysie et mourut trois semaines plus tard.

Car, en ces heureux temps, les serviteurs aimaient souvent leurs maîtres à l'égal de leurs parents.

Puis le sombre tableau de leur misère subséquente se dressa devant elle dans toute son horreur. Elle s'y revit mourante de faim près du cadavre de son père tombé d'épuisement sur le seuil du palais de l'intendant.

— Et ce même homme, qui a contribué en quelque sorte à la mort de mon père, me tient maintenant en son pouvoir ! se dit-elle en essuyant soudain ses larmes d'une main ferme. Ah ! plutôt mille morts que rester ici !

Elle ouvrit la fenêtre et se pencha comme pour se précipiter à l'extérieur.

Mais un éclair de réflexion la retint.

Trois pas la rapprochèrent du lit, dont elle s'empressa de tirer à soi les draps de fine toile.

Par des nœuds bien serrés, elle en réunit trois bout à bout et revint vers la fenêtre.

Un rapide coup d'œil jeté au-dehors l'assura qu'il n'y avait personne au proche.

En prêtant l'oreille, elle n'entendit que le coassement des grenouilles, dont le chant monotone s'élevait d'un étang formé par le cours du ruisseau, et que le murmure de la brise à travers les feuilles.

Après avoir eu soin de retenir l'autre extrémité dans sa main, elle lança par la fenêtre l'un des bouts de ces draps réunis.

La toile glissa du haut en bas de la muraille comme un long fantôme blanc.

Berthe ne put retenir une légère exclamation de joie en voyant qu'elle touchait le sol au pied de la tourelle.

Cette espèce d'échelle l'aiderait à s'enfuir.

Elle était en frais d'attacher à une espagnolette de la croisée le bout du drap qu'elle avait retenu, lorsqu'elle entendit un bruit de pas qui faisaient craquer le petit escalier de la tour.

Une sueur froide passa sur ses membres avec un tremblement nerveux, et elle resta sans remuer en prêtant l'oreille.

Qu'elle fît encore un nœud, et elle était sauvée.

Mais l'émotion agitait tellement ses mains qu'elle ne put l'achever.

Les verrous de la porte firent entendre un aigre grincement entre les crampons de fer, et l'on frappa du doigt à l'extérieur.

Un homme entra.

C'était Bigot.

Ses regards se portèrent d'abord sur le lit, dont le désordre le frappa d'autant plus qu'il ne voyait pas celle qu'il y pensait trouver.

Il jeta ensuite un vif coup d'œil autour de la chambre.

Rien.

Car les rideaux l'empêchaient d'apercevoir Berthe qui grelottait de peur en arrière de ce frêle rempart.

— Par Satan! cria Bigot, se serait-elle donc enfuie! Je gage que ce maudit Sournois aura négligé de fermer les grilles de fer qui condamnent à volonté les fenêtres. Gare au pendard si la fillette s'est sauvée par là!

Il se rapprochait de la croisée dans l'embrasure de laquelle se tenait Mlle de Rochebrune, lorsque celle-ci écarta le rideau d'une main et s'écria:

— Si vous faites un seul pas vers moi, Monsieur, je me jette en bas de cette tour, et vous ne m'aurez que morte!

L'intendant s'arrêta stupéfait et grommela:

— Ce maraud de Sournois avait en effet oublié les grilles! Il me paiera cela demain!

S'adressant ensuite à Berthe:

— Mais, ma belle enfant, je ne vous veux point de mal. Au contraire. Allons, calmez-vous un peu, et consentez à m'écouter.

— Mademoiselle Courcy de Rochebrune n'a rien à entendre de M. Bigot, s'écria Berthe d'une voix ferme et remplie d'un superbe dédain.

En face de l'insulte, le sang patricien des Rochebrune se révoltait en elle et dominait de toute sa force l'ébranlement nerveux qui l'avait un instant saisie.

Tant que le danger s'était montré vague et à demi caché sous un voile de mystère qui en rendait les approches encore plus redoutables aux yeux de Berthe, la jeune fille avait eu peur. Mais maintenant que le péril se dessinait plus net à ses yeux, le fille des barons de Rochebrune sentait renaître son courage avec son indignation, à la seule prévision d'une insulte: chose à laquelle les femmes nobles ne sont pas habituées.

— Rochebrune... Rochebrune... je connais pourtant ce nom, murmura Bigot qui n'osait avancer d'un pas.

— Oh! oui, monsieur l'intendant, vous le devez fort bien connaître, et si vous avez oublié les horribles circonstances qui s'y rattachent, quelques mots suffiront pour rafraîchir votre mémoire en éveillant vos remords!

« Vous souvenez-vous de ce vieillard qui vous apparut, il y a quatre ans, au milieu d'une brillante réunion et vous jeta sa malédiction d'honnête homme à la face? Blanchi par les fatigues de la guerre aussi bien que par l'âge, blessé au service de la patrie, le noble invalide pouvait compter, n'est-ce pas, sur la demi-solde que la bonté des rois de France a su depuis longtemps assurer à nos braves.

« Il est vrai qu'on la lui accorda d'abord. Mais vos amis, qui ne font pas plus de scrupule de voler le pain du pauvre que les deniers du roi, ne tardèrent pas à lui en refuser le paiement.

« Ce vieillard tomba bientôt dans la plus affreuse des misères, et lorsque, chassé par vos valets, il s'affaissa pour mourir sur le seuil de l'intendance, il y avait cinq jours qu'il n'avait pas mangé.

« Sa fille, enfant de treize ans, que l'on trouva gelée à moitié sur le cadavre, devina par la suite à quel prix cet homme sublime avait pu conserver la vie de son enfant.

« Ce vieillard, c'était mon père, M. de Rochebrune. »

Ces paroles, prononcées d'une voix forte et fière, vibrèrent vigoureusement aux oreilles de Bigot.

Elle était belle ainsi, la noble demoiselle; belle de sa juste colère, de son courage et de ses dix-sept ans.

Le pur profil grec de son visage pâli par l'émotion se détachait du ciel bleu comme la blanche figurine des camées antiques.

Le feu de la colère brûlait la prunelle de son œil noir. On aurait dit comme le rayonnement d'une de ces étoiles qui scintillaient au-dessus de sa tête dans l'azur du firmament.

Sa main gauche s'appuyait sur le cadre de la fenêtre et sa droite étendue menaçait Bigot.

Ainsi placée dans l'embrasure de la croisée où se jouaient, d'un côté la lumière diaphane de la lune, et de l'autre la faible lueur de la bougie dont la flamme dormait dans l'enfoncement de la chambre, la jeune fille semblait, grâce aux magiques effets du clair-obscur, une blanche fée jetant un maléfice aux hommes avant de remonter au ciel.

Les souvenirs que Mlle de Rochebrune venait de réveiller avaient profondément affecté Bigot.

Plusieurs fois sa main passa sur son front, comme pour en chasser les pénibles pensées que la rude apostrophe de Berthe y faisait éclore.

— Oh! ce vieillard!... murmura-t-il, si je me le rappelle!... Il est souvent là devant mes yeux...

« Le jour, je le revois... tel qu'il m'apparut le soir où son mauvais génie l'entraîna vers ma demeure... Je l'entends me menacer... Ses funestes prédictions retentissent encore à mon oreille, ... et parfois j'en suis tout effrayé... La nuit, son souvenir me harcèle jusque dans mes rêves... Penché sur mon chevet, ... son spectre revient pour me maudire encore... Et c'est sa fille!... Ô fatalité!

Un instant, il reporta sur Berthe son regard qu'il n'avait pu s'empêcher de baisser devant le grand air et le ton impérieux de la fille du dernier baron de Rochebrune.

La noble attitude de Berthe, mêlée au souvenir du père, acheva de le décontenancer.

Pâle, énervé, inquiet, il rétrograda vers la porte et sortit.

— Merci, mon Dieu! Vous m'avez sauvée! s'écria Berthe. Maintenant, donnez-moi la force de fuir. Mais où aller? Si je ne me trompe pas, je dois être ici à Beaumanoir. Ce bois silencieux, le chemin que prenaient l'intendant et sa suite, lorsque je les ai rencontrés, tout me l'indique. Que je puisse seulement trouver l'avenue et je gagne le chemin de Charlesbourg. Une fois là, je trouverai bien secours et protection. Mais passer seule, la nuit, dans ce grand bois!

Cette idée la fit tressaillir.

Néanmoins, elle acheva de lier le drap à l'espagnolette et le saisit résolument pour se laisser glisser jusqu'à terre, lorsqu'un bruit de ferrailles qui criaient sur des gonds rouillés lui fit jeter les yeux du côté du mur.

Une lourde grille pivota de gauche à droite à l'extérieur, sur l'un des cadres de la fenêtre.

Berthe étendit instinctivement ses deux mains pour la repousser.

Mais, mû par un ressort secret et puissant, le treillis de fer continua son inflexible mouvement de rotation.

Les doigts délicats de la jeune fille craquèrent à se rompre dans cette lutte impuissante de la beauté frêle contre la brutale matière.

Sur l'un des barreaux, une petite aspérité, aiguë comme la griffe d'un chat, déchira le fin tissu de sa main blanche d'où jaillit du sang.

Et lentement, lentement, mais avec cette force irrésistible du rouage d'une puissante machine, le grillage acheva son évolution et vint s'adapter hermétiquement aux rebords de la croisée.

Un son sec retentit, et lorsque Berthe affolée voulut ébranler les barreaux de sa prison, ils ne bougèrent pas plus que s'ils eussent été scellés dans la pierre.

Elle courut à l'autre fenêtre et n'y arriva que pour entendre le dernier craquement du ressort qui mordait le bord d'un semblable treillis de sa dent d'acier.

Bondissant vers la porte, elle voulut l'ouvrir, mais la main de fer des verrous s'y opposait aussi.

Un nuage de sang voila les yeux de Berthe, qui s'affaissa sur le parquet de la chambre.

Au même instant, les pas de l'intendant résonnèrent au-dessous sur le plancher de l'appartement du rez-de-chaussée où il couchait.

— Cet ingénieux mécanisme me coûte assez cher, grommela Bigot; mais je ne m'en repens pas. Allons! la cage est solide, et l'oiseau ne pouvant s'envoler, j'aurai tout le temps de la réflexion, pour savoir ce qu'il me reste à faire.

À cinq heures du matin, le lendemain, l'intendant fut éveillé en sursaut, par plusieurs coups que l'on frappait à la porte.

— Qui va là?

— Votre humble valet, répondit la voix glapissante de Sournois.

— Que me veux-tu, maroufle?

— Vous remettre un message très pressé que vous envoie M. le Gouverneur.

— C'était, pardieu! bien la peine de m'éveiller si tôt!

Et, tout en passant sa robe de chambre, Bigot gronda comme un dogue à qui l'on arrache un os.

Puis, il alla ouvrir et prit, en grommelant, des mains du porteur, une lettre scellée aux armes du marquis de Vaudreuil.

Tandis qu'il en rompait le cachet et la parcourait à la hâte, Sournois entra dans la chambre de son maître.

> « *Monsieur l'Intendant,* écrivait le gouverneur, *nous venons d'apprendre par un courrier spécial que la flotte anglaise a fait hier son apparition à l'île aux Coudres*[9].
>
> *Comme l'ennemi sera devant Québec dans un jour ou deux, nous avons un grand besoin de vous. Venez vite.*
>
> *Votre tout dévoué,*
> *Vaudreuil.*

---

9. « Le gros de la flotte anglaise arriva à l'île aux Coudres le vingt-trois juin; plusieurs des officiers y débarquèrent, et quelques-uns s'étant éloignés pour faire la chasse, trois d'entre eux furent surpris par le sieur Desrivières qui, à la tête de quelques milices et sauvages abénaquis, s'y était mis en embuscade. » M. Ferland, vol. II, p. 572.

— Non! mais il faut que tous les diables d'enfer soient acharnés contre moi! cria Bigot qui froissa la lettre avec rage et la jeta dans un coin de la chambre. Manquer une partie de chasse qui me promettait des émotions; et par une si belle journée! ajouta-t-il en lançant un regard sombre au brillant soleil dont les rayons, répercutés par l'eau limpide contenue dans le bassin d'un lave-mains d'acajou, dansaient follement sur la muraille.

Sa colère avait besoin de se détourner contre quelqu'un. Sournois étant à sa portée, ce fut sur lui qu'elle tomba.

— Et toi, double brute! continua l'intendant sur un ton de plus en plus élevé, tu m'as fait hier une belle besogne!

— Comment donc, monsieur? répondit Sournois, qui tâcha de se faire le plus rampant possible, afin que l'orage, qu'il sentait venir, glissât sur sa souple échine.

Mais il était écrit qu'il ne pourrait point l'éviter.

— Comment! comment! s'écria Bigot qui, rouge de fureur, se rapprocha de Sournois. Tu étais donc gris, ivrogne, puisque tu n'as point songé à refermer les grilles de la chambre, ainsi que je t'ai dit de le faire chaque fois que…

— Pardon…, monsieur l'intendant, interrompit Sournois; je n'avais rien pris… de l'après-midi…, n'en déplaise à monsieur… Ce n'est qu'un oubli assez pardonnable…, puisqu'il n'y a que Mme Péan qui soit venue depuis un assez long temps… Voilà pourquoi je ne pensais plus… à ces damnées grilles qui étaient restées ouvertes…, car avec madame…, monsieur sait bien qu'il n'en est pas besoin.

— Tiens! insolent! imbécile, s'écria Bigot qui, de sa main fermée, frappa le valet en plein visage.

Le coup porta sur le nez bourgeonné de Sournois, dont la trogne se couvrit soudain de sang.

C'était la première fois que l'intendant s'emportait ainsi contre son valet de chambre.

Aussi était-il, ce matin-là, d'une humeur massacrante. Repoussé la veille, et sans gloire aucune, dans sa tentative amoureuse, privé du plaisir de sa partie de chasse, dame! il y avait bien là matière à exaspérer même un homme moins habitué que le fastueux Bigot à tout voir se plier à ses caprices.

Sournois étourdi, aveuglé, s'appuya sur le mur; puis revenant un peu à soi, tâcha d'étancher le sang qui coulait à flots de son vilain mufle.

— Va te laver, lui dit le maître d'un ton radouci. Ensuite, tu éveilleras ces messieurs pour leur dire qu'il nous faut repartir immédiatement. Tiens, ajouta-t-il en lui jetant quelques louis d'or qui se trouvaient sur sa table de nuit, voici des compresses qui guériront ta blessure. Fais vite et reviens m'aider à m'habiller.

Mais Sournois, qui aurait vendu mille fois son âme pour autant de pièces d'or, ne prit point celles que lui tendait son maître; et il sortit sans dire un mot, mais avec la rage au cœur.

— Tiens! se dit Bigot, maître Sournois serait-il susceptible! Les prétentions qu'affichent maintenant en France messieurs de la petite bourgeoisie vont-elles gagner aussi jusqu'à nos valets? Ah! parbleu! je ne m'attendais pas à celle-là!

À peine Sournois eut-il refermé la porte qu'il menaça du poing celui qu'il y avait à l'intérieur.

— Ah! c'est ainsi, monsieur l'intendant, que vous récompensez quinze ans de services! grogna-t-il en branlant sa laide tête, rendue plus repoussante encore par le sang qui la maculait. Bien que je ne sois qu'un serviteur, monsieur Bigot, je vous apprendrai bientôt que ce n'est pas un titre à m'honorer de vos soufflets! Je me vengerai, oui, foi de Sournois, et avant longtemps!

Une heure plus tard, Bigot et ses amis étaient réunis devant le château.

Le soleil du matin dardait ses flèches d'or à travers les feuilles des arbres qui ombrageaient la pelouse; et la rosée, rendue étincelante par les feux du jour, émaillait l'herbe et les fleurs du parterre comme d'une myriade de diamants, tandis que les oiseaux agaçaient les échos du bois voisin, ou répondaient au rire strident des écureuils qui se jouaient dans les ramures.

— Par Nemrod et saint Hubert! ces deux immortels chasseurs, pensa Deschenaux à haute voix, quel dommage de perdre une aussi belle journée!

Bigot l'entendit:

— Rappelez-vous, mon cher Deschenaux, dit-il, les instructions que je vous ai données à tous hier soir. À partir d'aujourd'hui, nous devons être des plus empressés à montrer notre dévouement au service de notre bon roi que Dieu protège... ainsi que Mme de Pompadour.

— Ainsi soit-il, répliqua le goguenard Deschenaux.

L'intendant allait donner le signal du départ, et déjà même il rendait la main à son cheval, quand il avisa son valet de chambre qui se préparait à le suivre.

— Ici, Sournois, dit-il.

Le valet s'approcha.

— J'ai oublié de te dire qu'il faut que tu restes au château. La petite ne saurait se passer de manger, et il n'y a que toi qui puisses lui porter ses repas dans la tour. Demain, dans l'après-midi, si je suis retenu là-bas, tu viendras me donner de ses nouvelles. Allons, messieurs, en route!

Et faisant tourner sa monture, dont il piqua les nobles flancs avec la molette de ses éperons, il la lança au grand trot entre les arbres de l'avenue. Les autres suivirent à la file.

Sournois le regarda partir, et, lorsque le son des derniers pas de la cavalcade se fut éteint dans les méandres du bois, un hideux sourire découvrit les dents jaunes du valet qui laissèrent siffler ces mots :

— À demain, monsieur l'intendant !

IV

Raoul

Le lendemain, vers les huit heures du soir, deux cavaliers cheminaient au pas sur la route poudreuse de Charlesbourg.

Ils tournaient le dos à la ville, allaient doucement et se tenaient assez près l'un de l'autre pour causer à voix basse.

Leur conversation paraissait animée.

Elle devait avoir pour objet quelque chose de bien important, car tous deux lançaient, de temps à autre, des regards scrutateurs sur les bords du chemin qu'ils suivaient.

L'un d'eux poussait même la prudence jusqu'à se retourner quelquefois pour jeter un rapide coup d'œil en arrière.

C'était le plus jeune, comme aussi le plus distingué des deux cavaliers.

Il avait vingt ans. Sa taille était au-dessus de la moyenne et laissait deviner des formes admirables de grâce et de force, sous la coupe élégante de son justaucorps.

À l'aisance avec laquelle il maniait son cheval, à la distinction qu'il mettait, à son insu, dans sa pause et ses mouvements, on reconnaissait en lui le gentilhomme brisé aux exercices du corps aussi bien qu'aux exigences des salons.

Il était blond. Son nez légèrement aquilin s'harmonisait parfaitement avec une bouche ferme et bien découpée.

Au besoin, ses yeux bleus, lorsque la passion les venait animer, savaient lancer des éclairs. Quant à son front, si la tête n'eût été couverte du tricorne classique de l'époque, il aurait apparu intelligent et noble.

Le teint frais de la jeunesse et de la santé colorait modérément ses joues, qui étaient pleines sans être grasses.

Sa main, assez délicate pour un homme, ne serait pourtant pas entrée, sans effraction, dans les gants d'une marquise.

En un mot, bien que Raoul de Beaulac, dont nous venons d'esquisser le portrait, n'eût pas la figure d'un Adonis, il n'en était pas moins ce qu'on est convenu d'appeler un joli garçon.

Quand je dirai qu'il était vigoureux et fort, on me croira sans peine, vu qu'il ne ressemblait guère à ces héros de roman, grêles et pâles, et que l'on est tout surpris de voir, à un moment donné, secouer les colonnes d'un temple avec leurs mains de petites maîtresses, ou enlever sur leurs épaules rachitiques de nouvelles portes de Gaza.

Raoul avait, au plus haut point, l'amour des grandes actions. Rien qu'à le voir battre à l'aise, sous sa large poitrine, on pressentait la générosité de son cœur.

C'était le vrai type de ces nobles gentilshommes canadiens qui, pendant deux siècles, arrosèrent de leur sang l'immense territoire de la Nouvelle-France, depuis les glaces de la Baie d'Hudson jusqu'aux marais de la Louisiane, et qui allaient, semant partout l'héroïsme avec le même désintéressement que les preux du temps de Bayard, ce chevalier sans peur et sans reproche.

Raoul de Beaulac avait fait ses premières armes dans la milice active, à la prise de Chouaguen (Oswego), en dix-sept cent cinquante-six, et avait conquis ses premiers grades dans la glorieuse campagne de mil sept cent cinquante-huit, immortalisée dans nos annales par la victoire de Carillon.

Au moment où nous le présentons au lecteur, il était lieutenant d'un corps de cavalerie que l'on venait d'organiser à Québec[10].

Quoique le compagnon de Raoul fût, aussi bien que lui, maître de sa monture, sa façon négligée de se tenir en selle, son dos quelque peu voûté, ses manières gauches et ses habits d'étoffe du pays laissaient voir de suite la distance qui séparait la position sociale de chacun d'eux.

C'était l'homme du peuple à côté du gentilhomme.

Il était d'assez petite taille; mais ses robustes épaules et ses bras musculeux savaient déployer au besoin la quantité surprenante de force et de vigueur que la nature avait su faire entrer dans ce corps trapu.

Tous les traits de sa figure placide, ses lèvres épaisses, ses larges narines, ses yeux gris et doux, indiquaient la franchise et la bonhomie.

---

[10]. «On forma aussi un corps de cavalerie, et le S. de la Roche-Beaucourt, aide de camp de M. de Montcalm, et capitaine de cavalerie, en fut fait commandant.» *Mémoire sur les affaires du Canada*, p. 139.

À cet homme, doué d'un cœur généreux, il ne manquait pourtant que le vernis donné par la naissance et l'éducation, pour en faire l'égal du gentilhomme qu'il accompagnait.

Car Jean Lavigueur, dans le cours de sa vie aventureuse à travers les immenses forêts canadiennes, avait plus d'une fois donné des preuves de grandeur d'âme dans ses relations avec les sauvages, amis ou ennemis, au milieu desquels s'était écoulé sa jeunesse.

Et, si l'on s'en souvient, c'était lui qui, quatre ans auparavant, avait ramassé la petite Berthe mourante sur le seuil de l'intendance.

Pendant un an, Lavigueur traita l'orpheline comme si elle eût été sa propre enfant. Le pauvre ouvrier, qui avait laissé depuis quelques années le fusil du coureur des bois pour la hache du charpentier, ne songea pas une seule fois à se plaindre du surcroît de dépense que la nouvelle venue occasionnait dans le modeste intérieur.

Au contraire, il s'était tellement attaché à l'orpheline, que lorsqu'une parente éloignée de la famille de Rochebrune était venue réclamer Berthe au bout d'un an, le cœur de ce brave homme avait saigné de même que s'il lui eût fallu se séparer de sa propre fille.

Cette parente de Berthe était une demoiselle âgée, cousine de M. de Rochebrune. Elle avait demeuré longtemps à Montréal et s'était décidée de venir rester à Québec, après la mort du vieil officier.

À la suite d'assez longues recherches, Mlle de Longpré avait fini par retrouver Berthe. Alors, celle-ci avait dû laisser, à son grand chagrin d'abord, la maison du charpentier de Saint-Roch, pour retourner vivre à la haute-ville avec sa vieille parente qui jouissait d'une petite fortune.

Mais la jeune fille n'oublia jamais ceux qui l'avaient accueillie dans sa détresse, et elle allait souvent chez le brave homme et sa femme, qui méritaient bien cette reconnaissance.

Lavigueur servait sous les ordres de Raoul, dans l'escadron de cavalerie commandé par M. de la Roche Beaucourt. C'était sa réputation de cavalier consommé qui l'avait appelé à faire partie de ce corps privilégié ; renommée bien méritée, du reste, pour un homme qui se faisait autrefois un jeu de dompter les plus fougueux chevaux sauvages des prairies de l'Ouest.

Pour peu qu'on veuille bien prêter l'oreille à leur conversation, l'on saura bientôt quel intérêt commun rapprochait ces deux hommes de conditions si différentes.

— Dis-moi donc un peu, Jean, demanda Raoul de Beaulac à son compagnon de route, comment tu t'y es pris pour te renseigner sur *son* sort ?

— C'est simple comme bonjour, mon lieutenant. Vous vous rappelez que vous vîntes chez nous avant-hier, à dix heures du soir, me demander si je n'avais pas vu cette chère demoiselle Berthe, que j'aime comme l'enfant de mon sang.

— Oui, Mlle de Longpré, dont la demeure avoisine la mienne, était entrée toute bouleversée chez moi à neuf heures. Elle fondait en larmes en me disant que Mlle de Rochebrune n'était pas encore de retour à l'Hôpital général, où une cousine maternelle de Mlle de Longpré, religieuse dans cette communauté, lui fait la classe toutes les après-midi, afin de compléter son éducation. Jamais Berthe n'était revenue après sept heures du soir. Ce qui la rendait plus inquiète encore, c'étaient les fréquentes allées et venues du grand nombre de soldats qui, depuis quelques jours, affluent à la capitale.

«Cette nouvelle m'ayant moi-même rempli d'inquiétude, je descendis en toute hâte à l'Hôpital général. On m'y apprit que Berthe avait bien été quelque peu retardée ce soir-là par je ne sais plus quelle cérémonie religieuse, mais qu'elle n'en avait pas moins quitté le couvent depuis une heure. Parbleu! me dis-je, pour trouver un prétexte qui calmât mon inquiétude croissante, elle sera arrêtée chez ce brave Jean Lavigueur, comme il lui arrive souvent de le faire. Et je courus chez toi. Vous ne l'aviez pas vue.»

— Non, excepté un instant le matin, mon lieutenant. Cela vous mit tellement hors de vous-même, que je me sentis aussi un moment tout abasourdi. Mais comme pleurer est la seule affaire des femmes, et que les hommes doivent se remuer au lieu de perdre un précieux temps à s'essuyer les yeux et à tomber en syncope, je tâchai de vous ramener le courage au cœur en vous faisant agir. Et je vous suggérai l'idée de vous mettre immédiatement en recherche avec moi.

— Ce que nous fîmes sans aucun résultat.

— De même que durant toute la journée du lendemain, c'est vrai, mon lieutenant. Mais hier soir, quand je rentrai chez nous, fatigué, découragé, ma femme m'interpella de la sorte:

«Dis donc, Jean, dit-elle, puisque la demoiselle ne s'est pas arrêtée chez nous comme de coutume, c'est donc d'ici à l'hôpital des bonnes sœurs qu'elle s'est perdue. Car, vois-tu, mon homme, si quelqu'un a enlevé cette chère demoiselle, ç'a dû être dans le clos désert qui sépare le faubourg Saint-Roch de l'Hôpital général. Le plus grand gueusard d'homme n'aurait pas pu l'emmener en plein faubourg sans que nos gens de Saint-Roch s'en fussent aperçus à cette heure-là.

"Ah çà! qu'est-ce que tu me chantes donc là? que je lui répondis. Crois-tu que je n'ai pas pensé à cela avant toi? Toute la sainte journée nous avons fouillé, de fond en comble, M. Raoul et moi, l'endroit que tu mentionnes.

"Écoute donc, bourru, qu'elle me répliqua. Savais-tu que M. l'intendant

— un grand abatteur de bois[11] qu'il fait celui-là et qui n'aime bien que trop les créatures — savais-tu qu'il a passé par ici, avant-hier soir, vers huit heures ? Les voisines m'ont dit — pour moi, j'étais occupée dans le temps à laver mon plancher — qu'il s'en allait du côté du bac des sœurs avec toute sa clique d'amis. Probablement qu'ils allaient faire ripaille au Château Bigot, où il doit tout de même se passer de belles choses.

"Attends un peu, femme, que je lui rétorquai ; je savais tout cela, mais tu viens de me donner une fameuse idée avec ton bac des sœurs." Et sans dire un seul mot de plus, je pris mon chapeau et courus à toutes jambes chez le passeur.

« La vieille Josephte était seule. Elle me dit que son bonhomme était allé veiller un de ses défunts cousins qui vient de mourir, et qu'il ne serait de retour que le lendemain matin, en parlant d'aujourd'hui.

« Je revins chez nous le cœur dans l'eau et tout noyé dans la peine. J'enrageais d'avoir à attendre toute la nuit et la matinée du lendemain. Car il me fallait laisser arriver le midi suivant pour mettre à bonne fin le projet qui me trottait par la boule.

« Enfin la nuit s'écoula, puis la matinée, et sur les midi et demi, je me dirigeai vers la maison du passeur Pierre.

« Comme je m'y attendais, il dormait son somme de l'après-dîner. Je m'approchai de Josephte, qui lavait sa vaisselle dans sa cuisine, et avant qu'elle eût pu jeter un ouac, je lui lançai le grappin sur la nuque. Puis, dans un vire-main je la couchai bâillonnée et garrottée sur un lit.

« Après quoi, tombant sur le dormeur que j'empoignai à la gorge, je le sommai, le couteau sur le cœur, de me dire ce qu'était devenue la demoiselle que nous cherchions.

« Le père Pierre voulut d'abord faire des façons ; mais quand il sentit que la pointe effilée de mon ancien couteau de chasse commençait à lui couper la peau après avoir percé la chemise, il ne mit pas de temps à me dire tout ce qu'il connaissait ; à savoir, qu'il a traversé, avant-hier au soir, cette ganache de Sournois sur son bac, avec une femme couverte d'un manteau et qui paraissait évanouie en travers du cheval du valet.

« Il me supplia, en tremblant, de ne jamais dire à personne de qui je tenais les renseignements qu'il me donnait.

« Voyant que je n'en pouvais pas tirer autre chose, je lui jetai la bourse pleine d'or que vous m'avez passée pour faciliter les recherches, et je courus vous faire part de ma découverte. Mais je n'ai pu vous trouver cette après-midi que sur les cinq heures. »

---

11. Voir Tallemant des Réaux.

— Oui, j'étais malheureusement de service. N'importe. Par l'entremise de notre commandant qui est aide de camp de M. de Montcalm, lequel n'aime pas beaucoup Bigot, j'ai obtenu un congé d'une nuit et d'une journée pour toi et pour moi. Maintenant, piquons des deux afin d'arriver plus vite à Beaumanoir où nous mettrons tout à feu et à sang si l'on ne m'y rend pas ma fiancée qui s'y doit certainement trouver.

Mais avant de lancer son cheval au galop, Raoul jeta un dernier coup d'œil en arrière.

— Vois donc! s'écria-t-il en saisissant la bride du cheval de Lavigueur. Et lui-même arrêta le sien.

Les deux cavaliers n'étaient plus qu'à quelques arpents de l'église de Charlesbourg et se trouvaient presque au sommet de la montée qui y conduit.

Ils dominaient donc la vallée de la rivière Saint-Charles et pouvaient voir à une certaine distance sur le chemin qui allait en serpentant jusqu'à la ville.

Le disque argenté de la pleine lune se levait en arrière des falaises de la Pointe-Lévi et laissait tomber de l'horizon une lumière pâle, mais propice à l'examen de Raoul et de son compagnon.

Ils purent voir en effet à un demi-mille en arrière un carrosse traîné par deux chevaux et qui approchait rapidement.

— Au galop! dit Raoul d'une voix brève. Il faut que nous soyons dans l'avenue du château dix minutes avant Bigot.

Les chevaux bondirent sous la piqûre ardente des éperons et partirent comme un trait.

Quelques instants plus tard, les nobles coursiers haletaient sous le frais ombrage des arbres de la longue avenue de Beaumanoir.

— Halte ici! dit Raoul. Nous sommes maintenant assez éloignés du *chemin du roi* et encore assez loin du château pour qu'on ne puisse nous entendre. Faisons entrer dans le bois nos chevaux que nous attacherons à quelques pas de la route. Vite! il n'y a pas un seul moment à perdre.

Raoul et Jean quittèrent la route et bientôt après ils revinrent seuls.

— Bon! dit Raoul. Le chemin est libre de la sorte, et Bigot ne saurait nous voir d'avance et s'esquiver.

— Pardon, mon lieutenant, mais qui vous dit que c'est bien l'intendant qu'il y a dans la voiture?

— Qui diable veux-tu que ce soit? Y a-t-il un seul des habitants de Charlesbourg, y compris le notaire et le curé, qui gardent carrosse[12]? Ce ne

---

12. Il n'y a pas plus de trente ans encore qu'un carrosse était chose très rare dans nos

peut donc être que l'intendant qui vienne dans cette voiture du côté de Beaumanoir.

— Tonnerre de Dieu! mon lieutenant, vous avez raison!

— Écoute. Tu vas te tenir à gauche du chemin et te poster derrière un arbre. Quand tu verras arriver le carrosse, saute au nez des chevaux et arrête-les. Moi, je me tiendrai à droite, du côté de la portière. Je me charge du cocher. Quant à monsieur Bigot, ajouta-t-il froidement, et de la main gauche il arma l'un de ses pistolets d'arçons qu'il avait enlevés des fontes de sa selle, il faudra bien qu'il me réponde! Attention!... j'entends le roulement de la voiture qui s'engage dans l'avenue!

En effet, le bruit des roues écrasant les branches qui bordaient la route fit rentrer dans l'ombre les deux acteurs de ce sombre drame.

Le cœur de Raoul battit à rompre sa poitrine.

Mais cette émotion ne dura qu'un moment.

Les pas des chevaux devinrent de plus en plus distincts, et bientôt le carrosse fut en vue.

— Une! deux! trois! dit Raoul.

Les deux hommes prirent leur élan.

Les chevaux se cabrèrent, arrêtés par une main puissante, tandis que Raoul, s'élançant d'un seul bond sur le siège, frappa le cocher en pleine poitrine du pommeau de son épée.

Le conducteur tomba par terre comme une masse de plomb et se mit à râler en se tenant les côtes à deux mains.

— S'il fait mine de bouger, casse-lui la tête d'un coup de pistolet! cria Raoul à Jean.

Puis, sautant à bas du siège, il courut en arrière de la voiture pour s'y débarrasser du laquais.

Mais celui-ci, terrifié par cette attaque effective et soudaine, avait déjà pris ses jambes à son cou, et se sauvait dans la direction de Charlesbourg.

— Au dernier les bons, dit Raoul en se présentant à la portière qu'il ouvrit brusquement de sa main droite.

Il avait rengainé son épée; mais sa gauche serrait toujours la crosse du pistolet dont il dirigea la gueule vers la personne assise à l'intérieur de la voiture.

---

campagnes. Depuis, le goût du luxe a gagné jusqu'à nos *habitants* et le moindre cultivateur étale maintenant avec orgueil *sa wagin* et son harnais américain. La calèche antique, aux oreilles monstrueuses, a presque totalement disparu de nos paroisses, et si, par hasard, l'on en aperçoit quelqu'une, le dimanche, à la porte d'une église de village, ce vénérable véhicule vous fait l'effet de se glisser honteusement entre les brillantes et légères voitures à quatre roues de notre époque.

— Le chevalier Raoul de Beaulac présente ses hommages à M. l'intendant Bigot, dit-il d'une voix railleuse et colère.

Mais à peine eut-il jeté un regard au-dedans du carrosse qu'il laissa tomber son arme à terre.

Et, tout troublé par l'apparition qui s'offrait à ses yeux ébahis, il ôta gauchement son chapeau.

V

Perfidie

Selon l'ordre qu'il avait reçu, Sournois était venu, dans l'après-midi de cette même journée, donner à l'intendant des nouvelles de Mlle de Rochebrune.

Le valet avait eu le temps de se remettre; et lorsqu'il se présenta devant Bigot, au palais de l'intendant, ce fut avec cet air rampant qui lui était habituel qu'il aborda son maître.

— Hé bien! Sournois, dit Bigot, comment va ton nez? Il me produit l'effet d'être plus rubicond que de coutume. Garderait-il donc encore des marques de ma mauvaise humeur d'hier matin?

— Oh non! monsieur l'intendant; d'ailleurs ce n'est point la peine d'en parler, répondit le valet, qui, en blêmissant, car sa face violacée ne savait plus rougir, porta machinalement la main à cette intéressante partie de sa figure.

Bigot soupçonna fortement son valet de chambre d'avoir mis à profit les deux jours de liberté qu'il avait eus pour visiter à son aise le cellier de Beaumanoir.

À vrai dire, ce jugement du maître était loin d'avoir rien de téméraire.

Afin, sans doute, d'avaler plus facilement la honte qu'il avait subie, Sournois avait depuis la veille absorbé une énorme quantité de vins de toute espèce. Sauternes, Bordeaux, Xérès, Rancio, Champagne et eaux-de-vie, il avait fait chanter les vins des meilleurs crus sur tous les tons de la gamme du glouglou, en s'accompagnant des doigts sur le col poussiéreux des bouteilles.

Car Sournois dédaignait de perdre son temps à remplir un verre, et buvait ordinairement le goulot sur les lèvres.

— Comme cela, disait-il en s'essuyant la bouche du revers de sa manche, on ne perdait rien de ce divin arôme qui n'avait pas même un prétexte pour s'éventer.

Bigot, qui avait intérêt à lui faire oublier sa brutalité de la veille, ne fit aucune allusion à l'ivrognerie de son domestique; mais changeant le sujet de la conversation :

— Et comment se porte

> Ma belle
> Rebelle,

reprit-il en chantonnant.

— Euh ! comme ça, monsieur l'intendant.
— Qu'entends-tu dire ?
— Que la petite a l'air bien désolée.
— Elle s'ennuie de moi, sans doute; j'irai la consoler, dit Bigot d'un air suffisant sous lequel perçait une certaine inquiétude qui n'échappa point à l'œil clairvoyant de Sournois.
— À vous dire vrai, monsieur l'intendant, je ne crois pas que votre retour la comble de joie. Car elle m'a parue bien heureuse quand je lui ai annoncé votre départ subit.
— Innocent ! pourquoi lui dire cela ?
— Dame ! monsieur ne me l'avait pas défendu.
— C'est vrai ! Allons ! je vois qu'il va me falloir démasquer toutes mes batteries pour vaincre son obstination. Que le diable m'emporte si la fillette ne se rend pas avant deux jours !
— Oh ! oh ! pensa Sournois, il parle de vaincre ! Donc, il a été repoussé l'autre jour. Décidément, je vais pouvoir me venger de ce coup de poing dont le poids m'est resté... sur le nez.
— Tu lui as porté régulièrement ses repas, Sournois ?
— Certainement, monsieur.
— Mange-t-elle ?
— Oui, mais si peu que ce n'est vraiment pas la peine d'en parler.
— Hum ! et dire que je ne puis pas encore laisser la ville aujourd'hui ! Enfin, il faut en prendre son parti; mais demain j'irai à Beaumanoir, coûte que coûte. Quant à toi, tu vas y retourner après m'avoir coiffé, toutefois; car il n'y a que toi qui saches le faire à mon goût.

Quand Sournois eut fini de remplir son office de coiffeur, cinq heures venaient de sonner.

— Maintenant, lui dit Bigot, tu vas regagner Beaumanoir et m'y attendre jusqu'à demain soir. Mais auparavant, rends-toi à la haute-ville chez Mme Péan, et, après lui avoir présenté mes compliments affectueux, dis-lui que je ne pourrai me trouver chez elle aujourd'hui que sur les neuf heures du soir, vu que je serai des plus affairés jusque-là.

— Que vous avez d'esprit, cher monsieur ! pensa Sournois, d'aller ainsi de vous-même au-devant de mon plus vif désir en m'envoyant au seul endroit où je tienne à aller.

Dix minutes plus tard, Sournois frappait à la porte de Mme Péan, sur la rue Saint-Louis [13].

Une charmante soubrette vint ouvrir.

Comme il était toujours porteur des messages de l'intendant, le valet fut admis sans difficulté en présence de la maîtresse du logis.

On fit entrer Sournois dans un merveilleux boudoir, où tables, étagères, causeuses, du plus ravissant travail de Boule, s'étalaient sur un épais tapis de Perse.

À demi couchée sur un canapé, la belle madame Péan lisait le fameux roman de l'abbé Prévost, *Manon Lescaut*.

Un peu fatiguée de la soirée précédente, où l'on avait joué chez elle fort avant dans la nuit, la jeune femme ne s'était levée qu'à deux heures de l'après-midi. Et comme elle ne s'était pas sentie tout à fait bien, elle n'avait fait que passer un peignoir en dentelle pour se jeter sur le canapé du boudoir.

Ses longs cheveux noirs ruisselaient dans un superbe désordre sur ses épaules dont la blancheur rosée resplendissait sous l'élégante échancrure du peignoir, et ses yeux bleus parcouraient d'un regard languissant le livre que tenaient ses doigts effilés.

Son pied droit, chaussé d'une charmante mule de satin aurore, s'appuyait sur le dos d'un petit chien à poil blanc et frisé qui dormait sur un carreau de velours tandis que la jambe gauche, gracieusement repliée sur elle-même, laissait deviner ses admirables contours sous la légère étoffe de la robe diaphane.

— Diable! se dit Sournois, dont la laideur contrastait étrangement avec cette exquise beauté, il faut que le maître soit bien dégoûté pour être infidèle à un aussi beau brin de femme! Ah! Sournois, mon ami, que n'êtes-vous né Bigot pour passer votre vie à genoux devant cette adorable créature!

Sournois ne manquait pas d'esprit.

Puis, élevant la voix:

— Madame, dit-il, et il inclina sa disgracieuse personne, M. l'intendant vous fait présenter ses compliments et m'a chargé de vous dire qu'il ne pourra pas venir ce soir avant neuf heures.

---

13. Au dire de M. James Lemoine, Mme Péan demeurait dans la rue Saint-Louis, au lieu où s'élève aujourd'hui la caserne des officiers. La tradition nous dit que la maison qu'elle habitait lui avait été donnée par Bigot.

C'est à peine si la belle Angélique Péan[14] avait daigné quitter des yeux son livre pour écouter le valet.

Mais quand Sournois eut cessé de parler, elle fit une petite moue et dit avec humeur, quoique sans se déranger :

— M. l'intendant est donc bien affairé ces jours-ci ?

— Oui, joliment, madame !

Sournois avait su donner un accent tellement singulier à sa réponse que la jeune femme ne put s'empêcher de tourner la tête, et regardant le valet de ce petit air dédaigneux qu'une dame croit devoir prendre avec son domestique :

— Qu'est-ce à dire ?

— Que mon maître est, de ce temps-ci, plus occupé que madame ne le voudrait peut-être.

— Or çà, mon ami, vous oubliez avec qui vous êtes ; et vous vous permettez, je crois, de badiner avec moi.

— Pardon, madame. Les préoccupations de mon maître, au contraire, sont choses tellement graves qu'il faut en parler très sérieusement, surtout devant vous.

— Comment, devant moi ? Expliquez-vous plus clairement, ou sortez !

— C'est que voyez-vous, madame, fit Sournois en se frottant le nez, les choses désagréables à entendre sont toujours difficiles à dire.

— Je suis folle de m'amuser à écouter cet homme, murmura la dame ; il aura trop bu, selon son habitude. J'aurais dû y songer plus tôt.

Et jetant sur le valet un regard empreint de cette crainte instinctive que les femmes ressentent à la vue d'un homme ivre, elle se mit sur son séant pour tirer le cordon d'une sonnette et appeler quelqu'un.

Mais Sournois avait lu cette pensée dans ses yeux.

— Excusez-moi, madame, dit-il de sa voix la plus douce ; vous me croyez gris, n'est-ce pas ? Eh bien ! écoutez-moi seulement deux minutes et vous vous convaincrez du contraire. Permettez-moi toutefois de vous faire une question. N'avez-vous rien remarqué d'étrange dans la conduite

---

14. J'ai sous les yeux une copie de l'acte de mariage, tirée des registres de N.-D. de Québec, de « Michel-Jean-Hugues Péan, Écr., Sr. de Saint-Michel, officier des troupes du détachement de la marine entretenu en ce pays et aide-major du Québec, fils de Hugues-Jacques Péan, Écr., Seigneur de Livaudière, chevalier de l'ordre royal et militaire de Saint-Louis, etc., [...] d'une part, et de D[lle] Angélique Renaud d'Avenue, fille de feu Marie-Nicolas Renaud d'Avenue, vivant, Écr., Sr. des Meloises, seigneur de Neuville, etc. »

M. Péan et Mlle des Meloises furent mariés à Québec, le trois janvier mil sept cent quarante-six, par Monseigneur du Breil de Pontbriand.

de M. l'intendant, depuis son retour de Beaumanoir, c'est-à-dire depuis hier matin ?

— Eh bien ! en supposant que cela fût ?

— Si cela n'était pas, madame, M. Bigot serait encore plus hypocrite que je ne le croyais.

— Hein !

— Car il vous trompe, madame.

— Il me trompe ?

— Ou est parfaitement disposé à le faire, ce qui revient au même.

La figure de Mme Péan prit une telle expression d'incrédulité dédaigneuse que l'astucieux valet comprit qu'il était temps de frapper le grand coup.

Aussi commença-t-il, sans autre préambule, à raconter l'enlèvement de Mlle de Rochebrune, la part qu'il y avait prise et les brusqueries du maître à son égard.

À mesure que Sournois avançait dans son récit, la pauvre femme s'était mise à pâlir de telle sorte que le sang avait fini par fuir complètement son visage pour affluer au cœur. Elle devint aussi blanche qu'une statue d'albâtre.

Il avait à peine fini que se dressant soudain sur ses pieds :

— Ah ! c'est infâme ! s'écria-t-elle.

Depuis le commencement de sa liaison avec l'intendant, ce qui remontait déjà à plusieurs années, Bigot s'était montré si attentif auprès d'elle que jamais la jeune femme ne l'avait un seul instant soupçonné de lui être infidèle.

Dieu sait pourtant, s'il faut en croire la tradition, que Bigot avait bien, en fait d'amour, toutes les idées larges de son siècle et qu'il dut plus d'une fois, l'occasion aidant, se délasser ailleurs d'un attachement aussi prolongé.

Mais Mme Péan n'en avait su rien, vu que les personnes de sa petite cour avaient le plus grand intérêt à ce que la bonne entente subsistât le plus longtemps possible entre le puissant intendant et leur amie, la femme de l'aide-major.

Aussi, la nouvelle imprévue qu'apportait Sournois la frappa-t-elle comme un coup de foudre.

Ce n'est pas que son amour pour Bigot fût encore aussi vif que dans les commencements. Bien au contraire ; et s'il nous est trop pénible de penser qu'elle avait tout d'abord cédé plutôt à la passion véritable qu'à l'idée d'une spéculation sordide, nous devons aussi constater que son amour, émoussé peu à peu par le temps, avait fini par ne régner qu'à demi dans son cœur dont l'intérêt et le sentiment se disputaient maintenant la possession. Cependant, la douleur que ressentit ce reste de passion, jointe à la prévision de perdre à tout jamais, avec les bonnes grâces de l'intendant, ses libéralités splendides, lui arracha un cri de lionne blessée.

Sournois fut tellement effrayé de l'effet terrifiant produit par son indiscrétion, qu'il comprit qu'il lui fallait maintenant rassurer la pauvre femme.

— De grâce! madame, calmez-vous, s'écria-t-il. Le mal n'est pas aussi grave que vous croyez, puisqu'il est encore réparable.

Puis il lui fit part de la conversation qu'il avait eue avec son maître, durant l'après-midi même, et de la conviction qu'il en avait acquise que Bigot n'avait pas été heureux dans son entreprise galante auprès de sa jeune captive.

— Ah! ce n'en est pas moins indigne de vouloir me trahir ainsi!

Elle fondit en larmes.

Sournois, ne sachant quelle contenance garder devant l'effusion de cette douleur, eut recours à son expédient ordinaire dans les circonstances embarrassantes et se mit à frotter doucement son nez avec la seconde jointure de l'index.

Soulagée par ces pleurs, Mme Péan revint bientôt à elle.

D'une main que la colère, autant que l'émotion, rendait tremblante, elle essuya les larmes qui voilaient ses beaux yeux et releva la tête.

— Ne m'avez-vous pas dit, Sournois, que vous retournez à Beaumanoir?

— Oui, madame.

— Quand y serez-vous ce soir?

— Il est maintenant... près de six heures. Avant que je me sois préparé et mis en route, il en sera bien six et demie. De sorte que je n'arriverai guère au château avant huit heures.

— Bien! À présent, écoutez-moi. Consentez-vous à me servir en cette affaire?

— Oh! que oui! madame. Et, non seulement dans ce cas-ci, mais toujours et partout, j'exécuterai les ordres que vous voudrez bien me donner.

— C'est bon! je saurai vous en récompenser. D'ailleurs, c'est le seul parti qui vous reste à prendre après les dangereuses confidences que vous venez de me faire. Sur un seul mot à votre maître, je vous perdrais à tout jamais.

— Je le savais pardieu bien! — Excusez ce juron, madame; ... vieille habitude! — Aussi avais-je l'intention de vous offrir mes services.

— Alors, rendez-vous tout de suite à Beaumanoir et attendez-y mes ordres. Peut-être même m'y verrez-vous ce soir. Dans tous les cas, rapportez-vous-en à ma discrétion pour détourner de vous les soupçons de M. Bigot. Ah! attendez un instant.

Mme Péan sonna et sa fille de chambre apparut.

— Lisette, lui dit sa maîtresse, apporte-moi donc ma bourse que j'ai dû laisser, en me couchant, sur le pied de mon miroir.

L'instant d'après revint la soubrette avec une de ces longues bourses en soie que nos *porte-monnaie* ont remplacées, plus ou moins bien. Elle était toute brodée en perles, et deux anneaux d'or la fermaient par le milieu.

— Merci, Lisette, et retirez-vous.

Lorsque la servante eut refermé la porte, elle prit cinq louis d'or qu'elle offrit à Sournois en lui disant:

— Prenez cet acompte, et tenez-vous prêt.

Le valet sortit après s'être incliné jusqu'à terre.

— Allons! Sournois, mon ami, se dit-il en regagnant l'intendance, je crois que venez de faire une bonne spéculation en vous avisant de servir deux maîtres à la fois. Quant à ma petite vengeance, elle va marcher son train maintenant.

Durant le quart d'heure qui suivit le départ de Sournois, Mme Péan descendit dans les plus intimes profondeurs de la réflexion.

Assise sur le divan, la fossette de son menton perdue dans sa main droite, son joli index sur les lèvres, et fronçant de temps à autre l'arc si léger de ses sourcils qu'il semblait avoir été créé d'un léger coup de pinceau du miniaturiste Liotard, elle rumina une de ces bonnes petites vengeances de femme, d'autant plus perfides qu'elles se cachent sous des fleurs.

Apparemment qu'elle eut bientôt trouvé ce qu'elle cherchait, car un fin sourire de méchanceté caressa ses lèvres lorsqu'elle se leva pour quitter le boudoir.

— Lisette, dit-elle en entrant dans sa chambre à coucher, va dire au cocher de tenir mes chevaux et ma voiture prêts pour sept heures, et reviens vite m'habiller. Ensuite, pour perdre moins de temps, je souperai de viandes froides.

Sept heures venaient de sonner, lorsque s'ouvrit la porte cochère du logis de M. l'aide-major Péan.

On se souvient que ce brave major était en France.

Deux chevaux traînant un lourd carrosse sortirent en faisant piaffer leurs sabots ferrés sur le pavé de la cour.

À l'intérieur de la voiture était Mme Péan qu'enveloppait une large mante.

Le carrosse venait à peine d'entrer dans la rue Saint-Louis, que le cocher arrêta ses chevaux et se penchant vers une ouverture pratiquée dans la partie supérieure de la boîte:

— Madame sait-elle, par hasard, quel est le mot d'ordre à donner aux soldats qui gardent le nouveau pont de bateaux jeté sur la rivière Saint-Charles?

— Non.

— C'est dommage, parce que ça aurait raccourci le chemin, si on avait pu passer par là.

— Nous ferons comme s'il n'y avait point de pont. Le vieux passeur Pierre traversera la voiture sur le bac des sœurs.

— C'est bien, madame.

Et le cocher fouetta ses chevaux qui partirent au grand trot.

Sur les neuf heures et demie, M. l'intendant Bigot, glorieux, poudré, parfumé à outrance, faisait retentir le lourd marteau de la porte de Mme Péan de ces coups fermes et sonores qui annoncent le maître ou l'habitué très sûr d'être bien accueilli.

On ouvrit la porte.

— Madame est chez elle? dit en entrant Bigot, qui déposa un double baiser sur les joues fraîches de la soubrette.

— Non, monsieur.

— Hein!

— Madame est sortie.

— Sortie!!

— Oui, monsieur; et depuis plus de deux heures.

— Mais où donc est-elle allée?

— À Beaumanoir, monsieur.

— À Beaumanoir!!

Bigot faillit tomber à la renverse.

— Que diable est-elle allée faire au château? Elle devait pourtant bien savoir que je n'irais pas là ce soir!

— Oh! si, monsieur, elle le savait. Mais madame a entendu dire que les Anglais sont débarqués cet après-midi à l'île d'Orléans[15]. Elle en a eu tant de peur qu'elle n'a pas voulu coucher en ville et qu'elle s'en est allée à votre château de Charlesbourg.

— Malédiction! cria Bigot qui descendit quatre à quatre les marches du perron. Elle va tout savoir en occupant sa chambre de la tourelle! Oh! sacristi! quelle maudite idée a-t-elle eue là! Mille millions de tonnerres! c'est à en devenir fou!

Il courait à toutes jambes.

Arrivé à cette porte de la ville, qui coupe en deux la côte du palais, il lui fallut s'arrêter.

La porte était fermée depuis le coucher du soleil.

---

15. En effet, «le vingt-sept juin, la flotte anglaise débarqua une partie de ses hommes vers le haut de l'Île». M. FERLAND.

— On ne passe pas sans le mot d'ordre, lui dit la sentinelle en croisant son arme.

— Le mot d'ordre est Carillon! Allons, vite!

Durant tout le temps qu'on mit à lui ouvrir, Bigot impatienté du retard jura comme un troupier.

À l'intendance il tomba comme une bombe.

— Vite! vite! qu'on me selle un cheval! cria-t-il d'une voix à faire trembler les vitres.

Trois minutes après, il sautait en selle.

Revenant un peu sur ses pas, il descendit ensuite au grand galop la rue Saint-Nicolas, au bas de laquelle il fut arrêté par une barricade qui obstruait le passage.

On saura bientôt pourquoi.

Ce nouveau retard lui causa un autre accès de rage.

— Carillon! pendard! cria-t-il au factionnaire. Allons! plus vite que ça, ou je te passe sur le ventre!

À peine avait-on décroché deux ou trois chaînes que Bigot éperonna son cheval et lui fit, d'un seul bond, franchir un amas de poutres qui s'élevaient à cinq pieds au-dessus du sol, et qu'on n'eut pas le temps de ranger.

— Enfin! dit-il en lançant sa monture à fond de train dans la direction du pont de bateaux qui se trouvait à peu près au même endroit que notre pont Dorchester.

Mais il n'avait pas fait trente pas, qu'une double détonation, qui éclata en avant et non loin de lui, fit faire un écart à son cheval.

En même temps, des cris de femmes effrayées percèrent le silence de la nuit.

VI

Heur et malheur

On concevra facilement quelles furent la surprise et la confusion de Raoul, lorsqu'il aperçut à l'intérieur du carrosse Mme Péan à la place de son ennemi Bigot, qu'il s'attendait d'y trouver.

— Ô madame! dit-il en se découvrant avec un respect que les circonstances rendaient passablement gauche, je vous demande mille pardons!

La jeune femme, d'abord à moitié pâmée, s'était un peu remise en reconnaissant, grâce au clair de lune, qu'au lieu d'avoir affaire à des bandits ou aux Anglais, comme elle l'avait craint, elle n'avait plus en sa présence qu'un officier de bonne famille qu'elle avait quelquefois rencontré dans le monde.

On se souvient que Raoul, qui croyait s'adresser à Bigot, lui avait décliné son nom en ouvrant la portière.

— En vérité, monsieur, ce n'est pas sans motifs, répondit la dame. Et depuis quand un gentilhomme détrousse-t-il les passants ?

— Vous me voyez tout confus, madame, des suites déplorables auxquelles une méprise de ma part a donné lieu.

— Une méprise ! Le mot est pour le moins singulier ! Et que vouliez-vous donc à M. l'intendant ? Car j'ai compris que c'est à lui que vous vous adressiez. Vous avez une drôle de manière d'apostropher les gens au coin d'un bois et le pistolet au poing !

Rapide comme l'éclair, une idée lumineuse traversa le cerveau du jeune homme.

Pourquoi ne pas profiter de la situation et s'allier Mme Péan ? ce qui était facile à faire en éveillant la jalousie de la coquette au sujet de l'enlèvement de Mlle de Rochebrune par Bigot.

— J'avoue, madame, répondit Raoul, que l'acte d'arrêter ainsi quelqu'un à main armée semble tout d'abord être celui d'un assassin ou d'un voleur. Mais vous êtes femme, et vous savez qu'un amoureux en est aussi capable.

— Amoureux ! Mais, ce n'est pas apparemment de M. Bigot que vous l'êtes. Au ton que vous mettiez à l'aborder, on ne l'aurait certes pas cru !

— Certainement, madame, répliqua Raoul en souriant. Et toute brûlante qu'elle eût pu être, la déclaration que je comptais lui faire n'aurait été rien moins que galante.

— Mais enfin, quel rapport y a-t-il entre votre amour et M. l'intendant ?

— Celui-ci, madame : c'est que j'ai de graves raisons de soupçonner M. Bigot d'avoir fait enlever et conduire ma fiancée à Beaumanoir.

— Que dites-vous ?

— La vérité, madame, j'en ai bien peur. Mlle de Rochebrune, que je devais épouser bientôt, a disparu tout à coup, avant-hier soir, entre le faubourg Saint-Roch et l'Hôpital général, au moment où M. Bigot passait par là, avec ses amis, pour venir à Beaumanoir. Et j'ai presque des preuves que c'est lui qui a enlevé ma fiancée.

— Mademoiselle de Rochebrune, avez-vous dit ?
— Oui, madame.
— Ciel ! serait-ce la fille de ce pauvre officier qui s'en alla mourir, il y a quatre ans, sur le seuil de l'intendance, et dont la triste fin fit tant de bruit ?
— C'est elle-même.
— Ah ! mon Dieu ! s'écria la jeune femme, qui cacha son front dans ses mains, au souvenir des terribles incidents de la nuit du vingt-quatre décembre mil sept cent cinquante-cinq.

Raoul respecta, par son silence, cette émotion qu'il comprit. Car il avait souvent entendu parler des sombres prédictions et des menaces proférées dans la grande salle du palais par M. de Rochebrune.

— Eh bien ! moi aussi, monsieur, reprit-elle au bout de quelques secondes, j'ai appris que M. l'intendant retenait une jeune fille prisonnière au château. Voilà pourquoi je venais...

Ici, elle ne put s'empêcher de rougir.

Sans remarquer ce reste de pudeur qui colorait les joues de la femme légère, Raoul s'écria :

— Plus de doute, alors ; c'est bien elle ! Ô madame ! je vous en supplie, conduisez-moi près de ma fiancée, et je vous en voueraí une reconnaissance qui ne finira qu'avec ma vie !

Mme Péan réfléchit un instant.

Remettre au jeune homme cette rivale, dont elle avait eu l'idée de se débarrasser d'une manière quelconque en venant à Beaumanoir, n'était-ce pas l'accomplissement de ses désirs ? Puis le joli tour à jouer à M. Bigot, ce volage vert galant !

— Montez avec moi, dit-elle en tendant la main à Raoul. Et si vous n'avez pas trop assommé mes gens, nous allons nous rendre immédiatement au château.

— Soyez mille fois bénie de cette bonne action, s'écria Raoul en baisant la belle main qu'on lui offrait.

Et se tournant vers Lavigueur :

— Jean, lâche les chevaux et laisse ce brave homme de cocher remonter sur son siège.

Le conducteur était resté accroupi sur le bord de la route et n'osait bouger de crainte de recevoir une balle du pistolet que Lavigueur avait tenu braqué sur lui tout le temps qu'avait duré la conversation entre Raoul et Mme Péan.

Aussi, notre homme s'empressa-t-il de se relever dès qu'il vit se détourner de sa personne l'arme menaçante.

Il n'était pas sérieusement blessé ; seulement, le coup donné au creux de l'estomac par le pommeau de l'épée de Raoul lui avait coupé violemment la respiration, et à part une assez forte contusion, son état n'offrait rien de dangereux.

Aussi put-il reprendre sa place et son office de cocher.

— Tiens, dit Beaulac en lui glissant quelques louis dans la main, prends ceci pour te faire soigner.

— Ce jeune homme me paraît avoir un bon cœur, grommela le cocher, mais il est tout de même un peu vif!

Avant de monter dans la voiture, Raoul dit à Lavigueur :

— Tu vas rentrer dans le bois pour garder nos chevaux et y attendre mon retour.

Comme il n'y avait plus de laquais, Jean vint abaisser le marchepied du carrosse, qui repartit dès que la portière eut été fermée sur Raoul de Beaulac.

Après un quart d'heure de marche, la voiture était en vue du château.

Un homme se promenait de long en large dans les allées du parterre.

Au premier bruit du roulement de la voiture, il avait prêté l'oreille et, voyant arriver le carrosse, il était accouru au-devant.

C'était Sournois.

D'un tour de main il ouvrit la portière et recula de surprise à la vue d'un inconnu. Car Raoul lui cachait Mme Péan.

Beaulac descendit sans faire attention au valet et offrit sa main à la dame, qui sauta légèrement à terre.

— Oh! oh! je comprends! pensa Sournois, madame a déjà trouvé un remplaçant à M. Bigot.

— Sournois, dit celle-là, après avoir fait quelques pas de manière à n'être pas entendue du cocher, où se trouve la jeune fille dont vous m'avez parlé ?

— Dans la petite chambre de la tour de l'ouest, madame.

— Vous allez nous y conduire tout de suite.

— Vous, madame, sans doute ; mais, ce monsieur qui est avec vous, non.

— Pourquoi non ?

— Parce qu'il connaîtrait ensuite le passage secret que vous savez.

— Monsieur est un gentilhomme de mes amis.

— Madame voudra bien m'excuser, mais je ne peux pas faire ça ; car je m'exposerais trop.

— Il le faut, Sournois. Et pour vous rassurer, M. de Beaulac va vous jurer qu'il gardera là-dessus un silence éternel.

— Je le jure, fit Raoul.

Sournois baissa la tête et marcha devant eux.

Tous les trois entrèrent au château, dans lequel régnait un silence de mort.

Le valet les conduisit à la chambre où l'intendant était censé coucher quand il venait à Beaumanoir, mais dans laquelle il ne passait presque jamais la nuit.

Il referma sur eux la porte et ouvrit celle de l'armoire, après avoir allumé une lanterne sourde.

Le panneau secret roula silencieusement sur ses gonds huilés.

— Je vais vous éclairer, dit Sournois en élevant sa lanterne, laquelle laissa voir le couloir qui s'enfonçait dans la sombre profondeur de la cave.

Raoul eut un moment d'hésitation.

La Péan, qui connaissait les lieux, s'engagea résolument dans l'escalier.

Raoul descendit derrière elle, tandis que Sournois refermait sur eux les portes et suivait à pas de loup.

Foulant la terre nue, leurs pieds ne rendaient pas de bruit, et leur ombre, s'allongeant tour à tour aux murailles et sur le sol se dessinait, dans la traînée mobile de la lumière projetée par la lanterne, comme des fantômes dont la tête se perdait plus loin dans l'obscurité.

— Joli endroit pour un coupe-gorge ! pensa Raoul, que cette pensée fit frissonner pour le moins autant que la pénétrante humidité de la cave.

Toujours suivis de Sournois, Angélique Péan et Beaulac pénétrèrent dans la tour et montèrent au premier étage.

Au moment où le valet ouvrait la porte du petit boudoir, dont Mme Péan n'avait pu tirer les verrous, le cœur de Raoul se mit à battre violemment.

— Si ce n'était pas elle !

Néanmoins, il comprima son émotion et pénétra, après Mme Péan, dans la chambre éclairée par une bougie.

Berthe avait beaucoup perdu de son courage pendant les deux jours de solitude et de captivité qui venaient de s'écouler.

Effrayée, énervée par les scènes de l'avant-veille, elle se trouvait dans un état de prostration extrême, quand elle entendit un bruit de pas sur l'escalier de la tour.

Comme Sournois ne lui apportait jamais ses repas à une heure aussi avancée, elle se persuada que c'était Bigot.

Ses jambes se dérobèrent sous le poids du corps, et elle s'affaissa à genoux devant la croisée qu'elle avait ouverte pour respirer la fraîcheur du soir à travers les grilles.

C'est à peine si ses lèvres pâlies eurent la force de demander à Dieu qu'il voulût bien la faire mourir à l'instant.

La porte s'ouvre...

Un frisson de terreur passe par tous ses membres.

Soudain un grand cri de joie retentit dans la chambre.

— Mon Dieu! c'est Raoul! s'écrie-t-elle en se retournant.

— Berthe! ma bien-aimée! fait Beaulac en lui tendant les bras.

La jeune fille s'y laisse tomber et jette au ciel un regard qui vaut des années d'actions de grâces.

La tête de son amante se trouve rejetée en arrière, et Raoul inclinant la sienne vers celle de sa fiancée, leurs lèvres frémissantes se rencontrent dans un long baiser où leurs âmes semblent s'étreindre.

— Mon Dieu! qu'ils sont heureux! murmure dans un soupir une voix de femme.

C'est la Péan que cette effusion d'une affection chaste et pure ramène aux beaux jours de sa jeunesse. Les souvenirs de son premier amour viennent de passer devant elle comme un beau rêve suivi, hélas! des remords toujours présents de sa vie coupable.

La seule idée que cent ans d'une existence telle que la sienne ne valaient pas une minute du bonheur que les deux jeunes gens goûtaient sous ses yeux lui avait arraché ce soupir qui interrompit les tendres épanchements de Raoul et de Berthe.

Sournois ahuri ne comprenait rien à cette scène, et les paupières aux cils englués de ses yeux chassieux s'entrouvraient démesurément.

Ici-bas, la joie n'est qu'une pauvre sensitive dont le moindre vent de malheur suffit pour refermer la délicate corolle.

Aussi Raoul fut-il brusquement tiré de l'extase où l'avait ravi sa rencontre avec sa fiancée par un doute cruel qui, lame froide et tranchante, traversa soudain son esprit.

Le souffle impur de l'intendant avait-il terni l'innocence du cœur qu'il sentait battre contre le sien?

— Berthe! dit-il à l'oreille de Mlle de Rochebrune, dont l'angélique figure reflétait le bonheur qui embrasait tout son être, Berthe! Dieu m'a-t-il au moins envoyé vers vous à temps?

La jeune personne ressentit le contrecoup de la funeste pensée qui venait d'attrister son amant; et comme lui, elle redescendit soudain des hauteurs célestes où l'avait un moment bercée un bonheur trop grand pour être durable.

— Le Seigneur en soit loué, Raoul, répondit-elle, mon regard peut supporter le vôtre sans rougir, et Mlle de Rochebrune est aussi digne que par le passé de votre estime et de votre affection.

Beaulac la pressa une dernière fois dans une douce étreinte. Puis se tournant vers Mme Péan, qui s'était approchée de la fenêtre et appuyait son front brûlant sur la grille de fer :

— Madame, lui dit-il, il faut partir et sans retard.

— C'est vrai, répondit-elle.

Quand elle se retourna vers eux, Raoul et Berthe s'aperçurent qu'elle avait pleuré.

— Pardon, fit Sournois en intervenant, je n'ai pas d'objection à votre départ ; mais auparavant, je crois qu'il est bon de nous arranger de manière à ce que mes petits intérêts n'en souffrent pas trop.

— En effet, dit Mme Péan, il faut songer à vous excuser auprès de M. l'intendant de m'avoir laissé pénétrer dans la tour au moment où M. Bigot ne désirait rien moins que ma... que notre présence.

« Écoutez. J'avais un peu prévu la chose avant de laisser Québec, en avertissant mes serviteurs que je fuyais la ville par crainte du voisinage des Anglais qui viennent d'occuper l'île d'Orléans. Si M. Bigot va chez moi ce soir, il ne verra donc qu'une cause assez naturelle à mon prompt départ.

« Maintenant que, sur mes instances à me conduire à la tour, il vous ait fallu vous exécuter, rien de blâmable en cela, puisque ses ordres formels sont que vous m'obéissiez comme à lui-même quand... par hasard, je viens au château. »

— Pardié ! madame, il n'aura rien à répondre à cela, j'en conviens. Mais s'il venait à vous apercevoir avec monsieur que voici ? Car enfin, je m'imagine qu'il va vous suivre de près pour tâcher de prévenir... votre rencontre avec mademoiselle. Comment lui expliquer la réunion de monsieur et de mademoiselle ?

— Rien qu'en lui racontant que M. de Beaulac, guidé par certains indices, est venu rôder autour du château et qu'il a arrêté ma voiture, croyant que c'était celle de M. Bigot. M. de Beaulac, confus de sa méprise, a voulu s'excuser en me dévoilant le but de ses démarches. Ce qui m'a rendue des plus empres... des plus curieuses de pénétrer dans la tour. Quant à ce qui est de la présence de M. de Beaulac ici, pas n'est besoin d'en faire mention. Je dirai qu'il est resté dehors à m'attendre ; et je réponds de la discrétion de mon cocher.

— De mieux en mieux, madame. Mais que lui direz-vous s'il vous interroge sur la cause de votre retour immédiat à la ville ?

— Cela ne regarde que moi seule, monsieur Sournois. D'ailleurs, je ne crois pas que M. l'intendant insiste beaucoup là-dessus, quand il aura réfléchi à ce qui s'est dû passer ici ce soir. Quand vous viendrez à la ville, Sournois, je vous payerai vos services. Maintenant, partons sans délai.

— Tiens, dit Raoul en jetant sa bourse à Sournois.

Car il découvrait un tel fourbe sous le masque de ce valet infidèle, qu'il répugnait à sa franche nature de toucher la main du serviteur déloyal.

Mais Sournois reçut cet or avec autant de satisfaction que si on le lui eût présenté sur un plateau d'argent et avec grande courtoisie.

— Je peux compter sur votre silence ? dit-il à Raoul qui se dirigeait déjà vers la porte avec Berthe et Mme Péan.

— Vous en avez ma parole.

Quelques minutes plus tard, Sournois voyait disparaître le carrosse au premier détour de l'avenue.

— Peste! dit-il en faisant sonner l'or de Raoul dans la poche de sa culotte, mes petites affaires vont bien ! Sans compter que ma première vengeance a réussi à merveille. Maintenant, monsieur Bigot, gare à la seconde ! Mais il va me falloir attendre l'occasion et bien choisir mon temps ; car celle-ci me rapportera pour le moins autant de profit qu'elle vous causera de mal. Sache donc être patient, mon ami Sournois, et ne va pas tout perdre par trop de précipitation. Laissons faire messieurs les Anglais qui, sans s'en douter, contribueront à hâter et à assurer l'exécution de mon projet. En attendant, puisqu'il ne me reste plus rien à faire ici, je retournerai demain matin à la ville, pour y reprendre, comme si de rien n'était entre mon maître et moi, mes humbles fonctions de valet de chambre.

Et Sournois rentra au château en sifflant entre ses dents, le serpent qu'il était.

Cependant Raoul était descendu de voiture à l'endroit où il l'avait d'abord arrêtée.

Au signal qui lui fut fait, Lavigueur sortit du bois avec les chevaux. Les deux cavaliers sautèrent en selle. Raoul vint se ranger à droite, du côté de la portière ; Lavigueur suivit modestement la voiture qui reprit, ainsi escortée, le chemin de la ville.

Ils allaient au grand trot des chevaux, entre la double rangée d'arbres qui élevaient de chaque côté de la sombre avenue leurs troncs indécis et que les voyageurs voyaient s'enfuir derrière comme une longue procession de spectres.

La solitude du bois qu'éclairaient seulement en de rares endroits quelques échappées de lumière provenant de pâles rayons de lune qui perçaient certaines éclaircies de feuillage, les hurlements lointains de loups affamés, l'impression qu'avaient laissée sur elles les événements de la soirée, toutes ces causes réunies eurent pour effet de faire garder aux deux femmes un silence absolu, tout le temps que dura leur course sur cette route solitaire et ombreuse.

Mais quand la voiture eut laissé la forêt derrière elle et que le carrosse fut entré dans le *chemin du roi*, Mme Péan fut la première à rompre ce silence un peu gênant.

Tandis qu'elle interrogeait Berthe sur ses aventures à Beaumanoir, Raoul galopait à côté du carrosse et s'enivrait des paroles de sa fiancée dont la voix fraîche parvenait à son oreille par les stores à demi baissés.

De sorte que les voyageurs arrivèrent, sans avoir trouvé le temps trop long, au détour du chemin qui conduisait au passage de l'Hôpital général.

— Tirez à gauche! cria Raoul au cocher, je sais quel est le mot de passe et nous traverserons sur le pont de bateaux pour couper au plus court.

Le conducteur obéit et la voiture s'engagea dans une route ouverte à travers les champs pour la facilité des communications entre Charlesbourg, Beauport et la ville.

Quand ils arrivèrent à quelque cent pas du pont de bateaux, dont la tête était défendue par un ouvrage couronné, le qui-vive des sentinelles fit arrêter la voiture.

Raoul s'avança et répondit: Carillon!

C'était le mot d'ordre.

On ouvrit, en avant d'eux, une herse de fer, et des chaînes crièrent sous le poids du pont-levis que l'on abaissa sur un large fossé plein d'eau et creusé au pied de l'ouvrage couronné.

Le carrosse roula sourdement sur le pont, qu'il eut bientôt laissé derrière lui.

Pour gagner la haute-ville par le palais, le cocher prit à gauche en coupant droit à l'intendance à travers le terrain désert alors qu'occupe aujourd'hui ce vaste amas de maisons et d'usines qui s'étendent en arrière de la rue Saint-Joseph jusqu'à la rivière Saint-Charles.

— Mais, dit Raoul à Lavigueur, les portes de la ville doivent être fermées depuis le coucher du soleil, et nous allons être bien embarrassés si le mot de passe n'est pas le même qu'au camp de Beauport.

— Bah! répondit Jean, Mlle Berthe viendra coucher à la maison. Quant à *l'autre*, ajouta-t-il à voix basse, elle trouvera bien le couvert pour cette nuit au palais de l'intendant.

Raoul allait donner son assentiment à cette idée, et le carrosse arrivait vis-à-vis de l'intendance, entre le parc et la grève, lorsque la voiture s'arrêta tout à coup.

Beaulac et Lavigueur se portèrent en avant pour connaître la cause de cet arrêt subit.

Ils aperçurent deux hommes qui retenaient les chevaux du carrosse par la bride.

— Holà! rangez-vous! cria Raoul en tirant son épée.

— *Shoot their horses, and bring these men to the boats!* commanda dans l'ombre une voix étouffée.

— Des Anglais! rugit Raoul qui enfonça ses éperons dans les flancs de son cheval, pour renverser les deux hommes qui arrêtaient la voiture.

Mais le noble animal ne fit qu'un bond et s'abattit sur le sol.

Un homme s'était levé de terre et avait, à bout portant, déchargé un pistolet dans le poitrail de la monture de Beaulac.

Un second coup de feu retentit et le cheval de Lavigueur tomba de même.

Les femmes poussèrent des cris de terreur.

Au même instant, un cavalier, qui venait de l'intendance, arrivait au grand galop.

VII
Le guet-apens

Arrivée le vingt-cinq de juin au bas de l'île d'Orléans, la flotte anglaise avait, dans l'après-midi du jour qui vit se dérouler les événements que nous venons d'exposer, c'est-à-dire le vingt-sept, débarqué une partie de ses hommes vers le haut de l'île[16].

Wolfe y trouva l'île déserte; car suivant l'ordre qu'ils avaient reçu dès le mois de mai, les habitants avaient dû déserter leurs foyers pour se retirer à Charlesbourg[17].

Le commandant anglais, qui avait espéré tirer quelques renseignements sur l'état de la capitale, des prisonniers qu'il pourrait faire à l'île d'Orléans, fut donc bien déconcerté de n'y trouver personne.

Comme il voulait néanmoins, avant d'attaquer la place, connaître les ressources et les endroits faibles de la ville à assiéger, il ordonna que le soir même, dès que la nuit pourrait favoriser cette expédition, un petit parti d'éclaireurs pousserait une reconnaissance du côté de Québec.

---

16. M. FERLAND, tome II, p. 572.
17. *Histoire de l'île d'Orléans*, par L. P. TURCOTTE, p. 40 ss.

En effet, sur les huit heures et demie du soir, deux chaloupes quittaient le vaisseau de l'amiral anglais et glissaient sans bruit sur la surface de l'eau que baignaient les ténèbres.

Les avirons, soigneusement entourés de linge, ne rendaient aucun son en roulant sur le plat-bord des embarcations.

Ce fut dans le plus grand silence que les hardis éclaireurs, qui avaient pour mission spéciale de ramener quelques prisonniers, se dirigèrent vers l'embouchure de la rivière Saint-Charles.

La lune n'était pas encore levée.

Mais voyons comment on avait fortifié la capitale.

On se rappelle qu'il avait été décidé de réunir la majeure partie des troupes françaises dans le camp de Beauport.

Quant à la ville, six cents miliciens, commandés par M. de Ramesay, lieutenant du roi, devaient composer sa garnison, outre un petit nombre de matelots et de soldats de la marine, chargés du soin de l'artillerie, sous les ordres de M. le Mercier.

M. de Ramesay, qui fit preuve d'une si grande inertie quelques mois plus tard, ne possédait pas la confiance illimitée de ses chefs, puisque l'auteur du *Mémoire sur les affaires du Canada* dit que M. le lieutenant du roi « eut la disgrâce que l'on confiât à M. de Bernets, chevalier commandeur de Malte, le commandement de la basse-ville, qui était l'endroit pour lequel on craignait le plus ».

Cet auteur a tort de blâmer ce fait ; car la capitulation prématurée de Québec a fixé l'opinion de tous sur M. de Ramesay.

Les fortifications de la capitale avaient été entièrement négligées jusqu'à la veille du siège ; incurie d'autant plus surprenante qu'on avait dépensé des sommes fabuleuses pour des postes inutiles et distants de cinq à six cents lieues. Apparemment que MM. Bigot et Cie y trouvaient leur intérêt. Le moment critique était arrivé, il fallait pourtant bien songer un peu à cette pauvre capitale si délaissée jusque-là, et que M. de Montcalm lui-même — on le lui a reproché — semble avoir à peu près abandonnée en se retirant à Beauport.

Voici donc les mesures hâtives qui furent prises pour la défense de la ville :

Un ouvrage en palissades qui partait du coin de l'évêché [18] pour monter jusqu'au château, fermait la communication de la basse à la haute-ville.

---

18. En relisant, dans *François de Bienville*, le chapitre intitulé : « Le vieux Québec », on se souviendra que l'évêché se trouvait alors à la place des bâtisses de notre parlement provincial.

Au-dessus s'élevait un cavalier dont les canons battaient la côte de la Montagne.

La batterie qui dominait la cime du roc, en arrière de l'évêché et des jardins du Séminaire, fut prolongée jusqu'à l'intendance ; mais on eut soin de garnir de palissades les endroits où les murs n'étaient pas encore élevés.

Du côté de la campagne, dit M. Garneau, le rempart, dépourvu de parapet, d'embrasures et de canons, n'avait que six à sept pieds de hauteur et n'était protégé extérieurement par aucun fossé ou glacis.

À la basse-ville, on avait ajouté de nouvelles batteries aux anciennes, tandis que toutes les ouvertures des maisons et des rues qui communiquaient au fleuve étaient fermées.

Entourés de palissades, le faubourg Saint-Roch et l'intendance étaient fortifiés, tant bien que mal, par des bastions garnis de bouches à feu.

En outre, deux navires qu'on avait fait caler vis-à-vis du palais de l'intendant défendaient, avec du canon, le passage de la rivière Saint-Charles[19].

Maintenant, avant que de reprendre le récit au point où nous l'avons laissé dans le chapitre qui précède, étudions un peu la topographie de ce quartier du palais qui se trouvait entre l'intendance et la rivière.

On sait que le palais de l'intendant avec les dépendances, c'est-à-dire les magasins du roi, les prisons[20], les bureaux des magasins et la maison du roi à droite ; et à gauche, la Remise, la Potasse avec les jardins et le parc, occupaient tout le terrain aujourd'hui situé entre les rues Saint-Nicolas, Saint-Paul, Saint-Roch et la rue « Sous-le-Coteau[21] », qui longe la base du roc dominé par les murs de fortification.

En arrière du palais se trouvait la « Cour où l'on mettait le bois du Roy[22] ».

Mais ce que l'on ignore peut-être, c'est qu'à l'extrémité nord-ouest et en dehors de l'enceinte du parc, c'est-à-dire, aujourd'hui, au bout de la rue Saint-Paul, se trouvaient deux immenses hangars, dans l'un desquels « on faisait les mâts des vaisseaux » ; et qu'en face de ces deux bâtisses s'élevait, sur la pointe de terre qui supporte aujourd'hui le quai de Saint-Roch, une chapelle qui avait ce même nom[23].

---

19. Détails tirés du *Mémoire sur les affaires du Canada*.
20. Les prisons s'élevaient sur la rue Saint-Nicolas, à côté de l'endroit où se trouve aujourd'hui l'épicerie de M. Alexandre Fraser.
21. Le commencement de la rue Saint-Vallier, aujourd'hui.
22. C'est encore là que l'on met en partie le bois de chauffage de la garnison.
23. La chapelle Saint-Roch devait se trouver sur le bord de la rivière, à peu près vers l'endroit où commence maintenant la rue de la Reine.

En revenant un peu vers la ville et derrière le parc, là où s'étend maintenant le quai Caron, il y avait une redoute qui portait le nom de Saint-Nicolas.

Entre cette redoute et la rue du même nom, régnait une plage déserte qui se prolongeait, en descendant la rivière, jusqu'à l'extrémité nord de la rue Saint-Nicolas, où commençaient, en gagnant la basse-ville, des chantiers et un hangar de construction, protégés au nord-est par une grande digue de pierre appelée la digue du Palais [24].

Des vieillards se souviennent encore de cette digue.

Pour n'avoir rien de romantique, cette description n'est pourtant pas sans utilité, puisque sans elle on ne saurait se faire une idée de la position des principaux personnages de ce drame au moment où le carrosse de Mme Péan avait été arrêté par un parti d'Anglais.

Après être entrées dans l'embouchure de la rivière Saint-Charles avec la marée montante, les deux chaloupes anglaises avaient rasé sans bruit la plage déserte que les flots baignaient alors en arrière de la petite rue Saut-au-Matelot, puis passant près des chantiers, silencieux et sombres, les deux embarcations étaient venues s'échouer sur la plage déserte que nous venons de mentionner, c'est-à-dire quelques centaines de pieds en bas de la redoute Saint-Nicolas et des deux navires qui barraient la rivière.

Ils étaient douze, six hommes dans chacune des embarcations.

Lorsqu'ils se furent assurés qu'on ne les avait point vus et que personne ne les épiait dans les environs, deux d'entre eux restèrent pour veiller aux chaloupes, tandis que les dix autres débarquaient quelque cent pieds en arrière de la « Maison du Roy », située au bas de la rue Saint-Nicolas et du côté de l'intendance.

Comme ils avaient eu la prévoyance, durant l'après-midi, d'examiner avec soin de la flotte, à l'aide d'une forte longue-vue, les lieux qu'ils devaient explorer le soir, les aventuriers s'y reconnurent assez bien pour ne pas aller se heurter à la barricade qui coupait la rue Saint-Nicolas, vis-à-vis de la « Maison du Roy ».

Quant à la redoute qui défendait le rivage, vis-à-vis de l'intendance, ils eurent le plus grand soin d'en éviter le voisinage et, gardant une distance égale entre la rivière et l'enceinte du parc, ils se glissèrent inaperçus et se blottirent entre les hangars situés près de la rue Saint-Roch.

---

24. J'ai pris tous ces détails à la bibliothèque de l'Université Laval sur la copie, dessinée par M. P. L. Morin, d'un plan dont l'original est déposé dans les archives du Séminaire de Québec.

— *By God!* dit alors le capitaine Brown, qui commandait ce petit détachement de braves, Diane aurait bien dû rester plus longtemps couchée. On va voir nos chaloupes!

Une subite clarté venait en effet d'envahir le ciel, car la lune se levait radieuse.

Il était près de neuf heures.

Craignant d'être vus, les dix hommes se coulèrent entre les deux hangars inhabités.

Pendant un quart d'heure, la blanche lumière de la lune caressa de ses reflets d'argent les eaux du fleuve, le camp de Beauport et la ville entière.

Les Anglais purent voir se détacher du ciel, dont l'azur éclairé faisait ressortir au loin la ligne sombre et tourmentée des Laurentides, la silhouette de la sentinelle qui montait la garde sur la redoute de Saint-Nicolas.

Deux cents toises les séparaient à peine du factionnaire.

— Le beau point de mire, dit l'un des Anglais qui épaula son mousquet.

— Ne tirez pas, par tous les diables! grommela Brown en lui arrêtant la main.

— Pas si bête! monsieur; bien que ce ne soit pas l'envie qui m'en manque, répondit l'autre. Affaire de s'exercer l'œil, voilà tout.

Peu à peu cependant pâlit la lueur diaphane de la lune et l'ombre vaporeuse de la nuit, un moment refoulée par la lumière, revint bientôt planer sur la terre... Dans sa course triomphante, la blonde Phoebée, comme on disait dans le langage mythologique du temps, venait de rencontrer plusieurs gros nuages noirs qui couraient par le ciel et qui, sans respect pour sa majesté la reine des nuits, voilaient son auguste face.

— Ce ciel nuageux me rassérène le cœur, dit le capitaine, et pour peu qu'il continue à nous être propice, nous courrons moins de dangers que je ne l'aurais cru d'abord.

— Cette sentinelle n'a pas dû voir nos chaloupes, murmura l'un des hommes. Elle continue tranquillement sa marche sur le parapet de la redoute.

En effet le factionnaire, qui pourtant faisait bonne garde, n'avait pu voir ni entendre les Anglais, ceux-ci étant arrivés dans la rivière à la faveur de l'obscurité et dans le plus grand silence.

Puis un cran de rocher, qui s'élevait de dix pieds hors de l'eau et derrière lequel se trouvaient les deux chaloupes, avait empêché qu'on ne remarquât la présence inaccoutumée de ces embarcations.

Eussent-elles été en plus grand nombre, les circonstances auraient été totalement changées, les conditions de silence et d'espace cessant d'être les mêmes. C'est-à-dire que trente chaloupes n'auraient pu s'approcher sans bruit et disparaître au regard comme deux l'avaient su faire.

Les dix Anglais s'étaient cependant concertés. Il leur fallait amener quelques prisonniers. Mais où en prendre? Le quartier où ils se trouvaient était désert, à part trois ou quatre maisons qui longeaient la rue Saint-Roch dans le voisinage de la chapelle. Encore semblaient-elles inhabitées car il n'en sortait ni bruit ni lumière.

— Attendons! dit Brown à ses hommes. Il passera bien quelqu'un par ici ce soir. Impossible qu'il n'y ait pas d'allées et venues d'ici à deux ou trois heures entre le camp de Beauport et la ville. En cet endroit, nous sommes presque en sûreté avec autant de chance de réussite que partout ailleurs; à moins, toutefois, que nous ne pénétrions dans la ville, entreprise que notre petit nombre rend irréalisable. Prenons donc patience.

Et pour donner l'exemple, le capitaine s'assit sur une énorme pièce de bois destinée à la mâture d'un vaisseau de haut bord.

Puis il demanda à l'un de ses hommes une torquette de tabac dans laquelle il coupa une chique à belles dents, tout officier qu'il était, vu l'impossibilité de fumer. La torquette fit le tour du cercle et les aventuriers se mirent à lancer à tour de rôle, avec une gravité toute britannique, de longs jets de salive.

Une heure s'écoula durant laquelle des Français se seraient rongés les poings plutôt que de rester si longtemps inactifs.

Eux ne bougèrent pas plus que s'ils eussent été couchés dans leur hamac.

L'horloge du beffroi de la cathédrale venait de sonner lentement dix heures, et les vibrations de la cloche, que leur permettait d'entendre le grand silence qui régnait de par la ville, bruissaient encore à leurs oreilles, affaiblies, néanmoins, par la distance, lorsque le capitaine Brown se leva soudain.

— Écoutez! dit-il.

Un roulement lointain grondait sourdement dans la direction de la rivière Saint-Charles.

— Venez, dit Brown à ses gens.

Tous ensemble longèrent le hangar et marchèrent vers la rue Saint-Roch.

— Maintenant, que personne ne bouge! fit Brown qui se coucha pour appuyer son oreille sur le sol.

Il écouta.

— C'est une voiture, reprit-il en se relevant après quelques secondes. Elle vient de notre côté. Blottissons-nous au bout de ce hangar. Soyons prêts à l'arrêter quand elle sera en vue.

Il était temps.

Le carrosse de Mme Péan n'était plus qu'à deux cents pas.

Au moment où il traversait la rue Saint-Roch pour longer l'enceinte du parc, les Anglais bondirent comme des jaguars à la tête des chevaux, qu'arrêtèrent de vigoureux bras.

Ce fut alors que Raoul et Jean accoururent en avant du carrosse.

Bien que démontés par un double coup de feu, les deux cavaliers gardèrent assez de sang-froid pour s'empêcher de tomber et de rester engagés sous leurs chevaux. Tous deux bondissant en arrière vinrent s'adosser à la portière du carrosse et firent face à leurs ennemis, Raoul se couvrant de son épée, et Lavigueur brandissant sa lourde rapière de cavalerie.

Ils ne pouvaient se servir de leurs pistolets restés dans les fontes, sur la selle des chevaux morts.

Le premier assaillant qui s'approcha reçut en plein corps un coup de pointe de l'épée de Raoul.

Il râla et tomba.

— Et d'un! fit Beaulac, qui, après s'être fendu à fond, se remit en garde.

— De deux! dit Lavigueur. Et d'un furieux coup de taille, il fendit jusqu'aux oreilles le crâne d'un autre Anglais.

— Par Dieu! finissons-en! vociféra Brown, voici qu'on accourt!

En effet, Bigot arrivait à bride abattue; il n'était plus qu'à soixante pas.

Le capitaine arma l'un de ses pistolets et le déchargea presque à bout portant sur Raoul qui, du coup, eut la garde de son épée broyée dans la main, tandis que la balle lui labourait les chairs de l'avant-bras et traversait la voiture de part en part en passant à deux doigts de Berthe et de Mme Péan.

— Malédiction! cria Raoul en lâchant son arme.

Deux Anglais s'élancent, le saisissent aux quatre membres et l'emportent en courant.

Au même instant Lavigueur, qui avait jusqu'alors tenu ses ennemis en respect, tombe soudain la face contre terre en proférant un affreux juron.

L'un des Anglais s'est glissé, par derrière, sous la voiture et l'a traîtreusement jeté à terre en le tirant par les pieds.

Pendant qu'on se saisit du Canadien, Brown ouvre la portière, tire violemment à lui la dame qui se trouve de son côté et, malgré la résistance qu'elle lui oppose, la charge sur ses épaules et bondit avec sa proie dans la direction des chaloupes.

L'autre femme laissée dans la voiture attire par ses cris l'attention des trois Anglais qui restent en arrière.

L'un d'eux se penche dans l'ouverture béante du carrosse pour tirer cette femme à soi.

Mais il lâche un blasphème et retombe sanglant hors de la voiture.

— Arrière! bandits! a crié une voix retentissante coupée par une détonation.

C'est Bigot qui vient de tomber comme la foudre au milieu des trois ennemis et de casser d'une pistolade les reins de celui dont la tête entrait par la portière.

Les deux autres, terrifiés, prennent la fuite.

— Ne crains rien, Angélique! dit Bigot, qui a reconnu à ses cris la voix de sa maîtresse.

Mme Péan s'élance hors de la voiture. Bigot se baisse vers elle, l'enlève comme une plume, la jette en travers de sa selle et, faisant volte-face, revient au galop vers la rue Saint-Nicolas.

Les coups de feu et les cris ont donné l'éveil.

Une escouade de miliciens portant des torches accourt de la redoute au pas de charge.

Mais il est trop tard. La clarté des flambeaux qu'on agite en ce moment sur les deux navires coulés au milieu de la rivière, sur la redoute et le long du rivage, et s'épandant au loin sur l'eau, laisse voir les deux chaloupes qui s'enfuient à force de rames, après avoir dépassé la digue de pierre.

— Par la corbleu! s'écrie l'un des spectateurs les plus rapprochés, en voilà une qui chavire.

En effet, l'une des embarcations, elle était en avant de l'autre, se présentait aux regards la quille en l'air, tandis que des cris étouffés, comme ceux de gens qui se noient, s'élevaient dans la nuit.

Voici ce qui était arrivé.

Amenés les premiers aux chaloupes, Beaulac et Lavigueur avaient été garrottés à la hâte et jetés au fond de la première embarcation venue. Puis, trois des quatre hommes qui les avaient faits prisonniers avaient poussé au large sans attendre les autres.

En comptant celui qui était resté à bord pour la garde de la chaloupe, ils étaient quatre qui, penchés sur leurs rames, firent aussitôt bondir la pirogue en avant.

Telles étaient leurs instructions.

Lavigueur et Beaulac avaient cependant été garrottés trop précipitamment; aussi la chaloupe dans laquelle on les retenait prisonniers n'était pas encore à cinquante pas du rivage que déjà Lavigueur, grâce à la puissance de ses muscles, avait fait glisser dans ses liens sa main droite qui n'eut rien de plus pressé, une fois libre, que d'aller tirer de sa gaine un long couteau de chasse accroché à sa ceinture. L'arme était tranchante comme un rasoir : d'un seul mouvement, Lavigueur coupa les liens qui entouraient ses pieds et ses jambes. Puis se penchant vers Beaulac étendu tout à côté, il lui rendit le même service en moins de temps qu'il ne faut pour le dire.

Les rameurs étaient trop occupés à fuir pour le remarquer.

Jean approcha doucement ses lèvres de l'oreille de Raoul et lui souffla ces mots :

— Jetons-nous à tribord en faisant verser la chaloupe et piquons à terre. Houp !

Ce cri se confondit avec celui des rameurs qui poussèrent des hurlements d'effroi en se sentant tout à coup submergés.

Deux têtes reparurent aussitôt ruisselantes hors de l'eau et fendirent le flot en se dirigeant vers la digue de pierre.

— Allons ! courage, mon lieutenant, dit Lavigueur qui s'aperçut que Beaulac nageait difficilement à cause de sa blessure au bras droit. Hardi ! mon officier ; dix brassées encore et nous y sommes.

Tous deux touchèrent bientôt la digue du palais, d'où ils gagnèrent le rivage en courant.

Quant aux quatre Anglais qui avaient partagé leur bain, deux se noyèrent, ne sachant pas nager. Brown recueillit les autres en jurant comme un païen que c'était bien la peine d'avoir perdu cinq hommes pour prendre une femme.

On manqua faire un mauvais parti à Beaulac et à Lavigueur lorsqu'ils atteignirent terre près des chantiers, vu qu'on les prit pour des ennemis.

Lorsqu'ils eurent été reconnus, Raoul écarta de son bras gauche le cercle de curieux qui l'entouraient, et prit, suivi de Jean, sa course dans la direction du parc.

Mais ils furent arrêtés, au bas de la rue Saint-Nicolas, par une voiture qui barrait le chemin, parce que le cocher ne pouvait donner le mot d'ordre aux soldats gardiens de la barricade, qui refusaient de laisser passer le véhicule.

— Cordieu ! c'est le carrosse ! s'écria Raoul. Pour l'amour de Dieu ! cocher, que sont devenues les dames ?

— Mme Péan est en sûreté, monsieur. M. l'intendant l'a ramenée sur son cheval à la ville.

— L'autre ! l'autre ! mille tonnerres ! cria Raoul avec angoisse.

— L'autre ! monsieur ! ah ! c'est différent. Comme je m'étais jeté à plat ventre sur la boîte de la voiture, afin d'éviter les coups, j'ai vu un Anglais l'emporter en courant.

— Damnation! l'avoir retrouvée pour la perdre aussitôt! Ô mon Dieu! vous me haïssez donc!

Et Raoul s'affaissa sur la terre en se tordant les bras.

FIN DE LA
PREMIÈRE PARTIE

SECONDE PARTIE
Traîtres et braves

I

Scènes de nuit

On se souvient que les troupes anglaises étaient débarquées en grande partie au « Bout-de-l'Île » d'Orléans, le vingt-sept juin.

Le lendemain, les Français lancèrent sept brûlots contre la flotte ennemie groupée sous l'île. Mais on y mit le feu trop tôt. Arrêtés à temps par les Anglais et remorqués loin de la flotte, ces brûlots, sur lesquels on avait d'abord beaucoup compté, se consumèrent tranquillement près du rivage de l'île d'Orléans[25].

Trois matelots, dont l'histoire aurait dû nous conserver les noms, formèrent ensuite l'audacieux projet d'aller brûler le vaisseau amiral. Par une nuit noire, ils s'embarquèrent, sur un canot préparé à cet effet, et parvinrent, après avoir mis en défaut la surveillance des sentinelles anglaises et s'être glissés inaperçus entre les nombreux bâtiments de la flotte, à s'accrocher au vaisseau de l'amiral. Mais la fatalité se servit du vent pour éteindre leurs mèches qu'ils ne purent jamais rallumer.

Malgré ces premiers échecs à notre résistance, Wolfe ne gagnait guère de terrain.

Placé, d'un côté, en face de la ville qui ne présentait à ses attaques qu'un roc escarpé couronné de bouches à feu, arrêté à droite par la longue et formidable ligne du camp de Beauport, le général anglais, ne voyant aucune prise pour saisir au corps son ennemi, pensa qu'il lui fallait alors recourir aux moyens détournés et violents.

Dans le but de forcer les Canadiens à se débander pour aller protéger leurs propriétés, il fit, d'abord, débarquer une partie de son monde à la

---

25. En louant le courage et le sang-froid déployés par les marins anglais qui remorquèrent le plus formidable de ces brûlots loin de leur flotte, Knox met le bon mot qui suit dans la bouche de l'un de ces braves matelots: *Dam-me, Jack, did'st thee ever take hell in tow before?*, Journal de John Knox, vol. I, p. 350.

Pointe-Lévi, avec des pièces de siège afin de procéder au bombardement de la capitale. Puis il lança divers détachements en campagne avec ordre de ravager tous les établissements de l'île et des deux rives du fleuve en bas de Québec.

Ces instructions furent d'autant mieux exécutées qu'il ne restait dans nos campagnes que des vieillards, des femmes et des enfants pour faire face aux Anglais.

Ces braves soldats observèrent la consigne avec une ponctualité toute britannique. Ils ne laissèrent partout derrière eux que cendres et ruines. Après avoir coupé les arbres fruitiers, ils brûlaient, avec les granges et les habitations, les grains qu'ils ne pouvaient emporter ; quant aux bestiaux, les maraudeurs les traînaient à leur suite ainsi que les femmes dont ils se pouvaient saisir.

C'est ainsi que, dans l'espace de plus de vingt lieues, les paroisses situées sur la rive droite et au-dessous de Québec, jusqu'à la Rivière-Ouelle, furent incendiées et dévastées. La Pointe-Lévi, Saint-Nicolas, Sainte-Croix et bien d'autres paroisses subirent un pareil sort, de même que l'île d'Orléans, la baie Saint-Paul, la Malbaie et Saint-Joachim[26].

Mais les Canadiens qui avaient fait d'avance le sacrifice de tout ce qui leur était cher, restant fidèlement à leur poste, Wolfe fit passer, le 9 juillet, de l'île d'Orléans à l'Ange-Gardien[27] où il établit son quartier général, le très grand nombre de ses troupes qui occupèrent la rive gauche de la rivière Montmorency.

M. de Lévis y commandait. Il fit élever aussitôt des retranchements pour mettre ses troupes à l'abri des projectiles. On y montait la garde tout comme à la tranchée devant une place qu'on assiège. Ensuite le chevalier fit reconnaître et fortifier les gués de la rivière Montmorency, dont il confia la défense à M. de Repentigny, qui commandait six cents hommes.

Après quoi on attendit l'ennemi.

Dans la nuit du douze juillet, les batteries anglaises de la Pointe-Lévi, composées de cinq mortiers et de dix gros canons, ouvrirent leur feu sur Québec.

---

26. « *We burned and destroyed upwards of 1400 fine farm houses, for we, during the siege, were masters of a great part of their country; so that it is thought it will take them half a century to recover the damage.* » *A Journal of the expedition up the river St. Lawrence, &c.*, publié dans le *New York Mercury* du 31 décembre 1759. M. GARNEAU, *Histoire du Canada.*

27. Un assez fort détachement anglais restait cependant sur l'île pour garder la batterie, les magasins et l'hôpital que l'ennemi y avait établis. Voyez le journal de KNOX, vol. I, p. 317 et 321.

Mais M. de Montcalm ne bougea pas. Il avait remarqué, aux hésitations de l'ennemi, l'indécision des plans du général anglais, et le vainqueur d'Abercromby jugea qu'il valait mieux, pour la cause française, attendre patiemment les ennemis au camp de Beauport.

Telles étaient et la position des ennemis et la nôtre le soir du quinze juillet, au moment où nous engageons le lecteur à nous suivre au camp français.

Nous avons déjà dit que la gauche de notre camp s'appuyait sur la rive droite du Montmorency. Trois mille cinq cents miliciens du gouvernement de Montréal, commandés par MM. Prud'homme et d'Herbois, qui recevaient les ordres immédiats du chevalier de Lévis, défendaient notre aile gauche depuis l'église de Beauport jusqu'à la chute.

Au centre, c'est-à-dire entre la rivière et l'église de Beauport, se trouvait le quartier général de M. de Montcalm. Le marquis y commandait en personne cinq bataillons de réguliers formant deux mille combattants qui avaient pour chef le brigadier Senesergues.

Quatre mille trois cent quatre-vingts miliciens des gouvernements de Québec et des Trois-Rivières, sous les ordres de MM. de Saint-Ours et de Bonne, défendaient notre droite, qui occupait la Canardière et venait s'arrêter au pont de bateaux. Le colonel Bougainville en avait le commandement.

Enfin, deux mille deux cents combattants, dont quatorze cents soldats de la colonie, quatre cent cinquante sauvages et les trois cent cinquante hommes de cavalerie sous les ordres de M. de la Roche-Beaucourt, formaient un corps de réserve sur les hauteurs de Beauport, et en arrière du centre de notre armée. M. de Boishébert avait été mis à la tête de ces réserves [28].

C'est là, sur les derrières de l'armée française et au milieu de ce corps de réserve, que nous nous arrêterons le soir de la seizième journée de juillet, ou dix-huit jours après les événements qui ont rempli le dernier chapitre.

Deux hommes, Beaulac et Lavigueur, assis dans l'ombre sur un tronc d'arbre renversé, contemplent le sombre et majestueux spectacle qui se déroule à leurs yeux.

Auprès d'eux, les tentes dont les feux du bivouac font ressortir hardiment sur le ciel noir les cônes blancs comme autant de clochetons pointus, les groupes indécis de chevaux attachés à des piquets et broutant l'herbe humide de rosée, tandis que leurs cavaliers causent et fument assis en cercle autour des feux, tout ce premier plan sert de repoussoir au reste du tableau.

---

28. Voir les œuvres de MM. Garneau et Ferland et le *Mémoire sur les affaires du Canada*, etc.

À leurs pieds, sur la déclivité et au bas des collines, s'étend, depuis la chute jusqu'à la ville, la sinueuse ligne du camp français, dont l'arc immense se dessine assez nettement au fond de la vallée, grâce à la réflexion des feux qui rougit de distance en distance, près du rivage, les eaux calmes du fleuve et de la rivière Saint-Charles.

De minute en minute et trouant soudain le voile immense, tissu de ténèbres, jeté sur le fond du tableau, de livides éclairs bondissent et roulent comme des tigres de flamme sur les flancs à pic des rochers de Québec et de Lévi.

Puis tout redevient nuit; et le fracas des détonations de l'artillerie passe en hurlant dans l'air pour aller se briser dans la brume sur les masses géantes des Laurentides et revient vers la ville en râlant un sourd et dernier grondement. Ces suprêmes ronflements de la canonnade, répercutés par l'écho, se confondent alors avec les mugissements lointains et graves de la cataracte du Montmorency, dont les eaux, emportées par un élan terrible, jettent vers le ciel une immense clameur d'effroi en croulant éperdues dans un abîme de deux cent quarante pieds.

À gauche la scène change.

De rougeâtres lueurs empourprent d'une teinte sanglante les sommets embrasés de l'île et de la Côte du Sud depuis Beaumont jusqu'où la vue peut s'étendre en descendant le fleuve. Ce sont les torches de l'incendie allumée par l'Angleterre pour éclairer les funérailles de la domination française en Amérique.

Selon que le vent souffle avec plus ou moins d'intensité, ces grandes lueurs fauves, enchaînées l'une à l'autre dans un vaste parcours, semblent danser sous le ciel blafard comme une immense filée de spectres qui viendraient de sortir d'enfer et secoueraient au vent, dans une ronde satanique, leurs vêtements de flamme.

Raoul regardait avec une indicible tristesse cette scène poignante de dévastation furieuse.

— Ô mon pauvre pays! s'écria-t-il en retenant un sanglot qui tremblait dans sa gorge, ces mécréants veulent donc t'écraser sous les ravages qui ont changé l'Acadie en une morne solitude!

— Laissez-les faire, mon lieutenant, répondit la voix rude de Lavigueur, laissez-les faire! On verra bientôt si ces maraudeurs savent aussi bien envisager des hommes armés qu'égorger des femmes et sauter de joie autour de nos maisons en feu!

— Tu connais le proverbe, mon pauvre Lavigueur: *Contre la force, point de résistance.* Or, ils sont au moins trente mille envahisseurs, et c'est à peine si nous avons la moitié de ce nombre de combattants à leur opposer.

— Est-ce qu'on[29] n'était pas un contre trois à Carillon, mon lieutenant ? Et l'Acadie, comment aurait-elle pu se défendre avec une poignée d'hommes ? Mais ici les chances deviennent plus égales et nous sommes assez nombreux, Dieu merci, pour donner à ces maudits Anglais une dure poussée du côté des lignes[30].

— Dieu le veuille, mon pauvre Jean ! Tu me connais assez pour savoir que ce n'est pas le courage qui me fait défaut. C'est pourquoi je parle à cœur ouvert devant toi. Mais ne sais-tu pas que plus de quatre ans de luttes nous ont épuisés ? Ignores-tu que nous n'avions de vivres au camp que pour un mois au plus, et que les Anglais ont éventé les caches de blé que nos habitants avaient faites dans les campagnes ? Ne vois-tu donc point que si l'ennemi, qui est bien pourvu de tout, reste encore *quelques* semaines inactif, nous serons alors à bout de provisions ? Maintenant, tourne les yeux du côté de la ville et regarde combien notre artillerie est inférieure à celle des Anglais.

En effet, grâce à la courbe lumineuse dont la fusée des bombes et des obus sillonnait la nuit entre Lévi et Québec, on pouvait constater la précision et la grande portée des grosses pièces des assiégeants. Plusieurs maisons qui brûlaient çà et là dans la ville prouvaient, à n'en point douter, que les projectiles ennemis n'atteignaient que trop bien leur but tandis qu'au contraire, nos bombes, lancées par des mortiers d'un trop petit calibre, s'en allaient éclater inoffensives dans l'eau subitement éclairée qui baisait dans l'ombre les pieds des falaises indécises de la Pointe-Lévi.

— Que ce bombardement dure seulement un mois, reprit Raoul après quelques moments d'un poignant silence, et il ne restera pas plus de maisons debout dans la capitale que dans nos campagnes dévastées[31]. Jolie perspective

---

29. Bien que cette tournure ne soit pas grammaticale, j'ai cru devoir la mettre quelques fois dans la bouche d'un homme du peuple. Ainsi employée, la particule *on* est toute canadienne.

30. Des frontières.

31. « La basse-ville, dit M. Garneau, fut entièrement incendiée dans la nuit du 8 au 9 août. La plus grande et la plus riche portion de Québec ne fut plus qu'un monceau de ruines, et quantité de citoyens, riches auparavant, se trouvèrent, par ces désastres, réduits à l'indigence. »

Nous verrons plus loin que la haute-ville n'eut pas moins à souffrir du bombardement, puisque les soldats anglais durent y reconstruire une partie des maisons incendiées afin de se mettre à l'abri pendant l'hiver qui suivit.

D'après le passage que je vais citer, extrait du journal du capitaine anglais Knox, ce fut ce jour-là, seize juillet, que la cathédrale de Québec devint la proie des flammes. — « *At eleven o'clock, a fire broke out in a large building in the upper town, and burned with a great fury. The great cathedral church of Quebec, with all its paintings, images and ornaments, were entirely destroyed by this conflagration occasioned by our shells.* » *Historical Journal*, par John KNOX, 16 juillet 1759.

pour l'automne et l'hiver prochain! Et tu crois que, lorsque nous serons sans asile, sans munitions, sans pain et sans argent, nous pourrons tenir longtemps tête à un ennemi bien muni de tout ce qui nous manque? Non, Lavigueur. Aux yeux de tous les gens éclairés, notre situation est désespérée, si nous ne remportons pas une victoire décisive qui force, par un miracle, l'ennemi à se rembarquer et à quitter aussi précipitamment le pays qu'en seize cent quatre-vingt-dix. Mais je crains bien que Dieu ne veuille pas le faire, ce miracle! Ne va pas t'imaginer pourtant que, si les chefs sont mieux renseignés que les soldats, leur courage en soit amoindri. Bien au contraire! Nous serons les premiers à vous donner l'exemple de bien mourir. Car bien que la conviction du succès nous manque, celle du devoir nous restera toujours.

« N'était-ce pas de l'héroïsme que l'acte de ces gentilshommes et de ces paysans qui couraient à la mort, les uns persuadés qu'elle serait inutile au salut du pays, et les autres confiants dans le succès de leurs armes et comptant toujours sur des secours que la France ne leur envoyait plus depuis longtemps? Oui, certes, ou l'héroïsme n'exista jamais.

« Nous sommes d'autant plus émerveillés aujourd'hui de la lutte acharnée qui retarda la conquête, qu'énervés par de longues années de paix, et le cœur racorni par cette fièvre des intérêts matériels qui va courant par le monde et ronge tous les peuples, nous ne savons plus agir que pour des motifs froidement calculés et pesés au poids d'un bien-être assuré.

« Pauvres ancêtres, dont les os blanchis se retrouvent par toute la contrée sous la charrue du laboureur, tant ils sont nombreux les champs de bataille de la patrie où vous êtes tombés en combattant, c'est à peine si vos fils d'aujourd'hui savent apprécier votre grandeur d'âme! Ils en sont stupéfiés! Peut-être même se rencontrera-t-il parmi eux des économistes qui seront tentés de taxer votre héroïsme de folie! Serait-ce donc, ô sublimes fous que vous étiez, que votre forte race s'est tellement abâtardie d'âge en âge, qu'elle ne peut plus produire aujourd'hui que des épiciers? »

Lavigueur avait cependant secoué plusieurs fois la tête dans un mouvement de dénégation, tandis que Raoul avait laissé percer son découragement.

— Vous êtes triste, mon lieutenant, répondit-il, et certes vos derniers malheurs vous en donnent bien le droit. Voilà pourquoi ce que vous dites est aussi sombre que vos idées ordinaires. Mais, ne vous semble-t-il pas que l'heure de notre départ pour le camp de l'Ange-Gardien doit être arrivée?

Raoul tira de sa veste brodée une montre d'or tout incrustée de pierreries, bijou de famille qui avait compté bien des heures fastueuses à ses pères, dans les brillantes cours du Louvre et de Versailles. Il se dirigea vers le feu le plus proche pour consulter le cadran sur lequel les fines aiguilles marquaient onze heures.

Les rumeurs vagues qui s'élevaient du camp, au fond de la vallée, se taisaient peu à peu, et les feux de bivouac allaient se mourant dans les ténèbres.

Parfois, entre deux décharges de l'artillerie qui tonnait vers la ville, on entendait se croiser les cris des sentinelles du camp français. Les plus rapprochés arrivaient distinctement aux oreilles de Beaulac et de Lavigueur, qui saisissaient alors chacune des syllabes du qui-vive; les autres, en raison de l'éloignement, ne leur parvenaient que confus ou bruissaient dans le lointain comme ces sons inconnus et plaintifs qui roulent, le soir, au fond des grands bois, sous le dôme sonore des arbres endormis.

Placez cette scène étrange dans un pays à demi civilisé, encadrez ce tableau dans un immense réseau de forêts presque vierges encore, et vous aurez une idée de la mise en scène de cette lutte opiniâtre engagée depuis si longtemps pour la possession d'une contrée perdue comme un îlot dans l'océan.

— En effet, dit Raoul qui revint vers Jean, il faut sans plus tarder nous mettre en marche. Avant que nous n'ayons atteint l'Ange-Gardien, tout le monde dormira au camp de Wolfe.

Raoul jeta sur ses épaules un manteau de velours sombre, s'assura que ses pistolets étaient amorcés, que le chien en obéissait bien à la détente, et constata que son épée sortait aisément du fourreau. Puis, en homme certain d'avoir sous la main, en cas de danger, de ces amis sûrs qui vous aident à sauver votre vie:

— Allons! dit-il à Lavigueur d'un air résolu.

Celui-ci passa devant son officier pour le guider. Tous deux, continuant à gravir la hauteur, disparurent bientôt dans la noire bordure des sapins derrière laquelle se trouvent les Marches-Naturelles dont le cours impétueux et resserré de la rivière Montmorency ronge en grondant les lourdes assises.

M. de Montcalm avait manifesté, le matin même, en présence de son aide de camp, M. de la Roche-Beaucourt, le désir qu'il avait d'envoyer quelques éclaireurs au camp de l'Ange-Gardien, assis sur la rive gauche du Montmorency, afin d'obtenir quelques renseignements touchant la force et la position de l'ennemi.

M. de la Roche-Beaucourt, auquel Raoul avait raconté la capture de sa fiancée par les Anglais, et qui savait combien Beaulac saisirait avec reconnaissance l'occasion d'essayer de retrouver Mlle de Rochebrune, s'empressa de proposer au général de confier cette mission périlleuse au jeune officier dont le courageux esprit d'entreprise, aidé de l'expérience du coureur des bois Lavigueur, offrait de bonnes promesses de réussite.

Le général n'avait aucun motif pour refuser les services du jeune homme dont le nom lui était même parvenu après la descente nocturne du capitaine Brown sur le rivage avoisinant l'intendance. Aussi dut-il consentir aisément à confier cette exploration dangereuse à Beaulac, qu'il savait s'être si bien tiré, une première fois, d'entre les mains des Anglais.

La joie de Raoul fut immense quand il reçut de la bouche de M. de la Roche-Beaucourt l'ordre d'une mission qui se conciliait si bien avec ses sollicitudes amoureuses et son vif désir de se signaler par quelque action d'éclat. Ce fut avec des larmes plein les yeux qu'il témoigna à son supérieur la reconnaissance qu'il ressentait de ce que celui-ci avait bien voulu songer à lui.

Pour sonder justement la profondeur du désespoir de Raoul, après la capture de sa fiancée par Brown, le capitaine anglais, il faut penser d'abord au bonheur qu'il avait éprouvé en retrouvant Mlle de Rochebrune à Beaumanoir. En rapprochant ce plaisir ineffable de l'affreux malheur qui l'avait suivi de si près, en songeant que la même heure avait vu Beaulac s'élever dans les plus hautes sphères de l'extase et retomber, sans aucune transition, dans les abîmes d'un autre gouffre de maux, on comprendra peut-être l'intensité de cette grande infortune trop lourde pour un aussi jeune cœur.

Dans les premiers transports de sa douleur, il avait voulu se tuer. Mais, retenu au moment fatal par la main plus calme de Lavigueur, Raoul s'était laissé désarmer par le Canadien, qui l'avait ramené au camp de Beauport.

Plusieurs jours durant, Beaulac était resté plongé dans un profond affaissement, encore augmenté par l'inaction forcée que sa blessure l'obligeait de garder. Peu à peu réveillé cependant par sa raison, qui lui disait que mieux valait, après tout, que sa fiancée fût au pouvoir des Anglais, lesquels respecteraient sans doute leur prisonnière, qu'entre les mains du roué Bigot; encouragé par le gros bon sens et les paroles d'espérances que lui soufflait la sollicitude dévouée de Lavigueur, Raoul finit, sinon par se consoler, du moins par désirer de vivre pour reconquérir sa bien-aimée Berthe.

Ces bonnes dispositions lui donnèrent la tranquillité nécessaire à la guérison de sa blessure, assez légère, en définitive, puisque la balle n'avait fait que déchirer les chairs de l'avant-bras. Aussi le matin du seizième jour de juillet, lorsque M. de la Roche-Beaucourt transmit à Beaulac les ordres de M. de Montcalm, Raoul était-il en état de manier de nouveau galamment son épée.

Il serait inutile de recommencer ici, à propos des Marches-Naturelles, la description qu'on en peut voir dans *François de Bienville*. Disons seulement qu'à un mille en amont de la chute s'échelonnent, dans l'espace de quelques arpents, une série de degrés taillés par la nature dans la pierre calcaire de la rive droite du Montmorency. En cet endroit, le cours resserré de la rivière précipite, en rugissant, sa descente irrésistible entre les hautes berges de pierre qui semblent frémir au passage de cette avalanche torrentielle.

En un certain endroit des marches, la rivière n'a guère plus de cinquante pieds de largeur. C'est là que Beaulac et Lavigueur s'arrêtèrent, au même lieu précisément où le Sauvage iroquois Dent-de-Loup empoisonnait ses balles, en seize cent quatre-vingt-dix, pour servir les sinistres projets de John Harthing et ses propres désirs de vengeance contre Bienville et ses amis.

Leurs pieds foulaient à peine la rive de pierre que le bruit de la batterie d'un mousquet craqueta non loin d'eux, tandis qu'une voix rauque, partie de la bordure du bois qui s'arrête à soixante pieds du torrent, leur jetait un brusque qui-vive.

— Québec ! répondit Raoul.

— Avance à l'ordre, Québec ! reprit la voix.

La sentinelle, qui faisait partie de l'un des détachements chargés de défendre les gués de la rivière, reconnut Raoul et son compagnon quand ils lui donnèrent le mot de passe.

— Je veux voir le chef du poste, dit Raoul au factionnaire.

— Attendez un instant, mon officier, répondit le soldat, qui porta ses doigts à ses lèvres pour imiter le cri lugubre du huard.

Le même signal se fit entendre à une petite distance et un second Canadien sortit bientôt du bois en faisant à peine craquer sous ses pas les branches du fourré.

L'homme qui était de garde lui dit:

— Ces messieurs veulent voir le capitaine.

— Ils n'ont qu'à me suivre.

Raoul et Jean rentrèrent dans le bois en emboîtant le pas derrière cet homme.

Ils furent bientôt en vue d'une clairière au centre de laquelle flambait un grand feu dont l'odeur résineuse attestait qu'on mettait largement à contribution les épinettes et les sapins du voisinage.

Une cinquantaine d'hommes étaient couchés tout autour. Les uns dormaient, les autres fumaient, parlaient ou rêvaient.

— Voilà le capitaine, dit le soldat en montrant à Raoul un jeune homme qui, étendu nonchalamment à terre sur son manteau plié, les deux mains croisées sous la tête et les genoux au feu, regardait, d'un air distrait, pétiller sur le fond du ciel sombre les étincelles du brasier.

— Rêveur comme un amoureux, ce brave de Gaspé, lui dit Raoul en s'approchant.

— C'est-à-dire comme toi, mon cher de Beaulac, repartit l'autre, qui se leva pour lui serrer la main. Car on m'a dit que tu es sombre comme un tombeau depuis que les Anglais ont capturé ta fiancée.

— La raison ne t'en paraît-elle pas suffisante ?

— Certes oui, Raoul. Mais que diable viens-tu faire à cette heure en un endroit si écarté ? Imites-tu Cérès qui s'en allait jetant partout aux échos des vallées et des bois le nom de sa chère Proserpine enlevée par Pluton ?

Cette raillerie était prononcée d'un ton si affectueux que Raoul ne songea nullement à s'en offenser. Aussi répondit-il avec un sourire que le malheur rendait pourtant amer :

— Peut-être y a-t-il en effet quelque chose de vrai dans ce que tu me dis là. Mais je n'ai point le temps de t'entretenir de semblables choses. Et malgré l'envie que j'aurais de causer un peu avec toi de nos amours et de notre bonne amitié qui date du collège des Jésuites, il me faut te dire adieu aussitôt après les premiers saluts du revoir. Voici un « laissez-passer », signé du nom de M. de Montcalm. Tel que tu me vois, mon cher, je suis chargé d'aller reconnaître, avec l'homme qui me suit, le camp anglais de l'Ange-Gardien. La mission n'est pas sans péril, et je cours bien risque d'y laisser mes os si l'on me surprend en flagrant délit d'espionnage.

— Tiens ! tiens ! repartit le jeune de Gaspé. Mais sais-tu que tu auras peut-être une chance d'apercevoir Mlle de Rochebrune au camp de Wolfe ?

— Chut ! on peut nous entendre. Ne parlons pour le moment que de choses officielles. Veuille donc mettre à ma disposition quatre ou cinq de tes hommes pour aider Lavigueur à jeter en travers de la rivière deux épinettes qu'il est venu couper ici cette après-midi. À l'aide de ce pont primitif, nous allons facilement traverser de l'autre côté. En outre, il serait bon, je crois, de faire garder ce passage de peur que l'ennemi, le découvrant en notre absence, ne nous coupe notre retraite ou ne s'en serve pour vous surprendre.

— Avec plaisir. Seulement, au lieu de cinq hommes, je vais t'en donner douze qui devront attendre votre retour.

— Merci, et adieu !

— Au revoir, Raoul ! et puisse l'Ange-Gardien veiller sur elle et sur toi.

— Toujours le même, ce fou de Gaspé, murmura Beaulac en s'éloignant. Au fait, pourquoi pleurer sur les malheurs d'autrui ? On a toujours bien assez de larmes à verser sur ses propres maux.

Suivis des douze hommes que le capitaine de Gaspé mettait à leur service, Raoul et Jean revinrent du côté de la rivière.

Lavigueur eut bientôt retrouvé les deux épinettes qu'il avait abattues et ébranchées durant la journée. Solidement liés par leurs extrémités et au milieu, ces deux arbres avaient été coupés d'une longueur à n'excéder que de quatre ou cinq pieds les rives du torrent.

Malgré le soin qu'il avait eu de choisir les plus minces qu'il avait rencontrés, le poids considérable de ces troncs verts avait forcé le Canadien, pour les manier avec plus de facilité, à ne leur donner que la longueur absolument requise pour s'appuyer fermement sur les deux berges.

On les porta jusqu'à l'endroit indiqué par Lavigueur, qui fit placer, entre deux crans de roche qu'il avait avisés à dessein pendant le jour, le bout dont le diamètre était le plus fort. Ainsi retenus par leur extrémité inférieure, les deux arbres furent soulevés à force de bras et, après avoir décrit un demi-cercle complet, touchèrent de l'autre bout la rive gauche sur laquelle ils s'abattirent avec fracas en écrasant des sapins rabougris au bord de la berge.

Raoul, impatient, s'élança sur ce pont fragile qui, mal appuyé de l'autre côté de la rivière, se mit à osciller affreusement au-dessus du torrent, dont l'écume tourmentée blanchissait les ténèbres à trente pieds de profondeur.

— Arrêtez donc, tonnerre de Dieu! lui cria Lavigueur.

— Tu es marié, je suis garçon, répondit Raoul; c'est donc à moi de risquer ma vie.

Malgré les prières, voire même les menaces du Canadien, qui jurait en s'arrachant des poignées de cheveux, Beaulac continua sa marche intrépide.

Les deux arbres pliaient en craquant dans le vide avec un vertigineux balancement qui suivait chacun des mouvements du jeune homme.

Étourdi par le fracas des eaux qui hurlaient en bouillonnant au fond du gouffre, Raoul sentit un instant son cœur frissonner sous ses côtes. Il eut froid au crâne. Les muscles de ses mollets semblèrent prêts à se rompre comme une corde qu'on a trop tendue.

Encore un moment d'hésitation, il perdait l'équilibre et tombait.

Haletants, terrifiés, les spectateurs avaient fermé les yeux; mais ils voyaient encore, comme dans un cauchemar, l'homme hardi qui foulait dédaigneusement la mort aux pieds.

Un cri les fit involontairement regarder.

Ce n'était pas l'angoisse qui l'avait inspiré, mais bien plutôt le triomphe d'un obstacle vaincu.

Raoul leur apparaissait confusément de l'autre côté du gouffre.

— Attends un peu, Jean! cria-t-il à Lavigueur de toute la force de ses poumons, car la grande voix des eaux rugissait entre le Canadien et lui; je vais consolider notre pont.

L'ex-coureur des bois, familier avec ce genre d'exercice, traversa rapidement sur les arbres que, d'ailleurs, Raoul avait eu le temps d'assujettir dans une anfractuosité de la berge.

— Avant de nous enfoncer dans le bois, dit Lavigueur, il nous faut placer ici un signal de reconnaissance, afin que l'obscurité ne nous empêche pas de reconnaître l'endroit quand nous reviendrons. On pourrait nous poursuivre, et nous serions bien embêtés d'être obligés de tâtonner pour retrouver ce passage.

Il sortit de sa poche un lambeau de linge que, vu sa blancheur, l'on apercevait à trente pas malgré la nuit, et l'accrocha à une branche à hauteur d'homme.

Ce n'était pas le seul qu'il eût apporté ; car il en dissémina de la sorte plusieurs autres pendant le marche difficile et longue que lui et Raoul entreprirent sans tarder.

Ils s'enfoncèrent en plein bois, Lavigueur en avant, l'oreille au guet, et de l'œil interrogeant quelques rares étoiles qui venaient de poindre au ciel et semblaient se balancer là-haut, entre les feuilles tremblantes, comme de mystérieuses lanternes accrochées, par un génie bienfaisant, à la cime des grands arbres.

Chaussés tous deux de bottes canadiennes à simple semelle et sans talons, leurs pieds faisaient bien peu de bruit. Telle était surtout la légèreté des pas de Lavigueur, qu'il entendait se lever parfois, presque sous ses pieds, quelque lièvre surpris, sommeillant au gîte et qui s'enfuyait en perçant le fourré comme une flèche.

À part ces bruissements de feuilles qui décelaient la présence de quelque bête sauvage, le cri grondeur d'un hibou miaulant à leur passage et le grave murmure du Montmorency, dont les ronflements sourds allaient s'éteignant derrière eux à mesure qu'ils s'en éloignaient, tout sommeillait dans la forêt.

Ils marchèrent ainsi pendant plus d'une heure.

À leur sortie du bois, ils aperçurent, à droite et en bas de la hauteur sur laquelle ils avaient débouché, les feux du camp de Wolfe, qui s'étendait sur une longue ligne en descendant jusqu'au village de l'Ange-Gardien. Un demi-mille de distance les séparait à peine du camp.

— Pour peu que nous tenions à nos os, dit Lavigueur à voix basse, il faut à cette heure ramper à la sauvage et sans faire plus de bruit qu'une couleuvre dans les foins verts. Mais... n'avez-vous pas entendu ?

— Quoi ?

— Craquer les broussailles à notre gauche ?

— Bah ! quelque branche froissée sur notre passage et qui se relève.

— Non, non ; ce n'est pas par là que nous sommes venus. Écoutez donc !

Une quinzaine d'hommes bondirent comme des diables hors du taillis, en brandissant des armes.

— Tonnerre de Dieu! s'écria Lavigueur, ça va chauffer avant de nous prendre, messieurs les Anglais!

Et le Canadien saisit une hachette, dont il s'était muni au départ, tandis que Beaulac armait ses pistolets.

— Arrêtez! nous sommes des amis! leur cria-t-on en bon français.

— On la connaît, celle-là, repartit Lavigueur en s'adossant à un gros arbre, pour n'être point pris par derrière.

— Mais bonjour! ce sont des nôtres, dit une autre voix.

— Au fait, ça en a bien tout l'air, grommela le Canadien, qui néanmoins resta sur la défensive. Qui êtes-vous donc?

— Des gens de l'Ange-Gardien, et avec nous quelques Hurons de Lorette. Vous autres?

— Des éclaireurs du camp de Beauport.

Après s'être reconnu de part et d'autre, on échangea de rudes poignées de main.

— Quelles nouvelles du camp français? demanda le chef des guérillas à Beaulac.

— Excellentes. Les troupes, comme les milices, brûlent d'en venir aux mains avec un ennemi qui hésite trop longtemps à leur gré. Par ici?

— Oh! ma foi, mon officier, la vie est pas mal dure de ce côté-ci de la rivière. Les femmes et les enfants se tiennent cachés dans les bois. Outre que les provisions sont rares, il leur faut coucher à la belle étoile, beau temps ou mauvais temps. Quant à nous, nous rôdons d'un bord et de l'autre, tuant un Anglais par-ci, par-là, et arrachant aux ennemis quelques-uns de nos bestiaux, que nous poussons du côté des montagnes pour la nourriture des enfants et des femmes.

— Les villages de l'Ange-Gardien et du Château n'ont pas encore été incendiés par les Anglais?

— Non, parce qu'ils veulent sans doute s'y mettre à couvert; mais ça viendra bientôt. Vous savez qu'ils ont déjà commencé leurs feux de joie sur la Côte du Sud?

— Oui, reprit distraitement Beaulac. Mais la nuit est pas mal avancée, et il nous faut vous quitter si nous ne voulons pas être surpris par le jour avant la fin de notre reconnaissance.

— Vous allez jeter un coup d'œil au camp des Anglais, n'est-ce pas? Eh bien! si vous voulez, nous ferons route ensemble?

— Je n'ai pas d'objection. Seulement, je crains que notre trop grand nombre n'attire plus aisément l'attention de l'ennemi.

— Ne craignez rien, mon officier. Nous ne marcherons tous ensemble que durant un certain temps. Aux environs du camp, nous nous séparerons par groupes de deux ou trois selon notre habitude ; de la sorte, si quelqu'un de nous est surpris, les autres, avertis par le vacarme, ont le temps de s'enfuir.

— En effet, dit Raoul, ce n'est pas mal imaginé. Allons !

Ils longèrent, dans l'espace d'un demi-mille, la lisière du bois parallèlement au camp des Anglais. Arrivés à moitié chemin entre la chute et le village de l'Ange-Gardien, dont la flèche aiguë du clocher semblait, vu la distance et l'obscurité, piquée dans le ciel noir, ils descendirent une éminence en marchant droit à un groupe de deux ou trois habitations.

— C'est là qu'est le quartier général de Wolfe, dit le capitaine des francs-tireurs à Beaulac.

— Je sais. Mais pouvez-vous me dire si c'est ici qu'ont été conduits les prisonniers qu'ils nous ont faits ?

— Il paraît, en effet, qu'ils en ont amené quelques-uns avec eux.

— Sauriez-vous où ils sont gardés ? demanda Raoul avec une pulsation plus précipitée du cœur.

— Non, monsieur.

Il pouvait être une heure et demie. À part les sentinelles, dont les cris, se succédant sans interruption, annonçaient qu'on y faisait vigilante garde, le camp anglais était enveloppé dans le silence du sommeil, comme un bon bourgeois qui dort, ses draps douillettement tirés jusqu'au menton, tandis que son chien, grondant au moindre bruit, veille sur le seuil de la maison.

Nos Canadiens s'arrêtèrent à une portée de fusil du camp.

— De quel côté allez-vous ? demanda le chef des guérillas à Raoul, après lui avoir donné à voix basse certains renseignements qu'il importait à Beaulac de savoir sur les forces et la position du camp de Wolfe, afin d'en rendre compte à M. de Montcalm.

— Je vais tâcher de me glisser jusqu'à la demeure du général, répondit Beaulac, qui venait de penser que Wolfe devait avoir ses prisonniers sous la main pour les interroger au besoin.

— C'est l'endroit le mieux gardé. Prenez garde de vous fourrer dans la gueule du loup ! Tenez, laissez-moi aller avec vous pour vous montrer le chemin et vous faire éviter les endroits dangereux. Ce n'est pas la première fois, comme vous, que je rôde au beau milieu du camp ennemi. D'ailleurs, mes hommes n'ont pas besoin de moi pour ce qu'ils ont à faire, et nous savons où nous rejoindre en cas d'alerte.

Raoul comprit que cet homme le prenait probablement pour un traître ou un déserteur venu dans le dessein de s'aboucher avec Wolfe ou de passer à l'ennemi ; mais il réfléchit en même temps qu'il valait mieux feindre ne pas s'en apercevoir et se laisser suivre par un individu capable de lui casser la tête au moindre mouvement suspect.

— J'accepte votre offre avec plaisir, répondit Raoul. Mais dépêchons-nous ; le jour va bientôt poindre.

— Est-il embêtant, cet animal-là, grommela Lavigueur, tandis que le chef des francs-tireurs donnait des instructions à ses gens.

Beaulac vit s'agenouiller les maraudeurs, qui disparurent bientôt sans bruit dans toutes les directions.

— Je suis à vos ordres, dit leur capitaine à Raoul.

— Avançons.

Courbés tous les trois sur le sol et se traînant sur les mains et les genoux, ils se coulèrent dans la direction du quartier général.

Il leur fallait passer entre deux sentinelles qui marchaient lentement à cent pas l'une de l'autre, et se glisser entre des tentes disposées en cercle autour des deux ou trois officiers de l'état-major.

Mais la nuit était noire et nos éclaireurs prudents comme des renards qui rôdent autour d'un poulailler. Aussi passèrent-ils à cinquante pas des sentinelles et à quelques pieds seulement de deux tentes d'où sortaient de sonores ronflements.

Les feux s'éteignaient, et c'est à peine si quelques tisons jetaient sous la cendre, au souffle d'un vent léger, de mourantes lueurs.

Arrivés à une portée de pistolet de l'habitation occupée par le général anglais, ils durent s'arrêter ; car des factionnaires, qui causaient à demi-voix, entouraient la maison.

Une pensée douloureuse traversa, ainsi qu'un fer aigu, l'esprit de Raoul. C'était peut-être là que l'on retenait sa fiancée captive. Exposée aux regards, voire même aux galanteries d'audacieux officiers, elle pouvait être là qui souffrait, sans aucune protection ; et lui, Raoul, son amant, s'en voyait séparé par un abîme de dix pas !

Cette idée funeste arracha au jeune homme un rauque soupir que le défiant capitaine des francs-tireurs prit pour un signal entre Beaulac et Lavigueur pour se défaire de lui. Craignant d'être surpris par derrière, il fit un brusque mouvement afin de se ranger à côté de Raoul en avant duquel il se trouvait.

Mais il heurta une dizaine de fusils disposés en faisceau, et qui s'abattirent avec un grand cliquetis de fer.

Lavigueur ne put serrer assez les dents pour empêcher un juron d'y passer.

Vingt batteries de mousquets craquèrent dans l'ombre et vingt gosiers anglais hurlèrent en chœur :

— *Who goes there?*

Au même instant s'éleva une grande clameur derrière les trois Canadiens. Sous les tentes s'éveillaient les dormeurs.

Une idée éclata comme un obus dans la pensée de Beaulac. C'était de se constituer prisonnier afin de revoir Berthe et de s'enfuir ensuite avec elle.

Mais le sentiment du devoir la lui fit repousser aussitôt. Ne se devait-il pas avant tout à son pays?

— Filons! tonnerre de Dieu! dit Lavigueur, ou nous sommes flambés.

Tous trois se retournent, bondissent sur leurs jarrets avec la spontanéité d'un ressort qui se détend d'un seul coup, et s'élancent à toutes jambes du côté des tentes.

Derrière eux éclatent vingt mousquetades dont les balles effleurent les fugitifs avec des miaulements aigres. Mais aucun d'eux n'est atteint, grâce à la précipitation des tireurs.

Trois secondes leur ont suffi pour franchir la courte distance qui les séparait des tentes.

Ils vont les dépasser, lorsque, de l'une d'elle sort un officier qui leur coupe le chemin.

Lavigueur brandit sa hachette et l'abat sur l'Anglais.

Celui-ci a deviné l'intention avec le premier mouvement du Canadien et s'est jeté à terre en évitant le coup.

L'officier voit les trois fuyards sauter par-dessus lui comme des ombres. Se relevant:

— Poursuivons-les! s'écrie-t-il.

Quelques hommes s'élancent derrière lui sur la trace des fugitifs.

Ceux-ci ont déjà franchi la ligne des sentinelles, dont ils essuient pourtant le feu.

Le chef des francs-tireurs est atteint, chancelle et tombe.

— Le pendard ne l'a pas volé! C'est lui qui nous a mis dans le trouble! dit Lavigueur en courant toujours à côté de Raoul.

Quelques-uns des poursuivants s'arrêtent auprès du franc-tireur canadien qui se tord dans les convulsions de l'agonie.

Les autres, au nombre de huit, continuent de courir après les fugitifs, précédés de leur officier qui les anime du geste et de la voix.

— Si nous en descendions une couple, dit Raoul.

— Non, non, pas à présent... Gardons nos balles pour tantôt... plus près du bois.

Ils coururent ainsi dix minutes à travers champs, sautant par-dessus les clôtures et les fossés et piquant en droite ligne vers le bois, dont ils étaient sortis trois quarts d'heure auparavant.

— *By God!* criait l'officier anglais à cinquante pas derrière eux, il faut les prendre vifs... et les pendre ensuite... pour l'exemple!

La lisière du bois dentelait le ciel sombre à cent pas devant eux, quand Lavigueur dit à Beaulac :

— Attention! armez l'un de vos pistolets... mon lieutenant... Gardez l'autre en réserve... Moi je vais tirer mes deux coups... Visez bien... Ça en fera trois de moins.

Ils s'arrêtèrent.

Les Anglais arrivaient avec une furieuse rapidité.

Quand ils ne furent plus qu'à trente pas, partirent trois coups de feu qui couchèrent autant d'Anglais sur le sol.

Raoul et Jean dévorèrent en quelques bonds les cent pas qui les séparaient du bois touffu dans lequel ils s'engouffrèrent comme des spectres rentrant dans la nuit.

Des cris de rage retentissaient derrière eux.

À la lueur des pistolades tirées par les Canadiens, l'officier anglais avait crié :

— Enfer!... nos prisonniers de l'autre jour!... Vingt guinées pour chacun de ces deux hommes.

Cet officier était Brown, qui, en tirant sur Raoul à bout portant, près de l'intendance, avait assez entrevu Beaulac et Lavigueur pour les reconnaître.

Excités par l'appât du gain, les soldats anglais, sans s'arrêter près de leurs trois camarades blessés, suivent hardiment leur capitaine qui continue sa poursuite avec un nouvel acharnement. À leur tour ils disparaissent derrière les arbres de la forêt, guidés par le froissement des branches que cassent les pieds des fuyards.

C'était bien de la folie que de s'aventurer ainsi dans une forêt qu'ils ne connaissaient pas. Mais les soldats anglais songeaient aux cinquante guinées promises. Quant à Brown, c'était un jeune homme emporté, qui avait maintes fois joué sa vie dans les combats, avec la même insouciance qu'un enfant fait d'une balle. Au degré d'exaltation où son sang était monté, il lui fallait aller jusqu'au bout de ses forces, réussir ou succomber.

Plus habiles à battre les bois que ces étrangers, Beaulac et Lavigueur prenaient quelque avance sur leurs ennemis, qu'ils entendaient courir, tomber et jurer comme des démons à cent pas en arrière.

— Rechargeons nos armes? dit Raoul, que Jean suivait de près.

— Ce n'est pas la peine, mon lieutenant. Je leur en prépare une bonne... s'ils nous poursuivent... jusqu'à la rivière... Pourquoi... perdre du temps... et risquer notre peau... s'ils s'arrêtent auparavant?...

Les deux Canadiens retrouvaient aisément leur chemin, vu les signaux de reconnaissance dont la blancheur, marbrant l'obscurité, guidait Lavigueur.

Éveillés par un bruit inusité, les oiseaux jetaient mille cris de frayeur du haut de leurs nids aériens, tandis qu'au fond des bois, bien au loin, hurlait quelque vieux loup oublié par les chasseurs dans une tanière écartée.

Après vingt minutes d'une course furibonde, Beaulac et son compagnon entendirent en avant le ronflement de la rivière qui dormait sous les arbres.

Bien que devancés de quelques centaines de pas, les Anglais les poursuivaient toujours.

— Allons! grommela Jean, puisqu'ils le veulent... je m'en vas leur donner un bain soigné... Passez-moi le pistolet chargé... qui vous reste... mon lieutenant... Bien. Quand nous arriverons au pont... traversez tout de suite du côté des marches... sans vous inquiéter de moi... Une fois de l'autre bord... préparez-vous à m'aider.

Le mugissement continu du torrent devenait de plus en plus distinct.

Bientôt Lavigueur aperçut le chiffon blanc, qui pendait au bout d'une branche, au-dessus de la rivière.

— Bon! dit-il, nous y voilà... Prenez votre temps pour traverser... monsieur Raoul... Il n'y a pas de presse... Je vas garder la tête du pont.

Beaulac avait compris que le Canadien avait un projet et qu'il ne ferait, lui, qu'attirer un danger inutile en n'écoutant point le rusé coureur des bois.

Aussi donna-t-il, sans tarder, un signal convenu entre eux et les hommes du capitaine de Gaspé, qui attendaient leur retour de l'autre côté de la rivière.

Il poussa quatre cris aigus auxquels il fut répondu aussitôt et s'aventura sur les deux arbres.

Les Anglais accouraient, guidés par les cris.

Lavigueur, la main gauche armée du pistolet de Raoul et tenant sa hachette de l'autre, attendait.

— Vite donc! que diable! lui cria Raoul en mettant le pied sur la rive opposée.

Lavigueur attendait toujours.

Soudain, son bras gauche se leva.

Les Anglais arrivaient et secouaient à vingt pas les branches feuillues.

Le Canadien visa au jugé, tira et sauta sur le pont étroit.

Des hurlements s'élevaient derrière lui. Le coup avait porté.

Comme il arrivait au milieu du pont, un coup de feu partit à son adresse.

Le Canadien chancela. Il était touché.

Raoul poussa une exclamation de terreur.

Mais Jean se raffermit sur ses jambes et sauta, en trois bonds, à côté de Beaulac.

— Silence! vous autres, dit-il aux Canadiens d'une voix contenue. Couchez-vous par terre et ne bougez pas!

C'était le capitaine Brown qui avait tiré sur Lavigueur. N'entrevoyant que Jean et Raoul, qui se tenaient debout de l'autre côté du gouffre, il n'hésita pas une seconde, ce diable d'homme, et fit un pas, puis deux et trois sur les arbres qui ralliaient les deux rives.

— Vous êtes des lâches si vous reculez! cria-t-il à ses gens.

Et il continua d'avancer.

Deux autres se mirent en frais de le suivre.

— Attention! dit Lavigueur à Beaulac.

Le Canadien se baissa et saisit de ses fortes mains le gros bout des deux épinettes.

— Tu ne vas pas les jeter dans le gouffre! dit Raoul avec un frisson d'épouvante.

— Ce chien d'Anglais m'a envoyé dans le bras gauche une balle qui y est de trop. Il faut qu'il meure!

— Je ne m'en mêle point, fit Raoul en reculant d'un pas.

— À votre aise! grogna Lavigueur qui, à lui seul, souleva les troncs d'arbres.

Les deux compagnons de Brown hurlèrent d'effroi en sentant vaciller le fragile appui, qui seul les retenait au-dessus du torrent.

Brown s'arrêta au milieu du passage, arma froidement le pistolet chargé qui lui restait et visa le groupe confus que formaient, à vingt pieds de lui, Lavigueur et Beaulac.

— Baissez-vous! cria Jean à Raoul.

L'éclair jaillit, la balle effleura les deux Canadiens et s'aplatit sur le roc.

Brown bondit en avant comme un tigre.

Mais comme il allait toucher la rive, Lavigueur donna aux arbres une puissante poussée.

Il y eut trois cris, effroyables, inouïs, puis des clameurs sur les deux berges.

Trop long pour tomber tout d'une pièce dans la rivière, et trop lourd, avec sa charge, pour être lancé bien loin, le pont s'abattit en éraillant les deux rives de pierre.

Durant quelques secondes, il s'arrêta, retenu diagonalement aux extrémités par des crans de roche.

Mais le poids des trois hommes, qui s'y tenaient accrochés avec toute la frénésie du désespoir, le fit lentement glisser jusqu'à fleur d'eau.

Là, il s'arrêta encore.

Cette fois, il paraissait solidement fixé.

La force terrible des masses d'eau qui se ruaient dessus avec un irrésistible élan fit ployer les deux arbres.

Des énormes vagues frappaient les trois infortunés et bondissaient par-dessus leur tête avec des rugissements.

Eux ne jetaient plus un seul cri, tant ils se sentaient perdus.

On apercevait confusément d'en haut des monceaux d'écume bouillonnante, puis trois masses noires immobiles au milieu.

— Au nom de Dieu! dit Raoul, jetons-leur une corde, une branche, quelque chose enfin!

Un sinistre craquement coupa sa voix.

Pliés outre mesure par la violence du courant, les deux arbres venaient de casser.

La digue des flots ameutés, ne rencontrant plus d'obstacle, s'affaissa et avec elle roulèrent et disparurent les tronçons du pont.

Raoul se pencha sur le gouffre. Il ne vit plus rien, rien que l'eau tumultueuse poussée par l'eau.

Quelques coups de fusil partirent alors de la rive gauche. Ceux des Anglais qui avaient survécu voulaient venger leurs frères. Les Canadiens firent sur eux une décharge générale. Les autres disparurent.

— C'est affreux! dit Raoul que cette scène d'horreur avait énervé.

— Bah! gronda Lavigueur. J'ai eu deux frères tués à Carillon l'été passé. J'avais juré de les venger. C'est fait. Allons-nous-en!

Si Raoul n'avait pas baissé la tête quand Brown avait, une minute auparavant, tiré son dernier coup de pistolet, il aurait sans doute reconnu l'un de ceux qui avaient enlevé sa fiancée près de l'intendance. Et peut-être alors n'aurait-il pas été aussi affecté de la mort d'un double ennemi.

Brown n'avait cependant pas été noyé du coup comme ses deux compagnons, qui furent engloutis au moment même où le pont se rompit.

Les bras crispés autour d'un tronçon d'arbre, il y resta cramponné avec cette ténacité qui survit souvent à la mort.

Lancé comme un boulet, il descendit la rivière avec une indicible vélocité.

Ceux qui ont vu les Marches-Naturelles savent combien le cours de la rivière est accidenté, tourmenté, brisé presque jusqu'à la chute.

Ce n'est partout qu'une succession de cascades où l'eau bondit, tombe, remonte et retombe entre deux digues de pierre dont l'imposante immobilité semble redoubler la rage du torrent qu'elles contiennent.

Pendant quelques minutes, Brown fut le jouet des ébats gigantesques de vagues en délire.

Tantôt il roulait jusqu'au fond, étouffé, écrasé par une montagne d'eau qui pesait de tout son poids sur ses épaules. Tantôt ramené à la surface par la nature flottante du bois qu'il tenait embrassé, il pouvait respirer dans un endroit où l'eau courait avec moins d'emportement.

Puis, ressaisi par de nouvelles trombes, il tournait avec le tronçon d'arbre comme une roue sur son essieu et glissait sur la pente abrupte d'une cascade au pied de laquelle il tournoyait un moment avec son épave. Et le flot implacable le reprenait pour le jeter encore en des gouffres nouveaux.

Parfois lancé sur les parois de roche, il s'y serait brisé comme un verre si le bois protecteur n'eût amorti le coup.

Asphyxié, brisé, meurtri, en trois minutes, il n'était plus qu'à quelques arpents de la cataracte dont la clameur immense traversa son agonie comme le glas effroyable du bourdon de l'éternité que les anges de Dieu mettront en branle aux funérailles du monde.

La masse des eaux devenant moins tourmentée un peu avant la chute, il ramassa les quelques forces qui lui restaient et cria.

Trois fois ce suprême appel roula lugubre dans la nuit.

Puis le malheureux sentit la force des courants s'accroître avec une effrayante intensité. Aspiré par l'épouvantable succion de l'abîme, il se sentit balayé comme le grain de sable par le simoun, et tomba.

Quelques Canadiens qui guettaient, cachés dans les broussailles de la rive droite, pour envoyer de l'autre côté leur plomb aux Anglais, avaient prêté l'oreille à ses cris. Le fracas de la chute, immédiatement au-dessus de laquelle ils se trouvaient, n'avait laissé arriver à leurs oreilles cette voix désespérée que comme les plaintes d'un mourant.

À la lueur d'une décharge d'artillerie, tirée sur le bout de l'île d'Orléans par les batteries anglaises, ils entrevirent confusément passer comme un corps d'homme sur le versant de la cataracte.

Mais ce ne fut qu'une ombre, une vision effleurant la cime de cette vague monstrueuse qui ne cesse de crouler depuis des siècles dans un abîme sans fond.

II

Luttes

Malgré tous les dangers qu'il venait de courir, Beaulac n'était pas plus renseigné qu'auparavant sur le sort de Mlle de Rochebrune.

Si encore il eût été maître de ses mouvements, peut-être aurait-il pu se glisser de nouveau soit dans le camp de l'Ange-Gardien, soit dans celui de l'île d'Orléans, en supposant toutefois que la jeune fille ne fût point retenue prisonnière sur l'un des vaisseaux de la flotte anglaise.

Mais entravé par les liens resserrés de la discipline militaire, il lui fallait rester dans l'inaction. Comme un lion que l'on vient d'enfermer dans une cage sur le côtes d'Afrique et qui aspire de toute la force de ses vastes poumons les émanations du désert, Raoul se sentait dévoré d'une rage impuissante et sourde.

Restait bien encore un moyen de recevoir des nouvelles de la jeune captive ; mais il était lent. C'était d'attendre l'occasion d'un parlementaire [32] pour faire parvenir une lettre à Berthe qui, de son côté, se servirait du même expédient pour rassurer ses amis.

Il se rendit à la ville et fit part de son projet à la parente de Berthe, Mlle de Longpré. La vieille demoiselle, désolée de la longue et inquiétante absence de Mlle de Rochebrune, n'avait pas voulu quitter la ville, comme les autres dames de Québec [33].

Elle était décidée d'y attendre le retour de sa chère Berthe ou la mort.

Le projet de Raoul lui sourit, et il fut décidé entre eux que chacun agirait de son côté, Mlle de Longpré à la ville et Raoul au camp de Beauport, afin de faire tenir une missive à la pauvre Berthe.

Mais des circonstances imprévues vinrent aussitôt empêcher l'exécution de cette idée. Dévorée d'inquiétudes, énervée par le bruit de la canonnade et le danger incessant qu'elle courait dans la ville assiégée, Mlle de Longpré

---

32. On voit dans le journal de Knox qu'il y avait un assez fréquent envoi de parlementaires, de part et d'autre, entre la ville et le camp de Wolfe.

33. Dès le commencement du siège, les femmes laissèrent, en grand nombre, la ville qui avait à subir un terrible bombardement. On voit par exemple dans le journal de M. Claude Panet sur le siège de 1759, que les dames dont les noms suivent s'étaient réfugiées à la Pointe-aux-Trembles, où elles furent faites prisonnières par les Anglais le vingt et un juillet. C'étaient mesdames Duchesnay, de Charny, sa mère, sa sœur Mlle Couillard ; les familles Joly, Mailhot et Magran étaient du nombre. D'autres cherchèrent un refuge à Beaumanoir ; madame Péan et ses amies, sans doute.

Le très grand nombre dut se répandre dans les paroisses environnant la ville.

tomba malade le jour même que Raoul la vint visiter et se trouva conséquemment hors d'état de pouvoir s'occuper de leur commun projet.

Une autre déception attendait Beaulac. Dans la nuit du dix-huit au dix-neuf juillet, trois vaisseaux anglais remontèrent le fleuve au-dessus de la ville, malgré le feu de la place, et allèrent mouiller vers la rivière des Etchemins. Il était à craindre qu'ils n'opérassent un débarquement sur la rive droite du fleuve ; aussi envoya-t-on immédiatement de ce côté le sieur Dumas, major général des troupes de la marine avec six cents hommes afin de les en empêcher.

M. de la Roche-Beaucourt reçut l'ordre de remonter jusqu'à la rivière Jacques-Cartier avec le corps de cavalerie dont Raoul faisait partie, afin de prévenir une descente des Anglais sur la rive gauche du fleuve [34].

Ce fut avec un morne regret que Beaulac laissa le camp français. Plusieurs fois il se retourna sur sa selle, à mesure que son cheval l'éloignait de Beauport, afin de regarder encore les lieux où son âme restait en compagnie de la douce image de sa chère Berthe. Sur les hauteurs du chemin de Sainte-Foye, à certain endroit où il allait perdre la vue de l'île d'Orléans et de l'Ange-Gardien, il arrêta son cheval et laissa planer une dernière fois son regard au-dessus de l'île et des Laurentides, dont les sommets, d'un vert sombre à l'avant-scène, allaient se fondre à l'horizon dans le ciel bleu.

À la pensée qu'il ne reverrait peut-être jamais ni ces lieux aimés, ni sa brune fiancée, il sentit un sanglot déchirer et soulever sa poitrine. Mais la forte conviction du devoir accompli lui fit bientôt refouler en son cœur cette faiblesse indigne d'un militaire, et il lança sa monture au galop pour rejoindre la cavalcade qui disparaissait au premier détour de la route.

Le but de Wolfe en faisant passer des vaisseaux au-dessus de la ville avait été de tourner et d'attaquer l'aile droite de l'armée française : mais les Anglais trouvèrent trop périlleuse une descente sur la rive sud. Leurs vaisseaux restèrent cependant au-dessus de Québec et les troupes qui les montaient firent de courtes descentes à la Pointe-aux-Trembles et à Deschambault, où elles enlevèrent quelques prisonniers ainsi qu'une grande partie du bagage des officiers français.

Le détachement de M. de la Roche-Beaucourt, qui devait continuer à rester au-dessus de la ville pour observer les mouvements des trois vaisseaux, engagea plusieurs escarmouches avec les troupes qui opérèrent ces débarquements ou voulurent en tenter d'autres ; Beaulac se signala dans ces diverses rencontres.

---

34. Historique. M. FERLAND, p. 575.

Encore une fois frustré dans ses espérances, Wolfe se résolut enfin d'attaquer la gauche de l'armée française, en flanc par la rivière Montmorency et de front par le fleuve dont la grève unie et spacieuse offrait, en cet endroit, les plus grandes facilités pour le débarquement des troupes de la flotte et de la Pointe-Lévi. Celles de l'Ange-Gardien traverseraient facilement le gué du Montmorency, en bas de la chute, et se joindraient aux autres sur la plage pour de là marcher à l'assaut des retranchements français; enfin, un troisième corps de deux mille hommes devait remonter le Montmorency et passer à gué certain endroit de la rivière, situé à une lieue de la chute, et tomber sur nos derrières.

Afin d'appuyer ces divers mouvements et d'en assurer le succès, le général anglais fit d'abord garnir de plus de soixante bouches à feu la rive gauche du Montmorency, qui, plus élevée que la droite, permettait à ses artilleurs de diriger un feu plongeant dans nos retranchements. Ensuite, il fit échouer sur des récifs deux transports de quatorze canons chacun, au bas de la route de Courville, au pied de laquelle les nôtres avaient élevé une redoute dont l'artillerie balayait le gué offert aux troupes anglaises de l'Ange-Gardien, tandis qu'une frégate de soixante canons devait venir s'embosser le plus près possible de la chute, faire taire, appuyée par le feu des transports, les trois pièces de canon de la redoute et refouler nos troupes qui tenteraient de s'opposer à la descente des bataillons anglais.

À peine pouvions-nous opposer une dizaine de bouches à feu à plus de cent pièces d'artillerie qui allaient tonner contre nous.

C'était un bon plan que celui de Wolfe; aussi sembla-t-il devoir réussir tout d'abord.

Le trente et un juillet à midi, son artillerie ouvrit le feu et ses troupes se mirent en mouvement.

À deux heures, M. de Montcalm se porte sur la gauche où le chevalier de Lévis, avec cette hardiesse de conception et la promptitude d'action qui lui sont propres, est déjà prêt à la défense. Apprenant par ses éclaireurs que deux mille ennemis remontaient la rive gauche du Montmorency pour tenter le passage du gué à trois milles en avant de la chute, le chevalier avait aussitôt dirigé un renfort de cinq cents hommes sur ce passage défendu par M. de Repentigny. Surpris de la vive résistance qu'ils avaient rencontrée, les Anglais avaient de ce côté battu promptement en retraite, et les cinq cents hommes envoyés pour appuyer M. de Repentigny étaient déjà revenus glorieux sur leurs pas pour prendre part au combat plus sérieux qui allait s'engager près de la cataracte.

Sous ses ordres M. de Lévis a trois mille hommes, la plupart canadiens, et qui gardent la meilleure contenance sous une grêle de projectiles lancés depuis midi par les batteries anglaises. Partout règne l'enthousiasme. Le général Montcalm approuve les dispositions de M. de Lévis et retourne au centre pour s'y tenir prêt à secourir au besoin le chevalier à la tête des réguliers tenus en réserve.

L'ennemi s'ébranle enfin. Il est trois heures. Une chaleur écrasante, sans un souffle de vent, ainsi que de gros nuages noirs qui s'entassent au ciel indiquent un prochain orage.

Plus de quinze cents barges chargées d'Anglais sont en mouvement dans le bassin de Québec. Après plusieurs feintes de débarquement sur différents points du rivage, depuis la Canardière jusqu'à la rivière Montmorency, elles se dirigent enfin vers la gauche du camp français, immédiatement à droite de la chute.

Mais Wolfe a compté sans la marée basse, et ses embarcations s'échouent sur des chaînes de roche à quelques arpents de la rive, où pendant plus d'une heure elles restent stationnaires. Enfin le flux les soulève, et, protégés par la formidable artillerie des transports et de la frégate, deux mille grenadiers anglais s'élancent impatients sur la plage.

À bout de munitions, nos artilleurs en charge de la redoute ont été forcés de l'évacuer et sont revenus au camp avec leurs trois pièces rendues muettes.

Sans attendre la brigade Monckton qui devait appuyer leur attaque, les grenadiers marchent sur la redoute aux sons d'une fanfare guerrière. Là, ils s'arrêtent, reforment leurs rangs, et, la baïonnette au bout du fusil, s'avancent au pas de charge vers nos retranchements.

Depuis la grève jusqu'au chemin de Beauport, le terrain s'élève entrecoupé de petits ravins dans lesquels nos tirailleurs, l'œil au point de mire et le doigt sur la détente, attendent avec calme l'approche des assaillants.

Un grand silence plane un moment au-dessus de tous ces hommes qui vont s'entr'égorger au nom de leur souverain respectif. On n'entend plus que les pas cadencés et rapides des grenadiers qui gravissent les hauteurs à la course. Leur musique s'est tue devant la mort qui emboîte le pas derrière eux.

Ils ne sont plus qu'à vingt verges de nos retranchements. Le cri d'un clairon retentit, puis une brusque décharge d'artillerie : c'est le signal ! Aussitôt notre fusillade éclate terrible et continue.

— *Forward! forward!* crient les officiers anglais à leurs soldats qui hésitent.

— Hardi les gars ! hurlent les nôtres.

Aveuglés par la fumée, décimés par nos balles, les grenadiers commencent à reculer.

Notre mousqueterie crépite et pétille, comme le feu de ces grands incendies qui ravagent nos forêts, lorsqu'il rencontre en son chemin de vastes sapinières. L'ouragan bondit de la racine au faîte des arbres dont le bois résineux s'embrase soudain et se tord avec d'innombrables craquements.

Trouées, rompues par ces décharges rapides et meurtrières, les deux colonnes anglaises lâchent pied, s'enfuient et vont se réfugier derrière la redoute pour reprendre leurs rangs.

Un long bravo s'élève de nos retranchements vers le ciel.

Au même instant, un immense éclair sillonne le ciel sombre, tandis qu'un grand coup de foudre, qui semble vouloir écraser amis et ennemis sous une ruine commune, tonne au-dessus de la bataille. Un déluge de pluie s'abat sur la campagne. Balayés par un vent de tempête, ces flots croulants forment un épais nuage qui dérobe les combattants à la vue les uns des autres.

La grande voix du Dieu des armées a fait taire les tumultes du combat. Le tonnerre domine tout autre bruit et l'eau ruisselle à torrents.

Cela dure bien une demi-heure.

Enfin la foudre s'éloigne avec des grondements de plus en plus sourds, le vent meurt, la pluie s'évapore, le brouillard se fond.

Quand le soleil, perçant les nuages, chassa les dernières gouttes de pluie devant les faisceaux de ses rayons de feu, les nôtres virent les Anglais qui se rembarquaient à la hâte.

Les cinq mille hommes de l'Ange-Gardien, commandés par les brigadiers Murray et Townshend, qui ne s'étaient approchés qu'à deux portées de fusil de nos retranchements, se retiraient aussi de leur côté.

Nous avions mis près de cinq cents ennemis hors de combat. Nos pertes, malgré le feu d'enfer de l'artillerie anglaise, n'étaient qu'insignifiantes. La victoire était complète, et l'honneur en revenait aux milices canadiennes[35].

Dans un ordre du jour qui suivit la bataille, Wolfe se plaignit amèrement de la folle impétuosité de ses grenadiers, dont la charge trop précipitée avait causé leur défaite; et le ton sévère avec lequel il transférait le lieu de leur campement à l'île laisse voir que ce commandement équivalait à une disgrâce.

Le fait est que le général anglais était accablé de l'échec qu'il venait d'essuyer. Depuis plus d'un mois qu'il était arrivé en face de Québec, il

---

35. Tous les détails de ce combat sont scrupuleusement historiques. Voyez nos historiens et le journal de M. Claude PANET, que j'ai aussi consulté.

avait vu presque tous ses plans échouer devant la prudence de MM. de Montcalm et de Lévis; et encore venait-il d'éprouver une défaite qui, en poussant les Canadiens à se rallier à la cause française avec une nouvelle ardeur, allait, par contrecoup, jeter un profond découragement parmi ses propres troupes.

Puis, quelle impression la perte de cette bataille allait-elle causer en Angleterre? Ses ennemis, les malheureux en ont toujours, n'en augureraient-ils point l'insuccès de toute la campagne? De quelles amères railleries n'accablerait-on pas le jeune présomptueux qui, aveuglé par son orgueil, n'aurait pas craint de se charger d'une entreprise beaucoup au-dessus de ses forces!

Et s'il lui fallait réellement battre en retraite devant les Français victorieux, que devenaient ses beaux rêves de gloire et d'ambition? Les uns après les autres, il les voyait crouler dans l'abîme ouvert sous ses pieds par la fortune adverse.

Cette irritation du cerveau lui donna une fièvre terrible qui l'empoigna brutalement, quelques jours après la bataille de Montmorency, et le traîna jusqu'aux portes du tombeau. Il fut en proie à un affreux délire, qui ne le quitta que pour faire place à une faiblesse extrême.

La force de la jeunesse finit par l'emporter dans cette lutte terrible que la mort et la vie se livraient au-dessus de son chevet. Elle ne dut pourtant se retirer qu'à regret, cette mort fatale qui, seulement un mois plus tard, revint victorieusement à la charge et ne s'enfuit, cette fois, qu'en serrant sur sa poitrine sans mamelles les restes sanglants du vainqueur de Montcalm.

Vers la fin du mois d'août, Wolfe était enfin sur pied. Son premier soin fut d'informer son gouvernement des obstacles sans nombre semés sur sa voie par les armées françaises. Il avoua sa défaite, mais en termes si nobles et avec des sentiments si dévoués, «qu'on fut plus touché, en Angleterre, dit M. Garneau, de la douleur du jeune capitaine que de l'échec des armes de la nation».

Ensuite il se résolut à appeler ses lieutenants à son aide, afin de recevoir leur avis sur les meilleurs moyens à prendre pour enlever le succès de la campagne.

Ce fut l'une des dernières journées d'août que se tint, au camp de l'Ange-Gardien, ce grave conciliabule, dont le sort du Canada devait dépendre.

Assis sous une tente, dont les pans relevés du côté du fleuve leur laissaient voir la Pointe-Lévi, l'île d'Orléans et la flotte anglaise ancrée dans la rade, Wolfe et ses lieutenants, les brigadiers Monckton, Townshend et

Murray, étaient assis autour d'une petite table sur laquelle se déroulait une carte de Québec et des environs. Dressé par le major Stobo, qui, après une longue captivité à la capitale [36], s'en était enfui et venait de rejoindre l'armée anglaise, ce plan contenait une foule de renseignements et de détails les plus précieux.

Ils étaient tous à la fleur de l'âge, ces quatre généraux, chargés d'une aussi importante mission que la conquête d'un pays.

Wolfe était fils d'un ancien major général. Il avait montré tant de talents au siège de Louisbourg, qu'on l'avait choisi pour commander l'expédition de Québec, autrement plus hardie et périlleuse. Harcelé qu'il était, sans doute, par l'aiguillon des grandes pensées qui sait inspirer aux hommes de génie une confiance sans bornes en leurs futurs succès, il avait accepté avec ardeur.

La gravure et la photographie ont popularisé chez nous le portrait du jeune général. Chacun connaît cette figure étrange et fine, dont le nez avancé forme un angle très accusé avec le front et le double menton fuyant qui vient se perdre dans le nœud de sa cravate.

Ses cheveux étaient poudrés à frimas et comprimés en arrière dans une bourse en taffetas pour retomber en queue sur les épaules. Il était coiffé d'un petit tricorne, dont les bords relevés se réunissaient attachés sur le sommet de la tête. Sa taille élégante était enserrée dans un long justaucorps rouge, dont les larges parements étaient galonnés d'or. Un blanc baudrier de buffle, libre, pour le moment, de la courte carabine que les officiers des troupes anglaises portaient alors en bandoulière, descendait de son épaule gauche au côté droit. Au ceinturon, aussi en bufflterie, et dont les deux pièces principales étaient reliées par une agrafe d'or, pendait une riche épée de combat. Des bottes à revers, montant jusqu'au genou, y rejoignaient la fine culotte de soie collant sur la jambe.

À sa pâleur, à ses trait fatigués, on voyait que le général relevait d'une maladie grave et que son énergie s'efforçait de hâter la convalescence.

Quoique très jeunes encore, ses trois lieutenants avaient aussi beaucoup étudié la guerre, et la science des combats leur était acquise. Monckton et Murray appartenaient à la noblesse, Townshend à l'ordre de la Pairie.

Invités quelques jours d'avance par le commandant en chef à donner leur avis, ces trois généraux en étaient venus à une décision unanime sur les mesures à prendre pour assurer la réussite de l'expédition. Townshend,

---

36. «Pendant l'hiver, Stobo avait eu la permission de voyager entre Montréal et Québec, témoin de tous les préparatifs qui se faisaient pour la guerre et entendant tous les discours.» M. FERLAND, vol. II, p. 510.

qui était chargé de manifester leur opinion, parla dans les termes suivants lorsque Wolfe leur demanda de lui faire connaître le résultat de leur conférence :

— Puisque Votre Excellence a daigné nous consulter, nous ne pouvons faire autrement que de lui confesser que nous ne partageons pas son avis qui est de renouveler l'attaque de l'aile gauche du camp de Beauport. Nous nous trompons peut-être, mais...

Townshend eut ici un moment d'hésitation.

— Parlez, monsieur, parlez franchement, interrompit Wolfe. Ce n'est pas pour une vaine formalité que j'ai voulu cette entrevue. Les moments sont trop précieux et trop graves les circonstances pour vous demander le concours de votre expérience, si je n'étais pas décidé de m'en rapporter à elle plutôt qu'à la mienne, dans le cas où vous me démontrerez clairement que j'ai pu me tromper.

Rassuré par le ton bienveillant que Wolfe avait su mettre dans ses paroles, Townshend reprit aussitôt :

— Nous ne prétendons pas, Excellence, que vous ayez eu tort de tenter l'attaque du trente et un juillet contre le camp de Beauport. Ce serait nous condamner nous-mêmes, puisque alors nous vous avons fortement engagé à tenter la fortune de ce côté. Mais l'insuccès de cette attaque nous a depuis convaincus, mes collègues et moi, que les Français ont su prendre là une position presque inexpugnable. Favorisés par la nature des lieux qu'ils connaissent aussi parfaitement que nous les ignorons, ils ont su profiter des moindres accidents du terrain pour rendre leur camp formidable. Nous croyons donc qu'il serait trop risqué de renouveler une tentative sur ce point, puisqu'une défaite — la première démontre assez la possibilité d'une seconde — puisqu'une autre défaite, dis-je, nous pourrait forcer à clore sous de bien tristes auspices les opérations de la campagne. Au contraire, si nous parvenons à forcer Montcalm de quitter son camp retranché pour nous rencontrer ailleurs, nous ramènerons du coup presque toutes ses chances de notre côté, puisque nous le contraindrons de combattre au lieu que nous aurons choisi.

— Mais comment en venir là ? demanda Wolfe, qui suivait avec beaucoup d'attention le raisonnement de Townshend.

— En remontant le fleuve avec la majeure partie des troupes, Excellence, et en débarquant sur la rive gauche pour porter les opérations au-dessus de la ville. Quand il verra la capitale menacée, le général Montcalm ne se portera-t-il pas aussitôt au-devant de nous ?

— Certainement ; mais la grande difficulté, je crois, consiste à opérer d'abord ce débarquement. Vous savez bien que jusqu'à présent les troupes que nous avons sur les quatre[37] vaisseaux au-dessus de la ville ont toujours été repoussées dans leurs tentatives de descente.

— Et pourquoi, Excellence? Parce que d'abord, elles ne sont pas assez nombreuses pour résister aux quelques détachements de Français qui ont pour mission d'épier à terre leurs divers mouvements. Mais concentrons soudainement un corps de troupe imposant sur un seul point et à la faveur d'une nuit noire, et nous passons sans peine sur le ventre de tous les francs-tireurs qu'ils ont échelonnés le long du fleuve au-dessus de Québec.

— Fort bien, dit Wolfe. Mais encore faut-il trouver un lieu de débarquement facile. Les deux rives ne sont-elles pas très escarpées et boisées aux abords de la ville, et ne serons-nous pas forcés de remonter bien au-dessus de la capitale? Mouvement qui offrira bien des difficultés, vu qu'il nous faudra marcher continuellement en bataille après le débarquement sur un long espace de chemin que nous ne connaissons que par la carte de Stobo.

— J'allais précisément, Excellence, répondre à ces objections prévues d'avance. Pourquoi les troupes des quatre vaisseaux n'ont-elles pas réussi à opérer une descente effective jusqu'à ce jour? Parce qu'elles y allaient presque à tâtons, n'ayant aucune connaissance des lieux. Mais n'avons-nous pas, depuis quelques jours, cette précieuse carte dessinée par Stobo et qui fourmille en renseignements exacts, lesquels sont pour nous de la plus grande importance? Ainsi, voyez-vous cette rampe, indiquée par de petites lignes parallèles, sur le flanc de la falaise, entre le poste de Saint-Michel et celui du Foulon? En lisant, au bas du plan, la légende auquel le chiffre treize nous renvoie, vous voyez que la tête de cette rampe est défendue par un seul poste que gardent une centaine d'hommes. Que nous trompions l'ennemi par de faux mouvements, que nous débarquions au Foulon à la faveur des ténèbres, et nous enlevons presque infailliblement ce poste!

Wolfe n'écoutait plus, depuis quelques moments, avec la même condescendance. Il semblait, au contraire, suivre avec le plus vif intérêt l'ellipse tracée dans l'air par les bombes que les mortiers de la Pointe-Lévi lançaient sur la ville.

— C'est là que je vous attendais, monsieur, dit-il en se retournant vers Townshend. Et vous croyez que ce n'est rien que ces cent hommes nichés sur la cime d'un rocher à pic? Cette position, croyez-moi, vaut bien celle du défilé des Thermopyles. Cent hommes déterminés nous y tiendront en échec pendant tout le temps qu'il leur faudra pour être secourus; et alors que

---

37. Un quatrième bâtiment avait réussi, en rasant la Pointe-Lévi, à remonter le fleuve sous le feu des canons de la ville et avait rejoint, depuis quelques jours, les trois autres dont nous avons déjà parlé.

mille autres seulement se seront portés à leur aide, vingt mille assaillants ne pourraient forcer cette position formidable.

— Votre Excellence exagère peut-être les difficultés, répliqua Townshend. Et M. Stobo, qui a visité les lieux, remarque précisément que cette partie de la falaise n'est pas aussi abrupte qu'on le pourrait croire en la regardant du fleuve [38].

— Monsieur, depuis que ce plan est entre mes mains, j'ai, moi aussi, pensé à la possibilité d'une telle attaque. Mais, après en avoir bien calculé toutes les chances et les périls, j'en suis venu à conclure que nous risquons de perdre bien du monde pour un résultat nul.

Piqué au vif, Townshend s'efforça de démontrer la justesse de ses arguments. Il mit peut-être trop de chaleur dans l'expression de ses convictions, car Wolfe, impatienté, répondit assez durement. La discussion commençait à tourner à l'aigreur et Wolfe allait couper court aux débats en refusant son adhésion au projet de ses lieutenants, lorsqu'un aide de camp entra dans la tente et dit au général qu'un transfuge français désirait lui parler sans retard sur un sujet de la plus haute importance.

— Qu'on me l'amène, dit Wolfe. Puis aux trois officiers qui faisaient mine de se retirer : Restez, messieurs. Qui sait si ce n'est pas la Providence qui vient à notre aide ?

Un homme gros et court, drapé dans un manteau brun et escorté de deux soldats armés, entra bientôt dans la tente.

Sur un geste de Wolfe, les soldats sortirent et se tinrent à une certaine distance.

Si c'était la Providence qui envoyait cet individu à la rescousse du général anglais, c'est qu'elle daigne se servir quelquefois de forts vilains agents.

Car, lorsque cet homme laissa retomber le pan de son manteau, qu'il tenait devant sa figure, ce mouvement mit à nu la face matoise et repoussante de Louis Sournois.

---

38. On a exagéré, en effet, la difficulté d'accès présentée par la rampe du Foulon. Bien défendue, la position était forte sans doute ; mais Wolfe et ses hommes pouvaient facilement gravir ce ravin, aux pentes assez douces, sans être des aigles.

III

Traîtres

« Tonnerre de sort ! s'écria Bigot en entrant à l'intendance, le soir de la bataille de Montmorency. Il faut que le diable s'en mêle, car depuis quelque temps tout va de mal en pis ! Wolfe arrive avec une armée formidable. Bon ! L'on pouvait croire que nos troupes ne résisteraient pas longtemps aux forces imposantes qu'il commande. Il débarque sans obstacles, d'abord sur l'île, puis à la Pointe-Lévi et à l'Ange-Gardien. Sur son ordre, le bombardement commence désastreux, terrible. Les paroisses du bas du fleuve sont ravagées sans merci. Parfait ! Nos damnés Canadiens, effrayés sans doute de ces dévastations, vont jeter là le drapeau pour voler au secours de leurs familles ? Point. Ces chiens sont là, fermes au poste et regardant d'un œil stupide brûler maisons, granges et récoltes, tandis que leurs femmes et leurs enfants s'attellent sur des chariots, comme des bêtes de somme, pour traîner jusqu'au camp quelques provisions arrachées aux maraudeurs anglais[39]. Wolfe veut enfin tenter un grand effort. Il livre bataille aujourd'hui... et se retire honteusement vaincu ! Million de tempêtes, il faut que ça change ! »

Et Bigot, qui arpentait sa chambre solitaire en gesticulant, brisa deux chaises qu'il lança contre la muraille et renversa d'un coup de pied un guéridon chargé de porcelaines d'un grand prix. Sans faire attention au bruit des vases de Saxe qui volaient en éclats, il voulut appeler et tira si fort sur le cordon de la sonnette qu'il lui resta dans la main.

— Allons ! par Satan ! s'écria-t-il, tous les diables d'enfer sont-ils donc acharnés contre moi ! Et ouvrant la porte de sa chambre comme la sonnette carillonnait furieusement au loin :

— Sournois ! cria-t-il. Sournois ! ! — Le pendard ! — Sournois ! ! ! Ah ! te voilà enfin ! Arrive donc, butor !

---

39. « Depuis que les Anglais étaient maîtres du fleuve au-dessus de la capitale, l'approvisionnement de l'armée était devenu presque impossible par eau. Il fallait faire venir les vivres des magasins de Batiscan et des Trois-Rivières par terre et, comme il n'était resté dans les campagnes que les petits enfants, les femmes et les vieillards auxquels leur infirmité n'avaient pas permis de prendre les armes, c'était avec le secours de bras si faibles qu'il fallait opérer le transport. On charria ainsi sur 271 charrettes de Batiscan à l'armée, l'espace de 18 lieues, 700 quarts de lard et de farine, la subsistance de 12 à 15 jours. » M. GARNEAU, *Histoire du Canada*, 3ᵉ édition, vol. II, p. 331.

De semblables faits n'ont pas besoin de commentaires. Ils portent leur héroïsme avec eux.

— Hein! pensa le valet qui s'approchait tout essoufflé, le maître est bien hargneux depuis quelques semaines, et le service est rude. Mais patience, ça ne durera pas longtemps.

Bigot rentra dans sa chambre où Sournois le suivit.

— Ferme la porte, lui dit le maître. Bon. Tu vas faire seller un cheval et courir au poste que M. de Vergor commande au-dessus du Foulon. Tu connais l'endroit.

— Oui, monsieur.

— Tu demanderas à parler au commandant, M. de Vergor, et tu lui diras que je veux le voir immédiatement.

— Mais, monsieur...

— Il n'y a pas de mais qui tienne! S'il est occupé, qu'il se dérange! S'il est couché, qu'il se lève et qu'il accoure! Va.

Une heure plus tard, Bigot causait à voix basse, mais d'un air très animé, avec un homme étranger à nos lecteurs. Tous deux étaient assis auprès d'une vaste cheminée dans laquelle flambait un grand feu. Bigot avait eu soin de se placer dans l'ombre, tandis que son interlocuteur, au contraire, se trouvait en pleine lumière, éclairé par la lueur de la flamme qui léchait, en pétillant, les parois de la cheminée. De sorte que l'intendant pouvait suivre sur la physionomie de cet homme les impressions diverses qui en agitaient les muscles, sans être exposé lui-même à cet inconvénient.

Ils étaient seuls dans cette chambre dont les fenêtres matelassées, dans le but d'arrêter les boulets des assiégeants, empêchaient aussi la lumière du dehors d'y pénétrer. À part les chuchotements de Bigot qui paraissait faire, d'abord à peu près seul, les frais de la conversation, on n'entendait à l'intérieur d'autres sons que ceux dont les fauves lueurs dansaient sur les murailles sombres comme des spectres dans un caveau funéraire.

De temps à autre, quelque forte détonation, qui faisait trembler le palais, éclatait au-dehors. C'étaient des bombes lancées par les assiégeants et qui venaient faire explosion dans les environs de l'intendance. Aucune, cependant, n'atteignait le palais, protégé par la muraille naturelle du roc de la haute-ville, au pied duquel l'intendance était abritée[40].

C'était, dit le *Mémoire*, un homme d'une figure assez déplaisante et d'une intelligence très bornée que le sieur Duchambon de Vergor avec qui Bigot se trouvait en ce moment. Ses cheveux d'un blond fade lui descendaient très bas sur le front. Il ne louchait pas, et pourtant jamais un regard

---

40. On voit par le dessin des principaux édifices de Québec, fait, après le bombardement de 1759, par un officier anglais, que le palais de l'intendant n'avait pas souffert de la bombe.

ne tombait d'aplomb de ses yeux verts et inquiets. Ses lèvres pincées semblaient adhérer aux dents et, quand il riait, sa bouche se contractait d'une façon quasi douloureuse et laissait voir de petites dents blanches et aiguës comme celles d'un chat.

Les faits qui vont suivre montreront assez la noirceur de son caractère sans qu'il soit besoin d'esquisser aussi son portrait au moral.

— Mon cher Vergor, disait Bigot, ce n'est point que je craigne que vous n'ayez oublié les services que je vous ai rendus, mais laissez-moi vous rappeler un peu ce que j'ai fait pour vous.

— Il n'en est nullement besoin pour que...

— Permettez, mon cher, interrompit Bigot qui prenait plaisir à faire peser de tout son poids sur ses complices l'ascendant que son génie lui donnait sur eux tous. Vous n'étiez rien quand je vous ai connu. Votre famille était pauvre et vous vous trouviez sans ressource comme sans protection. Je vous accordai la mienne, un peu par reconnaissance d'un petit service que votre père m'avait autrefois rendu[41], et beaucoup à cause de l'amitié que vous aviez su m'inspirer de prime abord[42]. Avant mon voyage en France, en 1754, je sollicitai de l'emploi pour vous, et de simple capitaine de marine que vous étiez, vous devîntes aussitôt commandant du fort de Beauséjour.

À ce nom qui réveillait chez Vergor tant de souvenirs honteux et pénibles, Bigot vit passer un nuage sur le front plat de l'ancien commandant de Beauséjour. Mais il fut impitoyable et continua:

— Vous ne fûtes pas longtemps sans profiter du bon avis que je vous donnais dans ma lettre du 20 août 1754[43]. Il était d'usage de donner au commandant un profit de quelques francs sur chaque corde de bois. L'occasion était bonne. Après avoir prétendu que le bois de chauffage acheté par votre prédécesseur, M. de la Martinière — un homme honnête celui-là, entre nous — était pourri, vous réussîtes à en faire dresser un procès-verbal. Il fallut bien en acheter d'autre et vous réalisâtes, par ce moyen, de fort beaux profits. C'était assez bien débuter, n'est-ce pas?

---

41. Le fait est que, lorsque Bigot était commissaire à Louisbourg, le père de Vergor avait chaleureusement défendu le futur intendant inquiété dès lors à cause des premières exactions qu'il y avait commises.

42. «Le titre sur lequel on fondait, en public, cette amitié ne faisait honneur ni à l'un ni à l'autre; on prétendait que l'intendant étant galant, il devait de la reconnaissance à cet officier.» *Mémoire sur les affaires du Canada.*

43. Bien que citée par tous nos historiens, cette lettre mérite de prendre place en ce récit: «Profitez, mon cher Vergor, de votre place, lui écrivait Bigot; taillez, rognez, vous en avez tout le pouvoir, afin que vous puissiez bientôt venir me joindre en France et acheter un bien à portée de moi.»

Vergor ne répondit pas, mais son œil terne jeta autour de lui un regard inquisiteur, comme pour voir si personne n'était aux écoutes.

— Ne craignez rien, continua Bigot qui prenait plaisir à le martyriser, tout comme le chat qui joue avec sa proie palpitante avant de lui donner le coup de grâce, nous sommes bien seuls. Je ne fais que mentionner, pour la forme, les bons petits bénéfices que vous sûtes faire ensuite avec les marchandises du roi, que vous achetiez à très bas prix pour les lui revendre deux ou trois fois leur valeur, et je passe à l'affaire de Beauséjour[44]. Ce siège-là ne fut pas bien dur pour vous, cher Vergor; si peu qu'on l'appela dans le temps, si j'ai bonne mémoire, le *siège de velours*. Ah! ah! savez-vous, vraiment, que ce mot ferait fortune à Paris!

Et Bigot se mit à rire avec d'autant plus d'entrain qu'il voyait combien l'autre en avait peu d'envie.

— Dire en effet que quatre jours de tranchée suffirent pour vous donner la colique et vous forcer à mettre bas... les armes, c'est bien drôle! Vous avouerez, mon cher Vergor, que je ne vous avais dit d'aller... jusque-là.

L'intendant fut pris d'un nouvel accès de rire. Vergor, qui ne rougissait jamais, verdissait à vue d'œil. Et pourtant il n'osait rien dire.

— Aussi, votre capitulation précipitée eut-elle un immense retentissement qui se prolongea jusqu'à la cour. Et dès l'année suivante, ordre fut donné à M. de Vaudreuil d'instruire votre procès. Gagné par moi, si vous daignez vous en souvenir, le gouverneur évita d'obéir. Mais enfin la cour le lui enjoignit si fortement qu'il lui fallait se rendre à ses injonctions en 1757. L'affaire était sérieuse. Outre que M. Monckton n'avait poussé le bombardement qu'avec la plus grande lenteur, on vous accusait de n'avoir fait aucune sortie. Vous aviez tellement ménagé la poudre et les vivres que les malins allaient jusqu'à dire que vous aviez vendu le tout à l'ennemi. Enfin, les assiégeants eux-mêmes en avaient été témoins en prenant possession du fort, vous aviez mis, vous et vos domestiques, tout au pillage avant votre départ. Il y en avait plus qu'il ne faut pour condamner dix hommes. Ce fut alors que, sous peine de me compromettre, je résolus de vous sauver. Le gouverneur, qui est honnête, mais mou comme cire, m'était aveuglément dévoué. Je le travaillai si bien, que je pouvais compter sur le bon vouloir de tous les officiers que je lui fis nommer pour composer le conseil de guerre qui vous devait juger. Rappelez-vous, maintenant, la bonne farce qui se passa au château Saint-Louis. Vous étiez si troublé, d'abord, que vos paroles témoignaient souvent contre vous. Il fallait y mettre ordre et je chargeai quelqu'un d'ajuster vos réponses. Quant aux témoins, tous ceux qui voulaient

---

44. Le siège de Beauséjour eut lieu en 1755.

déposer contre vous étaient infailliblement renvoyés. On n'entendait que ceux qui vous étaient favorables. Enfin, je gagnai quelques Acadiens qui firent des mémoires dictés par moi et déposèrent comme je le leur avais prescrit d'avance. Une vraie comédie, quoi! et bien plus drôle encore que celle des *Plaideurs* du défunt Racine[45]. Enfin, l'on vous acquitta et je me chargeai de faire passer en France la sentence avec les lettres que M. de Vaudreuil, toujours à mon instigation, écrivit en votre faveur à la Cour. Vous étiez sauvé ; mais avouez que, sans moi, c'en était fait de vous.

— C'est vrai, répondit Vergor, qui ne pouvait qu'en convenir.

— Vous voyez donc, reprit Bigot, en lui lançant un regard dur et pénétrant, que vous dépendez entièrement de moi. Il serait facile de réveiller cette affaire et bien d'autres qui se sont passées depuis. Je peux vous perdre d'un seul mot. Eh bien! le moment est venu de me rendre en partie ce service, tout en veillant vous-même à vos intérêts. Nos malversations ont éveillé l'attention de la cour, qui est grandement irritée contre nous. À l'heure qu'il est, il nous est déjà difficile de conjurer l'orage, même au moyen des influences que nous pouvons mettre en jeu auprès du roi. Les dépenses causées par la dernière phase de cette guerre dans laquelle nous sommes entrés depuis quatre ans s'accroissent de jour en jour. Elles sont énormes et, pour peu que cela continue, la dette deviendra tellement exorbitante qu'il nous deviendra impossible de subir un rendement de compte sans risquer et la fortune que nous avons tous acquise et peut-être même la vie qui nous est si chère maintenant, puisque nous sommes assez riches pour en extraire toutes les jouissances que l'on peut en tirer à l'aide du plus puissant pressoir qui soit au monde, l'argent. Or, les circonstances présentes rendent chimérique toute idée de notre retour immédiat en France. Il est impossible de nous remplacer, nous vieux fonctionnaires, par des hommes nouveaux qui n'auraient aucune expérience des affaires du Canada, et qui, arrivant ici au milieu de difficultés insurmontables, perdraient complètement la tête. Donc, il nous faut rester ici. Et c'est notre condamnation certaine que d'y demeurer encore un an. Car calculez un peu les dépenses effrayantes que douze autres mois de campagnes vont coûter au trésor. Et les Anglais ont tellement l'air décidé d'en finir avec nous, qu'ils passeront certainement l'hiver en Canada. Reconnaissez-vous la justesse de ces arguments ?

---

45. Ceci est incroyable ; pourtant, je ne fais que suivre mot à mot, tout en l'appropriant au dialogue, le *Mémoire sur les affaires du Canada*. On s'étonne que Bigot ait pu imposer aussi longtemps ses volontés aux honnêtes gens qui l'entouraient à Québec. Et ce n'est que lorsqu'on étudie bien cette époque si relâchée dans l'honnêteté et les mœurs et qui vit la Pompadour régner sur la France, que l'on se rend un peu compte de la coupable indulgence de la cour à l'égard de pareils coquins que Bigot et ses affidés.

— Oui, certes! répondit Vergor.

— Et voyez-vous un expédient qui peut nous sauver?

— Ma foi, non!

— Alors, nous sommes perdus; car vous savez qu'en tombant, moi, je vous entraînerai tous dans ma chute.

— Cré tonnerre!

Et Vergor ouvrit bien grands ses petits yeux, comme pour sonder l'abîme effroyable qu'il voyait s'entrouvrir à ses pieds.

— Oui, nous sommes perdus! reprit Bigot; à moins, toutefois, que vous ne vouliez me donner un coup d'épaule.

— Moi!

— Oui. Vous et moi, Vergor, nous pouvons sauver tous les autres et surtout nous-mêmes, ce qui vaut infiniment mieux.

— Mais diable! comment cela? demanda Vergor de l'air d'un homme qui ne se serait jamais supposé une pareille importance.

— Écoutez, fit Bigot en se rapprochant de lui: d'abord, si jamais votre bouche laisse échapper un seul des mots que je vais vous dire, je vous jure que l'on vous trouvera, une heure après, les reins cassés sur une borne comme un chien enragé sur qui l'on a tiré à bout portant.

Vergor sentit un frisson lui courir dans le dos. Il connaissait Bigot et le savait homme à tenir une parole de ce genre.

— Ne craignez rien, dit-il en étendant la main, tandis que son regard faux essayait de monter jusqu'à celui de l'intendant.

— Bon! Dites-moi, maintenant, mon cher Vergor, ne vous semble-t-il pas que, si le pays passait immédiatement entre les mains des Anglais, il nous serait assez aisé de cacher une grande partie de nos méfaits sous les ruines de cette colonie? Ne croyez-vous pas qu'il serait bien difficile à messieurs nos juges, si toutefois il nous faut comparaître devant un tribunal, de nous forcer à un compte rendu très exact de notre administration? La belle occasion pour rejeter presque toutes les dépenses sur les frais de guerre!

— Pardié, c'est vrai ça!

— Maintenant, au train que vont les choses, pensez-vous que les Anglais soient bien près de réussir à nous soumettre?

— Diable, non! La perte de la dernière bataille ne les avance pas beaucoup.

— De sorte que la guerre court de grands risques de se prolonger longtemps?

— Oui.

— À moins d'un hasard?

— À moins d'un hasard.

— Vous y fiez-vous beaucoup, Vergor, à cet imbécile de hasard ?
— Ma foi, non.
— Ni moi. Il m'a toujours semblé qu'un peu de prévoyance et d'habileté valait bien mieux.
— C'est vrai.
— Dites donc, si nous faisions le hasard, nous ?
— Dame...
— Oui, si nous le forcions de nous servir en esclave ?
— Hein ! fit Vergor d'un air ahuri.

L'histoire nous dit que l'intelligence de cet homme n'était pas très développée.

— Enfin, si nous aidions l'Anglais à nous battre ?
— Comment ! mais il s'agit donc de trahir ?
— Oui, mon ami, dit l'intendant d'une voix parfaitement calme.

Vergor le regarda avec épouvante.

Bigot poursuivit sans paraître remarquer la surprise de l'autre :

— Pouvez-vous me dire à qui vous devez le commandement de ce poste important du Foulon, que l'on vous a confié depuis quelques jours ?
— Je n'en sais rien.
— Je le crois bien ; car on n'a plus grand-confiance en vous depuis la capitulation de Beauséjour. Et il m'a fallu mettre bien des influences en mouvement pour vous faire nommer à ce poste de confiance. Je ne voulais pas me compromettre en le demandant moi-même pour vous. Vous comprendrez pourquoi quand je vous dirai qu'il entre dans mon plan que vous... n'empêchiez pas trop les Anglais de forcer le passage du Foulon aux plaines d'Abraham.
— C'est-à-dire que... qu'il me faudra... les laisser faire !
— Oui.
— Mais je risque ma tête !
— Je le sais pardié bien.
— Et vous croyez que ?...
— Je crois que vous exécuterez mes ordres.
— Si je refusais ?
— Si tu refuses, mon petit Vergor, je te fais pendre haut et court comme traître et voleur.
— Je vous en défie.
— Même si je prouve devant une cour martiale que tu étais d'intelligence avec Monckton pour lui livrer Beauséjour et pour partager le butin avec lui ?

— Comment prouver cela ? demanda Vergor qui se redressa tel qu'une couleuvre.

— Par la production d'une lettre que tu écrivis à Monckton ; lettre que je me suis procurée lors de ton procès et qui, mon cher, est en lieu sûr.

— Ah ! vous êtes le diable ! s'écria Vergor qui s'affaissa sur son siège. Mais je la croyais détruite, cette maudite lettre ! Monckton m'avait promis de le faire.

— Sais-tu le latin, cher ?

— Non, balbutia Vergor abruti.

— C'est bien dommage, va ; c'est une fort belle langue ! Elle renferme entre autres choses cet axiome si vrai que voici : *Verba volant, scripta manent* ; c'est-à-dire, en langue vulgaire, que tu aurais bien mieux fait de ne pas écrire à M. Monckton, mais de lui parler de vive voix.

Vergor était vaincu, et à partir de ce moment-là Bigot était son maître.

— Écoute, Vergor, poursuivit l'intendant d'un ton plus sérieux. Tu sais d'abord qu'à la moindre chose que tu t'avises de divulguer sur ce sujet, tu es un homme mort ! Alors, en supposant que tu eusses réussi à me compromettre, ce qui n'est pas probable, tu n'en serais guère plus avancé. Mieux vaut donc pour toi servir à mes desseins, vu que je t'assure une impunité d'autant plus certaine que mon plan est ourdi de manière à ne compromettre personne. Tu sais que mon cerveau est assez inventif quand je prends la peine de le consulter.

— Ah ! quant à ça !

— Eh bien ! alors, laisse-moi faire, et non seulement il ne tombera pas un seul cheveu de ta tête, mais tu pourras bientôt jouir en France, avec moi, de toutes les douceurs de l'opulence. Car tu t'imagines bien que ce service te sera largement payé. Dis, maintenant, puis-je compter sur toi ?

— Aveuglément, je vous le jure !

— C'est bon. Tiens-toi prêt, alors, à recevoir mes ordres et à les exécuter au moment voulu.

Quand Vergor eut pris congé de lui, l'intendant appela Sournois pour l'aider à se mettre au lit.

Jamais le valet n'avait été si complaisant, si obséquieux. Et pourtant, il se disait en lui-même :

— Ah ! mon cher maître, si vous saviez les belles choses que j'ai entendues ce soir, en collant mon oreille sur le trou de la serrure ! Si vous vous doutiez que je vous tiens aussi bien que vous tenez votre imbécile de Vergor, vous verriez peut-être que je pense quelle drôle de figure vous feriez au bout d'une corde !

Sournois s'était toujours montré si serviable, même depuis l'affaire du soufflet, que jamais Bigot n'aurait pu soupçonner un seul instant la fidélité de son domestique. Au contraire, il était convaincu que cet homme lui était dévoué corps et âme. Aussi, dit-il au valet, quand il fut couché :

— Ferme soigneusement la porte, mon cher Sournois. J'ai à te parler confidentiellement.

— Tiens ! où veut-il en venir ? songea le valet de chambre, qui poussa les verrous.

Et il revint vers le lit où son maître était mollement étendu.

— Assieds-toi, mon ami. Ce que j'ai à te dire est un peu long.

Le domestique s'installa dans un grand fauteuil, placé près du chevet de l'intendant.

— Sournois, dit Bigot après quelques instants de silence, je suis content de toi, bien que tu aies laissé Mme Péan pénétrer dans la petite tour de l'ouest et emmener la jeune fille. Je conçois qu'il t'était difficile de refuser l'accès de la tourelle à cette chère Angélique, et qu'une fois entrée sa jalousie lui ait inspiré l'idée de se débarrasser de celle qu'elle pouvait croire sa rivale. D'ailleurs, je t'avais toujours dit de lui obéir en quoi que ce fût. Tu n'as donc pas été fautif de la laisser faire, et, bien que tu m'aies paru d'abord craindre le contraire, je ne t'en veux point pour la perte de cette enfant que j'aime pourtant à la folie. On dit qu'elle est prisonnière des Anglais. Il faut tâcher de la rejoindre, Sournois, avant que ce petit fat de Beaulac ne l'ait retrouvée. Tu ne saurais croire, mon ami, la passion que j'éprouve pour cette adorable créature. Depuis le jour où sa figure mutine a frappé mes regards, je ne me reconnais plus. Tu sais l'éloignement que j'ai toujours ressenti pour le mariage. Eh bien, si cette jeune enfant l'exigeait pour se rendre à mes désirs, je crois, foi de Bigot, que je me laisserais enchaîner par les nœuds sacrés de l'hyménée ! Ce n'est plus de l'amour, de la passion que j'éprouve pour elle, c'est de la rage, Sournois ! Si j'avais deux âmes, je les vendrais l'une après l'autre à Satan pour que cette femme fût à moi ! Ah ! je n'aurais jamais cru qu'on pût aimer de la sorte ! Dans cette détresse de mon cœur aux abois, c'est à toi que je m'adresse pour que tu m'aides à revoir cet ange qui, je le sens bien, a emporté la moitié de ma vie en m'échappant. Aussi n'est-ce pas un service de valet que je vais te demander, Sournois, c'est un service d'ami, et dans lequel il entre plus de confiance et d'estime de ma part que de commandement.

— Employez-moi sans crainte, monsieur l'intendant ; vous savez combien je vous suis dévoué.

— Oui, mon ami, et je suis décidé de t'en récompenser royalement. Je sais que tu as déjà réalisé de fort jolies économies, pas encore autant sur tes gages que sur certaines transactions, où tu partageais avec Clavery les gains qu'il prélevait sur plusieurs fournisseurs que tu lui adressais par mon entremise. Entre nous, Sournois, si tu n'étais pas plutôt mon ami que mon domestique, j'appellerais coquineries ce genre d'affaires où tu as trempé, et qui suffit souvent pour conduire un homme à la potence.

En frappant doucement ce coup qui, sans avoir l'air d'y toucher, tranchait profondément dans le vif, Bigot décocha un regard de feu au valet.

Celui-ci se mordit les lèvres et devint violet. La pensée que lui aussi se trouvait à la merci de cet homme le suffoquait.

— Mais, pour revenir à nos moutons, continua Bigot, si tu me sers fidèlement dans l'affaire que je vais te confier, je double du coup la somme de tes épargnes, que je sais se monter à peu près à vingt-cinq mille francs. Si tu réussis, je t'en donne cinquante mille.

Sournois ouvrit démesurément les yeux, tant par cette offre magnifique que par la surprise de voir son maître si bien au fait des petites affaires du valet de chambre.

Tout ivrogne qu'il était, Sournois aimait aussi beaucoup l'argent; la preuve, c'est que sa passion pour le vin lui avait permis de faire des économies. Aussi s'écria-t-il avec un empressement quelque peu outré, car le matois savait bien qu'il tenait un secret qui valait plus de cinquante mille francs:

— C'est trop, cher maître! c'est bien trop!

— Non, mon ami, et quand tu sauras que tu vas avoir une double mission à remplir, tu avoueras toi-même que tes services ne sont que justement payés à ce prix. Écoute, mais que chacun des mots que je vais te dire s'enfouisse si profondément en toi, que jamais un seul ne t'échappe pour frapper l'oreille d'un autre homme que celui vers lequel je vais t'envoyer. Car, si par malheur tu me trahis, Sournois, outre que j'ai assez de preuves en mains pour te faire jeter, quand je voudrai, dans un cul de basse-fosse, je te jure que tu périras de mort violente dans les vingt-quatre heures!

Sournois, qui connaissait son terrible maître mieux que personne, ne put s'empêcher de frémir; et ce fut avec sincérité qu'il jura, pour le moment du moins, discrétion à son maître.

— J'ai dit, il n'y a qu'un instant, Sournois, reprit l'intendant, que je vendrais mon âme pour posséder cette jeune fille. Ne sois donc pas surpris si j'ajoute maintenant que je suis décidé à trahir presque mon pays pour qu'elle retombe en mon pouvoir. J'ai dit *presque*, et tu vas comprendre pourquoi. Je vais offrir au général anglais de lui faciliter le débarquement au Foulon et l'accès de la rampe qui conduit sur la hauteur des plaines d'Abraham, à condition qu'il ne remette qu'à moi la belle captive. Tu conçois que là s'arrêtera ma complaisance, et que rien n'assure les Anglais de nous vaincre ensuite.

— Mais, comment vous y prendrez-vous, monsieur l'intendant ?

— Vergor est à moi. Le traître apparent sera lui, s'il ne sait pas bien jouer ses cartes. Quant à toi, mon cher Sournois, tu ne te compromettras nullement en allant porter un message verbal au général Wolfe. Si par hasard tu es pris par les nôtres, tu finiras par avouer que tu te rendais au camp des Anglais pour t'enquérir de la jeune personne. On ne verra là-dedans qu'une simple affaire de galanterie ; et, comme on me connaît à ce sujet, la chose n'ira pas plus loin.

— Quel scélérat ! pensa Sournois tout émerveillé de l'habileté de son maître.

— Eh bien ! continua Bigot, crains-tu d'accepter ?

— Non certes ! monsieur l'intendant. Car du moment que vous m'assurez qu'il n'y a pas plus de danger à courir, je m'en rapporte à votre génie inventif et suis prêt à marcher les yeux fermés.

— Bien, mon ami, je n'attendais rien moins de ton dévouement... et de ton bon sens. Mais il se fait tard et j'ai trop besoin de sommeil pour te donner ce soir les instructions que tu auras à suivre. Prépare-toi, et silence !

— Je serai muet comme une carpe ! Monsieur l'intendant n'a besoin de rien ?

— Non, mon ami, si ce n'est de dormir un peu. Bonsoir.

— Bien bonne nuit, monsieur.

— Il faudra te surveiller, toi aussi, mon gros Sournois, pensa Bigot en fermant les yeux. Si tu bronches, hum...

Et sa dernière menace s'éteignit dans un premier ronflement.

Les scélérats au caractère fortement trempé, comme Bigot, acquièrent à la longue une sécurité insouciante dans le crime. Ils s'accoutument à risquer si souvent leur vie qu'ils dormiraient sur le cratère encore tiède d'un volcan.

Quant à Sournois, il se tourna et se retourna dans son lit en songeant au terrible secret dont il était le dépositaire.

— Je vois que mon cher maître chasse deux lièvres à la fois, se disait-il. Si je n'avais pas entendu son entretien avec Vergor, j'aurais pu croire qu'il ne s'agissait que de sa passion pour la fillette. Mais, tout en s'assurant de la pouvoir posséder, il travaille à mettre aussi sa fortune à l'abri du naufrage. Enfin, ce que j'ai de mieux à faire, pour le quart d'heure, c'est de lui obéir. Quant à la réalisation de mon grand projet — car j'ai mon plan aussi moi, et un fameux, encore ! — l'exécution va en être avancée par le fait même de l'accomplissement des desseins de mon maître. Car si les nôtres sont battus, l'armée va sans doute être obligée de fuir et l'intendant contraint de la suivre pour veiller à la subsistance des troupes. C'est alors que nous visiterons le souterrain... Une fois le coup fait, il me sera facile de profiter du brouhaha de la guerre pour passer inaperçu en France, où je mènerai, ma foi, un train d'enfer! Car j'ai acquis assez de bon langage et de belles manières pour trancher un peu du grand seigneur, lorsque mes poches seront bien garnies de beaux louis d'or. Si le maître volé me retrouve et veut faire trop de bruit, alors je le menacerai de divulguer ce fameux secret qui sent sa corde d'une lieue; et il sera bien fier encore de partager sa fortune avec moi pour acheter mon silence. Comme je serai riche alors, je saurai m'entourer de serviteurs fidèles qui me permettront de ne rien redouter de lui. Hum! monsieur Bigot, vous le payerez bien cher ce coup de poing de l'autre jour, et je me serai enrichi à bien bon marché!

Il ne faudrait pas se méprendre sur les véritables sentiments de Sournois. Il n'était pas d'une nature assez délicate pour que la seule injure qu'il eût reçue de son maître le poussât à vouloir s'en venger en volant l'intendant. Le soufflet n'était qu'un prétexte et le vol avait été rêvé longtemps avant le coup reçu. Entouré de gens qui n'étaient guère de meilleure extraction que lui, et qui faisaient rapidement d'immenses fortunes, Sournois avait conscience de ses petits talents et s'était senti pris de la fièvre contagieuse du gain. Lui aussi voulait devenir riche. Longtemps il avait songé à éventer la cache du souterrain de Beaumanoir pour enlever le trésor de l'intendant. Mais, outre que les circonstances avaient jusque-là peu prêté la main à l'exécution de ce projet, il lui en avait coûté de payer d'une aussi noire ingratitude les bontés dont son maître l'avait accablé. Aussi avait-il saisi avec empressement l'idée de vengeance que le soufflet de Bigot lui avait inspirée.

— Toujours est-il, murmura-t-il en s'endormant, que ce coup de poing vaut bien plus que son pesant d'or!

Bigot avait des espions dans le camp des Anglais. Aussi apprit-il, quelques jours après la bataille de Montmorency, que Wolfe était malade. Il lui fallut alors attendre le rétablissement du général pour s'aboucher avec lui.

Il eut donc tout le loisir de méditer ses projets coupables et de se concerter avec Vergor pour que personne ne fût compromis dans la lâche trahison qu'ils allaient accomplir. On verra par la suite que le complot était bien ourdi. — Maintenant l'on doit s'expliquer la présence de Sournois au camp de l'Ange-Gardien.

IV

Mlle de Rochebrune

Il est temps de revenir à notre héroïne que la fumée des combats nous a fait perdre de vue.

On se rappelle que le capitaine Brown l'avait enlevée du carrosse de Mme Péan au moment où la voiture, qui regagnait la ville, passait en arrière du parc de l'intendance.

L'éclair du coup de pistolet de Brown avait ébloui Berthe dont les yeux s'étaient fermés en voyant chanceler Raoul. Ce qui suivit ensuite ne lui fut plus qu'un rêve pénible et confus: un cliquetis d'armes; Beaulac entraîné, garrotté; Lavigueur jurant Dieu et terrassé; elle-même arrachée du siège de la voiture et emportée dans une course échevelée par un homme inconnu; des chaloupes, des clameurs et des coups de feu sur le rivage; un grand cri d'effroi sur les eaux noires, puis rien... si ce n'est le brouillard d'un long sommeil étendu comme un voile épais sur tous ces souvenirs épars.

Il était grand jour quand elle reprit connaissance. Elle en jugea de la sorte par un faisceau de rayons de soleil qui pénétraient à travers un étroite ouverture dans l'endroit resserré où elle se trouvait.

Elle se souleva machinalement sur le cadre où elle était couchée et approcha ses yeux de l'épaisse vitre ronde qui donnait accès à la lumière du jour. En regardant de haut en bas, elle ne vit que les sillons mouvants des vagues verdâtres. Deux frégates se dressaient en face, dont les sabords entrouverts laissaient passer le long cou des canons.

Durant quelques minutes, sa pensée flotta dans le vague, comme ces flocons de brume que l'on voit glisser le matin sur un lac au lever du soleil.

Bientôt, cependant, à l'aide des lambeaux de souvenirs qu'elle parvint à rattacher ensemble, elle reconstruisit en partie les événements de la veille. Elle se ressouvint d'avoir vu tomber Raoul. L'éclair du coup de feu repassa devant ses yeux. Alors elle jeta un grand cri et se renversa sur sa couche. Avec cette sensibilité des femmes qui sont toujours prêtes à tirer tout d'abord les conséquences les plus désastreuses du moindre accident, elle se dit que son amant était mort. Puis elle sentit son corset devenir trop étroit pour sa poitrine gonflée de sanglots, et lui broyer le cœur. Il lui sembla qu'elle étouffait et elle perdit de nouveau connaissance.

Lorsqu'on vint lui apporter à dîner sur le midi, on la trouva en proie à un affreux délire. Le chirurgien du vaisseau, qui fut immédiatement appelé auprès de la prisonnière, constata qu'une fièvre cérébrale des plus violentes venait de s'emparer de Berthe.

Elle était si belle dans le désordre du délire, avec les masses de ses cheveux bruns déroulés autour de sa figure animée par la fièvre, son malheur était si touchant que le vieux médecin fut pris aussitôt d'une profonde commisération pour la pauvre enfant. Il songea à sa fille unique qu'il avait laissée en Angleterre ; et à la pensée que son enfant chérie pourrait peut-être, par suite de circonstances analogues, se trouver dans la même position que la jeune femme qu'il avait devant lui, il ressentit un de ces frissons nerveux qui secouent les larmes et les amènent aux paupières. Aussitôt il s'empressa de prodiguer les soins les plus assidus à la jeune patiente que le hasard lui avait envoyée.

Pendant plusieurs jours elle fut en grand péril de mort ; mais enfin la force de la sève de jeunesse, ainsi que les attentions habiles du médecin, triomphèrent du mal, et Berthe revint à la vie.

Elle n'était cependant encore que convalescente, lorsque le capitaine du vaisseau sur lequel on la retenait reçut ordre de remonter le fleuve de conserve avec deux autres bâtiments de guerre.

Les trois vaisseaux parvinrent, comme on l'a vu, à doubler le Cap-aux-Diamants, après avoir toutefois essuyé le feu le plus vif des batteries de la ville.

Ce que la pauvre enfant dut éprouver de terreurs et d'angoisses, on se l'imaginera facilement quand on saura que le seul bâtiment où elle était reçut plus de vingt boulets dans sa coque. Comme les marins anglais répondaient à nos artilleurs, Berthe sentait le vaisseau trembler à chaque bordée, tandis que les craquements du bois que trouaient nos boulets arrivaient jusqu'à ses oreilles.

On conçoit que l'ébranlement nerveux causé par toutes ces émotions n'était guère de nature à hâter la guérison complète de Mlle de Rochebrune. Aussi sa convalescence en fut-elle bien ralentie, et l'on verra bientôt quelles suites funestes tous ces chocs produisirent dans son organisation affaiblie.

Maintenant, si l'on veut se faire une idée de toutes les phases désolantes par lesquelles la pauvre enfant dut passer, qu'on se figure un peu la triste position d'une jeune fille au milieu de figures étrangères, ou plutôt ennemies, et n'ayant personne avec qui elle pût se distraire par la conversation, si ce n'est le vieux médecin auquel son âge, encore plus que sa sympathie pour elle, donnait un libre accès auprès de Berthe.

Une fois que l'on aura compris tout ce que cet isolement avait de pénible, qu'on s'imagine les angoisses que Mlle de Rochebrune devait éprouver en songeant aux dangers incalculables auxquels son fiancé se trouvait exposé dans les combats. Car elle avait appris, par l'entremise du docteur qui avait couru aux informations, que son fiancé, loin d'être mort, s'était échappé avec Lavigueur d'entre les mains des Anglais. Le reverrait-elle un jour? Ou était-il écrit dans le grand livre du destin qu'ils ne se retrouveraient qu'au ciel? Dans cette perplexité poignante où son esprit, exalté par des souffrances antérieures, se heurtait sans relâche aux angles de doutes cruels, son pauvre cœur se meurtrissait de plus en plus sous l'étreinte des ongles de fer de la fatalité. Ce vautour semblait ne pouvoir se résigner à lâcher la proie dans laquelle il avait enfoncé ses serres alors encore qu'elle n'était qu'une enfant.

Elle demanda bien au docteur de faire transmettre une lettre à sa vieille parente, Mlle de Longpré. Mais celui-ci ne put en obtenir l'autorisation. Car le vaisseau se trouvait alors mouillé vis-à-vis de la Pointe-aux-Trembles et sans communication avec le général Wolfe, qui seul, au dire du capitaine, pouvait permettre une pareille chose.

Sachant combien il était dangereux pour la jeune fille de rester continuellement plongée dans ses pensées tristes, le docteur s'avisa, pour changer le cours des idées de sa patiente, de lui donner quelques leçons d'anglais. Comme il parlait assez bien le français et que Berthe se prêta à ce désir avec complaisance, la tâche d'instituteur qu'il s'était volontairement imposée lui fut bien facile. Berthe, dont l'intelligence était très vive, sut apporter tant d'attention aux enseignements du vieillard, qu'en moins de deux mois elle fut capable de comprendre assez bien cette langue étrangère pour en saisir parfaitement le sens dans la conversation.

Pendant ce temps eut lieu la bataille de Montmorency, qui, l'on s'en souvient, fut livrée le trente et un juillet. La nouvelle de notre victoire parvint, quelques jours plus tard, sur les trois vaisseaux anglais qui croisaient au-dessus de la ville.

Tout en se réjouissant de la défaite des ennemis — car Berthe était une bonne et brave Canadienne, comme on le verra bientôt — elle fut assaillie par de nouvelle alarmes au sujet de Raoul. Était-il mort, blessé, ou sain et sauf? Son imagination inquiète courait sans cesse de l'une à l'autre de ces trois hypothèses.

Hélas! quel bien-être lui eût causé son bon ange, s'il eût voulu lui dire que non seulement Beaulac n'avait pas pris part à la bataille, mais encore qu'il n'était qu'à une très faible distance d'elle, épiant avec le détachement de la Roche-Beaucourt[46] les trois vaisseaux ancrés à quelques lieues au-dessus de Québec et sur l'un desquels elle se trouvait.

---

46. M. de la Roche-Beaucourt agissait maintenant sous les ordres du sieur de Bougainville, qui était venu le rejoindre vers le cinq août avec les grenadiers du régiment de Béarn, un piquet de celui de Languedoc et deux de milices.

Le mois d'août s'écoula de la sorte, sans que la position de Berthe éprouvât le moindre changement, à l'exception toutefois qu'elle avait recouvré une grande partie de ses forces au commencement de septembre.

Cependant la situation respective des deux armées avait tellement changé depuis un mois à Beauport et à l'Ange-Gardien, que nous en devons donner une idée afin de bien faire comprendre les événements qui vont suivre.

D'abord, le gouverneur, M. de Vaudreuil, avait appris, au commencement d'août, que Niagara venait de tomber entre les mains des Anglais. Pouchot, malgré sa belle résistance, qui coûta la vie à Prideaux, le général ennemi, avait dû succomber sous le nombre et rendre le fort de Niagara à Sir William Johnson.

On apprit en même temps, à Québec, les succès du général Amherst près du lac Champlain. Bourlamaque[47] avait dû retraiter jusqu'à l'Île-aux-Noix, après avoir évacué et fait sauter les forts de Carillon et de Saint-Frédéric, et s'attendait à être attaqué d'un moment à l'autre par les douze mille hommes du général Amherst, auxquels il n'avait à opposer que deux mille trois cents combattants.

Ces désastreuses nouvelles mirent M. de Vaudreuil dans une grande perplexité. Enfin, il donna au chevalier de Lévis huit cents hommes tirés de l'armée de Beauport et lui enjoignit de pousser une reconnaissance vers le haut de la province, afin d'aviser aux meilleurs moyens d'arrêter les progrès d'Amherst sur le lac Champlain et de Johnson sur le Saint-Laurent. M. de Lévis partit en conséquence le neuf août pour Montréal.

Outre les trois mille hommes, tous soldats d'élite, que le colonel Bougainville avait avec lui pour épier les vaisseaux anglais au-dessus de la capitale, et les huit cents que M. de Lévis avait amenés à Montréal, un grand nombre de Canadiens avaient reçu la permission d'aller faire leurs récoltes, tandis que divers autres petits corps avaient été détachés du camp français; de sorte que vers la fin d'août, l'armée française, qui avait été forte de treize mille hommes au commencement de la campagne, ne comptait plus que six mille combattants au camp de Beauport.

Passons maintenant à l'ennemi.

On a prévu le résultat de la conférence tenue vers la fin d'août par Wolfe et ses lieutenants. Assurés désormais de la coopération de Bigot, les

---

47. MM. Ferland et Dussieux écrivent Bourlamaque, et M. Garneau, Bourlarmaque. Qui a raison? «Antiquaires, répondez!» s'écrierait ici M. James Lemoine.

M. l'abbé Casgrain, que je consulte, me produit à l'instant un fac-similé de la signature de Bourlamaque, qu'il tient lui-même du R.P. Martin. Cette signature est conforme à l'orthographe que lui donnent MM. Dussieux et Ferland.

généraux anglais s'étaient unanimement décidés à porter le siège des opérations au-dessus de la ville.

En conséquence, dans la nuit du trente et un août au premier septembre, quatre de leurs vaisseaux passèrent encore sous le feu des canons de la ville et allèrent rejoindre les autres au-dessus de Québec. Trois jours plus tard, quatre-vingts à cent barges, chargées de troupes, défilèrent en plein midi devant la ville, après avoir rangé de près la Côte du Sud ; tandis que trois bataillons allaient camper à l'île d'Orléans et que le reste des troupes anglaises s'embarquait sur les vaisseaux, après avoir transporté l'artillerie du Sault à la Pointe-Lévi.

Le sept, le huit et le neuf septembre, dit M. Garneau, une douzaine de leurs vaisseaux remontèrent le fleuve et jetèrent l'ancre au Cap-Rouge ; on envoya plusieurs détachements des troupes qu'ils portaient en divers endroits du rivage pour diviser l'attention des Français. La moitié des soldats fut débarquée sur la rive droite du fleuve.

Pendant la journée du douze, presque toute leur armée, qui se trouvait à Saint-Nicolas, leva le camp et se rembarqua sur les vaisseaux[48].

Sur la fin de l'après-midi du même jour, Berthe était occupée, dans la cabine qu'on lui avait assignée, à feuilleter un volume de Shakespeare que le docteur lui avait prêté, lorsqu'un bruit de voix animées attira son attention. Plusieurs officiers causaient à côté dans la chambre du capitaine, dont la cabine de Mlle de Rochebrune n'était séparée que par une cloison. Berthe prêta involontairement l'oreille. Bientôt elle se sentit intéressée au point que le livre qu'elle tenait s'échappa de ses petites mains et roula à terre après avoir glissé sur ses genoux dont les gracieux contours se dessinaient sous les plis de la robe.

— Enfin, disait l'une de ces voix, nous serons probablement maîtres de Québec demain soir.

— Oui, merci à Dieu, répondait l'autre.

— Les mesures sont-elles bien prises ?

— Oh ! parfaitement. Il paraît qu'un Français, espion ou traître, a appris au général Wolfe que les ennemis attendent ce soir un convoi de chaloupes chargées de vivres qui doit se glisser inaperçu au milieu de notre flotte pour descendre jusqu'à la ville. Comme ce convoi est attendu depuis plusieurs jours, les sentinelles françaises postées sur le rivage ne trouveront pas extraordinaire de voir défiler, à la faveur des ténèbres, un grand nombre d'embarcations. Aussi va-t-il nous être facile de substituer à ce convoi, que nous arrêterons du reste, une centaine de nos barges, remplies de nos

---

48. Pour ces détails, voyez MM. GARNEAU et FERLAND.

meilleurs soldats. Quand la nuit sera venue, nous nous laisserons tranquillement descendre jusqu'au Foulon où les officiers généraux prétendent avoir trouvé un lieu de descente des plus faciles.

— Fort bien! Mais, si les sentinelles françaises, placées en faction au long du fleuve, allaient concevoir des soupçons au passage de nos chaloupes et nous apostropher, notre silence forcé ne nous mettrait-il pas en grand danger d'être découverts?

— Le cas est prévu. Le capitaine Fraser, qui parle admirablement le français, est chargé de leur répondre.

— Hourra! s'écrièrent les autres.

Puis des voix confuses:

— Nous les tenons enfin ces maudits Français.

— Montcalm sera forcé de quitter son diable de camp retranché.

— Oui, et d'accepter la bataille où nous voudrons bien la lui offrir.

Ici, Berthe, qui retenait les mouvements convulsifs de sa poitrine oppressée, pour ne rien perdre de cet entretien, entendit le cliquetis des verres et des bouteilles. Puis il se fit un court silence et l'une des voix s'écria:

— Buvons, messieurs, à la gloire des armes anglaises. *Rule Britannia!*

— *Rule Britannia!* hurlèrent dix gosiers altérés.

Et la conversation redevint générale, décousue, entrecoupée d'éclats de rire et de tintements de verres.

— Mon Dieu! murmura Berthe en comprimant de sa main blanche les battements de son cœur, mon Dieu! serait-il donc vrai que nous fussions si près d'une défaite! Et nous aurions des traîtres qui vont livrer ainsi leurs frères! Seigneur, je ne suis qu'une pauvre fille, seule et sans force, mais inspirez-moi le courage et les moyens de prévenir les nôtres des complots qui se trament contre leur sûreté!

Et la demoiselle de Rochebrune, cette fille d'une race de soldats, dont les aïeux avaient guerroyé dans la Palestine, où leurs grands coups d'épée avaient pavé de cadavres musulmans le trône où monta le superbe Godefroy de Bouillon, la fille des barons de Rochebrune inclina ses deux genoux en terre et pria longtemps.

Quand elle se releva, sa figure intelligente respirait la décision d'un projet fermement arrêté. Son bel œil noir rayonnait sous l'arc finement recourbé de ses sourcils d'ébène, et sur sa petite bouche aux lèvres purpurines passait et repassait un sourire à la fois espiègle et rêveur.

Bien que j'aie déjà dit que le visage de Mlle de Rochebrune annonçât beaucoup d'énergie, les dames de nos jours qui ne savent, pour la plupart, que penser à leur toilette et parler chiffons ou dentelles, se récrieront peut-être sur les idées martiales de mon héroïne. Permettez-moi, mesdames, de vous rappeler, si vous vous plaisez à l'oublier, que vos mères furent des femmes fortes, qui savaient aussi bien charger et tirer un mousquet, que vous promener vos doigts effilés sur les touches d'ivoire d'un piano ou suivre les capricieuses arabesques de vos broderies. Souvenez-vous que dans ces temps chevaleresques, où le cri de guerre des Iroquois venait réveiller leurs enfants au berceau, les Canadiennes ne craignaient pas, pour défendre leurs fils, de faire le coup de feu avec les maraudeurs indiens. Ne riez pas, car si les exemples de Jeanne d'Arc et de Jeanne Hachette vous paraissent d'une époque et d'un pays trop lointains, sachez que nous eûmes aussi des femmes héroïques, dont les noms figurent avec honneur dans les plus belles pages de notre histoire. Apprenez à vénérer les noms de Mme de Verchères et de sa fille, comme en France on bénit celui de la vierge de Domrémy et de l'héroïne du siège de Beauvais. La vie n'est pas toujours rose, et ce n'est pas sans cesse la saison des bals. Demandez-le plutôt à vos pauvres sœurs de France, qui n'ont entendu, depuis une année, que le fracas des armes et les cris de leurs fiancés ou de leurs époux mourants. Et si le tumulte des batailles laisse arriver leurs voix jusqu'à vous, vous les entendrez vous dire que, lorsque le soldat est broyé par la fatigue des combats, abattu par les revers, il a besoin que la bouche d'une femme lui souffle le courage au cœur. Elles vous diront que, lorsque la patrie verse des larmes de sang, c'est à la femme forte de les étancher. Apprenez-le donc à vos filles, ce noble nom de Verchères, et le soir, à la veillée, racontez-leur les beaux souvenirs qu'il rappelle, afin que si, par malheur, un jour leurs frères tombaient sanglants sur un champ de bataille, nos sœurs ne craignissent pas d'affronter les balles pour panser de nobles blessures et arrêter l'effusion du plus pur sang de la patrie.

Bercée dans son enfance au récit des légendes des grands jours de la Nouvelle-France, imprégnée des idées généreuses communes à sa race et à son temps, Berthe avait conçu le projet de prévenir les siens du danger qui les menaçait. D'ailleurs, l'état nerveux dans lequel l'avait laissée la maladie avait fait naître en elle cette résolution avec une spontanéité qui est la force des grandes entreprises.

On avait permis à Mlle de Rochebrune de se promener sur le pont du vaisseau quand il lui plaisait de le faire : et, comme l'air de distinction répandu par toute sa personne en imposait aux matelots comme aux officiers, elle avait pu, jusque-là, se livrer sans crainte au seul exercice qu'il lui fût possible de prendre. Dès qu'elle paraissait, on prenait soin de s'écarter de son passage, afin de ne point l'effaroucher et de ne gêner en rien ses mouvements.

Elle se hâta de monter sur le pont.

Il pouvait être six heures du soir. Tout était en mouvement sur le tillac. Ici l'on défonçait des quarts de cartouches que l'on distribuait largement ; là on éventrait des caisses remplies d'armes. Les soldats nettoyaient leur fusil ou fourbissaient leur baïonnette, tandis que les officiers, groupés à l'écart, semblaient préoccupés des sujets les plus graves, s'il en fallait juger par leurs froncements de sourcils, leur air méditatif ainsi que les paroles rares et brèves qu'ils échangeaient.

De leur côté, les marins ne perdaient pas leur temps. Disséminés sur les embarcations plus légères qui entouraient les navires comme une flottille de canots, les matelots y faisaient tous les préparatifs d'une expédition prochaine. Ici les uns poussaient, à l'aide de maillets et de coins de fer, de l'étoupe dans les fissures des bordages. Plus loin, d'autres assujettissaient de nouveaux tolets dans le plat-bord des barges. Partout, l'on entourait de linge l'estrope des avirons[49] pour en amortir les gémissements.

Quoique chacun apportât la plus grande ardeur à tous ces travaux, Berthe vit bien que le transbordement des troupes des vaisseaux dans les chaloupes ne s'effectuerait pas avant quelques heures et que l'on attendait probablement la venue de la nuit pour le moment du départ.

Aussi redescendit-elle dans la cabine. Son souper l'y attendait. Elle mangea d'appétit, mais vite, en personne préoccupée ou pressée.

Elle entendit à côté les mêmes voix qu'elle avait écoutées durant l'après-midi. Messieurs les officiers se mirent à table. Berthe prêta l'oreille et ne saisit guère autre chose que ce que la conversation précédente lui avait déjà révélée ; à cette exception près, pourtant, qu'elle s'assura que les troupes devaient passer sur les chaloupes aussitôt que l'obscurité serait suffisante pour qu'on ne pût s'en apercevoir de terre. Alors elle resta dans une attitude d'attente rêveuse, la fossette de son menton appuyée sur les doigts effilés de sa main droite dont l'avant-bras se retenait gracieusement arc-bouté sur le genou.

Les officiers se levèrent de table dans la chambre du capitaine. Berthe ne parut y faire aucune attention et ne se dérangea point. Seulement, quelques instants après qu'ils furent remontés sur le pont, elle se leva et regarda par l'étroite fenêtre de sa cabine.

Le disque embrasé du soleil allait disparaître derrière la cime boisée du Cap-Rouge, et ses rayons de flamme semblaient envoyer un baiser d'adieu au Saint-Laurent, avant la fin du jour. Peu à peu il redescendit les hauteurs de la rive nord, derrière laquelle il disparut enfin après avoir étreint la tête chevelue des arbres dans une dernière caresse.

---

49. Bien que le mot aviron désigne particulièrement en Canada la pagaie, ou petite rame dont se servent les Sauvages et nos canotiers pour faire voguer leurs canots d'écorce et de bois, les écrivains français se servent indifféremment des expressions *rame* et *aviron*.

Les ténèbres qui s'épandaient petit à petit sur les flots envahirent aussi la cabine. Mais Berthe ne remua pas. Elle regardait les barges qui se groupaient autour de la frégate, comme les poussins d'une poule autour de leur mère. L'une après l'autre, ces embarcations approchaient de l'échelle du navire qui versait des flots d'hommes armés dans chacune d'elles.

Quand la dernière fut remplie, les grandes ailes de la nuit planaient depuis longtemps sur les ondes du Saint-Laurent. Mais ceux qui restaient sur les vaisseaux anglais purent voir une agitation singulière troubler la calme surface de l'eau. On aurait dit, à la faveur de l'obscurité, qu'une myriade de monstres marins venaient de surgir des profondeurs du fleuve, et glissaient silencieusement sur les eaux brunes en les effleurant de leurs longues et grêles nageoires.

Ce qui ajoutait encore à l'illusion, c'est que pas un cri, pas un son ne montait au-dessus de la mouvante flottille. Les mesures étaient sévères contre ceux qui auraient osé enfreindre l'ordre de silence absolu, et les rames enveloppées de linge allaient et revenaient sans bruit sur le plat-bord des embarcations.

Quand elle eut vu la dernière berge s'enfoncer dans la brume et disparaître comme un requin qui rentre dans la mer après avoir un instant respiré à la surface, Berthe monta sur le pont.

Elle eut soin, toutefois, de vêtir auparavant une mante de couleur sombre que le docteur lui avait procurée pour ses promenades du soir sur le pont, et qui provenait du butin enlevé aux Français à Deschambault.

Le pont était presque désert. Fatigués de leurs travaux du jour, les matelots étaient allés en grande partie dans l'entrepont rejoindre leurs hamacs. Quant aux troupes, elles avaient déserté les vaisseaux et descendaient en ce moment vers le Foulon avec le courant du fleuve. En sorte qu'il restait à peine quelques hommes sur le tillac avec le matelot de quart.

Berthe se mit à marcher lentement à tribord du côté de l'échelle qui pendait sur le flanc du navire et descendait jusqu'à l'eau.

Les matelots ne prêtèrent qu'une attention distraite à son arrivée, tant ils étaient accoutumés de la voir se promener ainsi chaque soir.

Au bout d'une demi-heure, ils secouèrent au-dessus de l'eau les cendres chaudes de leurs pipes et disparurent l'un après l'autre par les écoutilles. Berthe continua sa promenade, s'arrêtant parfois et jetant un long regard sur la rive gauche du côté duquel elle se trouvait.

Appuyé sur le bastingage opposé, à bâbord, le matelot de quart lui tournait le dos et regardait vers le haut du fleuve où l'on entrevoyait à quelques arpents les sombres masses des vaisseaux de l'escadre qui bloquait le Saint-Laurent.

On se rappelle que les Anglais avaient été avertis qu'un convoi de bateaux français, chargés de vivres, devait tenter de forcer le passage pour descendre durant la nuit à la capitale. Or, le vaisseau sur lequel se trouvait Berthe étant ancré plus bas que tous les autres, le capitaine avait jugé inutile d'obliger son équipage à passer la nuit sur pied pour attendre le convoi, vu qu'on veillait, sur le gros de la flotte mouillée plus haut, à guetter les barges françaises. Seulement, le matelot de quart avait ordre de diriger toute son attention vers l'escadre afin de donner l'alerte, dans le cas où quelque chaloupe réussirait à forcer le blocus.

Cela favorisait, on ne peut mieux, Berthe dans ses desseins, le matelot ne s'inquiétant pas plus d'elle que si elle n'eût pas existé. Que pouvait-il craindre en effet d'une jeune fille frêle et convalescente, venue un instant sur le pont pour respirer la fraîcheur du soir? D'ailleurs, son attention était éveillée par la lumière de plusieurs falots qu'il venait de voir briller simultanément sur le vaisseau amiral.

Berthe s'assit sur une courbe qui rattachait le bastingage au pont et près de l'ouverture pratiquée au-dessus de l'échelle. Durant quelques secondes elle ne bougea pas: puis, voyant que le matelot de quart lui tournait toujours le dos, elle sortit sa tête hors de l'ouverture du bastingage et regarda en bas. Ses yeux, habitués à l'obscurité, distinguèrent les formes sveltes d'une légère chaloupe qui se berçait le long du navire et au pied de l'échelle. Lentement sa tête se releva pour épier le matelot. Il n'avait point bougé.

Berthe fit le signe de la croix, murmura une courte prière et se glissa sur les genoux vers l'ouverture. Son œil interrogea une dernière fois le matelot de quart qui semblait de bronze et rivé au pont du vaisseau.

Les pieds tremblants de la jeune fille rencontrèrent le second échelon, puis le troisième et le quatrième, tandis que ses mains se retenaient au premier, puis au deuxième.

Un instant encore, elle s'arrêta, d'abord pour vaincre la peur qu'elle éprouvait de se voir ainsi suspendue au-dessus de l'eau et qui communiquait une trépidation nerveuse à ses jambes, ensuite pour s'assurer que tout était tranquille sur le pont.

Un puissant effort de volonté lui fit maîtriser son émotion, et elle continua de descendre doucement, bien doucement, en ayant soin de poser fermement le pied sur chacun des échelons.

Enfin, elle toucha l'un des bancs de la chaloupe dans laquelle elle se laissa glisser en poussant un grand soupir de satisfaction. Sans perdre de temps, elle prit son mouchoir de poche, dont elle entoura l'estrope d'une rame, se servant, pour l'y assujettir, de quelques bouts de fine corde qu'elle avait apportée à dessein de sa cabine. L'idée lui en était venue durant l'après-midi en voyant les matelots arrimer ainsi leurs avirons pour en étouffer les plaintes sur le plat-bord.

Avec les plus grandes précautions, pour éviter de se trahir par le moindre bruit, elle poussa cette rame dans l'entaille arrondie pratiquée à l'arrière du canot. Puis elle revint à l'avant et délia, non sans peine, la corde attachée à l'un des barreaux de l'échelle.

À peine démarrée, la chaloupe se mit à glisser le long de la frégate avec le baissant. Berthe revint promptement à l'arrière et saisissant à deux mains le manche de la rame arrêtée par la rainure sur l'arrière de l'embarcation, elle se mit à balancer hardiment de droite et de gauche son aviron, dont le plat faisait ainsi dans l'eau un demi-tour à chaque oscillation et poussait la chaloupe en avant.

Si l'on est surpris de voir la demoiselle de Rochebrune apte à godiller — genre d'exercice fort peu en usage dans les couvents et les salons — qu'on veuille se rappeler que Berthe avait passé plus d'un an chez Lavigueur après la mort de son père. On sait que chez les pauvres gens les filles et les garçons s'élèvent ensemble et prennent part aux même jeux, jusqu'à un certain âge du moins. Or, le fils aîné de Lavigueur, alors âgé de douze ans, n'avait pas de plus grand plaisir que d'amener ses sœurs et Berthe du côté de la rivière Saint-Charles, où maintes chaloupes se chauffaient paresseusement sur la rive, au soleil, en attendant qu'on voulût bien s'en servir. Maître Jean, junior, en connaissait une surtout qui avait toute sa prédilection. C'était une fine embarcation, légère à la rame et coupant la vague comme un saumon. Garçons et filles, tous tirant ou poussant, la traînaient jusqu'à l'eau. Le joyeux équipage s'embarquait sous l'œil hardi du capitaine Jean, qui, après avoir fait prudemment asseoir les fillettes, dont le voisinage immédiat de l'eau calmait d'ailleurs aussitôt les ébats, se campait fièrement à l'arrière de la chaloupe et godillait à plein bras comme un vieux marin. Berthe, que cet exercice amusait beaucoup, demandait souvent à Jean d'essayer la godille. Celui-ci avait toujours une condescendance respectueuse pour la *petite demoiselle*. Volontiers il la laissait faire et lui montrait comment il fallait se servir de la rame. En sorte qu'au bout du premier été qu'elle passa chez Lavigueur, Berthe savait godiller comme un mousse de deuxième année.

Elle s'en était rappelé depuis qu'elle était prisonnière sur la frégate anglaise, en voyant les matelots diriger les chaloupes, et avait bien compté mettre son expérience nautique à profit pour s'évader.

Comme c'était le reflux et que la frégate était seulement ancrée à l'avant, elle avait évité et offrait la proue au courant du fleuve. De sorte que le vaisseau présentait le flanc de tribord à la rive gauche vers laquelle Berthe désirait atterrer, et que le matelot de quart qui regardait, appuyé sur le bastingage de bâbord, vers le haut du fleuve, ne pouvait apercevoir la chaloupe que le baissant poussait du côté de la ville.

Dirigée par la rame que la jeune fille maniait avec habileté, sinon avec beaucoup de vigueur, l'embarcation, après avoir suivi d'abord le sillage du vaisseau, finit par obliquer à gauche.

Dès que la chaloupe fut hors des eaux de la frégate, Berthe ressentit un frisson d'épouvante. Si le matelot allait se retourner et voir la fugitive, on la rejoindrait en peu de temps. Car le grand canot était amarré à l'arrière du navire et se balançait dans l'ombre sur l'eau brunie.

Cette pensée donna un surcroît de vigueur à Mlle de Rochebrune. Ses petites mains crispées autour de la rame, tandis que les muscles de ses beaux bras ronds, fortement tendus par cet exercice violent et inusité, saillaient sous l'enveloppe satinée de ses poignets nus, elle tourmentait sans relâche l'eau du plat de son aviron. Aussi tout en suivant le courant, la chaloupe gagnait terre d'une manière sensible.

Berthe vit les lignes de la lourde silhouette du vaisseau s'effacer peu à peu dans la brume, pendant que les grands mâts semblaient s'évanouir dans l'air obscur. Elle respira plus librement ; et pourtant, la lassitude gagnait déjà ses faibles bras. Ses mains serraient avec moins de force le manche de la rame dont les oscillations de droite et de gauche se ralentissaient de plus en plus.

Elle sentit que ses forces la trahiraient bientôt, si elle n'avait pas soin de les ménager en ramant moins vite. Elle s'éloignait visiblement du vaisseau, qui ne lui semblait plus maintenant qu'une masse indécise sur le fond noir du fleuve et des falaises de la rive sud confondus par la nuit. Le danger d'être surprise et arrêtée n'était donc plus assez imminent pour qu'elle s'épuisât tout d'un coup. Elle cessa donc de serrer aussi fortement sa rame en lui imprimant une impulsion moins rapide.

La distance à parcourir était cependant assez grande, vu que la frégate était mouillée à quinze arpents de la rive nord. La moitié en était bien franchie, mais c'était la plus courte, vu que Berthe l'avait dévorée dans le premier moment d'exaltation et dans toute la plénitude de ses forces, qui baissaient maintenant. Un autre inconvénient surgissait. Déshabituées de ce rude travail, les mains délicates de Berthe se meurtrissaient sur le bois de la rame et de grosses ampoules gonflaient déjà l'épiderme de ses doigts endoloris. Chaque pression des mains lui causait de cuisantes douleurs.

Son courage ne se démentit pourtant pas un instant et elle continua de ramer vers terre, bien que ses doigts écorchés saignassent sur la rame.

Enfin, la masse sombre de la falaise se dessina plus nettement, la cime et la base du cap prirent des contours plus arrêtés, et Berthe entendit, à une courte distance en avant, le bruit que faisait l'eau de la rivière du Cap-Rouge en se jetant dans le fleuve.

La jeune fille pensa d'abord qu'elle pourrait faire entrer la chaloupe dans la rivière. Mais cette espérance fut de bien courte durée. Car à peine l'embarcation eut-elle atteint l'embouchure du cours d'eau que le courant la saisit en travers, la fit tournoyer deux ou trois fois et finit par la jeter sur la grève où elle échoua.

Berthe n'avait pu retenir une exclamation de terreur en voyant tourner ainsi la chaloupe, d'autant plus que sa rame lui avait été arrachée des mains.

— Qui va là? s'écria-t-on de terre à une petite distance.

— Une Française prisonnière des Anglais et qui vient de leur échapper.

— On va voir ça, la belle, repartit la voix du rivage. Mais pour le moment ne bougez pas, ma mignonne; car si vous nous tendiez un piège, on vous enverrait du plomb sous l'aile.

Trois hommes sortirent d'un bouquet de broussailles dont les branches craquèrent sous leurs pas. Berthe put voir que leurs fusils la couchaient en joue. Elle ne remua pas. Des trois hommes, deux s'arrêtèrent à vingt pas de la chaloupe, sur le bord de la grève, tandis que le troisième continuait d'avancer dans l'eau vers l'embarcation.

Il s'en approcha à petits pas, comme s'il se fût attendu de recevoir une balle à l'improviste. Quand il toucha à la chaloupe, il la scruta du regard et aussitôt convaincu que la jeune fille y était bien seule:

— Pardon, excusez, mademoiselle, dit-il en ôtant son chapeau. Mais il est bon de se méfier de tout par le temps qui court et les petites précautions ne sont pas à négliger. M'est-il permis de vous demander d'où vous venez?

— De cette frégate anglaise qui est ancrée là-bas. J'y étais prisonnière depuis la fin de juin. Ce soir, profitant de l'inattention de mes gardiens, j'ai réussi à me sauver sur cette chaloupe.

— C'est bien fait ça! Vous allez venir à terre?

— Oh! oui, monsieur!

— Attendez, je vais vous porter à la grève, pour vous empêcher de vous mouiller les pieds.

Il saisit entre ses bras la jeune fille qu'il enleva comme un enfant.

— Merci, monsieur, dit Berthe quand il l'eut déposée sur le rivage.

Les deux autres hommes l'entourèrent avec curiosité. Mlle de Rochebrune ne se sentait pas bien à l'aise entre ces trois inconnus, sur une grève déserte et au milieu de la nuit. Mais elle n'en voulut rien laisser paraître, et s'adressant d'une voix ferme à celui qui l'avait amenée à terre:

— Vous êtes militaire?

— Oui, et du régiment de Béarn.

— Y a-t-il dans les environs un poste où vous pourriez me conduire immédiatement ? J'aurais les révélations les plus importantes à faire à l'officier qui le commanderait.

— Notre compagnie, mademoiselle, est campée à une portée de fusil, là, sur les hauteurs. C'est le capitaine Taillefer qui la commande.

— Oh ! conduisez-moi vers lui, s'il vous plaît.

— Tout de suite ?

— Immédiatement.

— Impossible, mademoiselle. Il nous reste encore une heure de garde à faire, et nous avons ordre de ne pas bouger d'ici jusqu'à ce qu'on nous relève.

— Mon Dieu ! j'arriverai trop tard ! Les Anglais auront le temps de débarquer au Foulon !

— Hein ! que dites-vous ? s'écrièrent à la fois les trois hommes.

— Avez-vous vu, il y a deux heures, à peu près, cette flottille de chaloupes qui a dû passer tout près d'ici et qui descendait le fleuve ?

— Oui, mademoiselle, c'est le convoi de vivres que nous attendions.

— Un convoi de vivres ! s'écria Berthe. Ces embarcations étaient chargées de troupes anglaises !

— Mais tonnerre ! les gens qui les montaient nous ont jeté le mot de passe !

— C'est qu'un des nôtres nous a trahis et le leur a donné.

— Sacre... excusez, mademoiselle — Que Satan l'étrangle celui-là !

Les deux autres soldats mâchonnèrent aussi chacun leur juron.

— Nous voilà avec une belle affaire sur le dos, dit l'un d'entre eux.

— Mais enfin, est-ce notre faute à nous ? reprit un autre. On nous dit de laisser passer un convoi en nous apprenant le mot d'ordre qu'il doit donner. Le convoi arrive : on nous crie ce maudit mot. Nous laissons descendre en paix les chaloupes. Eh ! que diable ! étions-nous pour tirer sur des gens qui répondaient exactement comme ceux que nous attendions ?

— C'est vrai, ça.

— Pardié, oui !

— Mon Dieu ! s'écria Berthe impatientée de tous ces retards, ils vont avoir le temps de débarquer et de surprendre les nôtres ! Je vous en prie, messieurs, que l'un de vous prenne sur lui de me conduire au poste, et je lui promets qu'il ne lui sera rien fait.

— C'est bien bon à dire, mademoiselle. Mais on nous a défendu de bouger d'ici sous peine de mort. Et le capitaine Taillefer, qui ne badine pas sur le chapitre de la discipline, est homme à tenir sa parole.

Mlle de Rochebrune eut un moment l'idée de se rendre seule au poste.

Mais la nuit était si noire et l'endroit si nouveau pour elle, le souvenir de l'embuscade dont elle avait été victime, près de l'intendance, lui revenait si vif à la mémoire, qu'elle ne put parvenir à vaincre la peur qui la dominait. Pourtant, la pensée qu'elle aurait peut-être pu réussir à prévenir la descente des Anglais en avertissant les siens à temps l'oppressa affreusement, et, sentant son impuissance, elle se tordit les bras et poussa une exclamation sourde.

— Écoutez, mademoiselle, dit l'un des soldats en consultant quelques rares étoiles. Il est minuit passé. On nous relève à une heure. Vous n'attendrez donc pas longtemps.

— Mais songez donc que chaque minute de retard assure notre perte !

— Que voulez-vous qu'on y fasse ? Essayez d'aller seule au poste.

— Oh ! j'ai trop peur !

— Eh bien ! alors, venez vous asseoir avec nous, derrière ces talles d'aunes, en attendant la ronde.

Berthe vit bien que c'était le seul parti à prendre. Et partagée entre la crainte de se trouver seule avec des inconnus et la douleur de ne pouvoir donner l'alarme à ses compatriotes, elle suivit les soldats, qui rentrèrent dans le fourré.

Ils s'assirent sur un arbre renversé. Berthe se blottit à l'écart en grelottant ; car les nuits sont fraîches au milieu de septembre, et l'humidité saisissait d'autant plus Mlle de Rochebrune que le violent exercice auquel elle s'était livrée, en ramant, l'avait beaucoup échauffée.

On sait combien sont longues les heures de nos Canadiens, lorsqu'ils n'ont pour se régler que le soleil ou les étoiles. Il en est de même sur la marche. Quand il vous disent que vous n'avez plus qu'une petite lieue de chemin à faire, si vous vous sentez de la lassitude aux jambes, prenez votre mal en patience ; ce diminutif de lieue s'allonge tellement qu'en définitive il en forme deux.

On concevra donc les tourments de Mlle de Rochebrune qui dut frissonner pendant une heure et demie sous les froids baisers de la rosée. Car, outre qu'il n'était pas encore minuit quand le soldat avait consulté les astres, la ronde était bien en retard d'un quart d'heure, lorsque enfin des pas lourds et cadencés qui venaient de la hauteur firent crier les cailloux du sentier.

Les arrivants répondirent au qui-vive et, quelques instants plus tard, Berthe, aidée de l'un des factionnaires remplacés, gravissait la falaise du Cap-Rouge. La difficulté de la montée lui fit du bien ; car elle était transie lorsqu'elle s'était remise en marche, et maintenant une chaleur agréable circulait par tout son être.

Enfin, l'on mit pied sur le plateau et l'on aperçut à quelque distance les feux d'un bivouac.

Une cinquantaine d'hommes étaient campés au bord du chemin du roi. On ne voyait que deux petites tentes dont les cônes de toile blanche étaient argentés par la lueur des feux autour desquels dormaient les soldats.

— Il faut éveiller le capitaine, dit le guide de Berthe en poussant du pied un troupier d'ordonnance couché en travers de la première tente.

Celui-ci grommela un juron entre deux ronflements et se retourna de l'autre côté pour se rendormir.

— Allons! allons! flandrin!

Et le coup de pied, plus accentué cette fois, se répéta.

— Que le diable t'emporte! s'écria le dormeur en se mettant sur son séant. Qu'est-ce que tu veux?

— Il faut que cette demoiselle parle au capitaine. Il s'agit de choses graves.

— Va te coucher avec tes choses graves! Le capitaine qui vient de s'endormir avec six lieues de chemin dans les jambes sera de bonne humeur si je l'éveille!

Berthe frémissait d'impatience.

— Écoutez, s'écria-t-elle, d'une voix vibrante. Les Anglais sont peut-être, à l'heure qu'il est, maîtres du Foulon et des Plaines d'Abraham.

— Quoi! s'écria-t-on à l'intérieur de la tente.

Éveillé par l'altercation des deux soldats, le capitaine avait entendu les dernières paroles de Berthe.

Il sortit de la tente dans un costume assez débraillé. Dès qu'il aperçut Mlle de Rochebrune:

— Que dites-vous, mademoiselle? Les Anglais sont maîtres des Plaines!

— Peut-être, monsieur.

Et sans transition, Berthe raconta, en l'abrégeant, son évasion et ce qu'elle savait du plan des Anglais. Si court que fût son récit, il était passé deux heures lorsqu'elle eut donné les derniers renseignements que le capitaine lui demanda.

— Que faire? s'écria l'officier quand elle eut fini.

— Agir! agir! dit Berthe impérieusement.

— Mais encore?

— Envoyez un courrier à M. de Montcalm.

— Un courrier! nous n'avons pas de chevaux et nous sommes à plus de quatre lieues du quartier général du camp de Beauport. Il fera grand jour avant qu'un homme à pied ne s'y rende! Tonnerre!

— Oh! la fatalité s'en mêle, murmura Berthe.

En ce moment, on entend le bruit cadencé du galop de plusieurs chevaux. Dans un clin d'œil tout le poste fut sur pied, l'arme au bras.

— Qui vive? crièrent les sentinelles.

— Ronde de nuit! la Roche-Beaucourt! répondit le premier des cavaliers en arrêtant sa monture à trente pas.

— Avancez.

Le cheval du second cavalier était encore à vingt pieds du bivouac, lorsqu'un grand cri de femme se fit entendre.

— Mon Dieu! Raoul!

— Berthe!

Ces deux exclamations se croisèrent et l'on vit un jeune officier se dresser debout sur ses étriers et sauter comme un daim au milieu des soldats ébahis.

Suivit un instant de silence pendant lequel Beaulac retint entre ses bras tremblants sa bien-aimée Berthe qui chancelait sous le poids d'un bonheur trop subit.

Mais rougissant de voir tant de regards curieux concentrés sur elle, Berthe s'arracha des bras de son fiancé et se retira quelque peu à l'écart.

Raoul la suivit.

— Vous arrivez à temps, disait le capitaine Taillefer à M. de la Roche-Beaucourt.

— Comment cela?

— Figurez-vous que les Anglais ont formé le plan de prendre position sur les plaines en forçant le passage du Foulon, dont ils sont peut-être maîtres à l'heure qu'il est.

— Hein!

— C'est cette demoiselle, où cette dame, que M. de Beaulac paraît si bien connaître, qui vient de m'en informer. Elle était retenue prisonnière sur un vaisseau de la flotte anglaise, quand, ce soir, elle a réussi à s'échapper. Or, avant de s'évader, elle a surpris une conversation entre les officiers du bord. Figurez-vous que ces damnés Anglais ont appris d'un traître infâme que nous attendions cette nuit un convoi de vivres et quel était le mot de passe convenu entre nous pour le laisser passer. Saisissant l'occasion au vol, ils ont chargé de troupes leurs chaloupes que les nôtres ont prises pour celles que nous attendions, vu qu'on leur a crié le mot de passe en bon français. De sorte que les Anglais sont descendus jusqu'au Foulon sans obstacles.

— Mille tonnerres!

— Comme ces barges ont passé vis-à-vis d'ici vers onze heures, les troupes qui les montaient doivent être maintenant débarquées au Foulon.

— Sacrebleu! et M. de Montcalm qui, paraît-il, a rappelé au camp de Beauport le bataillon qu'il avait consenti, avant-hier, à envoyer sur les hauteurs de Québec[50]! Les plaines vont se trouver sans défense, si Vergor n'oppose pas une résistance vigoureuse en attendant qu'on lui envoie du secours. Mordieu!

— N'êtes-vous pas d'avis qu'il faut prévenir immédiatement M. de Montcalm?

— Mais certainement!

— Nous n'avons pas de chevaux.

— Et les miens donc? Holà... Beaulac!

En s'entendant appeler par son chef, Raoul coupa court au doux entretien qu'il avait depuis une minute avec sa Berthe chérie.

— Qu'y a-t-il à votre service, mon commandant? dit-il en s'approchant de la Roche-Beaucourt.

— Vous allez remonter à cheval et courir à franc étrier au camp de Beauport. Demandez le général et dites-lui que l'ennemi menace le Foulon. Lavigueur vous suivra. Moi, je vais aller prévenir les hommes de ma compagnie. Dites à M. de Montcalm que j'accours et que je lui amène tous les renforts que je pense trouver sur mon chemin. Allons, Taillefer, en route vous aussi.

— Pardon, mon commandant, dit Raoul. Mais que va devenir Mlle de Rochebrune? Je ne puis la laisser seule ici.

— Diable!... Prenez-la en croupe avec vous. Elle ne pèse pas assez pour fatiguer beaucoup plus votre cheval.

— Oh! merci, monsieur!

— Bien! bien! en selle. Ah! dites donc, Beaulac?

— Monsieur?

— Dans le cas où l'ennemi serait maître des plaines d'Abraham, passez par le chemin de Sainte-Foye, afin de ne pas être arrêté.

— Oui, commandant!

M. de la Roche-Beaucourt, qui n'était pas descendu de cheval, tourna bride et partit à fond de train dans la direction de la Pointe-aux Trembles.

Tandis que les soldats du capitaine Taillefer repliaient les tentes ou rebouclaient leurs sacs pour se mettre en marche, les deux autres chevaux prenaient au grand galop le chemin de la ville. Beaulac et Berthe montaient le premier. Lavigueur suivait le second. Le brave Canadien était si content de revoir sa petite demoiselle qu'il essuyait du revers de la main, tout en galopant, une larme de joie qui voulait obstinément quitter ses yeux attendris par la charmante vision qui s'offrait à eux dans l'ombre.

---

50. Historique. Voir l'œuvre de M. GARNEAU.

Ravissant en effet, était l'aspect présenté par le charmant groupe qui formaient Beaulac et Mlle de Rochebrune.

Ferme en selle comme un bronze, Raoul guidait son coursier de la main droite, tandis que son bras gauche, passé autour de la ceinture de sa fiancée, maintenait la jeune fille en croupe. La fine taille de Berthe, souple comme une liane, se cambrait sur le bras nerveux de son amant. Enivrée par cette course vertigineuse, la tête inclinée vers l'épaule de Raoul et les yeux à demi fermés, Berthe contemplait son fiancé dans une muette extase.

Et sous eux, comme il bondissait le vaillant coursier noir! Sa longue crinière au vent, et mordant avec rage le frein couvert d'écume, il allait dans la nuit sombre rapide comme la tempête, frappant sans relâche de ses sabots ferrés les pierres de la route, d'où jaillissaient des étincelles.

Derrière eux fuyaient les grands arbres, comme les soldats d'une armée de géants en déroute; tandis que le galop furieux des chevaux allait réveiller les échos endormis dans les profondeurs du bois qui bordait les deux côtés du chemin, et roulait continu sous les sonores arceaux de feuillage, comme les grondements lointains du canon.

Ils coururent ainsi longtemps, sans dire un mot. Tout entiers à leur félicité, ils en savouraient intimement les douceurs, semblant craindre d'élever la voix de peur que le seul souffle de leurs paroles ne la fît envoler.

La nuit cependant paraissait fuir derrière eux avec le chemin dévoré. Car le ciel blanchissait graduellement du côté où ils allaient. Déjà même l'horizon se parait à l'orient d'un ruban argenté qui se transformait peu à peu en large écharpe d'or à mesure que la clarté du jour envahissait le ciel.

Raoul regardait Berthe. Qu'elle était belle si près de lui! Sa tête fatiguée s'appuyait maintenant tout à fait sur l'épaule de son ami. Ses beaux yeux bruns se miraient dans ceux de Raoul et sur ses lèvres empourprées frissonnait un céleste sourire, pendant que les flots épais de sa chevelure noire flottaient au vent du matin qui la soulevait en tresses onduleuses pour la caresser avec plus d'amour.

La tête de Raoul finit par s'incliner aussi, et, quand ses lèvres furent à la hauteur du front de sa bien-aimée, elles s'y posèrent éperdues sur une boucle folâtre qui serpentait sur la tempe où courait un petit réseau de jolies veines bleues.

Raoul sentit frémir sur son bras le cœur de sa fiancée.

Il releva la tête, et baignant de nouveau son regard dans l'œil limpide de la jeune fille.

— Berthe, dit-il, il me semble qu'à présent je pourrais mourir.

— Oh! ne parlez pas ainsi, Raoul! Ces paroles répondent trop à la pensée douloureuse qui vient de me mordre au cœur. Je me disais que notre bonheur étant trop grand pour durer, de nouveaux malheurs allaient fondre sur nous.

— Allons! allons! enfant. Trêve de ces idées sombres. Nous avons assez souffert, il me semble. L'avenir est à nous.

— L'avenir, Raoul, l'avenir n'appartient qu'à Dieu.

Sous le coup de ces pensées funestes que le malheur jaloux jetait entre eux pour les arracher de l'extase dans laquelle ils étaient ravis, les pauvres enfants se turent et continuèrent à chevaucher quelque temps en silence.

Mais l'insouciance inhérente à leur âge et la joie de se revoir après une aussi longue séparation leur firent bientôt reprendre leur amoureux babil.

Beaulac l'en ayant priée, Mlle de Rochebrune lui fit le récit de ses aventures. Puis la conversation devint plus intime. Ils se parlèrent longtemps bien bas, tout bas, car la bouche de Raoul était si près de la fine oreille de Berthe que la jeune fille sentait l'haleine de son amant flatter les contours de sa joue veloutée. Leurs regards, où se lisaient tous les sentiments de leur âme, accompagnaient ce duo plus charmant encore que les harmonieuses roulades que les oisillons perlaient à la cime des arbres, sur le passage des deux amants, en lustrant leurs plumes avec les gouttelettes de rosée tombées sur le bord de leurs nids.

Les chevaux couraient toujours, et, sous leurs pieds nerveux, la terre du chemin fuyait grise et rayée.

Comme ils arrivaient au Belvédère, sur le chemin de Sainte-Foye, Raoul et Lavigueur entendirent des coups de fusil qui crépitaient sur leur droite, dans la direction des Plaines ou du Foulon.

— Entends-tu, Jean? s'écria Raoul.

— Oui, mon lieutenant, il y a déjà une demi-heure que ça dure.

En effet, Lavigueur, qui était moins préoccupé que les deux amants, entendait depuis quelque temps la fusillade.

— Mon Dieu! dit Raoul, nous n'arriverons jamais à temps.

Il enfonça ses éperons dans les flancs de sa monture. Le noble animal bondit sous le coup, et son allure, effrénée pourtant, s'accrut encore. L'écume tigrait le poil lustré de ses flancs noirs comme l'aile du corbeau, et courait en veines blanches sur ses souples jarrets.

Raoul déboucha bientôt dans les champs, déserts alors, où s'élève aujourd'hui le faubourg Saint-Jean. Il jeta un regard à droite. Mais le terrain sur lequel il courait était trop bas pour qu'il pût voir ce qui se passait en arrière des hauteurs d'Abraham. Il n'aperçut, au-dessus des collines, que de légers flocons de fumée blanche, dont les taches ouatées ressortaient de la teinte rose dont l'aurore illuminait l'orient.

Quelques coups de fusil retentissaient encore, mais le bruit en allait s'affaiblissant à mesure que Beaulac approchait de la ville.

En quelques secondes, Raoul arriva près de la porte Saint-Jean.

— Qui vive? cria la sentinelle, dont la silhouette se découpait en noir sur le ciel au sommet du rempart.

— France.

— Quel régiment?

— Compagnie de la Roche-Beaucourt. Estafette. Ouvrez vite, l'ennemi est au Foulon.

— Au Foulon!

— Vous n'en savez rien! Mais, mordieu! n'avez-vous point entendu la fusillade?

— Oui, mais nous avons cru que c'était notre convoi de vivres que les Anglais attaquaient. Nous n'y pouvions rien[51].

— Ouvrez! pardieu! ouvrez!

Avant que le factionnaire n'eût donné l'éveil au corps de garde et que les soldats du poste n'eussent ouvert la porte de la ville, qu'on tenait barricadée, il s'écoula bien un quart d'heure.

Beaulac s'en rongeait les poings. Lavigueur sacrait à s'en casser les dents.

Enfin, l'entrée fut libre.

Les chevaux s'enfoncèrent sous la poterne.

Il était passé quatre heures. Tout le monde dormait dans la ville.

— Donnez l'alarme! cria Beaulac aux soldats.

Et sans plus s'arrêter, il lança son cheval au galop dans la rue Saint-Jean, tandis que les cris perçants des clairons qui sonnaient l'alarme éclataient derrière lui.

Arrivé au détour de la rue du Palais, il voulut passer outre, pour aller déposer Berthe chez Mlle Longpré, qui demeurait sur les remparts.

Mais Mlle de Rochebrune s'y opposa.

— Au revoir, Raoul, dit-elle en se laissant glisser à terre. Ne perdez pas une minute: la patrie avant tout. D'ailleurs, je ne suis qu'à deux pas de chez moi.

— Adieu donc, ma chère Berthe.

Et Beaulac, toujours suivi de Lavigueur, piqua des deux vers la porte du Palais.

Ah! si l'infortuné jeune homme eût prévu de quelles larmes de sang il déplorerait, le soir même, d'avoir ainsi laissé sa fiancée seule au milieu de la rue déserte!

---

51. «L'on entendit des coups de feu au-dessus de Québec; dans la ville, on crut qu'un petit convoi de vivres qu'on faisait venir par eau avait été attaqué par les Anglais.»

En deux secondes il atteignit la porte du Palais, où il pensa devenir fou d'impatience pendant les dix minutes qui s'écoulèrent avant qu'on la lui pût ouvrir. La même scène se renouvela au pied de la côte, en bas de la rue Saint-Nicolas, puis à la tête du pont de bateaux sur la rivière Saint-Charles.

De sorte qu'il était passé cinq heures quand Raoul, laissant le pont derrière lui, put enfin galoper librement sur le chemin de Beauport.

Partout sur son passage il jeta l'éveil.

Les troupes qui avaient bivouaqué durant la nuit allaient rentrer sous les tentes [52].

Enfin, lorsque les chevaux fumants de Beaulac et du Canadien s'arrêtèrent près de la maison [53] que le général occupait à Beauport, il était six heures [54].

V

Les traîtres et les braves

Il était bien ourdi, le complot de l'intendant Bigot.

D'abord, lors de son entrevue avec Wolfe, Sournois avait fait promettre au général anglais, ainsi qu'aux brigadiers Monckton, Townshend et Murray, qu'ils garderaient sur cette transaction un inviolable secret.

Rassuré de ce côté, Bigot, qui pensait, avec beaucoup de raison, n'avoir pas à craindre l'indiscrétion de Vergor et de Sournois, ne songea plus ensuite qu'à saisir le moment propice à l'exécution de son dessein.

Il ne fut pas longtemps à l'attendre. L'armée commençait à manquer de vivres, vu que les vaisseaux anglais bloquaient le fleuve en haut et en bas de la capitale et que les vieillards, les femmes et les enfants qui avaient, pendant quelques semaines, transporté des provisions à force de bras, depuis les Trois-Rivières jusqu'à Québec, étaient maintenant exténués par ce travail atroce. Il fallait aviser à ravitailler au plus tôt la ville et l'armée. C'était le devoir de l'intendant et du munitionnaire. Aussi, proposèrent-ils qu'on tentât l'expédient d'un convoi par eau, qui, à la faveur d'une nuit noire,

---

52. Historique.

53. On peut voir encore cette maison, abandonnée maintenant, sur la terre de M. le colonel Gugy à Beauport.

54. « M. de Montcalm reçut la nouvelle inattendue de ce débarquement, à six heures du matin. » M. GARNEAU.

forcerait le blocus en trompant la vigilance des marins anglais. On se rendit d'autant mieux à cet avis que c'était le seul possible, et l'on fixa la nuit du douze au treize septembre pour cette tentative [55].

Il ne s'agissait plus pour Bigot que de faire connaître cette particularité aux généraux anglais afin qu'ils en profitassent. Voici comment Sournois s'y prit, selon les ordres de son maître. Il s'aboucha avec deux soldats de la garnison de Québec, gens de sac et de corde et ivrognes au moins autant que lui. Comme il les avait déjà traités plusieurs fois, il fut facile au valet de les décider à le suivre dans une taverne dont il était l'habitué.

Là, après mainte rasade, Sournois feignit de paraître plus échauffé qu'il ne l'était réellement. D'abord, il s'apitoya sur le sort de ses deux amis qui ne pouvaient manquer de perdre très prochainement le goût du vin, vu qu'il savait de source certaine que les Anglais étaient à la veille de s'emparer de la ville et qu'ils se préparaient à passer toute la garnison au fil de l'épée, à cause de la longue et opiniâtre résistance opposée jusqu'alors aux assiégeants. Et, sans qu'il y parût, Sournois leur infiltra l'idée de désertion pour prévenir le funeste sort qui les attendait, comptant bien que l'imagination excitée des deux troupiers ferait le reste.

Comme on continuait à lever le coude et que l'on buvait chaque fois à verre pleurant, Sournois simula une ivresse encore plus imprudente. Il alla jusqu'à dire que, si la ville, par grande chance, n'était pas prise d'assaut, la garnison périrait de faim parce que le fleuve était bloqué par les Anglais, au-dessus et au-dessous de la capitale. Déjà les vivres étaient des plus rares à Québec, et le convoi que l'on attendait dans la nuit du douze au treize serait certainement intercepté par l'ennemi.

— Pour preuve que je n'invente pas, leur dit confidentiellement Sournois, et que je suis bien renseigné, je puis même vous apprendre quel est le mot d'ordre que les conducteurs du convoi devront jeter à nos sentinelles. C'est : Monon... gahéla.

Il eut soin d'entrecouper ce mot d'un hoquet fictif.

Puis Sournois, qui tenait à ne pas griser complètement ses deux hommes, sortit avec eux du cabaret et les quitta.

C'était le soir.

Les idées sombres que le valet y avait jetées fermentant avec le vin dans le cerveau des deux soldats, ils se dirigèrent à pas de loup vers les remparts, suivis de loin par Sournois qui les épiait. Arrivés sur le mur de l'ouest, entre

---

55. « On essaya de se servir encore une fois de la voie du fleuve, tout hasardeuse qu'elle était, pour faire descendre des vivres, et c'est à la suite de cette résolution que fut expédié le convoi dont nous venons de parler. » M. Garneau.

les portes Saint-Jean et Saint-Louis, et après s'être assurés que personne ne les observait, ils se laissèrent glisser en bas de la muraille, du côté de la campagne. Ce qui leur fut très facile, vu que le mur n'avait guère plus, en cet endroit, de six à sept pieds de haut par suite de la négligence, peut-être systématique, apportée à fortifier Québec.

Sournois revint à l'intendance en se frottant les mains. Ce plan, qui pouvait aussi bien manquer, avait réussi à merveille. Quant à lui, en supposant que les deux troupiers ne fussent pas désertés et qu'ils eussent rapporté aux autorités françaises les paroles qu'il avait comme laissé échapper, on ne pouvait songer à l'inquiéter pour quelques propos proférés durant l'ivresse.

Les soldats gagnèrent la flotte mouillée au Cap-Rouge. Pour s'attirer les faveurs de leurs nouveaux maîtres, ils dévoilèrent aux généraux et l'attente du convoi de vivres par les Français et le mot d'ordre convenu [56].

L'on sait maintenant que les Anglais, profitant de ce bon avis, s'embarquèrent sur des bateaux, à la faveur des ténèbres, et se laissèrent glisser avec le baissant vers le Foulon. Aux sentinelles qui les interpellèrent, quelques officiers qui parlaient le français donnèrent le mot de passe en ajoutant :

— Ne faites pas de bruit, ce sont les vivres [57] !

Grâce à ce stratagème, les troupes anglaises descendirent sans encombre jusqu'à l'anse des Mères [58].

Rendus entre les postes de Saint-Michel et du Foulon, ils débarquèrent sans coup férir. Wolfe à la tête de l'infanterie légère s'avança, dans le plus grand silence, vers un corps de garde qui défendait le pied de la rampe que longe le ruisseau Saint-Denis en se précipitant des hauteurs de la falaise.

Mais durant ce temps-là, que faisait Vergor, le commandant du poste qui demeurait à l'endroit du débarquement ?

---

56. « Par deux soldats qui, la veille, avaient déserté, les Anglais avaient été informés que cette nuit quelques chaloupes chargées de vivres devaient descendre à Québec. » M. FERLAND.

M. Dussieux dit aussi à ce sujet, dans une note de son ouvrage, que : « Des déserteurs avaient communiqué le mot d'ordre aux Anglais. »

57. Historique.

58. Je ne puis m'empêcher de citer, à ce sujet, ce passage saisissant et poétique de l'*Histoire de la conspiration de Pontiac* par M. Francis Parkman. Il représente Wolfe, encore faible des suites de sa maladie et descendant, entouré des siens, vers le Foulon. — « *He sat in the stern of one of the boats, pale and weak, but borne up to a calm height of resolution. Every order had been given, every arrangement made, and it only remained to face the issue. The ebbing tide sufficed to bear the boats along, and nothing broke the silence of the night but the gurgling of the river and the low voice of Wolfe as he repeated to the officers about him the stanzas of Gray's elegy in a country Church yard which had recently appeared and which he had just received from England. Perhaps as he uttered those strangely appropriate words :*
"*The paths of glory lead but to the grave,*"
the shadows of his own approaching fate stole with mournful prophecy across his mind. "Gentlemen, he said, as he closed his recital, I would rather have written those lines than take Quebec to-morrow." »

Il dormait ou feignait le sommeil, ce brave capitaine!

Tout, en effet, l'invitait au repos. D'abord, M. de Montcalm, soit par une fatale inspiration, soit plutôt à l'instigation de Bigot ou de ses affidés, M. de Montcalm avait rappelé la veille au camp de Beauport le bataillon de Guyenne qui en avait gardé les hauteurs durant plusieurs jours. En outre, parmi les cent hommes que Vergor avait sous ses ordres, le très grand nombre était composé des habitants de Lorette, village situé, comme on sait, à trois lieues seulement de la ville. Ces braves gens lui avaient plusieurs fois demandé d'aller travailler à leurs récoltes qui menaçaient de pourrir sur le champ. Mais Vergor, qui attendait le moment propice, le leur avait toujours refusé jusqu'à ce jour. Enfin, le soir dont nous parlons, il leur permit de le faire, tout en ayant soin de leur dire qu'il ne le tolérait que parce que le danger paraissait bien éloigné, puisque M. de Montcalm avait jugé inutile de faire garder plus longtemps la hauteur par le bataillon de Guyenne.

Vergor savait cependant veiller de près à ses intérêts; aussi y mit-il une condition: c'est qu'ils iraient en même temps travailler sur une terre qu'il possédait à Lorette[59].

Il ne restait donc plus pour garder le poste que quelques hommes qui ne devaient plus tenir longtemps contre des forces imposantes. Pleinement satisfait du résultat prévu, si les Anglais tentaient, durant la nuit, un débarquement de son côté, Vergor se coucha et attendit bravement l'ennemi.

La nuit était assez avancée, lorsque quelques-uns de ses hommes le vinrent avertir qu'on voyait des barges remplies de monde qui venaient sans bruit et filaient le long de la côte, au-dessus et au-dessous du poste.

« Il répondit que c'étaient des bateaux du munitionnaire et qu'on les laissât tranquille[60]. »

Puis il se retourna dans son lit et ronfla de nouveau comme un épicier retiré des affaires. Dormait-il réellement?

Cependant Wolfe, après avoir forcé le corps de garde qui se trouvait au pied de la rampe, gravissait l'escarpement à la tête de ses troupes.

Les premiers Anglais qui se montrèrent durent essuyer quelques coups de feu de la part des Canadiens qui veillaient au poste de Vergor. Mais ces derniers furent tellement étonnés de la brusque apparition des ennemis, et ils étaient en si petit nombre, qu'il leur fallut bientôt plier devant la masse des assaillants qui se ruèrent alors sur le poste.

Vergor, qui dormait apparemment bien dur, puisque la fusillade ne l'avait pas éveillé, fut pris dans son lit[61]. Après un semblant de résistance,

---

59. Voyez *Mémoire sur les affaires du Canada*.
60. *Mémoire sur les affaires du Canada*.
61. Historique. Voyez M. GARNEAU.

durant lequel le drôle eut soin de recevoir quelque blessure peu dangereuse et qui pourrait témoigner au besoin en sa faveur, il se rendit aux Anglais.

Une fois maître des hauteurs, Wolfe s'empressa de ranger son armée en bataille sur les plaines d'Abraham [62].

---

62. Tout en faisant la part du drame, je tiens à montrer que cette hypothèse de trahison est assez bien fondée. Aussi vais-je citer tout le passage du *Mémoire sur les affaires du Canada* (p. 164, édition de 1838) qui a trait à la surprise du Foulon, en ayant soin d'en souligner les phrases qui viennent à l'appui de ma thèse.

M. Wolfe, qui avait renforcé le camp de la Pointe-Lévi, semblait flatter les idées des Français; l'Amiral Saunders faisait aussi exécuter des manœuvres qui annonçaient une prochaine retraite. *Au milieu de toutes ces espérances, on confia au Sieur de Vergor le poste du Cap-Rouge, au-dessus de Québec; on ne pouvait mieux seconder les intentions du général anglais, dont le but était de faire une descente sans être obligé d'attaquer l'armée retranchée.* On avait consigné à cet officier de laisser passer des bateaux chargés de vivres qui devaient entrer dans Québec, en se coulant le long du cap. Ce capitaine avait avec lui beaucoup d'habitants de Lorette dont le lieu était à portée de ce poste; ils lui demandèrent permission d'aller travailler la nuit chez eux : il la leur accorda; (on prétend que ce fut à condition d'aller aussi travailler pour lui sur une terre qu'il avait dans cette paroisse). *M. Wolfe, averti à temps de la mauvaise garde de ce poste et du commandant à qui il avait affaire, disposa ses troupes. Le Sieur de Vergor était dans la plus grande sécurité.* On vint l'avertir qu'on apercevait des barges, remplies de monde, qui venaient sans bruit au-dessus et au-dessous de son poste. Il répondit que c'étaient des bateaux du munitionnaire *et qu'on les laissât tranquilles.* M. Wolfe ayant fait aborder quelques barges, instruit que tout était paisible, envoya un détachement se saisir de la garde du Sieur de Vergor, et ordonna à trois ou quatre mille hommes de le suivre. Ce détachement fit prisonnier le Sieur de Vergor, partie de sa garde et s'empara des hauteurs.

Ces lignes, écrites par un homme contemporain de Vergor, et qui fut à même de recueillir les rumeurs occasionnées par les soupçons que l'on dut former dans le temps sur la conduite de cet officier, ne laissent-elles pas percer le manque de foi que l'on avait en Vergor? «On ne pouvait, dit-il, mieux seconder les intentions du général anglais qu'en confiant à Vergor la garde de ce poste.» Et plus loin : «M. Wolfe, averti à temps de la mauvaise garde de ce poste et du commandant à qui il avait affaire, disposa ses troupes.» Qui donc dut avertir le général anglais de la *mauvaise garde* du poste de Vergor? Quelque Français assurément. Or, il fallait qu'il fût bien renseigné celui-là. Car si la mauvaise foi ou l'ineptie de Vergor avait été assez universellement connue pour que de simples déserteurs en pussent prévenir l'ennemi, comment supposer que les officiers français, le sachant, eussent laissé ce commandement d'une telle importance à un pareil homme? Maintenant, comment s'imaginer que Vergor n'eût pas entendu les coups de fusil que les assaillants échangèrent d'abord avec les hommes du corps de garde situé au bas de la rampe, et ensuite avec ceux de son propre poste, et qu'il fût tellement lent à se lever qu'on le prit dans son lit? Certes, il est permis à un honnête homme d'avoir le sommeil dur, mais pas à ce point-là.

Qu'il y ait eu trahison, l'on n'en peut donc guère douter, et nos historiens, qui n'osent l'affirmer ouvertement, le laissent entrevoir assez clairement, outre que la tradition populaire ne semble point entourer le nom de Vergor d'un bien grand respect. Mais d'où le coup partait-il? De Vergor directement? Nous ne le croyons pas. Il n'avait pas assez d'esprit, comme le dit l'auteur du mémoire cité plus haut, pour ourdir une trame aussi habilement conçue. Il fut donc inspiré dans l'invention de ce dessein. Mais par qui? Par quelques officiers

Pour en finir avec le traître Vergor, disons de suite que l'on n'en voit aucune mention faite après la conquête, ni dans l'histoire ni ailleurs. Il est à présumer que, la conscience bourrelée de remords, il gagna quelque retraite ignorée, où il pût échapper à la justice des hommes et cacher aux yeux de ses concitoyens la honte attachée à son nom, mai qui, merci à Dieu, lui a survécu dans l'opinion populaire.

Cependant, M. de Montcalm n'avait pu se laisser persuader par Beaulac que toute l'armée anglaise fût débarquée au Foulon. Croyant, au contraire, qu'il allait seulement avoir affaire à quelque détachement isolé, il résolut de brusquer l'attaque, afin de culbuter les ennemis des hauteurs avant qu'ils ne fussent appuyés par le gros de l'armée de Wolfe.

Il fait aussitôt battre la générale et, suivi seulement de quatre mille cinq cents hommes, vole au-devant des Anglais. Nos troupes traversent la rivière sur le pont de bateaux, entrent dans la ville au pas de course par la porte du Palais, en sortent par les portes Saint-Louis et Saint-Jean et arrivent à huit heures sonnantes sur les plaines.

Qu'on juge de la surprise de Montcalm en apercevant toute l'armée anglaise, forte de huit mille hommes, prête à le recevoir.

En ce moment accourt un aide de camp de M. de Vaudreuil. Il remet un pli cacheté à Montcalm. Celui-ci l'ouvre.

« Attendez, général, lui écrivait le gouverneur, je vais rassembler les Canadiens et les troupes que vous avez laissés à Beauport pour la garde du camp, et me porter à votre secours. »

— Attendre! attendre! s'écrie Montcalm en froissant la lettre. Nous en avons pardieu bien le temps! Chargeons plutôt!

Le chevalier de Montreuil, son major général, était à côté de lui.

— Pour l'amour de Dieu! général, dit-il, ne brusquons rien! Ils sont deux fois plus nombreux que nous!

---

de l'armée française? Non. Ils se battirent tous vaillamment, et leur gloire est assez pure de soupçon, qu'il serait indigne de le supposer un instant. Par les Canadiens? Ah! ceux-là qui assurèrent la victoire de Montmorency, qui continrent, seuls, quelque temps sur les plaines d'Abraham les troupes anglaises victorieuses, alors que les soldats réguliers de l'armée française inondaient le coteau Sainte-Geneviève du ruissellement de leur déroute, les vainqueurs de Sainte-Foye, nos aïeux qui, après tant de sang inutilement versé pour la France oublieuse, ne tombèrent vaincus sous l'Anglais qu'après un an de nouvelles luttes sur un pays en ruines dont ils disputèrent pas à pas les cendres fumantes, les Canadiens des traîtres! Celui-là serait infâme qui le pourrait penser. Qui était-ce donc? Qui! Les pillards éhontés qui assurèrent de longue main notre perte par leur criminelle administration. Ceux-là dont c'était le plus grand intérêt. Et à leur tête, Bigot, l'infâme Bigot, dont nous avons prouvé que Vergor était le bien digne ami; Bigot, qui semble n'être venu dans ce pays que pour corrompre ou déshonorer ceux qui l'approchaient de trop près.

— Monsieur le major, répond Montcalm avec cette vivacité innée chez lui et qui devait causer notre malheur, donnez l'ordre qu'on range les troupes sur une ligne de trois hommes de profondeur et qu'on sonne la charge!

Montreuil le regarde un instant sans rien dire. Mais, comme le commandement est péremptoire, il lance son cheval au galop pour transmettre les ordres du général en chef.

Les troupes réglées, dont les grenadiers étaient encore au Cap-Rouge avec M. de Bougainville, se placent au centre, les milices de Québec et de Montréal à droite, vers le chemin de Sainte-Foye, et celles des Trois-Rivières à gauche sur le chemin Saint-Louis. On jette des pelotons de Sauvages et de troupes de royal-marine sur les ailes. Puis, sans donner le temps de reprendre haleine à ses soldats qui viennent de gravir à la course le Rideau ou coteau Sainte-Geneviève, Montcalm fait sonner les clairons.

L'armée s'ébranle sur une seule ligne, sans corps de réserve, et court sur l'ennemi dont le carré profond s'étend en face des buttes à Neveu.

Six régiments, dont le 78e des montagnards écossais, fort à lui seul de quinze à seize cents hommes, les grenadiers de Louisbourg et deux pièces de canon forment le côté de l'armée anglaise, qui regarde la ville. L'autre côté fait face au chemin Sainte-Foye et le troisième à Sillery[63].

Wolfe, qui sent bien que la partie sera décisive et que toute retraite est impossible à ses troupes, si elles sont battues, parcourt lui-même leurs rangs pour aiguillonner l'ardeur de ses soldats.

— Mettez deux balles dans vos fusils, leur crie-t-il, et attendez que l'ennemi ne soit plus qu'à vingt pas. Alors ouvrez le feu tout d'un coup.

Nos troupes, les *réguliers* du centre surtout, essoufflées d'avance, ont rompu leurs rangs dans la charge et accourent sans ordre et sans consistance. Arrivés à quarante pas des masses anglaises, nos soldats du centre commencent à tirer sur l'ennemi, mais sans être appuyés par les autres bataillons distancés et empêchés de faire feu par ceux des leurs qui se trouvent interposés entre eux et l'ennemi.

Les Anglais les attendent et soudain leur feu s'ouvre meurtrier, écrasant, soutenu.

M. de Montcalm avait gardé près de lui Beaulac et Lavigueur dont les chevaux lui étaient en outre d'une grande utilité; Raoul, pour transmettre ses ordres, et Lavigueur, afin de lui tenir prête au besoin une monture de rechange.

---

63. M. GARNEAU.

Le général, voyant que les premières décharges des Anglais semblent jeter l'indécision parmi les troupes du centre, s'y porte aussitôt. Beaulac et Lavigueur le suivent.

En ce moment, Wolfe, déjà blessé au poignet, charge les nôtres à la baïonnette avec ses grenadiers. Il gravit le renflement du coteau, en face de l'endroit où s'élève aujourd'hui la prison neuve, lorsque Lavigueur qui arrivait au galop arrête son cheval, arme sa carabine, couche en joue le général anglais éloigné de deux cents pas, et fait feu.

Au milieu de la fumée des fusillades, le Canadien voit Wolfe qui s'affaisse entre les bras de deux grenadiers anglais.

— Voilà un petit officier qui en a pour son compte, murmure-t-il en rechargeant son arme à la hâte.

À Wolfe qu'on s'empresse de porter en arrière, succède le colonel Carleton. Il est à son tour blessé à la tête. Le chef de brigade Monckton le remplace et continue de charger les nôtres, dont une partie est privée de baïonnettes, et qui commencent à plier.

— Au nom de Dieu et du roi, tenez ferme! leur crie M. de Montcalm, qui se jette avec ses officiers au milieu de la mêlée.

Beaulac et Lavigueur font à côté de lui des prodiges d'audace. Deux fois leurs chevaux ont rompu les rangs des grenadiers anglais. Mais deux fois la force irrésistible de la colonne assaillante les rejette au milieu des leurs. Un nuage de fumée les entoure, la poudre leur noircit le visage, les balles se croisent et sifflent autour d'eux. À leurs pieds retentissent le bruit sourd des coups de crosse, les imprécations des blessés et les cris des mourants qu'on écrase. M. de Montcalm est atteint deux fois, mais légèrement. Raoul reçoit deux balles dans ses habits, puis un coup de baïonnette dans la jambe gauche.

Soudain, Lavigueur, qui le suit partout et le couvre au besoin de son corps sans trop s'occuper de lui-même, voit Monckton coucher Raoul en joue avec la légère carabine que les officiers anglais portaient alors en bandoulière. Jean saisit le seul pistolet d'arçon chargé qui lui reste et ajuste Monckton qui tombe en lâchant son coup de feu. La balle du brigadier blessé dévie et jette à vingt pieds en l'air le chapeau de Beaulac.

— Merci, Jean, lui dit Raoul; sans toi, je l'avais en pleine figure.

— Ce n'est pas la peine, mon lieutenant. M'est avis cependant que nous ferions bien de suivre les autres.

En effet, les nôtres, après avoir plié, cèdent enfin sous le nombre et Beaulac se trouve presque seul avec Lavigueur en face des Anglais qui se lancent, commandés maintenant par Townshend, à la poursuite des Français.

— Deux temps de galop, dit Raoul, et allons rallier les Canadiens en bas du coteau.

Ils tournent bride, piquent des deux, passent entre le centre et l'aile droite de notre armée en désordre, s'arrêtent bientôt et se placent en travers des fuyards en leur criant d'arrêter.

Au même instant des clameurs amies s'élèvent derrière eux. C'est M. de Vaudreuil qui arrive à la tête des Canadiens du camp de Beauport.

D'abord dissuadé de marcher de conserve avec M. de Montcalm *par Cadet et quelques autres qui y avaient un intérêt particulier*[64], le marquis de Vaudreuil, n'écoutant enfin que son courage et sa loyauté, arrivait au secours du général.

M. de Montcalm, qui tâchait de rallier ses troupes, en haut du coteau, vient cependant de tomber de cheval, entre les buttes à Neveu et la porte Saint-Louis. On l'emporte dans la ville, mortellement blessé. La nouvelle s'en répand avec la rapidité de l'éclair et ne fait qu'accélérer la retraite des fuyards.

L'impulsion de la déroute, donnée par les troupes réglées, n'entraîne cependant pas complètement les milices canadiennes, qui, accoutumées à reculer à la façon des Sauvages et à revenir ensuite à la charge, se rallient en plusieurs endroits à la faveur de petits bois. Avec cette habileté de tir, devenue proverbiale, ils entretiennent un feu de tirailleurs si bien nourri, qu'ils forcent à reculer plusieurs corps détachés de l'armée anglaise. Mais enfin, écrasés à leur tour, il leur faut plier sous le nombre et battre en retraite.

M. de Vaudreuil et ses officiers, Beaulac et Lavigueur, tous sont entraînés par le courant dans la vallée.

— Monsieur le gouverneur! crie Raoul au marquis de Vaudreuil découragé, tâchez de rallier le plus grand nombre d'hommes qu'il vous sera possible. Pendant ce temps, je vais remonter le coteau avec quelques gens dévoués pour arrêter un peu l'ennemi en vous attendant.

Se levant sur ses étriers:

— Frères, crie-t-il aux Canadiens en montrant les hauteurs avec son épée ensanglantée, allons venger Montcalm et les nôtres!

Son enthousiasme gagne ceux qui l'entourent. Deux cents braves enfants du sol remontent avec lui le coteau Sainte-Geneviève et tombent avec une incroyable furie sur l'aile gauche ennemie qui reprenait haleine.

— En avant! en avant! criait Raoul.

Ah! qu'il était beau, le jeune chevalier!

Sa noble tête nue, les cheveux au vent, l'œil en feu, le sourire de la vengeance aux lèvres, il lançait son cheval au beau milieu des rangs épais des

---

64. *Mémoire sur les affaires du Canada.*

montagnards. Le noble animal, sans craindre les baïonnettes, y entrait à coups de poitrail. Raoul se baissait, trouvait deux ou trois poitrines anglaises avec la pointe de son épée, puis faisait se cabrer son cheval dont les sabots ferrés en se rabattant sur le sol broyaient les crânes qu'ils rencontraient ; de sorte qu'il y avait place nette autour du jeune homme.

Surpris par cette attaque brusque et irrésistible, les trois cents montagnards, isolés et séparés des leurs, commencent à reculer à leur tour.

— En avant, les gars! crie Raoul, dont l'arme infatigable plonge et remonte toujours de plus en plus sanglante.

— Tue! tue! hurle Lavigueur enivré de tumulte et de sang.

Rien ne résiste à cette poignée de braves.

Enfin, les montagnards écossais lâchent pied.

— Ils fuient! ils fuient! s'exclame Beaulac.

Mais au même instant, des cris étrangers retentissent, puis un bruit de pas cadencés sur la plaine fumante. Ce sont deux régiments anglais qui accourent à l'aide des montagnards.

— Frères! dit Beaulac en regardant les siens, c'est ici qu'il faut mourir!

Et le noble jeune homme, suivi de ces braves maintenant fort décimés, retombe comme une trombe sur les montagnards qui reculent encore.

Les deux régiments anglais s'approchent au pas de course. Ils font halte, l'arme à l'épaule.

Un cri part, puis un ouragan de flamme et de plomb éclate en bondissant de la gueule de leurs milliers de mousquets, hurle et passe sur les Canadiens dont les rangs sont horriblement troués. Raoul n'est pas touché ; mais avant de tomber, il veut au moins tuer encore, et murmurant une dernière fois le nom de Berthe, il guide son cheval sur les masses anglaises.

Une autre décharge tonne. Le cheval de Raoul fait un dernier bond et s'abat.

Quand la fumée s'est dissipée, les Anglais voient Beaulac se débattre en s'efforçant de tirer sa jambe droite prise sous sa monture.

Vingt d'entre eux courent sur lui en criant: hourra!

Beaulac casse la tête du premier qui arrive d'un coup de pistolet et menace les autres de son épée. Mais c'en est fait de lui. Il est seul contre une armée.

Les Anglais font cercle autour de lui et le somment de se rendre.

— Jamais! crie Raoul qui, par une violente secousse, se dégage, se redresse sur pied, pâle, les dents serrées, les lèvres frangées d'écume.

Dans un moment de sublime folie, il prend son élan pour se jeter sur le cercle terrible qui l'environne.

Mais au même instant, arrive un cheval qui décrit une grande courbe en l'air et tombe en hennissant au milieu des Anglais dont quatre ou cinq roulent meurtris sur le sol.

Tandis que les ennemis étonnés hésitent, Lavigueur, qui monte le vaillant coursier, se penche sur le cou de son cheval, empoigne Raoul par la ceinture, le soulève comme un enfant et le jette en travers de sa selle. Puis, enlevant à grands coups d'éperons sa monture qui renverse trois montagnards, il revient vers la ville au triple galop.

Des clameurs de rage et des coups de feu partent derrière les fugitifs, qui répondent au sifflement des balles par des cris de défi.

Des deux cents héros qui avaient remonté le coteau une demi-heure auparavant, ils étaient à peu près les seuls survivants à ce conflit suprême[65].

La bataille était finie et perdue pour nous.

Elle nous coûtait près de deux mille hommes dont deux cent cinquante prisonniers, blessés pour la plupart. Trois officiers généraux, Montcalm qui expira le lendemain, le chef de brigade Sénesergues ainsi que M. de Saint-Ours, lesquels moururent des suites de leurs blessures.

Les pertes des Anglais s'élevaient à presque sept cents hommes, parmi lesquels le général en chef Wolfe, qui rendit le dernier soupir au milieu du combat, et ses principaux officiers. Ce qui prouve que la défense des nôtres fut vigoureuse.

La trop grande précipitation de Montcalm causa notre ruine. Il devait d'abord attendre M. de Vaudreuil avec les réserves laissées à Beauport, puis Bougainville et la Roche-Beaucourt qui avaient l'élite des troupes au Cap-Rouge et qui, comptant bien que le général les attendrait, accoururent en toute hâte, mais ne purent arriver sur le champ de bataille que pour entendre les derniers coups de fusils des vainqueurs. Quel résultat tout différent pouvait avoir le combat, si Bougainville et la Roche-Beaucourt, avec les grenadiers et le corps de cavalerie, fussent tombés sur les derrières de l'armée anglaise, tandis que Montcalm la chargeait de front! On reproche encore au malheureux général de n'avoir pas gardé de réserve et d'avoir négligé de

---

65. «L'armée française fuyait; deux cents braves Canadiens se rallièrent dans la vallée, remontèrent sur le coteau; comme des lions ils se jetèrent sur l'aile gauche de l'armée anglaise avec une fureur incroyable, arrêtèrent un moment les Anglais, permirent aux soldats de s'arrêter, et, enfin, après avoir été eux-mêmes repoussés, disputèrent le terrain pied par pied, depuis le sommet du coteau jusque dans la vallée. Ces braves gens furent presque tous tués, mais sauvèrent la vie à une grande partie de l'armée française. Quelques-uns se jetèrent dans la ville.» M. FERLAND.

«Trois cents montagnards écossais qui revenaient de la poursuite, dit M. Garneau, furent attaqués par eux sur le coteau de Sainte-Geneviève, et obligés de reculer jusqu'à ce qu'ils eussent été dégagés par deux régiments qu'on envoya à leur secours.»

faire sortir de la ville l'artillerie de campagne qui lui aurait été d'un grand secours.

Mais paix à ses cendres; car il s'ensevelit noblement drapé de sa défaite, et s'il n'eut pas la gloire de vaincre, il eut celle au moins de montrer aux infâmes pillards qui avaient préparé de longue main nos désastres, comment un homme de cœur sait vivre et mourir pour son pays.

Quand Beaulac et Lavigueur arrivèrent à la porte Saint-Jean, on allait la fermer. Ils s'engouffrèrent sous la sombre voûte et rentrèrent dans la ville.

La désolation régnait partout. Les rues étaient encombrées de blessés qu'on portait sur des civières, et de soldats dont les vêtements étaient déchirés et les figures noircies de poudre avec de grandes balafres sanglantes.

Les cloches sonnaient à toute volée, le canon tonnait sur les remparts pour tenir les Anglais en respect sur les plaines; et des maisons délabrées par le travail de la bombe, sortaient quelques têtes de femmes effarées qui jetaient les hauts cris.

Lavigueur tourna immédiatement à droite et remonta la rue d'Auteuil, pour s'engager ensuite dans la rue Saint-Louis. Arrivé devant la résidence du chirurgien Arnoux, dont la maison s'élevait sur le site occupé aujourd'hui par l'hôtel de ville, Lavigueur arrêta son cheval et dit à Raoul:

— Maintenant, allez vous faire panser, mon lieutenant.

Outre le coup de baïonnette qu'il avait reçu dans la jambe gauche, Beaulac avait aussi quelques autres blessures assez légères.

— Bah! ça n'en vaut pas la peine, répondit le jeune homme.

— Allons! allons! il ne faut pas négliger cela, si vous voulez être prêt à prendre part à la prochaine revanche que les Anglais nous doivent.

Raoul descendit de cheval et entra dans la maison qui se remplissait de blessés qu'on apportait à chaque instant.

M. Arnoux, l'aîné, était absent de la ville. Il accompagnait l'armée de Bourlamaque sur les bords du lac Champlain. Mais son jeune frère était resté à Québec.

Lorsque Beaulac arriva chez lui, le jeune Arnoux venait d'examiner la blessure du marquis de Montcalm et de déclarer qu'elle était mortelle. Le général avait accueilli la nouvelle de sa mort prochaine avec ce sang-froid inaltérable qui est l'attribut des grandes âmes [66].

---

66. « Il demanda à Arnoux combien d'heures il avait à vivre. — Jusqu'à trois heures de cette nuit, répondit celui-ci. — Il se prépara tranquillement à la mort et avec beaucoup de présence d'esprit. Je meurs content, dit-il, puisque je laisse les affaires du roi entre bonnes mains. J'ai toujours eu une haute idée de l'intelligence et de la capacité de M. de Lévis. » M. Ferland.

Raoul dut attendre une partie de l'après-midi. Arnoux examina enfin ses blessures, qui n'avaient rien de grave. Seulement, il lui recommanda quelques jours de repos.

Ensuite, Beaulac se dirigea vers son logis, dans la rue Couillard. Il resta quelque temps à s'y reposer. Sur les huit heures, il sortit. L'ombre du soir tombait sur la ville. L'artillerie anglaise tirait de Lévis, et l'on entendait le bruit des bombes et des obus qui éclataient avec fracas dans les rues désertes. Nos batteries ne répondaient que faiblement, vu la rareté des munitions.

Raoul porta ses pas du côté de la rue de Léry[67] ou Sainte-Famille. Il la descendit pour tourner le coin des remparts, qu'il remonta vers la grande batterie.

Arrivé devant une petite maison en pierre, dont les volets étaient hermétiquement clos, il ressentit soudain une douleur atroce dans la région du cœur.

— Mon Dieu! se dit-il en appuyant la main sur sa poitrine, serait-ce donc le pressentiment d'un nouveau malheur!

VI

Sournois

Avant de constater si le pressentiment de Beaulac était bien fondé, voyons un peu ce qui devait se passer le même soir à Beauport et à Beaumanoir.

Terrifiée par la perte de la bataille, l'armée française s'était réfugiée dans l'ouvrage à corne construit à la tête du pont de bateaux. Durant l'après-midi, le gouverneur, M. de Vaudreuil, avait convoqué un conseil de guerre pour aviser à ce qu'il restait à faire. Tous ceux qui le composaient, à l'exception de M. de Vaudreuil et de Bigot, opinèrent pour la retraite de l'armée à Jacques-Cartier.

Selon nous, il n'est pas étonnant que Bigot fût d'avis de livrer immédiatement une seconde bataille; car il savait bien quelle influence énorme la défaite du jour aurait sur les troupes françaises, qui se laissent le plus facilement démoraliser par un revers. Ensuite, il connaissait assez le marquis de Vaudreuil pour savoir qu'il n'avait pas les qualités d'un général, et que, M. de Lévis se trouvant absent, on serait très probablement battu de nouveau, faute

---

67. On voit encore, dans la côte qui porte ce nom, l'ancienne demeure seigneuriale, avec pignon sur rue, de la famille de Léry.

d'un commandant habile, ce qui assurait aux Anglais la possession immédiate de la ville, partant la conquête du pays, et à Bigot la réalisation de ses desseins. Quant au marquis de Vaudreuil, outre qu'il dut se laisser influencer par l'intendant en cette occasion, il n'aurait pas été fâché, sans doute, de tenter, par lui-même, la fortune des armes, afin de pouvoir humilier Montcalm, qu'il n'avait jamais aimé, si la victoire eût toutefois voulu seconder ses efforts.

Mais il fut décidé, par la majorité des officiers présents, que l'on se replierait sur la rivière Jacques-Cartier.

Cette retraite précipitée n'est pas à louer non plus. Car, à l'aide des cinq mille hommes de troupes fraîches qui restaient, on pouvait, sans engager une action décisive, harceler l'ennemi, continuer de protéger la ville et veiller à la ravitailler, en attendant le retour de M. de Lévis qui, prévenu de la défaite du treize, descendit de Montréal en toute hâte et arriva le dix-sept septembre au camp de Jacques-Cartier, mais trop tard pour prévenir la capitulation de Québec.

Le soir même de la bataille, alors que les ténèbres purent cacher ses mouvements aux troupes anglaises, l'armée française se mit à défiler en silence par le chemin qui mène à Lorette, pour de là se diriger vers la rivière Jacques-Cartier, en traversant Saint-Augustin et la Pointe-aux-Trembles.

Ils partaient donc les uns après les autres, compagnies, bataillons, régiments, lorsqu'un bouquet de broussailles, avoisinant la route qui monte à Charlesbourg, s'agita presque insensiblement au passage d'un groupe d'officiers à cheval, qui s'en allaient au pas de leur monture. Personne ne remarqua ce léger bruit, non plus qu'un homme qui se tenait tapi dans le fourré. Cet homme avança prudemment la tête entre les branches et parut examiner avec le plus vif intérêt les cavaliers qui passaient.

L'un d'eux disait à demi-voix à ses compagnons de route, mais assez haut pour être entendu de l'individu blotti dans les broussailles :

— Savez-vous, messieurs, que je suis inquiet de Sournois, mon pauvre valet de chambre. Il était ce matin à l'intendance, je l'y ai vu avant la bataille, mais depuis il a disparu. Que diable est-il devenu ? S'il était brave, je pourrais croire qu'il a voulu prendre sa part du combat et qu'il a succombé. Mais je connais trop mon homme pour penser un instant qu'il aura voulu affronter les balles quand rien ne l'y obligeait.

— Alors, reprit une autre voix, le bruit de la fusillade l'aura peut-être tellement effrayé qu'il se sera réfugié dans les caves de l'intendance.

— Cela se peut, repartit Bigot en riant ; car l'ivrogne a toujours eu un faible pour cette partie du palais. À moins, toutefois, qu'il n'ait gagné Beaumanoir.

Les voix devinrent confuses et s'éteignirent peu à peu à mesure que s'éloignaient les cavaliers.

Une autre compagnie passa. C'était la dernière.

Alors l'homme qui se tenait agenouillé dans les broussailles sortit en faisant craquer les branches, et grommela ces mots, tout en s'engageant dans la route qui monte à Charlesbourg.

— Votre dernière pensée est la meilleure, monsieur l'intendant; car si je ne suis pas précisément à Beaumanoir, je m'y en vais du moins. Enfin, le moment attendu depuis longtemps est arrivé. Ouf! je me sens tout rompu d'être resté accroupi une heure dans ce tas de branches. Hâtons le pas pour nous dégourdir un peu.

Et Sournois continua d'avancer vers Charlesbourg.

Épiant dès le matin l'issue de la bataille, le valet avait sellé lui-même un cheval à l'intendance, tandis que Bigot était à la haute-ville, d'où il regardait la bataille du haut des remparts de l'ouest. Alors que les premiers fuyards descendirent en courant dans la vallée de la rivière Saint-Charles, Sournois sauta en selle, inaperçu, grâce au tumulte qui régnait partout, et gagna le pont de bateaux.

Deux motifs le poussaient à agir ainsi; d'abord, l'exécution du fameux projet qu'il ruminait depuis longtemps de voler le trésor de son maître dans le souterrain de Beaumanoir; ensuite, l'instinct de la conservation, que le valet possédait à un éminent degré.

Il avait bientôt dépassé les fuyards et s'était rendu à fond de train chez un habitant de Charlesbourg, qu'il connaissait. Après avoir passé là toute l'après-midi, Sournois avait attendu l'obscurité pour descendre à pied vers le pont de bateaux, et s'était caché dans les broussailles, d'où nous l'avons vu sortir.

Son dessein était de se mêler aux soldats pendant la soirée et d'apprendre d'eux si l'armée n'allait pas retraiter, et si, dans ce cas, l'intendant la suivrait immédiatement.

Mais il y avait à peine quelques minutes qu'il était tapi dans le fourré, lorsque les soldats commencèrent à défiler devant lui.

Quelques lambeaux de conversation qu'il surprit par-ci par-là le mirent bientôt au fait du mouvement rétrograde des troupes. Quant à l'intendant, Sournois l'entendit parler sur son propre compte et le vit disparaître avec l'état-major à la suite de l'armée.

Sifflant un air joyeux entre ses dents, il allait maintenant d'un pas leste et rapide et remontait le chemin poudreux de Charlesbourg.

Arrivé à l'une des premières maisons de la paroisse, il s'y arrêta. C'était là qu'il avait passé une partie de l'après-midi. Après avoir glissé un écu dans la main de son hôte, il le pria de l'accompagner à la grange avec un fanal pour l'éclairer et l'aider à seller son cheval.

Le vieillard, dont les deux fils étaient à l'armée et qui les savait sains et saufs pour les avoir vus durant la journée, le suivit à l'instant. Son falot allumé se balançait dans sa main droite à chacun de ses pas et répandait sa lumière sur l'herbe humide où se dessinait fantastiquement l'ombre allongée des deux hommes.

— C'est donc ben vrai que les Anglais nous ont battus? demanda le vieillard à Sournois, qui sanglait les courroies de la selle sur les flancs de son cheval.

— Oui, père.

— Mais nos gens ne laisseront pas ça comme ça. Ils vont ben vite prendre leur revanche, je suppose.

— Pas tout de suite, père. L'armée bat en retraite vers la rivière Jacques-Cartier.

— Plaît-il? fit le vieillard que l'âge avait rendu sourd.

— Notre armée retraite en ce moment vers la rivière Jacques-Cartier.

— Ah ben! Les Anglais vont donc rester les maîtres ici?

Sournois, sans répondre, sauta en selle et prit congé de son hôte qui murmura en le voyant s'en aller:

— Oui, ces messieurs-là s'en moquent pas mal, eux autres. Leurs poches sont remplies de beaux écus sonnants qu'ils emportent avec eux. Mais nous autres, pauvres gens, il ne nous restera pas grand-chose quand les Anglais auront brûlé nos maisons, nos granges et nos récoltes!

Sournois avait lancé son cheval au grand trot et continuait à gravir la montée de Charlesbourg. Après avoir passé l'église de cette paroisse, il s'engagea dans cette route qui conduit à la longue avenue de Beaumanoir.

La nuit pesait noire et menaçante sur les grands arbres immobiles, et l'écho dérangé dans son sommeil semblait gronder à chacun des pas du cheval, qui se répercutaient sous les voûtes silencieuses de la forêt. Quelquefois même, il semblait à Sournois qu'il entendait derrière lui le galop d'un autre coursier. Il arrêtait le sien, pressait de la main l'un de ses pistolets d'arçon et regardait derrière lui.

Mais il n'entendait plus rien que les mille bruissements vagues et mornes de la solitude, avec les hurlements lointains de loups en quête de proie[68].

— Bah! je suis fou, disait-il, en continuant sa route. Ce n'est que l'écho.

---

68. Il y avait encore des loups dans nos forêts en ce temps-là.

Et pourtant, malgré lui, les gros troncs d'arbres lui faisaient peur, et, quand il se retournait sur sa selle pour regarder en arrière, il croyait voir des ombres sinistres embusquées dans le fourré pour épier son passage. Il se sentait encore plus effrayé quand il ramenait ses yeux en avant, car il lui semblait que d'invisibles ennemis allaient sauter en croupe et l'étrangler par derrière.

Il avait honte de ces frayeurs et se disait tout en scrutant le taillis du coin de l'œil :

— C'est étonnant comme je suis tout... chose quand je n'ai rien pris !

Enfin, il arriva près du château que la régularité des lignes architecturales faisait ressortir sur le fond du bois sombre. Quelques lumières brillaient aux fenêtres de la façade, Beaumanoir étant habité depuis le commencement du siège par Mme Péan et celles de ses amies qui avaient voulu l'y suivre.

Sournois avait eu soin d'arrêter sa monture à plusieurs arpents de l'habitation. Il s'assura qu'il n'y avait personne qui pût l'épier au-dehors puis, sautant à bas de son cheval, il le prit par la bride et le fit entrer dans le bois, à gauche du chemin.

Arrivé à un arpent de la petite tour de l'ouest, il s'arrêta de nouveau après s'être orienté et attacha les rênes de la bride à un arbre.

Ensuite il se baissa vers le sol, tira l'anneau de cette trappe que nous connaissons, descendit dans l'ouverture béante et referma sur lui la pesante porte de chêne recouverte de gazon.

— Brrrroum ! fit-il en allumant une lanterne, il est bien humide ce souterrain. Un petit coup ne me fera pas de mal.

Une fois son fanal allumé, il toucha dans la paroi de droite le bouton du ressort qui faisait mouvoir la porte de sa propre cache. Il plongea sa main dans l'ouverture et en retira d'abord une gourde remplie d'un vieux rhum de la Jamaïque, qu'il déboucha en inclinant un peu la tête à gauche tandis que son œil droit à demi fermé semblait sourire. Puis il pressa le goulot sur ses lèvres dans un gros baiser avec un petit susurrement de langue à chaque gorgée. Enfin, après un long soupir, il rabattit la gourde et la reboucha.

— Hum ! fit-il en s'essuyant la bouche sur sa manche, ça réchauffe !

Ensuite, il tira de son gousset une de ces énormes montres du temps passé.

— Diable ! dit-il, déjà onze heures, dépêchons-nous.

Et ouvrant la cassette qui contenait ses épargnes :

— Pouah ! fit-il en jetant un regard de dédain sur les quelques mille francs qu'elle contenait. Cela valait bien la peine de travailler autant pour si peu. Dans cette seule nuit, je vais en gagner mille et mille fois plus.

Sans toucher à l'argent qui s'y trouvait, il tira plusieurs petits instruments d'acier de la boîte et les mit dans la poche de son justaucorps ; puis, enfonçant le bras dans la cache, il en tira un grand sac vide en gros cuir de bœuf, et enfin une pince de fer lourde et forte.

Il jeta le sac à terre, appuya la pince contre la muraille et retourna du côté de la paroi opposée dont deux pas le rapprochèrent.

— Hum ! dit-il, il s'agit maintenant de trouver le secret qui fait ouvrir cette muraille nue. Ici, il y a bien un bouton comme pour le mien de l'autre côté. Mais j'ai souvent pesé dessus sans aucun résultat. Prenons d'autres moyens.

À l'aide des petits outils dont il était muni, il se mit à fouiller les crevasses de la pierre, pesant ici, grattant là, cherchant plus loin, mais sans succès. Une demi-heure s'écoula dans ce travail infructueux.

— Diable ! — et le valet frappa du pied — pourquoi perdre ainsi mon temps ! À la pince, maintenant que je suis décidé à tout oser.

Sournois saisit la barre de fer à deux mains et sonda le mur, qui rendit un son moins mat en un certain endroit.

— Bon ! c'est par ici qu'il faut travailler. Allons.

Et il frappa horizontalement un grand coup sur la paroi du roc.

Le souterrain gémit sourdement.

Sournois s'arrêta.

— Si l'on allait m'entendre, pensa-t-il. Mais bah ! qu'est-ce que cela ferait ! Il n'y a que moi qui connaisse l'entrée et la sortie du souterrain.

Alors il se mit à cogner hardiment, à tour de bras. Mais la pierre était dure et c'est à peine si la pince mordant dessus en enlevait quelques petits éclats.

La sueur lui coula bientôt sur le front, et au bout d'un quart d'heure, ses bras lassés retombèrent. C'est à peine s'il y avait dans la muraille un trou de la grosseur d'un œuf.

— Sacrebleu ! que c'est dur ! dit Sournois. Si ça ne va pas plus vite que ça, il me va falloir recourir à la mine et utiliser la poudre que j'ai eu soin d'apporter. Pourtant, ce serait malheureux si l'explosion allait endommager le coffre-fort. Il vaut mieux jouer encore un peu de la pince. Mais avant, buvons de nouveau à ma santé.

Après avoir donné une seconde accolade à la gourde, Sournois se remit à l'œuvre avec une nouvelle vigueur.

— Cré tonnerre ! s'écria-t-il, au bout de quelques minutes, je travaillerais bien deux jours de la sorte que je n'en viendrais pas à bout.

Il laissa retomber l'un des bouts de sa pince dans un accès de mauvaise humeur.

Mais, ô surprise! roulant sur des pivots d'acier, un lourd quartier de roc pivote sur la paroi et découvre une voûte profonde.

La pince de fer en frappant le sol a rencontré et fait jouer le ressort.

— Et moi qui n'avais pas songé à regarder à terre! s'écria Sournois tout joyeux de ce succès inespéré.

Il saisit la lanterne et en dirigea la lumière sur l'ouverture pratiquée horizontalement dans la muraille.

Une grosse caisse de fer en occupait presque tout l'espace.

— Hein! hein! ma mignonne, nous allons voir un peu si tes charmes et ta vertu vont pouvoir résister à mon amour, dit Sournois qui caressa des yeux le coffre-fort. Si pourtant ton corsage discret contenait un stylet pointu comme en portent, dit-on, les brunes Andalouses? Mais bah! c'est seulement pour m'effrayer que le maître a dit cela. Il n'y a personne dans le coffre, je m'imagine. La bonne farce! Il fallait que vous me crussiez bien bête, cher monsieur Bigot. Mais patience, vous reviendrez avant longtemps de ces idées-là! Ah! ah!

Sournois déposa sa lanterne dans la cache, à côté du coffre-fort, afin d'éclairer ses opérations. Puis, comme la boîte se trouvait renfoncée dans l'ouverture et qu'elle était trop lourde pour qu'il la pût remuer aisément, il fit entrer sa tête et son buste dans la voûte, en disant avec ce rire hideux qui grimaçait sur ses dents jaunes:

— Pardon, madame la caisse, si je porte sur vous des mains violentes; mais, comme vous ne voulez pas venir à moi, je vais venir à vous.

Il tira de sa poche de veste une petite clef qu'il introduisit d'une main nerveuse dans le trou de la serrure. Il tourna de gauche à droite. Deux ou trois craquements se firent entendre à l'intérieur du coffre-fort, semblables à ceux d'une batterie de mousquet que l'on arme.

Mais rien ne s'ouvrit.

— Diable! dit Sournois, j'ai pourtant eu assez de mal à faire cette clef sur celle que le maître porte toujours avec lui, et que je lui ai enlevée de son haut de chausse, un soir qu'il dormait. Enfin, ce petit bruit m'indique que la clef n'est pas inutile, bien qu'il reste encore quelque chose à faire.

Douze clous à tête d'acier retenaient la serrure au-dehors.

— Voyons un peu ce petit collier de madame, fit le valet, en pressant chacun des clous avec la pointe d'une vrille.

Le septième qu'il toucha était mobile. Sournois pesa fortement dessus. La tête s'enfonça et le lourd couvercle s'ouvrit en tournant lentement.

— Vous vous rendez donc enfin, ma chère! s'écria le voleur en se penchant sur le coffre de fer. Puis avec un hurlement de douleur:

— Sacre!

Un éclair rougit la voûte, une double détonation éclate, et le voleur tombe foudroyé.

Le coffre-fort contenait un pistolet à deux canons et chargé, dont un savant mécanisme faisait armer et partir la détente lorsqu'on ignorait la manière d'ouvrir la caisse, sans courir le danger de recevoir deux balles en pleine poitrine.

Durant quelques secondes, Sournois se tordit sur le sol en blasphémant. Ses mains crispées serraient convulsivement sa poitrine pour arrêter l'effusion du sang qui coulait à gros bouillons entre ses doigts.

Mais il sentit bientôt que ses cris augmentaient l'hémorragie et s'arrêta. Puis, gardant sa main gauche appuyée sur sa double blessure, il s'aida de la droite pour se relever.

Après maints efforts dont chacun dévorait sa vie, il se trouva debout près de la cache béante, les cheveux hérissés, l'œil hagard et les lèvres frangées d'une écume sanglante.

La caisse était toute grande ouverte, et Sournois aperçut, sous les canons du pistolet dont la gueule fumait encore, un monceau de pièces d'or rangées en piles.

Il y en avait de toutes sortes, depuis le louis français, la livre sterling anglaise, le florin d'Allemagne et le sequin d'Italie, jusqu'à la pistole et au doublon d'Espagne.

À la vue des reflets dorés qui miroitaient sous la lumière plongeante de la lanterne, Sournois éprouva un tremblement convulsif qui lui arracha des cris de rage et de douleur.

Être là devant des millions, n'en pouvoir rien emporter et se sentir expirer.

— Oh! sois maudit, Bigot! cria-t-il en grinçant des dents.

Ses forces s'en allaient pourtant avec son sang qui coulait toujours. La terreur envahissait tout son être avec le froid de la mort. Il allait donc périr là, seul avec les araignées noires et les crapauds baveux que le bruit des coups de pinces et des détonations avait fait sortir de maintes crevasses; sans autres témoins de son agonie que ces bêtes hideuses et les murs sombres et humides qui semblaient ricaner d'une façon satanique en répétant ses cris de douleur.

— Non! non! sortons! s'écria le misérable. Mourir, soit; mais à l'air au moins!

Et avec cette dernière lueur d'espérance qui voltige au-dessus des moribonds, tant que leur œil ne s'est pas terni sous le souffle de la mort:

— Qui sait, — damnation que je souffre! — Qui sait... si l'on ne viendra pas... à mon secours.

Il jeta un dernier regard sur l'or qui chatoyait sous ses yeux, et chancelant, glissant dans son sang qui coulait sur ses jambes tremblantes, il se dirigea vers les marches de pierre en titubant comme un homme ivre.

Il s'appuya un instant sur la muraille; car il s'affaiblissait toujours.

Mais à la pensée qu'il ne pourrait peut-être pas soulever la trappe s'il tardait encore, il fit un appel désespéré à toute son énergie et monta quatre gradins de suite.

Sa tête heurta la trappe. Il courba le cou et gravit une autre marche en essayant de pousser la porte avec son seul bras droit, car il tenait toujours sa main gauche appuyée sur ses blessures, comme s'il eût pu, l'insensé, empêcher son sang de couler! Mais ce poids était trop lourd et son bras trop affaibli.

Il sentit que l'air lui manquait et qu'il allait étouffer. Sans écouter sa douleur et le bruit de son sang qui dégouttait vivement sur les marches, il étendit soudain les deux bras et donna une effroyable secousse à la trappe qui s'ouvrit enfin.

Il fit encore un pas pour sortir du souterrain; mais ses bras impuissants ne purent tenir plus longtemps la lourde porte horizontale, qui retomba de tout son poids sur le corps du malheureux.

Il jeta un cri terrible et voulut se dégager, mais en vain. La trappe, recouverte de terre et de gazon, était trop pesante.

Sournois se trouvait pris comme dans un piège et retenu par la poitrine, le buste au-dehors et le reste du corps en dedans du souterrain.

Sous la pression du poids considérable qui lui pesait sur les épaules, le sang jaillissait avec force par les deux trous de balle qui perforaient sa poitrine.

Le valet devint fou de souffrance et de terreur et se mit à crier au secours d'une voix épouvantable.

Les dames qui veillaient dans la grande salle de Beaumanoir entendirent ces horribles cris. Plutôt mortes que vives à la pensée que c'étaient des malfaiteurs ou des Anglais qui rôdaient autour du château, elles firent défense aux quelques serviteurs qui se trouvaient à Beaumanoir de sortir, craignant que les maraudeurs n'en profitassent pour pénétrer dans l'habitation, si l'on ouvrait tant soit peu les portes. Peu soucieux de risquer peut-être leur vie, les valets se rendirent aisément à cet ordre et ne bougèrent pas de la maison.

Sournois criait toujours, mais avec moins de force. Déjà même ses bronches et sa gorge remplies de sang ne rendaient plus qu'un affreux gargouillement, lorsque, au milieu de l'affaissement général dans lequel il tombait peu à peu, il crut entendre craquer les broussailles. On venait à lui! Ô bonheur!

Perçant avec effort le brouillard qui allait toujours s'épaississant devant ses yeux, il regarda dans le direction d'où venait le bruit. Les pousses et les hautes herbes remuaient effectivement à vingt pas. Mais, chose singulière, il ne voyait personne; et pourtant un homme debout aurait dominé le jeune taillis de toute la hauteur du buste.

— À moi! je me meurs! cria le malheureux.

Mais au lieu d'entendre une voix humaine, ce fut un long hurlement qui s'éleva du fourré comme pour lui répondre. Puis au loin, bien loin dans le bois, des plaintes lugubres, comme les échos du premier hurlement.

Au même instant, le cheval de Sournois, attaché à quelques pas de là, hennit en cassant les liens qui le retenaient et s'élança du côté du château.

Puis ainsi que le bruit du vent d'orage qui accourt après le calme sur la cime des arbres feuillus, la forêt retentit bientôt de sons étranges qui devenaient de plus en plus distincts. C'était la course furieuse d'une bande de bêtes fauves qui bondissaient dans les épais taillis. Les branches craquaient sous leurs pas rapides et les feuilles bruissaient froissées par leur passage.

— Mon Dieu!... les loups!... Ce sont les loups!

Et les dents du misérable lui claquèrent dans la bouche qui crachait des caillots de sang noir.

La bande arriva haletant et entoura Sournois anéanti, en se disputant la meilleure place avec des grognements rauques.

Louveteaux aux dents blanches, vieux loups à tête grise, ils étaient une vingtaine et enveloppaient leur victime d'un cercle infernal tracé par leurs yeux qui brillaient dans l'obscurité comme des tisons ardents.

Sournois ne criait plus. Il était terrifié.

— Si je puis au moins mourir avant qu'ils ne me touchent! pensa-t-il.

Mais, attirés par l'odeur âcre du sang, les loups resserraient de plus en plus leur cercle. Il y en avait un surtout, le premier arrivé, que les autres laissaient approcher davantage de la proie qu'il avait flairée avant eux. Il s'avançait vers la victime en rampant comme s'il eût craint un piège.

Sournois essaya d'une main agonisante de saisir ses pistolets d'arçon qu'il avait passés à sa ceinture en descendant de cheval.

Mais impossible.

Il pesait dessus de tout le poids de son corps et de cette trappe maudite qui l'écrasait comme une montagne.

L'haleine forte et chaude du loup arrivait jusqu'à son front. À travers la brume de l'agonie, il entrevoyait des yeux de flamme.

Le voleur et traître souffrait avec un avant-goût des tortures de l'enfer.

Le loup, qui le voyait immobile, poussa la tête de Sournois d'un coup de museau.

Avec un immense effort, le moribond leva quelque peu le poing pour se garantir.

L'animal fit un saut de côté et jeta un grognement que répétèrent ses compagnons.

Voyant que l'homme ne remuait pas davantage, il bondit la gueule ouverte. Ses mâchoires se refermèrent violemment sur la tête du valet.

Un cri effroyable, surhumain, un hurlement de maudit dans l'abîme éternel fit tressaillir la solitude endormie.

Puis ce fut un bruit sec, un craquement sinistre de crâne qui éclatait et d'os écrasés.

Ivre de carnage et de sang, la bande se rua sur le cadavre avec d'horribles claquements de mâchoires...

Quelques minutes plus tard, il ne restait rien du valet infidèle, rien qu'un tronçon de jambe avec le pied. Les loups avaient tiré le corps à eux, et la trappe, en se refermant à mesure, avait retenu la jambe gauche qu'ils n'avaient pu dégager et qu'ils avaient rongée jusqu'à ce que ce dernier débris, emporté à l'intérieur par le poids du pied, fût retombé au-dedans du souterrain.

Quand Bigot revint, quelque temps après, à Beaumanoir pour emporter ses richesses en France, il comprit toute l'horrible scène qui s'y était passée au désordre qu'il remarqua tout de suite dans le souterrain du château.

Quant au coupable, il le reconnut par la boucle d'argent, marquée à ses armes, des souliers qu'il avait autrefois donnés à son valet de chambre et qu'il trouva près des ossements du pied gauche de Louis Sournois.

VII

Coups de foudre

Vous souvient-il, lecteurs, d'une toute vieille maison de pierre, basse, à un seul étage, que l'on voyait, il y a douze ans, sur les remparts, à quelque cents pieds plus bas que la rue Saint-Georges ? Vous rappelez-vous qu'en longeant ses murs séculaires, rongés et affaiblis par le temps, vous reteniez votre haleine, tant vous aviez peur que le moindre souffle ne fournît un prétexte à ses murailles chancelantes et à son toit fatigué par la pesanteur des ans de s'effondrer sur votre tête ? Et vous passiez bien vite en voyant le trou béant que formait la toiture fuyant certain angle des murailles boiteuses qui lui refusaient leur appui.

Quand vous aviez laissé derrière vous cette ruine croulante, vous vous retourniez en vous demandant par quel phénomène d'équilibre se maintenait cette cheminée si voûtée, si torturée que vous l'eussiez pensée jalouse des paraboles fantastiques décrites par le reste de l'édifice invalide.

Enfin, vous continuiez votre chemin, tout en vous disant que le lendemain l'on verrait assurément la rue encombrée des débris de cette masure écroulée pendant la nuit.

Mais des semaines, des mois et des années s'écoulaient sans donner le coup de grâce à cette charpente vermoulue, tandis que le soleil de chaque jour n'en donnait que plus de vigueur aux touffes de mousse et d'herbe qui trouvaient moyen de croître sur ce toit d'un autre âge.

En 1759, la maison dont nous venons d'esquisser la décrépitude était presque neuve, M. de Rochebrune l'ayant fait bâtir quelque temps après son arrivée en Canada. Après sa mort, elle avait été abandonnée pendant l'année que Mlle de Rochebrune avait passée chez Lavigueur. Mlle de Longpré l'occupait avec Berthe, après avoir adopté la malheureuse enfant.

Grâce à son peu d'élévation et à son isolement des autres habitations, la petite maison des remparts avait peu souffert des boulets des assiégeants et évité l'incendie qui avait dévoré la plus grande partie de Québec. La cheminée, emportée à moitié par un boulet, avec une longue éraflure creusée dans le mur de pignon, à gauche, par un éclat d'obus, témoignait seul du passage des projectiles anglais.

On sait que Mlle de Longpré, désolée de la disparition et de la captivité de Berthe, n'avait pas voulu s'éloigner de la ville avant le retour de la jeune fille. Rien n'avait pu la déterminer à quitter sa demeure, tout exposée qu'elle y fût.

Elle s'était contentée de matelasser les fenêtres qui donnaient sur le fleuve et la Pointe-Lévi, pour se mettre, autant que possible, à l'abri des projectiles.

C'est à la porte de cette maison que nous avons laissé Raoul de Beaulac au moment où il allait frapper pour s'annoncer.

On se rappelle qu'à l'instant où il allait porter la main au lourd marteau de fer, il avait éprouvé au cœur une violente contraction, en se demandant si ce n'était pas un pressentiment qui le prévenait d'un nouveau malheur.

C'était une douleur aiguë, poignante, accompagnée d'un grand affaissement moral, et telle, que le jeune homme, doué d'un tempérament robuste, n'en avait jamais ressenti.

Il fut quelque temps à se remettre, car on ne vint lui ouvrir qu'au bout de quelques minutes, et lorsqu'il eut frappé deux fois.

Il commençait à respirer plus librement quand la porte s'ouvrit.

En le voyant, la servante devint terriblement pâle, et l'émotion qu'elle éprouva fut telle, qu'elle ne put répondre à Raoul lorsqu'il lui demanda si les dames pouvaient le recevoir.

Encore tout énervé lui-même, Beaulac ne prêta qu'une faible attention à la pâleur de la servante et crut que l'altération de ses propres traits avait frappé la jeune fille.

— Mon Dieu ! n'allez pas plus loin, monsieur de Beaulac ! cria celle-ci en l'arrêtant par le bras.

— Mais, qu'y a-t-il donc ? lui dit Raoul d'une voix tremblante et étouffée.

La servante voulut répondre, mais les paroles s'accrochaient dans sa gorge.

Puis, comme si ce qu'elle avait à dire était trop douloureux à prononcer, la pauvre fille se sauva en laissant la porte ouverte.

La commotion que sa robe imprima à l'air en passant devant une porte qui s'ouvrait à gauche sur le salon, apporta jusqu'à Raoul une forte odeur de cierge allumé.

Attiré par une puissance invincible, le jeune homme s'avança dans la direction de la grand-chambre. Quand il eut fait trois pas — l'intérieur de l'appartement lui était encore caché — il aperçut une lueur rouge qui se reflétait sur le vernis de la porte entrouverte.

Arrivé à l'entrée de la chambre, il s'arrêta sur le seuil, les yeux fixes de terreur, stupéfait, pétrifié, anéanti.

De grands draps blancs couvraient les quatre murs et masquaient la fenêtre en arrêtant la lumière du jour.

Au milieu de la chambre s'élevait une estrade noyée sous des flots de mousseline blanche. Deux cierges brûlaient doucement auprès, sur une petite table recouverte de fine toile, et éclairaient de leur lumière froide le pâle visage d'une jeune fille étendue, sans mouvement, sur le lit mortuaire.

Deux vieilles femmes agenouillées égrenaient leur chapelet auprès du corps inanimé.

Raoul se serra la tête avec ses deux mains en se demandant s'il avait le cauchemar ou s'il était fou.

Mais l'implacable réalité brûlait ses yeux.

Il étendit soudain les bras et vint se jeter sur l'estrade en criant :

— Berthe ! ô mon Dieu ! Mais dis-moi, Berthe, que ce n'est pas vrai ! Non, ma bien-aimée ! tu n'es pas morte ! dis ?

Elle ne répondait pas, la jeune fille. Raoul saisit ses mains qu'elle avait croisées sur sa poitrine et les secoua avec frénésie.

Les deux blanches mains se séparèrent et la gauche seule resta dans celles de Raoul. Elle était inerte et froide comme celle d'une statue de marbre.

— Je t'en supplie, Berthe ! poursuivit le malheureux avec des accents de voix déchirants, cesse ce jeu atroce ! je sais bien que tu n'es pas morte, va ! N'étais-tu pas avec moi, ce matin, sur mon cheval noir ! Tu as voulu m'éprouver, n'est-ce pas ? Mais c'est assez ! Car vois-tu, Berthe, je souffre le martyre ! Mais tu veux donc que je meure pour tout de bon, moi ! Mon Dieu ! c'est donc vrai, vous m'avez tué ma fiancée ! Ah ! que trois fois maudit soit le jour où vous m'avez donné la vie !

À ces cris délirants qui remplissaient la maison, d'autres cris répondirent d'une chambre voisine, et Mlle de Longpré, accourant éplorée, vint s'affaisser près de l'estrade. Raoul ne pouvait plus douter de l'immensité du malheur qui s'effondrait sur lui.

Il se releva tout à coup, pâle, muet, les yeux secs. Durant quelques minutes il resta immobile. Tant de sanglots furieux bouillonnaient dans sa poitrine qu'il crut un moment qu'elle allait éclater sous cette énorme pression. Mais, comme la vapeur qui bondit de la bouilloire surchauffée, lorsqu'on finit par donner une issue à sa fureur, de violents sanglots sortirent enfin de sa gorge, tandis que des flots de larmes jaillissaient de ses yeux égarés.

Ses genoux retombèrent en terre, et sa tête s'affaissa sur l'oreiller de Berthe, où ses cris étouffés se mêlèrent avec les pleurs qui baignaient, de leur chaude amertume, la chevelure noire de sa fiancée, dont les longs anneaux se déroulaient en vagues onduleuses autour de la figure et du cou de la morte.

Seul, sur le lit tout blanc, dans ses vêtements de vierge, la demoiselle de Rochebrune gardait son immobile impassibilité.

Blanche était sa figure, comme les gouttes de cire qui lentement glissaient le long des deux cierges allumés à son chevet, pour venir se figer dans le réservoir des chandeliers d'argent. Ses paupières, qu'on n'avait pu réussir à fermer entièrement, laissaient voir à demi le cercle des noires prunelles sous les longs cils bruns dont l'ombre frangeait les joues pâles. Ses narines dilatées semblaient vibrer encore comme au souffle de la colère ou de la terreur, et sa bouche, aux lèvres décolorées, était contractée comme par un transport de haine ou d'effroi.

Malgré sa beauté, elle faisait ainsi mal à voir, tant l'expression tourmentée de sa figure différait de celle des jeunes filles qui se sont endormies dans la paix du Seigneur.

Il fallait que son agonie eût été terrible.

Raoul restait écrasé sous l'énorme poids de son infortune.

Longtemps on entendit le bruit navrant de ses sanglots étouffés à demi dans l'oreiller sur laquelle reposait insensible la tête de son amante.

Quelquefois ses sanglots se changeaient en cris spasmodiques et sa douleur se réveillait plus intense, comme le feu d'un brasier auquel on jette un nouvel aliment. C'est qu'alors il songeait que, le matin même, il la pressait contre son cœur, sa belle fiancée qui frémissait sous son étreinte ardente. C'est que les gais rêves d'avenir qu'il faisait alors revenaient maintenant, par volées, croasser sur son malheur et lui jeter le cri sinistre entendu par un poète malheureux dans une heure d'amer délaissement :

Never! o never more!

Une fois, il essaya de relever la tête pour s'assurer si réellement elle était bien morte, celle qui lui disait à l'aurore si riante de ce funeste jour : Raoul, je t'aime !

Mais à peine l'eut-il envisagée, qu'il fut pris d'une nouvelle crise.

Éperdu de souffrance, exalté par la douleur, il colla ses lèvres brûlantes sur la bouche glacée de la morte. Puis, sentant que le délire lui montait en bouillonnant jusqu'au cerveau, il s'arracha de ce baiser suprême et sortit en courant comme un fou.

Voyons maintenant ce qui était arrivé à Mlle de Rochebrune, après que Raoul l'avait quittée à l'entrée de la rue du Palais.

Quand la déclivité de la côte lui eut caché son fiancé, elle continua de longer la rue Saint-Jean et se dirigea vers la rue Couillard en gagnant les remparts de l'est.

Encore convalescente, énervée par les angoisses et les fatigues de la nuit, brisée par la course à cheval qu'elle venait de faire, Berthe avait ressenti une faiblesse extrême en mettant pied à terre.

Elle entra dans la rue Couillard en se traînant avec peine et demandant à Dieu qu'il lui donnât la force d'atteindre le logis de sa parente.

Le sang bourdonnait dans ses tempes et ses muscles détendus lui refusaient leur secours. Elle sentait ses jambes se dérober sous elle à chaque pas.

Elle allait cependant entrer dans la côte de Léry, qui termine la rue Couillard à angle droit, lorsqu'elle se trouva soudain face à face avec un homme qui descendait en toute hâte.

À peine eut-elle envisagé cet homme, qu'elle jeta un grand cri et s'affaissa mourante au milieu de la rue.

Celui dont la vue seule l'avait ainsi foudroyée, c'était Bigot.

L'intendant, anxieux du résultat de sa trahison, avait passé la nuit dans le logis désert de Mme Péan, qui était absente de la ville avec tous ses serviteurs depuis le commencement du siège. La maison de la dame était située, comme on sait, dans la rue Saint-Louis et dominait de beaucoup les remparts de l'ouest, alors très peu élevés ; de sorte que de l'étage supérieur l'on avait vue sur la partie des plaines d'Abraham qui avoisine la ville.

Bigot s'était rendu dans l'appartement le plus élevé, du côté de la campagne, et s'était mis en faction, à la fenêtre, dès le milieu de la nuit.

Vers une heure du matin, il avait entendu, venant du Foulon, des coups de feu qui grondait sourdement à distance. Mais la nuit était encore trop noire pour qu'il y pût voir quelque chose.

Durant plus d'une heure il prêta l'oreille à la fusillade, qui finit par s'éteindre et cesser tout à fait.

Qui saura jamais les angoisses honteuses du traître tandis que sa face blême, sortie de la fenêtre ouverte, se penchait dans l'ombre pour aspirer, avec l'air frais de la nuit, les premiers effluves du malheur qu'il préparait au pays depuis si longtemps ? Qui nous dira les tempêtes qui soulevèrent sa poitrine pendant les trois heures que ses yeux hagards voulurent percer les ténèbres pour y trouver l'indice de notre honte et du succès de son infamie ?

La nuit, cependant, fuyait peu à peu devant l'aurore qui, victorieuse, envahissait la campagne en refoulant l'obscurité.

Dès le premier reflet de jour pâle qui vint éclairer la plaine, Bigot la scruta d'un regard avide. Mais il ne vit rien ; car le renflement de la colline qui s'élève à quelques arpents de la porte Saint-Louis s'interposait entre lui et l'armée anglaise, dès lors rangée en bataille au pied de la déclivité qui commence auprès de la prison neuve. Bigot, qui s'était imaginé que les ennemis tenteraient de surprendre la ville s'ils réussissaient à s'emparer des hauteurs de la falaise du Foulon, fut consterné de ne point voir les Anglais apparaître près des murs.

Pendant plus d'une heure, son œil terne resta fixé sur le mamelon de verdure qui traçait sa ligne onduleuse sur le ciel rosé du matin, mais vainement. L'Anglais ne se montrait pas.

— Auraient-ils été repoussés ? se dit l'infâme, qui déplorait déjà l'inutilité de sa trahison.

Il était quatre heures.

Tout à coup, il entendit le son des clairons qui donnaient l'alarme. Ces cris stridents du cuivre venaient de la porte Saint-Jean. Il bondit sur ses pieds et descendit les escaliers quatre à quatre pour aller voir ce qui se passait au-dehors.

Après avoir fait quelques pas dans la rue Saint-Louis, il la quitta aussitôt pour s'engager dans les rue Sainte-Anne et du Trésor. Il déboucha en courant dans la rue Buade, longea la cathédrale et traversa la grande place de l'église.

Mais il ne rencontrait personne.

Son excitation était si grande qu'au lieu de descendre la rue de la Fabrique, ainsi qu'il en avait d'abord l'intention, il continua d'avancer tout droit dans la rue de Léry.

Quand il reconnut son erreur, il avait descendu la moitié de la côte. Il s'arrêta une seconde.

— Bah! pensa-t-il, ce n'est pas la peine de remonter. Continuons. Je vais prendre la rue Couillard.

C'était la fatalité qui le poussait ainsi.

Comme il tournait le second coin de rue qui s'offrit à sa gauche, il aperçut Mlle de Rochebrune à dix pas de lui.

— Mordieu! s'écria-t-il, comment se fait-il que les Anglais l'aient laissée s'envoler sans m'en prévenir!

Il fit deux pas au-devant de la pauvre enfant, qui s'affaissa morte d'effroi.

Elle le redoutait et le haïssait tant cet homme que sa présence inattendue avait arraché soudain à Berthe le peu de force et de vie qui lui restait encore.

Bigot s'arrêta près de la jeune fille étendue sans mouvement au milieu de la rue.

— Que faire? dit-il en se frappant le front.

Mais il n'eut pas le temps de délibérer davantage, car l'alarme jetée dans la ville y courait comme une traînée de poudre à laquelle on met le feu.

Déjà les miliciens et les bourgeois sortaient de leurs maisons, et de toutes parts des clameurs confuses s'élevaient.

— Filons! pensa Bigot. On ne doit pas me voir ici, et d'ailleurs, la belle n'étant qu'évanouie, je la retrouverai bientôt.

Il venait à peine de disparaître au premier détour de la rue qu'un petit groupe de miliciens qui s'étaient habillés et armés à la hâte vint se heurter sur le corps de Berthe en criant:

— Aïe!

— Holà!

— Qu'est cela?

— Une femme!

— Évanouie.

— Morte!

— Attends donc que l'on voie!

— Diable! mais c'est... Mlle de Rochebrune, la cousine à la vieille demoiselle Longpré qui demeure sur les remparts. On disait pourtant qu'elle était prisonnière des Anglais.

— On ne la laissera pas dans la rue?

— On a ben le temps de faire revenir cette demoiselle...

— Tut! tut! interrompit un sergent qui se trouvait avec eux, que deux d'entre vous la portent chez sa parente. Allons, Pierre et Jacques, vite, et venez nous rejoindre ensuite à la porte Saint-Jean.

Les deux hommes désignés s'exécutèrent.

Au bout de quelques minutes, ils frappaient à coups de crosse dans la porte de l'habitation de la vieille dame.

Nous renonçons à peindre la douloureuse surprise qui saisit Mlle de Longpré à la vue du corps inanimé de sa parente.

D'abord, elle voulut croire que la jeune fille n'était qu'évanouie. Mais quand on eut essayé tous les moyens imaginables pour la faire revenir, et qu'on eut constaté que la malheureuse enfant ne donnait aucun signe de vie, Mlle de Longpré perdit connaissance.

Quelques voisines charitables se chargèrent d'ensevelir Berthe, qu'elles placèrent dans le salon, ou la grand-chambre, comme on disait alors.

Un tel état de torpeur suivit l'évanouissement de Mlle de Longpré qu'elle ne songea nullement à faire parvenir cette fatale nouvelle chez Raoul que, d'ailleurs, elle devait croire absent. Voilà pourquoi Beaulac était venu se heurter si brusquement contre le cadavre de sa fiancée.

Meurtri, broyé par la main d'airain du malheur qui l'étreignait avec une fureur toujours croissante depuis quelques mois, Raoul passa une horrible nuit.

Parfois, dans le paroxysme de sa douleur, il maudissait le ciel qui l'avait fait si malheureux. Ramené tantôt à de meilleurs sentiments par les bons principes qu'il devait à sa pieuse mère, morte depuis plusieurs années, il demandait pardon à Dieu des blasphèmes que lui arrachait le délire. Puis son imagination surchauffée, exaltée, lui soufflait d'ardentes prières. Alors il implorait à grands cris le Seigneur et la Vierge de rendre par un miracle la vie à sa fiancée.

Durant cette interminable nuit, dont chaque seconde enfonçait son dard dans le cœur endolori du jeune homme, Raoul pleura toutes les larmes de ses yeux. Si, au moins, il eût eu à sa portée l'affection d'un parent ou d'un ami pour caresser et calmer sa souffrance. Mais il était seul, le pauvre orphelin, le triste abandonné. L'état d'agitation extrême dans lequel se trouvait la ville avait plongé chacun dans une situation analogue à la sienne. Car les victimes de la bataille comptaient bien des amis et des parents dans la capitale en deuil.

Sur le matin cependant, comme Beaulac épuisé gisait sur sa couche, abruti par la souffrance morale, il entendit des pas pesants auprès de lui. Mais il ne bougea pas.

Il sentit qu'une main rude se posait sur son épaule. Il put lever enfin la tête.

Lavigueur se tenait debout devant lui et le regardait avec une profonde commisération.

Le contact de la main loyale du seul homme qui lui fût dévoué dans le malheur eut un effet terrible sur son organisation énervée. Si la source de ses larmes n'eût pas été tarie, Raoul aurait fondu en pleurs. Mais ses yeux, brûlés par l'insomnie et la fièvre, restèrent secs. Sa poitrine se souleva comme pour sangloter. Et cependant, ses lèvres firent vibrer un rire nerveux et strident.

— Mon Dieu! il est fou! pensa Lavigueur qui, avec un puissant effort, parvint à étouffer un sanglot convulsif.

À la dérobée, il essuya deux grosses larmes qui roulaient sur ses joues hâlées. Il comprit que, pour opérer une diversion salutaire à l'exaltation douloureuse de Beaulac, il fallait donner un autre cours à l'emportement de sa passion.

— Monsieur Raoul, dit-il d'une voix tremblante.

Beaulac riait toujours, mais d'un rire épouvantable.

— Monsieur Raoul, il vous faut vivre pourtant.

Le jeune homme ne semblait pas entendre.

— Savez-vous pourquoi, mon lieutenant?

Le brave Canadien serrait affectueusement la main de Beaulac dans sa grosse main calleuse.

— C'est qu'il vous reste à vous venger!

Raoul ne riait plus et semblait écouter cette voix qui lui parlait, comme si elle fût venue de loin, de bien loin.

— Me venger? murmura-t-il.

— Oui, mon lieutenant, vous venger de Bigot.

— Bigot! cria Raoul.

Son œil éteint se ranima. Il grinça des dents.

— Ô l'être exécrable, cause de tous mes maux! s'écria-t-il.

— Cause surtout de la mort de mademoiselle Berthe, reprit Lavigueur dont la voix trembla.

— Que dis-tu, Jean!

— La vérité. Ma sœur qui est mariée avec Pierre Couture, le menuisier qui demeure à côté d'ici, dans votre rue, ayant été éveillée ce matin en sursaut par les cris d'alarme que jetaient les clairons du corps de garde de la porte Saint-Jean, sauta à bas du lit pour aller regarder ce qui se passait dans la rue. Elle aperçut de la fenêtre une femme étendue sans vie devant la porte, tandis qu'un homme s'enfuyait à toutes jambes après s'être penché un instant vers la jeune femme. Cet homme, elle eut le temps de le reconnaître. C'était l'intendant. La jeune femme, mademoiselle Berthe.

Raoul poussa un cri de rage, un hurlement de bête féroce.

Il ne pouvait pas parler, il suffoquait et tournait autour de sa chambre comme dans sa cage un lion furieux.

— Qu'ai-je fait, mon Dieu! pensa Lavigueur. Sa folie va le reprendre, pire que tantôt. Il va se tuer peut-être.

Mais Beaulac s'apaisa bientôt et, venant s'arrêter en face de Lavigueur étonné de ce changement brusque, il lui dit d'une voix calme, terriblement calme :

— Oui, Jean! il faut vivre pour qu'il meure, cet homme maudit! Vois-tu, Jean, c'est cette main-ci qui le tuera!

La menace était si fortement accentuée que Lavigueur en frissonna.

— Mais, ajouta Raoul, quand j'aurai vengé Berthe, je ne vivrai pas longtemps.

Lavigueur n'osa point relever ces dernières paroles.

Il était trop content du résultat obtenu.

Il passa le reste du jour avec Raoul, de peur qu'une nouvelle crise venant à s'emparer du jeune homme, ce dernier n'attentât à ses jours dans un moment de délire.

Mais, ainsi que l'avait prévu le Canadien, les idées de vengeance qu'il avait infiltrées en Beaulac avaient apaisé la frénésie de la douleur de Raoul.

Maintenant, bien qu'il fût sombre comme la pierre d'un tombeau dans une pluvieuse nuit d'automne, et qu'il ne dît pas une parole à Lavigueur pendant tout le jour que celui-ci s'astreignit à passer à côté de lui, un grand calme, voisin il est vrai d'un profond abattement, succéda à l'excitation fébrile qui l'avait précédé.

Et pourtant, comme il le retournait dans son cœur, ce dard atroce que la main de l'infortune y avait enfoncé! Comme il se complaisait, durant cette lente journée, à envenimer sa blessure en la froissant sans relâche au contact de la mémoire de ses joies passées!

Enfin, quand chacune des minutes de cet interminable jour eut déchiré son âme de ses soixante aiguillons, quand la lumière du soleil eut été lassée d'éclairer son supplice, la nuit vint se pencher à son tour sur l'infortuné pour le bercer encore de la plainte irritante du souvenir.

Déjà l'obscurité descendait jusqu'au pavé des rues lorsque Raoul se leva soudain.

— Il faut que je sorte, dit-il à Lavigueur.

— Pardonnez-moi, mon lieutenant, mais où allez-vous donc?

— La voir.

— Me permettez-vous, monsieur Raoul, de la revoir aussi ? N'a-t-elle pas été mon enfant durant toute une année ?

Beaulac tendit la main au Canadien.

— Viens, dit-il.

Ils sortirent tous deux et se dirigèrent silencieux du côté de la petite maison des remparts.

Ils entrèrent chez Mlle de Longpré.

Rien n'était changé dans la grand-chambre. Les draps blancs pendaient toujours le long des murailles comme de larges pans de marbres funéraires. Deux cierges brûlaient encore à la tête du lit sur lequel la blanche morte dormait dans la suprême immobilité. À côté d'elle, deux vieilles femmes priaient à genoux. Seulement, à gauche de l'estrade, appuyé sur deux chaises s'étalait un cercueil béant et noir.

Beaulac s'avança lentement, mais d'un pas ferme. Lavigueur le suivait ; ses jambes tremblaient sous lui.

Arrivé à côté du lit, Raoul inclina ses deux genoux vers la terre et contempla l'être adoré que la tombe allait engloutir.

Derrière lui, Lavigueur, aussi à genoux, pleurait la figure perdue dans ses deux mains.

Pas une larme ne mouillait l'œil fixe de Raoul. Aucun muscle ne tressaillait dans son visage immobile et pâle comme une figure de cire.

Les deux vieilles femmes avaient cessé de murmurer leurs prières et l'on entendait plus que les sanglots étouffés de Lavigueur, avec, au-dehors, les tintements lugubres d'une cloche qui sonnait les glas d'un mort.

Soudain, Raoul étendit le bras droit au-dessus du front de son amante, et d'une voix creuse, sépulcrale :

— Berthe de Rochebrune, dit-il, ma fiancée devant les hommes et devant Dieu, je jure, moi, Raoul de Beaulac, que tant qu'un souffle de vie m'animera, je n'aurai d'autre désir, d'autre but que de châtier de mort l'infâme qui a causé la tienne. Alors, et seulement quand j'aurai tué cet homme, comme il ne me restera plus qu'à te rejoindre au ciel, je supplierai Dieu de m'envoyer au cœur la première balle du combat où j'accourrai au-devant de cette mort aimée, qui seule peut maintenant nous réunir !

Il dit et pencha sa figure sur le visage froid de la trépassée.

Quand ses lèvres touchèrent dans le baiser d'adieu le front de son amante, Raoul crut que son cœur allait éclater dans sa poitrine. Pendant un instant, il se sentit mourir.

Mais les dernières paroles du serment qu'il venait de proférer bruissaient encore à son oreille. Aussi comprima-t-il sa douleur en lui-même comme dans un réseau d'airain.

Pour venger Berthe, il fallait vivre, et pour vivre il devait vaincre la souffrance.

Il se releva, fit deux pas vers la porte, se retourna, revint vers Berthe, la baisa une seconde fois au front, avec autant de respect qu'il eût porté aux reliques d'un martyr, et sortit brusquement.

Lavigueur le suivit en s'appuyant aux murailles pour ne point tomber. Lui, dont la force physique était double de celle du gentilhomme, était pourtant plus faible dans une lutte corps à corps avec la douleur morale.

La cloche tintait toujours au-dessus de la ville et ses vibrations funèbres se traînaient lentement sur la brise nocturne.

— Mon Dieu! que cette cloche me fait mal! murmura Raoul en reprenant d'un pas fiévreux le chemin de son logis.

— Elle sonne les funérailles du général Montcalm, dit Lavigueur pour changer le cours des pensées de Beaulac.

— Quoi, le général est mort!

— Oui, la nuit passée, monsieur Raoul. On l'enterre ce soir aux ursulines.

— Il est bien heureux, lui! repartit Beaulac d'une voix sourde [69].

Le sang-froid dont Raoul avait fait preuve en présence du corps inanimé de son amante commençait pourtant à se fondre au contact du feu de sa douleur. La réaction se faisait déjà et le sang bourdonnait dans ses tempes, surchauffé par la fièvre.

Quand ils arrivèrent devant la demeure du lieutenant, Lavigueur s'arrêta pour le laisser entrer.

— Non! non! j'étoufferais! cria Raoul. Il me faut de l'air! Et comme l'insensé qui semble chercher instinctivement partout sa raison absente, Beaulac continua d'errer par les rues sombres et désertes sans savoir où il allait.

La cloche du monastère pleurait toujours et le vent de la nuit balançait sa plainte monotone au-dessus de la ville silencieuse et morne.

Raoul tourna le coin de la rue Couillard et remonta la rue de la Fabrique.

Au fond de la grande place se dressaient les hautes murailles de la cathédrale en ruine. Le toit s'étant effondré dans les flammes, le ciel apparaissait librement à travers les vitraux du portail et les fenêtres défoncées de

---

69. « Montcalm rendit le dernier soupir le matin du quatorze septembre, et fut enterré le soir du même jour, à la lueur des flambeaux, dans l'église des religieuses ursulines, en présence de quelques officiers, dans une fosse faite le long du mur par le travail de la bombe. » M. GARNEAU.

la nef. Du clocher élevé, il ne restait plus que la lourde tour du beffroi, au-dessus de laquelle se levait en ce moment le disque de la lune, si brillant, si mystérieux et si grand, qu'on aurait cru voir l'œil de Dieu errer sur les décombres de son temple dévasté.

La cloche des ursulines laissait cependant tomber sans relâche ses sanglots dans la nuit.

À mesure que Raoul avançait, il se heurtait de plus en plus contre mille débris de poutres noircies et de pierres calcinées qui encombraient la rue. Car toute la partie de la haute-ville, qui s'étendait depuis la rue de la Fabrique jusqu'au Château-du-Fort se trouvant la plus élevée, avait souffert davantage de la bombe que le reste de la cité qui descend avec le terrain en gagnant les faubourgs.

La lumière blanche de la lune donnait en plein sur l'église[70] et la façade du collège des jésuites. Sur leurs murs éclairés se voyaient partout de grosses taches étoilées, tandis que sur les toits s'étendaient comme des flaques de sang. C'étaient les trous béants creusés par la bombe et les boulets anglais.

Raoul traversa la grande place et s'engagea dans la rue Buade où plus grande encore était la désolation.

Outre les murs élevés de la cathédrale qui dressaient à gauche leurs pans noircis et à demi écroulés, on ne voyait que des ruines à droite. Le feu et la bombe n'avaient rien épargné. Les toits embrasés s'étaient écroulés dans les caves, et les fenêtres crevées fixaient sur le passant leurs regards creux comme les orbites d'une tête de mort.

Énervé de plus en plus par ces scènes de poignante destruction, Raoul tourna brusquement le coin de la rue du Trésor dans laquelle il entra comme pour fuir ce navrant spectacle.

La cloche du couvent se lamentait encore et sa voix aérienne prenait des accents de plus en plus éplorés à mesure que Raoul se rapprochait du monastère.

Quand il déboucha sur la place d'Armes qui s'étendait devant le château Saint-Louis, le premier objet qui frappa les yeux de Beaulac fut le couvent avec la chapelle des récollets dont les projectiles avaient respecté le petit clocher pointu[71].

Le monastère et la chapelle étaient encore debout, mais leurs murs crevassés et leur toiture en maints endroits défoncée indiquaient encore l'œuvre infernale des projectiles anglais.

---

70. L'église du collège des jésuites a disparu ; elle occupait l'endroit où s'étend aujourd'hui la disgracieuse halle du marché de la haute-ville.

71. Le monastère et l'église des récollets n'existent plus depuis que le feu les a dévorés en 1796.

Raoul, que Lavigueur suivait comme son ombre, traversa la place d'Armes en inclinant à gauche vers le château Saint-Louis dont la masse imposante, entourée d'un épais mur d'enceinte et arrêtée sur le sommet du roc, dominait fièrement la capitale.

Comme il arrivait en face du château, ses yeux s'étant machinalement tournés à droite, au côté opposé, s'arrêtèrent sur le portail de l'église des récollets. La grande porte en était ouverte et laissait entrevoir la faible lumière de la lampe du sanctuaire, qui dormait sous les noires profondeurs de la voûte.

L'infortuné ressentit le besoin de prier et, coupant sa marche à angle droit, il se dirigea vers la chapelle. Quand il y entra, un bien triste spectacle s'offrit à ses yeux. Mille débris de planches, de poutres et de ferrailles jonchaient le pavé effondré en beaucoup d'endroits. Tous provenaient de la voûte percée à jour par les bombes et les obus dont le violent passage avait laissé en de certaines places la charpente de la toiture à nu comme les vertèbres d'un squelette, tandis qu'ailleurs, où tout avait cédé sous le poids des projectiles, on apercevait librement, à travers les déchirures du toit, quelques coins du ciel et surtout une grande gerbe de lumière blanche provenant de la lune et descendant jusqu'au parquet[72]. Dans un coin de la chapelle, un vieux moine, agenouillé sur les dalles en désordre, priait dans l'ombre. Sa tête grise, dont le sommet dénudé reluisait sous la lumière de la lampe, et sous les pâles rayons de lune qui tombaient de la voûte, regardait vers le ciel, tandis que ses bras étendus s'élevaient en suppliant. À sa figure ascétique où les privations et les ans avaient creusé leurs rides, à l'ardeur de sa prière qui s'exhalait de sa bouche entrouverte par l'extase et de son œil inspiré, grâce aussi au jeu de la lumière qui tombait en plein sur la partie supérieure de sa figure, tandis que le reste de la tête et le corps entier se noyaient dans l'ombre, on aurait cru voir le moine en prière qui posa devant Zurbaran[73].

Raoul s'agenouilla près de lui et, courbant le front sous la douleur et devant Dieu qui l'affligeait si durement, il pria.

— Sainte Anne, heureuse mère de la Vierge, murmura-t-il d'un ton pénétré, écoutez, je vous prie, la prière d'un malheureux. Rendez la vie à

---

72. La description de la ruine des principaux édifices de Québec, telle que donnée ici est exacte. Je me suis guidé sur les vues de Québec dessinées après le siège de 1759 par un officier anglais, Richard Short.

73. On peut voir l'original de ce tableau du peintre espagnol, au couvent de l'Hôtel-Dieu, à Québec. Mon ami Eugène Hamel vient d'en terminer une fort belle copie pour M. l'abbé H. R. Casgrain.

ma chère fiancée, et je vous fais vœu d'aller, pieds nus, en pèlerinage au temple, que la piété de ceux qui sont vos obligés, vous ont élevé sur les bords du grand fleuve. J'y porterai, pour célébrer votre puissante intercession, une lampe d'or dont la lumière témoignera nuit et jour de ma reconnaissance.

Comme il achevait ces mots, la cloche des ursulines qui n'avait cessé de sangloter dans la nuit finit de se plaindre et ses dernières vibrations vinrent mourir sous la voûte silencieuse de la chapelle, en se mêlant avec un soupir sourd et profond poussé par le vieux moine en prière. Raoul crut entendre le râle suprême d'un agonisant.

Il frissonna, se leva et sortit.

À l'instant où il remettait, suivi de Lavigueur, les pieds hors de la chapelle, une lueur sanglante empourpra soudain le ciel et la foudre du canon tonna sur les hauteurs de la Pointe-Lévi, tandis que de rauques miaulements déchiraient l'air en traversant le fleuve, et s'arrêtaient brusquement au milieu de la ville avec un bruit sourd de murailles qui s'écroulaient.

Les Anglais ouvraient de nouveau leur feu sur la place, afin, sans doute, d'anéantir même jusqu'aux ruines.

Raoul se sentit repris aussitôt par la manie de la locomotion. Insensible au fracas des bombes et des obus qui éclataient parfois à quelques pieds de lui, il revint sur ses pas vers la rue Buade, retraversa la grande place et descendit la côte de Léry qui s'offrait droit devant lui.

Arrivé vis-à-vis de la ruelle qui porte le nom de l'ancienne et nombreuse famille Couillard, il eut un moment d'hésitation comme pour regagner son logis. Mais l'attraction magnétique qui l'entraînait ailleurs étant plus forte, il continua de descendre la côte qu'il tourna à droite et, tout en ralentissant le pas, se dirigea vers la petite maison des remparts [74].

Arrivé devant l'habitation de Mlle de Longpré, il s'arrêta. Mais il ne put se décider à entrer et alla s'appuyer sur la palissade qui passait à trente pieds en face de la maison et bordait la cime du roc en descendant vers l'intendance.

Lavigueur emboîtait toujours le pas derrière Beaulac, comme l'ombre qui partout suit le corps.

Son front brûlant appuyé entre deux palissades, Raoul laissa ses tristes pensées errer avec ses regards sur la scène grandiose et sombre qui se déployait devant lui.

---

74. La rue Saint-Georges n'était pas encore percée alors, et la batterie de canons qui défendait le cap, au-dessus de la rue Sault-au-Matelot, se trouvait dans l'enceinte des jardins du Séminaire, de sorte qu'on n'arrivait à la maison de Mlle de Longpré, ou de Berthe, qu'en tournant à droite le bas de la côte de Léry.

Le feu des assiégeants était si bien nourri que le sommet des falaises de la Pointe-Lévi, toujours éclairé par le feu de quelque pièce de canon, ressemblait au cratère d'un volcan embrasé par l'éruption. L'éclair était continuel, et continuels les hurlements des obus et des bombes, dont la fusée traçait dans l'air une ellipse lumineuse, tandis que sur les flots noirs du fleuve qui sépare Lévi de Québec, se voyait aussi, comme un mouvant sillon de feu, la réflexion de cette même traînée de flamme.

Immédiatement, à cent pieds au-dessous de lui, s'étendait une partie de la basse-ville, où l'incendie n'avait rien épargné. On n'y voyait que des pans de murs écroulés à moitié, et de hautes cheminées qui élevaient vers le ciel leurs grands bras de squelettes, comme dans le commun élan d'un muet désespoir.

En de certains endroits, le feu, ranimé par de nouveaux obus, se réveillait dans les décombres et rougissait de lueurs intermittentes quelques-uns de ces murs dénudés.

— Tel est l'état de mon cœur, pensa Raoul. Il n'est jonché que de ruines, et, si quelque lumière y brille encore, ce n'est que la lueur du feu de ma souffrance, réveillée par le souffle infatigable du souvenir. Ah! plût à Dieu que ce projectile me fût destiné!

Et son œil, qui s'était relevé, suivait une bombe qui venait de bondir de la gueule embrasée d'un mortier anglais. Elle montait, montait dans l'air et se rapprochait de la ville avec un rugissement de plus en plus rauque. Arrivée à l'apogée de son ascension, elle se mit à redescendre en venant droit vers le lieu où se tenait Beaulac.

— Ce serait bien drôle! murmura Raoul avec un sourire amer, tandis que Lavigueur suivait, stupéfait, la marche du projectile.

La bombe arriva jusqu'à eux, en passant toutefois à vingt pieds au-dessus de leur tête, et s'abattit avec fracas sur la demeure de Mlle de Longpré.

Une forte explosion suivit aussitôt l'écroulement d'une partie du toit, tandis que d'horribles clameurs de femmes sortaient de la maison.

— Vite! sauvons-les! s'écria Lavigueur en bondissant vers l'habitation.

D'abord frappé de stupeur, Raoul s'élance derrière le Canadien, qui enfonce la porte d'un coup d'épaule. Déjà le feu prend à l'intérieur de la maison, bouleversée et remplie de fumée et de débris qui volent en éclats.

En deux bonds, Lavigueur saute dans la chambre de Mlle de Longpré, d'où sortent des cris affreux. Raoul court à la grand-chambre déjà tout embrasée, à l'exception du lit de la morte, placé au milieu de l'appartement, et dont les tentures commencent seulement à prendre feu. Raoul enjambe par-dessus les cadavres des deux vieilles qui veillaient auprès du corps et qui ont été frappées à mort par les éclats de la bombe. Il se penche sur son amante et l'enlève dans ses bras.

À la lueur des flammes rouges qui courent en serpentant sur les tentures des murailles, il semble à Beaulac que la figure de sa fiancée s'anime et prend les tons chauds de la vie. Il croit même que les yeux de la morte ont remué Mais ce ne sont que des illusions produites, sans doute, par la réflexion du feu.

Serrant sur son cœur le corps inanimé de sa fiancée, Raoul s'élance hors de la chambre, mais pas assez tôt, cependant, pour empêcher le feu de se communiquer aux légers vêtements de Berthe.

Tandis qu'il retraverse l'antichambre à la course et s'efforce, avec une main restée libre, d'éteindre le feu qui mord les bras inertes de la morte, il sent que celle-ci l'étreint convulsivement par le cou.

Surpris, terrifié, il bondit hors de la maison en jetant un cri d'effroi.

Au même instant, Lavigueur sortait aussi en toute hâte, emportant dans ses bras Mlle de Longpré, saine et sauve, tandis que la servante les suivait affolée.

Voyant que la flamme, qui courait sur les manches de Berthe, menaçait de se communiquer aux vêtements de Raoul, Lavigueur déposa Mlle de Longpré à terre et se mit à étouffer le feu en serrant dans ses mains épaisses les bras de Mlle de Rochebrune.

Mais, à son tour, il ne put retenir une exclamation de terreur.

L'incendie, qui se répandait par toute la maison, éclairait maintenant à l'extérieur en jetant ses lueurs sanglantes à travers les fenêtres.

Lavigueur put donc voir la jeune fille frissonner par tout son corps.

Raoul, qui la sentait frémir entre ses bras, la regardait avec les yeux hagards d'un homme qui se sent devenir fou.

Soudain, Berthe étendit les deux bras, ouvrit les yeux et poussa un profond soupir en murmurant ces mots :

— Mon Dieu! où suis-je donc?

— Elle n'est pas morte!

— Elle vit encore! s'écrièrent les spectateurs de cette scène étrange.

Raoul était tombé à terre sur son genou droit, tandis que sur l'autre, à demi soulevé, reposait la tête de Mlle de Rochebrune dont le corps était étendu sur le sol. Avec une anxiété impossible à décrire, Beaulac suivait, sur la figure de son amante, les progrès de la vie qui revenait.

— Berthe! c'est moi, Raoul, ton fiancé, disait-il à demi-voix, en berçant doucement la jeune fille, comme pour ne point l'effrayer par un trop brusque réveil.

— Raoul! murmura d'une voix si faible que ce n'était qu'un souffle, la jeune fille en se soulevant un peu la tête. Raoul! oh! merci, Seigneur!... Et lui, cet homme..., Bigot..., est-il parti?

— Est-ce donc vrai? mon Dieu! vous me l'avez rendue! s'écria Beaulac en levant les yeux au ciel. Puis inclinant son visage rayonnant sur celui de sa fiancée.

— Ne crains rien, mon ange, tu ne cours aucun danger. Cet homme n'est plus ici.

— Je t'aime, ô mon Raoul! disait Berthe, qui se soulevait en le regardant avec des yeux étranges.

— Et moi donc! Oh! si tu savais... Berthe!

Sur les joues brunies du jeune homme roulaient de grosses larmes.

Mlle de Longpré ne savait si elle devait s'évanouir.

La servante frappait dans les mains de Berthe et l'appelait joyeusement par son nom.

Lavigueur, qui croyait dormir, se donnait de grands coups de poing dans l'estomac pour se réveiller.

L'incendie, cependant, étendait ses ravages et de longues traînées de flamme passaient au travers du toit, qu'elles léchaient de leurs langues altérées de destruction.

La maison ne fut bientôt plus qu'un brasier.

Berthe, qui n'avait eu conscience de rien depuis qu'elle avait perdu connaissance dans la rue Couillard, ne comprenait rien à ce désastre qu'elle contemplait avec un étonnement intraduisible.

Craignant que ces émotions diverses n'amenassent une catastrophe chez la jeune fille si faible qu'elle ne pouvait se soutenir seule, Raoul se hâta de dire à Mlle de Longpré:

— Venez chez moi; je vous abandonne ma maison. Je trouverai facilement ailleurs un logement.

Puis à Berthe, qui lui montrait la maison en feu, et l'interrogeait de son grand œil noir, il ferma la bouche avec un baiser en lui disant:

— Pas maintenant, mon ange. Demain, je te dirai tout, quand tu seras plus forte.

Et soutenant dans ses bras Mlle de Rochebrune, fléchissante à chaque pas, Raoul, suivi des autres acteurs de cette scène palpitante, reprit le chemin de sa maison, aux lueurs de l'incendie qui montaient jusqu'au ciel.

Dans la ville, le tocsin sonnait partout, car le feu prenait en maints endroits.

Au lecteur étonné, pour le moins autant que Lavigueur et Mlle de Longpré, nous devons maintenant une explication de la brusque résurrection de notre héroïne.

Sortant à peine d'une longue maladie, lorsqu'elle s'était échappée du vaisseau anglais, Berthe, encore bien faible, avait eu à surmonter trop d'émotions et de fatigues, dans la nuit de son évasion, pour que son organisation, extrêmement nerveuse, n'en ressentît pas un terrible contrecoup.

Brisée en outre par la course à franc étrier qu'elle venait de faire sur le cheval de Beaulac, elle se trouvait dans un état de prostration extraordinaire, lorsque, pour comble de malheur, elle avait inopinément rencontré Bigot dans la rue Couillard. La vue inattendue de cet homme, qu'elle avait tant de raisons de haïr et de craindre, avait produit sur elle l'effet d'un coup de foudre.

La commotion nerveuse fut telle que, sans perdre toutefois la vie, elle fut instantanément saisie de cette torpeur de tout son être qui ressemble tant à la mort et connu sous le nom de catalepsie.

Dans les attaques très fortes de cette affection apyrétique, disent les médecins, le malade perd tout à fait le sentiment et l'entendement, tandis qu'une roideur, comme tétanique générale du système musculaire, empêche tout mouvement. En ce cas encore, la circulation et la respiration sont presque insensibles, ce qui explique, dit Grisolle dans son traité de pathologie interne, que quelques cataleptiques ont pu être enterrés vivants.

On sait que la catalepsie éclate surtout à la suite d'une vive émotion de peine, de haine et de frayeur, ou après des fatigues produites par des excès de travail.

L'attaque, qui dure quelquefois plusieurs jours, se manifeste plus souvent chez les femmes que chez les hommes, et les personnes extrêmement nerveuses y sont plutôt sujettes.

Il n'y a donc rien d'étonnant que, ramenée ainsi chez elle dans une condition si semblable à la mort, Berthe eût été considérée comme trépassée par Mlle de Longpré et les bonnes vieilles femmes qui avaient enseveli la jeune fille.

La malheureuse enfant, dont les funérailles devaient avoir lieu le lendemain matin, allait donc être enterrée vivante, lorsqu'une bombe était venue miraculeusement tomber sur la petite maison des remparts. Le choc nerveux produit chez Mlle de Rochebrune par l'explosion soudaine du projectile, avec l'action irritante, sur ses bras et ses épaules, du feu qui avait produit l'effet d'un puissant sinapisme en réveillant la sensibilité engourdie, avait enfin tiré la jeune personne de cet affreux sommeil cataleptique.

Le lendemain soir, 15 septembre, dans le boudoir d'une maison de la rue Couillard, une pâle jeune fille, à demi couchée sur un canapé, causait avec une vieille dame, celle-ci se chauffant les pieds sur les chenets, près d'un bon feu qui flambait joyeusement sous le manteau d'une immense cheminée.

Il y avait déjà quelque temps que ces deux dames conversaient entre elles, lorsqu'un jeune officier entra après s'être fait annoncer.

À la vue du nouvel arrivant qui, botté et éperonné, portait en outre une forte épée de combat dont le bout traînait lourdement sur le parquet, la jeune fille ne put retenir un petit cri de surprise douloureuse.

— Mon Dieu! Raoul, où allez-vous donc ainsi armé en guerre? s'écria-t-elle.

Beaulac s'inclina d'abord devant Mlle de Longpré, puis vint s'asseoir auprès de Berthe dont il baisa respectueusement la main amaigrie.

— Mais répondez-moi donc! reprit Mlle de Rochebrune avec un accent anxieux.

— Berthe, dit le jeune homme, qui sentait une larme trembler sur ses paupières, soyez courageuse. Sachons tous deux accomplir un nouveau sacrifice afin de bien mériter le bonheur qui nous attend sans doute, après tant d'épreuves.

— Que voulez-vous donc dire, Raoul? Mais n'en avons-nous pas assez fait déjà de sacrifices? À quelle autre épreuve nous faut-il donc être soumis maintenant?

— Nous devons nous séparer pour quelque temps encore.

— Vous voulez m'éprouver, n'est-ce pas, Raoul? Ne prolongez pas plus longtemps, je vous en prie, cette plaisanterie cruelle. Je ne suis pas encore bien forte, voyez-vous.

Et la pauvre enfant lui jetait un regard triste comme celui de la dernière rose blanche au dernier jour de l'été.

— Une telle plaisanterie, Berthe, serait trop déplacée pour que j'en eusse un instant conçu l'idée. Pauvre ange, le fait est malheureusement trop vrai! Je dois vous quitter ce soir pour rejoindre ma compagnie.

— Mon Dieu! mon Dieu! Raoul!

Et Berthe se mit à pleurer.

Beaulac s'agenouilla devant elle, prit ses deux petites mains dans les siennes, et d'une voix caressante comme celle de la jeune mère à son enfant :

— Voyons, mon amour, soyez raisonnable. Je me trouve éloigné de ma compagnie sans congé d'absence et sans qu'il soit possible d'en obtenir un. D'ailleurs, ce n'est pas dans des circonstances aussi graves que celles où nous sommes qu'un homme d'honneur doit déserter son poste. Je ne m'étais décidé à rester dans la ville que pour vous accompagner à cette dernière demeure dont, grâce en soit rendue au ciel, un miracle vous a tirée. Maintenant que vous m'êtes rendue, il me faut songer au devoir et retourner immédiatement au poste où mon pays et mon roi m'appellent. J'ai dit immédiatement ; car dans un jour ou deux, il me serait impossible de quitter la ville que les Anglais cerneront sans doute complètement.

Berthe lui avait retiré ses mains et sanglotait entre ses doigts blancs qui cachaient à moitié son visage.

— Mais qu'allons-nous donc devenir, seules ici ? dit-elle au milieu de ses larmes. Pourquoi ne pas nous amener avec vous ?

— L'état de faiblesse dans lequel vous êtes encore, ma chère Berthe, rend la chose impraticable. Il me va falloir endurer bien des fatigues avant de rejoindre l'armée.

— Et affronter bien des périls, Raoul. S'il allait vous arriver malheur ! Mon Dieu !

— Écoutez, Berthe, il me semble que le ciel doit être lassé de nous éprouver par la souffrance et que ce sacrifice est le dernier qu'il nous demande. Je crois aux pressentiments, et tout me dit, cette fois, que nous nous reverrons bientôt, et pour ne plus nous séparer.

Mlle de Rochebrune écarta ses jolis doigts de devant son visage et essaya de sourire.

Mais soudain, la pensée d'un nouveau malheur venant l'obséder encore, son front se rembrunit et d'une voix tremblante elle s'écria :

— Qui donc en votre absence, Raoul, me défendra contre les horribles obsessions de cet homme, vous savez qui ?

— Bigot ! Rassurez-vous, Berthe ; il est rendu à Jacques-Cartier avec l'armée. Si, cependant, il avait laissé des instructions à ses gens pour vous molester en mon absence, vous seriez vaillamment défendue par un brave milicien qu'une jambe de bois dispense de service actif et qui a cependant encore assez bon bras et bon œil pour vous protéger contre toute la valetaille de l'intendant. Cet homme, qui m'est tout dévoué, se tiendra complètement armé dans l'antichambre, à côté d'ici. On lui va dresser un lit, et il devra veiller sur vous, nuit et jour, comme sur la prunelle de son œil. Quant à Bigot lui-même, je l'observerai de près au camp, et je suis assez dans les bonnes grâces de mon commandant, M. de la Roche-Beaucourt, pour être chargé d'une mission quelconque afin de suivre Bigot s'il vient jusqu'ici.

— Mais que deviendrons-nous, Raoul, si la ville vient à être prise d'assaut ?

— C'est impossible, ma chère Berthe. Québec ne peut plus tenir et capitulerait plutôt sans combat ; son petit nombre de défenseurs, le manque de vivres et de munitions rendent toute résistance inutile si la ville n'est pas immédiatement secourue. Une capitulation honorable mettrait les habitants à l'abri de toute injure de la part des assiégeants. Mais je suis convaincu que M. de Lévis va venir sous peu de jours, avec l'armée, à la rescousse de la capitale. Maintenant, quant à ce qui est des vivres, j'avais eu soin d'en pourvoir ma demeure avant le siège. Vous trouverez des provisions de toutes sortes dans ma cave pour au moins deux mois. Seulement, vous voudrez bien excuser le peu de variété dans les mets que vous fournissent les provisions d'un pauvre assiégé. Comme vous avez tout perdu, Mlle de Longpré et vous, dans l'incendie qui a dévoré votre maison, et que désormais nous ne devons plus faire qu'une seule et même famille, vous trouverez dans mon secrétaire quelques milliers de francs qui vous aideront à subsister, si mon absence se prolonge plus longtemps que je ne le désire. Enfin, quand je serai de retour, nous ferons reconstruire, si vous le désirez, votre maison des remparts.

En ce disant avec un sourire, Raoul écarta doucement les petites mains qui lui cachaient la figure de sa fiancée, et l'embrassa tendrement sur le front en murmurant à son oreille :

— Allons, sèche bien vite ces méchantes grosses larmes, ou je vais les boire, là, sur tes beaux yeux.

Assise à l'écart, Mlle de Longpré se gardait bien de troubler le délicieux babil des deux pauvres amants et souriait silencieusement à leur bonheur.

La noble jeune fille, habituée depuis longtemps aux grands sacrifices dont son père lui avait donné un si héroïque exemple, ne proféra plus aucune plainte.

Le reste de la soirée s'écoula comme un éclair.

Sur les dix heures, Raoul se leva, pressa sa fiancée sur son cœur et sortit en se demandant avec angoisse s'ils se reverraient jamais.

Une heure après, il parvenait à s'échapper avec Lavigueur et galopait, avec un nouveau cheval, sur la route de Charlesbourg pour gagner Jacques-Cartier en passant par Lorette afin d'éviter les ennemis.

Deux jours plus tard, M. de Ramezay rendait Québec aux Anglais.

S'il avait attendu seulement deux journées encore, la ville était secourue par M. de Lévis qui était descendu de Montréal en toute hâte et avait rejoint l'armée campée à Jacques-Cartier.

VIII

Enfin !

On conçoit aisément de quelle douleur fut saisi le général Lévis, en apprenant la reddition de Québec qu'il allait précisément secourir.

Mais le mal était sans remède, pour le moment du moins, et il fit aussitôt commencer un fort sur la droite de la rivière Jacques-Cartier, afin d'en défendre le passage à l'armée anglaise, si elle tentait de marcher sur Montréal.

La saison était cependant avancée, et l'hiver approchait rapidement, ce qui allait mettre fin à la campagne. Il fallait donc bientôt songer à faire rentrer les troupes dans leurs quartiers d'hiver. On permit aux Canadiens de regagner, à la fin d'octobre, leurs foyers dévastés ; quant aux troupes, elles se replièrent sur Trois-Rivières et Montréal, vers le milieu de novembre. M. Dumas, major général des troupes de la marine, restait avec six cents hommes pour garder le fort de la rivière Jacques-Cartier. M. de Lévis rejoignit alors le gouverneur, Vaudreuil, à Montréal, où le siège du gouverneur avait été transporté après les désastres du treize septembre.

Les Anglais ne désirant point pousser plus loin leurs succès cette année-là, et se tenant cois à Québec qu'ils s'occupèrent à fortifier durant la mauvaise saison, l'hiver s'écoula sans qu'aucun engagement sérieux prît place entre les deux partis. Il y eut bien, il est vrai, quelques escarmouches que les généraux permirent à de petits détachements d'engager. Mais c'était plutôt pour tenir, des deux côtés, le soldat en haleine qu'en vue d'amener une action décisive.

Le général Lévis s'était hâté d'envoyer en France, après la chute de Québec, le commandant d'artillerie, M. Le Mercier, afin de demander des secours. Mais la France était trop éloignée pour entendre les cris de détresse de ses enfants, ou plutôt elle fermait les oreilles aux plaintes de leur agonie.

De sorte qu'au retour du printemps nous nous trouvions encore dans une plus grande pénurie de troupes, d'approvisionnements et de munitions que l'année précédente.

Il était, pour le moins, téméraire d'oser continuer la lutte. Pourtant M. de Lévis, aidé par la bravoure des troupes françaises et le sublime dévouement des Canadiens, qui ne se pouvaient décider à se séparer de cette cruelle mère patrie qui tournait le dos à ses enfants, afin de ne les voir pas expirer pour elle, M. de Lévis voulut tenter un suprême effort pour reprendre Québec.

L'hiver était à peine fini, et le fleuve charriait encore d'épais glaçons, que, le 20 avril 1760, les glorieux restes de la milice et de l'armée s'ébranlaient de nouveau pour la victoire ou la mort.

C'est à peine si cette armée chevaleresque s'élevait à sept mille combattants, dont trois mille cinq cents hommes de troupes, trois mille miliciens et quelques centaines de Sauvages, qui ne furent d'aucune utilité lors de la seconde bataille d'Abraham[75].

Chacun connaît les résultats, si glorieux pour nous, de la bataille de Sainte-Foye, livrée sous les murs de Québec par nos troupes, contre celles du général anglais Murray. Sur le champ même où le combat eut lieu, s'élève un monument d'airain, couronné d'une Bellone qui porte haut la tête et regarde fièrement au loin, vers Montréal, étendant au-dessus de la plaine la couronne de laurier destinée aux vainqueurs; car elle sait que, si les ombres des montagnards écossais sortaient de terre pour jeter au vent les cris de triomphe de la première bataille d'Abraham, les ossements blanchis des soldats canadiens et français, qui dorment à ses pieds, secoueraient aussi leur poussière pour dire à leurs vieux ennemis comment les grenadiers anglais de Murray s'enfuirent, le 28 avril 1760, devant les bataillons triomphants de Lévis.

Obligé de se renfermer dans la ville, après sa défaite, Murray attendit patiemment les secours qu'on lui envoyait d'Angleterre; M. de Lévis, qui attaquait la ville à son tour, étant tout à fait dépourvu d'un matériel de siège.

Depuis sa victoire, Lévis interrogeait l'horizon d'un œil anxieux, pour apercevoir une voile amie qui lui apportât l'espérance avec l'aide. S'il était secouru, les désastres de l'année précédente pouvaient se réparer en replantant la hampe du drapeau fleurdelisé sur le vieux roc de Québec.

Le 9 et le 15 de mai, trois frégates apparurent en vue du port. Du plus loin qu'on les entrevit, Anglais et Français sentirent battre leur cœur de crainte et d'espérance. Quand, enfin, les couleurs hissées au grand mât se purent distinguer, un long hourra d'enthousiasme s'éleva des remparts de la ville. Les trois frégates étaient anglaises.

Alors, Lévis, consterné, manquant de tout; Lévis, qui n'était pas mort parce que les balles anglaises en avaient eu peur; Lévis, le brave mais clairvoyant général, sentit que tout était perdu.

Il se replia sur Montréal, en disséminant dans les campagnes ses troupes qu'il ne pouvait plus tenir réunies faute de vivres. C'étaient les derniers lambeaux de notre gloire que la fatalité dispersait.

---

75. «Les Sauvages, qui s'étaient presque tous tenus dans les bois en arrière, pendant le combat, se répandirent sur le champ de bataille, lorsque les Français se furent éloignés à la poursuite des fuyards; ils assommèrent quantité de blessés anglais, dont l'on trouva ensuite les chevelures étendues sur les buissons voisins. Aussitôt que le général Lévis fut informé de ces massacres, il prit les mesures les plus rigoureuses pour les faire cesser.» M. GARNEAU.

Ensuite, nous ne marchâmes que de malheurs en désastres ; tant qu'enfin, le 8 septembre 1760, Montréal, défendu seulement par 3000 hommes et douze pièces de canons, et dépourvu de fortifications, se vit entouré par les trois corps d'armée des généraux Amherst et Murray, et du brigadier Haviland, qui disposaient de plus de 17 000 hommes et d'une artillerie considérable.

Il ne nous restait plus de vivres que pour quinze jours et de poudre que pour un combat.

M. de Vaudreuil assembla le conseil de guerre, auquel Bigot soumit un projet de capitulation. La situation était si désespérée que les officiers furent de l'avis de l'intendant, dont les plans diaboliques réussissaient enfin, à l'exception de M. de Lévis, qui voulait se retirer dans l'île Sainte-Hélène et s'y défendre jusqu'à la mort.

M. de Vaudreuil s'opposa à cette folie sublime, et l'on capitula.

C'est ainsi que se termina cette lutte de cent cinquante ans pour la possession de la Nouvelle-France, qui tombait enfin sous la puissance de l'Angleterre par la capitulation du 8 septembre 1760.

En inscrivant ce traité, là-haut, l'ange qui tient les registres de Dieu laissa tomber une larme sur une malheureuse colonie si croyante et si dévouée à la mère patrie. Ce céleste pleur descendit sur le front de nos pères comme la rosée d'un nouveau baptême dont la vertu surnaturelle devait les aider, ainsi que leur postérité, à braver impunément les sentiments hostiles de races étrangères au milieu desquelles nous jetait, sans défense aucune, l'abandon de la France. Et voilà comment il se fait que nous marchons aujourd'hui la tête haute à côté des vainqueurs, qui n'ont pu réussir à arracher de notre diadème ces deux joyaux indispensables à la couronne d'un peuple, la langue et la religion de ses aïeux.

Par une fraîche et radieuse matinée du mois d'octobre 1760, un assez grand concours de commères et de flâneurs se portait à la petite église des ursulines, qui était la seule à Québec où l'on pouvait faire l'office, les autres ayant été complètement ou en partie détruites par le bombardement[76].

Tous les regards étaient tournés vers la grande porte, bien lente à s'ouvrir au gré des curieuses qui, le nez en l'air et le poing sur la hanche, n'en perdaient cependant pas un coup de langue.

---

76. « L'église cathédrale a été entièrement consumée. Dans le Séminaire, il ne reste de logeable que la cuisine, où se retire le curé avec son vicaire. L'église de la basse-ville est entièrement détruite ; celles des récollets, des jésuites et du Séminaire sont hors d'état de servir sans de très grosses réparations. Il n'y a que celle des ursulines où l'on peut faire l'office avec quelque décence. » Lettre de Mgr de Pontbriand au ministre.

— Est-elle belle, la chère demoiselle ! s'écriait l'une des vieilles femmes, dont l'aigre voix planait au-dessus du caquetage de ses voisines. Est-ce que vous l'avez vue quand elle est entrée dans l'église ?

— Et le marié, donc, disait une autre, a-t-il bonne mine, un peu ? Ce beau regard qu'il nous a jeté. Et cette grande épée dorée qui lui bat sur une jambe faite comme au tour !

— Quel beau petit couple ! reprenait la première, en montant encore d'un demi-ton. Et dire qu'il y aura quarante ans à la Saint-Michel que mon pauvre défunt Thomas me menait aussi à l'autel ! Jésus-Seigneur, que le temps passe vite... et le bonheur aussi !

— Dites donc, la mère, fit un boiteux qui aimait à rire, vous ne deviez pas être mal, il y a quarante ans ?

— Non, blanc-bec, je n'étais pas mal, en effet. Quand Julie Chevrette sortait endimanchée de la grand-messe, entre deux rangées d'amoureux, qui attendaient à la porte une chance de la reconduire, ce n'est pas sur toi, mal bâti, qu'elle aurait jeté les yeux !

Et la vieille se redressait comme si les rides semi-séculaires que le temps avait creusées dans sa figure n'avaient pas remplacé le velouté de ses joues roses de quinze ans.

Les voisines rirent aux éclats, et le boiteux confus allait s'éloigner clopin-clopant, lorsqu'un frémissement passa sur la foule avec ce murmure unanime :

— La voilà !

Les cous ridés s'allongèrent et, pour un moment, les langues s'arrêtèrent dans les bouches entrouvertes pour ne laisser rien perdre de la scène aux yeux qui se fixaient impatients sur l'entrée de la petite église.

M. le bedeau, avec sa longue robe noire, à parements et à retroussis de couleur écarlate et sa baguette d'ébène cerclée d'argent, venait d'ouvrir la grande porte pour laisser passer un cortège nuptial.

Radieux et donnant le bras à la mariée, Raoul de Beaulac marchait en tête. Les commères avaient raison. Il portait galamment son brillant costume d'officier, notre héros. Et plus d'une vieille qui sentait à sa vue renaître en elle l'ardeur de sa jeunesse, depuis maintes années envolée sur les ailes du temps, enviait le sort de la jeune femme qui, tendrement suspendue au bras de son nouvel époux, tenait baissées ses noires prunelles dont les longs cils bruns projetaient leur ombre sur ses joues colorées du plus vif incarnat.

Suivaient M. de la Roche-Beaucourt qui avait accompagné Raoul à l'autel, et Lavigueur dont les galons de sergent de cavalerie couraient sur un habit tout reluisant et constataient son nouveau grade. Dans sa gratitude envers le brave homme qui l'avait adoptée mourante, par une froide nuit d'hiver, sur le seuil de l'intendance, Berthe avait voulu que Jean Lavigueur lui servît encore une fois de père. Raoul ne s'était certes pas refusé à cette délicate attention. Aussi, Lavigueur ne se sentait-il pas d'orgueil et de joie ; et sa femme, qui avait assisté à la cérémonie dans un coin de la chapelle, avait pleuré de bonheur, tout le temps qu'avait duré la messe nuptiale, en contemplant tour à tour la belle mariée, sa fille d'adoption, et Jean, son époux, si vaillant dans son bel uniforme et dans sa dignité.

Après avoir quitté Québec, l'automne précédent, Raoul avait suivi partout M. de Lévis, qui se l'était attaché comme aide de camp, tout en lui conférant le grade de capitaine, pour le récompenser de sa belle conduite à la première bataille d'Abraham. Beaulac s'était encore couvert de gloire à la bataille de Sainte-Foye, à laquelle il assista en sa qualité d'aide de camp ; car le corps de cavalerie commandé par M. de la Roche-Beaucourt ne prit aucune part à l'action. Enfin, après la capitulation de Montréal, rien ne le retenant plus sous les drapeaux, Beaulac s'était empressé de descendre à Québec pour y rejoindre sa fiancée dont il n'avait pas eu de nouvelles depuis le mois de septembre de l'année précédente.

Forcées de sortir de Québec avec tous les citoyens que Murray avait expulsés de la ville avant la bataille de Sainte-Foye, Berthe et Mlle de Longpré s'étaient réfugiées à Charlesbourg chez la sœur de l'ancienne servante Marthe, où la jeune fille avait passé de si heureux jours lorsqu'elle était enfant.

Raoul l'y retrouva plus charmante et fidèle que jamais. Maintenant qu'il avait rempli son devoir envers la patrie, il ne restait plus à Beaulac qu'à faire le bonheur de la noble jeune femme qui voulait bien nouer son âme à la sienne.

Avant de la conduire à l'autel, il eut soin, toutefois, de se rendre en pèlerinage à Sainte-Anne-du-Nord, qu'il avait invoquée dans cette nuit terrible qui l'avait vu tout à tour plongé au fond d'un abîme d'angoisse et emporté, soudain, sur les cimes les plus hautes de la félicité humaine.

Comme la foule se fendait au-devant des nouveaux époux, le roulement d'une voiture qui arrivait avec grand fracas de la rue Saint-Louis par la rue des Jardins fit reculer les spectateurs, qui se rangèrent pour n'être point broyés sous les roues du pompeux équipage.

À peine Berthe, maintenant Mme de Beaulac, eut-elle jeté un coup d'œil distrait dans la voiture qui ralentissait un peu sa course, que la jeune femme poussa un cri en se serrant contre Raoul.

— Mon Dieu ! encore cet homme ! dit-elle en pâlissant.

Beaulac aperçut aussitôt l'intendant Bigot et Mme Péan qui se prélassaient dans le carrosse armorié.

De son côté, l'intendant promenait sur la foule une regard arrogant et froid. Il blêmit soudain et ne put retenir un mouvement nerveux qui n'échappa point à Mme Péan.

— Tiens! dit-elle, n'est-ce pas là cette charmante personne que j'ai par hasard, un jour, ou plutôt un soir, rencontrée à votre maison de Beaumanoir? Mais on dirait qu'elle vient de se marier.

Et la cruelle lança une œillade moqueuse à l'intendant. Furieux, celui-ci fit fouetter ses chevaux, qui partirent au grand trot, quitte à écraser quelque manant.

Des cris d'indignation et des huées s'élevèrent de la foule. Car si Bigot avait autrefois été populaire, il était maintenant en grande défaveur auprès des Canadiens, auxquels ses malversations et ses opérations financières faisaient perdre, le fait était maintenant public, quarante et un millions de francs[77].

— Ah! le pendard! criaient les uns en lui montrant le poing. Non content de nous voler, il nous écrase!

Et les autres:

— Voyez un peu cette catin qui se carre dans la soie dont nous payons les frais!

— C'est cela, bêlez, mes agneaux, murmura l'intendant, que ses chevaux entraînaient vers la basse-ville dans un tourbillon de poussière; je pars escorté de vos malédictions, mais j'emporte votre argent pour m'en consoler!

Berthe tremblait encore et disait à son mari d'une voix émue:

— Plaise au ciel, Raoul, que ce ne soit pas derechef un mauvais présage qui traverse notre bonheur.

— Rassure-toi, mon ange! répondit Beaulac en pressant sous le sien le bras de la jeune femme. Nous ne reverrons probablement jamais l'intendant. Ne sais-tu pas qu'il s'embarque ce matin sur le *James* pour la France[78]? Ainsi, loin que ce soit un mauvais pronostic, j'estime, au contraire, que c'est un dernier nuage qui disparaît de notre ciel.

---

77. «Il restait dû par l'État, aux Canadiens, 41 millions en ordonnances et 7 millions en lettres de change. La créance des Canadiens, immense pour le temps, fut presque entièrement perdue pour eux. Des marchands et des officiers anglais achetèrent à vil prix une partie de ces papiers et en revendirent une portion à des facteurs français sur la place de Londres, pour de l'argent comptant.»

78. Le marquis de Vaudreuil, M. de Lévis et l'intendant laissèrent Québec le 8 septembre 1760; le gouverneur sur l'*Aventure*, M. de Lévis sur la *Marie* et Bigot sur le *James*. Les troupes avaient été embarquées sur plusieurs autres vaisseaux qui firent voile de Québec pour la France depuis le 3 octobre jusqu'au 28.

Ceci est tiré de «l'état de l'embarquement des troupes à Québec», que l'on peut voir dans les manuscrits de la Société littéraire et historique de Québec. *Archives de Paris*, 1760 à 1763.

Les Anglais, qui avaient intérêt de se débarrasser des hommes les plus influents de la colonie conquise, s'étaient hâtés de renvoyer en France les principaux fonctionnaires du gouvernement canadien, ainsi que les troupes et les familles les plus nobles et les plus riches. Avec tous ceux-là s'étaient trouvés compris les escrocs et les folles galantes qui ont figuré dans ce livre et dont la vie désordonnée avait jeté, durant quelques années, le scandale par toute la colonie. Le dernier de cette bande de corbeaux maintenant repus, Bigot, quittait enfin le sol sur lequel il ne voyait plus rien à piller et s'envolait à son tour en jetant son sinistre croassement sur ce pays jonché de ruines, qu'il avait trouvé si florissant, lorsqu'il s'y était abattu tout affamé.

Le départ précipité de tous ces roués fut cause que le Canada conserva ses anciennes mœurs si pures qui font encore aujourd'hui l'honneur de notre population ; car le contact de cette corruption étrangère et partielle n'avait pas assez longtemps duré pour gagner la société canadienne, dont l'honnêteté a toujours été si proverbiale qu'on se refuse, maintenant encore, lorsqu'on feuillette les vieux mémoires, à croire aux roueries de l'intendant Bigot et de son fastueux entourage.

Raoul et Berthe restèrent au pays, où les retenaient d'ailleurs leurs intérêts et leurs souvenirs.

— Furent-ils heureux ?

Comme celle du dramaturge, la main de l'auteur se refuse de soulever la toile qu'il a prudemment laissée retomber sur les époux ; car derrière ce voile, il a pu entrevoir l'escorte de soucis et de souffrances bien souvent qui se joignent au cortège des nouveaux mariés et les tirent bientôt de leur extase d'un moment, pour les pousser dans l'âpre chemin de la vie réelle, où leurs pieds saignent avant longtemps, ainsi que les nôtres, en se heurtant contre les pierres de la route.

Épilogue

Malgré son infernal génie et ses combinaisons savamment rusées, il était une chose que Bigot n'avait pas prévue et qui devait pourtant grandement contribuer à causer sa perte. C'était la venue au Canada d'un commissaire chargé de s'enquérir secrètement de l'administration de l'intendant et de ses affidés. Cet homme, M. le Trémis, avait été envoyé ici comme la guerre tirait à sa fin, entre la chute de Québec et la capitulation de Montréal.

« Homme d'esprit et de pénétration, dit M. Ferland, le commissaire découvrit beaucoup de spéculations qui avaient eu lieu, et dans ses observations au ministre, il détailla les circonstances qui confirmaient les inexactitudes dont la compagnie avait si souvent été accusée.»

Aussi Bigot se vit-il menacé d'une disgrâce et d'une ruine complètes, dès son arrivée en France. «C'est vous qui avez perdu la colonie, lui dit M. Berryer, lorsque l'intendant se présenta à Versailles. Vous y avez fait des dépenses énormes; vous vous êtes permis le commerce, votre fortune est immense... votre administration a été infidèle, elle est coupable[79].»

Bigot, atterré, se retira à Bordeaux, d'où il tâcha de mettre en jeu les influences qu'il avait à la cour, entre autres celles d'un M. de la Porte, bien en place à Versailles, afin qu'elles l'aidassent à éviter l'orage. Mais ce fut en vain; la mesure était comble, et la moindre circonstance qui la devait faire déborder ne fut pas longue à venir. Pour éviter le mécontentement, l'indignation que le peuple avait ressentis de la perte de la plus belle colonie française, le gouvernement pensa qu'il était de bonne politique de jeter en pâture à la vengeance populaire les principaux fonctionnaires que la rumeur publique accusait d'avoir hâté par leurs prévarications la perte de la Nouvelle-France.

Bigot vivait depuis quelques mois à Bordeaux dans une anxiété facile à comprendre lorsqu'il fut averti qu'il était question de l'arrêter. Que faire? Fuir, c'était se reconnaître coupable. Mieux valait rester et tâcher de conjurer l'orage en achetant ses juges; car il était assez riche pour le faire.

Il se rendit en conséquence à Paris pour gagner les ministres. Mais à son grand désespoir, aucun d'eux ne consentit à le recevoir. Et à peine y avait-il quatre jours qu'il était arrivé à la capitale qu'il fut arrêté et jeté à la Bastille, le 17 novembre 1761, en même temps que vingt autres prévenus accusés d'être ses complices, parmi lesquels Péan, Cadet, Corpron, Bréard, Estèbe et Pénissault, dont les noms ont plus ou moins figuré dans ce récit.

Trente autres complices, ou prétendus tels, furent aussi décrétés de prise de corps comme contumaces. Parmi ces absents qui avaient eu soin de se tenir hors des atteintes de la justice à venir, se trouvait le rusé Deschenaux, ex-secrétaire de l'intendant.

Une commission présidée par le lieutenant général de police, M. de Sartine, et composée de vingt-sept juges au Châtelet fut chargée de juger l'affaire en dernier ressort.

Bigot avait été immédiatement mis au secret. Il resta ainsi onze mois entiers sans communiquer avec personne, seul avec ses pensées sombres, le criminel intendant, jusqu'au mois d'octobre 1762, où les accusés obtinrent des conseils pour préparer leur défense.

---

79. Ce passage est cité par M. GARNEAU.

L'instruction, qui dura jusqu'à la fin de mars 1763, mit enfin à nu toutes les hontes et les turpitudes de l'administration de Bigot. Quand il vit que les charges étaient si lourdes et les preuves si écrasantes, le misérable voulut entraîner au moins, dans sa chute, tous ceux qui avaient pris part à ses pilleries. C'est alors que l'on vit ces escrocs aux abois tourner les uns contre les autres des armes dont les blessures devaient causer leur perte, et qu'ils achevèrent ainsi eux-mêmes de convaincre les juges de leur culpabilité déjà très évidente.

Enfin, le onze janvier 1764, en place de Grève, à Paris, et dans les principales villes du royaume, notamment à Bordeaux, à la Rochelle et à Montauban, le jugement rendu par la commission fut «lu et publié à haute et intelligible voix, à son de trompe et cri public, en tous lieux et endroits ordinaires, par Philippe Rouveau, Huissier à Verge et de Police au Châtelet de Paris, accompagné de Louis-François Ambezar, Claude-Louis Ambezar, Jurés-Trompettes, à ce que personne n'en prétendît cause d'ignorance[80]»?

Voici le résumé de ce jugement concernant quelques-uns des acteurs de ce drame :

D'abord, François Bigot était «dûment atteint et convaincu d'avoir, pendant le temps de son administration dans la colonie française du Canada, en l'Amérique septentrionale, toléré, favorisé et commis lui-même les abus, malversations, prévarications et infidélités mentionnés au procès, dans la partie des finances, l'une des plus importantes de celles dont il était chargé, lesquelles sont principalement quant à l'*approvisionnement des Magasins-du-Roy en marchandises*[81]».

Aussi était-il banni à perpétuité du royaume ; ses biens étaient confisqués, et on le condamnait à 1000 livres d'amende ainsi qu'à 1 500 000 livres de restitution.

Quant à ses complices, voici quelle était la teneur du jugement rendu contre les principaux d'entre eux :

Cadet, banni pour neuf ans de Paris, 500 livres d'amende, 6 millions ! de restitution ;

Pénissault, banni pour neuf ans de Paris, 500 livres d'amende, 600 000 de restitution ;

Corpron, condamné à être admonesté en la chambre, 6 livres d'aumône, 30 000 livres de restitution ; et quelques autres dont les noms n'ont point paru dans ce récit.

---

80. *Jugement rendu souverainement et en dernier ressort dans l'affaire du Canada, etc., à Paris.* Ce volume se trouve à la bibliothèque du ministère de l'Instruction publique.
81. Voyez encore le jugement plus haut cité.

Bien que Péan fût mis hors de cour, attendu cependant les gains illégitimes faits par lui dans les différentes sociétés auxquelles il avait appartenu, il fut condamné, le 25 juin 1764, à restituer à S. M la somme de 600 000 livres et à garder prison au château de la Bastille jusqu'à ladite restitution.

Quant au contumace Deschenaux, il fut banni pour cinq ans de Paris et condamné à 50 livres d'amende et à 300 000 livres de restitution[82].

Par une froide soirée de la fin de mars 1764, un homme remontait du port de la Lune, à Bordeaux, et se dirigeait en grande hâte vers le centre de la ville. Enveloppé soigneusement dans un large manteau noir, dont le collet relevé lui montait jusqu'aux oreilles, tandis qu'un feutre à large bord, tiré sur les sourcils, cachait ses traits aux passants, cet hommes avançait rapidement et sans jamais regarder en face ceux qui se rencontraient sur son passage.

Après avoir ainsi marché quelque temps, les pieds trempés par la neige boueuse, il profita d'un moment où il se trouvait seul pour relever la tête et s'orienter. Apercevant à sa gauche les trois tours de l'église métropolitaine de Saint-André, lesquelles ressortaient à peine du brouillard, il se dirigea de ce côté.

Arrivé en face de la cathédrale, il tourna à droite et s'engagea dans une petite rue sombre et déserte.

Au bout de cinquante pas, il s'arrêta près d'une maison à deux étages, et dont la façade n'était pas plus éclairée que la rue.

— Dieu me damne! grommela-t-il en levant les yeux jusqu'à l'étage supérieur, tout le monde doit dormir ici. Eh bien! réveillons-les.

Et sans plus tarder, il monta les degrés, souleva le lourd manteau de fer et frappa brusquement trois coups, dont le son se prolongea sourdement à l'intérieur de la maison.

Il attendit quelques minutes avec assez de patience, mais n'entendant aucun bruit au-dedans, il saisit de nouveau le heurtoir d'une main nerveuse et frappa à plein bras.

Une minute s'écoula bien encore sans qu'on eût paru l'entendre.

Notre homme allait réitérer son appel et se disposait à l'accentuer d'une façon plus vigoureuse encore, lorsqu'un bruissement de pas, qui venait s'approchant, à l'intérieur, frappa son oreille.

Un petit guichet, pratiqué dans la porte, s'ouvrit bientôt, et quelqu'un demanda d'une voix grondeuse et endormie:

---

82. Voyez, outre le jugement déjà cité, l'*Histoire du Canada* de M. Dussieux.

— Qui est là ?

— Un ami de madame et qui veut lui parler à l'instant, répondit l'homme du dehors en déguisant sa voix.

— Madame ne reçoit pas à cette heure, reprit le verbe de plus en plus aigre du portier.

Et il allait refermer le guichet, lorsque l'autre lui tendit une pièce d'or, laquelle brilla à la lumière du flambeau, qui éclairait aussi, par l'ouverture, la figure rechignée du concierge.

Le visage du portier s'adoucit, quand il eut pris entre ses doigts la pièce d'or dont le poids acheva de le dérider.

— Faites-moi le plaisir de porter ce billet à madame, lui dit l'inconnu. Si elle n'est pas au lit, elle me recevra sans doute.

— Que monsieur veuille m'attendre.

Et le concierge s'éloigna, après avoir toutefois soigneusement refermé le guichet.

Dix minutes s'écoulèrent, pendant lesquelles l'homme au manteau mâchonna maints jurons tout en frappant le seuil de ses pieds refroidis.

Enfin le bruit de pas résonna de nouveau dans le vestibule, suivi cette fois d'un grincement de verrous. La porte s'ouvrit.

— Entrez, monsieur, dit le concierge.

En homme qui savait les êtres de la maison, l'inconnu traversa rapidement le vestibule et pénétra dans une grande salle du rez-de-chaussée.

Une seule bougie, qu'on venait évidemment d'allumer, éclairait l'appartement, dont les murailles étaient revêtues d'une tapisserie de haute lisse à personnages qui, dans la demi-obscurité où se trouvait la salle, semblaient des êtres vivants enveloppés des ombres silencieuses du sommeil ou des fantômes évoqués par l'approche de minuit.

Le concierge referma la porte et l'inconnu se trouva seul.

Il ôta son feutre qui dégouttait de pluie et le jeta sur un meuble. Ensuite, il rabattit le collet de son manteau dont il finit par se débarrasser entièrement et se laissa retomber dans un fauteuil.

La lumière de la bougie, qui s'épandait en plein sur sa figure, éclaira les traits de François Bigot.

Mais qu'il était changé, l'ex-intendant !

Au lieu de ce teint rosé que nous lui connaissions, ses joues étaient maintenant flasques et pâles, et toutes sillonnées de rides, tandis que sous la poudre perçaient quelques mèches de cheveux grisonnants. Son front soucieux s'était creusé sous la griffe du malheur et de l'infamie, et sur son dos courbé semblaient peser encore les voûtes du cachot de la Bastille.

— Comment va-t-elle me recevoir ? pensa Bigot.

Il passait fiévreusement la main sur son front, comme pour en effacer la tache d'infamie que la justice y avait apposée, quand une porte s'ouvrit au fond de l'appartement pour laisser entrer une femme, dont la figure était cachée par un loup de velours noir.

Bigot l'avait reconnue à sa démarche onduleuse ainsi qu'à sa taille de reine. Il se leva vivement et fit trois pas au-devant d'elle.

Mais la dame s'arrêta et, lui faisant une froide révérence, elle lui enjoignit du geste de reprendre son siège, tout en s'asseyant elle-même à une bonne distance de Bigot.

— Ah! madame! s'écria celui-ci, je vois bien à cet accueil glacial que votre amitié n'a pu survivre à ma prospérité disparue!

La dame voilée ne répondit point.

— Je m'en doutais! poursuivit Bigot d'une voix amère. Aussi m'en a-t-il coûté de venir ici. Mais, en me rappelant vos serments passés, j'ai osé compter sur l'avenir en me disant que tout n'était pas perdu pour moi, puisque vous me restiez encore.

Bigot s'arrêta, pensant que Mme Péan lui répondrait. Mais elle restait muette.

La honte et la rage transportèrent Bigot, qui s'écria d'une voix où perçait la colère:

— Il est une chose, madame, à laquelle je n'avais certes pas raison de m'attendre, c'est ce dédain superbe avec lequel vous m'accueillez. Je suis, il est vrai, ruiné, flétri, taré. Mais enfin, vous le savez, qu'ai-je fait de plus que M. le major Péan, qui attend encore son procès à la Bastille? Le même malheur ne peut-il pas lui arriver qu'à moi?

La jeune femme se redresssa sous le coup de cette mordante vérité, puis elle s'écria, mais d'une voix étrange, sourde, et que Bigot reconnut à peine:

— D'abord, monsieur, n'insultez pas d'avance le mari dont j'ai très indignement porté le nom et à l'honneur duquel vous avez fait un si grand tort; car il n'a pas encore été condamné, lui[83]. Ensuite, laissez-moi vous dire que c'est bien mal à vous de me supposer d'aussi sordides sentiments que ceux que vous me prêtez. Fussiez-vous encore plus malheureux que vous n'êtes, je voudrais partager vos souffrances comme j'ai pris part à votre prospérité, si les plus sérieux motifs ne me faisaient maintenant un devoir de vous dire: Monsieur Bigot, tout rapport doit immédiatement cesser entre nous.

— C'est fort bien parlé, madame, répliqua l'autre avec ironie. Et je conçois que l'occasion est bien choisie pour me tourner le dos, sous prétexte de revenir à ce mari, que vous avez pourtant bien négligé jusqu'à ce jour!

---

83. Péan ne fut, en effet, définitivement jugé que le 25 juin 1764.

L'intendant Bigot • 1009

— Je ne relèverai pas cette insulte, monsieur Bigot. La colère qui vous aveugle vous empêche de voir l'inconvenance de vos procédés. Je vous dirai plutôt : Oubliez-moi, et tandis qu'il en est temps encore, repentez-vous des fautes de votre vie passée. Car la patience de Dieu s'est lassée de nos crimes et sa colère s'appesantit maintenant sur nous.

— Bon! il ne manquait plus qu'un sermon de vous pour couronner la sentence de messieurs les juges du Châtelet. Continuez, madame, j'ai acquis énormément de patience durant dix-huit mois de captivité, et j'en ai subi bien d'autres que vos pieuses considérations sur les châtiments de la Providence.

— Ne raillez pas la divinité, monsieur ; car moi, qui vais bientôt mourir, je vous dis que les vengeances de Dieu sont épouvantables!

Cette voix qui lui parlait avait quelque chose de si navrant, que Bigot en ressentit un malaise indéfinissable.

— Que dites-vous, madame? s'écria-t-il. Vous, mourir?

— Oui, monsieur. Un mal horrible me consume et dans quelques mois, dans quelques semaines, peut-être, j'irai rendre compte à Dieu de ma coupable vie.

— Ah! vous voulez me tromper, Angélique! s'écria Bigot en se jetant à genoux aux pieds de la dame. Je vous en supplie au nom de votre amour passé, ne rejetez pas un infortuné qui n'a plus d'espoir qu'en votre affection! Ne méprisez pas trop celui qui, pour vous plaire, pour satisfaire vos moindres caprices, a tout outragé, devoir, honneur et patrie. Angélique, écoutez. Je pars demain pour l'Amérique. Prenez passage avec moi sur le *Fortune*. Nous donnant pour Huguenots, nous trouverons facilement un asile dans les colonies anglaises. Là, sur un coin de terre isolée, nous vivrons ignorés des hommes et pourrons encore couler d'heureux jours avec les lambeaux de ma fortune, arrachés aux griffes des recors du Châtelet. Oh! n'est-ce pas que vous ne me refuserez point, Angélique? Dites! vous avez voulu m'éprouver, n'est-ce pas? Et ce masque, qui voile encore votre figure, vous ne l'avez mis que pour me cacher les impressions de votre visage et me surprendre plus agréablement ensuite. Enlevez-le, je vous en prie, que je voie encore ces traits chéris, dont le divin rayonnement réchauffera mon cœur!

— Il ne sera pas dit, monsieur, que je vous aurai refusé ce dernier sacrifice! repartit douloureusement la jeune femme. Mais puisse, au moins, l'horrible impression que je vais vous causer vous faire croire à la justice de ce Dieu dont vous niez l'existence et qui m'a si cruellement punie!

D'un geste nerveux elle arracha le loup de velours qui lui descendait du front jusqu'au menton.

Bigot jeta un cri affreux et se rejeta en arrière, tandis que Mme Péan, frappée de la terreur qu'éprouvait son ancien amant en apercevant sa figure, s'affaissait évanouie sur le parquet.

Un hideux cancer dévorait le visage naguère si ravissant de la coquette qui passait encore pour une perle de beauté la dernière fois que Bigot l'avait vue avant d'entrer à la Bastille. Les horribles pattes de crabe de la tumeur s'étaient enfoncées dans cette peau satinée, dans ces chairs luxuriantes, et s'étendaient maintenant presque jusqu'au front, à partir de la bouche. Les cartilages du nez avaient disparu, mettant à nu des cavités sanguinolentes et noires, tandis que la lèvre supérieure, à demi rongée, laissait à découvert la gencive et les dents.

C'était quelque chose d'effroyable à voir; une tête de morte exhumée du sépulcre quand la putréfaction a commencé.

Bigot ne put supporter plus longtemps cette horrible apparition et s'enfuit épouvanté.

Le lendemain, il s'embarquait sur le *Fortune*.

Le commencement de la traversée fut des plus heureux, et le vaisseau cinglait rapidement vers les pays d'Amérique.

Après toutes les angoisses des cachots de la Bastille, et les hontes du procès, Bigot ressentait un bien-être extrême du grand calme qui se faisait dans sa vie. À part le capitaine qui savait son histoire, personne ne le connaissait à bord.

Déjà même il faisait des rêves d'avenir et l'horizon d'occident, vers lequel tendaient sa course et ses désirs, se parait à ses yeux des couleurs les plus roses.

Il avait une assez forte somme en or qu'il portait sur lui dans une ceinture de cuir. À l'aide de cet argent, il pourrait facilement reconstruire sa fortune dans les colonies anglaises où il serait complètement inconnu.

Une nuit qu'il avait regagné son cadre et rêvait à sa prochaine arrivée en Amérique, il fut soudain tiré de ses réflexions par un cri sinistre qui retentit sur le pont et que suivit un grand tumulte. Il s'habilla en un clin d'œil, passa sa ceinture autour de son corps et monta sur le tillac.

— Le feu! le feu! criaient les marins en courant éperdus sur le pont.

À la lumière des étoiles, Bigot entrevit en effet une épaisse fumée qui sortait par les écoutilles. Il s'approcha et aperçut une grande lueur qui tranchait sur les ténèbres épaisses du fond de cale.

Un matelot imprudent avait déposé une chandelle allumée au-dessus d'un baril de goudron, qu'on avait ouvert dans la journée pour faire quelque réparation au navire. Appelé subitement sur le pont, le marin avait oublié sa chandelle qu'un coup de tangage avait jetée tout allumée dans le goudron qui avait pris feu.

Le capitaine arriva sur le tillac au moment où Bigot y mettait le pied. Il voulut d'abord essayer de faire éteindre la flamme qui déroulait ses longs anneaux dans les flancs du navire comme un serpent qui voudrait bondir hors de sa cage. Mais il reconnut bientôt l'inutilité des efforts de tout son équipage réuni. Le foyer en était déjà trop étendu pour qu'on pût éteindre l'incendie.

— Fermez les écoutilles, et qu'on mette les chaloupes à la mer! commanda le capitaine.

C'était tout ce qu'il restait à faire. En privant ainsi le feu de l'air extérieur, on arrêtait un peu son action dévorante et l'on retardait d'autant le désastre.

On jeta en grande hâte une boussole et quelques provisions dans chacune des deux chaloupes du bord.

Mais l'effroi s'était emparé de tous; car on entendait sous le pont les grondements sourds de l'incendie qui dévorait avec rage les parois intérieures du vaisseau.

Aussi s'y prit-on avec tant de précipitation pour mettre la première chaloupe à l'eau que les amarres qui la retenaient, ayant été mal attachées, l'embarcation tomba lorsqu'elle n'était encore qu'à moitié chemin et s'en alla frapper contre le flanc du navire où elle s'ouvrit en deux.

Un long cri de désespoir s'éleva sur le pont et chacun se précipita vers le dernier canot.

— Attendez! cria le capitaine

Mais déjà matelots et passagers, pendus aux câbles, faisaient glisser l'embarcation jusqu'à l'eau.

Comme elle touchait la mer, un craquement sinistre se fit entendre sous les pieds de tous.

Une partie du pont s'écroula par le milieu; puis une longue et pétillante gerbe de feu monta en rugissant jusqu'à la grande hune.

La terreur se saisit de tous, et, sans écouter la voix du capitaine et du second qui seuls avaient gardé leur sang-froid, chacun se précipita dans le canot.

Alors ce fut une lutte horrible pour entrer dans la chaloupe. Les premiers arrivés, s'apercevant qu'elle était déjà trop chargée, voulaient repousser les autres qui se jetaient sur eux en blasphémant et disputaient leur part de vie avec l'acharnement du désespoir.

Cet affreux tableau était éclairé par l'incendie qui, après avoir léché le grand mât, prenait maintenant aux voiles dont les lambeaux enflammés s'envolaient en pétillant au vent de la nuit.

Bigot, le capitaine et son second étaient seuls restés sur le pont et s'étaient réfugiés sur le gaillard d'arrière encore à l'abri du feu.

Ils jetèrent un regard d'épouvante et d'angoisse sur la chaloupe encombrée, où se voyait un terrible fourmillement d'hommes sinistrement éclairés d'en haut.

— Les malheureux n'iront pas loin, dit le capitaine. Laissons-les s'entr'égorger pour se noyer ensuite et tâchons de couper le gui d'artimon afin de nous y soutenir après l'avoir jeté à la mer.

Avisant une hache qui se trouvait à portée de main, il s'en saisit et se mit à attaquer la pièce de bois retenue au mât d'artimon.

Il en avait à peine coupé la moitié qu'une clameur profonde s'éleva sous l'arrière du vaisseau.

Bigot se pencha sur le bastingage.

Chargée outre mesure et violemment balancée par la lutte acharnée dont elle était le théâtre, la chaloupe s'était remplie d'eau et sombrait. Le grand nombre de ceux qui la montaient, et qu'un combat corps à corps tenait enchevêtrés, s'abîma du même coup que le canot. Les quelques survivants essayèrent de regagner le vaisseau à la nage. Mais le vent gonflait toujours les voiles de misaine et d'artimon, et le navire allait plus vite que les nageurs ; tous, l'un après l'autre, disparurent sous la vague après avoir jeté un lugubre et dernier cri d'appel.

Maintenant, le feu gagnait la poupe du vaisseau. Le second prit la hache d'entre les mains fatiguées du capitaine et parvint à détacher le gui du mât.

Après avoir tranché les cordages qui le retenaient encore, les trois hommes réunirent leurs forces et poussèrent la pièce de bois sur le bord.

Il était temps, car la chaleur devenait tellement intense qu'il était impossible de rester deux minutes de plus sur le vaisseau.

Tous trois donnèrent donc une dernière poussée au gui qui, en tombant à la mer, y plongea d'abord pour surnager ensuite.

Bigot, le capitaine et le second s'y précipitèrent après l'épave et se cramponnèrent heureusement à ce bois protecteur.

Des cinquante hommes, pleins d'espérance et de vie, qui, deux heures auparavant, montaient le vaisseau, il ne restait plus que ces trois malheureux accrochés sur une pièce de bois perdue sur l'océan.

Le navire en feu s'éloignait d'eux, promenant sa trombe de flamme sous le ciel noir.

Un moment vint où le vaisseau apparut embrasé depuis la ligne de flottaison jusques aux hunes. Puis soudain, il s'enfonça sous les flots et tout redevint ténèbres.

Énervés, grelottants, les trois survivants à ce désastre passèrent la nuit sans dire un mot. Tenant embrassée l'épave protectrice, ils attendaient le jour avec anxiété, espérant d'être secourus.

Elle vint enfin cette aurore si désirée. Mais le soleil se leva derrière les nuages et le jour apparut terne et sombre comme les pensées des trois naufragés.

Longtemps, l'un après l'autre, ils se soulevèrent sur l'épave flottante pour regarder au loin s'ils n'apercevraient pas quelque voile. Mais ils ne virent rien, rien que les sillons innombrables et agités des vagues verdâtres, et au-dessus la grande coupole du ciel gris.

Après avoir proféré quelques plaintes, ils se turent en hommes qui les savaient inutiles.

Vouloir analyser leurs souffrances, durant la longue journée qui suivit, serait marcher sur les brisées du Dante et décrire des supplices de damnés.

Enfin, quand les douze heures du jour eurent égrené chacune de leurs minutes séculaires sur les infortunés, la nuit revint encore augmenter leur détresse, la nuit pleine d'horreur, la nuit épaisse où, les yeux cessant de voir, l'âme semble perdre alors le seul vrai don que Dieu voulut bien laisser à l'homme après la chute d'Adam, la divine espérance.

Trempés par l'eau de mer, transis par le vent glacial de la saison, haletants de soif et de faim, ballottés par les vagues, toujours en danger d'être submergés, perdant tout espoir d'être secourus, ils pouvaient se faire une idée de l'éternité des démons durant cette interminable nuit.

Moins habitué à la misère que ses deux compagnons, Bigot souffrait davantage. La faim, ce vautour qui fait un nouveau Prométhée de chacun des malheureux qu'elle assaille, la faim mordait ses entrailles. Sa bouche altérée soufflait la fièvre ardente qui dévorait sa poitrine aussi mise en feu par l'action de l'eau salée qu'il avait avalée pour tromper sa soif.

Alors, il se mit à blasphémer contre Dieu, ce Dieu qu'il avait tant outragé, dont il niait l'existence, alors qu'il était heureux et vers lequel, maintenant qu'il se sentait écrasé par sa main puissante, il crachait une dernière insulte.

— Honte à vous ! lui dirent les deux autres, d'outrager ainsi celui qui seul peut nous sauver.

Et comme Bigot continuait de vomir ses imprécations, le capitaine et le second lui crièrent de mettre fin à ses blasphèmes ou qu'ils le jetteraient à l'eau.

Bigot se tut enfin.

Or, il advint ensuite une étrange chose.

Le délire de la faim ayant envahi le cerveau de l'ex-intendant, il eut un vision terrible.

Il lui sembla voir le spectre du baron de Rochebrune planer sur les eaux. C'était bien lui, le vieil officier, avec son visage décharné, ses grands yeux creusés par la misère et les larmes, et ce sombre regard qu'il lançait sur l'assemblée brillante qui frémissait à ses lugubres prédictions dans la nuit de Noël mil sept cent cinquante-cinq, alors qu'il jetait à Bigot, cette malédiction suprême : « Puisse mon spectre funèbre escorte votre agonie au passage de l'éternité ! »

— Rochebrune ! cria Bigot... Encore toi !... Que me veux-tu donc, vieillard trois fois maudit ?... Que t'ai-je fait pour que tu me poursuives ainsi depuis le Canada jusqu'au donjon de la Bastille et en pleine mer ?... Tu me montres ta poitrine... c'est vrai... On dit que tu mourus de faim par la faute de mes employés... Mais je n'en savais rien... Tu ris. Oh ! tu es bien vengé, va, car je souffre les mêmes tortures, à mon tour... Combien de jours as-tu mis donc à mourir ?... Il y en a deux que j'expire, moi, et je suis encore vivant... Tu t'approches !... Oh ! ne me touche pas ! Va-t'en !! Va-t'en !!!

Et le misérable criait d'une voix tellement épouvantable que les deux hommes, qui se tenaient cramponnés à l'autre extrémité et au milieu du gui, oubliaient leur propre misère et sentaient leurs cheveux se dresser sur leur tête.

— Cet homme doit être un bien grand criminel, dit le second.

— Oui, plus encore que je ne le croyais, répondit le capitaine ; et c'est lui qui a, sans doute, attiré sur notre bord les malédictions du ciel.

La nuit se passa dans ces terreurs sans nom.

Quand la seconde aurore vint éclairer l'épave, la position des trois naufragés était désespérée. Ils sentaient leurs forces s'en aller rapidement. Par surcroît de malheur, la mer se faisait tellement grosse qu'il leur fallait d'immenses efforts pour n'être pas arrachés du gui par les vagues furieuses.

Le capitaine, qui était le moins abattu de tous, se souleva à demi sur l'épave et promena son regard autour de lui. À peine se furent-ils arrêtés sur l'ouest qu'il jeta un grand cri.

— Une voile !

Le second regarda à son tour.

— Elle vient sur nous ! dit-il.

Bigot voulut imiter ses compagnons. Mais ses forces le trahirent et il s'affaissa lourdement sur le gui, qu'il embrassa avec la frénésie de gens qui se noient.

Le navire voguait effectivement de leur côté. Si, par bonheur, il venait en droite ligne, il les atteindrait en deux heures.

Ballottés entre l'espérance et la crainte, les deux marins se soulevaient à chaque instant hors de l'eau pour constater les progrès et la direction de la course du navire en vue.

— Il vient ! il vient sur nous ! répétaient-ils avec ces transports de joie d'hommes pleins de vie, mis par un accident subit aux portes du tombeau et qui se voient tout à coup miraculeusement sauvés.

Ranimé par leurs cris, Bigot recouvra quelque peu de force.

— Nous allons donc être sauvés, dit-il, Et malgré que j'attire sur vous, à votre dire du moins, les malédictions du ciel, je ne crois pas que ce Dieu que vous craignez tant m'excepte de votre délivrance.

— Écoutez! s'écria le capitaine, si vous continuez vos railleries impies, foi de Breton, je vous pousse à l'eau tout de suite.

La menace était si bien accentuée que Bigot n'osa pas l'affronter.

Plus d'une heure s'était écoulée depuis que le navire était en vue, et ses voiles, qui d'abord n'en paraissaient faire qu'une seule et n'étaient pas plus grandes à l'horizon que la blanche aile d'une mouette, se dessinaient clairement maintenant entre le ciel et l'eau.

— S'il ne peut pas changer son allure! disait le capitaine avec un regard d'angoisse, dans une demi-heure nous serons sains et saufs!

Le cœur battait bien fort aux trois naufragés. La minute suprême où ils pourraient être aperçus s'approchait.

Longtemps leur appel courut sur les flots, sans être entendu de ceux qui montaient le bâtiment.

Mais comme le navire n'était plus qu'à deux cents pieds du gui flottant, la figure d'un matelot se pencha sur le bastingage, puis successivement plusieurs autres qui se mirent à crier de leur côté.

On les avait aperçus.

Il était temps, car les naufragés n'avaient plus de souffle.

On arrête le navire, une chaloupe est mise à la mer et fait force de rames à leur secours.

— Si Dieu existe, dit Bigot, après tout, c'est un brave homme!

Le capitaine va se jeter sur lui.

Mais la chaloupe arrive.

— Dépêchez-vous! crient les matelots de l'embarcation. Un requin suit le sillage du vaisseau depuis deux jours, et dans un clin d'œil il peut être ici.

La mer est si grosse qu'il est impossible de longer de trop près l'épave contre laquelle la chaloupe pourrait se briser. Aussi, le capitaine et le second se jettent-ils à la nage. Ils gagnent en dix brassées l'embarcation à bord de laquelle ils sont hissés par des bras empressés.

Bigot veut les imiter; mais il a compté sans ses forces épuisées et sans le poids de sa ceinture bourrée d'or, dont il ne s'était pas séparé.

À peine a-t-il lâché l'épave qu'il enfonce sous la vague.

Il veut crier, mais sa voix se perd sous l'eau.

— Le requin! s'écrie l'un des matelots, voici le requin!

On se penche sur les rames pour voler au secours du malheureux, quitte à heurter le gui flottant.

Bigot a pu entendre le cri d'alarme.

La terreur lui donne comme un choc électrique et communique à ses muscles une vigueur inattendue.

Ses bras frappent vigoureusement la lame et sa tête remonte hors de l'eau.

Encore deux brassées, deux secondes et il atteindra l'embarcation.

Mais les matelots poussent une exclamation de terreur et leurs rames s'arrêtent immobiles.

Un éclair argenté sillonne l'eau verte à trois pieds de Bigot.

Puis une grande gueule rouge bordée de dents longues et blanches jaillit hors de la mer, s'élance encore, s'ouvre et se referme avec un bruit mat sur le corps du misérable nageur.

Un seul cri, mais horrible, épouvantable, retentit. Le monstre marin rentre sous les vagues. L'eau se teint de sang et ballotte un instant quelques débris humains qui, eux aussi, finissent par disparaître sous les flots...

. . . .

Après le châtiment des hommes, était enfin venue la vengeance de Dieu.

FIN

Laure Conan

ANGÉLINE
DE MONTBRUN

[1881]

Œuvre étonnante et même audacieuse, si l'on en juge par le contexte moral étroit de l'époque, Angéline de Montbrun *reprend différemment, en la développant, la thématique générale des amours de Félicité Angers (Laure Conan) avec Pierre-Alexis Tremblay, évoquées dans la précédente nouvelle,* Un amour vrai. *Au premier abord, le roman se présente comme une œuvre d'un haut mysticisme, ce que lui reconnaît l'abbé Henri-Raymond Casgrain, son préfacier, qui, à la relecture, trouve le lien affectif qui unit le père et la fille assez trouble pour qu'il lui recommande désormais une autre voie, celle du roman historique. Après des amours à portée symboliquement incestueuse, deux accidents obligent la jeune Angéline à s'interroger sur sa destinée et remettent en cause sa foi en Dieu, qu'elle consolide cependant en se repliant sur elle-même et en se livrant à la méditation et à la prière. Premier véritable roman psychologique canadien-français du XIXe siècle,* Angéline de Montbrun *a soulevé un intérêt extraordinaire lors de sa parution, intérêt qui a été loin de s'atténuer à la suite des révélations d'une religieuse, confidente de l'auteure, sur les amours malheureuses de l'auteure et de Pierre-Alexis Tremblay qui, depuis, reposent côte à côte dans le cimetière de La Malbaie. Œuvre forte, d'une densité remarquable, le roman de Laure Conan pose le problème crucial de la passion opposée à la foi.*

*
* *

Laure Conan (Félicité Angers), née à La Malbaie en 1845, est une des premières Canadiennes à écrire des romans et à être journaliste. Elle fait ses études au Couvent des Ursulines de Québec et publie sa première nouvelle, Un amour vrai, *en 1878, dans* La Revue de Montréal. Angéline de Montbrun, *roman psychologique novateur, paraît en 1882 dans* La Revue canadienne. *Par la suite, Laure Conan publie plusieurs romans historiques et des biographies. Elle meurt en 1924, à Québec.*

> « L'avez-vous cru que
> cette vie fût la vie ? »
>
> LACORDAIRE

(Maurice Darville à sa sœur)

Chère Mina,

Je l'ai vue — j'ai vu ma Fleur des Champs, la fraîche fleur de Valriant — et, crois-moi, la plus belle rose que le soleil ait jamais fait rougir ne mériterait pas de lui être comparée. Oui, ma chère, je suis chez M. de Montbrun, et je t'avoue que ma main tremblait en sonnant à la porte.

— Monsieur et Mademoiselle sont sortis, mais ne tarderont pas à rentrer, me dit la domestique qui me reçut ; et elle m'introduisit dans un petit salon très simple et très joli, où je trouvai Mme Lebrun, qui est ici depuis quelques jours.

J'aurais préféré n'y trouver personne. Pourtant je fis de mon mieux. Mais l'attente est une fièvre comme une autre.

J'avais chaud, j'avais froid, les oreilles me bourdonnaient affreusement, et je répondais au hasard à cette bonne Mme Lebrun qui me regardait avec l'air indulgent qu'elle prend toujours lorsqu'on lui dit des sottises.

Enfin, la porte s'ouvrit, et un nuage me passa sur les yeux : Angéline entrait suivie de son père. Elle était en costume d'amazone, ce qui lui va mieux que je ne saurais dire. Et tous deux me reprochèrent de ne pas t'avoir emmenée, comme s'il y avait de ma faute.

Pourquoi t'es-tu obstinée à ne pas m'accompagner ? Tu m'aurais été si utile. J'ai besoin d'être encouragé.

Le souper s'est passé heureusement, c'est-à-dire que j'ai été amèrement stupide ; mais je n'ai rien renversé, et dans l'état de mes nerfs, c'est presque miraculeux.

M. de Montbrun, encore plus aimable et plus gracieux chez lui qu'ailleurs, m'inspire une crainte terrible, car je sais que mon sort est dans ses mains.

Jamais sa fille n'entretiendra un sentiment qui n'aura pas son entière approbation, ou plutôt elle ne saurait en éprouver. Elle vit en lui un peu comme les saints vivent en Dieu. Ah ! si notre pauvre père vivait ! Lui saurait bien me faire agréer.

Après le thé, nous allâmes au jardin, dont je ne saurais rien dire ; je marchais à côté d'elle, et toutes les fleurs du paradis terrestre eussent été là, que je ne les aurais pas regardées. L'adorable campagnarde ! elle n'a plus son éclatante blancheur de l'hiver dernier. Elle est hâlée, ma chère. *Hâlée !* que dis-je ? n'est-ce pas une insulte à la plus belle peau et au plus beau teint du monde ? Je suis fou et je me méprise. Non, elle n'est pas hâlée,

> *mais il me semble qu'on l'ait dorée*
> *avec un rayon de soleil.*

Elle portait une robe de mousseline blanche, et le vent du soir jouait dans ses beaux cheveux flottants. Ses yeux — as-tu jamais vu de ces beaux lacs perdus au fond des bois ? de ces beaux lacs qu'aucun souffle n'a ternis, et que Dieu semble avoir faits pour refléter l'azur du ciel ?

De retour au salon, elle me montra le portrait de sa mère, piquante brunette à qui elle ne ressemble pas du tout, et celui de son père, à qui elle ressemble tant. Ce dernier m'a paru admirablement peint. Mais depuis les causeries artistiques de M. Napoléon Bourassa, dans un portrait, je n'ose plus juger que la ressemblance. Celle-ci est merveilleuse.

— Je l'ai fait peindre pour toi, ma fille, dit M. de Montbrun ; et s'adressant à moi : N'est-ce pas qu'elle sera sans excuse si elle m'oublie jamais ?

Ma chère, je fis une réponse si horriblement enveloppée et maladroite, qu'Angéline éclata de rire, et bien qu'elle ait les dents si belles, je n'aime pas à la voir rire quand c'est à mes dépens.

Tu ne saurais croire combien je suis humilié de cet embarras de paroles qui m'est si ordinaire auprès d'elle, et si étranger ailleurs.

Elle me pria de chanter, et j'en fus ravi. Crois-moi, ma petite sœur, on ne parlait pas dans le paradis terrestre. Non, aux jours de l'innocence, de l'amour et du bonheur, l'homme ne parlait pas, *il chantait.*

Tu m'as dit bien des fois que je ne chante jamais si bien qu'en sa présence, et je le sens. Quand elle m'écoute, alors le feu sacré s'allume dans mon cœur, alors je sens que j'ai *une divinité en moi.*

J'avais repris ma place depuis longtemps, et personne ne rompait le silence. Enfin M. de Montbrun me dit avec la grâce dont il a le secret : « *Je voudrais parler et j'écoute encore.* »

Angéline paraissait émue, et ne songeait pas à le dissimuler, et, pour ne rien te cacher, en me retirant j'eus la mortification d'entendre Mme Lebrun dire à sa nièce :

« Quel dommage qu'un homme qui chante si bien ne sache pas toujours ce qu'il dit ! »

J'ignore ce que Mlle de Montbrun répondit à ce charitable regret.

Chère Mina, je suis bien inquiet, bien troublé, bien malheureux. Que dire de M. de Montbrun? Il est venu lui-même me conduire à ma chambre, et m'a laissé avec la plus cordiale poignée de main. J'aurais voulu le retenir, lui dire pourquoi je suis venu, mais j'ai pensé: « Puisque j'ai encore l'espérance, gardons-la. »

J'ai passé la nuit à la fenêtre, mais le temps ne m'a pas duré. Que la campagne est belle! quelle tranquillité! quelle paix profonde! et quelle musique dans ces vagues rumeurs de la nuit!

On a ici des habitudes bien différentes des nôtres. Figure-toi qu'avant cinq heures M. de Montbrun se promenait dans son jardin.

J'étais à le considérer, lorsque Angéline parut, belle comme le jour, radieuse comme le soleil levant. Elle avait à la main son chapeau de paille, et elle rejoignit son père, qui l'étreignit contre son cœur. Il avait l'air de dire: « Qu'on vienne donc me prendre mon trésor! »

Chère Mina, que ferai-je s'il me refuse? Que puis-je contre lui? Ah! s'il ne s'agissait que de la mériter.

À bientôt, ma petite sœur, je m'en vais me jeter sur mon lit pour paraître avoir dormi.

Je t'embrasse.

Maurice

(Mina Darville à son frère)

Je me demande pourquoi tu es si triste et si découragé. M. de Montbrun t'a reçu cordialement, que voulais-tu de plus? Pensais-tu qu'il t'attendait avec le notaire et le contrat dressé, pour te dire: « Donnez-vous la peine de signer. »

Quant à Angéline, j'aimerais la voir un peu moins sereine. Je vois d'ici ses beaux yeux limpides si semblables à ceux de son père. Il est clair que tu n'es encore pour elle que le frère de Mina.

J'ignore si, comme tu l'affirmes, le chant fut le langage du premier homme dans le paradis terrestre, mais je m'assure que ce devrait être le tien dans les circonstances présentes. Ta voix la ravit.

Je l'ai vue pleurer en t'écoutant chanter, ce que, du reste, elle ne cherchait pas à cacher, car c'est la personne la plus simple, la plus naturelle du monde, et, n'ayant jamais lu de romans, elle ne s'inquiète pas des larmes que la pénétrante douceur de ton chant lui fait verser.

Moi, en semblables cas, je ferais des réflexions ; j'aurais peur des larmes.

Mon cher Maurice, je vois que j'ai agi bien sagement en refusant de t'accompagner. Tu m'aurais donné trop d'ouvrage. J'aime mieux me reposer sur mes lauriers de l'hiver dernier.

D'ailleurs, je t'aurais mal servi ; je ne me sens plus l'esprit prompt et la parole facile comme il faut l'avoir pour aller à la rescousse d'un amoureux qui s'embrouille.

Mais, mon cher, pas d'idées noires. Angéline te croit distrait, et te soupçonne de sacrifier aux muses. Quant à M. de Montbrun, il a bien trop de sens pour tenir un pauvre amoureux responsable de ses discours.

Je t'approuve fort d'admirer Angéline, mais ce n'est pas une raison pour déprécier les autres. Vraiment, je serais bien à plaindre si je comptais sur toi pour découvrir ce que je vaux.

Heureusement, beaucoup me rendent justice, et les mauvaises langues assurent qu'un ministre anglican, que tu connais bien, finira par oublier ses ouailles pour moi.

Je ne veux pas te chicaner. Angéline est la plus charmante et la mieux élevée des Canadiennes. Mais qui sait ce que je serais devenue sous la direction de son père...

Tu en as donc bien peur de ce terrible homme. J'avoue qu'il ne me semble pas fait pour inspirer de l'épouvante. Mais je suis peut-être plus brave qu'un autre.

D'ailleurs, tu sais quel intérêt il nous porte. L'hiver dernier, à propos de... n'importe — suppose une extravagance quelconque —, il me prit à part, et après m'avoir appelée *sa pauvre orpheline*, il me fit la plus sévère et la plus délicieuse des réprimandes. (Malvina B... et d'autres prophétesses de ma connaissance annoncent que tu seras la gloire du barreau, mais tu ne parleras jamais comme lui dans l'intimité.)

Je le remerciai du meilleur de mon cœur, et il me dit avec cette expression qui le rend si charmant : « Il y a du plaisir à vous gronder. Angéline aussi a un bon caractère, quand je la reprends, elle m'embrasse toujours. »

Et je le crus facilement. — Ce n'est pas moi qui voudrais douter de la parole du plus honnête homme de mon pays.

Oui, c'est bien vrai qu'il tient ton sort dans ses mains. Ah ! dis-tu, s'il ne s'agissait que de la mériter ! Es-tu sûr de n'avoir pas ajouté en toi-même :

Paraissez, Navarrois, Maures et Castillans...

Quel dommage que le temps de la chevalerie soit passé ! Angéline aime les vaillants et les grands coups d'épée.

Pendant les quatre mois qu'elle a passés au couvent lors du voyage de son père, nous allions souvent nous asseoir sous les érables de la cour des Ursulines ; et là nous parlions des chevaliers. Elle aimait Beaumanoir — celui qui but son sang dans le combat des Trente — mais sa plus grande admiration était pour Duguesclin. Elle aimait à rappeler qu'avant de mourir, le bon connétable demanda son épée pour la baiser.

Vraiment c'est dommage que nous soyons dans le dix-neuvième siècle : j'aurais attaché à tes armes les couleurs d'Angéline ; puis, au lieu d'aller te conduire au bateau, je t'aurais versé le coup de l'étrier, et je serais montée dans la tour solitaire, où un beau page m'apporterait les nouvelles de tes hauts faits.

Au lieu de cela, c'est le facteur qui m'apporte des lettres où tu extravagues, et c'est humiliant pour moi la *sagesse* de la famille. Tu sais que M. de Montbrun me demande souvent, comme Louis XIV à Mme de Maintenon : « Qu'en pense votre solidité ? » Toi, tu ne sais plus me rien dire d'agréable, et le métier de confidente d'un amoureux est le plus ingrat qui soit au monde.

Mille tendresses trop tendres à Angéline, et tout ce que tu voudras à son père. Dis-lui que je le soupçonne de songer à sa candidature, et un candidat, *c'est une vanité*.

Je fais des vœux pour que tu continues à ne rien renverser à table. J'appréhendais des dégâts.

Ne tarde pas davantage à poser la grande question. Aie confiance. Il ne peut oublier de qui tu es le fils, et bien sûr qu'il n'est pas sans penser à l'avenir de sa fille, qui n'a que lui au monde.

Mon cher, la maison est bien triste sans toi.

Je t'embrasse.

Mina

P.S. — Le docteur L…, qui flaire quelque chose, est venu pour me faire parler ; mais je suis discrète. Je lui ai seulement avoué que tu m'écrivais avoir perdu le sommeil.

— Miséricorde, m'a-t-il dit, il faut lui envoyer des narcotiques, vous verrez qu'il s'oubliera jusqu'à donner une sérénade.

Et le docteur entonna de son plus beau fausset :

Tandis que dans les pleurs en priant, moi, je veille,
Et chante dans la nuit seul, loin d'elle, à genoux…

Pardonne-moi d'avoir ri. Tu as peut-être la plus belle voix du pays, mais prends garde, M. de Montbrun dirait :

Le vent qui vient à travers la montagne...

Achève, et crois-moi, n'ouvre pas trop ta fenêtre aux vagues rumeurs de la nuit: tu pourrais t'enrhumer, ce qui serait dommage. Si absolument tu ne peux dormir, eh! bien, fais des vers. Nous en serons quittes pour les jeter au feu à ton retour.

M.

(Maurice Darville à sa sœur)

Chère Mina,

Tu feins d'être ennuyée de mes confidences, mais si je te prenais au mot... comme tu déploierais tes séductions! que de câlineries pour m'amener à tout dire! Pauvre fille d'Ève!

Mais ne crains rien. Je dédaigne les vengeances faciles.

D'ailleurs, mon cœur déborde. Mina, je vis sous le même toit qu'elle, dans la délicieuse intimité de la famille; et il y a dans cette maison bénie un parfum qui me pénètre et m'enchante.

Je me sens si différent de ce que j'ai coutume d'être. La moindre chose suffit pour m'attendrir, me toucher jusqu'aux larmes. Mina, je voudrais faire taire tous les bruits du monde autour de ce nid de mousse, et y aimer en paix.

Qu'elle est belle! Il y a en elle je ne sais quel charme souverain qui enlève l'esprit. Quand elle est là, tout disparaît à mes yeux, et je ne sais plus au juste s'il est nuit ou s'il est jour.

On dit l'homme profondément égoïste, profondément orgueilleux, quelle est donc cette puissance de l'amour qui me ferait me prosterner devant elle? qui me ferait donner tout mon sang pour rien — pour le seul plaisir de le lui donner?

Tout cela est vrai. Ne raille pas, Mina, et dis-moi ce qu'il faut dire à son père. Tu le connais mieux que moi, et je crains tant de mal m'y prendre, de l'indisposer. Puis, il a dans l'esprit une pointe de moquerie dont tu t'accommodes fort bien, mais qui me gêne, moi qui ne suis pas railleur.

Tantôt, retiré dans ma chambre pour t'écrire, j'oubliais de commencer. Le *beau rêve si doux à rêver* m'absorbait complètement, et je fus bien surpris d'apercevoir M. de Montbrun, qui était entré sans que je m'en fusse aperçu, et debout devant moi, me regardait attentivement.

Il accueillit mes excuses avec cette grâce séduisante que tu admires si fort, et comme je balbutiais je ne sais quoi pour expliquer ma distraction, il croisa les bras, et me dit avec son sérieux railleur :

— C'est cela.

Sans haine et sans amour, tu vivais pour penser.

Je restai moitié fâché, moitié confus. Aurait-il deviné ? Alors pourquoi se moquer de moi ? Est-ce ma faute, si ma pauvre âme s'égare dans un paradis de rêveries ?

Je t'embrasse.

Maurice

(*Mina Darville à son frère*)

À quoi sert-il de chasser aux chimères, ou plutôt pourquoi n'en pas faire des réalités ? Va trouver M. de Montbrun, et — puisqu'il faut te suggérer les paroles — dis-lui : « Je l'aime, ayez pitié de moi ».

Ce n'est pas plus difficile que cela. Mais maîtrise tes nerfs, et ne va pas t'évanouir à ses pieds. Il aime les tempéraments bien équilibrés.

Je le sais par cœur, et ce qu'il va se demander, ce n'est pas absolument si tu es amoureux au degré extatique, si tu auras de grands succès, mais si tu es de force à marcher, coûte que coûte, dans le sentier du devoir.

Compte qu'il tirera ton horoscope d'après ton passé. Il n'est pas de ceux qui jugent que tout ira droit parce que tout a été de travers.

Tu dis que je le connais mieux que toi. Ce doit être, car je l'ai beaucoup observé.

J'avoue que je le mettrais sans crainte à n'importe quelle épreuve, et pourtant, *c'est une chose terrible d'éprouver un homme*. Remarque que ce n'est pas une femme qui a dit cela. Les femmes, au lieu de médire de leurs oppresseurs, travaillent à leur découvrir quelques qualités, ce qui n'est pas toujours facile.

Quant à M. de Montbrun, on voit du premier coup d'œil qu'il est parfaitement séduisant, et c'est bien quelque chose, mais il a des idées à lui.

Ainsi je sais qu'à l'approche de son mariage, quelqu'un s'étant risqué à lui faire des représentations sur son choix peu avantageux selon le monde, il répondit, sans s'émouvoir du tout, que sa future avait les deux ailes dont parle l'*Imitation* : la simplicité et la pureté ; et que cela lui suffisait parfaitement.

On se souvient encore de cet étrange propos. Tu sais qu'il se lassa vite d'être militaire pour la montre, et se fit cultivateur. Il a prouvé qu'il n'entendait pas non plus l'être seulement de nom.

Angéline m'a raconté que le jour de ses noces, son père alla à son travail. Oui, mon cher — c'est écrit dans quelques pages intimes que Mme de Montbrun a laissées — dans la matinée il s'en fut à ses champs.

C'était le temps des moissons, et M. de Montbrun était dans sa première ferveur d'agriculture. Pourtant, si tu veux réfléchir qu'il avait vingt-trois ans, et qu'il était riche et amoureux de sa femme, tu trouveras la chose surprenante.

Ce qui ne l'est guère moins, c'est la conduite de Mme de Montbrun. Jamais elle n'avait entendu dire qu'un marié se fût conduit de la sorte; mais après y avoir songé, elle se dit qu'il est permis de ne pas agir en tout comme les autres, que l'amour du travail, même poussé à l'excès, est une garantie précieuse, et que s'il y avait quelqu'un plus obligé que d'autres de travailler, c'était bien son mari, robuste comme un chêne. Tout cela est écrit.

D'ailleurs, pensa-t-elle, « un travailleur n'a jamais de *migraines* ni de *diables bleus* ». (Mme de Montbrun avait un grand mépris pour les malheureux atteints de l'une ou l'autre de ces infirmités, et probablement qu'elle eût trouvé fort à redire sur un gendre qui *s'égare dans un paradis de rêveries*.)

Quoi qu'il en soit, prenant son rôle de fermière au sérieux, elle alla à sa cuisine, où à défaut de brouet noir dont la recette s'est perdue, elle fit une soupe pour son seigneur et maître, qu'elle n'était pas éloignée de prendre pour un Spartiate ressuscité, et la soupe faite, elle trouva plaisant d'aller la lui porter.

Or, un des employés de son mari la vit venir, et comme il avait une belle voix, et l'esprit d'à-propos, il entonna allégrement:

Tous les chemins devraient fleurir,
Devraient fleurir, devraient germer
Où belle épousée va passer.

M. de Montbrun entendit, et comme Cincinnatus, à la voix de l'envoyé de Rome, il laissa son travail. Son chapeau de paille à la main, il marcha au-devant de sa femme, reçut la soupe sans sourciller, et remercia gravement sa ménagère qu'il conduisit à l'ombre. S'asseyant sur l'herbe, ils mangèrent la soupe ensemble, et Mme de Montbrun assurait qu'on ne fait pas deux fois dans sa vie un pareil repas.

Ceci se passait il y a dix-neuf ans, mais alors comme aujourd'hui, il y avait une foule d'âmes charitables toujours prêtes à s'occuper de leur prochain.

L'histoire des noces fit du bruit, on en fit cent railleries, ce qui amusa fort les auteurs du scandale.

Un peu plus tard, ils se réhabilitèrent, jusqu'à un certain point, en allant voir la chute Niagara.

Cette entrée en ménage plaît à Angéline, et cela devrait te faire songer. L'imitation servile n'est pas mon fait, mais nous aviserons. Tiens! j'ai trouvé. Il y a au fond de ton armoire un in-folio qui, bien sûr, te donnerait l'air grave si tu en faisais des extraits le jour de tes noces.

Mon cher Maurice, crois-moi, ne tarde pas. Je tremble toujours que tu ne fasses quelque sortie auprès d'Angéline. Et la manière d'agir de M. de Montbrun prouve qu'il ne veut pas qu'on dise les doux riens à sa fille, ou la divine parole, si tu l'aimes mieux. Tu es le seul qu'il admette dans son intimité, et cette marque d'estime t'oblige. D'ailleurs, abuser de sa confiance, *ce serait plus qu'une faute, ce serait une maladresse.*

Avec toi de cœur.

Mina

(Maurice Darville à sa sœur)

Tu as mille fois raison. Il faut risquer la terrible demande, mais je crois qu'il fait exprès pour me décontenancer.

Ce matin, décidé d'en finir, j'allai l'attendre dans son cabinet de travail, où il a l'habitude de se rendre de bonne heure. J'aime cette chambre où Angéline a passé tant d'heures de sa vie; et si j'avais la table sur laquelle Cicéron a écrit ses plus beaux plaidoyers, je la donnerais pour le petit pupitre où elle faisait ses devoirs.

L'autre soir, je lui demandais si, enfant, elle aimait l'étude. — Pas toujours, répondit-elle. Et regardant son père avec cette adorable coquetterie qu'elle n'a qu'avec lui. — Mais je le craignais tant!

Mina, je me demande comment j'arrive à me conduire à peu près sensément. Au fond, je n'en sais rien du tout.

Pour revenir à mon récit, sur le mur, en face de la table de travail de M. de Montbrun, il y a un petit portrait de sa femme, et un peu au-dessous, suspendue aussi par un ruban noir, une photographie de notre pauvre père en capot d'écolier. C'est surtout sa figure fatiguée et malade que je me rappelle, et pour moi ce jeune et souriant visage ne lui ressemble guère.

J'étais là à le considérer quand M. de Montbrun entra. Nous parlâmes du passé, de leur temps de collège. Jamais je ne l'avais vu si cordial, si affectueux. Je crus le moment bien choisi, et lui dis assez maladroitement :

— Il me semble que vous devez regretter de ne pas avoir de fils.

Il me regarda. Si tu avais vu la fine malice dans ses beaux yeux.

— D'où vous vient ce souci, mon cher, répondit-il ? et, ensuite, avec un grand sérieux : « Est-ce que ma fille ne vous paraît pas tout ce que je puis souhaiter ? »

Pour qui aime les railleurs, il était à peindre dans ce moment. Je fis appel à mon courage, et j'allais parler bien clairement, quand Angéline parut à la fenêtre où nous étions assis. Elle mit l'une de ses belles mains sur les yeux de son père, et de l'autre me passa sous le nez une touffe de lilas tout humide de rosée.

— *Shocking*, dit M. de Montbrun. Vois comme Maurice rougit pour moi de tes manières de campagnarde.

— Mais, dit Angéline, avec le frais rire que tu connais, Monsieur Darville rougit peut-être pour son compte. Savez-vous ce qu'éprouve un poète qu'on arrose des pleurs de la nuit ?

— Ma fille, reprit-il, on ne doit jamais parler légèrement de ceux qui font des vers.

Rien n'abat un homme ému comme une plaisanterie. Je me sentis éteint pour la journée. Mais je la regardais et c'est une jouissance à laquelle mes yeux ne savent pas s'habituer.

Si tu l'avais vue, comme elle était dans la vive lumière ! Oui, c'est bien la fée de la jeunesse ! Oui, elle a tout l'éclat, toute la fraîcheur, tout le charme, tout le rayonnement du matin !

Non, il n'aura pas le cœur de me désespérer ! Cette situation n'est plus tenable, et puisque je ne sais pas parler, je vais écrire.

M. de Montbrun m'a longuement parlé de toi. Il trouve que tu as trop de liberté et pas assez de devoirs. Il m'a demandé combien tu comptais d'amoureux par le temps qui court, mais je n'ai pu dire au juste.

D'après lui, l'atmosphère d'adulation où tu vis ne t'est pas bonne. D'après lui encore, tu as l'humeur coquette, et il vaudrait mieux pour toi entrer dans le sérieux de la vie.

Je te répète tout bien exactement. On parle de ma voix en termes obligeants, mais je n'oserais jamais en dire autant en une fois. Réprimander les jeunes filles est un art difficile. Pour s'en tirer à son honneur, il faut avoir la taille de François Ier, et ce charme de manières que tu appelles du *montbrunage*.

Ma chère Mina, que je suis bien ici ! J'aime cette maison isolée et riante qui regarde la mer à travers ses beaux arbres, et sourit à son jardin par-dessus une rangée d'arbustes charmants.

Elle est blanche, ce qui ne se voit guère, car des plantes grimpantes courent partout sur les murs, et sautent hardiment sur le toit. Angéline dit: «Le printemps est bien heureux de m'avoir. J'ai si bien fait, que tout est vert.» Aujourd'hui nous avons fait une très longue promenade. On voulait me faire admirer la baie de Gaspé, me montrer l'endroit où Jacques Cartier prit possession du pays en y plantant la croix. Mais Angéline était là, et je ne sais plus regarder qu'elle. Mina, qu'elle est ravissante! J'ai honte d'être si troublé: cette maison charmante semble faite pour abriter la paix. Que deviendrais-je, mon Dieu, s'il allait refuser? Mais j'espère.

Je t'embrasse, ma petite sœur.

Maurice

(Mina Darville à son frère)

Moi aussi j'espère. Mais écrire au lieu de parler, c'est lâcheté pure. Mon cher, tu es un poltron.

Si Angéline le savait! elle qui aime tant le courage! Oui, elle aime le courage — comme toutes les femmes d'ailleurs — et il y a longtemps que nous avons décidé que c'était une grande condescendance d'agréer les hommages de ceux qui n'ont jamais respiré l'odeur de la poudre et du sang. Pour moi, j'ai toujours regretté de n'être pas née dans les premiers temps de la colonie, alors que chaque Canadien était un héros.

N'en doute pas, c'était le beau temps des Canadiennes. Il est vrai qu'elles apprenaient parfois que leurs amis avaient été scalpés mais n'importe, ceux d'alors valaient la peine d'être pleurés. Là-dessus, Angéline partage tous mes sentiments, et voudrait avoir vécu du temps de son cousin de Lévis*.

Tu devrais mettre la jalousie de côté, et lui parler souvent de ce vaillant. Elle aime le souvenir de ces jours *où la voix de Lévis retentissait sonore*, et elle s'indigne contre les Anglais qui n'ont pas rougi de lui refuser les honneurs de la guerre. Son père l'écoute d'un air charmé.

Mon cher, nous avons une belle chance de n'avoir pas vécu il y a quelque cent ans. Le vainqueur de Sainte-Foye eût fait la conquête du père et de la fille, et notre machiavélisme aurait échoué. Quant au chevaleresque Lévis, personne ne m'en a rien dit, mais j'incline à croire qu'il chantait comme le beau Dunois: *Amour à la plus belle.*

---

* Les Montbrun étaient une branche de la maison de Lévis.

Ainsi on voudrait me faire entrer dans le sérieux de la vie... Il me semble que *flirter* avec un *Right Reverend*, c'est quelque chose d'assez grave.

Au fond, je ne suis pas plus frivole que n'importe quel vieux politique, et je suis à peu près aussi enthousiasmée de mes contemporains. Quant à avoir l'humeur coquette, c'est calomnie pure.

M. de Montbrun me rendra raison de ses propos, et il pourrait bien venir me faire ses remarques lui-même. Suis-je donc si imposante ou si désagréable ?

Mon cher Maurice, tu ne saurais croire comme j'ai hâte d'entendre ta belle voix dans la maison.

Depuis que tu es amoureux, tu ne sais pas toujours ce que tu dis, mais ta voix a des sonorités si douces. Tu m'as gâté l'oreille, et tous ceux à qui je parle me paraissent enrhumés.

À propos, il paraît qu'un vaisseau français va venir prochainement à Québec. Dieu merci, je suis aussi royaliste que la plus auguste douairière du faubourg Saint-Germain ; mais cela n'empêche pas d'aimer le drapeau tricolore « car c'est encore l'étendard de la France », et... je voudrais bien que les marins français vissent Angéline. Tenir la plus jolie fille du Canada cachée dans un village de Gaspé, c'est un crime. Bien éclipsée je serais, si elle se montrait ; mais n'importe, l'honneur national avant tout.

Je t'embrasse,

Mina

(Maurice Darville à sa sœur)

Je ne tiens pas du tout à ce qu'Angéline voie les marins français. Je compte sur toi pour leur faire chanter : *Vive la Canadienne !* Sois-en sûre, nous sommes tous trop tendres pour la France qui ne songe guère aux Canadiens, *exilés dans leur propre patrie*, comme disait Crémazie.

Je ne veux pas que les marins français fassent la cour à Mlle de Montbrun, et lui racontent des combats et des tempêtes. Mais les ombres les plus illustres m'inquiètent assez peu. « De Lévis, de Montcalm, on *dira* les exploits », tant qu'il lui plaira.

Ma chère, si je ne suis pas encore le plus heureux des hommes, du moins je suis loin d'être malheureux.

Mais il est convenu que je dirai tout. Donc, ma lettre écrite, je l'envoyai porter à M. de Montbrun, et j'allai au jardin attendre qu'il me fît appeler, ce qui tarda un peu. Faut-il te dire ce que j'endurai ?

Enfin, une manière de duègne, qui m'a l'air de tenir le milieu entre gouvernante et servante, vint me chercher de la part de son maître.

Malheureusement, sur le seuil de la porte, je rencontrai Angéline, qui me dit : Venez voir mon cygne.

Et comme tu penses, je la suivis. Comment refuser ?

Tu sais peut-être qu'un ruisseau coule dans le jardin, très vaste et très beau. M. de Montbrun en a profité pour se donner le luxe d'un petit étang qui est bien ce qu'on peut voir de plus joli. Des noyers magnifiques ombragent ces belles eaux, et les fleurs sauvages croissent partout sur les bords et dans la mousse épaisse qui s'étend tout autour de l'étang. C'est charmant, c'est délicieux, et le cygne pense de même car il affectionne cet endroit.

Angéline nu-tête, un gros morceau de pain à la main, marchait devant moi. De temps en temps, elle se retournait pour m'adresser quelques mots badins. Mais arrivée à l'étang, elle m'oublia. Son attention était partagée entre les oiseaux qui chantaient dans les arbres, et le cygne qui se berçait mollement sur les eaux. Mais le cygne finit par l'absorber. Elle lui jetait des miettes de pain, en lui faisant mille agaceries dont il est impossible de dire le charme et la grâce ; et l'oiseau semblait prendre plaisir à se faire admirer. Il se mirait dans l'eau, y plongeait son beau cou, et longeait fièrement les bords fleuris de ce lac en miniature où se reflétait le soleil couchant.

— Est-il beau ! est-il beau ! disait Angéline enthousiasmée. Ah ! si Mina le voyait !

Elle me tendit les dernières miettes de son pain, pour me les lui faire jeter. Les rayons brûlants du soleil glissant à travers le feuillage tombaient autour d'elle en gerbes de feu. Je fermai les yeux. Je me sentais devenir fou. Elle, remarquant mon trouble, me demanda naïvement :

— Mais, monsieur Darville, qu'avez-vous donc ?

Mina, toutes mes résolutions m'échappèrent. Je lui dis :

— Je vous aime ! Et involontairement je fléchis le genou devant elle qui tient le bonheur et la vie, dans sa chaste main.

Je n'avais pas été maître de penser à ce que je faisais. En la voyant stupéfaite, interdite, la raison me revint, et je compris mon tort. Mais avant que j'eusse pu trouver une parole, elle avait disparu.

Pour moi, une joie ardente éclatait dans mon cœur, et je restais là à me répéter : « Elle sait, elle sait que je l'aime. »

J'avais complètement oublié que son père m'attendait, et j'en fus mortifié quand on vint me le rappeler. Cette fois, je me rendis sans *encombre*. Il m'invita d'un geste à m'asseoir près de lui.

— Eh! bien, me dit-il en roulant ma lettre entre ses doigts, voilà donc l'explication des sottises que vous nous contez depuis quelque temps.

Je ne répondis rien, et comme il restait silencieux, je pris sa main et lui dis que j'en perdrais la tête ou que j'en mourrais.

— Mettons que vous auriez une terrible migraine, me répondit-il.

Le plus difficile était fait. Je lui parlai sans contrainte en toute confiance. Je lui dis bien des choses, et il me semble que je ne parlai pas mal. Il avait l'air tout près d'être ému, et tu l'aurais trouvé parfaitement charmant ; mais je n'en pus tirer d'autres réponses que : « J'y songerai. » D'ailleurs, ajouta-t-il, rien ne presse. Vous êtes bien jeune.

Je lui dis :

— J'ai vingt et un ans.

— Angéline en a dix-huit, reprit-il, mais c'est une enfant, et je désire beaucoup qu'elle reste enfant aussi longtemps que possible.

Cela me rappela que j'avais abusé de son hospitalité et je me sentis rougir. Il s'en aperçut, et me dit très doucement :

— Si vous voyez dans mes paroles une leçon indirecte, vous vous trompez. Je crois à votre délicatesse.

Ces mots m'humilièrent plus que n'importe quels reproches. Ma foi, je n'y tins pas et malgré le risque terrible de baisser dans son estime, je lui fis l'aveu de ma belle conduite.

— A-t-elle ri ? me demanda-t-il.

La question me parut cruelle, et malgré tout je fus charmé de répondre qu'elle n'avait point ri. Sa figure se rembrunit beaucoup, et il me dit très froidement :

— Je regrette votre indiscrétion plus que vous ne sauriez croire.

J'étais à peu près aussi mal à l'aise qu'on peut l'être. On sonna le souper, ce qui lui rappela sans doute que je suis son hôte, car il redevint lui-même, et m'invita gracieusement à me rendre à table.

Nous y trouvâmes, avec les dames, un vieux prêtre, curé du voisinage, qui, pendant le repas, nous raconta fort gentiment les travaux d'un bouvreuil, en frais de se construire un nid dans un rosier de son jardin.

Évidemment ces aimables propos s'adressaient à Mlle de Montbrun, mais pour cette fois, elle ne parut guère plus intéressée que Mme W... aux histoires de son mari, quand elles durent plus de trois quarts d'heure. Ce que voyant, le bon prêtre s'informa poliment du cygne. Elle rougit divinement, et répondit je ne sais quoi que personne ne comprit.

M. l'abbé, tout perplexe, regardait M. de Montbrun avec un air qui semblait dire : « M'expliquerez-vous ceci ? »

Après le souper, il désira voir Friby — Friby, c'est un joli écureuil apprivoisé, qui ouvre lui-même la porte de sa cage. M. le curé assure qu'un marguillier en charge n'ouvre pas mieux la porte du banc d'œuvre.

Angéline, qui a coutume de s'amuser tant des gentillesses de l'écureuil, se contenta de lui jeter quelques noix d'une main distraite. Elle se tenait silencieuse à l'écart. Son père l'observait sans qu'il y parût, et me jetait de temps à autre un regard qui disait, si je ne me trompe : « Que le diable vous emporte avec vos extravagances ! Comment avez-vous osé troubler cette enfant ? »

Mina, ma contrition avait disparu comme la neige au soleil ; du moins s'il m'en restait, ce n'était pas sensible. Tu le sais, *ses paupières, jamais sur ses beaux yeux baissées, ne voilaient son regard...*

Maintenant elle n'ose plus me regarder ; et te dire ce que j'éprouve en la voyant troublée et rougissante devant moi ! Oui, elle m'aimera ! Entends-tu, Mina ? Je te dis qu'elle m'aimera !

Ma petite sœur, je te chéris, mais je n'ai pas le temps de te l'écrire. Je m'en vais finir la soirée sur la mousse, à l'endroit où je lui ai dit : « Je vous aime. »

Maurice

(Mina Darville à son frère)

Je te le disais que tu finirais par faire une folie. Mais au fond tu me parais plus à envier qu'à blâmer. Le premier moment passé, M. de Montbrun doit avoir compris que *la faim, l'occasion, l'herbe tendre...* D'ailleurs Angéline t'a interrogé. Je ne puis penser sans rire à cette naïveté. J'ai hâte d'en pouvoir parler à M. de Montbrun pour lui dire : « Voyez l'inconvénient de ne jamais lire de romans, et de n'avoir pour amie intime qu'une personne aussi sage que moi ! »

Ainsi, Maurice, tu t'es mis à genoux. Il est vrai que c'était sur la mousse ; n'importe, je sais que ces belles choses ne m'arriveront jamais. On me glisse assez volontiers les doux propos mais je n'ai pas *le charme souverain qui enlève l'esprit*, et l'on ne songe pas du tout à se prosterner.

Cela n'empêche pas que je ne sois contente qu'Angéline ait appris à baisser les yeux — ces beaux yeux dont je n'ai jamais pu dire au juste la couleur — mais pardon, c'est à toi de les décrire.

Je t'avouerai que cette histoire de l'étang m'a donné une belle peur. De grâce, qu'allais-tu faire là ? Je n'ai pas coutume de critiquer le soleil, mais en pareille circonstance, jeter des gerbes de feu autour d'Angéline, c'était bien imprudent. Au fait, peut-être en as-tu vu plus qu'il n'y en avait. N'importe, tu as bien fait de fermer les yeux.

Tu dis qu'elle t'aimera. Je l'espère, mon cher, et peut-être t'aimerait-elle déjà si elle aimait moins son père. Cette ardente tendresse l'absorbe. Quant à M. de Montbrun, je l'ai toujours cru favorablement disposé. Si tu ne lui convenais pas ou à peu près, il t'aurait tenu à distance comme il l'a fait pour tant d'autres.

Je t'approuve fort de lui avoir confessé ton équipée. D'abord la franchise est une belle chose, et ensuite Angéline, qui ne cache jamais rien à son père, n'aurait pas manqué de tout lui dire à la première occasion, ce qui n'eût rien valu.

Penses-en ce qu'il te plaira, mais si elle est émue, comme tu le crois, je voudrais savoir ce qu'il lui a dit. Cet homme-là a un tact, une délicatesse adorable. Il a du paysan, de l'artiste, surtout du militaire dans sa nature, mais il a aussi quelque chose de la finesse du diplomate et de la tendresse de la femme. Le tout fait un ensemble assez rare. Quel ami tu auras là! et sa fille!

Crois-moi, le jour que tu seras accepté, mets-toi à genoux pour remercier Dieu. Je connais beaucoup de jeunes filles, mais entre elles et Angéline il n'y a pas de comparaison possible. Ce qu'elle vaut, je le sais mieux que toi. Son éclatante beauté éblouit trop tes pauvres yeux. Tu ne vois pas la beauté de son âme, et pourtant c'est celle-là qu'il faut aimer.

À propos, tu sauras que mon révérend admirateur a daigné écrire dans mon album. Ça finit ainsi:

> Calm and holy,
> Thou sittest by the fireside of the heart,
> Feeding its flames.

Mais il est inutile de chercher à t'ouvrir les yeux sur mes glorieuses destinées. Quel dommage que l'étang soit si loin, je l'engagerais à y aller méditer ses sermons, et ne va pas croire que j'irais jeter du pain au cygne. Non, mon cher, la belle nature le laisse froid, mais il a ou veut avoir le culte de l'antiquité, et j'irais laver mes robes dans l'étang, comme la belle Nausicaa.

Faut-il dire que je m'ennuie? que tu me manques? En y réfléchissant, je me suis convaincue que, malgré tes nerfs de vieille duchesse, tu as un caractère aimable. J'espère que le pèlerinage à l'étang s'est accompli heureusement.

Je t'attends; puisque tu es heureux, arrive en chantant.

Il me tarde de t'embrasser.

Mina

(Charles de Montbrun à Maurice Darville)

Je n'ai pas perdu mon temps depuis votre départ, et il n'y a pas une personne en état de rendre compte de vous que je n'aie fait parler.

Vous êtes à peu près ce que vous devriez être ; je l'ai constaté avec bonheur, et comme on ne peut guère exiger davantage de l'humaine nature, j'ai laissé ma fille parfaitement libre de vous accepter. Elle n'a pas refusé, mais elle déclare qu'elle ne consentira jamais à se séparer de moi. Faites vos réflexions, mon cher, et voyez si vous avez objection à *m'épouser*.

Vous dites qu'en vous donnant ma fille, je gagnerai un fils et ne la perdrai pas. Je vous avoue que je pense un peu différemment, mais je serais bien égoïste si j'oubliais son avenir pour le bonheur de la garder toute à moi.

Vous en êtes amoureux, Maurice, ce qui ne veut pas dire que vous puissiez comprendre ce qu'elle m'est, ce qu'elle m'a été depuis le jour si triste, où revenant chez moi, après les funérailles de ma femme, je pris dans mes bras ma pauvre petite orpheline, qui demandait sa mère en pleurant. Vous le savez, je ne me suis déchargé sur personne du soin de son éducation. Je croyais que nul n'y mettrait autant de sollicitude, autant d'amour. Je voulais qu'elle fût la fille de mon âme comme de mon sang, et qui pourrait dire jusqu'à quel point cette double parenté nous attache l'un à l'autre ?

Vous ne l'ignorez pas, d'ordinaire on aime ses enfants plus qu'on n'en est aimé. Mais d'Angéline à moi il y a parfait retour ; et son attachement sans bornes, sa passionnée tendresse me rendrait le plus heureux des hommes, si je pensais moins souvent à ce qu'elle souffrira en me voyant mourir.

J'ai à peine quarante-deux ans ; de ma vie, je n'ai été malade. Pourtant cette pensée me tourmente. Il faut qu'elle ait d'autres devoirs, d'autres affections, je le comprends. Maurice, prenez ma place dans son cœur, et Dieu veuille que ma mort ne lui soit pas l'inconsolable douleur.

Dans ce qui m'a été dit sur votre compte, une chose surtout m'a fait plaisir : c'est l'unanime témoignage qu'on rend à votre franchise.

Ceci me rappelle que l'an dernier, un de vos anciens maîtres me disait, en parlant de vous : « Je crois que ce garçon-là ne mentirait pas pour sauver sa vie. » À ce propos, il raconta certains traits de votre temps d'écolier qui prouvent un respect admirable pour la vérité. « Alors, dit quelqu'un, pourquoi veut-il être avocat ? » Et il assura avoir fait un avocat de son pupille, parce qu'il avait toujours été *un petit menteur*.

Glissons sur cette marque de vocation. Votre père était l'homme le plus loyal, le plus vrai que j'aie connu, et je suis heureux qu'il vous ait passé une qualité si noble et si belle. J'espère que toujours vous serez, comme lui, un homme d'honneur dans la magnifique étendue du mot.

Mon cher Maurice, vous savez quel intérêt je vous ai toujours porté, surtout depuis que vous êtes orphelin. Naturellement, cet intérêt se double depuis que je vois en vous le futur mari de ma fille. Mais avant d'aller plus loin, j'attendrai de savoir si vous acceptez nos conditions.

C. de Montbrun

(Maurice Darville à Charles de Montbrun)

Monsieur,
Je n'essaierai pas de vous remercier. Sans cesse, je relis votre lettre pour me convaincre de mon bonheur.

Mademoiselle votre fille peut-elle croire que je veuille la séparer de vous ? Non, mille fois non, je ne veux pas la faire souffrir. D'ailleurs, sans flatterie aucune, votre compagnie m'est délicieuse.

Et pourquoi, s'il vous plaît, ne serais-je pas vraiment un fils pour vous ? Je l'avoue humblement, je me suis parfois surpris à être jaloux de vous ; je trouvais qu'elle vous aimait trop. Mais maintenant je ne demande qu'à m'associer à son culte ; il faudra bien que vous finissiez pas nous confondre un peu dans votre cœur.

Vous dites, Monsieur, que mon père était l'homme le plus loyal, le plus franc que vous ayez connu. J'en suis heureux et j'en suis fier. Si j'ai le bonheur de lui ressembler en cela, c'est bien à lui que je le dois.

Je me rappelle parfaitement son mépris pour tout mensonge, et je puis vous affirmer que sa main tendrement sévère le punissait fort bien. « Celui qui se souille d'un mensonge, me disait-il alors, toutes les eaux de la terre ne le laveront jamais. »

Cette parole me frappait beaucoup, et faisait rêver mon jeune esprit, quand je m'arrêtais à regarder le Saint-Laurent.

Je vous en prie, prenez la direction de toute ma vie, et veuillez faire agréer à Mlle de Montbrun, avec mes hommages les plus respectueux, l'assurance de ma reconnaissance sans bornes.

Monsieur, je voudrais pouvoir vous dire mon bonheur et ma gratitude.

Maurice Darville

(Charles de Montbrun à Maurice Darville)

Merci de m'accepter si volontiers. Vous ai-je dit que je ne consentirais pas au mariage d'Angéline avant qu'elle ait vingt ans accomplis? mais je n'ai pas d'objections à ce qu'elle vous donne sa parole dès maintenant, et puisque nous en sommes là, je m'en vais vous demander votre attention la plus sérieuse.

Et d'abord, Maurice, voulez-vous conserver les généreuses aspirations, les nobles élans, le chaste enthousiasme de vos vingt ans? Voulez-vous aimer longtemps et être aimé toujours? « Gardez votre cœur, gardez-le avec toutes sortes de soins, parce que de lui procède la vie. » Faut-il vous dire que vous ne sauriez faire rien de plus grand ni de plus difficile? « Montrez-moi, disait un saint évêque, montrez-moi un homme qui s'est conservé pur, et j'irai me prosterner devant lui. » Parole aussi touchante que noble!

Hé! mon Dieu, la science, le génie, la gloire et tout ce que le monde admire, qu'est-ce que cela, comparé à la splendeur d'un cœur pur? D'ailleurs, il n'y a pas deux sources de bonheur. Aimer ou être heureux, c'est absolument la même chose; mais il faut la pureté pour comprendre l'amour.

Ô mon fils, ne négligez rien pour garder dans sa beauté la divine source de tout ce qu'il y a d'élevé et de tendre dans votre âme. Mais en cela l'homme ne peut pas grand-chose par lui-même. À genoux, Maurice, et demandez l'ardeur qui combat et la force qui triomphe. Ce n'est pas en vain, soyez-en sûr, que l'Écriture appelle la prière *le tout de l'homme*, et souvenez-vous que pour ne pas s'accorder ce qui est défendu, il faut savoir se refuser souvent et très souvent ce qui est permis.

Voilà le grand mot et le moins entendu peut-être de l'éducation que chacun se doit à soi-même. Dieu veuille que vous l'entendiez.

Je vous en conjure, sachez aussi être fort contre le respect humain. Et vous pouvez m'en croire, ce n'est pas très difficile. Dites-moi, si quelqu'un voulait vous faire rougir de votre nationalité, vous ririez de mépris, n'est-ce pas?

Certes, j'admire et j'honore la fierté nationale, mais au-dessus je mets la fierté de la foi. Sachez-le bien, la foi est la plus grande des forces morales. Vivifiez-la donc par la pratique de tout ce qu'elle commande, et développez-la par l'étude sérieuse. J'ai connu des hommes qui disaient n'avoir pas besoin de la religion, que l'honneur était leur dieu, mais il est avec l'honneur, celui-là, du moins, bien des compromis, et si vous n'aviez pas d'autre culte, très certainement, vous n'auriez pas ma fille.

Mon cher Maurice, il est aussi d'une souveraine importance que vous acceptiez, que vous accomplissiez dans toute son étendue la grande loi du travail, loi qui oblige surtout les jeunes, surtout les forts.

Et, à propos, ne donnez-vous pas trop de temps à la musique? Non que je blâme la culture de votre beau talent, mais enfin, la musique ne doit être pour vous que le plus agréable des délassements, et si vous voulez goûter les fortes joies de l'étude, il faut vous y livrer.

Encore une observation. Je n'approuve pas que vous vous mêliez d'élections.

On m'a dit que vous avez quelques beaux discours sur la conscience... Je veux être bon prince, mais, je vous en avertis charitablement, s'il vous arrive encore d'aller, vous, étudiant de vingt ans, éclairer les électeurs sur leurs droits et leurs devoirs, je mettrai Angéline et Mina à se moquer de vous.

D'ailleurs, pourquoi épouser si chaudement les intérêts d'un tel ou d'un autre? Croyez-vous que l'amour de la patrie soit la passion de bien des hommes publics?

Nous avons eu nos grandes luttes parlementaires. Mais c'est maintenant le temps des petites: l'esprit de parti a remplacé l'esprit national.

Non, le patriotisme, cette noble fleur, ne se trouve guère dans la politique, cette arène souillée. Je serais heureux de me tromper; mais à part quelques exceptions bien rares, je crois nos hommes d'État beaucoup plus occupés d'eux-mêmes que de la patrie.

Je les ai vus à l'œuvre, et ces ambitions misérables qui se heurtent, ces vils intérêts, ces étroits calculs, tout ce triste assemblage de petitesses, de faussetés, de vilenies, m'a fait monter au cœur un immense dégoût, et dans ma douleur amère, j'ai dit: Ô mon pays, laisse-moi t'aimer, laisse-moi te servir en cultivant ton sol sacré!

Je ne veux pas dire que vous deviez faire comme moi. Et dans quelques années, si la vie publique vous attire invinciblement, entrez-y. Mais j'ai vu bien des fiertés, bien des délicatesses y faire naufrage, et d'avance je vous dis: Que ce qui est grand reste grand, que ce qui est pur reste pur.

Cette lettre est grave, mais la circonstance l'est aussi. Je sais qu'un amoureux envisage le mariage sans effroi; et pourtant, en vous mariant, vous contractez de grands et difficiles devoirs.

Il vous en coûtera, Maurice, pour ne pas donner à votre femme, ardemment aimée, la folle tendresse qui, en méconnaissant sa dignité et la vôtre, vous préparerait à tous deux d'infaillibles regrets. Il vous en coûtera, soyez-en sûr, pour exercer votre autorité, sans la mettre jamais au service de votre égoïsme et de vos caprices.

Le sacrifice est au fond de tout devoir bien rempli; mais savoir se renoncer, n'est-ce pas la vraie grandeur? Comme disait Lacordaire, dont vous aimez l'ardente parole: «Si vous voulez connaître la valeur d'un homme, mettez-le à l'épreuve, et s'il ne vous rend pas le son du sacrifice, quelle que soit la pourpre qui le couvre, détournez la tête et passez.»

Mon cher Maurice, j'ai fini. Comme vous voyez, je vous ai parlé avec une liberté grande; mais je m'y crois doublement autorisé, car vous êtes le fils de mon meilleur ami, et ensuite, vous voulez être le mien.

Mes hommages à Mlle Darville. Puisqu'elle doit venir, pourquoi ne l'accompagneriez-vous pas? Vous en avez ma cordiale invitation, et les vacances sont proches.

À bientôt. Je m'en vais rejoindre ma fille qui m'attend. Ah! si je pouvais, en vous serrant sur mon cœur, vous donner l'amour que je voudrais que vous eussiez pour elle!

C. de Montbrun

(Maurice Darville à Charles de Montbrun)

Monsieur,

Jamais je ne pourrai m'acquitter envers vous; mais je vous promets de la rendre heureuse, je vous promets que vous serez content de moi.

Il y a dans votre virile parole quelque chose qui m'atteint au-dedans; vous savez vous emparer du côté généreux de la nature humaine, et encore une fois vous serez content de moi. Que vous avez bien fait de ne vous reposer sur personne du soin de former votre fille! Aucune autre éducation ne l'aurait faite celle qu'elle est.

Quant à votre invitation, je l'accepte avec transport, et pourtant, il me semble que vous me verrez arriver sans plaisir. Mais vous avez l'âme généreuse, et j'aurai toujours pour vous les sentiments du plus tendre fils.

Non, je n'aurais pas ce triste courage de mettre une main souillée dans la sienne!

Votre fils de cœur,

Maurice Darville

(Maurice Darville à Angéline de Montbrun)

Mademoiselle,

Je vous remercie simplement. Ni le bonheur ni l'amour ne se disent. Du cœur ému dans ses divines profondeurs, ce sont des larmes qui jaillissent. Dieu veuille qu'un jour vous connaissiez l'ineffable douceur de ces larmes.

Mademoiselle, puissiez-vous m'aimer un jour comme je vous aime.

Vôtre à jamais,

Maurice Darville

(Angéline de Montbrun à Mina Darville)

Chère Mina,

Si vous saviez comme je vous désire, au lieu de prendre le bateau comme tout le monde, vous vous embarqueriez sur l'aile des vents. J'aurai tant de plaisir à vous *démondaniser*!

Mon père dit qu'on ne réussit pas tous les jours à des opérations comme celle-là. Les hommes, vous le savez, se font des difficultés sur tout et n'entendent rien aux miracles.

Mais n'importe, je suis pleine de confiance. Je changerai la reine de la mode en fleur des prés, et cette grande métamorphose opérée, vous serez bien contente.

Tout sceptre pèse, j'en suis convaincue, et pourtant — voyez l'inconséquence humaine — je songe à reconquérir mon royaume, et veux vous prendre pour alliée.

Mina, ma maison, que vous croyez si paisible, est en proie aux factions.

Ma vieille Monique oublie que sa régence est finie, et ne veut pas lâcher les rênes du pouvoir, ce qui lui donne un trait de ressemblance avec bien des ministres.

Si vous venez à mon secours, je finirai comme les rois fainéants. Je pourrais, il est vrai, protester au nom de l'ordre et du droit, mais je risque de m'y échauffer, et mon père dit qu'il ne faut pas crier, à moins que le feu ne prenne à la maison.

Je me suis décidée à vous attendre, et lorsqu'on oublie trop que c'est à moi de commander, je prends des airs dignes.

Chère Mina, je vous trouve bien heureuse de venir chez nous. Il me semble que c'est une assez belle chose de voir le maître de céans tous les jours.

Croyez-moi, quand vous l'aurez observé dans son intimité, vous aurez envie de faire comme la reine de Saba, qui proclamait bienheureux les serviteurs de Salomon.

Mme Swetchine a écrit quelque part que la bienveillance de certains cœurs est plus douce que l'affection de beaucoup d'autres ; comme la lune de Naples est plus brillante que bien des soleils. Cette pensée me revient souvent lorsque je le vois au milieu de ses domestiques. Chère Mina, j'aimerais mieux être sa servante que la fille de l'homme le plus en vue du pays.

Votre frère assure qu'entre nous la ressemblance morale est encore plus grande que la ressemblance physique. C'est une honte de savoir si bien flatter, et vous devriez l'en faire rougir. Moi, quand j'essaie, il me dit : « Mais, puisque vous avez la plus étroite parenté du sang, pourquoi n'auriez-vous pas celle de l'âme ? Ignorez-vous à quel point vous lui ressemblez ? »

Cette question me fait toujours rire, car depuis que je suis au monde, j'entends dire que je lui ressemble, et toute petite je le faisais placer devant une glace, pour étudier avec lui cette ressemblance qui ne lui est pas moins douce qu'à moi. Délicieuse étude ! que nous reprenons encore souvent.

Que j'ai hâte de vous voir ici où tout sourit, tout embaume et tout bruit ! Il me semble qu'il y a tant de plaisir à se sentir vivre et que le grand air est si bon ! Je veux vous réformer complètement. Hélas ! je crains beaucoup de rester toujours campagnarde jusqu'au fond de l'âme. Ici tout est si calme, si frais, si pur, si beau ! Quel plaisir j'aurai à vous montrer mes bois, mon jardin et ma maison, mon nid de mousse où bientôt vous chanterez : *Home, sweet home*. Vous verrez si ma chambre est jolie.

> « *Elle est belle, elle est gentille,*
> *Toute bleue.* »

Comme celle que Mlle Henriette Chauveau a chantée. Quand vous l'aurez vue, vous jugerez s'il m'est possible de ne pas l'aimer,

> « *ainsi que fait l'alouette*
> *et chaque gentil oiseau,*
> *pour le petit nid d'herbette*
> *qui fut hier son berceau.* »

J'ai mis tous mes soins à préparer la vôtre, et j'espère qu'elle vous plaira. Le soleil y rit partout, ma frileuse. J'y vais vingt fois par jour, pour m'assurer qu'elle est charmante, et aussi parce que vous y viendrez bientôt. Jugez de ma conduite quand vous y serez. L'attente a son charme. Je suis sans cesse à regarder la route par où vous viendrez, mais je n'y vois que le *soleil qui poudroie et l'herbe qui verdoie*.

Dites à M. Maurice que je lui recommande d'avoir bien soin de vous. La belle famille que nous ferons!

Chère sœur, je vous aime et vous attends.

Angéline

(Mina Darville à Angéline de Montbrun)

Chère sœur,

Permettez-moi de commencer comme vous finissez. Hélas! J'ai commis l'imprudence de laisser lire votre lettre à Maurice, et il y a perdu le peu de raison qui lui restait.

Ma chère, vous m'amusez beaucoup en me recommandant à ses soins. Si vous saviez dans quel oubli un amoureux tient toutes les choses de la terre!

J'en suis réduite à m'occuper de lui comme un enfant. Il paraît qu'en extase on n'a besoin de rien. Cependant je persiste à lui faire prendre un bouillon de temps à autre. Ma cousine, inquiète, voulait le faire soigner, mais il s'est défendu en chantant *sotto voce*:

> Ah! gardez-vous de me guérir!
> J'aime mon mal, j'en veux mourir.

Le docteur consulté a répondu: «Il a bu du haschisch. Laissez-le tranquille». Ma cousine n'a pas demandé d'explications, mais je vois bien qu'elle n'est pas sûre d'avoir compris. Le langage figuré n'est pas son genre.

Je prie votre sagesse de ne pas s'alarmer. Maurice a une nature d'artiste, et il est dans toute l'effervescence de la jeunesse. Mais ça se calmera. Et quand ça ne se calmerait point! La puissance de sentir n'est pas tout à fait ce qui effraie une femme.

D'ailleurs, il a une foi vive et le vrai sentiment de l'honneur. Vous êtes faits pour vous aimer, et vous serez heureux ensemble. Quand il pleurerait d'admiration devant la belle nature, ou même de tendresse pour vous, qu'est-ce que ça fait?

Laissons dire les positifs. J'ai vu de près le bonheur de raison et, entre nous, ça ressemble terriblement à une vie qui se soutient par des remèdes.

Je sais que le mot d'exaltation est vite prononcé par certaines gens. Angéline, êtes-vous comme moi? Il existe sur la terre un affreux petit bon sens horriblement raide, exécrablement étroit, que je ne puis rencontrer sans éprouver l'envie de faire quelque grosse folie. Non que je haïsse le bon sens, ce serait un triste travers. De tous les hommes que je connais, votre père est le plus sensé, et je suis *suffisamment* charitable à son endroit. Le vrai bon sens n'exclut aucune grandeur. Régler et rapetisser sont deux choses bien différentes. Quelle est donc, je vous prie, cette prétendue sagesse qui n'admet que le terne et le tiède, et dont la main sèche et froide voudrait éteindre tout ce qui brille, tout ce qui brûle?

Ma belle fleur des champs, que vous êtes heureuse d'avoir peu vu le monde! Si c'était à refaire, je choisirais de ne le pas voir du tout, pour garder mes candeurs et mes ignorances. Voilà où j'en suis après deux ans de vie mondaine. Jugez de ce que dirait Mme D... si elle voulait parler.

J'ai eu des succès. Veuillez croire que je le dis sans trop de vanité. Vous savez qu'Eugénie de Guérin n'a jamais été recherchée. Il y a là matière à réflexions pour Mina Darville et son cercle d'admirateurs. Pauvres hommes! partout les mêmes.

Chère amie, M. de Montbrun me juge mal. Je ne demande qu'à me *démondaniser*. J'avais résolu d'arriver chez vous avec une simple valise, comme il convient à une âme élevée qui voyage.

Mais on sait rarement ce qu'on veut et jamais ce qu'on voudra: j'ai fini par prendre tous mes chiffons. Vraiment, je n'y comprends rien, et devant mes malles pleines et mes tiroirs vides, je me surprends à rêver.

Ma belle, il faudra que vous m'aidiez à passer quelques-unes de mes malles en contrebande. Je crains le sourire de M. de Montbrun. Au fond, quel mal y a-t-il à vouloir se bien mettre pourvu qu'on ait du goût?

Si Mlle de Montbrun est indifférente à la parure, c'est qu'en étudiant sa ressemblance, elle s'est aperçue qu'elle pouvait parfaitement s'en passer. Moi, je ne puis pas me donner ce luxe. Voilà, et dites à M. votre père que je n'aurai pas été une semaine à Valriant sans lui découvrir bien des défauts.

J'envisage sans effroi une petite causerie avec lui, quoiqu'il ait parfois des mots durs. Ainsi, l'hiver dernier, dans une heure d'épanchement, je lui avouai que j'étais bien malheureuse — que je n'avais pas le temps d'aimer quelqu'un qu'aussitôt j'en préférais un autre — et au lieu de me plaindre, cet austère confesseur m'appela *dangereuse coquette*.

N'importe, ma chère, je ne vous blâme pas de l'aimer, et même, il m'arrive de dire que c'est une belle chose d'être obligée à ce devoir.

Si vous m'en croyez, nous réfléchirons avant de faire abdiquer Mme Monique. M. de Montbrun vous croit la perle des ménagères, mais,

tel brille au second rang qui s'éclipse au premier.

Pourtant, je hais l'usurpation. Je suis légitimiste. Dites à M. de Montbrun que nous allons aviser ensemble à donner un roi à la France.

Ma chère, je suis sûre que ma chambre me plaira. Seulement, je n'aime pas la nature riante. Il me faudrait une allée bordée de sapins, pour mes méditations. Quant à Maurice, je crois qu'il n'en a pas besoin, et sa pensée m'a l'air de s'en aller souvent *tout au bout d'un jardin, tout au bord d'un étang.*

Ne rougissez pas, ma très belle. Je vous embrasse comme je vous aime.

(Mina Darville à Emma S***)

Il s'en va minuit, et je viens de fermer ma fenêtre, où je suis restée longtemps. J'aime la douceur sereine des belles nuits, et je vous plains, ma chère amie, de vouloir vous cloîtrer.

Pardon, vous n'aimez pas que j'aborde se sujet. Il me semble pourtant que je n'en parle pas mal, mais...

Avez-vous jamais descendu le Saguenay?

Franchement, la vie religieuse m'apparaît comme cette étonnante rivière, qui coule paisible et profonde, entre deux murailles de granit. C'est grand, mais triste. Ma chère, l'inflexible uniformité, l'austère détachement ne sont pas pour moi.

Je me plais parfaitement à Valriant, charmant endroit, qui n'aurait rien de grandiose sans le fleuve qui s'y donne des airs d'océan. Faut-il vous dire que Maurice est heureux? Le secret n'en est plus un maintenant. Il est difficile, quoi qu'on fasse, de trouver beaucoup à redire à ce mariage; et vraiment c'est une belle chose que cet amour qui grandit ainsi au grand soleil, en toute paix et sécurité. Puis, autour d'eux, tout est si beau.

Sans doute, rien n'est plus intérieur que le bonheur. Mais tout de même, quand Dieu créa Adam et Ève, il ne les mit pas dans un champ désolé. Maurice s'accommoderait parfaitement d'un cachot, mais sceptique, vous ne croyez plus à rien. Vous dites qu'il en est de l'amour comme des revenants : qu'on en parle sur la foi des autres. Que n'êtes-vous à Valriant! Il vous faudrait reconnaître que l'amour existe — qu'il y a des réalités plus belles que le rêve.

Angéline ressemble plus que jamais à son père. Elle a ce charme pénétrant, ce je ne sais quoi d'indéfinissable que je n'ai vu qu'à lui et que j'appelle du *montbrunage*. Mais ce que j'aime surtout en elle, c'est sa sensibilité profonde, son admirable puissance d'aimer.

Vous savez comme j'incline à estimer les gens d'après ce qu'ils valent par là, et pourquoi pas? Mon poids, c'est mon amour, disait saint Augustin.

Si j'y connais quelque chose, la tendresse d'Angéline pour son père est sans bornes, mais elle l'aime sans phrase et ne l'embrasse que dans les coins.

Nous menons tous ensemble la vie la plus saine, la plus agréable du monde. Il y a ici un parfum salubre qui finira par me pénétrer.

Vraiment, je ne sais comment je pourrai reprendre la chaîne de mes mondanités. Vous rappelez-vous nos préparatifs pour le bal, alors que se bien mettre était la grande affaire, et que j'aurais tant souhaité avoir une fée pour marraine, comme Cendrillon ? Sérieusement, il nous en aurait coûté moins de temps et d'argent pour tirer de misère quelques familles d'honnêtes gens. Je vous assure que je suis bien revenue des grands succès et des petits sentiments. Mais l'amour est une belle chose... Aimer c'est sortir de soi-même. Je vous avoue que je ne puis plus me supporter.

Bonsoir.

Mina

P.S. — C'est la faute d'Angéline et de Maurice. On ne peut les voir ensemble sans extravaguer.

(La même à la même)

Vous rappelez-vous avec quelle sollicitude vous veilliez sur le pied de boules-de-neige qui ornait la cour des Ursulines ? Je ne sais pourquoi ce souvenir me revenait tout à l'heure pendant que je me promenais dans le jardin. Je voudrais bien vous y voir. D'ordinaire, j'aime peu les jardins : j'y trouve je ne sais quoi qui me porte à chanter :

> *J'aime la marguerite*
> *Qui fleurit dans les champs.*

Mais celui-ci a un air de paradis. Vraiment, je voudrais y passer ma vie. Il y a là des réduits charmants, des berceaux de verdure pleins d'ombre, de fraîcheur, de parfums.

Jamais je n'ai vu tant de fleurs, fleurs au soleil, fleurs à l'ombre, fleurs partout. Et tout le charme du spontané, du naturel. Vous savez mon horreur pour l'aligné, le guindé, le symétrique.

Ici rien de cela, mais le plus gracieux pêle-mêle de gazons, de parterres et de bosquets. Un ruisseau aimable y gazouille et folâtre, et, par-ci par-là, des sentiers discrets s'enfoncent sous la feuillée. Mes beaux sentiers verts et sombres! L'herbe y est molle; l'ombre épaisse; les oiseaux y chantent, la vie s'y élance de partout.

C'est une délicieuse promenade, qui aboutit à un étang, le plus frais, le plus joli du monde.

Nous allons souvent y commencer la soirée, mais, hélas! les importuns se glissent partout. Il nous en vient parfois. Hier — je suis bien humiliée — nous eûmes à supporter un Québecquois beaucoup plus riche qu'aimable, qui s'est aventuré jusqu'ici. Le jardin lui arracha plusieurs gros compliments, et arrivé à l'étang: «Comme c'est joli! dit-il. Le bel endroit pour faire la sieste après son dîner!»

Maurice lui jeta un regard de mépris, et s'éloigna en fredonnant sa *marche hongroise*. J'expliquai à Angéline que son futur seigneur et maître est du *genus irritabile*, que la marche hongroise est un signe certain de colère; et qu'en entendant ces notes belliqueuses, elle devra toujours se montrer. Cela nous amusa, mais elle dit que se fâcher, s'impatienter, c'est dépenser inutilement quelque chose de sa force.

Plus je la vois, plus je la trouve bien élevée; elle m'appelle sa sœur, ce qui ravit Maurice. Pauvre Maurice. Sa voix est plus veloutée que jamais. Le doux parler ne nuit de rien.

La conversation d'Angéline ne ressemble pas à celle d'une femme du monde, mais elle est singulièrement agréable. Maurice dit qu'elle a le rayon, le parfum, la rosée. Le pauvre garçon est amoureux à faire envie et à faire pitié.

Angéline me fait mille questions charmantes sur son caractère, sur ses goûts, sur ses habitudes. Ses rêveries l'intéressent sans qu'elle sache trop pourquoi. Vous ne sauriez croire comme cette folle crainte qu'il a de mourir jésuite la divertit aussi bien que son horreur pour les demoiselles qui chantent: «Demande à la brise plaintive», ou autres bêtises langoureuses.

M. de Montbrun me traite de la manière la plus aimable, avec cet air un peu protecteur qui lui va si bien. On l'accuse de ne pas *remplir tout son mérite*. Mais comme je lui sais gré de n'avoir jamais été ministre! Il fait bon de voir ce descendant d'une race illustre cultiver la terre de ses mains. Dieu veuille que cet exemple ne soit pas perdu.

Ce soir, nous parlions ensemble de l'avenir du Canada; il était un peu triste et soucieux. Pour moi, je fis comme tout le monde: je tombai sur le gouvernement, qui fait si peu pour arrêter l'émigration, pour favoriser la colonisation. Mais ce beau zèle le laissa froid; et, jetant un regard un peu dédaigneux sur ma toilette, il me demanda si j'avais pensé à me refuser quelque chose pour aider les pauvres colons.

Ma chère Emma, je ne pouvais pas dire: «je l'ai fait», mais je lui dis: «je le ferai». Il sourit, et ce sourire, le plus fin que j'aie vu, me choqua. J'eus envie de pleurer. Me croit-il incapable d'un sentiment élevé? Je lui prouverai que je ne suis pas si frivole qu'il le pense. Vous le savez, une simple parole suffit parfois pour réveiller les sentiments endormis. Ah! si vouloir était pouvoir!

Tantôt appuyée sur ma fenêtre, je faisais des rêves comme le Père L... en ferait s'il avait le temps. Je donnais à tous l'élan patriotique. J'éteignais les lustres des bals, je supprimais l'extravagance des banquets, tout ce qui se dépense inutilement, je persuadais à chacun et à chacune de le donner pour la colonisation.

Puis je voyais les *déserts s'embellir de fécondité, les collines se revêtir d'allégresse, les germes se réjouir dans les entrailles de la terre*, et à côté de la lampe de l'humble église, la lampe du colon brillait. Ah! si chacun faisait ce qu'il peut! Un si grand nombre de Canadiens prendraient-ils la route de l'exil? Mais j'aime l'espérance. Nous sommes nés de la France et de l'Église. Confiance et bonsoir, chère amie.

[Mina a beaucoup changé.]

Mina

(La même à la même)

Décidément, mes rêves patriotiques vous sont suspects, et ce n'est pas sans malice que vous me conseillez de chercher la source de ce beau zèle. Ma chère, je n'ai pas l'esprit curieux. Chercher les sources, remonter aux principes, c'est l'affaire des explorateurs et des philosophes. Prétendez-vous me confondre avec ces gens-là? D'ailleurs, il ne faut jamais admettre le plus, quand le moins suffit à une explication. Ici le patriotisme suffit.

Vous rappelez-vous nos conversations de l'automne dernier, alors que vous commenciez à être un peu sage? Quels progrès vous avez faits! J'aimerais reprendre ces causeries.

Angéline a toute mon amitié, toute ma confiance, mais elle m'est trop supérieure à certains égards. Aucune poussière n'a jamais touché cette radieuse fleur, et conséquemment je m'observe toujours un peu; avec vous, je suis plus libre. *[She can talk to Emma.]*

Malgré vos aspirations religieuses, je ne puis oublier que nous avons été compagnes de chimères, de lectures, de frivolités. Parfois, je vous envie votre désenchantement si prompt, si complet. Mais ces désirs s'évanouissent vite. Je m'obstine à espérer qu'un jour ou l'autre le bonheur passera sur cette pauvre terre que Dieu a faite si belle.

[Emma — non-judgmental third party.]

De ma fenêtre j'ai une admirable vue du fleuve. Vraiment, c'est l'océan. Je ne me lasse pas de le regarder. J'aime la mer. Cette musique des flots jette un velours de mélancolie sur la tristesse de mes pensées, car, je vous l'avoue, j'ai des tristesses, et volontiers je dirais comme je ne sais plus quelle reine: «Fi de la vie». Pourtant je n'ai aucun sujet positif de chagrin, mais vous le savez, on cesse de s'aimer si personne ne nous aime.

Eh bien! je vois venir le jour où je me prendrai en horreur.

Vous n'ignorez pas comme j'ai désiré la réalisation du rêve de Maurice. Sans doute je savais que je passerais au second rang. Mais est-ce le second rang que je tiens? Y a-t-il comparaison possible entre son culte pour elle et son affection pour moi?

Il est vrai, qu'en revanche Angéline m'aime plus qu'autrefois; elle m'est la plus aimable, la plus tendre des sœurs; mais naturellement je viens bien après son fiancé et son père.

Quant à celui-ci, *the last but not the least*, qu'est-ce que cet aimable intérêt qu'il me porte? Je l'admets, dans ce cœur viril le moindre sentiment a de la force. Mais encore une fois, qu'est-ce que cela? Si vous saviez comme il aime sa fille!

Pour moi, je ne suis nécessaire à personne. Ma chère Emma, j'éprouve ce qu'éprouverait un avare qui verrait les autres chargés d'or, et n'aurait que quelques pièces de monnaie.

Mina

(La même à la même)

Vous dites, chère amie, que la seule chose triste, ce serait d'être aimée par-dessus tout. *Triste*, est-ce bien là le mot? Disons redoutable, si vous le voulez, mais soyez tranquille, je suis bien à l'abri de ce côté. Sans doute, il est plus doux, plus divin de donner que de recevoir. Mais le désintéressement absolu, où le trouve-t-on?

Je vous avoue que votre citation de Fénelon ne m'a pas plu*. Ce roi de Chine m'est resté sur le cœur. Quoi! c'est là que vous voulez arriver? Il viendra un temps où il vous sera parfaitement égal que je vous donne une pensée, un souvenir!

---

* Si vous n'aviez pas d'amour-propre, vous ne désireriez pas plus voir vos amis attachés à vous que de les voir attachés au roi de Chine. Fénelon, *Lettres spirituelles*.

Je me suis plainte à M. de Montbrun, qui m'a répondu, non sans malice peut-être, que vous en aviez pour longtemps avant d'en être à *l'amour pur* et à la *mort mystique*.

Je vois qu'il trouve charmant que les rivalités mondaines n'aient pas refroidi notre amitié d'enfance. Il dit que nous avons du bon. Sur le papier, cela n'a pas l'air très flatteur, mais ce diable d'homme a le secret de rendre le moindre compliment extrêmement acceptable.

Je vous avoue que je ne m'habitue pas au charme de sa conversation. Pourtant, son esprit s'endort souvent, sa pensée a besoin du grand air, et jamais il ne cause si bien qu'à travers champs, mais n'importe. Même dans un salon bien clos, il garde toujours je ne sais quoi qui repose, rafraîchit, et fait qu'on l'écoute comme on marche sur la mousse, comme on écoute le ruisseau couler.

Il ne lui manque qu'un peu de ce charme troublant qui nous faisait extravaguer devant le portrait de Chateaubriand. Je dis *faisait*. Au fond, cette belle tête peignée par le vent me plaît encore plus qu'on ne saurait dire. Mais décidément c'est trop René. Admirez ma sagesse. Je voudrais apprendre à comprendre, à pratiquer la vie, je voudrais oublier le beau ténébreux et ses immortelles tristesses. Pourtant, cet ennuyé est bien aimable. Convenez-en.

M. de Montbrun assure que vous allez retrouver votre gaieté derrière les grilles. Quoiqu'il vous ait peu vue, il ne vous a pas oubliée; vous lui plaisez, et comme on me fait plaisir en vous rendant justice, je ne lui ai pas laissé ignorer que vous le trouvez l'homme le plus séduisant que vous ayez vu.

La discrétion doit avoir des bornes; d'ailleurs avec lui c'est tout à fait sans inconvénients: il ne vous croira pas éprise de lui ou à la veille de l'être.

Nous parlons quelquefois de votre vocation. Il vous approuve de prendre le chemin le plus court pour aller au ciel. Mais je reste faible contre la pensée de cette demi-séparation.

Je crains que l'austérité religieuse ne nuise à notre intimité. Il y a une foule de riens féminins qu'il faut dire; l'amitié sans confiance, c'est une fleur sans parfum. Puis, parfois, il faut si peu de chose pour changer l'amitié en indifférence. Il me semble, qu'à certains moments, le cœur est beaucoup comme ces mers du nord qu'une pierre lancée, que le moindre choc va glacer de toutes parts, une fois l'été fini. Prenons garde.

Il est maintenant décidé que Maurice ira en France pour ses études. Comment pourra-t-il s'arracher d'ici ? Je n'en sais rien, ni lui non plus.

Mais il faudrait toujours finir par partir, et M. de Montbrun ne veut pas qu'Angéline se marie avant d'avoir vingt ans. Pour moi, je passerai probablement ici la plus grande partie de l'absence de mon frère. Il le désire, et ma belle petite sœur m'en presse très fort.

Pauvres enfants! la pensée du départ les assombrit beaucoup, ce qui me rassure. Chose étrange, le bonheur fait peur. Il me semblait toujours qu'il allait arriver quelque chose. C'est bien singulier, mais Angéline m'inspire souvent une pitié qui ne peut se dire. Je la trouve trop belle, trop charmante, trop heureuse, trop aimée.

Vous comprenez qu'ici nous sommes bien loin de *l'illusion des amitiés de la terre, qui s'en vont avec les années et les intérêts.* Vraiment, j'ai beau regarder, je ne vois point le *grain noir*, comme disent les marins. Le bonheur serait-il de ce monde? Il est vrai que son père ne cherche pas du tout à lui épargner les petites contrariétés de chaque jour. Il l'assujettit fort bien à son devoir. Mais qu'est-ce que cela? Rien qu'à la regarder, on voit qu'elle ne connaît pas le terne, ou, comme nous disons, le *gris* de la vie.

Mina

(Mina Darville à Emma S***)

Je suis de la plus belle humeur du monde, et je veux vous dire pourquoi. D'abord, sachez que Mme H... est à Valriant. Oui, ma chère, elle ne peut supporter le séjour des campagnes à la mode (*sic*). Il lui faut le calme, le repos, etc. C'est parfaitement touchant, mais j'incline à croire que cette veuve inconsolable ferait très volontiers « sa principale affaire des doux soins d'aimer et de plaire ».

Toujours est-il qu'elle a fait comme celui qui alla à la montagne parce que la montagne ne venait pas à lui. Du reste, toujours brillante; seulement le voisinage d'Angéline ne lui est pas avantageux. Elle a un peu l'air d'un dahlia à côté d'une rose qui s'entrouvre.

Mais elle manœuvrait de son mieux. Il fallait voir avec quel enthousiasme elle parlait d'Angéline! Avec quelle grâce modeste elle reprochait à M. de Montbrun de ressembler autant à la plus charmante des Canadiennes. C'était une étude piquante. Mais sous les grâces étudiées, j'ai cru voir une passion sincère. Ce qui est sûr, c'est qu'elle me hait cordialement. Je suis sa *bête noire*. Il est vrai qu'ostensiblement, on me fait la plus belle patte de velours possible, mais j'ai senti bien souvent les griffes.

Quels compliments perfides! comme cette femme serait dangereuse si elle avait de la mesure! et quelle pauvre personne elle voudrait faire de moi sous le beau prétexte de relever mes succès!

Oui, ma chère, je suis une grande criminelle, et j'ai déjà fait couler

> *Charles is keeping the coquettish and dangerous Mina away from the boys.*

bien des larmes. On en connaît dont le cœur est en cendres. Je suis cause que de jeunes talents négligent l'étude et s'étiolent tristement. Aussi M. de Montbrun m'a dit : « Mademoiselle, je commence à croire que je rends un grand service à mon pays en vous gardant à Valriant à mes risques et périls ».

Cela nous fit rire. Madame H..., qui sait tant de choses, ne sait pas qu'en prouvant trop on ne prouve rien. Mais je suis bien vengée. Madame s'en ira *traînant l'aile et tirant le pied*.

Je ne parle pas au figuré. Elle s'est donné une entorse en glissant d'un rocher où elle s'était aventurée malgré mes sages remontrances. Heureusement qu'elle a eu plus de peur que de mal.

Mais si vous aviez vu son convoi ! M. de Montbrun et Maurice portaient le brancard, Angéline portait l'ombrelle de madame. Pour moi, j'étais comme l'officier de Malbrouck : celui qui ne portait rien.

Il faut croire que je n'ai pas un très bon cœur, car j'avais une folle envie de rire. Au fond, je ne me le reproche pas beaucoup. Comme le dit le cocher de M. de Montbrun : « La grosse dame n'avait pas d'affaire à se hisser sur les crans, elle avait beau à se promener dans le chemin du roi. »

Nous sommes allés en corps lui faire visite. M. de Montbrun n'avait pas l'air plus ému qu'il fallait, et moi, j'avais une figure qui ne valait rien. Depuis nous avons perdu M. W... C'est un étranger qui aime beaucoup la pêche, et croit fermement que tout ce qui est grand, noble, distingué, vient en droiture de l'Angleterre.

D'ailleurs très comme il faut. Depuis une quinzaine il nous honorait de ses assiduités.

Angéline soutient qu'elle l'a vu rire. Il est certain qu'il s'essayait parfois à badiner, et si vous saviez comme sa phrase est plombée ! « Mais, disait M. de Montbrun, le bon Dieu me fait la grâce de ne pas toujours l'entendre. » Ce qui ne l'a pas empêché de donner le signal des réjouissances aussitôt que sa seigneurie eut définitivement tourné les talons. Pourtant sa solennité nous amusait parfois.

Bonsoir, ma chère.

Mina

(Mina Darville à Emma S***)

Madame H... va mieux, ou plutôt elle n'a plus qu'à se tenir tranquille, et le repos, n'est-ce pas ce qu'elle voulait ? Pour le moment je m'en accommoderais parfaitement. Vous savez que je n'écris guère que sur le tard, et ce soir, je m'endors comme si j'avais écouté un discours sur le tarif ou causé avec M. W...

C'est bien dur de rester devant mon encrier quand mon lit est là si près. Que n'êtes-vous ici? Nous causerions en regardant les étoiles. Elles sont bien belles : je viens de les regarder pour me rafraîchir.

Quand j'étais enfant, le firmament m'intéressait beaucoup, et je voulais absolument qu'il y eût des trous dans le plancher du ciel, par où on voyait la lumière de Dieu.

Malgré tout, il me reste encore quelque chose de cette attraction céleste, car au sortir des bals je pense toujours à regarder les étoiles. Je ne veux pas dire que ces belles soirées soient le plus efficace *sursum corda*. Pourtant je me rappelle qu'une nuit, comme je revenais d'un bal, la cloche des Ursulines sonna le lever des religieuses. Jamais, non, jamais le glas funèbre n'a pénétré si avant dans mon cœur. Oh, que cette cloche prêchait bien dans le silence profond de la nuit!

Rendue dans ma chambre, je jetai là mes fourrures, et restai longtemps devant mon miroir, comme j'étais — en grande parure — et je vous assure que mes pensées n'étaient pas à la vanité. Puis, quand je fus parvenue à m'endormir, je fis un rêve dont je n'ai jamais parlé, mais qui m'a laissé une impression ineffaçable.

Il me sembla que j'étais dans la petite cour intérieure des Ursulines, quand tout à coup la fenêtre d'une cellule s'ouvrit, et je vis paraître une religieuse. Je ne sais comment, mais du premier coup d'œil, sous le bandeau blanc et le voile noir, je reconnus cette brillante mondaine d'il y a deux cents ans, Madeleine de Repentigny.

Elle me regardait avec une tendre pitié, et de la main m'indiquait la petite porte du monastère; mais je ne pouvais avancer: une force terrible me retenait à la terre. Elle s'en aperçut et appuya son front lumineux sur ses mains jointes, alors je sentis qu'on me détachait, mais quelle douleur j'éprouvais dans tout mon être!

Je m'éveillai, plus émue, plus impressionnée qu'il ne m'est possible de dire. Ordinairement, j'éloigne ce souvenir, mais ce jour-là je sentis dans toute sa force la vérité de cette parole de l'*Imitation*: La joie du soir fait trouver amer le réveil du lendemain.

Bonsoir, ma chère amie.

Mina

(Mina Darville à Emma S***)

Vous prenez mon rêve bien au sérieux. Il s'explique suffisamment par mes émotions de la nuit, par les pensées qui m'occupaient quand je m'endormis.

Pourtant, il m'en est resté une sorte de tendresse pour cette aimable Madeleine de Repentigny. Il est vrai que j'avais toujours eu un faible pour cette belle mondaine. Son souvenir me revenait souvent quand j'allais à la chapelle des Saints.

J'aimais cette petite lampe qui y brûle jour et nuit, en témoignage perpétuel de sa reconnaissance; j'avais même demandé qu'on m'en laissât le soin. Mais passons, et Dieu veuille me laisser toujours les saines jouissances de la vie.

Ici je m'éveille aux rayons du soleil qui dorent ma fenêtre, aux chants des oiseaux qui habitent le jardin, mais je ne me lève de bonne heure que de loin en loin.

Pourtant, j'aime le matin tout frais, tout humide de rosée; mais *l'autre*, comme disait Xavier de Maistre, s'accommode si bien d'un bon lit.

Je crains beaucoup de n'être jamais tout à fait comme la femme forte, ni comme Angéline, que Maurice appelle l'Étoile du matin. Il paraît qu'il est toujours le premier debout. Mais le beau mérite, quand on est amoureux, d'aller faire des bouquets dans le plus beau jardin du monde et d'attendre!

Pauvre Maurice! Je suis joliment sûre que tous les oiseaux du ciel chanteraient autour de lui sans l'empêcher de distinguer le petit bruit qu'une certaine fenêtre fait en s'ouvrant. Mais je suis en frais de compromettre l'oreille de la famille.

Figurez-vous que moi, qui aime tant les oiseaux, je ne les reconnais pas toujours à la voix; cela choque Angéline. «Quoi, dit-elle, une musicienne, une Darville, prendre le chant d'une linotte pour le chant d'une fauvette!» Ce n'est pas elle qui commettra pareille erreur.

«Et pourtant, dit-elle, dans ma famille on n'a jamais su que croquer des notes.»

Cela ne l'empêche pas d'aimer la musique et de la sentir à la façon des anges. Elle dit que, selon saint François d'Assise, la musique sera l'un des plaisirs du ciel, et cette pensée me plaît beaucoup. Au fond, je crois que nous avons tous quelque crainte de nous ennuyer durant l'éternité.

C'est aujourd'hui la Saint-Louis. Nous ne l'avons pas oublié. Pauvre France! Angéline dit, comme Eugénie de Guérin, qu'elle *filerait volontiers la corde pour pendre la République et les républicains*. Pour ma part je n'y verrais pas grand mal, mais je demande grâce pour Victor Hugo, qui a chanté le *lis sorti du tombeau.* Angéline est plus royaliste que moi ; elle me trouve tiède, et Maurice n'ose dire qu'il est bonapartiste.

Laissons les gouvernements passés et futurs. Chère amie, la mer est une grande séductrice. Ici, qu'elle est belle et terrible ! qu'elle est douce aussi ! Alors, comme elle berce mollement les barges des pauvres pêcheurs ! C'est un charme. Et cette magique phosphorescence des flots...

M. de Montbrun a une barge qui s'appelle *La Mouette*, et si jolie, si gracieuse !

Angéline raffole des promenades sur l'eau.

Vous pensez si Maurice souffrait de n'y point jouer un rôle actif. Il s'est mis aussitôt à l'école des pêcheurs et maintenant il manœuvre *La Mouette*, comme s'il n'avait jamais fait autre chose de sa vie. Angéline, qui se mêle de mettre la voile au vent, dit que Maurice fait des nœuds d'amiral.

Ça a été un grand triomphe pour lui la première fois qu'il a pris la conduite à bord. Quand il n'y a pas de brise, il rame, ce qui lui permet de faire admirer sa force. Elle n'égale pas encore celle de M. de Montbrun, mais elle n'est pas du tout à mépriser. Et quand tous les deux se mettent à ramer, *La Mouette* semble voler sur les flots.

Vous pensez si Maurice chante volontiers, et sur cette mer rayonnante, sous ce vaste ciel, sa voix incomparable a un charme bien profond. Des étincelles de feu courent dans l'écume du sillage, et le long du rivage. Pour Angéline et Maurice, ces promenades doivent avoir une beauté de rêve. Ceux-là peuvent dire comme Albert de la Ferronnays : « Ce serait un blasphème de penser que Dieu ne nous a pas créés pour le bonheur ».

Bonsoir, chère amie.

Mina

(Mina Darville à Emma S***)

Nous avons fini nos foins, et je dirais volontiers que je n'y ai pas nui, mais Angéline trouve que je m'en fais bien accroire — que je fais sonner bien haut mes coups de râteaux.

Je voudrais que vous eussiez vu Angéline dans son costume de faneuse. Sans comparaison, je n'étais pas mal non plus, et sans mentir nous avons été bien reçues.

M. de Montbrun se déclara charmé. Il nous comparait aux glaneuses de la Bible, à toutes les belles travailleuses de l'antiquité. Même il m'a dit quelques vers latins, où je crois qu'il était question des divinités champêtres. Je suis bien satisfaite. Mina Darville mêlée avec les divinités! Il ne manquait plus que ça aux humiliations de l'Olympe!

À propos, vous saurez que le maître de céans ne va pas à ses champs sans se ganter soigneusement. Au fond, je ne vois pas qu'il y ait de quoi lui jeter la pierre, mais tout de même, je lui ai dit : « Vraiment, vous m'étonnez ; j'avais toujours cru que l'homme — cet être supérieur — ne s'occupait que de la beauté de son âme. Serait-ce par orgueil de race que vous prenez si grand soin de vos belles mains d'aristocrate ? »

Je lui soutiens qu'il finira par passer pour un désœuvré, pour un *bourgeois*. Ma chère amie — vous me croirez si vous le pouvez —, cet homme-là gagne à être vu de près.

Sa tranquillité sereine attire, fait rêver comme le calme des eaux profondes. C'est une nature vraiment forte, et je ne puis le regarder attentivement sans lui mettre sur les lèvres le magnifique : *Je suis maître de moi* d'Auguste à Cinna.

Voilà ce qu'on gagne à lire les classiques ! Et croyez-moi, ce serait une belle chose de troubler ce beau calme, de voir l'humiliation de ce superbe. Mais folie d'y songer. Il ne voit que sa fille.

Vraiment, je ne crois pas qu'il ait une pensée où elle n'entre pour quelque chose. Qu'il est donc aimable avec elle ! Qu'a-t-elle fait, dites-moi, pour mériter d'être si parfaitement aimée ?

L'autre soir, Maurice le pria de nous lire *La fille du Tintoret*, ce qu'il fit, et vous savez comme l'expression d'un sentiment puissant nous grise, nous autres, pauvres femmes. Cet accent si vrai, si passionné me poursuit partout. Morte !... ô mon amie, comme il dit cela !

Faut-il s'étonner si Angéline n'y put tenir ? si l'instant d'après elle pleurait dans ses bras, oublieuse de notre présence et de tout ? Ah ! lui aussi peut dire que dans sa fille *Dieu l'a couronné*.

Et moi, je comprends que Dieu nous demande tout notre cœur, car je hais terriblement les fractions.

Mina

(Mina Darville à Emma S***)

Ma chère Emma, je m'en vais vous conter une petite chose qui m'a laissé un aimable souvenir.

Ces jours derniers, un jeune cultivateur des environs vint demander un bouquet à Mlle de Montbrun pour sa fiancée. Il devait se marier le lendemain. Aussi nous fîmes de notre mieux, et le bouquet se trouva digne d'une reine.

Le brave garçon le regardait avec ravissement et n'osait presque y toucher. Son amour est célèbre par ici, et comme les femmes s'intéressent toujours un peu à ces choses-là, nous le fîmes causer.

Ah, ma chère, celui-là n'est pas un blasé, ni un rêveur non plus, je dois le dire — car il est le plus rude travailleur de l'endroit — aussi sous sa naïve parole on sent le plein, comme sous la parole de bien d'autres on sent le creux, le vide.

Angéline l'écoutait avec une curiosité émue et sincère; moi je le faisais parler, et finalement, nous restâmes charmées.

Angéline décida qu'il fallait faire une petite surprise à ces amoureux, et le jour des noces, nous fûmes leur porter un joli petit réveillon.

Les mariés n'étaient pas encore arrivés. Je vous avoue que leur maisonnette proprette et close m'intéressa.

Nous avons tout examiné: les moissons qui mûrissent, les arbres fruitiers encore petits, le jardinet qui fleurira. Tout près de la porte, deux vieux peupliers ombragent une source charmante.

Angéline dit que les belles sources et les vieux arbres portent bonheur aux maisons. Celle-ci n'a, à bien dire, que les quatre pans, mais on y sentait ce qui remplace tout. La nappe fut bientôt mise, et le réveillon sorti du panier.

C'était plaisir de voir Angéline s'occuper de ces soins de ménage, dans cette pauvre maison. Elle regardait partout, avec ces beaux yeux grands ouverts que vous connaissez, et me fit remarquer le bois et l'écorce soigneusement disposés dans l'âtre, n'attendant qu'une étincelle pour prendre feu. Je vous avoue que ce petit détail me fit rêver.

Nous sommes revenus en philosophant. Angéline voulait savoir pourquoi dans le monde on attache du mépris à une vie pauvre, simple et frugale. Si vous l'entendiez parler des anciens Romains!

Quant à moi, j'aime ces grands noms sur les lèvres roses; je vois toujours avec respect la pauvre maison d'un colon et pourtant... Aurais-je donc moi, de cette vieille dévotion que vous appelez le culte du veau d'or? Je ne le crois pas, mais certains côtés du faste m'éblouissent toujours un peu.

Pour se soustraire tout à fait à l'esprit du monde, il faut une âme très forte et très noble. Or, les âmes fortes sont rares, et les âmes nobles aussi. Je vous embrasse.

Mina

(Mina Darville à Emma S***)

Vous avez raison. Les mignardises de la vie confortable aident beaucoup à former les caractères faibles et ternes —les types bourgeois comme dirait M. de Montbrun. Pauvres bourgeois! J'en aurais long à dire sur le convenu, le flasque, le cotonneux.

M. de Montbrun dit qu'il y a un certain bien-être tout matériel qui lui donne toujours l'envie de vivre au pain et à l'eau. Croyez-moi, ce ne serait pas une raison pour refuser de dîner avec lui.

Ma chère, je tourne visiblement à l'austérité, et je finirai par dire comme Salomon: «Mon Dieu, donnez-moi seulement ce qui est nécessaire pour vivre».

En attendant, il pleut à verse. Jamais je n'ai vu tomber tant d'eau. Qui donc a dit que la campagne, par la pluie, ressemble à une belle femme qui pleure?

Je ne vois pas du tout cela, mais si c'est vrai, je conseille aux belles femmes de ne pas pleurer. La pluie m'ennuie parfaitement.

Mais un bon feu console de bien des choses, et je ne pense pas du tout à m'aller noyer. Rien ne me dispose à causer comme une belle flambée, dans une vaste cheminée.

On partage assez mon goût et l'on ne paraît pas du tout s'ennuyer. Tout de même on trouve que j'aime terriblement les *grandes flammes*.

Nous lisons souvent, et c'est moi qui choisis les lectures. Vous le savez, j'ai un trait de ressemblance avec la mère de Mme de Grignan: je raffole des grands coups d'épée. Mais je crois qu'on commence à en être un peu fatigué.

> «Si Peau d'Âne m'était conté,
> J'y prendrais un plaisir extrême»

m'a soufflé, l'autre soir, le plus aimable des hôtes.

Je ne me le suis pas fait dire deux fois. Tous les contes favoris de notre enfance y passèrent, et cette folle soirée fut la plus agréable du monde.

M. de Montbrun prétend que les succès de Cendrillon ont dû me faire rêver de bonne heure; mais Maurice est là pour dire que j'ai toujours préféré les contes où il y a des ogres et des petites lumières.

Ce soir, Maurice nous a lu le *Vol de l'Âme*. Je me rappelle vous avoir entendu dire que vous ne sauriez voir un beau matin d'automne sans penser un peu à cette aimable Claire, à ce noble Fabien.

Angéline ne s'explique guère ces amoureux-là. Tout à l'heure je la regardais avec Maurice, et je pensais à bien des choses qui m'occupent peu d'ordinaire.

Malgré tout, à certains moments on sent que le sacrifice vaut mieux que toutes les joies. Et d'ailleurs autour de nous tant de choses nous prêchent.

Il y a déjà des feuilles sèches dans ce délicieux jardin de Valriant. Dites-moi, vous figurez-vous une feuille morte dans le paradis terrestre?

Bonsoir, chère amie.

Mina

(Emma S*** à Mina Darville)

Ma chère Mina,

Non, sans doute, il n'y aurait jamais eu de feuilles sèches dans le paradis terrestre. Cela eût trop juré avec l'immortelle beauté, avec l'éternelle jeunesse. Je vous avoue que je me serais fort accommodée de ces choses-là.

Je regrette beaucoup ce beau paradis, ce jardin de volupté où l'on n'aurait jamais vu de boue; la boue vient en droiture du péché. Mais toujours, chère amie, le vrai ciel nous reste.

Puisqu'il dépend de nous d'y aller, pourquoi seriez-vous triste? Je vous en prie, éloignez la mélancolie. Cette friande vit de ce qu'il y a de plus exquis dans l'âme, et nous laisse toujours un peu faibles. Je l'entends de la mélancolie poétique et séduisante, non de la tristesse grave et chrétienne. Celle-ci, je vous la souhaite, car elle se change toujours en joie, et d'ailleurs, qui peut s'en défendre toujours, de cette divine tristesse?

Ma chère Mina, voici mon dernier automne dans le monde, et vous ne sauriez croire quel charme touchant cette pensée répand sur tout ce que je vois. C'est comme si j'allais mourir.

Jamais la nature ne m'a paru si belle. Je me promène beaucoup seule, avec mes pensées, et je ne sais quelle sérénité douce, qui ne me quitte plus. Déjà on sent l'automne. Mais dans notre état présent, je crois qu'il vaut mieux marcher sur les feuilles sèches que sur l'herbe fraîche.

En attendant qu'il en neige, j'ai ici un endroit qui fait mes délices. C'est tout simplement un enfoncement au bord de la mer ; mais d'énormes rochers le surplombent et semblent toujours prêts à s'écrouler, ce qui m'inspire une crainte folle mêlée de charme.

Malgré la distance et le sentier âpre, caillouteux, j'y vais souvent. J'aime cette solitude parfaite et sauvage, où l'on n'entend que le cri des goélands et le bruit de la mer. Là, pas un arbuste, pas une plante : seulement quelques mousses entre les fentes des rochers, et, par-ci par là, quelques plumes.

Il me semble que cet endroit vous plairait parfaitement, surtout quand le soleil laisse tomber sur les vagues ces belles traînées de feu que vous aimez tant.

Ce soir, les plus beaux nuages que j'aie vus s'y miraient dans l'eau. Cela faisait à la mer un fond chatoyant, merveilleux, et j'ai pensé à bien des choses.

Je n'ai pas oublié comme la vie apparaît alors que... mais passons.

Chère Mina, quoi qu'il nous en semble à certains moments, c'est le froid, c'est l'aride, c'est le terne qui fait le fond de la mer, et ce n'est pas l'amour qui fait le fond de la vie.

Voilà qui est très sage, mais je suppose que la sagesse de la femme est, comme celle de l'homme, *toujours courte par quelque endroit*.

Cette grande clarté du désabusement ne vous atteint pas, ne va pas jusqu'à Valriant.

Je pense souvent à vos aimables *promis* (passez-moi une expression bretonne), et j'espère que vous verrez *l'humiliation du superbe*.

Sans flatterie, je m'étonne qu'il tienne si longtemps. Chère Mina, vous m'avez donné bien des soucis. Vous voulez vous marier, et, sous des dehors un peu frivoles, vous cachez tout ce qu'il faut pour n'aimer jamais qu'un homme qui ait du caractère, de la dignité, de la délicatesse, et — j'en demande pardon à ces messieurs — tout cela me semble bien rare.

Mais *lui* a la virilité chrétienne et le charme, ce qui ne gâte rien.

Courage, ma chère. On vous trouve bien un peu frivole, mais on finira par s'avancer, et cette fois-là, j'espère que vous mettrez vos coquetteries de côté, pour dire tout franchement comme la Belle au Bois dormant : « Certes, mon prince, vous vous êtes bien fait attendre ».

Emma

(Mina Darville à Emma S***)

Je vous promets de dire exactement comme la Belle au Bois dormant.

En attendant, je suis aussi agréable que possible avec lui; mais la jolie petite madame S... n'avait pas tort lorsqu'elle affirmait qu'il porte une armure enchantée. Du moins tous les traits nous reviennent comme dans les légendes, et lui n'a pas l'air de s'en porter plus mal.

Toute modestie à part, je n'y comprends rien, d'autant plus que je suis sûre de lui plaire. Maintenant, je ne rencontre guère son regard sans y voir luire une flamme, un éclair, et, d'après moi, cela voudrait dire quelque chose.

Cette nature ardente et contenue est bien agréable à étudier. Mais qu'est-ce qui le retient? Ce ne peut être la différence d'âge: il y a de bons miroirs ici.

Je suppose qu'on s'en veut de cette faiblesse involontaire. Puis, on ne me trouve pas une âme de premier ordre, peut-être aussi croit-on que je ne saurais m'accommoder d'une vie sérieuse, retirée.

Le fait est que je me soucie des plaisirs du monde comme des modes de l'an passé. Pour un rien, je lui proposerais d'aller vivre sur les côtes du Labrador. Nous nous promènerions sur la mousse blanche à travers les brouillards, comme les héros d'Ossian.

Ah! ma chère, j'ai bien des tentations journalières, et je me surprends à faire des oraisons jaculatoires, du genre de celles de Maurice, quand il s'interrompait à tout instant pour dire: « Qu'elle est belle! Seigneur, je veux qu'elle m'aime! »

Pauvre Maurice! Voilà son départ bien proche. Je m'en vais retourner avec lui à Québec, où je compte vous retrouver, et ne pas vous laisser plus que votre ombre jusqu'à votre entrée au couvent.

Quand je pense qu'ensuite vous ne viendrez plus jamais chez nous, dans ma chambre où nous étions si bien. Il me semble que le noviciat vous paraîtra sombre, malgré ce beau tableau de saint Louis de Gonzague que je vois ici. Ce visage céleste penché sur le crucifix m'a laissé une des ces impressions que rien n'efface.

Parfois, je pense que ceux-là sont heureux qui sont vraiment à Dieu; ils ne craignent ni de vieillir ni de mourir.

Autour de nous, les feuilles jaunissent à vue d'œil. Vous savez que je ne puis voir une feuille fanée sans penser à mille choses tristes. Je l'avoue, ces pauvres feuilles ont déjà bien fait parler d'elles. Mais n'importe, j'aimerai toujours la vieille feuille d'Arnauld qui dit si bien: « Je vais où va toute chose ».

M. de Montbrun dit toujours rien

Ce sont les premiers vers que j'aie sus, et c'est mon père mourant qui me les a appris. Voilà pourquoi sans doute ils gardent pour moi un charme si touchant, si funèbre.

M. de Montbrun me parle souvent de mon père; mieux que personne il me le fait connaître.

Vous ai-je dit que je passerai l'hiver à Valriant? Vous comprenez que je ne fais pas un grand sacrifice. Maurice parti, je trouverais la maison grande: il est toute ma famille, mais ici j'en ai une autre.

C'est plaisir de voir briller l'anneau des fiançailles sur la belle main d'Angéline. Cet anneau est celui de ma mère. Avant de mourir, elle-même le donna à Maurice, pour celle qui serait la compagne de sa vie. Je me demande parfois si elle eût pu jamais la souhaiter aussi virginale, aussi charmante.

Vous dites que je vous ai donné bien des soucis. Ma chère, j'en ai eu aussi beaucoup. Je crois, comme Madame de Staël, qu'une femme, qui meurt sans avoir aimé, a manqué la vie, et, d'autre part, je sentais que je n'aimerais jamais qu'un homme digne de l'être.

Il est vrai que plusieurs aimables « pas grand-chose » m'ont voulu persuader qu'il ne tenait qu'à moi de les rendre parfaits, ou peu s'en faut. Mais je trouve triste pour une femme de faire l'éducation de son mari.

J'aime mieux me marier avec un homme accompli. Pourtant, je l'avoue, quelqu'un, qui ne l'était pas, m'a beaucoup intéressée. Je connaissais sa jeunesse orageuse, mais sa mélancolie me touchait. Je pensais à saint Augustin loin de Dieu, à ses glorieuses tristesses. « Chère belle âme tourmentée! » me disais-je souvent. Plus tard, je sus... passons.

Il paraît que Mlles V... s'épuisent encore à dire que je suis foncièrement impertinente, que je traiterai mon mari comme un *nègre*. Le pauvre homme! N'en avez-vous pas pitié?

Pour moi, j'ai bien envie d'aller regarder quelqu'un qui se promène sur la galerie. Ce pas si régulier, si ferme, me rend toujours un peu nerveuse. Ma chère, *It can't be helped*, je le crains.

Et faut-il dire que celui-là serait un maître? Mais n'importe. J'aime mieux lui obéir que de commander aux autres. Voilà — et je lui suis reconnaissante de vouloir m'arracher à ces puérilités, à ces futilités, que les hommes d'ordinaire font noblement semblant de nous abandonner, tout en s'en réservant une si belle part.

À bientôt!

Mina

Mina voit chez M. de Montbrun une personne qui veut contrôler les femmes.

Mina en ville — robes, balles

(Maurice Darville à Angéline de Montbrun)

Mon amie,

Je suis encore tout souffrant, tout brisé, de cet effort terrible qu'il m'a fallu pour m'arracher d'auprès de vous. Une fois dans la voiture j'éclatai en sanglots, et maintenant encore, par moments, je suis faible comme un enfant.

Pourtant j'essaie de vivre sans vous voir. Mais vous oublier un instant, je n'en suis pas plus maître que d'empêcher mon cœur de battre ou mon sang de circuler. Ah! si je pouvais vous dire l'excès de ma misère. Tout me fait mal, tout m'est insupportable. Angéline, voici l'instant du départ. Je m'en vais mettre l'océan entre nous. Que Dieu ait pitié de moi! et qu'il vous garde et vous bénisse, ma fiancée chère et sacrée, mon immortelle bien-aimée!

Embrassez votre père pour moi. Ô ma vie! ô ma beauté! je donnerais mon sang pour savoir que vous me pleurez.

Maurice

(Angéline de Montbrun à Maurice Darville)

Après votre départ, je fus obligée de me tenir renfermée, et je vous laisse à deviner pourquoi. Si vous saviez comme c'est triste de ne plus vous voir nulle part, de ne plus entendre jamais votre belle voix. Je renonce à vous le dire, et n'ose penser à cette immense distance qui nous sépare.

Comme vous devez souffrir de vous en aller parmi des indifférents, des inconnus! J'y songe sans cesse et vous trouve bien plus à plaindre que moi. Mon père sait me donner du courage. Il me parle si bien de vous... avec une estime qui me rend si fière. Mon noble Maurice, vous méritez d'être son fils; c'est avec vous que je veux passer ma vie. Dites-moi, pensez-vous quelquefois au retour?

Moi, je vous attends déjà, et souvent, je me surprends disposant tout pour votre arrivée. Ce jour-là, il me faudra un ciel éclatant, un azur, un soleil, une lumière, comme vous les aimez. Je veux que Valriant vous apparaisse en beauté.

En attendant, il faut s'ennuyer. Souvent, je prends cette guitare qui résonnait si merveilleusement sous vos doigts. J'essaie de lui faire redire quelques-uns de vos accords. Je les ai si bien dans l'oreille; mais la magie du souvenir n'y suffit pas.

Les gelées ont déjà bien ravagé le jardin. Cette belle verdure que vous avez tant regardée, tant admirée, d'un jour à l'autre, je la vois se flétrir. Je vais la voir disparaître et cela m'attriste. C'est la première fois que l'automne me fait cette impression.

On dirait, Maurice, que vous m'avez laissé votre mélancolie. J'ai des pitiés, des sympathies pour tout ce qui se décolore, pour tout ce qui se fane.

Vous m'appelez *votre immortelle bien-aimée*; Maurice, la belle parole! qu'elle m'a été à l'âme et qu'elle m'est délicieuse.

Et pourtant, on dit qu'il n'y a point d'amour éternel, que le rêve de l'amour sans fin, toujours poursuivi, l'a toujours été en vain sur la terre. Quand ce que j'ai lu là-dessus me revient, et me fait penser, je relis votre lettre et je goûte au fond de mon cœur cette parole céleste: *Mon immortelle bien-aimée*.

Vous ai-je dit de mettre dans votre chambre l'image de la Vierge que je vous ai donnée? N'y manquez pas. Bien souvent, je lui demande de vous avoir en sa garde très douce et très sûre. Priez-la aussi pour moi, et je vous en conjure, aimez-moi en Dieu et pour Dieu afin que votre cœur ne se refroidisse jamais.

Vôtre pour la vie et par delà.

Angéline

(Maurice Darville à Angéline de Montbrun)

Mon amour, ma beauté, mon cœur, ma vie,

Si je comprends, vous voulez que je vous aime par charité. Je vous avoue que j'en serais fort empêché. Mais je suis très reconnaissant à Dieu, qui vous a faite telle que vous êtes. Est-ce que cela ne suffit pas, grande songeuse?

Ma chère conscience, n'essayez pas de me troubler. Je sais tout ce qu'on a dit sur la vanité des tendresses humaines, seulement cela ne nous regarde pas.

Angéline, je ne veux point que vous pensiez à ces choses, et dès que j'en aurai le droit, je *vous le défendrai*. Ce sera le premier usage de mon autorité.

En attendant, je vous obéis *con amore*, et j'ai placé l'image de la Vierge dans ma chambre. Ç'a été mon premier soin. Faut-il ajouter qu'au-dessous j'ai mis votre portrait (celui volé à Mina).

J'y fais brûler une lampe, la plus jolie du monde. D'abord, c'est une prière incessante, et ensuite cette douce lumière répand sur votre portrait je ne sais quoi de céleste qui me soutient, qui m'apaise.

Ma chère et bien-aimée, j'ai fort à faire pour ne pas lire votre lettre continuellement. Vous demandez si je pense au retour. Si j'y pense! Mais voilà ce qui m'empêche de mourir d'ennui.

Dites-moi, est-ce bien vrai que vous avez consenti à partager ma vie? Souvent, «je ferme les yeux pour mieux voir l'espérance».

Ah! j'ai aussi d'enivrants souvenirs. Le bonheur m'a touché; j'ai versé de ces larmes dont une seule consolerait de tout. Non, je n'ai pas le droit de me plaindre, et pourtant je souffre cruellement.

Ce besoin de vous voir, qui est au plus profond de mon cœur, devient souvent une souffrance aiguë, intolérable, ou plutôt, loin de vous, je ne vis pas. Il me semble que je ne suis plus le même homme. Cette vive jeunesse, cette plénitude de vie, je ne les retrouve plus. Dites-moi, sentiez-vous quelque chose de l'épanouissement qui se faisait dans mon âme quand je vous apercevais?

Que vous êtes bonne de me regretter, de m'attendre! Mais ne vous déplaise, il est bien inutile que la nature se mette en frais pour mon arrivée. Je n'en verrais pas grand-chose. Que les cataractes du ciel s'ouvrent, que les vents rugissent, tout m'est égal, pourvu que je ne sois pas retardé, pourvu que j'arrive.

J'ai écrit à votre père. Jamais je ne pourrai assez le remercier, assez l'aimer et pourtant qu'il m'est cher!

Je vous envoie un brin de réséda arraché à la terre de France. Pauvre France! Ne sommes-nous pas un peu fous de tant l'aimer? Ce bateau qui m'a transporté à Calais me semblait aller bien lentement. Debout, sur le pont, je regardais avec une curiosité ardente, pleine de joie, et lorsque j'aperçus la terre, la *terre de France*, je vous avoue que tout mon sang frémit.

J'avais les yeux bien obscurcis, mais n'importe, je la reconnaissais, la France de nos ancêtres, la belle, la noble, la généreuse France.

Ah! chère amie, la France, notre France idéale, qu'en a-t-on fait? Mais, silence! Il me semble que je vais insulter ma mère.

Prions Dieu que les *Canadiens soient fidèles à eux-mêmes*, comme Garneau le souhaitait.

Je m'assure que la Vierge Marie vous écoute quand vous lui parlez de moi.

Moi aussi je vous remets en sa garde. Qu'elle vous bénisse, qu'elle me rende digne de vous.

Je vous aime.

Maurice

(Mina Darville à son frère)

Je suis à Valriant, mon cher Maurice, et reçue comme si j'apportais le printemps dans mes fourrures. Naturellement il m'a fallu tout voir et causer à fond: c'est ce qui m'a retardée quelque peu, moi le modèle des correspondantes.

Mon ami, crois-moi, je ne te fais pas un sacrifice en venant passer l'hiver avec Angéline. Après ton départ, la maison n'était plus habitable.

D'ailleurs, je suis fatiguée de la vie mondaine, c'est-à-dire de la vie réduite en poussière. Tu t'imagines si l'on m'en a fait de ces représentations. «*La reine des belles nuits s'ensevelir à la campagne! l'étoile du soir s'éclipser, disparaître!*»

Un des mes admirateurs m'a envoyé un sonnet. J'y suis comparée à une souveraine qui abdique, à un jeune astre qui se cache, fatigué de briller, et pour tout dire, il y a un vers de treize pieds.

Mais, si je continuais à te parler de moi, ne me trouverais-tu pas bien aimable? Ne crains rien, je suis bonne fille, et Angéline est toujours la reine des roses; mais elle a souvent une brume sur le front, et c'est ta faute. Mon cher, tu es bien coupable. Pourquoi t'en être fait aimer?

Si tu voyais comme elle regarde ta place vide à table! Je crois qu'elle te ferait encore volontiers une tasse de thé. Sérieusement, es-tu bien sûr d'être si à plaindre? Je la regardais tout à l'heure en causant avec elle au coin du feu. La flamme du foyer l'éclairait tout entière et faisait briller son anneau de fiancée. Encore une fois, tu n'es pas aussi malheureux qu'il te semble. Où est l'homme qui n'accepterait *ton infortune* avec transport? Un an est vite passé. Le temps a l'aile légère. Non, l'absence n'est pas le plus grand des maux, surtout lorsqu'on n'a à craindre ni refroidissement ni inconstance.

Maurice, tu veux donc absolument savoir jusqu'à quel point elle t'aime, et c'est moi qui dois étudier ce cœur si vrai. La besogne n'est point sans charmes.

C'est comme si j'allais jeter la sonde dans une source vive, ombragée, profonde, dont les eaux limpides refléteraient le ciel en dépit du feuillage. Nos conversations sont charmantes. Le trop-plein de son cœur s'y épanche sans s'épuiser jamais. Ta fine oreille serait bien charmée. Apprends qu'elle fait flairer ton chapeau de paille à Nox pour qu'il ne t'oublie pas. Tantôt je l'entendais lui dire: «Nox, t'ennuies-tu? as-tu hâte qu'il revienne?... L'aimes-tu? Prends garde, Nox. Il faut l'aimer. Il sera ton maître. Sais-tu ça?»

Nox écoute tout et répond par de grands coups de queue sur le plancher.

Hélas! Valriant ne mérite plus son nom. C'est une pitié de voir le jardin; mais le foin d'odeur parfume encore les alentours de l'étang. J'y suis allée avec Angéline. Mon cher, le noyer sous lequel tu as fait ta déclaration est dépouillé comme les autres. Ces vents d'automne ne respectent rien.

Sais-tu qu'on m'a prédit que j'allais mourir d'ennui avant la fin de l'hiver? Mais j'en doute un peu. Je sens en moi une telle surabondance de vie!

Le bruit de la mer a réveillé dans mon cœur je ne sais quoi d'orageux, de délicieux, ou plutôt je crois qu'il y a, sur la grève de Valriant, un sylphe irrésistible qui s'empare de moi, aussitôt que je mets le pied sur son domaine.

Cette fois, c'est pire que jamais. Ces terribles vents d'est m'enchantent. « J'entre avec ravissement dans le mois des tempêtes », et je prendrais souvent le chemin de la grève; mais ce fier autocrate qui règne ici ne le veut pas.

Il dit que j'aurais l'air d'une ondine désœuvrée; il m'appelle dédaigneusement sa frileuse, sa délicate. (Angéline n'a jamais eu le rhume de sa vie). Quant à lui, il va prendre son bain comme au beau milieu de l'été.

Tous nos plans sont faits pour cet hiver; l'étude y tient une place, mais petite. Dieu merci, nous ne sommes pas

« De ces rats qui, livres rongeant,
se font savants jusques aux dents. »

Pour toi, tu seras un orateur. Nous l'avons décidé unanimement; mais dans l'intimité tu n'auras pas le droit de parler plus longtemps que les autres. Retiens bien cela.

Comme toujours, Angéline ne porte que du blanc ou du bleu. Son père n'a-t-il pas bien fait de la vouer à la Vierge? Qu'elle est donc aimable pour lui! Comme elle devine ses moindres désirs!

Rien n'est petit dans l'amour. Ceux qui attendent les grandes occasions pour prouver leur tendresse ne savent pas aimer. Mets-toi cela bien avant dans l'esprit, Maurice. Au fond, je crois que tu feras un mari très supportable, « point froid et point jaloux. »

C'est ce que je disais tout à l'heure à Angéline. Sois tranquille, j'excelle à te faire valoir; je ne te donnerai jamais que de beaux défauts.

Je t'embrasse comme je t'aime, c'est-à-dire de tout mon cœur.

Mina

P.S. — Sais-tu que le mariage est le *doux reste du paradis terrestre?* C'est l'Église qui le dit dans la préface de la messe nuptiale. Médite cette parole liturgique et ne m'écris plus de lamentations.

M.

Angéline de Montbrun • 1069

L'été suivant, Maurice Darville revint au Canada.

Le bonheur humain se compose de tant de pièces, a-t-on dit, qu'il en manque toujours quelques-unes. Mais rien, absolument rien ne manquait aux fiancés jeunes, charmants, profondément épris. L'avenir leur apparaissait comme un enchantement. Tous deux avaient cette confiance enivrée, cette illusion de sécurité qu'ont souvent ceux qui s'aiment de l'amour le plus vif, le plus irréprochable et qu'un lien divin va unir.

Mais un événement tragique prouva cruellement que le bonheur est une plante d'ailleurs qui ne s'acclimate jamais sur terre.

M. de Montbrun aimait passionnément la chasse. Un jour du mois de septembre, comme il en revenait, il embarrassa son fusil entre les branches d'un arbre ; le coup partit et le blessa mortellement.

M. de Montbrun expira quelques heures après, et cet homme, que des liens si puissants attachaient à la terre, fut admirable de force et de foi devant la mort.

Sa fille montra d'abord un grand courage, mais elle aimait son père d'un immense amour, et, après les funérailles qui eurent lieu à Québec, dans l'église des Ursulines, elle tomba dans une prostration complète, absolue, qui fit désespérer de sa vie.

Aucune parole ne saurait donner l'idée des angoisses, de la douleur de son fiancé. Tout ce que peuvent des créatures humaines, Maurice et Mina le firent pour Angéline.

Ils lui sauvèrent la vie, mais ils ne purent l'arracher au besoin de se plonger, de s'abîmer dans sa douleur.

Elle en avait ce sentiment intense qui se refuse à la consolation, qui est incompatible avec toute joie. C'est en vain que Maurice et sa sœur tâchèrent de l'amener à faire célébrer son mariage.

« Plus tard, plus tard. Je vous en prie, Maurice, laissez-moi le pleurer », répondait-elle, aux plus irrésistibles supplications de son fiancé.

Il avait été décidé que Mlle de Montbrun ne retournerait à Valriant qu'après son mariage. À cela elle consentit volontiers, mais inutilement, on mit tout en œuvre pour la décider à ne pas le différer.

Dans l'hiver qui suivit la mort de M. de Montbrun, Mlle Darville entra au noviciat des Ursulines.

Angéline ne s'y opposa point, mais la séparation lui fut cruelle. Elle aimait la présence de cette chère amie qui n'osait montrer toute sa douleur.

Mlle de Montbrun ne se plaignait pas; jamais elle ne prononçait le nom de son père. Mais elle le pleurait sans cesse, et sa magnifique santé ne tarda point à s'altérer très sérieusement.

Chez cette jeune fille d'une sensibilité étrangement profonde, la douleur semblait agir comme un poison. On la voyait, à la lettre, dépérir et se fondre. Elle avait parfois des défaillances subites. Un jour qu'elle était sortie seule, prise tout à coup de faiblesse, elle tomba sur le pavé et se fit au visage des contusions qui eurent des suites fort graves. Tellement qu'il fallut en venir à une opération dont la pauvre enfant resta défigurée*.

Maurice Darville aimait sa fiancée d'un amour incomparable. Son malheur, ses souffrances, la lui avaient rendue encore plus chère, et il lui avait donné des preuves innombrables du dévouement le plus complet, le plus passionné.

Mais, ainsi qu'on a dit, dans l'amour d'un homme, même quand il semble profond comme l'océan, il y a des pauvretés, des sécheresses subites. Et lorsque sa fiancée eut perdu le charme enchanteur de sa beauté, le cœur de Maurice Darville se refroidit, ou plutôt la divine folie de l'amour s'envola. C'est en vain que Maurice s'efforça de la retenir, de la rappeler. Le plus vif, le plus délicieux des sentiments de notre cœur en est aussi le plus involontaire.

Malgré le soin qu'il prenait pour n'en rien laisser voir, Angéline ne tarda point à sentir le refroidissement. Elle ne l'avait point appréhendé.

Âme très haute, elle n'avait point compris combien la perte de sa beauté l'exposait à être moins aimée.

Sa confiance en Maurice était absolue, mais, une fois éveillée, la cruelle inquiétude ne lui laissa plus de repos. Elle n'en disait rien, mais elle observait Maurice. Il lui était impossible de le bien juger; elle souffrait trop de son changement pour ne pas se l'exagérer, et après de terribles alternatives d'espérance et de doute, elle en vint à la poignante conviction que son fiancé ne l'aimait plus. Elle crut que c'était l'honneur et la pitié qui le retenaient près d'elle. Et sa résolution, bientôt prise, fut fermement exécutée.

Malgré les protestations de Maurice Darville, elle lui rendit sa parole avec l'anneau de fiançailles et s'en retourna à Valriant.

---

* La première version se lit comme suit: «Il avait été décidé qu'Angéline ne retournerait à Valriant qu'après son mariage. À cela, elle consentit facilement, mais ce fut en vain qu'on fit tout au monde pour la décider à se marier avant la fin de son deuil. Toutes les supplications de Maurice lui-même échouèrent complètement. Les distractions qu'on essayait n'avaient aucune prise sur elle. Sa santé, si forte qu'elle fût, finit par s'altérer sérieusement. Il lui vint au visage une tumeur qui résista à tous les traitements, et nécessita à la fin une opération qui la laissa défigurée.»

Cette noble jeune fille, qui s'isolait dans sa douleur, avec la fière pudeur des âmes délicates, écrivait un peu quelquefois. Ces pages intimes intéresseront peut-être ceux qui ont aimé et souffert.

Feuilles détachées

7 mai

Il me tardait d'être à Valriant; mais que l'arrivée m'a été cruelle! que ces huit jours m'ont été terribles! Les souvenirs délicieux autant que les poignants me déchirent le cœur. J'ai comme un saignement en dedans, suffocant, sans issue. Et personne à qui dire les paroles qui soulagent.

M'entendez-vous, mon père, quand je vous parle? Savez-vous que votre pauvre fille revient chez vous se cacher, souffrir et mourir? Dans vos bras, il me semble que j'oublierais mon malheur.

Chère maison qui fut la sienne! où tout me le rappelle, où mon cœur le revoit partout. *Mais jamais plus, il ne reviendra dans sa demeure.* Mon Dieu, pardonnez-moi. Il faudrait réagir contre le besoin terrible de me plonger, de m'abîmer dans ma tristesse. Cet isolement que j'ai voulu, que je veux encore, comment le supporter?

Sans doute, lorsqu'on souffre, rien n'est pénible comme le contact des indifférents. Mais Maurice, comment vivre sans le voir, sans l'entendre jamais, jamais! l'accablante pensée! C'est la nuit, c'est le froid, c'est la mort.

Ici où j'ai vécu d'une vie idéale si intense, si confiante, il faut donc m'habituer à la plus terrible des solitudes, à la solitude du cœur.

Et pourtant, qu'il m'a aimée! Il avait des mots vivants, souverains, que j'entends encore, que j'entendrai toujours.

Dans le bateau, à mesure que je m'éloignais de lui, que les flots se faisaient plus nombreux entre nous, les souvenirs me revenaient plus vifs. Je le revoyais comme je l'avais vu dans notre voyage funèbre. Oh! qu'il l'a amèrement pleurée, qu'il a bien partagé ma douleur! Maintenant que j'ai rompu avec lui, je pense beaucoup à ce qui m'attache pour toujours. Tant d'efforts sur lui-même, tant de soins, une pitié si inexprimablement tendre!

C'est donc vrai, j'ai vu l'amour s'éteindre dans son cœur. Mon Dieu, qu'il est horrible de se savoir repoussante, de n'avoir plus rien à attendre de la vie.

Je pense parfois à cette jeune fille *livrée au cancer* dont parle de Maistre. Elle disait: «Je ne suis pas aussi malheureuse que vous le croyez: Dieu me fait la grâce de ne penser qu'à lui.»

Ces admirables sentiments ne sont pourtant pas pour moi. Mais, mon Dieu, vous êtes tout-puissant, gardez-moi du désespoir, ce crime des âmes lâches. Ô Seigneur ! que vous m'avez rudement traitée ! que je me sens faible ! que je me sens triste ! Parfois, je crains pour ma raison. Je dors si peu, et d'ailleurs, il faudrait le sommeil de la terre pour me faire oublier.

La nuit après mon arrivée, quand je crus tout le monde endormi, je me levai. Je pris ma lampe, et bien doucement je descendis à son cabinet. Là, je mis la lumière devant son portrait et je l'appelai.

J'étais étrangement surexcitée. J'étouffais de pleurs, je suffoquais de souvenirs, et, dans une sorte d'égarement, dans une folie de regrets, je parlais à ce cher portrait comme à mon père lui-même.

Je fermai les portes et les volets, j'allumai les lustres à côté de la cheminée. Alors son portrait se trouva en pleine lumière — ce portrait que j'aime tant, non pour le mérite de la peinture, dont je ne puis juger, mais pour l'adorable ressemblance. C'est ainsi que j'ai passé la première nuit de mon retour. Les yeux fixés sur son beau visage, je pensais à son incomparable tendresse, je me rappelais ses soins si éclairés, si dévoués, si tendres.

Ah, si je pouvais l'oublier, comme je mépriserais mon cœur ! Mais béni soit Dieu ! La mort qui m'a pris mon bonheur m'a laissé tout mon amour.

Elle ne veut pas oublier. Elle aime son père autant que jamais.

8 mai

Je croyais avoir déjà trop souffert pour être capable d'un sentiment de joie. Eh bien ! je me trompais.

Ce matin, au lever de l'aurore, les oiseaux ont longtemps et délicieusement chanté, et je les ai écoutés avec un attendrissement inexprimable. Il me semblait que ces voix si tendres et si pures me disaient : Dieu est bon. Espère en lui.

J'ai pleuré, mais ces larmes n'étaient pas amères, et depuis cette heure, je sens en moi-même un apaisement très doux.

Ô mon Dieu, vous ne me laisserez pas seule avec ma douleur, vous qui avez dit : « Je suis près des cœurs troublés. »

10 mai

Ma tante est partie, et franchement...

La compagnie de cette femme faible n'est pas du tout ce qu'il me faut. Elle est bonne, infatigable dans ses soins ; mais sa pitié m'énerve et m'irrite. Il y a dans sa compassion quelque chose qui me fait si douloureusement sentir le malheur d'avoir perdu ma beauté !

Angéline de Montbrun • 1073

Les joies du cœur ne sont plus pour moi, mais je voudrais l'intimité d'une âme forte, qui m'aidât à acquérir la plus grande, la plus difficile des sciences : celle de savoir souffrir.

> *Elle accepte qu'elle ne sera jamais heureux.*

11 mai

J'éprouve un inexprimable dégoût de la vie et de tout. Qui m'aidera à gravir le rude sentier ? La solitude est bonne pour les calmes, pour les forts.

Mon Dieu, *agissez avec moi ; ne m'abandonnez pas à la faiblesse de mon cœur, ni aux rêves de mon esprit.*

Aussitôt que mes forces seront revenues, je tâcherai de me faire des occupations attachantes. J'aimerais à m'occuper activement des pauvres, comme mon cher bon père le faisait, mais je crains que ces pauvres gens ne croient bien faire, en me parlant de ma figure, en m'exprimant leur compassion, en me tenant mille propos odieux. Craintes puériles, vaniteuse faiblesse qu'il faudra surmonter.

12 mai

Dans le monde on plaint ceux qui tombent du faîte des honneurs, des grandeurs. Mais la grande infortune, c'est de tomber des hauteurs de l'amour.

Comment m'habituer à ne plus le voir, à ne plus l'entendre ? jamais ! jamais ! Mon Dieu ! le secret de la force… Ici ma vie a été une fête de lumière et maintenant la vie m'apparaît comme un tombeau, un tombeau, moins le calme de la mort. Oh, le calme… le repos… la paix… Que Dieu ait pitié de moi ! *C'est une chose horrible d'avoir senti s'écrouler tout ce que l'on possédait sans éprouver le désir de s'attacher à quelque chose de permanent.*

> *Elle n'avait rien d'autre. Elle a tout perdu. She's come undone.*

14 mai

Depuis mon arrivée, je n'avais pas voulu sortir, mais ce soir il m'est venu, par ma fenêtre ouverte, un air si chargé de salin que je n'y ai pas tenu. Quelques minutes plus tard, j'étais sur le rivage.

Il n'y avait personne. J'ai levé le voile épais sans lequel je ne sors plus, et j'ai respiré avec délices l'âpre et vivifiant parfum des grèves. La beauté de la nature, qui me ravissait autrefois, me plaît encore. Je jouissais de la vue de la mer, de la douceur du soir, de la mélodie rêveuse des vagues clapotant le long du rivage. Mais un jeune homme en canot passa chantant : *Rappelle-toi*, etc.

Cette romance de Musset, on l'a retenue de Maurice, et ce chant me rappela à l'amer sentiment de son indifférence.

Que dira-t-il en apprenant ma mort ? *Pauvre enfant ! Pauvre Angéline !* Il me donnera une pensée pendant quelques jours — puis il m'oubliera. Il a déjà oublié qu'ensemble nous avons espéré, aimé, souffert.

Encore si moi aussi je pouvais l'oublier. Et pourtant non, je ne voudrais pas. Il vaut mieux se souvenir. Il vaut mieux souffrir. Il vaut mieux pleurer.

17 mai

Non, la loi des compensations n'est pas un vain mot. J'ai senti ces joies qui font toucher au ciel, mais aussi je connais ces douleurs dont on devrait mourir.

20 mai

Douloureuse date ! c'est le 20 septembre que j'ai perdu mon père.

Le mauvais temps m'a empêché de sortir. Je le regrette. J'aurais besoin de revoir la pauvre maison où il fut transporté, après le terrible accident qui lui coûta la vie. Cette maison où il est mort, je l'ai achetée. Une pauvre femme l'habite avec sa famille, mais je me suis réservé la misérable petite chambre où il a rendu le dernier soupir.

Toutes les peines de ma vie disparaissent devant ce que j'ai souffert en voyant mourir mon père ; et pourtant, ô mon Dieu, quand je veux fortifier ma foi en votre bonté, c'est à cette heure de déchirement que je remonte. Comme ces souvenirs me sont présents ! Il avait tout supporté sans une plainte ; mais en me voyant, un profond gémissement lui échappa. Il s'évanouit.

Quand la connaissance lui fut revenue, il mit péniblement son bras à mon cou, mais il ne me parla pas, il ne me regarda pas. Il avait les yeux levés vers une image de Notre-Dame des douleurs, que quatre épingles fixaient sur le mur au pied de son lit, et aussi longtemps que je vivrai, je verrai l'expression d'agonie de son visage.

Pour moi, malgré l'épouvante, le saisissement de cette heure, je ne sais comment je restais calme. On m'avait tant dit qu'il fallait l'être ; que la moindre émotion lui serait funeste.

Le tintement de la clochette nous annonça l'approche du Saint-Sacrement. À ce son bien connu il tressaillit, une larme roula sur sa joue pâle, il ferma les yeux, et me dit avec effort : « Ma fille, pense à Celui qui vient. »

C'était la première parole qu'il m'adressait. Sa voix était faible, mais bien distincte. Je ne sais quel espoir, quelle foi au miracle me soutenait.

Angéline de Montbrun • 1075

Ô Maître de la vie et de la mort, je croyais que vous vous laisseriez toucher. Seigneur, je vous offrais tout pour racheter ses jours, et, prosternée à vos pieds sacrés, dans ma mortelle angoisse, j'implorais votre divine pitié par les larmes de votre mère, par ce qu'elle souffrit en vous voyant mourir.

Non, je ne pouvais croire en mon malheur. Le mot de résignation me faisait l'effet du froid de l'acier entre la chair et les os, et lorsque, après sa communion, mon père m'attira à lui et me dit : « Angéline, c'est la volonté de Dieu qui nous sépare », j'éclatai. Ce que je dis dans l'égarement de ma douleur, je l'ignore ; mais je vois encore l'expression de sa douloureuse surprise.

Il baisa le crucifix qu'il tenait dans sa main droite, et dit avec un accent de supplication profonde : « Seigneur, pardonnez-lui, la pauvre enfant ne sait pas ce qu'elle dit ».

Pendant quelques instants, il resta absorbé dans une prière intense. Puis avec quelle autorité, avec quelle tendresse il m'*ordonna*, mot si rare sur ses lèvres, de dire avec lui : Que la volonté de Dieu soit faite !

Tout mon être se révoltait contre cette volonté et avec quelle force ! avec quelle violence ! Mais je ne pouvais pas, non, je ne pouvais pas lui désobéir, et je dis comme il voulait.

Alors il me bénit, et appuyant ma tête sur sa poitrine où reposait son viatique : « Amour sauveur, répétait-il, je vous la donne... Ô Seigneur Jésus, parlez-lui... Ô Seigneur Jésus, consolez-la ».

Et moi, dans l'agonie de ce moment...

Seigneur compatissant, Jésus, roi d'amour, roi de gloire, notre frère divin, c'est prosternée le visage contre terre, que je devrais vous rendre grâce. Comment fortifiez-vous vos rachetés avec les défaillances de votre force infinie, avec le poids de votre croix sanglante ? Dans nos cœurs de chair, que mêlez-vous à la douleur qui transperce et qui broie ? Jésus tout-puissant, vous m'avez fait accepter, adorer votre volonté. J'offris mon cœur au glaive, et en ce moment plus douloureux que mille morts, j'avais de votre bonté, de votre amour, de votre compassion, un sentiment inénarrable.

Ah ! dans mes heures de faiblesse et d'angoisse, pourquoi ne me suis-je pas réfugiée dans ce souvenir sacré ? J'y aurais trouvé la force et la paix. *La paix...* Je l'avais dans mon cœur quand mon père expira dans mes bras, et lorsque le prêtre récita le *De profundis*, moi, prosternée sur le pavé de la chambre, du fond de l'abîme de ma douleur, je criais encore à Dieu : Que votre volonté soit faite !

Quand je me relevai, on avait couvert son visage, et pour la première fois de ma vie, je m'évanouis.

En reprenant connaissance, je me trouvai couchée sur l'herbe. Je vis Maurice penché sur moi, et je sentais ses larmes couler sur mon visage. Le curé de Valriant me dit alors: « Ma fille, regardez le ciel ».

Ma fille... ce mot, que mon père ne dirait plus jamais, me fut cruel à entendre. Et me tournant vers la terre je pleurai.

22 mai

Ce matin à mon réveil, j'ai aperçu un petit serin qui voltigeait dans ma chambre.

Monique, qui tricotait au pied de mon lit, m'a dit: « C'est un présent des jumeaux. Ils l'ont apprivoisé pour vous et vous l'ont apporté ce matin, en se rendant au catéchisme. »

J'ai tendu la main à l'oiseau, qui après quelques coquetteries s'y est venu poser. Ce cher petit! je ne l'ai que depuis quelques heures, et ça me ferait de la peine de le perdre. Il est si gentil et chante si bien. N'est-ce pas aimable de la part de ces enfants d'avoir pensé à me faire plaisir?

Ce soir, il m'a pris fantaisie d'aller les remercier. Je les ai trouvés assis sur le seuil de leur petite maison. Marie, jolie et fraîche à faire honte aux roses, enfilait des graines d'actée pour s'en faire des colliers, et Paul la regardait faire.

En la voyant si charmante, je me rappelai ce que j'étais, alors que Maurice m'appelait « *La fleur des champs* », et une tristesse amère me saisit au cœur.

Rien de plus aimable, de plus touchant à voir, que la mutuelle tendresse de ces deux beaux enfants. « Ils ne peuvent se perdre de vue », dit leur grand-mère, et c'est bien vrai.

Pauvres petits! que deviendra celui des deux qui survivra à l'autre? Une grande affection, c'est le grand bonheur de la vie, mais aux grandes joies les grandes douleurs. Pourtant, même après la séparation sans retour, quel est celui qui, pour moins souffrir, consentirait à avoir moins aimé?

Mon père aimait ces vers de Byron: « Rendez-moi la joie avec la douleur: je veux aimer comme j'ai aimé, souffrir comme j'ai souffert ».

23 mai

Je viens de visiter mon jardin, que je n'avais encore qu'entrevu. Ce brave Désir avait l'air tout fier de m'en faire les honneurs. Mais je n'ai pas tardé à voir que quelque chose le fatiguait, et quand j'ai dit: « Désir, qu'est-ce que c'est? » il m'a répondu:

— Mademoiselle, c'est votre beau rosier qui sèche sur pied. J'ai bien fait mon possible pourtant!

Puis il m'a donné beaucoup d'explications que je n'ai guère entendues. Je regardais le pauvre arbuste, qui n'a plus, à bien dire, que ses épines, et je pensais au jour où Maurice me l'apporta si vert, si couvert de fleurs.

Que reste-t-il de ces roses entrouvertes ? que reste-t-il de ces parfums ?

Fanées les illusions de la vie, fanées les fleurs de l'amour ! Pourquoi pleurer ? Ni les larmes ni le sang ne les feront revivre.

Pauvre Maurice ! Son amour pour moi a bien assombri sa jeunesse. Avec quelle anxiété cruelle, avec quelles mortelles angoisses, il suivait les progrès de ce mal terrible !

Il est vrai qu'avec l'espoir de ma guérison, l'amour s'est éteint dans son cœur. Il n'a pu m'aimer défigurée, et quel homme l'eût fait ?

Mon Dieu, où est le temps où je trouvais la vie trop douce et trop belle ? Alors j'excitais l'envie. On se demandait pourquoi j'étais si riche, si charmante, si aimée.

Et maintenant, malgré ma fortune, une mendiante refuserait de changer son sort contre le mien. Ah ! que mon père eût souffert en me voyant telle que je suis ! Dieu soit béni de lui avoir épargné cette terrible épreuve !

(Angéline de Montbrun à Mina Darville)

Chère Mina,

Merci et encore merci de vos si bonnes lettres. J'ai l'air ingrate, mais je ne le suis pas.

À part quelques billets bien courts à ma tante, je n'écris absolument à personne. Il me vient quelques lettres de celles qu'on appelait mes amies. (Pauvre amitié ! pauvres amies !) Je vous avoue que, d'un jour à l'autre, je crois moins à *leur sympathie profonde*.

Aussi, sans le moindre remords, j'use de mes privilèges de malade, et laisse les lettres sans réponse. Soyez tranquille, *leur sympathie profonde* ne trouble ni leur repos, ni leurs plaisirs. Elles ont toutes la force de supporter les peines des autres.

Je me trouve plutôt bien de mon séjour à la campagne. Il me semble que je n'ai plus cette fièvre terrible qui me brûlait le sang. Le repos absolu et le grand air me calment, me rafraîchissent. Il est vrai que mon isolement m'est parfois bien douloureux ; mais toujours je suis débarrassée des condoléances de ces importuns qui sont, comme les amis de Job, *pleins de discours*.

Du reste, que votre bonne amitié se rassure. Je suis parfaitement bien soignée. Combien de malades qui manquent de tout !

Dans mes heures d'accablement, j'essaie de penser à ceux qui sont plus à plaindre que moi. Jamais vous n'avez vu ma chaumière jolie comme cet été. C'est un nid de verdure. On la dirait faite exprès pour abriter le bonheur. Les oiseaux chantent et gazouillent dans ces beaux arbres que mon père a plantés.

Vous me demandez des détails sur la vie que je mène. Vous voulez savoir qui je reçois, ce que je fais.

Je m'en tiens surtout aux livres de religion et d'histoire. J'ai besoin d'élever mon cœur en haut, et j'aime à voir revivre, sous mes yeux, ces gloires, ces grandeurs qui sont maintenant poussière.

Je passe toutes mes soirées dans son cabinet de travail, comme j'en avais l'habitude lorsqu'il vivait. Quand le temps est beau, on laisse les fenêtres ouvertes, et je fais faire un grand feu dans la cheminée.

Vous vous rappelez comme mon père aimait à veiller ainsi au coin du feu. «Mon foyer, mon doux foyer», disait-il souvent. Mina, je ne suis pas encore faite à la séparation sans retour.

Souvent, quand une porte s'ouvre, j'ai des sursauts. Il me semble qu'il va entrer. Mais non, il ne viendra plus à moi. C'est moi qui irai le rejoindre, sous le pavé de cette chère église des Ursulines, où il a voulu reposer à côté de ma mère.

J'ai mis son portrait au-dessus de la cheminée. Je n'en ai jamais vu d'une ressemblance si saisissante. Parfois, quand je le contemple, à la lueur un peu incertaine du foyer, je crois qu'il s'anime, qu'il va m'ouvrir les bras, mais c'est l'illusion d'un moment, et aussitôt, je le revois mort, enseveli, couché dans le cercueil sous la terre, avec mon crucifix et l'image de la Vierge entre ses mains jointes.

Mon amie, priez pour moi. Chère Mina, je ne suis plus rien, ou au plus, je suis peu de chose pour votre frère ; mais vous êtes et vous serez toujours ma sœur chérie.

Ah ! j'aimais à vous nommer de ce nom, et je n'oublie pas qu'en rentrant au couvent, vous disiez que, vous séparer de moi, c'était un sacrifice digne d'être offert à Dieu.

Quant à ma conduite envers Maurice, vous avez tort de la blâmer. Sans doute, en homme de cœur et d'honneur, il a voulu tenir son engagement, et faire célébrer notre mariage ; mais pouvais-je accepter ce sacrifice ?

Je vous assure que le monde entier ne me ferait pas revenir sur mon refus. Pauvre Maurice ! il demandait si ses soins, si sa tendresse ne m'aideraient pas à supporter la vie. Mina, sa présence, sa seule présence m'adoucirait tout, s'il m'aimait encore, mais il n'a plus pour moi que de la pitié — et que j'aurais vite déchiré ce que je viens d'écrire, si je n'étais sûre qu'il l'ignorera toujours.

Comme le temps passe ! Vous voilà déjà à la veille de vos noces sacrées.

Vous dites que ce jour-là, votre plus ardente prière sera pour moi. Merci, Mina. Demandez à Jésus-Christ que je l'aime avant de mourir.

Chère sœur, je voudrais assister à votre profession. Je voudrais vous entendre prononcer vos vœux, ces vœux qui vont vous séparer pour jamais du monde trompeur et trompé. Heureux ceux qui n'attendent rien de la vie! Heureux ceux qui ne demandent rien aux créatures!

Ô mon amie, aimez votre divin Crucifié, car Lui vous aimera toujours. Il est la bonté infinie. Il est l'éternel, l'incompréhensible amour. Et avec quelle joie je donnerais ce que je possède pour sentir ces vérités, comme je les sentais dans les bras de mon père mourant. Mais j'ai perdu cette claire vue de Dieu qui me fut donnée à l'heure de l'indicible angoisse.

Chère sœur, dans les premiers mois de mon deuil, vous avez été un ange pour moi. Maurice aussi, et pourtant ce ne sont pas vos soins, ce n'est pas votre tendresse qui m'a fait vivre.

Ce qui me soutenait, c'était le souvenir de la bonté de Dieu, inexprimablement sentie et goûtée à l'heure redoutable du sacrifice — à cette heure où j'ai souffert plus que pour mourir.

Vous, Mina, vous savez ce que mon père était pour moi. Et qui donc à ma place ne l'eût pas ardemment et profondément aimé? Tous les soirs, après mes prières, je m'agenouille devant son portrait, comme j'aimais à le faire devant lui, et, bien souvent, je pleure.

Pardon de vous parler si longuement de mes peines. Je n'en dis jamais rien, et j'aurais besoin d'expansion. Hélas! je pense sans cesse à ma délicieuse vie d'autrefois.

Ô mon amie, je voudrais pleurer dans vos bras, mais voici que l'infranchissable grille d'un cloître va nous séparer pour toujours. Adieu.

30 mai

La nuit est très avancée, mais je veille en pensant à Mina qui, dans quelques heures, prononcera ses vœux. Ô noblesse de la vie religieuse! Et qui donc a dit que dans l'âme humaine il y a un mystère d'élévation? Mina est la sœur de Maurice, elle a été l'amie chérie de ma jeunesse, et pourtant, malgré la douceur de ces souvenirs, ce n'est pas l'image de la Mina d'autrefois qui domine dans mes pensées; c'est celle de la vierge qui dort là-bas sous la garde des anges, en attendant l'heure de sa consécration au Seigneur.

Chère Mina! que lui dira Celui qu'elle a choisi lorsque le son de la cloche l'avertira qu'enfin l'heure est venue? Ah, je voudrais être là pour la voir, pour l'entendre! Mais il faudrait rencontrer Maurice, et je ne m'en suis pas senti la force.

Pensera-t-il à moi ? Quand Mina prit l'habit religieux, j'étais à côté de lui dans la chapelle Sainte-Philomène. Avant la cérémonie, nous fûmes longtemps au parloir seuls avec Mina. Sa toilette de mariée lui allait à ravir, et qu'elle était calme ! et avec quelle tendresse céleste elle nous parla !

Le soir, Maurice vint chez ma tante. Quelqu'un s'étant élevé contre la vie religieuse, Maurice, encore sous le coup des émotions de la journée, répondit en lisant cette partie d'une conférence de Lacordaire, où l'illustre dominicain prouve la divinité de Jésus-Christ par l'amour qu'il inspire, par les sacrifices qu'il demande, et *dont tous les siècles lui apportent l'hommage*. Maurice lut admirablement ces pages éloquentes, et je crois l'entendre encore quand il disait : « Il y a un homme dont l'amour garde la tombe. »

« Il y a un homme flagellé, tué, sacrifié, qu'une inénarrable passion ressuscite de la mort et de l'infamie, pour le placer dans la gloire d'un amour qui ne défaille jamais, d'un amour qui trouve en lui la paix, l'honneur, la joie et jusqu'à l'extase. »

Ô merveilleux Jésus, cela est vrai !

« Pour nous, comme disait encore Lacordaire, poursuivant l'amour toute notre vie, nous ne l'obtenons jamais que d'une manière imparfaite, et qui fait saigner notre cœur. »

Oui, Mina a choisi la meilleure part. L'amour chez l'homme est comme ces feux de paille qui jettent d'abord beaucoup de flammes, mais qui bientôt n'offrent plus qu'une cendre légère que le vent emporte et disperse sans retour.

Maurice

2 juin

Comme moi, ma vieille Monique aime la mer. Aussi nous nous promenons souvent sur la grève.

Cette après-midi j'y ai rencontré Marie Desroches*, mon ancienne camarade. Elle s'est jetée à mon cou avec un élan qui m'a touchée, et, en me regardant elle a pleuré — de belles larmes sincères. J'ai accepté avec plaisir son invitation de me rendre chez elle.

Enfant, j'aimais la société de cette petite sauvage qui n'avait peur de rien, et lui enviais la liberté dont elle jouissait. Heureusement cette liberté presque absolue ne lui a pas été nuisible.

« *On sent rien qu'à la voir sa dignité profonde !*
De ce cœur sans limon, nul vent n'a troublé l'onde. »

---

* Fille d'un pauvre pêcheur et filleule de M. de Montbrun.

Angéline de Montbrun • 1081

Il faut que Marie ait bien du goût et de l'industrie, car cette cabane, perdue dans les rochers, est agréable. Sans doute, le confortable est loin, mais grâce à la verdure et aux fleurs, c'est joli.

Pour que nous puissions causer librement, Marie m'a fait passer dans la petite chambre qu'elle partage avec sa sœur. La charmante statue de la sainte Vierge que mon père lui donna, lorsqu'elle eut perdu sa mère, y occupe la place d'honneur. Un lierre vigoureux l'entoure gracieusement.

C'est doux à l'âme et doux aux yeux ; et j'ai été bien touchée, en apercevant, dans cette chambre de jeune fille, la photographie de mon père, encadrées d'immortelles et de mousse séchées.

— Marie, lui ai-je dit, tu ne l'oublies donc pas ?

Et j'ai encore dans l'oreille l'accent avec lequel elle a répondu : «Ah, Mademoiselle, je mourrai avant de l'oublier».

Cette jeune fille passe sa vie aux soins du ménage, à fabriquer et à raccommoder les filets qui servent à son père pour prendre le poisson qu'il va vendre quatre sous la douzaine. Et pourtant comme sa vie me semble douce ! Elle a la santé, la beauté.

Un de ces jours, un honnête homme l'aimera, et en l'aimant deviendra meilleur. Son cœur est calme, son âme sereine. Elle ne connaît pas les amères tristesses, les dévorants regrets. Mon Dieu, faites qu'elle les ignore toujours, et donnez-moi la paix — la paix du cœur, en attendant la paix du tombeau.

4 juin

Je viens d'apprendre que Mlle Désileux est morte hier à sa ferme des Aulnets. Pauvre fille ! quelle triste vie !

Mon père disait qu'elle avait un grand cœur. Il me menait la voir de temps en temps, et les premières fois, je me rappelle encore, avec quel soin il me recommandait d'être gentille avec elle, de ne pas avoir l'air de remarquer son affreuse laideur.

— Vois-tu, disait-il, elle sait qu'elle est affreuse, et il faut tâcher de lui faire oublier cette terrible vérité.

Pourquoi cette adorable bonté est-elle si rare ? Si Maurice avait la délicatesse de mon père, peut-être aurait-il pu me faire oublier que je ne puis plus être aimée.

Pauvre Mlle Désileux ! Au commencement, elle m'inspirait une répulsion bien grande, mais quand mon père me disait de son ton le plus aisé : «Angéline, va embrasser Mademoiselle Désileux», je m'exécutais courageusement. Et ensuite que j'étais fière de l'entendre me dire qu'il était content de moi ; car toute petite, je l'aimais déjà avec une vive tendresse, et quand il se montrait satisfait de ma conduite, je donnais dans les étoiles.

C'était son opinion qu'une affection trop démonstrative amollit le caractère, nuit au développement de la volonté qui a tant besoin d'être fortifiée ; aussi, malgré son extrême amour pour moi, il était très sobre en caresses.

Mais quand je l'avais parfaitement contenté, il me le témoignait toujours de la manière la plus aimable et la plus tendre. Parfois aussi, malgré son admirable empire sur lui-même, il lui échappait de soudaines explosions de tendresse dont je restais ravie, et qui me prouvaient combien la contrainte, qu'il s'imposait là-dessus, lui devait peser.

Je me rappelle qu'un jour que nous lisions ensemble la vie de la mère de l'Incarnation, il versa des larmes, à cet endroit où son fils raconte qu'elle ne l'embrassa jamais — pas même à son départ pour le Canada — alors qu'elle savait lui dire adieu pour toujours.

(Véronique Désileux à Angéline de Montbrun)

Mademoiselle,

Je sens que ma fin est proche et je ramasse mes forces pour vous écrire. Quand vous recevrez cette lettre, je serai morte. Dieu veuille que ma voix, en passant par la tombe, vous apporte quelque consolation !

Ah, chère Mademoiselle, que j'ai souffert de vos peines ! que je serais heureuse si je pouvais les adoucir, et vous prouver ma reconnaissance, car monsieur votre père et vous, vous avez été bons, vraiment bons pour la pauvre Véronique Désileux. Et soyez-en sûre, c'est une aumône bénie de Dieu, que celle d'une parole affectueuse, d'un témoignage d'intérêt aux pauvres déshérités de toute sympathie humaine.

Si vous saviez comme la bienveillance est douce à ceux qui n'ont jamais été aimés ! Dans le monde, on a l'air de croire que les êtres disgraciés n'ont pas de cœur, et plût au ciel qu'on ne se trompât point !

Je vous laisse tout ce que je possède : ma ferme et mon mobilier. Veuillez en disposer comme il vous plaira — et ne me refusez pas un souvenir quelquefois.

Si je pouvais vous dire comme j'ai pleuré votre père ! Que Dieu me pardonne ! Dans la folie de ma douleur, j'aurais voulu faire comme le chien fidèle qui se traîne sur la tombe de son maître, et s'y laisse mourir.

Alors pourtant je ne savais pas jusqu'à quel point il avait été bon pour la pauvre disgraciée: c'est seulement ces jours derniers que j'ai appris ce que je lui dois.

Sachez donc qu'à la mort de mon père, il y a quinze ans, je me serais trouvée absolument sans ressources, si M. de Montbrun eût exigé le paiement de ce qui lui était dû. Mais en apprenant que mon père s'était ruiné, qu'il ne me restait plus que la ferme des Aulnets, et qu'il faudrait la vendre pour le payer: «Pauvre fille! dit-il, sa vie est déjà assez triste!»

Et aussitôt, il fit un reçu pour le montant de la dette, le signa, et le remit à M. L. en lui faisant promettre le plus inviolable secret. M. L. m'a raconté cela après avoir reçu mon testament.

«Au point où vous en êtes, m'a-t-il dit, ça ne peut pas vous humilier.» Et il a raison.

Chère Mademoiselle, depuis que je sais ces choses, j'y ai pensé souvent. Je gardais à Monsieur votre père une reconnaissance profonde pour l'intérêt qu'il m'a témoigné, pour la courtoisie parfaite avec laquelle il m'a toujours traitée, et à la veille de mourir, j'apprends que je lui ai dû le repos, l'indépendance et la joie de pouvoir donner souvent.

Que ne puis-je quelque chose pour vous, *sa fille*! On dit que vous avez fait preuve d'un grand courage, mais je devine quels poignants regrets, quelles mortelles tristesses vous cachez sous votre calme, et que de fois j'ai pleuré pour vous!

Ah, si je pouvais vous faire voir le néant de ce qui passe comme on le voit en face de la mort! Vous seriez bien vite consolée.

Mon heure est venue, la vôtre viendra, et bientôt, «car les heures ont beau sembler longues, les années sont toujours courtes.»

Alors, vous comprendrez le but de la vie, et vous verrez quels desseins de miséricorde se cachent sous les mystérieuses duretés de la Providence.

Maintenant, je vois que ma vie pouvait être une vie de bénédictions! À cette heure où tout échappe, que je serais riche!

J'ai vécu sans amitié, sans amour. Mon père lui-même ne savait pas dissimuler la répugnance que je lui inspirais. Mais si, acceptant tous les rebuts, toutes les humiliations, d'un cœur humble et paisible, je les avais déposés aux pieds de Jésus-Christ, avec quelle confiance je dirais aujourd'hui comme le divin Sauveur, la veille de sa mort: *J'ai fait ce que m'aviez donné à faire, glorifiez-moi maintenant, mon père.*

Hélas, j'ai bien mal souffert! *Mais autant le ciel est au-dessus de la terre, autant il a affermi sur nous sa miséricorde.* J'aime à méditer cette belle parole en regardant le ciel. Oui, j'espère. Ne crains rien, m'a dit Notre-Seigneur, lorsqu'il est venu dans mon âme, ne crains pas. Demande-moi pardon de n'avoir pas su souffrir pour l'amour de moi, qui t'ai aimée jusqu'à la mort de la croix. Ah, pourquoi ne l'ai-je pas aimé ? *Lui* n'eût pas dédaigné ma tendresse.

Ma chère enfant, j'aurais bien voulu vous voir avant de mourir. Mais on m'a dit qu'un voyage de quelques lieues était beaucoup pour vos forces — qu'il valait mieux vous épargner les émotions pénibles — et je n'ai pas osé vous faire prier de venir.

Pourtant, il me semble que cette visite ne vous eût pas été inutile. Mieux que personne, je crois comprendre ce que vous souffrez.

Pauvre enfant si éprouvée, ne serait-elle pas pour vous cette parole de l'*Imitation* : « Jésus-Christ veut posséder seul votre cœur, et y régner comme un roi sur le trône qui est à lui. »

Un auteur, que j'aime, dit que nous pouvons exagérer bien des choses, mais que nous ne pourrons jamais exagérer l'amour de Jésus-Christ. Méditez cette douce et profonde vérité. Pensez à l'incomparable ami. <u>Faites-lui sa place dans votre cœur</u>, et il vous sera ce que jamais père, jamais époux n'a été.

Et maintenant, chère fille de mon bienfaiteur, adieu. Adieu, et courage. Souffrir passe, mais si vous acceptez la volonté divine, avoir souffert ne passera jamais. *Dieu va reconnaître votre souffrance.*

À vous pour l'éternité.

Véronique Désileux

12 juin

Mon Dieu, donnez le bonheur éternel à celle qui a tant souffert. Pardonnez si parfois elle a faibli sous le poids de sa terrible croix.

Je relis souvent sa lettre. Cette voix qui n'est plus de ce monde me fait pleurer. Pauvre fille ! Son souvenir ne me quitte pas. La pensée de ce qu'elle a souffert m'arrache au sentiment de mes peines.

La nuit dernière, j'ai fait un rêve qui m'a laissé une étrange impression.

Il me semblait que j'étais dans un cimetière. L'herbe croissait librement entre les croix, dont plusieurs tombaient en ruines. Je marchais au hasard, songeant aux pauvres morts, quand une tombe nouvelle attira mon attention.

Comme je me penchais pour l'examiner, la terre, fraîchement remuée, devint soudain transparente comme le plus pur cristal, et je vis Véronique Désileux au fond de sa fosse. Elle semblait plongée dans un recueillement profond ; sous le drap qui les couvrait, on distinguait ses mains jointes pour l'éternelle prière.

Je la regardais, invinciblement attirée par le calme de la tombe, par le repos de la mort, et je l'interrogeais, je lui demandais si elle regrettait d'avoir souffert, de ne jamais avoir inspiré que de la pitié.

18 juin

M. L. est venu m'annoncer que j'héritais de Mlle Désileux. Je ne voulais pas le recevoir, mais il a tant insisté que j'y ai consenti.

Heureusement, cet homme d'affaires est aussi un homme de tact. Pas de ces marques d'intérêt qui froissent, pas de cette compassion qui fait mal. Seulement, en me quittant, il m'a dit : « Vous avez beaucoup souffert, et cela se voit. Mais pourtant, vous ressemblez toujours à votre père ».

Cette parole m'a été bien sensible. Ô chère ressemblance, qui faisait l'orgueil de ma mère et sa joie à lui.

M. L. m'a parlé au long de la conduite de mon père envers la pauvre Mlle Désileux, et m'a raconté plusieurs traits qui prouvent également un désintéressement et une délicatesse bien rares.

« Soyez sûre, m'a-t-il dit, qu'il en est beaucoup que nous ignorerons toujours. »

Oui, cette divine loi de la charité, il la remplissait dans sa large et suave plénitude. Avec quel soin ne me formait-il pas à ce grand devoir !

J'étais encore tout enfant, et déjà il se servait de moi pour ses aumônes. Pour encouragement, pour récompense, il me proposait toujours quelque infortune à soulager, et sa grande punition, c'était de me priver de la joie de donner. Mais il pardonnait vite. Et la douceur de ces moments où je pleurais, entre ses bras, le malheur de lui avoir déplu.

22 juin

Depuis hier, je suis aux Aulnets. En arrivant, j'ai été voir la tombe de Mlle Désileux, où croissent déjà quelques brins d'herbe. La maison était fermée depuis les funérailles. Sa vieille servante est venue m'ouvrir la porte, et quelle impression m'a faite le silence sépulcral qui régnait partout.

Je n'osais avancer dans ces chambres obscures, où quelques rayons de lumière pénétraient, à peine, entre les volets fermés.

Pauvre folle que je suis ! je suis venue pour me fortifier par la pensée de la mort, et je me surprends sans cesse, songeant à Maurice, à ce qu'il éprouvera quand il reviendra à Valriant — car il y reviendra. C'est à lui que je laisserai ma maison. *C'est elle qui contrôle Maurice*

Que lui diront les scellés partout, les chambres vides et sombres, le silence profond ? Cette maison, qu'il appelait *son paradis*, pourra-t-il en franchir le seuil sans que son cœur se trouble ? Les souvenirs ne se lèveront-ils pas de toutes parts, tristes et tendres, devant lui ? La voix du passé ne se fera-t-elle pas entendre dans ce morne silence ?

Elle va contrôler Maurice : elle l'oblige de retourner à Valriant

Ô mon Dieu! voilà que je retombe dans mes faiblesses. Que m'importe qu'il me pleure? Rien ne saurait-il m'arracher à ce fatal amour? Quoi! ni l'éloignement, ni le temps, ni la religion, ni la mort!

Malheur à moi! j'ai beau dire que je n'existe plus pour lui, je l'aime, comme les infortunés seuls peuvent aimer.

24 juin

De ma fenêtre, je vois très bien le cimetière, et je distingue parfaitement l'endroit où repose Véronique Désileux. Sa servante me dit qu'elle passait souvent ici des heures entières. Comme tous les condamnés à l'isolement, elle aimait la vue de la nature, et peut-être aussi celle du cimetière.

Parmi les morts qui dorment là, en est-il un qui ait souffert plus qu'elle!

Saura-t-on jamais ce qui s'amasse de tristesses et de douleurs dans l'âme des malheureux condamnés à être toujours et partout ridicules? Que sont les éclatantes infortunes comparées à ces vies toutes de rebuts, d'humiliations, de froissements? Et c'était une âme ardente! Ah! mon Dieu!

Que je regrette de n'être pas venue la voir! Ma présence eût adouci ses derniers jours. Nous aurions parlé de mon père ensemble. La malheureuse l'aimait, et rien dans les sentiments des heureux du monde ne peut faire soupçonner jusqu'où.

Quand ces pauvres cœurs toujours blessés, toujours méprisés, osent aimer, ils adorent. Jamais elle ne s'est remise de la nouvelle de sa mort, et je ne puis penser, sans verser des larmes, à l'accablement mortel où elle resta plongée.

Hier soir, la servante m'a raconté bien des choses, tout en tournant son rouet devant l'âtre de sa cuisine. Parfois elle s'arrêtait subitement, et jetait un regard furtif vers la chambre de sa maîtresse — ce qui me faisait courir des frissons. Il me semblait que j'allais la voir paraître.

Quel mystère que la mort! comme cette terrible disparition est difficile à réaliser! Après la mort de mon père, lorsqu'on disait à Mlle Désileux qu'avec le temps, je me consolerais: «Jamais, jamais», s'écriait-elle en couvrant son visage.

Il est impossible de dire la pitié qu'elle avait de moi. La nuit même de sa mort, elle s'attendrissait encore sur mon malheur, et répétait à la personne qui la veillait: «Dites-lui que Dieu lui reste.»

Ô mon amie, obtenez-moi l'intelligence de cette parole!

Qu'est-ce que la vie? «Quelque brillante que soit la pièce, le dernier acte est toujours sanglant. On jette enfin de la terre sur la tête et en voilà pour jamais!»

26 juin

De ma visite aux Aulnets j'ai emporté *Tout pour Jésus*, livre bien-aimé de Mlle Désileux; et, mon Dieu, avec quelle émotion j'ai lu la page suivante, qui portait en marge la date de la mort de mon père!

«Regardez cette âme qui vient d'entendre son jugement: à peine Jésus a-t-il fini de parler, le son de sa douce voix n'est point encore éteint, et ceux qui pleurent n'ont pas encore fermé les yeux du corps loin duquel la vie a fui: pourtant le jugement est rendu, tout est consommé; il a été court, mais miséricordieux. Que dis-je, miséricordieux? La parole ne saurait dire ce qu'il a été. Que l'imagination le trouve. Un jour, s'il plaît à Dieu, nous en ferons nous-même la douce expérience. Il faut que cette âme soit bien forte pour ne pas succomber sous la vivacité des sentiments qui s'emparent d'elle; elle a besoin que Dieu la soutienne pour ne point être anéantie. Sa vie est passée; comme elle a été courte! Sa mort est arrivée; combien douce son agonie d'un moment! Comme les épreuves paraissent une faiblesse, les chagrins une misère, les afflictions un enfantillage! Et maintenant elle a obtenu un bonheur qui ne finira jamais. Jésus a parlé, le doute n'est plus possible. Quel est ce bonheur? L'œil ne l'a point vu, l'oreille ne l'a point entendu. Elle voit Dieu, l'éternité s'étend devant elle, dans son infini. Les ténèbres se sont évanouies, la faiblesse a disparu, il n'est plus ce temps qui autrefois la désespérait. Plus d'ignorance, elle voit Dieu, son intelligence se sent inondée de délices ineffables; elle a puisé de nouvelles forces dans cette gloire que l'imagination ne saurait concevoir; elle se rassasie de cette vision, en présence de laquelle toute la science du monde n'est que ténèbres et ignorance. Sa volonté nage dans un torrent d'amour; ainsi qu'une éponge s'emplit des eaux de la mer, elle s'emplit de lumière, de beauté, de bonheur, de ravissement, d'immortalité, de Dieu. Ce ne sont là que de vains mots plus légers que la plume, plus faibles que l'eau; ils ne sauraient rappeler à l'imagination même l'ombre du bonheur de cette âme.

Et nous sommes encore ici! Ô ennui! ô tristesse!»

(Angéline de Montbrun à Mina Darville)

Vous n'avez pas oublié notre voyage aux Aulnets, ni cette pauvre Mlle Désileux si difforme. Elle n'est plus et après sa mort on m'a remis une lettre d'elle qui ne sera pas inutile.

Mina, comme cette pauvre disgraciée nous aimait, mon père et moi! et qu'elle a souffert!

C'est fini, maintenant la terre a été foulée sur son pauvre corps, et pour moi, voilà Véronique Désileux parmi ces ombres chères qu'on traîne après soi, à mesure qu'on avance dans la vie.

J'ai reçu vos deux lettres, et bien des choses m'ont profondément touchée. Vous savez comme il vous plaignait à son heure dernière, et volontiers, je dirais comme lui: «Pauvre petite Mina».

Votre frère m'a envoyé de vos cheveux. Veuillez le remercier de ma part, et lui faire comprendre qu'il ne doit plus m'écrire. À quoi bon!

Chère sœur, je ne puis regarder sans émotion ces belles boucles brunes que vous arrangiez si bien. Qui nous eût dit qu'un jour cette superbe chevelure tomberait sous le ciseau monastique? qu'une guimpe de toile blanche entourerait votre charmant visage?

Ma chère mondaine d'autrefois, comme j'aimerais à vous voir sous votre voile noir!

Ainsi, vous voilà consacrée à Dieu, obligée d'aimer Notre-Seigneur d'un amour de vierge et d'épouse.

Ce qu'on dit contre les vœux perpétuels me révolte. Honte au cœur qui, lorsqu'il aime, peut prévoir qu'il cessera d'aimer.

Mon amie, je ne dors guère, et en entendant sonner quatre heures, votre souvenir me revient toujours. Ma pensée vous suit, tout attendrie, dans ces longs corridors des Ursulines.

J'ai assisté à l'oraison des religieuses. J'aimais à les voir immobiles dans leurs stalles, et toutes les têtes, jeunes et vieilles, inclinées sous la pensée de l'éternité. L'éternité, cette mer sans rivages, cet abîme sans fond où nous disparaîtrons tous!

Si je pouvais me pénétrer de cette pensée! Mais je ne sais quel poids formidable m'attache à la terre. Où sont les ailes de ma candeur d'enfant? Alors je me sentais portée en haut par l'amour. Mon âme, comme un oiseau captif, tendait toujours à s'élever. Oh! le charme profond de ces enfantines rêveries sur Dieu, sur l'autre vie.

J'aimais mon père avec une ardente tendresse, et pourtant, je l'aurais laissé sans regret pour mon père du ciel. Mina, c'était la grâce encore entière de mon baptême. Maintenant, la chrétienne, aveuglée par ses fautes, ne comprend plus ce que comprenait l'innocence de l'enfant. Mina, j'ai vu de près l'abîme du désespoir. Ni Dieu ni mon père ne sont contents de moi, et cette pensée ajoute encore à mes tristesses.

Dans votre riante chapelle des Ursulines, j'aimais surtout la chapelle des Saints, où je priais mieux qu'ailleurs. Pendant mon séjour au pensionnat, tous les jours j'allais y faire brûler un cierge, pour que la sainte Vierge me ramenât mon père sain et sauf, et maintenant, je voudrais que là, aux pieds de Notre-

Dame du Grand-Pouvoir, une lampe brûlât nuit et jour pour qu'elle me conduise à lui.

Je suis charmée que vous soyez sacristine. Vous faites si merveilleusement les bouquets. Quels beaux paniers de fleurs je vous enverrais, si vous n'étiez si loin.

Ma chère Mina, soyez bénie pour le tendre souvenir que vous donnez à mon père. Puisque votre office vous permet d'aller dans l'église, je vous prie, ne passez un jour sans vous agenouiller, sur le pavé qui le couvre. Cette fosse si étroite, si froide, si obscure, je l'ai toujours devant les yeux. Vous dites que dans le ciel il est plus près de moi qu'autrefois.

Mina, le ciel est bien haut, bien loin, et je suis une pauvre créature. Vous ne pouvez comprendre à quel point il me manque, et le besoin, l'irrésistible besoin de me sentir serrée contre son cœur.

Le temps ne peut rien pour moi. Comme disait Eugénie de Guérin, les grandes douleurs vont en creusant comme la mer. Et le savait-elle comme moi! Elle ne pouvait aimer son frère comme j'aimais mon père. Elle ne tenait pas tout de lui. Puis rien ne m'avait préparée à mon malheur. Il avait toute la vigueur, toute l'élasticité, tout le charme de la jeunesse. Sa vie était si active, si calme, si saine et sa santé si parfaite. Sans ce fatal accident! C'est peut-être *une perfidie de la douleur*, mais j'en reviens toujours là.

Mon amie, vous savez que je ne me plains pas volontiers, mais votre amitié est si fidèle, votre sympathie si tendre, qu'avec vous mon cœur s'ouvre malgré moi. Ma santé s'améliore. Qui sait combien de temps je vivrai. Implorez pour moi la paix, ce bien suprême des cœurs morts.

1er *juillet*

« *Pourquoi dans mon esprit revenez-vous sans cesse!*
Ô jours de mon enfance et de mon allégresse?
Qui donc toujours vous rouvre en nos cœurs presque éteints,
Ô lumineuse fleur des souvenirs lointains? »

Parmi les papiers de mon père, j'ai trouvé plusieurs de mes cahiers d'études qu'il avait conservés; et comme cela m'a reportée à ces jours bénis où je travaillais sous ses yeux, entourée, pénétrée par sa chaude tendresse! Quels soins ne prenait-il pas pour me rendre l'étude agréable! Il voulait que je grandisse heureuse, joyeuse, dans la liberté de la campagne, parmi la verdure et les fleurs, et pour cela il ne recula pas devant le sacrifice de ses goûts et de ses habitudes.

La vue de ces cahiers m'a profondément touchée. J'ai pleuré longtemps. Ô le bienfait des larmes! Parfois, cette divine source tarit absolument. Alors, je demeure plongée dans une morne tristesse. Vainement ensuite, je cherche mes bons sentiments, mes courageuses résolutions. La douleur, cette virile amie, élève et fortifie, mais la tristesse dévaste l'âme. Comment se garantir de cette langueur consumante?

Je ne vis guère dans le présent, et pour ne pas voir l'avenir, qui m'apparaît comme une morne et désolée solitude, je songe au passé tout entier disparu. Ainsi le naufragé, qui n'a que l'espace devant lui, se retourne, et dans sa mortelle détresse, interroge la mer où ne flotte plus une épave.

Oui, tout a disparu. Ô mon Dieu, laissez-moi l'amère volupté des larmes!

3 juillet

Je ne devrais pas lire les *Méditations*. Cette voix molle et tendre a trop d'écho dans mon cœur. Je m'enivre de ces dangereuses tristesses, de ces passionnés regrets. Insensée! J'implore la paix et je cherche le trouble. Je suis comme un blessé qui sentirait un âpre plaisir à envenimer ses plaies, à en voir couler le sang.

Où me conduirait cette douloureuse effervescence? J'essaie faiblement de me reprendre à l'aspect charmant de la campagne, mais

« *le soleil des vivants n'échauffe plus les morts* ».

6 juillet

Oublier! est-ce un bien? Puis-je le désirer?

Oublier qu'on a porté en soi-même l'éclatante blancheur de son baptême, et la divine beauté de la parfaite innocence.

Oublier la honte insupportable de la première souillure, la salutaire amertume des premiers remords.

Oublier l'âpre et fortifiante saveur du renoncement; les joies profondes, les religieuses terreurs de la foi.

Oublier les aspirations vers l'infini, la douceur bénie des larmes, les rêves délicieux de l'âme virginale, les premiers regards jetés sur l'avenir, ce lointain enchanté qu'illuminait l'amour.

Oublier les joies sacrées du cœur, les déchirements sanglants et les illuminations du sacrifice, les révélations de la douleur.

Oublier les clartés d'en haut; les rayons qui s'échappent de la tombe; les voix qui viennent de la terre, quand ce qu'on aimait le plus y a disparu.

Oublier qu'on a été l'objet d'une incomparable tendresse; qu'on a cru à l'immortalité de l'amour.

Oublier que l'enthousiasme a fait battre le cœur; que l'âme s'est émue devant la beauté de la nature; qu'elle s'est attendrie sur la fleur saisie par le froid, sur le nid où tombait la neige, sur le ruisseau qui coulait entre les arbres dépouillés.

Oublier! laisser le passé refermer ses abîmes sur la meilleure partie de soi-même! N'en rien garder! n'en rien retenir! Ceux qu'on a aimés, les voir disparaître de sa pensée comme de sa vie! les sentir tomber en poudre dans son cœur!

Non, la consolation n'est pas là!

They will meet again in heaven

7 juillet

La consolation, c'est d'accepter la volonté de Dieu, c'est de songer à la joie du revoir, c'est de savoir que je l'ai aimé autant que je pouvais aimer.

Dans quelle délicieuse union nous vivions ensemble! Rien ne me coûtait pour lui plaire; mais je savais que les froissements involontaires sont inévitables, et pour en effacer toute trace, rarement je le quittais le soir, sans lui demander pardon. Chère et douce habitude qui me ramena vers lui, la veille de sa mort. Quand je pense à cette journée du 19! Quelles heureuses folles nous étions, Mina et moi! Jamais jour si douloureux eut-il une veille si gaie! Combien j'ai béni Dieu, ensuite, d'avoir suivi l'inspiration qui me portait vers mon père! Ce dernier entretien restera l'une des forces de ma vie.

Je le trouvai qui lisait tranquillement. Nox dormait à ses pieds devant la cheminée, où le feu allait s'éteindre. Je me souviens qu'à la porte, je m'arrêtai un instant pour jouir de l'aspect charmant de la salle. Il aimait passionnément la verdure et les fleurs et j'en mettais partout. Par la fenêtre ouverte, à travers le feuillage, j'apercevais la mer tranquille, le ciel radieux. Sans lever les yeux de son livre, mon père me demanda ce qu'il y avait. Je m'approchai, et m'agenouillant, comme je le faisais souvent devant lui, je lui dis que je ne pourrais m'endormir sans la certitude qu'aucune ombre de froideur ne s'était glissée entre nous, sans lui demander pardon, si j'avais eu le malheur de lui déplaire en quelque chose.

Je vois encore son air moitié amusé, moitié attendri. Il m'embrassa sur les cheveux, en m'appelant *sa chère folle*, et me fit asseoir pour causer. Il était dans ses heures d'enjouement, et alors sa parole, ondoyante et légère, avait un singulier charme. Je n'ai connu personne dont la gaieté se prît si vite.

Mais, ce soir-là, quelque chose de solennel m'oppressait. Je me sentais émue sans savoir pourquoi. Tout ce que je lui devais me revenait à l'esprit. Il me semblait que je n'avais jamais apprécié son admirable tendresse. J'éprouvais un immense besoin de le remercier, de le chérir. Minuit sonna. Jamais glas ne m'avait paru si lugubre, ne m'avait fait une si funèbre impression. Une crainte vague et terrible entra en moi. Cette chambre si jolie, si riante me fit soudain l'effet d'un tombeau.

Je me levai pour cacher mon trouble et m'approchai de la fenêtre. La mer s'était retirée au large, mais le faible bruit des flots m'arrivait par intervalles. J'essayais résolument de raffermir mon cœur, car je ne voulais pas attrister mon père. Lui commença dans l'appartement un de ces va-et-vient qui étaient dans ses habitudes. *La fille du Tintoret* se trouvait en pleine lumière. En passant, son regard tomba sur ce tableau qu'il aimait, et une ombre douloureuse couvrit son visage. Après quelques tours, il s'arrêta devant et resta sombre et rêveur, à le considérer. Je l'observais sans oser suivre sa pensée. Nos yeux se rencontrèrent et ses larmes jaillirent. Il me tendit les bras et sanglota : « Ô mon bien suprême ! ô ma Tintorella ! »

Je fondis en larmes. Cette soudaine et extraordinaire émotion, répondant à ma secrète angoisse, m'épouvantait, et je m'écriai : « Mon Dieu, mon Dieu ! que va-t-il donc arriver ? »

Il se remit à l'instant, et essaya de me rassurer, mais je sentais les violents battements de son cœur, pendant qu'il répétait de sa voix la plus calme : « Ce n'est rien, ce n'est rien, c'est la sympathie pour le pauvre Jacques Robusti. »

Et comme je pleurais toujours et frissonnais entre ses bras, il me porta sur la causeuse au coin du feu ; puis il alla fermer la fenêtre, et mit ensuite quelques morceaux de bois sur les tisons.

La flamme s'éleva bientôt vive et brillante. Alors revenant à moi, il me demanda pourquoi j'étais si bouleversée. Je lui avouai mes terreurs.

« Bah ! dit-il légèrement, des nerfs. » Et comme j'insistais, en disant que lui aussi avait senti l'approche du malheur, il me dit :

« J'ai eu un moment d'émotion, mais, tu le sais, Mina assure que j'ai une nature d'artiste. »

Il me badinait, me raisonnait, me câlinait, et comme je restais toute troublée, il m'attira à lui et me demanda gravement :

« Mon enfant, si moi, ton père, j'avais l'entière disposition de ton avenir, serais-tu bien terrifiée ? »

Alors, partant de là, il m'entretint avec une adorable tendresse de la folie, de l'absurdité de la défiance envers Dieu.

Sa foi entrait en moi comme une vigueur. La vague, l'horrible crainte disparut. Jamais, non jamais je ne m'étais sentie si profondément aimée. Pourtant, je comprenais — et avec quelle lumineuse clarté — que rien dans les tendresses humaines ne peut faire soupçonner ce qu'est l'amour de Dieu pour ses créatures.

Ô mon Dieu, votre grâce me préparait au plus terrible des sacrifices. C'est ma faute, c'est ma très grande faute, si l'éclatante lumière qui se levait dans mon âme n'a pas été croissant jusqu'à ce jour.

Chose singulière! le parfum de l'héliotrope me porte toujours à cette heure sacrée — la dernière de mon bonheur. Ce soir-là il en portait une fleur à sa boutonnière, et ce parfum est resté pour jamais mêlé aux souvenirs de cette soirée, la dernière qu'il ait passée sur la terre.

8 juillet

Quand je vivrais encore longtemps, jamais je ne laisserai ma robe noire, jamais je ne laisserai mon deuil.

Après la mort de ma mère, il m'avait vouée à la Vierge, et d'aussi loin que je me rappelle j'ai toujours porté ses couleurs. Pourrait-elle l'oublier? C'est pour mes voiles d'orpheline que j'ai abandonné sa livrée, que je ne devais quitter qu'à mon mariage. Ces couleurs virginales plaisaient à tout le monde, à mon père surtout. Il me disait qu'il ne laissait jamais passer un jour sans rappeler à la sainte Vierge que je lui appartenais.

10 juillet

Le mardi d'avant sa mort, de bonne heure, nous étions montés sur le cap. Rien n'est beau comme le matin d'un beau jour, et jamais je n'ai vu le soleil se lever si radieux que ce matin-là. Autour de nous, tout resplendissait, tout rayonnait. Mais, indifférent à ce ravissant spectacle, mon père restait plongé dans une méditation profonde. Je lui demandai ce qu'il regardait en lui-même et, répondant à ma question par une autre, comme c'était un peu son habitude, il me dit: «Penses-tu quelquefois à cet incendie d'amour que la vue de Dieu allumera dans notre âme?»

Je n'étais pas encore disposée à le suivre dans ces régions élevées, et je répondis gaiement: «En attendant, serrez-moi contre votre cœur».

— Ma pauvre enfant, reprit-il ensuite, nous sommes bien terrestres, mais tantôt ce tressaillement de la nature à l'approche du soleil m'a profondément ému, et toute mon âme s'est élancée vers Dieu.

L'expression de son visage me frappa. Ses yeux étaient pleins d'une lumière que je n'y avais jamais vue. Était-ce la lumière de l'éternité qui commençait à lui apparaître? Il en était si près — et avec quelle consolation je me suis rappelé tout cela, en écoutant le récit que saint Augustin nous a laissé, de son ravissement pendant qu'il regardait, avec sa mère, le ciel et la mer d'Ostie.

J'aime saint Augustin, ce cœur profond, qui pleura si tendrement sa mère et son ami. Un jour, en parlant à son peuple des croyances superstitieuses, le *fils de tant de larmes* disait : « Non, les morts ne reviennent pas » : et son âme aimante en donne cette touchante raison : « J'aurais revu ma mère ».

Et moi pauvre fille, ne puis-je pas dire aussi : Les morts ne reviennent pas, j'aurais revu mon père. Lui, si tendre pour mes moindres chagrins, lui qui était comme une âme en peine dès qu'il ne m'avait plus.

Tant d'appels désolés, tant de supplications passionnées et toujours l'inexorable silence, le silence de la mort.

12 juillet

J'aime à voir le soleil disparaître à travers les grands arbres de la forêt ; la voilà déjà qui dépouille sa parure de lumière pour s'envelopper d'ombre. À l'horizon les nuages pâlissent. On dit beau comme un ciel sans nuages, et pourtant, que les nuages sont beaux lorsqu'ils se teignent des feux du soir ! Tantôt en admirant ces groupes aux couleurs éclatantes, je songeais à ce que l'amour de Dieu peut faire de nos peines, puisque la lumière, en pénétrant de sombres vapeurs, en fait une merveilleuse parure au firmament.

Lorsqu'il fait beau à la tombée de la nuit, je me promène dans mon beau jardin — ce jardin si délicieux, disait Maurice, que les amoureux seuls y devraient entrer.

C'est charmant d'entendre les oiseaux s'appeler dans les arbres. Avant de regagner leurs nids, il y en a qui viennent boire et se baigner au bord du ruisseau. Ce ruisseau, qui tombe de la montagne avec des airs de torrent, coule ici si doux ; c'est plaisir de suivre ces gracieux détours. On dirait qu'il ne peut se résoudre à quitter le jardin ; j'aime ce faible bruit parmi les fleurs.

> « *Les images de ma jeunesse*
> *S'élèvent avec cette voix :*
> *Elles m'inondent de tristesse*
> *Et je me souviens d'autrefois.* »

13 juillet

Mon serin s'ennuie ; il bat de l'aile contre les vitres.

Pauvre petit ! se sentir des ailes et ne pouvoir les déployer ! Qui ne connaît cette souffrance ? Qui ne connaît le tourment de l'impuissante aspiration ?

> Elle donne ce que son père a donné. Charles donne à Véronique, Véronique donne à Angéline, Angéline donne à Marie.

15 juillet

J'ai donné la ferme des Aulnets à Marie Desroches et cet acte m'a fait plaisir à signer. Qu'aurais-je fait de cette propriété ? Je suis déjà trop riche peut-être, et d'ailleurs si sa mort eût été moins prompte, mon père, j'en suis convaincue, aurait laissé quelque chose à sa filleule qu'il affectionnait. Pour elle, cette ferme, c'est la vieillesse heureuse et paisible de son père, c'est l'avenir assuré. Aussi sa joie est belle à voir.

16 juillet

Tous les dimanches après les vêpres, Paul et Marie viennent me voir, un peu, je pense, par affection pour moi, et beaucoup par tendresse pour le serin qui leur garde une nuance de préférence dont ils ne sont pas peu fiers.

Ces gentils enfants sont charmants dans leur toilette de première communion. Marie surtout est à croquer avec sa robe blanche et le joli chapelet bleu qu'elle porte en guise de collier. Paul commence à se faire à la voir si belle, mais les premières fois il avait des éblouissements. Le jour de leur première communion, je les invitai à dîner et, les ayant laissés seuls un instant, je les trouvai qui s'entre-regardaient avec une admiration profonde. Ces aimables enfants m'apportent souvent de la corallorhize* pour les corbeilles. Marie conte fort bien leurs petites aventures.

L'autre jour, en allant chercher leur vache, ils s'étaient assis sur une grosse roche pour se reposer, quand une énorme couleuvre allongea sa tête hideuse de dessous la roche.

Marie crut sa dernière heure arrivée et se mit à courir ; mais Paul, conservant son sang-froid, la fit monter sur une clôture. Puis il marcha résolument vers la grosse roche et lapida la couleuvre et ses petits. Il y en avait sept. Marie frémit encore en pensant qu'elle s'est trouvée si près d'un nid de couleuvres.

Depuis ce jour-là, son petit frère a pris pour elle les proportions d'un héros. « Il n'a peur de rien », dit-elle avec conviction, et Paul triomphe modestement.

J'aime ces enfants. Leur conversation me laisse quelque chose de frais et de doux. Bien volontiers, je contenterais toutes leurs petites envies, mais je craindrais que leurs visites ne devinssent intéressées ; aussi pour l'ordinaire je ne leur donne qu'un peu de vin pour leur grand-mère. Ils s'en vont contents.

---

* Fleur qui croît parmi les mousses dans les forêts de sapin.

20 juillet

Le jour éclatant m'assombrit étrangement, mais j'aime le demi-jour doré, la clarté tendre et douce du crépuscule.

Malgré la tristesse permanente au fond de mon âme, la beauté de la nature me plonge parfois dans des rêveries délicieuses. Mais il faut toujours finir par rentrer, et alors la sensation de mon isolement me revient avec une force nouvelle. Par moments, j'éprouve un besoin absolument irrésistible de revoir et d'entendre Maurice. Il me faut un effort désespéré pour ne pas lui écrire: Venez.

Et fidèle à sa parole il viendrait...

21 juillet

N'aimait-il donc en moi que ma beauté? Ah! ce cruel étonnement de l'âme. Cela m'est resté au fond du cœur comme une souffrance aiguë, intolérable. Qu'est-ce que le temps, qu'est-ce que la raison peut faire pour moi? Je suis une femme qui a besoin d'être aimée.

Parfois, il me faut un effort terrible pour supporter les soins de mes domestiques. Et pourtant, ils me sont attachés, et la plus humble affection n'a-t-elle pas son prix?

Mon Dieu, que je sache me vaincre, que je ne sois pas ingrate, que je ne fasse souffrir personne.

23 juillet

Temps délicieux. Pour la première fois, j'ai pris un bain de mer, ce qui m'a valu quelques minutes de sérénité. Autrefois, j'étais la première baigneuse du pays — la reine des grèves, disait Maurice.

Depuis mon deuil, je n'avais pas revu ma cabane de bains, ni cet endroit paisible et sauvage où j'étais venue pour la dernière fois avec Mina. Je l'ai trouvé changé. La crique a toujours son beau sable, ses coquillages, ses sinuosités, et sa ceinture de rochers à fleur d'eau. Mais la jolie butte qui abritait ma cabane s'en va rongée par les hautes mers. Un cèdre est déjà tombé, et les deux vigoureux sapins dont j'aimais à voir l'ombre dans l'eau, minés par les vagues, penchent aussi vers la terre. Cela m'a fait faire des réflexions dont la tristesse n'était pas sans douceur. «Une montagne finit par s'écrouler en flots de poussière, et un rocher est enfin arraché de sa place. La mer creuse les pierres et consume peu à peu ses rivages. Ceux donc qui habitent des maisons de boue ne seront-ils pas beaucoup plus tôt consumés?»

25 juillet

J'aime me rapprocher des pauvres, des humbles, c'est-à-dire des forts qui portent si vaillamment de si lourds fardeaux. Souvent, je vais chez une pauvre femme restée sans autre ressource que son courage, pour élever ses trois enfants. La malheureuse a vu périr son mari presque sous ses yeux.

La mer a gardé le corps, mais quelques heures après le naufrage, la tempête jetait sur le rivage les débris de la barque avec les rames du pêcheur; et la veuve a croisé les rames, en travers des poutres, au-dessus de la croix de bois noir qui orne le mur blanchi à la chaux de sa pauvre demeure.

Cette jeune femme m'inspire un singulier intérêt. Jamais elle ne se plaint, mais on sent qu'elle a souffert. Pour elle le rude et incessant travail, les privations de toutes sortes, ne sont pas ce qu'il y a de plus difficile à supporter. Mais elle accepte tout. «Il faut gagner son paradis», me dit-elle parfois.

Il y a sur ce pâle et doux visage quelque chose qui fortifie, qui élève les pensées. Que de vertus inconnues brilleront au grand jour! Que de grandeurs cachées seront dévoilées chez ceux que le monde ignore ou méprise!

Un jour, Ignace de Loyola demanda à Jésus-Christ qui, dans le moment, lui était le plus agréable sur la terre, et Notre-Seigneur répondit que c'était une pauvre veuve qui gagnait, à filer, son pain et celui de ses enfants. Mon père trouvait ce trait charmant, et disait: «Quand je vois mépriser la pauvreté, je suis partagé entre l'indignation et l'envie de rire.»

26 juillet

Longtemps, je me suis arrêtée à regarder la mer toute fine, haute et parfaitement calme. C'est beau comme le repos d'un cœur passionné. Pour bouleverser la mer il faut la tempête, mais pour troubler le cœur, jusqu'au fond, que faut-il! Hélas, un rien, une ombre. Parfois, tout agit sur nous, jusqu'à la fumée qui tremble dans l'air, jusqu'à la feuille que le vent emporte. D'où vient cela? N'en est-il pas du sentiment comme de ces fluides puissants et dangereux qui circulent partout, et dont la nature reste un si profond mystère?

Dieu ne donne pas à tous la sensibilité vive et profonde. Ni la douleur ni l'amour ne vont avant dans bien des cœurs, et le temps y efface les impressions aussi facilement que le flot efface les empreintes sur le sable.

On dit que le cœur le plus profond finit par s'épuiser. Est-ce vrai? Alors c'est une pauvre consolation. Rien de la terre n'a jamais crû parmi les cendres... les bords du volcan éteint sont à jamais stériles. Pas une fleur, pas une mousse ne s'y verra jamais. La neige peut voiler l'affreuse nudité de la montagne;

mais rien ne saurait embellir la vie qu'une flamme puissante a ravagée. Ces ruines sont tristes : ce que le feu n'y consume pas, il le noircit.

27 juillet

Une dame très bien intentionnée a beaucoup insisté pour me voir, et m'a écrit qu'elle ne voudrait pas partir sans me laisser quelques paroles de consolation. Pauvre femme ! elle me fait l'effet d'une personne, qui, avec une goutte d'eau douce au bout du doigt, croirait pouvoir adoucir l'amertume de la mer.

Qu'on me laisse en paix !

28 juillet

C'est une chose étonnante comme ma santé s'améliore. Ma si forte constitution reprend le dessus, et souvent, je me demande avec épouvante si je ne suis pas condamnée à vieillir — à vieillir dans l'isolement de l'âme et du cœur. Mon courage défaille devant cette pensée.

Pour me distraire, je fais tous les jours de longues promenades. J'en reviens fatiguée, ce qui fait jouir du repos. Mais qu'il est triste d'habiter avec un cœur plein une maison vide ! Ô mon père, le jour de votre mort, le deuil est entré ici pour jamais. Parfois, je songe à voyager. Mais ce serait toujours aller où nul ne nous attend. D'ailleurs, je ne saurais m'éloigner de Valriant, où tout me rappelle mon passé si doux, si plein, si sacré.

Autant que possible je vis au dehors. La campagne est dans toute sa magnificence, mais c'est la maturité, et l'on dirait que la nature sent venir l'heure des dépouillements. Déjà elle se recueille, et parfois s'attriste, comme une beauté qui voit fuir la jeunesse et qui songe aux rides et aux défigurements.

2 août

Aujourd'hui j'ai fait une promenade à cheval. Maintenant que mes forces me le permettent, je voudrais reprendre mes habitudes. D'ailleurs les exercices violents calment et font du bien.

En montant ce noble animal que mon père aimait, j'avais un terrible poids sur le cœur, mais la rapidité du galop m'a étourdie. Au retour j'étais fatiguée, et il m'a fallu mettre mon beau Sultan au pas. Alors les pensées me sont venues tristes et tendres.

Je regrette de n'avoir rien écrit alors que ma vie ressemblait à ces délicieuses journées de printemps, où l'air est si frais, la verdure si tendre, la lumière si pure. J'aurais du plaisir à revoir ces pages. J'y trouverais un parfum du passé. Maintenant le charme est envolé ; je ne vois rien qu'avec des yeux qui ont pleuré. Mais il y a des souvenirs de bonheur qui reviennent obstinément comme ces épaves qui surnagent.

4 août

Depuis ma promenade, ma pensée s'envole malgré moi vers la Malbaie. J'ai des envies folles d'y aller, et pourquoi ? Pour revoir un endroit où j'ai failli me tuer. C'est au bord d'un chemin rocailleux, sur le penchant d'une côte ; il y a beaucoup de cornouillers le long de la clôture, et par-ci par-là quelques jeunes aulnes qui doivent avoir grandi.

Si Maurice passait par là, se souviendrait-il ? Et pourtant si j'étais morte alors, quel vide, quel deuil dans sa vie et dans son cœur !

C'était il y a trois ans. En revenant d'une excursion au Saguenay, nous nous étions arrêtés à la Malbaie. Mon père, Maurice et moi, aussi à l'aise à cheval que dans un fauteuil, nous faisions de longues courses, et un jour nous nous rendîmes jusqu'au Port-au-Persil, sauvage et charmant endroit, qui se trouve à cinq ou six lieues de la Malbaie.

Au retour, l'orage nous surprit. La pluie tombait si fort que Maurice et moi nous décidâmes d'aller chercher un abri quelque part, et nous étions à attendre mon père, que nous avions devancé, quand un éclair sinistre nous brûla le visage. Presque en même temps, le tonnerre éclatait sur nos têtes et tombait sur un arbre, à quelques pas de moi. Nos chevaux épouvantés se cabrèrent violemment ; je n'eus pas la force de maîtriser le mien — il partit. Ce fut une course folle, terrible. La respiration me manquait, les oreilles me bourdonnaient affreusement, j'avais le vertige. Pourtant, à travers les roulements du tonnerre, je distinguais la voix de Maurice qui me suivait de près, et me criait souvent : « N'ayez pas peur ».

Je tenais ferme, mais au bas d'une côte, à un détour du chemin, mon cheval fit un brusque écart, se retourna, bondit par-dessus une grosse roche, et fou de terreur reprit sa course. Maurice avait sauté à terre et attendait. Quand je le vis s'élancer, je crus que le cheval allait le renverser ; mais il le saisit par les naseaux et l'arrêta net. Ce moment d'angoisse avait été horrible. Toute ma force m'abandonna, les rênes m'échappèrent, je tombai.

D'un bond Maurice fut à côté de moi. Par un singulier bonheur, j'étais tombée sur des broussailles qui avaient amorti ma chute. Je n'avais aucun mal. J'étais seulement un peu étourdie.

Mon père arrivait à toute bride, mortellement inquiet. Il comprit tout d'un coup d'œil et, dans un muet transport, nous serra tous deux dans ses bras.

Ô mon Dieu, vous le savez, sa première parole fut pour vous remercier ! Et la douceur de ce moment !

Brisée de fatigue et d'émotion j'étais absolument incapable de marcher. La pluie tombait toujours à torrents. Mon père m'enleva comme une plume et m'emporta à une maison voisine, où nous fûmes reçus avec un empressement charmant. J'étais mouillée jusqu'aux os ; et dans la crainte d'un refroidissement, on me fit changer d'habits. Une jeune fille mit toutes ses robes à mon service. J'en pris une de flanelle blanche. Comme elle n'allait pas à ma taille, la maîtresse de céans ouvrit son coffre et en tira un joli petit châle bleu — son châle de noces — me dit-elle, en me l'ajustant avec beaucoup de soin.

« Vous l'avez paré belle, répétait sans cesse la digne femme, si vous étiez tombée sur les cailloux, vous étiez morte. »

— Oui, défigurée pour la vie, ajoutait la jeune fille, qui avait l'air de trouver cela beaucoup plus terrible.

— Le monsieur qui a arrêté votre cheval est-il votre cavalier ? me dit-elle à l'oreille.

Ma toilette finie, elle me présenta un petit miroir, et me demanda naïvement si je n'étais pas heureuse d'être si belle — si j'aurais pu supporter le malheur d'être défigurée.

En sortant de la chambre, je trouvai mon père et Maurice. Oh ! cette belle lumière qu'il y avait dans leurs regards. Malgré leurs habits dégouttants d'eau, tous deux avaient l'air de bienheureux.

L'orage avait cessé. La campagne rafraîchie par la pluie resplendissait au soleil. La rosée scintillait sur chaque brin d'herbe, et pendait aux arbres en gouttes brillantes. L'air, délicieux à respirer, nous apportait en bouffées la saine odeur des foins fauchés, et la senteur aromatique des arbres. Jamais la nature ne m'avait paru si belle. Debout à la fenêtre, je regardais émue, éblouie. Ce lointain immense et magnifique, où la mer éblouissante se confondait avec le ciel, m'apparaissait comme l'image de l'avenir.

« Mon Dieu, pensais-je, qu'il fait bon de vivre ! »

Assis sur un escabeau à mes pieds, Maurice me regardait, et bien bas, je lui dis : « Merci ».

Une flamme de joie passa ardente sur son visage, mais il resta silencieux.

— Voyez-donc comme c'est beau, lui dis-je.

Il sourit et répondit dans cette langue italienne qu'il affectionnait : « Béatrice regardait le ciel, et moi je regardais Béatrice ».

7 août

Près de la Pointe aux Cèdres, dans un ravin sans ombrage, sans verdure, sans eau, deux jeunes époux sont venus s'établir. Ils ont acheté et réparé, tant bien que mal, une chétive masure qui tombait en ruines, et y vivent heureux. Le bonheur est au-dedans de nous, et qui sait si la magie de l'amour ne peut pas rendre une pauvre cabane aussi agréable que la grotte de Calypso.

Il m'arrive souvent de passer par le ravin. Je porte à ces nouveaux mariés un intérêt dont ils ne se doutent guère. Cette après-midi, je voyais la jeune femme préparer son souper. Quand il fait beau, trois pierres disposées en trépied, auprès de sa porte, lui servent de foyer, et quelques branches sèches suffisent pour cuire le repas. Elle est attrayante, et porte ses cheveux blonds à la *suissesse,* en lourdes nattes sur le dos. C'est charmant de la voir assise sur une bûche devant son humble feu, et surveillant sa soupe, tout en tricotant activement. Je suppose qu'elle n'a pas d'horloge, car elle interroge souvent le soleil — ô charme de l'attente ! Je me sens plus triste encore quand je la vois. Voudrais-je donc qu'il n'y eût plus d'heureux sur la terre ? *Heureux !* oui, ils le sont, car ils ont l'amour et tout est là.

Je leur ai fait dire de venir cueillir des fruits et des fleurs aussi souvent qu'il leur plaira.

8 août

Chacun a regagné son lit, excepté ma bonne vieille Monique, qui s'obstine à croire que j'ai besoin de soins, et fait la sourde oreille quand je l'envoie se coucher. Mais elle ne fait pas plus de bruit qu'une ombre. Autour de moi tout est tranquille. Le parfum des grèves — ce parfum que Maurice aimait tant — m'arrive, pénétrant et âpre. Là-bas, sur les ondes argentées, on voit courir des étincelles de feu. Mais la mer est calme, étrangement calme, et je n'entends rien que le murmure du ruisseau, à travers le jardin, et par-ci par-là, le bruissement des feuilles au passage de la brise.

Qui n'a senti ses yeux se mouiller devant le calme profond de la campagne à demi plongée dans l'ombre ? Qui n'a prêté une oreille charmée à ces divins silences, à ces vagues et flottantes rumeurs de la nuit ?

Mon Dieu, j'aurais besoin d'oublier combien la terre est belle !

Le jour distrait toujours un peu, mais la nuit, l'âme s'ouvre tout entière à la rêverie et quand le cœur est troublé, l'imagination répand partout, avec ses flammes, des flots de tristesse. Vainement j'essaie de regarder le ciel. Il faut des eaux calmes pour en refléter la beauté et mon âme

« *n'est plus qu'une onde obscure où le sable a monté* ».

9 août

Dans l'isolement, quand l'âme a encore sa sensibilité tout entière et toute vive, il y a une étrange volupté dans les souvenirs qui déchirent le cœur et font pleurer. Ces chers souvenirs de tendresse et de deuil, je m'en entoure, je m'en enveloppe, je m'en pénètre, ou plutôt ils sont l'âme même de ma vie.

Cette conduite n'est pas sage, je le sais ; mais qui n'aime mieux la tempête que le calme plat — ce calme terrible qui abat, qui anéantit les plus fiers courages.

15 août

J'ai honte de moi-même. Qu'ai-je fait de mon courage ? qu'ai-je fait de ma volonté ?

Jamais, non jamais, je n'aurais cru que l'âme pût se renverser ainsi dans les nerfs. Je ne saurais rester en repos. Je suis parfaitement incapable de tout travail, de toute application quelconque. Malgré moi, mon livre et mon ouvrage m'échappent des mains.

Tout m'émeut, tout me trouble, et même en la présence de mes domestiques, des larmes brûlantes s'échappent de mes yeux. Ô mon père ! que penseriez-vous de moi ? vous si noble ! vous si fier !

Mais je n'y puis rien. À mesure que mes forces reviennent, le besoin de le revoir se réveille terrible dans mon cœur. La prière ne m'apporte plus qu'un soulagement momentané, ou plutôt je ne sais plus prier, je ne sais plus qu'écouter mon cœur désespéré.

Ô mon Dieu ! pardonnez-moi. Ces regrets passionnés, ces dévorantes tristesses, ce sont les plaintes folles de la terre d'épreuve. Je ne saurais les empêcher de croître. Ô mon Dieu, arrachez et brûlez, je vous le demande, je vous en conjure. Ah ! que de fois, pendant les jours terribles que je viens de passer, n'ai-je pas été me jeter à vos pieds. J'ai peur de moi-même, et je passe des heures entières dans l'église.

Ô Seigneur Jésus, vous le savez, ce n'est pas vous que je veux, ce n'est pas votre amour dont j'ai soif, et même en votre adorable présence, mes pensées s'égarent.

Hier, il faisait un vent furieux, une épouvantable tempête. À genoux dans l'église, le front caché dans mes mains j'écoutais le bruit de la mer moins troublée que mon cœur. Au plus profond de mon âme, d'étranges, de sauvages tristesses répondaient aux rugissements des vagues, sur la grève solitaire, et par moments des sanglots convulsifs déchiraient ma poitrine.

L'église était déserte. Une humble chandelle de suif, allumée par la femme d'un pauvre pêcheur, brûlait sur un long chandelier de bois, devant l'image de la Vierge.

Ô Marie ! tendez votre douce main à ceux que l'abîme veut engloutir. Ô Vierge ! ô Mère ! ayez pitié.

17 août

Si, une fois encore, je pouvais l'entendre, il me semble que j'aurais la force de tout supporter. Sa voix exerçait sur moi une délicieuse, une merveilleuse puissance ; et, seule, elle put m'arracher à l'accablement si voisin de la mort où je restai plongée, après les funérailles de mon père.

Tant que j'avais eu sous les yeux son visage adoré, une force mystérieuse m'avait soutenue. Sa main, sa chère main, qui m'avait bénie, reposa jusqu'au dernier moment dans la mienne — elle était tiède encore quand je la joignis à sa main gauche qui tenait le crucifix. Dans une paix très amère, j'embrassais son visage si calme, si beau, et pour lui obéir même dans la mort, sans cesse je répétais : « Que la volonté de Dieu soit faite ! »

Mais quand je ne vis plus rien de lui, pas même son cercueil, l'exaltation du sacrifice tomba. Sans pensées, sans paroles, sans larmes, incapable de comprendre aucune chose et de supporter même la lumière du jour, je passais les jours et les nuits, étendue sur mon lit, tous les volets de ma chambre fermés. Pendant que je gisais dans cet abattement qui résistait à tout, et ne laissait plus d'espoir, tout à coup une voix s'éleva douce comme celle d'un ange. Malgré mon état de prostration extrême, le chant m'arrivait, mais voilé, comme de très loin. Et le poids funèbre qui m'écrasait, se soulevait ; je me ranimais à ce chant si tendre, si pénétrant.

Dans ma pensée enténébrée, c'était la voix du chrétien qui, du fond de la tombe, chantait ses immortelles tendresses et ses impérissables espérances ; c'était la voix de l'élu qui, du haut du ciel, chantait les reconnaissances et les divines allégresses des consolés. Ce terrible silence de la mort, souffrance inexprimable de l'absence éternelle, il me semblait que l'amour de mon père l'avait vaincu et combien de fois j'ai désiré revivre cette heure. Cette heure inoubliable, si étrange et si douce, où je me repris à la vie, bercée par une mélodie divine.

Le chant se continuait toujours. J'écoutais comme si le ciel se fût entrouvert et il vint un moment où j'aurais succombé, sous l'excès de l'émotion, sans les larmes qui soulagèrent mon cœur. Elles coulèrent en abondance, et à mesure qu'elles coulaient, je sentais en moi un apaisement très doux.

— Maurice, Maurice, sanglota Mina, elle est sauvée.

1104 • *Laure Conan*

Alors le jour se fit dans mon esprit ; je compris, et ensuite je demandai à voir Maurice.

— Il viendra, dit le docteur, qui tenait ma main dans la sienne, il viendra, si vous consentez à boire ceci et à laisser donner de la lumière.

Malgré l'affreux dégoût, j'avalai ce qu'il me présentait. On ouvrit les volets, et je tenais ma figure cachée dans les oreillers, pour ne pas voir la lumière du soleil qui me faisait horreur, parce que mon père ne la verrait plus jamais.

Maurice vint, et à genoux à côté de mon lit, il me parla, il me dit de ces paroles qu'aujourd'hui il chercherait en vain. Il me supplia de le regarder, et je ne pus résister à son désir.

— Ô ma pauvre enfant ! ô ma chère aimée ! gémit-il en apercevant mon visage.

Le sien était brûlé de larmes. Mina me parut aussi bien changée. Ils étaient tous deux en grand deuil, et je ne puis me reporter à cette heure, sans un attendrissement qui me fait tout oublier. Alors je sentais nos âmes inexprimablement unies. Je me sentais aimée — aimée avec cette infinie tendresse qui fait que le cœur tout entier s'émeut, se livre et s'écoule. Alors je croyais que la douleur partagée, c'était une force vive qui mêlait à jamais les âmes.

Combien de fois, pour soulager mes tristesses, Maurice n'a-t-il pas chanté !

Maintenant, jamais plus je n'entendrai ce chant ravissant qui faisait oublier la terre — ce chant céleste qui consolait en faisant pleurer.

18 août

J'ai rêvé que je l'entendais chanter : « Ton souvenir est toujours là » et depuis... ô folie ! folie !

Je ne suis rien pour lui. Il ne m'aime plus ; il ne m'aimera plus jamais.

Pourtant, au moment de partir, de me quitter pour toujours, il m'a dit : « Angéline, si vous revenez sur cette injuste, sur cette folle décision, vous n'aurez qu'à me l'écrire. Souvenez-vous-en. »

Non, je ne le rappellerai pas ! Sans doute il viendrait, mais on ne va pas à l'autel couronnée de roses flétries.

Être aimée comme devant ou malheureuse à jamais.

19 août

On me répète toujours qu'il faudrait me distraire. *Me distraire* ! Et comment ? Ah ! on comprend bien peu l'excès de ma misère. La vie ne peut plus être pour moi qu'une solitude affreuse, qu'un désert effroyable. Que me fait le monde entier puisque je ne le verrai plus jamais ?

20 août

Comme un sentiment puissant nous dépouille, nous enlève à tout! Voilà pourquoi l'amour bien dirigé fait les saints.

Que Dieu ait pitié de moi! Il m'est bien peu de chose, et c'est à peine si la pensée de son amour dissipe un instant ma tristesse. Pour moi, cette pensée, c'est l'éclair fugitif dans la nuit noire.

21 août

Je suis restée longtemps à regarder mon portrait, et cela m'a laissée dans un état violent qui m'humilie.

Quand j'avais la beauté, je m'en occupais très peu. L'éloignement du monde, l'éducation virile que j'avais reçue, m'avaient préservée de la vanité.

Mon père disait qu'aimer une personne pour son extérieur, c'est comme aimer un livre pour sa reliure. Lorsqu'il y avait quelque mort dans le voisinage: «Viens, me disait-il, viens voir ce qu'on aime, quand on aime son corps!»

Mais si fragile, si passagère qu'elle soit, la beauté n'est-elle pas un grand don?

23 août

Ah! la tristesse de ces murs. Par moments, il me semble qu'ils suintent la tristesse et le froid. Et pourtant, j'aime cette maison où j'ai été si heureuse — chère maison où le deuil est entré pour jamais!

«Mais malheur à qui, dans le calme de son cœur, peut désirer mourir tant qu'il lui reste un sacrifice à faire, des besoins à prévenir, des larmes à essuyer!»

24 août

Il fait un grand vent accompagné de pluie. Toutes les fenêtres sont fermées et seule devant la cheminée,

> *«je regarde le feu qui brûle à petit bruit,*
> *et j'écoute mugir l'aquilon de la nuit».*

La voix de la mer domine toutes les autres. Les grandes vagues qui retentissent et qui approchent m'inondent de tristesse.

25 août

En mettant quelques papiers en ordre, j'ai trouvé un affreux croquis de Maurice, qui m'a rappelé au vif une des heures les plus gaies de ma vie.

Comme c'est loin! Ces souvenirs gais, lorsqu'il m'en vient, me font l'effet de ces pauvres feuilles décolorées qui pendent aux arbres, oubliées par les vents d'automne.

26 août

Que veut dire Mina? Je n'ose approfondir ses paroles, ou plutôt j'ai toujours sa lettre sous les yeux, et j'y pense sans cesse. Songe-t-il? Non, je ne saurais l'écrire! Et ne devais-je pas m'y attendre! N'est-il pas libre? Ne lui ai-je pas rendu malgré lui sa parole!

Qui sait jusqu'à quel point un homme peut pousser l'indifférence et l'oubli?

(Angéline de Montbrun à Mina Darville)

Chère Mina,

Je voulais attendre une heure de sérénité pour vous répondre; mais cela me mènerait trop loin. Et d'ailleurs, Marc, malade depuis quelque temps, désire que vous en soyez informée. «Je lui ai sellé son cheval bien des fois, me disait-il tantôt, et j'avais tant de plaisir à faire ses commissions.»

Il aime à parler de vous, et finit toujours par dire, philosophiquement: «Qui est-ce qui aurait pensé ça, qu'une si jolie mondaine ferait une religieuse?»

J'incline à croire qu'il se représentait les religieuses comme ayant toujours marché les yeux baissés, et toujours porté de grands châles, en toute saison. Votre vocation a bouleversé ses idées.

Chère amie, vous me conseillez les voyages puisque ma santé le permet. J'y pense un peu parfois, mais vraiment, je ne saurais m'arracher d'ici. Mon cœur y a toutes ses racines. D'ailleurs, il me semble que le travail régulier, sérieux, soutenu, est un plus sûr refuge que les distractions. Malheureusement, se faire des occupations attachantes, c'est parfois terriblement difficile. Mais comme disait mon père, une volonté ferme peut bien des choses. Moi, je veux rester digne de lui. Ai-je besoin de vous dire que je m'occupe beaucoup des malheureux. Et, grand Dieu! que deviendrais-je si le malheur ne faisait pas aimer ceux qui souffrent? Mais il y a ce superflu de tendresse dont je ne sais que faire.

La solitude du cœur est la souveraine épreuve.

Angéline de Montbrun • 1107

Vous avez raison, la position de votre frère est bien triste. Ne songe-t-il pas à la changer ? Et qui pourrait l'en blâmer ? Chère sœur de mes larmes, veuillez croire que dans le meilleur de mon cœur, je souhaite qu'il oublie et qu'il soit heureux.

28 août

Pourquoi la pensée qu'il en aime une autre me bouleverse-t-elle à ce point ? Voudrais-je donc qu'il se condamnât à une vie d'isolement et de tristesse ? Ne suis-je pas injuste, déraisonnable, de le tenir responsable de l'involontaire changement de son cœur ? changement qu'il eût voulu cacher à tous les yeux — qu'il eût voulu se cacher à lui-même.

Pauvre Maurice ! Et pourtant qu'il m'a aimée ! Ne serait-ce pas la preuve d'une grande pauvreté de cœur, d'oublier toujours ce que j'en ai reçu, pour songer à ce qu'il aurait pu me donner de plus ?

29 août

Rien n'est impossible à Dieu. Il pourrait m'arracher à cet amour qui fait mon tourment.

Montalembert raconte que sa chère sainte Élisabeth pria Dieu de la débarrasser de son extrême tendresse pour ses enfants. Elle fut exaucée et disait : « Mes petits enfants me sont devenus comme étrangers. »

Mais je ne ferai jamais une si généreuse prière. Quand j'en devrais mourir — je veux l'aimer.

30 août

Oui, c'étaient de beaux jours. Jamais l'ombre d'un doute, jamais le moindre sentiment de jalousie n'approchait de nous, et, quoi qu'on en dise, la sécurité est essentielle au bonheur. Beaucoup, je le sais, n'en jugent pas ainsi ; mais un amour inquiet et troublé me paraît un sentiment misérable. Du moins, c'est une source féconde de douleurs et d'angoisses. Je hais les dépits, les soupçons, les coquetteries, et tout ce qui tourmente le cœur.

Maurice pensait comme moi. La veille de son départ pour l'Europe, il me dit — avec quelle noblesse : *« Je ne redoute de votre part ni inconstance ni soupçons. Je crois en vous, et je sais que vous croyez en moi »*.

Oui, je croyais en lui. Que n'y ai-je toujours cru ? Sa parole donnée, c'était la servitude fière et profonde ; mais il est triste de n'avoir que des cendres dans son foyer.

31 août

« *Tu m'appelles ta vie, appelle-moi ton âme,*
Je veux un nom de toi qui dure plus d'un jour.
La vie est peu de chose, un souffle éteint sa flamme.
Mais l'âme est immortelle, ainsi que notre amour. »

Alors, il croyait en son cœur comme au mien ; il ne comprenait pas que l'amour pût finir. Mais cette tendresse, qui se croyait immortelle, s'est changée en pitié — et la pitié d'un homme, qui en voudrait ?

D'ailleurs, ce triste reste ne m'est pas assuré. Bientôt, que serai-je pour lui ? Une pensée importune, un souvenir pénible, qui viendra le troubler dans son bonheur. *Son bonheur !* Non, il ne saurait être heureux. Il est libre comme un forçat qui traînerait partout les débris de sa chaîne. L'ombre du passé se lèvera sur toutes ses joies, ou plutôt, il ne saurait en avoir qui méritent ce nom. Quand on a reçu ce grand don de la sensibilité profonde, on ne peut guère s'étourdir, encore moins oublier. N'arrache pas qui veut le passé de son cœur. On ne dépouille pas ses souvenirs comme un vêtement fané. Non, c'est la robe sanglante de Déjanire, qui s'attache à la chair et qui brûle.

1er septembre

Que je voudrais voir Mina !

Il est huit heures. Pour elle, l'office du soir vient de finir et voici l'heure du repos. Que cette vie est calme ! Qu'elle est douce comparée à la mienne ! Autrefois, gâtée par le bonheur, je ne comprenais pas la vie religieuse, je ne m'expliquais pas qu'on pût vivre ainsi, l'âme au ciel et le corps dans la tombe. Maintenant, je crois la vocation religieuse un grand bonheur.

Sa dernière journée dans le monde, Mina voulut la passer seule avec lui et avec moi. Quelle journée ! Nous étions tous les trois parfaitement incapables de parler. Quand l'heure de son départ approcha, nous prîmes notre dernier repas ensemble ou plutôt nous nous mîmes à table, car nul de nous ne mangea. Ensuite, Mina fit toute seule le tour de sa chère maison des Remparts, puis nous partîmes. Elle désira entrer à la Basilique. L'orgue jouait, et l'on chantait le *Benedicite*, sur un petit cercueil orné de fleurs. Ce chant me fit du bien. Je sentis que l'entrée en religion est comme la mort des petits enfants ; déchirante à la nature mais, aux yeux de la foi, pleine d'ineffables consolations et de saintes allégresses.

À notre arrivée aux Ursulines, il n'y avait personne. Mina me fit avancer sous le porche, releva son voile de deuil, et me regarda longtemps avec une attention profonde.

— Comme vous lui ressemblez! dit-elle douloureusement.

Elle s'éloigna un peu, et tournée vers la muraille, elle pleura. Cette faiblesse fut courte. Elle revint à nous, pâle, mais ferme.

— J'aurais voulu rester avec vous jusqu'à votre mariage, dit-elle avec effort; mais c'est au-dessus de mes forces.

Elle réunit nos mains dans les siennes et continua tendrement.

— Vous vous aimez, et le sang du Christ vous unira. Puis, s'adressant à moi:

— N'exigez pas de lui une perfection que l'humanité ne comporte guère. Promettez-moi de l'aimer toujours et de le rendre heureux.

— Chère sœur, répondis-je fermement, je vous le promets.

— Et toi, Maurice, reprit-elle, aie pour elle tous les dévouements, toutes les tendresses. Souviens-toi qu'il te l'a confiée! Et sa voix s'éteignit dans un sanglot.

— Malheur à moi, si je l'oubliais jamais, dit Maurice, avec une émotion profonde.

Elle sonna. Bientôt les clefs grincèrent dans la serrure, et la porte s'ouvrit à deux battants. Mina, pâle comme une morte, m'embrassa fortement sans prononcer une parole. Son frère pleura sur elle, et la retint longtemps dans ses bras.

— Maurice, dit-elle enfin, il le faut. Et s'arrachant à son étreinte, elle franchit le seuil du cloître et, sans détourner la tête, disparut dans le corridor.

Les religieuses nous dirent quelques mots d'encouragement que je ne compris guère. Puis la porte roula sur ses gonds et se referma avec un bruit que je trouvai sinistre. Le cœur horriblement serré, nous restions là.

— Ô mon amie, me dit enfin Maurice, je n'ai plus que vous!

Cette séparation l'avait terriblement affecté. Mieux que personne, je comprenais la grandeur de son sacrifice, et mon cœur saignait pour lui. Je lui proposai une promenade à pied, croyant que l'exercice lui ferait du bien. Il renvoya sa voiture, et nous prîmes la Grande-Allée. Le froid était intense, la neige crissait sous nos pas, mais le ciel était admirablement pur. Ni l'un ni l'autre, nous n'étions en état de parler. Seulement, de temps à autre, Maurice me demandait si je voulais retourner, si je n'avais pas froid... Et il mettait dans les attentions les plus banales, quelque chose de si doux, une sollicitude si tendre, que j'en restais toujours charmée.

En revenant, nous arrêtâmes aux Ursulines, pour voir Mina déjà habillée en postulante, et restée charmante, malgré la coiffe blanche et la queue de poêlon. Elle pleura comme nous. Les grilles me firent une impression bien pénible, et pourtant, que cette demi-séparation me semblait douce, quand je pensais à mon père que je ne verrais plus, que je n'entendrais plus jamais, qui était là tout près, couché sous la terre. Plusieurs années auparavant, dans ce même parloir des Ursulines, avec quelle douleur, avec quelles larmes, je lui avais dit adieu pour quelques mois. Tous ces souvenirs me revenaient et me déchiraient le cœur. «Maintenant, pensais-je, je sais ce que c'est que la séparation.»

Ce soir-là, je fis un grand effort, pour surmonter ma tristesse et réconforter Maurice. Assis sur l'ottomane, qu'on nous laissait toujours dans le salon de ma tante, nous causâmes longtemps. L'expression si triste et si tendre de ses yeux m'est encore présente.

Alors, je savais que mon existence était profondément modifiée — que je ne pourrais plus être heureuse — parce qu'au plus profond du cœur, j'avais une plaie qui ne se guérirait jamais. Mais je croyais à son amour, et c'était encore si doux!

2 septembre

Mon vieux Marc est toujours faible. Je l'ai trouvé assis devant sa fenêtre, et regardant le cimetière dont les hautes herbes ondoyaient au vent:

«Mes parents sont là, m'a-t-il dit, et bien vite, j'y serai couché moi-même.»

Ces paroles m'ont émue. Lorsqu'on y a mis ce qu'on aimait le plus, le cœur s'incline si naturellement vers la terre. Tous nous irons habiter la *maison étroite*, et, en attendant, ne saurait-on avoir patience? La vie la plus longue ne dure guère. *Hier enfant et demain vieillard!* disait Silvio Pellico. Cette fuite effrayante de nos joies et de nos douleurs devrait rendre la résignation bien facile. *Ô mes dix années de chaînes, comme vous avez passé vite!* disait encore l'immortel prisonnier.

Pauvre Silvio! qui n'a pleuré sur lui? Son livre si simple et si vrai laisse une de ces impressions que rien n'efface, car le plus irrésistible de nos sentiments c'est l'admiration jointe à la pitié.

En me mettant *Le mie prigioni* entre les mains, mon père me dit: «Livre admirable qui apprend à souffrir». Apprendre à souffrir, c'est ce qui me reste.

Suivant Charles Sainte-Foi, un bon livre devrait toujours former un véritable lien entre celui qui l'écrit et celui qui le lit. J'aime cette parole dont j'avais senti la vérité, bien avant de pouvoir m'en rendre compte, et, des écrivains dignes de ce nom, ce n'est pas la gloire que j'envierais, mais les sympathies qu'ils inspirent.

Quand je passe par les champs, je ne puis m'empêcher d'envier les faucheurs courbés sous le poids du jour et de la chaleur. J'en vois, oublieux de leurs fatigues, affiler leurs faux, en chantant. Que cette rude vie est saine! J'aime cette forte race de travailleurs que mon père aimait.

Souvent, je pense avec admiration à sa vie si active, si laborieuse. Riche comme il l'était, quel autre que lui se fût assujetti à un si énergique travail! Mais il avait toute mollesse en horreur, et croyait qu'une vie dure est utile à la santé de l'âme et du corps.

D'ailleurs, il jouissait en artiste des beautés de la campagne. «Non, disait-il parfois, on ne saurait entretenir des pensées basses, lorsqu'on travaille sous ce ciel si beau.»

Ô mon père, je suis votre bien indigne fille, mais faites qu'au moins je sache dire: «Non, je n'entretiendrai pas des pensées de désespoir sous ce ciel si beau».

4 septembre

C'est là, dans cette délicieuse solitude, qu'il m'a dit pour la première fois: «Je vous aime».

Je vous aime! cri involontaire de son cœur, qui vint troubler le mien.

Mon père, Mina, Maurice et moi, tous nous avions un faible pour cet endroit solitaire et charmant. Que de fois nous y sommes allés ensemble! Ces beaux noyers ont entendu bien des éclats de rire. Maintenant mon père est dans sa tombe, Mina dans son cloître, et moi vivante, Maurice n'y reviendra jamais! Il disait de cette belle mousse qu'on devrait se reprocher d'y marcher, que fouler les fleurs qui s'y cachent, c'est une insulte à la beauté.

Ce soir, tout était délicieusement frais et calme autour de l'étang. Pas le moindre vent dans les arbres; pas une ride sur ces eaux transparentes, glacées de rose. Couchée sur la mousse, je laissais flotter mes pensées, mais je ne sentais rien, rien que lassitude profonde de l'âme.

5 septembre

Pauvre folle que je suis! J'ai relu ses lettres, et tout cela sur mon âme c'est la flamme vive sur l'herbe desséchée.

6 septembre

Pourquoi tant regretter son amour? «Ma fille, disait le vieux missionnaire à Atala, il vaudrait autant pleurer un songe. Connaissez-vous le cœur de l'homme, et pourriez-vous compter les inconstances de son désir? Vous calculeriez plutôt le nombre des vagues que la mer roule dans une tempête!»

8 septembre

Comme on reste enfant! Depuis hier je suis folle de regrets, folle de chagrin. Et pourquoi? Parce que le vent a renversé le frêne sous lequel Maurice avait coutume de s'asseoir avec ses livres. J'aimais cet arbre qui l'avait abrité si souvent, alors qu'il m'aimait comme une femme rêve d'être aimée. Que de fois n'y a-t-il pas appuyé sa tête brune et pâle! «De sa nature, l'amour est rêveur», me disait-il parfois.

Cet endroit de la côte, d'où l'on domine la mer, lui plaisait infiniment, et le bruit des vagues l'enchantait. Aussi il y passait souvent de longues heures. Il avait enlevé quelques pouces de l'écorce du frêne, et gravé sur le bois, entre nos initiales, ce vers de Dante:

Amor chi a nullo amato amar perdona*.

Amère dérision maintenant! et pourtant ces mots gardaient pour moi un parfum du passé. J'aurais donné bien des choses pour conserver cet arbre consacré par son souvenir. La dernière fois que j'en approchai, une grosse araignée filait sa toile, sur les caractères que sa main a gravés, et cela me fit pleurer. Je crus voir l'indifférence hideuse travaillant au voile de l'oubli. J'enlevai la toile, mais qui relèvera l'arbre tombé — renversé dans toute sa force, dans toute sa sève?

Le cœur se prend à tout, et je ne puis dire ce que j'éprouve, en regardant la côte où je n'aperçois plus ce bel arbre, ce témoin du passé. J'ai fait enlever l'inscription. Lâcheté, mais qu'y faire?

Pendant ce temps, il est peut-être très occupé d'une autre.

10 septembre

Ma tante m'écrit qu'il est en voie de se distraire.

Ces paroles m'ont rendue parfaitement misérable. Pourquoi ne pas me dire toute la vérité? Pourquoi m'obliger de la demander? Non je ne supporterai pas cette incertitude.

Mon Dieu, qu'est devenu le temps où je vous servais dans la joie de mon cœur? Beaux jours de mon enfance, qu'êtes-vous devenus?

Alors le travail et les jeux prenaient toutes mes heures. Alors je n'aimais que Dieu et mon père. C'étaient vraiment les jours heureux.

Ô paix de l'âme! ô bienheureuse ignorance des troubles du cœur, où vous n'êtes plus, le bonheur n'est pas.

---

* L'amour impose à qui est aimé d'aimer en retour.

11 septembre

Je travaille beaucoup pour les pauvres. Quand mes mains sont ainsi occupées, il me semble que Dieu me pardonne l'amertume de mes pensées, et je maîtrise mieux mes tristesses.

Mais aujourd'hui, je me suis oubliée sur la grève. Debout dans l'angle d'un rocher, le front appuyé sur mes mains, j'ai pleuré librement, sans contrainte, et j'aurais pleuré longtemps sans ce bruit des vagues qui semblait me dire : la vie s'écoule. Chaque flot en emporte un moment.

Misère profonde ! il me faut la pensée de la mort pour supporter la vie. Et suis-je plus à plaindre que beaucoup d'autres ? J'ai passé des chemins si beaux, si doux, et sur la terre, il y en a tant qui n'ont jamais connu le bonheur, qui n'ont jamais senti une joie vive.

Que d'existences affreusement accablées, horriblement manquées.

Combien qui végètent sans sympathies, sans affection, sans souvenirs ! Parmi ceux-là, il y en a qui auraient aimé avec ravissement, mais les circonstances leur ont été contraires. Il leur a fallu vivre avec des natures vulgaires, médiocres, également incapables d'inspirer et de ressentir l'amour.

Combien y en a-t-il qui aiment comme ils voudraient aimer, qui sont aimés comme ils le voudraient être ? Infiniment peu. Moi, j'ai eu ce bonheur si rare, si grand, j'ai vécu d'une vie idéale, intense. Et cette joie divine, je l'expie par d'épouvantables tristesses, par d'inexprimables douleurs.

13 septembre

Une hémorragie des poumons a mis tout à coup ce pauvre Marc dans un grand danger.

Je l'ai trouvé étendu sur son lit, très faible, très pâle, mais ne paraissant pas beaucoup souffrir. « Je m'en vas, ma chère petite maîtresse », m'a-t-il dit tristement.

Le docteur intervint pour l'empêcher de parler. « C'est bon, dit-il, je ne dirai plus rien, mais qu'on me lise la Passion de Notre-Seigneur. »

Il ferma les yeux et joignit les mains pour écouter la lecture. L'état de ce fidèle serviteur me touchait sensiblement, mais je ne pouvais m'empêcher d'envier son calme.

Tout en préparant la table qui allait servir d'autel, je le regardais souvent, et je pensais à ce que mon père me contait du formidable effroi que ma mère ressentit lorsqu'elle se vit, toute jeune et toute vive, entre les mains de la mort. Son amour, son bonheur lui pesait comme un remords.

« J'ai été trop heureuse, disait-elle en pleurant, le ciel n'est pas pour ceux-là. »

Mais lorsqu'elle eut communié, ses frayeurs s'évanouirent. «Il a souffert pour moi, répétait-elle, en baisant son crucifix.»

Mon père s'attendrissait toujours à ce souvenir. Il me recommandait de remercier Notre-Seigneur de ce qu'il avait si parfaitement rassuré, si tendrement consolé ma pauvre jeune mère à son heure dernière. «Moi, disait-il, je ne pouvais plus rien pour elle.»

Horrible impuissance, que j'ai sentie à mon tour. Quand il agonisait sous mes yeux, que pouvais-je? Rien... qu'ajouter à ses accablements et à ses angoisses. Mais en apprenant que son heure était venue, il demanda son viatique, et le vainqueur de la mort vint lui adoucir le passage terrible. Il vint l'endormir avec les paroles de la vie éternelle. Qu'il en soit béni, à jamais, éternellement béni!

Paix, dit le prêtre quand il entra avec le Saint-Sacrement, paix à cette maison et à tous ceux qui l'habitent!

Je suis donc comprise dans ce souhait divin que l'Église a retenu de Jésus-Christ. Ah! la paix! j'irais la chercher dans le désert le plus profond, dans la plus aride solitude.

Ce matin, à demi cachée dans l'ombre, j'ai assisté à tout, et comme je me prosternais pour adorer le Saint-Sacrement, il se répandit dans mon cœur une foi si vive, si sensible. Il me semblait sentir sur moi le regard de Notre-Seigneur et depuis...

Ô maître du sacrifice sanglant! je vous ai compris. Vous voulez que les idoles tombent en poudre devant vous. Mais ne suis-je pas assez malheureuse? N'ai-je pas assez souffert? Oh! laissez-moi l'aimer dans les larmes, dans la douleur. Ne commandez pas l'impossible sacrifice, ou plutôt Seigneur tout-puissant, Sauveur de l'homme tout entier, ce sentiment où j'avais tout mis, sanctifiez-le, qu'il s'élève en haut comme la flamme, et n'y laissez rien qui soit *du domaine de la mort*.

15 septembre

Marc est mort hier. La veille il semblait mieux. Nous avons eu un assez long entretien ensemble. Il me rappelait mon enfance, mon beau poney dont il était aussi fier que moi.

Son vieux cœur de cocher se ranimait à ces souvenirs. Nous étions presque gais — du moins j'essayais de le paraître —, mais quand je lui ai parlé de son rétablissement, il m'a arrêtée avec un triste sourire, et m'a demandé naïvement: «Avez-vous quelque chose à lui faire dire?»

Cette parole m'a fait pleurer, et j'ai répondu avec élan: «Dites-lui que je l'aime plus qu'autrefois. Dites-lui qu'il ait pitié de sa pauvre fille!»

Il serra mes mains entre ses mains calleuses, et reprit avec calme : « Ma chère petite maîtresse, je sais que la terre vous paraît aussi vide qu'une coquille d'œuf, je sais que la vie vous semble bien dure. Mais croyez-moi, c'est l'affaire d'un moment. La vie passe comme un rêve. »

Pauvre Marc ! la sienne est finie. Je l'ai assisté jusqu'à la fin. Non, Dieu n'a point fait la mort — la mort qui sépare — la mort si terrible même à ceux qui espèrent et qui croient.

18 septembre

C'est fini. Je ne verrai plus cet humble ami, cet honnête visage que je retrouve dans la brume de mes souvenirs. Je l'ai veillé religieusement, comme il l'avait fait pour mes parents, comme il l'eût fait pour moi-même, et maintenant je dis de tout mon cœur avec l'Église : Qu'il repose en paix !

Oh ! qu'elle est profonde cette paix du cercueil ; comme elle attire les cœurs fatigués de souffrir ! Et pourtant, la mort reste terrible à voir en face !

Ces angoisses de l'agonie, cette séparation pleine d'horreur !

« C'est la mort qui nous revêt de toutes choses », mais, comme ajoute saint Paul, « nous voudrions être revêtus par-dessus », et le dépouillement de notre mortalité, cette dissolution d'une partie de nous-mêmes reste le grand châtiment du péché.

Ah ! quand même l'Église n'en dirait rien, mon cœur m'apprendrait que Jésus-Christ n'a pas abandonné sa mère à la corruption du tombeau.

Ô Dieu, que n'aurais-je pas fait pour en préserver mon père ! Mais il faut que la sentence s'exécute, il faut retourner en poussière. Et pourtant malgré les tristesses de la tombe, c'est là que ma pensée se réfugie et se repose — là sur le « lit préparé dans les ténèbres » — où chacun prend place à son tour.

« Patrie de mes frères et de mes proches, mes paroles sur toi sont des paroles de paix. »

(Angéline de Montbrun à Mina Darville)

Chère Mina,

Encore la grande leçon de la mort. Ce pauvre Marc nous a quittés. C'est un vide. Il était de la maison avant moi. J'aimais à voir cette bonne tête respectable qui avait blanchi au service de mon père.

Vous vous rappelez qu'à sa mort, il ne voulut jamais prendre aucun repos.

J'y songeais en l'assistant ; je le revoyais les yeux rouges de larmes, et le chapelet dans sa rude main.

Vous ne sauriez croire, comme ces cierges qui brûlaient, ces prières récitées autour de moi me reportaient à notre veille si douloureuse, si sacrée. Chère sœur, on m'accuse de m'être refusée à toute distraction, et pourtant j'ai fait de grands efforts. Mais quand j'essayais de me reprendre à la vie, de m'intéresser à quelque chose, ce murmure des prières récitées autour de son cercueil me revenait infailliblement et me rendait sourde à tout.

Qu'est-ce que je pouvais pour soulever le poids de tristesse qui m'écrasait ? J'aurais tout aussi bien reculé une montagne avec la main.

Non, je ne crois pas avoir de grands reproches à me faire. Dieu m'a fait cette grâce de ne jamais murmurer contre sa volonté sainte. Qu'il en soit béni !

Un jour, je l'espère du plus profond de mon cœur, je le remercierai de tout. Sur son lit de mort, mon fidèle serviteur remerciait Dieu de l'avoir fait naître et vivre pauvre.

Et n'y a-t-il pas aussi une bienheureuse pauvreté de cœur, n'y a-t-il pas aussi un détachement qui vaut mieux que toutes les tendresses ? Mais c'est la mort de la nature ; et, devant celle-là comme devant l'autre, tout, en nous, se révolte.

Sûrement, Mina, vous n'avez pas oublié le pauvre *Gris* dont Marc était si fier. Avons-nous ri, quand vous recommenciez toujours à l'interroger, sur le fameux voyage qu'il contait si volontiers et avec tant d'art ! Le *Gris* est bien infirme maintenant, ce qui n'avait pas diminué la tendresse de Marc. Le jour de sa mort, il se le fit amener devant la fenêtre, et c'était touchant de le voir s'attendrir sur le pauvre cheval, qu'il nommait « son vieux compagnon ».

Mon amie, je ne saurais blâmer votre frère de chercher à se distraire. Il doit en avoir grand besoin. Pauvre Maurice ! Mais au vent les nuages se dissipent.

Vous ai-je dit que Marc s'est recommandé à votre souvenir ? Je vous avoue qu'en l'accompagnant au cimetière, j'aurais voulu voir s'ouvrir pour moi les portes de cet asile de la paix, mais ce n'est pas ici que je dormirai mon sommeil. C'est dans votre église, tout près de vous et à côté de lui.

En attendant, il faut vivre, et je n'en suis pas peu en peine. Mes repas solitaires me sont une rude pénitence. Les vôtres me paraîtraient aussi bien longs. Être rangées sur une ligne, tout autour d'un grand réfectoire, c'est terriblement monastique. Qu'il est loin le temps où nous mangions ensemble le pain béni de la gaieté !

Votre sœur,

Angéline

19 septembre

Demain... le troisième anniversaire de sa mort.

Je crois à la communion des saints, je crois à la résurrection de la chair, je crois à la vie éternelle. Je crois, mais ces ténèbres qui couvrent l'autre vie sont bien profondes.

Quand je revins ici, quand je franchis ce seuil où *son corps* venait de passer, je sentais bien que le deuil était entré ici pour jamais. Mais alors une force merveilleuse me soutenait.

Oh! la grâce, la puissante grâce de Dieu. — *Elle commence sa libération.*

Sans doute, la douleur de la séparation était là terrible et toute vive. Cette robe noire que Mina me fit mettre... Jamais je n'avais porté du noir, et un frisson terrible me secoua toute. Ce froid de la mort et du sépulcre, qui courait dans toutes mes veines, m'a laissé un souvenir horrible. Mais au fond de mon âme, j'étais forte, j'étais calme, et avec quelle ardeur je m'offrais à souffrir tout ce qu'il devait à la justice divine!

Combien de fois, ensuite, n'ai-je pas renouvelé cette prière! Quand l'ennui me rendait folle, j'éprouvais une sorte de consolation à m'offrir pour que lui fût heureux.

Mais nos sacrifices sont toujours misérables, et bien indignes de Dieu. Bénie soit la divine condescendance de Jésus-Christ qui supplée par le sien à toutes nos insuffisances. Adorable bonté! Comment daigne-t-il m'entendre quand je lui dis : pour lui! pour lui!

Ô mon Dieu, soyez béni! Tous les jours de ma vie je prierai pour mon père. Mieux que personne pourtant je connaissais son âme. Je sais que sous des dehors charmants il cachait d'admirables vertus et des renoncements austères. Je sais que sa fière conscience ne transigeait point avec le devoir. Pour lui, *l'ensorcellement de la bagatelle* n'existait pas; il n'avait rien de cet esprit du monde que Jésus-Christ a maudit, et il avait toutes les fiertés, toutes les délicatesses d'un chrétien. Mais que savons-nous de l'adorable pureté de Dieu?

Si réglé qu'il soit, un cœur ardent reste bien immodéré. Il est si facile d'aller trop loin, par entraînement, par enivrement. Ne m'a-t-il pas trop aimée? Bien des fois, je me le suis demandé avec tristesse.

Mais je sais avec quelle soumission profonde il a accepté la volonté de Dieu qui nous séparait. Puis — ô consolation suprême! — il est mort entre les bras de la sainte Église, et c'est avec cette mère immortelle que je dis chaque jour :

« Remettez-lui les peines qu'il a pu mériter, et comme la vraie foi l'a associé à vos fidèles sur la terre, que votre divine clémence l'associe aux chœurs des anges. Par Jésus-Christ Notre-Seigneur. »

22 septembre

Il fait un vent fou. La mer est blanche d'écume. J'aime à la voir troublée jusqu'au plus profond de ses abîmes. Et pourquoi? Est-ce parce que la mer est la plus belle des œuvres de Dieu? N'est-ce pas plutôt parce qu'elle est l'image vivante de notre cœur? L'un et l'autre ont la profondeur redoutable, la puissance terrible des orages, et si troublés qu'ils soient...

Qu'est-ce que la tempête arrache aux profondeurs de la mer? Qu'est-ce que la passion révèle de notre cœur?

La mer garde ses richesses, et le cœur garde ses trésors. Il ne sait pas dire la parole de la vie; il ne sait pas dire la parole de l'amour, et tous les efforts de la passion sont semblables à ceux de la tempête qui n'arrache à l'abîme que ces faibles débris, ces algues légères que l'on aperçoit sur les sables et sur les rochers, mêlés avec un peu d'écume.

25 septembre

J'ai repris l'habitude de faire lire. Quand je lis moi-même, je m'arrête trop souvent, ce qui ne vaut rien.

L'histoire me distrait plus efficacement que toutes les autres lectures. Je m'oublie devant ce rapide fleuve des âges qui roule tant de douleurs.

Aujourd'hui j'ai fait lire Garneau. Souvent mon père et moi nous le lisions ensemble. «Ô ma fille, me disait-il parfois, quels misérables nous serions, si nous n'étions pas fiers de nos ancêtres!» Il s'enthousiasmait devant ces beaux faits d'armes, et son enthousiasme me gagnait.

Maintenant, je connais le néant de bien des choses. Que d'ardeurs éteintes dans mon cœur très mort!

Mais l'amour de la patrie vit toujours au plus vif, au plus profond de mes entrailles. Heureux ceux qui peuvent se dévouer, se sacrifier pour une grande cause! C'est un beau lit pour mourir que le sol sacré de la patrie.

L'arrière-grand-père de ma mère fut mortellement blessé sur les Plaines, et celui de mon père resta sur le champ de bataille de Sainte-Foye avec ses deux fils, dont l'aîné n'avait pas seize ans.

Ceux-là, je ne les ai jamais plaints. Mais j'ai plaint le chevaleresque Lévis (mon cousin d'un peu loin). Bien des fois, je l'ai vu, sombre et fier, ordonnant de détruire les drapeaux. Cette ville de Québec, qu'il *voulait brûler s'il ne la pouvait conserver à la France*, je ne la revois jamais sans songer à lui, et devant la rade si belle, j'ai souvent pensé à sa mortelle angoisse quand, au lendemain de la victoire de Sainte-Foye, on signala l'approche des vaisseaux. Mais le drapeau blanc ne devait plus flotter sur le Saint-Laurent, et, pour nos pères, tout était perdu *fors l'honneur.*

Ce printemps de 1760, Mme de Montbrun laboura elle-même sa terre, pour pouvoir donner du pain à ses petits orphelins. Vaillante femme!

J'aime me la représenter soupant fièrement d'un morceau de pain noir, sa rude journée finie. J'ai d'elle une lettre écrite après la cession, et trouvée parmi de vieux papiers de famille, sur lesquels mon père avait réussi à mettre la main lors de son voyage en France. C'est une fière lettre.

« Ils ont donné tout le sang de leurs veines, dit-elle, en parlant de son mari et de ses fils, moi, j'ai donné celui de mon cœur; j'ai versé toutes mes larmes. Mais ce qui est triste, c'est de savoir le pays perdu. »

La noble femme se trompait. Comme disait le chevalier de Lorimier, à la veille de monter sur l'échafaud: « Le sang et les larmes versés sur l'autel de la patrie sont une source de vie pour les peuples », et le Canada vivra. Ah! j'espère.

Malgré tout, nos ancêtres n'ont-ils pas gardé de leur noble mère la langue, l'honneur et la foi?

Mon père aimait à revenir sur nos souvenirs de deuil et de gloire. Il avait pour Garneau, qui a mis tant d'héroïsme en lumière, une reconnaissance profonde, et il aurait voulu voir son portrait dans toutes les familles canadiennes.

Ce portrait respecté, il est là à son ancienne place. Parfois, je m'arrête à le considérer. Qui sait, disait Crémazie, de combien de douleurs se compose une gloire? Pensée touchante, et, quant à Garneau, si vraie!

Pour faire ce qu'il a fait, il faut aller au bout de ses forces, ce qui demande bien des efforts sanglants. Ah! je comprends cela. Sans doute, je n'y puis rien, mais j'aime mon pays, et je voudrais que mon pays aimât celui qui a tant fait pour l'honneur de notre nom. J'espère qu'au lieu de plonger dans l'ombre, la gloire de Garneau ira s'élevant. Et ne l'a-t-il pas mérité? Étranger aux plaisirs, sans ambition personnelle, cet homme admirable n'a songé qu'à sa patrie.

Il l'aimait d'un amour sans bornes, et cet amour rempli de craintes, empreint de tristesse, m'a toujours singulièrement touchée. D'ailleurs, il l'a prouvé jusqu'à l'héroïsme. Dans ce siècle d'abaissement, Garneau avait la grandeur antique.

C'est l'un de mes regrets de ne l'avoir pas connu, de ne l'avoir jamais vu. Mais j'ai beaucoup pensé à lui, à ses difficultés si grandes, à son éducation solitaire et avec respect je verrais cette mansarde où, sans maîtres et presque sans livres, notre historien travaillait à se former.

Oh! qu'il a été courageux! qu'il a été persévérant! et combien de fois je me suis attendrie, en songeant à cette faible lumière qui veillait si tard, et allait éclairer notre glorieux passé.

Mais il a fini sa tâche laborieuse. Maintenant *longue est sa nuit.* J'ai visité sa tombe au cimetière Belmont. Alors, je n'avais jamais versé de larmes amères, et ma vive jeunesse s'étonnait et se troublait du calme des tombeaux ; mais devant le monument de notre historien, le généreux sang de mes ancêtres coula plus chaud dans mes veines.

Je me souviens que j'y restai longtemps. Enfant encore par bien des côtés, je n'étais cependant pas sans avoir profité de l'éducation que j'avais reçue. Déjà, j'avais le sentiment profond de l'honneur national, et, comme celui qui dit à Garneau l'adieu suprême au nom de la patrie, j'aurais voulu lui assurer la reconnaissance immortelle de tous les Canadiens.

> *Il a effacé pour toujours les mots de race conquise, de peuple vaincu.*
> *Il a été un homme de courage, de persévérance héroïque, de désintéressement, de sacrifice.*
> *Qu'il repose sur le champ de bataille qu'il a célébré, non loin des héros qu'il a tirés de l'oubli!*

Et nous, Dieu veuille nous donner comme à nos pères, avec le sentiment si français de l'honneur, l'exaltation du dévouement, la folie du sacrifice, qui font les héros et les saints.

28 septembre

Soirée délicieuse. J'aime ces

> «... *nuits qui ressemblent au jour,*
> *avec moins de clarté, mais avec plus d'amour* »,

et si une joie de la terre devait encore faire battre mon cœur, je voudrais que ce fût par une nuit comme celle-ci, dans ce beau jardin où dort la lumière paisible de la lune.

J'ai passé la soirée presque entière sur le balcon, et volontiers j'y serais encore.

Mais ces contemplations ne me sont pas bonnes. Ma jeunesse s'y réveille ardente et toute vive. La nature n'est jamais pour nous qu'un reflet, qu'un écho de notre vie intime, et cette molle transparence des belles nuits, ces parfums, ces murmures qui s'élèvent de toutes parts m'apportent le trouble.

Mais tantôt, comme si elle eût deviné mes folles pensées, ma petite lectrice, qui filait seule dans sa chambre, s'est mise à chanter :

> « *Ce bas séjour n'est qu'un pèlerinage.* »

Ce doux chant d'une simple enfant m'a rafraîchi l'âme.

« Je crois. Au fond du cœur l'espérance me reste :
« Je ne suis ici-bas que l'hôte d'un instant.
« Aux désirs de mon cœur si la terre est funeste,
« J'aurai moins de regrets, demain, en la quittant. »

Parmi les livres de Mlle Désileux, j'ai trouvé un livret dont presque toutes les feuilles sont arrachées, et qui porte à l'intérieur : « Mon Dieu, que votre amour consume mes fautes, comme le feu vient de consumer l'expression de mes lâches regrets. »

Pauvre fille ! elle avait aussi un confident. Je ferai comme elle avant de mourir.

Que pense-t-elle de son long martyre, maintenant que Dieu *lui-même a essuyé ses larmes* ? J'aime ces tendres paroles de l'Écriture, et tant d'autres pleines de mystère.

Qu'est-ce que cette lumière, cette paix que nous demandons pour ceux qui *nous ont précédés* ?

Qu'est-ce que cette *joie du Seigneur*, où nous entrerons tous, et que l'âme humaine, si grande pourtant, ne saurait contenir ?

Qu'est-ce que cet amour dont nos plus ardentes tendresses ne sont qu'une ombre si pâle ?

Il est certain que, malgré l'infini de nos désirs et les ravissantes perspectives que la foi nous découvre, nous n'avons aucune idée du ciel. Et en cela nos efforts ne nous servent pas à grand-chose. Nous sommes comme quelqu'un qui, n'ayant jamais vu qu'une feuille, voudrait se représenter une forêt, ou qui, n'ayant jamais vu qu'une goutte d'eau, voudrait s'imaginer l'océan.

1er octobre

« Seigneur, disait la pauvre Samaritaine, donnez-moi de cette eau, afin que je n'aie plus soif. »

Profonde parole ! Mes larmes ont coulé chaudes et abondantes sur le livre sacré. Quelle soif de naufragé peut se comparer à mon besoin d'aimer ?

Depuis ce matin, j'ai toujours présente à l'esprit cette délicieuse scène de l'Évangile. Tantôt j'ai pris la bible illustrée pour y chercher Jésus et la Samaritaine.

Et comme cela m'a reportée aux jours bénis de mon enfance, alors que sur les genoux de mon père, je regardais ces belles gravures que j'aimais tant ! Je me souviens que j'en voulais à la Samaritaine qui ne donnait pas à boire à Notre-Seigneur.

« Si vous connaissiez le don de Dieu et celui qui vous demande à boire ! »

Et, mon Dieu, ce besoin d'aimer qui s'accroît de tous nos mécomptes, de toutes nos tristesses, de toutes nos douleurs, est-il donc si difficile de comprendre qu'il n'aura jamais sa satisfaction sur la terre?

Non, Dieu n'a pas fait en vain sa place dans notre âme. La puissante grâce du baptême n'y séjourne pas si longtemps sans y creuser des abîmes. De là viennent ces aspirations auxquelles rien ne répond ici-bas et ces mystérieuses tristesses que le bonheur lui-même réveille au fond de notre cœur.

Maurice disait: «De par sa nature l'amour est rêveur». C'est très vrai. Mais pourquoi rêve-t-il, sinon parce que le présent, le réel ne lui suffit jamais?

2 octobre

Cependant comme le *charme de sentir* entraîne!

Il ne m'aime plus, je le sais, mais, insensée que je suis, je me dis toujours: «Il m'a aimée».

Oui, il m'a aimée, et comme il n'aimera jamais.

Ordinairement peu causeur, Maurice avait presque toujours sur le front, comme sur l'esprit, une légère brume de tristesse. Même avant mon malheur, souvent en me regardant, ses yeux se remplissaient de larmes.

Cette expression de tendresse et de mélancolie était son grand charme. Sa sensibilité si vive était beaucoup plus communicative qu'expansive. Il disait qu'il lui fallait la musique pour laisser parler son âme. Mais alors, avec quelle puissance son âme se révélait.

C'est fini! je n'entendrai plus sa voix! Sa voix si douce, si pénétrante, si expressive!

4 octobre

«Le lépreux ferma la porte et en poussa les verrous.»

Épouvantable solitude! ce qu'on sent profondément est toujours nouveau, et la lecture du *Lépreux* m'a encore laissé une impression terrible. Mais j'y reviendrai. Puisqu'il faut que je pleure, je voudrais pleurer sur d'autres que sur moi.

Ô l'égoïsme! la personnalité!

Quand l'avenir apparaît trop horrible, il faut songer à ceux qui sont plus malheureux que soi. Depuis quelques jours, j'interroge souvent la carte de la Sibérie, et je laisse ma pensée s'en aller vers ces solitudes glacées.

Combien de Polonais coupables d'avoir aimé leur patrie sont là! Et qui dira leurs tristesses? les tristesses du patriote! les tristesses de l'exilé! les tristesses de l'homme au dernier degré de malheur!

Ah! ces misérables, traités plus mal que des bêtes de somme, ce serait à eux de maudire la vie. Pourtant ils ne le peuvent sans crime, et cette existence, dont aucune parole ne saurait dire l'horreur, reste un bienfait immense parce qu'elle peut leur mériter le Ciel. Qu'est-ce donc que le Ciel!

Mon Dieu! donnez-moi la foi, la foi à mon bonheur futur; et ces infortunés! Seigneur, innocents ou coupables, ne sont-ils pas vos enfants? Ah! gardez-les du blasphème, gardez-les du désespoir, ce suprême malheur.

Qu'aucune pensée de haine, qu'aucun doute de votre justice, qu'aucune défiance de votre adorable bonté n'atteigne jamais leurs cœurs. Envoyez la divine espérance! Qu'elle soulève leurs chaînes, qu'elle entrouvre les voûtes de leur enfer.

6 octobre

Tantôt, j'entendais un passant fredonner:

« *Que le jour me dure,*
passé loin de toi! » etc.

C'est Maurice qui a popularisé par ici ce chant mélancolique auquel sa voix donnait un charme si pénétrant.

Tous nos échos l'ont redit. Alors, il ne savait pas vivre loin de moi. Et moi — pauvre folle —, je viens de compter les jours écoulés depuis notre séparation.

Qu'il est déjà loin ce soir où, décidée de ne plus le revoir, je lui dis avant d'aborder l'explication inévitable:

« Maurice, chantez-moi quelque chose comme aux jours du bonheur. »

Il rougit, et je souffrais de son embarras. Ah! les jours du bonheur étaient loin.

Sans rien dire, il alla prendre une guitare (son accompagnement de prédilection) et revint s'asseoir près de moi. Puis, après avoir un peu rêvé, il commença: « *Fier Océan, vallons...* »

Nous étions seuls, je laissai tomber l'ouvrage que j'avais pris par contenance, et j'écoutai.

Ce chant, mon père l'aimait et le lui demandait souvent. La dernière fois que je l'avais entendu, c'était dans notre délicieux jardin de Valriant.

Comme le passé revient à certains moments, comme le passé, comme la terre rendent ce qu'ils ont pris!

Mais la douleur de la séparation était là présente, déchirante.

J'avais été trop malade pour n'être pas encore bien faible, et voilà peut-être pourquoi jusque-là, la pensée de son indifférence ne m'avait pas causé de douleur violente. Sans doute cette pensée ne me quittait pas, mais ce que j'éprouvais d'ordinaire, c'était plutôt le sentiment du découragement profond, de la misère complète — ce que doit éprouver le malade incurable qui sait qu'en réunissant toutes ses forces, il ne pourra plus que se retourner sur son lit de peine.

Mais pour me décider à rompre avec lui, il m'avait fallu un effort terrible qui m'avait ranimée — et cette étrange émotion que me causa sa voix.

Je savais que je l'entendais pour la dernière fois. Pourtant je restai calme.

J'étais bien au-dessous des larmes, et après qu'il eut cessé de chanter, je me souviens que nous échangeâmes quelques paroles indifférentes sur le vent, sur la pluie qui battait les vitres. Il resta ensuite silencieux à regarder le feu qui brûlait dans la cheminée ; je lui trouvais l'air ennuyé. Ah ! le cœur si riche d'amour, d'ardente flamme, était bien mort.

J'avais pris l'habitude de l'observer sans cesse, et je voyais parfaitement comme la vie lui apparaissait aride, décolorée. Je voyais tout cela, mais dans mon cœur il n'y avait plus d'amertume contre lui. Jamais il n'avait été pour moi ce qu'il m'était en ce moment. Comme je sentais la profondeur de mon attachement ! Comme je voyais bien ce que la vie me serait sans lui !

Cependant il fallait bien en finir, et d'une main ferme, je tenais cet *anneau de la foi* qui me brûlait depuis qu'il ne m'aimait plus, et que j'étais bien résolue de le forcer à reprendre.

Oh ! comment ai-je pu survivre à cette heure-là ! Comment ai-je pu résister à ses reproches, à ses supplications ? Il avait si bien l'accent d'autrefois. Un moment, je me crus encore aimée : l'émotion de la surprise avait réchauffé son cœur. « Qu'ai-je donc fait ? » sanglotait-il.

Le grand crime contre l'amour, c'est de ne plus le rendre.

Non, il ne m'aimait plus ; mais la flamme se ranime un instant avant de s'éteindre tout à fait. Puis il était humilié dans sa loyauté, et n'avait pas ce féroce égoïsme qui rend la plupart des hommes si indifférents au malheur des autres.

7 octobre

Seule ! Seule... pour toujours !

Ah ! je voudrais penser au Ciel. Mais je ne puis. Je suis comme cette femme malade dont parle l'Évangile qui était toute courbée et ne pouvait regarder en haut.

9 octobre

Le poids de la vie! Maintenant je comprends cette parole.

Je ne sais rien de plus difficile à supporter que l'ennui très lourd qui s'empare si souvent de moi. C'est une lassitude terrible, c'est un accablement, un dégoût sans nom, une insensibilité sauvage. Ma pauvre âme se voit seule dans un vide affreux.

Mais je ne me laisse plus dominer complètement par l'ennui. J'ai repris l'habitude du travail et je la garderai.

Que deviendrai-je sans le *saint travail des mains*, comme disent les constitutions monastiques, le seul qui me soit possible bien souvent.

11 octobre

Temps délicieux. Je me suis promenée longtemps sur la grève.

Ces feux des pêcheurs sont charmants à voir d'un peu loin, mais je ne puis supporter la vue de la grève à mer basse. Comme c'est gris! comme c'est terne! comme c'est triste! Il me semble voir *cet ennui qui fait le fond de la vie*, ou plutôt il me semble voir une vie d'où l'amour s'est retiré.

Toujours cette pensée!

Que Dieu me pardonne cette folie qui croit tout perdu quand Lui me reste.

Je voudrais oublier les semblants d'amour, je voudrais oublier les semblants de bonheur, et n'y penser pas plus que la plupart des hommes ne pensent au ciel et à l'amour infini qui les attend. Mais, ô misère! je ne puis.

Et pourtant, Seigneur Jésus, je crois à votre amour adorablement inexprimable. Je crois aux preuves sanglantes que vous m'en avez données; je sais que votre grâce donne la force de tous les sacrifices qu'elle demande, et au fond de mon cœur... Est-ce le poids de la croix pleinement acceptée qui m'a laissé cette délicieuse meurtrissure?

Je crois aux joies du sacrifice, je crois aux joies de la douleur.

(Le P. S***, missionnaire, à Angéline de Montbrun)

Mademoiselle,

Votre généreuse offrande est arrivée bien à propos. Suivant votre désir, nous et nos néophytes, nous prierons pour monsieur votre père. Quant à moi, je ne saurais oublier, qu'après Dieu, je lui dois l'honneur du sacerdoce, mais depuis longtemps, c'est l'action de grâces qui domine dans le souvenir que je lui donne chaque jour à l'autel.

La pensée de son bonheur ne saurait-elle vous adoucir votre tristesse ? Pourquoi toujours regarder la tombe au lieu de regarder le ciel ? Pourquoi le voir où il n'est pas ?

> « *Poussière, tu n'es rien ! cendre, tu n'es pas l'être*
> *Que nous avons chéri :*
> *Tu n'es qu'un vêtement dédaigné par son maître,*
> *Et qu'un lambeau flétri.* »

Dites-moi, aimer quelqu'un n'est-ce pas mettre sa félicité dans la sienne ? Pourquoi le pleurez-vous ?

Pauvre enfant ! je comprends votre faiblesse. Moi, qui n'étais que son protégé, je ne pouvais m'empêcher de l'admirer et de le chérir.

Vous savez qu'en apprenant le fatal accident, je fis vœu, s'il vivait, de me consacrer aux rudes missions du Nord. Et j'aime à vous le dire, ce même soir du 20 septembre, à genoux dans l'église de Valriant, je me plaignais à Dieu qui n'avait pas accepté mon sacrifice.

Je me plaignais et je pleurais, en attendant que l'aurore me permît de commencer la messe que je voulais offrir pour lui — mon bienfaiteur. Alors que se passa-t-il dans mon âme ? Quelle lumière céleste m'enveloppa soudain dans cette demi-obscurité du sanctuaire, où quelques jours auparavant j'avais reçu l'onction sacerdotale ? Je ne saurais le dire ; mais, consolé, je fis à Notre-Seigneur le serment solennel d'user ma vie parmi les pauvres sauvages.

Vous me demandez comment je supporte cette terrible vie. La nature souffre ; mais à côté des sacrifices il y a les joies de l'apostolat. En arrivant ici, je parlais couramment deux langues sauvages et je fus envoyé chez les Chippeways.

Là, je vous l'avoue, bien des lâches regrets me vinrent assaillir. Mais Notre-Seigneur eut pitié de son indigne prêtre. Il me conduisit auprès d'une jeune malade qui attendait le baptême pour mourir.

Je dis *attendait* et c'est le mot, car depuis plusieurs semaines, sa vie semblait un miracle ; et il n'est pas possible de dire avec quelle facilité cette âme très simple entendit la parole du salut. *Bienheureux*, oui, *bienheureux les cœurs purs* ! Si vous aviez vu l'expression de son visage mourant quand elle aperçut le crucifix.

Je la baptisai avec une de ces joies qui laissent le cœur meurtri. Ô froides allégresses de la chair ! ô pauvres bonheurs de la terre, que le prêtre est heureux de vous avoir sacrifiés ! Quelles larmes j'ai versées dans cette misérable cabane ! Si vous l'aviez vue, comme elle était après sa mort, couchée sur quelques branches de sapin, son front virginal encore humide de l'eau du baptême, et le crucifix entre ses mains jointes!

Je m'assure que cette heureuse prédestinée vous sera une protectrice dans le ciel, car elle me l'a promis et même je lui ai donné votre nom.

Et maintenant, Mademoiselle, voulez-vous permettre, non pas à l'homme, mais au prêtre, au pauvre missionnaire de vous dire ce que vous avez besoin d'entendre?

Dans votre lettre j'ai vu bien des choses qui n'y sont pas. Dites-moi, pourquoi êtes-vous si triste, si malheureuse et surtout si troublée? N'est-ce pas parce que vous allez sans cesse pleurer sur ces traces ardentes que l'amour a laissées dans votre vie?

Vous dites que la consolation ne fera jamais qu'effleurer votre cœur; vous dites qu'il n'y a plus de paix en vous. Mon enfant, la consolation vous presse de toutes parts puisque vous êtes chrétienne, et Notre-Seigneur a apporté la paix à toutes les âmes de bonne volonté. Ah! si vous étiez généreuse! Si vous aviez le courage de sacrifier toutes les amollissantes rêveries, tous les dangereux souvenirs! Bientôt vous auriez la paix, et, malgré vos tristesses, vous verriez les consolations de la foi se lever dans votre âme, radieuses et sans nombre, comme les étoiles dans les nuits sereines.

Soyez-en sûre, la délicatesse d'une passion n'en ôte pas le danger; au contraire, c'est une séduction de plus pour l'âme malheureuse qui s'y abandonne. Vous me direz qu'on est faible contre son cœur. Oui, c'est vrai. Mais suivant saint Augustin, la vertu c'est l'ordre dans l'amour. Songez-y, et demandez à Dieu d'attirer votre cœur.

Non, il ne vous a pas faite pour souffrir. S'il a détruit votre bonheur, c'est que le bonheur ne vous était pas bon; s'il a anéanti vos espérances, c'est que vous espériez trop peu.

Dites-moi, malgré, ou plutôt à cause de sa profonde tendresse, votre père n'était-il pas au besoin sévère pour vous? Laissons Dieu faire notre éducation pour l'éternité. Quand elle s'ouvrira pour nous dans son infinie profondeur, que nous sembleront les années passées sur la terre...

Vous le savez, les heures douloureuses comme les heures d'ivresse, tout passe — et avec quelle merveilleuse rapidité! Il me semble que c'est hier que, bien embarrassé, j'attendais monsieur votre père sur la route de Valriant, pour le prier de me mettre au collège *parce que je voulais être prêtre*.

L'avenir disparaîtra comme le passé. L'avenir, le véritable avenir, c'est le ciel. Ah! si nous avions de la foi.

Dans les beaux jours de l'Église, être chrétien, c'était savoir souffrir. Parmi les martyrs, combien de jeunes filles! Vous les représentez-vous pleurant le bonheur de la terre et les douceurs de la vie? Nous aussi, nous sommes chrétiens, mais comme disait Notre-Seigneur: «Quand le Fils de l'homme reviendra sur la terre, croyez-vous qu'il y trouve encore de la foi?» Ô douloureuse parole! Et pourquoi, si dégénérés que nous soyons, nous comprenons que le martyre est la grâce suprême, et nous n'oserions comparer aucune volupté de la terre à celle du chrétien qui, pour Jésus-Christ, s'abandonne aux tourments.

Mon enfant, vous le savez, il y a aussi un martyre du cœur. Oui, Dieu en soit béni, il y a des vies qui sont une mort continuelle. Sans doute, vous êtes faible, épuisée, fatiguée de souffrir, mais savez-vous quel nom nos pauvres sauvages donnent à l'Eucharistie? Ils l'appellent *ce qui rend le cœur fort*.

Mon Dieu! qu'est-ce qui soutient le missionnaire contre la puissance des regrets et des souvenirs? Dans son isolement terrible, au milieu de misères et d'incommodités sans nombre, qu'est-ce qui le défend contre les visions de la patrie et du foyer?

Nous aussi, nous sommes faibles, et, si nous demeurons fermes, c'est, comme dit saint Paul, *à cause de Celui qui nous a aimés*. Soyez-en sûre, la communion console de tout. Que dis-je? «Mon ami, écrivait un missionnaire, qui a reçu depuis la couronne du martyre, communier c'est toujours un grand bonheur; mais communier dans un cachot, quand on porte le collier de fer avec la lourde chaîne, et qu'on a vu déchirer son corps de boue, c'est un bonheur qui ne peut s'exprimer.»

N'en doutez pas, Jésus-Christ peut tout adoucir; c'est un enchanteur! Il est venu apporter le feu sur la terre. Puisse-t-il l'allumer dans votre cœur! L'amour est la grande joie, et je vous veux heureuse.

Oui, Dieu nous exaucera. Tous les jours nos néophytes prient pour vous avec la ferveur de la virginité de la foi, et votre père vous a emportée dans son cœur au paradis.

Réjouissez-vous, et ne plaignez pas le pauvre missionnaire. À mesure qu'il s'éloigne des consolations humaines, Jésus-Christ se rapproche de lui. Je suis heureux, mais parfois j'éprouve un étrange besoin d'entendre la chère cloche de Valriant. Vous allez dire que j'ai le mal du pays. Je ne le crois pas. J'aurais plutôt la nostalgie du ciel. Mais il faut le *mériter*.

Voudriez-vous accepter cette pauvre médaille de l'Immaculée. Souvent j'en attache aux arbres pour parfumer les solitudes. Priez pour moi, et que Dieu vous fasse la grâce d'accomplir parfaitement ce grand commandement de l'amour, dans lequel est toute justice, toute grandeur, toute consolation, toute paix et toute joie.

15 octobre

Depuis plusieurs jours, je n'ai pas ouvert mon journal où je me suis promis de ne plus écrire *son nom*. L'amour de Dieu est une grâce, la plus grande de toutes les grâces, et il faut travailler à la mériter. Puis, est-ce l'élan donné par une main puissante? — il y a en moi une force étrange qui me pousse au renoncement, au sacrifice. En recevant la lettre du P. S*** (âme généreuse, celle-là), j'ai joint son humble médaille au médaillon que je porte nuit et jour et qui contenait, avec le portrait de mon père, le sien à lui. Ensuite, j'ai ôté celui-ci et, par un effort dont je ne suis pas encore remise, je l'ai jeté au feu avec ses lettres.

16 octobre

Je ne regrette pas ce que j'ai fait, seulement j'en frémis encore, et sans cesse je pleure parce que son portrait et ses lettres sont en cendres.

Je me demandais avec tristesse si ces larmes ne rendaient pas mon sacrifice indigne de Dieu, mais aujourd'hui j'ai été consolée en lisant que lorsque nous revenons du combat des passions mutilés et sanglants, mais victorieux, nous pouvons pleurer sur ce qu'il nous en a coûté — que Dieu ne s'offensera pas de nos larmes — pas plus que Rome ne s'offensa quand le premier des Brutus, rentrant chez lui après avoir sacrifié ses deux fils à la République, s'assit à son foyer désert et pleura.

18 octobre

Je pense souvent avec attendrissement à cette jeune fille qui *attendait* son baptême pour mourir! Ô grâce! bonheur de la pureté!

Il y a quelques années, traversant un soir l'église du Gésu, je passai devant un autel sous lequel un jeune saint (saint Louis de Gonzague, je crois) est représenté couché sur son lit funèbre.

Je ne suis qu'une pauvre ignorante, mais je suis bien sûre que cette statue n'est pas une œuvre remarquable. Qu'est-ce donc qui fit tressaillir mon âme?

Pourquoi restai-je là si longtemps émue, absorbée comme devant une toute aimable réalité?

Alors, je n'en savais trop rien, mais aujourd'hui il me semble que ce charme profond qui m'avait tout à coup pénétrée, et que je ne savais pas définir, c'était la beauté céleste de la pureté sans tache.

Longtemps après que je fus sortie de l'église, cette figure si virginale et si paisible était encore devant mes yeux, et malgré moi mes larmes coulaient un peu.

Pourtant l'impression reçue avait été douce. Mais on ne touche jamais fortement le cœur sans faire jaillir les larmes.

Depuis, bien des jours ont passé, et n'est-il pas étrange que la pensée de cette jeune fille, qui a promis d'être ma protectrice, me rappelle toujours au vif ce souvenir presque oublié? Non, elle n'oubliera pas la promesse faite à l'ange qui lui a ouvert le ciel — qui lui a donné mon nom.

22 octobre

C'est un grand malheur d'avoir laissé ma volonté s'affaiblir, mais je travaille de toutes mes forces à le réparer. Comme le reste, et plus que le reste, la volonté se fortifie par l'exercice : on n'obtient rien sur soi-même que par de pénibles et continuels combats.

M'abstenir de ces rêveries où mon âme s'amollit et s'égare, ce m'est un renoncement de tous les instants.

Et pourtant, je le sais, si doux qu'ils soient, les souvenirs de l'amour ne consolent pas — pas plus que les rayons de la lune ne réchauffent. Mais *enfin*, j'ai pris une résolution et j'y suis fidèle.

La communion me fait du bien, m'apaise jusqu'à un certain point.

Parfois, un éclair de joie traverse mon âme, à la pensée que mon père est au ciel, mais ce rayon de lumière s'éteint bientôt dans les obscurités de la foi, et je retombe dans mes tristesses — tristesses calmes, mais profondes.

5 novembre

Me voici de retour chez moi après une absence de quinze jours.

Je voulais revoir sa tombe, je voulais revoir Mina, et il est une personne que je n'avais jamais vue et dont la réputation m'attirait.

Je n'ai fait que passer à Québec, et, à mon extrême regret, je n'ai pu voir Mina, malade à garder le lit depuis quelque temps; mais j'ai pleuré sur sa tombe, *cette tombe où il n'est pas*, et je ne saurais dire si c'étaient des larmes de joie ou de tristesse, tant je m'y suis sentie consolée. Puis, j'ai repris le train de... qui me conduisait au monastère de...

C'est un grand bonheur d'approcher une sainte. Entre la vertu ordinaire et la sainteté il y a un abîme.

Devant elle, je l'ai senti, et j'oubliais de m'étonner de cette confiance très humble, de cette tendresse sacrée qui lui ouvrait son âme.

Où les anges prennent-ils cette adorable indulgence, cette ineffable compassion pour des faiblesses qu'ils ne sauraient comprendre?

Ma propre mère n'eût pas été si tendre. Je le sentais, et appuyée sur la grille qui nous séparait, je fondis en larmes. Elle aussi pleurait avec une pitié céleste. Mais sa figure restait sereine.

Comme elle est profonde, la paix de ce cœur livré à l'amour! Cette paix divine, je la sentais m'envelopper, me pénétrer pendant que je lui parlais.

Ô radieux visages des saints! ô lumineux regards qui plongez si avant dans l'éternité, et dans cet autre abîme qui s'appelle notre cœur! Qui vous a vus ne vous oubliera jamais.

Mais devant elle, je n'éprouvais ni gêne, ni embarras. Au contraire, son regard si calme et si pur répandait dans mon cœur je ne sais quelle délicieuse sérénité.

Oui, je suis heureuse d'avoir été là. J'en ai emporté une force, une lumière, un parfum, j'espère y avoir compris le but de la vie. Dans cette chère église, devant la croix sanglante qui domine le tabernacle, j'ai accepté ma vie telle qu'elle est, j'ai promis d'accomplir le grand commandement de l'amour. Ô cher asile de la prière et de la paix!

C'est avec regret que j'ai quitté ma chambre où d'autres âmes faibles sont venues chercher la force — où la Fleur du carmel a passé. Là, je n'entendais rien que le murmure de la Yamaska coulant tout auprès. Ce bruit mélancolique me fournissait mille pensées tristes et douces.

Les vagues de la mer s'éloignent pour revenir bientôt, mais les eaux d'une rivière sont comme le temps qui passe, et ne revient jamais.

6 novembre

« Malheur à qui laisse son amour s'égarer et croupir dans ce monde qui passe ; car lorsque tout à l'heure il sera passé, que restera-t-il à cette âme misérable, qu'un vide infini, et dans une éternelle séparation de Dieu, une impuissance éternelle d'aimer. »

7 novembre

J'ai passé l'après-midi à l'entrée du bois. Le soleil dorait les champs dépouillés, les grillons chantaient dans l'herbe flétrie ; toutefois l'automne a bien fait son œuvre, et l'on sent la tristesse partout. Mais quelle sérénité profonde s'y mêle!

Et pourquoi, dans mon calme funèbre, n'aurais-je pas aussi de la sérénité ?

Je me disais cela, et, la tête cachée dans mes mains, je pensais à cet adieu qu'il faut finir par dire à tout — à ce grand et languissant adieu comme parle saint François de Sales.

Puisqu'il faut mourir, ce sont les heureux qu'il faut plaindre.

(Maurice Darville à Angéline de Montbrun)

Ainsi vous persistez à vous tenir enfermée, à refuser de me recevoir, et pour vous je ne suis plus qu'un étranger, qu'un importun.

Angéline, cela se peut-il?

Ô ma toujours aimée, j'aurais dû écarter vos domestiques et entrer chez vous malgré vos ordres. Mais je ne viens pas vous faire des reproches. Je viens vous supplier d'avoir pitié de moi. Si vous saviez comme il est amer de se mépriser soi-même!

Ô ma pauvre enfant, votre image vient me ressaisir partout, votre vie si triste m'est un remords continuel.

Et pourtant suis-je coupable? Est-ce ma faute si vous m'avez jeté mon cœur au visage?

Angéline, vous m'avez fait manquer à ma parole. Oui, vous m'avez réduit à cette abjection. Mais sur mon honneur, je n'aurai jamais d'autre femme que vous.

Ah! soyez-en sûre, on ne se donne pas deux fois avec ce qu'il y a de plus tendre et de plus profond dans son âme, ou plutôt quand on s'est donné ainsi, on ne se reprend plus jamais. Si mon cœur a paru se refroidir... Ma pauvre enfant, au fond du cœur de l'homme, il y a bien des misères, mais pardon, pardon pour l'amour de lui qui m'aimait, qui m'avait choisi.

Quoi! ne sauriez-vous pardonner un tort involontaire? Ah! vous avez bien oublié la promesse faite à Mina, cette solennelle promesse de m'aimer toujours et de me rendre heureux.

Si vous saviez ce que j'ai souffert depuis le soir terrible de notre séparation! Oh! comment avez-vous pu m'humilier ainsi? Suis-je donc si vil à vos yeux?

Mon Dieu! qui nous rendra la confiance, ce bien unique en sa douceur? Vous dites que vous n'accepterez jamais un sacrifice. Un *sacrifice*...

Angéline, il est une chose que je voudrais taire à jamais. Mais puisque vous me forcez d'en parler, je vais le faire. Tôt ou tard, vous le savez, on ne jouit plus que des âmes. Et d'ailleurs, les traces de ce mal cruel vont s'effaçant chaque jour. Tout le monde le dit ici et pouvez-vous l'ignorer?

Mon amie, c'est moi qui vous conjure d'avoir pitié de ma vie si triste, de mon avenir désolé. Que deviendrai-je si vous m'abandonnez?

Seul je suis et seul je serai; je vous l'avoue, je suis au bout de mes forces. La tristesse est une mauvaise conseillère, et j'entrevois des abîmes. Angéline, votre cœur est-il donc tout entier dans son cercueil?

Non, ma chère orpheline, je ne vous reproche ni l'excès, ni la durée de vos regrets. Sait-on combien de temps une grande douleur doit durer ? Mais votre douleur je la comprends, je la partage. Vous le savez, vous n'en pouvez douter.

Mon Dieu, que n'ai-je pensé à vous faire ordonner de ne pas différer notre mariage ! Le malheur a voulu que ni lui ni moi n'y ayons songé, mais croyez-vous qu'il approuve votre résolution ?

Angéline, c'est moi qui vous emportai comme morte d'auprès de son corps. Ô Dieu ! de quel amour je vous aimais, et combien j'ai souffert de cette horrible impuissance à vous consoler.

Mais aujourd'hui, ne puis-je rien ? Je vous assure que je ne vous aimais pas plus quand mon amour vous arracha à la mort ; et je vous en supplie, par la fraternité de nos larmes, par cette divine espérance que nous avons de le revoir, consentez à m'entendre. Oh ! laissez-moi vous voir ! laissez-moi vous parler ! Pourriez-vous refuser toujours de m'admettre chez vous, dans sa maison à lui, qui me nommait *son fils* ?

La nuit dernière, je suis resté longtemps appuyé sur le mur du jardin. Je vous avoue que je finis par m'y glisser.

Une fois entré, j'en fis le tour. La froide clarté du ciel m'y montrait tout bien triste, bien désolé. Un vent glacé chassait les feuilles flétries. Mais le passé était là, et qui pourrait dire la tristesse et la douceur de mes pensées !

D'abord, la maison m'avait paru dans une obscurité complète, mais en approchant je vis qu'une faible lumière passait entre les volets de votre chambre. Ô chère lumière ! longtemps je restai à la regarder.

Angéline, la vie ne doit pas être une veille troublée. Non, vous ne sauriez persévérer dans une résolution pareille, et bientôt, comme Mina disait : *Le sang du Christ nous unira.* Chrétienne, avez-vous compris la force et la suavité de cette union ? Doutez-vous que dans son sang nous ne trouvions avec l'immortalité de l'amour, les joies profondes du mutuel pardon ?

Non, vous n'aurez pas ce triste courage de me renvoyer désespéré. J'ai foi en votre cœur si tendre, si profond.

Vôtre à jamais.

Maurice

(Angéline de Montbrun à Maurice Darville)

Maurice, pardonnez-moi.

Cette résolution de ne pas vous recevoir, vous pouvez me la rendre encore plus difficile, encore plus douloureuse à tenir, mais vous ne la changerez pas.

Et faut-il vous dire que le ressentiment n'y est pour rien.

Cher ami, je n'en eus jamais contre vous. Non, vous n'avez pas trompé sa noble confiance, non, vous n'avez pas manqué à votre parole, et moi aussi je tiendrai la mienne.

Mais croyez-moi, ce n'est pas avec un sentiment dont vous avez déjà éprouvé le néant, que vous remplirez le vide de votre cœur et de vos jours.

Je le dis sans reproche. Ô mon loyal, je n'ai rien, absolument rien à vous pardonner.

Pourquoi m'avez-vous aimée? Pourquoi ai-je tant assombri votre jeunesse? Et pourtant, nous avons été heureux ensemble. Vous rappelez-vous comme la vie nous apparaissait belle? Mais il n'est pas de *main qui prenne l'ombre ni ne garde l'onde.*

Mon cher ami, nous l'avions bien oublié. Dites-moi, si cet enchantement de l'amour et du bonheur se fût continué, que serions-nous devenus? Comment aurions-nous pu nous résigner à mourir? Mais le prestige s'est vite dissipé, et nous savons maintenant que la vie est une douleur.

Sans doute, la bonté divine n'a pas voulu qu'elle fût sans consolations, et nos pauvres tendresses restent le meilleur adoucissement à nos peines. Mais nul ne choisit sa voie et les adoucissemnts ne sont pas pour moi.

Non, si le Dieu de toute bonté m'a fait passer par de si cruelles douleurs, ce n'est pas pour que je me reprennne aux affections et aux joies de ce monde. Je le vois clairement depuis que je vous sais ici; et une force étrange me reporte à ce moment où mon père mourant m'attira à lui, après sa communion suprême: «Amour sauveur, répétait-il, serrant faiblement ma tête contre sa poitrine, Amour sauveur, je vous la donne. Ô Seigneur Jésus, prenez-la, ô Seigneur Jésus, consolez-la, fortifiez-la». Et à cette heure d'agonie, une force, une douleur surnaturelle se répandit en mon âme. Toutes mes révoltes se fondirent en adorations. J'acceptai la séparation. Je me prosternai devant la croix, je la reçus comme des mains du Christ lui-même. Et aujourd'hui encore, il me la présente. Je vois et je sens qu'il me demande le renoncement complet, que je dois être à Lui seul.

Maurice, c'est Lui qui a tout conduit, c'est sa volonté qui nous sépare. Cette parole, mon père me l'a dite à l'heure de son angoisse, et je vous la répète. Ah! j'ai bien senti ma faiblesse.

Angéline de Montbrun • 1135

Être désillusionnée ce n'est pas être détachée. Mon ami, vous le savez, l'arbre dépouillé tient toujours à la terre.

Oh! comme nous sommes faits! Mais la volonté divine donne la force des sacrifices qu'elle commande. Je vous en prie, ne vous mettez pas en peine de mon avenir. C'est à Dieu d'en disposer: le bonheur et la tristesse m'ont bien débilitée; mais si je suis courageuse, si je suis fidèle, avant qu'il soit longtemps j'aurai la paix.

Et vous aussi vous serez bientôt consolé.

Pourquoi pleurer? Ce bonheur de la terre, n'en connaissons-nous pas la pauvreté, même quand nous pourrions l'avoir dans sa richesse — ce qui n'est pas. Non, le rêve enchanté ne saurait se reprendre. Et pourtant que la vie avec vous me serait douce encore! Malgré le trouble de mon cœur, ce m'est une joie profonde que vous soyez venu. Le sentiment que vous me conservez, pour moi, c'est une fleur sur des ruines, c'est un écho attendrissant du passé. Le passé!

Vous rappelez-vous cette romance que vous chantiez sur le souvenir, qui n'est rien et qui est tout? Ah! quoi qu'il arrive, n'oubliez pas. Et soyez béni de ce que vous avez fait pour lui. Jamais je n'oublierai avec quel respect vous avez porté son deuil, ni vos regrets si vifs, si sincères. Oh, comme vous étiez bon! comme vous étiez tendre! Je le sais, vous le seriez encore. Mais il en est qui n'arrivent au ciel qu'ensanglantés, et ceux-là n'ont pas droit de se plaindre.

Maurice, je vous donne à Jésus-Christ qui seul nous aime comme nous avons besoin d'être aimés. Partout et sans cesse, je le prierai pour vous.

Et, puisqu'il faut le dire, adieu, mon cher, mon intimement cher, adieu!

Quand j'étais enfant, mon père, pour m'encourager aux renoncements de chaque jour, me disait que pour Dieu il n'est pas de sacrifice trop petit; et aujourd'hui, je le sens, il me dit que pour Dieu, il n'est pas de sacrifice trop grand.

Après tout, mon ami, en sacrifiant tout, on sacrifie bien peu de chose. Ai-je besoin de vous dire que rien sur la terre ne nous satisfera jamais? Ah! soyez-en sûr, en consacrant l'union des époux, le sang du Christ ne leur assure pas l'immortalité de l'amour, et quoi qu'on fasse, la résignation reste toujours la grande difficulté, comme elle est le grand devoir.

Sans doute, tout cela est triste, et la tristesse a ses dangers. Qui le sait mieux que moi? Mais Maurice, pas de lâches faiblesses. Épargnez-moi cette suprême douleur; que je ne rougisse jamais de vous avoir aimé!

Angéline de Montbrun

Solidarité des femmes
- Emma S.
- Mina
- Angéline

elle - Angéline évite les deux "pièges"[77]
- mariage
- couvent

independence   She forges her own identity

ANTOINE GÉRIN-LAJOIE
Jean Rivard, le défricheur

7

suivi de

Jean Rivard, économiste

135

PHILIPPE AUBERT DE GASPÉ
Les anciens Canadiens

273

NAPOLÉON BOURASSA
Jacques et Marie

535

JOSEPH MARMETTE
L'intendant Bigot

801

LAURE CONAN
Angéline de Montbrun

1017

Maquette et typographie
exécutées dans les ateliers
de DÜRER *et al.* (Montréal)
sous la direction de Jean Renaud.

Impression achevée
en janvier 1996
sur les presses de Marc Veilleux,
imprimeur à Boucherville.